L'ABBÉ LEBEUF

HISTOIRE

DE LA VILLE ET DE TOUT LE DIOCÈSE

DE PARIS

RECTIFICATIONS ET ADDITIONS

PAR

FERNAND BOURNON

ARCHIVISTE PALÉOGRAPHE

VILLE DE PARIS
ET ANCIENNE BANLIEUE

PARIS
HONORÉ CHAMPION, LIBRAIRE
9, QUAI VOLTAIRE,

1901

HISTOIRE

DE LA VILLE ET DE TOUT LE DIOCÈSE

DE PARIS

RECTIFICATIONS ET ADDITIONS

ANGERS, IMP. BURDIN ET Cie, RUE GARNIER, 4.

L'ABBÉ LEBEUF

HISTOIRE

DE LA VILLE ET DE TOUT LE DIOCÈSE

DE PARIS

RECTIFICATIONS ET ADDITIONS

PAR

FERNAND BOURNON

ARCHIVISTE-PALÉOGRAPHE

VILLE DE PARIS ET ANCIENNE BANLIEUE

PARIS

HONORÉ CHAMPION, LIBRAIRE

9, QUAI VOLTAIRE, 9

1890

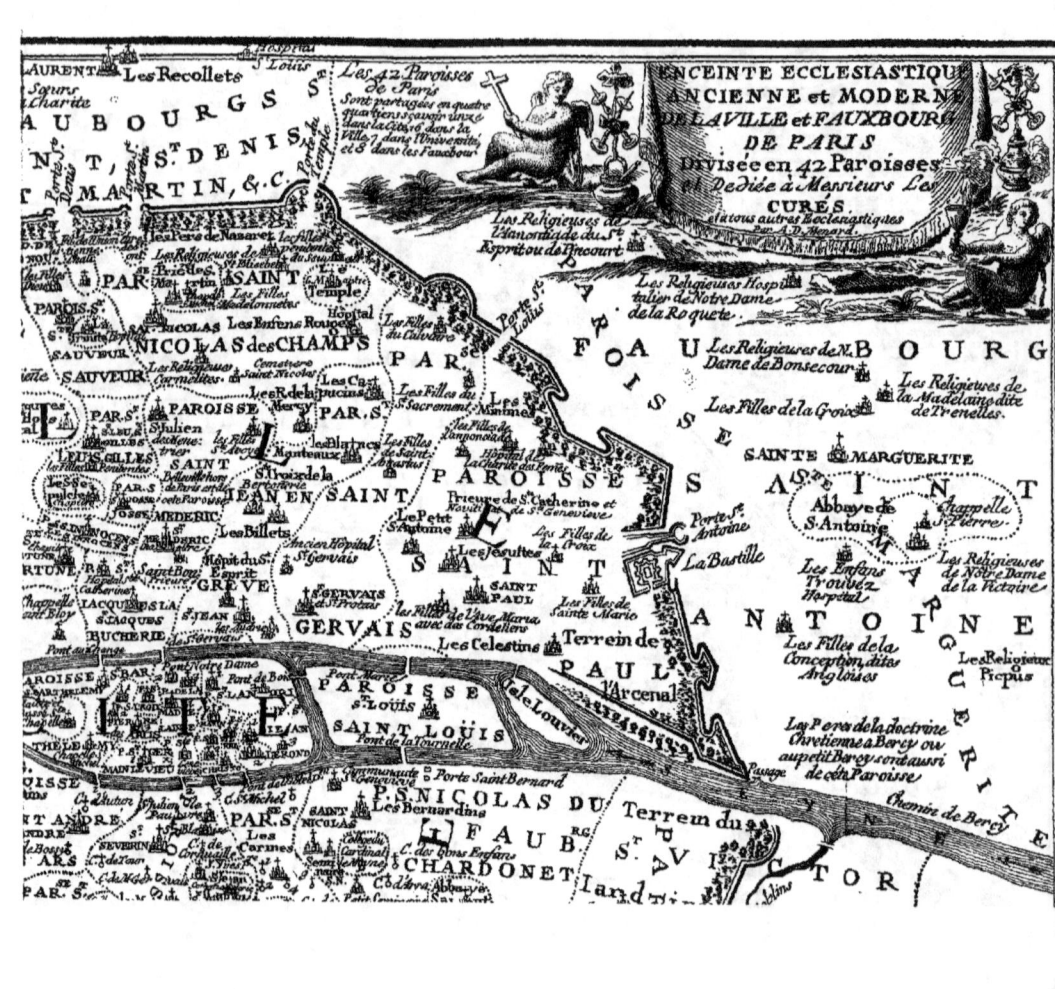

Map of Paris (historical)

DE LA VILLE

SAINT JACQUES SAINT PHILIPPE paroisse dite Roule

SAINT L'EVESQUE

PARTIE

Terrein du Cours de la Reyne

Porte S. Honoré — Les Capucines — Les Feuillans — S. Louis des Quinzevingts — La Chappelle de la Monoye — Chappelle S. Jacques — Caserne — DE LA BUCHERIE — S. JEAN

Les Filles de l'Assomption — S. Thomas du Louvre — Chappelle S. Louvre — SAINT GERMAIN — Pont Notre Dame

PAROISSE S. GERMAIN — S. Nicolas du Louvre — PAROISSE S. BARTHELEMY — Pont Notre Dame

Terrein ou sont le Louvre, Les Tuilleries, et le Jardin du Louvre — Chappelle

Porte de la Conférence

HONORÉ

RIVIERE DE SEINE — L'AUXERROIS — LA CITÉ

Isle aux Cygnes et S. Estienne du Mont

Le Pont Royal — Collège des quatre nations — PAROISSE — G. SAINT ANDRÉ DES ARS — PAR. S. SEVERIN

Les Théatins — Les Petits Augustins dits de la Reyne Marguerite

Les Filles de S. Joseph — Les Filles de Belle Chasse — La Charité des Houes — Abbaye S. Germain des Prés

PAROISSE — Les Jacobins — SAINT

Abbaye de Pantemont — Les Filles de la Visitation — Les Petites Cordelières — Séminaire S. Sulpice — COSME

Les Religieuses Carmélites — Les Filles Recollettes — Abbaye aux Bois — S. SULPICE

Hôpital des Tetegnoux — Ame des Premontres — Le Noviciat des Jésuites — Collège du Plessis

Hôpital des Convalescens — La Petites Maisons de Paris — Les Filles du S. Sacrement — Les Filles du Culture

S. Louis de l'Hostel R. des Invalides — Seminaire des Estrangers — Communauté de S. Jon Pasteurs — Les Benedictines du Buisse Roy — Les Filles du Sang Précieux — PAR. ET FAU.

Le Cimetiere de Saint Sulpice — Les Carmes des chausses — de Luxembourg — S. JACQUES

FAUBOURG — Hôpital des Incurables — les Chartreux — Les Filles de Linge Garden — S. Magloire

Les Filles de la Mort — Terrein des Chartreux — Les Benedictines S. JAC.

Les Religieuses du Saint Esprit — Les Religieuses Carmélites

SAINT GERMAIN

EN LA CITÉ PAROISSES
1. S. Jean le Rond
2. Notre Dame
3. S. Denis de Pas
4. Saint Landry
5. Chapel S. Aignan
6. Pierre aux Bœufs
7. Sainte Marine
8. La Madelaine
9. S. Denis de la Chart.
10. Chappelle S. Luc
11. S. Pierre des Arcis
12. Les Bernardins
13. Saint Barthelemy
14. Saint Marcial
15. S. Pierre des Arcis
16. Sainte Croix

EN L'UNIVERSITÉ
Dans la Paroisse de S. Severin sont les quatre collèges suivans:
1. C. des Tresoriers
2. C. de Bayeux
3. C. de Narbonne
4. C. de Sèze

Paroisse est S. Estienne du Mont sont les Collèges suivans:
1. C. de Prelle
2. C. de Beauvais
3. C. de Laon
4. C. de la Marche
5. C. de Crassino
6. C. de Laon
7. C. Plessis
8. C. de Cambray
9. C. Séez
10. C. Fortet
11. C. de Cholets

Renvoi des Ponts:
A. S. Michel
B. de la Pitié
C. S. Charles

Les Religieuses de Notre Dame de Liesse

DU HAUT — Les Dames — Institution des Pères de l'Oratoire

Avertissement. L'auteur espere donner au public des suites de cet Ouvrage, par une Carte particulière de chaque Paroisse avec leurs antiquitez et autres circonstances, qui le rendra fort considerable et fort particulier, dont on pourra faire un beau volume.

Paris chez P. Gallays rue S. Jacques à S. François de Sales

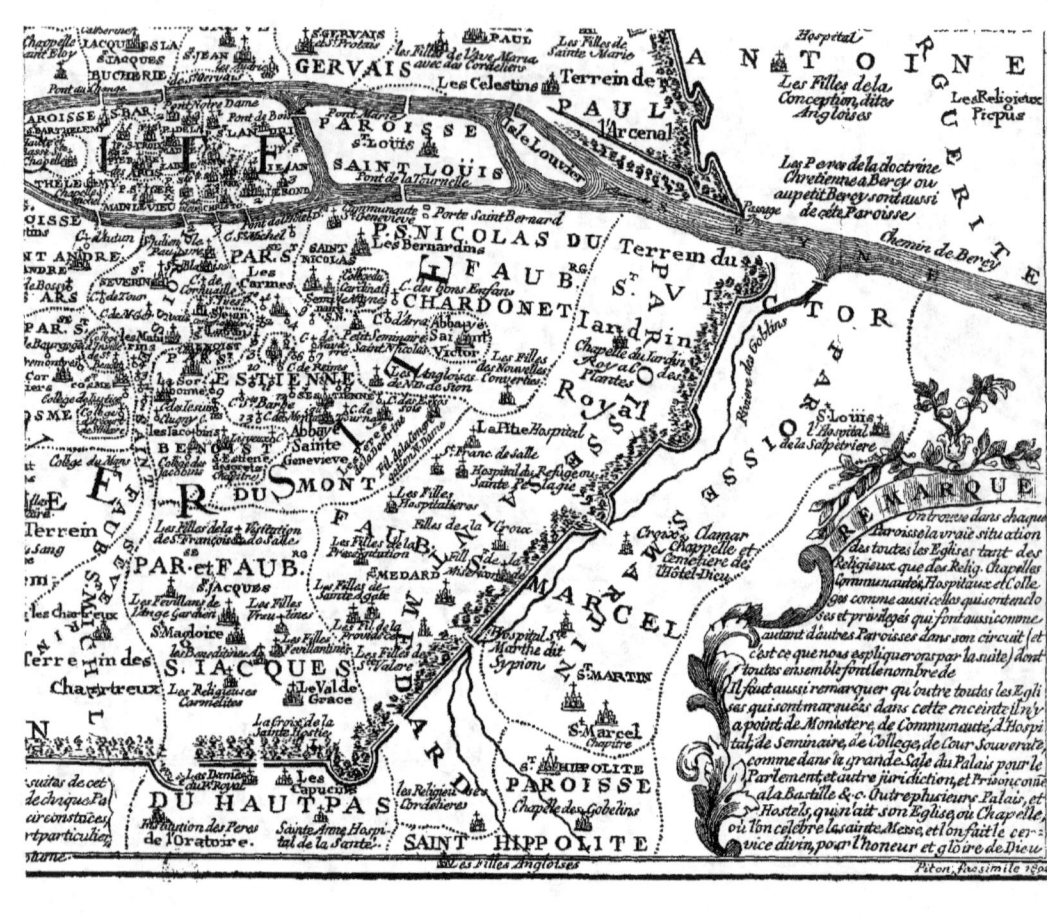

Ce n'est pas sans appréhension que j'ai entrepris de donner une suite au plus important des ouvrages de l'abbé Lebeuf. La tâche est lourde, et j'ai senti quelle responsabilité j'assumais en associant ainsi mon nom à celui d'un érudit aussi estimé et aussi digne de l'être. Que l'on croie bien du moins que cette sorte de manque de modestie n'est que dans les apparences; j'aperçois bien, en réalité, la distance qui me sépare de mon illustre devancier et je prie que l'on me tienne très grand compte de ce que j'ai, avant tout, voulu rendre hommage à son œuvre, mais non prétendre à l'égaler.

Il faut avoir vécu pendant plusieurs années dans une intimité constante avec ces quinze volumes qui forment l'*Histoire de la ville et de tout le diocèse de Paris* pour savoir tout ce qu'ils renferment de savant, de curieux, de définitif. J. Quicherat, qui s'y connaissait bien, est un de ceux qui ont le mieux loué l'abbé Lebeuf; il ne manquait jamais, en le citant, d'accoler un éloge à son nom, et c'est de lui qu'il disait notamment: « Il est, chez nous, le créateur de la science qui consiste à retrouver l'histoire par les vestiges que les événements ont laissés sur les lieux. Son *Histoire du diocèse de Paris* est à comparer au livre de Pausanias sur les antiquités de la Grèce et lui est supérieure par la sûreté du jugement [1]. »

Aussi bien, ce n'a pas été le seul mérite de Lebeuf que d'avoir été découvrir et noter les témoins matériels du passé. Il les a

---

1. *Histoire de Sainte-Barbe*, II, 269. Cocheris a fait, avan nous, usage de cette citation.

encore interprétés avec une admirable sagacité. Vainement, on chercherait avant lui un érudit aussi soucieux d'attribuer une date aux monuments qu'il rencontrait, et ses conjectures, presque toujours justes, sont d'autant plus méritoires qu'il n'avait guère pour le guider que son instinct et son esprit critique ; aussi faut-il vraiment reconnaître en lui le fondateur, l'inventeur de l'archéologie nationale.

Il eut aussi, dans cette *Histoire du diocèse de Paris*, le louable souci de proposer une étymologie pour chaque nom de lieu ; lorsqu'on sait que cette branche de la philologie ne date que d'hier, on a lieu d'apprécier ici encore ce génie de bon sens qu'il avait, et d'y voir presque de la divination ; si plusieurs des explications qu'il a mises en avant paraissent inadmissibles aujourd'hui, la plupart ont été ratifiées par nos savants contemporains, et il n'est pas douteux que ce savant homme avait trouvé, dans l'examen des formes anciennes, la véritable voie pour atteindre à la vérité. Disons encore que l'abbé Lebeuf conserve l'honneur d'avoir doté la région parisienne de la seule histoire érudite et exacte qu'elle possède actuellement ; Jaillot a pu le dépasser (en s'éclairant de ses lumières) dans la connaissance de l'histoire parisienne ; mais, pour le reste du diocèse, ses notices continuent à faire foi, et l'immense majorité des paroisses de la circonscription diocésaine n'a pas eu d'autre historiographe que lui.

Dans ce tribut d'hommages et d'éloges, rien ne paraîtra excessif. Cependant, pour être juste, il faut convenir que l'ouvrage de notre auteur est encore éloigné de la perfection. Nul, à cet égard, n'est mieux édifié que M. Augier, — qui a si soigneusement conduit la réimpression de la nouvelle édition, — et que moi, qui, avec lui, ai préparé la *Table analytique* dont la publication se poursuit en ce moment. Cette Table, pour qui voudra l'examiner avec attention, est, à elle seule, la preuve du désordre où se trouvaient les notes innombrable prises par l'abbé Lebeuf et de la hâte avec laquelle elles ont été mises en œuvre. Dans une foule de cas, tel renseignement utile se trouve à un tout autre chapitre que celui où on le chercherait ; les redites abondent, et aussi les contradictions, ce qui est plus grave ; de sorte que le groupement analytique des faits énoncés dans l'*Histoire du diocèse de Paris* a permis un très grand nombre d'heureuses corrections qui s'ajouteront à toutes celles que contient déjà l'édition de 1883. A vrai dire, toute la faute n'en est pas imputable à Lebeuf ; une paralysie partielle l'étreignait quand son ouvrage commença de paraître et l'on sait aussi qu'il avait chargé son exécuteur testamentaire, l'abbé Carlier, d'en préparer une nouvelle édition[1].

Ce souhait ne devait être réalisé que cent ans après, et malheureusement d'une façon incomplète, par Hippolyte Cocheris. Le travail entrepris par Cocheris en 1863, et que la mort est venue interrompre au milieu de la publication du tome IV, est une œuvre considérable. La façon dont on y puise, l'usage qu'on en fait chaque jour sont les garants de ses mérites et de son utilité. Cocheris avait bien vu tout le profit à tirer de la centralisation, au palais Soubise, des archives de l'ancien diocèse de Paris, et son principal effort s'est porté de ce côté. Aussi a-t-il reproduit en grand détail certains inventaires, inconnus au public, des fonds ecclésiastiques conservés aux Archives nationales, et l'on consulte son livre surtout pour y trouver ces indications, bien que de regrettables remaniements des documents dans les cartons les aient souvent rendues erronées. Il a cru devoir aussi dresser des listes complètes des épitaphes que renfermaient jadis les églises de Paris, mais ces listes se présentent avec une telle absence d'ordre, méthodique ou chronologique, que la pratique en est fort difficile. En dépit de ce léger défaut, les notes de Cocheris renferment maintes critiques du texte, maints documents nouveaux qui les rendent tout à fait estimables et précieuses, et je tiens d'autant plus à le déclarer que dans le présent volume je ne les cite guère que pour les rectifier.

C'est de même, bien entendu, avec l'aide des documents d'archives que j'ai rédigé mes corrections et additions à l'*Histoire du diocèse de Paris*, mais sur un plan un peu différent. Donnant beaucoup moins de place à l'analyse des fonds ou à la production de citations étendues, malgré leur intérêt, j'en ai réservé beaucoup plus pour un commentaire minutieux du texte de l'abbé Lebeuf; aussi me suis-je borné à fournir très brièvement les indications de sources, et ai-je surtout songé à reviser les documents essentiels pour en extraire la substance.

Si je n'ai pas tout indiqué, ce n'est pas faute d'avoir presque tout vu, mais la sobriété était nécessaire, car ni mon éditeur, ni moi, n'avons prétendu donner dans ces notes une histoire complète de la ville de Paris et des quatre cent cinquante paroisses qui formaient l'ancien diocèse.

---

1. Du vivant même de Lebeuf, il y eut déjà des cartons introduits dans les exemplaires de son ouvrage. Nous en donnons une preuve péremptoire, page 234 (note).

Je me suis en outre beaucoup préoccupé des travaux imprimés. Depuis Jaillot, l'histoire sérieuse, puisée aux sources, de la région parisienne est restée longtemps stationnaire ; mais nos contemporains en ont heureusement repris l'étude, sinon dans son ensemble, du moins par parties qui, rapprochées, aboutiront, quelque jour, à faire un tout. Les œuvres de Géraud, de Leroux de Lincy, ont été dignement continuées dans des ouvrages tels que la *Collection de l'Histoire générale de Paris*, publiée par l'administration municipale, le *Recueil des Inscriptions de l'ancien diocèse de Paris*, qui fait tant honneur à MM. de Guilhermy et de Lasteyrie, la *Statistique monumentale de Paris*, de M. Albert Lenoir, l'*Atlas des anciens plans*, les travaux de Jourdain et du P. Denifle sur l'ancienne Université, pour ne citer que les plus considérables.

La fondation, en 1874, de la *Société de l'Histoire de Paris et de l'Ile-de-France* a beaucoup contribué à réveiller l'attention des érudits en faveur des antiquités de Paris et des départements voisins. Je dois encore une mention au *Bulletin du Comité d'Histoire et d'Archéologie du diocèse de Paris*, dont l'existence a trop peu duré, et aux travaux de la *Commission des Antiquités de Seine-et-Oise*, qui, à peine constituée, a déjà produit d'excellents résultats.

Je me suis prescrit pour règle dans ces *Additions* de dire tout ce que Lebeuf aurait dit s'il vivait maintenant, et tout ce qu'il a manqué à dire, par simple omission. J'ai résolu aussi de parcourir, comme lui, toutes les paroisses du diocèse. Les conditions d'une telle visite sont bien changées et moins pénibles aujourd'hui, mais, en cent quarante ans écoulés, combien de monuments ont disparu, combien ont été profondément modifiés, combien de nouveaux édifices se sont élevés ! Il était indispensable de refaire le voyage. En m'imposant ainsi l'imitation rigoureuse du plan de Lebeuf, j'éviterai du moins le reproche d'avoir manqué de mesure.

Un dernier mot sur l'ordre de publication de ce Supplément. Il a paru que le meilleur consistait à suivre les divisions ecclésiastiques que comportait l'ancien diocèse de Paris. La logique et l'histoire le réclament. En effet, M. A. Longnon a montré[1] que ces divisions n'avaient rien d'arbitraire et qu'elles correspondaient à celles mêmes de la *civitas Parisiorum*, partagée en trois *pagi* par le cours de la

---

1. *Bulletin du Comité d'histoire et d'archéologie du diocèse de Paris*, 1re année, 1883, p. 10-19.

Marne et de la Seine : le premier, au nord, situé à droite de la Marne et de la basse Seine (ce fut le grand archidiaconé du Parisis) ; le second, au sud (ce fut l'archidiaconé de Josas) et le troisième, compris entre la Marne et la Seine (archidiaconé de Brie). Plus tard, ces trois *pagi* devinrent deux comtés : le *Parisis*, correspondant au grand archidiaconé, et le *Châtrais*, qui renfermait les deux archidiaconés de Josas et de Brie. Quant aux deux archiprêtrés urbains, celui de la Madeleine et celui de Saint-Séverin, M. Longnon émet cette ingénieuse conjecture que, s'ils restèrent en dehors de la répartition en archidiaconés, ce fut par une sorte de conséquence de l'acte de partage de 567 qui laissait indivis le territoire de Paris.

De là, pour nous, résulte la publication de nos notes de la façon suivante : un volume pour Paris et sa banlieue, puis un volume pour chacun des doyennés de Montmorency, de Chelles (archidiaconé de Paris), de Châteaufort, de Montlhéry (archidiaconé de Josas), de Lagny, du Vieux-Corbeil (archidiaconé de Brie), de Champeaux, enfin, qui demeura indépendant, bien que situé en Brie, de la juridiction de l'archidiacre. Au total, huit tomes de dimensions variables, mais dont chacun traitera d'une portion, nettement déterminée par la géographie historique, de l'ancien diocèse de Paris [1].

Est-il utile de dire que j'accueillerai avec gratitude les communications, les remarques de tout genre que peut suggérer l'œuvre que j'entreprends ? Pour mener à bonne fin un si grand labeur, elles me seront un secours et un encouragement également précieux.

---

1. L'évêché de Versailles, créé en 1791, est, comme on ne l'ignore pas, un démembrement du diocèse de Paris tel que l'a décrit l'abbé Lebeuf. L'histoire de ses paroisses appartient donc, naturellement, à notre ouvrage.

VILLE DE PARIS

CATHÉDRALE DE PARIS
I, 1-13

L'un des premiers mots de Lebeuf, en traitant des origines de la cathédrale, aurait dû être pour rappeler l'importante découverte qui fut faite dans les fondations du chœur, au mois de mars 1711[1], de pierres gravées et de bas-reliefs antiques. Ce sont les plus anciens monuments du paganisme que le sol parisien ait révélés, et ils prouvent que sur l'emplacement même où fut bâtie Notre-Dame, les nautes ou navigateurs de Lutèce avaient élevé, à l'époque de Tibère, un temple à Jupiter. Ces précieux débris ont été reproduits et décrits bien des fois. Rappelons le texte du plus important et du plus probant :

TIB. CAESARE
AVG. IOVI OPTVM.
MAXSVMO
NAVTAE PARISIACI
PVBLICE POSIERVNT

Pour leur étude nous renverrons à l'*Histoire de Paris*, de Félibien (t. I, p. LXXX, de la Dissertation sur l'origine de l'Hôtel de Ville); à l'*Hist. de l'Académie des Inscriptions* (III, 242-6) où l'on trouve l'analyse de deux mémoires sur cette découverte et quelques réflexions sur les vers de Fortunat, relatifs à l'église de Paris; enfin au tome IV des *Mémoires de la Société des Antiquaires de France*, (p. 500-7) où M. Jorand a discuté la question, plutôt, il est vrai, au point de vue de l'histoire des religions.

Si l'on a déjà comparé l'origine commune de Melun et de Paris, toutes deux n'étant, à l'époque gauloise, qu'un simple îlot de la Seine où l'on peut reconnaître la forme d'un vaisseau, nous ne croyons pas qu'on ait précisé ce rapprochement à l'aide d'une intéressante découverte archéologique. A Melun, de même qu'à Paris, un temple païen s'élevait à la pointe orientale de l'île, et c'est sur l'empla-

---

[1]. Il est utile de faire remarquer que la découverte en question eut lieu en 1711, et non en 1710, comme l'ont dit plusieurs érudits, entre autres Cocheris qui, cependant, dans son chapitre bibliographique sur Notre-Dame, indique la date plus précise encore du 16 mars 1711.

cement de ce premier monument que, plus tard, les deux villes bâtirent leur primitive église. L'historien de Melun, S. Roulliard, rapportant la tradition, y voyait un temple élevé en l'honneur d'Isis, la déesse de la navigation : ... » tant y ha que le populaire de Melun tient que les ruines de certain temple qui se voyent à la coste septentrionale de la pointe de l'isle, le long de l'eaue qui baigne ses fondemens, soient les restes du temple de cette déesse Isis... » (Cf. *Histoire de Melun*, p. 29-37.) Lebeuf connaissait aussi ces ruines, mais par ouï-dire plus que pour les avoir examinées. Il en parle dans une lettre à Fenel : « Avez-vous jamais vu une antiquité qu'on dit être à Melun à la pointe orientale de l'île, du côté du nord-est? On dit que c'est un reste du temple des païens. » (*Lettres de Lebeuf, publiées par la Société des Sciences historiques et naturelles de l'Yonne*, II, 184.) En s'occupant de la cathédrale de Paris, notre auteur n'a plus songé au temple de Melun ni au rapprochement qu'on pouvait en faire avec le temple des Nautes parisiens. Nous ne pouvons que signaler cette analogie sans chercher à l'approfondir ici.

P. 3. — Le « jardin du terrain », situé à l'abside de la Cathédrale et s'étendant jusqu'à la pointe orientale de la cité, s'appelait autrefois la Motte aux Papelards. Un règlement d'accord passé entre l'évêque et le chapitre en 1282, et que nous signalons comme document important pour l'histoire de la cathédrale, le mentionne sous ce nom : « Item, de septimo articulo, videlicet de Mota Papelardorum, ordinamus quod nichil projiciatur in aquam, per quod cursus aque valeat impediri. » (Cf. H. Lot : Une querelle de l'Evêque de Paris et du chapitre de Notre-Dame au XIIIe et XVe siècle, ap. *Bibliothèque de l'Ecole des chartes*, 1865, p. 149 et suiv.)

Pour Lebeuf comme pour tous les érudits des siècles passés, le premier pont mérovingien reliant la cité à la rive droite correspondait à l'emplacement du pont au Change actuel. Les recherches de deux savants archéologues permettent maintenant d'affirmer que c'est là une complète erreur. MM. Vacquer et Berty ont établi que le pont de la rive droite était, à l'époque romaine, là où se trouve aujourd'hui le pont Notre-Dame et dans l'alignement de la voie romaine qui traversait Paris du Nord au Sud en suivant le tracé des rues Saint-Martin et Saint-Jacques. Plus d'une fois, au cours de ce travail, nous aurons occasion de rappeler cette importante constatation et d'en tirer des conséquences qui, pour bien des points, modifient singulièrement les données anciennes. Nous renvoyons, pour les preuves, notamment à la *Revue archéologique*, XIIe année (1855) : Recherches sur l'origine et la situation du grand Pont de Paris, du pont aux Changeurs, du pont aux Meuniers et de celui de Charles le Chauve, par M. Berty (p. 193-220) et à la « lettre de M. Vacquer à l'éditeur de la *Revue archéologique*, sur la découverte d'une partie du grand pont de Paris bâti par Charles le Chauve. » (*Ibid.*, octobre 1855-mars 1856, p. 502-7.)

P. 5. — Nous essayons de prouver plus loin que la petite chapelle ou oratoire de Saint-Martin n'était nullement dans la Cité, mais sur la rive droite de la Seine, à l'extrémité du grand pont mérovingien.

Aux faits relevés par notre auteur sur la cathédrale du XIIe siècle, il faut en ajouter un qui méritait d'être signalé. C'est une charte de 1124 par laquelle Louis VI applique une rente de dix livres, sur les revenus de l'évêché, aux travaux de couverture de l'église. Cet acte, auquel les historiens de Paris ne paraissent pas s'être arrêtés, pourrait avoir pour portée d'amoindrir singulièrement l'importance de Maurice de Sully dans la reconstruction de la cathédrale, en prouvant que dès le premier quart du siècle on s'occupait de la toiture d'un édifice construit vraisemblablement depuis peu. (*Cartulaire de Notre-Dame de Paris*, I, 266-7.) Si Lebeuf l'eût connu, il n'eût pas mis la même énergie à affirmer que rien n'avait été fait pour la reconstruction de la cathédrale avant Maurice de Sully. Voici le titre complet de son mémoire, imprimé dans les *Dissertations sur l'histoire ecclésiastique et civile de Paris* (tome I, p. 75-102) : « Observations sur l'antiquité de l'édifice de Notre-Dame de Paris, avec une description de trois monuments très curieux et peu connus qui sont conservés dans le trésor de cette église et des remarques sur les anciennes manumissions, aussi bien que le catalogue des rois de France, tel qu'il était exposé à la grande porte de la même église, sous le règne de saint Louis. » Le titre de la dissertation dispense presque, comme on voit, d'en faire l'analyse. Nous parlerons plus loin de ces objets conservés dans le Trésor. Remarquons dès maintenant pour suivre le plan même de notre auteur, que ce catalogue des rois de France est une liste empruntée à un manuscrit du fonds Colbert (actuellement Bibliothèque nationale, fonds latin 5921) des noms de trente-neuf rois, depuis Clovis jusqu'à saint Louis.

La phrase de Lebeuf relative à l'inscription de 1257 (page 7), pourrait donner lieu à quelque méprise ; cette inscription, qui existe encore, a été publiée par M. de Guilhermy (*Inscrip. de la France*, I, 15-17); elle fait connaître que, le second jour des ides de février, l'an 1257 (12 février 1258), le monument fut commencé en l'honneur de la Vierge, par maître Jean de Chelles, maçon.

Le hasard a fait retrouver, en 1840, un certain nombre des statues qui décoraient les portails de la cathédrale et que la révolution avait renversées. C'est rue de la Santé qu'on les a reconnues comme servant alors de bornes, le long du marché au charbon. Quinze d'entre elles ont pu être ainsi recueillies, dont celle de Saint-Denis sur laquelle Lebeuf donne quelques détails. On trouvera sur cette heureuse trouvaille un rapport dans les *Mémoires de la Société des Antiquaires de France*, 2º série, tome V, p. 364-9.

Lebeuf avait entretenu l'Académie des Inscriptions en 1748 (le 24 mai), de la statue qui fut enlevée cette année-là du parvis de la cathédrale. Sa communication a été analysée au tome XXI (p. 182-5) de l'*Histoire de l'Académie des Inscriptions*, où on la trouvera sous ce titre : Sur une ancienne statue récemment ôtée du parvis de l'ancienne église cathédrale de Paris (Cocheris l'indique à tort comme un mémoire rédigé par Lebeuf). Cette analyse, fort bien faite, complète ce que dit ici notre auteur (p. 8) de cette statue de Jésus-Christ, qui, paraît-il, était un bloc informe dont la partie supérieure seule était sculptée. Ce n'est pas « ôtée » qu'il faudrait dire, car il paraît qu'elle fut détruite volontairement en 1748. Aux attributions erronées qu'on avait faites du personnage qu'elle représentait, il faut ajouter celles de Mercure et de Guillaume d'Auvergne, évêque de Paris. Dans la livraison sur Notre-Dame du *Paris à travers les Ages*, M. E. Drumont rappelle que le peuple l'appelait le grand Jeûneur ou Monsieur le Gris.

Quant à la grotesque statue placée au fond du chœur, contre laquelle les bedeaux éteignaient les cierges et que l'on appelait communément Cognet, dans un article biographique sur Pierre de Cugnières, M. Aubert a démontré qu'elle n'avait aucun rapport avec ce jurisconsulte du xivᵉ siècle, et qu'elle lui était bien antérieure. (*Bulletin de la Soc. de l'Hist. de Paris*, 1884, p. 134-7.)

P. 11. — Le mémoire de Lebeuf relatif à la translation du corps de saint Marcel se trouve au tome I, p. 103-39 de ses *Dissertations sur l'histoire de Paris*. Il porte pour titre : « Dissertation sur le temps auquel le corps de saint Marcel a été transféré, de l'église de son nom, dans celle de Notre-Dame, avec les preuves comme il y était longtemps avant le règne de Philippe-Auguste. »

C'est dans les tours de Notre-Dame que se réfugiaient les malfaiteurs poursuivis par les juridictions laïques. Le lieu d'asile s'appelait, au moyen âge, *Crastina*. (Voy. de Beaurepaire : *Essai sur l'asile religieux*, dans la *Bibl. de l'École des Chartes*, 1854, p. 151 et suiv.)

On pourra consulter l'analyse qu'a faite M. Léopold Delisle d'un ms. du XIe siècle, conservé à la Bibliothèque Nationale sous le n° 2294 du fonds latin (Notice sur un sacramentaire de l'église de Paris, ap. *Mém. de la Soc. des Antiquaires de France*, XXIII, p. 165-71), et où se trouve énumérée une partie des reliques conservées alors à la cathédrale.

Nous savons par la préface du *Cartulaire de Notre-Dame* (p. CLXXI-II) quels étaient les prieurés qui, du XIIIe au XVe siècle, étaient tenus de fournir les herbes odoriférantes (ou *pigmentum*) destinées à joncher le sol de la cathédrale. Guérard en a trouvé la liste dans le Nécrologe de Notre-Dame : c'étaient les prieurés de Bruyères, de Briis, de Forges, de Limours, de Gometz-le-Châtel, de Saulx, de Palaiseau, de Saint-Remy, de Chevreuse, d'Yvette, de Châteaufort, de Versailles, de Jardy, de Marly, du Pecq et de Marcoussis. On voit que tous appartiennent au doyenné de Châteaufort.

P. 12. — Le couteau dont parle Lebeuf, à propos du trésor de Notre-Dame, est maintenant conservé au cabinet des Antiques de la Bibliothèque Nationale. Il a fait l'objet de nouvelles recherches de la part de M. R. de Lasteyrie. (*Mém. de la Soc. de l'Hist. de Paris*, V. 308-15 et *Inscriptions de la France*, t. V, p. 95-9.) On y trouvera la reproduction de l'inscription gravée sur le manche, et qui atteste bien qu'il s'agit d'un symbole de tradition. L'inscription même intéresse l'histoire de Paris, car elle consacre une donation faite au XIe siècle de terrains situés devant la cathédrale et ayant appartenu à l'archidiacre Drogon.

La dissertation de Lebeuf que nous avons citée plus haut contient la description de deux autres objets curieux conservés de son temps au Trésor de la cathédrale : l'un est un morceau de bois du temps de Philippe I, destiné aussi à servir de symbole de tradition (M. de Lasteyrie a donné le texte de cette déclaration au tome V, p. 99, des *Inscript. de la France*) ; l'autre est une petite baguette d'argent dont l'origine remonte à Louis VII. Notre auteur en parle assez longuement dans son chapitre sur Créteil (voy. t. V, p. 15-16), pour que nous nous contentions d'y renvoyer.

La cathédrale de Paris a été l'objet de très nombreuses et très importantes publications ; nous signalons plus bas les principales dans nos notes bibliographiques. Il convient cependant d'indiquer ici quelques travaux spéciaux à un détail de l'édifice.

Dans les *Archives de l'Art Français* (1re série, Documents, t. IV, p. 213-4). M. de Montaiglon a publié deux quittances des peintres Ch. de la Fosse et J. de Boulogne pour des tableaux du chœur de Notre-Dame, peints par eux en exécution du testament du chanoine Antoine de la Porte.

Les sculptures du monument ont été décrites par M. Didron dans plusieurs articles de la *Revue de Paris*, de 1836, et M. Duchalais a complété ces recherches dans un travail paru au t. IV (1re série, 1842, p. 190-206) des *Mém. de la Soc. des Antiq. de France*.

Nous ne pouvons que renvoyer à la reproduction des monuments lapidaires de la cathédrale, qu'a donnée M. de Guilhermy au tome I, p. 10-71 du recueil des *Inscriptions de la France*[1]. Sans parler des épitaphes dont la liste peut se rencontrer ailleurs, on y trouvera de précieux renseignements sur le monument même, sur la clôture de l'abside au XVIe siècle (p. 25), sur la reconstruction de la grande porte en 1771 (p. 65), etc., etc.

De même, ne ferons-nous qu'indiquer la nomenclature rigoureusement complète des œuvres d'art de Notre-Dame, dressée par M. Queyron pour l'*Inventaire des richesses d'art de la France* (Paris, monuments religieux, I, 361-404) et les travaux de Lassus et de Viollet-le-Duc.

Le mémoire de l'intendant Phélypeaux sur la *Généralité de Paris*[2], donne les renseignements suivants relatifs au chapitre de la cathédrale à la fin du XVIIe siècle. Huit dignités : 1° le doyenné qui a une prébende jointe et le double de revenu d'un chanoine ; 2° la chantrerie, à laquelle sont joints un canonicat et le double d'une prébende ; 3° le grand archidiaconé de Paris ; 4° l'archidiaconé de Josas ; 5° l'archidiaconé de Brie ; 6° la sous-chantrerie ; 7° la chancellerie ; 8° la dignité de pénitencier, plus cinquante et un canonicats, qui valent de 1,500 à 2,500 livres de revenu. Il y a enfin six vicaires perpétuels sous les titres de Saint-Maur-des-Fossés, Saint-Denis-de-la-Chartre, Saint-Victor, Saint-Martin-des-Champs, Saint-Marcel et Saint-Germain-l'Auxerrois ; deux vicaires et une chapelle sous-diaconale de ce nom, qui vaut 800 livres de revenu. (*Mém. de la Gén. de Paris*, p. 11-2.) Le manuscrit de la Bibliothèque Nationale (fonds fr. 15382) indique le chiffre de 100,000 livres comme celui du revenu du chapitre.

BIBLIOGRAPHIE. — *Sources*. — On comprendra aisément que nous ne puissions, dans ces indications très générales, donner une analyse, même sommaire, des documents manuscrits qui, des archives de l'Archevêché et du Chapitre, sont passés dans les dépôts publics. Dans les listes qui sont en tête de ce volume, nous en avons déjà indiqué plusieurs ; nous nous bornerons donc à dire que le fonds de Notre-Dame est conservé presque entier aux Archives Nationales et à renvoyer pour quelques détails au livre de M. Bordier : *Les Archives de la France*. (Paris, 1855, in-8), et à l'*Inventaire sommaire des Fonds conservés aux Archives nationales*. Il faut cependant remarquer que la source la plus précieuse pour l'histoire de la cathédrale est la série des registres capitulaires : LL. 208-335[42], et les extraits de ces registres, LL. 326-421, faits par le chanoine Sarrasin. (Cf. l'inventaire de cette dernière série, publié par M. Grassoreille ap. *Bulletin de la Soc. de l'Hist. de Paris*, 1881, p. 168-73, et dans la même publication, un

---

1. *Inscriptions de la France, du Ve siècle au XVIIIe*, recueillies et publiées par M. F. de Guilhermy (publication terminée par M. R. de Lasteyrie). Ancien diocèse de Paris, 5 vol. in-4. Paris, 1873-83, collection des *Documents Inédits sur l'Histoire de France*.

2. Nous ferons un fréquent usage de ce précieux document de statistique publié dans la *Collection des Documents inédits sur l'Histoire de France*, par M. de Boislisle (Paris, 1881, in-4). De même citerons-nous souvent, pour l'évaluation du revenu des Chapitres et Corporations, les chiffres légèrement contradictoires qui nous sont fournis par un *État* aussi authentique, conservé à la Bibl. Nationale, mss fonds fr., 15382.

article du même auteur sur les premiers registres, ceux du XIVᵉ siècle, 1882, p. 152-6.)

Nous ajouterons que dans la *Revue archéologique* de 1874, M. G. Fagniez a publié, d'après les originaux des Archives Nationales, deux inventaires du Trésor de la cathédrale, l'un de 1343, l'autre de 1416, cotés LL. 195-6.

Imprimés. — Le document le plus important qui ait été publié sur la cathédrale est le *Cartulaire de Notre-Dame de Paris*, donné en quatre volumes in-4 par Guérard. Nous avons déjà mentionné dans notre premier chapitre bibliographique les divers registres qui le composent et qu'avait consultés Lebeuf. Il convient encore d'y insister et de dire que l'histoire de la cathédrale, et aussi de tout le diocèse, ne saurait être faite sans le secours des inappréciables matériaux que nous fournit le *Cartulaire*. La préface dont Guérard l'a accompagné est en outre une œuvre historique très considérable et dont la seconde partie est en résumé le meilleur exposé que l'on puisse trouver du régime temporel de l'église de Paris. Nous avons eu déjà à y renvoyer pour les quelques notes qui précèdent ; bien des fois, encore, nous en ferons usage tant pour nos notes sur les monuments parisiens que pour celles qui concernent les paroisses de l'ancien diocèse.

Description historique et chronologique de l'église métropolitaine de Paris, contenant l'histoire des évêques et des archevêques de Paris, celle du chapitre et des grands hommes qui en sont sortis ou qui ont contribué à la construction et à l'embellissement de ce temple auguste. Ouvrage enrichi d'un grand nombre de planches (par Charpentier, avocat) *Paris*, De Lormel, 1767, in-fol. t. I, seul paru. Livre très rare et fort précieux à consulter pour la description du monument. La première phrase fait connaître les idées de l'auteur et son goût en matière d'archéologie : « L'Église de Notre-Dame de Paris est un de ces morceaux où l'on n'a rien à regretter, rien à reprendre, que le goût du siècle où ont vécu ceux qui ont présidé à la construction de ce bel édifice. » Et un peu plus loin : « Ce monument... est d'un goût gothique, *mais* il est vaste, majestueux et surtout bien proportionné... » Ces réserves faites, on trouvera sur la cathédrale une foule de renseignements indispensables, la vie des évêques et archevêques, jusqu'à Christophe de Beaumont, celle des chanoines illustres, et pour terminer une série de reproductions d'épitaphes et de fondations. L'exemplaire de la réserve de la Bibl. Nationale en contient un certain nombre dessinées à la main non sans talent.

SAINT-JEAN-LE-ROND
I, 13-14

Le *Liber sacramentorum* du XIVᵉ siècle, publié à la suite du *Cartulaire de Notre-Dame de Paris* donne (III, 409) la formule du serment que chaque chanoine prêtait au doyen du chapitre de la cathédrale.

D'après le *Mém. de la Génér. de Paris* (p. 22), le chapitre se composait, vers 1700, de huit canonicats sans dignités, valant chacun 800 livres de rente.

BIBLIOGRAPHIE. — *Sources*. — Archives nationales : comptes, fondations, titres de rentes H. 5609-11, L. 531, S 85. 851, registres de délibérations capitulaires (1721-88) LL. 538.

Imprimés. Jaillot : *Recherches critiques, historiques et topographiques sur la ville de Paris*, tome I, quartier de la Cité, p. 148-50. Cet article ajoute fort peu aux renseignements de notre auteur.

SAINT-CHRISTOPHE ET L'HOTEL-DIEU
I, 15-18

Nous avons parlé plus haut (p. 3) de la statue qui disparut en 1748 de la place du Parvis.

Faut-il croire que l'ancien monastère de Saint-Christophe devenu hôpital au IX° siècle, ait été appelé alors *Memoria Sancti Christophori*, comme le dit notre auteur ? Il y a, nous le savons, plusieurs exemples du mot *memoria*, signifiant église, oratoire, lieu consacré, et le *Glossaire* du Ducange en énumère deux ou trois ; mais la charte de 829, insérée dans le *Cartulaire de Notre-Dame de Paris* (I, 323) n'est pas si explicite ; on y lit simplement : «... *ad illud hospitale pauperum quod est* apud memoriam *beati Christophori, ubi fratres, tempore statuto, pedes pauperum* confluant ». Il nous paraît que *apud memoriam* ne peut signifier là autre chose que : en mémoire, en l'honneur de...

Jaillot a rectifié (tome I, *Quartier de la cité*, p. 105-6) la date 1099 donnée par Lebeuf comme étant celle de la cession de Saint-Christophe au chapitre. L'acte est de la XXXVIII° année du règne de Philippe I, 5° indiction, ce qui correspond à l'année 1097.

M. L. Delisle a signalé à la Société de l'Hist. de Paris un acte de 1392 où figure un certain « Johannes de Celerio, curatus parrochialis ecclesie Sancti Christophori Parisiensis ». (*Bulletin*, 1877, p. 35.)

L'église Saint-Christophe fut détruite en 1747. Un procès-verbal de l'état des lieux, dressé le 21 mars de cette année-là, fait connaître que le bâtiment, long de quatorze toises et demie et large de cinq, avait une hauteur d'environ 31 pieds, qu'il était voûté d'arêtes, orienté, et qu'il était situé à « l'encognure de la rue Saint Christophe et de la place au-devant de l'église de Paris ». (*Notes de l'édition Cocheris*, I, 61.)

L'Hôtel-Dieu étant passé, dès le commencement du XI° siècle, sous la juridiction temporelle et spirituelle de l'évêque et de son chapitre, le *Cartulaire de Notre-Dame* contient un grand nombre d'actes concernant cet établissement. Nous indiquerons les plus importants : une charte de 1168 (III, 438) prescrit que chaque chanoine, en mourant ou en abandonnant sa prébende, léguera aux pauvres de l'Hôtel-Dieu un matelas, un oreiller et des draps. Le 25 juin 1293, le chapitre fixe à quarante le nombre des religieuses desservant l'hôpital (III, 446) ; enfin le Cartulaire mentionne, à la date du 25 juin 1328, l'acte aux termes duquel trois chanoines seront élus tous les ans, la veille de la Saint-Jean, pour remplir, l'office de proviseurs de l'Hôtel-Dieu (III, 416).

P. 18. — La création dans l'île Maquerelle d'un cimetière spécial à l'Hôtel-Dieu, qui jusqu'alors enterrait ses morts au cimetière de la Trinité, fut en effet prescrite par plusieurs ordonnances royales, de 1554 à 1556. Mais le bureau de ville protesta en faisant valoir divers arguments, notamment l'impossibilité de transporter les cadavres par la rivière en été, à cause des basses eaux du petit bras, et finalement, le projet fut abandonné. On lira, à ce propos, de curieux renseignements dans un article de M. Tisserand. (*Bulletin de la Société de l'Histoire de Paris*, 1877, p. 117-20.)

Dans le même recueil (1878, p. 47), M. Longnon a publié le texte d'une ordonnance royale du 16 octobre 1676, relative à l'installation de cygnes dans l'île Maquerelle. C'est donc, à cette époque, que l'île dut perdre son nom grossier et s'appeler île des Cygnes.

Quelques années avant la Révolution, un architecte, le sieur Poyet, présenta un *Mémoire sur la nécessité de transférer et reconstruire l'Hôtel-Dieu de Paris* (Paris, 1785, in-4). Vingt-deux ans après, en 1807, l'auteur qui, pendant cette période, était devenu membre de l'Institut, présenta un nouveau mémoire concluant, comme le premier, à transporter l'Hôtel-Dieu dans l'île des Cygnes. C'était reprendre, en l'élargissant, l'idée qui n'avait pu aboutir au XVIe siècle. On sait qu'aucune suite ne fut donnée à un projet qui, alors surtout, rejetait bien trop loin du centre le plus important des hôpitaux. Depuis quelques années seulement, nous avons vu s'ouvrir, en face des anciens bâtiments, le nouvel Hôtel-Dieu si longtemps réclamé et qui, par son aménagement et ses proportions vraiment monumentales paraît satisfaire à toutes les exigences de la science et de l'hygiène des malades.

BIBLIOGRAPHIE. — *Sources*. — Sur Saint-Christophe on trouvera aux Archives Nationales deux cartons de titres de propriétés et de rentes. S. 3314-5.

Sur l'Hôtel-Dieu, le fonds de Notre-Dame possède les documents suivants : H. 3663-6, comptes du XVe siècle ; L. 532-7, juridiction du chapitre, procès-verbaux de visites, rentes dues au chapitre ; LL, 488a, statuts des chapelains.

L'ensemble des archives de l'Hôtel-Dieu était conservé dans les bâtiments de l'administration de l'Assistance publique, avenue Victoria. L'incendie allumé par l'insurrection communaliste en mai 1871, en a détruit la plus grande partie. L'inventaire qu'avait rédigé l'archiviste, M. Brièle, a échappé heureusement au désastre et a pu être réimprimé. (*Inventaire sommaire des Archives hospitalières ... Hôtel-Dieu*, tome I. Paris, 1866, in-4, portant presque exclusivement sur les titres de biens de l'Hôtel-Dieu.) La destruction presque totale des pièces les plus curieuses, rend d'autant plus précieuses les notes que M. Brièle avait publiées dans l'*Union médicale* de 1869 et qui ont paru en 1870, sous ce titre : *Notes pour servir à l'Histoire de l'Hôtel-Dieu de Paris* (Thorin, in-8). Voir aussi : les *Archives Hospitalières de Paris*, par H. L. Bordier et Brièle. Paris, Champion, 1881, in-8.

SAINT-DENIS-DU-PAS
I, 18-20

L'étymologie proposée par Lebeuf est aussi celle qu'a adoptée Jaillot (t. I, *quartier de la Cité*, p. 150).

Dans un curieux recueil de pièces sur *les Églises et Monastères de Paris* (Paris, Aubry, 1866, in-8), M. H. Bordier a publié un document de la fin du ixᵉ siècle où figurent (p. 43-52) des terres dépendant de Saint-Denis. C'est, contrairement à ce que dit notre auteur, jusqu'à cette époque qu'il faut reculer l'antiquité de cette chapelle démolie au commencement du présent siècle.

Le *Cartulaire de Notre-Dame de Paris* donne (III, 409) la formule du serment dû par chaque chanoine au doyen de la Cathédrale.

Au xviiiᵉ siècle le chapitre se composait de douze canonicats valant chacun 800 livres de revenu. (*Mém. de la Gén. de Paris*, p. 22.)

BIBLIOGRAPHIE. — *Sources*. — Archives nationales : Comptes, H. 3609-11 ; titres de propriété et fondations, L. 538, S. 84, 840-6 ; un registre de délibérations capitulaires (1705-85) LL. 539.

CHAPELLES DU PALAIS ÉPISCOPAL
I, 20-21

Jaillot fournit la preuve (t. I, *Quartier de la Cité*, p. 141) que les chapelains du palais épiscopal étaient plus de sept, comme le dit Lebeuf. Il conteste aussi l'assertion de ce dernier relative à la fondation d'une chapellenie par l'évêque Simon de Bucy : « le nécrologe dit seulement qu'il fit bâtir la grande salle avec ses appartenances jusqu'à la grande cour et plusieurs autres édifices. »

Ces chapelles ont disparu avec les bâtiments épiscopaux, quelques années après leur dévastation par la populace, en 1831. L'archevêché était situé au sud de la cathédrale et parallèlement à sa nef, entre l'église et le petit bras de la Seine. Le quai de l'Archevêché a été construit sur son emplacement.

SAINT-AGNAN
I, 21-23

La charte par laquelle Girbert, évêque de Paris, approuve la fondation d'Étienne de Garlande, a été imprimée dans le *Cartulaire de Notre-Dame de Paris* (I, 328-9.). Ce n'est pas à Vitry, mais à Ivry qu'était située l'une des pièces de vignes qui servirent à la dotation des chanoines.

Supprimée à la Révolution, la chapelle resta debout et fut enclavée dans une maison particulière de la rue Chanoinesse; nous empruntons à un article de Gilbert la description suivante des bâtiments tels qu'ils existaient en 1847 (*Revue Archéol.*, t. IV):

« Après la suppression du chapitre de Notre-Dame, cette chapelle, ainsi que la maison dans laquelle elle se trouve enclavée, furent réunies au domaine national, puis vendues au sieur Varin, entrepreneur de maçonnerie et une partie de celle où se trouve la chapelle fut acquise par la suite par Mme Pujol qui en est aujourd'hui propriétaire. Servant aujourd'hui de magasin à M. Romagnat, marchand de bois, cette chapelle a conservé à peu près sa forme primitive, à l'exception de l'abside décrivant une ligne droite qui, se trouvant enclavée dans la maison voisine numérotée 20 rue Chanoinesse, en fait aujourd'hui partie intégrante, mais l'autre partie de cette chapelle qui comprend la nef a présentement son entrée dans une petite cour dans laquelle on accède par la rue Basse-des-Ursins, près de l'angle qu'elle forme avec l'extrémité de celle de la Colombe, numérotée 21.

« Cette chapelle bâtie vers le déclin de l'époque romane présente, dans sa longueur, trois travées à voûte d'arête séparées par des arcs en plate-bande à plein cintre dont les retombées portent sur des faisceaux composés chacun de trois colonnes engagées à chapiteaux variés dans leur composition et présentant un système d'ornementation puisé suivant l'habitude dans le règne animal et végétal... »

BIBLIOGRAPHIE. — *Sources.* — Arch. nationales : nominations de chanoines, L. 539; titres de propriété, S. 83.

SAINT-GERMAIN-L'AUXERROIS
I, 23-37

Lebeuf s'était déjà occupé des origines de cette église dans ses *Dissertations sur l'hist. ecclés. et civ. de Paris* (t. II, p. XXXI-III et 330-40), et si l'on se rappelle qu'il était né à Auxerre et qu'il donna toujours dans ses travaux la plus grande place à l'histoire de son pays, on ne s'étonnera pas qu'il ait tenu à prouver la haute antiquité à Paris du culte de saint Germain d'Auxerre ; ses recherches n'en sont pas moins sincères et inspirées par l'érudition et la passion de la vérité, mais nous devons constater qu'elles ont été victorieusement réfutées par le savant mémoire de M. J. Quicherat, sur les *Trois Saint-Germain de Paris.* (*Mém. de la Soc. des Antiquaires* de France, 3º série, t. VIII, 1865, p. 156-80.) Saint-Germain de la Cité en fait le principal objet; aussi y reviendrons-nous plus longuement dans nos notes sur cette église, mais l'histoire de Saint-Germain-l'Auxerrois s'y lie trop intimement pour que nous ne le signalions pas dès maintenant. M. Quicherat a prouvé que, si la plus ancienne des trois basiliques dédiées à saint Germain est sans contestation Saint-Germain-des-Prés, celle qui vient après, dans l'ordre chronologique n'est pas l'église dont nous nous occupons, mais bien Saint-Germain-le-Vieux. Ainsi s'écroule l'échafaudage élevé avec tant de peine par Jaillot (t. I, *quartier du Louvre* p. 23-36) : l'église neuve bâtie par Chilpéric, celle que mentionne le testament de Bertram, évêque du Mans, n'est autre que Saint-Germain le Vieux.

Ainsi encore Lebeuf s'est trompé (p. 24-25) en attribuant à Saint-Germain l'Auxerrois le premier rang après l'abbaye de Saint-Denis, d'après l'acte de 811 (on trouvera cet acte entier au tome I, p. 290 du *Cartul. de N.-D. de Paris*) : « *Missi ex partibus S. Dionisii, S. Germanum vel S. Genovefam et S. Marcellum vel sanctum Germanum Novum...* ; » notre Saint-Germain est là le dernier, avec le surnom de le Neuf, précisément pour le distinguer de Saint-Germain-le-Vieux, à une époque où l'usage n'était pas encore établi de dire Saint-Germain-l'Auxerrois.

P. 31. — Cocheris a observé très judicieusement qu'il existait encore en 1292 une école Saint-Germain ; elle est mentionnée dans le rôle de la taille de Paris à la fin du XIII° siècle.

Guillebert de Metz, qui vivait sous Charles VI, parle de « l'escole Saint-Germain où on vent le bois. » Il est probable que depuis longtemps le commerce de la navigation, très actif en cet endroit, l'avait transformée en chantier.

Nous grouperons ici sans les séparer, les indications nouvelles que nous croyons utile de donner sur l'église et les divers travaux qui y ont été faits depuis plus de quatre siècles ; les détails d'archéologie donnés par Lebeuf sont trop disséminés pour que nous puissions nous conformer à son plan. Le 30 octobre 1505, un marché fut passé « entre Jehan Solas, sculpteur de Paris et Jehan Transson, marchand drapier et bourgeois de Paris », pour l'érection d'un monument représentant le sépulcre de Notre-Seigneur dans la chapelle de Notre-Dame, située au chevet de l'église. Le texte de ce marché a été publié par M. Leroux de Lincy dans les *Archives de l'Art Français*. (1° série, Documents, t. I, p. 133-6.)

Voici, en outre, quelques renseignements empruntés au précieux « compte de la marguillerie » (1539-1545) qu'a publié M. de Laborde dans ses *Comptes des Bâtiments du Roi* (Paris, Baur, 1877-80, t. II, p. 275-90)[1] : « à Jehan Goujon, tailleur d'ymages, la somme de six escus d'or soleil sur étant moings des ouvrages de son mestier d'ymagier... Au dict Jehan Goujon, tailleur d'ymages, la somme de seize escus d'or soleil... (1544), etc.

« A Symon du Ru, maistre tappissier, la somme de dix-huit livres tournoys pour avoir par luy fourny la tappisserie qu'il avoict convenu avoir pour tendre en la dicte église aux festes de Pasques et aultres festes... (1545).

« A la vefve feu Jehan Aubeutz, nommée Guillemette Hastier, la somme de vingt livres tournoys sur ce qui luy peult estre deu pour l'ardoise qu'elle a livrée aux dicts marguilliers pour couvrir la dicte eglise... » (1544), etc., etc.

Ce sont là de simples extraits destinés à donner une idée de l'intérêt du document ; nous y renvoyons donc et aussi à la note où M. de Laborde raconte sa découverte (*ibid*. I, XXV-XXIX) et retrace l'histoire du jubé que Jean Goujon avait orné de sculptures. Cette œuvre d'art, détruite en 1754, Lebeuf dit 1745, a pu être en partie reconstituée et les fragments qui en restent sont aujourd'hui au Musée du Louvre.

Les cloches de Saint-Germain-l'Auxerrois, à jamais célèbres pour avoir donné le signal de la Saint-Barthélemy, méritaient aussi une mention. Seule, l'une d'elles a subsisté ; elle s'appelait Marie et avait été fondue en 1527. (Cf. de Guil-

---

1. Il n'est pas inutile de dire, pour la bibliographie de notre sujet, que les feuillets de ce compte maintenant conservé aux Archives Nationales (K. 530²¹, n° 21), formaient la reliure d'une collection du *Journal des Débats* déposée au ministère de l'Intérieur, où M. de Laborde les a découverts.

hermy, *Inscriptions de la France* I, 342.) Mais le compte que nous venons de citer fournit des renseignements plus explicites : « Au dict Bertrand Chevalier la somme de six livres tournois pour avoir, la sepmaine peneuse mil cinq cens quarante deux, referré la moyenne des deux grosses cloches de la dicte eglise parce qu'elle branloit dedans son boys ; aussy pour avoir faict une longe neufve à la troisiesme des deux grosses cloches, referré les deux petites cloches nommées Pain et Vin [1]... » (*loc. cit.*, p. 287.)

A notre époque, Saint-Germain-l'Auxerrois a été l'objet de luxueuses décorations sur lesquelles on trouvera des détails dans une notice de Troche (*Revue Archéologique*, 1846, 1ᵉ partie, p. 412-9) et dans la notice rédigée par M. Clément de Ris pour l'*Inventaire des Richesses d'Art de la France*, Paris, Monuments religieux (I, p. 3-13).

L'édifice n'a conservé qu'un petit nombre des sépultures illustres qu'il possédait avant la Révolution. Nous signalerons les épitaphes de Louis de Poncher, général des finances mort en 1521, de Paul Phelypeaux, secrétaire d'État mort en 1621, de Pierre Séguin, l'un des doyens, mort en 1671 (et non en 1672 comme le dit Lebeuf, p. 34). M. de Guilhermy les a reproduites dans ses *Inscriptions de la France* (I, 153-65). Il nous a aussi conservé le texte d'une fondation des plus curieuses faite par Pierre de Cerisay, doyen mort en 1507. (*Ibid.*, I, 149-52.)

A la fin du XVIIᵉ siècle, le chapitre se composait d'un doyenné valant 8,000 livres de rente, d'une chantrerie et de 13 canonicats d'un revenu annuel de 1,500 livres chacun. (*Mém. de la Généralité de Paris*, p. 24.)

Sur l'union du chapitre de Saint-Germain à celui de Notre-Dame, la Bibliothèque de la Ville de Paris possède un dossier de documents curieux, manuscrits et imprimés, annexés au tome VIII de son exemplaire du *Gallia Christiana*. L'arrêt du Parlement est du 12 août 1744, mais les pièces dont nous parlons attestent que cette union fut précédée d'une longue procédure et de toute une série de difficultés que fit surgir le décret rendu par l'Archevêque le 18 juillet 1740. L'espace nous manque pour les analyser, mais nous ne saurions trop en recommander l'examen aux historiens des deux Chapitres ; les mémoires et factums qu'ils auront à dépouiller leur fourniront les renseignements les plus curieux, bien plus encore sur le temporel et les ressources de Notre-Dame et de Saint-Germain que sur l'acte d'union lui-même.

P. 36. — Le pont Marchand disparut en 1621, détruit par un incendie. Son nom lui venait, non pas comme le dit Lebeuf, d'une place voisine appelée place aux Marchands, mais d'un sieur Charles Marchand qui l'avait fait partiellement reconstruire en 1604 [2]. Jaillot (I, quartier de la Cité, p. 172-3) donne à cet égard des preuves irréfutables et fait aussi remarquer que la place aux Marchands était bien plus bas, sur l'emplacement même de l'École Saint-Germain.

SOURCES. — Archives Nationales : Cartulaires du XIIIᵉ au XVIIᵉ siècle, LL. 489-91, 493 ; registres d'actes capitulaires (1382-1718), LL. 496-523 ; comptes,

---

[1]. L'une de ces cloches est, depuis la Révolution, la propriété de la Comédie-Française.
[2]. Il y a, croyons-nous, une relation de parenté indubitable entre ce personnage et celui qui fut l'un des principaux architectes du Pont-Neuf, Guillaume Marchand. (Voy. R. de Lasteyrie, Documents sur la construction du Pont Neuf, ap. *Mém. de la Soc. de l'Histoire de Paris*, t. IX, p. 8 et suiv.)

LL. 524-37, 729-32, H. 3432-53; union du chapitre à celui de Notre-Dame, S. 75-76; titres de propriété, S. 29, 96-108, 3344-54; censier de 1350, LL. 494.

CHASTEAU-FESTU
I, 37

Berty s'en est occupé dans sa *Topographie historique du vieux Paris* (région du Louvre, I, 50). Plus récemment, M. Bonnardot lui a consacré une note, imprimée dans le *Bulletin de la Soc. de l'Hist. de Paris* (1875, p. 109-10). On trouvera, dans ce dernier travail, l'indication de plusieurs documents anciens relatifs à cette habitation et la discussion de son étymologie. Pour Berty, ce devait être une sorte de masure, de bicoque n'ayant pas plus de valeur qu'un fétu de paille ; c'est aussi l'opinion de Cocheris. Pour M. Bonnardot, au contraire, c'était une demeure importante, et la liste de ses propriétaires, gens considérables dans la bourgeoisie parisienne, semble le prouver ; aussi festu viendrait-il de *festum* et signifierait lieu où se donnaient des fêtes. Nous ne le pensons pas : il existe au moins un autre Chasteau-Festu : Lebeuf l'a signalé dans la paroisse de Vigneux (V, 57) et le fait d'un domaine rural ainsi nommé nous paraît justifier l'origine *festuca* et le sens : maison couverte en chaume, en paille.

Quant à l'emplacement de cette maison, il n'est pas rigoureusement déterminé ; on sait seulement qu'il devait être voisin du carrefour des rues de l'Arbre-Sec et Saint-Honoré, et contigu à l'ancienne rue de Bétizy. (Voy. à ce propos une note de M. R. Boulenger dans le *Bulletin de la Soc. de l'Hist. de Paris*, 1879, p. 144-6.)

CROIX-DU-TIROIR
I, 37-38

Elle était située au carrefour des rues de l'Arbre-Sec et Saint-Honoré. Raoul de Presle en parle dans son *Commentaire de la cité de Dieu*, et l'explication qu'il donne de son nom nous paraît bien plus vraisemblable que celle de Lebeuf : « Et à la Croix du Tyrouer se trioient les bestes et pour ce à proprement parler est-elle appelée la Croix du Triouer pour les bestes que l'on trioyt. » (*Paris et ses historiens au* XIVe *siècle*, par Leroux de Lincy et Tisserand, 1867, in-4, p. 108.) D'autre part Cocheris mentionne, sans en indiquer la provenance, une charte de 1357 où figure le « *trait* de la place aux Pourceaux », voisin du carrefour du Tiroir. Enfin, Berty, dans sa *Topographie historique du Vieux Paris* (région du Louvre, I, 49), cite un très grand nombre de formes du nom, usitées du XIIIe au XVe siècle, et dans lesquelles on reconnaît toujours l'origine latine *trahere*.

LE FOR-L'ÉVÊQUE
I, 38

Ce nom vient-il d'un four que les évêques auraient possédé autrefois dans ce lieu, ou a-t-il toujours désigné le siège de la juridiction épiscopale ? la question n'est pas encore tranchée. Le *Cartul. de Notre-Dame* mentionne, il est vrai, un acte d'août 1256 où il est question d'une maison sise dans la rue Saint-Germain, contiguë « *domui domini episcopi que dicitur domus furni episcopi* » (III, 83). Cocheris a conclu de cet acte (sans indiquer sa provenance) que c'était là où autrefois les évêques faisaient cuire le pain pour leur maison. C'est peut-être faire dire bien des choses à un texte d'une ligne, et rien ne prouve d'ailleurs qu'il y ait identité entre cette maison du four et celle qui nous occupe.

Le règlement du xiv⁰ siècle, cité par Lebeuf, se trouve au *Cartulaire de Notre-Dame*, III, 275.

La maison du For-l'Évêque a disparu aujourd'hui. Elle s'élevait au coin des rues Saint-Germain-l'Auxerrois et de l'Arche-Pépin.

BIBLIOGRAPHIE. — *Sources*. — Les archives judiciaires de l'évêché sont conservées aux Archives Nationales sous les cotes Z³ 3150-256.

Imprimés. — Voy. la Préface de Guérard au *Cartulaire de Notre-Dame* et l'excellent livre que M. Tanon, conseiller à la Cour de Cassation, a consacré aux anciennes justices religieuses [1].

LE LOUVRE
I, 38

On n'attend pas de nous, sur le plus important de nos châteaux royaux, une histoire et des recherches complètes : ce qui a retenu Lebeuf au seuil de ces recherches est bien moins, croyons-nous, la multiplicité des travaux déjà faits de son temps que le nombre des lacunes qu'ils offraient. Depuis cent ans, d'excellents livres ont été écrits sur l'histoire du Louvre et nous ne les citerons même pas tous, ce serait sortir des limites de notre cadre ; nous nous contenterons d'indiquer les principaux et surtout les documents publiés, véritables matériaux d'une histoire définitive encore à faire.

L'étymologie du nom nous arrêtera cependant un instant : il nous paraît bien difficile d'admettre cette origine saxonne proposée par notre auteur, malgré la faveur qu'elle a trouvée parmi les historiens. Pour la faire rejeter, il suffit en effet de prouver que le nom latin *lupara* a servi à désigner non pas seulement le château, mais aussi tout le territoire avoisinant. Cette preuve, une charte de Philippe-Auguste, datée de 1222, nous la fournit. Il s'agit d'un accord entre le roi, d'une part, l'évêque et le chapitre d'autre part ; le roi déclare avoir toute justice pour la voirie comprise « *a domo quam Henricus, quondam Remensis archiepiscopus, edificavit apud Luparam, usque ad poncellum de Chailloello.* » (*Cartul. de Notre-Dame de Paris*, I, 125.) Sauval avait parlé de la même maison d'après une charte de 1215, et Berty, qui sentait l'importance d'une pareille mention, chercha vainement cette charte, de même qu'il avait cherché, sur la foi de Jaillot, des titres « du temps de Louis le Jeune où il est fait mention d'un Louvre sans qu'on puisse discerner s'il s'agit du château ou du territoire », et qu'il n'avait pu

---

1. *Histoire des justices des anciennes églises et communautés monastiques de Paris*. Paris, 1883, in-8.

découvrir. (Cf. *Topographie historique du vieux Paris*, région du Louvre, I, 129-20.)

L'acte de 1222 est parfaitement explicite et il est impossible de voir dans *Lupara*, ainsi employé, autre chose qu'un territoire.

Berty a, suivant nous, trouvé la vraie voie en cherchant une origine commune au nom du château et à celui de Louvre en Parisis; il propose assez timidement (*ibid*, p. 121, note) une explication qui, mieux établie par des textes, serait assurément la meilleure : Louvre venant de léproserie, et nous savons par Lebeuf lui-même qu'il y a eu à Louvre un hôpital de lépreux. Reste à prouver que le terrain compris entre Saint-Germain-l'Auxerrois et les Tuileries a pu être autrefois occupé par une léproserie, ou en a, d'une façon quelconque, pu garder le souvenir. D'ailleurs l'origine *Lower* se défend moins bien encore.

Elle a été cependant défendue de nouveau par le regretté Edouard Fournier (*Paris à travers les âges*, le Louvre et ses environs, p. 1-4), qui a cherché à concilier les deux explications, celle de Lebeuf et celle de Berty. Pour lui, le Louvre de Paris et le Louvre du Parisis ont bien la même origine dans l'histoire, celle d'un camp fortifié, *lower*, établi à ces deux points lors de l'invasion des barbares du ve siècle, par les Saxons qui le baptisèrent d'un mot de leur langue. C'est une hypothèse ingénieuse, on le voit, mais ce n'est qu'une hypothèse, car il faudrait tout d'abord prouver qu'il y eut effectivement sur la rive droite de la Seine, en face de Lutèce, et en même temps dans la bourgade du Parisis, un camp de ce genre; or, Edouard Fournier ne peut en fournir le moindre témoignage.

Ce que nous avons dit de l'ouvrage de Berty suffit à en indiquer la valeur. C'est en effet le guide le plus sûr et le plus érudit que nous ayons à recommander à ceux qui voudront étudier dans ses détails l'histoire du Louvre; ils la trouveront dans les deux volumes de la *Topographie Historique du Vieux Paris*, région du Louvre et des Tuileries (Paris, Imprimerie Impériale, 1866-8, 2 in-4).

Il est utile cependant de mentionner ici trois documents ou séries de documents dont l'importance est capitale. Le plus ancien, à défaut d'actes sur la construction de la « Tour » par Philippe-Auguste, est le compte des dépenses faites par Charles V, de 1364 à 1368; Leroux de Lincy l'a publié pour la première fois dans la *Revue Archéologique* (VIII, 670-91 et 760-72) et Berty l'a réimprimé (I, 181-99). Pour le Louvre de la Renaissance et d'Henri II, M. de Laborde a cité des extraits de comptes infiniment précieux dans ses *Comptes des Bâtiments du Roi*, 1528-1571 (Paris, Baur, 1877-80, 2 in-8). Enfin, l'histoire architecturale du Louvre de Louis XIV se lira tout entière dans les *Comptes des Bâtiments du Roi sous le règne de Louis XIV*, publiés par M. J. Guiffrey pour la collection des documents inédits sur l'Histoire de France, et dont le premier volume (1881) nous conduit de 1664 à 1680.

Telles sont les sources principales où devra puiser l'historien; mais le Louvre, après avoir été la plus célèbre demeure de la royauté, est devenu le dépôt, plus célèbre encore, des richesses artistiques du monde entier. M. de Clarac l'a étudié sous ce double aspect dans son ouvrage intitulé : *Musée de sculpture antique et moderne* ou description historique et graphique du Louvre et de toutes ses parties (imprimerie Royale, 1826-53, 6 vol. de texte in-8, et 6 vol de pl. in-4). Enfin, M. L. Vitet a consacré une série d'articles remarquables (réunis en volume : *Le Louvre et le Nouveau Louvre*, Paris, 1853, in-8) aux travaux entrepris par le second Empire pour achever la réunion du Louvre aux Tuileries.

LE FIEF POPIN
I, 38-39

Nous avons peine à croire que le fief Popin ait jamais pu être sur le territoire de Saint-Germain l'Auxerrois dont il était assez éloigné : la rue de l'Abreuvoir ou de l'Arche-Pépin qui nous en avait transmis le nom indique son emplacement ; elle venait aboutir au quai de la Mégisserie tort près du Châtelet, et il y a vingt ans à peine qu'elle a disparu, absorbée par la rue des Lavandières-Sainte-Opportune.

Il est difficile d'établir à quel personnage ce fief devait son nom. Est-ce celui que Lebeuf a trouvé existant, en 1185 ? Ne serait-ce pas plutôt ce Jean Popin, prévôt de la marchandise de l'eau en 1270, et qui figure au Cartulaire de Notre-Dame de Paris (III, 435) avec cette mention : *de porticu sancti Jacobi* ? Nous le croyons d'autant mieux que d'après Sauval, cité par notre auteur, la justice de ce fief s'exerçait autrefois au porche de Saint-Jacques de la Boucherie.

Cocheris mentionne un manuscrit de 1736 donnant l'état à cette époque des « maisons qui relèvent du fief Popin et basties sur son estendue. » Nous croyons savoir que ce document appartient aujourd'hui à M. E. de Goncourt.

LES QUINZE-VINGTS
I, 39-40

Lebeuf n'a pas mentionné la légende des origines de cet établissement. Saint Louis l'avait fondé, disait-on, pour y donner asile à trois cents gentilshommes français auxquels les infidèles avaient crevé les yeux pendant la croisade d'Égypte. Jaillot a démontré l'invraisemblance et la fausseté d'un tel récit (tome I, *Quartier du Palais Royal*, p. 29-34) et un récent historien des Quinze-Vingts, M. Léon Le Grand [1] établit qu'il apparaît pour la première fois dans l'histoire en 1483.

L'acte de 1282 dont parle Lebeuf ne saurait être celui de la fondation de la chapelle (Cf. Félibien. Preuves de l'*Histoire de Paris*, III, 270-1), car Jaillot cite des bulles de 1260, 1261 et 1265 relatives à cette chapelle alors déjà bâtie et dédiée à saint Remi.

« L'enclos, dit M. Le Grand, était situé à gauche de la rue Saint-Honoré, à la hauteur de la rue de Rohan actuelle ; et un peu plus loin : « l'immeuble le plus important sis à Paris était un enclos de trente huit arpents qui leur fut donné par Pierre des Essarts (1342), et qui forma plus tard une partie du jardin des Tuileries. » Lebeuf indique pour cette donation la date 1343.

Ni notre auteur ni M. Le Grand ne semblent avoir connu l'acte de Charles VII

---

[1]. *Histoire des Quinze-Vingts depuis leur fondation jusqu'au milieu du XVIe siècle*. Ce mémoire, qui a été présenté comme thèse à l'École des Chartes au mois de janvier 1885, est resté inédit, et nous ne le citons que d'après les *Positions* imprimées. Il est à souhaiter qu'il soit prochainement publié et conduit jusqu'à la Révolution.

cité par Cocheris (I, 178-9), aux termes duquel les Quinze-Vingts eurent le privilège d'avoir pour leurs affaires propres deux audiences par semaine au Châtelet. Dans un très bon chapitre sur cet hôpital, Berty donne quelques détails sur l'architecte qui en bâtit la chapelle, « un nommé de Montreuil, » dit Lebeuf; il s'appelait Eudes de Montreuil et paraît avoir été proche parent de Pierre de Montreuil, l'architecte de la Sainte-Chapelle. Il mourut en 1289 et fut inhumé au couvent des Cordeliers. (Cf. *Région du Louvre*, I, 68-9 et note.)

Par lettres patentes de décembre 1779, le transfert de l'hôpital fut autorisé dans l'hôtel des Mousquetaires de la deuxième compagnie, rue de Charenton, où est encore actuellement. C'est le cardinal de Rohan, alors grand aumônier, qui mena à bonne fin cette négociation, très fructueuse pour les Quinze-Vingts, car la vente de leur ancien enclos produisit six millions, plus 312,000 livres à titre de compensation des loyers perçus, tandis que l'hôtel des Mousquetaires ne leur coûta que 450,000 livres. (Voyez à ce propos Éd. Fournier, *Énigmes des rues de Paris*, p. 91-111.)

Dans la chapelle de ce nouveau bâtiment furent transportées quelques-unes des inscriptions que les Quinze-Vingts avaient fait placer dans l'église de leur première maison. Elles ont été reproduites au tome I, p. 667-79 des *Inscriptions de la France*. Nous signalerons surtout une fondation de services religieux, faite en 1481, et une plaque de cuivre où sont gravés les noms des fondateurs et bienfaiteurs de l'église jusqu'en 1780.

BIBLIOGRAPHIE. — Les archives des Quinze-Vingts sont conservées à l'hospice. Un inventaire en a été publié par les soins de l'administration, sous ce titre : *Inventaire sommaire des Archives Hospitalières antérieures à 1790. Quinze-Vingts*, par J.-B. Marot, secrétaire-archiviste de l'administration des Quinze-Vingts. Paris, 1867, in-4, de 390 pages.

SAINT-NICAISE
I, 40

Un plan de l'hospice des Quinze-Vingts, antérieur à l'année 1748, indique l'emplacement de cette chapelle, qui était en bordure de la rue Saint-Nicaise. La chapelle a disparu vers 1779 et la rue dans les premières années de notre siècle. Elle s'étendait entre le Louvre et les Tuileries. (Cf. Berty, *loc. cit.*, p. 78.)

SAINT-ÉLOI
I, 40

Cette chapelle, plus connue sous le nom de chapelle des Orfèvres, était située dans la rue qui, au XIIIe siècle, s'était appelée rue « as moines de Jenvau » (Joyenval), puis des Deux-Portes, avant d'être nommée rue des Orfèvres. De curieux documents ont été publiés par M. le baron Pichon (*Mémoires de la Soc. de l'Hist.*

de Paris, IX, 95-108) sur les travaux qui y furent faits de 1550 à 1566, époque de sa construction. Philibert Delorme les dirigea ; Jacques Aubry, maître vitrier, exécuta les vitraux, dessinés par Jean Cousin; enfin Germain Pilon fut chargé de l'autel et des statues qui l'ornaient, peut-être même des dessins de la boiserie, qui était fort riche.

BIBLIOGRAPHIE. — *Sources*. — Les renseignements sur la chapelle des Orfèvres ne peuvent se trouver que parmi les titres de la corporation, dont les Archives Nationales possèdent un grand nombre. (Voyez *Inventaire-Sommaire*, page 520.) C'est de ce fonds que M. le baron Pichon a tiré les documents dont nous venons de parler. Nous signalerons encore une bulle de Paul II, également conservée aux Archives Nationales dans le carton L. 324.

Imprimés. — Jaillot, tome I (*Quartier Sainte-Opportune*), p. 44-7.

LES PÈRES DE L'ORATOIRE
I, 40-41

On ne s'explique qu'en y voyant une faute d'impression la date 1749 que donne Lebeuf pour l'achèvement de l'église de l'Oratoire. La première pierre en fut posée le 22 septembre 1621 par le duc de Montbazon, gouverneur de Paris, et Millin, dans une notice très complète (*Antiquités Nationales*, II, p. 1-28) nous apprend que Métézeau, puis Jacques le Mercier en furent les architectes successifs. Le portail, construit d'après les dessins de Caquier, ne date, il est vrai, que de l'année 1745.

Les tombeaux les plus remarquables étaient ceux du fondateur, le cardinal de Bérulle, mort en 1629 ; d'Antoine d'Aubray, lieutenant-civil, frère de la Brinvilliers, mort en 1680, de Nicolas de Harlay. Millin reproduit en outre les épitaphes des supérieurs du couvent, de 1662 à 1790, et donne en quelques lignes la biographie des Oratoriens célèbres parmi lesquels nous citerons Jacques le Long, l'auteur de la *Bibliothèque Historique de la France,* continuée et développée si bien par Fevret de Fontette.

L'Oratoire possédait une très riche bibliothèque, dont le bâtiment fut construit en 1672. (Voy. dans le recueil des *Inscriptions de la France*, I, 535, le texte de l'inscription relative à la pose de la première pierre.) La plupart des manuscrits ont passé à la Bibliothèque Nationale.

A la Révolution, l'église fut « destinée par un décret de la Convention nationale à servir de magasin pour les effets d'équipement des armées et convertie en un lieu profane par la destruction entière des autels et de tous les monuments et tombeaux qui s'y trouvaient... » (Procès-verbal du 15 janvier 1793, ap. *Inscriptions de la France*, V, 336.) Depuis 1811, elle est affectée au culte protestant.

BIBLIOGRAPHIE. — *Sources*. — On trouvera dans l'*Inventaire sommaire des Fonds conservés aux Archives Nationales* un état analytique très complet du fonds de l'Oratoire (p. 514-5).

CHAPELLE DU GRAND CHATELET
I. 41

Nous en trouvons une mention plus ancienne, mais sans indication de provenance, dans le livre de M. Desmaze : « 1270 : La chappelle et confrérie des notaires est fondée au Chastellet en l'honneur de Diex et de Nostre Dame Saincte Marie. » (p. 153). Cette confrérie des notaires est, en fait, le plus ancien souvenir qui nous soit resté de l'ancien Châtelet, car les bâtiments actuels de la Chambre des Notaires ont été construits sur l'emplacement de l'ancien monument démoli en 1802 [1].

BIBLIOGRAPHIE. — *Sources*. — Nous avons déjà indiqué les plus anciennes : registres de couleurs et bannières; l'ensemble des archives du Châtelet est conservé aux Archives Nationales.
Imprimés. — *Le Châtelet de Paris, son organisation, ses privilèges*, par Ch. Desmaze. Paris, Didier, 1870, in-12; *Paris à travers les âges* : le Grand Châtelet, par M. A. Bonnardot.

SAINTE-OPPORTUNE
I, 41

Jaillot a étudié de très près les origines de cette église (t. I, *quartier Sainte-Opportune*, p. 32-41); il est arrivé à des conclusions toutes contraires à celles de Lebeuf, et qu'il est impossible de ne pas admettre. En substance, il prouve que la donation de la terre de Moucy doit être attribuée à Louis le Bègue, et que la concession des marais voisins date du même temps. Il importe cependant de fixer certains points auxquels il s'est trop peu arrêté, malgré leur intérêt. La meilleure preuve que les marais en question appartenaient avant le XIIe siècle à Sainte-Opportune est, en effet, le texte même des chartes de ce siècle, qui sont de simples confirmations des biens de l'église. Félibien les a publiées (*Histoire de Paris*, tome III, preuves, p. 33-5), mais dans un mauvais ordre chronologique. Une charte de 1154 y a été attribuée à Louis VI au lieu de Louis VII, et néanmoins placée après la bulle d'Adrien IV qui la confirmait en 1159. Lebeuf n'a pas remarqué cette erreur, et de là viennent les incertitudes et la confusion de sa notice. Les historiens de Paris ont cru volontiers que les marais ainsi possédés par l'église Sainte-Opportune étaient les petits champs (*Campelli*) ou Champeaux qui nous sont assez bien représentés par l'emplacement des Halles. Il n'en est rien et les *Campelli* ne sont pas une fois nommés dans les cinq diplômes publiés par Félibien.

---

1. C'est du moins ce qu'affirme la plaque commémorative que la municipalité a fait apposer sur la façade de ce bâtiment; mais les plans de restitution dressés par M. Hoffbauer pour le *Paris à travers les âges* donnent à croire que la Chambre des Notaires s'élève sur une partie de l'emplacement de l'ancienne Grande-Boucherie, qui était séparée du Châtelet par la rue de la Triperie.

Seule, la charte de 1176 donne quelque clarté sur ces ou plutôt ce marais, « *qui jacet inter Parisius et montem Martyrum, et protenditur a Ponte Perrino usque subtus villam quæ appellatur Challoel, qui proprius sanctæ Opportunæ esse dignoscitur* ».

On comprend aisément l'importance qu'attachaient les chanoines de Sainte-Opportune à une semblable possession, si l'on sait que le Pont-Perrin était un lieu-dit situé vers la rue Saint-Paul, et si l'on songe à la distance qui sépare ce point du village de Chaillot. Au reste, il n'est pas douteux que ce marais a subsisté jusqu'au XVIIIᵉ siècle, transformé en un égout qui ne fut jamais que partiellement couvert. (Voy. Sauval, I, 248-54.)

En 1700, le chapitre était composé de la façon suivante : un chevecier et neuf chanoines ayant chacun 300 livres de revenu ; enfin un curé dont le traitement était de 800 livres. (*Mém. de la Généralité de Paris*, p. 25.) Le manuscrit 15,382 (fonds fr.) de la Bibl. Nationale, indique la somme de 3,200 livres pour l'ensemble des revenus de l'église.

L'église Sainte-Opportune a été démolie en 1797.

BIBLIOGRAPHIE. — *Sources*. — Archives Nationales : cartulaire du XIIIᵉ siècle, L. 93 ; délibérations capitulaires, du XVᵉ siècle à la Révolution, L. 96-106 ; fondations, L 566, LL.95 ; comptes et rentes, L.3461-85 ; titres de propriété, L. 1958-85 ; Q. 1258.

Imprimés. — Nous avons déjà indiqué, dans la Bibliographie générale, l'ouvrage de Gosset sur Sainte-Opportune ; c'est le seul livre sérieux dont cette paroisse ait été le sujet.

SAINT-LEUFROY
I, 43-45

Notre auteur n'a pas connu un diplôme de Charles le Simple, daté de 918, qui eût certainement modifié ses conjectures sur l'origine de Saint-Leufroy. Ce diplôme, publié par Dubreul, puis par Mabillon, analysé ensuite par Jaillot (tome I, *quartier Saint-Jacques-la-Boucherie*, p. 55-62), atteste l'union des religieux de la Croix-Saint-Ouen à l'abbaye de Saint-Germain-des-Prés et fait connaître que jusqu'alors les reliques apportées par ces religieux à Paris n'avaient pas été l'objet de la vénération publique : ... *corpora sanctorum hactenus debita veneratione carentium*. Mais nous nous écartons de Jaillot lorsque nous le voyons supposer que les reliques de saint Leufroy furent tout d'abord déposées dans la chapelle du Parloir aux Bourgeois. Rien n'est moins prouvé que l'existence de cette chapelle au IXᵉ siècle ; on va le voir dans un instant.

L'église Saint-Leufroy fut détruite en 1684, autant à cause de sa vétusté que pour l'agrandissement des prisons du Châtelet. C'est ce que nous apprend le procès-verbal de l'official de Paris, cité par l'abbé Villain (voy. p. 209-10 de son *Essai d'une histoire de la paroisse de Saint-Jacques-de-la-Boucherie*) ; le même document fait connaître que l'édifice avait alors « en dedans œuvre douze toises de longueur et cinq toises de largeur. » Il n'est pas inutile de dire que cette église était située à l'extrémité O. du Pont au Change, en avant du Châtelet, et sur une partie de la place actuelle.

Lebeuf admet sans hésitation que le premier Parloir aux Bourgeois était contigu à cette église ; la question a été pourtant très controversée et, jusqu'à présent, encore indécise. Jaillot était de l'avis de notre auteur puisqu'il suppose l'existence dès le IXe siècle d'une chapelle appartenant à ce Parloir aux Bourgeois; mais Bonamy (*Hist. de l'Acad. des Inscript.*, X, 314), Géraud (*Paris sous Philippe le Bel*, p. 368-72), Leroux de Lincy (*Recherches sur l'hôtel de Ville de Paris*, p. 1-5) affirment que le premier Parloir aux Bourgeois était situé au midi de la Cité, à la porte Saint-Jacques. Nous retrouverons celui-ci à propos du couvent des Jacobins et ce sera le moment alors de donner les preuves de son antiquité. Quant à celui de Saint-Leufroy, il est du moins constant qu'il fut abandonné en 1358 lorsque l'administration municipale s'établit à la maison des Piliers de la place de Grève ; au xve siècle, la ville l'affermait comme maison particulière (voy. le bail de 1424 que nous avons publié ap. *Bulletin de la Société de l'Hist. de Paris*, 1877, p. 178); un arrêt du parlement confirma cette possession en 1482 (Félibien, IV, 603-4), et il ne disparut qu'à la fin du xviie siècle, avec l'église à laquelle il touchait.

SAINT-LANDRY
I, 45-47

C'était une paroisse dès 1171, époque à laquelle l'évêque de Paris confirma une vente faite par « Jean, prêtre, et les paroissiens de Saint-Landri; » ce même Jean figure déjà dans un acte de 1160 (cf. Jaillot, t. I, *quartier de la Cité*, p. 61-5). On peut se faire une idée de l'importance de sa circonscription cent ans plus tard par le livre de la taille de Paris (voy. *Paris sous Philippe le Bel*, par H. Géraud, p. 144); les rues qui en dépendaient alors y sont appelées Glatigny, sus l'Eaue, de l'Image Sainte-Catherine, Saint-Landri, de Colombe.

La notice de Millin sur cette église contient la description des sépultures mentionnées par Lebeuf et notamment du tombeau de Girardon; elle donne aussi le texte d'une inscription curieuse sur la réfection du mur du quai par le chapitre de Notre-Dame en 1582; la voici, fidèlement reproduite avec les incorrections de sa latinité et de sa ponctuation :

Anno Domini MCIOILXXXII ut insula parisiensis insurget ornatior tutior que capitulus insignis ecclesiæ, hunc quoque murum sustulit P. Seguier decano Archidiacono, Mesnilio et Camerario, P. de la Bassée, Canonicis procurantibus.

L'église Saint-Landry était située sur la face septentrionale de la Cité, dans l'alignement de la rue de la Cité et du pont d'Arcole. Lors de sa démolition, en 1829, on découvrit sur son emplacement des fragments importants de monuments romains. Ils furent l'objet d'une étude attentive dont les résultats ont été consignés dans un rapport adressé à la Société des antiquaires de France par MM. Jorand, Gilbert et Dulaure. (Voy. *Mémoires*, t. IX, p. 1-19.) Ce rapport conclut à l'existence d'un arc triomphal élevé sur ce point par l'usurpateur Magnus Maximus après sa victoire sur Gratien en 383, et aussi d'un mur d'enceinte de l'île, postérieur à cette date. On a enfin retrouvé une statue en pierre datant du xve ou du XVIe siècle, et qui doit être celle de saint Nicolas, l'un des patrons de Saint-Landry. La *Statistique monumentale* de Lenoir donne (t. I, pl. X) une reproduction des fragments antiques.

BIBLIOGRAPHIE. — *Sources*. — Arch. nationales. Titres de rentes, H. 3785; comptes de la paroisse au XVIIIe siècle, H. 4497; fondations et documents divers, L. 670; registres de délibérations, LL. 812-4; titres de propriété, S. 3410-2.

Imprimés. « Dissertation contre MM. de Valois et Sauval où l'on assure à l'Église de Paris un saint évêque du nom de Landry, en convenant que son culte a commencé assez tard. Examen de l'origine de ce culte et de la légende de ce Saint pour suppléer au peu que les Bollandistes en ont dit. Preuves qu'il y a eu au VIIe siècle un autre saint Landry qui a exercé l'office de corévêque dans les diocèses de Paris et de Meaux, et que c'est à lui plus vraisemblablement que Marculfe dédia son recueil de formules, » par l'abbé Lebeuf dans ses *Dissertations sur l'hist. ecclés. et civ. de Paris,* tome II, p. XXXIII-XCIX. — Millin, *Antiquités nationales,* tome V, notice sur saint Landry.

ÉGLISE DES SAINTS-INNOCENTS
I, 47-53

Les explications de Lebeuf sur les origines de cette église ne sont pas sans quelque confusion; il n'est pas douteux qu'elle existât comme cure bien avant la fin du XIIe siècle, et les chartes de confirmation obtenues de Louis VII par l'église Sainte-Opportune la mentionnent plusieurs fois en cette qualité. Dire que les biens confisqués sur les juifs par Philippe-Auguste furent employés à sa construction est une pure hypothèse. Quant à juger de l'antiquité et du style du bâtiment, cela nous est maintenant impossible : il a été complètement démoli en 1786, et seules, quelques estampes fort bien décrites dans un excellent travail de M. Bonnardot (voy. plus bas la Bibliographie) en donnent une idée assez exacte.

D'après Cocheris, qui n'en fournit pas de preuve, le tombeau de saint Richard était non dans l'église, mais au cimetière, près de la croix des Guimiers, et il y fut rétabli en 1633 avec cette inscription : « Icy est le tombeau de monsieur saint Richart, restably par messieurs les vénérables doyens et chanoines du chapitre de Saint-Germain-l'Auxerrois à Paris, en l'année 1633. »

P. 50. — Il y aurait à écrire une curieuse histoire de ces recluses, ermites plus ou moins volontaires, que certaines églises parisiennes avaient la spécialité d'abriter. Ce n'est pas la dernière fois que nous les rencontrerons dans l'ouvrage de Lebeuf, et le savant abbé paraît s'y être particulièrement intéressé. Jeanne la Voirière (et non la Vodrière), fut en effet installée aux Innocents le 11 octobre 1442. Voici comment le *Journal d'un Bourgeois de Paris* relate le fait : « Item, le onzième jour d'octobre, au jeudy, fut la recluse nommée Jehenne la Voirière, mise par maistre Denis des Moulins, lors evesque de Paris, en une mesonnette toute neufve dedans le cymetière des Innocens, et fist on ung bel sermon devant elle et devant moult grant foison de peuple qui là estoit pour le jour. » (Edition de M. A. Tuetey pour la Société de l'histoire de Paris, p. 566-7.) Ce que Lebeuf n'a pas dit, c'est que Jeanne la Voirière fut la première recluse installée au cimetière des Innocents; la « mesonnette toute neufve » dont il vient d'être parlé le fait déjà supposer, mais le passage suivant publié par M. Tuetey d'après les registres capitulaires de Saint-Germain-l'Auxerrois est tout à fait concluant : *Licentia edificandi reclusagium in cimeterio Innocentium Johennete la Verrière* : Anno Domini MCCCXLII, die secunda mensis augusti, in eodem capitulo, pro parte Johannete la Verière, extitit dominis humiliter supplicatum per dominum Johannem Boyleau, curatum sancte Crucis in Civitate, quod cum ipsa mota devocione intenderet vitam suam finire in reclusagio seu loco clauso, et locus valde aptus ad hoc apparuerat sibi fiendus in cimeterio Innocentium, prope ecclesiam ejusdem loci, in quodam loco ubi est jardinum, quod placeret ipsis dominis dare licentiam edificandi ibidem aliquam parvam domum ubi ipsa posset habitare et in reclusagio vivere, et ipsa oraret Deum pro ipsis... » (*Journal, Ibid.*, p. xxxvi et note.) Celle-là est une recluse spontanée; Renée de Vendômois, dont Lebeuf parle ensuite, subit une véritable peine au reclusage des Innocents; M. Tuetey, dont le commentaire est si savant et si complet, a donné, d'après les registres du Parlement, le procès-verbal de sa mise en cellule, le 19 septembre 1486. Nous renvoyons à son édition pour la lecture de cet intéressant passage. (Note 2 de la page 366.)

Le fanal ou la tour qui s'élevait au milieu du cimetière a été plusieurs fois reproduit par la gravure; nous citerons notamment la planche de la *Statistique Monumentale* de Lenoir. Lebeuf a d'autant plus raison de dire que divers sentiments ont été donnés sur l'attribution de cet édifice, que lui-même en émet plusieurs et se contredit en évitant de se prononcer. Ce n'était certainement pas l'asile ou la prison des recluses : les renseignements donnés plus haut à ce sujet ne permettent pas cette supposition. L'éloignement de la rivière, même à l'époque des anciens marais dits de Champeaux, détruit aussi l'hypothèse d'un phare destiné à guider les conducteurs de bateaux. L'analogie avec le prétendu temple gaulois de Montmorillon ne peut non plus nous éclairer. (Cf. l'analyse de la communication de Lebeuf à l'Académie, ap. *Histoire de l'Acad. des Inscriptions*, XXV, 129.) En somme, il faut croire que la lampe qui brûlait dans cette tour avait pour objet de rappeler aux passants le voisinage d'un cimetière, et le respect dû aux morts. Le texte de Pierre le Vénérable nous paraît à ce propos tout à fait concluant : « Obtinet medium cimeterii locum structura quædam lapidea, habens in summitate sua quantitatem unius lampadis capacem, quæ ob reverentiam fidelium ibi quiescentium totis noctibus fulgore suo locum illum sacratum illustrat. Sunt et gradus per quos illuc ascenditur... » Dans son *Abécédaire d'archéologie* (Architecture religieuse, p. 317-8) M. de Caumont cite de nombreux exemples de semblables fanaux, et conclut de même sur leur destination.

P. 52. — Lebeuf aurait pu citer encore quelques actes curieux relatifs au cimetière des Innocents : la date de la construction de la clôture, indiquée par Rigord à l'année 1186 (*Historiens de France*, XVII, 21); la charte de Pierre de Nemours, évêque de Paris, pour l'augmentation du cimetière, en 1218 (Félibien, III, 68); une sentence du prévôt de Paris réglant les droits respectifs du chapitre de Saint-Germain-l'Auxerrois et de l'hôpital de Sainte-Catherine en 1371 et la confirmation par Charles V de cette sentence en janvier 1373. (*Ibid*, III, 69-72.)

P. 53. — Quant aux épitaphiers, ils sont nombreux en effet, et nous avouons qu'après les érudits qui les ont dépouillés, nous n'avons pas songé à faire une nouvelle moisson. Cocheris y a relevé toutes les sépultures, mais les noms et les dates dont il a rempli dix-huit pages de ses *Additions* y figurent avec une telle absence d'ordre chonologique ou alphabétique que les recherches y sont à peu près impossibles; nous lui préférons les travaux de MM. Bonnardot et l'abbé Dufour; les épitaphes intéressantes y sont seules mentionnées dans l'ordre pittoresque, dirions-nous, si le mot était de mise pour un pareil sujet.

Rappelons encore que le cimetière des Innocents disparut en 1788 : la fontaine sculptée par Jean Goujon, qui ornait l'angle des rues Saint-Denis et aux Fers, fut placée alors au milieu du marché ouvert sur son emplacement. (Voy. à ce propos les intéressants renseignements donnés par M. A. de Montaiglon dans ses articles sur Jean Goujon, *Gazette des Beaux-Arts*, 1885.)

BIBLIOGRAPHIE. — *Sources*. — Arch. nationales, registres de comptes du XVIIIe siècle, H. 4736-62; délibérations de la paroisse et fondations, pièces relatives au cimetière L. 567-8, 656-8, LL. 758.

Imprimés. — « Testament de défunt M. Maillefaud en faveur de l'œuvre et fabrique des Saints-Innocens et de plusieurs particuliers, remarquable à la postérité (Paris, 1694, in-4 de 12 pages); legs d'une somme de 70,000 livres à la fabrique, pour fondation de divers services et l'institution d'une école sur la paroisse, où devront être élevés cinquante écoliers et plus, de préférence « les enfans des Gallonniers, Frangers, Boutonniers, Passementiers et Merciers. »

Iconographie du vieux Paris, par A. Bonnardot. Suite d'articles consacrés au cimetière des Innocents dans la *Revue Universelle des Arts*, années 1855 à 1860.

Paris à travers les âges, tome II : Le cimetière des Saints-Innocents et le quartier des Halles, par M. l'abbé Valentin Dufour.

SAINT-THOMAS

I, 53-55

Il est assez difficile d'établir la part des faits historiques qui appartiennent en propre à chacune des deux collégiales de Saint-Thomas et de Saint-Nicolas-du-Louvre ; unies d'abord, puis séparées au XIIIe siècle pour être définitivement réunies au XVIIIe, leurs annales se confondent et les historiens n'ont pas toujours réussi à les débrouiller. C'est ainsi que Lebeuf n'a pas paru connaître l'existence d'écoles « de pauvres écoliers » à Saint-Thomas, ou qu'il n'en a attribué qu'à Saint-Nicolas ; nous voyons cependant l'évêque de Paris prendre des mesures sévères contre certains élèves indisciplinés de l'école de Saint-Thomas. (*Cartulaire de Notre-Dame*, I, 350.) L'acte est du mois de juillet 1228 et, par conséquent, postérieur à la séparation des deux collégiales. Dès 1187, d'ailleurs, il est question de Saint-Thomas et de ses « *pauperum clericorum* » dans une bulle d'Urbain III. (Gérard Dubois, *Hist. eccl. Paris*. cit. par Berty, I, 96-102.) On les retrouve dans une charte de l'official de Paris en 1284. (*Cartul. de N.-D.*, III, 64.)

A la fin du XVIIe siècle, le chapitre de Saint-Thomas était ainsi composé : une dignité de doyen, valant deux mille livres, et onze canonicats d'un revenu de trois cents livres. (*Mém. de la Gén. de Paris*, p. 26.) Le ms. fonds fr. 15,382 de la Bibl. nationale indique un revenu total de six mille neuf cents livres.

L'église menaçait déjà ruine avant la catastrophe du 15 octobre 1739, que Lebeuf enregistre, il faut en convenir, assez froidement ; les plans du nouvel édifice, œuvre de Thomas Germain, « orfèvre du Roi », étaient prêts dès l'année précédente. Le tombeau du cardinal de Fleury, qui inaugura pour ainsi dire l'église Saint-Louis, puisqu'il date de 1744 et est de quelques mois antérieur à la dédicace, n'a jamais été achevé ; ce devait être un monument remarquable dont Louis XV avait chargé le sculpteur J.-B. Le Moyne. L'épitaphe de ce tombeau se trouve maintenant, après des métamorphoses diverses, conservée dans un château de la Bretagne. M. de Lasteyrie l'a reproduite dans le supplément du *Recueil des Inscriptions de l'ancien diocèse de Paris* (V, 114-5).

C'est le 23 avril 1749, d'après Cocheris, que le chapitre de Saint-Maur fut réuni à celui de Saint-Louis-du-Louvre.

BIBLIOGRAPHIE. — *Sources*. — Arch. nationales : délibérations capitulaires et inventaires, de 1598 à 1740, LL. 152-66 ; de 1740 à 1790, LL. 107-11 ; titres de propriétés et de rentes, S. 1854-1913.

SAINT-HONORÉ
I, 55-57

Le poème des Moustiers de Paris[1] l'appelle, en 1270, « Saint-Honoré aux Porciaux », du nom de la place voisine que nous avons mentionnée plus haut (p. 13, à propos de la Croix-du-Tiroir) ; elle occupait l'emplacement du passage qui existe encore sous le nom de cloître ou cour Saint-Honoré, entre les rues Croix-des-Petits-Champs, Montesquieu et des Bons-Enfants. Le rôle de la taille de Paris à la fin du XIIIe siècle (voy. Géraud, *Paris sous Philippe le Bel*) nous apprend qu'un cimetière lui était annexé ; d'autre part, on voit par le Cartulaire de Saint-Honoré que la police de ce cimetière était fort imparfaite et que ce lieu devint de bonne heure un dépôt d'immondices de toute sorte.

La charte de Renaud de Corbeil dont parle Lebeuf, ne fait que rappeler, en la confirmant, une sentence d'arbitrage rendue en 1228 (*Cartul. de N.-D.*, I, 126), aux termes de laquelle la nomination aux prébendes de Saint-Honoré doit appartenir alternativement à l'évêque et au chapitre de Saint-Germain-l'Auxerrois. La convention qui modifia le règlement des prébendes fut définitivement homologuée par le Parlement en 1566.

Simon Morhier, prévôt de Paris sous Charles VII, fut en effet inhumé à Saint-Honoré auprès de sa femme, Jeanne de Lagny. M. Vallet de Viriville conjecture que ce personnage mourut en 1456. (Voy. *Mémoires de la Société des Antiquaires de France*, 1856, p. 271-96.) La seule mention que nous ayons de sa sépulture est celle que donne Jean le Féron dans son *Catalogue des Connétables et Prévôts de Paris* (1555, in-4) : « ... et portoit, dit-il, de gueules à la fasce d'or à

---

1. *Les Églises et Monastères de Paris*, pièces... publiées par H. Bordier. Paris, 1856, in-12, p. 18.

six coquilles d'argent, comme on le voit en l'église Saint-Honoré à Paris, où il est inhumé »[1].

A la fin du XVIIe siècle, le chapitre de Saint-Honoré était composé d'une dignité de chantre et de onze canonicats valant chacun deux mille livres de rente. « Le chapitre a soixante-douze mille livres de rente », dit le *Mémoire de la Généralité de Paris* (p. 24). Le ms. fonds fr. 15,382 de la Bibl. nationale ne lui reconnaît que douze mille livres de revenu.

L'église fut supprimée et détruite par la Révolution. Quelques vestiges en subsistaient encore en 1855. (Voy. Lock, *Dictionnaire topographique et historique de l'ancien Paris*.)

BIBLIOGRAPHIE. — *Sources*. — Archives nationales : Comptes, du XVe au XVIIIe siècle, H. 3339, 3341-67; cartulaire du XVIIIe siècle en trois registres (1754-55), LL. 66-8; délibérations capitulaires, de 1419 à 1790, LL. 69-91; fondations et unions, L. 569; titres de propriétés, S. 1822-53.

COLLÈGE DES BONS-ENFANTS
I, 56-57

Du Boulay (*Histor. Universitatis Paris.*, III, 45-6) a publié l'acte de « fondation de ce collège, en février 1209 » (n. s.) par Etienne Bérot ou Belot. On lit dans la même pièce que R. Choren (*alias* Cherey ou Chereins) et Sibylle, sa femme (fondateurs de la chapelle Saint-Honoré), donnèrent un arpent de terre près du cimetière Saint-Honoré *ad constructionem domus predicte et sustentationem pauperum scholarium*.

Guillaume de Beaulieu nous apprend que saint Louis employait les écoliers de ce collège (*Symphoniaci pueri*) pour chanter les offices dans sa chapelle, lors des grandes fêtes de l'année. (*Recueil des Historiens de France*, XX, 32.)

Le 12 septembre 1348, l'évêque de Paris amortit, au profit d'une chapelle fondée dans l'église des Bons-Enfants par Philippe Danneville, talmelier de Paris, douze livres parisis de surcens « sur la maison au Singe faisant le coin de la rue des Estuves, en face de la Croix du Tirouer ». (*Cartul. de N.-D.*, III, 298.) La maison au Singe ! C'est celle qui, deux cent soixante-quatorze ans plus tard, devait voir naître Molière. Les biographes de notre grand comique, si avides pourtant des plus petits détails, n'avaient pas songé à demander l'histoire de sa maison natale aux archives de la Cathédrale ou à celles d'un collège disparu depuis plusieurs siècles.

---

[1]. L'hôtel de Simon Morhier était situé rue Saint-Honoré, et certainement très près de l'église, car il est indiqué comme « aboutissant par derrière au chemin des murs de nostre ville de Paris », dans l'acte de donation que lui en fit Henri VI, roi d'Angleterre, après l'avoir confisqué sur les héritiers de Regnauld d'Angennes. (A. Longnon, *Paris pendant la domination anglaise*, p. 147-9.) Ces derniers, suivant Sauval (II, 242), ne rentrèrent en possession de cet immeuble que vers 1460.

SAINT-NICOLAS
I, 57-58

Déjà, à propos de Saint-Thomas, nous avons dit que Lebeuf avait mal distingué ce qui concernait l'histoire de ces deux petites collégiales. Leurs biens étaient séparés dès avant 1217 : une sentence de novembre 1212 consacra cette séparation. (Voy. Berty, *loc. cit.*, I, 98). Les confusions de notre auteur sont venues de ce qu'il avait ignoré l'existence d'un collège de pauvres écoliers à Saint-Thomas en même temps qu'à Saint-Nicolas; c'est ainsi que l'acte de juillet 1228, attribué par lui au second établissement, se rapporte au premier.

Voici l'indication de quelques documents relatifs au collège de Saint-Nicolas : 1263, lettres d'Urbain IV « *ad magistrum et fratres hospitales pauperum scholarium S. Nicolai de Lupara Parisiis* », publiées par du Boulay, III, 263 ; 1310, statuts du collège (*ibid.*, IV, 139) ; 1365, lettres de Charles V à propos d'excès commis par Hugues Aubriot, prévôt de Paris, au préjudice des écoliers de Saint-Nicolas (*ibid.*, IV, 386) ; 1398, lettres de Charles VI prenant sous sa garde les maîtres et écoliers de Saint-Nicolas-du-Louvre. (*Ordonnances*, VIII, 307.)

A la fin du XVIIe siècle, le chapitre de Saint-Nicolas-du-Louvre était ainsi composé : une dignité de prévôt valant dix-huit cents livres et dix canonicats d'un revenu de huit cents livres. (*Mémoire de la Génér. de Paris*, p. 26.) D'après le ms. de la Bibl. nationale, fonds fr. 15,382, le chapitre avait un revenu de six mille six cents livres.

Après la réunion de 1744, les bâtiments de Saint-Nicolas furent convertis en maisons particulières ; les derniers vestiges en disparurent à la fin du siècle.

BIBLIOGRAPHIE. — *Sources.* — Délibérations capitulaires, 1570-1740 (LL. 141 à 149). V. aussi les documents déjà cités à l'article de Saint-Thomas.

SAINT-EUSTACHE [1]
I, 58-65

Les origines de Saint-Eustache, ou plutôt de la chapelle Sainte-Agnès qui a précédé cette église, sont des plus confuses. Lebeuf les date de l'an 1200, mais c'est une simple hypothèse ; Jaillot (tome II, *quartier Saint-Eustache*, p. 27-32) a trouvé dans le Cartulaire de Saint-Germain-l'Auxerrois un acte de février 1214 (n. s.) « *super oblationibus novæ capellæ S. Agnetis* » ; l'accord de juillet 1223 mentionnant pour la première fois la cure de Saint-Eustache donne simplement lieu de croire qu'entre 1214 et 1223 la chapelle fut érigée en paroisse, sans qu'il soit besoin d'admettre sa reconstruction. C'est de 1255 (n. s.) qu'il faut dater l'accord

---

[1]. Nous nous sommes beaucoup servi pour ce chapitre de l'excellente notice, trop modestement appelée *Essai historique*, que Leroux de Lincy a jointe aux belles planches de Calliat sur Saint-Eustache (V. plus loin la bibliographie de l'église.)

fait entre le doyen de Saint-Germain et Guillaume, évêque de Paris ; ce document que Félibien et Lobineau ont publié (au tome I, p. 97-9 des *Preuves de l'Histoire de Paris*) est des plus curieux, et Lebeuf aurait dû en faire quelques extraits : le doyen partagera avec le curé l'argent donné en confession, pour les baptêmes, pour la bénédiction du lit nuptial, pour les mariages faits aux portes de l'église ; si le curé est appelé au dehors la nuit après qu'il sera entré dans son lit, il ne donnera au doyen que ce qui dépassera huit deniers de l'offrande qui lui aura été faite ; le doyen nommera et remplacera les marguilliers et le fossoyeur ; comme, le jour de Pâques, le curé est plus occupé que les autres jours, il recevra dix sous tournois « *pro labore* », des mains du chefcier de Saint-Germain ; le doyen et le curé auront chacun une clef du tronc commun de l'église, etc.

Il convient également de dire quelques mots des curés de Saint-Eustache : une liste aussi complète que possible en a été dressée, à l'aide des meilleures sources, par Leroux de Lincy ; dans le livre qu'il a écrit sur sa paroisse, l'abbé Gaudreau en a donné une autre ; les historiens y trouveront de quoi compléter les brèves mentions de notre auteur. Certains noms seuls nous arrêteront. Une biographie fort détaillée du curé Jean Chuffart a été faite par M. Tuetey dans l'introduction à son édition du *Journal d'un Bourgeois de Paris* (Paris, 1881, in-8). Une controverse des plus intéressantes s'est engagée, on le sait, entre MM. Longnon et Tuetey sur l'auteur de ce *Journal*; son dernier éditeur y voit le curé de Saint-Eustache et en donne des preuves aussi bien choisies que nombreuses. Les récents historiens de Saint-Eustache n'ont trouvé aucune trace des deux curés Martin Ruzé et Cosme Guymier, que nomme Lebeuf. On ne rencontre qu'un Jean Guymier, fermier de la paroisse vers 1496. A cette date, Jean Balue fut nommé une première fois curé, puis de nouveau le 15 juin 1510.

On trouvera parmi les *Pièces justificatives* réunies par Leroux de Lincy la curieuse oraison funèbre, que René Benoît prononça en chaire, du duc de Guise et du cardinal de Lorraine, assassinés à Blois en 1588. La fougue que ce personnage mit à servir, puis à combattre la Ligue pourrait bien être l'origine du proverbe rapporté par notre auteur « que personne ne peut être curé de Saint-Eustache s'il n'est fou ».

Cent ans avant la reconstruction générale de l'édifice, dès 1432, l'église déjà insuffisante était agrandie ; c'est ce que nous apprend le texte d'un procès que les marguilliers soutinrent à cet effet contre l'évêque (Leroux de Lincy, *Pièces justif.*, n° 10) ; en 1466, la plus grande partie d'une maison de la rue du Séjour fut absorbée « dans le bastiment de l'église ». Nous avons des renseignements plus amples sur le bâtiment actuel dont la première pierre fut posée en 1532, mais la vérité n'est pas faite sur le nom de son architecte. Lebeuf n'hésite pas à l'appeler David ; cependant Charles David, qui fut inhumé à Saint-Eustache et est en réalité qualifié dans son épitaphe d' « architecte et conducteur du bastiment de l'église de céans » (Pl. X de Calliat), mourut en 1650 ; il ne pouvait donc avoir dirigé les premiers travaux au XVI° siècle, mais seulement ceux du chœur et des voûtes de la nef. La chapelle de la Vierge, reconstruite au commencement de notre siècle, était, d'après Sauval (I, 437), « la plus grande et la plus belle chapelle de Paris et la plus large ».

L'église a conservé l'inscription commémorative de sa consécration en 1637 ; on en trouvera le texte dans le recueil des *Inscriptions* publié par M. de Guilhermy

(I, 140-1). Quant au grand portail, massif et disgracieux, et que la disposition des lieux dérobe heureusement à la vue, il fut entrepris par Jean-Hardouin Mansart de Jouy, petit-fils de Jules-Hardouin Mansart, et achevé par Moreau; la première pierre en fut posée par le duc de Chartres le 22 mai 1754.

Nous ajouterons peu de choses à ce que Lebeuf dit des reliques de cette église; celles de sainte Agnès y étaient en effet les plus précieuses; Leroux de Lincy a trouvé dans un document du temps (Arch. nationales, L. 925) la mention que, le 11 avril 1545, le curé de Saint-Eustache et son clergé allèrent processionnellement à Saint-Magloire pour y prendre les reliques de sainte Agnès, venues de l'abbaye du Breuil. Lebeuf avait ignoré le dépôt provisoire à Saint-Magloire et indiqué comme date le 18 avril. Ce sont là des rectifications de mince importance.

La charte de Guillaume d'Auvergne relative au partage des chapellenies fondées par Guillaume Point-l'Asne est datée de février 1229, et par suite appartient à l'année 1230 (Arch. nationales, S. 3378)[1].

Il n'est pas tout à fait exact d'attribuer à Philippe de Valois la fondation en 1331 d'une chapellenie à Saint-Eustache. La charte de ce roi, datée de Saint-Germain-en-Laye, au mois de septembre, n'a pour effet que d'assigner sur la prévôté de Torcy la rente de quarante livres instituée par le testament de Charles de Valois, son père. (Leroux de Lincy, *Pièces justif.* n° 1.) On trouvera parmi les mêmes documents (n° 4), l'autorisation que Charles VI accorda, en février 1382[2], « aux marchans et marchandes de toyles ès halles de Paris, » de se réunir en confrérie à l'église Saint-Eustache, dans la chapelle de Saint-Michel Archange, sous le patronage de sainte Venice, vierge. Il est à noter que ce nom de sainte Venice n'est autre que l'abréviation de celui de sainte Véronique.

La confrérie de Bon-Secours avait été fondée non en 1662, mais le 14 décembre 1629, par décret de l'archevêque de Paris. Les lettres patentes de 1662 ne sont qu'une confirmation de ce premier acte. La confrérie fut de nouveau réglementée en 1723. On trouvera ses statuts dans une curieuse plaquette, à laquelle nous empruntons ces renseignements : « Reglemens generaux de la compagnie de charité de la paroisse de Saint-Eustache de Paris pour le soulagement et assistance des pauvres honteux malades et pour l'instruction des pauvres enfans de l'un et de l'autre sexe. (*Paris*, 1723, in-12.)

BIBLIOGRAPHIE. — *Sources*. — Archives nationales : legs et fondation, L. 643; documents relatifs aux chapelles, aux bâtiments et aux limites de la paroisse, titres de propriété, S. 3328-41; martyrologe de 1429, LL. 722; fondation; (XIVe-XVIIIe siècle) LL. 723-4, 1723.

Imprimés. Jaillot : tome II, *quartier Saint-Eustache*, p. 27-32. — *L'Eglise Saint-Eustache, à Paris, mesurée, dessinée, gravée et publiée* par Victor Calliat, architecte, *avec un Essai historique sur l'église et la paroisse Saint-Eustache* par Le Roux de Lincy, Paris 1850 (11 planches et 43 pages de texte, in-fol.). — Lenoir, *Statis-*

---

1. Nous rectifierons ainsi, chaque fois que nous aurons pu les contrôler sur les pièces originales, ces différences de dates dont Lebeuf ne paraît pas avoir jamais tenu compte.
2. C'est par erreur que Leroux de Lincy a daté cette pièce de février 1383 (n. s.). L'acte original que M. Fagniez a publié de nouveau (*Études sur l'Industrie et la Classe industrielle à Paris*) donne la date 1381. C'est donc 1382 (n. s.) qu'il faut restituer.

tique monumentale, tome II, 10 planches. — *L'église Saint-Eustache de Paris*, par l'abbé Balthazar, ap. *Revue Archéologique*, XI, 705-28. L'auteur cite quelques documents trouvés par lui dans les archives de la fabrique, et à l'aide desquels il a dressé une liste des curés depuis 1379. — *Notice descriptive et historique sur l'église et la paroisse Saint-Eustache de Paris*... (par l'abbé Gaudreau, curé de la paroisse) Paris, Dentu, 1855, in-12. Nous y renvoyons le lecteur comme pour le travail précédent, en lui recommandant beaucoup de circonspection. L'auteur n'a pas été heureux dans les critiques qu'il adresse à Lebeuf, et, en voulant réfuter une théorie assez confuse d'ailleurs sur le style architectural de Saint-Eustache, il établit (p. 8 de la II° partie) une distinction fort mal justifiée entre « le gothique et le style ogival. »

Les notes de l'édition Cocheris contiennent, outre d'excellents compléments, le texte de plusieurs inscriptions contemporaines rappelant que les deux églises paroissiales des Innocents et de Saint-Honoré ont fait autrefois partie du territoire de Saint-Eustache, et relatives à la restauration de l'édifice, de 1846 à 1854.

Le recueil des *Inscriptions de la France*, publié par M. de Guilhermy, reproduit les épitaphes d'Antoine de Calmesnil, écuyer (1636); de Louise-Henriette de Bourbon de Conti, morte en 1759 et de François de Chevert, lieutenant général des armées du Roi, mort en 1769.

HOPITAL SAINT-EUSTACHE
I. 65

Nous empruntons encore aux recherches de Leroux de Lincy sur Saint-Eustache[1] l'intéressant document qui suit à propos de cet hôpital : « En l'année 1300, Philippe de Magny, paroissien de la dite paroisse Sainte-Agnès, donna à la fabrique une place contenant un petit celier, cour et jardin, faisant ensemble en superficie vingt perches de terre, pour y loger et heberger les pauvres de la dite paroisse seulement, sans aucune donnation ny fondation de rente, lesquels pauvres en ce temps-là n'excédoient pas le nombre de huit personnes. Il n'y a point de titre de la donnation mais l'article de l'admortissement porté par les lettres patentes du mois d'octobre 1526, du revenu temporel de la dite fabrique, en est le véritable titre, attendu qu'il y avoit plus de 200 ans que la dite fabrique possedoit le dit hôpital. — Au mois de novembre de l'année 1500, Gillette Lesguise, veuve de Nicolas Ferret, bourgeois de Paris, fonda dans l'église de Saint-Eustache une messe quotidienne dont les deniers furent employés à bâtir une partie des maisons du dit hospital. — Lors de la réforme générale des hôpitaux et maladreries du royaume, en 1603, la maison dite hôpital de Saint-Eustache fut dite n'être ni hospital, ni Maison-Dieu, ni maladrerie. »

C'est évidemment par erreur que Jaillot (t. II, quartier Saint-Denis, p. 79) a appelé Philippe de *Marigny*, et non de Magny le fondateur de cet établissement.

---

1. *Loc. cit.*, p. 6 et 7. La note que nous transcrivons, et qui doit avoir été écrite au XVIII° siècle, provient d'un inventaire des titres de Saint-Eustache. (Arch. nationales. L. 923.)

SAINT-JACQUES-DE-L'HOPITAL
I. 65-66

En 1711, c'est-à-dire quarante-trois-ans avant la publication de *l'Histoire de la ville et de tout le diocèse de Paris*, Lebeuf s'était déjà occupé de cet établissement pour fournir par lettre quelques renseignements sur son histoire[1]. Plusieurs des faits que contient cette lettre ne se retrouvent pas dans le chapitre qui nous occupe en ce moment; nous les reproduirons donc autant pour cette raison que pour montrer le soin de Lebeuf (il avait alors vingt-quatre ans et habitait Auxerre) à traiter les questions qui ne se rattachaient nullement à ses travaux d'alors.

« Vous m'avez témoigné le désir d'avoir quelques renseignements sur Saint-Jacques-l'Hôpital. Je vais essayer de vous satisfaire autant qu'il me sera possible...

« En 1315, quelques bourgeois de Paris, à leur retour de Compostelle, formèrent le projet de bâtir un hôpital pour héberger les pauvres pèlerins passant par Paris. Ils obtinrent aisément cette permission de Louis Hutin, roy de France, et acquirent, en 1317, un terrain vague près la porte aux Peintres, rue Saint-Denis au coin de la rue Mauconseil. Les fondements de cet hôpital étoient à peine jetés que les confrères s'aperçurent que cette entreprise étoit au-dessus de leurs facultés. L'officialité de Paris vint à leur secours et leur accorda, en 1319, la permission de quêter dans les quartiers de la ville, ce qui leur produisit des sommes considérables qui les mirent en état d'achever l'hôpital et la chapelle. Jeanne, reine de France, posa la première pierre de l'église et on y travailla avec tant de diligence qu'elle fut en état d'être bénie par Mgr de Marigny, évêque de Beauvais (le 18 mars 1323), qui y célébra la première messe; et le jour de saint Remy en 1327 1er octobre, le même évêque en fit la dédicace. Au mois de mai de la même année, la reine Jeanne donna une relique de saint Eustache et un doigt de saint Jacques qui ayant été déposés à l'abbaye de Saint-Magloire, furent transportés à l'église de l'hôpital avec une magnificence qui étoit chose singulière à voir. La rue de Saint-Denis étoit semée d'herbes vertes par tout le chemin. Les pèlerins firent faire quarante torches toutes ornées de coquilles et de bourdons; la reine Jeanne en avoit fait faire vingt-quatre du poids chacune de cinq livres et demie. Ceux qui les portoient étoient vêtus d'une livrée. Les reliques étoient sous un grand drap d'or que soutenoient quatre chevaliers sur Mgr Hugues de Besançon évêque de Paris, suivi et accompagné de Pierre de Mortemer, évêque d'Auxerre et de l'abbé de Saint-Magloire. A cette procession suivoient Mgr Robert comte d'Artois, la comtesse de Suresnes et Mme Blanche de Bretagne. Chaque pèlerin à l'hôpital recevoit un sol en sortant. Cette confrérie a subsisté jusqu'à sa réunion à l'ordre de Saint-Lazare. Elle étoit composée des administrateurs et des chapelains de l'église qui avoient à leur tête le trésorier, huit vicaires et quatre enfants de chœur; ces chapelains prirent le titre de chanoines. »

M. H. Bordier a publié dans les *Mémoires de la Société de l'Histoire de Paris*

---

1. *Lettres de l'abbé Lebeuf publiées par la Société des Sciences historiques et naturelles de l'Yonne*, sous la direction de MM. Quantin et Cherest, Auxerre, 1866-8, 2 vol. in-8, tome I, p. 8. Le nom du correspondant de Lebeuf n'a pu être retrouvé.

(tome I, 1874, p. 186-228 et tome II, 1875, p. 330-97) d'importantes recherches sur la confrérie de Saint-Jacques-aux-Pèlerins et ses archives. On y voit que la confrérie était organisée et fonctionnait dès 1298. Une charte de juillet 1315 prouve qu'à cette date les confrères avaient l'autorisation de se réunir aux Quinze-Vingts. C'est le 18 février 1319 que fut posée par Jeanne d'Evreux la première pierre de l'église. M. Bordier a retrouvé dans les archives de Saint-Jacques tous les documents relatifs aux acquisitions de terrains et aussi de précieuses indications sur les sculpteurs, imagiers, maîtres maçons employés à la construction ou à l'ornementation des bâtiments.

Une organisation très puissante ne sauva pas l'hôpital de Saint-Jacques; en 1672, ses biens furent réunis à ceux de l'ordre du Mont-Carmel et de Saint-Lazare. Séparés et réunis de nouveau au siècle suivant, ils furent définitivement joints, le 1er juillet 1781, à ceux de l'hôpital des Enfants-Trouvés[1].

Tous les bâtiments de l'hôpital ont disparu de 1808 à 1820, leur emplacement, rue Saint-Denis, correspond exactement à celui d'un magasin de nouveautés dont l'enseigne : *Aux Statues de Saint-Jacques*, rappelle l'établissement hospitalier du xive siècle et un souvenir plus récent qui s'y rattache encore. Des fouilles faites il y a un peu plus de quarante ans sur ce point, amenèrent en effet la découverte de quatorze statues provenant de l'église, et dans lesquelles on reconnut les douze apôtres et une image de Jésus-Christ[2].

BIBLIOGRAPHIE — *Sources*. — Les archives de l'hôpital de Saint-Jacques, si bien mises en œuvre par M. Bordier, ont heureusement échappé aux incendies de 1871 et sont conservées dans le Dépôt de l'assistance publique.

Nous mentionnerons encore un « Recueil de titres en partie imprimez, en partie manuscrits relatifs à l'hôpital des pèlerins de Saint-Jacques appartenant à M. Monteil », que possède la Bibliothèque de la ville de Paris sous le numéro 2,085. M. Bordier ne paraît pas l'avoir connu. C'est en réalité une suite de factums, avec pièces justificatives, réunis pour un procès que les chanoines de Saint-Jacques soutinrent vers 1725 contre les confrères de l'hôpital. Bien des renseignements et documents s'y trouvent produits qui ne nous sont pas parvenus en originaux.

LA JUSSIENNE
I. 66-67

En 1372, cette chapelle figure au censier de l'évêché sous le nom de « chapelle de Quoqueheron; » en 1399, elle s'appelle chapelle de l'Egyptienne, et en 1438 la chapelle de la Gipcienne de Blois. (Jaillot, tome II, *quartier Saint-Eustache*, p 32.) Nous croyons la reconnaître aussi dans cet intéressant document, encore inédit, du règne de Charles VI :

---

1. A la fin du xviie siècle, l'église était desservie par un trésorier dont l'office valait quinze cents livres et sept chapelains ou chanoines ayant un revenu de six cents livres chacun. (*Mém. de la Génér. de Paris*, p. 26.) Le ms. fr. 15,382 de la Bibl. nationale indique un revenu total de huit mille livres.
2. Cinq de ces statues ont été déposées au musée de Cluny. Voy. à ce sujet les dissertations de M. Bordier dans les *Mém. de la Soc. des Antiq. de France*, tome XV, p. 370 et année 1865, p. 111-32.

« Charles, par la grace de Dieu roy de France, à nos amés et feaulx les generaulx conseilliers sur le fait de nos aides ordonnées pour la guerre, salut et dilection. Comme Georgette la Contesse ait intention et voulenté de servir Jhésus-Christ, nostre createur, en l'ordre de reclusaige en nostre bonne ville de Paris *au lieu que on dit Sainte-Lupcienne*, pour la salvacion de son ame et prier pour les ames de nos très chers et très amés seigneur et pere, de nostre douce et mere Royne qui Dieux pardoint, et pour nous aussi, savoir vous faisons que, pour Dieu en aumosne, et afin que elle puist continuer en son bon propos et volenté et ediffier une maison pour habiter ou dit reclusaige, avons donné et donnons de grace especial par ces presentes la somme de trente francs d'or à prendre et avoir des deniers des dis aides... Donné à Paris le IXe jour de juillet l'an de grace mi CCC III^{XX} et quatre... » (Bibl. nationale mss fr. 22,589, n° 103.)

Dix-neuf ans plus tard, les marchands drapiers sollicitèrent et obtinrent l'autorisation de fonder dans ce même lieu et, on va le voir, au profit de la même recluse, une confrérie en l'honneur de sainte Marie et de saint Christophe. L'acte est du 12 février 1403 (n. s.) : « Charles, etc., savoir faisons à tous presens et avenir nous avoir receu l'umble supplication de..... contenant comme pour l'onneur et reverence de madame sainte Marie la Jussienne, mesmement pour ce que en ycelle chapelle qui est assise en nostre dicte ville de Paris en la rue nommée la rue de Montmartre a une rescluze, passé a xx ans, laquelle est très devote femme, et aussy afin que ycelle rescluze puisse tous les jours oïr le service divin... » [1].

Il y avait encore une recluse à la Jussienne en 1451. Jean Chuffart, le curé de Saint-Eustache, dont nous nous sommes déjà occupé, lui légua par son testament trois aunes de drap noir pour s'en faire une robe ou un manteau. (Tuetey, *ap.* Introduction au *Journal d'un Bourgeois de Paris*, p. XXXVI.)

Les documents qu'on vient de lire ne fournissent rien qui puisse justifier l'hypothèse un peu romanesque d'une femme de Blois se repentant par une vie de reclusage de ses pratiques bohémiennes ; et, au reste, le passage de Pasquier invoqué par notre auteur contredirait plutôt, et Jaillot l'a prouvé, qu'il servirait sa thèse. Ce qu'il importe de retenir, c'est que, dès 1372, il existait une chapelle dite de la Jussienne, et qu'au commencement du siècle suivant, une confrérie de drapiers y eut son siège en l'honneur de saint Christophe. Nous avons ainsi l'explication des vitraux que Lebeuf a décrits et de l'inscription qu'il y a lue.

La chapelle de la Jussienne s'élevait au coin de la rue Montmartre et de la rue à laquelle elle avait donné son nom ; la Révolution la supprima en 1791.

HOPITAL DES VEUVES
I, 67

La notice de Lebeuf sur cette maison hospitalière, est, de tous points, empruntée à la Préface de l'*Histoire de Paris*, de Félibien et Lobineau ; ces savants religieux

---

[1] La pièce entière, qui provient du Trésor des Chartes, registre JJ. 158, n° 35, a été publiée par Leroux de Lincy dans son *Essai sur l'église et la paroisse Saint-Eustache*. (N° 5 des Pièces justificatives.)

y rectifient les renseignements un peu inexacts que contenait, à ce sujet, leur tome II (p. 807). Nous-même, aurons occasion de faire usage de cette préface, à propos d'un établissement analogue de la rue Saint-Sauveur (voy. plus bas, p. 41). L'hôpital des Veuves existait encore en 1742, suivant Piganiol (tome III, p. 252 de l'édition de 1765). Il était situé rue de Grenelle Saint-Honoré, actuellement rue J.-J. Rousseau.

Quant à l'hôpital de la rue du Gros-Chenet (rue du Sentier), nous n'en avons trouvé aucune autre mention.

AUGUSTINS DITS PETITS-PÈRES
I, 67

Les augustins déchaussés furent d'abord dotés, en 1609, par Marguerite de Valois, qui les affectionnait fort, d'un terrain voisin de son hôtel du bourg Saint-Germain, entre le Pré-aux-Clercs et la Seine ; ayant perdu les bonnes grâces de leur bienfaitrice, ils furent obligés de quitter Paris, en 1612, et ils n'y rentrèrent qu'en 1619 ; date à laquelle ils acquirent le sol sur lequel ils devaient se fixer définitivement, en vertu d'une autorisation royale de 1628. Tous les historiens ont rappelé que Louis XIII posa, en 1629, la première pierre de leur église, qu'il voulut dédier à Notre-Dame-des-Victoires en souvenir de la prise de la Rochelle, mais la dédicace solennelle n'eut lieu qu'en 1638. C'est-ce que nous apprend le passage suivant de la *Gazette* de Renauldot, qui n'a pas encore été relevé : « Le 8º de ce mois (d'août 1638), l'église des Pères Jésuites fut dediée solennellement à Nostre-Dame-de-la-Victoire, selon l'intention du Roy, par l'evesque de Xaintes, lequel y fit le matin une très belle exhortation comme fit aussy le soir l'evesque de Maillezois ; le grand-prieur de Champagne, nostre gouverneur, et le sieur de la Villemontée, intendant de la justice, qui y ont fait bastir deux grandes chapelles à Saint-Ignace et à Saint-Xavier, y representans le Roy fondateur de cette belle église, en laquelle le dit evesque de Xaintes a ordonné que la procession generalle se rendroit tous les ans le jour de l'Assomption de la Vierge, selon la déclaration de S. M. Tous les canons de la Maison de Ville et des tours tiroient cependant du collège joignant où ils avoient été conduits... »

Parmi les sépultures de cette église, la plus célèbre était celle du musicien Lulli (mort en 1687), œuvre du sculpteur Cotton (Voy. de Guilhermy, *Inscriptions*... I, 417). Une des cloches, fondue en 1680, ainsi que l'atteste son inscription, se trouve être maintenant, on ne sait comment, dans l'église de Gournay (*ibid.*, I, 415). Ce sont les deux plus anciens souvenirs qui nous soient parvenus de la première église N.-D.-des-Victoires ; elle menaçait ruine au XVIIIº siècle, et, le 23 août 1737, on dut en entreprendre la reconstruction presque totale.

Le couvent des Petits-Pères fut supprimé par la Révolution ; l'église, seule, fut conservée et devint paroissiale, sous son ancien vocable, par décret du 4 février 1791.

BIBLIOGRAPHIE. — *Sources.* — Arch. nationales, délibérations capitulaires de 1678 à la Révolution, LL. 1477-8; titres de propriété et de rentes, inventaires des biens, en 1790, H. 3895, S. 3645-6.

L'histoire du couvent avait été écrite, au siècle dernier, par le P. Isidore de la Madeleine, augustin déchaussé, mort en 1746. La *Bibliothèque historique de la France* en cite (n° 13,675) le manuscrit, alors conservé au couvent, et dont Cocheris ne put suivre la trace depuis la Révolution. Ce document était déposé dans la bibliothèque de l'hôtel de ville, et fut brûlé, avec le monument, en 1871; l'estimable historien de N.-D.-des-Victoires, M. l'abbé Lambert, en avait heureusement pris une copie qu'il a offerte à la bibliothèque de la ville, avec les notes, également manuscrites, du livre que nous allons citer.

Imprimés. — Jaillot, tome II, *Quartier Montmartre* (p. 46-51).

L'abbé Balthazar, *Histoire religieuse de l'église N.-D.-des-Victoires de Paris...* 1855, in-12;

L'abbé E. Lambert et l'abbé A. Buirette, *Histoire de l'église N.-D.-des-Victoires, depuis sa fondation jusqu'à nos jours...* Paris, 1872, in-8°. C'est le travail le plus complet sur les Petits-Pères et leur église; nous signalerons, entre autres documents, qui s'y trouvent rapportés, la liste des prieurs et sous-prieurs (p. 499) et l'inventaire de la sacristie, dressé le 13 février 1790 (p. 503), d'après les registres des Archives nationales LL. 3645-6.

FILLES SAINT-THOMAS
I, 67

Jaillot a rectifié la date d'établissement de ces religieuses sur la paroisse Saint-Eustache. C'est 1642 et non 1652 qu'il fallait dire. Elles avaient été autorisées en 1626 et s'étaient d'abord installées rue Neuve-Sainte-Geneviève, puis, en 1632, rue Vieille-du-Temple. Leur couvent, supprimé par la Révolution, occupait une partie du terrain sur lequel, en 1808, on a construit la Bourse. Un déplacement de la grille de cet édifice fit découvrir, en 1857, la sépulture d'une dame Françoise de Barentin, pensionnaire ou bienfaitrice des filles Saint-Thomas, et sur laquelle on n'a aucun renseignement (de Guilhermy, *Inscriptions...* I, 571).

BIBLIOGRAPHIE. — *Sources.* — Arch. nationales: établissements divers, S. 4762; comptes et inventaires de titres de rentes. H. 4123-7, 4214, S. 4760-2; fondations, L, 1042; dossier remis à la commission de secours, G⁹ 654.

Imprimés. — Jaillot, tome II, *Quartier Montmartre* (p. 60-1).

FILLES SAINTE-AGNÈS
I, 67

Leur communauté avait été établie le 2 août 1678, et autorisée par lettres patentes de mars 1682. L'année suivante, Colbert la dota de 500 l. de rente. Ces religieuses se consacraient à l'instruction gratuite des jeunes filles, qui, vers

1770, étaient au nombre de plus de cinq cents, si nous en croyons un placet adressé à la commission chargée de répartir des secours entre les maisons religieuses. « La communauté, dit cette requête, se trouve épuisée non seulement par la cherté des denrées, mais encore par celle du pain, dont la dépense s'est montée, depuis trois ans, à 11,619 livres, 8 s., 3 d. de plus que celle ordinaire, et dont elle doit actuellement 7,768 livres à son marchand de bled [1]. »

Les religieuses de Sainte-Agnès furent chargées, au commencement de la Révolution, de recevoir et de nourrir, pendant trois jours, les enfants égarés. Leur maison, fermée en 1793, était située rue Plâtrière, actuellement rue J.-J. Rousseau.

BIBLIOGRAPHIE. — *Sources.* — Arch. nationales. Outre le dossier que nous indiquons en note, voy. fondations, comptes, LL. 1659; S. 4615.

Imprimés. — Jaillot, t. II, *Quartier Saint-Eustache*, p. 42-3.

SAINT-JOSEPH
I, 68

Jaillot (t. II, *Quartier Montmartre*, p. 44) a connu des titres anciens relatifs à cette chapelle. Elle doit son origine au cimetière qui, en 1640, fut construit rue Montmartre. Jusque-là, le cimetière de Saint-Eustache avait été rue du Bouloi, et, dès 1560, il avait été question de le déplacer; c'est en 1625 seulement que l'archevêque de Paris autorisa sa translation, et la cession du terrain qu'il occupait.

Lebeuf n'a été que l'écho d'une tradition en associant les deux sépultures de Molière et de la Fontaine dans le cimetière de Saint-Joseph. Que Molière y ait été enterré, le fait n'est pas douteux, car les contemporains nous en fournissent l'indiscutable témoignage. « Son corps, dit La Grange, est enterré à Saint-Joseph, aide de la paroisse Saint-Eustache. Il y a une tombe élevée d'un pied hors de terre. » Saint-Joseph, nous le savons, n'était pas une aide de Saint-Eustache, mais cette inexactitude du célèbre registre nous étonne peu, émanant d'un comédien, qui devait être assez mal informé de ces choses. Un autre témoin oculaire ajoute des renseignements plus précis encore : « ... Le corps, pris rue de Richelieu, devant l'hostel de Crussol, a esté porté au cimetière Saint-Joseph et enterré au pied de la croix. Il y avoit grande foule de peuple, et l'on a fait distribution de douze cent livres aux pauvres qui s'y sont trouvés, à chacun cinq sols [2]. »

Il n'en est pas de même pour La Fontaine, et les registres paroissiaux de Saint-Eustache ont appris à Jal qu'il était mort, le 13 avril 1695, à l'hôtel d'Hervart, rue Plâtrière (actuellement rue Jean-Jacques Rousseau), et qu'il avait été inhumé « au cimetière des Saints-Innocents ». D'Olivet [3] paraît être l'éditeur responsable de

---

1. Arch. nationales, G⁰. 651, dossier des religieuses de Sainte-Agnès.
2. J. Loiseleur, *Points obscurs de la vie de Molière*, Paris, 1877, in-8.
3. *Histoire de l'Académie française par messieurs Pellisson et d'Olivet*. Paris, 1743. Voici la phrase en question : « Il mourut à Paris, rue Plâtrière et fut enterré dans le cimetière de Saint-Joseph, à l'endroit même où Molière avait été mis vingt-deux ans auparavant. » (Tome II, p. 332.)

l'erreur qu'ont répétée depuis tous les historiens de Paris et qui égara si étrangement les commissaires de la Révolution. En effet, c'est de bonne foi qu'en 1792, lors de la suppression du cimetière, fut dressé un procès-verbal d'exhumation des deux poètes; de même, Lenoir, quelques années après, crut réellement déposer leurs corps dans son musée des monuments français (voyez, à ce propos, les *Archives du musée des monum. franç.*, documents publiés par l'administration des Beaux-Arts en 1883, p. 140-1); et de même, enfin, l'arrêté du préfet qui en 1817, ordonna leur transfert au cimetière du Père-Lachaise, n'eut pour effet que de fonder un cénotaphe, pour employer l'heureuse expression de M. P. Mesnard[1].

Le terrain de la chapelle et du cimetière, converti en marché par la Révolution, a reçu encore une nouvelle destination. Il est occupé, depuis 1880, par les bâtiments du journal *La France*.

HOTELS DE LA PAROISSE SAINT-EUSTACHE
I, 68-69

HÔTEL DES COMTES DE FLANDRE. — Le cartulaire de Notre-Dame (III, 21) nous apprend que, dès 1283 (n. s.) les comtes de Flandre tenoient de l'évêque de Paris, moyennant un cens de trois deniers, une maison sur la paroisse Saint-Eustache, et, qu'avant eux, cette maison appartenait à Pierre Coquillier, bourgeois de Paris. En cette année 1283, le 22 mars, le comte Gui de Dampierre acheta encore, de l'évêque Ranulph, stipulant tant pour lui que pour l'église de Paris, trois arpents et demi de terre labourable destinés, sans doute, à accroître son hôtel auquel ils étaient attenants. En 1318, la *meson de Flandre* était possédée par Marie de Brabant, veuve du roi Philippe le Hardi, ainsi que l'atteste la reconnaissance de cens souscrit par elle, le 2 décembre, envers l'évêque de Paris. (*Ibid.* III., 20.)

Nous renvoyons, pour la suite de l'histoire de cette résidence, à Sauval. (II, 111 et 190), qui a, très inexactement, cité les textes ci-dessus rapportés, ce qui lui a valu d'assez dures critiques de la part de Jaillot. (II. *Quartier Saint-Eustache*, 9-11.)

HÔTEL DE SOISSONS. — Voici quelques détails sur les nombreux possesseurs de l'hôtel qui, au XIIIe siècle, appartenait aux seigneurs de Nesle et dont, aujourd'hui, la halle au blé occupe en partie l'emplacement. C'est, en 1232, que Jean II, seigneur de Nesle, le céda à la reine Blanche; elle y mourut en 1252. Philippe le Bel, en 1297, le donna à son frère, Charles de Valois; le fils de ce dernier, devenu Philippe VI, en fit de nouveau cession au roi de Bohême, Jean de Luxembourg, par acte de février 1328 n. s.[2]. L'hôtel, désormais appelé *de Bohême*, rentra dans le domaine de la couronne, par le mariage de Bonne de Luxembourg, fille du roi de

---

1. Dans sa notice sur La Fontaine, en tête de l'édition des *Grands Écrivains de la France*, Hachette 1883, p. CCXII-CCXIV.
2. Bonamy l'a publié dans sa dissertation sur ce monument. (*Hist. de l'Académie des Inscriptions*, XXIII, 262-71.) M. de Barthélemy l'a réimprimé, le croyant inédit, et en le datant, à tort, de 1327, dans un travail fort intéressant sur la *Colonne de Catherine de Médicis à la halle au blé*, qui se trouve au tome VI (1879), p. 180-99, des *Mémoires de la Société de l'Histoire de Paris*.

Bohême, avec Jean le Bon. Celui-ci le donna, en 1354, à Amédée VI, comte de Savoie; en 1388, Charles VI le rachetait pour en faire don à son frère, Louis d'Orléans[1]. Lors de l'invasion qui livra Paris au roi d'Angleterre, Robert de Willoughby[2] fut mis en possession de l'hôtel de Bohême, devenu l'hôtel d'Orléans. Nous arrivons à l'époque d'une transformation complète des anciens bâtiments qui nous occupent. En 1496 avait été créée la corporation des Filles pénitentes ou repenties; Louis XII les installa en 1499 à l'hôtel de Bohême. Elles y restèrent paisiblement jusqu'au moment où Catherine de Médicis, lasse du Louvre où, a-t-on dit, le souvenir de la Saint-Barthélemy l'obsédait, voulut se faire construire une royale demeure dans ce quartier. Le couvent la gênait; elle obtint, en cette même année 1572, mais non sans difficultés, l'établissement des Filles pénitentes au couvent de Saint-Magloire dont les religieux furent transférés à Saint-Jacques du Haut-Pas[3]. (Voyez plus loin les notes sur ces deux maisons et le texte même de Lebeuf, à propos des Filles pénitentes, I, 184.)

A la mort de Catherine, l'hôtel que Bullant avait construit, auquel avait travaillé Germain Pilon, passa à différents propriétaires, dont Bonamy et M. de Barthélemy ont établi la série. Au XVIIIe siècle, il s'appelait hôtel de Soissons, du nom de ses possesseurs, comtes de Soissons; quand l'un d'eux, Victor-Amédée, mourut en 1741, ses créanciers en exigèrent la saisie, puis la démolition, plus avantageuse qu'une restauration qui eût dû être une reconstruction; mais il est inexact de dire, avec Lebeuf, que tout fut démoli en 1749; la colonne, chef-d'œuvre de Bullant, put être sauvée grâce aux efforts et aux multiples démarches de Moriau, procureur du roi à l'hôtel de ville, et du célèbre Bachaumont.

Hôtel des comtes d'Artois. — Disons-en ici un mot, puisque Lebeuf le rattache à la paroisse Saint-Eustache, bien qu'il dépendît certainement de Saint-Sauveur. Primitivement possédé par les comtes d'Artois, il passa aux ducs de Bourgogne par le mariage de Marguerite, comtesse d'Artois et de Flandres, avec Philippe de Bourgogne, père de Jean sans Peur. C'est ce duc qui fit construire la tour carrée, curieux monument de l'architecture civile du XVe siècle, auquel nous ne pouvons donner le nom de donjon, et que l'on peut voir encore sur pied, près de la jonction des rues Turbigo et Étienne-Marcel. A la mort de Charles le Téméraire, en 1477, l'hôtel de Bourgogne entra dans le domaine de la couronne. François Ier prescrivit sa démolition et l'aliénation du terrain qu'il occupait, par son édit du 20 septembre 1543. Nous le retrouverons, quelques pages plus loin, à propos des confrères de la Passion qui, forcés de quitter l'hôpital de la Trinité, en acquirent une partie en 1548. (Voy., sur cet hôtel : Jaillot, tome II, *Quartier Saint-Denis*, p. 75-8; A. Bonnardot, *Dissert. archéol. sur les anciennes enceintes de Paris*, p. 93, et un curieux factum judiciaire imprimé en 1632 pour les comédiens

---

1. *Choix de pièces inédites relatives au règne de Charles VI*, publiées par L. Douet d'Arcq, t. I, p. 98
2. Voyez sur ce personnage la notice de M. de Rochambeau dans la *Galerie des hommes illustres du Vendômois*, Vendôme, 1871, in-8. L'acte de donation de l'hôtel de Bohême y est publié complètement; M. Longnon l'a donné de nouveau dans le *Paris pendant la domination anglaise*, p. 156.
3. M. E. Frémy a fait l'histoire du couvent des Filles Pénitentes et notamment de leur dépossession par Catherine de Médicis, dans le *Bulletin du Comité d'Hist. et d'Archéol. du diocèse de Paris*, 1885, p. 136-72. Les documents cités sont très intéressants et nous aurons à les utiliser à propos de Saint-Magloire et de Saint-Jacques-du-Haut-Pas; malheureusement l'auteur n'en indique qu'imparfaitement la source : Arch. nationales. carton 45742; appelé un peu plus loin carton 4742. Il eût fallu dire : S. 4,742

de l'hôtel de Bourgogne, et portant ce titre : *Recueil des principaux titres concernant l'acquisition de la propriété des masure et place où a esté bastie la maison (appellée vulgairement l'hôtel de Bourgongne)*.... (Bibl. de la Ville de Paris n° 1703, in-4).

P. 69. — Au commencement du premier volume des preuves de *l'Histoire de Paris*, par Félibien et Lobineau, on trouve une longue dissertation de Moreau de Mautour, où il est question (p. 8-12), de la tête de femme découverte dans le jardin de M. Berrier. Nous ne savons où Lebeuf a pris la date 1684 qu'il assigne à cette trouvaille. Ce n'est pas dans Sauval, auquel il renvoie, mais qui ne donne aucune indication de ce genre. Caylus, qui traite du même sujet dans son *Recueil d'Antiquités* (II, 378-82), indique la date approximative, 1675. Il affirme qu'il s'agit d'une tête de Cybèle et en donne la reproduction. L'original est, aujourd'hui, conservé à la Bibliothèque nationale.

Quant à l'autre trouvaille, celle de la rue Vivienne, notre auteur, toujours peu disposé à parler de lui, ne dit pas qu'il s'en était rendu acquéreur et qu'il la céda (il y avait huit morceaux de marbre blanc), au comte de Caylus. On voudrait connaître le prix de ce double marché, car, on va le voir, les antiquaires parisiens d'alors furent, à cette occasion, victimes, pour ainsi dire, d'une mystification du hasard. M. de Longpérier a eu le mérite[1] d'en découvrir l'énigme. Ces marbres ou du moins leurs inscriptions (dont celle d'Ampudia Amanda), ne se rattachent, en aucune façon, à l'histoire des antiquités de Paris ; au commencement du XVIIe siècle, ils faisaient partie d'une collection, conservée à Rome, et les textes en furent publiés par Antonio-Francesco Gori ,1731, c'est-à-dire, vingt ans précisément avant leur prétendue découverte, rue Vivienne. M. de Longpérier a également trouvé la preuve qu'ils avaient été achetés par Colbert, déposés dans sa maison de la rue Vivienne, et oubliés là, à sa mort, lorsque la Bibliothèque du roi fut transportée dans l'hôtel de Nevers. On s'explique ainsi l'origine de la méprise, dont Caylus eut naturellement le plus à souffrir[2].

FIEF DE THÉROUENNE
I, 70

Bien que relevant de l'évêque de Paris, ce fief était possédé par des seigneurs, qui y exerçaient les droits de censive et de justice.

---

1. Dans une savante étude publiée par le *Journal des Savants* de 1874 (pp. 592-613 et 646-73), à propos du recueil épigraphique de M. de Guilhermy.
2. Voyez son *Recueil d'Antiquités*, t. II, p. 382-3 et 389.
En voici une autre conséquence : Jollois, dans son estimable *Mémoire sur les antiquités romaines et gallo-romaines de Paris*, s'est servi de la trouvaille en question, en la rattachant à la découverte d'un cimetière gallo-romain au lieu dit l'impasse Tivoli, comme point de repère lui permettant d'établir l'existence d'une voie romaine de Paris à Beauvais passant sur l'emplacement de la rue Vivienne.

P. 69.— Depuis l'époque où fut publiée l'*Histoire de la ville et du diocèse de Paris*, bien des travaux ont été faits sur les enceintes successives de Paris et les noms de leurs portes : les remaniements du sol en sont, avec les pièces d'archives, les meilleurs éléments et M. Bonnardot a utilisé les uns et les autres avec une remarquable sagacité. Nous renverrons donc à ses *Dissertations archéologiques sur les anciennes enceintes de Paris* (1852 in-4), où l'on trouvera d'intéressants renseignements (p. 99-100) sur la tour dont les fondations furent mises au jour en 1753, et (p. 248) à propos de la rue Coquillière. Un appendice aux *Dissertations* a été publié en 1877.

Le *Livre des Métiers* (copie des Archives de la préfecture de police, f° 438, citée par M. Tanon, *Hist. des justices de Paris*, p. 162), nous révèle le nom du plus ancien seigneur connu. C'est un Jean de Montreuil qui, en 1190, fit un partage de droits avec le roi, sur le territoire dudit fief.

Le cartulaire de Notre-Dame nous fait en outre connaître le nom de quelques-uns des possesseurs postérieurs à Adam, évêque de Thérouenne. En 1263, l'évêque de Paris reçut l'hommage-lige de Guillaume de Beaumont (I, 164). Le gendre de celui-ci, Jean de Mortery (*de Morteriaco*), vendit le fief au chapitre de Notre-Dame, en 1264. Mais, cette même année, un Adam « *dictus Forrei* » et Pierre de Beaumont, fils de Guillaume, exercèrent contre le chapitre le droit de retrait lignager; le roi, qui leur avait prêté les fonds nécessaires, retint le fief à titre de gage (I, 167). Pierre de Beaumont fit, en 1273, hommage-lige à l'évêque, et, après lui, la même année, sa veuve et Jean, comte de Montfort, son gendre. (I, 200 et 201.)

Enfin, on trouve dans les *Olim* de nombreuses mentions du *maire* de Thérouenne (voy. Boutaric, *Actes du Parlement*, t. II, *passim*).

SAINT-SAUVEUR
I, 71-73

La première mention d'une église et même d'une cure de Saint-Sauveur remonte plus haut que 1303; nous la trouvons dans un acte du 10 juin 1284, par lequel Pierre, curé de Saint-Sauveur, cède à l'évêque de Paris trois sous sur dix d'un cens annuel sur trois maisons sises dans la censive de l'évêché « *ad portam martyrum* », moyennant quoi l'évêque amortit lesdites maisons. (*Cartul. de N.-D.*, III, 35-36.) Quelques années après, en 1289, il est question, dans le même document (III, 97), d'une maison sise à Paris, *extra portam sancti Dyonisii, versus Sanctum Salvatorem* ».

P. 72. — Dom Marrier, l'historien de Saint-Martin-des-Champs, que nous retrouverons à propos de ce prieuré, avait été, en effet, baptisé à Saint-Sauveur, le 12 novembre 1572. Son père, Pierre Marrier, marchand et bourgeois de Paris, et sa mère, Jeanne Mallot, furent inhumés dans la même église. (Douët d'Arcq, Documents biographiques sur dom Marrier, ap. *Bibl. de l'École des Chartes*, 1855, p. 324.)

L'église Sainte-Élisabeth possède aujourd'hui les fonts baptismaux en marbre qui, en 1654, avaient été construits pour l'église dont nous nous occupons. M. de Guilhermy les a décrits et en a reproduit l'inscription dans son *Recueil épigraphique* (I, 386-7).

Une autre solennité réunit, douze ans après, les paroissiens de Saint-Sauveur; la confrérie royale du Saint-Nom de Jésus et du Saint-Sacrement qui y siégeait, — Lebeuf n'en a rien dit, — y fit prononcer, le 16 février 1666, l'oraison funèbre d'Anne d'Autriche, « par M. Antoine Fuiron, prestre predicateur [1] ».

Vers la fin du règne de Louis XV, l'église Saint-Sauveur menaçait ruine; nous avons trouvé, dans un dossier des Archives nationales [2], d'intéressants projets et

---

[1]. On lui a fait les honneurs de l'impression et la Bibliothèque de la ville de Paris en possède un exemplaire (n° 7314).

[2]. Dans les papiers de la commission instituée pour fournir des secours aux églises et aux communautés religieuses. G° 654.

plans de reconstruction proposés en 1778. Leur auteur, qui ne s'y nomme pas, voulait rebâtir l'édifice à une autre place que celle qu'il occupait à l'angle des rues Saint-Denis et Saint-Sauveur; il s'agissait de l'élever « sur un emplacement que l'on nomme la maison de campagne ou jardin des religieuses de Sainte-Catherine, rue Saint-Denis, en face de la rue du Ponceau ». L'église nouvelle aurait été là où est maintenant la cour des Miracles, par suite un peu plus au nord, et la paroisse Bonne-Nouvelle aurait été supprimée. Il ne fut pas donné suite à ce projet, mais des lettres patentes d'octobre 1784 ordonnèrent la reconstruction de l'église, pour laquelle un million, payable en vingt ans par annuités de 50,000 livres prises sur le produit des loteries avait été alloué, le 1er février 1779. Le sieur Poyet, architecte, fut chargé des travaux[1] qui, interrompus par la Révolution, ne furent jamais terminés. « L'édifice, dit Cocheris, prit bientôt la forme d'une salle de spectacle et finit par devenir un établissement de bains. La maison de la rue Saint-Denis, qui porte le n° 277, occupe l'emplacement de cette église. »

Il y avait, sur la paroisse et dans la rue Saint-Sauveur, un hôpital, dont Lebeuf n'a pas parlé. Cocheris, qui le mentionne très brièvement (I, 271), dit à tort que Jaillot n'en parle pas (il en est question dans ses *Recherches*, au tome II, quartier Saint-Denis, p. 89) et non moins inexactement qu'il avait été fondé par Jean Benart: c'est Jean Chesnart, garde de la Monnaie, qui le fonda en 1425. Félibien avait consacré une courte note à cet établissement (II, 807), mais elle a été rectifiée, dans la préface, de la façon suivante: « La mesme année 1425, un garde de la monnoie de Paris nommé Jean Chenart fonda dans la rue de Saint-Sauveur un hospital pour huit pauvres femmes veuves de la paroisse de Saint-Sauveur. Le droit de donner ces places a depuis passé aux Bazin comme representant Jean Chenart. L'exemple de sa piété fut imité dans la suite par Catherine du Homme... » (V. plus haut, p. 33.)

Le *Dictionnaire historique* d'Hurtaut et Magny (1779, III, 232) mentionne comme encore existant l'hôpital ou hospice des huit femmes veuves.

BIBLIOGRAPHIE. — *Sources*. — Arch. nationales. Outre le dossier du carton G⁹ 654 que nous avons analysé, voy. comptes de la fabrique, H. 3811; fondations, L. 707, LL. 920; martyrologe du XVIIe siècle, LL. 921-2; titres de propriété, S. 3494-500, Q. 1212.

Imprimés. — Jaillot, t. II, *Quartier Saint-Denis* p. 21-5.

HOPITAL DE LA TRINITÉ
I, 73-74

Nous possédons les titres de fondation de cet établissement, conservés aux archives de l'Assistance publique. La première pièce est de 1202: c'est un affranchissement de cens par Hervé, prieur de Saint-Lazare, de la place vendue par le dit Hervé aux deux frères Guillaume Escuacol et Jean Pallée, moyennant 40 livres

---

1. *Ibid.*

parisis. C'est en 1210 que les fondateurs donnent à l'abbaye d'Hermières [1] la maison de la Trinité, à condition de continuer d'y exercer l'hospitalité envers les pèlerins qui passent. Jaillot a, de plus, connu un acte mentionnant, dès le temps d'Eudes de Sully, une chapelle dans la maison hospitalière dite de la Croix de la reine.

Le cimetière de la Trinité pourrait bien être le premier cimetière parisien proprement dit, avec l'idée que nous nous faisons actuellement de ce mot. Un acte fort curieux du xive siècle, que Jaillot a connu, mais qu'il a trop brièvement mentionné, fait connaître que les religieux d'Hermières affermèrent, en 1353, au prévôt des marchands et aux échevins, leur cimetière de la Trinité, en y percevant un droit de dix-huit deniers pour une fosse, de huit deniers pour une fosse en commun et de six deniers « pour une fosse à enfant [2] ». C'est, on le voit, le point de départ des concessions faites actuellement par l'administration municipale.

Sans nous laisser entraîner à faire, à propos de l'hôpital de la Trinité, un chapitre d'histoire littéraire sur les origines des théâtres parisiens, nous devons compléter, en quelques mots, les indications de Lebeuf sur les confrères de la Passion. On a imprimé bien des fois la charte par laquelle Charles VI, en décembre 1402, plaçait cette confrérie sous sa sauvegarde, pour tout ce qui touchait aux représentations de mystères. Voy., notamment, Delamare, *Traité de la Police*, I, 437, et les frères Parfaict (*Histoire du Théâtre Français*, I, 36-7). C'est de cette année 1402, et non de 1411 qu'on peut dater l'installation de la confrérie à la Trinité. Lebeuf n'a pas été moins inexact en écrivant la phrase suivante : « Ces confrères se plaignirent, l'an 1548, de ce qu'on avoit pris leur sale de représentation pour y loger de pauvres enfans; mais ils ne furent point écoutés... » Il existe, en effet, un arrêt du Parlement, en date du 17 novembre 1548, où l'on voit que, depuis trois ans, « la sale de la dite confrerie appellée la Passion avoit esté par ordonnance de la dicte cour prise, occupée et employée en l'hebergement des pauvres »; mais nous savons aussi que, le 30 août 1548, les maîtres et gouver-

---

1. Nous aurons à reparler de cette abbaye, qui appartenait au diocèse de Paris et à laquelle Lebeuf a consacré une notice dans son chapitre sur Favières en Brie (tome V, p. 346-50).
2. « A tous ceulz qui ces presentes lettres verront et orront, Jehan par la permission divine humbles abbes de l'esglise de Hermières et tout le couvent de ce lieu, salut. Comme par acort fait entre le prevost des marchans et les eschevins de la ville de Paris, d'une part et nous d'autre part, ayons vendu, baillié et délivré aus dis prevost et eschevins pour la dicte ville, partie de noz jardins de nostre maison de la Trinité hors de la porte Saint-Denis, pour faire cymitière pour l'usage et prouffit de tout le commun de la dicte ville, et il soit ainsy que depuis nous ayons supplié et requis que, pour Dieu et en aumosne, ilz nous voulsissent donner et octroier les herbages et fruis qui d'ores en avant crestroient ou dit cymitière, affin que nous puissions et soions tenus de garder bien et deuement et nettement le dit cymitière, laquelle chose, eue sur ce bonne deliberacion et advis, nous ont octroié en la manière dessus dite, et en telle manière que les diz prevost et eschevins et leurs successeurs les bourgeois et habitans de la dicte ville pourront entrer, aler et venir ou dit cymitière toutes foiz et toutes heures que il leur plaira, et que pour raison de droit nous ne puissions prandre ne faire prandre des bonnes gens qui apporteront ou feront apporter leurs amis ou dit cymitière autre salaire que celluy qui est ordené par les diz prevost et eschevins, c'est assavoir que celluy qui vouldra avoir fosse pour lui dix-huit deniers pour fosse, et qui vouldra avoir fosse en commun payera viii deniers pour fosse, et pour fosse à enfans six deniers, sachent tuit que nous abbé et couvent dessus dit promettons ycelui cymetière guarder bien et deuement et nettement et les huisseries closes et yceuls prevost, eschevins, habitans bourgois et leurs successeurs laissier entrer, aler et venir ou dit cymitière... en la manière dessus dicte, Desquelles choses nous nous tenons pour bien payés.,. En tesmoing de ce, nous avons mis noz seaulx à ces lettres qui furent faictes l'an de grace mil CCC cinquante trois ». (Bibl. nationale mss. fonds lat. 9162 f° 34 v°.)

neurs de la confrérie avaient acheté, au nom de leur confrères « assemblés en icelle eglise de la Saincte-Trinité », une partie de l'hôtel de Bourgogne dont l'édit de François Iᵉʳ avait, cinq ans auparavant, autorisé l'aliénation. Nous ne les y suivrons pas, et il nous suffira de dire qu'en 1667 parurent des lettres patentes « portant union des biens et revenus de la confrairie de la Passion et resurrection de Notre-Seigneur à l'hôpital general avec l'extinction de la dite confrairie, pour être employés à la nourriture et entretien des pauvres de l'hôpital des enfants trouvez ».

Quant à la maison de la Trinité, elle était redevenue, dès 1545, un hôpital, dans le sens où on l'entendait alors, c'est-à-dire un établissement destiné à abriter les pauvres. Ce sont des enfants qui y furent élevés; ils étaient populaires, au XVIIIᵉ siècle, sous le nom d'enfants bleus (à cause de leur costume), parce qu'ils figuraient aux enterrements des personnes de marque. (Voy. ce qu'en dit Thiéry, dans son *Guide des amateurs et étrangers voyageurs à Paris*, 1787, t. I p. 505.)

La Révolution supprima l'hôpital de la Trinité; il était situé rue Saint-Denis, du côté droit, au coin de la rue Greneta, et vis-à-vis l'ancienne église Saint-Sauveur.

BIBLIOGRAPHIE. — *Sources*. — Les Archives de la Trinité sont, nous l'avons dit, conservées aux archives de l'Assistance publique. Elles s'y composent de trois liasses et d'un registre, qui est l'inventaire des titres en 1740. On en trouvera une analyse sommaire dans l'ouvrage de MM. Bordier et Brièle : *Les Archives hospitalières de Paris* (Champion, 1883 in-8, p. 126-30).

Imprimés. — Règlement général de l'hospital de la très Sainte-Trinité, établi à Paris, rue Saint-Denis, fait sous les ordres et par les soins de... tous administrateurs du dit hôpital. Paris, 1737 in-4, de 117 pages (à la Bibliothèque Carnavalet, n° 5,389). — Voyez aussi le *Recueil des principaux titres concernant l'hôtel de Bourgogne*, que nous avons cité à propos de cet hôtel, et Jaillot, tome II, *quartier Saint-Denis*, p. 12-20.

FILLES-DIEU
I, 74-75

On sait peu de choses sur leur premier établissement au XIIIᵉ siècle, près de Saint-Lazare; à ce qu'en a dit Jaillot nous ajouterons une mention de cette maison dans un acte de 1245. (*Cartul. de N.-D.*, II, 515.)

C'est en 1360 que ces religieuses s'installèrent dans l'hôpital fondé par le personnage que Lebeuf appelle Humbert des Lyons, mais que les documents anciens nomment constamment Imbert de Lions. Voici quelques renseignements sur cet hôpital : l'évêque de Paris amortit, le 15 juillet 1316, une maison qu'Imbert de Lions avait achetée à Paris, hors la porte Saint-Denis pour y construire un hôpital et une chapelle, conformément au testament de ses fils. (G. Dubois, *Hist. eccles. Paris*, II, 567; Cf. *Cartul. de N.-D.*, III, 58.) Cette fondation ne se fit pas sans difficultés, car un inventaire des titres de Filles-Dieu, rédigé au XVIᵉ siècle contient à son propos la mention suivante : « Item, unes lettres de l'an mil CCCLX, le VIII° octobre, par lesquelles appert feu monseigneur Jehan, evesque de Paris, avoir ordonné touchant le revenu et fondation de l'ospital et chappelle des Filles-Dieu, qui fut fondé par feu Ymbert de Lions,.... et avecque ce, une autre lettre dattée de l'an mil CCC seze, par lesquelles appert le dict feu Me Ymbert de Lions avoir protesté devant l'official de Paris au moyen de l'édiffice du dict hospital par lui commencé à construire auprès de la maison des dictes Filles-Dieu, affin de le douer de plusieurs rentes » (Arch. nationales, S. 4703, f° 244 v°).

Le 27 décembre 1483, suivant Jaillot, les religieuses acceptèrent la réformation de Fontevrault. Leur couvent jouissait encore au XVI° siècle, avant l'édit de Villers-Cotterets, du droit d'asile. Un passage de l'inventaire que nous venons de citer en fournit la preuve : « Item, ung acte du Chastellet, datté du sixième jour de mars mil V° et neuf, à cause d'avoir reintegré en la franchise des dictes Filles-Dieu ung jeune fils qui avoit tué ung autre » (*ibid.*, f° 9 v°). On sait aussi la mission qu'avaient les Filles-Dieu d'offrir aux condamnés conduits à Montfaucon ce qu'on appelait leur dernier repas, c'est-à-dire du pain et du vin. (Voy., à ce propos, le *Journal d'un Bourgeois de Paris* sous François Ier, p. 305 et suiv., pour le récit du supplice de Semblançay.)

Le couvent des Filles-Dieu fut supprimé par la Révolution. Il occupait l'îlot limité par les rues du Caire et d'Aboukir; une rue en gardait le nom; tout récemment, l'édilité l'a supprimée et a fait percer des voies plus larges, non encore achevées aujourd'hui, dans ce quartier, l'un des plus déplorablement réputés de Paris.

BIBLIOGRAPHIE. — *Sources*. — Arch. nationales. Comptes du XVIII° siècle, H. 4128-37 *bis*; fondations, travaux, registre de sépultures, de 1693 à 1737, L. 1053; délibérations capitulaires de la fin du XVII° siècle, LL. 1654; nécrologe de l'ordre de Fontevrault, de 1475 à 1650, LL. 1657; titres de propriété, S. 4694-733 (dans le carton S. 4703 est l'inventaire des titres du XVI° siècle, dont nous avons fait usage pour ces notes).

Bibl. Nationale, mss. fonds lat. 9942; martyrologe et obituaire du couvent, notamment pour la seconde moitié du XVI° siècle : mention de religieuses qui ont accepté la réformation ; au f° 178 r° : « sexto idus Martii, eodem die anno Domini millesimo V°XXX° ab humanis decessit honestus vir Henricus Baron qui, cum uxore sua et bonis suis huic monasterio se donaverunt; » au f° 186 v° : «Pridie Kalendas Junii : nota quod feria secunda post festum sacrosancti sacramenti, seu alia feria proxima precedente, debet conventus perpetuis temporibus anniversarium pro defuncto Ymberto de Lugduno, fundatore capelle et hospitalis hujus cenobii ac ceteris benefactoribus dicte capelle et hospitalis. »

Imprimés. — Voy. la très substantielle notice de Jaillot, t. II, *quartier Saint-Denis*, p. 22-32.

LA MADELEINE DE LA VILLE-L'ÉVÊQUE
I, 75-76

Nous croyons inutile de donner, après Lebeuf, de nouvelles preuves de l'antiquité de cette paroisse; il est surtout intéressant de noter que, jusqu'à la fin du xv⁰ siècle, elle garda son premier nom d'église de la Ville-l'Évêque, et que la dénomination de la Madeleine lui vient de la confrérie qui y fut créée, sous l'invocation de sainte Marie-Madeleine, le 20 novembre 1491. Une inscription placée proche le chœur et que Cocheris a rapportée (I, p. 280), rappelait que le roi Charles VIII, fondateur de la confrérie de la Madeleine, avait posé la première pierre de cette église le 21 février 1492.

La Ville-l'Évêque formait cette paroisse. C'était, pendant tout le moyen âge, un domaine rural très considérable, dépendant de l'évêque de Paris, et sur lequel le *Cartulaire de N.-D.* contient plusieurs actes.

Le plus ancien (I, 9), est aussi celui que Lebeuf a cité (p. 76), à propos de la vassalité d'Isabelle de Gif, mais il est inexact que cet acte ait été écrit vers 1220; il appartient en effet à l'épiscopat d'Eudes de Sully, mort en 1208.

D'autres chartes des xiii⁰ et xiv⁰ siècles attestent que la Ville-l'Évêque était presque entièrement en terres cultivées (Cf. *Cartulaire*, I, 148; II, 489; III, 58) et aucun texte ne nous prouve que la maison qu'y possédait, en 1421, Miles (et non Michel) Chaligaut fut un hôtel *distingué* [1].

En ce qui concerne l'identification, proposée par l'abbé Lebeuf, de la Grange-Batelière, avec le lieu appelé la *Tudella* dans un diplôme de Louis le Débonnaire, nous comprenons toutes les hésitations de Jaillot (t II, *Quartier Montmartre*, p. 25-30). En admettant même que *tudela* ou *tutela* ait signifié « un lieu environné de haies et destiné à se battre ou à la revue des troupes », rien ne démontre, dans le diplôme, que cet endroit fut la Grange-Batelière ou même qu'il en fut voisin. Voici d'ailleurs le passage du diplôme dont Lebeuf prétend tirer argument :

« Precipimus etiam atque jubemus ut de regali via ex parte Sancti Germani, a sancto Mederico usque ad locum qui vulgo vocatur Tudella, in ruga Sancti Germani, neque in aliis minoribus viis que tendunt ad monasterium ejusdem prenominati Sancti Germani, ullus missus dominicus aliquam judiciariam potestatem ibi exerceat neque aliquem censum... [2] »

Lebeuf a cru voir une analogie entre la *Tudella* et l'expression « *Granchia prœliata* » qu'il rencontrait dans des inventaires du xv⁰ siècle; celle-ci n'était qu'une forme latinisée à cette époque, d'un nom ou d'un mot français « la Grange Bataillée » que nous trouvons, il est vrai, en 1309. (*Cart. de N.-D.*, III, 58.) D'ailleurs on trouve antérieurement d'autres variantes; Jaillot cite, en effet, les suivantes : Grange au Gastelier (1308), Gastelière, Batelière (1204) [3]. La Grange

---

1. Le passage de Sauval porte simplement un « hostel. » Sur ce Miles Chaligaut et ses biens à Paris, cf. Longnon, *Paris sous la Domination anglaise*, p. 252, 256.
2. Le diplôme est du 19 octobre 820. Outre Baluze, dom Bouquet l'a publié dans le *Recueil des Historiens des Gaules* (t. VI, p. 524) et plus récemment Guérard. (*Cartulaire de Notre-Dame*, t. I, p. 260.)
3. Ed. Fournier (*Paris démoli*, p. 287) signale encore cependant une donation faite en 1260 à l'Hôtel-Dieu de huit arpents de terre situés en face de la Grange dite *Grange de la Bataille* (*Bataillie*). L'histoire

avait-elle été témoin de quelque bataille; tirait-elle son nom de celui de l'un de ses possesseurs? recevait-elle les chargements des bateaux qui stationnaient au port voisin de Saint-Germain-l'Auxerrois? Nous n'aurons pas la témérité de choisir entre ces hypothèses, pas plus que celle de nous prononcer sur l'emplacement de la *Tudella*.

Revenons à la Madeleine. Au XVIIIe siècle, un faubourg opulent avait remplacé les champs de la Ville-l'Évêque, et l'église, bien qu'elle eût été rebâtie en 1659, était tout à fait en disproportion avec l'importance de la paroisse. C'était une simple chapelle, sise à l'angle sud de la rue de l'Arcade et qu'un vaste cimetière entourait[1]. En 1757, le roi prescrivit sa démolition et la construction d'une église d'aspect monumental, faisant vis-à-vis à la place Louis XV, dans l'alignement de la rue Royale. Contant d'Ivri en fut le premier architecte et le roi posa la première pierre le 3 avril 1764. Les travaux furent menés avec une grande activité, mais une première fois interrompus par la mort de l'architecte. Un arrêt du Conseil en ordonna la reprise, le 7 février 1777, sous la direction de Couture, le jeune, de l'Académie royale d'architecture. Cette construction était alors une des principales curiosités de Paris; Thiéry la signale aux voyageurs dans son *Guide* de 1787 (I, 93), et leur conseille d'aller voir le *modèle* de la nouvelle église, dans les ateliers qui se trouvent au chevet du bâtiment.

La Révolution voulut faire de la Madeleine un temple de la Concorde; Napoléon Ier, un temple de la Gloire[2]. C'est en vue de ce dernier objet que l'architecte Vignon fut chargé de reprendre les travaux et de terminer l'édifice, qui est, définitivement, resté une église, la plus importante des églises de Paris. Elle a été inaugurée en 1843. Huvé en fut le dernier architecte.

BIBLIOGRAPHIE. — *Sources*. — Arch. Nation. : titres de rentes et comptes H. 3756-7, 4701-4; LL. 832; délibérations de la fabrique au XVIIe siècle, LL. 830-1; fondations au XVIIe siècle. L. 679; titres de propriété, S. 3431-3.

Enfin, dans le carton G⁹ 651 on trouvera deux pièces de procédure, relatives à la vente, en 1763, d'un chantier sis rue de Suresne, à la suite d'un arrêt du Conseil qui ordonne l'acquisition de terrains pour la construction de la nouvelle église.

Imprimés. — Pour l'église de la Ville-l'Évêque, voy. Jaillot, t. I, *quartier du Palais-Royal*, (p. 87-90). Pour la Madeleine, reconstruite à la fin du siècle dernier et au commencement du nôtre, on consultera surtout l'excellente notice et la description des œuvres d'art rédigées par M. Gruyer pour l'*Inventaire des Richesses d'Art de la France* (Paris, monuments religieux, tome I, p. 209-25). — Les *Archives de l'Art Français* (Documents, III, 34-5), contiennent un arrêté du ministre de l'intérieur, en date du 31 mai 1816, fixant le nombre des tableaux destinés à la décoration de

---

du fief de la Grange-Batelière et de ses seigneurs a été traitée d'une façon très complète dans le livre que nous venons de citer (p. 274-387) et l'infatigable parisiologue a su fort habilement mettre en œuvre les documents inédits qu'il a eus à sa disposition.

1. Son emplacement correspond assez exactement au terrain circonscrit par la rue Tronchet, les boulevards Haussmann et Malesherbes.
2. Il y eut encore d'autres projets; on proposa d'y établir la Banque de France, le Tribunal de commerce, la Bourse, la Bibliothèque nationale. (V. pour ce dernier projet les Mémoires de l'Institut, classe de littérature et de beaux-arts, 1801, tome IV, p. 402, et suiv.)

l'église, et chargeant le peintre Girodet « de l'exécution du tableau qui sera placé dans l'arc au-dessus du monument à Louis XVI. »

Granier de Cassagnac. — *Histoire de l'église de la Madeleine*, 1838, in-8.

Luthereau. — *Notice historique et archéologique sur l'église de la Madeleine*, 1842, in-12.

PRIEURÉ DE NOTRE-DAME-DE-GRACE
I, 77

Ce couvent, que la Révolution supprima, occupait une grande partie, et notamment le côté occidental de la place actuelle de la Madeleine. Les bénédictines qui y habitaient devaient au voisinage de l'église paroissale leur nom de bénédictines de la Ville-l'Évêque, mais on trouve aussi fréquemment, pour les désigner, l'expression de religieuses du Petit-Montmartre. Elles dépendirent en effet, jusqu'en 1647, de la grande abbaye de Montmartre. Les deux dates de fondation, 1613 et 1615, indiquées par Lebeuf, correspondent, d'après Jaillot, à la première installation des religieuses et à la réforme qui y fut introduite par Marguerite de Veiny d'Arbouze.

BIBLIOGRAPHIE. — *Sources.* — Arch. nationales : Comptes et titres de rentes (1677-1791); H. 4081-90, 4209; fondations, L. 1043; titres de propriétés, S. 4644-5.

SAINT-ROCH
I, 77-78

Le cartulaire de Saint-Roch, conservé aux Archives nationales, nous permettra de compléter, pour certains points, le chapitre, fort exact d'ailleurs, de Lebeuf. L'acte le plus ancien y est la fondation, le 9 novembre 1521, par Jean Dinocheau, marchand et bourgeois de Paris, et Jeanne de Laval, sa femme, d'un oratoire au faubourg Saint-Honoré, « auquel oratoire y aura cloches et clocher... » (LL. 916, p. 5.) L'évêque de Paris fut collateur pour cette chapelle, dite de Sainte-Suzanne, *alias* de Gaillon, à laquelle nous le voyons nommer en 1548 et en 1552 (*ibid.*, p. 11). C'est le 13 décembre 1577 qu'Étienne Dinocheau, « fourrier ordinaire du Roi », accrut la fondation de son oncle de la façon suivante : « ... lequel, en ensuivant la bonne volonté, zele et devotion qui avoit le dit deffunct (son oncle) à l'augmentation du lieu et oratoire de Gallion qu'il a de son vivant faict bastir et construire et edifier à ses frais au faubourg Saint-Honoré... a consenti et accordé, consent et accorde qu'en l'honneur des Cinq-Playes de Nostre-Sauveur et redempteur Jesus-Christ, en commemoration et reverance desquelles le dict oratoire a esté cy devant fondé et construit, que la chapelle, place vague attenante à icelle, mesme le grand jardin derrière les dits lieux, si mestier est, soient prins et employez par les manans et habitans des dict fausbourgs Sainct-Honoré, pour par eus y faire construire et ediffier une église parrochialle plus ample et spatieuse que le dict oratoire et chapelle y estant de present, sy bon leur semble, laquelle église sera fondée en l'honneur et commemoration des dictes Cinq-Playes pour entretenir la volonté du dict deffunct fondateur, et soubs le tiltre de Monsieur Saint-Roch... » (*ibid.*, p. 57)[1]. En effet, le 18 août 1578, une sentence de l'official prescrivait que « dans icelle eglise ou chappelle les fonds baptismeaux soient conservez... et construire et avoir touttes choses necessaires pour l'administration des sacremens de l'eglise.. » (*ibid.*, p. 51)[2].

Lebeuf et Jaillot supposent que la nouvelle église dut son titre de Saint-Roch à l'hôpital que Jacques Moyen avait voulu fonder dans le voisinage; mais il résulte des documents mêmes connus par Jaillot que cet hôpital n'exista jamais là qu'en projet : « les obstacles, dit-il, qu'éprouvait Jacques Moyen pour l'exécution entière de son projet, lui firent penser qu'il étoit plus prudent de faire bâtir son hôpital ailleurs, et il le plaça au faubourg Saint-Jacques, en vertu d'un arrêt du 18 août 1581 ». Voilà qui est précis, mais d'ailleurs, rien ne fait connaitre que cet hôpital, si tant est qu'il ait existé, fut sous le vocable de Saint-Roch. Aussi, jusqu'à preuve du contraire, admettrons nous que l'église fondée par les Dinocheau avait reçu quelque relique de Saint-Roch, antérieure à la translation de 1665 dont nous allons bientôt dire un mot.

On a aussi discuté sur la date d'érection de la cure; Lebeuf ne se trompe pas en parlant de l'année 1629, mais il aurait dû ajouter qu'il y eut immédiatement procès avec le chapitre et les marguilliers de Saint-Germain-l'Auxerrois, que ce procès dura quatre ans, pendant lesquels les paroissiens n'eurent pas de paroisse, et qu'il ne prit fin que par les lettres de l'archevêque de Paris, érigeant en cure Saint-Roch, le 30 juin 1633[3], et désignant, pour son premier pasteur, M. Jean Rousse, prêtre du diocèse d'Orléans.

C'est le 22 novembre 1665 qu'eut lieu la translation du radius de saint Roch. Cette relique était, jusque-là, possédée par le couvent des Mathurins d'Arles; les registres de la paroisse nous ont conservé le procès-verbal de cette translation solennelle. (LL. 917, p. 914.)

Les contestations auxquelles s'était heurtée la fabrique lors de l'érection de l'église en cure, n'avaient été terminées qu'avec Saint-Germain-l'Auxerrois; de nouvelles difficultés furent élevées par l'église de la Ville-l'Évêque; il fallut recourir au Parlement qui, par arrêt du 26 février 1671, régla ainsi les limites des deux paroisses. « La cour... a maintenu et gardé les dits sieurs curé et marguilliers de la parroisse de Saint-Roch en la possession et jouissance des fonctions curialles et paroissialles en toutes les maisons qui sont scituées dans la ville de Paris des deux costés de la rue neufve Sainct-Honoré jusques à la porte neufve d'icelle; a aussy maintenu les dits curé et marguilliers de la Ville-l'Évesque en la possession et jouissance des fonctions curialles et paroissialles en touttes les maisons qui sont

---

1. Ce document, ainsi que celui de 1521 dont nous avons donné un extrait en commençant, a été publié sans nom d'auteur et sans indication d'origine dans le *Bulletin du Comité d'Hist. et d'Archéol. du diocèse de Paris*, 2ᵉ année (1884, p. 270-281). Voy. plus loin à la Bibliographie.

2. Une rare plaquette, conservée à la Bibliothèque de la ville de Paris sous le n° 11,815 contient le texte imprimé de cette sentence et de celle de l'année 1633 dont nous allons nous occuper.

3. Voy. la note précédente.

hors la ville de Paris, depuis la dicte porte Sainct-Honoré jusques au ponceau du Roulle, et en touttes les autres qui sont depuis icelle porte Saint-Honoré jusques à la porte de la Conférence, et depuis icelle jusques à la Savonnerie, et par derrière jusques à la porte de Richelieu... » (LL. 918, p. 48-52.)

BIBLIOGRAPHIE. — *Sources*. — Arch. nationales. Nous avons donné plusieurs extraits du cartulaire en quatre volumes, coté LL. 916-919; voici quelques autres indications de détails qui ont aussi leur intérêt : LL. 916, p. 516 : « liste des jours que l'organiste de Saint-Roch est obligé de toucher l'orgue de la dicte eglise, conformement à l'ordre que l'on a accoustumé de tenir dans les autres grandes parroisses de Paris »; LL. 917, p. 479 : acquisition de l'hôtel de Gaillon; pp. 834-8 : relation de la pose de la première pierre, en 1653; LL. 919, pp. 69-101 : procès-verbal de reconnaissance ou nouvel établissement des limites de Saint-Roch et de la Madeleine de la Ville-l'Évêque, en 1764.

On pourra aussi consulter les comptes de la fabrique, H. 3810, des titres de fondations, un inventaire des objets précieux, etc., L. 703-6, enfin les titres de propriété, S. 3488-93.

Imprimés. — Jaillot, t. I, *Quartier du Palais-Royal*, p. 34-9.

Jules Cousin, *Notice historique sur les monuments de sculpture anciens et modernes de l'église Saint-Roch à Paris*, recherches des plus intéressantes, qui s'arrêtent malheureusement à l'époque révolutionnaire. Elles ont été publiées dans la *Revue Universelle des Arts*, t. IX (1859), p. 123-151. — De Guilhermy, *Inscriptions de l'ancien diocèse de Paris* (I, 300-5). Nous y signalerons, notamment, le texte de l'épitaphe de Jacques Guigou, seigneur de Varâtre, mort en 1688 (Lebeuf parle de ce personnage qu'il appelle Jean Guigon et de son inhumation à Saint-Roch, à propos de la paroisse de Lieusaint, tome V, p. 122), — et l'inscription que portait le caveau de la paroisse.

Documents pour servir à l'histoire de l'église et de la paroisse Saint-Roch, ap. *Bulletin du Comité d'Hist. et d'Archéol. du diocèse de Paris* (2e année, 1884. p. 270-94). Outre les pièces auxquelles nous avons déjà consacré une mention, on y trouvera deux importants documents sur l'école de Joyeuse[1], fondée le 19 août 1588, par Henri de Joyeuse, comte du Bouchage, dont nous allons dire un mot à l'article suivant.

CAPUCINS
I. 78

La date 1515, donnée par Lebeuf, est évidemment le résultat d'une erreur typographique, car les Capucins n'ont été introduits en France que soixante ans plus tard. C'est donc 1575 qu'il faut lire. Nous voudrions croire Jaillot sur parole

---

[1]. La fondation était faite au profit des Minimes de Nigeon (Chaillot), à la charge de payer cinquante écus par an à un maître d'école révocable à la ... ère plainte formée par le gardien des Capucins. Un réglement, arrêté en 1650, modifia profondément l'organisation de cette école en la plaçant plus directement sous la dépendance de la fabrique de Saint-Roch. Cf. Sauval, II, 256.

lorsqu'il affirme, d'après « un mémoire manuscrit, » que la chapelle de ce couvent fut dédiée le 28 novembre de cette année 1575 ; mais on doit prendre garde que Lebeuf a indiqué une autre dédicace en 1583 et l'on ne peut que difficilement admettre deux reconstructions dans un si court espace de temps. Deux Capucins, célèbres tous deux pour le rôle qu'ils jouèrent dans la vie publique, ont été inhumés au couvent de la rue Saint-Honoré ; le premier est Henri de Joyeuse, le fameux mignon d'Henri III, qui, à la fleur de son âge, en 1588, quitta brusquement le monde et se fit capucin sous le nom de frère Ange ; il mourut en 1609 et son épitaphe[1] rappelle les vertus dont la seconde partie de sa vie donna l'édifiant exemple ; l'autre est Joseph Le Clerc du Tremblay, que l'histoire a appelé le père Joseph, l'homme d'affaires et le bras droit de Richelieu. Il fut inhumé en 1638. La *Gazette* de cette année-là nous l'apprend en nous faisant connaître qu'il était mort d'apoplexie, le 18 décembre, au château de Ruel (n° du 24 décembre). On trouvera son épitaphe dans Piganiol (éd. 1765, t. III, p. 14-15).

Le couvent des Capucins était situé rue Saint-Honoré. La Révolution utilisa pendant quelque temps ses bâtiments pour en faire les bureaux de l'Assemblée nationale. Les derniers vestiges disparurent en 1804, pour le percement des rues Castiglione et de Rivoli.

BIBLIOGRAPHIE. — *Sources*. — Arch. nationales : Comptes du XVIII° siècle, LL. 1488 ; fondations, privilèges, etc, L. 926 : parmi les pièces assez peu nombreuses que contient ce carton, nous signalerons un extrait des registres du conseil d'État portant que le roi affecte, sur le produit des cinq grosses fermes, une somme de 1,000 livres pour le drap des habits des Capucins, et une somme de 600 livres pour leur nourriture pendant la tenue du Chapitre général (17 avril 1655) ; — une autorisation, accordée par le prévôt des marchands aux Capucins de la rue Saint-Honoré, de jouir de deux lignes d'eau en plus de six auxquelles ils ont droit des eaux de Rungis au regard d'Ovide construit en 1675 par la ville (8 mars 1700).

Imprimés. — *Constitutions des FF. mineurs capucins de Saint-François, approuvées et confirmées par nostre S. P. le pape Urbain VIII*, à Paris, chez Denis Thierry, marchand libraire, M.DC.XLV. (Le carton L. 926 des Archives nationales contient un exemplaire en feuilles de cet ouvrage, intéressant à plus d'un titre.) Jaillot, t. I. *Quartier du Palais-Royal*, p. 47-50. — Voy. aussi le tome II des *Archives de l'Art Français* contenant un mémoire de M. Dussieux sur Le Sueur, où il est fait mention (pp. 32, 59, 112) d'un *Christ en croix* de ce peintre chez les Capucins, — et dans le même recueil (V, 377), la preuve qu'un autre artiste, J. J. Desmons, avait peint « tout en haut du maître-autel de la chapelle des Capucins les vingt-quatre vieillards prosternés devant le trône de l'Agneau. » — Berty, *Topographie historique du vieux Paris*, région du Louvre et des Tuileries, I, 307-9.

---

1. Berty en a donné le texte dans sa *Topogr. Hist. du Vieux Paris*, région du Louvre, I, 308-9.

FEUILLANTS
I, 78-79

La date d'établissement des Feuillants à Paris, indiquée par Lebeuf, est inexacte. L'année 1577 fut celle où le fondateur de l'ordre, Jean de la Barrière, vint pour la première fois à Paris, où il était appelé par Henri III; mais ses religieux et lui ne s'installèrent que dix ans après, en juillet 1587[1], dans le couvent que le roi leur avait donné[2].

Les reliques dont parle Lebeuf ne furent pas les seules qui enrichirent l'église des Feuillants; à la fin de 1668, une relique de sainte Marguerite, provenant de l'abbaye de Saint-Léger de Soissons, y fut déposée en grande pompe[3].

Il y a lieu de rappeler aussi que la mense de l'abbaye du Val avait été réunie aux biens du couvent (voy. l'*Hist. du diocèse*, II, 134), et de remarquer que Jaillot, d'ordinaire si complet, a omis de mentionner ce fait.

Le couvent des Feuillants était situé rue Saint-Honoré, et son entrée principale se trouvait au point de croisement actuel de cette rue et de la rue Castiglione.

Le portail de l'église, dont Millin nous a donné une vue, était l'œuvre de Mansard. La Révolution s'empara de cette maison et en fit un dépôt de ses archives. Les bâtiments furent démolis en 1804.

BIBLIOGRAPHIE. — *Sources*. — Arch. nationales : titres de fondation et d'union de l'abbaye du Val, L. 943; comptes, inventaires, LL. 1539-40; titres de propriété, S. 4166-9, 4207-10, 4213.

A la bibliothèque de la ville de Paris, ms. d'une écriture très soignée (232 p. in-4°) portant ce titre : Les constitutions de la congrégation de N.-D. de Feuillent, de l'ordre de Cîteaux, faites pour l'observance de la règle de Saint-Benoît, au chapitre général de ladite congrégation tenu à Rome l'an 1595, et accommodée à l'usage présent, au chapitre général tenu à Celles en Berri les années 1634 et 1637, — nouvelle traduction faite en 1708.

Imprimés — Jaillot, tome I, *Quartier du Palais-Royal*, p. 44-7; — Millin, *Antiquités nationales*, tome I, notice de 82 pages contenant une description très détaillée des sépultures, des vitraux du cloître, de l'église, etc. — de Guilhermy, *Inscriptions du diocèse de Paris*, I, 492, épitaphe de Salomon Phélypeaux, conseiller-maître de la chambre des Comptes, mort le 2 octobre 1655. — Voy. enfin les pages pleines d'érudition consacrées par Berty à ce couvent, *Topogr. Hist. de Paris*. Région du Louvre et des Tuileries (I, 299-305).

1. Pour ce double voyage de Jean de la Barrière et l'installation des Feuillants, voy. les détails que donne Pierre de l'Estoile (*Mémoires-Journaux*, édition Paul Lacroix et Read, t. II, p. 128, t. III, p. 55 et suiv.).

2. Le choix de ce couvent n'était pas encore définitif au moment même où Jean de la Barrière arriva avec ses soixante-deux religieux. Berty a trouvé la preuve que, le 20 juillet 1587, Henri III se rendit auprès de l'abbesse de Longchamps et lui signifia, malgré ses représentations, de céder son abbaye aux Feuillants. Le roi se laissa enfin fléchir par de puissants protecteurs des religieuses, et se décida pour la maison dite des Carneaux, rue Saint-Honoré, qu'il avait achetée deux ans auparavant.

3. Ce fait nous est connu par une rare pièce extraite de la *Gazette* et conservée à la Bibliothèque de la ville de Paris sous le n° 2033. Nous en conjecturons la date d'après celle de la relation même : « A Paris, du bureau d'adresse... le 4 janvier 1669. »

CAPUCINES
I, 79

Le couvent où ces religieuses s'étaient d'abord installées au commencement du XVIIe siècle fut acheté par Louis XIV en 1687, pour l'agrandissement de la place Louis-le-Grand (place Vendôme). Les Capucines furent transférées, en 1698, dans les bâtiments que le roi leur avait fait élever un peu plus loin vers le faubourg, et qu'elles occupèrent jusqu'à la Révolution. La rue actuelle des Capucines rappelle l'emplacement de ce couvent, qui fut démoli en 1806.

Les Pauvres Filles de la Passion (c'est ainsi qu'on appelait souvent ces religieuses), furent de celles qui sollicitèrent les secours alloués par Louis XV aux communautés nécessiteuses. Une lettre de recommandation, adressée pour elles au cardinal de Luynes, en 1770, porte que « leur misère est extrême, et peu s'en faut qu'elles ne soient réduites à mourir de faim... » Il leur fut accordé 5,000 livres. (Arch. nationales, G°, 651.) On est tenté de penser que cette extrême misère était quelque peu exagérée si l'on en croit le détail donné par Cocheris (I, 307) de leurs revenus en 1791; le total en est de 11,952 livres.

Nous avons peu de renseignements sur l'église des Capucines : d'après M. de Montaiglon (*Archives de l'art français*, VI, 270), le portail avait été construit par Antoine Vassé, architecte du roi. Elle renfermait d'illustres sépultures parmi lesquelles nous citerons celles d'Henriette-Catherine de Montpensier, fille d'Henri de Joyeuse, morte en 1656 (voy. son épitaphe dans le *Recueil* de M. de Guilhermy, I, 557), de Louvois, mort en 1691, et du duc Charles de Créqui, mort en 1687. Cette dernière est actuellement à Saint-Roch. On lira de très curieux renseignements sur les revendications que Lenoir en fit pour son musée des Monuments français (il croyait à tort qu'il s'agissait du tombeau du maréchal de Créqui), au tome I, p. 75 et suiv., et p. 99 et suiv. des *Archives du Musée des Monuments français*.

BIBLIOGRAPHIE. — *Sources*. — Arch. nationales, fondations et biens, S. 4650; dossier de la commission des secours aux communautés religieuses, G°, 651.

Imprimés. — Jaillot, t. II, *Quartier Montmartre*, p. 13. — Delamare, *Traité de la Police*, I, 106.

DOMINICAINS RÉFORMÉS
I, 79

Les Dominicains réformés sont plus connus sous le nom de Jacobins, à cause du premier couvent de leur ordre établi rue Saint-Jacques. Ceux du quartier Saint-Honoré furent établis en septembre 1611, par le P. Sébastien Michaelis. Nous citerons, parmi les religieux célèbres de cette maison, deux de ses savants bibliothécaires, tous deux auteurs d'ouvrages d'érudition, Jacques Quétif, mort en 1698, et Jacques Echard, mort en 1724.

L'église des Jacobins renfermait notamment les sépultures du peintre Mignard, de François de Créqui, maréchal de France, d'André Félibien, sieur des Avaux, historiographe du roi, mort en 1695.

Nous retrouverons ces religieux à propos du Mont-Valérien, et de la véritable bataille qu'il leur fallut livrer pour s'y installer en 1662. (Voy. dès maintenant ce qu'en dit Lebeuf, tome III, p. 87.)

La Révolution, en supprimant le couvent des Jacobins, utilisa ses bâtiments. La bibliothèque qui, d'après Millin, contenait 21,000 volumes, devint le lieu de réunion des amis de la Convention, connus sous le nom de Jacobins. Tout a disparu au commencement du siècle, sauf deux grandes portes cintrées de la rue Saint-Hyacinthe-Saint-Honoré, que M. de Guilhermy a pu voir encore en 1871. (*Inscriptions du diocèse de Paris*, I, 505.) Le marché Saint-Honoré et ses abords représentent l'emplacement du couvent dont nous nous occupons.

BIBLIOGRAPHIE. — *Sources*. — Arch. nationales. Dans le carton L. 945 se trouve un très petit nombre de pièces relatives aux Jacobins de la rue Saint-Honoré; nous n'avons guère à y signaler qu'un arrêt du conseil d'État ordonnant, le 8 novembre 1662, leur libre installation au Mont-Valérien; — fondations et délibérations capitulaires, LL. 1535-7: titres de propriété, S. 4222-7.

Imprimés. — Jaillot, t. I, *Quartier du Palais-Royal*, p. 39-41. — Millin, notice de 69 pages au tome I des *Antiquités Nationales*. On y trouvera une bonne description de l'église et de ses tombeaux, et d'intéressants détails sur les religieux du couvent et le club des Jacobins. — Voy. aussi de Guilhermy, *Inscriptions*, I, 503-505, pour la sépulture de Mignard.

FILLES DE L'ASSOMPTION
I, 79

Elles prirent possession, le 4 septembre 1622, au nombre de quinze, de la maison de la rue Saint-Honoré qui, jusque-là, avait appartenu au cardinal de la Rochefoucauld. Antérieurement, elles occupaient, sous le nom d'Haudriettes, le couvent de la rue de la Mortellerie, fondé depuis trois cents ans par Étienne Haudry; les bruits et souvent les scandales d'un quartier mal habité les avaient forcées à quitter cette antique demeure [1].

Berty a relevé, dans les registres capitulaires du couvent de l'Assomption, quelques renseignements que nous lui emprunterons : La construction du cloître, confiée à l'architecte Clément Métezeau, fut entreprise en 1632; l'église, commencée en 1670 sous la direction de Charles Errard, fut achevée en 1676 et consacrée le 14 août par l'archevêque de Bourges.

Quand la Révolution supprima les communautés religieuses, cette église fut utilisée comme magasin de décors; sous l'empire, elle devint paroissiale sous le vocable de la Madeleine; elle a repris son ancien nom d'église de l'Assomption,

---

[1]. Voy. Lebeuf, I, 94-5, et plus bas nos notes sur le couvent des Haudriettes.

depuis que le vaste édifice construit par Vignon a été livré au culte catholique ; elle en est devenue une annexe, servant de chapelle des catéchismes[1].

BIBLIOGRAPHIE. — *Sources*. — Archives nationales ; fondations et statuts, L. 1043 ; actes capitulaires (1620-1725), LL. 1639 ; titres de propriété, S. 4623-38.

Imprimés. — Jaillot, tome I, *Quartier du Palais-Royal*, p. 51-6 et tome III, *Quartier de la Grève*, p. 24-8. — Berty, *Topogr. Hist. du vieux Paris*, région du Louvre et des Tuileries, I, 310-3 — Voy. aussi l'*Inventaire général des œuvres d'art appartenant à la ville de Paris*, 1878, tome I, p. 175-85.

FILLES DE LA CONCEPTION
I, 79

Suivant Jaillot, ces religieuses, qui appartenaient au Tiers-Ordre de Saint-François, vinrent de Toulouse, au nombre de treize, en vertu d'une fondation de Mme Anne Petau, en 1635. La maison où elles s'établirent était contiguë à celle des Capucines ; elle appartenait au président de Nesmond, qui la leur légua en échange d'une dot de 24,000 livres, destinée à sa fille.

Le couvent des Filles de la Conception eut le sort des autres établissements monastiques ; il fut vendu comme propriété nationale, en 1796.

BIBLIOGRAPHIE. — *Sources*. — Arch. nationales, fondations, professions et autres actes intérieurs, L. 1049, LL. 1643-8 ; titres de propriétés, S. 4672-4.

Imprimés. — Jaillot, t. I, *Quartier du Palais-Royal*, p. 56-9.

NOUVELLES-CATHOLIQUES
I, 79

Une excellente notice de Jaillot permet de suppléer à la mention trop brève et même inexacte de Lebeuf sur ce couvent. On y trouvera les dates de ses multiples translations depuis sa fondation, en 1634, jusqu'à son établissement définitif de la rue Sainte-Anne, en 1672, — et non 1648, comme le dit l'abbé Lebeuf.

Lebeuf dira plus bas (t. II, p. 377), que Louis XIV donna aux Nouvelles-Catholiques le terrain où s'élevait le temple protestant de Charenton, démoli en 1685.

BIBLIOGRAPHIE. — *Sources*. — Arch. nationales, fondation de la communauté, L. 1048 ; actes intérieurs et règlements, LL 1641 ; comptes, H, 4157-8, titres de propriété, S. 4668-9.

Imprimés. — Jaillot, t. II, *Quartier Montmartre*, p. 4-7.

---

1. Au moment même où ces pages s'impriment (mars 1886), l'administration municipale poursuit la désaffectation de ce monument.

SAINT-GERVAIS
I, 79-85

Le *Cartulaire de Notre-Dame* contient (t. I, p. 3), la liste, donnée par Lebeuf, des églises fournissant à l'évêque ses prêtres cardinaux. Nous n'y renvoyons que pour signaler quelques différences, insignifiantes d'ailleurs et simplement orthographiques, entre les transcriptions de Lebeuf et celles de Guérard.

Jaillot fait remarquer en ces termes ce qu'il croit être une contradiction de notre auteur : « L'abbé Lebeuf dit qu'étant située hors de la Cité, cette église dut être plus exposée aux ravages des Normands. Cette assertion me paraît d'autant plus hasardée qu'il convient au même endroit qu'il y avait une porte et une enceinte, mais on n'est pas certain, dit il, que cette église fût dans cette clôture ou dehors. Il me semble que, dans cette incertitude, il ne devait pas affirmer qu'elle fut exposée aux ravages des Normands. » Jaillot n'a qu'à moitié raison ; il ne semble pas avoir compris que par *Cité*, Lebeuf ne parle que de l'île à laquelle nous avons gardé ce nom, par opposition à *Ville* signifiant ce qui est au nord de la Seine. Nous aurons d'ailleurs à dire, un peu plus bas, que l'église Saint-Gervais ne fut pas, suivant toute vraisemblance, détruite par les Normands, mais rien n'est plus problématique qu'une enceinte existant dès le IXe siècle ainsi qu'une porte Baudoyer dans ces parages.

P. 80. — Ce nom de Baudoyer, que la place voisine de Saint-Gervais conserve encore aujourd'hui, est de ceux qui ont le plus occupé la critique et fait naître d'avis différents. Comme Lebeuf, Jaillot en voit l'origine dans le nom de *Baudacharius*, *defensor* de Paris au VIIe siècle. Berty est d'une opinion toute contraire[1] : des formes latines du VIIe siècle, des formes françaises du XIIIe siècle, qu'il a réunies en grand nombre, *porta Bauderia*, *Balderii*, Baldaerii, porte Baudaier, Baudoier, etc., il conclut qu'on a affaire à un nom d'homme, Baudeer, et qu'on a dit porte Baudeer comme poterne Barbette, tour Philippe-Hamelin, etc.

Plus récemment[2], une glose du XIIe siècle, retrouvée sur les marges de l'Histoire ecclésiastique d'Hugues de Fleury, a paru donner de nouveau quelque crédit à l'étymologie : Bacaude, rejetée par Lebeuf : « In Bagaudorum loco, ubi nunc est cenobium Fossatense,.. et propter hoc dicitur porta Baudaier quia aspicit ad eam partem » ; mais n'est-ce pas bien invraisemblable, et comment croire que les Bagaudes, déserteurs des armées romaines au IIIe siècle, aient pu, à plusieurs siècles comme à plusieurs lieues de distance, transmettre leur nom à une porte qui ne peut dater que du XIe siècle ?

Qu'il nous soit permis, à notre tour, de proposer une origine moins lointaine et moins hasardeuse. On a la preuve[3] qu'à une époque reculée du moyen âge, les abords de Saint-Gervais étaient habités par une classe nombreuse d'artisans dont l'industrie utilisait les eaux de la Seine : tels les mégissiers, les tanneurs, les

---

1. *De l'enceinte du faubourg septentrional de Paris antérieure à Philippe-Auguste*, par A. Berty. *Revue Archéol.*, 1855, p. 513-9.
2. *Bulletin de la Société de l'Hist. de Paris*, 1874, p. 41-2.
3. Cf. *passim*., le livre de M. Fagniez, *Études sur l'Industrie et la classe industrielle à Paris*, 1877, in-8

baudroyeurs. Nous verrions volontiers, dans ces derniers, les parrains de la porte et de la place qui nous occupent et ce ne serait qu'un exemple de plus à ajouter aux dénominations si fréquentes de même nature.

P. 81. — De l'énumération des biens que l'abbaye des Fossés possédait à Paris au IXe siècle, on ne peut en effet tirer d'autre éclaircissement que l'existence, à cette époque, de l'église Saint-Gervais, encore debout après le siège de Paris par les Normands. En publiant le manuscrit de ce document[1], M. Bordier a en effet remarqué qu'on ne pouvait le dater que de la fin du siècle, puisque les incursions normandes y sont mentionnées, mais le texte ne nous donne aucune clarté sur l'étendue, et même l'emplacement des terres qui appartenaient alors à Saint-Gervais.

P. 82. — On a trop peu de renseignements sur la partie archéologique de notre sujet : c'est le 27 octobre 1420 (le dimanche avant la fête de SS. Simon et Jude) que Gombauld, évêque d'Agrence, fit la dédicace de l'édifice du XVe siècle. La permission lui en fut donnée, quelques jours avant, le 21 octobre, par le chapitre de Notre-Dame, en l'absence de l'évêque (Arch. nationales, LL. 756, f°. 75 r°). L'inscription commémorative de cette dédicace, que Lebeuf avait vue et qu'on a conservée[2], en l'encastrant dans le mur du bas-côté septentrional, est le seul souvenir qui nous soit resté de ce bâtiment. L'église actuelle est de cent ans au moins postérieure : son style général l'atteste; de même aussi les nervures compliquées des voûtes, la forme de leurs clefs; et la date 1578, déchiffrée par M. de Guilhermy à la voûte du transept, dit les lenteurs des travaux dont l'achèvement était évalué, en 1551, à quarante ou cinquante mille livres au moins (Cocheris, I, 337-8).

A défaut de données précises que nous avons vainement cherchées sur la construction de Saint-Gervais, voici, à propos de son cimetière, un document qui nous paraît digne d'intérêt. C'est une requête des marguilliers de l'église, en 1473, à l'effet d'obtenir le bail de terrains vagues qui environnaient ce cimetière : «... les marregliers de l'église monseigneur Sainct Gervais à Paris nous ont remonstré par leur requeste que à la dicte église compette et appartient ung bel et notable cymetière assis joignant d'icelle, à l'endroict de la porte Baudoyer, qui est en cueur de ville, et à l'entour duquel cymetière et à l'entour d'iceluy, du costé de la chaussée, ont esté faictes plusieurs eschoppes et aucunes habitations que tiennent et occupent plusieurs personnes et gens de menus estas, par lesquels adviennent plusieurs immondices, tent du dict cymetière que à l'environ, ou grant esclandre et dommage de la dicte église, parce que, à l'occasion de ce, plusieurs et notables personnes délaissent à fréquenter le dict cymetière et y faire faire des ouvrages, charniers et autres édifications comme l'on faict en plusieurs autres cymetières de ceste ville de Paris ». Les marguilliers demandaient, en conséquence, le bail, — qui leur fut accordé moyennant une rente de 22 livres parisis, — des places « à commencer depuys une maison nommée la maison neufve appartenant à la dicte église de Sainct-Gervais et faisant le coing de la rue des Barres jusques à la porte de la

---

1. *Les Églises et Monastères de Paris*, 1856, in-12, pp. 43-52. M. Bordier dans son Introduction (p. 4), paraît ignorer l'usage que Lebeuf avait fait de ce texte, pour le tome II de ses *Dissertations* d'abord, puis pour l'*Histoire de Paris et du Diocèse*.

2. Le texte en a été publié par Cocheris (I, 327), et dans le *Recueil* des Inscriptions de l'ancien diocèse de Paris (I, 169).

dicte eglise qui est devant l'ostel-Dieu appellé l'ostel-Dieu-Sainct-Gervais. » (Arch. nationales, LL. 756, f°. 74-78.)

Qu'on veuille bien rentrer avec nous dans l'église : elle est trop intéressante pour ne pas retenir quelque temps encore l'attention. Il suffit de voir le portail, dont Lebeuf n'a pas parlé, pour reconnaître qu'il n'appartient pas, comme le reste de l'édifice, à l'extrême époque du style flamboyant. Son architecte est, en effet, Salomon de Brosse, et Louis XIII en posa la première pierre le 24 juillet 1616.

Le chœur offre une particularité unique dans les églises parisiennes et d'un haut intérêt archéologique : ce sont ses quarante trois stalles sculptées, dont les plus anciennes datent de la première moitié du XVI° siècle et vingt-sept du commencement du siècle suivant. Troche les a décrites dans une bonne dissertation ; comme partout, elles représentent des sujets religieux ou symboliques, les patrons de l'église, différents artisans caractérisés par les instruments de leurs métiers, les vertus, les vices, etc.

Nous ne parlerons du tableau peint sur bois qui décore une des chapelles du côté gauche que pour protester une fois de plus contre l'attribution qui en a été faite à Albert Durer dans une inscription trop hardie. Depuis longtemps les connaisseurs y ont vu une peinture postérieure de plus de cinquante ans au maître Nurembergeois, et certainement indigne de lui.

Le premier, Cocheris a signalé une curieuse chapelle du XVII° siècle, dissimulée en quelque sorte au fond de la chapelle Sainte-Anne (la troisième du côté septentrional). C'est un oratoire funéraire, complètement lambrissé et dont chaque panneau est décoré d'une peinture ayant trait à la vie de Jésus. Les recherches de Cocheris ne lui ont rien révélé sur ce petit monument, doublement remarquable comme on voit; seul, un blason qui orne le panneau central au-dessus de l'autel, lui a permis de reconnaître, après de longues investigations, les armes de la famille Betauld, dont un membre, Jacques Bétauld, président de la Chambre des Comptes de Paris, mourut en 1684. Il est donc vraisemblable que ce fut le fondateur de cette chapelle. Si nos recherches dans les archives de l'église ne nous ont rien appris de plus à ce sujet, nous sommes heureux du moins de reconnaître que cet oratoire n'a plus maintenant aucune destination utile (il servait alors de vestiaire à une confrérie de jeunes filles) et que l'accès en est aussi facilement accordé aujourd'hui qu'il l'était peu à l'époque où Cocheris le décrivait. Est-il besoin d'ajouter que les peintures dont il est orné réclament une restauration qu'elles méritent à tous égards, tant par leur propre valeur que par celle du lieu où elles sont placées?

A la liste des personnages qui ont été inhumés à Saint-Gervais, et dont Lebeuf cite les plus illustres, M. de Guilhermy a ajouté quelques noms; on les trouvera au tome I (p. 173-4) des *Inscriptions de l'ancien diocèse de Paris* ; il est bon de rappeler, à l'honneur de cette église, que Bossuet y a prononcé, le 25 janvier 1686, l'oraison funèbre de Michel Le Tellier, chancelier de France.

P. 82-83. — La liste des chapellenies de Saint-Gervais est longue; sur presque toutes, le *Cartulaire de Notre-Dame de Paris* contient soit les actes de création, soit d'utiles renseignements[1]; Lebeuf n'a omis qu'une fondation, faite en 1557 à la

---

1. 25 août 1275 : chapellenie fondée par Agnès, dite Barbette. *Cartulaire de N.-D.*, III, 289-91r. — 22 février 138; (n. s.) : fondation de Jean de Clairsens *ibid*. III, 110-2. — 28 juillet 1315 : accord

chapelle de la Conception, par Claude Alays, prêtre de la paroisse; l'intéressante inscription qui la relate a été reproduite dans le *Recueil* de M. de Guilhermy (I, 170-1).

P. 84. — Lebeuf n'eût pas manqué, s'il avait mieux connu la charte par laquelle Charles VI autorisa, en 1401 (n. s.) la confrérie de Saint-Eutrope et de Saint-Quentin, de donner quelques détails sur cette fondation. L'acte qu'on va lire révèle en effet l'existence, tout à fait inconnue jusqu'ici, d'une sorte d'hôpital où, pendant neuf jours, étaient hébergés ceux qui venaient prier les deux saints pour obtenir la guérison de leurs maux; c'est, malheureusement, le seul document que nous ayons trouvé sur ce sujet intéressant :

« Charles, etc. Savoir faisons à tous presens et avenir à nous avoir esté exposé de la partie des margliers et parroissiens de l'eglise de Saint-Gervais à Paris que, en icelle eglise a un autel fondé en l'honneur et reverence de saint Ytrope et de saint Quentin, devant lequel autel a une habitation en laquelle sont receus tous malades entechiés de la maladie dont on requert les dis sains qui là veulent faire leur neufveine, et y sont logiés bien et honnorablement durant le temps qu'ils y font leur dicte neufveine; et, pour ce, y viennent plusieurs personnes tant nobles comme gens d'eglise, bourgois et autres qui ont leur devocion et en la dicte eglise et aux saints dessus dis, et tant que de jour en jour les malades qui là viennent pour faire leur dicte neufveine le plus et le mieulx garissent dedens neuf jours ou vont de vie à trespassement puisqu'ils sont en la dicte eglise : pour laquelle chose les dis exposans, meus de devocion et en remembrance des dis sains et des vertus et miracles que nostre Seigneur Jhésu Christ fait pour l'amour et prière d'eulx, fonderoient et ordonneroient voulentiers en icelle eglise une confrarie en l'onneur et reverence de nostre dit Seigneur Jesu Crist et d'iceulx sains, qui chacun an seroit tenue le jour de la feste des diz sains, et là seroit célébrée une messe sollempnelle au dit autel en icelle esglise de Saint-Gervais, se sur ce nous plaisoit leur donner congié et licence, requerans humblement iceulx. Pourquoy nous, les choses dessus dictes considérées... donnons et octroyons de nostre certaine science, grace especial et auctorité royal, par ces presentes, congié et licence de ordenner, faire et avoir en l'eglise de Saint Gervais dessus dite une confrarie qui se tiendra et fera chascun an une fois et non plus, c'est assavoir le jour de la feste des dis Sains. ... de eulx assembler ensemble chascun an une fois, c'est assavoir le jour que se tiendra la dicte confrarie ou autre jour convenable..... disner ensemble et ordenner des fais et besoignes appartenans à icelle confrarie..... Si donnons en mandement au prevost de Paris. ... Donné à Paris ou mois de mars l'an de grace mil CCCC et de nostre règne le XXI°. Par le Roy, messire Jacques de Bourbon et messire Robert de Boissay presens : Neauville. » (Arch. nationales, JJ. 156, p. 15.)

A propos des événements dont Saint-Gervais fut le théâtre pendant la Ligue, avant même la confrérie organisée en 1589, nous renvoyons le lecteur aux *Mémoires de l'Estoile* (voy. notamment, t III, p. 187 de la dernière édition en onze volumes).

---

au sujet de la chapellenie fondée par Herberg Flaming, *ibid.* III, 174-8. — Décembre 1327 : chapellenie fondée par Nicolas Héron et Jeanne, sa femme, à l'autel de la Madeleine, *ibid.* III, 186-7. — 12 juin 1353 : chapellenie fondée par Louis Normand, dédiée à Notre Dame, SS. Jacques et Julien, *ibid.* III, 191.

Le procès dont parle Lebeuf, à propos du transport de l'eau bénite, ne fut pas terminé par l'arrêt du Parlement (7 mai 1390). Un autre arrêt, du 27 mars 1395, (n. s.), maintint les marguilliers en possession des droits qui résultaient de ce transport. (Arch. nationales, LL. 756, f°⁸ 70-75.)

BIBLIOGRAPHIE. — *Sources.* — Arch. nationales, fondations, testaments, L. 651-4; cartulaires, actes de délibérations et inventaires, LL. 746-56. Nous avons fait plusieurs emprunts au dernier de ces registres, qui porte le titre suivant : « Matrologue et registre des lettres, tiltres et obligations des fondations, rentes, revenues et appartenances de l'église et parroisse messeigneurs Saint-Gervais et Prothais à Paris » (XVIᵉ siècle, in-4° de 418 feuillets, parchemin); titres de propriété, S. 3359-69.

Imprimés. — Jaillot, t. III, *Quartier de la Grève*, p. 30-4. — Troche, *Mémoire archéologique et technologique sur les stalles de l'Église paroissiale et municipale des saints Gervais et Protais en la ville de Paris;* dissertation publiée dans la *Revue Archéol.*, t. IX, p. 472-83.

Bulletin du Comité d'Hist. et d'Archéol. du diocèse de Paris; 2ᵉ année (1884), p. 295-300 : « Extrait du revenu de la fabrique Saint-Gervais, et du bien sujet au droict d'amortissement,... l'an 1635. » Ce document est d'un intérêt médiocre ; en outre, il a été transcrit par une main peu expérimentée, et la publication en est restée incomplète.

Voyez aussi l'excellente description de Saint-Gervais, donnée par M. de Guilhermy dans son *Itinéraire Archéologique de Paris*, (1855, in-12), p. 178-84.

HOPITAL SAINTE-ANASTASE
I, 85-86

Félibien a publié (tome I des *Preuves*, p. 65-6), la charte par laquelle Robert de Dreux abandonna, en 1171, les quatre deniers de cens auxquels il avait droit sur la maison que Garin Lemaçon (*cementarius*), et son fils Harcher, prêtre, avait convertie en hôpital des pauvres. Vers 1179, cet hôpital s'appelait l'*Aumône-Saint-Gervais*, et avait à sa tête un procureur et des frères (*ibid.*, p. 66). Ce sont les seuls renseignements certains que nous ayons sur les origines de cet établissement, qu'une simple mention dans un texte de 1275 nous fait connaître sous le nom de *Domus Dei Sancti Gervasii.* (*Cartul. de N.-D.*, III, 290.) Il nous a été impossible de retrouver l'acte du XIVᵉ siècle, par lequel quatre religieuses furent substituées aux frères que les fondateurs y avaient installés.

Diane Clouet, fille du célèbre peintre François Clouet, s'y retira après la mort de son père. On trouvera, dans la *Revue de l'art français* (1884, p. 133 et suiv.) le texte de la donation qu'elle fit à cet hôpital, en 1590, d'une rente de six cents livres tournois à l'occasion de son admission comme religieuse professe.

Jusqu'à la Révolution, l'hôpital de Sainte-Anastase qui, depuis sa translation rue Vieille-du-Temple (en 1657, et non en 1655), était aussi devenu une maison d'instruction pour les jeunes filles, continua de donner asile aux étrangers, pendant trois nuits au plus. Sous le règne de Louis XV, il n'était pas riche, car il sollicita les secours de la commission spéciale que présidait le cardinal de Luynes : les papiers de cette commission contiennent l'exposé de son organisation hospitalière à cette époque :

« L'hôpital est destiné à retirer les pauvres de tout pays, forcés de venir ou de passer à Paris, n'y ayant point d'ailleurs d'autre ressource. Ils n'y sont reçus que pendant trois nuits; jamais on ne souffre les mêmes y en passer quatre; pour y être admis il faut qu'ils exhibent un certificat de mœurs et de pauvreté, signé ou par leur curé ou par le juge d'où ils sont partis, ou au moins par quelqu'un en place qui dise les connaître; on n'y héberge sous aucun prétexte que ce soit aucun des Savoyards domiciliés dans la ville ou aux environs; l'hospitalité ne s'y exerce qu'envers des soldats, des moissonneurs, des domestiques sans condition, des plaideurs; quelquefois aussi, quoique très rarement, envers des officiers et des ecclésiastiques manquant des choses de première nécessité...

« Il ne s'ouvre qu'à cinq heures et demie du soir jusqu'à sept en hiver et jusqu'à huit en été. Après ce temps, la porte est close jusqu'au lendemain matin six heures qu'on la rouvre après la prière, pour être refermée aussitôt que tous les pauvres, à chacun desquels on donne alors un morceau de pain, conformément à la donation de M. le comte de Plur (?), sont sortis, ne devant y en rester et n'y en restant de fait aucun pendant la journée.

« Dès que les pauvres sont entrés le soir, on leur distribue de la soupe, du pain, et, s'il y en a, les restes du couvent, que les religieuses ont eu soin de leur préparer le mieux et à moindres frais possibles; parmi les pauvres il s'en trouve et s'en est trouvé souvent qui, n'ayant rien pris depuis trois jours, périssent de besoin; quand ils ont tous mangé, on leur fait la prière et on leur lit l'épître et l'évangile du lendemain; après quoi les religieuses se retirent, les pauvres se couchent, et deux domestiques hommes de confiance veillent pendant la nuit à ce que tout se passe dans la décence et le plus grand ordre; les dimanches et fêtes les pauvres ne sont congédiés le matin qu'après avoir entendu la messe qui se dit ces jours là seulement dans la chapelle de l'hôpital... » (Arch. nationales, G⁹ 652.)

La Révolution supprima cet établissement, sur l'emplacement duquel a été élevé le marché des Blancs-Manteaux.

Quant aux bâtiments primitifs, voisins de Saint-Gervais, ils subsistèrent, rue la Tisseranderie, jusqu'en 1758. (Jaillot, t. III, *Quartier de la Grève*, p. 51-2.) La partie nord de la place de l'Hôtel-de-Ville correspond au terrain qu'ils occupaient.

BIBLIOGRAPHIE. — *Sources*. — Arch. nationales, réception des religieuses, LL. 1694; acquisition de l'hôtel d'O, M. 58; titres de propriété, S. 6118-33.

Le carton G⁹ 652 contient, outre le rapport sur l'organisation intérieure que nous avons cité, plusieurs requêtes, lettres de recommandations, mémoires justificatifs de dépenses, etc. (1770-1773).

Imprimés. — Jaillot, t. III, *Quartier de Saint-Antoine*, p. 128-130. — Troche, Notice historique et archéologique sur l'ancien hôpital de Saint-Gervais, dit de Sainte-Anastase, dont les ruines de la Chapelle viennent d'être découvertes [1], rue de la

---

[1]. En 1850. C'est à tort que Cocheris, abusé par une phrase peu claire de Troche, a indiqué l'année 1847 pour celle de la découverte de ces substructions.

Tixeranderie, n° 65, à Paris (ap. *Revue Archéol.* 1851, p. 255-60). C'est sous ce titre, plus explicite qu'élégant, une des plus exactes dissertations de Troche.

LE CALVAIRE
I, 86

Lebeuf n'a pas dit que ce couvent était un démembrement, fondé par le P. Joseph, de la maison de la rue de Vaugirard. Jaillot donne des dates précises sur son établissement, qu'il fixe à 1633.

La chapelle possédait le cœur du célèbre cardinal de Retz, supérieur de la Congrégation; sa nièce, Marie-Catherine de Gondi, était alors supérieure générale. (De Guilhermy, *Inscriptions de l'ancien diocèse de Paris*, I, 555-6.)

Cette maison religieuse, supprimée par la Révolution, fut vendue en 1796, et des maisons particulières occupent son emplacement. Elle était située dans la rue des Filles-du-Calvaire, à laquelle elle avait donné son nom peu de temps après sa fondation.

BIBLIOGRAPHIE. — *Sources.* — Arch. nationales : comptes au XVIII° siècle, L. 1053 ; H. 4138 ; fondations, titres de propriété et de rentes, S. 4647-8 ; Q. 1238 ; dossier de demande de secours à la commission, de 1767 à 1772 ; mémoires et quittances de travaux, plan du couvent, G⁹ 650.

Imprimés. — Jaillot, t. III, *Quartier du Temple*, p. 8-10.

FILLES DU SAINT-SACREMENT
I, 86

Les divers lieux où ces religieuses s'étaient d'abord installées sont la rue Cassette et la rue des Jeux-Neufs, aujourd'hui rue des Jeûneurs. Jaillot affirme que leur établissement définitif au Marais est antérieur de dix ans à l'année 1684, indiquée par tous les historiens, et qu'elles le doivent à la duchesse d'Aiguillon, qui leur fit don de l'hôtel de la rue Saint-Louis, cédé par le cardinal de Bouillon, en échange de la châtellenie de Pontoise.

On sait que Turenne avait habité cet hôtel.

De 1774 à 1781, les Filles du Saint-Sacrement témoignèrent de leur pauvreté en des mémoires adressés à la commission de secours aux communautés religieuses. L'une de leurs requêtes porte que « le monastère du Saint-Sacrement est l'ancienne habitation du grand Turenne, dont le nom et les actions sont si chers à la patrie. Cette maison, fort ancienne, exige des réparations indispensables... » Les dossiers de la commission nous apprennent qu'elles reçurent, en 1774, 10,000 livres payables en cinq ans par annuités de 2,000 livres.

La Révolution, en supprimant les ordres monastiques, maintint la chapelle de ce couvent qui, reconstruite de 1822 à 1835, est devenue l'église paroissiale de Saint-Denis-du-Saint-Sacrement, située rue de Turenne.

BIBLIOGRAPHIE. — *Sources*. — Arch. nationales, actes de professions et registres capitulaires. LL. 1711-2; titres de rentes, S. 4757; requêtes et mémoires fournis à la commission de secours, G⁸ 654.
Imprimés. — Jaillot, t. III, *Quartier du Temple*, p. 18-19.

LE MONCEAU SAINT-GERVAIS
I, 86-87

Ce petit fief était, dès le xii⁰ siècle, aux mains du roi ; il suffit, pour s'en persuader, de lire la charte de 1141 (publiée par Félibien, tome I, p. xcv). Louis VII y parle de *ses* bourgeois de la Grève et du Monceau, sans qu'on voie intervenir comme seigneurs les comtes de Meulan ou les moines de l'abbaye du Bec. Pour les actes postérieurs, cités par Lebeuf, on pourra se reporter au *Cartulaire de Notre-Dame*, qui contient la mention relative à Gautier, chambrier du roi (I, 8), et la charte d'échange de 1216 (I, 70-1) confirmé en 1222 (I, 124).

Jaillot, si bien informé d'ordinaire, a confondu absolument ces deux actes (t. III, *Quartier de la Grève*, p. 18), mais il ajoute à nos renseignements la mention intéressante d'une prévôté du Monceau Saint-Gervais, en 1245.

SAINT-JEAN-EN-GRÈVE
I, 87-93

L'hypothèse qu'imagine l'abbé Lebeuf, pour expliquer la dénomination de cloître Saint-Jean, a le tort de n'être établie sur aucun fait certain. Nous préférerions croire qu'il s'agit, à l'origine, de quelques maisons groupées autour de l'église et bien probablement sur l'emplacement de ce qu'au xv⁰ siècle, on appelait encore « le viel cymetière Sainct-Jehan », près de la porte Baudoyer. (Arch. nationales, LL. 756, f⁰ 219 v⁰.) La seule idée d'une clôture quelconque peut suffire à justifier le mot cloître.

P. 88. — Ce n'est pas de 1212, mais de 1213 que nous daterons, avec notre manière de compter, la charte d'érection de la cure, donnée au mois de janvier par l'évêque de Paris. On en trouvera le texte dans Félibien (t. I, des *Preuves*, p. 94-5).

Il n'est pas besoin de rappeler la légende de l'hostie miraculeuse : chacun sait comment un juif nommé Jonathas obtint, à prix d'argent, une hostie consacrée dont il fit jaillir des flots de sang en essayant de la transpercer, puis de la faire bouillir : nous aurons à y revenir à l'occasion du couvent de la rue des Billettes ; il suffit ici de remarquer que ces faits merveilleux se produisirent au grand bénéfice de l'église paroissiale, et de renvoyer au livre du P. de Saint-René (voy. plus bas, à la suite de nos notes sur les Carmes-Billettes) ; on y fera aisément le départ des titres authentiques et de la légende. Chaque année, au mois de juin, l'hostie était solennellement portée en procession à travers Paris ; le Parlement assistait en corps à cette cérémonie. (Cf. pour l'année 1412, registre X^{1a} 1479, f° 203 v°.)

Le *Cartulaire de Notre-Dame* contient, en outre des fondations de chapellenies citées par Lebeuf [1], celle de la chapelle de Saint-Louis, que Nicolas de Pacy dota par testament, en 1328, d'une rente de vingt livres sur le Parloir aux Bourgeois [2]. Le savant abbé n'eût pas eu à exercer sa critique sur le sens de la redevance *de viginti sigillis*, s'il avait lu correctement le texte de la charte de 1307 ; les mots *de viginti solidis* n'ont besoin d'aucun commentaire.

P. 91. — Cocheris a rectifié l'épitaphe de 1483, que Lebeuf avait vue à Saint-Jean ; elle se rapportait à Pierre de Bouchery, curé de Vitry, et non Pierre le Boucher.

L'église Saint-Jean a été démolie en 1800 ; seule, une de ses chapelles subsista et fut comprise, jusqu'à la ruine de cet édifice, sous le nom de salle Saint-Jean, dans les bâtiments de l'Hôtel de ville.

BIBLIOGRAPHIE. — *Sources*. — Arch. nationales, comptes de la fabrique, H. 3782-3, 4474-95ter ; fondations, épitaphes, L. 663-7, LL. 803-4 ; délibérations de la fabrique, LL. 797-802 ; titres de propriété, S. 3401-8, Q. 1246.

Imprimés. — Jaillot, t. III, *Quartier de la Grève*, p. 35-7. — Actes d'état civil d'artistes extraits des registres de la paroisse et publiés par Reiset, ap. *Archives de l'Art Français* (Documents), t. III.

Nous rappellerons, à propos de ces registres paroissiaux, qu'ils ont longtemps passé pour les plus anciens connus en France. Le fait n'est plus vrai aujourd'hui : les registres de la Madeleine de Châteaudun remontent à 1478 ; on a même trouvé, aux archives de l'évêché d'Autun, un registre de naissances daté de 1411. (Voy. Harold de Fontenay, ap. *Bibliothèque de l'École des Chartes*, 1869, p. 543.)

SAINTE-CROIX-DE-LA-BRETONNERIE
I, 93

Il est surprenant que Lebeuf n'ait pas mieux précisé les origines de ce couvent. Dubreul (p. 465), du Boulay (tome III, p. 224), pour ne citer que ces deux historiens, ont imprimé la charte de février 1259 (n. s.) par laquelle saint Louis céda à Robert de Sorbonne toutes les maisons qu'il possédait près du palais des Thermes, en échange de celles que ledit Robert avait achetées « in vico de Britonaria, in parrochia Sancti Joannis de Gravia, ad petitionem nostram contulerit fratribus de Sancta Cruce, ab eisdem fratribus jure hereditario in perpetuum possidendas ». Robert de Sorbonne est donc le premier bienfaiteur, sinon le fondateur de la maison. La Bretonnerie était un fief que nous trouverons de nouveau mentionné, à propos du couvent des Billettes. Quant au titre des religieux, si l'on se

---

1. Voici les renvois au texte imprimé par Guérard : chapelle de Saint-Léonard (mai 1262), III, 54-8. — de Sainte-Marguerite, fondation de Jean Gencien (8 avril 1307), III, 100-1 ; — de Saint-Nicolas, III, 123.

2. *Ibid.*, t. III, p. 213.

rappelle que leur église était sous l'invocation de la Sainte-Croix, on ne pensera pas, comme Cocheris, qu'ils le tirèrent de la croix dont était orné leur costume; ce symbole fut la conséquence et non la cause du nom de leur monastère; il n'en est pas moins intéressant de rappeler ces vers du poète de 1325 [1] :

> ... et en la Bretonnerie
> A une petite abbaïe
> Que l'on apele Sainte Crois,
> Dont les frères metent les crois
> Partie a blanc et a vermeil.

Cocheris n'a pas eu plus raison contre Lebeuf, en niant l'existence d'une confrérie de Saint-Marc l'évangéliste. C'était celle des vitriers. Elle se réunissait, — encore au XVIIe siècle, — le jour de Saint-Marc, c'est-à-dire le 25 avril. Le *Calendrier des confréries de Paris*, de J.-B. Le Masson, l'indique à ce jour et donne aussi la liste des autres confréries qui avaient leur siège au prieuré de Sainte-Croix. (Voy. p. 85 de la réimpression faite par l'abbé V. Dufour, Paris, Willem, 1875, in-12.)

En 1778, par arrêt du Conseil, le prieuré de Sainte-Croix fut mis en régie entre les mains de M. de Saint-Julien, receveur général du clergé; vers cette époque, la maison n'était plus occupée que par six religieux, dont la pension fut provisoirement fixée à la somme de 1,200 livres, indépendamment du produit des loyers intérieurs. C'est ce qui résulte de l'état de la situation, présenté, en 1783, à la commission chargée de venir en aide aux communautés religieuses. Celle dont nous nous occupons était, à en croire ce document, dans une réelle misère. L'énumération de ses dettes n'est pas sans intérêt : « au boulanger, 921 l. 7 sous; au boucher, 1,348 livres; au marchand de vin, 1,456 livres; à l'épicier droguiste, 350 livres, etc. », au total, 6,861 livres 12 sous. (Arch. nationales, G⁰ 652.) Il est vrai que, si l'on compare ces chiffres à ceux que donnent les procès-verbaux de la Révolution, on trouvera que le revenu atteignait environ 38,000 livres, alors que les charges ne s'élevaient qu'à 15,388 livres 9 sous 7 deniers. (Voy. les notes de l'édition Cocheris, I, 368.) Un écart aussi considérable entre les deux déclarations est fait pour étonner.

Le prieuré de Sainte-Croix a été supprimé en 1790. Sur son emplacement, circonscrit entre les rues Sainte-Croix-de-la-Bretonnerie, des Billettes, de la Verrerie et du Temple, s'élèvent aujourd'hui des maisons particulières.

BIBLIOGRAPHIE. — *Sources*. — Arch. nationales: comptes, du XVIe au XVIIIe siècle, LL. 1462-4; titres de propriétés et de rentes, S. 996-1009 *bis*; Q. 1221. Enfin, dans le carton G⁰ 652, le dossier dont nous venons de donner quelques extraits sur la situation financière et les demandes de secours.

Imprimés. — Jaillot, t. III, *Quartier Sainte-Avoie*, p. 31-3 (notice peu importante). — De Guilhermy, *Inscriptions de l'ancien diocèse de Paris*, I, 394-6 : mentions des sépultures de Jean de Canlers, conseiller au Parlement de Paris, mort

---

1. H. Bordier, *Les Églises et Monastères de Paris* p. 38.

en 1488, de Catherine Roussel, sa femme, et de Dreux Hennequin, abbé de Bernay, mort en 1651.

Dans son *Iconographie du Vieux Paris*, M. Bonnardot a décrit quelques dessins relatifs à ce prieuré (*Revue Universelle des Arts*, t. IX, 1859, p. 216-7).

BLANCS-MANTEAUX
I, 93-94

Jaillot nous apprend qu'Amauri de la Roche, maître du Temple, permit, en 1258, aux Serfs de la Vierge d'avoir un couvent dans sa censive, si l'évêque de Paris et le curé de Saint-Jean-en-Grève les y autorisaient. La même année, saint Louis dédommagea par une rente de quarante sous la maison du Temple des droits des censives qu'elle abandonnait en faveur du nouvel établissement. L'ordre des Serfs de la Vierge disparut en 1274, supprimé comme tous les ordres mendiants autres que les Dominicains, les Cordeliers, les Carmes et les Augustins, et par une bulle du 15 juillet 1297, Boniface VIII permit aux ermites de Saint-Guillaume, établis à Montrouge [1], ou plutôt à ceux qui y étudiaient la théologie, de venir s'installer dans le monastère abandonné. (Félibien, III, 238.) Ces religieux s'appelèrent Guillemites; leurs manteaux étaient noirs, comme le dit Lebeuf, mais l'ancien surnom des Serfs de la Vierge a prévalu jusqu'à la Révolution.

Si notre auteur eût consulté le *Gallia Christiana* (VII, 141) il y aurait trouvé la date de la dédicace, 30 novembre 1297, qu'il déclare n'avoir pu rencontrer [2].

C'est également une erreur que de donner la date 1622 pour celle de la réforme, et surtout de dire que les Guillemites, « cédèrent la place aux Bénédictins ». La vérité est que les lettres patentes autorisant la réformation sont du 29 novembre 1618, et que, sauf de très rares exceptions, les anciens religieux ne quittèrent pas leur couvent et durent simplement jurer obéissance à la règle de Saint-Benoît. Nous indiquons plus bas le registre de ces professions, qui eurent lieu de 1623 à 1640.

Il est bon de rappeler qu'au moment de la Révolution, le monastère était un centre d'érudition bénédictine presque égal à celui de Saint-Germain-des-Prés. Dom Brial, dom Labat, dom Clément y habitaient quand les commissaires de l'Assemblée Nationale vinrent apposer les scellés. Cocheris a retrouvé et publié (I, 370) la protestation fort énergique que signa dom Brial contre cette mesure.

Une partie du terrain que recouvraient les bâtiments des Blancs-Manteaux a été utilisée pour les agrandissements du Mont-de-Piété.

L'église, dont le style n'accuse que trop le XVIIe siècle, a été conservée et est devenue paroissiale. On n'y voit plus qu'une de ses nombreuses épitaphes : celle de Jean Le Camus, lieutenant-civil du Châtelet, mort le 28 juillet 1710. Millin et M. de Guilhermy (I, 383-4) l'ont reproduite.

---

1. Voy. le tome III, p. 587, de l'*Hist. du Diocèse de Paris*, à propos des Guillemites de Montrouge.
2. La précision, en matière de dates, est chose difficile à obtenir : Lebeuf, non content d'ignorer l'année, indique un jour faux, 13 au lieu de 30 novembre, et Jaillot, qui le reprend, se trompe également en indiquant deux dédicaces. La seconde se rapporte à l'église des Billettes.

BIBLIOGRAPHIE. — *Sources*. — Arch. nationales : Cartulaire du XVI siècle, LL. 1422; fondations, LL. 1423-4; délibérations capitulaires du XVIII siècle, LL. 1425; comptes, H. 3901-15, L. 916, LL. 1426-33; titres de propriété, L. 912-6, S. 3675-704.

Bibliothèque nationale: Mss fonds latin, 13883 : « Liber professionum pro scriba capituli monasterii B. Mariæ Alborum Mantellorum Parisiensis. » Registre petit format, de 25 folios, contenant les professions des religieux du couvent, de 1623 à 1640, suivant une formule toujours identique, dont voici un exemple : « In nomine Domini nostri Jhesu-Christi, amen. Anno a nativitate ejusdem millesimo sexcentesimo vigesimo nono, die decima quarta mensis Octobris, ego frater Alexius, alias Petrus de Haulteterre, ab urbe Parisiensi, ejusdem diocesis, promitto stabilitatem meam et conversionem morum meorum et obedienciam secundum regulam Sancti Benedicti, coram Deo et omnibus sanctis quorum reliquiæ habentur in hoc Monasterio B. Mariæ Alborum Mantellorum ordinis sancti Benedicti, diocesis Parisiensis, in presentia reverendi patris D. Angeli Nalet, ejusdem monasterii prioris et monachorum sub congregatione S. Mauri in Francia. Ad cujus rei fidem hanc petitionem manu propria scripsi, die et anno quibus supra. »

Imprimés. — Jaillot, t. III, *Quartier Sainte-Avoie*, p. 18-25. — Millin, *Antiquités nationales*, t. IV, notice de 20 pages, fort intéressante au point de vue des monuments de l'église, reproduits d'après Gaignières. D'après Millin, la bibliothèque des Blancs-Manteaux « pouvait contenir 20,000 volumes d'un bon choix ».

CARMES
I, 94

Lebeuf a cru devoir passer sous silence les origines de cette maison religieuse ; il convient de suppléer en quelques mots à cette lacune [1]. C'est en 1299 que le pape et le roi autorisèrent la fondation d'un couvent sur l'emplacement de la maison, sise rue des Jardins, où neuf ans auparavant un juif avait profané l'hostie consacrée que recueillit l'église Saint-Jean-en-Grève. Pour le desservir, on choisit les religieux d'un petit hôpital que Guy III, seigneur de Donjeux (*de domno Georgio*) avait créé à Boucheromont [2], près de Joinville, en 1286. Le couvent de la rue des Jardins s'appelait déjà maison des miracles en 1302 ; c'est à cette date que Jean Arrode en accorda l'amortissement, à cause de sa censive de la Bretonnerie.

En 1350, la chapelle, le cloître et les trois autels y furent consacrés.

Le 29 juin 1382, Charles VI autorisa les frères de la Charité Notre-Dame à construire, sous le pavé de la rue, un passage voûté communiquant avec une maison qu'ils possédaient en face de leur couvent. Enfin, le 12 mai 1408, Jean, évêque de Vaison, alors logé au prieuré des Blancs-Manteaux, dédia l'église des Billettes et la consacra à la Sainte Trinité, à Notre Dame et à tous les saints.

---

1. Nous avons fait usage, pour les renseignements qu'on va lire, de l'ouvrage du P. Th. de Saint-René : *Remarques historiques données à l'occasion de la sainte Hostie miraculeuse...*, en le contrôlant à l'aide d'un précieux cartulaire des Carmes-Billettes, rédigé au XVI siècle.

2. V. sur cet hôpital dit *la Charité Notre-Dame*, chef de l'ordre des Billettes et qui subsista jusqu'en 1699, Jolibois, la *Haute-Marne*, v° Boucheraumont.

Les Carmes de l'Observance de Rennes achetèrent cette maison par acte du 24 juillet 1631; mais il n'en prirent possession que le 27 juillet 1633. L'ancienne église fut remplacée, en 1756, par un édifice plus vaste; Jacques-Hardouin Mansart avait proposé un plan qui ne fut pas adopté (Cocheris, I, 378); on lui préféra les dessins d'un architecte dominicain, le P. Claude; c'est le bâtiment qui existe encore aujourd'hui, rue des Billettes, et qui, depuis 1812, est affecté au culte protestant. Du couvent, supprimé par la Révolution, a subsisté un petit cloître du XVe siècle, qui sert de vestibule et de cour d'entrée à une école.

BIBLIOGRAPHIE. — *Sources*. — Arch. nationales: fondation, actes d'administration intérieure, acquisition du couvent par les Carmes, L. 929-31; cartulaires, LL. 1491-3; titres de propriété et inventaires, S. 3707-27.

Bibliothèque nationale: mss. fonds latin, 10891: cartulaire du XVIe siècle, 175 pages, avec de charmantes miniatures; deux parties, l'une contenant les actes des Billettes de Paris, l'autre, ceux de l'hôpital de Boucheromont, en Champagne. — Fonds fr. 18808: états des biens de main-morte sujets à l'amortissement; les Carmes-Billettes déclarent une maison achetée à Charonne en 1631, pour servir d'infirmerie.

Imprimés. — *Remarques historiques données à l'occasion de la sainte hostie miraculeuse, conservée pendant plus de 400 ans dans l'église paroissiale de Saint-Jean*, par le P. Th. de Saint-René, 1725, 2 in-12. Nous avons dit un mot déjà de cet ouvrage, où se mêlent aux dissertations sur les miracles de l'hostie profanée tous les documents relatifs au couvent expiatoire. L'auteur a mis à profit les archives des Carmes et a cité presque tous les actes intéressants des Cartulaires. Les erreurs y sont rares; Jaillot a cependant relevé une légère contradiction sur l'hôpital de Boucheromont. La vérité est, d'après le cartulaire (B. N. mss. lat. 10981) que cet hôpital existait au moins depuis 1286.

Jaillot, t. III, *Quartier Sainte-Avoye*, p. 13-13. — Lenoir, *Statistique monumentale*, tome II: quatre planches, et dans le texte, outre l'explication des planches, la mention d'un petit monument commémoratif du miracle, ayant appartenu à l'église des Billettes et actuellement conservé au musée de Cluny. — De Guilhermy, *Inscriptions de l'ancien diocèse de Paris*, tome I, p. 424-7, deux épitaphes de personnages peu importants.

CAPUCINS DU MARAIS
I, 94

Voici le préambule des lettres patentes, datées de décembre 1624, par lesquelles Louis XIII autorisa l'établissement dans le quartier du Marais d'un couvent de Capucins: « Louis, par la grâce de Dieu roy de France et de Navarre, à tous presens et à venir, salut. Nos très chers et bien aymez les religieux de l'ordre de Sainct-François, appelez Capucins. nous ont faict dire et remonstrer que les habitans des maisons nouvellement construittes aux marais du Temple, se voyant esloignez de leur parroisse les avoient appellez pour les secourir, avec le consentement de nostre cher et bien aymé Henry de Gondy, premier archevesque de Paris, et mesme auroient acquis une maison et un jeu de paulme où ils ont edifhé une eglise, et ainsy changé le lieu de blasphèmes en celuy de louanges à Dieu... »

Jaillot, dans la courte note qu'il consacre à ce couvent, affirme qu'il dut sa fondation au crédit de Mathieu Molé, alors procureur général et depuis premier président.

La rue d'Orléans, où les Capucins s'étaient installés, a fait place à la rue Charlot. Le couvent a été supprimé par la Révolution, mais l'église devint, dès 1791, la paroisse du Marais. Successivement fermée et même vendue, elle a été définitivement rendue au culte en 1803 sous le nom de Saint-Jean Saint-François. Des travaux qui y furent faits en 1854 mirent au jour cinq cercueils dont M. de Guilhermy a publié les épitaphes. (*Inscriptions*, I, 420-1.) Tous contenaient les restes de religieux de la maison.

BIBLIOGRAPHIE. — *Sources*. — Arch. nationales : le carton L. 926 ne contient que quatre pièces sur les Capucins du Marais, dont celle que nous avons citée; les trois autres sont des baux sans importance. On trouvera quelques titres de propriété et un inventaire dans le carton S. 3706.

Imprimés. — Jaillot, t. III, *Quartier du Temple*, p. 21-2. *Inventaire général des œuvres d'art appartenant à la ville de Paris*, I, 295-313.

HOPITAL ET CHAPELLE DES HAUDRIETTES
I, 94-95

Ce n'est pas, d'après Jaillot, rue de la Mortellerie, mais dans une ruelle qui y aboutissait, appelée rue des Haudriettes, qu'était situé cet établissement. Le même historien mentionne de plus un acte que Lebeuf n'a pas connu : une bulle de Clément VII, datée de 1386, où les Haudriettes sont nommées « les bonnes femmes de la chapelle d'Étienne Haudri ».

Sauval s'est longuement étendu sur l'histoire de l'hôpital fondé par Étienne Haudry. En en faisant la remarque, Berty s'est demandé[1] s'il n'avait pas été son avocat dans le procès fort long et compliqué que la maison soutint lors de sa translation un peu forcée à l'Assomption, en 1622. Quoi qu'il en soit, le lecteur trouvera sur cette affaire une foule de renseignements curieux. (Voy. *Antiquités de Paris*, I, 598-607.) Sauval nous donne aussi la date approximative de la dédicace de l'église : « quelques méchants vers écrits en lettres gothiques contre la muraille » rappelaient en effet que l'église des Haudriettes fut consacrée par Guillaume de Baufet, évêque de Paris, qui mourut en 1320.

BIBLIOGRAPHIE. — *Sources*. — Arch. nationales : règlements et constitutions des Haudriettes, L. 1043 ; translation rue Saint-Honoré, S. 4623 ; comptes du XIVᵉ siècle à la Révolution, L. 4064-74, 4201 ; titres de propriété, S. 4623-38, Q. 1155.

Imprimés. — Jaillot, t. III, *Quartier de la Grève*, p. 24-8.

---

1. *Topographie hist. du vieux Paris : région du Louvre et des Tuileries*, I, 311, note 2.

HOPITAL DU SAINT-ESPRIT
I, 95

L'histoire de l'hôpital du Saint-Esprit a fait l'objet d'un travail étendu de M. J. Berthelé, qui l'a présenté comme thèse à l'école des Chartes en 1882. Nous emprunterons aux *Positions*, à défaut du livre, qu'il est à souhaiter de voir prochainement publier, les points suivants qui nous paraissent plus particulièrement intéressants. L'acte de fondation est de 1363 (et non de 1288, date que Lebeuf a un peu légèrement admise); pour assurer la bonne administration de l'établissement, un certain nombre de bourgeois avaient créé une confrérie dite aussi du Saint-Esprit, dont le « siège » annuel avait lieu le jour de la Trinité. L'hôpital n'était pas seulement destiné aux orphelins; il servait également de refuge pour la nuit aux femmes et aux jeunes filles; les enfants-trouvés n'y étaient pas reçus; on y hébergeait aussi les enfants dont les parents étaient malades à l'Hôtel-Dieu et même, quand les ressources le permettaient, les convalescents de cet hospice y recevaient pendant quelque temps leur nourriture.

« En 1556, Henri II voulut réunir l'hôpital du Saint-Esprit et celui des Enfants-Rouges à celui de la Trinité... La réunion n'eut pas lieu. La maison du Saint-Esprit garda son indépendance jusqu'en 1680, époque où Louis XIV réunit l'administration de ses biens à celle de l'hôpital général. »

L'hôpital du Saint-Esprit, après avoir été d'abord rue de l'Arbre-Sec, s'élevait en dernier lieu sur la place de Grève, dans l'alignement de la façade de l'Hôtel de Ville. Avant sa démolition, qui eut lieu en 1798, il avait été bien des fois question de le déplacer. Nous avons trouvé à ce propos, dans les papiers de secours aux communautés religieuses, une intéressante délibération du bureau de ville, datée du 26 mai 1786. Deux députés y furent désignés pour négocier avec l'archevêque l'installation de l'hôpital dans le prieuré de Sainte-Croix-de-la-Bretonnerie, « sa place étant nécessaire pour déposer dans la chapelle qui en fait partie, la bibliothèque de la ville, notamment intéressante par des manuscrits qu'il serait à désirer pour notre instruction que nous eussions toujours sous notre main, et que nous nous dispensons souvent de consulter par le seul motif de l'éloignement actuel de l'Hôtel de Ville [1]. » (Arch. nationales, G⁹ 652.)

Cette translation ne fut cependant pas effectuée, et la Révolution trouva en place et encore en activité l'hôpital du Saint-Esprit.

BIBLIOGRAPHIE. — *Sources*. — Les archives de l'hôpital du Saint-Esprit ont été détruites dans l'incendie des bâtiments de l'Assistance publique en 1871. Elles ne sont plus représentées que par l'acte autorisant la fondation de la confrérie, en février 1363 [2].

---

[1]. Cet intéressant renseignement n'a pas été connu de M. Tisserand qui l'aurait utilisé pour son ouvrage sur la *Première Bibliothèque de l'Hôtel de Ville de Paris*. (1873, in-4, dans la collection de l'*Histoire générale de Paris*.)

[2]. Voy. l'analyse qui en est faite dans le livre de MM. Bordier et Brièle : *Les Archives hospitalières de Paris* (1877, in-8), p. 125-6.

Bibliothèque nationale, mss. fonds français, 11778. C'est celui dont M. Berthelé s'est servi pour le travail dont nous avons parlé plus haut.

Imprimés. — Jaillot, t. III, *Quartier de la Grève*, p. 22-3.

SAINT - JULIEN
I, 95-99

Les preuves ont manqué à l'abbé Lebeuf, comme aux historiens qui l'ont suivi, pour établir avec certitude quel fut le patron de cette église. En l'absence de tout document qui justifie cette hypothèse de reliques de saint Julien de Brioude données par saint Germain évêque d'Auxerre, nous croirons plus volontiers qu'il s'agit de saint Julien le Pauvre ou l'Hospitalier, et voici pourquoi. Le surnom s'applique certainement au saint et non au monument : le prieuré n'était pas pauvre puisque son église, — Lebeuf le reconnaît lui-même, — fut « rebâtie d'une assez grande étendue » avant la fin du XIIe siècle, et d'ailleurs on a peine à admettre qu'une église se fût donné ou conservé une désignation si humble. Si donc la dénomination de pauvre ne se rapporte pas à l'édifice, mais au saint, il faut reconnaître qu'il s'agit de saint Julien l'Hospitalier dont elle est un des ordinaires qualificatifs. Nous en avons une autre preuve : il existe encore aujourd'hui, incrustée dans la muraille d'une maison portant le n° 42 de la rue Galande, un bas-relief du XIIIe siècle, d'un travail assez grossier[1], représentant une des scènes de la légende de saint Julien l'Hospitalier, celle du passage du fleuve. La présence de cette sculpture à quelques pas de l'église dont nous nous occupons ne s'explique guère que par le voisinage d'une église consacrée à saint Julien l'Hospitalier.

Grégoire de Tours parle à deux reprises de Saint-Julien (*Historia Francorum* VI, 17 et IX, 6) : le premier passage contient une simple mention de l'église, dite *basilica*; Lebeuf a analysé le second, mais il s'est trompé sur la date du séjour de Grégoire à Saint-Julien; il n'eut pas lieu en 587, mais en 580, vers l'époque de la réunion du concile de Braine[2].

P. 97. — Si l'on se reporte au diplôme d'Henri Ier (*Cartul. de N.-D.* I, 272), les déductions qu'en a tirées l'abbé Lebeuf ne paraîtront rien moins qu'évidentes. Les quatre églises dont il est question dans ce document y sont nommées sans distinction comme devant être données au chapitre de Notre-Dame, et si Saint-Julien n'eût pas été l'une des stations de la cathédrale, son prieur ne figurerait pas parmi les prêtres concélébrants ou cardinaux.

Le prieuré put ensuite, dans l'espace d'une soixantaine d'années, passer à des mains laïques sans que le chapitre y eût perdu tous ses droits; il est du moins certain que, vers 1100[3], il fut cédé comme le dit Lebeuf aux moines de Longpont.

---

1. Il a été signalé par M. Bernhardt dans son mémoire sur la corporation des ménétriers (*Bibliothèque de l'École des Chartes*, t. III, p. 390), puis par M. de Guilhermy (*Itinéraire Archéol. de Paris*, p. 370). Nous avons tenu à nous assurer qu'il n'avait pas été déplacé.

2. Cf. G. Monod, *Études critiques sur les sources de l'histoire mérovingienne*, 8e fasc. de la *Bibliothèque de l'École des hautes Études*, p. 33.

3. C'est la date approximative qu'établit l'éditeur du *Cartulaire du prieuré de Longpont* (Lyon, 1880, in-8°) pour les deux chartes d'Étienne de Vitry et d'Hugues de Montelor. Cf. n° 311 et 312. Voy. aussi sous les numéros 1 et 2 la charte de Thibaut (1150) et la bulle d'Eugène III, datée du 21 février 1152 (n. s.).

L'église nous a été conservée, mais dans un état de délabrement des plus regrettables, car c'est un fort curieux spécimen de l'architecture de transition. Elle se compose d'une nef et de deux bas-côtés séparés par des colonnes et tous trois terminés par des absides voûtées en cul-de-four. On remarque, incrusté dans le mur méridional, le bas-relief funéraire, orné d'armoiries et accompagné d'une longue inscription d'Henri Rousseau, avocat au Parlement, seigneur de Chaillot. La date de sa mort, 9 novembre 1445, sera à ajouter à ce qu'en dit Lebeuf à propos des seigneurs de Chaillot (I, 410). MM. A. Lenoir, dans sa *Statistique monumentale*[1] et de Guilhermy, dans les *Inscriptions de l'ancien diocèse de Paris*, ont reproduit et décrit cette sépulture.

Depuis la construction du nouvel Hôtel-Dieu, l'église Saint-Julien-le-Pauvre, qui, depuis 1826, servait de chapelle à cet établissement, est de nouveau abandonnée, et les services qui s'y faisaient ont été transportés à Saint-Séverin. De rares visiteurs en connaissent seuls le chemin et déplorent la ruine à laquelle paraît fatalement condamné cet intéressant édifice.

Chapelle Saint-Blaise. Dès le commencement du XII° siècle et avant la rédaction du *Livre des Métiers*, nous en trouvons une mention, en 1211, dans un inventaire des titres de Longpont publié à la suite du Cartulaire de ce prieuré : « Sentence rendue pour les religieux et prieur de Saint-Julien-le-Pauvre dépendant du prieuré de Longpont, d'une part, et l'archiprêtre-curé de Saint-Séverin, touchant les différends entre eux pour l'entretien de la chapelle Saint-Blaise, du côté de la rue Galande, pour les annuels et legs faits par les paroissiens de Saint-Séverin au prieur de Saint-Julien. »

La confrérie des maçons et charpentiers s'y réunissait encore au XVII° siècle, le 3 février de chaque année. (Voy. le *Livre des confréries* de J.-B. le Masson, par M. l'abbé V. Dufour, pp. 31, 58.) La chapelle Saint-Blaise était complètement détruite quand Jaillot publia ses *Recherches*. Il nous apprend qu'elle avait été rebâtie en 1684.

Bibliographie. — *Sources*. — Ce qui reste du fonds du prieuré de Saint-Julien fait maintenant partie des archives de l'Hôtel-Dieu, conservées au dépôt de l'Assistance publique. Nous renvoyons à l'*Inventaire-Sommaire* qu'en a publié M. Brièle (Paris, 1884, 2 in-4°). L'ensemble du fonds y est inventorié sous les numéros 641-738, on trouvera en outre une notice historique rédigée au XVIII° siècle (n° 6272) et un plan dressé à la même époque (n° 332).

Imprimés. — Jaillot, t. IV, *Quartier Saint-Benoît*, p. 185-90.

Pinard, *L'Église Saint-Julien-le-Pauvre*, ap. *Revue Archéol.*, tome VII (1850), p. 169-73.

A. Lenoir, *Statistique monumentale*, t. I, 10 planches, contenant le plan du monument et les détails d'architecture, plus le bas-relief de la rue Galande, la pierre sépulcrale d'Henri Rousseau, etc. Voy. aussi de Guilhermy, *Itinéraire Archéol. de Paris*, p. 367 et suiv., et *Inscriptions de la France*, I, 641-4.

Les renseignements sur la chapelle Saint-Blaise sont disséminés parmi les do-

---

1. C'est une erreur de lecture qui a fait appeler ce personnage Henri Boisseau, dans l'explication des Planches de la *Statistique monumentale*.

cuments relatifs à Saint-Julien ; nous n'avons à signaler qu'une mention dans le ms. fr. 18808 de la Bibl. Nationale : le revenu de la chapelle se composait, en 1639, de deux maisons louées 485 livres.

SAINT-SÉVERIN
I, 99-113

Les historiens de Paris, et surtout Jaillot, se sont rangés à l'avis de l'abbé Lebeuf sur le véritable patron de cette église. Nous n'y contredirons pas, n'ayant trouvé aucun témoignage que saint Séverin d'Agaune ait pu, dans le court espace de temps qu'il passa à Paris, fonder un monastère ou même laisser un souvenir assez durable pour que son culte fût adopté par les Parisiens.

C'est en effet l'église de Saint-Séverin le Solitaire que mentionne le diplôme d'Henri Ier invoqué par Lebeuf (p. 100 et 108); mais nous y trouvons aussi la preuve qu'au moins à cette époque, Saint-Séverin n'était nullement sous la dépendance de Saint-Julien ; les quatre églises données au chapitre de la cathédrale y sont nommées sans distinction et sur le même pied d'égalité. (*Cartul. de N.-D.* I, 272.)

P. 100. — Ce n'est pas au livre de Sauval qu'il faut renvoyer, comme l'a fait Lebeuf, pour le texte de l'accord de 1221 à propos des bornes de la paroisse Saint-Séverin : on n'y trouverait qu'une assez mauvaise traduction [1] de l'acte, que Félibien (III, 91) et G. Dubois (II, 282) ont publié [2]. En voici un bref résumé : le vaste territoire appartenant en partie à l'abbaye de Saint-Germain-des-Prés, en partie à celle de Sainte-Geneviève, et s'étendant entre la Seine, Grenelle et Issy, hors des murs nouveaux de la ville, depuis la tour Philippe Hamelin (tour de Nesle) jusqu'à une borne placée du côté de St-Étienne-du-Mont, fut déclaré affranchi de toute juridiction paroissiale de l'évêque, et des bornes furent posées, à des points que nous ne pouvons malheureusement déterminer, pour délimiter la circonscription de Saint-Séverin. L'abbaye se réserva le droit de patronage sur une église paroissiale, ou deux au plus, à construire entre les limites de ce territoire et les murs de la ville; jusque-là, les habitants de cette région devraient se considérer comme paroissiens de Saint-Séverin.

Sauval [3] et Félibien [4] ont imprimé le texte du règlement qui intervint en 1260, dit l'abbé Lebeuf, entre le curé de Saint-Séverin et les Chartreux, mais Jaillot a démontré par de si bonnes raisons la fausseté de ce document qu'il ne peut plus désormais inspirer la moindre confiance aux érudits. Voici, résumés rapidement, les arguments du savant géographe [5] : l'aspect matériel de l'acte est suspect, car le parchemin est d'une blancheur, d'une netteté qui font un singulier contraste avec les autres pièces, même postérieures, que Jaillot avait pu examiner dans la même liasse; — le prieur y est nommé frère Guillaume, successeur de Jocerand ;

---

[1] Sauval. I, 419
[2] On le trouve aussi dans le *Cartul. de N.-D.* I, 101. Le diplôme royal ratifiant cette convention est conservé en original aux Arch. nationales. K. 28, n° 19.
[3] *Antiquités de Paris*, I, 422 et suiv.
[4] *Histoire de la Ville de Paris*, tome I des *Preuves*, p. 228.
[5] A la fin du tome V, dans une série de répliques de Jaillot à ceux qui avaient attaqué certains points de ses *Recherches*.

or, on sait que, chez les Chartreux, les prieurs étaient perpétuels et Jocerand ne mourut qu'en 1295; — les premiers mots de la pièce parlent d'un désaccord qui s'était élevé depuis longtemps, *orta discordia dudum*; or, quelle que soit la date de la fondation des Chartreux (nous y reviendrons dans nos notes sur ce couvent), elle ne peut guère être que de trois ans antérieure au règlement en question; enfin, le curé de Saint-Séverin cède aux religieux, pour la somme tout à fait minime de dix sous de rente, toutes les dîmes de blé et de vin dont la cure pouvait jouir à Lourcines et à Issy. Ce dernier argument est le plus faible assurément; ces dîmes pouvaient être fort peu considérables et leur cession compensée par les autres avantages énumérés dans l'acte, mais la preuve n'en est pas moins faite et d'une façon qui nous paraît irréfutable.

C'est encore Jaillot qui nous démontrera que l'abbé Lebeuf s'est trompé dans ses réflexions sur Lourcines. Nous retrouverons cette localité sur la paroisse Saint-Médard, mais disons dès maintenant qu'il y a eu deux lieux tout différents, l'un appelé *Lorcinæ*, l'autre *Locus Cinerum*; au premier correspond la rue de Lourcine, au second celle des Cendrées qui, depuis, s'est appelée rue Poliveau. Lourcines était d'ailleurs, un lieu-dit et non une rue; plusieurs actes la désignent de telle façon qu'on est en droit d'y voir une sorte de faubourg. (Cf. *Paris sous Philippe le Bel*, p. 152 et 311.)

P. 101. — Il faudrait un volume pour décrire l'intéressant édifice dont nous nous occupons; mais, tout en donnant plus loin la liste des meilleurs ouvrages où l'on trouvera cette description, nous ne pouvons nous dispenser d'en dire quelques mots. Lebeuf s'est trompé en datant du XIVe siècle seulement les parties les plus anciennes de Saint-Séverin; sans même parler d'une fenêtre romane que M. Lenoir a signalée à la façade occidentale, et que la restauration du portail a modifiée, les trois premières travées appartiennent au milieu du XIIIe siècle; si les chapiteaux et les bases, refaits en plâtre à une époque moderne[1], ne peuvent être un élément utile de détermination, du moins le dessin des arcades et du triforium, la forme des piliers et le relief des moulures accusent le milieu du règne de saint Louis. Les travées suivantes sont, pour le bas, de la première moitié du XIVe siècle, et pour la galerie et les fenêtres supérieures, d'une époque plus récente encore. Sauval, parlant des bréviaires publics dans les églises, dit (II, 634) qu' « en 1415, près des fonts de Saint-Séverin, à un pilier des chapelles *neuves*, on en attacha un qui revenait à soixante-deux francs, autrement « cent douze sols parisis. » Cette mention des chapelles neuves, évidemment empruntée à un compte de fabrique contemporain, est une précieuse indication.

Il est regrettable que Lebeuf ne nous ait pas transmis l'inscription des charges auxquelles les fossoyeurs étaient astreints, car elle est devenue aujourd'hui indéchiffrable. On lit sans peine les deux vers, gravés également près de l'ancienne entrée et du cimetière:

> Bonnes gens qui par cy passes.
> Priez Dieu pour les trespasses.

---

[1]. Cette ingénieuse observation a été formulée pour la première fois par M. de Lasteyrie, lors d'une visite archéologique à Saint-Séverin, dont nous sommes heureux d'avoir fait notre profit.

Quant au portail de l'église, il ne date, en cet état, que de 1839; c'est l'ancienne façade de l'église Saint-Pierre-aux-Bœufs, démolie deux ans auparavant.

P. 103. — La confrérie de la Conception de la Vierge, établie à Saint-Séverin, était la plus ancienne de ce titre qui ait été instituée en France. Un curieux mémoire sur cette confrérie (Voy. plus loin, à la bibliographie) nous donne le texte de l'inscription commémorative de 1724 qui accompagnait la statue de la Vierge, placée contre le sixième pilier du côté nord : « Ante annum 1495, hic erat sacellum B. M. V. Ob rei memoriam, qui dicti sacelli temporalia gerunt, hanc effigiem tempore delapsam restitui curarunt ann. D. 1724. » Une note ajoute qu'à la suite de réparations faites en 1763 dans toute l'église, la statue et l'inscription ont disparu.

P. 110. — Les deux lions se voient encore de chaque côté de l'ancienne porte et ils paraissent dater du xvie siècle; nous espérions trouver plus de renseignements à leur sujet dans la dissertation sur la reine Pédauque, à laquelle renvoie l'abbé Lebeuf (*Histoire de l'Académie Royale des Inscriptions et Belles Lettres*, XXIII, 227-35), mais la formule: *Datum inter duos leones*, n'y est qu'incidemment rappelée et l'explication n'est pas plus complète que celle que nous avons ici. Les lions sculptés aux portes des églises y sont considérés comme des symboles, des traditions de l'histoire sainte; ils rappellent ceux du trône de Salomon, et c'est ce souvenir que consacrent les actes des officiaux et autres juges ecclésiastiques. Nous n'y trouvons pas, en somme, des arguments bien décisifs; il nous paraît bien plus vraisemblable, puisque les archiprêtres de Saint-Séverin n'ont jamais été investis d'aucune juridiction, de croire que les deux lions ne sont là qu'à cause du cimetière dont ils semblent protéger l'entrée; l'inscription voisine, que nous avons rapportée plus haut, vient corroborer encore notre opinion.

Quelques pages plus loin (p. 117). Lebeuf parlera de nouveau de Marguerite de Challon et de sa sépulture aux Chartreux. C'est, de sa part, une réelle négligence que de n'avoir pas résumé ici même ce qu'il en avait dit dans le *Journal de Verdun* (Oct. 1753, p. 272-7). Nous le ferons pour lui : la dame de Thouci mourut le 11 octobre 1378; il résulte d'un compte de la fabrique que le curé de Saint-Séverin, son vicaire et son clerc reçurent un droit de sépulture. Cependant, jusqu'à la fin du xviiie siècle, le couvent des Chartreux posséda le tombeau de Marguerite de Challon. Le fait s'explique d'autant moins que nulle part le nécrologe de la maison ne fait mention du nom de la défunte et que le style même de l'épitaphe atteste le xvie siècle. Pourquoi cette sépulture, vraisemblablement vide? Lebeuf avoue qu'il n'ose pas entreprendre d'en donner la raison, mais il déclare « que ce n'est pas le seul exemple que l'on auroit de défunts inhumés dans une église, tandis que la tombe sous laquelle ils sont dits reposants se trouve dans une autre eglise ».

L'église de Saint-Séverin a perdu la plupart des tombes illustres qu'elle possédait en si grand nombre; en revanche, quelques-unes des épitaphes conservées dans les charniers ont été transportées dans l'édifice, lors de la suppression de ceux-ci. On en trouvera le détail dans le recueil épigraphique de M. de Guilhermy. Nous signalerons, parmi les inscriptions que Lebeuf a laissées sans mention, le texte d'une fondation de messes par Guillaume Fusée, en 1511. On peut le lire encore aujourd'hui, autour d'un des piliers du bas-côté septentrional.

P. 111. — Un martyrologe de Saint-Séverin antérieur à celui de 1678 (voy.

nos notes bibliographiques) contient une liste des curés-archiprêtres et des marguilliers, depuis l'année 1358.

P. 112. — Lebeuf n'avait pas lu attentivement les mémoires de Mlle de Montpensier, car il y aurait trouvé le récit détaillé et l'explication de cette célèbre mésintelligence entre la grande Mademoiselle et le clergé de Saint-Sulpice : « Je n'en avois pris nul (goût) à aller à Saint-Sulpice depuis que j'étois logée au palais d'Orléans. Je les avois vus (les prêtres de la paroisse) fort s'intriguer pour faire sortir Mme de Saujon des Carmélites, pour avoir sa dévotion et pour se rendre nécessaires auprès de Monsieur. Dans mon affaire de Champigny, ils avoient sollicité contre moi publiquement et avoient fait des prières de même pour le gain du procès de Mme d'Aiguillon... Depuis le retour de ma belle-mère, ils s'étoient fort partialisés pour elle contre moi en toutes occasions, et au lieu de ne se mêler entre nous qu'avec un esprit de charité que tout chrétien doit avoir, et surtout des gens de ce caractère, je n'étois pas persuadée qu'ils l'eussent fait [1]... »

BIBLIOGRAPHIE. — *Sources*. — Arch. nationales : Comptes de la fabrique (XVIe-XVIIIe s.) H. 4644-74 ; martyrologe (imp.) L. 937-9 ; délibérations (1548-1772) LL. 923-36 ; fondations, inventaires, L. 708-9 ; confréries et chapelles, LL. 940-6 ; titres de propriétés et de rentes, S. 3501-9.

Imprimés. — *Nouveau martyrologe, ou mémoires des offices, obiits, messes, saluts, prières, predications et aumosnes fondées en l'eglise parochiale de Saint-Severin à Paris*. (s. l.) 1636, in-fol. On y trouve de nombreux détails sur les fondations et les confréries, la liste alphabétique, par ordre des prénoms, de bienfaiteurs de l'église, un catalogue des curés et des marguilliers depuis 1358 (l'exemplaire de la Bibl. nationale contient, en outre, des additions manuscrites de 1637 à 1647), le règlement général pour les droits de la fabrique, les charges du maître d'école, etc.

Mémoire abrégé concernant la chapelle de la Conception de la Sainte-Vierge..... tiré des archives de la dite chapelle et des divers historiographes de la ville de Paris, 1777 in-4. (Bibl. de la ville de Paris. n° 2187.) Nous avons déjà dit un mot de ce mémoire, où Lebeuf est souvent cité, mais qui contient d'utiles détails sur l'administration et les ressources de la confrérie à la fin du XVIIIe siècle.

Jaillot, t. V, *Quartier Saint-André-des-Arcs*, p. 126-134 ; — A. Lenoir, *Statistique monumentale*, tome II, 17 planches, et texte, p. 143-59.

De Guilhermy, *Itinéraire Archéol. de Paris*, p. 154-61 et *Inscriptions de l'ancien diocèse*, I, 308-23. — A. de Bullemont, *Guide artistique à Saint-Séverin*, 1866, in-4. — *Inventaire des richesses d'art de la France*, Paris, monuments religieux, I, 171-88, description des œuvres d'art, par M. Jules Goddé. — Voy. aussi dans les *Archives de l'Art Français* (Documents), t. III, p. 177-8 deux actes de décès d'artistes, extraits par M. Reiset des registres de Saint-Séverin.

---

[1]. *Mémoires de Mlle de Montpensier*, édit. A. Chéruel, Paris, Charpentier, 1868, 4 in-12. Voy. au tome IV. p. 8 et suiv. le récit complet de cette affaire qui eut lieu en 1664.

MATHURINS OU RELIGIEUX DE LA SAINTE-TRINITÉ
I, 113-114

Lebeuf s'est singulièrement trompé sur le nom de ces religieux, en supposant qu'ils le durent à l'église de la Sainte-Trinité, appelée depuis Saint-Benoît. Il n'est pas douteux que c'était le nom de leur ordre et non pas celui de leur couvent de Paris. D'ailleurs, dès le XIIe siècle, — et Lebeuf lui-même en fournira plusieurs preuves (voy. p. 134), - l'église en question était déjà sous l'invocation de saint Benoît. Quant aux Mathurins, les actes du XIIIe siècle les désignent ainsi : « *viri religiosi minister et fratres domus Sancti Mathurini Parisius, ordinis sancte Trinitatis.* (Cartul. des Mathurins, aux Arch. nationales, LL. 1544, f° 3 v°.)

Les Mathurins paraissent avoir été, pendant tout le moyen âge, fidèles au principe de leur institution, le rachat des captifs. En 1448, plusieurs d'entre eux partirent pour aller « racheter des chrestiens qui estoient ès mains du Soldant, ausquels on faisoit souffrir moult de martires[1] ». Il serait facile de citer d'autres faits analogues, et, en 1754, on les voit encore racheter des captifs du Maroc[2].

Leur couvent, sur lequel Millin nous a laissé de précieux renseignements, fut supprimé par la Révolution, puis bientôt après démoli. Il occupait le terrain circonscrit par le boulevard Saint-Germain, les rues Saint-Jacques, du Sommerard, de Cluny, et sur lequel se sont élevées des maisons particulières. M. de Guilhermy a recueilli deux inscriptions particulièrement intéressantes sur les bâtiments des Mathurins : la première atteste qu'une partie de l'édifice avait été reconstruite en 1615 ; la seconde, datée de 1676, constate que des travaux faits à cette époque avaient fait découvrir une vaste ouverture communiquant avec le palais des Thermes, et que cette ouverture fut bouchée avec trois grosses poutres et recouverte de pavés[3]. Il ne paraît pas que les archéologues se soient préoccupés de ce fait ; peut-être aurait-il fourni matière à de curieuses révélations.

BIBLIOGRAPHIE. — *Sources*. — Arch. nationales : Comptes et pièces financières du XVIIIe siècle H. 3981-8 ; cartulaires, LL. 1544-7 (le premier est un cartulaire du XIII° siècle) ; délibérations capitulaires, LL. 1548 ; nécrologe, LL. 1551 ; constitutions, LL. 1552, privilèges et fondations, L. 947 ; titres de propriété, S. 4241-84 ; LL. 1553-4.

Imprimés. — Jaillot, t. V. *Quartier Saint-André-des-Arcs*, p. 100-6. Millin, *Antiquités Nationales*, t. III, notice de 37 pages.

---

1. *Journal d'un Bourgeois de Paris*, édit. Tuetey, p. 388.
2. Le carton L. 947 des Arch. nationales contient plusieurs plaquettes imprimées en 1754, et portant ce titre ou des titres analogues : *Liste des esclaves rachetés dans le royaume du Maroc par les ordres réunis de la Très Sainte-Trinité et de Notre-Dame-de-la-Mercy, en l'année 1754*.
3. *Inscriptions de l'ancien diocèse de Paris*, I, 531-4.

CHAPELLE DU COLLÈGE DE CLUNY
I, 114

Nous retrouverons le collège parmi ceux de la paroisse Saint-Benoît. (Lebeuf I, 154.) Quant à l'élégante chapelle qui lui appartenait et que le percement du boulevard Saint-Michel a fait complètement disparaître, nous nous bornerons à signaler dans l'*Index Chronologicus chartarum* publié par M. Jourdain (p. 52) le bref par lequel Honorius IV permit à l'abbaye de Cluny de construire un cimetière près de la chapelle de son collège, le 18 mars 1285.

Puisque Lebeuf a parlé de cette chapelle, nous nous étonnons qu'il n'ait rien dit de celle de l'hôtel de Cluny, et si peu (p. 119) de cet édifice lui-même. Nous comblerons cette lacune. La chapelle, ou plutôt l'oratoire que les abbés de Cluny avaient fait élever dans leur hôtel existe encore aujourd'hui : tout le monde connaît ce bijou d'architecture et l'on peut dire que nulle part l'épanouissement du gothique flamboyant n'a rien produit de plus gracieux ; pour être orienté, l'autel a été placé dans une élégante tourelle en encorbellement sur le jardin, et la voûte aux nervures sans nombre est tout entière soutenue sur un pilier central dont la hardiesse égale la grâce.

L'heureuse destination qu'on a donnée à l'hôtel dispense d'une description, mais son passé mérite un rapide coup d'œil.

Pierre de Chalus, abbé de Cluny, acheta en 1324 le vaste terrain sur lequel le palais des Thermes, en partie détruit par les Normands, ne montrait plus guère que des pans de murs ruinés ; mais le charmant logis qui nous a été conservé date du dernier quart du XVe siècle ; c'est une des plus pures productions de la première Renaissance française. Jacques d'Amboise, également abbé de Cluny, paraît l'avoir fait construire pour lui personnellement, et non plus comme résidence parisienne des abbés ; on en a la preuve dans la multiplicité des armoiries de la famille d'Amboise qui décorent l'édifice, et d'ailleurs, à dater de cette époque, on ne voit plus les abbés de Cluny y habiter pendant leurs séjours à Paris.

Pour une étude complète de l'hôtel de Cluny nous renverrons à la notice descriptive, souvent réimprimée, de du Sommerard, et aux *Recherches sur les propriétaires et les habitants du palais des Thermes et de l'hôtel de Cluny... dans l'intervalle des années 1218 à 1600*, publiées par Leroux de Lincy au tome XVIII (1846), p. 23-62 des *Mémoires de la Société des Antiquaires de France*. Cet excellent travail contient tous les renseignements désirables, appuyés sur des documents inédits, et, sous la forme d'appendice, une bibliographie détaillée de tout ce qui a été écrit sur la question.

CHARTREUX
I, 114-117.

Nous ne retiendrons, dans l'histoire de la Chartreuse de Vauvert, que les faits principaux, ceux qui rentraient dans le plan de Lebeuf et qu'il n'a qu'effleurés, ou ceux que les historiens de Paris ont mal présentés.

Le premier est la date même de la fondation. On la fixe ordinairement à 1259 en se basant sur un diplôme daté du mois de mai, par lequel saint Louis donnait aux Chartreux, alors installés à Gentilly, sa maison de Vauvert près Paris, maison qui est en effet devenue et restée le couvent de l'ordre [1]. Dès l'époque où écrivait Lebeuf, l'authenticité de cet acte fut soupçonnée; certaines formules en parurent au moins étranges, et si Jaillot ne dit pas tout ce qu'il en pensait, c'est qu'il redoutait les conséquences d'une pareille déclaration [2]. On n'aurait plus aujourd'hui les mêmes raisons, mais une critique détaillée nous entraînerait trop loin et nous nous réservons de la faire ailleurs; nous nous bornerons à remarquer, après Jaillot, que le diplôme de 1259 ne saurait être en tous cas qu'une confirmation, car on voit, dès le mois de juin 1258, les Chartreux acheter une pièce de vigne dans ce lieu de Vauvert. (*Cartul. de Notre-Dame*, II, 268.)

Si l'on n'a pas la preuve absolue qu'Eudes de Montreuil fut architecte de l'église, on sait du moins que les travaux en furent commencés avant la mort de saint Louis. En février 1268, l'abbé de Saint-Germain-des-Prés permit aux religieux de prendre dans une sablonnière de l'abbaye tout le sable qui leur serait nécessaire pour construire; l'inscription de la dédicace en 1326 rappelle d'ailleurs les dates extrêmes de cette construction : « Primo incœpta a beato Ludovico, rege Francorum et consummata a magistro Joanne de Ceresio, quondam thesaurario ecclesie Luxoviensis. »

Millin, et après lui les auteurs de la *Topographie Historique du Vieux Paris*, ont décrit toutes les inscriptions funéraires et autres que contenaient les cloîtres du couvent; nous y renverrons donc, et surtout au dernier ouvrage qui reproduit en fac-similé les dessins qu'avait pris Gaignières sur les lieux; c'est dire quel en est l'intérêt. C'est ainsi qu'on y trouvera les épitaphes et la gravure de plusieurs des tombes dont a parlé Lebeuf et entre autres celle de Pierre Loisel, cordonnier, bourgeois de Paris, et de Marguerite, sa femme.

Une des principales curiosités du couvent était, on le sait, la suite de tableaux de Le Sueur sur la vie de saint Bruno, fondateur de l'ordre. En 1776, les Chartreux s'en dessaisirent au profit du roi. Les mémoires de Bachaumont donnent de curieux détails sur cette négociation [3] : « 27 juillet 1776. — Depuis peu, M. de Maurepas a fait savoir au prieur des Chartreux que Sa Majesté desiroit faire l'acquisition des tableaux de la vie de saint Bruno, qui décorent leur cloitre. On sait que ces chefs-d'œuvre sont du fameux Le Sueur. Le ministre engageoit en même temps le supérieur à prendre le vœu de sa communauté et à venir lui en rendre compte. Le religieux s'est rendu à Versailles, a vu M. de Maurepas et lui a fait part des dispositions où étoit la maison de faire au roi le sacrifice qu'il exigeoit. Les conventions ont été que Sa Majesté payeroit chaque tableau sur le pied de 6,000 livres. Il y en a vingt-deux, ce qui fait 132,000 livres. En outre, elle s'est engagée à leur laisser des copies des originaux : ce travail a été estimé à raison de 2,000 livres chaque copie, ce qui forme encore un objet de 44,000 livres. On est convenu

---

1. Cette charte est conservée en original aux Arch. nationales, K. 31. Voyez en le texte imprimé dans Félibien, t. I des *Preuves*, p. 228.

2. Jaillot, t. V, *Quartier du Luxembourg*, p. 43 et suiv. Cf. sur ces suspicions le *Dictionnaire historique de la ville de Paris* par Hurtaut, tome II, p. 281.

3. *Marie Antoinette, Louis XVI et la famille royale*, journal anecdotique tiré des Mémoires secrets... (par M. L. Lalanne) Paris, s. d., in-12.

décidément de ce dernier point. Quant au surplus, sur ce que le comte a paru désirer savoir quel emploi les Chartreux feroient de la somme accordée, le prieur a déclaré que si le roi vouloit se charger des réparations assez considérables à faire à leur église, la communauté consentoit à ne rien toucher et qu'il en coûteroit moins à Sa Majesté. Cette demande a été accordée. Reste à savoir ce qu'on veut faire des peintures; c'est encore un mystère. » Ces peintures appartiennent maintenant au musée du Louvre.

La Révolution supprima le couvent des Chartreux. Tout l'espace qu'il couvrait fut annexé à la partie Sud du jardin du Luxembourg; une pépinière, dont on regrette encore la disparition, rappelait celle que les religieux avaient cultivée avec tant de soins. Elle fut détruite, vers la fin du second empire, en vue de spéculations de terrains qui ne réussirent pas; depuis quelques années seulement, de vastes établissements d'instruction, plusieurs rues et des jardins en forme de square ni ont succédé.

BIBLIOGRAPHIE. — *Sources*. — Les archives des Chartreux ont été en partie dispersées ou détruites, et les Archives nationales n'en ont recueilli que peu de documents. Les plus importants sont renfermés dans les trois cartons L. 937-9. Le premier contient surtout des fondations, du XIIIe et du XIVe siècles, un livret manuscrit, du XVIe siècle, où sont transcrits les statuts de l'ordre (il est probable que chaque religieux en possédait un semblable); enfin quelques pièces imprimées du siècle dernier, relatives aux franchises du couvent et une série de notes du P. Léonard de Sainte-Catherine-de-Sienne sur diverses Chartreuses; dans L. 938 se trouvent une série de testaments et des pièces relatives aux droits des Chartreux sur le travers de Bougival; enfin, dans L. 939, plusieurs comptes de recettes et de dépenses du couvent pour les dernières années du XVe siècle, quelques testaments et pièces de procédure, et les actes d'union du prieuré de Saulx.

A la Bibliothèque nationale, nous signalerons dans le fonds Clairambault un mandement de Charles V, analysé par M. Delisle (*Mandements et actes divers de Charles V*, n° 710), où les Chartreux sont indemnisés de la perte de leurs récoltes par suites de la stérilité de l'année 1369.

Imprimés. — *Variétés historiques*... de Boucher d'Argis (Paris, 1752, 3 in-12). Au tome Ier *Remarques sur une inscription du grand cloître de la Chartreuse de Paris*. Nous y reconnaissons un mémoire de Lebeuf; il s'agit d'une inscription accompagnant un tableau destiné à rappeler une fondation de Jeanne de Châtillon, morte en 1291; puis dans le même volume (p. 73-80), quelques notes assez intéressantes sous ce titre: *Choses remarquables dans la Chartreuse de Paris*. (Ce sont celles que Lebeuf indique, p. 116.)

Catalogue des plus excellens fruits, les plus rares et les plus estimés, qui se cultivent dans les pépinières des Révérends Pères Chartreux de Paris..... 1752, in-12. (Bibl. de la ville de Paris.)

Jaillot, t, V. *Quartier du Luxembourg*, p. 43-6. — Millin, *Antiquités nationales* tome V. — *Topographie historique du Vieux Paris*, par Berty et Tisserand: région du faubourg Saint-Germain; la notice sur les Chartreux y occupe les pages 73-110.

Voy. aussi ap. *Archives de l'Art français* (Documents) tome II, le mémoire de Guillet de Saint-Georges sur Le Sueur et les notes ajoutées par M. Dussieux. Dans le même recueil, t. IV, p. 215-24, l'*Inventaire des œuvres d'art qui se trouvaient aux*

Chartreux à l'époque de la Révolution, publié par M. de Montaiglon d'après le ms. des Archives nationales, S. 3948. Enfin on trouvera dans les *Archives du musée des monuments français*, papiers de Lenoir (Paris, 1883, in-4º) quelques détails sur un précieux lutrin qui, du couvent passa au musée des monuments français. (Voy. pp. 11 et 207.)

COLLÈGES DE LA PAROISSE SAINT-SÉVERIN
I, 117

Les collèges dont nous avons à parler ici ont tous été supprimés et réunis à celui de Louis-le-Grand, devenu chef-lieu provisoire de l'Université, en vertu des lettres-patentes du 21 novembre 1763. Pour l'histoire de cette négociation qui ne se fit pas sans de vives protestations, nous renverrons à la magistrale *Histoire de l'Université de Paris* au XVIIe et au XVIIIe siècles, de M. Ch. Jourdain[1]. Nous rappellerons aussi que les quelques bâtiments de ces collèges qui avaient pu rester debout après la suppression de 1763, ont définitivement disparu par suite du percement des boulevards Saint-Michel et Saint-Germain.

Collège du Trésorier. — Son nom lui venait de Guillaume de Saanne (et non de Saône, comme l'ont dit presque tous les historiens), trésorier de la cathédrale de Rouen. L'acte de fondation, publié par Félibien (t. I des *Preuves*, p. 285) est daté de novembre 1268, il porte la création de bourses pour douze écoliers en théologie et douze de la faculté des arts, « duodecim parvulis artistis qui similiter manebunt insimul. » Ce collège avait sa principale entrée rue Neuve-Richelieu, sur l'emplacement de laquelle a été ouverte la place de la Sorbonne.

Bibliographie. — *Sources*. — Arch. Nationales; fondations et actes d'administration, M. 194-5; titres de propriété, S. 6585-6.
Imprimés. — *Notice sur le collège du Trésorier*, par le marquis de Belbœuf. Paris, Lahure, 1861, in-8. L'auteur dont un des aïeux eut au XVIIe siècle droit de présentation à une bourse de ce collège, a écrit une histoire intéressante, appuyée sur plusieurs documents inédits et notamment sur des titres relatifs aux possessions de l'établissement en Normandie; nous y signalerons, en outre, la réimpression d'un mémoire sur la situation du collège au moment de sa réunion à l'Université.
Voy. aussi Félibien (I, 287) pour le texte d'un règlement de 1280; Crevier, *Histoire de l'Université de Paris*, II, 161-2, et Jaillot, t. V, *quartier Saint-André-des-Arcs*, p. 121-2.

Collège de Bayeux. — C'est en 1309 (n. s.) qu'il fut fondé par Guillaume Bonnet, évêque de Bayeux, qui, étant né dans le diocèse du Mans et ayant été

---

1. Le savant continuateur de du Boulay a donné en outre sur les collèges de la rive gauche de très intéressantes notices dans *Paris à travers les âges* (livraison du *Petit Châtelet et de l'Université*).

élevé dans celui d'Angers, affecta les bourses exclusivement aux étudiants de ces deux diocèses. Ce collège était situé entre la partie de la rue de la Harpe qui a fait place au boulevard Saint-Michel, et la rue des Maçons-Sorbonne (rue Champollion).

BIBLIOGRAPHIE. — *Sources*. — Archives Nationales; fondations, statuts, M. 87; délibérations administratives, MM. 346-50 ; titres de propriété, S. 6354-5.

Bibl. Nationale, mss. fonds lat. 10986 : registre de 55 feuillets, papier, contenant les statuts primitifs et ceux du XVIe siècle.

Imprimés. — Voy. dans Félibien, tome III des *Preuves*, p. 616 et suiv. le texte de plusieurs règlements donnés à ce collège au XVIe siècle. — Jaillot, t. V, *Quartier Saint-André-des-Arcs*, p. 78-9.

COLLÈGE DE NARBONNE. — Bernard de Farges ou de Fages, archevêque de Narbonne, consacra en 1317 la maison qu'il possédait à Paris, rue de la Harpe, à recevoir neuf écoliers de son diocèse. Les historiens de Paris rappellent que le pape Clément VI y avait fait ses études et qu'il fonda en 1343 dix nouvelles bourses. Ce collège était contigu au précédent.

BIBLIOGRAPHIE. — *Sources*. — Archives Nationales : fondation, statuts, M. 179; inventaire, MM. 428; titres de propriété, S. 6536-9.

Imprimés. — On trouvera dans Félibien, au tome III des *Preuves*, pp. 662, 674 775, 799 les statuts de 1317 et deux règlements du collège, l'un de 1544, l'autre de 1599. — Jaillot, t. V, *Quartier Saint-André-des-Arcs*, p. 76-8.

COLLÈGE DE TOURS. — « J'ai trouvé, dit Jaillot, dans les archives de Saint-Germain-des-Prés une donation d'Etienne de Bourgueil, faite au collège de Tours en 1330; elle est datée de 1303 dans un autre endroit, mais je crois que c'est une erreur du copiste qui a transposé les deux derniers chiffres. » Cette erreur même aurait dû, à ce qu'il nous semble, éveiller l'attention de Jaillot et pu lui faire supposer que la première date pouvait être également fausse. En tous cas, l'année 1333, qu'indique Lebeuf pour la fondation d'Étienne de Bourgueil, n'est plus exacte d'après notre manière de compter, car l'acte a été rédigé le samedi après le troisième dimanche de carême (Crevier, II, 279); nous le daterons donc de 1334. Le collège de Tours était situé à l'intersection de la rue Serpente et du boulevard Saint-Michel.

BIBLIOGRAPHIE. — *Sources*. — Arch. Nationales; fondations, statuts, comptes, M. 192; délibérations et inventaires (XVIIIe s.), MM. 438-40; titres de propriété, S. 6576-80. — Bibl. Nationale, mss. fonds lat. 13885 : registre du XVIe siècle contenant plusieurs actes imprimés par Félibien, savoir : le règlement en soixante-cinq articles (Félibien, t. I des *Preuves*, p. 411), et le procès-verbal de la visite du collège fait en 1563 par Jacques Bienassis, official de Tours (*Ibid*., p. 424). On y trouvera, en outre, une copie de la fondation de l'établissement par Étienne de Bourgueil, datée du samedi après *Oculi mei* 1333.

Imprimés. — Crevier, *Histoire de l'Univ. de Paris*, II, 279 ; — Jaillot, t. V, *quartier Saint-André-des-Arcs*, p. 123-5.

COLLÈGE DE MAITRE-GERVAIS. — Ce collège fut fondé par maître Gervais Chrétien, médecin de Charles V et chanoine de l'église de Bayeux, d'où son nom, que l'on rencontre quelquefois, de collège de Notre-Dame de Bayeux. L'acte de fondation (Arch. Nationales, MM. 346) est daté du 20 février 1370, et par conséquent appartient à l'année 1371. Une quittance du 30 octobre 1377 nous fait connaître que Charles V y créa deux bourses nouvelles pour l'étude « des sciences mathématiques licites et permises à lire » en l'Université de Paris[1]. La rue du Foin, où était situé le collège de Maître-Gervais, a été absorbée par le percement du boulevard Saint-Germain.

BIBLIOGRAPHIE. — *Sources*. — Arch. Nationales : fondations, comptes, règlements, M. 166-9; inventaire des titres, MM. 400; délibérations administratives, MM. 401-5 ; titres de propriété, S. 6474-87.
Bibl. Nation., mss fonds lat. n°s 9151, 9966, 10986. Le ms. 9966 est un compte, en treize feuillets de parchemin, des dépenses et recettes du collège, du 17 octobre 1530 au 22 avril 1531 ; on y voit qu'il s'y trouve alors douze boursiers de théologie et onze des arts. Les recettes, déduction faite des dépenses, s'élèvent à 1,046 livres, 13 sous parisis, quatre tournois.
Imprimés. — Crevier, II, 481-2; Jaillot, t. V, *quartier Saint-André-des-Arcs*. p. 63-5. — M. Jourdain, dans son *Index chartarum pertinentium ad historiam Universitatis*, a donné le texte d'un acte du 16 février 1529 (n. s.), relatif à l'augmentation des bourses du collège (p. 333-4).

COLLÈGE DE CORNOUAILLE. — La date 1380, qu'a donnée Lebeuf, ne se rapporte qu'à une translation de l'établissement rue du Plâtre (aujourd'hui rue Domat) et non à sa fondation, qui eut lieu en 1317. Félibien (tome I des *Preuves*, p. 490 et suiv.) a publié le testament par lequel Nicolas Galeran, un Breton, léguait, entre autres dispositions pieuses, le tiers de ses biens aux écoliers pauvres du diocèse de Cornouaille. Au mois de décembre 1321, les exécuteurs testamentaires de Galeran fondèrent cinq bourses dont ils donnèrent la collation à l'évêque de Paris.

BIBLIOGRAPHIE. — *Sources*. — Arch. Nationales : fondations et administration du collège, comptes des recettes et dépenses, M. 116-7 ; délibérations du bureau (1705-1762) MM. 394; titres de propriété, S. 6237, 6417-20.
Imprimés. — Félibien, *loc. cit.* Jaillot, t. IV, *quartier Saint-Benoît*, p. 193-5.

---

1. « Charles, par la grâce de Dieu roy de France, à noz amez et feaulz gens de noz comptes à Paris salut et dilection. Nous vous mandons que la somme de neuf cens et vingt frans d'or que nous avons eux et receuz comptans de nos amez et feaulz les generaulx conseillers à Paris sur le fait des aides ordonées pour la guerre, par la main de François Chanteprime, recevcur general d'iceulx aides, de laquelle somme nous avons paié certaine rente que nous avons fait achetée pour le vivre de deux estudians fondez ou collège de nos escoliers qui demourent en l'ostel de nostre amé et feal physicien, maistre Gervaise Chrestien, lesquels nous avons ordené que ils liront les sciences mathematiques licites et permises à lire en nostre Université de Paris .. » (Bibl. nationale, mss. fonds fr. 22389, n° 102.)

Collège de Séez. — Il fut fondé en 1428 (n. s.), le 24 février, par Jean Langlois, au nom de Grégoire Langlois, son oncle, évêque de Séez. Les bâtiments, limités à droite par ceux du collège de Bayeux, avaient été reconstruits en 1730, au dire d'une inscription que Jaillot avait pu consulter.

Bibliographie. — *Sources.* — Arch. Nationales : fondation du collège, M. 191 ; délibérations, de 1672 à 1762, MM. 437 ; titres de propriété, S 6562-75.
Imprimés. — Voy. dans Félibien (t. III des *Preuves*, p. 689) et dans du Boulay (V, 382), l'acte de constitution en 1428 et de même dans du Boulay (VI, 766) la délibération des députés de l'Université en 1578, relative au respect des statuts du collège.

Collège d'Allemagne. — Si l'on se reporte aux comptes du domaine publiés par Sauval et auxquels Lebeuf renvoie, on y trouvera en effet la mention, en 1451, d'une maison « sise rue Saint-Jacques et aboutissant par derrière à un hôtel que l'on dit le collège d'Allemagne. » C'est dire que cet établissement ne pouvait être situé rue Saint-Jacques. Mais nous savons, et c'est notre seule information sur le collège d'Allemagne, qu'il avait été fondé vers 1353 rue Traversine, au-dessous du collège de Navarre, par conséquent assez loin de la rue Saint-Jacques. (Cf. du Boulay, IV, 328 et Jaillot, t. IV, *Quartier de la place Maubert*, p. 107-8.)

Collège de Dace. — Lebeuf en a passé sous silence l'histoire, fort mal connue d'ailleurs. Il existait en 1275 au moins, car à cette époque un Danois lui fit une donation. En 1430 le collège de Laon lui céda sa demeure de la rue Galande en échange de celle qu'il possédait rue Sainte-Geneviève du Mont. Voy. pour ces faits : Félibien, t. I des *Preuves*, p. 225 et 535, et du Boulay, t. V, p. 390.

HOTELS DE LA PAROISSE SAINT-SÉVERIN
I, 186.

Hôtel des Eschallits. — Lebeuf a omis de dire qu'en 1243 la fabrique de la cathédrale l'avait cédé à l'Hôtel-Dieu qui, trois ans après, le revendit moyennant vingt livres à l'évêque de Paris. (*Cartul. de N.-D.*, III, 210.) Nous ne pensons pas que ce fût l'hôtel où les abbés des Echallits habitaient pendant leurs séjours à Paris, mais bien une maison affermée par l'abbaye[1].

Hôtel de Pontigny. — Suivant Jaillot (t. V, *Quartier Saint-André-des-Arcs*, p. 93-4), il avait appartenu aux abbés de Clairvaux ; une transaction du 8 août 1391 le donne comme « situé rue de la Huchette, devant la maison qui fut à M. Arnauld de Corbie, chancelier de France. »

---

1. Signalons en passant la confusion du savant éditeur du *Cartulaire de Notre-Dame* à propos de cette abbaye *de Eschalleis*, identifiée à la table générale avec l'abbaye de Châlis, *de Caroli Loco*. La première appartient au diocèse de Sens (Cf. *Gallia Christiana*, XII, 219 et suiv.)

LE PETIT CHATELET
I, 118

Il ne semble pas possible de faire remonter plus haut que le IX⁰ siècle l'origine de cette forteresse : une disposition du capitulaire rendu à Kiersy en 877, en implique la construction, comme l'a montré M. Quicherat dans sa *Critique des deux plus anciennes chartes de Saint-Germain-des-Prés*. (Voy. *Bibl. de l'école des Chartes*, 1865, p. 513, et Cf. Baluze, *Capitul.*, II, 267.)

L'édifice avait été certainement déjà reconstruit lorsqu'en 1296 une inondation de la Seine l'entraîna avec le Petit Pont, dont il formait l'extrémité méridionale. Hugues Aubriot le fit rebâtir en 1369; cédé en 1724 à l'Hôtel-Dieu, il subsista jusqu'en 1782, époque où des nécessités de voirie exigèrent sa démolition. On lira avec intérêt la description qu'en faisait un auteur du XV⁰ siècle, Guillebert de Metz : « Là est petit Chastelet, si espès de murs que on y menroit bien par dessus une charrette. Si sont dessus ces murs beaux jardins; là est une vis double, dont ceulx qui montent par une voie ne s'apparçoivent point des autres qui descendent par l'autre voie [1]. »

Jaillot (t. IV, *Quartier Saint-Benoît*, p. 195-7) et Millin (*Antiquités nationales*, t. II) ont consacré une notice au Petit Châtelet; la seconde est accompagnée d'une reproduction gravée du monument.

P. 119. — L'existence d'un vaste cimetière de Juifs sur la paroisse Saint-Séverin, déjà constatée au siècle dernier, a été corroborée par la découverte, en 1849, d'un grand nombre de stèles et de plusieurs squelettes dans les fondations d'une maison de la rue Pierre-Sarrazin. Leur étude a fait l'objet d'un savant article de M. Ph. Luzzatto, publié dans les *Mémoires de la Société des Antiquaires de France*, (année 1855, p. 60-86) sous ce titre : *Notice sur quelques inscriptions hébraïques du XIII⁰ siècle découvertes dans les ruines d'un ancien cimetière israélite de Paris*. M. de Longpérier les a de nouveau étudiées dans le *Journal des Savants* de 1874 (p. 646-73) et prouvé que certains de ces monuments funéraires appartenaient aux règnes de Louis le Jeune et de Philippe-Auguste. Lebeuf (p. 117) n'avait signalé l'existence de Juifs dans cette région qu'à une époque un peu postérieure.

Jacques du Breul, auquel notre auteur ne rend peut-être pas suffisamment hommage, est né en effet sur la paroisse St-Séverin. MM. Leroux de Lincy et Bruel ont publié sur ce personnage une notice importante à laquelle nous renvoyons [2]. Nous nous contenterons de lui emprunter la traduction du passage où du Breul a parlé lui-même de sa naissance : «.... Je suis né à Paris sur la limite de la paroisse de Saint-Séverin, abbé d'Agaune, au milieu du Petit-Pont l'an du salut 1528, le 17 septembre, de parents honorables mais peu fortunés : une muraille d'un pied d'épaisseur a été le seul obstacle qui m'empêcha d'être paroissien de Saint-Germain

---

1. *Description de la ville de Paris, au XV⁰ siècle par Guillebert de Metz*, publiée par Leroux de Lincy. Paris 1855, in-12, p. 55. Cette disposition d'un escalier en double vis, dont G. de Metz cite un autre exemple au collège des Bernardins (p. 58), est bien intéressante à constater à cette époque. Au château de Chambord, où elle se retrouve, on la considère volontiers comme un tour de force unique en architecture.

2. *Bibliothèque de l'École des Chartes*, 1868, pp. 56 et 479.

surnommé le Vieux à cause de son grand âge. Après avoir été baptisé dans l'église de Saint-Séverin, église première et archipresbytérale de l'Université... »

SAINT-MARCEL
I, 120-126

P. 120. — Lebeuf eût été plus judicieux de réserver pour un autre chapitre ses réflexions sur l'origine du nom de la place Maubert : l'histoire du couvent des Carmes qui vint s'établir en ce lieu lui en fournissait une occasion bien plus naturelle ; mais nous ne lui ferons pas son procès pour ce léger défaut de composition, et, comme lui, nous dirons à propos de l'église Saint-Marcel ce que nous pensons de ce nom de Maubert. Le même érudit nous paraît bien affirmatif lorsqu'il ne *fait aucun doute* que la place Maubert doive son nom à un évêque du VIIIe siècle, Madelbert. La philologie y contredit moins que le bon sens. Y a-t-il quelque apparence qu'un personnage, maintenant si peu connu, ait pu, longtemps après sa mort, — car la place Maubert n'existait pas au VIIIe siècle, — laisser d'assez vifs souvenirs pour que son nom fût ainsi remis en honneur ? C'est, d'ailleurs, prêter au moyen âge des idées toutes modernes que croire qu'on songeait à baptiser les rues et les places du nom des hommes illustres : les dénominations avaient un caractère bien autrement pratique ; aussi pensons-nous que Maubert était le possesseur quelconque d'une maison ou d'une pièce de terre voisine de ce point, et ne croyons-nous pas qu'il faille songer ni au célèbre maître Albert dit le Grand, ni même, comme Jaillot, (t. IV, *Quartier de la place Maubert*, p. 89-90) à un abbé de Sainte-Geneviève, Aubert, qui avait fait construire à cet endroit des étaux de boucherie.

P. 121. — Une tradition que Lebeuf dut connaître puisque Sauval la relate (I, 257), veut que l'église Saint-Marcel ait été la plus ancienne de Paris, celle-là même que Grégoire de Tours a appelée l'*ecclesia senior*. M. Longnon, avec toute l'autorité de sa science, est venu confirmer cette opinion dans son étude sur la *Civitas Parisiorum, d'après Grégoire de Tours* [1]. Pour lui cette *ecclesia senior*, près de laquelle était le tombeau de sainte Crescence, ne peut être la Cathédrale, puisque Grégoire la place *in vico Parisiorum*, et non *in civitate* [2], et qu'il désigne le tombeau de Saint-Marcel précisément de la même façon [3]. Il est juste de remarquer que dans les leçons du Bréviaire de Paris cette tradition ne subsiste que fort affaiblie, et que l'église-mère dont a parlé l'évêque de Tours n'y est plus nommée qu'*œdicula* ; c'est la chapelle dédiée à Clément qui, suivant une autre tradition que Lebeuf n'a pas admise, aurait été le premier patron de l'oratoire consacré plus tard à saint Marcel.

Quant au cimetière, nous remettons, pour en parler, au chapitre suivant, où nous le retrouverons à propos de l'inscription qui fut mise au jour en 1754.

Voici, d'après le *Cartulaire de N.-D.* quelques indications d'actes relatifs à Saint-Marcel et dont les deux derniers n'ont pas été connus de l'abbé Lebeuf : Guérard

---

1. *Bulletin de la Société de l'Hist. de Paris*, 1877, p. 107.
2. Grégoire de Tours, de *Gloria Confessorum*, ch. cv.
3. Id. *ibid.* ch. LXXXIX.

a daté d'environ 984 et du 30 décembre la bulle de Benoît VII pour Elisiard (I, 220); vers l'an 1007, dans une donation faite à Saint-Marcel par l'évêque Rainaud, le clergé de cette église y est désigné sous le nom de doyen et chapitre (I, 315); enfin, en 1205, l'évêque Eudes de Sully rendit un règlement sur les obligations des chanoines (I, 75).

P. 123. — En regard de la description de l'église Saint-Marcel qui nous est fournie par l'*Histoire de la ville et de tout le diocèse de Paris*, nous croyons intéressant de placer les notes que prit A. Lenoir en visitant le même édifice, quarante ans plus tard : « Cette église que j'ai visitée le 24 décembre 1790, contenait plusieurs monuments curieux, savoir un bas-relief en pierre représentant un bœuf couché, plusieurs chapiteaux curieux des premiers siècles, le tombeau de Pierre Lombard, évêque de Paris, plus connu sous le titre de Maître des sentences, etc , le tombeau de saint Marcel, qui est en pierre, sans aucune décoration et recouvert d'une boiserie ornée de mauvaises sculptures gothiques. Il y a au-dessous du chœur une église basse, et dans la nef une tour dont l'antiquité est fort remarquable; il est de fait que cet édifice est l'un des plus anciens de Paris. On voit encore dans l'église un *monstre empaillé* pendu à la voûte et que l'on dit être celui dont saint Marcel délivra la ville de Paris. J'engageai les commissaires du gouvernement à le faire transporter au Jardin des plantes pour le cabinet d'histoire naturelle ; on ne le fit pas, et le peuple s'en empara[1]. »

La figure en relief « d'un bœuf ou animal semblable, » dont parle Lebeuf (p. 124) et qui lui paraît venir du paganisme, ne serait-elle pas elle aussi la représentation de ce même monstre, qui n'est autre que le fameux serpent mis en fuite par saint Marcel ? Si cela était, comme nous le croyons, il serait bien regrettable que cette sculpture ait disparu avec toute l'église, car ce serait à coup sûr le monument le plus ancien de notre architecture religieuse de Paris.

P. 124. — Nous avons vainement cherché quelque trace d'une habitation possédée à Saint-Marcel par l'une des reines qui ont porté le nom de Blanche. Jaillot n'avait pas été plus heureux que nous et les archives de l'église, dépouillées par lui, ne lui avaient fourni que cette mention, à la date de 1540 : « Deux arpents de terre appelés la reine Blanche, tenant au cimetière de Saint-Martin, aux jardins de l'église Saint-Marcel et aux fossés. » (T. IV, *quartier de la place Maubert*, p. 119.)

Le chapitre de Saint-Marcel, formé de douze chanoines à l'époque où écrivait Lebeuf, en comptait quatorze, non compris le doyen, environ cinquante ans plus tôt. C'est, du moins, le chiffre que nous donne le *Mémoire de la Généralité de Paris* (p. 24), en ajoutant que chaque canonicat valait 400 livres de rente, et le décanat, 1200. A la Révolution, il y avait quinze chanoines (Cocheris, II, 20). La haute justice qu'exerçait le chapitre sur le bourg avait été supprimée en 1674 ; elle fut rétablie par arrêt du conseil d'État et lettres patentes du Roi en 1725.

P. 125. — Le lieu planté de vignes dont Lebeuf donne le nom latin *Fuliacum* nous paraît devoir être identifié avec un de ces innombrables lieux-dits appelés en français la Folie et sur l'étymologie desquels nous aurons à revenir. Celui qui nous occupe n'est connu que par la charte de 1217, dont voici le texte, important par cette raison :

« Philippus, Dei gratia Francorum rex, etc. Omnibus, etc. Noverint universi pre-

---

[1]. *Archives du Musée des monuments Français*. Papiers de M. Albert Lenoir... Paris, 1883, p. 5.

sentes pariter et futuri quod propter fidele servitium quod nobis exhibuit Hugo, scutifer noster, dedimus eidem Hugoni et heredibus suis de uxore sua desponsata, unam domum que fuit magistri Garini Cementarii, sitam juxta sanctum Marcellum, ante ulmum qui dicitur *Crievecuer*, cum viginti arpennis terre, ibidem sitis, et dimidio arpenno vinee sito juxta domum illam et duobus arpennis vinee sitis prope domum sepedictam in loco qui vocatur Fuliacum. Quod ut perpetue confirmationis, etc. Actum apud Pontem Archic, anno Domini M°CC°XVII°, mense Aprilis. » (Arch. Nationales JJ, 23, f° 161 r°).

Moins connue encore est une résidence appelée *Canticatus* ou *Carreriæ* que les rois de France auraient possédée dans le bourg Saint-Marcel au xiv° siècle. Nous n'en avons trouvé que la sèche mention dans les papiers de Lancelot. (Bibl. Nationale, mss. fonds fr. 13560 p. 148.) Il est probable qu'il faut en voir un souvenir dans le nom de la rue des Carrières rencontré une seule fois par Jaillot (T. IV, *quartier de la place Maubert*, p. 122).

Pour terminer, nous signalerons dans dans Félibien (t. I des *Preuves*, p. 15) la charte de Charles IV relative au marché et aux foires de Saint-Marcel et dans le même ouvrage (p. 14) des lettres de manumission des serfs de la collégiale en 1238, lettres dont Lebeuf n'a pas parlé.

L'église Saint-Marcel a été démolie en 1806. Son emplacement nous est représenté par l'intersection de deux voies qui lui doivent leur nom, le boulevard Saint-Marcel et la rue de la Collégiale.

BIBLIOGRAPHIE. — *Sources*. — Arch. Nationales : registres des délibérations capitulaires, de 1416 à la Révolution, LL. 34-64; inventaire de titres, LL, 65 ; comptes de la fabrique, L. 3603-4; titres de propriété S. 1914-57 (dans le premier de ces cartons, la déclaration du temporel en 1673, plusieurs fois citée par M. Tanon) actes judiciaires Z²60-1, 3699-710.

Imprimés. — Jaillot, t. IV, *quartier de la place Maubert*, p. 40-9, et l'intéressant chapitre que M. Tanon a consacré à cette collégiale dans son *Histoire des Justices de Paris*, aux pages 255-62.

SAINT-MARTIN
DU CLOITRE SAINT-MARCEL
I, 126-127

Nos recherches n'ajouteront guère à l'histoire de cette modeste église, dont l'origine demeure inconnue, comme la date de son érection en paroisse. Il est même difficile de s'expliquer pourquoi, placée si près de la véritable paroisse, Saint-Marcel, elle ne resta pas une simple chapelle.

Le *Calendrier des Confréries*, par J.-B. le Masson, mentionne dans cette église une confrérie des chapeliers qui s'y réunissait le 1ᵉʳ mai [1]. Saint-Martin a disparu dans les premières années de ce siècle ; elle était située sur la même place que Saint-Marcel. Il n'en reste plus actuellement aucun vestige.

BIBLIOGRAPHIE. — *Sources.* — Arch. nationales, fondations, L. 684 ; délibérations de la fabrique (1690-1760) LL. 847 ; titres de propriété et de rentes H. 3790-1, S. 3443.
Imprimés. — Jaillot, t. IV, *Quartier de la place Maubert*, p. 49-50.

Nous ne dirons que quelques mots de la SALPÊTRIÈRE. Bâtie sous Louis XIII, elle porta d'abord le nom de PETIT ARSENAL et fut jusqu'en 1656 affectée à la préparation du salpêtre. Les historiens de Paris l'appellent souvent l'Hôpital général, sans prendre garde que cette dénomination a désigné, jusqu'à la Révolution, l'ensemble de plusieurs établissements de « pauvres enfermés », dont le plus important était, à dire vrai, l'ancienne Salpêtrière. L'hôpital de Scipion, que nous allons bientôt retrouver, et celui de la Pitié, dont nous parlerons plus tard, en étaient les dépendances, pour ainsi dire immédiates, sans parler de maisons analogues, également réunies, quant à leurs revenus, à l'hôpital général, par l'édit d'avril 1656. De ce nombre sont les hôpitaux des Enfants Trouvés, du Saint-Esprit et des Enfants-Rouges.

Nous empruntons à une sorte de recueil officiel de documents sur l'hôpital général [2], les renseignements suivants relatifs à la Salpêtrière au XVIIIᵉ siècle, c'est-à-dire à l'époque où cette maison fut le plus célèbre : « La plus considérable de ces maisons est celle de la Salpêtrière, occupée par sept à huit mille femmes, dont six à sept mille sont de bons pauvres, âgés d'au moins soixante ans, ou infirmes. Environ huit cens femmes y sont détenues à titre de correction ou de sûreté, en vertu de sentences de police, d'arrêts du parlement, ou d'ordres du roi. Dans cette maison sont reçus les enfans des deux sexes, lorsqu'ils sont en âge de sevrage. Les enfans mâles n'y restent que jusqu'à cinq à six ans et alors ils passent à la maison de la Pitié, au lieu que les filles peuvent demeurer à la Salpêtrière jusqu'à dix-huit ans. Il est aussi d'usage d'en admettre jusqu'à douze ans. »

Actuellement, la Salpêtrière est un hospice réservé aux femmes âgées et infirmes.

Nous n'avons trouvé aucun renseignement sur la chapelle de CLAMART. Lebeuf aurait dû nous apprendre si elle appartenait au cimetière ou à l'hôtel dit de Clamart ; la première hypothèse est la plus probable. Ce cimetière n'était pas ancien, car, dans un terrier de 1646 cité par Jaillot (*Quartier de la place Maubert*, p. 106), son emplacement est encore un jardin sis « à la croix de Clamart, faisant l'encoignure de la rue qui va aux Saussaies ». Cocheris (II, 25) déclare que le

---

1. Réimpression de 1875, p. 119.
2. *Code de l'Hôpital général de Paris* ou recueil des principaux Édits, Arrêts, Déclarations et Règlemens qui le concernent... Paris, 1786, in-4.

cimetière de Clamart était destiné aux suppliciés ; nous n'en avons pas trouvé la preuve ; le *Dictionnaire Historique* d'Hurtaut et Magny (II, 340 et 350) dit au contraire « qu'on y enterre ceux qui meurent à l'Hôtel-Dieu ». Aujourd'hui l'ancien cimetière a disparu, mais son emplacement a conservé une funèbre destination : c'est là qu'on a bâti les bâtiments annexes de l'école pratique de médecine, affectés aux études de dissection.

HÔPITAL DE SCIPION. — Il fut, à partir du XVII° siècle, une dépendance de l'Hôpital-Général et il conserva cette qualité jusqu'à la Révolution. Il avait été bâti sous Henri III par un célèbre financier italien, Scipion Sardini ; M. de Montaiglon a décrit la décoration fort curieuse qu'une façade intérieure a conservée [1] ; les bâtiments du brillant hôtel, devenu hôpital dès 1614, servent depuis 1742 au moins de boulangerie générale aux hôpitaux et hospices de Paris.

CIMETIÈRE SAINT-MARCEL. — Il y a beaucoup à consulter sur les sépultures trouvées en 1753 au faubourg Saint-Marcel. L'*Histoire de l'Acad. des Inscriptions* en fait mention (XXV, 151) et, en reproduisant l'inscription de *Barbara* et *Vitalis*, nous apprend que Lebeuf lui-même s'était rendu acquéreur du cercueil qui la porte, pour le céder ensuite au comte de Caylus. Le monument appartient maintenant au cabinet des Antiques de la Bibliothèque nationale et M. de Guilhermy l'a décrit à nouveau dans ses *Inscriptions de la France* (I, 1-9). Nous y renvoyons ; on y trouvera une savante critique des renseignements fournis par ce texte lapidaire, qui paraît dater de la fin du V° siècle.

Les travaux de voirie faits dans ce quartier depuis trente ans ont mis au jour de nouvelles sépultures, celle d'un certain Agembald, également décrite par M. de Guilhermy [2], et quelques autres, aussi du XI° siècle, que M. de Lasteyrie a reproduites dans son supplément au recueil des *Inscriptions*, ainsi qu'une petite croix de la même époque (V, 89-94). On a enfin acquis la certitude qu'un vaste cimetière gallo-romain s'étendait sur le versant méridional de la montagne Sainte-Geneviève, depuis l'emplacement du marché aux chevaux du faubourg Saint-Victor jusqu'à la Salpêtrière et à la Bièvre. (Cf. sur les fouilles de 1873 et 1874, le *Bulletin de la Soc. de l'Hist. de Paris*, 1874, p. 22-3.)

SAINT-HIPPOLYTE
I, 128

La première mention de Saint-Hippolyte se trouve dans la bulle de 1158, par laquelle le pape Lucius confirme au chapitre de Saint-Marcel ses droits sur les

---

[1]. *Bulletin de la Société des Antiquaires de France*, année 1857, p 99-101. M. de Montaiglon a publié depuis sur le même sujet un article dans le journal *les Beaux-Arts*, année 1860. Voy. encore, au tome III de la *Statistique Monumentale* de M. A. Lenoir, une planche représentant le détail des sculptures de cette façade, et enfin, sur Scipion Sardini, d'intéressantes pages du livre de M. E. Drumont : *Mon Vieux Paris* (1879), in-12 p. 167-200.

[2]. M. de Guilhermy avait cru devoir lire : Agembert ; mais M. de Lasteyrie a prouvé (V, 91, note) que le nom latin était certainement *Agembaldus*.

trois *chapelles* de Saint-Martin, Saint-Hippolyte et Saint-Hilaire-du-Mont[1]. Lebeuf a fait cette fois, il faut en convenir, abus de l'hypothèse en supposant que vers la fin du règne de Robert on construisit cette petite église pour le peuple. Jaillot (t. IV, *Quartier de la place Maubert*, p. 68 et suiv.) n'a pas eu de peine à réfuter ce qu'une pareille supposition a d'invraisemblable : il a mieux rencontré que ne l'avait fait notre historien en empruntant aux preuves du livre de Sauval (t. III, p. 13) l'extrait d'un factum qui lui permet de conjecturer que peu de temps après le concile de Latran (1215), Saint-Hippolyte était devenue une église paroissiale.

L'abbé Lebeuf ne s'est pas trompé en datant du XVIe siècle la reconstruction de l'église dont nous nous occupons ; mais il n'a pas signalé de nouveaux remaniements au XVIIIe siècle, assez importants pour motiver la pose d'une première pierre en 1728. M. de Guilhermy en a publié l'inscription (I, 175). Saint-Hippolyte fut démoli vers le même temps que Saint-Martin-du-Cloître. Des bâtiments du XVIe siècle subsistaient encore, il y a vingt ans, quelques intéressants fragments, et notamment un chapiteau dont M. Grésy a décrit les sculptures ; la scène priapique qui s'y trouvait représentée est peu en rapport avec le lieu. (Voy. *Bulletin de la Soc. des Antiquaires de France*, 1860, p. 161-2.) En 1866, M. A. Bouvenne put encore visiter le peu qui restait de Saint-Hippolyte et le décrire dans une curieuse notice (1866, in-8° de 14 pages). Nous y trouvons des détails sur la décoration de l'église, les tableaux de Lesueur et de Le Brun qui, en qualité de directeur des Gobelins, était paroissien de Saint-Hippolyte.

Nous nous sommes assuré que même les ruines ont péri ; le percement du boulevard Arago en a fait disparaître jusqu'à l'emplacement, sans qu'on ait songé, croyons-nous, à recueillir pour le musée de Cluny de précieux débris que le temps avait respectés.

BIBLIOGRAPHIE. — *Sources*. — Arch. nationales : fondation, L. 655 ; titres de propriété, S. 3371.

Imprimés. — Jaillot, t. IV, *Quartier de la place Maubert*, p. 68 et suiv. — Voy. aussi dans les *Archives de l'Art Français* (1re série, t. III, p. 174-6) le texte de deux actes de mariage relatifs au peintre Francart et à sa famille, publiés par M. Reiset.

En mentionnant le couvent des FILLES ANGLAISES de la rue du Champ-de-l'Alouette, Lebeuf a emprunté à Sauval une date inexacte, 1620, comme étant celle de leur établissement en ce lieu. Jaillot (*Quartier de la place Maubert*, p. 5-6) a prouvé que la vraie date était 1644. Les Filles Anglaises étaient des Bénédictines, « dont l'objet est de prier sans cesse pour la conversion de l'Angleterre ». C'est ainsi qu'elles désignent leur institution dans un mémoire adressé à la commission de secours, vers 1780. Elles y demandent des subsides pour la reconstruction de leur chapelle, dont les deux murs principaux menacent ruine. (Arch. nationales, G⁹ 650.) On trouvera dans la même liasse et pour le même objet des plans et un devis de reconstruction du couvent. Nous signalerons aussi dans la carton S. 4619 un petit nombre de titres de propriété relatifs aux Filles Anglaises, qui furent supprimées par la Révolution, en dépit de la nationalité qu'elles invoquaient.

---

1. Félibien, tome I des *Preuves*, p. 13.

SAINT-HILAIRE
I, 129-131

Lebeuf ne nous donne que des conjectures sur l'origine de cette église, et il nous faut convenir que nous n'avons pas mieux à en dire que lui. Comme les deux paroisses précédentes, ce fut d'abord une simple chapelle, mentionnée au même titre qu'elles dans la bulle de 1158, et, probablement érigée en paroisse vers la même époque.

Jaillot, avec son exactitude ordinaire, a trouvé la preuve qu'au XIIIe siècle la rue Jusseline ne figurait pas encore au nombre des rues de Paris ; le censier de Sainte-Geneviève la nomme « la longue allée » en 1380 ; ce n'est qu'au siècle suivant qu'on la rencontre avec son nom, souvent modifié en plusieurs variantes.

L'église de Saint-Hilaire fut supprimée par la Révolution, et vendue le 18 fructidor an III. Les auteurs de la *Notice historique sur la paroisse de Saint-Étienne-du-Mont* ont emprunté aux archives de la fabrique de Saint-Étienne la description suivante de Saint-Hilaire, faite en 1790 : « Cette église est composée d'une nef avec chœur ; à gauche, un bas côté qui ne fait que la longueur du chœur et de la porte ; au-dessus du bas côté, à droite, un bas côté de toute la longueur de la nef et du chœur ; au-dessus du bas côté à gauche, et de la porte, sont deux étages, distribués chacun en deux chambres. Au-dessus du bas côté à droite, est une distribution des deux pièces boisées ; attenant le bas côté est une cour pavée. La dite église tenant du levant à la rue des Sept-Voies ; du couchant à une maison du collège Égalité et du nord à la rue du Mont-Saint-Hilaire et contenant cent trente toises trois pieds de superficie ou environ. »

BIBLIOGRAPHIE. — *Sources.* — Arch. Nat. : comptes, H. 3778, 4934-6 ; testaments et actes de mariages du XVIe siècle, LL. 757 ; titres de propriété, S. 3370.

Imprimés. Jaillot, IV. *Quartier Saint-Benoît*, p. 104-6. — *Notice historique sur la paroisse de Saint-Étienne-du-Mont*, par MM. l'abbé Faudet et de Mas-Latrie, Paris, 1840, in-12.

COLLÈGE D'HARCOURT. — Est-il exact de dire, comme l'ont fait du Boulay (III, 450) et après lui tous les historiens, que ce collège fut fondé en 1280 ? Nous voyons dans du Boulay un projet de fondation à cette date par Raoul de Harcourt, chanoine de Paris, mais l'exécution n'en fut réalisée que trente ans après, par les soins de Robert de Harcourt, évêque de Coutances, frère du testateur. c'est en 1311 que furent rédigés les statuts du nouveau collège (du Boulay, IV, 153) et seulement l'année suivante que l'évêque de Paris confirma la fondation (*Ibid.*, IV, 162). Enfin, on trouvera dans Félibien (t. I, des *Preuves*, p. 296) la permission que le pape Clément V accorda, en 1313, aux maîtres et écoliers du collège d'Harcourt, de célébrer les offices dans leur chapelle particulière.

Le lycée Saint-Louis a été bâti, on le sait, sur l'emplacement du vieux collège, qui avait subsisté jusqu'à la Révolution.

Des anciens bâtiments il reste une porte monumentale accompagnée d'une inscription rappelant qu'elle a été donnée au collège en 1675 par Thomas Fortin, proviseur.

Sources. — Arch. Nationales, comptes, H. 2816-21 : délibérations administratives, M. 133-4, MM. 448-53 (le registre MM. 448 contient un inventaire de titres); titres de propriété, S. 6439-46.

Imprimés. — Voy. Jaillot, t. V, *Quartier Saint-André-des-Arcs*, p. 81-4, et dans l'*Index chronologicus chartarum* de M. Jourdain (note de la page 180) une liste des proviseurs, de 1369 à 1766.

Collège des Lombards. — On pourrait croire, d'après la note de Lebeuf sur ce collège, qu'il n'a pas été différent de celui de Tournay. Cela s'explique si l'on admet avec M. Leroux de Lincy (*Paris et ses histor.*, p. 169 et 170) qu'il y eut deux collèges portant ce dernier nom. Le collège de Tournay ou des Lombards, situé rue des Carmes, eut pour principal fondateur le cardinal André Ghini, qui fut évêque de Tournay, après l'avoir été d'Arras. Ce n'est pas en 1348 que le collège des Lombards fut institué, mais en 1333. La charte de fondation, publiée par Félibien (t. I, des *Preuves*, p. 427) spécifie que l'établissement s'appellera « *domus pauperum scholarium Italorum de charitate Beate Marie* ». Abandonné par les Italiens au xviie siècle, ce collège fut occupé par des prêtres irlandais qui, en 1677, obtinrent le privilège d'y recevoir des étudiants de leur nation ; il comptait cent prêtres et soixante étudiants à l'époque de Jaillot (*Quartier Saint-Benoît*, p. 31-7). Quelques restes des bâtiments du xviiie siècle ont été utilisés pour des habitations particulières, rue des Carmes.

Le peu de documents qui nous sont parvenus du collège des Lombards sont conservés dans un carton des Archives Nationales, coté M. 147.

Collège de Tou. — Les quelques lignes que lui a consacrées Lebeuf sont à peu près tout ce qu'on en sait. Dans une délibération de l'Université en 1421, il est mentionné comme tombant en ruines. (Du Boulay, V, 350-1.) Selon Jaillot (*Quartier Saint-Benoît*, p. 40), il était situé rue des Sept-Voies. Cocheris, nous ne savons pourquoi, l'appelle collège de Toul.

Collège du Mans. — Il avait été fondé en 1519 par testament de Philippe de Luxembourg, évêque du Mans, pour des étudiants de ce diocèse et installé dans l'hôtel des évêques du Mans, rue de Reims. (Voy. les statuts du collège en 1526, ap. Félibien, t. I des *Preuves*, p. 585.) C'est au commencement du xviie siècle que les Jésuites l'achetèrent et l'incorporèrent à leur collège en 1683 ; les deniers provenant de cette vente furent employés à l'acquisition d'une maison rue d'Enfer, qui devint le nouveau collège du Mans. Comme tant d'autres, il fut réuni au collège de Louis-le-Grand en 1764.

BIBLIOGRAPHIE. — *Sources*. — Arch. Nationales ; fondation et statuts, M. 170 ; inventaire des titres, MM. 425 ; délibérations administratives, MM. 426-7 ; titres de propriété, S. 6307, 6388.

Imprimés. — Voy. Jaillot, t. V, *Quartier du Luxembourg*, p. 38-9 et Crevier, V, 194-5.

Au chapitre des collèges de la paroisse Saint-Hilaire, nous ajouterons deux établissements omis par Lebeuf :

Collège Coqueret. — Rue Chartière, avait été fondé en 1463 par Mᵉ Nicole Coqueret ou Coquerel, bachelier en théologie, chanoine d'Amiens (du Breul, p. 738). A l'époque où Crevier écrivait, il n'en restait plus que le bâtiment, « sans aucun vestige d'établissement littéraire » (III, 341). Le même écrivain nous donne (V, 235) le récit d'un différend survenu au XVIᵉ siècle, entre le principal et deux maîtres, « dont le crime est d'avoir mangé un pain d'un sou appartenant à ce principal ». Nous ne savons où Jaillot (*Quartier Saint-Benoît*, p. 38-40) a trouvé que le fondateur « avait tenu de petites écoles dans la basse-cour de l'hôtel de Bourgogne ».

Collège de Karembert. — Il est moins connu encore ; on sait seulement qu'il était situé rue des Sept-Voies, et qu'en 1575 il fut réuni à celui de Tréguier.

Quant à la maison dite du Roi Henri IV, la preuve est maintenant faite que Lebeuf s'est trompé et que Gabrielle d'Estrées avait son hôtel, non dans la rue Froimanteau de la montagne Sainte-Geneviève, mais rue Fromenteau, proche le Louvre. Cet hôtel communiquait avec la cour du Louvre et Henri IV l'avait acheté en 1596 au comte de Schomberg. Le passage suivant d'une lettre de Gabrielle ne peut plus laisser place au doute : « Monsieur de Schomberg, j'ai sceu que vous vouliés vendre vostre maison de Paris, et pour ce qu'estant proche du Louvre comme elle est... » (Berty, *Topogr. Hist.*, région du Louvre, I, 47).

SAINT-BENOIT
I, 132-139

P. 132-4. Les origines de Saint-Benoît ne nous arrêteront pas longtemps. Après avoir renvoyé à la charte d'Henri Iᵉʳ (*Cartul. de Notre-Dame*, I, 272) et rappelé que Guérard l'a datée d'environ 1045 [1], nous ne ferons qu'une remarque : On peut admettre avec Lebeuf que l'expression *Sanctus Benedictus* ait été employée pour désigner la sainte Trinité, quelque rare que soit une semblable dénomination dans la liturgie ; mais il y a lieu toutefois d'observer qu'au XIVᵉ siècle

---

1. Est-ce par erreur que Cocheris (II, 88) a indiqué l'existence de cette charte dans le carton L. 57 des Archives Nat. ? Quoi qu'il en soit, nous ne pouvons aujourd'hui qu'en signaler l'absence.

au moins, le chapitre célébrait solennellement la Translation de Saint-Benoît ; cette fête fut même, en 1363, troublée par un chanoine contre lequel le chapitre de la Cathédrale dut sévir (Arch. nationales, L. 579). L'abbé Lebeuf n'a pas eu connaissance de cette cérémonie annuelle, dont la constatation à une époque plus ancienne pourrait infirmer son explication sur l'origine du titre de Saint-Benoît.

P. 134. — Nous n'avons rien à dire de cet hôpital ou *aumône* de Saint-Benoît, et la charte de 1138, citée par du Breul (p. 371) dans son chapitre sur les Mathurins de Paris, nous paraît être la seule connue qui concerne cette maison. C'est tout à fait gratuitement que Lebeuf a supposé que le poète Leonius en avait « la surintendance », ou plutôt c'est pour ne pas se mettre en contradiction avec lui-même. En effet, deux pages plus loin (p. 137) il nous renvoie au tome II de ses *Dissertations sur l'histoire ecclés. et civile de Paris* où se trouve (p. 267 et suiv.) un mémoire portant ce titre : « Observations sur Leonius, poète de Paris, dans lesquelles on prouve par ses ouvrages que cet auteur a été chanoine de Notre-Dame, qu'il étoit différent de Leonius, chanoine regulier de Saint-Victor de la même ville et qu'il n'y a point d'indices certains qu'il ait été chanoine de Saint-Benoît. » Ici, comme souvent, le titre est un résumé presque suffisant de la dissertation. Nous n'entrerons pas dans le détail de cette discussion, mais nous signalerons le chapitre de l'*Histoire Littéraire* sur Leonius (XIII, 434-47), où il est à peu près démontré que ce personnage, avant d'être chanoine de Notre-Dame, l'avait été de Saint-Benoît et que c'est en cette dernière qualité qu'il adressa au pape sa requête en faveur de la *pauvre* église de Saint-Benoît. Les savants continuateurs des Bénédictins eussent été plus affirmatifs encore s'ils avaient connu la mention que nous avons rencontrée, de *magister Leonius canonicus Sancti-Benedicti Parisiensis*, dans un acte de 1179. (Arch. nationales S. 889^b.) Cette indication est doublement précieuse ; elle fournit la certitude que Leonius a été réellement chanoine de Saint-Benoît, en même temps qu'elle ajoute un renseignement chronologique sur la durée de la vie du chanoine poète.

P. 135-6. — Nous avons fait de longues recherches dans le fonds des archives de Saint-Benoît, afin d'établir la date à laquelle l'église dut être bien orientée ; malheureusement, ces recherches sont loin de nous avoir donné des résultats complets, ou même satisfaisants. Les voici, exposés aussi succinctement que possible ; mais il importe tout d'abord de citer le passage de la lettre où Étienne, abbé de Sainte-Geneviève, signale au pape la mauvaise orientation de Saint-Benoît : « Ecclesiæ illius forma dissimilis et dissidens ab aliis ecclesiis : a parte sanctuarii respicit occidentem, ab introitu orientem, nec permittit in alio loco convenienter officia parrochiali celebrari quam in eo, in quo priscis diebus usque ad tempora nostra priores celebrarunt. » (Au Breul, p. 104.)

Cette anomalie s'explique facilement par la position même de l'édifice, bâti en bordure de la rue Saint-Jacques, du côté droit quand on regarde le faubourg ; il est naturel que le portail ait été élevé sur la rue et par suite que le chœur ait regardé l'Occident ; une application plus sévère de la liturgie fit ensuite changer cet état de choses ; le maître-autel fut reporté du côté du portail et l'accès de l'église eut lieu par une porte latérale ouverte au nord, dans le cloître. C'est l'époque de cette modification que nous aurions voulu préciser. Dans une des planches de la *Statistique monumentale* qui concernent Saint-Benoît, l'emplacement des deux autels est figuré, les fondations de l'autel *mal tourné* ayant été retrouvées en 1831 ; mais M. A. Lenoir s'est trompé en datant du règne de François Ier la bonne orientation de l'église. Lebeuf, on l'a vu, cite des exemples de *Saint-Benoît le bien tourné* en 1364, et nous avons trouvé dès l'année 1349 (Archives nationales, L. 579, dans un acte relatif à la cure de Saint-Germain-du-Chesnay), la mention de *sancti Benedicti beneversi*. Il faut dire d'ailleurs que le qualificatif *male versus* ou *beneversus* est loin d'être fréquent, et sur les trois cents chartes environ que nous avons pu voir, du XIIIe et du XIVe siècle, nous ne l'avons pas relevé plus de vingt fois.

Les copistes de Lebeuf, confiants dans son expérience archéologique, ont à l'envi répété que Saint-Benoît avait été rebâti sous le règne de François Ier ; c'est là une assertion dont il est facile de vérifier la fausseté. L'aspect du monument nous a été, en effet, conservé par plusieurs reproductions[1], et le portail même en a été réédifié dans les jardins de l'hôtel de Cluny ; il suffit de le voir pour reconnaître qu'il appartient au plus tard à la seconde moitié du XVe siècle et que c'est un pur spécimen du gothique flamboyant. Ici encore nous aurions voulu mieux préciser par une date, mais les archives de Saint-Benoît n'offrent aucune mention de travaux de reconstruction. Le plus ancien des registres capitulaires qui nous soit parvenu date de l'année 1518, et l'absence dans ce document de toute indication relative aux bâtiments semble être une preuve de plus que l'édifice avait été rebâti avant le XVIe siècle. Nous rappellerons que le sanctuaire fut reconstruit sur les dessins du célèbre Perrault, l'architecte de la colonnade du Louvre.

P. 137. — Les historiens de Saint-Benoît ne devront pas oublier de rattacher à l'histoire des chapellenies de cette église le souvenir d'un de ses chapelains du XVe siècle, maître Guillaume de Villon, titulaire de la chapelle de Saint-Jean-l'Évangéliste : il fut le protecteur, le « plus que père » du fameux poète qui a mieux illustré son nom par ses écrits que par sa conduite ; c'est dans le cloître de Saint-Benoît que François Villon fit ses premières études et obtint le titre de bachelier ès arts ; c'est là aussi qu'il commit son premier méfait, et c'est encore à l'ombre du clocher de Saint-Benoît qu'il paraît être venu se réfugier, chaque fois que ses démêlés avec la justice le laissaient jouir de la liberté. Tous ces faits ont été reconstitués avec une remarquable sagacité par M. Auguste Longnon : sa savante *Étude biographique sur François Villon*[2] appartient presque autant à l'histoire de Paris qu'à l'histoire littéraire.

---

1. Voy. notamment Millin et les planches de la *Statistique monumentale*.
2. Paris, 1877, in-8. Les recherches que nous faisions dans le fonds de Saint-Benoît au point de vue archéologique ont eu cet heureux résultat de nous faire rencontrer par deux fois, dans des titres de propriété de 1500 et de 1501, la mention des « hoirs ou ayant-cause de feu maistre François Willon ». Il s'agit d'une maison contiguë au cloître. Le poète avait-il laissé des héritiers, plus réels que ceux de ses *Testaments*, ou le scribe, entraîné par le souvenir d'un nom déjà populaire, avait-il voulu parler de maître Guillaume de Villon, mort, il est vrai, depuis plus de trente ans ? Dans le premier cas, nous aurions trouvé deux intéressants renseignements : la certitude que Villon était mort en 1500, la preuve qu'à la fin de sa vie, il s'était fixé, paisible bourgeois, dans ce quartier de Saint-Benoît qu'il a toujours aimé. Soumettre la question à M. Longnon, c'est être sûr, par avance, d'en recevoir la vraie solution.

L'histoire des curés de Saint-Benoît est tout entière dans le livre que l'un d'eux, Bruté, publiait au moment même où parut l'ouvrage de l'abbé Lebeuf; nous renverrons donc à ce petit livre, devenu assez rare, et nous nous bornerons à signaler l'acte de prestation de serment de Louis Lasseré le 30 mai 1521. (Arch. nationales L. 578.) Vers 1542, ce personnage est mentionne (*ibid.*) comme proviseur du collège de Navarre.

Au XVIe siècle comme au moment de la Révolution, les canonicats de Saint-Benoît étaient au nombre de six; le *Mémoire de la Généralité de Paris,* dressé vers 1700, fixe à 600 livres la valeur de chacun d'eux, mais un état non moins officiel, et peut-être aussi inexact, indique à la même époque un revenu total de 6000 livres. (Bibl. Nationale, mss. fr. 15,382.)

Nous ne donnerons pas la liste des innombrables sépultures, dont beaucoup fort illustres, que possédait l'église Saint-Benoît; on la trouvera dans le livre de Bruté; Millin en a dressé une aussi, mais nous n'en parlons que pour mettre en garde contre ses incorrections typographiques : l'exactitude des dates ne s'y trouve guère que comme exception. M. de Guilhermy, à son tour, a relevé plusieurs inscriptions et décrit quelques monuments funéraires de Saint-Benoît (*Inscriptions de l'ancien diocèse de Paris,* I, 101-15), mais le plus important document sur ce sujet est l'inventaire des objets d'art, peintures et sculptures, que dressèrent en 1790 les commissaires de la Révolution, Doyen et Mouchy. (Arch. nationales, S. 889 [a].) Quand ce texte sera publié, ce sera, avec les papiers de Lenoir qu'imprime la commission de l'*Inventaire des richesses d'Art,* la source la plus riche de l'histoire artistique de Saint-Benoît.

Rappelons enfin que la haute justice de la collégiale s'étendait, à Paris sur le bourg Saint-Marcel, et dans le diocèse à Clichy, Saint-Ouen et Limeil. Une charte de 1364 dont du Breul a donné le texte (p. 193) confirme ce privilège aux chanoines. Lebeuf en parlera plus tard à propos de Limeil (V, 35), mais il est bon, dès maintenant, de faire remarquer qu'il s'est trompé en supposant que ce Limeil devait être voisin de Clichy et de Saint-Ouen; nous fournirons la preuve certaine qu'il s'agit bien de la paroisse du doyenné du Vieux-Corbeil.

L'église Saint-Benoît fut supprimée par la Révolution; quoique vendue en 1795, elle fut rendue au culte catholique pendant quelques années. Un meunier s'y installa ensuite, puis la céda à une entreprise théâtrale qui l'occupa vers 1831 en lui donnant le nom de théâtre du Panthéon. C'est à cette date que les travaux de nouvel aménagement firent découvrir l'abside primitive, en même temps qu'on reconnaissait dans les fondations le passage d'un canal de construction romaine, amenant les eaux d'Arcueil au palais des Thermes. L'édifice ainsi modifié subsista jusqu'en 1854; il fut alors démoli pour le percement de la rue des Écoles; son emplacement correspond assez exactement au côté sud de cette voie et au terrain sur lequel s'élève la nouvelle Sorbonne. Les quelques fragments qui lui avaient conservé un caractère religieux, à travers toutes ces transformations, furent transportés au musée de Cluny; le plus important est le portail, qu'on a restauré dans les jardins de l'hôtel.

BIBLIOGRAPHIE. — *Sources.* — Arch. nationales, registres d'actes capitulaires [1], LL. 540-54 ; nous y signalerons plusieurs mentions des écoles de la paroisse en 1525 et 1526 ; les chanoines nommaient les maîtres d'école (Voy. LL. 540, f° 71 v°) ; dans le reg. LL. 541, f° 2 v°, acte intéressant sur les orgues de l'église [2] : « transactio per dominos de capitulo cum matriculariis fabrice parrochiæ dictæ ecclesiæ sancti Benedicti facta super nova constructione organarum ; fuit. die XXV dicti mensis Februarii (1586), conventum est hujus modi : organa perpetuo fore communia et libera, tam pro choro quam dicta parrochia, et de organistæ sallario et organarum futura reparatione communibus expensis, scilicet dictorum dominorum capituli et dictorum matriculariorum satisfiet ; quiquidem domini de capitulo, ut de dictis organis libere perpetuo uti possint, habebunt et possidebunt clavem loci in quo hujusmodi organa construentur ». — Prises de possession de canonicats et chapellenies au XVIII° siècle, LL. 555-6 ; comptes et titres de rentes, H. 3503-31 ; bulles des papes, arrêts du Parlement, etc., relatifs à la prééminence du chapitre de Notre-Dame sur celui de Saint-Benoît et à son autorité sur les chanoines de cette collégiale, L. 576 ; pièces de même nature, relatives à des contestations semblables, du XVI° au XVIII° siècle, L. 577 ; revenus des chanoines et des chapelains, exercice de la haute justice, procès-verbaux de visites au XVIII° siècle (plusieurs imp.), fondation d'une septième prébende de chanoine en 1194. L. 578-80 ; titres de propriété, S. 889 [a] et [b] — 906 ; dans le premier de ces cartons, S. 889 [a], outre l'inventaire des objets d'art de 1790, se trouvent plusieurs pièces concernant la maison du Gril, possédée au commencement du XVI° siècle par le célèbre imprimeur Thielman Kerver, puis par sa veuve. Enfin, le carton G° 652 contient une lettre des curé et marguilliers de Saint-Benoît, exposant au lieutenant général de police que, pour les travaux de leur église, ils auraient besoin de 25,000 livres environ, et demandant qu'on leur évite la charge de faire rédiger un procès-verbal d'estimation « qui coûteroit plus de cent louis » (vers 1780).

Imprimés. — *Chronologie historique de Messieurs les curés de Saint-Benoît*, depuis 1181 jusqu'en 1752, avec quelques anecdotes sur les principaux traits qui les regardent et quelques particularités sur plusieurs personnes de considération enterrées dans Saint-Benoît et sur différents articles qui concernent la paroisse (par Bruté), Paris, 1752, in-12.

Jaillot, t. IV, *Quartier Saint-Benoît*, p. 108 et suiv. ; — Millin, *Antiquités nationales*, t. III, notice de 54 pages, où les renseignements chronologiques sont presque toujours inexactement donnés ; — Troche, Notice historique sur l'ancienne église collégiale et paroissiale de Saint-Benoît, ap. *Revue archéologique*, quatrième année, 1847, pp. 214 et 276 ; — A. Lenoir, *Statistique monumentale*, 10 planches du tome I et texte, p. 117-24. — Voy. aussi le chapitre que M. Tanon a consacré à Saint-Benoît dans son *Histoire des anciennes justices de Paris*, les quelques notes sur l'iconographie du monument, données par M. Bonnardot dans la *Revue Universelle des Arts*, 1857 (tome VI) p. 222-4, et enfin quelques actes d'état civil extraits des registres paroissiaux de Saint-Benoît et publiés par M. Reiset au tome III, pp. 171-3 et 176 des anciennes *Archives de l'Art Français*.

---

1. Nous croyons devoir prémunir contre une erreur de l'édition Cocheris, qui a donné une cote inexacte de ces registres, LL. 1540 et suiv., au lieu de LL. 540 et suiv.
2. Ces orgues sont maintenant à Saint-Jacques-du-Haut-Pas.

SAINT-ÉTIENNE-DES-GRÈS
I, 139-143.

Au début d'une longue dissertation (elle n'occupe pas moins de sept pages) sur l'antiquité de cette église, Jaillot s'exprime ainsi à propos des réflexions de l'abbé Lebeuf relatives au même objet : « Les lumières et les travaux de cet auteur méritent certainement nos hommages et notre reconnaissance, mais on peut *s'égarer sur les traces d'Hercule*. » Nous allons essayer de démontrer que Jaillot s'est, en effet, égaré dans une argumentation qui n'est que spécieuse et que Cocheris eu tort d'admettre comme péremptoire.

Il est bon de mettre sous les yeux du lecteur le passage entier du testament d'Ermentrude qui a fait naître la controverse : « ... *basilice domnæ Mariæ gravata argentea valente sol duodece, et cruce aurea valente sol septe dari jubeo ; baselice domni Stefani anolo aureo nigellato valente sol quatuor dari volo...* » ; puis, six lignes plus loin : « *sacrosancte ecclesiae civitatis Parisiorum, missurio argenteo valente sol quinquaginta dari precipio...* [1] ». Jaillot ne réussit pas à nous convaincre, quand il affirme que les deux premières de ces dispositions s'adressaient à la cathédrale, constituée par la réunion des deux églises Notre-Dame et Saint-Étienne de la Cité, et que la troisième, plus considérable, était destinée aux chanoines de la même cathédrale. Quelques incorrections, quelque manque d'ordre que l'on puisse constater dans les actes du VIIe siècle, il est impossible de supposer que le rédacteur des dernières volontés d'Ermentrude ait à ce point manqué de précision et que, voulant parler des chanoines, il n'ait pas employé une expression qui les désignât ; il semble au contraire qu'on a voulu nommer explicitement l'église-mère, l'église de la cité, par ces mots : *sacrosancte ecclesiae civitatis*, et cela pour la distinguer des deux petites églises du faubourg méridional, Notre-Dame-des-Champs et Saint-Étienne. Nous nous rangeons donc à l'avis de Lebeuf.

A la date de 857, les *Annales de Saint-Bertin*, parlant de la première grande attaque des Normands contre Paris, contiennent le passage suivant : « Dani, Sequanæ insistentes, cuncta libere vastant, Lutetiamque Parisiorum adgressi, basilicam beati Petri et sanctæ Genovefæ incendunt et ceteras omnes, *præter domum sancti Stephani* et ecclesiam sancti Vincentii atque Germani, et ecclesiam sancti Dionysii, pro quibus tantummodo, ne incenderentur, multa solidorum summa soluta est [2]. » Lebeuf n'a pas rattaché ce fait à l'histoire de Saint-Étienne-des-Grès, et cela avec raison, car dans ses *Dissertations sur l'Histoire Ecclésiastique* (I, 130), il avait déclaré qu'il concernait la Cathédrale. Ici nous ne sommes pas de son avis, car il est à peu près certain que les Normands n'ayant pu pénétrer dans la Cité, ne menacèrent aucun des monuments qu'elle renfermait ; mais nous ne croyons pas davantage qu'il soit question de Saint-Étienne-des-Grès. On a remarqué que, dans ce texte de quatre lignes où le mot *ecclesia* se trouve deux fois, et *basilica* une fois, l'annaliste de Saint-Bertin, en employant l'expression *domus sancti Ste-*

---

1. J. Tardif, *Inventaire des monuments hist., cartons des rois*, n° 40. C'est le meilleur texte qui ait été donné de ce précieux document dont l'original est, on le sait, aux Archives Nat. sous la cote K. 4.
2. Édit. de la Société de l'Histoire de France, p. 91-2.

phani, n'a pas dû vouloir parler d'une église, mais d'une maison dite de Saint-Étienne. Quelle pouvait être cette maison, c'est ce que nous ignorons. Il existait alors une maison à laquelle la tradition rattachait le souvenir de saint Marcel, et que les Parisiens vénéraient fort. Peut-être est-ce celle dont le chroniqueur voulait parler : il vivait loin de Paris et une pareille confusion de noms n'a rien d'invraisemblable. Un autre argument, qui n'est pas sans valeur, est qu'on s'étonne de voir la pauvre et modeste église de Saint-Étienne-des-Grès comprise dans le traité de rachat alors que la riche et puissante basilique de Sainte-Geneviève en est exclue. Pour conclure, les *Annales de Saint-Bertin* ne nous paraissent rien affirmer à propos de Saint-Étienne-des-Grès, mais à coup sûr Lebeuf a eu tort d'assurer, sans autre preuve, que cette église fut brûlée par les Normands ; la vérité est qu'on n'en sait rien.

P. 140. — Nous espérions identifier ces trois localités du pays Blésois, *Gilliacus, Maniacus, Levius*, que Saint-Étienne afferma en 995 aux moines de Marmoutier ; mais il faut que de bonne heure elles aient disparu, ou du moins changé de nom, car il n'en est pas trace dans les archives de Loir-et-Cher. M. Tardif, qui a imprimé la même charte (n° 238 de l'*Inventaire des monuments historiques*), n'a pu davantage en retrouver les noms français.

P. 141. — Le nécrologe de Notre-Dame rappelle, en effet (*Cartul. de N. D.* IV, 125), qu'Henri I fut le bienfaiteur de la cathédrale ; Lebeuf a omis de mentionner parmi ses donations celle de la dîme, du vin et du blé de Bagneux, qui appartenait à Saint-Étienne ; c'est par erreur qu'il a indiqué le 2 août comme jour de la station du chapitre ; cette cérémonie se célébrait le 3 août, fête de Saint-Étienne.

Aux étymologies du surnom de Saint-Étienne, déjà proposées, Cocheris en a ajouté une nouvelle, celle de *gresium*, signifiant colline, mais nous avouons préférer l'origine donnée par Lebeuf et empruntée au nom de la rue, soit que ce nom vienne de certains blocs de grès, soit plutôt qu'il soit celui d'une famille *de Gressibus* dont on trouve de fréquentes mentions.

P. 142. — Lebeuf n'a pas cru qu'au XIIIe siècle le nombre des canonicats ait dépassé quatre : voici cependant un acte de 1219, encore inédit, qui prouve clairement l'existence à cette date de huit prébendes ; nous croyons devoir en donner le texte, intéressant, comme on verra, à plusieurs titres :

« Stephanus decanus, totumque Parisiensis ecclesie capitulum, omnibus presentes litteras inspecturis salutem in Domino. Noverit universitas vestra quod, cum in ecclesia beati Stephani Parisiensis essent octo canonici, quatuor videlicet antiqui, et quatuor de novo instituti, et inter ipsos esset dissensio super servicio ecclesie et super anniversariis et aliis elemosinis in eadem ecclesia eisdem canonicis factis, tandem fide prestita promiserunt quod quicquid vir venerabilis M., cantor Parisiensis, qui eandem ecclesiam ex dono capituli in precariam tunc tenebat, cum consilio bonorum virorum exinde ordinaret, ratum haberent et perpetuo observarent. Idem autem cantor taliter ordinavit quod omnia anniversaria, facta et facienda, illis canonicis tantum qui anniversariis intererunt communiter et equaliter dividentur ; et alie elemosine, quoque modo fient, salvis tamen elemosinis fabrice ecclesie factis, inter omnes canonicos communiter et equaliter dividentur, salva eidem cantori et successoribus ejus qui eandem precariam tenuerint medietate oblationum omnium in duabus festivitatibus beati Stephani. Quatuor vero canonici de novo instituti quatuor canonicis antiquis et eorum successoribus reddent annuatim quatuor libras Parisiensium in recumpensationem oblationum quas ipsi soli percipiebant... donec eisdem canonicis antiquis XL libras Parisiensium simul persolvant ad augmentationem prebendarum quatuor antiquarum. Postquam autem predicti canonici de novo instituti aliis prefatis canonicis XL libras simul persolverunt, a pensione quatuor librarum liberi erunt et absoluti, et si predicte XL libre simul persolvi non poterunt, quicunque predictorum canonicorum aliis antiquis canonicis X libras persolverit, a pensionne XX solidorum liber erit et absolutus, et sic de aliis intelligendum est. Statutum est etiam quod singuli canonici ebdomadas suas facient successive, et quilibet in ebdomada sua horas canonicas in ecclesia, sicut consuetum est, decantare et missam per se vel per alium tenebitur celebrare. Peracta vero ebdomada, idem in alia sequenti ebdomada secundum consuetudinem Parisiensem ecclesie singulis diebus missam pro defunctis, hora statuta, bona fide per se vel per alium tenebitur celebrare .. Actum anno gratie M° CC° XIX°, mense Aprili ». (Arch. nationales, LL. 558, f° 3 r°.)

Quant à la chefcerie, le même registre contient à son dernier feuillet (d'une écriture du XVIe siècle), l'acte de son institution, le 4 février 1251. On en trouvera le texte imprimé au tome II, p. 439, du *Cartulaire de Notre-Dame*.

A la fin du XVIIe siècle, la collégiale de Saint-Étienne était desservie par un chefcier dont la dignité valait 600 livres, et par douze chanoines ayant chacun un revenu de 300 livres : tels sont les chiffres fournis par le *Mémoire de la Génér. de Paris* (p. 25).

P. 143. — Cocheris (II, 92) donne quelques détails sur cette statue de Notre-Dame qui, dit-il, apparut à saint François de Sales. Elle était connue sous le nom de *Vierge Noire* et se trouve actuellement dans la chapelle des religieuses hospitalières de Saint-Thomas-de-Villeneuve, rue de Sèvres.

L'église Saint-Étienne-des-Grès fut supprimée par la Révolution, vendue, puis démolie en 1792. Son emplacement nous est représenté par la partie Est de la rue Saint-Jacques comprise entre la rue Soufflot et la rue Cujas, autrefois appelée rue Saint-Étienne-des-Grès.

BIBLIOGRAPHIE. — *Sources*. — Arch. nationales : cartulaire du XIIIe siècle (63 folios), LL, 558; le surnom de l'église figure dans quelques actes, sous la forme unique *de Gressibus*; les pièces sont presque exclusivement relatives aux possessions territoriales de l'église ; — registres capitulaires (1661-1781) (LL. 559-68); titres de propriété, fondations et inventaire, S. 907-9.

Imprimés. — Doublet, *Histoire de la très ancienne église de Saint-Etienne-des-Grecz*. 1648, in-8.

*Martyrologe contenant les obiits, saluts et fondations faites en l'église collégiale de Saint-Estienne-des-Grecs à Paris, du temps que M*rs*...* (noms de douze chanoines) *estoient chanoines de la dite église*, Paris, 1661, in-4, de 50 pages. Voy. aussi Jaillot t. IV, *Quartier Saint-Benoît*, p. 48 et suiv.

NOTRE-DAME-DES-CHAMPS
I, 143-147

P. 144. — On a beaucoup disserté sur les fiefs des Tombes, et plus spécialement sur celui de la Tombe-Issoire, qui se trouvaient aux abords du faubourg Saint-Jacques et de N.-D. des Champs.

Le *Cartulaire de N.-D.* contient, dès 1259, une mention de deux arpents de vignes sis « apud Tumbam Ysore », que les textes français appellent Tombisoire, Tombe-Isoire, et dont une rue de notre Paris actuel a retenu le nom sous la forme un peu altérée de Tombe-Issoire. Jaillot se révolte contre l'hypothèse d'un géant fabuleux nommé Ysoré, qui aurait été inhumé dans ces parages, et déclare n'avoir pas assez de *simplicité* pour l'admettre ; malheureusement l'origine qu'il propose est moins satisfaisante encore : celle d'une famille du nom d'Issoire qui, au XVIe siècle, « occupoit une grande maison aboutissant à la place Maubert. » (*Quartier Saint-Benoît*, p. 152.) On a réellement peine à s'expliquer comment une famille du XVIe siècle aurait pu donner son nom à une localité qui existait trois cents ans auparavant ; l'éloignement de la place Maubert serait, s'il en était besoin, un argument de plus contre cette étrange explication. L'abbé Lebeuf nous paraît une fois de plus avoir rencontré la vérité, en faisant remonter l'origine de la Tombe-Isoire aux sépultures dont l'ancienne voie romaine a révélé de nombreux vestiges, et à la légende qu'inventèrent à ce propos les trouvères du XIIe siècle.

P. 145. — Les raisons par lesquelles nous avons essayé de prouver que le testament d'Ermentrude s'adressait à Saint-Étienne-des-Grès et non à la cathédrale, demeurent les mêmes lorsqu'il s'agit de Notre-Dame-des-Champs ; aussi n'y reviendrons-nous pas et tiendrons-nous pour certaine l'existence de cette église au VIIe siècle. En revanche, nous ne comprenons pas par suite de quelle confusion (Cocheris l'a déjà remarqué) Lebeuf a pu dire que, dès 994, des moines de Marmoutiers desservaient cette église. L'acte de 994, ou pour mieux dire de 995 (n. s.), a trait exclusivement à Saint-Étienne, et Notre-Dame-des-Champs n'y est même pas nommée. Il faut donc se borner à rappeler la donation qu'en firent Paganus et Gui Lombard à l'abbaye de Marmoutiers, le deuxième jour de la cinquième semaine du carême de l'année 1084, par suite, 1085 (n, s)[1].

De même, nous daterons de 1085 la charte par laquelle Geoffroy confirma pour ainsi dire, la précédente donation, en même temps qu'il y ajoutait trois

---

[1]. Nous donnons le texte de cette donation, d'abord parce que Lebeuf l'a imparfaitement rapportée, puis afin de suppléer, autant qu'il est possible, à la disparition du cartulaire de Notre-Dame des Champs, dont Lebeuf paraît n'avoir consulté comme nous que des copies ; celle qu'on va lire est empruntée aux transcriptions faites par Gaignières du Cartulaire de Marmoutiers (Bibl. Nat. mss. fonds lat 5441, tome I, fol. 478 r°) : « Noverint successores quod Paganus, filius Guidonis, donaverat Sancto Martino et monachis majoris monasterii unam ecclesiam de Sancta Maria apud Parisius, et cum eo Guido Langobardus cui eandem in vita sua concesserat, anno ab incarnatione Domini 1084, 2ª feria 5ª ebdomade XLᵐᵉ, venerunt ad majus monasterium ambo, Paganus videlicet et Guido, in capitulum monachorum, rogantes ut in benefactum et orationem eorum susciperentur, quod impetraverunt ; deinde miserunt ambo donum de eadem ecclesia in manu domni abbatis Bernardi et super altare portaverunt. Testes .. »

autres églises. Cet acte intéresse trop directement l'histoire de Paris et du diocèse pour que nous n'en citions pas le passage le plus important :

« ...Ego igitur Goiffridus, Dei gratia Parisiorum episcopus et Joscelinus archidiaconus monachis apud sanctum Martinum Majoris monasterii Domino servientibus quattuor altaria et queque sunt ad ea pertinentia perpetuo jure possidenda concedimus ; unum quod est prope Parisius in honore beate Marie semper Virginis, que dicitur in campis dedicatum ; aliud in villa que dicitur Versialiis, quod est in honore beati Juliani martiris constitutum ; tercium apud Villam pirorum, in honore beati Germani pontificis assignatum ; quartum vero in vico qui dicitur Uncinas [1], in honore beati Dionisii martiris consecratum ; sed ne res ecclesiastica penitus a nostra manu removeri valeatur, synodos et circadas et curam animarum cum debita subjectione parrochianis presbiteris a nobis concessam et ecclesiarum reconciliationes, immo debite subjectionis et justicie obedienciam in eis retinemus... Actum publice Parisius, anno ab incarnatione Domini M° LXXXIIII° regnante Philippo rege, anno XXXVI, Goiffredo vero Parisiorum episcopo XXXV... » (Arch. nationales, L. 920 n° 1, orig.)

P. 147. — Nous ne rappellerons la charte de 1192, par laquelle Maurice de Sully confirma au prieuré le don d'un cens, que pour rectifier le nom du prieur : Robert de Pludihen (lu par Lebeuf : Plusditzen). Ce document se trouve dans les copies de Gaignières, ainsi que l'acte où Annibald, évêque de Tusculum, déclare avoir sacré à Notre-Dame-des-Champs un évêque de Paris (Foulques de Chanac), sans que cette cérémonie puisse servir ou nuire aux intérêts des religieux. Lebeuf n'a connu, d'après le *Gallia*, que la contrepartie de cette pièce [2]. En 1671, la mense du prieuré fut réunie à celle du séminaire d'Orléans, mais dès le commencement du siècle, les bâtiments étaient occupés par les Carmélites. Nous en achèverons l'histoire dans notre chapitre de notes sur les couvents de la paroisse Saint-Jacques du Haut-Pas.

BIBLIOGRAPHIE. — *Sources*. — Arch. nationales : constitution du prieuré et fondations (plusieurs actes du XIIe siècle), L. 920 ; titres de propriété, S. 6996-7005 ; l'acte d'union du prieuré au séminaire d'Orléans est contenu dans le carton S. 6996.

Par suite de cette union, un certain nombre des titres de Notre-Dame-des-Champs sont maintenant conservés aux Archives du Loiret (série G), mais notre confrère M. Doinel, archiviste du Loiret, n'a pu que constater l'absence du cartulaire du XIIIe siècle, dont Lebeuf n'avait dû connaître qu'une copie.

Imprimés. — Jaillot, t. IV, *Quartier Saint-Benoît*, p. 150-8.

1. Lebeuf (p. 146) appelle cette localité Ourcines, sans autre explication. Il aurait dû renvoyer à ce qu'il en dit à propos de Vélizy, où nous-même la retrouverons (V. t. III, p. 221).
2. Voy. le ms. 5441 de la Bibl. Nat., f°s 490 et suiv. La charte de l'évêque de Tusculum est datée du 21 février 1344, n. s.

SAINT-JEAN DE LATRAN
I, 147-149

On trouvera, imprimée dans le *Cartulaire de Notre-Dame* (II, 531), la charte de 1171 dont parle l'abbé Lebeuf; il n'est pas exact d'y voir une preuve que, depuis longtemps, la commanderie ait été fixée sur le territoire de la paroisse Saint-Benoît; nous y verrions bien plutôt une preuve contraire. En effet, des droits d'une telle importance y sont réglés que l'acte paraît la confirmation d'une installation toute récente : les Hospitaliers auront le droit d'avoir là une chapelle et une cimetière, la chapelle sera interdite aux services paroissiaux, et le cimetière réservé aux religieux ou à leurs serviteurs. Au surplus, Cocheris, qui a consacré un très bon chapitre de ses *Additions* à la commanderie de Saint-Jean, déclare que l'acte le plus ancien connu est de l'année 1158; c'est vraisemblablement l'époque de l'établissement des religieux à Paris. Toujours préoccupé de réfuter Lebeuf, Jaillot déclare avoir fait de vaines recherches pour y trouver une mention quelconque d'un grand prieur en 1130 (*Quartier Saint-Benoît*, p. 176.)

L'étude approfondie qu'a faite Cocheris des archives de la commanderie lui a permis de trouver dès l'année 1474 une mention de « Saint-Jehan *de Latran* ». C'est, on le voit, un précieux renseignement puisqu'il recule de plus d'un siècle la constatation de ce surnom, dont on n'a pu encore éclaircir l'origine.

M. de Guilhermy, qui dans son *Itinéraire Archéologique de Paris* a fort bien décrit les bâtiments de la Commanderie, pense que la nef de l'église était de la fin du XIIe siècle. Quant à la tour carrée, à trois étages, dont Lebeuf parle dans une note, nous n'avons plus, pour nous en faire une idée, que les descriptions et les reproductions dont elle a été l'objet. Il n'est pas douteux qu'elle n'avait pas été construite pour servir de dépôt d'archives, mais il est également certain qu'une de ses salles au moins y avait été affectée, car on y trouva, au moment de sa démolition, plusieurs liasses de parchemin. M. A Lenoir, qui rapporte ce fait [1], estime qu'elle devait servir de donjon ; on peut ajouter avec M. de Guilhermy que l'architecte en avait vraisemblablement voulu faire le signe de la suzeraineté du commandeur sur les fiefs soumis à sa juridiction. Les vœux émis par les archéologues parisiens, de plus hautes influences même, n'empêchèrent pas que ce curieux monument ne fût démoli en 1854 pour laisser passage à la rue des Écoles ; on avait, quelque temps, espéré qu'il serait respecté comme l'avait été la tour Saint-Jacques [2] ; un passé de six cents ans, le souvenir presque contemporain des glorieuses leçons d'anatomie qu'y professait Bichat au commencement de ce siècle, ne purent triompher des exigences de l'édilité.

BIBLIOGRAPHIE. — *Sources*. — Le fonds de la commanderie de Saint-Jean est conservé aux Archives nationales. Nous renvoyons à l'*Inventaire-Sommaire* des documents de cet établissement, où l'on trouvera une rapide énumération des titres composant ce fonds : la plupart, il est vrai, sont relatifs aux nombreuses

---

1. *Architecture monastique*, II, 380-1.
2. Voy. *Bulletin du Comité de la Langue et des Arts*, 1854, p. 406.

propriétés de l'ordre, tant à Paris que dans les paroisses du diocèse, notamment celles du sud ; on y trouvera aussi la série des actes judiciaires émanés du bailliage, pour le XVIIe et le XVIIIe siècles.

A la Bibliothèque Nationale, le volume 103 de la collection Decamps contient (fº 212-5) quelques extraits très sommaires de documents anciens, empruntés « ex chartulario hospitalis Hierosolymitani apud Parisius ».

Imprimés. — A. Lenoir, *Architecture monastique*, t. II, p. 380-1 : renseignements sur le donjon à trois étages de la commanderie. *Statistique monumentale* : deux planches sur l'église et le tombeau de Jacques de Souvré, commandeur de l'ordre, mort en 1671.

La démolition de la tour, en 1854, a fourni le sujet de plusieurs dissertations : les deux plus importantes sont un article (Signé J.-A.-L.) de la *Revue Archéologique*, tome XI, p. 303-5 et une *Notice sur l'enclos de Saint-Jean de l'Hôpital, dit de Latran*, publiée par Troche dans la *Revue Catholique* de 1855, et tirée à part. On y trouvera d'intéressants renseignements sur la cérémonie célèbre des funérailles de Crébillon faite à Saint-Jean en 1762, et l'indication de quelques documents conservés parmi les manuscrits de la Bibliothèque Nationale. Voyez encore l'*Itinéraire Archéol.* de M. de Guilhermy, p. 255 et suiv.

JACOBINS
I, 149

Introduits à Paris en 1217, les Dominicains vinrent en premier lieu habiter dans la Cité près de Notre-Dame, mais, dès l'année suivante, le doyen du chapitre de Saint-Quentin, Jean Barastre, leur donnait une maison qu'il possédait rue Saint-Jacques, près du mur d'enceinte, et où il avait créé un hôpital appelé hôpital Saint-Quentin. Telle est l'origine modeste du couvent des Jacobins qui devint rapidement l'un des plus considérables de Paris.

Nous avons, entre autres preuves des bienfaits dont saint Louis combla les Jacobins, le témoignage d'une charte de septembre 1257, par laquelle il dispensait de tout impôt et de toute redevance, sur terre comme sur eau, les marchandises fournies au couvent [1]. Bien d'autres concessions du même genre furent faites aux religieux, dont la cupidité fut toujours proverbiale, à tel point qu'au XIIIe siècle même, Rutebeuf la mettait en relief avec une singulière verve satirique dans son *Dit des Jacobins* [2].

Le couvent des Jacobins était, nous l'avons dit, adossé à la muraille de la ville ; il touchait en même temps à une sorte de château-fort, appelé autrefois le château Hautefeuille, sur lequel M. J. Quicherat a retrouvé de bien curieux renseignements [3], et qui au XIIe siècle au moins devint le Parloir aux Bourgeois des

---

[1]. Arch. Nat. L 943, orig. scell⁵. — Faut-il accepter sans discussion l'opinion de beaucoup d'historiens, d'après laquelle Louis IX aurait sérieusement songé à renoncer à la couronne pour finir ses jours au couvent des Jacobins, comme fit plus tard Charles-Quint à Saint-Just ? Le plan de notre travail ne nous permet que d'indiquer la question.

[2]. *Œuvres de Rutebeuf*, publiées par A. Jubinal, in-12, tome I, p. 208-13.

[3]. *La Rue et le Château Hautefeuille*, ap. Mém. de la Société des Antiquaires de France, t. XLII (1882

Parisiens. C'est ici le lieu de rappeler que Lebeuf s'est trompé quand il a placé auprès de l'église Saint-Leufroy le premier Parloir aux Bourgeois. La plupart des érudits avaient été d'un sentiment contraire [1], et pensé que la plus ancienne des maisons de ville s'élevait sur la rive gauche de la Seine ; l'étude des substructions du château Hautefeuille, à laquelle M. Quicherat a pu se livrer, lors des travaux de nivellement de la rue Soufflot, l'examen minutieux qu'il a fait des archives des Jacobins, viennent corroborer cette opinion et lui donner la valeur d'une certitude. Après que le Parloir du quartier Saint-Jacques eut été abandonné pour être transféré, au commencement du XIII° siècle, à Saint-Leufroy [2], les Jacobins s'emparèrent de ces bâtiments, contigus à leur couvent et qui n'étaient plus guère qu'une ruine ; ils s'en firent depuis confirmer la possession par Louis XII, mais quand, en 1505, ils soumirent la charte de ce don aux magistrats municipaux, ceux-ci déclarèrent qu'ils refusaient absolument de l'enregistrer [3]. Il est cependant certain qu'au XVII° siècle le réfectoire et le dortoir du couvent étaient établis dans l'ancien Parloir.

Nous renvoyons à la notice très développée de Millin et au recueil des *Inscriptions* de M. de Guilhermy, ceux qui voudront étudier les innombrables et illustres sépultures que contenait l'église des Jacobins. Signalons en outre dans ce dernier recueil (I, 499-502) le texte d'une fort curieuse inscription rappelant la restauration en 1541 de l'école de Saint-Thomas et de la bibliothèque qui y était annexée. Cette école, où les religieux s'exerçaient à la théologie, fut célèbre, pendant les deux derniers siècles, par les thèses hardies ou brillantes qui s'y produisaient et dont plusieurs fois le Parlement dut s'émouvoir.

Le couvent fut supprimé en 1790. Dès l'année précédente (23 octobre), l'administration du district avait contraint les religieux, malgré leurs représentations, à recevoir en dépôt dans la nef de leur église les paquets de « librairie en feuilles » du sieur de Bure, précédemment déposés dans la chapelle des Mathurins. (Arch. nationales, LL. 1531, p. 184.)

Les bâtiments des Jacobins s'étendaient sur l'emplacement que limitent aujourd'hui les rues Saint-Jacques, Soufflot, Victor-Cousin et la place de la Sorbonne. L'ouverture de la rue des Grès (rue Cujas), en l'an VIII, commença leur destruction. Un décret du 13 août 1813 prescrivit l'aliénation de ce qui était resté debout, pour le casernement des sapeurs-pompiers. Il y a quelques années, cependant, on pouvait encore voir, rue Saint-Jacques, une arcade ogivale du couvent du XIII° siècle [4]. Les principales œuvres d'art, dont l'église était pleine, avaient été dès 1796 revendiquées par Lenoir pour le Musée des Monuments français ; elles ont été depuis, pour la plupart, transportées à Saint-Denis ou au Louvre.

---

1. Voy. notamment Bonamy, ap. *Hist. de l'Acad. des Inscript.* X, 314 ; Géraud, *Paris sous Philippe le Bel*, p. 368-72 ; Leroux de Lincy, *Hist. de l'Hôtel de Ville de Paris*, p. 4.
2. L'inscription commémorative placée, il y a environ dix ans, par l'administration municipale, à l'angle des rues Victor-Cousin et Soufflot, contient donc une erreur en ce qu'elle affirme que le Parloir aux Bourgeois qui siégeait en ce lieu, fut, jusqu'au milieu du XIV° siècle, le siège des délibérations du conseil de la cité. Nous croyons savoir, au reste, que le comité des Inscriptions parisiennes a signalé cette erreur et arrêté les termes d'une rédaction plus exacte.
3. Cf. Leroux de Lincy, *op. cit*, p. 4 et suiv., et II° partie, p. 19-20.
4. *Bulletin de la Soc. de l'Hist. de Paris*, 1876, p. 168, et 1877, p. 34.

BIBLIOGRAPHIE. — *Sources.* — Arch. Nationales : délibérations capitulaires (1759-1790)[1], LL. 1531 ; fondation et autres titres (en très petit nombre), L. 945 ; fondations et titres de propriété, S. 4228-40 ; enfin dans le carton G^p 651, un dossier imprimé de lettres patentes et de bulles relatives aux règlements du couvent et du collège des Jacobins, de 1667 à 1779.

Imprimés. — Jaillot, t. IV, *Quartier Saint-Benoît*, p. 122 et suiv. — Millin, *Antiquités Nationales*, tome IV : notice ayant l'importance d'un ouvrage complet sur les Jacobins et où l'on trouvera surtout la description des monuments de l'église et le texte des épitaphes.

A. Lenoir, *Architecture monastique*, II, 205 (plan du couvent), et *Statistique monumentale*, tome II, (6 planches).

De Guilhermy, *Inscriptions*, I, 494-502. Voy. enfin dans les *Archives de l'Art Français* (1re série, V, 335) une quittance de 1326 relative au tombeau de Marguerite de Bourbon, et dans les *Archives du Musée des Monuments Français*, papiers de Lenoir, *passim*, notamment : Ire partie, p. 46-7.

CHAPELLE DE SAINT-YVES
I, 149-150

Voici de nouveaux renseignements sur la fondation de cette chapelle[2] : le 29 septembre 1357, elle fut consacrée par Jean, évêque de Tréguier ; une charte du 9 juin 1386 par laquelle Charles VI lui fit un don de cinquante francs d'or nous apprend que Jean le Bon en avait posé la première pierre ; le roi fit, en 1417, un nouveau don de quatre arpents de bois, converti, la même année, en une somme de quatre cents francs d'or, pour parfaire la charpente des combles et le clocher. Nous avons, au reste, d'autres preuves que la construction de la chapelle ne dut pas être achevée avant 1420, car les comptes de la confrérie sont surtout consacrés, pour les premières années du XVe siècle, aux payements des travaux de maçonnerie et de charpente[3].

P. 150. — La chapellenie fondée par Hervé Costiou ne fut pas créée sans difficultés : le compte de 1417 montre que les procureurs de la confrérie plaidèrent ou, du moins, voulurent plaider, pour la défense de leur droit de présentation : « A maistre Guillaume Claustre, advocat au Parlement le xviiie jour de décembre CCCCXVI, la somme de xviii s. p. pour conseiller l'église sur le fait de la chapelle de feu maistre Hervé Costiou, pour ce que monseigneur Girart de Montaigu, evesque de Paris, a faict et envoié un decret contenant en effect qu'il a retraict à lui et à ses successeurs la plaine colacion, perpetuellement, d'icelle

---

1. C'est par erreur que les dates extrêmes : 1559-1790 sont indiquées sur la reliure de ce registre, dans es *Additions* de Cocheris et dans l'*Inventaire Sommaire* des Archives Nationales.
2. Nous les empruntons à un cartulaire de Saint-Yves, rédigé en 1791 par l'un des administrateurs, et coté aux Archives Nationales LL, 674. Millin paraît l'avoir connu.
3. Arch. Nat. LL. 667 : le 2 juin 1406, toisé de la maçonnerie de l'église (fol. 1); quelques jours plus tard payement de 8040 l., 9 s., 8 den. pour les travaux de l'église (fol. 3) ; payement des charpentiers qui ont posé le crucifix du portail et « les deux images qui sont autour » fol. (17 r°) ; en 1415, nouveau toisé de la maçonnerie, « pour cause que le premier estoit de trop grant coustement » (fol. 142 v°).

chapelle de Costiou, sans ce que les gouverneurs ayent la presentation ; dont il semble aux dis gouverneurs et aux confreres que ce soit au grand prejudice de la dicte église de Saint-Yves, considéré que les gouverneurs d'icelle eglise ont la presentation de toutes les autres chappelles [1]... »

Quant à la chapelle de Saint-Maurice, elle fut fondée en 1399 et non en 1421. (Arch. nationales, L. 715.)

Le cartulaire que nous avons déjà cité contient le procès-verbal d'une nouvelle bénédiction de la chapelle Saint-Yves en 1650 ; un chirurgien y avait versé le sang du bedeau : maître Hierosme, docteur en théologie, fut chargé de cette seconde consécration [2].

L'abbé Lebeuf s'est trompé en plaçant aux environs de Charenton ou de Saint-Maur la chapellenie de Notre-Dame de la Goutte-d'Or qui dépendait de Saint-Yves ; nous retrouverons le siège de cette chapellenie quand nous compléterons l'histoire de la paroisse de Palaiseau.

L'église, supprimée par la Révolution, fut démolie en 1796 ; elle était située au coin de la rue Saint-Jacques et de celle des Noyers, et orientée ; c'est dire que le portail principal s'ouvrait sur la rue Saint-Jacques. L'emplacement de l'édifice nous est représenté par l'angle nord-est que fait cette dernière voie avec le boulevard Saint-Germain.

BIBLIOGRAPHIE. — *Sources*. — Arch. Nationales : comptes de la fabrique au XVIIIe siècle, H. 4675-700 ; registres d'administration et comptes de la confrérie, de 1406 à la Révolution [3], LL. 667-71. Nous avons fait usage pour cette notice du premier de ces comptes, qui s'étend de 1406 à 1423 ; c'est la source la plus importante à laquelle on devra puiser pour une histoire détaillée de Saint-Yves ; nous y signalons de curieux détails sur l'organisation de la confrérie, son « siège » ou banquet annuel, qui avait lieu dans l'église, etc. ; fondations et testaments, L. 714-5 ; titres de propriété, S. 3629-31 ; titres du fief de la Goutte-d'Or, à Palaiseau, Q. 1478 ; cartulaire de 1791, LL. 674.

Imprimés. — Jaillot, t. IV, *Quartier Saint-Benoît*, p. 107-8. — Millin, *Antiquités Nationales*, t. IV, notice de 24 pages, écrite d'après les documents et accompagnée de planches représentant le portail de la chapelle et plusieurs monuments funéraires.

SORBONNE
I, 150-154

On ne discutera plus sur la date de l'acte fondamental pour la Sorbonne, celui par lequel saint Louis donna à maître Robert de Sorbonne, chanoine de Cambrai, une maison sise rue Coupe-Gueule, devant le palais des Thermes : la charte ori-

---

1. *Ibid.* fol. 151 r°.
2. LL. 674. Cf. Millin, p. 5.
3. C'est à tort que Cocheris et l'*Inventaire Sommaire* donnent à cette collection le nom de registres capitulaires.

ginale que Lebeuf et Jaillot [1] déclarent avoir vue a été retrouvée dans les cartons des Archives Nationales et publiée par le P. Denifle [2] ; elle est datée de février 1257, n. s. ; de plus, le fac-similé qui nous en a été donné permet de confirmer la justesse de l'observation faite par Lebeuf : le nom de Poinlane y est écrit en toutes lettres ; au reste, M. Jourdain avait aussi rencontré une charte de 1255 où se trouve cette mention tout à fait décisive : « juxta portam que fuit *Pungentis asinum*, in censiva Sancti Benedicti [3]... »

Aux origines de la Sorbonne appartient aussi la charte de février 1259 par laquelle saint Louis cédait à Robert de Sorbonne ses maisons voisines des Thermes, en échange de celles que ce dernier possédait dans la rue de la Bretonnerie. (Voy. plus haut, p. 63.)

L'abbé Lebeuf s'est fort étonné que la Sorbonne ait choisi pour patronnes de son église sainte Ursule et ses compagnes ; sa clairvoyance habituelle lui a fait ici défaut en ce que, connaissant la date de la dédicace de l'église, le 21 octobre 1347, il n'a pas remarqué, comme Jaillot, que ce jour était précisément celui de la fête de sainte Ursule ; l'explication nous paraît de beaucoup la plus naturelle et la meilleure. L'acte de mai 1326, relatif à la construction de cette église, nous est parvenu : l'évêque de Paris, en vertu d'un bref d'Urbain IV, autorise, en effet, la société « *pauperum magistrorum que, quasi novella plantatio, est exorta que Parisius in uno commorans vico ante Terminarum palatium* » à construire un oratoire pour y célébrer les offices divins et même y procéder aux obsèques sans le concours d'aucune église paroissiale [4]. Faut-il croire toutefois que soixante-dix années se soient écoulées avant que le collège, riche dès l'origine, ait été pourvu d'une chapelle ? Le fait pourrait être admis si nous n'avions rencontré une charte de janvier 1347 par laquelle Philippe VI donna aux écoliers de Sorbonne vingt livres de bois pour la *réfection* de leur chapelle [5]. Quoi qu'il en soit, la dédicace eut lieu, nous l'avons dit, le 21 octobre de la même année ; Cocheris s'est trompé en donnant comme date le 19 octobre (14 des kalendes de novembre) ; cette dernière date n'est autre que celle de la permission donnée par le nonce du pape à l'évêque de Tibériade [6].

La reconstruction de la Sorbonne par Richelieu méritait plus qu'une mention incidente. On conserve au musée des Archives Nationales (sous le n° 800), la lettre par laquelle Richelieu, qui, encore évêque de Luçon, allait être nommé cardinal trois jours après, remercia les docteurs de Sorbonne de l'avoir élu proviseur de leur collège, le 2 septembre 1622. Ce titre que, depuis, la société ne manqua pas de conférer aux premiers ministres sortis des rangs de l'Église comme

---

1. *Quartier Saint-André-des-Arcs* (tome V). p. 137.

2. Documents relatifs à la fondation et aux premiers temps de l'Université de Paris, ap. *Mémoires de la Société de l'Histoire de Paris*, tome X (1883), p. 252.

3. *Index Chartarum*, etc., note de la page 20-1.

4. Arch. Nat. M. 74 et MM 281 fol. 35 r°.

5. « Philippe, par la grâce de Dieu roy de France, aus maistres de noz foretz salut. Nous vous mandons et à chascun de vous que vint livres de boys que nous avons donnees ceste foy, de grâce espécial et en aumosne, aus escoliers de Sorbonne à Paris, pour la refection de la couverture de leur chapelle, vous à leur certain commandement leur delivrez ou faites delivrer en nostre forest de Carnelle, ou lieu de la dicte forest moins domageable pour nous et plus profitable pour euls, non contrestant don qu'il aient autrefoiz eu de nous, mandement, ordonnances ou deffenses à ce contraires. Donné à l'ospital de Clichy e xxviii° jour de janvier l'an de grâce mil ccc. quarente et six. » (*Ibid* M. 74, n° 15).

6. *Ibid.*, n° 14.

Mazarin ou Fleury[1], dut certainement influer pour beaucoup sur la décision du célèbre cardinal et par suite sur les destinées de la Sorbonne. Décidés dès 1625, les travaux furent commencés deux ans plus tard, et le 15 mai 1635, Richelieu posa lui-même la première pierre de l'église. Cet édifice était achevé en 1642, l'année même de la mort de celui qui l'avait fondé, ainsi que le constate une inscription restaurée depuis peu au fronton de son portail[2].

La loi du 18 août 1792 supprima la « Société de Sorbonne », mais si pendant la tourmente de 1793, le tombeau du cardinal, chef-d'œuvre de Girardon, fut violé, l'ensemble des bâtiments fut épargné. Une ordonnance royale du 29 janvier 1821 y plaça le chef-lieu de l'Académie de Paris et l'église fut rendue au culte en 1825.

Nous rappellerons enfin qu'en 1866 la tête de Richelieu fut solennellement restituée à son tombeau[3], et que la reconstruction de l'antique maison de Sorbonne a été solennellement inaugurée l'année dernière (1885).

BIBLIOGRAPHIE. — *Sources*. — Arch. nationales : les cartons M. 74-76 renferment, sur l'histoire de la Sorbonne, une série très précieuse de documents dont voici une rapide analyse : actes relatifs à la chapelle (cités plus haut), fondations en faveur de l'église et de la bibliothèque, déclaration du revenu de la Sorbonne en 1557; ouverture de nouvelle rues et de la place de la Sorbonne (XVIIe siècle), élections de proviseurs (M. 74); donations de livres à la bibliothèque (XIIIe-XVe s.), fondation d'une somme de 800 livres pour le bibliothécaire, catalogue des livres, de Duchesne (1674), statuts impr. (s. d.) de la bibliothèque; censure de livres (M. 75); dans M. 76, deux pièces sans grand intérêt pour l'histoire de la Sorbonne et un dossier important, relatif au collège de Corbeil, que nous utiliserons par la suite.

Série des cartulaires MM. 281-95; le premier (XVIe siècle, 370 feuillets) contient surtout des actes relatifs aux propriétés foncières de l'établissement; la pièce la plus ancienne y est une permission accordée par saint Louis en 1263 de posséder certains biens en main-morte. — Titres de propriété, S. 6211-29 (dans S 6213, l'acte de fondation de 1257).

Bibliothèque nationale, mss. fonds lat. 5494 a, recueil de pièces sur la Sorbonne, parmi lesquelles une histoire du collège par Héméré (souvent consultée), des extraits de cartulaires, etc.; 5494 b : registre de comptes de la faculté de théologie (XVe s.). Rappelons que les manuscrits provenant de la Sorbonne ont été reportés dans le fonds lat. de la Bibliothèque nationale et inventoriés par M. L. Delisle. (*Bibl. de l'Ecole des Chartes*, 1870.)

Bibliothèque de l'Arsenal : Catalogue de la bibliothèque de la Sorbonne, mss. 855 (cote fournie par M. Franklin, qui date ce document de 1289. Voy. page 22-3 de *la Sorbonne*, par A. Franklin). La Bibliothèque de l'Université (à la Sorbonne)

---

[1]. Cf. aux Arch. Nat. le dossier des élections de proviseurs, M. 74.
[2]. De Guilhermy, *Inscriptions*, I, 635.
[3]. Voy. sur cette cérémonie et l'histoire de la violation du tombeau en 1793 *les Tombeaux de Richelieu à la Sorbonne* par un membre de la Soc. d'Archéol. de Seine-et-Marne (A. Fontaine de Resbecq, 867, in-8.

ne possède d'autres manuscrits sur l'histoire du collège que ceux qui ont trait à la formation de la bibliothèque et qui ont été analysés dans le livre de M. Franklin[1].

Imprimés. — Ladvocat, *Dictionnaire historique et portatif...* 1752, in-8, v°, *Sorbonne*. Lebeuf, qui renvoie à cet article (p. 155) n'avait pas dû le lire, car on n'y trouve que fort peu de renseignements utiles pour l'histoire de l'établissement. Le plus intéressant, outre quelques détails sur la bibliothèque, est la mention, à l'époque de l'auteur, de trente-sept appartements habités par trente-sept docteurs ou bacheliers de la société de Sorbonne.

L'abbé J. Duvernet, *Histoire de la Sorbonne*, Paris, 1790, 2 in-8 ; attaques violentes, sans valeur historique, contre la faculté de théologie ; l'auteur l'appelle, pour conclure, une « école de disputeurs », et en propose la suppression. — A. Franklin, *La Sorbonne, ses origines, sa bibliothèque, les débuts de l'imprimerie à Paris et la succession de Richelieu*, 1875, in-8 [2].

Voy. aussi dans la *Statistique Monumentale* de M. A. Lenoir, *Explication des Planches*, p. 228-30, et *Planches*, tome II, la reproduction de deux projets de reconstruction de la Sorbonne exécutés en 1553 par un architecte italien, peut-être Serlio, qui fut chargé à cette époque de divers travaux pour les édifices royaux.

COLLÈGE DE CALVI
I, 154

Il avait été fondé en 1271 par Robert de Sorbonne dans le but d'y installer les cours élémentaires de théologie : de là son surnom ordinaire de *petite Sorbonne*. Il était situé rue des Poirées en face du collège des Dix-Huit, et comme le dit Lebeuf, disparut pour faire place à la nouvelle église de la Sorbonne un peu avant l'année 1635 [3].

---

1. Bien que des notes, même sommaires, sur l'histoire de l'Université, n'entrent pas dans le plan de notre travail, il nous parait indispensable de rappeler que la Bibliothèque de la Sorbonne a reçu, vers 1865, du ministère de l'instruction publique, un fonds précieux des Archives de l'Université, formé d'une série de 96 registres et de 3 volumes d'inventaires et de plusieurs liasses de titres renfermées dans des layettes. Cet ensemble de documents a été la principale source à laquelle a puisé M. Jourdain pour son *Histoire de l'Université*.

2. Aux excellentes recherches qui font de ce livre un ouvrage définitif, on nous permettra d'ajouter quelques indications, empruntées aux documents des Archives Nat. sur les fondations anciennes faites à la Bibliothèque :

M. 75 : legs de livres par « Ancherus, prior de Goudricourt, et Jacobus curatus ejusdem loci » (1262).

M. 74 : legs par Conrad de Bommersheim de deux livres dont l'un « gallice nuncupatum *Catholicum*, qui erit in perpetuum, quamdiu durabit, incathenatus in libraria communi dicte domus, absque eo quod de extra dictam librariam communem possit vel debeat portari, sed inibi perpetuo remanere... » (1337) ; ibid : fondation par maître Baudouin Agni de deux volumes, l'un « de facultate medicine », l'autre appelé les Décrétales, « non glosate » (1415).

3. M. Franklin (ouv. cité. note 2 de la page 137) signale aux Archives Nat. S. 6211, un « extrait des prisées et estimation des maisons et jardins appartenant à divers particulliers, estans dans l'estendue du dessein de la maison et colleige royal de Sorbonne ». Ce document contient d'utiles renseignements sur les bâtiments et terrains où s'éleva la Sorbonne reconstruite par Richelieu.

COLLÈGE DES DIX-HUIT
I, 154

Il tire son origine de l'acte suivant, inédit jusqu'ici : « Ego Barbedaurus, Parisiensis ecclesie decanus et universum ejusdem ecclesie capitulum, notum fieri volumus tam presentibus quam futuris quod cum dominus Jocius de Londoniis reversus fuisset Jherosolimis, inspecto summo devotionis affectu beneficio quod in hospicio beate Marie Parisiensis pauperibus et egris administratur, ibidem cameram quandam in qua pauperes clerici ex antiqua consuetudine hospitabantur inspexit, et illam a procuratoribus ejusdem domus ad usum predictorum clericorum precio quinquaginta duarum librarum, de consilio nostro et magistri Hilduini Parisiensis cancellarii, ejusdem loci tunc procuratoris in perpetuum adquisivit, tali facta conditione quod ejusdem domus procuratores decem et octo scolaribus clericis, lectos sufficientes et, singulis mensibus, duodecim nummos de confraria que colligitur in archa perpetuo administrabunt. Predictos vero clericos ante corpora in eadem domo defuncta crucem et aquam benedictam, secundum vices suas, deferre et singulis noctibus septem psalmos penitentiales et orationes debitas et ex antiquo institutas celebrare oportebit.

« Ut autem hoc firmum... Actum publice Parisius in capitulo nostro, anno ab incarnatione domini M°CC° octogesimo. Signum Barbedauri... » (Arch nationales, M. 121 n° 3 a).

Jaillot (*Quartier Saint-André-des-Arcs*, p. 143-4) n'avait connu cet acte que par un mémoire manuscrit rédigé bien postérieurement, où il était daté par erreur de 1171.

Un mémoire de ce genre [1] nous apprend que le collège ainsi fondé par Joce de Londres subsista au cloître Notre-Dame jusque vers la fin du XIII° siècle, puis fut installé dans une maison sise proche de Saint-Christophe et des Enfants-Trouvés. En 1529, le chapitre aliéna cette maison et transféra le collège en face de la Sorbonne, dans un bâtiment qui faisait l'angle de la rue des Poirées et de celle des Cordiers. C'est celui dont les agrandissements de la Sorbonne et son dégagement nécessitèrent la démolition ; un rapport, rédigé en 1747, fait connaître que le chapitre reçut pour cet objet une somme considérable [2] qui fut la plus grosse partie du revenu du collège, et que, depuis 1640, ses dix-huit boursiers vécurent sans demeure commune, étudiant « sous des maîtres désignés par le principal que nommoit M. le doyen ». Le doyen du chapitre de Notre-Dame conserva en effet la collation de bourses et les privilèges fixés par la charte de 1180, jusqu'à la réunion de ce collège à celui de Louis-le-Grand, en 1763.

BIBLIOGRAPHIE. — *Sources*. — Arch. nationales : statuts de 1330 (fragment), de 1530, 1537, 1541 et 1625 ; nécrologe imp. du collège, fondations, acquisitions, collations de bourses par le doyen, M. 121 ; comptes du XVIII° siècle, titres de

---

1. Arch. Nat. M. 121.
2. 40,000 livres, d'après un document cité par M Franklin (ouv. cité, p. 137).

rentes, pièces imp. sur la maladie et la mort de Richelieu; procès-verbal de remise des titres au collège Louis-le-Grand en 1763, M. 122; titres de propriété. S. 6626 inventaire des pièces et biens du collège, S 6427.

COLLÈGE DE CLUNI
I, 154

Nous avons déjà dit (p. 77) quelques mots de sa chapelle, que Lebeuf, on ne sait pourquoi, a mentionnée parmi les monuments de la paroisse Saint-Séverin. Quant au collège lui-même, il avait été fondé en 1269 par Yves de Vergi, abbé de Cluny, ainsi que l'attestait une inscription que Du Boulay nous a conservée (III, 295). Nous rappellerons qu'en 1285, le pape Honorius IV autorisa ce collège « ubi sunt quadraginta fratres, Cluniacensis ordinis, studentes in theologica facultate », à avoir un cimetière près de sa chapelle, et dans cette chapelle, des cloches [1].

Le collège de Cluny était situé rue de la Harpe, un peu au delà de la place de la Sorbonne, entre les rues actuelles Victor-Cousin et Cujas et le boulevard Saint-Michel; il n'y a pas cinquante ans qu'il a disparu; au commencement du siècle, le célèbre peintre David y avait installé l'atelier d'où sont sorties ses plus célèbres compositions.

BIBLIOGRAPHIE. — *Sources*. — Arch. nationales: titres de propriété, S. 6415. *Imprimés*. — Félibien, tome I des *Preuves*, p. 200 et suiv., statuts du collège en 1308; — de Guilhermy, *Inscriptions*, etc. tome I, p. 594-608, épitaphes du XIVe et du XVIe siècle; — Bonnardot, *Iconographie hist. du Vieux Paris*, ap. *Revue Universelle des Arts*, t. VIII (1858), p. 208-11.

COLLÈGE DE DAINVILLE
I, 154

Il doit son nom à ses fondateurs, Michel, Gérard et Jean de Dainville, trois frères dont le premier, archidiacre d'Ostrevant au diocèse d'Arras, exécuta en le fondant les dispositions testamentaires des deux autres. Félibien a publié l'acte de cette fondation et les premiers statuts, datés du 19 avril 1380 (tome I des *Preuves*, p. 506-14). Nous y voyons que Michel de Dainville avait donné, pour l'installation du nouveau collège, sa maison sise rue de la Harpe en face l'église de Saint-Cosme et Saint-Damien; cet emplacement correspond à celui des deux premières maisons de la rue de l'École-de-Médecine, numérotées 2 et 4. Jaillot, qui put voir encore les bâtiments du collège après sa réunion à l'Université, en 1763, nous apprend qu'ils étaient décorés de statues représentant deux rois de France et les fondateurs présentant à la Vierge le principal et les boursiers. Tout a été démoli en 1820.

1. Ch. Jourdain, *Index chronol.*, etc., p. 52.

BIBLIOGRAPHIE. — *Sources*. — Le carton M. 118 des Arch. nat. contient les actes originaux de la fondation du collège, publiés par Félibien. On y trouvera en outre d'autres fondations de bourses et d'obits, des statuts et règlements, du XVIe au XVIIIe siècles; un nécrologe imprimé des bienfaiteurs, et un plan, du XVIIIe siècle, intitulé : « Esquisse d'un projet pour le collège Dainville (*sic*), situé entre les rues des Cordeliers, de la Harpe et Pierre Sarrasin, à l'effet d'er former un passage dont l'entrée serait en face et à l'alignement de la rue des Mathurins, et les débouchés sur les rues des Cordeliers et Pierre Sarrazin. — Le carton M. 119 contient des quittances fournies au XVe siècle par le collège pour une rente de 255 livres, 18 den. par. qu'il percevait sur les halles et moulins de Rouen ; deux procès-verbaux de visite, l'un de 1734, l'autre de 1740 ; des mémoires de chirurgiens et pharmaciens ; enfin, des états de boursiers, attestant que depuis 1763 jusqu'en 1789 le collège de Dainville envoyait à Louis-le-Grand dix-huit boursiers : neuf du diocèse d'Arras et neuf du diocèse de Noyon. — S. 6421-25 : titres de propriétés et de rentes. — A la Bibliothèque Nationale, deux manuscrits du fonds latin, 9964 et 9965, qui sont deux cahiers de comptes, l'un du 21 juin au 20 décembre 1411, l'autre du 15 mai 1587 au 14 mai 1588. Le premier a huit et le second neuf feuillets de parchemin.

COLLÈGE DE LISIEUX
I, 154

Ce n'est pas en 1414, mais bien en 1336 que ce collège avait été fondé par Gui de Harcourt, évêque de Lisieux. La date de 1414 correspond à celle du testament de Guillaume d'Estouteville, également évêque de Lisieux, qui augmenta la fondation de son prédécesseur du revenu de sa terre de Bonneville et de maisons voisines de la clôture de Sainte-Geneviève. La famille d'Estouteville continua, par la suite, ses bienfaits au collège de Lisieux, et comme elle possédait la seigneurie de Torcy [1], cet établissement fut aussi souvent désigné sous le nom de collège de Torcy que sous sa dénomination primitive.

Le collège de Lisieux fut réuni à celui de Louis-le-Grand, comme tous les petits collèges, en 1763, par lettres-patentes du 21 novembre, mais il obtint, l'année suivante, par d'autres lettres-patentes datées du 7 avril, le droit de conserver son existence propre et d'être substitué au collège de Dormans-Beauvais, dans les bâtiments duquel il subsista jusqu'à la Révolution (Arch. Nationales, M. 153). En la même année 1764, ses terrains furent acquis pour être employés à la construction de la nouvelle église de Sainte-Geneviève (Panthéon), et aux rues nécessaires pour y aborder (*ibid*. et G⁹ 653).

---

1. Il ne s'agit pas de la paroisse de Torcy, du doyenné de Lagny, à laquelle Lebeuf consacre un chapitre (IV, 589-98), mais bien de Torcy-le-Grand (Seine-Inférieure, arr. de Dieppe, cant. de Longueville), et nous ne savons pourquoi Cocheris (II, 133) lui a conservé la forme, ancienne et rare d'ailleurs dans les textes, de Totchi.

BIBLIOGRAPHIE. — *Sources*. — Arch. Nationales M. 146 : fondations des XVe et XVIe siècles, parmi lesquelles celles des d'Estouteville. — S. 6464-6473 : titres de propriété.

Imprimés. — Voyez les ouvrages spéciaux sur l'ancienne Université, notamment l'*Index chronologicus* de Jourdain, pp. 287-8, 349-51, 358-61; Jaillot, *quartier Saint-Benoît*, pp. 170-3 ; et à la Bibliothèque de la Ville de Paris, un placard imprimé, coté 7066, in-4°.

COLLÈGE DE CLERMONT
I, 154

En dépit de ce qu'a dit Jaillot (*Quartier Saint-Benoît*, IV, 118 et s.), le collège de Clermont, appelé aussi collège des jésuites et plus tard collège Louis-le-Grand, doit bien son origine à la fondation de Guillaume Duprat, évêque de Clermont. Le testament de ce personnage, daté du 25 juin 1560, stipule réellement des dons considérables à l'ordre des jésuites pour la fondation de trois collèges en France, savoir à Billom, à Mauriac et à Paris, et spécialement pour ce dernier, le don de la maison, dite de Clermont, dépendant de l'évêché de ce nom. Il n'est donc pas exact de dire que ce fut par reconnaissance que les jésuites donnèrent à leur collège parisien un nom auquel il aurait pu ne pas avoir droit ; ce nom était simplement celui de la maison où ils l'installaient.

L'histoire du collège de Clermont, si nous voulions l'entreprendre avec quelque détail, fournirait sans peine la matière d'un volume ; il est donc indispensable de se borner aux simples dates et aux faits essentiels. 3 février 1561 : arrêt du Parlement autorisant l'établissement du collège ; 29 février 1564 : ouverture des classes ; 20 avril 1582 : pose de la première pierre de la chapelle par Henri III ; 1595 : interdiction des jésuites, à la suite de l'attentat commis contre le roi par Jean Châtel, élève du collège, le 27 décembre 1594; 1604 : entrée des jésuites à Paris ; 1674 : dénomination de collège de Louis-le-Grand donnée au collège de Clermont à la suite d'une visite du roi ; 6 août 1762 : publication de la sentence qui proscrit de nouveau l'ordre des jésuites; 30 août 1763 : le collège est désigné comme chef-lieu de l'Université.

On sait que cette décision eut pour conséquence de réunir à Louis-le-Grand un certain nombre de collèges dont nous avons eu ou dont nous aurons à parler; il est bon d'en faire connaître ici les noms : c'étaient les collèges d'Arras, d'Autun, de Bayeux, de Boissy, des Bons-Enfants, de Bourgogne, de Cambrai, des Cholets, de Cornouailles, de Dainville, des Dix-Huit, de Fortet, de Hubant, de Justice, de Laon, du Mans, de Maître-Gervais, de Narbonne, de Presles, de Reims, Sainte-Barbe, de Pompadour, de Seez, de Tours, de Tréguier, du Trésorier, Mignon, et enfin, de Dormans-Beauvais par substitution à celui de Lisieux. Les établissements d'instruction qui restèrent indépendants ou de plein exercice furent les collèges d'Harcourt, du Cardinal Lemoine, de Navarre, de Montaigu, du Plessis, de Lisieux (transféré dans les bâtiments du collège de Beauvais), de la Marche, des Grassins et des Quatre-Nations.

Ajoutons qu'au collège Louis-le-Grand était annexée l'école dite des Jeunes de Langue ou « des enfants de Langues », origine de notre École des langues orientales. Elle avait été fondée le 18 novembre 1669. Un curieux mémoire conservé aux Archives Nationales (M. 155) nous apprend que lors de la réunion des petits collèges en 1763, les Jeunes de Langue furent maintenus à Louis-le-Grand, et que le roi ordonna qu'il serait payé pour eux une pension de 450 livres par élève, 540 livres par maître et 360 livres par domestique. Depuis, ajoute le mémoire, l'élévation survenue sur tous les objets de consommation a forcé les administrateurs du collège à fixer à 550 livres la pension de leurs élèves et à 480 celle des boursiers, et par suite, la situation des Jeunes de Langue devient onéreuse pour l'établissement, puisque leur pension n'a pas subi la même augmentation. Nous ne savons quelle suite fut donnée à cette requête.

Devenu prytanée sous la Révolution, puis lycée impérial et royal suivant les régimes politiques qui se sont succédé, lycée Descartes en 1870, le vieux collège de Clermont a repris sa dénomination de lycée Louis-le-Grand. Ses bâtiments viennent d'être complètement reconstruits, en façade sur les rues du Cimetière Saint-Benoît, Saint-Jacques et Cujas.

BIBLIOGRAPHIE. — *Sources.* — Nous n'indiquerons que les plus importantes du fonds très riche que possèdent les Archives Nationales : M. 148 : fondation de Guillaume Duprat ; lettres-patentes de 1682 par lesquelles le collège est déclaré de fondation royale ; nécrologe imprimé ; nombreuses pièces relatives à l'acte de réunion de 1763, parmi lesquelles une délibération sur la nécessité d'installer la halle aux parchemins dans la première cour du collège. — M. 149 : dossiers des fondations de Henri III, Raoul Bontemps, Eustache Meurice, chanoine de Saint-Paul de Saint-Denis, Jean de Molony, évêque de Limerick en Irlande, Achille de Harlay, comte de Beaumont, Louis XIV, Louis XV, Noirot et Pourchot ; union à Louis-le-Grand de l'abbaye de Saint-Martin-au-Bois, diocèse de Beauvais (1675-7). — M. 150-2 : titres de propriété. — M. 153-4 : dossiers des collèges réunis ; règlements, rapports du bureau d'administration. — M. 155 : école des Jeunes de Langue, comptes de fournisseurs ; don aux administrateurs d'un portrait de Louis XV et offre par eux au roi d'un jeton d'or à son effigie. — A la Bibliothèque de l'Université : un registre du bureau de discipline en 1763 (grand in-fol. n° 3), les comptes de l'ancien collège et de ceux qui lui ont été annexés (n° 4) et un recueil d'actes de fondations (n° 5).

Imprimés. — Signalons le *Compte rendu aux Chambres assemblées* par M. de l'Averdy, concernant la réunion des boursiers (1763 in-4°) ; de nombreux factums à ce sujet, une série très complète dressée par Cocheris (II, 142-53) d'œuvres littéraires qui se sont produites au collège depuis 1611, et enfin l'*Histoire du Collège de Louis-le-Grand... depuis sa fondation jusqu'en 1830*, par G. Emond (Paris, 1845, in-8°).

COLLÈGE DE TONNERRE
I, 154

Nous n'avons rien à ajouter à l'histoire de ce collège ; il dut disparaître avant 1763, car on ne le trouve pas dans la liste des établissements réunis à cette date au collège Louis-le-Grand. Il n'y a pas trace non plus, croyons-nous, d'un fonds d'archives qui en ait subsisté, et le meilleur historien de l'Université, M. Jourdain, n'a pas eu à en dire plus que Lebeuf à son sujet.

SAINT-JACQUES-DU-HAUT-PAS
I, 154-158

P. 154-6. — La question de savoir quand fut fondé à Paris un hôpital de Saint-Jacques-du-Haut-Pas, annexe de celui d'Italie, est restée à peu près au point où l'avait laissée Lebeuf, c'est-à-dire fort obscure.

Jaillot (*Quartier Saint-Benoît*, p. 138) a apporté sa sagacité ordinaire à la débrouiller, mais il n'aboutit encore qu'à des conjectures. Faut-il croire avec lui qu'il s'agit de l'hôpital dont nous nous occupons dans un acte de 1183 (il n'en existe plus qu'un vidimus de 1308 aux Archives nationales, J. 365), par lequel Philippe-Auguste donne « *fratribus milicie Sancti Jacobi quidquid habe[t] apud Villam novam de Warenna, sub colle montis Falconis sitam* », et d'autres biens voisins d'Etampes ? Bien que Lebeuf ait paru reconnaître des chevaliers dans les frères de Saint-Jacques, l'assimilation nous semble des plus douteuses. Jaillot nous paraît bien mieux inspiré lorsqu'il suppose que le legs de 1260 dont parle Lebeuf se rapporte plutôt à la succursale de Paris qu'à la maison-mère italienne, puisqu'il s'agit de terrains tout à fait parisiens ; il n'est donc pas téméraire de reculer jusqu'à l'époque de Louis IX au moins, l'installation de l'hôpital de Saint-Jacques dans le faubourg qui en garda le nom, d'autant plus que les actes de Charles le Bel et de Philippe VI n'ont en aucune façon le caractère de fondation. Pour ne rien omettre, il faut cependant faire connaître qu'une curieuse description, écrite au XVIe siècle, d'un tableau des bienfaiteurs de l'hôpital, déclare que les bâtiments en avaient été « jadis encommencés sous le roy Philippe le Bel (Arch. nationales, L. 583).

Lebeuf a consulté de plus près les archives de l'hôpital Saint-Jacques que celles des autres maisons religieuses du diocèse ; aussi en a-t-il extrait une liste des prieurs, précepteurs ou commandeurs, — c'étaient leurs trois titres, — que les actes lui ont fournie ; Cocheris, à son tour, en a dressé (II, 155) une plus complète, à laquelle nous ajouterons encore un nom : celui de Louis de Brézé, évêque de Meaux, mentionné en 1557 (L. 584). Disons de même que le commandeur indiqué par notre auteur pour l'année 1560 se nommait non pas Anselme de

Traillot, mais Anselme de Caillot, auquel un acte du 1ᵉʳ avril 1561 (n. s.) donne, — par erreur sans doute, — le prénom d'Antoine.

P. 157. — Le *Bulletin de la Société de l'Histoire de Paris* contient (année 1878, p. 93) le texte d'un placard, imprimé au commencement du XVIᵉ siècle, dans lequel se trouvent quelques détails intéressants pour l'histoire de l'hôpital. C'est un appel à la charité publique : « Tous les pèlerins y sont logez et benignement soustenuz en deux hospitaulx divisez, l'un pour les hommes et l'autre pour les femmes, le divin service dict et celebré et les œuvres de charité par chascun jour accomplies, et n'y a rentes ne revenues suffisantes pour entretenir l'hospitalité et service divin, fors les aulmosnes du peuple... »

Nous avons eu déjà occasion de dire (p. 38) dans quelles circonstances la communauté des Filles-Pénitentes, dépossédée par Catherine de Médicis, fut installée dans les bâtiments de l'abbaye de Saint-Magloire. C'est ce qui explique pourquoi les religieux de cette dernière durent à leur tour occuper l'ancien hôpital de Saint-Jacques. Cette translation s'y effectua le 29 septembre 1572.

L'acte dressé à cette occasion est curieux à plus d'un titre ; il contient la promesse faite par la reine de « satisfaire le dit Prebet (dernier commandeur) des *meliorations et reparations qu'il dit avoir faites au dit prieuré et commanderie du Haut-Pas...* » et aussi de « faire translater et transporter la paroisse ou service qui est en la dite église du Haut-Pas en autre église commode, où les habitants et paroissiens puissent faire leurs services »[1].

Un intéressant *État en forme de journal* des papiers de la paroisse Saint-Jacques-du-Haut-Pas[2] nous signale dès son début l'erreur que Félibien a commise et que Lebeuf lui a empruntée en disant que la nouvelle église fut achevée et bénie le 2 mai 1584. L'auteur de ce répertoire analyse plusieurs actes de la fin de 1584, où l'on voit que l'édifice ne pouvait être alors terminé, puisqu'il s'agit de marchés passés pour la construction des piliers et des combles, et il prouve qu'il n'a pu s'agir que de la bénédiction du sol.

Le même *journal* relate la pose de la première pierre de la nouvelle église, faite en 1630, le 2 septembre, par Gaston d'Orléans, frère du Roi, aux termes d'une inscription latine qui s'y lisait autrefois, « scellée sur l'un des deux piliers de la chapelle de la Sainte-Vierge ».

Par arrêt du 9 avril 1633, il fut décidé que cette église serait une cure, à la présentation alternative du curé de Saint-Hippolyte et du Chapitre de Saint-Benoît. Lebeuf a eu raison de remarquer que l'édifice n'est pas orienté, mais nous remarquerons qu'il aurait pu signaler d'autres églises parisiennes existant de son temps et dont le chœur n'était pas davantage orienté, telles que Saint-Roch, l'Oratoire, l'église des Jésuites de la rue Saint-Antoine, etc.

P. 158. — Bien que desservi par les Oratoriens, le séminaire qui succéda en 1618 à l'abbaye de Saint-Magloire conserva le nom de cette dernière et figure, dans les actes comme sur les plans, sous le nom de séminaire Saint-Magloire. Ses

---

1. Félibien, *Preuves*, tome III, p. 711 et suiv. La même pièce a été publiée, d'après le carton S. 4742 des Arch. Nat., dans le travail de M. Frémy dont nous avons parlé plus haut (note 3 de la page 38), à propos des Filles-Pénitentes. Il eût été désirable qu'une plus grande correction fût apportée à l'impression de ce texte.

2. Arch. Nat., L. 793 et 794. Voy. plus loin à la bibliographie.

archives, interrogées par M. Paul Mesnard, ont fourni un intéressant renseignement : le 27 avril 1641, Jean de la Fontaine (alors âgé de vingt ans) fut admis aux exercices de piété et y entra le 28 octobre, pour y rester un an environ [1].

L'Institution des Sourds-Muets, créée par arrêt du Conseil en 1778 et dont, en 1785, l'installation avait été décidée dans une partie du couvent des Célestins, reçut à Saint-Magloire, en 1792, un asile définitif qu'elle possède encore aujourd'hui. Son fondateur, le célèbre abbé de l'Épée, était mort en 1789, incertain encore sur le sort de ses généreuses conceptions [2].

L'église Saint-Jacques-du-Haut-Pas est restée l'une des paroisses de Paris ; une inscription latine fixée à l'un des piliers du bas côté Nord en 1864, rappelle, avec quelque exagération peut-être, les violences dont l'édifice eut à souffrir pendant la Terreur.

BIBLIOGRAPHIE. — *Sources*. — Arch. nationales : L. 583 : copie faite au XVIe siècle des statuts de l'hôpital rédigés par Galligus (l'original, du XIIIe siècle, se trouve dans le carton L. 408, n° 128) ; acte de la dédicace par Jean, évêque de Dragonare (1350) ; indulgences accordées par le pape Clément VII (1380) ; texte d'une inscription en forme de tableau sur lequel étaient inscrits les noms des papes qui avaient accordé des indulgences à l'hôpital ; ce tableau, dit une note, fut détruit pendant les troubles (du XVIe siècle), le châssis seul resta dans l'église ; inventaire du mobilier de l'hôpital et des objets sacrés de la chapelle en 1560 ; diverses pièces de procédure sur les nominations de « prieurs, commandeurs ou précepteurs de la préceptorie, commanderie ou prieuré de Saint-Jacques ». — L. 584 : bulles et privilèges des papes ; provisions de prieurs ; arrêt du Parlement autorisant l'hôpital à publier dans la ville les pardons et indulgences de saint Jacques et à faire faire la quête dans toutes les paroisses (4 avril 1558, n. s.) ; contestation entre les derniers commandeurs de Saint-Jacques et les religieux de Saint-Magloire. — KK. 335 : devis des réparations à faire à l'hôpital de Saint-Jacques, lors de la translation de saint Magloire en 1572. — LL. 793-796 : registres paroissiaux. — M. 201 : pièces relatives au séminaire de Saint-Magloire ; S. 3396-3401, 6854-6865 : titres de propriété et inventaires.

Bibliothèque nationale : mss. fonds lat. 12679 (t. XXIIe du *Monasticum Benedictum*) : cahier en parchemin, XVIe siècle, contenant les comptes de la translation des Filles-Pénitentes à Saint-Magloire et de cette abbaye à Saint-Jacques-du-Haut-Pas ; en tête, les lettres patentes de Charles IX, datées du 17 septembre 1572, ordonnant cette translation, puis celles de Catherine de Médicis, du 15 décembre de la même année, commettant « messire Arnoul Boucher, sieur d'Orsay, à la direction de cette translation ».

Imprimés. — *Prières et bénédictions qui doivent être observées pour la bénédiction des cloches dans l'église Saint-Jacques, Saint-Philippe-du-Haut-Pas*... 1778, in-8° (conservé à la Bibliothèque de la ville de Paris sous le n° 12,241).

---

1. Notice biographique sur La Fontaine en tête du tome I de l'édition publiée dans la *Collection des grands écrivains de la France*, pp. XII-XIV.

2. Les bâtiments de l'Institut des Sourds-Muets ont été reconstruits en 1823. Depuis 1878, une statue de l'abbé de l'Épée orne la cour principale de l'établissement.

Voy. aussi Jaillot, t. IV, *Quartier Saint-Benoît*, p. 129-140. — *Inventaire des Richesses d'art de la France* (Paris, monuments religieux, tome I, p. 131-142), notice descriptive de M. J. Goddé, et cf. *Inventaire général des Œuvres d'art appartenant à la ville de Paris* (Édifices religieux), tome II, p. 109-132.

CARMÉLITES
I, 158

Nous avons laissé (page 102) l'histoire du prieuré de Notre-Dame-des-Champs à l'époque où les Carmélites vinrent s'y installer. Lebeuf et les autres historiens de Paris ont tous indiqué l'année 1604 comme date de cette installation ; Jaillot même, précisant davantage, affirme que les six premières Carmélites, venues d'Espagne à la demande de M. de Bérulle, prirent possession du prieuré, le 17 octobre 1604. Sans contredire à cette affirmation, nous croyons devoir signaler l'édit de juillet 1602 par lequel Henri IV autorisa l'établissement à Paris d'un monastère de religieuses Carmélites, et celui de septembre 1631 par lequel Louis XIII confirmait cette autorisation [1].

Le couvent des Carmélites fut, dès l'origine, un des plus brillants de Paris ; la duchesse de Longueville, belle-mère de la célèbre héroïne de la Fronde, avait puissamment contribué à sa fondation ; celle-ci vint s'y fixer et y mourir, ainsi qu'une autre femme, illustre pour d'autres motifs, Mlle de la Vallière. Les plus grands noms du XVIIe et beaucoup de ceux du XVIIIe siècle pouvaient se lire sur les listes de fondations où le martyrologe du couvent, aussi bien que sur les inscriptions funéraires de sa chapelle. Le cœur de Turenne y fut déposé en 1675 ; quelques années auparavant, en 1657, le sculpteur Jacques Sarrazin y avait élevé la statue du cardinal de Bérulle.

Supprimé en 1790, le couvent des Carmélites fut racheté en 1800 par des religieuses du même ordre qui l'occupent encore aujourd'hui. L'entrée du monastère se trouve maintenant située rue Denfert-Rochereau, n° 25. Nous n'avons même pas tenté de dépasser la chapelle, connaissant la rigueur absolue de la règle du Carmel ; il eût été cependant intéressant d'acquérir la certitude que la crypte romane de l'ancien prieuré de Notre-Dame-des-Champs y existait encore. M. de Guilhermy ne fait que le supposer (*Itinéraire archéol. de Paris*, p. 244-5) ; Cocheris l'affirme sur le dire d'une religieuse qu'il a pu interroger « à travers le huis clos » (II, 162) ; mais d'autre part, M. Bonnardot avait déclaré que des fouilles pratiquées à cet effet sous le sol de la rue du Val-de-Grâce, n'avaient fourni aucun renseignement (Voyez son Iconographie du vieux Paris dans la *Revue Universelle des Arts*, VI, 399-400.)

BIBLIOGRAPHIE. — *Sources*. — Archives Nationales : H. 4092, 4205 : titres de rentes. — L. 1046-1048 : fondations et pièces diverses intéressant l'histoire de l'ordre et du couvent de la rue du Val-de-Grâce. — S. 4655-4667 : titres de propriété. — A la Bibliothèque de la Ville de Paris : le carton III des manuscrits contient un dos-

---

1. Arch. Nat., L. 1046.

sier de quelques pièces du XVIIe siècle sans grande importance, et notamment des titres de rente et l'acte d'acquisition d'une ferme à Gonesse.

Imprimés. — L'un des plus importants ouvrages que l'on puisse consulter sur les Carmélites du faubourg Saint-Jacques est le livre de Victor Cousin : *La Jeunesse de Madame de Longueville* (1859, in-8°), dont l'appendice, exclusivement consacré au couvent, pourrait faire à lui seul un volume, car il forme 160 pages. On y trouvera une foule de documents curieux, parmi lesquels des listes de prieures et de religieuses, avec la biographie de plusieurs, des règlements de l'ordre et « l'inventaire des objets d'art qui étoient au grand couvent des Carmélites de la rue Saint-Jacques avant la destruction de ce couvent en 1793 ». Cette pièce qui est conservée aux Archives Nationales avait déjà été imprimée par V. Cousin au tome III des *Archives de l'Art Français*. Voyez encore Sauval, II, 337, sur la découverte d'antiquités dans le jardin des Carmélites et dans la *Revue Universelle des Arts*, année 1855, p. 134, un « devis des peintures de Philippe de Champaigne pour les Carmélites de Paris », publié par Paul Lacroix.

URSULINES
I, 158

Ce couvent fut fondé en 1612 par Madeleine Luillier, veuve de Claude Le Roux, seigneur de Sainte-Beuve, qui le dota d'une rente de 2,000 livres. Anne d'Autriche, dont presque toutes les maisons religieuses de cette paroisse reçurent quelque bienfait, posa la première pierre de l'église, le 22 juin 1620.

Quelques années avant la Révolution, en 1783, les Ursulines, qui s'étaient vouées à l'éducation des filles, exposèrent en ces termes leur situation à la commission de secours aux communautés religieuses : « ... Dans cette triste position, les suppliantes osent solliciter vos bontés. Elles les demandent avec d'autant plus de confiance que l'état où elles se trouvent réduites ne peut être attribué à leur mauvaise gestion, et que, consacrées à l'intérêt public par l'éducation d'un grand nombre de demoiselles dans leurs classes et par les écoles de charité qu'elles tiennent pour les pauvres, il semble qu'elles pourroient mériter davantage de votre part un regard favorable sur leurs besoins... » (Arch. nationales G⁹ 654).

La Révolution vendit le couvent, qui fut démoli en l'an VI ; les rues d'Ulm et des Feuillantines ont été ouvertes sur son emplacement.

BIBLIOGRAPHIE. — *Sources*. — Arch. Nat. : fondations, L. 1078 ; comptes, H. 4188 ; règlement de 1640, LL. 1713 ; titres de propriété, S. 4769-73 ; mémoires, requêtes, devis et plan présentés à la commission de secours (1783-1785) G⁹ 654.

La Bibliothèque de l'Université possède sous le n° 62 de ses manuscrits de théologie (in-4°) un intéressant recueil des lettres circulaires que les abbesses des divers couvents de l'ordre de Sainte-Ursule adressaient à chaque monastère à l'occasion de la mort d'une des religieuses, — et à la suite, une série de nécrologes manuscrits de plusieurs de ces couvents. Celui de la rue du faubourg Saint-Jacques ne figure pas dans cette seconde partie.

Imprimés. — Jaillot, IV, *Quartier Saint-Benoît*, p. 140-4 [1].

CAPUCINS
I, 158

La maison du faubourg Saint-Jacques n'était qu'une succursale affectée au noviciat des capucins de la maison-mère dont nous avons parlé plus haut (p. 49). Cet établissement fut fondé par testament de Godefroi de la Tour, le 27 avril 1613. Les capucins l'abandonnèrent en 1779 pour aller s'installer à la Chaussée-d'Antin dans un couvent dont l'église, à la Révolution, devint paroissiale sous le vocable de Saint-Louis d'Antin. Quant au couvent du faubourg Saint-Jacques, on se préoccupait dès 1785 de l'utiliser pour y « former... un établissement gratuit et public dans lequel seront traités gratuitement les pauvres de tout âge, de l'un et de l'autre sexe, attaqués du mal vénérien, et qui sont présentement admis et traités tant en la maison de Bicêtre qu'en l'hospice de Vaugirard... » Cette disposition ne fut toutefois exécutée qu'en 1792, et l'établissement reçut alors le nom, qu'il a conservé, d'hospice du Midi.

BIBLIOGRAPHIE. — Par une exception tout à fait rare, les Archives Nationales ne possèdent aucun fonds d'archives du couvent des Capucins du faubourg Saint-Jacques. On pourra consulter utilement le chapitre de Jaillot (quartier Saint-Benoît, p. 163-6) et le *Dictionnaire des rues de Paris* des frères Lazare, au mot Midi (hôpital du).

BÉNÉDICTINES DU VAL DE GRACE
I, 158

Nous aurons à reparler, après Lebeuf, des origines de l'abbaye du Val-de-Grâce, fondée au xie siècle à Bièvre, sous le nom d'abbaye du Val-Profond (Voy. tome III, p. 261-3). Il n'est question ici que de son histoire depuis le xviie siècle. C'est en 1621, par lettres patentes du mois de février, que Louis XIII autorisa, sur la demande de la reine, les religieuses du Val-de-Grâce à venir se fixer à Paris. Le texte de ces lettres porte que ladite abbaye, située à trois lieues de Paris, se trouve « en un lieu desert et non habité d'autres voysins, exposé aux dangers des incursions et mauvais desseins, sans aucune defense ». Anne d'Autriche paya de

---

1. Nous retrouverons plus loin une autre communauté d'Ursulines, installée dès 1621 dans le couvent primitivement occupé par « les bonnes femmes de l'hôpital Sainte-Anne ». (Voy. Lebeuf, p. 172, et nos notes sur cette maison).

ses deniers, — 36,000 livres, — l'hôtel du Petit-Bourbon [1] que l'abbesse, Marguerite d'Arbouze, acheta le 7 mai 1621, et les religieuses purent s'y installer dès le 20 septembre suivant.

La première pierre de l'église fut posée le 1er avril 1645 par Louis XIV encore enfant, ainsi que l'atteste l'inscription suivante dont le texte est aux Archives Nationales (L. 1037) :

D. O. M.

Augustiss. ac potentiss. Princeps Ludovicus XIV D. G. Franc. et Navarr. rex Chistianiss. primum et angularem lapidem ecclesiæ regalis abbatiæ sanctimonialium Benedictin. Vallis Gratiæ ab augustiss. potentiss et christianiss. principe Anna D. G. Franc. et Navarr. regina regente, regis matre fundatorum sub auspiciis beatæ Mariæ posuit Kal. Aprilis anno salut. reparat. M.DCXLV presente clariss. viro Nicolas Le Gras Regi ab interioribus conciliis et a sacris Reginæ mandatis.

L'édifice était élevé jusqu'au dôme en 1650, comme en fait foi une autre inscription de cette année-là, publiée dans le Recueil de M. de Guilhermy (I. 377), et il ne fut définitivement consacré qu'en 1710, le 29 septembre, par René de Beauvau, évêque de Tournay (*ibid.* p. 378), mais il était terminé depuis longtemps. La *Gazette* du 28 mars 1665 fait connaître, en effet, que la première messe y avait été célébrée le 21 mars précédent par l'archevêque de Paris. Personne n'ignore que l'église du Val-de-Grâce est l'œuvre de François Mansard et de Jacques Lemercier. Son dôme, si fameux alors et que seul celui du Panthéon put éclipser par la suite, était décoré à l'intérieur d'une *gloire* peinte par Mignard et célébrée par un poème de Molière. Rappelons encore que conformément aux volontés d'Anne d'Autriche, cette église fut destinée à recevoir le cœur des princes et princesses de sang royal dont la sépulture se faisait à Saint-Denis. Le *Mémoire de la Généralité de Paris* nous apprend qu'à la fin du XVIIe siècle, les religieuses de l'abbaye étaient au nombre de cinquante, plus quinze converses, et que leur revenu total s'élevait à 30,000 livres. Le manuscrit du fonds français de la Bibliothèque Nationale 15,382 indique pour la même époque un revenu de 32,000 livres. Les bâtiments, inoccupés depuis 1790, avaient été affectés, par décret du 7 Ventôse an XII, à recevoir « un hospice pour les enfants de la patrie et les couches des femmes indigentes » ; cette disposition fut changée par Napoléon Ier qui en a fait l'hôpital militaire principal des troupes de Paris ; il en est encore ainsi aujourd'hui. L'église, qui avait été momentanément transformée en dépôt de vêtements militaires, fut de nouveau livrée au culte le 16 avril 1826.

Bibliographie. — *Sources*. — Le carton des Archives Nationales L. 1036 renferme, outre un certain nombre de pièces relatives au Val-Profond et les documents analysés plus haut sur la translation de cette abbaye à Paris, de nom-

---

[1]. Cet hôtel avait appartenu au connétable de Bourbon, d'où son nom, et auparavant à Charles de Valois, fils de Philippe le Hardi, d'où le nom sous lequel il est souvent désigné de fief de Valois (Arch. Nat., L. 1036, n° 15). Même après l'acquisition de 1621, il conserva ce titre de fief, et l'on voit Marguerite d'Arbouze en prêter foi et hommage au roi (*ibid.*, n° 8).

breuses oraisons funèbres d'Anne d'Autriche, ainsi que des éloges en prose et en vers de cette reine, et enfin plusieurs planches de cuivre gravées dont l'une représente la façade de l'église et des bâtiments vers 1700. — Dans L. 1037, on trouvera beaucoup de pièces intéressantes : d'abord un « inventaire des reliques, reliquaires et autres pièces d'orphebvrerie de l'oratoire de la feue royne mère, qui ont esté representées par le sieur François de Bellocq, garde dudit oratoire en l'appartement où il est logé au Louvre... » (1ᵉʳ février 1666) ; — plusieurs pièces relatives à cet oratoire, et le testament d'Anne d'Autriche, en date du 3 août 1665, par lequel elle avait légué au Val-de-Grâce son cœur et toutes les reliques dudit oratoire ; — un autre inventaire de biens donnés à l'abbaye par Anne d'Autriche et Louis XIV ; nous y relevons les mentions d'un livre fait pour la première communion du roi ; « la chemise et les gants que le Roy Louis XIV avoit lorsqu'il fut sacré dans l'église de Reims » ; ses premiers souliers, ceux du dauphin, son fils, etc. ; une relation en 24 pages des fêtes de la translation au Val-de-Grâce du corps de S. Victor, du 30 août au 7 septembre 1695 ; deux notices manuscrites sans grande importance sur l'abbaye, etc. — LL. 1614-1618 : cartulaires. — S. 4550-4558, 4569-4587 : titres de propriété.

Imprimés. — Dans les *Archives de l'Art Français* (IV, 76), un compte de dépenses pour la construction du Val-de-Grâce en 1666 ; *la Gloire du Val-de-Grâce* de Molière, avec l'excellente introduction de M. P. Mesnard au tome IX des œuvres dans la Collection des Grands Écrivains de la France ; le *Recueil des Inscriptions de la France*, de M. de Guilhermy (I, 377-380).

FEUILLANTINES
I, 158

On lira plus bas, dans nos notes sur les Feuillants (p. 127) que ces religieux durent abandonner aux Feuillantines, par la volonté d'Anne d'Autriche, les bâtiments d'un noviciat qu'ils avaient commencé de faire construire au faubourg Saint-Jacques. Les lettres patentes en vertu desquelles ce changement s'effectua sont de septembre 1622 ; la date 1623 donnée par Lebeuf est donc inexacte. D'autre part, nous savons par le recueil de M. de Guilhermy (I, 563) que la première pierre de l'église fut posée le 13 juin 1626 par le maréchal de Bassompierre. Une rue rappelle maintenant l'emplacement du couvent des Feuillantines, qui fut comme tous les autres supprimé en 1790 [1].

BIBLIOGRAPHIE. — *Sources*. — Arch. Nationales H. 4110-4113, 4209 : fondation de l'église, comptes ; L. 1052 : testaments, legs, fondations, titres de rentes, comptes de blés ; LL. 1653 : registre des actes capitulaires depuis 1681 jusqu'à la suppression ; S. 4692-4693 : titres de propriété. — La Bibliothèque de la Ville de

---

1. Bien que nous n'ayons pas l'habitude de puiser nos renseignements dans les ouvrages purement littéraires, on nous permettra une exception et, pour cette fois, le renvoi du lecteur au livre *Avant l'Exil*, de Victor Hugo, où se trouve décrit le jardin qu'avaient occupé les Feuillantines et dont le poète eut l'accès pendant son enfance, vers 1816.

Paris possède (manuscrits, carton II, n° 6) deux pièces de 1692, dont l'une est la « déclaration que donnent les religieuses Feuillantines du fauxbourg Saint-Jacques à Paris du temporel de leur monastère à M. Vatboy, greffier des domaines des gens de main-morte du diocèse de Paris ».

RELIGIEUSES DE LA VISITATION SAINTE-MARIE
I, 158

Leur couvent n'était qu'une succursale de celui de la rue Saint-Antoine dont nous parlerons plus loin. Les Visitandines l'occupèrent le 13 août 1626. Il fut vendu comme bien national le 2 germinal an IX et acheté alors par la communauté des Filles de Saint-Michel établie rue des Postes (Voy. sur cette maison Lebeuf, p. 261), et qui existe encore aujourd'hui sous l'invocation de Notre-Dame de la Charité. L'église des Visitandines a également subsisté ; elle se trouve en façade sur la rue Saint-Jacques, où elle porte le numéro 193.

BIBLIOGRAPHIE. — *Sources.* — Aux Archives Nationales, L. 1081 ; S. 4788-4790 : titres de rentes et de propriétés. — La Bibliothèque Mazarine conserve, d'après Cocheris, un ouvrage manuscrit important pour l'histoire de ce couvent. C'est l' « histoire chronologique des fondations de tout l'ordre de la Visitation de Sainte-Marie » en 10 vol. in-fol. Le tome II est consacré à la maison de la rue Saint-Jacques.

RELIGIEUSES CISTERCIENNES DU PORT-ROYAL
I, 158

L'abbaye de Port-Royal[1] présente, pour la dernière partie de son histoire, une singulière analogie avec celle du Val-de-Grâce. Comme elle, fondée dans la partie sud du diocèse de Paris, elle fut de même transférée à Paris à peu près à la même époque, pour les mêmes causes, et redevint sa voisine au faubourg Saint-Jacques comme elle l'avait été au doyenné de Châteaufort. La similitude des destinées disparaît en ce que Port-Royal, après sa translation, conserva pendant près d'un siècle le couvent dit « des champs », et la difficulté, que Lebeuf a éludée de parti-pris, est de dédoubler dans les documents les faits qui appartiennent à l'une ou à l'autre maison.

Les lettres patentes autorisant la translation à Paris sont datées de décembre 1625. Elles se fondent sur ce que l'abbaye de Port-Royal « est sciituée au millieu des bois, en lieu fort marescageux, et si mal sain que la plupart des religieuses n'y peuvent vivre, esloignée de maisons et villages, d'assistance, et exposée à tous les acci-

---

[1]. Sur les origines de l'abbaye de Port-Royal, du XII° au XVII° siècle, voy. le chapitre de Lebeuf tome III, p. 295, et nos additions à ce chapitre.

dents d'un lieu désert, mesmes aux desordres des gens de guerre... » (Arch. nationales, L. 1035). Les religieuses s'installèrent à l'extrémité du faubourg Saint-Jacques (plus tard rue de la Bourbe) dans une maison qui leur fut donnée par Catherine Marion, veuve d'Antoine Arnaud, mère de l'abbesse Angélique Arnaud, et qui s'appelait l'hôtel de Clagny. Cette maison avait, en effet, appartenu au célèbre architecte Pierre Lescot, seigneur de Clagny[1], qui l'avait léguée à son neveu Léon Lescot, chanoine de la cathédrale de Paris; elle était de là passée entre les mains de M° Robert de Romain, clerc du diocèse de Meaux, puis à Catherine Marion. Il résulte également de documents encore peu connus que l'abbaye de Port-Royal absorba, en 1647, un monastère dit Institut du Saint-Sacrement que la duchesse de Longueville avait fondé et qui avait été autorisé par lettres patentes d'octobre 1630 (Arch. nationales, S. 4516).

En cette même année 1647, un décret de l'archevêque (4 janvier) avait permis à l'abbesse de renvoyer aux champs un certain nombre de ses religieuses, « parce que le lieu est devenu plus habitable ». C'est peu de temps après que le couvent ayant refusé de signer le formulaire où étaient condamnées les cinq propositions extraites du livre de Jansénius, une véritable persécution fut engagée contre les religieuses par l'autorité ecclésiastique, qui épuisa contre elles toutes les censures et toutes les interdictions.

On sait que la maison des champs devint alors le lieu de retraite des Jansénistes et l'asile d'où ils combattaient les Jésuites. Il ne semble pas que le pouvoir royal ait directement intervenu avant l'année 1707, où la suppression de Port-Royal-des-Champs fut ordonnée.

Un arrêt du Conseil d'État, daté du 22 janvier 1710, prescrivit la démolition des bâtiments, et, dès lors, l'abbaye demeura réduite à sa seule maison du faubourg Saint-Jacques. Son histoire devient peu importante à partir de ce moment. Nous n'avons à signaler que l'état de dénûment qu'accusaient les religieuses en 1772 : elles se déclaraient endettées de 120,000 livres et sollicitaient de la commission de secours une aide de 90,000 livres. Au moment de la suppression des communautés, en 1790, l'abbaye comptait cinquante-quatre religieuses et une abbesse.

La Révolution transforma les bâtiments de Port-Royal en une prison, qui s'appela Port-Libre, de 1793 à 1798. La Convention, par un décret du 10 vendémiaire an IV, ordonna l'installation à Port-Royal du service de l'allaitement, et à l'Institution de l'Oratoire du service de l'accouchement. A partir du 1ᵉʳ octobre 1814, les deux maisons ont échangé leur destination, et Port-Royal est resté depuis la maison de la Maternité et le siège de l'école des sages-femmes, sous l'administration de l'Assistance publique.

BIBLIOGRAPHIE. — *Sources*. — Les cartons des Archives nat. auxquels nous avons renvoyé dans la notice qui précède contiennent en réalité toute l'histoire de Port-Royal de Paris. Qu'il nous suffise de mentionner encore : dans L. 1034, deux nécrologes de l'abbaye; dans L. 1035, un procès-verbal de visite faite par le vicaire-général de l'évêché en 1661, toute la procédure relative au

---

1. Voy. à ce sujet le livre de M. P. Bonnassieux : *Le Château de Clagny*, Paris, 1881, p. 25.

refus des religieuses de procéder contre les doctrines jansénistes, et des documents financiers du XVIIIᵉ siècle; dans S. 4515, les pièces concernant l'acquisition de l'hôtel de Clagny et les autres bâtiments claustraux; une liasse très importante sur le changement de direction du chemin d'Enfer, changement dont l'abbaye fut chargée par lettres patentes de janvier 1629; dans S. 4516, les titres de l'Institut du Saint-Sacrement et le dossier d'une maison sise à Paris rue Saint-Julien-des-Ménétriers, que le couvent avait acquise en 1578.

Les cartons suivants renferment les archives de Port-Royal-des-Champs. — A la Bibliothèque nationale, le ms. 13,886 du fonds latin est un épitaphier rédigé au XVIIIᵉ siècle, et contient des lettres de Duguet.

Imprimés. — M. de Guilhermy a publié (*Inscriptions de la France* (I. 371-5) le texte de l'épitaphe d'Antoine Le Maistre, conservée encore aujourd'hui à l'hospice de la Maternité, et donné d'intéressants détails sur deux tableaux, dont l'un de Philippe de Champaigne, représentant la guérison miraculeuse de deux jeunes novices de l'abbaye. — On trouvera d'utiles renseignements sur Port-Royal dans deux ouvrages qui ont surtout pour objet l'histoire du Jansénisme : l'*Abrégé de l'Histoire de Port-Royal* de Racine (1767 in-12), et surtout dans le *Port-Royal* de Sainte-Beuve. Voy. enfin la dernière partie du livre de Mᵐᵉ Henriette Carrier : *Origines de la Maternité* de Paris (1888, in-8°).

INSTITUTION DE L'ORATOIRE
I, 158-159

Nous n'avons pas trouvé la preuve que cette maison eût été fondée en 1650, comme le dit Lebeuf; toutefois, il faut reconnaître qu'elle figure comme existant déjà dans le testament par lequel Nicolas Pinette l'enrichit en 1669. Ce personnage, qualifié de « trésorier de feu Monsieur, duc d'Orléans », lui donna à cette date une somme de 20,000 livres et, en échange, exigea l'observation de vingt-huit prescriptions, ce qui est cause qu'on l'a habituellement considéré comme le véritable fondateur.

Il faut donner quelques détails sur l'inscription romaine dont parle ensuite Lebeuf. C'est une pierre tumulaire, portant le texte suivant :

L. GAVILLIUS
CN. F.
PERPETUS
H. S. E.

que les continuateurs de Sauval ont publié, en faisant connaître qu'elle avait été trouvée en septembre 1658 sur le chemin de Montrouge (Sauval, II, 337). Près de cent ans plus tard, en 1750, Lebeuf, visitant la maison de l'Oratoire, remarqua que l'une des marches du perron conduisant au jardin n'était pas semblable aux autres; il l'examina plus attentivement et y reconnut la dalle funéraire en question. De là, l'article publié par lui en septembre 1752 dans le *Journal de*

Verdun et où il annonce que la pierre fut redressée par les soins du P. Vasse, supérieur de la maison, et fixée contre un mur par des crampons.

D'autre part, en construisant le marché de Port-Royal, à l'angle du boulevard de ce nom et de la rue Nicole, on a découvert, en 1873 et en 1878, un grand nombre d'objets antiques, pierres funéraires et autres, sur lesquels M. de Lasteyrie a publié un savant article (*Bulletin de la Soc. de l'Hist. de Paris*, 1878, p. 100-11) ; mais nous ne pouvons penser avec lui qu'il s'agisse là des vestiges d'une nécropole romaine proprement dite, et la pierre même trouvée à l'Oratoire en est une preuve. On ne peut admettre, en effet, l'existence d'un cimetière romain, vaste d'au moins 300 mètres (c'est la distance entre les deux trouvailles), et il faut croire qu'il ne s'agit que de sépultures élevées, sans nulle idée de groupement, en bordure de la voie antique, suivant l'usage des Romains.

Pour en finir avec l'Institution de l'Oratoire, nous dirons que cet établissement fut supprimé en 1790, et que depuis 1814 son emplacement est occupé par l'hospice des Enfants-Trouvés, appelé d'abord maison de l'Allaitement. (Voy., à ce propos, p. 125, le dernier paragraphe sur Port-Royal.)

BIBLIOGRAPHIE. — *Sources.* — Arch. nationales : dans M. 226 : le testament de Nicolas Pinette (8 août 1669); des titres de rentes sur des maisons à Paris, rue d'Enfer, des biens à la Haute-Maison en Brie et à Maupertuis (Seine-et-Marne); des règlements pour l'Institution au XVIIIe siècle. — S. 6815-21 : titres de propriété.

FEUILLANTS
I, 159

La date, 1660, donnée par Lebeuf pour la fondation des Feuillants de la rue d'Enfer, est tout à fait inexacte. Les lettres patentes de janvier 1631 nous apprennent que l'ordre des Feuillants avait entrepris, dix ou douze ans plus tôt, la construction d'un noviciat au faubourg Saint-Jacques, mais que ces bâtiments durent être cédés aux Feuillantines, sur l'ordre exprès de la reine. C'est donc de 1631 qu'il faudrait dater la fondation du couvent de la rue d'Enfer, si un registre capitulaire de la maison ne nous apprenait que les terrains en furent acquis le 1er mars et le 1er avril 1632. Le même registre (Arch. nationales, LL. 1543) fournit le précieux renseignement qu'on va lire : « Le mardi 21 de juin 1633, messire Pierre Séguier, garde des sceaux de France, mist la première pierre de nostre monastère, en laquelle il y a une lame de cuivre où sont gravées ces parolles :

DEO OPTIMO MAXIMO
LAPIS ISTE PRO FUNDAMENTO HUJUS MONASTERII CONGREGATIONIS FULIENSIS, SUB AUSPICIIS SS. ANGELORUM CUSTODUM ERIGENDI, AB ILLUSTRISSIMO AC NOBILISSIMO VIRO DD. PETRO SEGUIER, FRANCIÆ PROCANCELLARIO MERITISSIMO POSITUS EST. ANNO DOMINI M.DC.XXXIII, DIE XI KAL. JUL.

Fondé d'abord comme noviciat de l'ordre, ce couvent devint une véritable succursale des deux autres monastères du diocèse, celui de Saint-Bernard, rue Saint-Honoré, et celui du Val, établi dans les bâtiments de l'abbaye de ce nom (cf. Lebeuf, II, 134). L'établissement dont nous parlons s'appelait maison des Anges ou des Anges Gardiens. Il fut supprimé par la Révolution et ses terrains, situés rue d'Enfer, n° 45, vendus peu après 1790.

BIBLIOGRAPHIE. — *Sources*. — On ne trouvera dans le carton L. 943, parmi beaucoup de pièces relatives à l'ordre, que les lettres patentes de 1631 dont nous venons de parler. Le reg. LL. 1543, également cité plus haut, est une véritable chronique de la maison des Anges pour les années 1629-1790. Les titres de propriété sont renfermés dans les cartons S. 4164-5.

BÉNÉDICTINS ANGLAIS
I, 159

En reprenant Lebeuf, Jaillot et Cocheris après lui se sont également trompés. Ce n'est ni de 1674, ni de 1651 que date le couvent des Bénédictins Anglais de de Paris. L'autorisation donnée le 14 janvier 1642 par l'archevêque, les lettres patentes d'octobre 1650, ne font que confirmer le véritable établissement fait par Louis XIII en 1614[1]. Il est à noter que ce monastère reçut le cercueil de Jacques II, roi d'Angleterre, décédé à Saint-Germain-en-Laye, le 16 septembre 1701, puis celui de sa fille, Louise : la déclaration du temporel, en 1790, fait mention de cette double sépulture. Nous aurons à parler, à propos du collège des Écossais, du dépôt du cœur du roi d'Angleterre dans cet établissement. Le couvent des Bénédictins Anglais, supprimé en 1790, fut rendu aux religieux par arrêté des consuls en date du 3 messidor an XI.

BIBLIOGRAPHIE. — *Sources*. — Arch. Nationales, S. 3656 : acte par lequel l'archevêque de Paris consent à l'établissement (1642); lettres patentes de 1650 ; titres de biens rue Saint-Jacques et au Charny, paroisse de Guérard (Seine-et-Marne) ; déclaration du temporel en 1790. — LL. 1420 et 1421 : comptes et inventaires, du XVIII siècle.
Imprimés. — Jaillot (*Quartier Saint-Benoît*), p. 146-50.

---

[1]. Le préambule des lettres patentes de janvier 1680 est, à cet égard, intéressant à rapporter : « Louis......, roy de France et de Navarre..... Nos bien amez et devots orateurs les religieux Bénédictins, Anglois de nation, estans en nostre bonne ville de Paris, nous ont faict remonstrer que la persécution qui se faict en Angleterre aux catholiques apostoliques romains ayant obligé plusieurs de la dicte nation qui se veulent conserver dans la pureté de la religion, d'en sortir et de venir [se] refugier dans nostre royaume, quelques religieux anglois qui y sont venus ont eu le soin de les assembler en plusieurs villes de France, notamment dans nostre bonne ville de Paris *au faulxbourg Saint-Jacques, en l'année mil six cent quatorze*, où ils ont donné des marques de leur piété et charité en retirant non seulement ceux de leur nation, mais encore en instruisant les habitans du dict fauxbourg, ce qui les a faict subsister des aumosnes des particuliers..... (Arch. Nat., S. 3656).

SAINT-MERRY
I, 159-169

P. 159. — On trouvera à leur date, dans le *Cartulaire Général de Paris* publié par M. R. de Lasteyrie, tous les documents invoqués par Lebeuf pour prouver l'antiquité de l'église Saint-Merry; le seul qui y figure sans que notre auteur l'ait connu est (I, 347) la confirmation, en 1156, par le Chapitre de la Cathédrale, du don fait par les chanoines de Saint-Merry à l'abbaye de Saint-Magloire d'une terre sise « ad capucium ecclesie sanctorum Innocentum ».

P. 160. — L'épitaphe, restaurée au XVIII° siècle, d'Eudes le Fauconnier, *Odo Falconarius*, peut se voir aujourd'hui encore dans le chœur de Saint-Merry, mais son texte n'est pas tout à fait conforme à celui qu'a donné Lebeuf. Le voici, d'après le *Recueil* de M. de Guilhermy (I, 211) : « Hic jacet vir bonæ memoriæ Odo Falconarius, hujus eclesiæ fundator. Ora pro eo ». Citons, d'après le même Recueil, les vers d'Abbon concernant cet Eudes, défenseur de Paris contre les Normands en 886, et qui paraissent pouvoir s'appliquer au personnage inhumé à Saint-Merry :

>   Una dies istum voluit sic ludere ludum,
>   His ducibus, Godofredo necnon et Odone;
>   Belligeri fuerant Uddonis consulis ambo.
>   Idem Odo præterea opposuit se sæpius illis
>   Et vicit jugiter victor. Heu ! liquerat illum
>   Dextra manus bello quondam, cujus loca cinxit
>   Ferrea, pene vigore nihil infirmior ipsa.

Cette main artificielle en fer, dont parlent les deux derniers vers, pourrait bien être, par sa ressemblance lointaine avec une faux, l'origine du surnom *Falconarius*, ce que l'on n'a pas encore remarqué ; mais, d'autre part, si, lorsque le corps fut exhumé au XVI° siècle, les « bottines de cuir doré » que le guerrier avait aux jambes furent trouvées en parfait état de conservation, n'est-il pas douteux qu'une main de fer aurait bien plus encore attiré l'attention ?

P. 162. — Pour l'étymologie du mot *chefcier*, nous pensons qu'il faut s'en tenir à l'explication de Du Cange, à demi accueillie par Lebeuf et voir dans les chefciers (*capitiarii*) ceux qui avaient la garde du sanctuaire, du chevet (*capitium*) de l'église. C'est pure fantaisie que de croire avec Boileau (note du *Lutrin*) que le chefcier est « celuy qui a soin des chapes et de la cire, ou avec Jaillot que c'est celui qui est inscrit en tête d'une tablette de cire portant les noms des bénéficiers.

Cocheris a donné dans son édition de Lebeuf (II, 215, note) une liste assez complète des chefciers de Saint-Merry. Nous la reproduisons en y intercalant en italiques les noms nouveaux que nos recherches nous ont fait découvrir :

Gaufridus, 1274 [1]. — *Jean Sequens* [2]. — Henri de Gyevro, 1303. — Eustache

---

1. Arch. Nat., K. 34, n° 5. Voir le texte entier, cité plus loin, p. 131.
2. Du Bois, II, 510.

de Vieilleville (de veteri villa), 1328. — Étienne de Melun, mort en 1329. — Jean de Villecoublain, 1329. — Pierre de Gonnesse (*sic*), 1364. — Guillaume Chalot, 1366. — Pierre du Bourg, 1366. — Jean le Galois, 1398. — Jacques Tripet, 1405. — Simon de Bourich, 1405-1411. — Denis de Mauregard, 1406-1414. — Jean Langret, 1411. — Jacques *Braulart*[1] (et non Boulart), 1412-1428. — *Jean du Sauchoy*[2], 1425-1426. — Jean Beaupère, 1428. — Jean Charles, 1460 — Jean de Haillies, 1461. — J. de Oliva, 1471. — Jean le Picart, 1471. — Thomas Pascal, 1506. — Philippe Menier, 1506. — Guillaume Cornet, 1511-1535. — Jean Mondinot, 1522-1542. — Germain Cornu, 1536-1551. — Jean du Drac, 1537-1541. — Jean Regnault, 1546. — Judas Gontier, 1546-1562. — Jacob Ravisy, 1562-1567. — Pierre Fournier, 1562-1563. — Louis d'Alençon, 1564-1571. — Nicolas Budé, 1569. — Nicolas Quiche (*ou Guische*[3]), 1569-1598. — Gervais le Poulletier, 1572. — *Martin Arnauld, 1577, chefcier en même temps que Claude de Morennes*, que Cocheris ne cite que pour 1595[4]. — Jean *Fauvel (et non Fanuel*[5]) dès 1597, chefcier avec Nicolas Quiche. — Jean Filesac, 1600-1605. — Gui Houssier, 1605-1631. — Jacob Ponsset, 1624. — Claude Cretenet, 1624. — Charles de Hillerin, 1636. — Louis de Beauvais, 1649. — Henri du Hamel, 1649-1666. — Étienne Barré, 1651. — Edmond Amyot, 1651-1664. — Claude Amyot, 1662. — Adrien Rollin, 1664-1667 (*appelé Roslin et qualifié de premier chefcier en 1666*[6]). — Nicolas Cocquelin, 1666-1668. — Nicolas Blampignon, 1668-1710. A partir de ce dernier, il n'y a plus qu'un seul chefcier : Louis Courcier, 1710. — Jean Vivant, 1717. — Louis Metra, *neveu du précédent*[7], 1717-1744. — Pierre-Joseph Artaud, 1744-1757, *nommé à cette date évêque de Cavaillon*[8]. — David Donzeaud de Saint-Pons, 1757. — Jean Denis de Vienne, 1773. — Louis-Esprit Viennet, 1790.

Le document auquel renvoient les notes précédentes, et qui a toute la valeur d'un témoignage contemporain, puisqu'il a été écrit en 1759, explique ainsi les causes de la suppression d'un des deux chefciers : « ... Il y avoit alors deux curés qui étoient en même temps chefciers du chapitre. Cette circonstance, jointe à celle d'un corps de chanoines qui se pretendoient les maitres de l'église et d'un corps de marguilliers qui en étoient comme les administrateurs pour tout ce qui regardoit ses reconstructions, reparations et autres choses qui competent les fabriques dans les paroisses de Paris, occasionoit des procès continuels qui fixoient bien plus l'attention que les decorations dont elle étoit susceptible [9]. »

P. 163. — L'abbé Lebeuf ne s'est pas arrêté à l'accord entre Philippe le Hardi et le chapitre de Saint-Merri, qu'il ne cite ici que d'après Piganiol et Du Breul[10] : il a eu tort, car peu de textes inédits sont plus intéressants pour l'histoire

---

1. Arch. Nat., L. 586, n° 4.
2. Arch. Nat., L. 586, n° 5.
3. Arch. Nat., L. 586, n° 22.
4. Arch. Nat., L. 586, n° 31.
5. Arch. Nat., L. 586, n° 24.
6. Arch. Nat., L. 586, n° 27.
7. *Bulletin du Comité d'histoire et d'archéologie du diocèse de Paris*, 2º année, p. 349.
8. *Bulletin du Comité d'histoire et d'archéologie du diocèse de Paris*, 2º année, p. 349.
9. *Bulletin du Comité d'histoire et d'archéologie du diocèse de Paris*, 2º année, p. 343.
10. Plus tard, Lebeuf a mieux connu ce document, car il l'a retrouvé « dans un des petits registres du Trésor des Chartes », et en rapporte quelques lignes à propos de Belleville (Voyez le tome I du texte, p. 466).

du vieux Paris ; aussi n'hésiterons nous pas à en reproduire, malgré sa longueur, tout le préambule relatif aux délimitations de territoire. On remarquera que l'acte étant du mois de janvier appartient à l'année 1274 suivant notre manière de compter :

«...Habet enim dicta ecclesia Sancti Mederici prope Parisius, in loco qui dicitur Poitronville, terram que incipit a terra Johannis Sarraceni usque ad terram Sancti Dyonisii, sicut itur directe apud Bruerias, in qua terra Sancti Mederici sunt quinque hostisie, cum earum pertinenciis[1]. Item, habet terram Parisius, videlicet furnum qui est versus Mibrai[2], qui quidem furnus comportat se ante et retro a domo Ascelini veteris usque ad domum Injorrani de Lorrez. Item, terram que est ante ecclesiam Sancti Jacobi, versus carnificeriam, que incipit a domo Johannis Brunelli et durat usque ad domum Ade barbitonsoris. Item, terram que est in carnificeria, a parte versus cordubennarium, que incipit a terra Burgensium ubi cepium est, usque ad domum Andree Cabot. Item, terram que est in eodem vico ab alia parte dicti vici versus Secanam, que quidem terra comportat se a domo parvi boucherii, ante et retro, usque ad cuneum ejusdem vici. Item, quandam domum que est in tanneria cujusdam burgensis qui vocatur Petrus de *Veires*, que domus est ante ruellam per quam itur ad Secanam. Item, terram que est in Vaneria vel ad planchias de Mibrai, que comportat se a domo Stephani *Bonefille* cum cuneo dicte Vanerie usque ad domum Johannis *le Flament*. Item, quandam domum que est in Judearia, que domus est Johannis de *Dravel*, ab oppositis domus magistri Henrici medici, et comportat se dicta domus a domo Symonis de Dumo usque ad domum Guillermi de Marna. Item, terram que est ante ruellam sancti Boniti[3], que comportat se a domo Agnetis *la Boucelle* usque ad domum Girardi *le Tiais*. Item, terram que est *en Marivas*[4], que comportat se a domo Agnetis *la Boucelle* usque ad domum Girardi *le Tiais*. Item, terram que est ab oppositis ecclesie Sancti Mederici, que comportat se a domo Radulphi *le Platrier* usque ad domum Margarete de Andegavis, que quidem domus facit cuneum vici Almarici de Roissiaco[5]. Item, in vico dicti Almarici, retro domum Galteri *Chifout*, est quedam curia et quedam camera subtus dictam curiam, et sunt adjuncte aliis appenticiis sive domibus, et comportant se directe retro domos dicti vici a parte Galteri *Chifout* usque ad domum Albini *le Mercier*, que domus est in Corrigiaria ante cuneum vici de *Trosse-vache*[6]. Item, terram que est in magno vico, supra calceyam que incidit a vico Alberici *le Bouchier*[7] ante fontem Sanctorum Innocentium, et comportat se a domo Roberti *Belesme* circueundo cuneum eundo ad Sanctum Maglorium usque

---

1. Voy. la note précédente.

2. Toute la partie du territoire de Saint-Merri, décrite ici, est voisine de la Seine et de l'église de Saint-Jacques-la-Boucherie ; il s'agit par conséquent de l'extrémité inférieure de la rue Saint-Martin et des rues adjacentes.

3. Dans le poème de Guillot sont mentionnées « *les deux rues Saint-Bon* ». La ruelle dont il est ici question devait être la plus petite de ces deux rues, perpendiculaire à la rue Saint-Martin et parallèle, par conséquent, à la rue Saint-Bon proprement dite.

4. Dans le même poème, il y a également « *le grand et le petit Marivaux* », tous deux situés du côté de la rue Saint-Martin opposé à Saint-Merri. La forme française employée dans notre texte est certainement la plus ancienne mention de ces deux rues.

5. Rue Amaury de Roissy, sise au-dessus des précédentes et également à gauche de la rue Saint-Martin. Mentionnée par Guillot.

6. Rue Troussevache, allant de la rue Saint-Martin à la rue Saint-Denis. Actuellement rue de la Reynie.

7. Rue Aubry-le-Boucher, encore existante. Aucune autre mention plus ancienne.

ad domum Jeuberti *de Chalons*. Item, terram que incipit a domo magistri Stephani, canonici Sancti Mederici, que quidem domus facit cuneum claustri Sancti Mederici et se comportat per portam Sancti Mederici eundo directe usque ad domum Flaire de Fossatis, que quidem domus est juxta portam ultra. Item, terram que incipit a domo Charlemeinne, que est in fossatis, que comportat se eundo directe in vicum novum, et similiter totum vicum novum a parte versus ecclesiam Sancti Mederici, et totum vicum de *Baillehoe* [1] usque ad claustrum Sancti Mederici, sicut se comportat ab utraque parte, et totum vicum Radulphi de Sancto Laurencio [2], et totam curiam Roberti de Parisius [3] ab utraque parte, usque ad domum Roberti de Silvanecto. Item, terram que est ab altera parte novi vici predicti et comportat se a domo Johannis Juvenis eundo ad quadrivium Templi, cum quadam ruella que vocatur *Buef et oe* [4], circueundo cuneum dicti quadrivii usque ad domum Girardi *le Lanier*, que est prope portam Templi [5]. Item, totum vicum Gaufridi *l'Angevin* [6] sicut se comportat ab utraque parte cum quadam ruella sine capite que vocatur *Cul de Pet* [7], circueundo cuneum eundo ad portam Nicholay *Hydelon* [8] usque ad domum Agnetis, filie Radulphi de Sancto Laurencio, juxta plastreriam [9]. Item, quemdam vicum qui est juxta muros regis, qui vocatur *Cul de sac* sine capite [10] et comportat se a predictis muris circueundo totum vicum eundo ad posternam Huidelon, inclusum ab una parte usque ad posternam predictam, et quendam domum que est in eadem parte contigua predicte posterne ultra. Item, terram ab alia parte dicti vici predicte posterne et comportat se a muris regis eundo in vicum de parvis campis [11] cum quodem vico qui vocatur *Cul de sac le petit* [12] sine capite, circueundo cuneum vici predicti de parvis campis usque ad domum relicte Petri *de Compens*. Item, terram qui est in altera parte dicti vici et comportat se a domo comitis de *Breinne* ad magnam portam ab oppositis domus dicte vidue, circueundo cuneum dicti vici eundo *en Biaubourc* [13], que incipit a cuneo vici Gaufridi *l'Angevin*, qui cuneus est in terra Sancti Mederici et comportat se ab una parte dicti vici usque ad domum filii Galteri *de Romainville*. Item, terram que est in vico *Symon Franque* [14], a parte versus vicum novum eundo in vicum Templi, et comportat se de domo ubi manebat Radulphus Grossus, quando vive-

---

1. La rue de Baillehoë s'appelle actuellement rue Briseniche (Voir Lebeuf, I, 367, note 14).
2. Nous n'avons trouvé aucune trace de cette rue Raoul de Saint-Laurent.
3. La cour Robert de Paris figure sous ce nom dans le poème de Guillot. Actuellement rue du Renard.
4. Seule mention connue de cette ruelle.
5. On sait que la porte du Temple était, à cette époque, un peu au-dessus du point où la rue de Rambuteau coupe celle du Temple.
6. Rue Geoffroy-l'Angevin. Mentionnée par Guillot, et encore existante.
7. Ruelle inconnue.
8. Cette porte ou poterne de Nicolas Hydelon n'a été signalée encore par aucun des érudits qui se sont occupés des enceintes de Paris, ni surtout par M. Bonnardot, le plus exact d'entre eux. C'est donc là une mention particulièrement précieuse que nous fournit notre texte. Quant à l'emplacement de cette poterne, il est assez difficile à déterminer, vu le manque de précision des indications, mais on peut affirmer qu'elle était située entre les portes du Temple et Saint-Martin, plus probablement entre la première de ces portes et la poterne Beaubourg.
9. Sans doute la rue du Plâtre, aboutissant rue du Temple.
10. Ruelle inconnue.
11. Rue des Petits-Champs, mentionnée par Guillot. Disparue aujourd'hui ; elle allait de la rue Saint-Martin à la rue Beaubourg.
12. Ruelle inconnue.
13. Rue Beaubourg. Elle existe encore aujourd'hui.
14. Voilà la forme primitive, sans aucun doute, du nom actuel de la rue Simon Lefranc, que Guillot appelle Symon-le-Franc.

bat, usque ad vicum Templi[1]. Item, terram ab altera parte dicti vici eundo in vicum Templi, que comportat se a domo Anselli de Chambliaco usque ad vicum Templi. Item, terram que est in vico Sancti Martini [2], que incipit a domo Radulphi de Cuneo, que quidem domus facit cuneum dicti novi vici versus Sanctum Martinum et se comportat eundo per vicum *Symon Franque* et per parvam boucleriam [3], transeundo per vicum novum usque ad domum Johannis Juvenis. Item, terram que est in parva boucleria versus vicum Anfredi de Gressibus [4], a domo Egidii de Capella, in qua moratur ad presens, et totum vicum Petri *Oilart* [5] ab utraque parte sicut se comportat, et totum vicum Anfredi de Gressibus similiter ab utraque parte usque ad vicum novum. Item, terram que est ultra quadrivium Templi, ab oppositis domus de Barra, que domus fuit domini Symonis de Parisius, et est modo abbatis et conventus de Becco [6] et comportat se a domo Odonis Lathomi eundo ad Sanctum Medericum usque ad dictam ecclesiam Sancti Mederici, exceptis domibus Coraldi Alemani et Gervasii de Sepera, que quidem domus faciunt cuneum dicti vici, qui quidem cuneus est ab ab altera parte plastrarie. Item, predicta domus de Berra (*sic*) est in terre Sancti Mederici sicut se comportat ante et retro. Item, terram que est in vico Lamberti de Kala [7], sive in vico Andree *Malet*[8], que comportat se ab una parte a domo Nicholay *la Pie*, in qua capud asini est scriptum sive insculptum, a parte versus Secanam veniendo ad Sanctum Medericum, circueundo cuneum dicti vici usque ad domum Nicholay predicti, juxta domum Johannis Conversi. Item, habet dicta ecclesia claustrum sive spacium claustri Sancti Mederici, in quo claustro fient et erunt porte in locis infra scriptis [9] : una videlicet in loco qui Barra vulgariter appellatur, alia in capite vici de *Baillehoe*, versus claustrum, et alia ad finem domus Roberti dicti *Morel*, civis Parisiensis, et protenditur recte usque ad domum Johannis dicti *Bordon*, que facit cuneum ab oppositis dicte domus ipsius Roberti Morel, et alia porta erit in fine domus que fuit Alermi dicti *Maupas*, et facit cuneum in magno vico Sancti Mederici et protenditur usque ad cuneum cimiterii ecclesie Sancti Mederici predicte. Item, domus que in dicto claustro sunt hee sunt : videlicet domus juxta Barram, que est magistri Stephani de Sancto Dyonisio, canonici Sancti Mederici, que habet in longitudine seu profundo quinque tesias ad tesiam regis ; item, immediata domus, que domus

---

1. Rue du Temple, existant encore aujourd'hui.
2. Rue Saint-Martin, de même.
3. Rue de la Bouclerie, mentionnée par Guillot. Appelée ensuite rue du Poirier, puis, à partir de 1868, confondue, pour la dénomination, avec la rue Brisemiche.
4. Cette rue, qu'en français on eût sans doute appelée rue Anfroi des Grès, n'est pas mentionnée par Guillot, et nous n'en avons trouvé nulle autre trace. Elle était certainement comprise entre les rues Simon Lefranc et Saint-Merri.
5. Forme la plus ancienne du nom de la rue actuelle Pierre Au Lard, que Guillot appelle Pierre-o-lard. Elle se trouve entre les rues Saint-Merri et Brisemiche.
6. Cette maison de la Barre devait son nom à la barre de justice de l'abbaye du Bec-Hellouin (dép. de l'Eure), mentionnée par Guillot.
7. Rue qui s'appellerait en français rue Lambert de Chelles. Nous n'en avons trouvé nulle autre mention. On voit que, dès cette époque, la première dénomination tendait à disparaître.
8. Guillot l'appelle rue André-Mallet. C'est la rue du Coq actuelle.
9. Il n'est pas aisé de déterminer, avec les indications qui suivent, l'emplacement de ces quatre portes, et même l'étendue exacte du cloître ; seule la seconde porte, sise à l'angle de la rue Baillehoé (Brise-Miche) a laissé un souvenir dans le nom de la rue du Cloître-Saint-Merri, que Guillot appelle rue de la porte Saint-Merri. Quant au cloître lui-même, qui, d'après notre document, renfermait alors dix-sept maisons, ses dimensions sont assez bien représentées par le terrain compris entre les rues Saint-Martin et de la Verrerie, d'une part, et l'arc de cercle que figure la rue du Cloître-Saint-Merry, d'autre part.

dicitur canonicorum et ubi tenentur placita [1], que habet quinque tesias in longitudine seu profundo; item, domus immediata, que domus est magistri Clementis, canonici Sancti Mederici, que habet sive continet novem tesias ab introitu domus usque ad finem pratelli retro; item, domus Theobaldi Cambellani, que continet ab introitu qui est in claustro usque ad clausuram retro, una cum jardino, viginti tesias; item, domus minima que est contigua domui predicte dicti Theobaldi Cambellani, et que domus facit cuneum in vico de *Bailleboe*, que continet in longitudine seu profundo quatuor tesias; item, alia domus que dicitur domus comitatis, et facit cuneum alium ejusdem vici ab oppositis, et continet in longitudine seu profundo quatuor tesias: item, domus magistri Johannis Piccardi, beneficiati in dicta ecclesia Sancti Mederici, ubi manet modo, et continet in omnibus ante et retro novem tesias in longitudine seu profundo; item, domus Ysabellis dicte *Brice*, que continet tredecim tesias in longitudine seu profundo, et habet exitus in ruella sine capite que est juxta; item domus Reneri coci, que habet seu continet in longitudine seu profundo, ab introitu qui est in claustro usque ad clausuram retro, una cum pratello, quindecim tesias; item, domus que fuit quondam Johannis de Nulliaco, quam nunc tenet Gaufridus capicerius, et habet ab introitu claustri usque ad clausuram retro viginti tesias; item, domus Johannis Marcelli, prout se comportat ante et retro in longitudine seu profundo et habet viginti quatuor tesias; item, domus que fuit quondam Ysambardi canonici, que modo est Jacobi de Columbariis, canonici Sancti Mederici Parisiensis, que habet ab introitu qui est in claustro usque ad clausuram retro viginti tesias in longitudine seu profundo; item domus Roberti Morelli, que facit angulum claustri Sancti Mederici ex una parte et habet viginti quatuor tesias in longitudine seu profundo; item, domus minima que est Johannis dicti *Bordon*, et est dicta domus ab oppositis domus dicti Roberti Morelli, que facit cuneum vici, que habet tres tesias in longitudine seu profundo; item domus Petri Marcelli que habet similiter tres tesias in longitudine seu profundo; item, domus Symonis *Maupas*, que facit cuneum vici ab oppositis domus Ysabellis dicte *Brice*, que continet circiter tres tesias in longitudine seu profundo; item, domus contigua que fuit familie Alermi dicti *Maupas*, et continet quatuor thesias in longitudine seu profundo. Concordatum est igitur [2] . . . .
. . . .

Actum apud Nogentum Eremberti [3], anno Domini millesimo ducentesimo septuagesimo tertio, mense Januario. »

(Archives Nationales, K. 34, n° 5).

P. 166. — Aux reliques de Saint-Merry, si longuement décrites par notre auteur, il faut encore ajouter une fiole de baume précieux, signalée dans la visite que firent en 1625 les chanoines de la cathédrale. Ils la trouvèrent accompagnée d'une cédule dont voici le texte : « C'est une fiole de baume creu, et la donna

---

1. Cocheris a connu, sur cette maison, où s'exerçait la justice des chanoines, un document de 1357, qu'il a trouvé dans le carton S. 911 des Arch. nat., et où la maison en question est appelée la mairie. Il analyse ensuite une pièce du xiv° siècle, où figure un garde de la mairie de Saint-Merri, appelé Pierre (II, 215).

2. Nous ne donnons pas les clauses de l'accord même, qui intéressent surtout l'histoire du droit, et dont l'étendue est bien trop considérable pour le plan de notre ouvrage.

3. Nogent-le-Roi (Eure-et-Loir).

sire Estienne Maupas, l'an mil troys cent trente neuf, le vingt cinquiesme jour de may » (Arch. nationales, L. 585).

P. 167. — M. de Guilhermy a publié (*loc. cit.* pp. 207-8) l'épitaphe du chancelier Jean de Ganay et aussi de curieux détails sur une madone en mosaïque, œuvre de David Ghirlandajo, que ce chancelier avait envoyée d'Italie pour sa paroisse, Saint-Merry, et qui est maintenant conservée au musée de Cluny après avoir passé par celui des Monuments français.

P. 168. — Voici, d'après un carton des Archives (L. 587), la liste des chapelles qui existaient à Saint-Merry au XVIe siècle : chapelles de Sainte-Agnès, de Sainte-Anne, de Saint-Blaise et de Sainte-Catherine, fondées en 1385, de Saint-Jean-Baptiste et Saint-André, de Saint-Michel, de Saint-Esprit et Saint-Martin, de Saint-Nicolas, des Morts. — Nous avons trouvé, en outre, dans le reg. JJ. 104 du Trésor des Chartes (f° 128 v°), le texte de l'acte par lequel Charles V autorisa, en août 1373, les habitants des deux sexes de la paroisse Saint-Merry à y instituer une confrérie en l'honneur de la Vierge.

P. 169. — L'étymologie du nom de la rue Quincampoix demeure encore obscure, et peut-être ce serait s'égarer que de chercher dans la première partie de ce mot, déjà mentionné au XIIIe siècle, le mot *quinque*, et, par suite, l'idée de cinq choses, quelles qu'elles puissent être, désignées dans la seconde partie. Le nombre des localités appelées actuellement Quincampoix ou Quinquempoix est de neuf; il y en a deux dans l'Aisne, une dans l'Eure, deux dans l'Oise, une dans la Sarthe, deux en Seine-et-Oise et une dans la Seine-Inférieure. Il semble donc qu'il faille demander au dialecte picard ou haut-normand l'explication de ce petit problème.

BIBLIOGRAPHIE. — *Sources.* — Aux Archives nat., H. 3494 : inventaire très bref des comptes de l'église, de 1362 à 1626 (70 feuillets) ; H. 3495 : titres de rentes aux XVIIe et XVIIIe siècles. — L. 585 : documents sur les règlements intérieurs du Chapitre de Saint-Merry et ses rapports avec celui de Notre-Dame, du XIIIe siècle au XVIIIe siècle; procès-verbaux de visite depuis 1397; actes relatifs à la « réconciliation » de l'église à la suite de plusieurs effusions de sang qui s'y étaient produites; arrêt du Parlement de 1366 sur un conflit de juridiction entre le prévôt de Paris et les chanoines de Saint-Merry au sujet d'une « certaine maquerelle mise en l'eschielle trois fois et par trois journées, le chappel de feurre sur la teste, si comme il est accoustumé de faire ». — L. 587 : dossiers des chapelles. — L. 588 : fondations d'obits, XVIe et XVIIe siècles. — L. 589 : procédure en cour de Rome entre le Chapitre de Notre-Dame et l'abbaye de Saint-Denis, à la suite de la bulle par laquelle Clément VI avait autorisé la reine de France à nommer vingt chanoines de cathédrales et trente de collégiales (1342); copie de l'accord de 1274 que nous avons publié d'après l'original K. 34, n° 5.

A la Bibliothèque de l'Institut, sous la cote 119 in-12 : Vie de M. Duhamel, curé-chefcier de Saint-Merry (XVIIe siècle).

Imprimés. — Dans son *Itinéraire archéologique de Paris* (p. 171-8), M. de Guilhermy a donné une excellente description de Saint-Merry. — On trouvera dans le *Bulletin du Comité d'histoire et d'archéologie du diocèse de Paris* (IIe année, pp. 343-89) de curieuses notes du XVIIIe siècle sur l'état matériel de l'église à cette époque, et dans les *Archives de l'Art français* (Ire série, t. I, p. 97-9) une note sur la madone en mosaïque donnée par Jean de Ganay, et dont nous avons parlé plus haut.

ÉGLISE DU SAINT-SÉPULCRE
I, 169-171

On pourrait s'étonner avec Cocheris (I, 233) que Lebeuf, chapelain (et non chanoine) du Saint-Sépulcre, n'ait pas consacré à cette collégiale une notice plus détaillée, tirée de ses archives, si l'on ne faisait attention que lorsque parut le tome I de l'*Histoire de la ville et de tout le diocèse de Paris*, en 1754, son auteur n'était pas encore pourvu de la modeste chapellenie de Saint-Martin et Sainte-Marie-Magdeleine[1].

P. 169. — On n'a pas encore révélé la date où fut entreprise la construction de l'hôpital du Saint-Sépulcre. Une chronique contemporaine publiée pour la première fois par M. Hellot fournit cette indication avec quelques détails : « ... Et en cest an, au mois de mars (1326 n. s.) plusieurs gens de la ville de Paris... en l'onneur de Nostre Seigneur et de Sainte Croix et de son Saint Sepulcre edifierent et fonderent ung hostel-Dieu, auquel Ysabel la royne d'Angleterre, fille au dit Philippe le Beaux (roi de France) et son fils Edouart le duc d'Aquitaine, successeur au royaulme d'Angleterre, qui adonc estoient en France, et Climence, la roynne de France et de Navarre, assist chacun la première pierre » (*Mém. de la Soc. de l'Hist. de Paris*, t. XI 1884), pp. 102-3).

Nous savons, par les documents conservés en original aux Archives nationales, que l'achat du terrain de cet hôpital par Louis Ier de Clermont, fils de Robert de France et de Béatrix de Bourbon, avait eu lieu le 31 décembre 1325 (L. 599, n° 2). La pose de la première pierre de l'église fut faite solennellement le 18 mai 1326

---

1. Le fonds du Saint-Sépulcre, conservé aux Archives nationales et consulté attentivement par nous, n'a pas fourni tous les renseignements que nous en attendions, sur le rôle de Lebeuf comme chapelain de cette église. C'est ainsi que les registres capitulaires ne portent pas mention de sa nomination, ni des fonctions qu'il dut remplir. Sa mort même, qui arriva le 10 avril 1760, n'y figura pas davantage, et il n'y est question que de sa sépulture et de son remplacement :

« 9 septembre 1760 : L'exécuteur testamentaire de M. l'abbé Le Bœuf (*sic*), chappellain de cette église, enterré dans la chappelle de S. Michel, voulant y faire mettre un épitaphe, M. Rossignol [chanoine-secrétaire] a été chargé de luy demander cent cinquante livres pour les droits de l'église » (LL. 585, f° 370).

« 23 décembre 1760 : Mes dits sieurs ont dit ensuitte que M. l'abbé Carlier consentoit bien de donner cent cinquante livres pour droits de la pose de l'épitaphe de M. le Bœuf, mais qu'il offroit d'en payer soixante et quinze livres comptant et soixante quinze livres en un billet tiré par M. Prault, libraire, sur M. le Clerc, aussi libraire, payable ledit billet en décembre 1764 : qu'en outre il demandoit que la Compagnie promist, si par la suite on lambrisse la chappelle de Saint-Michel, de faire encadrer cet épitaphe dans le lambris, s'il est possible, ou du moins de la poser immédiatement sur la corniche du dit lambris : la matière mise en délibération, il a esté arrêté qu'on acceptera les dits soixante quinze livres portées au dit billet sous les conditions demandées par le dit sieur exécuteur testamentaire, que la Compagnie accepte et promet remplir ; que la somme comptant et le billet seront reçus par M. Loyauté chanoine préposé à la sacristie, lequel est par le présent autorisé à en donner quittance pour le chapitre » (*ibid*, f° 377).

7 janvier 1761. « ..... Ensuitte ont été lues les provisions de M. Claude-Firmin Turmine, prestre du diocèse d'Amiens, lequel a pris possession, le 29e octobre 1760, de la chappelle de Saint-Martin et Sainte-Marie-Magdeleine, dont était titulaire M. le Bœuf » (*ibid.*, f° 378).

par l'archevêque d'Auch, Guillaume de Flavacourt, en présence de beaucoup de grands personnages (*ibid*, n° 1).

P. 170. — L'accord passé entre les curés de Paris et les confrères du Saint-Sépulcre n'est pas, comme le dit Lebeuf, de l'année 1329, mais bien du 27 avril 1330. On en trouvera le texte dans le *Cartulaire de Notre-Dame de Paris*, t. III, p. 254.

La notice très complète de Cocheris contient une foule d'extraits curieux sur les confrères du Saint-Sépulcre et les mœurs, déplorables au XVIe siècle, des chanoines de cette église; nous ne les reproduirons pas après lui; mais il convient de citer, avec plus de détails qu'il ne l'a fait, deux documents particulièrement intéressants. Le premier est un marché passé entre les gouverneurs du Saint-Sépulcre et Laurent le Roy, fondeur de cloches, demeurant à Meaux, pour la refonte des quatre cloches de l'église « bien et deuement ou dict de gens de musique, ouvriers et autres gens à ce congnoissent, quatre cloches, la première du poids de mil livres, la seconde de huit cens livres, la tierce de six cens et la quatriesme de cinq cens le tout ou envyron, toutes sonnantes et accordantes, intonnées et accordées des tons de fa, my, ré, ut, tellement qu'elles puissent sonner et accorder ès tons dessus dicts..., pour faire lesquelles cloches iceulx maistres et gouverneurs seront tenuz fournir le mestail qu'il conviendra avec les vieilles cloches estans de present en la dicte église, en la court de l'abbaye de Saint-Magloire ou en l'hostel du Barillet, rue Saint-Martin, où le dict Le Roy dict avoir fourneau dressé et accommodé, où se fera la fonte et reffonte d'icelles à soufflects, et livrer par le dict Le Roy charbon, fourneaulx, moulles, peynes d'ouvriers et autres matières et choses à ce nécessaires... à livrer à la mi-carême prochaine, au prix de soixante-dix sous tournois par cent livres de métal employé ». — (L. 599, n° 38), 31 janvier 1555, n. s.

Le second est également un marché, conclu le 25 juin 1557, entre les gouverneurs du Saint-Sépulcre et Girard Laurens, maître tapissier de haute-lisse, demeurant à Paris rue Saint-Antoine. Celui-ci s'engage à fournir « quatre grandes pièces de tappisserye pour servir à l'entour des chaises du cueur de la dicte église, et une aultre petite pièce pour servir au-dessus de la porte du dict cueur, les dictes pièces de tappisserie faire de haulte lisse de l'istoire de la Passion, de pareille façon que une aultre tappisserie paincte sur toille qui sert ordinairement allentour des chaises et au-dessus de la porte du dict cueur, icelles pièces de tappisserie rehaulser de soye jaulne, vert et bleu de pareille estoffe que aultres pièces qui de present servent allentour du cueur de l'eglise Monsieur Saint-Merry à Paris, que feu sire Jacques Pinel a faict faire; et pour ce faire, sera tenu et promect le dict Laurens querir, fournir et livrer laine, soye et toutes aultres estoffes qu'il conviendra pour ce faire; ce marché faict moyennant et parmy le prix et somme de unze livres tournoys pour chacune aulne, que les dicts maistres et gouverneurs, ou dict nom, en ont promis, seront tenuz et promettent bailler et payer au dict Laurens, au feur et ainsy que fera et livrera les dictes pièces de tappisserie, lesquelles icelluy Laurens sera tenu, promect et gaige rendre faictes et parfaictes bien et deuement comme dict est : sçavoir, les deux grandes pièces du costé de la grande allée dedans quatre moys; les deux aultres grandes pièces quatre moys après ensuivant, et la petite pièce pour servir au dessus de la porte du dict cueur au jour de Pasques flories aussy après ensuivant et tout prochainement venant... » (L. 599, n° 39).

Lebeuf ne mentionne, et encore incidemment, qu'une seule confrérie se réunissant au Saint-Sépulcre, celle de SS. Pierre et Paul, sur laquelle on trouvera en effet un document de 1359 dans les registres du Trésor des Chartes (JJ. 90, pièce 128); Cocheris (p. 42) a dressé une liste de vingt-quatre autres confréries. La plus importante de toutes fut celle des merciers qui, établie jusqu'au XVIIe siècle dans une des chapelles, celle de Saint-Voult de Luques, décida, le 6 avril 1666, de se transporter au chœur de la même église, « vu l'état de vetusté et ruine » de cette chapelle (*Registre des délibérations et ordonnances des marchands merciers de Paris...* publ. par G. Saint-Joanny, Paris, 1878, p. 88. Voy. aussi p. 107).

A la fin du XVIIe siècle, d'après le *Mémoire de la Généralité de Paris*, le nombre des canonicats du Saint-Sépulcre était de seize, et leur revenu énoncé de 400 livres pour chacun. Le ms. 15,382 du fonds fr. de la Bibliothèque nationale indique vers la même époque une valeur totale de 14,000 livres pour ces bénéfices. En 1678, l'église du Saint-Sépulcre avait été réunie à l'ordre de Saint-Lazare (L. 590). Les *Mémoires secrets* de Bachaumont fournissent, à propos de cet ordre et de l'église dont nous nous occupons, un renseignement qu'il est utile de relever : « 30 janvier 1776 : — on sait que Monsieur (le comte de Provence, plus tard Louis XVIII) est grand-maître de l'ordre de Saint-Lazare et qu'il a rétabli dans sa splendeur cet ordre, qui avoit bien dégénéré. M. le comte d'Artois, par une belle émulation, veut aussi devenir restaurateur de quelque ordre. Il y en a un appelé du Sépulcre, qui n'étoit plus qu'une confrérie composée de bourgeois, d'artisans et de gens de commerce, qui, du moins, en avoient conservé la meilleure institution, celle de rachéter, avec leurs quêtes, les prisonniers pour mois de nourrice ou pour dettes. C'est de cet ordre qu'on a fait imaginer à Son Altesse Royale de s'emparer. En conséquence, on s'empresse de recruter de toutes parts des chevaliers : il est question même d'en examiner les titres et de faire revenir des commanderies qu'on a usurpées sur lui. Malgré cette ferveur, il est à craindre que cela ne puisse jamais bien se consolider, et que le ridicule dont on a couvert cette confrérie sous le nom de confrérie de l'Aloyau ne lui reste. Déjà, plusieurs des nouveaux reçus semblent en avoir honte et n'osent porter leur croix, qui de loin ressemble beaucoup à une croix de Malte. »

L'église du Saint-Sépulcre était située rue Saint-Denis, en face du cimetière, devenu square, des Innocents. Supprimée, ainsi que ses dépendances, par la Révolution, son terrain fut occupé, dès 1795, par une société de négociants hollandais ou bataves, — dont le souvenir s'est perpétué jusqu'à maintenant par une enseigne, —, puis complètement remanié lorsque l'on perça le boulevard Sébastopol. Ce terrain peut être assez bien représenté par le rectangle que forment les rues Saint-Denis, de la Cossonnerie, Aubry-le-Boucher et le boulevard Sébastopol.

BIBLIOGRAPHIE. — *Sources*. — Arch. Nat. H. 3496-502 : comptes. — LL. 581 : cartulaire des actes du XIVe siècle, rédigé au XVIe siècle. — LL. 582-586 : délibérations capitulaires aux XVIIe et XVIIIe siècles. — L. 590-599 : titres de fondations, pièces relatives aux canonicats, aux chapelles, à la juridiction, etc.; le carton L. 599 contient notamment un curieux procès-verbal de la pose de la première pierre de l'église, la permission accordée par Philippe V en janvier 1329

(n. s.) d'ériger la confrérie du Saint-Sépulcre et le règlement du 14 Septembre 1329 cité par Lebeuf. — S. 922-942 : titres de propriété.

Imprimés. — Jaillot, tome I, quartier de Saint-Jacques de la Boucherie, pp. 22-27. — Millin, *Antiquités Nationales*, tome III, n° XXVII, — et dans les *Mémoires de la Société de l'Histoire de Paris* (IX, 239-86) l'inventaire du trésor du Saint-Sépulcre en 1379, publié par M. E. Molinier, d'après le manuscrit du fonds fr. de la Bibliothèque Nationale 14,490 (celui qu'indique Cocheris sous son ancienne cote : supplément français, n° 1488). Cette publication est précédée de renseignements archéologiques sur l'édifice, et de l'inventaire des tableaux et sculptures qui s'y trouvaient en 1790, d'après le document original des Archives, S. 922.

COUVENT DE SAINTE-AVOYE
I, 171-172

L'acte de fondation du couvent de Sainte-Avoye a été publié par Du Bois dans son *Historia ecclesiæ Parisiensis* (II, 510-511). Il est daté de 1288 (le samedi avant Noël), et non de 1283 comme le dit Lebeuf. On y lit que Jean *Sequens*, chefcier de Saint-Merry, a acquis une maison sise rue du Temple (il n'est pas question d'oratoire) et que lui et une veuve parisienne, appelée Constance de Saint-Jacques, ont fait reconstruire cette maison pour y héberger de pauvres femmes veuves âgées de cinquante ans au moins. Jaillot a connu cet acte et il en mentionne un autre de 1423, également inconnu de notre auteur, où figurent « les maitresses et bonnes femmes de l'hôtel et hôpital Sainte-Avoie ».

On trouvera aux Archives Nationales l'accord du 16 Décembre 1621, passé entre le curé de Saint-Merry et les Ursulines du faubourg Saint-Jacques, aux termes duquel les religieuses de Sainte-Avoie s'agrégèrent à l'ordre de Sainte-Ursule et adoptèrent sa règle.

Dès lors, et jusqu'à la Révolution, ce couvent devint surtout une maison d'éducation ; dans une requête de 1782 où elles demandent des subsides au gouvernement, les Ursulines de la rue Sainte-Avoie déclarent « qu'elles sont vouées par état à l'instruction des jeunes personnes de l'autre sexe », et en 1785, elles réclament un nouveau secours pour « la reconstruction des édifices destinés aux écoles publiques ».

En 1797, les bâtiments du couvent de Sainte-Avoie furent convertis en maisons particulières ; ils étaient situés dans la rue Sainte-Avoie, qui n'était autre que la partie de la rue du Temple, comprise entre la rue Geoffroy l'Angevin et la place de Grève ; leurs derniers vestiges disparurent lors du percement de la rue de Rambuteau, en 1838.

BIBLIOGRAPHIE. — *Sources*. — Arch. Nat. G⁹ 654 : requêtes et mémoires des religieuses, procès-verbal de visite (1782-1785). — L. 1078 : fondations et donations. — S. 4764 : accord du 16 Décembre 1621, cité plus haut ; ordonnance des vicaires-généraux de l'archevêché, le siège archiépiscopal étant vacant, sur la coiffure des Ursulines en vue de leur en imposer une « plus commode et plus modeste, afin d'établir l'uniformité de coëffure dans le diocèze » (26 janvier 1663) ;

déclaration de 1790, où sont mentionnées 22 religieuses de chœur et 10 converses; dossier relatif à la reconstruction du « vieux mur de rempart » (celui de Philippe-Auguste) séparant l'hôtel de Beauvilliers, du côté de celui de Lagny, du couvent de Sainte-Avoye (1686-1693); état des revenus en 1790 : 8,526 livres, 5 sols ; charges : 7,732 livres, 1 denier. — S. 4765-4767 : titres de propriété. — S. 4768 : inventaire de titres rédigé, au commencement du XVIIIe siècle.
Imprimés. — Jaillot, t. III, *quartier Sainte-Avoie*, pp. 4-8.

HOPITAL DE SAINT-JULIEN-DES-MÉNÉTRIERS
I, 172

Il nous semble qu'on a jusqu'ici accueilli bien légèrement le récit fait par Du Breul[1] des origines de cet hôpital. L'histoire des « deux compagnons menetriers qui s'entr'aymoient parfaictement et estoient toujours ensemble », fondant un hôpital parce qu'ils ont aperçu une femme pauvre et paralytique, et obtenant pour cette fondation la concession d'un terrain dépendant de l'abbaye de Montmartre, nous paraîtra une légende tant qu'elle n'aura été garantie par aucun témoignage plus sérieux. Or, certains faits permettent de douter que ce témoignage se produise jamais : 1° la rue des Ménétriers est déjà mentionnée en 1225 sous le nom de *vicus viellatorum* (Jaillot, quartier Saint-Martin-des-Champs, p. 76), c'est-à-dire plus de cent ans avant l'année 1328, que Du Breul assigne pour la fondation en question ; 2° les statuts des ménestrels[2] sont également antérieurs, puisqu'ils datent de 1321, et qu'ils indiquent de même la rue des Jongleurs comme le rendez-vous ordinaire des ménétriers ; 3° enfin les cartulaires de l'abbaye de Montmartre colligés par M. E. de Barthélemy[3] ne contiennent nulle part la trace d'un acte d'abandon de terrain ; il n'est pas douteux cependant qu'un contrat de ce genre eût été rédigé. Le silence de Lebeuf sur ces origines serait peut-être une preuve qu'il ne croyait guère à ce qu'en a dit Du Breul ; mais sa notice entière tient en cinq lignes et c'est à peine si elle rappelle que l'hôpital de Saint-Julien appartenait à la corporation des Ménétriers.

Un document des Archives Nationales (S. 4872) fournit quelques renseignements sur l'aspect de la chapelle et de l'hôpital en 1522. Le terrain qu'ils occupent « tient d'une part à une ruelle appellée la Pallée et d'autre part à la rue des Petits-Champs, où s'elevent un corps d'ostel qui est le logis de l'hospitalier et de l'hospitalière chargés de recevoir les pauvres, et un autre corps d'ostel où sont les lits là où on heberge et reçoit les pauvres qui viennent loger au dict hopital, et par hault est la salle où se assemblent les confreres pour les affaires de la dicte chappelle et hospital ».

Le détail des contestations entre les chapelains de Saint-Julien et les Pères de la Doctrine chrétienne appartient plutôt à l'histoire de la corporation des méné-

---
1. *Théâtre des antiquités de Paris*, p. 737.
2. Ils ont été publiés par M. Bernhard, dans ses Recherches sur l'histoire de la corporation des ménétriers. (*Bibliothèque de l'École des Chartes*, tome III, p. 525-548.
3. *Recueil des chartes de l'abbaye royale de Montmartre*, 1883, in-8.

triers qu'à celle de leur hôpital ; aussi ne nous y arrêterons-nous pas. Il suffira de savoir que les doctrinaires en prirent possession dans le courant de l'année 1643, que la corporation reprit ses droits en vertu d'un arrêt du 3 juillet 1658, mais que Louis XVI lui substitua l'académie de danse en 1778. Les procès se seraient sans doute éternisés si, le 17 décembre 1789, la corporation des Ménétriers n'avait fait abandon de sa chapelle à la nation. L'année suivante, tous les bâtiments, expertisés 18,025 livres, furent vendus et aussitôt démolis. Leur emplacement correspond exactement à la partie de la rue du Maure qui est la plus voisine de la rue Saint-Martin.

BIBLIOGRAPHIE. — *Sources*. — Arch. Nationales, Q! 1215 : titres de propriété. — S. 4872 : une seule liasse sur Saint-Julien, dont les pièces intéressantes sont les déclarations du temporel et les amortissements de biens de l'hôpital pour 1521-2. — T. 1492 : parmi beaucoup d'actes sur d'autres corporations, charte par laquelle Philippe de Valois confirme la donation de vingt livres de rente faite « par Guillemin dit le vicomte de Corbueil » aux ménétriers parisiens qui ont fondé un hôpital à Paris » en la rue Saint-Martin « en l'onneur de Saint-Julien pour hebergier les pauvres » ; nombreux titres des XIVe-XVIIe siècles, relatifs aux biens de l'hôpital, aux droits des chapelains, à la juridiction de l'évêque, etc.
Imprimés. — Millin, *Antiquités Nationales*, notice XLI, tome IV. — Plusieurs renseignements sur les patrons et le sceau de la corporation dans le mémoire que nous avons déjà cité de M. Bernhard (*Bibliothèque de l'École des Chartes*, III, 377-404, et IV, 525-548). — A. Vidal : *La chapelle Saint-Julien des Ménestriers et les Ménestrels à Paris*, 1878, in-4°.

ÉGLISE SAINT-BARTHÉLEMY
I, 172-178

Avec Saint-Barthélemi, nous voici revenus dans la Cité, et il n'est pas inutile d'expliquer cette excursion hors d'un quartier où l'histoire du prieuré de Saint-Martin-des-Champs nous fera rentrer bientôt. L'abbé Lebeuf a divisé l'histoire des églises de Paris en deux parties, suivant qu'elles ont eu pour origine un établissement séculier ou monastique, puis, dans chacune de ces parties, il a classé les chapitres de son ouvrage suivant l'ordre chronologique de la construction des édifices (Voy. l'avertissement en tête du tome I du texte, p. XI). Pour Lebeuf, la construction de Saint-Barthélemi est donc postérieure à celle de Saint-Merri (chapitre VII) et antérieure à celle de Saint-Martin-des-Champs (chapitre IX).

P. 172-174. — Les origines de Saint-Barthélemi ont été étudiées avec beaucoup de soin par notre auteur, et nous avons fort peu à dire pour le compléter. Il est tout à fait avéré maintenant que sur l'emplacement du Palais de la Cité devenu Palais de Justice avait été bâti, dès l'époque romaine, un édifice servant de résidence aux rois mérovingiens [1].

---

[1]. Les anciens historiens de Paris l'affirmaient plutôt par induction qu'en s'appuyant sur des documents

Lebeuf a omis d'indiquer que, par acte du 14 février 1093, Philippe I donna la chapelle de Saint-Barthélemi et Saint-Magloire à l'abbaye de Marmoutier. Le diplôme royal s'exprime ainsi : « ... Notum itaque sit omnibus habere nos capellam dominicam, in honore beati Bartholomei apostoli et beati Maglorii confessoris constructam, sitam in Parisiorum civitate, juxta aulam regiam, que hactenus a propriis abbatibus non tam gubernata quam desolata videbatur... » (*Cartulaire général de Paris*, publié par M. R. de Lasteyrie, I, 135).

P. 174-5. — Nous avons retrouvé dans le fonds de Saint-Magloire la charte de fondation de la chapelle de Saint-Etienne (L. 602, n° 13). Elle est datée du vendredi avant la Pentecôte de 1306. La rente sur le Châtelet est de 22 livres 8 sols, et la fondatrice, Agnès, se réserve, sa vie durant, une clef de la chapelle, le prieur de Saint-Barthélemy devant garder l'autre.

Il y avait aussi, d'après M. de Barthélemy (*Bulletin de la Société des Antiquaires de France*, 1864, pp. 118-25), une chapelle dite de Saint-Brieuc-des-Vaux, où se réunissait la corporation des boursiers. Ajoutons-y encore la confrérie des changeurs, autorisée par Henri VI, roi de France et d'Angleterre, en l'honneur de Dieu, sa glorieuse mère, et Saint-Mathieu, leur patron. L'autorisation, datée de juillet 1427, a été publiée dans le *Paris sous la domination anglaise*, de M. Longnon, p. 274.

P. 178. — Les droits paroissiaux de Saint-Barthélemi sur l'enclos du Palais de Justice furent âprement contestés par les chanoines de la Sainte-Chapelle : on trouvera dans le carton L. 603 (Saint-Magloire) un dossier d'arrêts du Parlement, de 1611 à 1663, concluant tous en faveur de la cure de Saint-Barthélemi.

Une circonstance particulière a tiré Pierre Roullé, curé de cette église, de l'obscurité qui s'étend sur le souvenir de ses prédécesseurs et de ses successeurs. Parmi les indignations que souleva le *Tartufe*, avant même d'être représenté publiquement, celle de Pierre Roullé fut des plus violentes ; elle se traduisit dans un libelle intitulé : *Le Roy glorieux, au monde ou Louis XIV le plus glorieux de tous les rois du monde*, et son auteur déclare que Molière « meritoit par cet attentat sacrilège et impie un dernier supplice exemplaire et public, et le feu même, avant-coureur de celui de l'enfer [1]... »

Les bâtiments de Saint-Barthélemi menaçaient ruine au XVIII° siècle : en 1767, la commission de secours et coteries accorda à cette église un subside de 300,000 livres payables par annuités de 25,000 livres. Il était destiné à reconstruire la nef en y faisant entrer le terrain de maisons sises rue de la Pelleterie (Arch. Nat. G" 652). Certaines pièces du même dossier font connaître que l'on commença la démolition de la nef en 1779 et que les travaux de reconstruction se poursuivaient encore en 1789.

certains. Ces documents ont été révélés par les travaux de la reconstruction du Palais de Justice, qui ont eu lieu de 1845 à 1848 : les architectes qui les dirigeaient, MM. Duc et Dommey, ont mis alors au jour une série d'objets antiques exhumés derrière le chevet de la Sainte-Chapelle et jusqu'à la pointe occidentale de l'Ile, qui ne laissent aucun doute sur l'existence, à cet endroit, d'un palais romain qu'habitèrent, par la suite, les rois de la première race. Cf. le rapport de MM. Duc et Dommey ap. *Mémoires de la Soc. des Antiquaires de France*, tome XVIII, les *Recherches archéol. sur le Palais de Justice de Paris*, par E. Boutaric, dans la même collection, 7° série, t. III (1864), la *Statistique monumentale de Paris*, d'A. Lenoir (planche IX), et la première livraison, Lutèce, du *Paris à travers les âges*.

1. Cf. la notice placée en tête du *Tartufe*, dans l'édition des Grands Écrivains de la France, IV, 282. Nous y apprenons en outre (note 3), que ce Pierre Roullé était docteur de Sorbonne, et qu'il fut inhumé e 9 juillet 1666.

Ils furent interrompus par la Révolution, qui ordonna la suppression de l'édifice. Il était situé vis-à-vis de la grande salle du Palais, en façade sur la rue Saint-Barthélemy qui, continuée par la rue de la Barillerie, reliait le pont au Change au pont Saint-Michel. Sur son emplacement s'éleva, dès 1791, un théâtre dit de la Cité, qui fut remplacé plus tard par le bal du Prado, lequel disparut à son tour pour la construction du tribunal de commerce. Ce monument et la rue de Lutèce couvrent tout le terrain qu'occupait jadis Saint-Barthélemi.

BIBLIOGRAPHIE. — Il n'y a que de très rares documents sur cette église dans le fonds de Saint-Magloire aux Archives Nationales, et aucune série ne lui est particulière. Dans le carton G^9 652 se trouvent, outre les documents cités plus haut, un plan de l'église vers 1760 et une assez intéressante déclaration des recettes et dépenses, établies sur la moyenne des comptes de 1746-1755 : on y voit que les loyers de bancs rapportent environ 1,033 livres par an ; les offrandes de pain bénit et les quêtes dans l'église, 429 livres, 10 sols ; les quêtes au dehors, 208 livres, 4 sols ; les convois et enterrements, 1,892 livres, 15 sols. Le total des revenus est de 18,738 livres, 8 sols, 2 deniers. Les charges s'élèvent à 18,795 livres, 15 sols, 7 deniers, parmi lesquelles les honoraires du curé : 551 livres, 10 sols, plus 300 livres pour son logement ; 4 chantres, à 300 livres chacun ; enfin, 695 livres, 2 sols pour les honoraires des prédicateurs.

CHAPELLE SAINT-MARTIN
I, 178-179

Rien n'est plus douteux que l'emplacement de la chapelle Saint-Martin, qui, disons-le tout de suite, disparut de bonne heure, et à coup sûr avant l'an mil. Or, les seuls indices que l'on ait sur cet emplacement sont fournis par le récit détaillé, fait par Grégoire de Tours (*Historia Francorum*, lib. VIII, cap. 33), d'un incendie qui se produisit à Paris en 586. Nous avons scrupuleusement relevé toutes les données du récit de l'évêque de Tours, et voici les points qui y sont acquis : 1° l'incendie commence près de la porte méridionale : « secus portam quæ ad meridiem pandit egressum » ; 2° cette porte est voisine d'une prison ; 3° les flammes parties de là sont poussées par le vent à travers la ville et atteignent une autre porte, voisine d'un oratoire de Saint-Martin ; 4° elles ont pris naissance d'un côté du pont, et, de l'autre côté, elles détruisent tout avec tant de violence que le fleuve seul les arrête.

Pour concilier ces différents renseignements, il faut admettre que la porte méridionale était sur la rive gauche du fleuve, que l'incendie franchit le pont (actuellement le Petit-Pont) et dévora la Cité ; que l'oratoire de Saint-Martin devant lequel il s'arrêta, étant voisin d'une autre porte, cette porte ne peut être placée nulle part ailleurs qu'à l'entrée du pont Notre-Dame, sur l'emplacement duquel nous savons que se trouvait le plus ancien pont du grand bras de la Seine. Donc, la chapelle de Saint-Martin ne serait pas où la place Lebeuf, près de l'angle actuel du Palais de Justice et du quai de l'Horloge, mais plus loin vers l'Est, à l'angle du quai aux Fleurs et du pont Notre-Dame. Elle était d'ailleurs de minime importance, car Grégoire de Tours lui-même nous dit qu'elle avait été construite de branchages entrelacés par un homme qui s'y réfugia avec sa femme et y fut miraculeusement protégé. Nous savons encore, par la vie de Saint-Martin de Sulpice-Sévère, qu'elle s'élevait en souvenir de la guérison d'un lépreux opérée par ce saint, qui venait alors de Tours. Il faudrait donc en conclure qu'elle était située vers le midi, mais dans ce cas comment interpréter le récit de Grégoire de Tours? Ces écrits hagiographiques sont, en réalité, si suspects que, sans leur contester une part de vérité, on a le droit de supposer que le détail en est souvent fort inexact. C'est sans doute ce qu'a pensé Jaillot, car il s'est abstenu de parler de la chapelle en question.

CHAPELLE SAINT-MICHEL
I, 179-180

Elle était située à l'angle de la rue de la Barillerie et du pont Saint-Michel, c'est-à-dire au point où le quai des Orfèvres se termine sur le boulevard du Palais, et subsista jusqu'en 1784. Dans ses *Études sur l'industrie et la classe industrielle à Paris*, M. G. Fagniez a publié (p. 293) l'autorisation accordée par Philippe le Long aux « oublieurs » (*nebularii*) parisiens de se réunir en confrérie dans la Chapelle Saint-Michel. Lebeuf avait bien mal analysé cet acte : on y voit en effet que depuis longtemps les oublieurs avaient tenu là leur confrérie, et qu'elle avait été supprimée comme toutes les autres, par Philippe le Bel. Le roi ne fit donc que rendre un droit interrompu depuis peu. L'acte est de Janvier 1321 (n. s.)

CHAPELLE SAINT-NICOLAS
I, 180

Boutaric a établi le premier que la chapelle Saint-Nicolas avait été fondée par Louis VI et non par le roi Robert. On en a la preuve par un diplôme publié dans l'*Histoire de la Sainte-Chapelle* du chanoine Morand. Il ne paraît pas qu'elle ait été autre chose qu'un « autel portatif », situé dans la grande salle du Palais. Détruit dans le grand incendie de 1618, cet autel fut restauré par les soins de la communauté des procureurs. On y célébrait chaque année la messe de rentrée, appelée messe rouge parce que le Parlement l'entendait en robes rouges. Voy. à ce sujet l' « explication des cérémonies qui se font tous les ans dans la chapelle de Saint-Nicolas en la grande salle du Palais de Paris » dans les *Variétés historiques* de Boucher d'Argis, III, 39-54.

Lebeuf, qui a dit quelques mots du Louvre, que nous verrons consacrer une notice à l'hôtel Saint-Paul, n'a pas accordé la moindre mention au Palais de Justice, dont il aurait pu parler ici ou plus loin, à propos de la Sainte-Chapelle.

Sans prétendre à faire ici l'histoire de cet édifice, sur lequel une monographie complète reste encore à écrire, nous croyons devoir indiquer les faits essentiels qui le concernent, d'après le mémoire cité plus haut d'E. Boutaric (note de la page 142). Le palais romain qui s'élevait à la pointe occidentale de la Cité fut reconstruit par le roi Robert; dès le commencement du XIIIe siècle, la Cour du Roi qui devint le Parlement y siégeait. Philippe le Bel le fit entièrement réédifier; au cours du XIVe siècle, de nouveaux travaux y furent entrepris, notamment pour la réception de l'empereur en 1368; enfin, les registres du Parlement attestent qu'en 1417 des réparations importantes furent encore nécessaires. Le Palais fut en grande partie détruit par un terrible incendie en 1618. Nous ajouterons que la façade principale date de l'époque de Louis XVI; les bâtiments qui bordent le quai de l'Horloge ont été restaurés ou reconstruits en 1845, sous la direction de l'architecte Duc; la façade sur la place Dauphine date de quelques années seulement et celle du quai des Orfèvres, reliée à la Préfecture de police, n'est pas encore achevée.

ABBAYE DE SAINT-MAGLOIRE
I, 180-184

P. 181. — On l'a vu plus haut, à propos de Saint-Barthélemy, et Lebeuf ne fait guère que se répéter ici, l'abbaye de Saint-Magloire tire son origine de l'église Saint-Barthélemy de la Cité, dont elle se sépara matériellement, sinon spirituellement, au commencement du XIIe siècle. M. de Lasteyrie a publié au tome I, p. 199, de son *Cartulaire général de Paris*, le diplôme de 1117 où Henry le Lorrain, *Lotharingus*, est qualifié de *reparator* de la chapelle Saint-Georges, et bienfaiteur de l'abbaye de Saint-Magloire pour des terres, sises à Charonne et à Milpas, notamment. Le même recueil contient d'autres documents sur ce personnage, parmi lesquels deux chartes de 1112; dans l'une, le roi atteste que Henri dit le Lorrain est de condition libre; dans l'autre, il confirme ses biens à Paris et autour de la ville; on y remarque que les deux terres citées plus haut n'y sont pas mentionnées; on peut en conclure que la donation qui en fut faite pour la réparation de la chapelle Saint-Georges est antérieure à cette année 1112.

P. 182. — Lebeuf a raison de dire que Saint-Magloire ne possédait pas de reliques de saint Leu; il n'en est pas question dans l'inventaire ancien qui est contenu aux folios 49-51 du petit cartulaire de l'abbaye (LL. 168). Pour saint Gilles, il y est dit que l'église possède « un po du doit saint Gilles ». Cet inventaire fut écrit en 1318, et sans doute à l'occasion de la translation dont parle notre auteur, mais à coup sûr lors d'une visite des reliques, faite « en la presence de reverend pere monseigneur Pierre de Latilli, evesque de Chalons, lors prisonnier en ceste eglise de par le pape Jehan, à l'instance du Roy (Cf. *Gallia Christ*. IX, 890), et à la presence l'abbé Gobert, le prieur Baudouin, mestre Pierre de Cercelles, fusician, frère Jehan de Rosay, cheverier, et plusieurs autres ».

P. 182-183. — A la liste des chapellenies de Saint-Magloire, il convient d'en ajouter deux, fondées par testament de Giraud *de Brina*, chanoine de Senlis, qui légua pour elles trois maisons contiguës, sises au-dessous de la boucherie de Sainte-Geneviève, à la charge par l'abbé de Saint-Magloire d'instituer pour les desservir deux moines ou prêtres séculiers chargés d'y dire chaque jour deux messes pour le repos de l'âme du fondateur (LL. 168, f° 34 v°).

On lira certainement avec intérêt l'inventaire du mobilier d'un religieux de Saint-Magloire au XVIᵉ siècle : « S'ensuict le nombre des ustancilles qui estoient au logis de feu frere Pierre Lefebvre, religieux et chambrier de l'abbaye Sainct-Magloire de Paris, lequel deceda le vingt-troisiesme jour de febvrier mil cinq cent soixante-dix. Et premièrement : quatre chesses de boys de chesne ; — quatre scabelles de boys de chesne ; — ung petit bufet ; — une table de boys de poirier, garnye de deux treteaulx ; — une cremilliée ; — une pelle de fer ; — une tenaille ; — *item*, de la vaisselle d'estain dont je ne sçay le nombre ; — *item*, une paire de chesnetz de fer ; — *item*, ung lit de plume garny de son traversin et matelas ; — *item*, ung bahu ; — *item*, ung petit cofre, tous lesquels meubles sont demourez en la possession des religieux du dict Sainct-Magloire. » (Arch. nat., L. 603, n° 34).

Nous avons eu déjà deux fois (pages 38 et 117) occasion de dire qu'en 1572 les Bénédictins de Saint-Magloire durent se transporter à Saint-Jacques du Haut-Pas pour céder la place aux Filles Pénitentes, expropriées par Catherine de Médicis de leur couvent, voisin de l'hôtel de Bohême. Dans un article cité plus haut (p. 38, note 3), M. Frémy a fait connaître, par de très curieux documents, dans quelles conditions s'effectua la translation de ces religieuses. Nous nous bornons à y renvoyer le lecteur. L'histoire des Filles Pénitentes, devenues Filles de Saint-Magloire, n'offre aucun intérêt pendant les deux derniers siècles de leur existence. A partir du XVIIIᵉ siècle, elles n'admirent plus, comme aux termes de leurs premiers statuts, des pécheresses repenties, mais se recrutaient, nous dit M. Frémy, parmi les filles vertueuses et qui voulaient vivre dans la retraite. Elles adoptèrent la règle de saint Augustin et prirent le titre d'Augustines Pénitentes ; elles étaient au nombre de 52 en 1729 et de 18 seulement en 1790, lors de la suppression des communautés religieuses. Les derniers vestiges de leur couvent ont disparu par le percement de la rue de Rambuteau, puis du boulevard Sébastopol, ces deux voies se croisant sur leur emplacement ; l'ensemble des bâtiments formait un parallélogramme limité par l'hôpital du Saint-Sépulcre au sud, l'église Saint-Leu au nord, la rue Saint-Denis à l'ouest et la rue Quincampoix à l'est.

BIBLIOGRAPHIE. — *Sources.* — 1° Saint-Magloire : Aux Archives nationales, L. 602 : pièces sur les chapelles. — L. 603 : inventaire des vases sacrés et objets précieux du trésor de Saint-Magloire en 1503. — L. 604 : charges du prévôt de l'abbaye (1361) ; comptes de dépenses (1485-6) ; statuts du monastère (1516) ; une pièce curieuse de 1560 sur les obligations du portier : il sera tenu d'ouvrir le matin la grande porte sur la rue Saint-Denis, et de la fermer le soir, d'entretenir les terres du jardin et de la maison de Charonne, de tailler les treilles et de couper les saussaies des terres de l'abbaye, sises à Issy et à Saint-Denis ; il aura droit à toutes les herbes et verdures et recevra un salaire annuel de 25 livres tournois. — L. 605 : titres des moulins du Pont-aux-Meuniers depuis 1323 ; reconstruction de ce pont sous le nom de Pont-Marchand ; biens de l'abbaye, rues Bourg-l'Abbé et Jean Palée ; L. 606-611 : biens de l'abbaye hors Paris. — LL. 168-174 : cartulaires, du XIIIᵉ au XVIIᵉ siècle. — A la Bibl. nat., cartulaire du XIVᵉ siècle, fonds. lat. 5413. — 2° Filles Pénitentes : aux Arch. nat., S. 4742-4746 : titres de propriété et inventaires.

Imprimés. — Deux actes du xve siècle, relatifs à la justice de saint Magloire dans Paris, publiés par Douët d'Arcq dans le *Bulletin de la Soc. de l'Hist. de Paris*, 1880, p. 130, et l'article de M. Frémy : les Filles Pénitentes et Catherine de Médicis, dans le *Bulletin du Comité d'hist. et d'archéol. du diocèse de Paris*, 1885, pp. 136-172.

ÉGLISE SAINT-LEU
I, 184-187

P. 184. — Il faut reculer jusqu'à 1235 le plus ancien titre relatif à l'église Saint-Leu, et ce titre est celui de la fondation même, par l'évêque de Paris, Guillaume d'Auvergne. M. Valois a, le premier, révélé le fait dans son livre sur *Guillaume d'Auvergne* (1880, in-8), où il publie un fragment de la charte épiscopale : on y voit que la chapelle de Saint-Leu aura huit toises de largeur, huit toises de longueur, et qu'elle se trouve séparée par six toises seulement de la clôture de Saint-Magloire.

P. 186. — Lebeuf déclare que Saint-Leu ne devint église paroissiale qu'en 1617. Nous avons cependant trouvé aux Archives un titre de constitution de rente souscrit en 1573 par « les marguilliers de l'œuvre et fabricque de l'église Saint-Leup-Saint-Gilles fondée à Paris rue Saint-Denis » (L. 673). Cette mention d'une fabrique permet d'affirmer que la cure existait au moins dès la seconde partie du xvie siècle. Voici, d'après les documents du même fonds, les noms de quelques-uns des curés de Saint-Leu : Noël Le Blond, mort en 1696; Charles Charpentier, curé dès 1725, mort avant 1751 ; René-Victor Bouthet de la Richardière, mentionné en 1787, et dernier curé de l'ancien régime.

Dans cette église se voient deux tableaux offrant un certain intérêt : l'un, daté de 1772, est commémoratif du sacrilège commis en 1418 par un soldat qui avait frappé une statue de la Vierge, sise rue aux Ours. Un flot de sang avait, paraît-il, jailli sous le coup, et depuis cette époque une cérémonie expiatoire eut lieu chaque année au pied de la statue (Cf. de Guilhermy, *Inscriptions du diocèse de Paris*, I, 192-4); l'autre tableau représente le vœu de Louis XV et est l'œuvre du peintre Justinar. La *Revue de l'art français* a publié (1884, p. 164) l'état de dépenses relatif à ce tableau : le peintre reçut 3,000 livres, le sculpteur du cadre 260 livres et le doreur 300.

La Révolution laissa subsister l'église Saint-Leu comme paroisse de Paris (loi du 4 févr. 1791). Le percement du boulevard Sébastopol a nécessité un remaniement considérable de l'abside de l'édifice, qui barrait la voie nouvelle; l'architecte Baltard en fit un chevet plat par la suppression de trois des chapelles du pourtour; de plus, les maisons qui s'adossaient aux bas-côtés furent démolies et un presbytère nouveau fut construit.

BIBLIOGRAPHIE. — *Sources.* — Arch. nationales, L. 673 : arrêt du Parlement réglant les droits de la fabrique (26 juillet 1725); nécrologe ou état des fondations postérieures à 1716; inventaire des objets mobiliers dressé vers 1780, titres de rentes, parmi lesquels plusieurs ayant trait à une association fondée en faveur des pauvres de la paroisse. — LL. 819 : martyrologe de 1619. — S. 3422-3 : titres de propriété.

Imprimés. — *Inventaire des richesses d'art de la France*, Paris, Monuments religieux, tome II, pages 95-115, notice et description par L. Michaux. — Nous ne citerons que pour ne pas la recommander la brochure de l'abbé Vacher ayant pour titre : *Notice historique et descriptive de l'église et de la paroisse de Saint-Leu-Saint-Gilles*... 1843, in-8, car les erreurs grossières y sont en bien plus grand nombre que les faits exacts, surtout pour la partie ancienne.

PRIEURÉ DE SAINT-MARTIN-DES-CHAMPS
I, 187-195

P. 187-188. — Nous avons parlé plus haut, avec quelques détails (p. 144), de l'oratoire consacré à saint Martin qui, au rapport de Grégoire de Tours, fut miraculeusement soustrait à l'incendie de 585, et nous avons dit pour quelles raisons nous ne pensions pas que cet édifice pût être situé ailleurs que dans la Cité et à l'extrémité sud du pont qui depuis s'est appelé pont Notre-Dame. Mais le culte de Saint-Martin eut dans nos régions une telle faveur qu'il n'est pas surprenant qu'il y ait eu, à Paris même ou dans ses faubourgs, deux et peut-être plus de deux chapelles dédiées à ce saint. L'une d'elles s'élevait, à l'époque carolingienne, au delà du pont Notre-Dame, sur la rive droite, et à fort peu de distance de la Seine ; elle fut détruite par les Normands ; la charte par laquelle Henri Ier fonda, ou plutôt restaura le culte de saint Martin par l'établissement du prieuré dit de Saint-Martin-des-Champs indique ce fait aussi bien que cette position ; ce qui nous en donne un meilleur garant encore est la découverte que l'on fit en 1853 des substructions d'une chapelle du VIIIe siècle, sur l'emplacement de laquelle fut construite plus tard l'église de Saint-Jacques de la Boucherie. M. A. Lenoir, qui a signalé cette découverte (*Bulletin du Comité de la langue*..., 1853, p. 420), pense que, dès cette époque, la chapelle en question était dédiée à saint Jacques, mais il n'en fournit aucune preuve, tandis que nous pouvons citer les termes du diplôme de Henri Ier : *Ante Parisiacæ urbis portam... abbatia fuisse dignoscebatur*, désignant la basilique primitive de Saint-Martin. Il est possible, au reste, qu'il y ait eu, en face de celle-ci, une chapelle de Saint-Jacques ; il n'est pas douteux, au moins, que celle de Saint-Martin ait existé à l'endroit que nous disons : c'était déjà le sentiment de Lebeuf, bien qu'il ne pût soupçonner que les entrailles du sol en contenaient la preuve la plus évidente. Pourquoi, lors de la reconstruction de 1060, ne relevat-on pas l'église de Saint-Martin à la place qu'elle avait jadis occupée, et la construisit-on beaucoup plus avant dans les champs, c'est ce que ne dit pas le diplôme de Henri Ier et ce qu'il est aujourd'hui impossible d'expliquer autrement que par des raisons de convenances et de facilités plus grandes pour l'acquisition d'un terrain suffisamment vaste.

P. 189. — La date même de ce diplôme de Henri Ier, fixée par tous les historiens à l'année 1060, a fait l'objet d'une rigoureuse dissertation de Jaillot qui démontre assez péremptoirement (*Quartier Saint-Martin*, t. II, p. 67 et s.) qu'elle est le résultat d'une erreur de copiste et que la charte de fondation de Saint-Martin-des-Champs ne peut être postérieure à 1059. Jaillot va même plus loin et affirme que Henri Ier mourut en cette même année 1059. La question ainsi élargie intéresse moins notre sujet; toutefois, nous ferons remarquer qu'aucun historien n'y a fait attention. Dans un mémoire sur le lieu où mourut Henri Ier, J. Quicherat a admis sans discussion la date août 1060 (*Mém. de la Soc. archéol. de l'Orléanais*, t. II, pp. 1-7). En réimprimant le diplôme de Saint-Martin-des-Champs (*Cartulaire général* I, 122-4), M. de Lasteyrie se borne à signaler les observations de Jaillot en acceptant comme date extrême le 23 mai 1059.

P. 191. — A la suite de Lebeuf, les archéologues les plus autorisés, de Guilhermy, Quicherat, Viollet le Duc, avaient reconnu, dans le sanctuaire de Saint-Martin, un édifice du XIe siècle. M. Lefèvre-Pontalis a publié dans la *Biblioth. de l'École des Chartes* (1886) un mémoire tendant à prouver que cette construction ne peut être que du siècle suivant; sa conviction est surtout appuyée sur les détails architectoniques de la voûte ogivale de ce sanctuaire. La chapelle Notre-Dame-de-la-Carole qui y était située, s'appelait aussi chapelle Notre-Dame de toute joie; la confrérie des bourgeois de Paris s'y réunissait (Arch. nat. L. 873). — Quant à la tour des grosses cloches, elle fut refaite au XIVe siècle, puis encore au XVe; on trouvera dans le carton L. 871 un intéressant arrêt du Parlement, daté du 21 mars 1481 (n. s.), ordonnant que pour cette réfection 110 écus d'or seront pris sur la succession de frère Jean du Château. Cocheris (II, 326) a vaguement indiqué ces faits.

P. 193. — Le calice de saint Chrodegand a été acquis en 1885 avec toute la collection Basilewski, dans laquelle il était entré depuis la Révolution, par l'empereur de Russie; M. Rohault de Fleury lui a consacré une bonne description accompagnée d'une reproduction dans le *Bulletin du Comité d'hist. et d'archéologie du diocèse de Paris* (3e année, pp. 89 et s.). D'après lui, cet objet précieux doit dater des premières années du VIIIe siècle.

Cocheris fait remarquer avec raison que l'inscription tumulaire de Nicolas Arrode, mort en 1252, contient son âge : 59 ans, et que, par suite, on ne peut admettre avec Lebeuf que ce personnage eût fondé vers 1200 la chapelle de Saint-Michel : il n'aurait eu alors que sept ans.

Deux inscriptions seulement nous ont été conservées de l'église Saint-Martin-des-Champs; on les retrouvera reproduites au tome I (p. 355-8) des *Inscriptions de l'ancien diocèse de Paris*. Ce sont celles de « noble homme Thibault Fourquault, en son vivant advocat en la Cour de Parlement et sr de Villegenys », mort en 1433, et de Gilles Formont, prieur, mort le 22 septembre 1498.

P. 195. — Lebeuf n'a pas connu, il s'en faut, tout ce qui, dans les registres du Parlement, se rapporte à ce prieuré, et l'arrêt de 1306 dont il parle est bien loin d'être le seul.

En voici un, entre autres, du 26 janvier 1443 (n. s.), dont nous ne citons que les principaux passages et ce qui a trait à l'administration intérieure; il est infiniment intéressant :

« ... La court a ordonné et ordonne que maistre Jehan Cornu, docteur *in utroque jure*, qui, comme vicaire du cardinal d'Estouteville, commandataire du dict prieuré, a de present le gouvernement et administracion d'icelui prioré, baillera et delivrera ou fera bailler et delivrer durant sa dicte administracion aus dis religieux pain et vin bons et souffisans, comme il appartient, à heure deue et convenable, et aussi boys et charbon souffisans pour le chauffage des dicts religieux ainsi qu'il est acoustumé au temps passé, et que le dit vicaire, au plus tost que bonnement faire se pourra, face appoincter dedans le clox du dict monastere aucune chambre aiant chemynée garnie de deux ou trois litz fourniz pour loger et recevoir les religieux malades en attendant que le lieu des enfermeries soit mis en estat, et aussi que il tiengne cloz et couvert le dortouer du dit lieu, tellement que les dits religieux y puissent convenablement dormir et reposer, et que il face les autres reparacions nécessaires selon les revenues d'icelui prieuré. Et aussi la dicte court ordonne que le dict vicaire, pour ceste presente année commencée à la Toussaint dernièrement passée, baille et delivre aus religieux cloistriers frequentans le service divin à chascun ung escu oultre les trois escus à eulx baillez pour leur vestiaire, et que, pour les années à venir, il baille aus dicts religieux cloistriers leur vestiaire souffisant et honneste en drap et autres especes et matières, tellement qu'ils n'ayent occasion d'estre vacabons ne de querir praticque de messes hors du dict monastère... »

En 1700, le prieuré possédait 44,000 livres de revenu et 108 bénéfices en dépendaient (*Mém. de la Gén. de Paris*, p. 28). Le ms. fr. 15,382 indique un revenu de 68,000 livres.

Parmi les religieux de ce couvent qui ont laissé un nom historique, Lebeuf cite notamment Jean Castel et dom Marrier. Pour le premier, il renvoie aux *Mémoires de l'Académie des belles-lettres*, sans dire que les recherches sur ce chroniqueur sont dues à sa plume. On les trouvera en effet au tome XX des *Mémoires*, p. 263 et suiv. M. Quicherat s'est aussi occupé de Jean Castel, et c'est son travail qu'il faudra consulter (*Biblioth. de l'École des Chartes*, t. II, p. 461-77). Il y rectifie l'erreur de Lebeuf, qui avait confondu le chroniqueur de Louis XI avec un Jean Castel antérieur, fils de Christine de Pisan. Celui dont nous parlons mourut au mois de février 1476. Il n'a pas été, à proprement parler, l'auteur de la Chronique dite scandaleuse, et J. Quicherat établit qu'elle fut rédigée sur de simples notes laissées par lui. C'est probablement ce personnage qui suivit le Roi comme greffier du Grand-Conseil, de 1461 à 1463; on le trouve travaillant à Saint-Martin-des-Champs, en 1466; il fut nommé abbé de Saint-Maur en 1472 et mourut, nous venons de le dire, quatre ans plus tard.

La vie de dom Martin Marrier est plus complètement connue. Nous avons eu déjà occasion de citer (p. 40) la notice biographique que Douët d'Arcq lui a consacrée dans la *Bibl. de l'École des Chartes* (1855, p. 322-58). Cette excellente étude est écrite d'après les archives du prieuré et révèle, notamment d'après les registres dits de la Voûte, bien des faits curieux pour la période de 1597 à 1633, époque à laquelle dom Marrier donna sa démission, non de prieur, mais de sousprieur claustral. Voici, au surplus, un intéressant extrait de l'acte du 12 mars 1633, par lequel le cardinal de La Valette, prieur de Saint-Martin, accepta la démission du vénérable religieux, alors âgé de soixante et un ans :

« ... Le dit Marrier s'estant de rechef présenté à nous pour sçavoir si mon dit seigneur le cardinal avoit eu pour aggreable sa supplication, luy a esté dit de la part du dit seigneur cardinal qu'outre ce qu'il avoit assez appris par la lecture des livres imprimez à sa diligence et estude et intitulez *Martiniana, Biblioteca Clunia-*

censis, Moralia Odonis, abbatis Cluniacensis in Job, et un autre manuscrit qu'il est sur les termes de faire imprimer, qu'il estoit homme de lettres et de meritte dedans le dit ordre de Cluny, qu'il avoit esté et est bien informé, par plusieurs personnes dignes de foy, des bonnes qualitez qu'il avoit, ses mœurs respondans au sçavoir, qu'il s'estoit dignement acquitté de la dicte charge de soubz-prieur au contentement de l'ordre et du publicq, le recit que l'on luy avoit fait et l'estat auquel il auroit trouvé les religieux luy avoit donné sujet d'esperer qu'il continueroit en ceste charge encores quelques années et qu'il le prieroit volontiers de donner quelque temps à ce soing; neantmoings, puisqu'il se proposoit de se retirer pour se recueillir avecque plus de repos et de loisir dedans ses livres et estudes, il nous avoit chargé expressement de le remercier de la peine et travail qu'il avoit pris durant un si long temps à la conduite des religieux; que le grand autel de leur eglise, les orgues qui y ont été construittes à grandz frais et despens durant sa dicte charge, l'embellissement du grand reffectoire, les pallissades des grandz jardins, le restablissement de la fontaine du dit monastère ja fort avancée et qui n'a coulé en iceluy trente ans y a et plus, le desseing et crayon d'un excellent tabernacle pour le dit grand autel, les riches ornemens de drap d'argent adhirez depuis trente ans, montez d'orfroys et croisées renduz et remis en la sacristie de la dicte eglise avecque une croix de pur or esmaillé, du prix de plus de cent escus, rendent un entier et certain temoignage de son bon mesnage et œchonomie, qu'il estoit très content de luy et qu'avecque regret il lui accordoit sa dicte descharge, souhaittant que ceux qui lui succederont s'en acquittent aussy dignement que luy, et pour tesmoignage de la satisfaction qu'il a de ses veilles et soings à l'endroit des dits religieux et luy donner le moyen de passer le reste de ses jours en repos et commodité avecque ses livres, il avoit jugé à propos oultre sa cellule qu'il a dans le dortoir luy assigner et accommoder d'un logement proche la salle de l'hostellerie et qui va joindre le gros mur du monastère pour s'y retirer avecque ses livres. Et en oultre, pour soullager les infirmitez de son age qui va au delà de soixante ans, il voulloit que, des provisions de bois qui sont distribuez pour toutte la communeauté des dits religieux, il luy en soit donné et delivré à part chascun an deux voyes de gros bois ou busches, cinq cens de fagotz et cinq cens de cotteretz que le soubz-prieur aura soing de luy faire bailler et descharger lorsque la provision arrivera au dit monastère, s'asseurant le dit seigneur cardinal qu'il n'abusera pas de ceste faveur et grace et qu'il ne dellaissera de se rendre sujet et assidu au service de l'eglise tant de jour que de nuit pour donner exemple à tous, mesmement aux plus jeunes, de garder la discipline.

« Le Masle, grand vicaire de Mgr l'eminentissime cardinal de la Valette. » (L. 870.)

Dom Marrier mourut le 26 février 1644, ainsi que l'atteste une note contemporaine. Il fut enterré dans la chapelle de Notre-Dame-de-l'Infirmerie, devant l'autel.

Après sa suppression en 1790, le prieuré de Saint-Martin-des-Champs fut vendu comme bien national. Toutefois, certaines parties des bâtiments, notamment l'église, le cloître et le réfectoire furent conservées : on en fit d'abord la mairie du VIe arrondissement (actuellement IIIe), puis, en 1794, sur l'initiative du célèbre abbé Grégoire, elles furent affectées à la création d'un Conservatoire des arts et métiers et n'ont plus perdu depuis cette destination.

BIBLIOGRAPHIE. — *Sources*. — Le fonds de Saint-Martin-des-Champs est un des plus importants que possèdent les Archives Nationales dans les deux séries L et S, formées de documents ecclésiastiques. Il est regrettable que des remaniements considérables aient été faits depuis vingt ans environ dans la première, car ni les indications bibliographiques de Cocheris, ni celles de Douët d'Arcq n'ont maintenant la moindre exactitude. Pour notre part, nous nous bornerons à une analyse très sommaire des principaux titres. L. 870 : dossiers des offices de prévôt, chambrier, prieur, chantre, cellerier, hôtelier, infirmier, sacristain. — L. 871 : bulles des papes, depuis celle d'Urbain II (1097); actes de privilèges et sauvegardes, parmi lesquels une copie faite au XVe siècle, et sans authenticité d'ailleurs, de la charte de fondation du prieuré, mais où la date de l'acte est ainsi figurée : MLIX; — pièces sur les reconstructions des bâtiments, où se trouve un marché passé pour la confection d'un aigle de laiton, par Robin Loizel, « tumbier et ymagier, demourant à Paris, en la rue de la Bretonnerie » (10 septembre 1408); — un inventaire des objets précieux de l'église en 1342 (22 folios), et des fragments de comptes, des XVIe et XVIIe siècles. — L. 872 : fondations et donations, entre autres celle de Philippe de Morvilliers, premier président au Parlement de Paris (1426); réformes du prieuré, notamment celle de 1500. — L. 873 : collège de Cluny; droits du prieuré sur la cure de Saint-Jacques-de-la-Boucherie; juridiction, etc. — L. 874 : accords, arrêts et oppositions (XVe et XVIIIe siècles). — L. 875 : titres de propriété ou droits du prieuré à Acy, Angerville, en Angleterre (prieuré de Barnstaphe), à Annet, Arcueil et Cachan, Attilly, Attainville, Beauvais (lieu-dit de la banlieue de Paris), le Bellay, Bezons, Bobigny, Bondy, Bonnelles, Bouffémont, Braine, Brettes, Cannes (prieuré de), Capie, Chadurie (Charente). — L. 876 : — à Champigny (Seine), Châtenay, Conflans et Charenton, Corbeil, Courlac (Charente), Crécy, Crespières, Cressonsac, Dormelles, Drancy, Écos, Écouen, Épinay, Éragny, Étampes, Ézanville. — L. 877 : — à Franconville, Gentilly, Gohory, Gouillom, Gournay, Gourville, Grandchamps (prieuré), Grosbois (prieuré), Juignac, Juvignac, Largny-en-Valois, Ligny-sur-Canche, Limoges, Livry, Louvres, Luzarches, Marcillac, Marolles, Melun, Meudon, Mondicourt, Montarlot, Montbarbin, Montbron, Montdidier, la Motte, Noisy-le-Grand, Oissery, Orival, Orsonville, Orville, Pantin. — L. 878 : — à Paris (200 pièces environ, des XIIIe-XVIIIe siècles), Pereuil, Piscop, Plessis-Gassot, Poissy, Presles, Reims, Roinville, Ruffec, Saint-Brice, Saint-Laurent-de-Montmoreau, Saint-Martin-la-Plaine, Saint-Sépulcre (prieuré du) à Troyes, Saint-Vincent, Sainte-Gemme, Sarcelles, Senlis, Suresnes, Toyrac, Verneuil et Vitry. La plupart de ces dossiers sont fort peu considérables, mais tous se composent de pièces anciennes.

Le plus ancien cartulaire de Saint-Martin est à la Bibliothèque nationale, fonds latin 10,977; il date du XIIe siècle. Aux Archives, se trouve une série de cartulaires cotés LL. 1351-1356, 1358 et 1374. Les registres de délibération capitulaires (LL. 1360-1369) commencent à 1473 et finissent à 1781. Les titres de propriété à Paris et dans de très nombreuses paroisses du diocèse sont contenus dans les cartons S. 1324-1489; deux censiers, l'un du XIIIe, l'autre du XIVe siècle, sont cotés LL. 1378-1379; un censier du xv⁰ siècle est à la Bibliothèque nationale, fonds latin 10,978; les titres du bailliage portent aux Archives nationales la cote Z² 3702-3748. Les plus anciens ne datent que du xv⁰ siècle.

Imprimés. — *Monasterii regalis S. Martini de Campis, Paris., ordinis Cluniacensis, historia libris sex partita,* per domnum Martinum Marrier, ejusdem monasterii monachum professum. *Parisiis,* 1637, in-4°.

En 1606, dom Marrier avait déjà publié une sorte de cartulaire où l'on trouve les actes fondamentaux pour l'histoire du prieuré.

Dans ses notes et additions à Lebeuf, Cocheris a donné une analyse très détaillée et fort intéressante d'un document du xiv⁰ siècle (Archives nationales, LL. 1355) dont il publie le texte latin en note. Grâce à ce texte, on peut, pour citer ses propres expressions, « se faire une idée de ce monastère au moyen âge et connaître dans tous ses détails les attributions de chaque dignitaire ».

Saint-Martin-des-Champs a été encore l'objet d'une publication importante : *Registre criminel de la justice de Saint-Martin-des-Champs à Paris au XIV⁰ siècle..... précédé d'une étude sur la juridiction des religieux de Saint-Martin* (1060-1674), par L. Tanon. Paris, Willem, 1877, in-8°. L'introduction qui occupe les cent trente-deux premières pages du volume est un travail complet sur l'administration judiciaire du prieuré, son étendue, ses officiers, les peines qu'ils prononçaient. Le registre est conservé au Musée des Archives nationales; il s'étend de 1332 à 1357. — Pour compléter le tableau de la vie monastique à Saint-Martin tracé par Cocheris, on pourra se reporter à un article de M. Siméon Luce, paru dans les *Mémoires de la Soc. de l'Hist. de Paris* (tome IX, p. 233-238) et qui contient l'analyse d'un registre des comptes de table du prieur Jean Seguin en 1438 et 1439 (d'après LL. 1383).

Signalons encore, parmi les ouvrages à consulter sur Saint-Martin-des-Champs, la *Vie de Martin Marrier...* par dom Germain Cheval, 1644, in-8°, et les dix-huit planches que M. A. Lenoir a consacrées à ce prieuré au tome I de sa *Statistique monumentale de Paris* (grand in-fol.).

Enfin différents vestiges de l'enceinte fortifiée du prieuré ont donné lieu à d'intéressantes communications publiées dans le *Bulletin de la Soc. de l'Hist. de Paris,* en 1880 (tome VII, *passim*).

Les plus importantes ont trait à la tour et fontaine du Vertbois, sauvée de la destruction, on le sait, grâce aux efforts des antiquaires parisiens et à l'intervention de Victor Hugo; mais il y a lieu de mentionner aussi la note de Romain Boulanger sur une autre tourelle de l'enceinte, qui sert aujourd'hui de cage d'escalier à la maison sise rue Bailly, n° 7 (*ibid.*, p. 152).

ÉGLISE DE SAINT-JACQUES-DE-LA-BOUCHERIE
I, 196-203

P. 196. — Nous l'avons dit plus haut (p. 148) : qu'il y ait eu, vers l'époque des invasions normandes, deux chapelles dédiées, l'une à saint Martin, l'autre à saint Jacques, et s'élevant toutes deux au delà de l'extrémité septentrionale du pont Notre-Dame, ou qu'il n'y en ait eu qu'une seule, ce qui demeure certain, c'est que l'église Saint-Jacques-de-la-Boucherie a été construite sur l'emplacement d'un édifice de l'époque carolingienne ; Sauval n'avait pas tort de le penser, car les travaux faits en 1853, pour le percement de la rue de Rivoli, ont révélé les substructions non douteuses de cet édifice (cf. sur ce sujet le rapport d'A. Lenoir, indiqué plus haut).

Mentionnée, en tant que paroisse, dans les bulles du XIIe siècle, l'église Saint-Jacques devait avoir été élevée peu après l'an 1000 ; vers 1145, elle fut réédifiée, en partie au moins, ainsi que nous l'apprend un acte publié pour la première fois par M. de Lasteyrie, dans le *Cartulaire général de Paris* (I, 297) : il y est question d'une terre employée « ad construendam unam partem capitis ipsius ecclesiæ ». Ce n'est pas cette construction que Lebeuf avait pu voir, puisque, suivant lui, la partie la plus ancienne de Saint-Jacques, le chœur, datait de la fin du XIVe siècle. Rien d'étonnant, au reste, qu'en deux cent cinquante ans l'édifice ait dû être refait.

P. 198. — Nous avons vainement cherché, dans les quelques registres de comptes de Saint-Jacques que possèdent encore les Archives nationales, les renseignements, qu'il serait si désirable de retrouver, sur les frais de la construction de la célèbre tour Saint-Jacques, seul vestige, aujourd'hui, de cette église. L'intéressant livre de l'abbé Villain (voyez plus bas la bibliographie) fournit heureusement, à cet égard, plusieurs renseignements curieux : on y apprend que, dès 1479, la fabrique avait ordonné des fouilles pour déterminer l'emplacement de la tour projetée ; en 1501, une seconde délibération fut prise pour le même objet ; en 1508, les marguilliers achetèrent une maison, dont le terrain était nécessaire. C'est cette année-là que la tour fut commencée ; en 1510, elle avait un étage ; elle était achevée en 1522. « Ce qui reste des comptes de la paroisse, dit l'abbé Villain, indique un total de 130 livres de dépenses » ; mais cette somme, malgré le bon marché légendaire de la construction de la tour, n'est évidemment qu'une faible partie de la somme totale.

Le même ouvrage donne aussi d'utiles éclaircissements sur les cloches de l'église, dont Lebeuf dit quelques mots. Nous y ajouterons la mention d'une inscription de 1772, portant qu'à cette date « toutes les cloches de l'église ont été remontées, et les deux grosses déposées du beffroi d'en bas et posées au-dessous des autres par Charles Yart, sonneur-carillonneur de cette paroisse » (de Guilhermy, *Recueil*, I, 183), et celle d'une bénédiction de cloche nouvelle, en 1780 (voyez la bibliographie).

Pour Christophe Marie, entrepreneur du pont qui porte son nom, nous renvoyons au *Traité de la police* de Delamare (IV, 392).

Tout ce qui a trait aux orgues du XVe siècle est toujours fort bon à noter : aussi indiquerons-nous cet article du compte de 1455-58 : « A Jehan Pinete, organiste de l'église Saint-Jacques-de-la-Boucherie à Paris, à la pention de VIII l. t. par an pour servir et conduire et jouer des orgues en icelle eglise par vint festes accoustumeez en l'an... » (LL. 784, f° 40 2°). Quelques lignes plus loin, il est question du « serviteur » de l'église, employé à « souffler pour l'orgue ».

Rappelons aussi qu'à Saint-Jacques-de-la-Boucherie, les voûtes de l'église constituaient droit d'asile ; pour ceux qui s'y réfugiaient, on construisit, en 1407, une chambre qui coûta 4 livres, 6 sous, 16 deniers (Teulet, ap. *Revue de Paris*, 1834, t. IV, p. 13. — Cf. de Beaurepaire, ap. *Bibl. de l'École des Chartes*, 1854, pp. 151 et ss.).

P. 200. — Il est étrange que Lebeuf ait omis de parler de Nicolas Flamel, qui fut certainement le plus important des bienfaiteurs de Saint-Jacques. La pierre qui recouvrait son tombeau, dans cette église, est actuellement au musée de Cluny ; elle a été décrite et reproduite dans les *Mémoires de la Société des Antiq. de France*, XV, 379-87. On y verra les curieuses destinées de ce monument. M. de Guilhermy, qui ne paraît pas avoir connu cette publication, donne à nouveau dans son *Recueil* (I, 176-9), le texte de l'inscription, qu'il date de 1416 environ, et le fait suivre de renseignements précieux sur Flamel et la maison qu'il habitait, rue de Montmorency. Cette maison est encore debout ; voy., à ce sujet, un article de M. A. Bernard, au tome XXI, p. 375, des *Mémoires de la Société des Antiq. de France*, et dans l'édition Cocheris (II, note de la page 416), deux documents d'un vif intérêt.

Nous donnerons aussi, d'après l'historien fidèle de cette église, l'abbé Villain, le texte de l'inscription tumulaire de Fernel : « Cy gist le corps de noble homme et sire Mre Jean Fernel, en son vivant docteur en medecine et premier medecin du roy Henri II, qui trepassa le mardi 16 avril 1558 ». On remarquera que Lebeuf appelait ce personnage Jacques, au lieu de Jean, qui est son véritable prénom.

Fermée au culte en 1790, l'église Saint-Jacques fut vendue et démolie en l'an V. Sur son terrain, longtemps inoccupé, fut ouvert, en 1824, un marché de friperie au milieu duquel s'élevait la tour, qu'un sentiment trop rare de conservation artistique avait fait respecter par le décret d'aliénation. Ce beau monument fut non moins heureusement compris dans les projets d'embellissement de Paris, que l'administration municipale conçut en 1853. Il devait être, dans le principe, le point central d'une large rue qui aurait mis en perspective directe la colonnade du Louvre et la place de la Bastille ; le tracé de la rue de Rivoli et du boulevard Sébastopol fit renoncer à ce plan, mais l'important était que la tour fût sauvée et isolée ; c'est ce qui a été fort habilement réalisé.

BIBLIOGRAPHIE. — *Sources*. — Archives nationales : L. 658-660 ; LL. 778-782, 787 : fondations et obits. — LL. 769-777 : délibérations des marguilliers (1641-1789). — LL. 784 : comptes, de 1455 à 1467. — LL. 785 : registre des biens et revenus pour l'année 1669. — LL. 786 : « Rapport du travail fait par messieurs les marguilliers en charge et anciens, nommés par deliberation generale du 15 janvier 1764, pour la fixation des depenses annuelles et ordinaires », in-fol. de 137 pages. — S. 3376-3395 : titres de propriété. — LL. 790-791 : confrérie du Saint-Sacrement.

Imprimés. — Essai d'une histoire de la paroisse de Saint-Jacques-de-la-Boucherie, où l'on traite de l'origine de cette église, de ses antiquités, de Nicolas Flamel et Pernelle, sa femme, et de plusieurs autres choses remarquables, avec les plans de la construction et du territoire de la paroisse, gravés en taille-douce et pour les personnes qui aiment l'Antiquité, par M. L*** V*** (l'abbé Villain). A Paris, chez Prault père, quai de Gèvres, *au Paradis*, 1758 (in-12).

Exercices spirituels pour les confrères et sœurs de la confrérie du Très Saint-Sacrement, première érigée en l'église paroissiale de Saint-Jacques-de-la-Boucherie. *Paris*, 1718, in-12.

Ordre des ceremonies qui doivent être observées pour la benediction d'une cloche en l'eglise de Saint-Jacques-la-Boucherie de Paris..., le mercredi 5 juin 1780, à trois heures après midi. *Paris*, 1780, in-12 (Bibl. de la Ville). Cf. au sujet de cette brochure une note de M. Paul Lacombe, dans le *Bulletin du Comité d'Hist. et d'Archéol. du diocèse de Paris*, 2ᵉ année, p. 390-3.

La Tour de Saint-Jacques-la-Boucherie, par N.-M. Troche. Paris, 1857, in-12.

HÔPITAL SAINTE-CATHERINE. — P. 200-201. — Un acte de 1188, publié par Du Breul (p. 711), et où Maurice de Sully, évêque de Paris, confirme la donation d'un chevalier, appelé Thibaud, à l'hôpital des pauvres de Sainte-Opportune, est ce que nous connaissons de plus ancien sur l'hôpital Sainte-Catherine. Comme on le voit, sa patronne primitive était sainte Opportune, et la raison en est que cet établissement était situé dans la censive de l'église Sainte-Opportune (voy. aux Archives dans M. 58, plusieurs actes du XIIIᵉ siècle à ce sujet). Dès 1212, on le rencontre sous le nom d'hôpital de Sainte-Catherine. Il était alors administré par un proviseur, appelé *magister*, et comportait des religieux des deux sexes, appelés frères et sœurs. Le registre des visites d'hôpitaux et léproseries en 1351, si souvent cité par Lebeuf, les énumère, au nombre de dix (Arch. nat. L. 524, nº 1, fº 92 rº).

Cet hôpital avait une mission particulièrement lugubre : celle de recevoir et d'enterrer les cadavres abandonnés sur la voie publique et les corps des individus morts dans les prisons du Grand-Châtelet. Les historiens qui se sont occupés de la Morgue (voy. notamment le livre de M. A. Guillot, *Paris qui souffre*, 1887, in-8º) ont fort justement signalé à ce propos l'origine première de cette institution, mais il nous paraît qu'ils se sont trompés en indiquant comme le plus ancien acte qui la mentionnât une charte datée de l'an 1371. Sans pouvoir préciser absolument l'époque où l'hôpital Sainte-Catherine eut pour obligation de donner la sépulture aux cadavres non réclamés, nous connaissons au moins les lettres royales, datées de février 1363 (n. s.), où cette obligation figure déjà ; il s'agit d'une dispense d'impôt accordée à l'hôpital sur la vente de la cervoise, par Charles V, qui n'était encore que régent du royaume :

« Notum igitur facimus universis tam presentibus quam futuris quod cum prout rei evidentia manifestat in vico Sancti Dyonisii Parisiensis cujus fondamentum dicitur pauperum sustentatio, Christi pauperes recipiantur, cubantur et levantur, de bonisque et facultatibus ipsius reficiantur et pascantur, curantur egroti, sepeliantur mortui, tisana eciam infirmis Parisiensibus caritative et liberaliter largiatur..... » (Livre rouge du Châtelet aux Arch. nat. Y. 1, fº 25 vº). L'acte de 1371 n'est qu'une confirmation, dans les mêmes termes, de celui-là (voy. *ibid*. M. 58, nº 29 et JJ. 105, fº 40 rº).

Nous croyons devoir signaler, de même pour la première fois, l'acte de fondation, ou du moins l'autorisation accordée par le roi, le 26 août 1409, aux buffetiers de Paris de se réunir en confrérie à l'hôpital Sainte-Catherine (Bibl. nat., coll. Moreau, vol. 1462, fº 157).

On ne sait pas exactement en quelle année du XVIᵉ siècle l'administration de cet hôpital appartint exclusivement à des femmes : les historiens ont proposé les dates de 1521 et de 1557, sans pouvoir se mettre d'accord, et nous avouons n'en pas savoir plus long qu'eux. Les religieuses de Sainte-Catherine adoptèrent, comme presque toutes les maisons hospitalières, la règle de Saint-Augustin, et jusqu'à la Révolution, elles eurent à faire enterrer les morts que leur envoyait le Grand-Châtelet. Leur maison fut fermée en 1790 et, en vertu d'une loi du 10 thermidor an III, affectée à l'institut des Jeunes Aveugles, fondé en 1785 par Valentin Haüy. Cet établissement fut, plus tard, transféré au boulevard des Invalides, et les bâtiments de l'hôpital Sainte-Catherine disparurent complètement lors du percement du boulevard Sébastopol. Ils occupaient l'angle des rues Saint-Denis et des Lombards.

BIBLIOGRAPHIE. — *Sources.* — Aux Arch. nat., M. 58 : titres de propriété depuis 1212; règlement sur l'élection de la mère-prieure (1660), et le mémoire de 1494, publié par Cocheris. — S. 6108-6113 : titres de propriété.

Imprimés. — *Notice sur l'ancien hôpital de Sainte-Catherine, primitivement de Sainte-Opportune,* rue Saint-Denis, n° 72, à Paris, par Troche, ap. *Revue archéologique,* X, 432-439. Ce mémoire contient une intéressante description des bâtiments, écrite à propos de leur démolition en 1853. L'auteur mentionne la découverte de deux inscriptions relatant une reconstruction partielle en 1763. Il fait connaître aussi que la grande porte d'entrée était ornée d'une statue de Sainte-Catherine, en marbre, œuvre de Thomas Regnauldin, de l'Académie royale, et datée de 1704. — Dans la même année de la *Revue Archéologique* (X, 554-9), M. Th. Vacquer a ajouté quelques réflexions, et surtout des rectifications assez acerbes, à la notice de Troche. — Cocheris a publié, dans les additions de son édition (II, 425-431), un mémoire assez étendu, daté de 1494, où l'administrateur de l'hôpital expose qu'il a refusé d'enterrer un suicidé et se plaint des *oultrages* que lui a fait subir à ce propos le lieutenant criminel. Ce document, très intéressant d'ailleurs, l'est plus encore, on le voit, pour l'histoire des mœurs que pour celle de l'hôpital lui-même.

ÉGLISE SAINT-NICOLAS-DES-CHAMPS
I, 203-207

Page 203. — Jaillot (tome II, *quartier Saint-Martin-des-Champs*) n'a pas pensé avec Lebeuf que Saint-Nicolas-des-Champs ait été, dès le XII° siècle, une paroisse, comme l'était Saint-Jacques-de-la-Boucherie; pour cette dernière, en effet, les bulles des papes portent : capellam Sancti Jacobi *cum parochia;* cette dernière mention n'existe pas à propos de Saint-Nicolas. Il est au moins certain qu'elle était érigée en paroisse plusieurs années avant 1220, puisque, à cette date, la cour du prieuré de Saint-Martin, lui servant de cimetière, devint insuffisante à recevoir les inhumations de ses paroissiens.

Nous croyons devoir imprimer en son entier la très curieuse charte de l'évêque de Paris, Guillaume de Seignelay, d'après laquelle ce cimetière un peu trop primitif reprit sa destination naturelle et un nouveau champ de repos fut créé :

« Willelmus, Dei gratia Parisiensis episcopus, omnibus presentes litteras inspecturis in Domino salutem. Notum facimus universis quod cum ecclesia sancti Nicholai, que est juxta monasterium Sancti Martini de Campis Parisiensis, cimitterium non haberet ad sepelienda corpora defunctorum de parrochia ejusdem ecclesie, nisi in curia beati Martini de Campis, tantumque excrevisset populus illius parrochie quod locus ille jam non sufficeret ad recipienda omnia corpora in dicta parrochia morientium, nec non quia locus minus aptus erat ad cimiterium, tum propter ipsius loci angustiam, tum quia dictus locus mundus servari non poterat, cum in dicta curia monachorum porci, equi et cetera animalia ingrediantur, nec poterat claudi sine gravi monasterii detrimento, tum et quia frequentius occasione illius cimiterii quies religiosorum monasterio Sancti Martini commorantium turbabatur : nos, ad petitionem dilectorum filiorum B... prioris et conventus Sancti Martini de Campis, nec non ad petitionem Galteri, presbiteri dicte ecclesie sancti Nicholai concessimus quod de cetero in dicta curia Sancti Martini non sepeliantur corpora defunctorum per ipsum presbiterum Sancti Nicholai vel per ejus successores nisi de consensu et voluntate dictorum prioris et conventus Sancti Martini. Prior autem et conventus sepedicti concesserunt et dederunt ecclesie beati Nicholai supradicte plateam quandam in cultura ipsorum prioris et conventus, clausam et vallatam undique muris, libere et quiete in perpetuum possidendam ad cimiterium faciendum, eamque plateam benediximus et cimiterium ad petitionem ipsorum. Concessum est autem et inter nos ordinatum quod in reparatione dicti cimiterii quod proprium est ecclesie beati Nicholai non apponent aliquid de cetero nisi voluerint memorati prior et conventus. Concesserunt etiam prior et conventus hiis qui in dicto cimiterio Sancti Nicholai sepelientur eumdem succursum orationum et benefactorum que ab eis habebant illi qui solebant in eorum curia sepeliri. In cujus rei memoriam presentes litteras fecimus sigilli nostri munimine roborari. Actum anno Domini M° CC° XX°, mense martio. » (Arch. nat., L. 689, Orig. scellé).

D'autres documents de la même liasse nous apprennent que ce cimetière nouveau existait encore au XVIII° siècle, qu'il couvrait environ un arpent de terrain, clos de murs hauts de huit à neuf pieds, situé entre les rues du Cimetière, au nord, Transnonain à l'est et de Montmorency au midi.

P. 204. — Les assertions de Lebeuf sur la date des bâtiments de cette église sont très sujettes à caution; on les trouvera rectifiées dans une note que M. de Lasteyrie a donnée au *Bulletin de la Soc. de l'Hist. de Paris* en 1875 (pp. 99-101). Il paraît notamment que l'édifice actuel contient encore quelques vestiges de celui qui nous est dit avoir complètement disparu en 1420; la date des travaux d'agrandissement des collatéraux est désormais certaine : M. de Lasteyrie a publié ledevis de ces travaux et le nom du maçon, Jean de Froncières, qui s'en chargea en 1541.

P. 215. — L'abbé Pascal, qui publia, en 1841, une *Notice* assez consciencieuse sur la paroisse Saint-Nicolas-des-Champs, dont il était vicaire, donne quelques détails intéressants sur cette inscription de 1576, dont parle Lebeuf. Le marbre qui la portait ayant été détruit en 1793, M. Frasev, curé de Saint-Nicolas, la fit refaire vers 1835 en enlevant du texte, transmis par Du Breul, quelques-unes des incorrections qu'il renfermait. Voici, au surplus, ce texte, que ni Cocheris ni de Guilhermy n'ont donné :

ANTERIORE TEMPLI HUJUS PARTE A ROBERTO GALL. REG. 37
D. O. M. D. D. JOANN. EVANGEL. NICOL. IN SUBURB. AD REG. ÆDES
CONSTR. IN PARROCH. ERECTA : POSTERIOR HÆC POP. URB. TAND. INFL.
ET SUB. MOD. AUCTO S. D. EXT. RECEP. ANNO RESTIT. SAL. 1576
SEPT. ID. JUL. HENRICI III GALL. ET POL. REG. 2.

 Il s'en faut que notre auteur ait indiqué toutes les sépultures remarquables que reçut Saint-Nicolas-des-Champs, mais, de celles qu'il a relevées aucune n'a subsisté dans l'église; en revanche, il aurait dû faire également mention des suivantes, que nous fournit le recueil de M. de Guilhermy (tome I, pp. 214-68) : Jean Legrand, trésorier de France (1604); Jean de Creil, secrétaire du Roi (1609); Louis et Jean de la Bruyère, morts l'un en 1666, l'autre en 1671 (M. de Guilhermy n'a pas fait attention que c'étaient le père et l'oncle de l'auteur des *Caractères*; voyez à ce sujet l'édition de La Bruyère, publiée par M. G. Servois, dans la *Collection des Grands Écrivains* de la France); plusieurs membres de la famille Amelot; le duc de Vivonne (1688); le duc de Mortemart (1688); François le Fèvre de Caumartin (1711), etc.

 Une question fort intéressante, la recherche du nom de l'auteur du journal parisien connu sous le nom de « Journal d'un bourgeois de Paris au xv**e** siècle », a amené M. Longnon à étudier de très près ce que l'on peut connaitre de Jean Beaurigout, qui fut curé de Saint-Nicolas-des-Champs en 1440, et que M. Longnon suppose être l'auteur du journal. On sait que ces conjectures, sur lesquelles nous n'avons pas à nous prononcer, ont été réfutées par M. Tuetey qui revendique pour Jean Chuffart la paternité de cette précieuse chronique; en tous cas, les recherches de M. Longnon fournissent sur la cure de Saint-Nicolas à cette époque beaucoup de renseignements inédits et fort curieux qui, sans cette circonstance, seraient sans doute restés ignorés (*Mém. de la Soc. de l'Hist. de Paris*, tome II, pp. 310-29).

 Sur un autre curé de Saint-Nicolas, le *Journal de l'Estoile* (tome III, p. 187 de l'édit. Jouaust) s'exprime ainsi : « Le 25**e** septembre (1588) mourut à Paris maistre Jean de Ferrières, curé de Saint-Nicolas-des-Champs. Le Geay, théologien de Navarre, auquel il avoit résigné sa cure peu auparavant son deceds, fut, par quelque nombre d'hommes soi-disant de la paroisse, troublé et empesché en l'actuelle prinse de possession d'icelle, disans pour toutes raisons qu'ils vouloient avoir un curé qui preschast à leur devotion pour la Ligue. De fait, ils chassèrent rudement le dit Le Geay, l'appelant Huguenot, aussi bien que leur feu curé et nommèrent le docteur Pigenat, un des six gagés prédicateurs de la Ligue et des appointés de Madame de Montpensier, que le cardinal de Guise leur fist bailler, et qui, de fait, par le moien de ses seditieuses et sanglantes predications, en est demeuré paisible possesseur. »

 L'église Saint-Nicolas-des-Champs a été maintenue comme paroissiale par la Révolution et sa circonscription a été de nouveau réglée par un décret du 22 janvier 1856. En ces dernières années, de 1885 à 1888, une contestation s'est élevée entre l'administration municipale et le conseil de fabrique de cette église sur la possession de la sacristie et de bâtiments en dépendant, construits en façade sur la rue Cunin-Gridaine. Le droit de propriété a été reconnu judiciairement à la Ville. On pourra, pour le détail de cette affaire, consulter utilement les documents administratifs publiés dans l'intervalle des années indiquées ci-dessus.

BIBLIOGRAPHIE. — *Sources*. — Archives nationales, L. 688 : plan de l'église avec les noms des concessionnaires de bancs (XVIIIe siècle); inventaire des ornements et de l'argenterie (1731); fondations d'enfants de chœur et d'écoles de charité; dossier de la succession de l'abbé Bécu, prêtre habitué, en faveur des pauvres et des écoles de la paroisse (années 1756 et ss.). — — L. 689 : documents relatifs au cimetière, dont la pièce de 1220 publiée plus haut; titres de rentes, fondations. — LL. 861-868 : Cartulaires et registres de délibérations. — S. 3453-3463 : Titres de propriété. — Bibl. nat. fonds lat. 17315 : missel de la chapelle de la confrérie du S. Sacrement.

Imprimés. — Notice sur la paroisse de Saint-Nicolas-des-Champs, par l'abbé Pascal, 1841, in-8°. — Jaillot, tome II, *quartier Saint-Martin-des-Champs*. — Observations sur un projet de circonscription de la paroisse Saint-Nicolas-des-Champs, in-4°, s. d. (antérieur à 1856). — Voy. encore le tome I, pp. 229 et ss. de l'Inventaire général des œuvres d'art appartenant à la ville de Paris.

LE TEMPLE
I, 207

Il nous est arrivé, il nous arrivera souvent encore de rencontrer, à propos d'un établissement religieux de Paris ou du diocèse, un livre tel qu'il nous dispense de recherches complémentaires et qu'il nous suffise d'y renvoyer le lecteur pour qu'il y trouve toutes les informations désirables. C'est le cas pour la célèbre maison du Temple, dont notre confrère, M. Henri de Curzon, a retracé complètement l'histoire et l'aspect pendant toute la durée de son existence ; nous nous bornerons donc à emprunter à son travail [1] les faits les plus essentiels, et surtout ceux qui sont de nature à compléter ou rectifier les trop courtes observations de l'abbé Lebeuf.

M. de Curzon n'a pas cru devoir tenir compte d'un acte indiqué par Cocheris, et d'après lequel Louis VII aurait autorisé ses sujets, dès 1139, à donner des biens aux Templiers : il donne, comme étant la plus ancienne, une charte de 1146 portant concession aux Templiers, par l'évêque de Noyon, de l'église de Tracy-le-Val. En somme, la date précise de l'établissement des Templiers, à Paris, demeure toujours un problème; mais Jaillot, le premier, a fait connaître qu'en 1147, les chevaliers du Temple tinrent, dans leur maison de Paris, un chapitre général, auquel assistèrent le pape Eugène III et le roi.

Ce n'est pas en 1301, comme le dit Lebeuf, mais en 1302 (n. s.), du 16 janvier au 15 février, c'est-à-dire un mois entier, que Philippe le Bel et la reine vécurent au Temple (voy. les tablettes de cire de Jean de Saint-Just, publiées au tome XXII, page 529 et ss. du *Recueil des Historiens de la France*). M. de Curzon rapporte, d'ailleurs, d'autres témoignages de ces séjours royaux, et l'un, notamment, de l'année 1275.

L'érudition habituelle de Lebeuf est en défaut lorsqu'il s'étonne de la « rotonde » qui précédait la nef de la chapelle principale du Temple : cette disposition, à

---

1. *La Maison du Temple de Paris*, histoire et description, avec deux planches, par Henri de Curzon (1888, in-8°).

l'image du Saint-Sépulcre, était habituelle pour toutes les chapelles de l'ordre du Temple, et les archéologues l'ont signalée pour les églises des Templiers de Londres, Metz, Laon, Ségovie, Montmorillon.

D'après un terrier manuscrit, conservé à la Bibliothèque de la Ville de Paris (n° 12,712), voici comment le grand-prieur, Louis-François de Bourbon-Conti décrivait l'enclos du Temple en 1752 : « ..... l'enclos du Temple, dans lequel est construit l'hôtel prieural avec ses dépendances, et l'église Sainte-Marie, qui est la cure du dit enclos, desservie par les religieux de l'ordre de Malte, grande place, plusieurs cours, maisons, jardins et marais, le tout contenant quinze arpents ou environ, fermé de murs avec tourelles, tenant : au nord, à la rue de Vendôme ; au midi, à la rue de la Corderie ; par derrière, à l'orient, aux maisons et jardins des rues Forest, Beaujollois et Charlot, et par devant, au couchant, sur la rue du Temple ; dans lequel enclos sa dite A. S. a toutte justice, haute, moyenne et basse ; laquelle justice est exercée par un bailli, lieutenant, procureur fiscal, greffier et huissier, avec voirie, boucherie, marché, foire, tant au devant du dit enclos prieural qu'au devant des portes... »

L'ordre de Malte fut supprimé, comme tous les autres ordres religieux, en 1790 ; la Révolution fit du Temple un domaine national, et de la grosse tour une prison d'État. Il est à peine utile de rappeler que Louis XVI et la famille royale y furent enfermés, le 14 août 1792, et que, seule, la duchesse d'Angoulême, fille du roi, en sortit la vie sauve, au mois de décembre 1795, c'est-à-dire après une détention de trois ans et trois mois. On est trop porté à croire que cette malheureuse famille a été la seule à connaître la captivité de la tour du Temple : plusieurs prisonniers politiques y furent enfermés après elle, parmi lesquels Toussaint-Louverture, Pichegru, Cadoudal, Moreau.

En 1809, un marché pour la vente des hardes, linges et vieux fers fut établi sur une partie de l'ancien enclos du Temple ; il a été remplacé par une autre construction, affectée à une destination analogue, et dont la première pierre fut posée, le 30 juin 1854, par le préfet de la Seine, M. Haussmann. Ce marché, le square qui le précède et les bâtiments de la mairie du troisième arrondissement représentent à peu près aujourd'hui l'étendue de cet enclos du Temple, si célèbre, et pour tant de causes, depuis six siècles. La grosse tour avait été démolie dès 1811.

BIBLIOGRAPHIE. — On trouvera dans le livre de M. de Curzon, pp. 17-20, l'indication des documents manuscrits et imprimés relatifs au Temple. Nous y ajouterons les ouvrages suivants, qui peuvent également être consultés pour l'histoire des Templiers ou de leurs bâtiments :

Procès des Templiers, publication inachevée de Michelet, dans la Collection des Documents inédits, 2 in-4°, 1841 et 1851. — Mémoire sur les opérations financières des Templiers, par L. Delisle ; extrait du tome XXXIII des *Mémoires de l'Acad. des Inscriptions et Belles-Lettres*, 1889, in-4°. — La règle du Temple, publiée par H. de Curzon pour la Société de l'Histoire de France, 1885, in-8°. — Un complot sous la Terreur, par Paul Gaulot, 1889, in-12 (récits et documents relatifs aux tentatives faites pour l'évasion de Marie-Antoinette de la prison du Temple).

CHAPELLE DE BRAQUE ET COUVENT DE LA MERCI
I, 207-208

Nous ne nous expliquons pas pourquoi Cocheris (II, 482) a paru contester la date 1348, pour la fondation d'une chapelle par Arnoul Braque. Voici, au reste, un texte suffisamment probant en faveur de cette date, dans le vidimus qu'en fit, le 18 mars 1392 (n. s.), le prévôt de Paris :

« A tous ceuls qui ces presentes lettres verront, Guillaume Germont, chevalier du Roy nostre sire et garde de la prevosté de Paris, salut. Savoir faisons que par devant Pierre Desrame et Michiel le Ferron, clers notaires jurez du Roy nostre sire, establiz de par lui en son Chastellet de Paris et à ce qui ensuit oir et mettre en fourme publique especialement deputez, pour ce personnellement establi honnorable et sage sire Arnoul Bracque, lequel desirant affectueusement que, des biens que nostre Seigneur Jhesu Christ de sa très grant largesse lui a prestez, il puist, en ceste vie mortel et transitoire, aucunes euvres de charité faire et acomplir, par quoi, selon les paroles de la sainte evangile, au grant et espouventable jour du jugement ne li soit reprouchié qu'il ait veu les pauvres membres de Jesus Christ fameilleux ne besoingneux d'ostel, infirmes et autrement souffraiteux et desconfortez, et ne les ait repeuz, revestuz, recueilliz, visitez et autrement charitablement secouruz et aidiez : pour ce, devotement en la ville de Paris hors la porte du Chaume, de l'auctorité et licence de son prelat, reverent pere en Dieu monseigneur l'evesque de Paris, avoit et a de nouvel fondé et fait édifier du sien une chapelle et hostel-Dieu, en l'onneur et à la louange de la glorieuse Vierge Marie, mere de Dieu, et cetera. . . . . Ce fu fait l'an de grace mil trois cens quarante huit, le samedi XXII jour de novembre. . . . . »
(Arch. nat. S. 4287.)

Il semble bien résulter de ce document que la chapelle de Braque était placée sous l'invocation de la Vierge. Son histoire, et celle de l'hôpital que le fondateur y avait annexé, n'ont pas laissé de traces, du moins à notre connaissance, et l'on sait seulement que cet établissement était desservi par trois prêtres, qui prenaient le titre de grands chapelains.

Le 18 avril 1613, l'un d'eux, Louis Courtin, chanoine de Saint-Honoré de Paris, passa un bail avec François de Braque, chevalier, seigneur du Luat et de la Motte, et François de Braque, son fils aîné, écuyer, seigneur de Piscop, d'après lequel il aliénait entre les mains de ces deux personnages la maison dépendant de la chapelle de Braque, moyennant quatre-vingts livres par an, et à la condition que le bail serait rétrocédé aux religieux « de l'ordre de la mercy et redemption des captifs » (S. 4287). Ces religieux ne tardèrent pas à acquérir également la chapelle, et, le 21 juillet 1616, — Lebeuf l'a remarqué, — ils traitèrent avec Jean du Pont, curé de Saint-Nicolas. Il fut stipulé qu'il ne se ferait dans la dite chapelle aucun baptême, fiançailles ou mariage, sans la permission du curé ; que celui-ci pourrait y aller « baptizer, fiancer ou celebrer mariage ou relever de couche » ; qu'aucune confrérie n'y serait établie, et que le sermon ne s'y prononcerait pas aux heures où on le prononce d'ordinaire à la paroisse. (Bibl. nat. fonds fr. 22389, n° 78).

Le couvent de la Merci subsista jusqu'à la Révolution, époque à laquelle il fut supprimé. Le tombeau de Nicolas Braque, fils du fondateur de la chapelle, et de ses deux femmes, Jeanne de Tremblay et Jeanne Le Bouteiller de Senlis, fut transporté au musée des Monuments français, mais les trois statues qui le décoraient furent bientôt séparées, puis mutilées. On pourra lire, à ce sujet, un intéressant article, publié par M. Courajod, dans les *Mémoires de la Société des Antiquaires de France*, t. XLV, p. 48 et ss. Les bâtiments du couvent furent vendus comme bien national, en l'an VI. Rue des Archives, sur la façade de la maison portant le n° 3, se trouve encore aujourd'hui cette inscription :

ANCIEN MONASTÈRE
DES R. P. DE LA MERCI
RECONSTRUIT
DE 1727 A 1731

GODEAU, ARCH^e.

BIBLIOGRAPHIE. — *Sources*. — Archives nat. S. 4286 : titres de propriété des biens ayant appartenu aux chapelains de Braque, puis aux religieux de la Merci, subrogés à leurs droits (XIIIe au XVIIIe siècle). — S. 4287 : titres, en plusieurs vidimus ou copies, de la fondation d'Arnoul Braque et du don de soixante-deux arpents de bois, dans la forêt de Sénart, « comme l'on va de Tigery à Boucy au long du chemin, ou comme l'on va de Paris à Melun »; comptes des revenus de la chapelle (1441-1445); titres concernant l'installation des religieux de la Merci et leurs biens, notamment le bois de Braque, dans la forêt de Sénart. — S. 4288-4289 : titres de biens divers. — S. 4290 : testament de Nicolas Braque (10 avril 1399), portant dons de biens à Chaillot, à Ozouer-la-Ferrière (bois de Braque) et stipulant les dépenses à faire, pour sa sépulture dans la chapelle; acquisition par les Pères de la Merci de l'hôtel de Rostaing, sis rue du Chaume; état, en 1756, des revenus du couvent : 9,534 livres, 2 s., 9 d., et de ses charges : 3,107 livres, 5 deniers.

Imprimés. — Consulter dans les *Mémoires de la Société de l'Histoire de Paris* (X, 100-126) un article de M. N. Valois, intitulé : *La Revanche des frères Braque*.

HOPITAL DES ENFANTS-ROUGES
I, 208

Par lettres patentes du 31 janvier 1535 (n. s), François Ier prescrivait l'achat, au prix de 3,600 l. t., d'une maison « propre à loger et retirer les paouvres enfans que l'on a acoustumé recevoir à l'Hostel-Dieu, tant ceulx qui y sont nez ou portez malades, que autres qui chascun jour y arrivent et affluent suivant leurs peres et meres, par maladie et necessité contrainctz eulx rendre au dist Hostel-Dieu... » Le registre des Archives nat. coté KK. 334, où nous copions ces lignes, nous apprend ensuite que, le 24 juillet suivant, fut achetée, pour cet hôpital, la maison de Mᵉ Simon de Machault, auditeur en la Chambre des Comptes, et de Louise Bazeau, sa femme, maison située rue Portefoin, ayant issue dans la coûture du Temple.

D'autres lettres patentes de François Iᵉʳ, datées de janvier 1537 (n. s.), ajoutent quelques détails à ces premiers faits : il y est dit que « les dits petitz enfans après le trespas de leurs dits peres et meres n'estoient tirez hors du dict Hostel-Dieu, auquel l'air est gros et infect, à l'occasion de quoy ils tomboyent peu de temps après en maladie, de laquelle ils mouroient..... » ; aussi le roi ordonne-t-il qu'ils en soient retirés, installés dans la maison de la rue Portefoin, et « d'ores en avant vestuz et habillez de robbes et vestemens de drap rouge en signe de charité, et perpetuellement nommez et appelez les enfans de Dieu..... »

Il nous faut renoncer à citer le registre en question, car il mériterait d'être entièrement publié ; on y trouve maints détails sur l'habillement des enfants (au nombre de douze à l'origine), leur nourriture, leur literie, les soins qu'on leur donnait (« à ung homme d'Arcueil, pour avoir guery troys des dits enfans qui estoient malades de tègne, la somme de quarante-cinq sous tournois »), etc., etc.

Jaillot et le Dictionnaire des frères Lazare nous apprennent qu'en 1772 l'hôpital des Enfants-Rouges fut supprimé, et que les enfants qui s'y trouvaient furent remis à la maison des Enfants trouvés ; puis, qu'en 1777 les Pères de la Doctrine chrétienne occupèrent l'établissement supprimé ; ils y restèrent jusqu'en 1790.

Les bâtiments étaient situés à l'extrémité de la rue du Grand-Chantier (actuellement rue des Archives), en face de la rue Portefoin. Ils furent renversés en 1800 pour le prolongement de cette rue du Grand-Chantier jusqu'à celle de la Corderie (actuellement rue de Bretagne). C'est cette partie prolongée qui reçut le nom de rue des Enfants-Rouges ; aujourd'hui la rue s'appelle, dans toute sa longueur, rue des Archives.

BIBLIOGRAPHIE. — Nous ne connaissons qu'un seul document manuscrit sur l'hôpital des Enfants-Rouges, celui que nous avons cité au commencement de cette notice. En voici le titre complet :

« Compte particullier et unicque de Mᵉ Robert de Beauvais, procureur en la Chambre des Comptes, commis par le Roy à la distribution de la somme de trois mil vⁿ livres pour l'achapt d'un logis et faire la despence des enfans tirez de l'Hostel-Dieu de Paris, appellez les enfans de Dieu, autrement les enfans rouges, pour les années 1535, 1536, 1537, 1538 et 1539 », 59 feuillets.

CARMÉLITES

I, 208

Jaillot, que Cocheris copie sans contrôle, déclare qu'un certain nombre de Carmélites du grand couvent de la rue d'Enfer vinrent se loger rue Chapon, dès le 8 septembre 1617 ; nous n'en avons pu acquérir la certitude. Ce qui est certain, c'est qu'en 1619, l'évêque de Chalons, Cosme Clausse, leur vendit l'hôtel de son évêché, situé « rue Trassenonain », au prix de cent vingt mille livres (Arch. nat., S. 4651).

Cet établissement fut supprimé en 1790. Les religieuses étaient alors au nombre de quarante et une, plus dix sœurs converses. Leurs revenus étaient de 18,752 livres, 14 sous, 8 deniers; leurs charges, de 9,377 livres, 3 sous, 1 denier. Leur immeuble, en façade sur la rue Chapon, couvrait la plus grande partie du quadrilatère actuellement occupé par des maisons, que limitent les rues Chapon, de Montmorency (anciennement Courtauvillain) et Beaubourg (anciennement Transnonain). La chapelle s'ouvrait sur cette dernière rue.

BIBLIOGRAPHIE. — *Sources.* — Archives nat., S. 4651 : acquisition de l'hôtel de Chalons ; plans du couvent en 1680 ; déclaration du temporel (27 février 1790) ; baux de maisons à Paris et à Vitry-sur-Seine.

Bibl. de la Ville de Paris, dans le carton III, dossier 1 des manuscrits : une liasse de pièces sans grand intérêt.

FILLES DE LA MADELEINE
I, 208

Un inventaire des titres de cette communauté, rédigé au XVIIIᵉ siècle, et conservé aux Archives nat. (S. 4740), contient sur l'origine des Madelonnettes de fort utiles renseignements, que vérifient d'ailleurs les documents eux-mêmes. C'est en 1618 que les sieurs de Montry et du Fresne en eurent le premier dessein ; ils donnèrent asile à deux filles repentantes dans une maison sise au faubourg Saint-Germain, à la Croix-Rouge. L'institution ne tarda pas à prospérer : en 1620, la marquise de Maignelay et Mᵐᵉ Claude-Marguerite de Gondy en reconnurent l'utilité et la dotèrent d'une maison, achetée par elles 26,000 livres, et située rue des Fontaines, paroisse Saint-Nicolas-des-Champs ; en 1629, on choisit, pour diriger la communauté, des religieuses de la Visitation ; enfin, par lettres-patentes du 16 novembre 1634, le roi s'en reconnut fondateur, en lui donnant une rente de 3,000 livres, et accorda l'amortissement des biens que possédait déjà le couvent.

En 1785, la prieure fit parvenir à la commission de secours en faveur des communautés religieuses, une demande de subsides de 25 à 30,000 livres ; son mémoire est ainsi conçu : « ... C'est une maison utile dans la capitale ; elle offre une retraite respectable aux personnes du sexe, de quelles rend que ce soit, à qui l'experience de la foiblesse rend le mondes dangereux ; aux familles un asile assuré pour derober aux yeux du public le deshoneur prêt à les fletrir ; aux magistrats la deministration necessaire et convenable pour la conservation des bonnes mœurs dans la capitale ; aux provinces du royaume une maison qui manque partout et qui peut servir à toutes. C'est, en troisième lieu, un monastère susceptible des graces de la commission à plus d'un titre... » (Arch. nat. G⁹ 651).

Comme on le voit, la maison des Madelonnettes était plutôt ce que l'on appelle aujourd'hui un refuge qu'un couvent ; c'était, en réalité, une succursale de l'Hôpital général, et il en est souvent question, à ce titre, dans la correspondance du lieutenant de police et dans les œuvres littéraires du dernier siècle, notamment dans *Manon Lescaut*. La Révolution changea peu le caractère de l'établissement, car elle en fit une prison de femmes. Ses bâtiments, situés rue des Fontaines, derrière Sainte-Élisabeth, furent démolis en 1865, pour le percement de la rue Turbigo ; la prison fut alors transférée dans une construction nouvelle, sise rue de la Santé, et qui porta d'abord le nom de prison des Nouvelles-Madelonnettes, puis celui de la rue même.

BIBLIOGRAPHIE. — *Sources.* — Aux Archives nat., S. 4740 : inventaire des titres (XVIIIe siècle). — S. 4741 : autre inventaire (XVIIe siècle), dans les feuillets blancs duquel sont insérés des fragments de comptes, de 1663 à 1677.

PÉNITENTS DE NAZARETH
I, 208

Suivant Jaillot, ces religieux étaient installés rue du Temple, dès 1613; mais nous n'en avons pu trouver la preuve. Il est assuré du moins, d'après un document conservé aux Archives nat. (L. 957), que, le 17 mars 1628, une transaction eut lieu entre les Religieux Pénitents du tiers-ordre de Saint-François et les Filles de Sainte-Élisabeth (voy. l'article suivant), aux termes de laquelle ces religieuses acceptèrent la direction spirituelle des Pères Pénitents et leur cédèrent, à cet effet, une maison qu'elles possédaient rue Neuve-Saint-Laurent depuis 1613, et qui devait servir de logement à ceux des Pères qui surveilleraient les intérêts du couvent de femmes, en même temps que d'hospice et de maison de retraite pour les religieux de l'ordre, lorsqu'ils viendraient temporairement à Paris.

L'acte n'eut son effet qu'en 1630, date indiquée par Lebeuf, et là est, croyons-nous, l'origine de cet établissement, qui n'était pas, à proprement parler, un couvent, mais bien la succursale du couvent de Picpus. L'autorisation de l'archevêque ne fut donnée que le 27 janvier 1642. Parmi les bienfaiteurs de la maison, le plus considérable fut le chancelier Séguier qui, pour cela, reçut le titre de fondateur, titre sur la portée duquel il ne faut pas se méprendre.

Les bâtiments des Pénitents furent vendus en 1799 ; ils étaient situés rue du Temple, vis-à-vis l'enclos et au-dessus de la chapelle, devenue paroisse de Sainte-Élisabeth, c'est-à-dire au point où les rues du Temple et Turbigo se rencontrent aujourd'hui.

BIBLIOGRAPHIE. — *Sources.* — Aux Archives nat., dans L. 957, la seule pièce du 17 mars 1628 citée plus haut. — S. 4334-4335 : titres de propriété.
Imprimés. — Jaillot, t. III, *Quartier du Temple*, p. 41.

FILLES DE SAINTE-ÉLISABETH
I, 208

On a vu dans la notice précédente quelles relations existaient entre ce couvent et la maison des Pénitents. C'est, en effet, le 31 octobre 1613, que damoiselle Jeanne de la Grange céda à Jacques Cottard, marchand tapissier, agissant « comme syndic de la congrégation des peres de la Pénitence de l'estroite observance du tiers ordre de Saint-François », la moitié d'une maison qu'elle possédait, rue Neuve-Saint-Laurent, vis-à-vis celle où elle demeure, à l'effet de fonder un monastère de Filles de l'ordre de Sainte-Élisabeth. Le prix du bail était de 600 livres par an, mais, pour favoriser la fondation, Jeanne de la Grange abandonnait gratuitement l'autre moitié de la même maison, à charge de services religieux pour le repos de son âme (Arch. nat. L. 957).

Par lettres-patentes de janvier 1614, le roi autorisa l'établissement de ce monastère et amortit l'enclos où il devait être fondé, enclos d'une valeur de 300,000 livres (ibid.). D'autres lettres-patentes de Marie de Médicis, en date du 31 janvier 1614, attestent que la reine voulut se déclarer fondatrice du couvent de Sainte-Élisabeth (L. 1060). Elle en posa la première pierre le 14 avril 1628.

En 1790, les religieuses étaient au nombre de trente-trois et de douze converses. Depuis l'an XI, la chapelle du couvent a été rendue au culte et est devenue l'une des paroisses succursales de Saint-Nicolas-des-Champs, sous son ancien vocable de Sainte-Élisabeth.

BIBLIOGRAPHIE. — *Sources*. — Archives nat. Dans L. 957 et 1060, les documents que nous venons d'analyser. — LL. 1675 : constitution de l'ordre (1625). — LL. 1676 : actes capitulaires. — LL. 1677-1678 : cérémonial. — S. 4690[a] : accord entre les religieuses et le prieuré de Saint-Martin-des-Champs, pour les indemnités de terrain pris sur sa censive ; titres de propriété à Paris, à Nanterre et à Puteaux ; déclaration du temporel, de 1716 à 1790. — S. 4690[b] : pièces du XVe et du XVIe siècles, n'ayant pas un lien indiqué avec le couvent de Sainte-Élisabeth. — S. 4691 : titres de propriété du fief des Essarts, près de Pontoise.

FILLES DU SAUVEUR
I, 208

Un mémoire de 1767, conservé aux Archives nat. (G⁹ 651) fait connaître que ce couvent avait précisément la même destination que celui des Madelonnettes, dont il est question un peu plus haut, c'est-à-dire qu'il offrait un asile aux filles repentantes, soit qu'elles y vinssent de leur propre mouvement, soit qu'on les contraignît à s'y réfugier. « Le nombre des filles qui y vivent est communément de soixante à soixante-dix. La dépense se monte chaque année à 19,000 livres.

La recette des ouvrages et des questes ne passe jamais 9 à 10,000 livres. Les ressources qui suppléoient au reste de la dépense sont absolument éteintes par la mort des bienfaiteurs, qui ne se remplacent pas dans le tems present... » Les Filles du Sauveur étaient, d'après la déclaration de 1790, au nombre de quatre-vingt-dix. Leurs bâtiments, situés rue de Vendôme (actuellement rue Béranger), en face de la clôture septentrionale du Temple, ont disparu en 1825, pour être remplacés par les maisons qui bordent aujourd'hui le passage Vendôme. — Tous les documents relatifs à cette maison sont contenus dans le carton S. 4759 des Archives nationales.

SAINT-DENIS DE LA CHARTRE
I, 208-212

P. 208-210. — Il faudrait admettre que la tradition a été bien forte pour supposer que le souvenir du lieu où saint Denis et ses compagnons furent emprisonnés à Paris ait pu se perpétuer ainsi, à travers les siècles du haut moyen âge, jusqu'à constituer le surnom d'une église dont il n'est pas question avant le XIe siècle ; aussi n'y croyons-nous pas plus que Lebeuf. On sait, au reste, par le récit de Grégoire de Tours (*Historia Francorum*, VIII, 33) que la prison de la Cité était, au VIe siècle, située près de la porte méridionale, c'est-à-dire tout à l'opposé de l'endroit où s'éleva l'église de Saint-Denis de la Chartre ; mais il est permis de penser que, trois cents ans plus tard, cette prison, à supposer qu'il n'y en ait eu qu'une, fut réédifiée dans la partie septentrionale de l'île et ne soit l'*arx Glaucini* dont parlent les textes. Écartons, par suite, toute idée de rapprochement entre le vocable de l'église, dédiée, comme tant d'autres, à saint Denis, et la prison où ce martyr put être renfermé. On a dit : Saint-Denis de la Chartre, comme on a dit Saint-Jacques de la Boucherie, à cause du voisinage d'une prison, d'une boucherie.

Plus tard, il est vrai, les chanoines de Saint-Denis de la Chartre eurent un intérêt considérable à faire prévaloir l'autre interprétation. Millin nous a décrit la crypte de cette église, où l'on montrait aux fidèles les chaînes dont saint Denis aurait été chargé, le guichet par où ses geôliers lui auraient fait passer des aliments, mais il est trop certain qu'il n'y avait là qu'une pieuse supercherie, et Lebeuf a préféré ne pas avouer ce qu'il en pensait.

P. 210. — M. de Lasteyrie a réuni à leur date, dans le *Cartulaire général de Paris*, tous les documents relatifs à Saint-Denis de la Chartre ; c'est là qu'il faudra les consulter désormais. Ajoutons que la mense prioriale fut réunie à la communauté de Saint-François de Sales, paroisse Saint-Médard, par décret du 18 avril 1704. Millin donne le texte d'une inscription de 1670 rappelant les libéralités d'Anne d'Autriche pour la reconstruction de l'église.

P. 211. — La statue dont parle Sauval, et que notre auteur décrit, avait, dès l'époque où elle fut découverte, c'est-à-dire en 1743, excité la curiosité de Lebeuf. Il en parle, en ces termes, dans une lettre à un de ses correspondants habituels, Fenel, chanoine de Sens : « En demolissant depuis peu, à Saint-Denis de la

Châtre, on a trouvé, sous les décombres du cloître, au dehors de l'église, une tombe ou couvercle de sépulcre en bosse, où est sculpté un prêtre revêtu, ayant une tonsure comme les Cordeliers, et les cheveux comme les anciens Cordeliers, et une barbe longue d'un pouce à deux. Au bas de son étole très étroite est, d'un côté, S. A. Ce prêtre est sans calice, les mains jointes. Au milieu de son manipule, aussi fort étroit et très long, il y a :

O. I. B. N.

« Que signifient ces quatre lettres ? Sur la tête du prêtre sort une main du ciel, qui le bénit, et deux anges qui l'encensent. Ce mausolée est plus étroit aux pieds qu'à la tête. Cela me paraît du XIIe siècle au plus tard. La chasuble est fort retroussée. » (Lettre du 24 septembre 1743, dans le recueil des *Lettres de l'abbé Lebeuf...*, tome II, p. 425-6.)

Ce n'est pas sans dessein que nous avons cité ce fragment ; outre qu'il montre quelle érudite curiosité Lebeuf apportait aux choses de l'archéologie, même lorsqu'il ne s'agissait pas de celles qui l'intéressaient directement, on y trouve quelques renseignements plus précis sur la découverte de 1743 que ceux de notre texte. Fenel répondit peut-être de vive voix à ce point d'interrogation du savant abbé ; du moins n'en avons-nous pas trouvé trace dans la correspondance, et il est certain que, pour Lebeuf, la question n'était pas plus claire en 1743 qu'elle ne le fut quand il écrivit son chapitre sur Saint-Denis de la Chartre, et qu'elle ne l'est encore aujourd'hui.

Saint-Denis de la Chartre possédait quelques inscriptions, recueillies par M. de Guilhermy (*Recueil*, t. I, p. 721-3). L'une d'elles constate la fondation de services religieux, faite au XVe siècle par une paroissienne, Denise de Maizière (et non de Matzure). Dans un article déjà cité de M. de Longpérier (*Journal des Savants*, 1874), se trouvent quelques détails sur cette fondation, et la vraie lecture du nom de la fondatrice. Une autre inscription relate la sépulture d'un bourgeois, ou marchand de Paris, au XVIIe siècle.

L'église Saint-Denis de la Chartre fut vendue, comme bien national, en 1798, et détruite en 1808, pour l'achèvement du quai aux Fleurs, appelé alors quai Napoléon, puis quai de la Cité. Elle était située à l'angle de ce quai et du pont Notre-Dame, dans la rue dite autrefois de la Lanterne. Les bâtiments de l'Hôtel-Dieu couvrent entièrement son emplacement.

BIBLIOGRAPHIE. — *Sources*. — Archives nat. H. 3686-3687 : comptes et titres de rentes. — LL. 1399 : cartulaire (XVIIe siècle). — LL. 1400 : délibérations capitulaires (1658-1789). — LL. 1401 : registre de visites (XVIIIe siècle). — L. 911, S. 1046-1065, 1425 : titres de propriété, et union du prieuré à la maison de Saint-François de Sales.

Imprimés. — Jaillot, t. I, *Quartier de la Cité*, p. 67. — Millin, *Antiquités nationales*, t. I, n° VII. — A. Lenoir, *Statistique monumentale de Paris*, plan de l'église.

CHAPELLE SAINT-SYMPHORIEN
I, 212-213

On ne peut pas, — Lebeuf a raison de le dire, — séparer ce qui a trait à cette chapelle de l'histoire de Saint-Denis de la Chartre. De même que les deux églises étaient voisines, de même leur antiquité remonte à des traditions analogues, fournies par l'hagiographie dionysienne.

Nous ne reproduirons pas, après tant d'autres, les actes de 1206 et 1207, par lesquels Mathieu III, comte de Beaumont-sur-Oise, rajeunit la chapelle Sainte-Catherine, depuis longtemps en ruines, en la dotant de quatre chapelains et en leur donnant des biens à Paris, au Val Saint-Martin et à Rueil. Ils ont tous été publiés par Douët d'Arcq, dans ses *Recherches sur les anciens comtes de Beaumont*, et pour ce qui est du vocable de Saint-Symphorien, on n'en sait pas davantage aujourd'hui sur son origine que Lebeuf n'en a dit.

En revanche, nous pouvons suppléer à une omission surprenante de notre auteur en ce qui concerne l'aspect même de l'édifice, d'autant plus que cet aspect n'avait rien de banal ; c'était, nous dit Berty dans ses excellentes notes sur *les Trois Ilots de la Cité* (publiées dans la *Revue archéologique*, année 1860, tome I), un carré régulier d'environ onze mètres de côté, et il ajoute, un peu plus loin, que cette forme insolite, ces dimensions restreintes sont une preuve nouvelle de l'opinion où l'on était au XIIIe siècle, que la chapelle Saint-Symphorien devait perpétuer le souvenir du cachot de saint Denis.

L'histoire de l'Académie de Saint-Luc, qui prit possession de la chapelle par acte du 3 mai 1704, n'est pas de notre domaine ; on en trouverait les éléments épars dans les *Archives de l'Art français*, et succinctement groupés dans un article de la *Grande Encyclopédie*, rédigé par M. O. Merson, au mot Académie de Saint-Luc. (Voir encore les *Livrets des expositions de l'Académie de Saint-Luc*, publiés par M. J. Guiffrey, 1872, in-16.)

C'est par décret du 31 décembre 1698 que l'archevêque de Paris supprima le Chapitre et la paroisse, pour les réunir à l'église de la Madeleine (Archives nat. L. 713).

BIBLIOGRAPHIE. — *Sources*. — Archives nat. H. 3815 : comptes. — L. 713 : union de la paroisse à celle de la Madeleine. — S. 3518-3519 : titres de propriété.

Imprimés. — Mémoire qui montre la nécessité de remettre la paroisse de Saint-Symphorien de la Chartre, d'où elle n'est sortie qu'en 1619, et la facilité d'y réussir. — Réponse au mémoire cy à costé......, in-fol. de 12 pages à deux colonnes. Les deux factums sont imprimés en regard l'un de l'autre.

SAINTE-MARIE-MADELEINE
I, 214-218

P. 214-216. — Nous avons eu occasion, à la page précédente, de citer les recherches si précises de Berty sur les *Trois Ilots de la Cité*; il faut y renvoyer encore le lecteur à propos de la Madeleine dans la Cité, dont cet érudit a feuilleté les archives, et pour laquelle il a fait graver un bon plan de restitution. Nous-même avons parcouru, après lui, les documents manuscrits conservés aux Archives nationales, dans le fonds de la Madeleine, et nous espérons pouvoir ainsi compléter par quelques renseignements nouveaux tout ce qu'il importe de connaître de cette modeste paroisse.

Voici, tout d'abord, les deux vers de Guillaume Le Breton, qui confirment les témoignages invoqués par Lebeuf pour la conversion, par Philippe-Auguste, des synagogues en églises catholiques :

> Ecclesias fecit sacrari pro synagogis
> In quocumque loco schola vel synagoga fuisset.

Berty fait connaître qu'à l'origine, l'église de la Madeleine se composait d'un vaisseau, large d'environ huit mètres, et long de trente et un mètres cinquante centimètres. Enclavé comme il l'était parmi des constructions hautes et serrées, qui lui ôtaient presque complètement la lumière, il fallut de bonne heure le dégager, et il est remarquable que tous les baux des maisons voisines appartenant à la fabrique stipulent pour elles la faculté de résiliation, sans indemnité, s'il est nécessaire d'agrandir l'église ou de lui donner plus de jour.

Le 2 avril 1462 (n. s.), l'évêque de Paris accorda une indulgence de quarante jours à ceux qui contribueraient à la reconstruction de l'édifice. Le préambule de la charte atteste l'urgence de ce travail : « Cum igitur, prout accepimus, ecclesia parrochialis beate Marie Magdalene in civitate nostra Parisiensi, dudum honorifice constructa, propter ejus vetustatem ruine subjaceat, quam plurimis refectionibus etiam et reparationibus, librisque et ornamentis ac aliis necessariis indigeat.... » (Arch. nat, S. 3426).

Au XVI° siècle, vers 1523, fut achetée une maison sise rue des Marmousets, dite de l'Echiquier, pour en faire la sacristie ou « revestiaire » de l'église, et en 1554, Adam et Denis Pompon donnaient aux marguilliers une autre maison de la même rue, dont on fit la chapelle du saint Sacrement, dite de Blandy (*ibid.*)

Par lettres patentes du 3 septembre 1748, la fabrique fut autorisée à acquérir, au prix de 12,500 livres en principal, une maison régnant le long de la nef de l'église pour l'agrandir une dernière fois. En effet, l'année précédente, les deux paroisses de Saint-Christophe et de Sainte-Geneviève-des-Ardents avaient été supprimées et leur culte transporté à la Madeleine (*ibid.*). Celle de Saint-Symphorien, nous l'avons dit plus haut, lui avait été réunie dès l'année 1698.

L'église de la Madeleine fut supprimée par la Révolution. Le 27 février 1790,

Pierre Denoux, archiprêtre-curé, faisait connaître aux commissaires des biens ecclésiastiques que les revenus de sa cure s'élevaient à 620 livres 12 sous, et le casuel à 1,200 livres; les charges étaient ainsi réparties : 375 livres, 9 sous pour les décimes; 50 livres pour les convois de charité; 250 livres pour une maitresse d'école; 60 livres pour le catéchisme; au total, 735 livres 9 sous. (S. 3426).

L'édifice était située en façade sur la rue de la Juiverie et à l'angle des rues de la Licorne et des Marmousets; il fut démoli en 1794, et sur son emplacement fut ouvert le passage dit de la Madeleine, dont il ne reste plus de vestiges depuis le percement de la rue de la Cité et la construction des bâtiments de l'Hôtel-Dieu.

L'histoire de la grande Confrérie Notre-Dame aux prêtres et bourgeois, sur laquelle Lebeuf donne quelques détails, a été traitée depuis fort complètement par Leroux de Lincy (*Mém. de la Société des Antiquaires de France*, nouvelle série, tome VII, année 1844). Il suffit donc de renvoyer à ce travail, où l'on trouvera en appendice le cartulaire et les statuts originaux de la Grande Confrérie, ainsi que l'analyse des documents principaux qui y ont trait.

BIBLIOGRAPHIE. — *Sources*. — Arch. nat. H. 3758-9 : comptes. — L. 677-678, 828 : fondations. LL. 825-6 : délibérations. Dans le carton S. 3426, les documents que nous avons utilisés plus haut. — S. 3427 : baux de maisons passés par la fabrique, contenant, dès 1469, la défense de bâtir au chevet de l'église pour ne pas lui ôter le jour. — S. 3428 : titres de propriété de deux maisons situées rue des Marmousets « en l'une desquelles pend pour enseigne la Croix Blanche.... et en l'autre y a pour enseigne, sur le portail et entrée d'icelle maison, une corne de cerf fichée dedans le mur »; au XVIIIe siècle, la première de ces deux maisons s'appellera l'hôtel des Romains; — dossier relatif à la maison dite de l'Echiquier. — S. 3429 : titres de rentes et inventaire de titres rédigé en 1605. — S. 3430 : inventaire général des titres, dressé en 1703 (c'est celui dont s'est servi Berty pour sa notice).

HOPITAL DES ENFANTS TROUVÉS
I, 218

Il était situé sur la place du Parvis Notre-Dame et on l'appelait communément Maison de la Couche. C'est à saint Vincent de Paul que revient l'honneur de sa fondation, ou plutôt de sa conception, en 1638; car les deux maisons qui le constituaient ne furent achetées l'une qu'en 1672 et l'autre qu'en 1688. Cet hôpital n'était pas d'ailleurs le seul où fussent recueillis les enfants abandonnés; la même institution existait à l'hôpital de la Trinité; il y avait, en outre, à Vaugirard un asile des « enfants gastés », dont Lebeuf n'a pas parlé, et nous retrouverons au faubourg Saint-Antoine un autre hôpital des enfants trouvés (Lebeuf, I, 334), fondé en même temps que celui du Parvis.

On sait que la Révolution et l'Empire centralisèrent tous les services d'assistance en constituant un seul hospice de l'Allaitement ou des Enfants trouvés dont il a été parlé plus haut (p. 127).

BIBLIOGRAPHIE. — Consulter l'excellente *Histoire des Enfants abandonnés et délaissés* de M. Léon Lallemand (1885, in-8°), et plus spécialement le chapitre tiré à part sous ce titre : *La maison de la Couche à Paris* (XVIIe et XVIIIe siècles).

ÉGLISE DE SAINTE-MARINE
I, 218-219

Si l'on n'a pas encore trouvé, depuis Lebeuf, l'origine de cette église, il a été facile, en revanche, de montrer l'inanité des hypothèses imaginées par lui pour l'expliquer. Et d'abord Jaillot a établi que la rue de Venise (dans la Cité) ne datait, au XVIIIe siècle, que de deux cents ans environ et qu'elle devait ce nom à une enseigne de l'Écu de Venise; jusque-là, elle s'était appelée rue des Dix-Huit, à cause du voisinage du collège ainsi dénommé. De plus, on trouve mentionnée l'église Sainte-Marine dans un acte daté approximativement de 1045, par lequel Henri Ier donne à la cathédrale de Paris divers biens et entre autres « ecclesiam Sanctæ Marinæ in insula Parisii » (*Cartulaire de N. D. de Paris*, I, 273).

Lebeuf ne se trompe pas moins dans ses conjectures sur le rôle de Sainte-Marine comme paroisse du palais épiscopal. La vraie raison s'en lit dans une bulle de Benoît XIII (20 juin 1395) et dans une charte conforme de l'évêque de Paris (25 octobre 1396), par lesquelles le revenu de la chapelle inférieure du palais fut affecté à cette église, à cause de sa pauvreté (Arch. nat. S. 3441).

L'église Sainte-Marine, vendue comme bien national le 2 mars 1792, resta debout longtemps encore ; en 1844, elle servait d'atelier de teinture (Lazare, *Dictionnaire des rues de Paris*). Elle a été démolie en 1867, lors du nouvel alignement de la rue d'Arcole. Un fragment très mutilé, retrouvé alors, d'une inscription du XVIe siècle, a permis à M. de Lasteyrie (*Inscriptions du diocèse de Paris*, supplément, t. V, 120-122) d'établir qu'il se rapporte à une fondation faite à cette église en 1553, par Martin Brahier, curé de Saint-Denis du Thilloy.

BIBLIOGRAPHIE. — *Sources*. — Arch. nat. H. 3762 : comptes. — L. 683 : fondations. — LL. 842-843 : délibérations de la fabrique. — LL. 844 : confrérie de Saint-Roch. — LL. 845 : inventaire des titres et des biens meubles en 1627. — S. 3441 : réunion de la chapelle épiscopale et titres anciens de ses prébendes ; déclarations des biens de la fabrique de 1697 à 1790. — S. 3442 : titres de rentes d'une maison appartenant à la fabrique, acquise en 1605 et sise au faubourg Saint-Jacques « au lieu dit les Tumbes »; titres d'une fondation faite le 11 août 1513, par maitre Pierre le Couturier, procureur au Parlement.

Imprimés. — Jaillot, tome I, *Quartier de la Cité*, p. 158-160.

LA SAINTE-CHAPELLE
I, 220-224

P. 220. — Il a été remarqué plus haut (p. 144) que Lebeuf se trompe en datant la chapelle de Saint-Nicolas de l'époque du roi Robert (elle fut fondée par Louis VI), et en paraissant supposer que la Sainte-Chapelle pût être construite sur l'emplacement de cette chapelle, puisque ce n'était qu'un autel portatif établi dans la grande salle du Palais.

La Sainte-Chapelle est un des rares édifices de Paris qui ait conservé les pierres tumulaires de ses officiers et de quelques autres personnages qu'on jugea dignes d'y être inhumés. L'édifice inférieur était, on le sait, affecté à ces sépultures ; une inondation qui eut lieu en 1690 (voyez plus loin, page 178) les détériora considérablement, et contraignit à des réfections parfois malhabiles ; ces vénérables monuments n'en ont pas moins été sauvés, et M. de Guilhermy a pu donner le texte de la plupart d'entre eux (*Inscriptions de l'ancien diocèse de Paris*, I, 72-98). C'est ainsi qu'on y trouvera la description des dalles funéraires de G. de Mello, de Jean Mortis et de beaucoup d'autres que Lebeuf n'a pas notées ; quant à la sépulture de Boileau, elle en fut distraite vers 1800, pour figurer au Musée des monuments français ; en 1819, l'Académie française et l'Académie des Inscriptions et Belles-Lettres la firent transporter dans l'église Saint-Germain-des-Prés.

P. 221. — C'est encore à M. de Guilhermy et à l'excellente notice qu'il a consacrée à la Sainte-Chapelle (*Itinéraire archéol. de Paris*, pp. 309, 323) qu'il faut recourir pour trouver la meilleure description du chef-d'œuvre de Pierre de Montreuil. Voici, d'après lui, quelles sont les proportions de l'édifice : longueur hors d'œuvre, 36 mètres ; en œuvre, 35 mètres ; largeur hors-d'œuvre, 17 mètres ; intérieur d'un mur à l'autre, 10 mètres 70 centimètres ; élévation extérieure depuis le sol de la chapelle basse jusqu'à la pointe du pignon de la façade, 33 mètres 25 centimètres ; hauteur de la voûte de la chapelle basse, 6 mètres 60 centimètres ; hauteur de la voûte de la chapelle supérieure, 20 mètres 50 centimètres.

L'escalier de 44 marches, que nous montrent toutes les estampes du XVIIIe siècle, a disparu lors des remaniements du Palais de Justice en 1776, et c'est maintenant par les bâtiments mêmes du Palais que l'on accède à la Sainte-Chapelle haute. Lors de la restauration complète de l'édifice par Lassus, sous le règne de Louis-Philippe, la flèche a été rétablie ; l'architecte n'a pas cru devoir tenter la restitution de celle qu'avait construite Pierre de Montereau, ni celle de la dernière flèche, élevée après l'incendie de 1630 ; il en a édifié une, semblable ou à peu près à celle que l'on savait avoir été faite sous Charles VI. C'est ce qui explique la présence d'un ornement de style flamboyant au-dessus d'un édifice de style gothique pur.

P. 223. — En 1700, la dignité de trésorier valait 7,000 livres, et celle de chantre 200 livres en plus du revenu d'un canonicat. Ces canonicats étaient au nombre de huit et rapportaient une rente variant entre 2,000 et 4,000 livres

(*Mémoire de la Généralité de Paris*, p. 26). D'après le manuscrit français de la Bibliothèque nationale, écrit vers la même époque, les revenus totaux de la Sainte-Chapelle ne s'élèveraient qu'à 18,000 livres.

Bien que l'histoire de la Sainte-Chapelle ait été écrite assez complètement, et surtout par le chanoine Morand, il nous a paru utile de revoir après lui la série des mémoriaux et des registres capitulaires que possèdent les Archives nationales, et d'offrir en quelques pages les extraits les plus intéressants qui sont le résultat de ce laborieux dépouillement. Il est bien entendu qu'il n'y a là que quelques faits, choisis parmi les plus curieux, et qu'un nouvel historiographe de la Sainte-Chapelle aurait à en glaner, après nous, beaucoup d'autres encore.

Le 31 mars 1448, on remet au distributeur des méreaux (jetons de présence) 809 méreaux pour l'usage des prébendés et pour la chantrerie ; ils portent en pile une croix longue, et autour, une couronne d'épines ; en même temps, on lui remet, pour les chapelains et clercs, 150 méreaux, portant en pile une couronne de Roi (L.L. 587, f° 82 2°).

Voici quelles formalités eurent lieu en 1476, le 9 octobre, à la mort du trésorier, maître Guy de Bel. Les chanoines « assemblez à son de cloche à l'eure de matin accoustumée ou lieu appelé la Paye, qui est le lieu accoustumé d'eulz assembler pour traicter des besoignes et affaires de la dicte Saincte Chapelle, après ce que mes dits seigneurs eurent lors ensemble en ce dict lieu conféré et communiqué du trespas, lors de nouvel seurvenu à leur congnoissance, de feu maistre Guy de Bel, en son vivant et à l'eure de son trespas, tresorier de la dicte Saincte Chapelle, ilz deliberèrent et concluèrent tous d'un commun accord et assentement que les scelz grant et petit de la dicte Saincte Chapelle, les clefz des deux huyz de l'entrée du tresor d'en baz près de la basse chapelle et des coffres estans en icelluy tresor, et aussy le petit coffret quarré de fer et la boytte ronde de bois e[n] laquelle est le contresignet de la dicte Saincte Chapelle, fermée à deux clefz despareilles, et le livre des statuts de la dicte eglise, qui lors estoient ès mains ou en la puissance du dict feu tresorier ou de M⁰ Jehan Fournier, l'un des dessuz nommez chanoines pour le dit tresorier, là present et consentant le dict Fournier, seroient miz en et soubz la main et garde de la dicte eglise et de mes dicts seigneurs d'icelle ensembles, durant la vaccation de la tresorerie d'icelle eglise et jusques à ce qu'il y ait possesseur d'icelle tresorerie receu par la dicte eglise comme il appartient, et..... seroient mises et demoureroient pendant la vaccation de la dicte tresorerie enclozes et enfermées ou dict tresor d'enbaz, ce qui fut faict dez le dict jour et à la dicte heure. Et après ce faict, mes dicts seigneurs estans au dict lieu de la Paye et à la dicte heure, incontinent et sans delay, tout d'un commun accord et assentement deliberèrent et conclurent que les dictes deux clefz des deux huyz de l'entrée d'icelluy tresor seroient baillées en garde pour et ou nom de la dicte eglise et de par icelle à deux de messieurs les chanoines d'icelle, c'est assavoir à messire Thomas Le Vasseur et à maistre Jehan Milins, tous deux chanoines de la dicte Saincte Chapelle, pour en faire bonne et loyale garde pour et ou nom d'icelle eglise.... » (Mémoriaux. — Archives nat. LL. 609, f° 7 v°.)

Le 3 juillet 1475, le Chapitre décida que « d'ores en avant, quelconque beneficié ou servant en icelle Saincte Chapelle, de quelque estat, preeminence ou condition qu'il soit ou puist estre le temps avenir, ne portera patins de boys, ne galloches de boys en icelle Saincte Chapelle durant le divin service d'icelle soit de jour ou de nuyt, ne en quelconque procession en icelle Saincte Chapelle ou dehors (*Ibid.* f° 15 v°).

Nous trouvons à la date du 15 janvier (1485, n. s.) copie de lettres royales ordonnant au trésorier de France, le sire de Montglat de faire payer au Chapitre de la Sainte Chapelle tout ce qui peut leur être dû de rentes sur le domaine, afin d'employer ces sommes aux réparations de l'édifice, réparations tellement nécessaires « que se prompte provision n'y est donnée, les murailles, voultes, machicollis et autres choses pourroient tourner en ruyne, qui nous seroit très grant desplaisir et dommaige » (LL. 610, f° 121, v°).

Le 21 septembre 1504, le Chapitre décide qu'à l'avenir toutes les quittances faites sur le revenu des régales seront enregistrées au livre des Mémoriaux, ainsi que toutes les conclusions prises au lieu de la Paye. (LL. 612, f° 121, v°.)

Le 7 octobre 1506, les chanoines ordonnent l'acquisition d'un « reveille matin pour bailler à messire Jehan Bonffilleux, sonneur de la dicte Saincte-Chapelle tant et si longuement que sera sonneur de la dicte eglise, et après, le rendra bon et entier au dict procureur ou à celuy qui pour lors sera procureur de la dicte eglise » (*ibid.* f° 28, v°).

Le 7 août 1521, les chanoines décident de faire réparer et rebâtir la maison où demeurent « les compaignons de la dicte eglise appartenant à la Saincte Chapelle, c'est assavoir depuis la montée de pierres de taille du dict corps d'ostel à la grant cuisine de la grand salle du Palais », et qu'au lieu de quatre chambres on en fera douze, « affin que les dicts chapelains et clercs de la dicte eglise puissent estre mieux logés, considéré que ce ne sont que petiz cabarès et logis à ratz et souris » (LL. 613, f° 35, r°).

27 août 1581 : « Ce dict jour a esté ordonné s'opposer au greffe de la chambre du Trésor au dessain faict par messieurs les tresoriers generaulx et entrepreneurs du Pont-Neuf pour la fracture et demolitions qu'ilz veullent faire aux murailles du Palais pour faire une rue à travers les jardins des dits sieurs (de la Sainte-Chapelle), tirant du Marché Neuf au dict pont. » (LL. 589, f° 10 v°).

4 février 1584 : payement de vingt-cinq sous « pour le libraire qui a relié le libvre de Mortis » (*ibid.* f° 52 v°).

22 mars 1614 : « Sur la requeste presentée par les prisonniers du Four l'Evesque pour avoir permission de mettre une petite fille, la sepmaine saincte, sur les degrez de la Saincte Chapelle pour quester pour eux, leur a esté accordé d'y en mettre une au dessoubs des reliques qui ont de tout temps accoustumé d'y estre mises, et après ceulx qui questent pour les prisonniers tant de la Conciergerie que du grand Chastelet » (LL. 590, f° 149 r°).

30 mai 1615 : « au maistre des enfants de cœur, six livres tournois pour mener les enfants promener aux champs » (*ibid.* f° 160 r°).

27 juillet 1630 : relation de l'incendie de la Sainte Chapelle ; il y est dit que le vendredi 26 juillet, vers quatre heures de l'après-midi, le feu prit aux combles et au clocher de l'édifice, par suite de la négligence des plombiers qui y travaillaient ; les chanoines prévinrent aussitôt M. de Montbazon, gouverneur de Paris et bailli du Palais, ainsi que l'Hôtel-de-Ville, pour qu'on leur envoyât du secours ; cependant l'incendie se propageait rapidement ; le clocher s'écroula en un instant ; le

plomb fondu ruisselait de toutes parts et même à l'intérieur de l'église. Craignant que les voûtes ne s'écroulassent, « les chanoines advisèrent qu'il failloit descendre les sainctes et precieuses reliques qui estoient en la chasse au-dessus de l'autel et les mettre dans le thrésor où sont les autres reliques, ce qui fut faict à l'instant ». Le lendemain, un récolement de toutes ces reliques fut fait en présence de Messieurs de la Chambre des Comptes et l'on constata qu'aucune d'elles ni aucune des pierreries qui les entouraient ne s'était égarée ; elles furent remises alors dans des coffres-forts et la porte du trésor fut murée (LL. 591, fos 90-92.)

16 avril 1672 : le Chapitre apprend qu'au dernier dimanche des Rameaux, le curé de Saint-Barthélemy a fait entrer la procession dans la grande salle du Palais et est passé en chantant, suivi de la dicte procession, devant la Sainte Chapelle ; il en avait été de même l'année précédente et le curé, interpellé par les chanoines, avait allégué que la pluie l'avait obligé à faire entrer la procession de la paroisse dans la grand salle pour la mettre à couvert. Or, cette année-ci, il ne pleuvait pas. Les chanoines délibérèrent donc sur les représentations qu'il y a lieu de faire au curé de Saint-Barthélemy. Le Trésorier déclare, qu'à son avis, il n'y a pas lieu de procéder par un acte de justice et il quitte aussitôt la salle des séances. La Compagnie envoie le receveur auprès de lui pour le prier de revenir délibérer sur cette affaire : le Trésorier rentre en effet et fait connaître que « cette affaire le touchant plus que personne, il feroit paroistre en temps et lieu le zèle qu'il a pour la conservation des droicts de la Sainte Chapelle » (LL. 594, f° 32 v°).

21 juin 1672 : délibération à l'occasion d'une demande adressée au Chapitre par la Reine, qui désirerait faire couper un petit morceau du bois de la vraie croix pour le mettre dans un reliquaire destiné au duc d'Anjou, fils de France ; la Compagnie déclare que, vu l'instance de la demande, elle ne peut en référer au Roi, « qui est à présent avec son armée, le long du rivage du Rhin », et que le désir de la reine sera exécuté ; le même jour, en effet, les chanoines font couper, par M. Pierre Loir, orfèvre, mandé spécialement, une parcelle du bois de la vraie croix, et décident qu'il sera porté sans délai, le jour même, à Saint-Germain, où se trouve la Reine (*ibid.*, folios 37-39).

27 mars 1675 : « La Compagnie a accepté l'offre, qui luy avoit esté faiste par le sieur Cramoisy, de recevoir en nantissement de ce qu'il peut devoir à la Compagnie, pour le passé seulement, cinquante exemplaires d'un livre par luy imprimé nouvellement, intitulé *Les Œuvres de saint Maxime*, grec et latin, en deux tomes, et ordonne au receveur de recevoir les dits exemplaires, à condition toutefois que le dit Cramoisy fera ses diligences pour satisfaire au plus tost à ce qu'il doibt à la Compagnie » (*ibid.*, fol. 102 r°).

Le 10 avril 1677, le Chapitre mande ledit André Cramoisy et lui fait observer qu'au lieu de s'acquitter du loyer de la maison qu'il occupe, rue de la Vieille-Boucleric, il accumule ses dettes envers la Compagnie, et que, par suite, elle va prendre les moyens de se faire payer et de le faire abandonner la maison, s'il ne satisfait immédiatement à ses engagements (*ibid.*, fol. 172 r°).

28 avril 1677 : le sieur Dongois, chanoine et chapelain de la chapelle de Notre-Dame-du-Cimetière, obtient du Chapitre l'autorisation de changer l'entrée de cette chapelle qui, étant dans le cimetière, est fort incommode à cause du

voisinage des marchands, et d'en faire pratiquer une nouvelle entre les deux piliers de la Sainte-Chapelle même, auxquels cet édifice est contigu (*ibid.*, fol. 182 v°).

8 janvier 1678 : ordre au receveur de faire la saisie des meubles, partout où ils se trouveront, du sieur Cramoisy, qui a déménagé de sa maison sans en avertir la Compagnie (*ibid.*, fol. 189 r°).

2 avril 1681 : « ..... La Compagnie a ordonné au receveur de payer à M⁰ Martin, marchand libraire, vingt-cinq livres, pour l'impression de cent exemplaires de l'*Ordo* de la Sainte-Chapelle..... » (LL. 595, fol. 20 v°).

28 octobre 1690 : Le Trésorier représente au Chapitre que les grandes eaux de l'hiver précédent ont occasionné beaucoup de ravages dans la basse Sainte-Chapelle, qu'il y a lieu de relever toutes les tombes d'un pied, d'ôter les balustrades qui entourent les six chapelles de la nef, d'agrandir le chœur, en transférant les chapelles de Saint-Jean-l'Évangéliste et de Saint-Michel-du-Haut-Pas à quelqu'une des quatre autres qui resteront dans la nef, et de changer la disposition de ces quatre chapelles, en les adossant au mur, pour donner plus de place ; de séparer le chœur de la nef par une grille de fer, de reculer le maître-autel jusque dans l'enfoncement des quatre petits piliers qui soutiennent la voûte de la haute Sainte-Chapelle, afin qu'on puisse en faire le tour, de faire une cave voûtée au-dessous de toute la longueur de l'église, et, dans le chœur, un caveau, qui servira exclusivement à la sépulture des trésoriers et des chanoines. Le Chapitre approuve toutes ces réformes, et décide qu'il affectera une somme de dix écus à la construction de ce caveau (LL. 596, p. 317).

Il est impossible, à propos de la Sainte-Chapelle, de ne pas parler du *Lutrin*. Ce charmant poème de Boileau fut écrit en 1674, c'est-à-dire sept ans après l'époque où se produisirent les faits qui y ont donné lieu. Nous aurions voulu les contrôler, à l'aide des registres capitulaires dont on vient de lire le dépouillement; malheureusement, le registre contenant l'année 1667 manque à la collection qu'ont reçue les Archives nationales. On est cependant assuré de l'exactitude des faits principaux, que Boileau a si plaisamment racontés. Lui-même l'a affirmé dans une lettre à Brossette, qu'il faut citer : « ..... Pour satisfaire exactement aux demandes que vous me faites, je vous dirai, suivant la perquisition que j'ai faite de l'affaire dont vous me parlez : 1° Que ce fut en 1667 que le procès touchant le *Lutrin* commença entre le Chantre et le Trésorier de la Sainte-Chapelle. Le Chantre se nommait M. l'abbé Barrin [1], homme de qualité, distingué dans l'épée et dans la robe ; et le Trésorier se nommait Claude Auvry, évêque de Coutances, en Normandie. Il avait été Camérier du cardinal Mazarin, et c'est ce qui avoit fait sa fortune. C'étoit un homme assez réglé dans ses mœurs, d'ailleurs fort ignorant, et d'un mérite au-dessous du médiocre. Le dernier de juillet 1667, il s'avisa de faire mettre un pupitre devant la stalle première du côté

---

1. Jacques Barrin, chanoine, prêtre du diocèse de Paris, fut élu chantre le 27 septembre 1651 (Arch. nat., LL. 593, fol. 69 r°). Le 13 septembre 1681, il sollicite la faveur, à cause de son grand âge, et parce qu'il est chanoine depuis soixante-trois ans, de ne plus assister aux chœurs (LL. 595, fol. 39 v°). Le 19 juillet 1684, il présente à la Compagnie son neveu, Louis Barrin, auquel il a résigné sa chanoinie (*ibid.*, fol. 108).

2. Claude Auvry fut nommé trésorier le 25 mars 1593, par suite de la résignation faite par François Molé (LL. 593, fol. 105 r°). Il mourut le 9 juillet 1687 (LL. 596, pp. 100 et 101).

gauche, que le Chantre fit ôter à force ouverte, prétendant qu'il n'y avoit jamais été. La cause fut retenue aux Requêtes du Palais, et, après plusieurs procédures, elle fut assoupie par feu M. le Président de Lamoignon.

« 2° Sidrac[1] est un vrai nom d'un vieux chapelain-clerc de la Sainte-Chapelle, c'est-à-dire un chantre-musicien, dont la voix était une taille fort belle; son personnage n'est point feint..... » (*Correspondance entre Boileau-Despréaux et Brossette*, Paris, 1858, in-8°, pp. 126-127).

Cette lettre est datée de 1703, et il est trop certain que, pour être aussi précis, à vingt-sept ans de distance, Boileau dut consulter les documents authentiques; sans doute, il se fit communiquer par son frère, Jacques Boileau, chanoine de la maison, le registre de 1667, et nous croirions même assez volontiers qu'il oublia, par la suite, de le restituer, si ce registre seul manquait à la série. Quoi qu'il en soit, les faits avancés sont parfaitement exacts, et on en trouvera la confirmation dans l'ouvrage de Morand (pp. 218 et ss.).

Les querelles et les contestations des chanoines, entre eux ou avec les chapelains, ne devaient pas avoir le même dénouement que dans le poème de Boileau. En 1787, fut promulgué un arrêt du Conseil, qui supprimait toutes les Saintes-Chapelles du royaume, et prescrivait la mise sous sequestre de leurs biens (Morand, p. 240). L'un des considérants de cet arrêt était que « les privilèges accordés auxdits Chapitres ou Collèges, ainsi que les droits ou prerogatives que prétendent entre eux leurs differens membres, font naître et reproduisent sans cesse des difficultés toujours prejudiciables ».

La Révolution n'eut donc pas à supprimer une institution qui, depuis plus de deux ans, n'existait plus en droit, sinon en fait. Il put être question, toutefois, en 1790, de démolir l'édifice, comme le fait supposer la note suivante de la *Chronique de Paris* (numéro du 4 juin 1790)[2] : « Dans ce moment, on s'occupe avec beaucoup d'activité à arracher le plomb qui couvre la Sainte-Chapelle, et c'est, dit-on, pour la recouvrir à neuf, ce qui ne causera aucun déboursé, parce que la nouvelle couverture étant de moitié moins épaisse que l'ancienne, il y a encore beaucoup à gagner pour celui qui l'a entreprise. Cette réparation est parfaitement inutile, car la Sainte-Chapelle sera sans doute vendue ou démolie, et, dans ce cas, sa couverture ne vaudra pas la moitié de ce qu'elle vaut aujourd'hui ».

Cette prédiction et ces réflexions, que l'on trouvera cyniques à tous égards, ne se sont heureusement pas vérifiées, et la Sainte-Chapelle ne paraît pas avoir été autrement menacée. Les reliques précieuses qu'elle possédait furent transportées à Saint-Denis, et les manuscrits de son trésor réunis à ceux de la bibliothèque du Roi (cf. L. Delisle, *Le Cabinet des Manuscrits de la Bibliothèque nationale*, II, 259 et ss.). Ce ne fut cependant qu'en 1837 qu'elle fut rendue au culte, après avoir été utilisée comme entrepôt de farines, puis comme dépôt des archives judiciaires. Dès lors, de très importants travaux de restauration, dont nous avons parlé, y furent entrepris et durèrent jusqu'en 1850 au moins; on peut même dire

---

1. « Du mercredy dix sept° avril 1630, les dicts sieurs (du Chapitre) ont receu Toussaints Sidrac, natif de Bourges, pour servir de taille en la dicte Saincte-Chapelle aux conditions portées par le livre des receptions de leurs chapplains et clercs » (J.L. 591, fol. 83 r°). Le 18 septembre de la même année, le Chapitre lui accorde un congé « de huit jours seulement, pour aller voir sa mère aux champs, qui est malade » (*ibid.*, fol. 99 v°). Les registres ne donnent pas la date de sa mort.

2. Nous en devons l'obligeante communication à M. H. Céard.

qu'ils durent toujours, car il ne se passe guère d'année sans qu'un échafaudage s'élève sur quelque point de l'édifice.

Il n'aurait plus eu d'histoire depuis soixante ans, et l'on n'en parlerait guère aujourd'hui que pour admirer l'harmonie de sa construction et les merveilles de ses vitraux, si, en 1843, les ouvriers employés à la restauration n'avaient trouvé sous les dalles du chœur, derrière le maître-autel, une boîte en plomb, renfermant un cœur humain et que l'on crut être le cœur même du fondateur de l'édifice, c'est-à-dire de saint Louis. Les érudits se passionnèrent pour ou contre l'authenticité de la découverte, et, comme il arrive souvent, échangèrent des propos assez malveillants. La discussion fut close par une note où l'Académie des Inscriptions, au sein de laquelle ces discussions s'étaient produites, disait « exprimer le vœu que ce cœur d'un chrétien fût replacé à l'endroit où il avait été trouvé », rien n'autorisant à croire qu'il s'agit de celui de saint Louis.

BIBLIOGRAPHIE. — *Sources*. — Aux Archives nat. L. 614-619 : privilèges, fondations, reliques ; réunions à la Sainte-Chapelle d'abbayes, prieurés et cures. Registres capitulaires : LL. 587 : 1409-1450. — LL. 588 : 1566-1580. — LL. 589 : 1581-janvier 1603. — LL. 590 : 29 juin 1603-30 juin 1615. — LL. 591 : 1er janvier 1628-9 juin 1638. — LL. 592 : 1er juillet 1638-27 février 1649. — A la fin de ce registre, une table chronologique des principales matières, par le chanoine Morand. — LL. 593 : 1er mars 1649-31 décembre 1660 (*id.*). — LL. 594 : 3 janvier 1671-27 avril 1680. — LL. 595 : mai 1680-juin 1686. — LL. 596 : juillet 1686-septembre 1691. — LL. 597 : octobre 1691-septembre 1696. — LL. 598 : octobre 1696-septembre 1702. — LL. 599 : 1703-1709. — LL. 600 : 1709-1716. — LL. 601 : 1716-1717. — LL. 602 : 1717-1726. — LL. 603 : 1726-1730. — LL. 604 : 1730-1746. — LL. 605 : 1746-1761. — LL. 606 : 1761. — Avril 1785. — LL. 607 : mai 1785-27 novembre 1790. — Mémoriaux : LL. 608 : 1388-1433. — LL. 609 : 1474-1478. — LL. 610 : 1480-1487. — LL. 611 : 1487-1499. — LL. 612 : 1504-1513. — LL. 613 : 1519-1525. — LL. 614 : 1526-1540. — LL. 615 : 1540-1566. — LL. 616-617 : Mémoires du chanoine Jean Mortis (XVe siècle). — LL. 619-621 : Mémoires du chanoine Dongois. — LL. 625-628 : inventaires des reliques et du trésor (XVe-XVIIe siècles). — S. 943-995 : titres de propriété. — H. 3688 : titres concernant les chapelains. — H. 3534-3549 : comptes du prieuré de Féricy. — H. 3550 : comptes de l'abbaye de Saint-Nicaise de Reims (réunie sous Louis XIII à la Sainte-Chapelle). — H. 3533, 3551-3556 : comptes des chanoines. — Z^2 1019-1022 : titres judiciaires de la prévôté de Féricy (1503-1696).

A la Bibliothèque nat. Fonds lat. 9941 : inventaire des reliques de la Sainte-Chapelle dressé en vertu de lettres de commission de la Chambre des Comptes, du 27 juin 1480, après la mort de Jean Fillas, « en son vivant chevecier de la dicte chappelle, qui a eu l'entremise des dictes relicques et joyaulx ». — Fonds lat. 17107-17109 : recueils formés par Gaignières de documents relatifs à la Sainte-Chapelle, notamment aux XIVe et XVe siècles (presque tout mériterait d'en être publié). — Fonds lat. 17741 : obituaire de la Sainte-Chapelle (XVe siècle), avec des notes du siècle suivant.

Imprimés. — Traicté de l'antiquité, veneration et privilèges de la Saincte-Chapelle du Palais-Royal de Paris, par M. Séb. R. [Sébastien Rouillard], advocat au Parlement. — Paris, 1606, in-8º de 68 pages.

— Histoire de la Sainte-Chapelle royale du Palais, enrichie de planches, par M. Sauveur-Jérôme Morand, chanoine de ladite église, présentée à l'Assemblée nationale par l'auteur, le 1ᵉʳ juillet 1790. Paris, 1790, in-4º. C'est, jusqu'ici, la plus complète et la meilleure histoire que nous ayons de la Sainte-Chapelle.

— La Sainte-Chapelle de Paris; notice historique, archéologique et descriptive, par N. M. Troche. Paris, 1853, in-12.

— La Sainte-Chapelle du Palais de Justice de Paris, par Charles Desmaze. Paris, 1873, in-18. (Ouvrage malheureusement diffus, où les renseignements abondent, mais sans ordre et sans critique.)

— Inventaire des reliques de la Saincte-Chapelle, publié par Douët d'Arcq, dans la *Revue archéol.* d'avril-septembre 1848 (d'après l'original de 1573 conservé aux Archives nat., L. 844ᵃ).

— Rapport à M. le Ministre des travaux publics, sur la découverte faite à la Sainte-Chapelle d'un cœur placé au centre de l'abside, dans la chapelle haute, par M. Letronne, garde général des Archives du Royaume. Paris, 1843, in-8º.

— Examen critique de la découverte du prétendu cœur de saint Louis, par M. Letronne. 1844, in-8º.

— Réponse à l'écrit de M. Letronne, intitulé *Examen critique*....., par Auguste Le Prévost. Paris, 1844, in-8º.

— Preuves de la découverte du cœur de saint Louis, rassemblées par MM. Berger de Xivrey, A. Deville, Ch. Lenormant, A. Le Prevost, Paulin Paris et le baron Taylor. Paris, 1846, in-8º.

— Ministère des travaux publics. — Isolement de la Sainte-Chapelle. — Rapport adressé à M. le Ministre des travaux publics, par M. Lassus, architecte de la Sainte-Chapelle. 1849, in-4º.

— Préfecture du département de la Seine. — Rapport sur l'isolement de la Sainte-Chapelle. 1849, in-4º.

— La Sainte-Chapelle de Paris après les restaurations commencées par M. Duban, terminées par M. Lassus, ouvrage exécuté sous la direction de M. V. Calliat. Texte historique par M. de Guilhermy. *Paris*, Bance, 1857, grand in-fol. (L'ouvrage se compose de 76 planches et de 5 pages seulement de texte.)

SAINT-LOUIS EN L'ILE

I, 224-226

P. 224. — Il n'y a guère qu'à préciser, un peu davantage que ne l'a fait Lebeuf, certains points ou certaines dates, pour arriver à fournir sur les origines de l'île Saint-Louis tout ce qu'il importe d'en savoir. C'est le 22 avril 867 que Charles le Chauve restitua à l'évêque de Paris, Enée, « insulam quamdam, eidem civitati in orientali plaga conticuam atque viciniorem ecclesiæ sanctæ Dei genetricis » (*Cartulaire gén. de Paris*, I, 64). On remarquera que, dans cet acte, l'île ne porte pas encore son nom ancien d'île Notre-Dame.

Lebeuf paraît se tromper, en remarquant qu'au XVe siècle cette île était *encore* composée de deux parties, qu'il appelle île Tranchée et île aux Vaches ; il en fut ainsi jusqu'au XVIIe siècle, mais nous n'avons trouvé nulle part trace de ce nom d'île Tranchée ; le plus grand des deux îlots, et le plus voisin de Notre-Dame, est toujours nommé île Notre-Dame, jusqu'au moment de la réunion des deux terrains, vers 1614.

Lebeuf se trompe certainement lorsqu'il dit qu'au commencement du XVIIe siècle on construisit dans ce dernier une chapelle, augmentée plus tard en 1623 : en effet, nous avons trouvé (Arch. nat., L. 674) une requête des habitants de l'île Notre-Dame au Chapitre de la Cathédrale, datée de mars 1623, en vue « de faire construire et édifier une chapelle en la dicte isle pour y faire dire la messe par chacun jour et ce à voix basse seullement, en attendant qu'ilz soient reglez d'une paroisse ».

Le 14 mai 1642, les doyen et chanoines de la cathédrale de Paris vendirent au Roi les deux îles Notre-Dame, au prix de 50,000 livres. Le contrat passé à cet effet porte que, dès le 19 avril 1614, le roi avait traité avec Christophe Marie, qui se serait engagé à construire un pont de pierre entre le quartier Saint-Paul et celui de la Tournelle, moyennant l'abandon, à lui fait, du fonds et propriété des dites îles ; que, depuis, le Chapitre s'était opposé aux entreprises du sieur Marie en alléguant l'incommodité qui résulterait pour toute la ville, et spécialement pour le cloître de la cathédrale, du rehaussement des îles car l'eau étant serrée entre les berges projetées, deviendrait plus rapide et minerait, en peu de temps, les quais servant de clôture à ce cloître ; que, par arrêt du 6 octobre 1616, il fut décidé qu'il serait passé outre à cette opposition, mais que le dit Marie aurait à revêtir de pierres de taille le circuit du lieu appelé le Terrain Notre-Dame, et que, pour indemniser les chanoines de leurs droits de propriété sur les îles, le roi leur accorderait douze cents livres de rente.

Le contrat de 1642 rappelle encore qu'il fut stipulé alors qu'une place serait réservée pour y bâtir une église, sous l'invocation de saint Louis, et que cette église resterait perpétuellement du patronage du Chapitre et à la collation de l'archevêque. Les chanoines exigèrent enfin que les égouts et ruisseaux tombassent dans la Seine de l'un et autre côté, mais que les égouts des boucheries ne pussent s'y déverser que du côté de la Grève et Saint-Paul ; que le pont de bois qui mène des îles au port Saint-Landry ne fût jamais garni de maisons, boutiques ou échoppes, et que s'il venait à tomber, il fût rebâti également en bois et de même hauteur et largeur, sans que le roi puisse le faire reconstruire avec piles de pierre (Arch. nat. S. 3424).

P. 225. — La première pierre de la nouvelle église fut posée, le 1er octobre 1664, par Hardouin de Péréfixe, archevêque de Paris. L'édifice ne se construisit que lentement, car, le 2 janvier 1675, le roi ordonna de prélever, sur les revenus de l'abbaye de Saint-Germain-des-Prés, une somme de 9,000 livres, pour aider à son achèvement (Archives nat., *ibid.*).

Nous n'avons pu trouver aucun document sur cette communauté de Saint-Raphaël, dont Lebeuf a rencontré une mention pour l'année 1697. N'y a-t-il pas eu quelque confusion dans ses notes ? Il existe, en effet, aux Archives nationales (L. 675) le dossier d'un legs de douze mille livres, puis de six autres mille livres, fait par les demoiselles Marie et Jeanne Pastoureau aux « Filles de la Communauté », établies par elles dans l'île Saint-Louis, pour acquérir une maison où elles se logeront (1686-1696) ; mais un arrêt (imprimé) du Parlement annula ces fondations, le 31 décembre 1705, et interdit l'établissement de la communauté, qui devait porter le nom de « Filles de l'Union chrétienne ». Il semble bien que ces faits doivent se rapporter à la prétendue communauté de Saint-Raphaël.

Il eût fallu dire que, le 2 février 1702, la nef de l'église s'était écroulée et que, le 7 septembre de la même année, le cardinal de Noailles posa la première pierre d'une nef nouvelle. La consécration en fut faite le 13 juillet 1726.

Les tombeaux de Quinaut et de Vyon d'Hérouval, dont parle Lebeuf, n'avaient pas été rétablis dans ce nouvel édifice ; des inscriptions funéraires, rappelant leur sépulture à Saint-Louis, ont été récemment rédigées et placées, pour le premier, dans la chapelle du Sacré-Cœur, pour le second, dans la chapelle de Saint-Joseph, par M. l'abbé Collignon, vicaire de cette église et son dernier historiographe.

Il faut y ajouter la pierre tombale, heureusement retrouvée, d'Anne-Madeleine Detrémont, comtesse de Nancré, qui y fut inhumée en 1736. Le *Recueil* de M. de Guilhermy contient, enfin (I, 197), le texte d'une inscription rappelant que le campanile de l'église fut rétabli en 1765.

Nous ne saurions, sans injustice, passer sous silence la mention du nom de l'abbé Bossuet, avant-dernier curé de Saint-Louis en l'Ile, mort en 1888 ; son souvenir est doublement respectable aux historiens de Paris, tant à cause de l'admirable bibliothèque qu'il avait formée, que pour les libéralités sans nombre dont il combla son église et qui demeureront les précieux témoignages de sa bienfaisance.

P. 226. Saint-Louis en l'Ile est demeurée une paroisse de Paris. Comme au siècle dernier, elle comprend toute l'étendue de l'île Saint-Louis. Depuis que l'île Louvier a été réunie à la rive droite, la paroisse Saint-Louis s'étend sur la partie méridionale de son territoire, c'est-à-dire le quai Henri IV et les numéros impairs du boulevard Morland, les numéros pairs dépendant de la paroisse Saint-Paul.

BIBLIOGRAPHIE. — *Sources*. — Archives nat. L. 674 : collations par l'archevêque de Paris et prises de possession de la cure, depuis 1645 ; arrêt de règlement pour la fabrique, en soixante-dix articles (1749) ; fondations pour les enfants de chœur de la paroisse (1714-1756) ; inventaire de la sacristie en 1751 ; fermage des chaises dans l'église, pour six ans, à dater du 9 juillet 1789, moyennant 4.750 livres par an (le prix de chaque chaise varie, suivant les jours, entre un et six sols ; cette dernière somme n'est payée que le Vendredi Saint, à la passion du soir, et le jour de Pâques ; cinq sous le jour de la saint Louis ; gratis pour les enfants de la première communion et leurs maîtres ; gratis, sous les charniers, les jeudis, samedis et veilles de fêtes) ; procès-verbal d'enlèvement, pour les transporter à la Monnaie, de quatre anges d'argent placés à droite et à gauche de la porte principale (16 septembre 1792). — L. 675 : fondations Sandroz, Rogery, Beauquesne, Delbeuf, de Bernard, Gayard, de Guyard, Crosnier, Capelle, la Brune, Eustache, Pastoureau. — L. 676 : fondations Regnard, Mézangé, Bruant, Gouverne, Nivert, Poulmart du Plessis, de Mauny, Boissy, de Montgeorges, Bouzier. — S. 3423-3424 (carton double) : pièces sur les terrains à bâtir dans l'île Notre-Dame, depuis 1627 ; baux passés au nom du roi par Christophe Marie, bourgeois de Paris, demeurant rue Neuve, paroisse Saint-Paul, François

Le Regrathier, trésorier des Cent Suisses de la garde ordinaire du Roi, demeurant rue de la Monnaie, et Eugles Poulletier, sieur de Lermes, Brecourt et le Forestel, demeurant dans l'île, tous trois entrepreneurs de la construction des ponts et quais de l'île Notre-Dame ; acquisition de la maison de feu M. de la Houssaye, rue Saint-Louis en l'Ile, pour y loger le curé, les officiers du chœur et les prêtres de la paroisse, moyennant 40,000 livres (en 1757-9) ; (cette maison, qui était adossée à la façade occidentale de l'église, a été démolie depuis peu et remplacée par les constructions d'une école communale) ; déclaration des biens de la cure en 1790.

Aux Archives des Affaires étrangères, dans le volume : France, 847, on trouvera un intéressant mémoire de six pages, sur « l'affaire des isles Nostre-Dame », au sujet de l'indemnité que le Chapitre de la cathédrale réclamait du roi.

La Bibliothèque de la Ville de Paris a acquis, à la vente des livres de l'abbé Bossuet, un certain nombre de documents manuscrits relatifs à la fabrique, et dont on lira le détail au catalogue, imprimé en 1888.

Imprimés. — Notice sur le Pont Rouge, au tome II des *Antiquités nationales* de Millin (avec une vue). *Notice sur l'île Saint-Louis*, par l'abbé Pascal, 1841, in-8. *Histoire de la paroisse Saint-Louis en l'Ile*, par M. l'abbé Collignon, vicaire à cette paroisse, 1888, in-8.

ABBAYE DE SAINTE-GENEVIÈVE
I, 228-242

P. 228. — Les incertitudes sont moins permises aujourd'hui qu'au siècle dernier, lorsqu'il s'agit de rechercher depuis quel temps fut habité ce *mons Leucotitius*, que nous appelons maintenant montagne Sainte-Geneviève. L'archéologie est venue singulièrement en aide à l'histoire, à son sujet, pour établir qu'à l'époque romaine il était couvert de maisons (dont les substructions ont été révélées par de nombreuses fouilles), et que le palais des Thermes, construit au pied du coteau, était bien loin, comme on l'a cru, de se trouver isolé sur ce côté de la rive gauche du fleuve ; il est, au contraire, certain qu'après l'invasion romaine, et pendant quatre siècles au moins, l'île de Lutèce fut abandonnée par ses habitants, au profit de la colline, dont la situation était, à vrai dire, bien préférable, et que la nouvelle ville ainsi fondée s'appela Leucotèce, nom qui peut n'avoir aucun rapport d'origine avec celui de Lutèce, en dépit de l'analogie et de l'assonance. Sur la « célébrité » de cette région avant les ravages des Normands, Bonamy avait déjà écrit une curieuse dissertation (*Mémoires de l'Académie des Inscriptions*, t. XV), mais ce sont surtout les découvertes contemporaines qui l'ont fait le mieux connaître.

Lebeuf se trompe, d'ailleurs, en considérant comme un tombeau païen le monument qui fut remis au jour vers 1620, dit-il, dans l'église de l'abbaye de Sainte-Geneviève. En réalité, c'était un autel consacré à Diane. J. Quicherat en a retrouvé la preuve (Cocheris paraît s'attribuer le bénéfice de la découverte), et l'a publiée dans le *Bulletin de la Société des Antiquaires de France* (1860, p. 50);

dans un discours de rentrée du collège de Boncourt, prononcé, en 1620, par Pierre Bertius, régent de ce collège; on lit, en effet, la phrase suivante : « Jacet efficies magni regis (Chlodovæi) marmorea vicino in templo sanctorum apostolorum Petri et Pauli jam olim, nunc vero B. Genovefæ consecrato, eo loco quo Dianæ fanum initio fuisse monumentum ex candido marmore superioribus diebus effossum testatur. »

P. 231. — Dans son *Étude critique sur le texte de la vie latine de sainte Geneviève* (1881, in-8), notre confrère M. Ch. Kohler a réuni un grand nombre d'extraits de chroniques et de chartes, où se trouve mentionné le nom de la basilique fondée par Clovis, et il est amené à en conclure : « 1º que jusqu'au milieu du IXᵉ siècle environ, le nom officiel de l'édifice fut : ou *basilique des Saints-Apôtres*, ou *basilique des saints Pierre et Paul*; 2º qu'à dater de la fin du IXᵉ siècle, on joignit souvent au premier vocable celui de sainte Geneviève; 3º que, vers le commencement du XIIIᵉ siècle, le nom primitif fut abandonné et définitivement remplacé par celui de la sainte » (p. xciii).

P. 233. — Le bâtiment de l'ancienne église de l'abbaye nous est fort connu; comme on le verra plus loin, il ne disparut qu'en 1807, c'est-à-dire en un temps où l'on commençait à avoir souci des souvenirs du passé; aussi les principaux archéologues furent-ils convoqués et présidèrent à des fouilles, que le ministre lui-même avait ordonnées; plusieurs rapports furent rédigés et M. A. Lenoir a pu consacrer dix-neuf planches de sa *Statistique monumentale* à la restitution de l'édifice et de ses détails. Il n'en est pas moins intéressant de citer ici quelques documents encore inédits, qui montreront quels travaux furent faits pendant le cours des siècles pour l'embellissement ou l'entretien de cette église.

Par acte du 24 octobre 1410, Charles VI invita le prévôt de Paris à exempter les religieux de Sainte-Geneviève d'une contribution de 200 livres qui leur était demandée pour les frais de la guerre. Les considérants de cette exemption nous apprennent que depuis vingt ans, ou environ, les moines de Sainte-Geneviève avaient eu à faire de grandes réparations « en leur clochier *qui est couvert de plonc*, et lequel estoit à moitié descouvert tant par oraige et force de vent comme autrement, lesquelles reparations cousterent bien à faire la somme de Vᶜ frans ou environ... »; qu'ils prêtèrent en outre au roi, lors de son voyage de Languedoc, 300 francs, et ensuite encore 100 francs; qu'ils ont beaucoup souffert « de la grand multitude de gens d'armes qui ont esté logiez en leur abbaye et encores sont... » (Archives nat. L. 879). Cet extrait donne la preuve, inconnue de Lebeuf, que la couverture de l'église construite par l'abbé Étienne à la fin du XIIᵉ siècle, était réellement en plomb.

Le 23 septembre 1449, une nouvelle réfection du beffroi du clocher fut confiée à Colin le Goux, charpentier de la grande coignée, au prix de 300 livres parisis et d'une queue de vin (Archives nat. L. 884). En 1483, ce clocher et toute la toiture furent de nouveau détériorés « par fortune de tonnerre et orage de temps » et les dégâts évalués à 9,870 livres (*ibid.*). Aussi, le 21 juin 1486, les religieux de Sainte-Geneviève passèrent-ils un nouveau marché pour la construction d'une « esguille de clochier sur la tour de l'eglise madame saincte Genevïefve », et de quatre petites aiguilles aux quatre angles de la tour, la grande aiguille devant avoir seize toises de hauteur depuis l'arasement de la maçonnerie jusqu'au point où l'on mettra la croix; le prix des travaux fut fixé à 460 livres tournois (*ibid*.). On sait que cette tour, appelée communément tour Clovis, est encore debout, enclavée dans les bâtiments du lycée Henri IV, mais depuis longtemps découronnée de sa flèche de 1486.

P. 236. — Voici, d'après le carton L. 880 des Archives nat., quelques renseignements sur les chapelles de Sainte-Geneviève, simplement énumérées par Lebeuf. La chapelle Saint-Éloi est déjà mentionnée, comme située *in infirmariis*, dans une charte d'août 1255, par laquelle Geoffroy de Hotot, artisan, et Agnès, sa femme, donnent dix sous de cens pour pourvoir à son luminaire. — La chapelle Saint-Martin paraît avoir été fondée en 1332 (n. s., le samedi d'avant Pâques fleuries [11 avril] 1331), par Jean Pariset de Reims, clerc du roi, qui transporta, pour cet objet, à Guillaume de Crépy, bourgeois de Paris, une rente de 21 livres parisis; cette rente fut amortie par le prévôt de Paris, le 29 avril suivant. — La chapelle Saint-Jacques fut fondée par Jean Coconier (*Joannes Quoquonerius*), en 1337, ainsi que le prouve sa requête à l'abbé de Sainte-Geneviève pour être autorisé à la doter de 20 livres de rente. Cette chapelle fut construite devant le crucifix, du côté gauche, et immédiatement après le chœur; mais comme sa clôture était préjudiciable aux services religieux, il fut décidé, par acte du 5 août 1338, qu'elle ne serait plus fermée, et qu'il serait alloué au fondateur une petite chambre, placée derrière l'autel, et où il ferait renfermer les ornements sacrés et les vêtements sacerdotaux.

P. 239. — On trouvera dans la *Revue archéologique*, 1ʳᵉ série, t. VI, pp. 684-6) le « devis des ouvrages de sculpture et architecture, de marbre et de bronze qu'il convient faire pour la construction de la sepulture de Mgr le cardinal de la Rochefoucault, laquelle doibt estre posée dans l'eglise de Saincte Geneviefve, en la chapelle de Sainct-Jean ». Ce monument fut construit en 1656, par « Philippe de Buyster, sculpteur ordinaire du Roi, moyennant 6,000 livres ». Pendant la Révolution, il fut déposé au musée des Monuments français, puis transporté dans l'hospice des Incurables, fondé par le cardinal en 1637. On l'y voit encore aujourd'hui. L'épitaphe de François de La Rochefoucauld a été publiée dans le *Recueil* de M. de Guilhermy (I, 366), ainsi que celle de Descartes (I, 368), dont nous parlons plus loin, et qui se trouve, depuis 1819, à Saint-Germain-des-Prés.

P. 240. — Pour confirmer ce que dit Lebeuf, que l'abbaye de Sainte-Geneviève était exempte de la juridiction des évêques de Paris, Cocheris a cité (II, 618-9) un acte d'environ 1200, par lequel Octavien, évêque d'Ostie, légat du Saint-Siège à Paris, déclare que le fait d'avoir pris un repas avec l'évêque de Paris, à Sainte-Geneviève, ne peut préjudicier aux privilèges de cette abbaye. Le carton L. 882, d'où est extrait cet acte, contient beaucoup d'autres documents intéressants se rapportant à ce même privilège. Il faut citer, entre autres, le texte du rapport d'un huissier au Parlement, où l'on voit que le patriarche de Constantinople, administrateur de l'évêché de Paris, étant venu avec le Chapitre de sa cathédrale en procession à Sainte-Geneviève, le jour de Pâques fleuries 1423, la croix dont il se faisait précéder fut « démembrée » par violence; l'enquête établit que cet attentat avait été commis par trois moines cloîtriers de l'abbaye; l'huissier se rendit, en conséquence, à Sainte-Geneviève et somma les religieux de leur nommer les coupables, qui s'étaient enfuis, et de leur livrer leurs biens; mais il apprit que ces moines ne possédaient « riens, ou au moins très petit, que les robes qu'ils avoient vestues et leurs breviaires où ils disoient leurs heures »; s'étant rendu au dortoir, il n'y trouva « que III petis matelas sur lesquelz iceulx trois religieux couchoient, et III petites vielles couvertures de très petite valeur, et une huche de bois en laquelle il n'avoit rien dedens et estoit ouverte, que l'on disoit appartenir à la dicte eglise, combien que iceulx trois religieux comme dict est, couchassent dessus... ». Ces violences n'avaient d'autre objet qu'une protestation contre la présence de l'évêque aux fêtes célébrées par l'abbaye.

On trouvera dans le même carton (L. 882) toute une série de procès-verbaux fort curieux des cérémonies observées, à Sainte-Geneviève, lorsqu'un évêque de Paris faisait son entrée à Paris. L'évêque était reçu par l'abbé et les religieux à la grande porte de l'abbaye ; on lui donnait à baiser le livre des évangiles, on lui présentait l'eau bénite, puis on le conduisait au pied du maître-autel, et de là au trésor. Il prononçait ensuite le serment dont voici la formule : « Ego N..., Parisiensis episcopus, juro ad hec sancta Dei evangelia me servaturum jura, libertates et privilegia, exemptiones, immunitates et consuetudines monasterii Sancte Genovefe Parisiensis, et compositiones alias habitas inter predecessores meos et abbatem et conventum dicti monasterii Sancte Genovefe. Sic me Deus adjuvet et sacrosancta hec Dei evangelia ». L'évêque était alors autorisé par l'abbé à donner sa bénédiction au peuple, puis il était porté, sur son siège, jusqu'à la porte de l'église, par quatre religieux, à chacun desquels il donnait un écu d'or. Quatre de ses principaux feudataires le portaient alors, toujours sur son siège, jusqu'au palais épiscopal. L'usage était que ce siège, richement paré, fût abandonné à l'abbaye ; elle eut plusieurs fois à le réclamer, et il en résulta même quelques contestations, jugées par le Parlement en faveur de l'abbaye.

En 1754, c'est-à-dire l'année même où parut le second volume de l'ouvrage de l'abbé Lebeuf, en tête duquel se trouve son chapitre sur l'abbaye de Sainte-Geneviève, Louis XV décidait la construction d'une église monumentale, depuis longtemps sollicitée par les religieux. L'histoire de cet édifice est trop célèbre pour qu'il soit utile même de l'esquisser ici : il suffira donc d'indiquer, avec leurs dates précises, les péripéties surprenantes par où il a passé. La crypte de la nouvelle église fut achevée par Soufflot le 9 juin 1763, et, le 6 septembre 1764, le roi posa la première pierre de l'église proprement dite. La construction n'en était pas encore achevée quand éclata la Révolution. Par décret-loi des 4-10 avril 1791, l'Assemblée nationale décida que « le nouvel édifice serait destiné à recevoir les cendres des grands hommes à dater de l'époque de la liberté française » ; il fut appelé Panthéon, et le marquis de Pastoret rédigea, pour la graver à son fronton, l'inscription : « Aux grands hommes la patrie reconnaissante. » Un décret du 20 février 1806 abolit ces dispositions en rendant l'église Sainte-Geneviève au culte et en confiant à six chapelains du Chapitre de Notre-Dame le soin de la desservir. Ce décret ne fut exécuté qu'en vertu d'une ordonnance du 12 décembre 1821. Le 26 août 1830, Louis-Philippe promulgua une loi par laquelle « le Panthéon était rendu à sa destination primitive et légale », et l'inscription citée plus haut fut aussitôt rétablie. Le décret du 6 décembre 1851 rendit une fois de plus l'édifice au culte, et le décret du 22 août 1852 constitua une communauté de chapelains, entretenue aux frais de l'État. Cet état de choses subsista jusqu'en 1882, époque où le traitement des chapelains cessa d'être inscrit au budget. Enfin, par décret du 26 mai 1885, rendu à l'occasion des obsèques nationales à décerner à Victor Hugo, le Panthéon a été de nouveau « rendu à sa destination primitive et légale ». Il est impossible de ne pas remarquer que ces derniers mots, déjà employés dans la loi de 1830, sont fort inexacts. Quelque sentiment que l'on ait sur ces successives désaffectations et réaffectations du Panthéon, on ne saurait nier que l'édifice construit par Soufflot n'ait été primitivement et légalement une église abbatiale. Les circonstances seules lui ont tour à tour enlevé ou rendu ce caractère de monument du culte catholique.

Revenons à l'abbaye de Sainte-Geneviève. La Révolution la trouva matériellement et moralement très prospère. Ses revenus qui, en 1700, d'après le *Mémoire de la Généralité de Paris* (p. 26), n'étaient que de 70,000 livres, se trouvèrent atteindre alors la somme de 170,157 livres, 2 sous, 8 deniers, alors que les charges n'étaient que de 53,337 livres, 5 sous, 9 deniers (Archives nat. S. 1540). Elle possédait une très riche bibliothèque, — où fréquenta beaucoup l'abbé Lebeuf, lorsque son ami l'abbé Prevost, mort en 1753, en était le conservateur, — et un cabinet de médailles (transféré, en 1791, à la Bibliothèque nationale), sur lequel le P. Claude du Molinet, chanoine régulier de l'abbaye, a écrit un important ouvrage (1692, in-fol.) ; l'auteur était mort à Sainte-Geneviève, le 2 septembre 1687 ; ce cabinet s'était considérablement enrichi du legs de Louis III, duc d'Orléans, qui vécut longtemps à l'abbaye et y mourut le 4 février 1752 (Arch. nat. L. 882).

En vertu d'un décret du 1er mai 1802, les bâtiments de l'abbaye furent affectés à l'installation d'un lycée, qui s'est appelé tour à tour, suivant les régimes politiques, du nom de Napoléon, Corneille et, finalement, Henri IV.

Au mois de novembre 1803, l'archevêque de Paris prescrivit une visite du tombeau de sainte Geneviève, demeuré dans la crypte de la vieille église. Cette visite eut lieu en présence de nombreux témoins, parmi lesquels : François-Amable de Voisins, curé de Saint-Étienne-du-Mont, et ses deux premiers vicaires, Thomas Froideau, architecte, Jean-Marie Vialon, conservateur de la Bibliothèque nationale du Panthéon, ancien chanoine régulier et bibliothécaire de l'abbaye de Sainte-Geneviève. Elle donna lieu à la rédaction d'un procès-verbal détaillé, dont voici une rapide analyse : les commissaires constatèrent, au milieu de la chapelle souterraine, quatre colonnes en pierre, couvertes par une voûte d'arêtes, et entre elles une estrade, formée de deux marches ; au milieu de cette estrade, un tombeau en forme de piédestal quadrangulaire, « le tout construit en pierre de liais, qui nous a paru avoir été peinte en marbre ». Au dessus de cette assise, se trouvait un fragment d'une grande pierre, portant des marques nombreuses d'outils tranchants (employés autrefois par les fidèles, qui voulaient conserver une parcelle du tombeau de sainte Geneviève) ; quand les débris de cette pierre eurent été soigneusement soulevés, on remarqua qu'ils recouvraient d'abord un lit de plâtre, puis un amas de terre sablonneuse et très sèche, renfermant des ossements, d'où l'on conclut que ce ne pouvait être que de la terre de cimetière.

D'autre part, Claude Rousselet, dernier abbé de Sainte-Geneviève, certifia que le monument n'était pas une désignation de l'endroit où sainte Geneviève avait été inhumée, « puisqu'il est constant qu'elle le fut dans un autre lieu », mais que sa partie principale provenait de la base de la tombe où ses ossements avaient été déposés, avant que d'être renfermés dans une châsse ; enfin, que ce monument n'avait été construit que pour sauver de la destruction le débris de tombe en question. Tous ces restes vénérables furent transportés depuis à Saint-Étienne-du-Mont, dans la chapelle consacrée à sainte Geneviève.

Le dossier de pièces manuscrites d'où nous avons extrait ces renseignements, et qui est conservé à la Bibliothèque de la Ville de Paris (16,563, in-fol.), contient d'autres détails, non moins curieux, sur la démolition définitive de l'ancienne église Sainte-Geneviève, en 1807. Elle fut rendue nécessaire pour le percement d'une rue nouvelle (la rue Clovis), destinée à « faciliter la jonction de l'ancien collège de Boncourt avec les bâtiments de l'École polytechnique, auquel il est réuni par décret impérial ». L'architecte chargé des travaux de déblaiement s'appelait Bourla ; il fut invité par le ministre de l'intérieur « à faire les recherches nécessaires pour retrouver le corps de Clovis, de la reine Clotilde et de plusieurs enfans de ce prince, inhumés dans le sanctuaire, et d'autres personnages illustres inhumés dans la nef, tels que René Descartes, Rohaut, etc. ». Il rédigea, en effet, un assez long rapport, daté du 29 avril 1807, où sont mentionnées les découvertes d'un grand nombre de tombeaux et de quelques cercueils de plomb, mais sans qu'aucun d'eux ait pu être reconnu pour celui de Clovis ou de Clotilde; en revanche, les restes de René Descartes et le cœur de son disciple, Rohaut, ayant été retrouvés, furent remis à Lenoir et transférés au musée des Monuments Français. Plusieurs érudits, tels que Millin et Chevalier, bibliothécaire de la bibliothèque Sainte-Geneviève, furent consultés et assistèrent à ces fouilles, qui ne donnèrent pas d'autres résultats. L'acquisition des matériaux provenant de l'église fut soumissionnée au prix de 12,100 francs, réserve faite des tombeaux. La partie de la rue Clovis comprise entre la rue Descartes et la place du Panthéon correspond exactement à l'emplacement de cet édifice, qui était contigu et parallèle, comme l'on sait, à l'église de Saint-Étienne-du-Mont.

Quant à la Bibliothèque des Génovéfains, elle resta d'abord dans la partie supérieure des bâtiments du lycée Henri IV (les dortoirs y sont actuellement aménagés et ont conservé les admirables boiseries en style rococo qui l'ornaient). Une ordonnance du 22 juin 1842 prescrivit sa translation dans l'ancienne prison dite de Montaigu, et autorisa un crédit de 1,775,000 francs pour la construction d'un nouvel édifice, celui qui s'élève aujourd'hui sur la place du Panthéon, et dont la première pierre fut posée le 22 août 1844.

BIBLIOGRAPHIE. — *Sources*. — Archives nat. L. 879 : pièces relatives au droit de committimus ; visite de Jean Simon, évêque de Paris, le 15 février 1495 (n. s.) ; privilèges de l'abbaye et notamment exemption de la juridiction épiscopale ; lettres patentes de novembre 1626, par lesquelles Louis XIII rend la dignité d'abbé élective de trois en trois ans. — L. 880 : anniversaires fondés en l'abbaye (XVIIe siècle) ; dossiers des chapelles Saint-Martin, Saint-Éloi, Notre-Dame aux Paons, Sainte-Geneviève, Saint-Jacques ; fondations de messes ; recueil de factums concernant les Genovéfains. — L. 881 : dossier des contestations entre l'abbaye et la cure de Saint-Étienne-du-Mont, au sujet de la procession du Saint-Sacrement (XVIIe et XVIIIe siècles) ; réformes de l'abbaye (1622-1724) et triennalité de la dignité abbatiale (1622-1753) ; associations spirituelles avec les hospitaliers de Césarée, l'abbaye de femmes de la Périgne au diocèse du Mans, les chanoinesses régulières du Val du Paradis d'Espagnac, les abbayes de Saint-Victor de Paris et du mont Saint-Éloi d'Arras. — L. 882 : titres relatifs à l'exemption de la juridiction épiscopale, aux entrées solennelles des évêques, à l'exemption du droit de déport ; à la « reconciliation de l'église polluée en 1500 à la suite d'une effusion de sang » ; donation à l'abbaye, en 1751, par Louis III, duc d'Orléans, de sa collection de médailles et pierres gravées, avec le triple catalogue qui en a été fait, cette donation devant être accomplie dès que les religieux auront fait achever leur cabinet de médailles, voisin de la bibliothèque, et à la double condition que les objets donnés ne pourront être aliénés avant trente ans et qu'ils seront à la disposition des curieux le lundi de chaque semaine. — L. 883 : titres de propriété de l'abbaye à Arcueil, Ablon, Borest, Brunoy, Choisy, Chennevières en France, Draveil, Épinay-sous-Sénart, Gonesse, Jusigny, La Ferté-Milon, Lizy-sur-Ourcq, Magny, Marisy, Nanterre, Nogent-sur-Seine et Palaiseau. — L. 884 : documents relatifs aux bâtiments de l'église et à la chapelle de la Miséricorde. — L. 885 : rapports de l'abbaye avec l'église de Saint-Étienne-du-Mont (à consulter surtout pour l'histoire de cette dernière église). — L. 886 : droits de franc-sel ; fondations; titres de l'hôtel de Vézelay, voisin de la chapelle Saint-Symphorien ; deux pièces de 1697, relatives au pavage du carré de l'abbaye par les soins des entrepreneurs du pavé de Paris. — L. 887 : origine des biens de l'abbaye à Rosny, Rungis, Roissy en France, Ver, Vanves, Vémars et Saint-Leu-Taverny. — LL. 1446-1447 : comptes de l'abbaye au XVe siècle. — H. 3633-3637 : censiers et titres de rente. — S. 1490-1821 : titres de propriété. — Z^s 3749-3755 : titres judiciaires. — Sur la construction de la nouvelle église Sainte-Geneviève, de 1754 à 1780, on trouvera de précieux renseignements dans le carton G^9 653 et le registre H. 3634.

A la Bibliothèque de la Ville de Paris, sous la cote 16,563 in-fol., se trouve un portefeuille rempli de notes, plans et rapports relatifs aux fouilles pratiquées, en 1803, dans l'ancienne église de l'abbaye et à sa démolition en 1807 ; nous en avons donné plus haut quelques extraits.

Outre ces documents, la Bibliothèque Sainte-Geneviève possède un fonds considérable de manuscrits relatifs à l'abbaye. En voici l'indication d'après les catalogues, qui nous ont été obligeamment communiqués par les conservateurs de ce dépôt : en premier lieu, le cartulaire (E. l. 25), entièrement dépouillé par Lebeuf pour l'histoire des paroisses du diocèse, mais dont la publication demeure encore infiniment désirable ; c'est un petit in-folio de 390 pages, dont les 383 premières ont été écrites au XIIIe siècle, et les sept dernières au XVIe siècle ; puis, le livre de justice (H. f. 23), également du XIIIe siècle, avec de nombreuses intercalations dans les feuillets de textes du XVe siècle ; ce document, de premier ordre pour l'histoire du droit, a été publié par M. Tanon dans son *Histoire des justices des anciennes églises et communautés monastiques de Paris* (1883, in-8) ; — plusieurs censiers : l'un du XIVe siècle (E. f. 11), l'autre du XVe siècle (E. f. 25), et le troisième du XVIe siècle (H. f. 25) ; — deux cérémoniaux, conservés sous la cote BB. f. 1 ; — un nécrologe ancien de l'abbaye (H. l. 17) ; — l'*Historia cancellariorum sancte Genovefe*, du P. Fronteau (H. l. 25) ; — bulles concernant la chancellerie de Sainte-Geneviève (Q. l. 2) ; — le *liber cellerarii S. Genovefe* (E. l. 21) ; — les *constitutiones monasterii S. Genovefe* (E. l. 12) ; — un recueil de pièces concernant l'abbaye de Sainte-Geneviève (H. f. 22) ; — un autre recueil relatif à son administration spirituelle (D. f. 12) ; — noms des religieux, de 1348 à 1700 (H. f. 18) ; — journal des maladies des principaux sujets de l'ordre (H. f. 16) ; —

journal de la congrégation pendant les années 1634-1637 (H. f. 41) ; — *abbates ecclesique viri illustres Sanctæ-Genovefæ Parisiensis* (H. l. 13) ; — *ordo S. ecclesiæ Genovefæ* (BB. l. 59) ; — actes capitulaires de l'abbaye, de 1775 à 1790 (H. f. 45) ; — procès-verbaux des diètes, de 1770 à 1776 (H. f. 46) ; — inventaire des pièces contenues au chartrier de Sainte-Geneviève (H. f. 48) ; — matériaux pour le catalogue de la Bibliothèque (Q. f. 12) ; — enfin, de très nombreuses pièces concernant la châsse de sainte Geneviève, et dont plusieurs ont été imprimées : « la forme qui doibt estre gardée pour la descente de la châsse de madame saincte Geneviefve », manuscrit du XVIe siècle (H. f. 25) ; — cérémonies qui s'observent en la descente de la châsse de sainte Geneviève et la procession qui se fait en l'église Notre-Dame de Paris, en 1617 (BB. l. 30) ; — comptes de la société des porteurs de la châsse, de 1761 à 1792 (H. f. 49) ; — statuts, signatures et noms de ces porteurs (H. f. 19³) ; — extraits des registres du Parlement, concernant les cérémonies qui se sont faites dans les processions ou descentes de la châsse de sainte Geneviève, depuis 1400 jusqu'en 1709 (H. f. 43¹) et copie de plusieurs de ces pièces (H. f. 23³). — Il faut mentionner encore une histoire manuscrite de sainte Geneviève et de son abbaye royale et apostolique (H. f. 21), ouvrage attribué au P. Claude du Molinet, bibliothécaire de l'abbaye.

Imprimés. — La vie de sainte Geneviève, les longues annales de l'abbaye, l'histoire et la description du Panthéon, enfin, ont fourni la matière d'un très grand nombre d'ouvrages, de plaquettes, de factums, dont l'énumération serait démesurée ici, aussi bien que fatalement incomplète. Nous nous bornerons donc à ajouter les titres suivants à ceux que mentionne la précédente notice :

Vie de sainte Geneviève, patronne de Paris et du royaume de France, par Saintyves, 1846, in-4.

Notice historique sur l'ancienne et nouvelle église de Sainte-Geneviève, contenant quelques faits relatifs à la vie de cette sainte patronne, les noms des fondateurs de ces églises et l'époque de leur fondation ; suivie de notes historiques sur les événements et les personnages dont il est parlé dans cet opuscule, 1823, in-18.

Histoire de l'église Sainte-Geneviève, patronne de Paris et de la France, ancien Panthéon français, par Ch. Ouin-Lacroix, 1852, in-8.

Guide du visiteur à Sainte-Geneviève, ancien Panthéon national..., par M. l'abbé de l'Estang, 1858, in-16.

L'abbaye de Sainte-Geneviève et la Congrégation de France... par l'abbé Féret, 1883, 2 in-8.

Le Cabinet de la Bibliothèque Sainte-Geneviève..., par le R. P. Claude de Molinet, chanoine régulier de la congrégation de France, 1692, in-fol.

Histoire de la Bibliothèque Sainte-Geneviève..., par A. de Bougy et P. Pinçon, 1847, in-8.

Un ancien règlement de la Bibliothèque Sainte-Geneviève, publié par Ch. Kohler dans la *Bibl. de l'École des Chartes*, 1889.

SAINTE-GENEVIÈVE DES ARDENTS
I, 242-245

P. 242. — Faut-il attribuer, comme l'a fait Lebeuf, l'origine de cette église au souvenir de sainte Geneviève, au culte de sa mémoire qui auraient motivé la construction d'une chapelle sur l'emplacement de sa demeure dans la Cité de Paris? Nous avons peine à nous y résoudre. Et d'abord, il faudrait avoir des notions certaines sur cette demeure; or, les plus anciens écrits hagiographiques ne nous en fournissent pas; on peut conjecturer avec vraisemblance qu'elle devait se trouver dans le voisinage, à l'ombre en quelque sorte de la Cathédrale, mais rien ne le prouve absolument. Si, d'autre part, on sait que depuis une époque très reculée, l'abbaye de Sainte-Geneviève possédait dans la Cité une sorte d'hospice, il est tout naturel d'admettre que la chapelle de cet hospice ait été appelée Sainte-Geneviève-la-Petite et ait eu ainsi pour patronne non pas la sainte même, mais l'abbaye dont elle était une émanation.

P. 243. — Notre auteur a eu raison de supposer que cette chapelle existait avant l'an 1129, où eut lieu le miracle de la procession des Ardents. M. de Lasteyrie a publié dans le *Cartulaire général de Paris* (t. I, p. 233-4) un acte antérieur au 3 août 1128 et qui fut passé dans cette église même; elle devait déjà être érigée en cure, car parmi les souscripteurs de la charte figure « Guido, sacerdos sancte Genovefe ».

P. 245. — Le chartrier fort pauvre qui nous a été conservé de cette église ne nous a pas permis de vérifier à quelle époque précisément Sainte-Geneviève-la-Petite commença de perdre ce surnom, qui pouvait froisser l'amour-propre de son clergé ou de ses paroissiens, et, comme Lebeuf, nous n'avons pas pu remonter plus haut que l'année 1518 dans ses archives; il s'y trouve en effet un acte du 20 septembre de cette année-là où l'église est appelée « Sainte-Geneviefve-des-Ardans » (L. 644), mais il est à remarquer que dans la plupart des documents qui suivent on la nomme Sainte-Geneviève *du miracle* des Ardents.

Parmi ses bienfaiteurs, il faut citer les noms de Geneviève le Pelletier, veuve en 1521 de Simon Vostre, « en son vivant l'un des deux relieurs de livres juré en l'Université, bourgeois de Paris, » — et de Nicolas Bonfons, curé d'Antony, qui accomplit une fondation de son père « feu honorable homme Nicolas Bonfons, en son vivant marchand libraire juré en l'Université de Paris, époux de Marie Ruelle » (*ibid.*). En un livre comme celui-ci, le souvenir du second éditeur de Corrozet méritait de ne pas passer inaperçu.

L'église Sainte-Geneviève-des-Ardents fut interdite par ordonnance de l'archevêque de Paris en date du 8 janvier 1747 « pour cause de vétusté et péril imminent, duement constaté par procès-verbaux de visites d'experts », et aussitôt démolie. Par décret du 3 avril 1748, l'archevêque ordonna sa réunion à la cure de la Madeleine dans la Cité, attendu que ni la fabrique, ni les paroissiens n'avaient les fonds nécessaires pour une reconstruction. Le décret porte en outre que « pour conserver la mémoire du miracle des Ardents dans le même territoire où il a plu à Dieu de l'opérer par l'intercession de sainte Geneviève, nous statuons et ordonnons que la nouvelle église des Enfants Trouvés près l'Hôtel-Dieu, aussitôt qu'elle sera construite et en état qu'on y fasse le service divin, sera dédiée sous l'invocation de Sainte-Geneviève du miracle des Ardents, et que la fête en sera célébrée dans la dite église le vingt-six novembre de chaque année, selon le rit qui s'observe aux fêtes des patrons, dans laquelle église nous avons transféré et transférons la Confrérie de Sainte-Geneviève du miracle des Ardents anciennement établie dans la dite église paroissiale de Sainte-Geneviève, sauf aux confrères est, comme et ainsi qu'ils aviseront bon être, pour faire autoriser et confirmer la dite confrerie dans la dite eglise des Enfans Trouvés, conformément aux ordonnances, loix et usages du Royaume » (Archives nat., L. 645). Ces prescriptions furent, en effet, exécutées. Le musée Carnavalet a recueilli l'inscription qui surmontait la porte de l'hospice des Enfants-Trouvés, démoli en 1876 pour l'agrandissement du parvis Notre-Dame, et cette inscription portait : « Hôpital des Enfants trouvez, sous l'invocation de Sainte-Geneviève des Ardents » (Cf. *Inscription de l'ancien diocèse de Paris*, t. V, p. 199).

BIBLIOGRAPHIE. — *Sources*. — Archives nat., L. 644 : fondation, le 29 septembre 1663, d'une confrérie de Sainte-Barbe par les fossoyeurs et sonneurs des églises paroissiales de Paris; statuts et règlements de la confrérie de Sainte-Geneviève (1680); fondations pieuses (1518-1660); état des effets et meubles de l'église et de la sacristie en 1748. — L. 645 : fondations, de 1660 à 1716; martyrologe rédigé en 1686; dossier de seize pièces concernant la réunion de Sainte-Geneviève des Ardents à l'église de la Madeleine (1748). — LL. 726 : inventaire des titres (1617). — LL. 727 : délibération de la fabrique (1713-1748). — S. 3342-3443 : titres de propriété.

ÉGLISE SAINT-ÉTIENNE DU MONT
I, 245-250

P. 245-6. — La plus ancienne mention d'une chapellenie de Saint-Jean dans la crypte de Sainte-Geneviève se trouve dans une charte de 1140 ou 1141, par laquelle un chanoine de cette abbaye, Geoffroi, y fonde une nouvelle chapelle (*Cartulaire général de Paris*, I, 273). — Quant à la bulle d'Eugène III, qu'il faut dater de 1150 ou de 1153 (cf. *ibid.*, p. 321), elle se trouve aux Archives nat. L. 228, et a été publiée par Sauval (III, 49) et par Guérard (*Cartulaire de Notre-Dame*, I, 30); elle conclut à la présentation par l'abbé de Sainte-Geneviève et à la nomination par l'évêque des curés de l'église en question, qui est appelée simplement *ecclesia sancti Johannis*.

Il y a quelque confusion dans le paragraphe où Lebeuf parle de nouveaux différends suscités par l'évêque Maurice de Sully et en donne pour cause des événements postérieurs à 1211, date où cet évêque était mort depuis seize ans : la vérité est qu'on ne sent pas très bien la connexité de ces différends avec la construction de l'enceinte de Philippe-Auguste, mais ce qu'il faut en retenir, c'est la preuve que, dès la fin du XIIe siècle, la population de la montagne Sainte-Geneviève s'était assez accrue pour motiver l'existence d'une église paroissiale proprement dite.

Notre auteur avait pensé que cette église fut autorisée en 1220 ou 1221. Jaillot (t. II, quartier Saint-Benoît, p. 88) puis Cocheris, d'après lui et sans aucune preuve nouvelle (II, 649), ont contesté cette affirmation et proposé une date antérieure. Voici un document, encore inédit, qui donne tort à tous trois : c'est la bulle par laquelle Honorius III donna cette autorisation, le 20 juin 1222 :

« Honorius, episcopus, servus servorum Dei, venerabili fratri Parisiensi episcopo, salutem et apostolicam benedictionem. Dilecti filii abbas et conventus Sancte

Genovefæ Parisiensis nobis humiliter supplicarunt ut, cum in parrochia eorumdem adeo sit populus augmentatus quod in parrochiali ecclesia ad audienda divina nequeant convenire, construendi aliam ecclesiam in eadem parrochia et serviendi per canonicos proprios in eadem..... concedere dignaremur : nos igitur, tibi qui loci diocesanus existis in hac parte, deferre volentes fraternitati tue per apostolica scripta mandamus quatinus eisdem postulata concedas, sine juris prejudicio alieni. Datum Laterani XII Kalendas Julii, pontificatus nostri anno sexto. » — (Arch. nat. L. 885).

Les agrandissements de 1491, dont parle Lebeuf, ne furent pas les seuls qui aient été faits à cette église. Par acte du 18 décembre 1605, l'abbaye de Sainte-Geneviève céda aux marguilliers de Saint-Etienne-du-Mont un terrain long de quatorze toises et large de huit, qui dépendait du jardin du chefcier; cet espace était, d'après le contrat, « destiné à construire les charniers pour faire la communion » et il s'étendait « à partir du pilier faisant le milieu de la chappelle Saint-Nicolas où est le sepulchre de la dicte eglise Saint-Estienne-du-Mont, par le dehors d'icelle chappelle tirant de droicte ligne jusques à la muraille qui faict sepparation du chemin de la tour ou prison d'icelle abbaye avecq la petite ruelle qui est entre le mur qui faict la closture de la dicte abbaye et la dicte eglise Sainct-Estienne ». (Arch. nat. L. 885).

Le même carton contient un autre document curieux, déjà connu de Cocheris : c'est la transaction, datée du 6 juillet 1609, par laquelle l'abbaye de Sainte-Geneviève autorisait la fabrique à construire le grand portail de son église, avec cette réserve « qu'au coin du mur qui sera rebasti de nouveau vers le grand cimetière, sera faict et construit une petite tourelle, retranchée en cul de lampe, pour marque de la seigneurie de Sainte-Geneviève, contre laquelle tourelle seront mises et gravées les armoiryes de la dite abbaye, qui sont trois fleurs de lys avec une crosse traversant l'écusson, et sera apposée une pierre de marbre dans laquelle sera escrit en lettres gravées d'or que le reculement du dict mur a esté fait du consentement et par permission de Sainte-Geneviève, pour donner commodité aux paroissiens de Sainct-Estienne de faire un passage et entrer au charnier de la dite eglise [1]. »

Enfin, la même liasse renferme un nouvel acte de vente, du 29 janvier 1627, aux termes duquel l'abbaye aliène une place touchant aux murs qui la séparent du collège de Lisieux, et cela pour faire un cimetière à Saint-Etienne-du-Mont. Elle consent que la porte qui communique des bâtiments de l'abbaye à l'église par la chapelle Saint-Léger soit bouchée et transférée dans la chapelle des fonts baptismaux.

La sagacité si remarquable, presqu'infaillible de Lebeuf, à dater les monuments du passé, lui a fait bien défaut en présence du jubé de Saint-Etienne-du-Mont;

---

[1]. On a enlevé l'inscription du grand portail attestant que la première pierre de cette façade avait été posée, le 2 août 1610, par Marguerite de Valois (une pécheresse qui ne paraît pas, surtout à cette date, avoir été bien qualifiée pour une pareille cérémonie). Le texte nous en a été conservé dans l'ouvrage de l'abbé Faudet (p. 15) :

DEO FAVENTE
S. STEPHANO DEPRECANTE ET AUSPICIIS
MARGARETE VALESIÆ
REGINÆ
ANNO DOMINI 1610, 2 AUGUSTI

en en faisant remonter la construction à 1520 environ (les premières années du règne de François Ier), il ne se trompait pas de moins de quatre-vingt-cinq ans. La date 1605, deux fois répétée au pied des statues qui décorent les portes de ce jubé ouvrant sur les bas-côtés de l'église, confirme surabondamment ce que Sauval nous avait déjà appris en attribuant la construction de l'œuvre à l'architecte Pierre Biart, lequel mourut en 1609. Dans le *Bulletin de la Société de l'Histoire de Paris*, 1883, pp. 43-6), M. Guiffrey a publié le mémoire qu'un sieur Hivert adressait aux marguilliers de Saint-Etienne en 1740 en vue de les déterminer à abattre le jubé de leur église : « ..... Il faut encore ôter le jubé pour découvrir totalement le haut du chœur servant de couronnement à l'aûtel qui est très bien doré et ouvert, ce qui découvrira en même tems la chapelle de la Vierge qui est derrière, que vous avés fait decorer avec grande dépense, ce qui inspire de la devotion à ceux qui assistent au service divin qui y est celebré avec grande veneration. — Le jubé, quoique très bien sculpté, ne peut point être conservé ni préféré à la decouverte de la beauté du chœur, qui rendra l'église beaucoup plus grande et plus majestueuse et sera une des plus belles de Paris, au lieu qu'à present ce jubé a l'air d'un pont et n'est plus supportable à la vûe. L'on ne peut voir la celebration des Saints-Mystères que par dessous l'arcade de ce pont, ce qui est indecent..... »

Ce qui est surprenant, c'est que les marguilliers de Saint-Etienne ne se soient point rendus à de telles raisons, et il ne faut guère leur en savoir gré, car on peut croire que le sentiment artistique n'influa guère sur leur décision; mais nous devons néanmoins les en féliciter : de toutes les églises de Paris, celle dont nous parlons est la seule aujourd'hui qui ait l'avantage d'avoir conservé son jubé, et le hasard, sans doute, a voulu que celui-là fût un très remarquable monument.

Le *Recueil des Inscriptions de l'ancien diocèse de Paris* contient (I, 117-130) les textes épigraphiques suivants qui se rapportent à Saint-Etienne du Mont : 1568, fondations de messes en faveur de Jean Edeline, clerc de l'œuvre et fabrique de l'église; — 1620 : épitaphes de Jacques Sellier, marchand de vins et bourgeois de Paris et d'Anne l'Evesque, sa femme; 1626 : inscription de la dédicace; 1662 : épitaphe de Pascal, et enfin celle de Jean Racine, que Lebeuf ne pouvait mentionner. Racine, en effet, avait reçu la sépulture à Port-Royal des Champs; après la suppression de ce monastère, en 1708, son cercueil fut transporté à Saint-Etienne du Mont, mais la dalle funéraire qui le recouvrait servit au dallage de l'église de Magny-l'Essart; ce n'est qu'en 1818 qu'elle fut réunie aux cendres du poète. Il est bon de rappeler que cette épitaphe est l'œuvre de Boileau.

D'importants travaux de restauration ont été faits de 1861 à 1868, à Saint-Etienne du Mont, par l'architecte Baltard; la façade, notamment, a été complètement remaniée; on a aussi aménagé, sur un des deux côtés de l'ancien cloître qui bordait les charniers dont il a été question plus haut, une salle des mariages et la chapelle des catéchismes. Dans la galerie du cloître par où l'on accède à cette chapelle ont été groupés d'anciens vitraux d'une grande beauté, datant presque tous du XVIe siècle et restaurés en 1734 par Pierre Le Vieil. Les amateurs s'accordent à déclarer que cette collection est la plus précieuse que possède Paris, après les admirables verrières de la Sainte-Chapelle.

Le 3 janvier 1857, l'église Saint-Etienne du Mont fut souillée par un crime odieux. L'archevêque de Paris, Auguste Sibour, y fut assassiné par un fanatique, sans doute fou, appelé Verger, au moment où il inaugurait la neuvaine annuelle consacrée à sainte Geneviève. Une inscription commémorative, placée dans la chapelle de cette sainte, rappelle la date et les circonstances de cet attentat.

BIBLIOGRAPHIE. — *Sources*. — Archives nat. L. 885 : rapports de la fabrique avec l'abbaye de Sainte-Geneviève ; un grand nombre de pièces curieuses sur la construction, les agrandissements de l'église, les aliénations de terrains, les élections de marguilliers, fondations, etc. — H. 3763-3770, 4347-4362 ; LL. 720-721 : comptes et rentes de la paroisse, du XVI² au XVIII² siècle. — LL. 704-710 : délibérations. — L. 635-642 ; LL. 711-719 : obituaires, fondations, inventaires. — S. 3324-3327 : titres de propriété et construction de l'édifice.

Imprimés. — Notice historique sur la paroisse de Saint-Étienne du Mont, ses monuments, ses établissements anciens et modernes, par MM. l'abbé Faudet et L. de Mas-Latrie ; 1840, in-12. — Dans l'*Inventaire des richesses d'art de la France* (Paris, Monuments religieux, t. I, pp. 303-322), M. Clément de Ris a décrit les œuvres d'art qui ornent cette église ; nous y signalerons une légère erreur : la chaire n'est pas l'œuvre de Claude Lestocart, qui en a seulement sculpté les figures ; dans la notice citée précédemment, M. J. Guiffrey a établi que cet ouvrage a été construit, en 1651, par un menuisier appelé Germain Pilon. Rien ne prouve, d'ailleurs, absolument, que cet artisan soit un descendant de l'illustre sculpteur, son homonyme.

CHAPELLE SAINT-SYMPHORIEN
I, 250-251

Il n'est pas téméraire de penser que cette chapelle existait déjà au VII² siècle et que c'est elle que mentionne le testament d'Ermentrude (vers 700), dans les termes suivants : « ... Basilicæ sancti Sinfuriani, in qua bonæ recordacionis filius meus Deorovaldus requiescit : freno valente soledus duodece, et caballo strato, et carruca in qua sedere consuevi, cum boves et lectaria cum omni stratura sua, pro devotione mea et requiem Deorovaldi dari præcipio... ». On remarquera que Lebeuf n'a attribué ce legs ni à Saint-Symphorien de la Cité, ni à la chapelle dont nous traitons maintenant, ce qui revient à dire qu'il n'y a pas fait attention. M. de Lasteyrie se prononce sans discussion (par un renvoi de la table des matières), pour l'église qui s'élevait dans l'île. Jaillot, au contraire, se prononce pour la chapelle de la montagne Sainte-Geneviève (*quartier Saint-Benoît*, pp. 43-4). C'est aussi notre avis, et il nous paraît confirmé encore par ce fait qu'Ermentrude accordait en même temps des bienfaits à l'église, toute voisine, de Saint-Étienne-des-Grès (voir plus haut, p. 98).

Par une bulle du 26 janvier 1295 (Archives nat. M. 111, n° 7), Boniface VIII autorisa la concession faite par l'abbaye de Sainte-Geneviève aux boursiers du collège des Cholets, de cette chapelle, *que nullos parrochianos habebat, neque redditus vel proventus*. Lebeuf n'a pas connu cet acte.

Ces six mille livres n'eurent pas, en effet, à être employées pour la destination que prévoyait le testateur, et les exécuteurs testamentaires crurent pouvoir fonder un collège destiné aux pauvres étudiants du diocèse de Beauvais, bien que cela

La chapelle Saint-Symphorien était, en effet, située dans la rue Saint-Étienne-des-Grès (actuellement rue Cujas), en face du collège des Cholets. Par contrat du 9 septembre 1622, elle fut vendue au collège de Montaigu (Jaillot, *ibid.*). Dès lors, paraît-il, elle tombait en ruines, et, vraisemblablement, c'est le terrain seul qu'acheta le collège.

BIBLIOGRAPHIE. — *Sources.* — Il y a très peu de documents conservés sur cette chapelle ; on les trouvera répartis dans les cartons L. 886 (abbaye de Sainte-Geneviève) et M. 111 (collège des Cholets) des Archives nationales.

CHAPELLE DE LA NATION DE PICARDIE
I, 251

Le 16 germinal an VI (5 avril 1798), Lenoir adressa au Conseil de conservation des objets de sciences et d'arts, le rapport suivant : « D'après l'avis donné au Conseil, je me suis transporté à la petite chapelle dite de Picardie, bâtiment qui appartient à la Nation, rue du Fouarre, où j'ai examiné les vitraux indiqués. Il y en a deux, l'un composé de neuf panneaux représentant la Vierge, différents saints et saintes ; ces figures sont d'un style gothique, dont la peinture en est très belle (*sic*) ; elles sont d'une proportion de demi-nature, enrichies de jolis petits fonds d'architecture, dans le genre des vitraux de Notre-Dame, qui ont été faits dans le même temps. L'autre vitrail, composé de trois panneaux, contenant les mêmes sujets, peints dans le même genre... » Lenoir concluait à leur translation, qui fut autorisée, au musée des Monuments français (*Archives du musée des Monuments français*, première partie, p. 108).

Peu de temps après, en 1802, cette chapelle fut démolie et remplacée par une maison particulière, rue du Fouarre, n° 17, que le percement de la rue Monge, en 1889, a fait elle-même disparaître.

COLLÈGE DES CHOLETS
I, 251

En réfutant Lebeuf, Jaillot (t. IV, *quartier Saint-Benoît*, pp. 45-8) n'avait fait qu'entrevoir la vérité, que nous révèle le chartrier de ce collège, conservé aux Archives nationales. Parmi les donations très nombreuses que fit le cardinal Jean Cholet, par son testament du 27 novembre 1289, se trouvent les suivantes : « Item, negocio Aragonensi, si tamen dominus Karolus, rex Aragonensis, proficiscatur cum digno exercitu in dictum regnum, sex millia libras turonensium. Quod si forsitan pax facta fuerit, vel idem dominus Karolus aut rex Francie negocium dimiserint in perfectum, dicta sex millia libras in pauperes oriundos de Belvacensi diocesi distribui voluimus per executores nostros infra nominandos » (M. 111).

ne fût pas exactement conforme aux intentions de Jean Cholet. Ils achetèrent donc à Jean de Bulles, archidiacre du Grand-Caux, la maison que ce dernier avait acquise, en 1290, des légataires de Gautier, évêque de Senlis, au prix de 800 livres.

Comme nous l'avons dit plus haut, la chapelle de Saint-Symphorien fut affectée, en 1295, au service du nouveau collège; ce n'est que bien plus tard, en août 1504, que l'établissement obtint de faire consacrer une chapelle qui lui fût propre (M. 113); elle eut sainte Cécile pour patronne.

La discipline des anciens collèges est encore trop peu connue pour que nous hésitions à transcrire la pièce suivante :

« Nous soubsignez, boursiers theologiens du collège des Cholets, fondé en l'Université de Paris, assemblés en la salle du dict collège le jeudy neufième de juin mil sept cent sept, après avoir examiné la conduite de Pierre Chevallier, petit boursier, et ce qu'il luy venoit d'arriver, l'avons chassé du dict collège et privé de sa bourse, pour ne point avoir fait ses devoirs de petit boursier, n'avoir pas assisté à la messe, n'avoir pas été en classe depuis un très long temps et mené une vie très libertine, quoy qu'on luy ait donné plusieurs fois de bons avis, qu'il a toujours mesprisé; avoir calomnié et proféré des injures atroces contre la compagnie, insulté, levé la main et frappé un de ses maistres, avoir cassé la teste et blessé dangereusement le portier du dict collège, qui le faisoit retirer dans sa chambre à dix heures et demie du soir, et le lendemain, au defaut de M. Thureau, senieur, faisant les fonctions de prieur, pour executer la dite conclusion, avons enjoint à M. Claude Quignon, procureur du dict collège, accompagné de M. Lucien Lucas et de M. Jean Desrocques, de mettre dehors du dict collège le dict Chevallier, luy retirer la clef de sa chambre, d'en faire clouer la porte et de retenir ses meubles jusqu'à ce qu'il ait satisfait et paié le cuisinier, boulanger et autres debtes criantes, le tout selon les reglemens, usages et discipline du dict college. » Suivent quinze signatures (M. 114).

En 1763, le collège des Cholets fut réuni à l'Université.

D'après un état officiel, il comptait, en juillet 1789, cinquante-trois boursiers, provenant des diocèses d'Amiens et de Beauvais, et payait pour chacun une pension de 126 livres par trimestre.

Une ordonnance de Louis XVIII, en date du 26 juin 1821, prescrivit la réunion des bâtiments de ce collège à ceux de Louis-le-Grand, « sauf le retranchement nécessaire pour l'élargissement des rues des Cholets et de Saint-Étienne » (*Dictionnaire* des frères Lazare, p. 139). Il n'en reste plus rien aujourd'hui.

BIBLIOGRAPHIE. — *Sources.* — Archives nat. M. 111 : titres originaux de la fondation du collège, testament de Jean Cholet, bulles de Boniface VIII, acquisition de la maison de Jean de Bulles; fondations et titres divers jusqu'en 1399, parmi lesquels le *rôle* très volumineux d'une procédure entre le collège et Jean Boillart, chanoine de Saint-Étienne des Grez, à propos de biens contestés. — M. 112 : titres du XVe siècle, relatifs aux biens et aux rentes du collège; une charte du 25 janvier 1412 (n. s.), par laquelle Pierre Plaoul, évêque de Senlis, déclare emprunter au collège un certain nombre de livres, désignés par leur titre, l'*incipit* et le *desinit*; il s'engage, lui ou ses héritiers, à les rendre en bon état ; au dos de la pièce se lit la quittance donnée par Jean de Monstrelet et Jean

Baudouin, écoliers des Cholets, aux exécuteurs testamentaires de l'évêque, en date du 8 mai 1415 ; un obituaire du xv° siècle, avec des additions faites au siècle suivant, contenant les services dus aux bienfaiteurs du collège (32 feuillets, parchemin). — M. 113 : titres originaux de 1500 à 1580 (73 pièces), parmi lesquels la permission accordée aux écoliers, en août 1504, de faire consacrer la chapelle de leur collège, plusieurs pièces relatives aux biens des Cholets à Verberie, Béthizy et Crespy en Valois, et des baux de maisons sises à Paris, rue Saint-Jacques et rue Saint-Étienne des Grèz. — M. 114 : titres des xvii° et xviii° siècles ; cartulaire en forme de journal (xvi° siècle) ; pièces relatives aux provisions de boursiers ; déclarations des biens du collège en 1522 et 1609 ; états des boursiers après la réunion du collège à l'Université ; nécrologe imprimé. — M. 115 : biens divers. — MM. 374 : cartulaire du xiii° siècle (12 feuillets), qui contient la transcription des actes contenus en original dans le carton M. 111. — MM. 375 : registre de quatorze feuillets, où sont transcrits certains des actes relatifs au collège, de 1453 à 1516. — H. 2800[1-10] : comptes, de 1499 à 1718. — S. 6183-6184, 6402-6414 : titres de propriété.

Imprimés. — Nécrologe du collège (cahier de huit pages), aux Archives nat. M. 114. — Ch. Jourdain a publié, dans l'*Index* des chartes relatives à l'Université, le texte des statuts et de la réforme du collège en 1415 (pp. 253-7). — On trouvera d'importants renseignements biographiques sur le cardinal Jean Cholet dans un travail de l'abbé E. Muller publié dans les *Mémoires de la Société académique de l'Oise*, t. XI, 3° partie, pp. 790-835.

COLLÈGE DE NAVARRE
I, 251

Cette illustre maison porta d'abord le nom de collège de Champagne, et c'est ainsi que l'avait désignée sa fondatrice qui était, on le sait, comtesse de Champagne en même temps que reine de France et de Navarre ; au mois de mars 1374 (n. s.), Charles V ordonnait encore qu'elle fût désignée exclusivement sous le nom de collège de Champagne :

« Karolus, Dei gratia Francorum rex, notum facimus universis, tam presentibus quam futuris, quod cum dudum clare memorie domina Johanna, tunc Francie et Navarre regina, Campanieque comitissa, pia meditatione considerans quod ad Parisiense studium, in quo viget foris scientiarum regnum, multi confluunt ad hauriendum aquam scientie salutaris, quorum aliqui, paupertatis inopia depressi, licet dociles et habentes animum ad studendum a studio subtrahuntur, propter hoc inter alia contenta in ipsius testamento voluerit et ordinaverit quod de super bonis suis certa domus seu collegium scolarium Parisius fundaretur, et licet predicti scolares et domus redditus suos habeant et percipiant in comitatu Campanie et non in regno Navarre, ipsa nihilominus domus ab illo tunc usque nunc domus seu collegium scolarium Navarre vocatur et nominatur extiterit et adhuc sic : nos, attentis supradictis, volumus et ordinamus per presentes quod ex nunc in perpetuum ipsa domus seu collegium scolarium Campanie et nunquam Navarre de cetero nominetur (Arch. nat., JJ. 105, f° 122 v°).

Toutefois, en dépit de cette prescription, le nom de collège de Navarre continua à prévaloir et on le trouve employé dans les actes royaux de Charles VI lui-même.

L'histoire des écoliers de Navarre a été très complètement faite au xviie siècle par l'un d'eux, Jean de Launoi, dit le dénicheur de saints à cause de ses critiques contre le Martyrologe. On a souvent rappelé les noms de plusieurs des plus célèbres : Henri III, Henri IV, le duc de Guise, Ramus, du Boulay, Richelieu, Bossuet, y ont passé, ou fait de complètes études. En 1638, les collèges de Boncourt et de Tournay, dont il sera question plus loin, furent incorporés avec leurs bâtiments au collège de Navarre. En 1758, les dépenses de la maison s'élevaient à 6,897 livres, 15 sous, 4 deniers ; les recettes étaient de 6,498 livres, 9 sous.

Pendant la Révolution, ce collège resta inoccupé. Il est tout à fait inexact de dire avec Cocheris (II, 671) que l'École polytechnique y fut installée en 1794. Cette date correspond en réalité à la fondation de l'École polytechnique, qui n'était d'abord qu'une institution civile, établie dans les bâtiments de l'hôtel de Lassay, contigus au Palais-Bourbon. Elle ne fut transférée au collège de Navarre qu'en vertu d'un décret du 27 messidor, an XII (16 juillet 1804), la transformant en institution militaire. Les élèves n'y entrèrent que le 16 Brumaire, an XIV (11 novembre 1805). Plusieurs corps de bâtiments du vieux collège de Navarre sont restés debout dans l'enclos de l'École polytechnique, à côté de nombreuses constructions nouvelles. La chapelle a disparu ; elle servait, il y a quelques années, aux exercices d'escrime, de danse et de dessin.

BIBLIOGRAPHIE. — *Sources*. — Aux Archives nat. M. 180-181 : fondations, statuts, provisions. — MM. 469 : registre des délibérations (xviiie s.). — S. 6540-6546, 6181-6183 : titres de propriété ; les deux premiers cartons seuls contiennent des titres relatifs aux biens sis à Paris et notamment aux maisons ayant servi aux agrandissements du collège ; dans S. 6541, on trouvera des plans de l'établissement et un fort curieux devis des réparations à faire en 1548 : le total de ce qu'elles coûteraient s'élève à 46,864 livres, 15 sous tournois.

A la Bibliothèque nat. Fonds lat. 10984 : ms. sur vélin du xvie s. (157 feuillets) contenant le testament de la reine Jeanne, les statuts du collège et divers règlements et informations. Fonds lat. 10985 : testament de la fondatrice, statuts et règlements, des xive et xve siècles. — Fonds lat. 13885 : vidimus par Charles VI, en 1381, de l'acte de fondation du collège, daté de Vincennes, 31 mars 1304 (p. 129). Fonds lat. 9371 : catalogue de la bibliothèque en 1711.

Imprimés. — Joannis Launoii Constantiensis, Parisiensis theologi, regii Navarræ gymnasii Parisiensis historia, *Parisiis*, 1677, 2 in-4° (Histoire du collège depuis ses origines jusqu'en 1540, et des écrivains illustres qui en sont sortis).

Halmagrand : *Histoire du Collège de Navarre*, 1845, in-8°.

L'ancienne chapelle du collège de Navarre, art. de Troche dans la *Revue Archéologique* de 1844, 1re partie, pp. 192-200.

Histoire de l'École polytechnique, par G. Pinet, 1887, grand in-8°.

COLLÈGES DE PRESLES ET DE LAON
I, 251-252

Les renseignements de Lebeuf sur ces deux établissements manquent de précision : pour les compléter, il suffit de se reporter au texte des documents originaux, qui nous ont été heureusement conservés. Dès le 26 mars 1306 (n. s.), Guy de Laon, chanoine de la cathédrale de Laon et trésorier de la Sainte-Chapelle de Paris, avait affecté une rente de vingt-deux livres parisis à l'entretien des pauvres écoliers du diocèse de Laon étudiant à l'Université de Paris (Arch. Nat. M. 140). Au mois de janvier 1314 (n. s.), il s'entendit avec son ami Raoul de Presles, clerc du roi, pour fonder un collège destiné à recevoir, en nombre égal, des écoliers des deux diocèses de Soissons et de Laon; une somme de 200 livres fut consacrée à l'acquisition d'une maison sise sur les rues Saint-Hilaire et du Clos-Bruneau (*ibid.*); mais, peu après, par acte du 10 février 1324 (n. s.) les fondateurs préférèrent répartir en deux collèges distincts les boursiers qu'ils entretenaient : conseillés « par plusieurs sages hommes et discrez, nez des diocèses de Soissons et de Laon, ils avoient considéré que la communité qui autre fois avoit esté faicte des diz escoliers et de leurs successeurs pooit estre dommageuse et perilleuse en cors et en ames aus diz escoliers » (*ibid.*). C'est ainsi que furent créés les deux collèges de Presles et de Laon.

Le premier garda la maison de la rue Saint-Hilaire; il fut réuni à celui de Dormans-Beauvais en 1690 et incorporé avec lui à l'Université en 1767. Lebeuf ne dit pas que Ramus y avait reçu la mort, au lendemain de la Saint-Barthélemy.

Le collège de Laon fut transféré, le 8 octobre 1340, dans une maison que lui avait donnée à cette fin, le 8 août 1339, Gérard de Montaigu, avocat au Parlement, chanoine de Paris et de Reims, et qui était située entre les rues de la Montagne-Sainte-Geneviève et Saint-Hilaire, non loin du couvent des Carmes de la place Maubert. Il y resta jusqu'en 1763, époque de sa réunion au collège Louis-le-Grand. Ses bâtiments avaient été réédifiés en 1624, ainsi qu'en fait foi une inscription publiée dans le *Recueil* de M. de Guilhermy (I, 625). L'agrandissement de la place Maubert et des voies adjacentes les a fait disparaître en entier.

BIBLIOGRAPHIE. — Collège de Presles. — *Sources*. — Aux Archives nat., les documents du carton M. 140 (collège de Laon), que nous avons analysés, et H. 2874 [1-4] : comptes (1391-1764). — M. 185-186 : fondations, provisions, statuts. — MM. 433 : registre de délibérations (XVIIIe s.). — S. 6548 [1-2] : titres de propriété.

Collège de Laon. — *Sources*. — Archives nat. M. 140 : mémoire sur le collège de Laon et ses biens, rédigé en 1763 (103 feuillets); titres originaux de la fondation; testaments (XIVe-XVIIe s.). — M. 141-144 : fondations, parmi lesquelles celles de Gérard de Montaigu (1339), Jacques Rousselot, archidiacre de Reims (1348), François de Montaigu, chanoine de Soissons (1364-1390), Jean Motel (1407), Raoul de Harbes (1407). S. 6456-6461 : titres de propriété. — Dans L. 927 (couvent des Carmes), deux pièces, l'une de 1630, l'autre de 1661, concluant, après visite d'experts, à la réfection du mur mitoyen entre les Carmes et ce collège.

COLLÈGE DE MONTAIGU
I, 252

Un registre des fondations, écrit sur parchemin, en belle écriture du xvi⁰ siècle (Arch. nat. MM. 405), contient sur les origines de ce collège une notice dont l'authenticité n'est pas douteuse et que nous croyons bien faire de transcrire, en dépit de sa longueur et de sa médiocre latinité :

« Pro noticia igitur paucis et compendiose de statu hujus collegii Montis acuti ab sui initio habenda.

« Sciendum quod quemadmodum in litteris primis que sunt in capsa seu layeta deputata litteris que materiale ipsuis collegii corpus concernunt, id est domos, edificia, atria, ortos et pertinentia latius constat, prima ipsius collegii fundatio facta extitit circa annum Domini millesimum tricentesimum decimum quartum, per reverendum dominum Egidium Aycellinum, Rothomagensem archiepiscopum, de domo de Monte acuto, alias de Lystenois in Avernia. Ille etenim dedit locum et domos ibi existentes et pro indempnitate satisfecit dominis abbati et conventui de sancta Genovefa, redemitque omnes census et redditus preter summam quinque solidorum Parisiensium, pro omnibus particularibus domibus, debitos ; alios meliores et plures eisdem de sancta Genovefa tradendo cum pecunia, adeo quod ipsi promiserunt pro ejus anima singulis annis unum obitum integrum celebrare ; et a cognomine istius reverendi patris primo ipsum collegium vocabatur collegium *des Ayscelins* ; sed postmodum a nomine dominii obtinuit usus et usque ad hec tempora vocaretur collegium de Monte acuto. Sed hec prima fundatio, prout per hujusmodi veteres litteras liquet, periit, nam, anno domini millesimo tricentesimo nonagesimo octavo, dominus cardinalis Laudunensis, de eadem domo et progenie prefati domini Egidii Rothomagensis, ordinavit per suum testamentum fundationem hujusmodi de sex bursariis reparari et restaurari, quod factum fuit per dominum episcopum Ebroicensem, ejus consangeineum et testamenti ejus executorem, qui et statuta pro ipsis bursariis tradidit onusque eorum cum omnimoda totius collegii dispositione, dominis de capitulo Beate Marie commisit. Hec autem secunda fundatio seu restauratio etiam temporis tractu quo ad redditus periit funditus, quam quando prefatus pater et dominus defunctus Standonch onus magisterii ejusdem collegii ab ipsis dominis de capitulo Beate Marie accepit, anno scilicet domini millesimo quadringentesimo octuagesimo vel eo circa, nichil omnium prime vel secunde fundationis reddituum extabat ; solum enim remanserant domus que in multis et pene ubique ruina minabantur ; hinc, nec cogebant ipsi domini de capitulo eundem magistrum principalem aliquos bursarios fovere, sed tantum pro hujusmodi primis fundationibus duas qualibet ebdomada missas celebrari facere, quod et fieri consueverat nec unquam omitti debet. Ipse autem bonus pater Standonch, Domino volente, cepit paulatim ex fructibus pedagogii et exercitii in studio litterario per se et regentes suos in quo industrius fuit et solicitus pro temporis gratia lucrum habere seu utrunque habundare ; unde, consilio domini nostri usus, pauperculos primo hospicio suscipere, et inde quantum poterat in parte victui enutrire, usque adeo ut, anno Domini millesimo quadringentesimo nonagesimo tercio, plures quam octuaginta recolligeret hospitio, ac partim enutriret et pro ejusdem victus residuo sibipsis (?) (prout unusquisque poterat mendicando vel aliter) providebant. Videns autem divina bonitas pium ejusdem patris Standonch erga pauperes desiderium ut pote qui jam Deo sese et omnia sua ad pauperum studentium alimoniam devoverat, quorumdam generosorum dominorum animos, ut rei tam pie de sua substancia succurerent excitavit, quatenus quod de propriis ipsius patris Standonch bonis cum ad hoc non sufficerent fieri non poterat aliorum adjutoriis per eumdum divina efficerent providentia.

Primus itaque hujus pauperum communitatis benefactor fuit inclitus bone recordationis dominus Ludovicus, dominus de *Graville*, de Marcousiaco, Miliaco in Vastinio, Busco Maleherbato, ordinarius domini nostri Regis cambellarius, et regni hujus dum viveret archimarimus. Ille enim, ab anno Domini millesimo quadringentesimo nonagesimo secundo, cepit elemosinas pecuniarias eidem patri et domino Standonch erogare, exponendas in ipsorum pauperum, qui tamen nundum comvivebant, subventionem. Anno autem millesimo nonagesimo quarto, magnum corpus domus in quo est oratorium et desuper campana in campanili, suis propriis denariis a fundamentis edificari et construi fecit, et ex tunc dedit et tradidit quolibet anno, pro invitis fundationis eorumdem pauperum redditum ducentarum librarum turonensium, pro quorum assignatione, anno Domini millesimo quadringentesimo nono, tradidit et admortizare promisit census, redditus et possessiones situatas in parrochiis de *Boydarcyz*, *Gyencourt*, *Fontenay le Fleuri* et locis circumvicinis. Et ab eo tempore, pro adjutorio ad construendas alias duas in collegio domos, videlicet illam sub qua est refectorium seu aula divitum, et illa sub qua sunt secessus totius collegii et pro aliis pauperum indigentiis, diversis temporibus sublevandis, dedit in prompta pecunia summan quattuor milium librarum turonensium vel eo circa. Et demum, per suum testamentum, anno domini millesimo quingentesimo decimo sexto, augmentando eorumdem pauperum proventus, dedit summan trium milium librarum turonensium in redditum centum librarum turonensium annue exponendam, de qua quidam summa empta fuit tercia pars decimarum in granis territorii seu dominii de Maulia. De hiis autem et pro eis affixa est parieti ejusdem oratorii, in cujus locis multis ejusdem domini archimarimi insignia armorum cernuntur, tabula cuprea, et quamvis per litteras prime fundationis obligata esset ipsa pauperum communitas pro animabus ejusdem domini, uxoris sue et suorum, quolibet septimane die, unam celebrari facere missam, justis tamen de causis motus ipse generosus dominus, anno Domini millesimo quingentesimo undecimo, sua sponte remisit quinque, qualibet ebdomada, voluitque post annum ab ejus obitu, qui fuit vicesima nona octobris, ipso anno millesimo quingentesimo decimo septo, solum duas per ebdomadum missas pro eisdem teneatur ipsa communitas celebrari facere. Orate pro ipsis ».

Plusieurs faits intéressants ressortent de ce long extrait : d'abord, que le collège de Montaigu a eu pour premier fondateur, en 1314, Gilles Aycelin, archevêque de Rouen, le juge célèbre des Templiers, et qu'il s'appelait alors collège des Aycelins ; que, par la suite, Pierre Aycelin, cardinal, évêque de Laon, de la maison de Montaigu, ajouta de nouveaux bienfaits à ceux de son parent et fit donner au collège le nom de Montaigu. Jean Standonch en fut nommé principal vers 1480, et par les réformes qu'il introduisit dans la maison, il peut en être considéré comme troisième bienfaiteur ; enfin, le quatrième fondateur, plus important encore que les trois autres, est Louis Malet de Graville, amiral de France, dont nous retrouverons souvent le nom dans l'histoire de ce diocèse.

Le collège de Montaigu a eu, pendant toute son existence, la réputation d'un établissement d'une extrême austérité; Du Breul en a publié la règle et l'on peut juger, en la lisant, du régime féroce auquel étaient soumis les écoliers, surnommés *capettes* à cause du manteau étriqué qu'ils portaient en toute saison. Ed. Fournier, qui a consacré à cette maison un des meilleurs chapitres de son *Paris démoli*, rappelle aussi les plaisanteries que Rabelais adressait « au collège de pouillerie qu'on nomme Montagu... car trop mieulx sont traictez les forcez entre Maures et Tartares, les meurtriers en la prison criminelle, voire certes les chiens en vostre maison que ne sont ces malotruz audict colliège. Et si j'estoys roy de Paris, le diable m'emporte si je ne mettroys le feu dedans et feroys brusler principal et régens qui endurent ceste inhumanité devant leurs yeux estre exercée ».

Le collège de Montaigu demeura de plein exercice jusqu'à la Révolution. En 1792, on en fit une prison, dite des Haricots, sobriquet qu'avait reçu déjà l'établissement universitaire. Ses bâtiments reçurent provisoirement, en 1842, la bibliothèque des Génovéfains, comme nous l'avons dit à propos de leur abbaye ; ils furent complètement démolis deux ans après pour faire place à la nouvelle bibliothèque Sainte-Geneviève ; ils occupaient l'extrémité supérieure de la rue des Sept-Voies (actuellement rue Valette), jusqu'à l'angle de la place du Panthéon.

BIBLIOGRAPHIE. — *Sources*. — Arch. nat. MM. 465 : registre des fondations, rédigé au plus tard en 1520; in-4°, sur vélin, de 9 feuillets. — MM. 466 : « statuta pauperum collegii montis acuti », rédigés vers 1500 ; in-8°, vélin, de 36 feuillets. — MM. 467 : registre de la « fondation faicte par damoiselle Gabrielle de Raynier, dame de Doré, de mil huict cens livres pour faire estudier six pauvres escoliers du collège de Navarre et de Montégu, et de mil huict cens livres pour mettre, tous les ans, douze pauvres en mestier... » (1641-1715); in-8° de 94 feuillets, papier. — M. 178, P. 1452-1453, S. 6181-6182, 6514-6535 : titres de propriété.

Imprimés. — Dans *Paris démoli*, par Ed. Fournier, chapitre intitulé : Le Collège Montaigu, collège et prison des Haricots, pp. 88-105 de l'édit., in-16 de 1883.

COLLÈGE DU PLESSIS-SORBONNE
I, 252

L'année 1322 qu'indique Lebeuf pour la fondation de ce collège est celle où Geoffroy du Plessis, moine de Marmoutiers, légua, pour y héberger de pauvres écoliers, la maison qu'il habitait à Paris rue Saint-Jacques, près des rues Fromentel et des Noyers ; mais ce même Geoffroy ne faisait, — Jaillot l'a remarqué, — qu'augmenter une fondation antérieure, faite par lui en faveur des écoliers de

Saint-Martin-du-Mont-de-Paris, dont il se qualifie fondateur, patron et administrateur. Tous les titres de ces diverses libéralités se trouvent aux Archives nat., dans le carton M. 182, et la plupart d'entre eux a été publiée par Félibien et Lobineau.

Les abbés de Marmoutiers demeurèrent chargés de nommer le grand-maître, le principal et les boursiers de ce collège jusqu'à l'époque où l'état ruineux des bâtiments fit songer à unir l'établissement à la maison de Sorbonne. Ce fut Amador-Jean-Baptiste de Wignerod, abbé de Marmoutiers, qui en fit la cession, le 3 juin 1646; la société de Sorbonne s'engagea par le même acte à faire toutes les réparations et réfections nécessaires et, en effet, la première pierre en fut posée en 1657 par Joseph-Emmanuel de Vignerod, abbé de Richelieu et neveu du cardinal de Richelieu [1]. Le collège prit dès lors le nom de Plessis-Sorbonne et le conserva jusqu'à sa suppression en 1790.

Nous n'avons pas trouvé la preuve qu'il y ait eu au XVIe siècle, dans cette maison, des boursiers du diocèse d'Évreux; mais, en revanche, une charte de 1496 prouve que deux boursiers du diocèse de Saint-Malo y étaient reçus; l'abbé de Marmoutiers et l'évêque de Saint-Malo y nommaient concurremment (M. 183). En 1763 et en 1767, Antoine Quignon, docteur de Sorbonne et chanoine du Saint-Sépulcre, y fonda deux bourses pour des enfants de sa famille ou, à défaut, pour des écoliers du diocèse d'Amiens.

Après la Révolution, les bâtiments de Plessis-Sorbonne furent successivement occupés par les diverses facultés et la succursale de l'École de Droit. L'École normale supérieure y fut ensuite installée, jusqu'à ce que la loi du 24 mars 1841, qui ouvrait un crédit pour sa translation, rue d'Ulm, eût reçu son exécution en 1847. Le lycée Louis-le-Grand en couvre aujourd'hui l'emplacement.

BIBLIOGRAPHIE. — *Sources*. — Archives nat., M. 182 : fondation; union à la maison de Sorbonne. — M. 183-184 : fondations diverses. — H. 2748-2752 : comptes. — S. 6182, 6547 : titres de propriété.

Bibliothèque nat. Fonds lat. 12,852 : statuts au XVIIe siècle.

COLLÈGE DES ÉCOSSAIS
I, 252

Il ne nous est rien resté, malheureusement, des archives de ce collège, et l'on est réduit, dans la recherche de ses origines, aux quelques renseignements que fournissent les historiens habituels. Ceux qu'a connus Lebeuf et auxquels il renvoie dans sa notice sur la paroisse de Grisy (voy. tome V, p. 161 de notre édition) paraissent exacts et ne manquent que d'un peu de détails. Félibien et Lobineau y ont ajouté (I, pp. 560-2 et *Preuves*, III, 631 et ss) que la terre de la Fermeté, sise à Grisy, qui fut la dotation initiale du collège avait été acquise

---

[1]. Le texte de l'inscription commémorative a été publié par Cocheris (II, 683) et par de Guilhermy (*Recueil*, I, 632).

en 1326, de Geoffroy de la Fermeté par David, évêque de Muray, en Écosse, et que le collège du cardinal Lemoine avait contribué à cette acquisition. En 1639, Jacques de Béthune, archevêque de Glascow, l'augmenta d'une nouvelle fondation de bourses qui fut confirmée par l'archevêque de Paris. Robert Baulay, principal du collège, l'accrut encore en 1662, par l'acquisition d'une maison située sur les anciens fossés de la ville, au-dessus de la rue Saint-Victor. Le collège des Écossais fut supprimé en 1792. La maison qu'il occupait est encore debout, rue du Cardinal Lemoine, 65, en face la rue Clovis ; une institution de jeunes gens s'y est établie. Au-dessus de la porte, on lit ces mots :

Collège
des
Escossois

Dans la chapelle, dont une partie a été transformée en salles de classe, se lisent beaucoup d'inscriptions que M. de Guilhermy a publiées dans son *Recueil* (I, 601-23). On y a conservé aussi le piédestal de l'urne qui contenait le cerveau de Jacques II, roi d'Angleterre. Nous avons dit plus haut (p. 128) que le corps de ce roi avait reçu la sépulture dans le couvent des Bénédictins anglais.

BIBLIOGRAPHIE. — *Imprimés.* — Relation des fêtes données au collège des Écossois et à l'hôtel de l'ambassadeur d'Angleterre en l'honneur de la naissance du prince de Galles. Extrait du *Mercure de France* d'août 1688 ; 34 pages in-12. (Bibl. de la Ville de Paris, n° 11,453).

COLLÈGE DE L'AVE-MARIA OU DE HUBANT
I, 252

Dès le 9 août 1336, Jean de Hubant, conseiller du Roi, avait affecté plusieurs maisons sises à Paris, rue des Porées et dans le cloître de Sainte-Geneviève, pour l'entretien de quatre boursiers, dont il confiait la direction à l'abbé de Sainte-Geneviève et au maître en théologie du collège de Navarre ; un vidimus de cette fondation, dressé par le prévôt de Paris en 1339, se trouve aux Archives nationales (M. 135). Plus tard, en 1339 et en 1346, Jean de Hubant, devenu président aux enquêtes, modifia ses premières dispositions : il fonda six bourses pour les écoliers de la terre de Hubant[1], en Nivernais, et des villages situés à cinq lieues autour de cette terre, et consacra plus spécialement le collège au culte de la Vierge ; de là, les mots *Ave Maria* que l'on voyait au-dessus de la porte principale, et qui ont servi à dénommer la maison, sise à l'extrémité de la rue de la Montagne Sainte-Geneviève, près de la porte du cloître de l'abbaye.

Lebeuf se trompe certainement en disant que « le cénotaphe du fondateur marque son décès à l'an 1386. Nous avons lu, dans les registres du Trésor des

---

[1] Hubans, Nièvre, arr. de Clamecy, cant. de Brinon-les-Allemands, comm. de Grenois.

Chartes (JJ. 105, f° 296 v°), l'amortissement par Charles V, en août 1374, de soixante livres parisis fondées « par *feu* Jean de Hubant, conseiller du Roi et président en la Chambre des Enquêtes, pour l'institution de six enfants avec un maître, un chapelain et un serviteur ».

En 1763, le collège de Hubant fut réuni à l'Université. Supprimé par la Révolution, il fut mis en vente le 7 septembre 1810. Ses bâtiments ont disparu lors de l'agrandissement de la place du Panthéon.

BIBLIOGRAPHIE. — *Sources*. — Archives nationales M. 135 : fondation du collège (deux pièces originales et plusieurs copies et notices historiques); droits de l'abbaye de Sainte-Geneviève ; nomination de chapelains, permissions d'aliéner, plan du carré Sainte-Geneviève. — M. 136 et MM. 408-410 : comptabilité du collège au XVIII° siècle et administration de ses biens sous sequestre. S. 6448-6451 : titres de propriété.

Bibliothèque nationale. Fonds lat. 10,987 : actes relatifs au collège de Hubant (XVII° siècle).

COLLÈGE DE SAINT-MICHEL
I, 252

Bien des points restent obscurs de l'histoire de cette maison. Et d'abord, nous n'avons plus l'acte par lequel Guillaume de Chanac, évêque de Paris, puis patriarche d'Alexandrie, la fonda par testament, vers 1348 (c'est cette année-là qu'il mourut), mais il nous est resté, en original et en expéditions, un arrêt du Parlement, daté du 23 septembre 1402, par lequel cette fondation est homologuée (Archives nat. M. 188). On y voit que feu Guillaume de Chanac, cardinal, évêque de Mende, et feu Bertrand de Chanac, cardinal de Jérusalem, avaient associé leurs bienfaits à ceux du premier fondateur, leur parent, qui s'était borné à donner, pour l'installation du collège, sa maison, sise rue de Bièvre, près la place Maubert.

Pourquoi cet établissement était-il sous le vocable de Saint-Michel ? Nous ne saurions l'expliquer qu'en admettant, sans preuves, que sa chapelle était consacrée à ce saint. On l'appelait plus habituellement collège de Chanac-Pompadour (c'est à tort que Cocheris dit *Chénac*), parce que les descendants des cardinaux qui le fondèrent possédaient les deux terres de Chanac et de Pompadour, sises aux environs de Tulle, et qu'ils conservèrent toujours le droit de nomination au principalat et aux bourses. Ce collège fut réuni à l'Université en 1763. Au moment de la Révolution, il y était représenté par huit boursiers, qui payaient chacun quatre cents livres de pension par an.

BIBLIOGRAPHIE. — *Sources*. — Archives nat. M. 188 : règlement de la succession des cardinaux de Chanac (1402) ; lettres de provisions de principaux et de boursiers ; titres de propriété, notamment à Ivry, Vitry et Saintry ; comptabilité du collège depuis 1793. — MM. 429 : inventaire de titres. — S. 6509-6510 : titres de propriété. — H. 2869[1-4] : comptes, de 1542 à 1763.

COLLÈGE DES TROIS ÉVÊQUES OU DE CAMBRAI
I, 252-253

Le testament de Guillaume d'Auxonne est du 13 octobre 1344; celui de Hugues d'Arsy est du 4 février 1349 (n. s.); celui de Hugues de Pommard reçut son exécution le 6 mars 1352. Le tiers des bourses de ce collège était affecté aux écoliers du diocèse de Cambrai (les deux autres tiers étant réservés aux écoliers bourguignons). En réalité, l'établissement dont nous nous occupons est bien souvent plus appelé, dans les actes, collège de Cambrai que collège des Trois Évêques. Il occupait les deux maisons de ses premiers fondateurs, sises en face l'hôpital de Saint-Jean-de-Latran, dans une ruelle aboutissant à la rue Fromantel. Depuis peu d'années, en 1337, cette dernière rue avait été close par ordonnance du Roi, à cause de la population mal famée qui s'y trouvait (Arch. nat. M. 109). Le 9 septembre 1611, fut fait un procès-verbal d'estimation des bâtiments de ce collège, que le Roi voulait incorporer au Collège Royal (collège de France). On les évalua à 117,500 livres tournois. Ils consistaient en plusieurs corps d'hôtel, — l'un d'eux contenant une imprimerie, — plus une chapelle, deux cours, un grand jardin; une ruelle les séparait du collège de Tréguier et était commune aux deux établissements. L'acte d'acquisition fut passé le 18 avril 1612, mais il n'eut son plein effet qu'en 1767, quatre ans après la réunion du collège à celui de Louis-le-Grand et sur les réclamations de ce dernier. Un peu après, en 1770, les revenus du collège étaient de 9,523 livres, 9 sous, 8 deniers; les charges s'élevaient à 8,699 livres, 4 sous, 6 deniers. Il y avait alors dix boursiers, payant chacun 400 livres de pension annuelle. Ses bâtiments disparurent, quatre années après, lors de la reconstruction du Collège de France par Chalgrin. Sur leur emplacement se trouve maintenant la façade O. de cet édifice et la cour, dite romaine, œuvre de l'architecte Letarouilly.

BIBLIOGRAPHIE. — *Sources.* — Archives nat. M. 109 : titres de la fondation; titres relatifs à des propriétés antérieures (1301-1359); fondations pieuses; principaux et chapelains; réunion au Collège Royal, plans, règlements d'indemnités (1610-1767). — M. 110 : comptes, par extraits, de 1390 à 1546 et par fragments, de 1622 à 1770. — MM. 373 : registre de délibérations, de 1683 à 1763. — S. 6390-6391 : titres de propriété.

COLLÈGE DE BONCOURT
I, 253

Cet établissement aurait dû s'appeler Collège de Bécond, car il eut pour fondateur Pierre de Bécond, chevalier, seigneur de Fléchinel. Il existe aux Archives nat. un carton coté S. 6333, où se trouvent en grand nombre les chartes d'acquisition de maisons et de terrains, rue Clopin, au profit de ce personnage, qui les affecta, par acte du 12 septembre 1353, à l'institution d'un collège pour huit écoliers du diocèse de Térouanne. Pour la partie de ce diocèse située en Flandre, les abbés du Mont-Saint-Éloi et de Saint-Bertin reçurent le privilège de collation aux bourses.

De l'autre côté de la rue Clopin, était situé le collège de Tournay, sur lequel nous avons peu de renseignements. Un inventaire de titres du collège de Boncourt (S. 6333) fait seulement connaître qu'il avait été fondé par Michel Desne, évêque de Tournay. Or, cet évêque vivait vers 1600, et il est peu croyable que le collège en question ne remonte pas plus haut. Quoi qu'il en soit, ses titres primordiaux n'existent plus et même ils n'existaient plus déjà en 1638. A cette date, en effet, lorsqu'il fut question de réunir au collège de Navarre les deux collèges de Boncourt et de Tournay, le principal de ce dernier, maître Jean Alexandre, représenta qu'il ne pouvait fournir aux commissaires du Roi aucun titre de fondation, ni de propriété, et qu'il faudrait, pour en trouver, les aller chercher à Tournay. La réunion n'en fut pas moins effectuée par lettres-patentes du 19 mars 1638. Il est remarquable que Jean Alexandre ne se tint pas pour battu; il refusa la pension que le Roi lui accorda et s'efforça d'entraver les docteurs de Navarre dans la jouissance de leurs nouveaux biens. L'affaire, dont nous ignorons l'issue, se poursuivait encore au Parlement en 1663 (Voir dans S. 6333 un factum imp. de 58 pages à ce sujet). Comme on l'a vu plus haut (p. 189), ce collège était situé en face du collège de Navarre; la rue Clovis, ouverte en 1807, servit à faciliter la jonction de ses bâtiments avec ceux de la nouvelle École polytechnique.

BIBLIOGRAPHIE. — *Sources*. — Le carton S. 6333 est le seul qui contienne des documents sur le collège de Boncourt et sa réunion à celui de Navarre; on trouvera cependant quelques pièces sur ce dernier fait dans le carton S. 6546.

Imprimés. — Voir le tome II de l'*Histoire du Collège de Navarre*, de J. de Launoy.

COLLÈGE DE BEAUVAIS
I, 253

Il fut fondé, le 8 mai 1370, par le cardinal Jean de Dormans, évêque de Beauvais; une clause du testament de ce personnage spécifiait que les douze boursiers qui devaient y recevoir l'instruction seraient originaires de la petite ville de Dormans (Marne, arr. d'Épernay, chef-lieu de canton), où était né le fondateur. Ses bâtiments étaient situés rue du Clos-Bruneau, devenue rue Jean de Beauvais, et il n'est pas douteux, malgré l'autorité de Jaillot, que ce dernier nom, abréviation de Saint-Jean-de-Beauvais, rappelle le souvenir de la chapelle du collège, dédiée à saint Jean. En 1764, le collège de Beauvais, qui avait eu l'honneur de compter Rollin au nombre de ses principaux, dut céder ses locaux au collège de Lisieux, dont l'emplacement était nécessaire pour la construction de la nouvelle église de Sainte-Geneviève, et qui en devint définitivement propriétaire en 1767. L'établissement dont nous traitons fut réuni à l'Université. Les bâtiments qu'il avait occupés devinrent successivement, après la Révolution, le siège du comité du Panthéon, un hôpital militaire, une caserne. En 1865, l'ordre des Dominicains y fit construire un couvent dont l'inauguration eut lieu deux ans plus tard. Cette communauté a elle-même disparu. La chapelle du vieux collège, d'où Lenoir avait retiré le mausolée du fondateur pour le mettre au musée des Monuments français, a seule subsisté. Elle est aujourd'hui affectée au culte de l'église roumaine.

BIBLIOGRAPHIE. — *Sources.* — Archives nat. : M. 88-101 : fondation du collège; titres de nominations aux bourses, règlements, etc. — MM. 355 : testament de Jean de Dormans. — MM. 363-364 : registres de délibérations, de 1648 à 1764. — S. 6181 : unions de bénéfices ecclésiastiques. — S. 6356-6369 : titres de propriété. H. 2785 [1-66] : comptes, depuis 1373 (le plus ancien de ces registres est au Musée des Archives nat.) — A la Bibl. de la ville de Paris : 26411, in-fol. : inventaire analytique des titres ; 26411 [A] : inventaire de la fondation Perrot; 26411 [B] : inventaire de la fondation Bazin.

Imprimés. — Dans la *Statistique monumentale de Paris*, d'A. Lenoir, deux planches représentent la chapelle du collège.

Voir surtout le livre très complet intitulé : *Une page de l'histoire du vieux Paris. Le Collège Dormans-Beauvais et la chapelle Saint-Jean-l'Évangéliste*, par le R. P. M.-D. Chapotin, des Frères-Prêcheurs; 1870, in-8°.

COLLÈGE DE FORTET
I, 253

Par son testament, daté du 12 août 1391, Pierre Fortet, maître ès arts, licencié en l'un et l'autre droit, archidiacre de Coucy, chanoine de Paris et de Saint-Cloud, fonda en ces termes le collège qui devait porter son nom : «... Item, volo et ordino quod fiat unum collegium octo scolarium in una de tribus domibus quas habeo Parisius, videlicet in vico Cordiariorum prope predicatores et in vico claustri Brunelli et in vico sancti Victoris, prout executoribus meis videbitur faciendum, et quilibet ipsorum scolarium habebit quinque solidos Parisienses qualibet septimana, et erunt de dictis scolaribus quatuor de villa Aureliaci, de genere meo si sint; sin autem non sint, erunt alii de dicta villa, et si non reperiantur de dicta villa Aureliaci sufficientes, recipiantur de episcopatu sancti Flori; et alii quatuor de villa Parisiensi pauperes, qui non, de redditibus seu obventionibus suarum hereditatum seu de beneficiis suis, ultra duodecim libras Parisiensium [habeant]. Et erunt dicti scolares artiste et opportebit quod sint licenciati in artibus infra quinquennium; poterunt remanere in dicto collegio ut scolares in theologia vel in decretis per octo annos sequentes, vel per decem ad plus, prout tamen quod infra dictum tempus sint licenciati dicti theologi in theologia, et decretiste in decretis... et videtur quod melius erunt in domo predicta vici Cordiariorum, ubi est capella...» (Bibl. nat. ms. fonds fr. 8630, f° 2).

Pierre Fortet mourut deux ans après, en avril 1393 (et non 1394 comme le dit Cocheris), et dès aussitôt, le Chapitre de la cathédrale de Paris, auquel le fondateur avait réservé l'administration du collège, s'occupa de le constituer. Les documents prouvent qu'il fonctionnait en 1394. Il ne resta pas longtemps, toutefois, dans la maison de la rue des Cordiers qu'avait désignée Pierre Fortet. Jaillot (*Quartier Saint-Benoît*, p. 226) mentionne un acte du 28 février 1397 par lequel le Chapitre de Notre-Dame acheta, pour l'y installer, une maison ayant appartenu à Gilles de Montaigu, rue des Sept Voies. C'est là que demeura le collège de Fortet jusqu'à sa réunion à l'Université en 1763.

Au XVIe siècle, son principal et ses boursiers avaient pris une part active à la formation de la Ligue et prêté leurs locaux à cet effet. L'Estoile en parle à plusieurs reprises, en l'appelant « le collège Forteret ». Ses bâtiments, vendus comme bien national en 1806, n'ont pas été démolis; ils portent les numéros 19 et 21 de la rue Valette.

BIBLIOGRAPHIE.. — *Sources.* — Archives nat. M. 123 : testament du fondateur; statuts de 1396, 1578, 1713, 1730, 1738; projet de réformation en 1734; fondations Beauchesne, Croisier, Gremiot, Watin. — M. 124 : exclusivement titres relatifs aux nominations de boursiers. — MM. 397 : statuts. — MM. 398 : inventaire des titres. — MM. 399 : procès-verbal de visite (1734). — H. 2794 : fragments de comptes. — S. 9430-6436 : titres de propriété.

A la Bibliothèque nat., le ms. franç. 8630 (XVe s., in-4, de 72 feuillets, vélin) contient, outre le testament de Pierre Fortet, dont nous avons cité un extrait, l'inventaire des biens de ce personnage, notamment le catalogue de sa bibliothèque (fos 15-18) et les comptes de réparations faites tant au collège, dès 1394, qu'aux autres immeubles de Pierre Fortet.

A la Bibliothèque de la ville de Paris, sous la cote 26408, in-fol., inventaire des titres et des biens, rédigé vers 1790.

COLLÈGE DE REIMS
I, 253

On trouvera aux Arch. nat., dans le carton M. 187, une sorte de cartulaire contenant les titres essentiels de la fondation de ce collège. Guy de Roye, archevêque de Reims, avait, en 1399, laissé un quart de ses biens aux clercs de sa mense archiépiscopale, pour leur instruction à Paris, mais ce n'est que le 23 septembre 1409 que les écoliers du diocèse de Reims, parmi lesquels Jean Gerson, furent admis à poursuivre la succession de Guy de Roye. De ces deniers, ils acquirent, le 12 mai 1412, « un grand hostel fermé de hauts murs de pierre de taille, cour, jardin, pourprins, appartenances et appendances si comme tout se comporte et estend de touttes parts, appellé d'ancienneté l'hostel de Bourgongne », appartenant à Philippe, comte de Nevers et de Rethel, « tenant d'une part au long de la rue des Sept-Voyes et faisant le coing par aval en la rue du Chauderon, et de l'autre costé à la rue Charretière, à l'opposite de l'ostel à l'evesque du Mans, faisant front par devant au long de la rue de Bourgongne, aboutissant par derrière au jardin du dict hostel, avecques aussi certaine place ou masure assise à l'opposite du dit grant hostel, faisant coing en la dicte rue des Sept-Voyes et de l'autre costé tenant à l'ostel de Coulom, aboutissant par derrière à la maison de Sorbonne et à une appellée Chasteau festu... »

Ce n'est pas en cette même année 1412, comme le dit Lebeuf, mais seulement en 1443 que le collège de Reims s'accrut par la réunion du collège de Rethel. Un inventaire conservé à la Bibliothèque de la ville de Paris (n° 26412, in-fol.) nous fournit quelques renseignements sur ce collège : il avait été fondé par M° Gaultier de Launoy pour des écoliers du diocèse de Reims, et était situé rue des Poirées (rue aboutissant vis-à-vis l'entrée du collège Louis le Grand). Lorsque le cardinal de Richelieu fit construire la nouvelle église de la Sorbonne, il acquit cette maison de la rue des Poirées au prix de 27,000 livres.

Quant au collège de Reims, il fut réuni à l'Université en 1763. Son emplacement, compris entre les rues de Reims et des Sept-Voies, est aujourd'hui couvert par les constructions du collège Sainte-Barbe.

BIBLIOGRAPHIE. — *Sources*. — Archives nat. M. 187 : cartulaire de la fondation du collège ; fondations Perreau, Gerbais, Ponsinet, Blancoby ; lettres de provisions. — S. 6559-6561 : titres de propriété et union du collège de Rethel.

Imprimés. — Voy. au tome III de l'*Histoire de Sainte-Barbe*, de J. Quicherat, un chapitre sur le collège de Reims.

COLLÈGE DE LA MARCHE ET WINVILLE

Les documents originaux contenus dans le carton M. 171 des Archives nat. permettent d'établir avec sûreté les origines assez obscures de cette maison. C'est à tort, croyons-nous, qu'on a voulu les rattacher à celles d'un collège dit de Constantinople, sur lequel M. Charles Jourdain a publié, dans la *Revue des Sociétés savantes*, de curieux textes sous ce titre : *Un collège oriental à Paris au XIIIe siècle* (tiré à part de 8 pages, sans date). La vérité est qu'en 1362, Jean de la Marche prit en location, du recteur de l'Université, au prix de 10 livres parisis par an, les bâtiments en ruines de ce collège, situés près de la place Maubert, « in vico sine capite », le cul-de-sac d'Amboise ; mais rien ne prouve que cette location ait eu pour objet de restaurer les études orientales dans cette maison. En revanche, le 23 mars 1402 (n. s.), Guillaume de la Marche, cousin de Jean, avoué en cour ecclésiastique, fonda par testament, six bourses d'écoliers originaires de son pays natal, la Marche (actuellement la Marche-en-Woevre, Meuse, arr. de Commercy, cant. de Vigneulles), ou de Rosières-aux-Salines (Meurthe-et-Moselle, arr. de Nancy, cant. de Saint-Nicolas-du-Port).

La liquidation de cette succession n'eut lieu que vingt ans plus tard. L'un des exécuteurs testamentaires de Guillaume de la Marche était son compatriote, Beuve de Winville (actuellement Woinville, Meuse, arr. de Commercy, cant. de Saint-Mihiel), qui contribua personnellement à augmenter la fondation précédente. Il acheta, en effet, pour y installer le collège projeté, l'hôtel de Joinville, qui était situé sur la montagne Sainte-Geneviève, en face la rue Judas, et y adjoignit une grange, sise rue Saint-Nicolas-du-Chardonnet, à laquelle on accédait par une galerie franchissant la rue Traversine. Beuve de Winville mourut le 8 mars 1433 (n. s.). Le collège de la Marche et Winville demeura de plein exercice jusqu'à la Révolution. Il fut alors supprimé, mais non vendu. Par arrêté du 15 pluviôse an V, on y établit l'institution nationale des Colonies sous la direction du dernier principal, le sieur Coisnon. Un curieux palmarès de l'an VIII (voir plus loin la bibliographie) prouve que la grande majorité des élèves provenait de Saint-Domingue; parmi eux, on remarque le nom de Placide Louverture, fils du célèbre Toussaint Louverture; il y avait cependant des écoliers nés à Paris ou dans les départements. Quelques années après, cette institution avait disparu ou du moins repris l'ancien nom de collège de la Marche. Par décret du 11 décembre 1808, elle fut définitivement abolie, et les bâtiments se transformèrent en caserne. Le percement de la rue des Écoles en a fait disparaître les derniers vestiges.

BIBLIOGRAPHIE. — *Sources*. — Aux Archives nat. M. 171 : titres relatifs à l'acquisition du collège de Constantinople ; fondations de Guillaume de la Marche et de Beuve de Winville ; acquisition de l'hôtel de Joinville et de ses dépendances ; inventaire des biens de Beuve de Winville. — M. 172 : baux de maisons appartenant au collège. — M. 173 : testament de Nicolas Warin, bienfaiteur du collège (1500) ; fondation de trois bourses par Jean Mercier, curé de Saint-Germain-l'Auxerrois (1678-1706); concession par le prévôt des marchands d'un cours de quatre lignes d'eau (1660); déclaration des revenus ; pièces de procédure relatives à une fondation d'obit faite par Richard Wassebourg, ancien principal ; plans du collège. — MM. 455-459, S. 6181-6182, 6491-6498 ; titres de propriété.

Imprimés. — Distribution des prix à l'Institution nationale des Colonies, ci-devant collège de la Marche, an VIII, in-8 de 24 pages (à la Bibl. de la ville de Paris). — Règlement pour le collège de la Marche, dirigé par l'ancien principal de cette maison (s. d., mais antér. à 1808), in-4 de 11 pages (*ibid.*)

COLLÈGE DE SAINTE-BARBE
I, 254

Jules Quicherat, auquel nous devons une histoire complète de ce collège, histoire qui est, en outre, un modèle parfait pour des travaux analogues, a établi que Sainte-Barbe fut fondée, le 1er octobre 1460, par Geoffroi Lenormant, professeur de grammaire au collège de Navarre, et installée dans l'hôtel de Chalon, situé rue Saint-Symphorien ou des Chiens, et tenant par derrière à la rue de Reims. L'ouvrage de J. Quicherat nous dispense de faire des recherches personnelles sur l'histoire du collège de Sainte-Barbe, et il suffira d'indiquer, d'après lui, les événements principaux de cette histoire. Parmi les écoliers les plus célèbres qui y passèrent, on doit citer Ignace de Loyola, Calvin, Santeul, César d'Estrées, l'abbé Lebeuf lui-même, Bonamy. En 1764, le collège fut réuni à Louis-le-Grand ; il ne comptait alors que deux boursiers. Après la Révolution, Sainte-Barbe fut restaurée, avec son individualité d'autrefois, par Victor de Lanneau, sous le nom de collège des Sciences et des Arts, et depuis, sa prospérité n'a pas cessé d'être croissante. Il y a quelques années, ses bâtiments ont été presque entièrement réédifiés, notamment la façade sur la rue Valette, et ils ont complètement absorbé la rue de Reims.

BIBLIOGRAPHIE. — *Sources.* — Aux Arch. nat. : M. 189-190 : fondations, nominations aux bourses. — MM. 342-345 : inventaires des fondations Seurat et Manessier. — H. 2808 1—3 — 2895 : comptes du XVIe au XVIIIe s. — S. 6559-6561 : titres de propriété (fonds du collège de Reims. — Tous ces documents ont été connus de J. Quicherat. — A la Bibl. de la ville de Paris, sous la cote 26402 et 26402 A—B, se trouvent trois registres d'inventaire des titres du collège.

Imprimés. — *Histoire de Sainte-Barbe,* collège, communauté, institution, par J. Quicherat, 1864, 3 in-8.

COLLÈGE DE LA MERCI
I, 254

C'est à tort que Lebeuf indique l'année 1520 comme celle de la fondation de ce collège. Il existe aux Archives nationales (S. 4287) un acte par lequel Allain d'Albret, comte de Dreux, donna, le 15 mai 1515, à Nicolas Barrière, religieux de la Merci, « une place ou mazure assise à Paris, près l'église Monsieur Sainte-Hillaire, estant des appartenances de l'hostel d'Albret, tenant icelle mazure au dict hostel d'Albret d'une part, et à l'hostel de Chicheface, d'autre... », à charge d'y faire bâtir un collège, dans le délai de huit ans. La date 1520 ne saurait convenir en aucun cas, car dans le même dossier se trouve un procès-verbal de visite des bâtiments d'Albret, rédigé le 16 mai 1522. Le collège de la Merci ne peut avoir été fondé avant l'année suivante. Il fut d'abord une sorte de noviciat pour les religieux de l'ordre de la Merci, dont l'établissement principal était situé rue du Chaume (voy. plus haut, p. 162). Au XVIIIe siècle, à l'époque où écrivait Jaillot, il leur servait d'hôpital. Son emplacement, rue des Sept-Voies (actuellement rue Valette), est aujourd'hui occupé par des maisons particulières.

BIBLIOGRAPHIE. — *Sources.* — Arch. nat. MM. 470 : nomination de prieurs (XVIIIe s.). — S. 4285 : titres de propriété ; — et quelques documents dans le fonds du couvent de la Merci.

COLLÈGE ROYAL OU DE FRANCE
I, 254

Les origines du collège Royal sont trop connues pour qu'il soit nécessaire de s'y arrêter. Il est bon, toutefois, de noter, après Félibien (II, 940), que dès 1521

François Ier avait manifesté l'intention d'installer des lecteurs royaux à l'hôtel de Nesle. La fondation n'eut lieu qu'en 1530, et les professeurs, nomades d'abord, durent faire leurs cours dans les salles des collèges de Tréguier et de Cambrai. Cet état de choses dura près d'un siècle et ne prit fin que lorsque Henri IV eut fait élever, pour le collège Royal, des bâtiments, bien insuffisants encore.

Vers la fin du règne de Louis XV, la situation matérielle de l'établissement n'était rien moins que florissante. Elle est exposée dans un mémoire fort curieux que le sieur Garnier, inspecteur et syndic de l'établissement, adressait, le 15 janvier 1770, à la commission des secours et des loteries. Voici quelques extraits de ce document, conservé aux Archives nationales dans le carton G⁹ 651 :

« … Le collège Roial est tombé dans une pauvreté qu'on a peine à concevoir ; les gages des professeurs, qui, aux termes de la fondation, étoient de 4,800 livres, et les plus considérables que l'on connût en Europe, sont aujourd'hui de 600 livres, sur lesquels on prélève le dixième. Il est vrai que nos rois y ont ajouté quelques légères augmentations de gages, mais elles sont si modiques qu'un professeur, après quinze ou vingt ans de travail, touche à peine 8 ou 900 livres. Le collège Roial n'a que trois classes pour dix-neuf professeurs ; ces classes sont humides et malsaines, parce que l'on n'a point eu l'intention, en bâtissant ce qui subsiste du collège Roial, de donner de l'écoulement aux eaux. Les professeurs, qui n'ont point d'autre fonds commun que la vacance des chaires, c'est-à-dire le foible produit d'une chaire depuis le tems qu'un professeur est mort jusqu'à ce qu'il soit remplacé, se trouvent dans l'impossibilité de faire aucune dépence, quelque nécessaire et quelqu'urgente qu'elle soit.

« Ces professeurs, auxquels il appartiendroit plus qu'à tous autres d'être les organes de la nation, et de célébrer par des discours publics les événements intéressans pour la France, dont leur collège porte le glorieux nom, sont forcés de se retrancher ces temoignages publics de leur zèle, à cause des frais inséparables de ces cérémonies.

« Enfin, le defaut de logement les oblige de se disperser dans presque tous les quartiers de Paris, ce qui ne peut manquer de causer un notable préjudice à leurs études par la perte enorme de tems que ces courses entraînent. On peut donc assurer que le collège Roial n'a soutenu jusqu'à présent la réputation dont il jouit dans l'Europe entière, que par l'attention qu'ont eue les ministres, de ne nommer à ces chaires que des hommes plus jaloux de leur réputation que de leur fortune, et assez bons citoyens pour sacrifier leur propre intérêt au bien public.

« Les étrangers attirés au collège Roial par la réputation des professeurs sont étonnés de ne trouver qu'un commencement du bâtiment, enveloppé de mazures et de ruines ; rien qui réponde à l'idée qu'ils s'en étoient faite, ni à la sumptuosité des établissemens littéraires qu'ils avoient admirés dans leurs voyages. Ils demandent comment le premier collège de l'Europe, celui qui, depuis plus de deux siècles, a fait tant d'honneur à la France, a pu subsister avec gloire dans une si déplorable misère. Il n'y a actuellement aucun collège dans l'Université qui ne soit dix ou douze fois plus grand et plus commode que celui qui, dans l'intention du fondateur, devait éclipser tous les autres par sa magnificence. Un professeur de cinquième ou de quatrième a 15 ou 1,800 livres d'honoraires qui lui sont paiéz par quartiers sans qu'il se donne la peine de sortir de chez lui.

« Dans beaucoup de collèges de l'Université, ce professeur est, en outre, logé et nourri ; au bout de sept ans, il a acquis, s'il est ecclésiastique, un droit de préférence sur le premier bénéfice vaquant en mois de grâce ; après vingt ans, il peut demander l'*Emérite*, c'est-à-dire une retraite de 1,000 à 1,200 livres de rente, sans que celui qui succède à sa chaire souffre aucune diminution de ses honoraires. La condition d'un professeur roial, c'est à-dire d'un homme qui s'est déjà rendu recommandable par ses talents, est bien inférieure à tous égards : pendant plusieurs années il ne reçoit que 540 livres de gages, payables sur le trésor royal ; son travail ne lui donne droit à aucune espèce de récompense, même ecclésiastique ; si, lorsque les années ou les infirmités le mettent hors d'état de remplir ses fonctions, le roy daigne luy accorder un coadjuteur, ce professeur subrogé, quelque pauvre qu'il soit d'ailleurs, ne touche rien pendant la vie du titulaire. Nous avons vu M. de Vauvilliers père, nommé coadjuteur de M. l'abbé Vatri, travailler pendant dix ans avec la plus grande assiduité et mourir sans avoir rien touché, ne laissant à son fils que ses dettes, et un brevet qui lui imposoit le même travail. Il l'a continué pendant plusieurs années et, quoiqu'il ait droit aux appointemens par la mort de l'abbé Vatri, il ne peut guères espérer d'être payé que vers la fin de 1771 : ainsi, le père et le fils, tous deux distingués dans les lettres, auront travaillé quinze ou seize ans avant que de recevoir 600 livres... »

Le mémoire développe ensuite les considérations littéraires qui exigent un prompt remède à cette situation ; puis, il indique les moyens « de rétablir le collège Roial dans tout son lustre ». Le premier serait d'obtenir que le roi unît quelques bénéfices ecclésiastiques à l'établissement. Un second moyen consisterait à appliquer une partie des fonds de loteries à la reconstruction du collège. Dans les nouveaux bâtiments pourraient être ménagées, tant sur la place Cambrai que le long de la rue Saint-Jean-de-Latran, un assez grand nombre de boutiques de libraires, de papetiers, etc., dont la location aurait pour résultat d'augmenter les gages des professeurs. « Enfin, si les moyens que nous venons de proposer étoient jugés impraticables, il en reste un troisième. Nous ne pouvons nous résoudre à le proposer que comme des voyageurs assaillis d'une furieuse tempête et prêts à se voir submergés, qui prennent quelquefois la résolution de jetter à la mer jusqu'à leurs effets les plus précieux pour sauver au moins la vie. Ce moien consisteroit à supplier le roi d'accorder à ses lecteurs et professeurs le bâtiment parallèle aux Écoles de droit, qu'on doit construire devant la nouvelle église de Sainte-Geneviève, bâtiment qu'on avoit d'abord destiné aux Écoles de médecine et dont il paroit que la Faculté se met peu en peine ; de vendre ensuite le terrain du collège Roial et de ses deux annexes, les collèges de Tréguier et de Cambrai, soit à la ville pour y établir un marché, soit à une compagnie d'entrepreneurs, et de placer l'argent qui en reviendroit au profit des professeurs, pour leur tenir lieu d'augmentations de gages... »

Si peu pratique que ce dernier moyen parût au rédacteur du mémoire, il faillit être adopté. A la date du 28 janvier suivant, le ministre de la maison du Roi écrivait, en effet, la lettre suivante au contrôleur général des finances :

« ... Vous n'ignorés pas, M., que la situation du Collège Royal est on ne peut pas plus médiocre. Les professeurs y sont aujourd'hui payés comme du tems de François Ier, fondateur de ces écoles auxquelles on doit en France la renaissance des lettres. Les plus forts apointemens, excepté ceux du doyen, ne sont que de 1,000 livres, mais il faut une longue suite d'années pour arriver à cette somme, les premiers apointemens n'étant que de 500 livres ; cependant, les professeurs sont choisis parmi ceux qui se sont le plus distingués dans l'étude des langues, des sciences et des belles-lettres. D'ailleurs, les salles destinées à donner les leçons publiques n'ont pas la decence qu'un pareil établissement semble exiger ; il paroitroist donc naturel de profiter de l'acquisition que le Roy vient de faire de Treguier et de Cambray, pour remplir l'objet que Louis XIII s'étoit proposé en les incorporant l'un et l'autre au collège Royal... Je crois que ce qu'il y auroit de mieux à faire dans les circonstances présentes seroit de les vendre, et du fonds qui en proviendroit, constituer une rente au profit du collège Royal, qui serviroit à achever les bâtiments et à rendre le sort des professeurs un peu plus honnête. Je pense qu'il est de la grandeur du Roy de ne pas laisser tomber une école aussi fameuse dans toute l'Europe, et qu'on peut rendre de plus en plus utile en substituant à des études barbares et qui ne sont plus suivies, les chaires de langue françoise et de droit public qui n'existent dans aucune université ni dans aucun collège de France... » (Arch. nat. O^1 412, p. 60 et ss.)

Ce projet ne fut, cependant, pas accueilli. En 1774, on se borna à reconstruire le collège Royal sur son ancien emplacement, et ce sont les bâtiments encore aujourd'hui debout, sauf l'aile occidentale, contenant la cour romaine, qui a été élevée en 1831 par l'architecte Letarouilly. Il est à peine utile de mettre en parallèle la situation morale des professeurs, telle qu'elle est aujourd'hui avec ce qu'elle était il y a un peu plus de cent ans. Les doléances du syndic Garnier ont reçu, à cet égard, ample satisfaction.

Quant au collège de Tréguier, il avait été fondé, — Lebeuf omet de le dire, — par Guillaume de Coatmohan, chantre de la cathédrale de Tréguier. En 1610, il fut réuni virtuellement au collège Royal, et une estimation de la valeur des bâtiments (Arch. nat. M. 109) fait connaître qu'ils étaient cotés 24,850 livres. Il fut cédé au Roi, le 18 avril 1612, mais le règlement de l'indemnité n'eut lieu que le 12 avril 1767. Depuis quatre ans, il était uni au collège Louis-le-Grand.

BIBLIOGRAPHIE. — *Sources*. — Les Archives nationales ne possèdent pas de fonds propre du collège de France, qui a conservé une partie de ses titres administratifs. Toutefois, le registre MM. 267, intitulé : « Recueil de pièces et mémoires historiques concernant le collège Royal de Paris fondé par François Ier..., [par] Fr. Leonard..., 1706 », contient des listes des professeurs et d'intéressants états de leurs gages, pour les années 1662 et 1672. La meilleure source à consulter demeure la série des papiers du secrétariat de la maison du Roi (O^1), dont relevait l'établissement.

Imprimés. — Le collège royal de France, ou institution, establissement et catalogue des lecteurs et professeurs ordinaires du Roy, fondez à Paris par le grand roy François Ier... avec la reverence et requeste des lecteurs du Roy qui sont à présent en charge, faicte et prononcée par le doyen de leur compagnie, le 16 juillet 1643, à messire Nicolas de Bailleul... 1644, in-4 (ouvrage de Guillaume Duval). — Mémoire historique et littéraire sur le collège Royal de France, par M. l'abbé Claude-Pierre Goujet..., Paris, 1758, in-4. — Règlement du Collège de France (ordonnance du 26 juillet 1829 et règlement du 25 octobre 1828 ; arrêté du

23 janvier 1849 relatif à la nomination de l'administrateur). En dépit de ces publications, une histoire complète du Collège de France reste encore à faire ; nous croyons savoir qu'un des professeurs de la maison la prépare, et nous ne pouvons que souhaiter son apparition aussi prochaine que possible.

COLLÈGE DES GRASSINS
I, 254

Dans ses trop brèves notices sur les collèges ou les couvents de Paris, Lebeuf reste habituellement fort vague ; c'est ainsi qu'il dit que le collège des Grassins fut fondé « vers l'an 1561 par MM. Grassin ». Il était mieux informé lorsqu'il écrivit sa notice sur Ablon, où il s'exprime ainsi (IV, 424) à propos de Pierre Grassin : « Ce conseiller au Parlement employa, l'an 1569, la somme de trente mille livres pour fonder un collège à Paris en faveur des pauvres Senonois. On l'appelle depuis longtemps, du nom du fondateur, le collège des Grassins. Quelques-uns assurent qu'il avoit été appellé quelque temps le collège d'Ablon ». Félibien a publié (tome I des Preuves, p. 681-690) un arrêt du Parlement, daté de 1710, où cette fondation et celles qui suivirent sont très longuement analysées. Vers 1750, un écrivain célèbre, Chamfort, y fit ses études sous le nom de Nicolas (on sait qu'il était enfant naturel). Le collège des Grassins subsista jusqu'à la Révolution. Son local et la rue même des Amandiers-Sainte-Geneviève, où il était situé, ont depuis longtemps disparu.

BIBLIOGRAPHIE. — *Sources*. — Archives nat. M. 132 : acquisition, en 1569, d'une maison sise rue des Bœufs, joignant le collège ; fondation, par Coquerel, ancien principal, de quatre bourses pour des écoliers originaires de Pontoise (1652) ; cette fondation ne fut pas réalisée par suite des revendications présentées sur la succession par les héritiers du fondateur ; fondation d'une bourse par Charles Huré pour un enfant du diocèse de Sens (1717) ; fondation de François Reneux, curé de Beaumont en Gâtinais, pour un enfant du même diocèse (1723) ; fondation de Charles Bougault, attribuée au collège (1784) ; mémoires de fournisseurs. — MM. 447 : établissement d'une confrérie. — S. 6181, 6437-6438 : titres de propriété à Paris.

CARMES DE LA PLACE MAUBERT
I, 254-255

L'abondance de détails et de documents justificatifs que contient l'*Histoire de la ville de Paris*, de Félibien et Lobineau (texte, tome I, pp. 353-358 et Preuves, tome I, pp. 215 et ss.) sur le couvent des Grands-Carmes, nous épargne l'analyse des documents fondamentaux de son histoire, que contient le carton L. 927 des Archives nat. Qu'il suffise de rappeler les faits principaux. Fondés par saint Louis dans le quartier Saint-Paul, les Carmes abandonnèrent ce premier établissement (que reprirent plus tard les Célestins) en 1319 et vinrent se fixer place Maubert. Le nouveau couvent fut béni le mardi de la semaine sainte (3 avril) de cette année-là. L'église fut dédiée en 1353. La première pierre en avait été posée par Gérard de Montaigu, avocat général au Parlement de Paris, chanoine des cathédrales de Paris et de Reims ; elle a été retrouvée en 1814, dans les démolitions de l'édifice, et M. de Guilhermy, qui en publie l'inscription dans son *Recueil* (I, 422-3), croit pouvoir la dater de 1345 environ. On trouvera aux Archives (L. 928) l'acte original par lequel la reine Blanche donna aux Carmes, en 1398, le prétendu clou de la Passion dont parle Lebeuf.

D'autre part, Cocheris (II, 718) cite le texte du don, fait en 1361 par la reine Jeanne d'Évreux, d'une relique contenant des cheveux de Jésus-Christ.

Notre auteur n'a pas cru devoir faire figurer dans sa notice ce renseignement qu'il fournissait en 1742 à Fenel : « Je crois vous avoir dit qu'il y avoit plusieurs statues au grand portail des Carmes de la place Maubert. Il n'y en a qu'une qui est de la Vierge ; c'est au portail collatéral, du côté de la place Maubert, que sont trois figures : celle de la Sainte Vierge, celle d'un roi et d'une reine embéguinée » (*Lettres de l'abbé Lebeuf*, II, 385).

Dans l'église de ce couvent se réunissait une confrérie, dite des Trois-Maries ; l'existence nous en est révélée par une *paix* en cuivre doré, que possède le musée de Cluny (Cf. un article de M. de Longpérier dans le *Journal des Savants*, 1874, pp. 592-613). Les Carmes avaient constitué entre eux une autre confrérie, dite du Saint-Scapulaire du Mont-Carmel, et publiaient, sous ce vocable, plusieurs petits livres de piété. Vers 1635, les docteurs de Sorbonne crurent devoir censurer ces écrits ; les Carmes ayant obtenu un arrêt du Conseil d'État, le 12 juin 1635, par lequel cette censure était interdite, firent notifier cet acte aux docteurs ; mais l'huissier qui se présenta à cet effet fut fort malmené ; il ne put donner signification de l'arrêt et fut même poussé dehors, tandis que l'un des Sorboniers « brouilloit entre ses mains » la copie de l'arrêt et la jetait au loin en s'écriant : « Tiens, voilà ton arrest et porte-le à tes bigots de moines! » (L. 927).

Parmi les sépultures, il convient de rappeler celles de Marguerite de Bourgogne, beau monument en cuivre, qui fut fondu en 1792, de Gilles Corrozet, historien de Paris, mort en 1568, du jurisconsulte Boullenois (Cf. *Archives du musée des Monuments français*, première partie, p. 237).

Supprimé par la Révolution, le couvent des Carmes fut démoli en 1813 et 1814. Sur son emplacement s'élève le marché de la place Maubert, construit par l'architecte Vaudoyer. Lenoir avait signalé au ministre de l'intérieur un fragment du cloître, formé de onze arcades ogivales et qu'il jugeait digne d'être conservé, mais sa proposition n'eut pas de suites (*Archives du musée des Mon. fr.*, première partie p. 420-1).

BIBLIOGRAPHIE. — *Sources*. — Archives nat. L. 927 : titres de fondation des Carmes au quai Saint-Paul, aliénation des terrains de ce premier établissement et translation du couvent sur la place Maubert (nous avons dit que Félibien avait publié presque tous ces documents). — L. 928 : fondations, amortissements, acquisitions de biens, parmi lesquelles celle du collège de Dace en 1384 ; donation par la reine Blanche d'un clou de la Passion (1398). — LL. 1489-1490 : délibérations capitulaires (XVIIIe s.). — S. 3734-3738 : titres de propriété.

Imprimés. — Jaillot, t. IV (*quartier Saint-Benoît*), p. 24 et ss. — Millin, *Antiquités nationales*, t. IV, notice XLVI, — et quatre planches dans la *Statistique monumentale* d'A. Lenoir.

NOTRE-DAME DE SION
I, 255

Jaillot (t. IV, *quartier de la place Maubert*, p. 177-8) fait connaître que le couvent de ces chanoinesses, de l'ordre de Saint-Augustin, fut autorisé à Paris par lettres patentes du 31 août 1635, et qu'il fut établi dans une maison où le poète Baïf avait tenu jadis une académie de musique. Vers 1760, les chanoinesses anglaises firent appel à la commission des secours; voici, en en respectant l'orthographe, les premières lignes d'un placet où elles exposent leurs besoins : « Les Relligieuses Angloises, qui reclament aujourd'hui la protection du Roi sont des filles de famille nobles qui ont quitté leur paye natalle pour jouire des avantages de la vie religieuse; elles ont trouvé dans le Royaume de Sa Majesté une seconde patrie, mais elles n'y ont subsisté que des dottes qu'elles avoient apportés et des bienfaits que la charité des chatoliques d'Angleterre avoient fait passer jusqu'à elles... (Arch. nat. G^{9}651). Quand la Révolution les supprima, elles déclarèrent que leurs revenus étaient de 9,900 livres et leurs charges de 10,783 livres; qu'elles étaient au nombre de 21 religieuses, et que les bâtiments de leur couvent couvraient trois arpents, soixante-huit perches, sept toises. Ces bâtiments étaient situés à l'angle de la rue des Fossés-Saint-Victor (actuellement rue du Cardinal-Lemoine) et de la rue des Boulangers; ils furent vendus en l'an III; vers 1815, les religieuses en rachetèrent une partie et s'y installèrent à nouveau. Le percement de la rue Monge a fait complètement disparaître leur maison qui, en 1860, a été transférée à Neuilly.

BIBLIOGRAPHIE. — *Sources*. — Archives nat. S. 6416 : analyse, rédigée en 1791, des lettres patentes de la fondation et des titres de propriété du couvent; déclaration des biens, du 2 mars 1790, et récolement, du 23 juin suivant.

Imprimés. — Dans le *Recueil des Inscriptions de l'ancien diocèse de Paris*, de M. de Guilhermy (I, 538-541), on trouvera le texte de quelques épitaphes provenant de la chapelle de ce couvent.

FILLES DE LA CONGRÉGATION NOTRE-DAME
I, 255

On trouvera aux Archives nat. (S. 4639) le testament par lequel Imbert Porlier, recteur de l'Hôpital-Général, donna à ces religieuses la maison dite « hostel de Montauban, rue Neuve-Saint-Étienne », dans laquelle elles s'installèrent en 1673, quelque temps plus tard, en 1682, elles acquirent une maison voisine sur le terrain de laquelle s'éleva leur chapelle, bénie en 1688. Comme tant d'autres communautés, celle de la Congrégation Notre-Dame sollicita les secours de la commission des loteries, instituée par Louis XV. D'une requête datée de 1769, nous extrayons ce qui suit : «... C'est le seul monastère de cet ordre qui soit à Paris ; il est placé rue Neuve-Saint-Étienne, sur un des flancs de la ville et dans un de ces quartiers où ne se retirent ordinairement que les familles au-dessous de la médiocrité et réduites, pour la pluspart, à ne vivre que de leurs propres sueurs... Le monastère des religieuses de la Congrégation Notre-Dame est composé de vingt-cinq filles de chœur (dont suivent les noms), de douze grandes pensionnaires, enfin de quarante enfans ou élèves, année commune... » Les douze locataires payent une pension annuelle de 450 livres ; la pension des élèves est de 300 livres ; au total, les revenus sont de 28,988 livres, et les dépenses, de 27,674 livres, 6 sols (G⁰ 650).

C'est vers cette époque, le 7 mai 1765, que celle qui devait s'appeler plus tard Mme Roland, Jeanne Phlipon, entra au couvent de la Congrégation, à l'âge de onze ans et deux mois. Sur ses impressions dans cette maison, elle a écrit des pages charmantes de ses *Mémoires* ; nous n'en citerons que les premières lignes, car elles complètent nos renseignements historiques : « On se rappela que mon maître de musique avait cité un couvent où il enseignait de jeunes demoiselles, et on décide que l'on fera des informations. Il résulte de celles-ci que la maison était honnête, l'ordre peu austère ; les religieuses passaient, en conséquence, pour n'avoir point de ces excès, de ces mômeries qui caractérisaient leur plus grand nombre ; d'ailleurs, elles faisaient profession d'instruire la jeunesse ; elles tenaient des écoles d'externes ou d'enfants du peuple qu'elles enseignaient gratis pour accomplir leurs vœux, et qui se rendaient du dehors, à cet effet, dans une salle qui leur était consacrée ; mais elles avaient séparément un pensionnat pour les jeunes personnes dont on vouloit leur confier l'éducation... »

Ce couvent fut supprimé par la Révolution et vendu en l'an IV, mais depuis, il fut racheté par l'ordre des Augustines, auquel il avait appartenu, et les religieuses qui s'y installèrent s'appelèrent Filles de Jésus-Christ. Le percement de la rue Monge nécessita la démolition de leurs bâtiments, ce qui eut pour heureux résultat de mettre au jour les substructions des arènes, sur lesquelles le couvent avait été construit. La rue Neuve-Saint-Étienne, où il était situé, porta plus tard le nom de rue Rollin et, depuis 1867, celui de rue de Navarre, pour la partie de la rue qui se trouve à gauche de la rue Monge.

BIBLIOGRAPHIE. — *Sources*. — Archives nat. S. 4639-4640 : fondation du monastère et titres de propriété. — LL. 1628-1629 : délibérations capitulaires (1644-1756). — LL. 1630-1636 : règlements et élections. — LL. 1637 : nécrologe.

PRÊTRES DE LA DOCTRINE CHRÉTIENNE
I, 255

Lebeuf se trompe doublement, sur la date de l'établissement et sur l'emplacement de cette maison à Paris. A défaut des pièces originales, qui n'existent plus, nous pouvons nous en rapporter à Jaillot. Or, celui-ci affirme (t. IV, *quartier de la place Maubert*, p, 172) que la maison dont nous nous occupons, dite Maison de Saint-Charles, fut acquise par la Congrégation le 16 décembre 1627 et qu'elle s'appelait auparavant l'Hôtel de Verberie.

L'erreur de Lebeuf ne peut être, au reste, que le résultat d'une confusion, car l'hôtel d'Albret se trouvait, on le sait, entre les rues des Sept-Voies et de Reims. Ce couvent était situé rue des Fossés-Saint-Victor, au-dessus du collège des Écossais, et ses dépendances s'étendaient, par derrière, jusqu'à la rue Neuve-Saint-Étienne (actuellement de Navarre), c'est-à-dire à fort peu de distance du lieu où ont été découvertes les arènes. Il a été supprimé en 1790, et des maisons particulières ont remplacé ses bâtiments. Elles portent les numéros 67-71 de la rue du Cardinal-Lemoine.

Personne n'ignore que la Congrégation de la Doctrine Chrétienne était vouée à l'instruction religieuse du peuple.

BIBLIOGRAPHIE. — *Sources*. — Archives nat., M. 238 : pièces relatives à la Congrégation en général; actes capitulaires, depuis 1647. — S. 6838-6839 (carton double) : titres de propriété de maisons rue Neuve-Saint-Étienne, rue des Fossés-Saint-Victor, etc.; déclaration des biens en 1790; quittances d'amortissement et de rachat de boues et lanternes.

SÉMINAIRE DES TRENTE-TROIS
I, 255

Il avait été fondé en 1633 par Claude Bernard, dit le pauvre prêtre, d'abord pour cinq écoliers, en commémoration des cinq plaies du Christ; puis, pour douze écoliers, en souvenir des douze apôtres, et enfin pour trente-trois, nombre des années de Jésus-Christ. La *Notice historique sur la paroisse Saint-Étienne du Mont*, de l'abbé Faudet, à laquelle nous empruntons ce renseignement (p. 106-7), ajoute que ces écoliers furent successivement hébergés au collège des Dix-Huit, puis à celui de Montaigu, ensuite à l'hôtel de Marly, et que c'est en 1654 qu'ils occupèrent, grâce aux libéralités d'Anne d'Autriche, l'hôtel d'Albiac. Leur établissement subsista jusqu'à la Révolution. Ses bâtiments ont été convertis en une maison particulière, sise rue de la Montagne-Sainte-Geneviève, n° 34.

BIBLIOGRAPHIE. — *Sources*. — Archives nat., M. 208, MM. 553-558 : fondations, règlements, testaments. — S. 7042-7044 : titres de propriété.

SÉMINAIRE DES ANGLAIS
I, 255

Par lettres-patentes de février 1684, Louis XIV permit à Jean Parot, Thomas Godden, Jean Betham, Bonaventure Giffaud, docteurs en théologie, et Édouard

Lutton, tous ecclésiastiques séculiers, natifs d'Angleterre, de fonder à Paris une communauté pour « y entretenir nombre d'ecclésiastiques anglois pour y faire leurs études dans toutes sortes de sciences et particulièrement dans la théologie, et se rendre capables des degrez de bacheliers et de docteurs, s'appliquer à toutte sorte d'exercices de piété et se mettre en estat de servir l'église de leur pays et travailler, selon les occasions, à maintenir les catholiques dans la pureté de la foy, et à la conversion des hérétiques... » Avant de procéder à l'enregistrement, en 1687, le Parlement prescrivit une enquête dont le texte nous est conservé aux Archives nat. (S. 6844) et qui fut favorable à l'établissement de la communauté. Sans attendre ces formalités, la communauté s'était déjà établie dans une maison de la rue des Postes, achetée au prix de 18,000 livres, le 23 novembre 1685, par Jean Betham, précepteur du roi d'Angleterre, et que l'on peut considérer comme le véritable fondateur de ce séminaire (S. 6416, parmi des pièces relatives aux chanoinesses anglaises). La chapelle fut bénie le 30 septembre 1692 par le curé de Saint-Étienne-du-Mont (S. 6844). L'établissement fut supprimé par la Révolution et réuni en 1804 au collège des Irlandais, dont nous parlons plus bas. Une partie de son terrain fut repris, en 1823, par le séminaire voisin, du Saint-Esprit; le reste, converti en maison particulière, est occupé, depuis 1865, par le patronage de Sainte-Mélanie, qui fournit aux jeunes ouvriers des conférences et aux enfants pauvres un emplacement pour les jeux pendant les jours de vacances. L'institution est sise rue Lhomond (ancienne rue des Postes), n° 26.

BIBLIOGRAPHIE. — *Sources.* — Archives nat. S. 6844 : fondation du séminaire; titres de propriété de la maison de la rue des Postes et de maisons situées rue du Four-Saint-Germain, au cul-de-sac de la Poterie-Saint-Séverin et au coupe-gorge près l'Estrapade. — S. 6845 : autres titres de la maison de la rue du Four; fondations et testaments, dont quelques-uns en anglais.

Après avoir parlé du séminaire des Anglais, Lebeuf s'exprime ainsi : « Il y a encore dans la même rue (des Postes) deux autres communautés d'hommes sur lesquelles les plus modernes des historiens de Paris *en langue vulgaire* n'ont rien écrit. » Cette réflexion, d'une rare naïveté, témoigne, une fois de plus, du peu d'intérêt qu'inspirait à notre auteur l'histoire des couvents parisiens. Il lui eût suffi de consulter un plan du Paris d'alors, ou, mieux encore, d'aller rue des Postes, près de laquelle il passait souvent, se rendant à Sainte-Geneviève, pour recueillir sur le séminaire du Saint-Esprit et la maison des Eudistes quelques renseignements précis que nous-mêmes y avons obtenus sans peine.

SÉMINAIRE DU SAINT-ESPRIT. — Il fut fondé en 1703 par Claude-François Poullart des Places, et d'abord établi dans la rue Neuve-Sainte-Geneviève. Les libéralités de Charles le Bègue, prêtre de Saint-Médard, lui permirent d'acquérir, en 1731, la maison de la rue des Postes, qu'il ne quitta plus désormais. Vers 1760, cette maison eut recours à la commission des loteries qui, en 1768, lui accorda une somme de 30,000 livres « pour construire la chapelle du séminaire, celle qui existe n'étant pas assez grande et menaçant ruine... » (Arch. nat. G 9652). Par lettres patentes de juillet 1777, le Roi confia « la deserte des cures et l'éducation de la jeunesse dans notre colonie de Cayenne aux prêtres de la communauté du Saint-Esprit, établie à Paris » (*ibid.*).

La Révolution supprima ce séminaire, qui fut vendu en 1794 et occupé par une fabrique de papiers peints, puis, provisoirement par l'École normale. Napoléon Ier le rétablit par un décret du 2 mars 1805, d'abord rapporté, mais confirmé par une ordonnance du 3 février 1816. Le séminaire continue à former des prêtres pour le service de nos colonies; sa chapelle est la même qui existait avant la Révolution; il est situé 30, rue Lhomond; ce côté de l'ancienne rue des Postes dépend maintenant de la paroisse de Saint-Jacques-du-Haut-Pas.

BIBLIOGRAPHIE. — *Sources*. — Archives nat. S. 6847-6848 : fondation du séminaire et titres de propriété à Paris. — M. 200 : correspondance et délibérations. — MM. 493 : registre des charges et obligations (1734-1788).

Imprimés. — On trouvera un grand nombre de renseignements sur la congrégation du Saint-Esprit dans la *Vie du vénérable serviteur de Dieu, François-Marie-Paul Libermann*, supérieur de la congrégation, par le cardinal Pitra; 1882, in-8°.

EUDISTES. — On trouvera aux Archives nat., sous la cote S. 6849, les quelques documents qui ont trait à cette communauté établie dans plusieurs villes de France : Caen, Coutances, Lisieux, Rouen, Évreux, Rennes, Avranches, Dol, Senlis et enfin Paris. Le fondateur en est Jean Eudes, — d'où son nom, — qui, en 1642, obtint de Louis XIII des lettres patentes pour créer à Caen ou dans ses faubourgs « une compagnie de prêtres vivans en société et communauté pour vaquer à toutes les fonctions de l'ordre ou état de prêtrise ». Trente ans après, en 1672, le roi autorisa « un hospice pour les études à Paris », et c'est celui qui se trouvait rue des Postes. Cette sorte de séminaire était dans une situation des moins heureuses au moment de la Révolution, et son supérieur, François-Louis Hébert ne put déclarer aux commissaires qu'un revenu de 135 livres sur l'Hôtel-de-Ville et des créances sur diverses personnes, s'élevant à 6,425 livres. Les charges étaient, en revanche, de 103,398 livres. Il existe encore aujourd'hui à Paris une communauté de Pères Eudistes, réunie à celle des dames de Saint-Michel, sise rue Saint-Jacques, 193, sur la paroisse Saint-Étienne-du-Mont. Quant à la maison de la rue des Postes, elle est occupée actuellement, rue Lhomond, 18, par l'école Sainte-Geneviève, généralement connue sous le nom d'école des Jésuites de la rue des Postes.

BIBLIOGRAPHIE. — Les seuls renseignements que nous ayons rencontrés sur les Eudistes se trouvent aux Archives nat. sous la cote S. 6849. Cf. la *Notice historique sur la paroisse Saint-Étienne-du-Mont*, de l'abbé Faudet, ouv. cit., p. 98.

COMMUNAUTÉ DE SAINTE-AURE
I, 256

Jaillot (*Quartier Saint-Benoît*, pp. 97-99) nous apprend que cette maison religieuse fut fondée en 1687, rue des Poules (actuellement rue Laromiguière), sous le vocable de sainte Théodore, par M. Gardeau, curé de Saint-Étienne-du-Mont, et qu'à la fin du XVIIe siècle elle fut transportée rue Neuve-Sainte-Geneviève (actuellement rue Tournefort), sous l'invocation de sainte Aure. L'abbé Grisel, célèbre à l'époque de Louis XV, en fut quelque temps le directeur; celle qui devait s'appeler Mme Du Barry y reçut sa première éducation. La communauté a été dissoute par la Révolution; ses bâtiments, situés aux numéros 16 et 18 de la rue Tournefort, sont occupés aujourd'hui par un couvent de Bénédictines du Saint-Sacrement.

BIBLIOGRAPHIE. — *Sources*. — Archives nat. S. 4641 : titres de propriété. — LL. 1658 : délibérations capitulaires (1757-1791).

SÉMINAIRE DES IRLANDAIS. — Lebeuf ne pouvait mentionner l'établissement, en 1776, d'un séminaire de ce nom dans la rue du Cheval-Vert, dite actuellement des Irlandais; mais il eût dû, à propos du collège de Montaigu, rappeler que ce séminaire y avait eu sa première origine, en 1578, grâce à la fondation de John Lee, et que le président de l'Escalopier, en 1677, avait contribué à sa translation au collège des Lombards. Cette maison d'éducation ecclésiastique existe encore aujourd'hui; supprimée par la Révolution, elle fut rétablie par Napoléon Ier en 1804, et s'adjoignit les fondations du collège des Écossais et du séminaire des Anglais. Dans le vestibule qui précède la chapelle, se lisent plusieurs inscriptions funéraires ou commémoratives des bienfaiteurs de la maison. Elles ont été publiées par M. de Lasteyrie dans le supplément au *Recueil* de M. de Guilhermy, t. V, p. 182-188.

SAINT-MÉDARD
I, 256-260

P. 256. — Il n'a pas été trouvé, depuis Lebeuf, de mention plus ancienne concernant cette église que la bulle d'Alexandre III, datée de 1163. Jaillot, qui avait étudié de très près les archives de l'abbaye de Sainte-Geneviève, prend aussi cette date pour point de départ (t. IV, *Quartier de la place Maubert*, p. 100-103). Quant à l'opinion émise par notre auteur que, dès le départ des Normands, une chapelle parut nécessaire dans cette localité, ce n'est là qu'une simple hypothèse, nullement vérifiée par les textes; il est fort probable, au contraire, que les bords de la Bièvre ne se peuplèrent qu'au temps de Louis VI ou même de Louis VII, époque où les faubourgs méridionaux commencèrent à prendre quelque importance.

P. 257. — Sur la chapelle de Reilhac, située dans l'abside de l'église, et qui est aujourd'hui la chapelle de la Vierge, on trouvera les plus complets renseignements dans une dissertation que le comte de Reilhac, l'un des descendants de ses fondateurs au XIVe siècle, a publiée au t. XII, pp. 223-254 des *Mémoires de la Société de l'Histoire de Paris*. Lebeuf se trompe, paraît-il, sur les dates où moururent Clément et Pierre de Reilhac. Le premier fut inhumé à St-Médard en 1399 et le second en juillet 1402; la chapelle était fondée dès 1380. Au surplus,

M. de Reilhac, dans son bel ouvrage intitulé *Jean de Reilhac...* (1886-1888, 3 v. in-4), donne (t. I, p. 7, note 1) le texte d'une inscription de l'église Saint-Médard (elle n'était pas encore apposée en novembre 1889), perpétuant ces souvenirs :

> CETTE CHAPELLE
> CONNUE DEPUIS LE XIVe SIÈCLE SOUS LE NOM DE
> NOTRE-DAME-DE-REILHAC
> A ÉTÉ FONDÉE DERRIÈRE LE CHŒUR DE L'ANCIENNE ÉGLISE SAINT-MÉDARD
> VERS L'AN 1380
> PAR CLÉMENT DE REILHAC, SEIGNEUR DE BRIGUEIL,
> AVOCAT DU ROI AU PARLEMENT.
> ET LE 2 JUILLET 1402,
> EN PRÉSENCE DE LA COUR,
> PIERRE DE REILHAC, SON FRÈRE, CONSEILLER AUD. PARLEMENT,
> Y A ÉTÉ INHUMÉ
> AINSI QUE DEPUIS NOMBRE DE LEURS DESCENDANTS.
> PAR ACTES DES 28 DÉCEMBRE, 10 AVRIL 1410, 20 AVRIL 1411,
> DAME PÉRENNELLE DE MAIGNAC,
> VEUVE DU FONDATEUR ET NIÈCE DE L'ÉVÊQUE DE PARIS,
> Y A ÉTABLI A PERPÉTUITÉ 157 MESSES CHANTÉES PAR AN
> AVEC MÉMOIRE DES TRÉPASSÉS
> POUR LES DÉFUNTS DE LA FAMILLE DE REILHAC,
> ET A CONSTITUÉ UNE RENTE SUR DIVERSES MAISONS
> DE LA RUE MOUFFETARD
> AFIN DE PAYER L'ENTRETIEN DES CHAPELAINS
> LESQUELS ONT SUBSISTÉ JUSQU'EN 1790.

Les autres sépultures indiquées par Lebeuf ont disparu de l'église ; les inscriptions de celles qui ont subsisté se trouvent dans le *Recueil* de M. de Guilhermy (t. I, p. 199-206); ce sont les épitaphes de Jacques Coifferel, prieur-curé de la paroisse, mort le 4 septembre 1740, jour anniversaire de la dédicace ; — d'Antoine-Nicolas Collet-Duquesnay, curé, mort en 1741 ; — de Pierre Hardy de Lévaré, curé, mort en 1778, — d'un vicaire du même nom, mort en 1779, — et le texte d'une fondation faite en 1782 par un abbé régulier de l'ordre de Prémontré.

P. 258. — Ce n'est pas en 1562, mais le 27 décembre 1561 qu'eut lieu ce que Lebeuf appelle « le grand vacarme des Calvinistes dans ce quartier-là »; voici en quoi il consista : la maison dite du Patriarche servait de lieu de réunion et de prêche aux protestants; tandis qu'ils y étaient assemblés, le clergé de Saint-Médard fit sonner les cloches à toute volée pour couvrir la voix des orateurs; les religionnaires demandèrent que ce bruit cessât; sur le refus qu'on leur opposa, ils envahirent l'église, qui fut profanée et saccagée; d'autre part, le prêche fut incendié par les catholiques. L'expiation de ces scènes scandaleuses eut lieu le 14 juin 1562 par une procession solennelle à Saint-Médard où figurèrent les cours souveraines et l'abbaye de Sainte-Geneviève. Il faut consulter à ce sujet le t. VI des *Variétés historiques et littéraires* d'Édouard Fournier, où se trouve (p. 185-200) l'*histoire veritable de la mutinerie, tumulte et sedition faicte par les prestres Sainct Medard contre les fidèles, le samedy XXVII jour de Decembre 1561*, et le t. IV, 1ʳᵃ série (p. 51-75), des *Archives curieuses de l'Histoire de France* de Cimber et Danjou.[1]

Lebeuf aurait dû dire un mot du cimetière Saint-Médard et des trop douteux miracles de convulsionnaires qui s'y produisirent sur la tombe du diacre Pâris, de 1719 à 1732 surtout; beaucoup de documents ont été publiés sur ces évènements; comme ils eurent pour conséquence de peupler la Bastille de prisonniers, feu Ravaisson en a publié un grand nombre dans ses *Archives de la Bastille;* on verra aussi avec profit le ms. 1866, in-4 de la Bibliothèque de la Ville de Paris, et une note du docteur Laloy au t. III (1876), p. 138-142 du *Bulletin de la Société de l'Histoire de Paris*.

Nous avons eu déjà occasion (p. 73) de dire un mot, après Lebeuf, de l'étymologie du nom de la rue de Lourcine; il faut y revenir ici avec lui et dire que l'origine qu'il propose, *locus cinerum*, fournie par un censier du XIIIᵉ siècle, n'a rien d'invraisemblable. Sauval et Jaillot l'ont, eux aussi, adoptée. On peut d'autant mieux l'admettre que deux documents du XIIᵉ siècle, non encore signalés à ce point de vue, mentionnent les lieux-dits *Poteria de Sancta Genovefa* (1160) et *Sabulum* (1181) dans le clos que l'abbaye de Sainte-Geneviève possédait dans cette région (Voy. *Cartulaire général de Paris*, I, 361 et 468). Il paraît donc certain que le sol des rives de la Bièvre était sablonneux et propre à l'industrie du potier. Toutefois, — mais ceci n'est qu'un rapprochement, — ne pourrait-on comparer ce nom de Lourcine à celui d'une localité du diocèse, Ourcine (aujourd'hui Vélizy), dont le nom, suivant Lebeuf lui-même (III, 221), viendrait de *ucia*, douzième partie d'un arpent? Nous le répétons, c'est moins encore une hypothèse qu'un rapprochement de formes assez semblables.

P. 259-60. — Le décret du 22 janvier 1856 a modifié les limites de la paroisse Saint-Médard; elles sont actuellement figurées par une ligne partant de la place Walhubert, et suivant le quai Saint-Bernard, les rues Cuvier, Copeau, de la Clef, Gracieuse, Mouffetard, du Pot-de-fer, Lhomond, de l'Arbalète, de la Santé, les boulevards Saint-Marcel et de l'Hôpital jusqu'à la place Walhubert. La même année, fut ouverte au culte une nouvelle paroisse, Saint-Marcel, sise boulevard de l'Hôpital, 80, qui a pris à Saint-Médard une partie de son ancienne circonscription. Mentionnons encore une chapelle de secours tout récemment construite, Sainte-Rosalie, boulevard d'Italie, 50. Enfin, depuis l'annexion des communes suburbaines, la ville de Paris a acquis de la commune de Gentilly une autre église, Saint-Marcel de la Maison-Blanche, sise avenue d'Italie, 76, qui, avec une chapelle succursale, sise 124, rue de la Glacière, dessert le reste du XIIIᵉ arrondissement.

BIBLIOGRAPHIE. — *Sources*. — Archives nat. H. 3792-3795 : comptes de la fabrique. — L. 685-686 : fondations, testaments. — S. 3444-3445 : titres de propriété. — Dans L. 884 (abbaye de Sainte-Geneviève), dossier de provisions de la cure et pièces relatives à la chapelle de Reilhac. La Bibliothèque de la Ville de Paris possède sous le numéro 18466, in-fol., un fragment de compte de la fabrique pour l'année 1716.

---

[1]. Une rue et un marché, voisins de Saint-Médard, ont retenu le nom de la maison qui avait été le théâtre de cette émeute, mais c'est à tort qu'on les appelle rue et marché *des Patriarches*; il faudrait dire : *du Patriarche*.

Imprimés. — Office de saint Médard, évêque de Noyon et patron de cette église paroissiale, 1785, in-12 de 24 pages, et les ouvrages indiqués au cours de cette notice.

CORDELIÈRES
I, 260

Une brève mention de Guillaume de Nangis a pu faire supposer à certains historiens que Marguerite de Provence, femme de saint Louis, était la fondatrice de ce couvent ; elle n'en fut que la bienfaitrice, comme on va le voir. Jaillot (t. IV, *Quartier de la place Maubert*, p. 75-82) avait déjà remarqué que Galien de Poix (*de Pisis*), chanoine de Saint-Omer, avait légué en 1287 trois maisons lui appartenant au bourg Saint-Marcel, pour la fondation d'un couvent de Cordelières ; l'examen des documents originaux permet de reculer cette fondation à l'année 1284. Il existe en effet aux Archives nat. (L. 1050) une charte datée de septembre 1284, où le projet de Galien de Poix est exposé et reçoit la sanction royale. A cette pièce se joignent plusieurs bulles de Nicolas IV confirmant l'institution du monastère et la règle de Sainte-Claire adoptée par lui. On trouvera dans le même carton la charte de 1294 (le jour des Cendres, 1295 n. s.), par laquelle la reine Marguerite donna à ces religieuses la maison qu'elle avait fait bâtir auprès de leur couvent et dans laquelle elle mourut, dit-on ; cette charte a été publiée par Du Breul et par Félibien (*Preuves*, I, 303). Le souvenir de Louis IX et de Marguerite de Provence resta longtemps vivace chez les Cordelières du faubourg Saint-Marcel ; plus d'un siècle après, certains membres de la famille royale allaient vivre chez ces religieuses, ainsi que l'atteste ce début d'une charte de Charles VI, datée du 23 mai 1383, et que nous trouvons dans un des recueils de la collection Moreau (Bibl. nat., Moreau, 1462, f° 193, r°) :

« Charles, etc. Savoir faisons à tous presens et avenir que comme les religieuses abbesse et couvent des Cordellières de l'eglise Sainte-Claire à Lourcines lèz Saint-Marcel, près de Paris, aient esté fondées par nos seigneurs predecesseurs roys de France et pour la grant amour et devocion qu'ils ont eu à la dite eglise et pour la reverence de monseigneur saint Loys, la Royne Marguerite et madame Blanche d'Espaigne qui en leur propre hostel où la dicte eglise est à present les ordonnèrent là estre et demourer et les y fondèrent premièrement, y aient par plusieurs fois repairié et demouré, et aussi à present nostre très chière ayolle la duchesse de Bourbon et Katherine nostre suer y soient demourans, et y soit nourrie nostre dicte suer, en laquelle eglise elles prennent très grant plaisir, pour quoy nous avons voulu et voulons avoir à la ditte eglise et ausdictes religieuses singulière affection, et il soit ainsi que, etc. »

La situation du couvent l'exposait à de fréquentes inondations de la Bièvre, plus impétueuse alors qu'aujourd'hui. L'Estoile en rapporte une qui eut lieu en avril 1579 et dont la violence fut telle que l'eau, dit-il, monta jusqu'à l'autel. Ce fut une des raisons que les religieuses mirent en avant pour obtenir de l'archevêque, en 1631, la permission de s'adjoindre une maison de secours, sise au cloître Saint-Marcel (L. 1050). Cette maison fut l'origine du couvent des Petites-Cordelières, installées d'abord sur la paroisse Saint-Paul, puis au faubourg Saint-Germain, où nous les retrouverons.

Au commencement du XVIIIe siècle, les Cordelières de Saint-Marcel étaient, d'après le *Mémoire de la Généralité de Paris* (p. 27), au nombre de soixante, et possédaient un revenu de 10,000 livres. En 1790, elles déclarèrent aux commissaires de la Révolution 23,451 livres, 3 sols, 5 deniers de rentes, et 5,196 livres, 7 sols de charges ; elles ajoutaient : « Notre maison est un ancien château de saint Louis, qui nous a été donné par la reine Marguerite, femme de saint Louis, avec ses dépendances, le tout amorti, et dont les titres sont dans notre chartrier » (S. 4675). Sur l'emplacement de ce couvent, vendu comme bien national, le 24 vendémiaire an V, ont été ouvertes plusieurs voies, dont la rue Pascal et celle des Cordelières, que le percement du boulevard Arago a modifiées ; une partie des bâtiments sert de façade à l'hôpital de Lourcine ; quelques-unes des dalles tumulaires de la chapelle ont été utilisées pour le pavage d'une manufacture voisine : M. de Lasteyrie en a publié les inscriptions, sans grand intérêt, au Supplément des *Inscriptions de l'ancien diocèse de Paris* (t. V, p. 163-173). On trouvera au tome I, p. 787, du même ouvrage, l'épitaphe d'une sous-prieure d'un couvent de ce quartier ; M. de Guilhermy a supposé que ce pouvait être celui qui nous occupe.

BIBLIOGRAPHIE. — *Sources*. — Archives nat. L. 1050 : fondation du couvent ; adjonction d'une maison de secours ; transfert d'une partie des religieuses sur la paroisse Saint-Paul. — L. 1051 : censier du XVe siècle. — LL. 1649-1652 : statuts, règlements et actes capitulaires (XIIIe-XVIIIe siècle). — S. 4675-4685 : titres de propriété.

Imprimés. — Notice de A. Bonnardot dans l'*Iconographie du vieux Paris*, ap. *Revue Universelle des Arts*, 1859, p. 160-168.

HOPITAL DE LOURCINE
I, 260

En citant le passage d'un terrier de Sainte-Geneviève, de 1830, où figurent « l'Hôtel-Dieu du Patriarche... qui sont plusieurs maisons à M. Guillaume de Chanac », Jaillot a prouvé que Lebeuf s'était singulièrement trompé en doutant que cet hôpital existât au XIVe siècle. Il faut même reculer son existence d'au moins un siècle, et nous n'en avons pas pour seul témoignage les *Antiquités de Paris*, de Du Breul (p. 306), mais encore la mention d'un don que lui fit Alphonse de Poitiers, frère de Louis IX.

Voici, toujours d'après Jaillot, qui a pu connaître des documents disparus aujourd'hui, les transformations par lesquelles passa cette maison : en 1559, un arrêt du Parlement l'affecta aux malades de l'Hôtel-Dieu atteints du mal vénérien ; en 1576, Nicolas Houel, maître apothicaire et épicier de Paris, y fonde un hôpital pour former les orphelins qui y seront recueillis à la préparation des médicaments ;

à cet effet, il y annexe un jardin botanique qui devint plus tard le Jardin des Apothicaires, puis l'École de pharmacie, et dont l'entrée était sur la rue de l'Arbalète ; le percement de la rue Claude Bernard l'a fait disparaître. Houel avait donné à cet établissement le nom de Maison de la Charité chrétienne ; elle fut occupée, après lui, sous Henri IV, par les soldats blessés, — que l'on transféra ultérieurement à Bicêtre et de là aux Invalides, — puis par diverses communautés qui ne firent qu'y passer. Dès 1774, sa chapelle dédiée à Sainte-Valère n'existait plus. Le reste des bâtiments a été démoli en 1867, lors du dégagement des abords de l'église Saint-Médard.

BIBLIOGRAPHIE. — Jaillot, t. IV, *Quartier de la place Maubert*, p. 84-8.

HOPITAL DE LA PITIÉ
I, 260

Cet établissement fut plutôt à l'origine un hospice, — dans le sens où nous entendons maintenant ce mot, — qu'un hôpital ; on y recevait, en effet, les enfants pauvres des deux sexes pour les instruire et leur apprendre un métier. Il n'en est plus de même aujourd'hui, et la Pitié est, comme chacun sait, un des principaux hôpitaux dépendant de l'administration de l'Assistance publique.

BIBLIOGRAPHIE. — *Sources*. — Il y a, aux Archives de l'Assistance publique, quelques rares documents sur la Pitié, dans le fonds de l'Hôpital général (voy. les *Archives hospitalières de Paris*, par H. Bordier et L. Brièle, 1877, in-8°, p. 150-159).

HOPITAL DE LA MISÉRICORDE
I, 260

On l'appelait plutôt hôpital des Cent-Filles, sans doute pour le distinguer de l'autre hôpital de la Miséricorde, situé rue Mouffetard. Celui-ci fut fondé, non pas en 1624, comme le dit Lebeuf, mais par lettres patentes de janvier 1623 (Arch. nat. L. 1070). C'est le chancelier Séguier qui fournit les sommes nécessaires à son établissement. Il existe, dans le fonds de l'abbaye de Sainte-Geneviève (L.884), un accord du 4 septembre 1626, ayant pour objet de régler les droits du curé de Saint-Médard vis-à-vis des « administrateurs des filles de l'hospital de la Miséricorde, fondé en l'hostel dict le Petit Séjour d'Orleans par feu messire Antoine Seguier ». Ce terrain avait fait, en effet, partie d'un vaste domaine possédé jadis par Louis d'Orléans, frère de Charles VI, et qui commença à être morcelé au XVI° siècle [1].

[1]. Sur son acquisition, voy. aux Arch. nat. le reg. KK. 896, et les détails que donne Jaillot à son sujet (t. IV, *quartier de la place Maubert*, p. 110-115).

Les Filles de la Miséricorde jouissaient, par la volonté de leur fondateur, d'un privilège assez singulier : en épousant un « compagnon » ayant fait son apprentissage à Paris, celui-ci était reçu *de plano* maître des arts et métiers, « sans faire chef d'œuvre, et sans aucuns frais..., à la charge qu'il n'en sera reçu qu'un de chaque mestier en deux ans ».

Cet hôpital fut supprimé en 1790. Situé rue Censier, il fut d'abord converti en maisons particulières qui ont disparu lors du percement de la partie méridionale de la rue Monge.

BIBLIOGRAPHIE. — *Sources*. — Archives nat. L. 1070 : établissement de l'hôpital.

Imprimés. — Privilège des pauvres filles orphelines de père et de mère de l'hospital de Nostre-Dame de la Miséricorde, 1659, in-4° (dans L. 1070).

FILLES DE LA PROVIDENCE
I, 260

Il existe fort peu de renseignements aux Archives sur cette communauté. En 1777, elle adressa à la commission des loteries une demande de subvention où se lisent ces lignes : « Les filles de la communauté de la Providence de Dieu, rue de l'Arbalète, faubourg Saint-Marcel, à Paris, vous représentent humblement qu'étant etablies par differentes lettres patentes de 1647, 1651, 1652 et 1677 pour l'education des jeunes filles, surtout de celles que le defaut de fortune exposeroit davantage aux dangers du monde, la reine Anne d'Autriche leur fit accorder, en 1651, la maison qu'elles occupent et qui, auparavant, etoit l'hôpital de santé servant aux convalescens pestiférés de l'Hôtel-Dieu.

« La concession de cette maison fut ratifiée par Louis quatorze en 1677, avec tous les privilèges, droits et exemptions accordés aux hôpitaux de fondation royale, et dont, cependant, elles n'ont point joui en entier... » (Arch. Nat. G⁹ 651.)

A ces détails, il convient d'en ajouter quelques autres que Lebeuf lui-même nous fournit. « Les Filles de la Providence avaient été, dit-il, fondées par Marie Lumague, veuve du sieur Pollalion, gentilhomme ordinaire du Roi », à Fontenay-aux-Roses, en 1630. Elles furent transférées à Charonne en 1643, et la même année, le roi leur accorda des lettres patentes pour avoir un établissement à Paris. (Cf. t. I, p. 478-9, et III, 565). Jaillot dit, en outre, que ces religieuses, avant de recevoir d'Anne d'Autriche leur maison définitive du faubourg Saint-Marcel, s'étaient installées provisoirement rue d'Enfer dans une maison construite pour les Feuillants (t. IV, *Quartier Saint-Benoît*, p. 8-12). Supprimé en 1790, ce couvent fut transformé en propriété particulière ; le percement de la rue des Feuillantines (actuellement rue Claude-Bernard) en a fait disparaître les derniers vestiges.

BIBLIOGRAPHIE. — *Sources*. — Archives nat. M. 60 : fondations et actes de profession. — LL. 1702 : délibérations capitulaires (XVIIIᵉ siècle). S. 6142-6144 :

titres de propriétés. — H. 3714-3719, LL. 1682, 1703-1704 : comptes. — C'est en vain que l'on chercherait des renseignements sur les Filles de la Providence dans le carton L 1061, qu'indiquent Cocheris et l'*Inventaire sommaire des Archives nationales*.

HOPITAL DE SAINT-JULIEN ET SAINTE-BASILISSE
I, 260

Il est plus souvent désigné, sur les anciens plans ou dans les quelques ouvrages qui en font mention, sous le nom d'hôpital de la Miséricorde, qui est son nom réel, en dépit de l'autre hôpital de la Miséricorde dont il a été question tout à l'heure (p. 230). Celui-ci eut sa maison-mère à Gentilly, et dans sa notice sur cette paroisse, Lebeuf en dit quelques mots (t. IV, p. 8). Elle y avait été fondée en 1648 par un libraire de Paris, Claude Sonnius, et sa femme, Marie Buon. Les guerres de la Fronde durent faire rentrer à Paris les religieuses, car nous les y trouvons le 19 juin 1652, acceptant la direction, dans cette ville, d'un hôpital pour les pauvres femmes et filles, fondé par Jacques Le Prevost, seigneur d'Herblay, premier maître des requêtes de l'hôtel du Roi, veuf de Marie Sanguin. Leur dotation fut de 27,000 livres, à la condition qu'elles entretiendraient toujours deux malades, l'une de la paroisse d'Herblay, l'autre d'Etrechy ; il fut stipulé que la maison de Gentilly continuerait à être desservie par une partie des mêmes religieuses. (Arch. nat. M. 59). Comme les erreurs de Jaillot sont fort rares, nous signalerons celle qu'il a commise à propos de cette maison en attribuant la fondation de Gentilly à ce Jacques Le Prevost (t. IV, *Quartier de la place Maubert*, p. 96). Le musée Carnavalet possède l'inscription gravée pour rappeler que la première pierre de la chapelle de S^j-Julien et Ste-Basilisse dans cet hôpital fut posée le 15 avril 1668 par Marie de Vignerot, duchesse d'Aiguillon.

L'hôpital Saint-Julien fut supprimé en 1790. Il était situé rue Mouffetard. De ses bâtiments on a fait, en 1824, une caserne de la garde de Paris, à laquelle ont été, depuis, ajoutées d'importantes constructions en façade sur la place Monge.

BIBLIOGRAPHIE. — *Sources*. — Archives nat. M. 59 : établissement de l'hôpital à Gentilly et à Paris. — LL. 1696-1701 : délibérations capitulaires, statuts, règlements. — S. 6145-6147 : titres de propriété. — G^9 651 : lettres de recommandations, requêtes à la commission de la loterie, où les religieuses demandent un secours de 24,000 livres ; mémoires justificatifs des travaux payés par elles.

SAINTE-PÉLAGIE
I, 260

C'est bien en 1665 que cet hôpital fut établi par Mme de Miramion, dans des bâtiments dépendant de la Pitié, pour donner un abri imposé ou volontaire aux filles de mauvaise vie.

Par décret du 9 avril 1811 (*Dict. des frères Lazare*, Sainte-Pélagie devint une prison du département de la Seine. Elle reçut plus spécialement les prisonniers politiques et les débiteurs insolvables; ces derniers furent, en 1828, transférés dans la prison de la rue de Clichy. Depuis, Sainte-Pélagie est presque exclusivement destinée à la répression des délits de presse ou assimilés.

RELIGIEUSES DE LA PRÉSENTATION
I, 261

Elles furent d'abord installées, le 27 octobre 1649, par Marie Courtin, veuve du sieur Billard de Carouge, dans une maison de la rue d'Orléans au faubourg Saint-Marcel; ce n'est que le 7 novembre 1761 qu'elles achetèrent la maison de la rue des Postes, où la Révolution vint les supprimer. Il est plusieurs fois question de la Présentation dans les *Mémoires de Mme de Staal*, laquelle s'y retira avant d'entrer au service de la duchesse du Maine. Le collège municipal Rollin occupait, depuis 1818, l'emplacement de ce couvent; lorsqu'il a été transféré, il y a quelques années, au boulevard Rochechouart, la ville de Paris a installé dans ses bâtiments une école spéciale de sciences physiques et chimiques.

BIBLIOGRAPHIE. — *Sources*. — Archives nat. L. 1074, S. 4752 : titres de rentes et de propriétés. — G^a 650 : requêtes à la commission des loteries (1763-1769).

COMMUNAUTÉ DE SAINTE-AGATHE
I, 261

En l'absence de documents provenant de cette maison religieuse, nous aurons recours au peu qu'en dit Jaillot (t. IV, *Quartier Saint-Benoît*, p. 12-13). Établie à Paris en 1697, elle se transporta de la rue Neuve-Sainte-Geneviève à La Chapelle, pour revenir, en 1700, à l'hôpital de Sainte-Valère, et se fixa enfin rue de l'Arbalète, dans deux maisons qu'elle avait acquises par actes des 9 avril et 17 mai 1700. Ces maisons furent occupées en 1755, deux ans après la suppression de la communauté, par un pensionnat de jeunes gens.

Il n'en reste plus rien aujourd'hui : elles ont été détruites pour le passage de la rue Claude-Bernard.

COMMUNAUTÉ DE SAINT-FRANÇOIS-DE-SALES
I, 261

Lebeuf omet de dire que cet établissement était situé rue du Puits-de-l'Ermite, rue actuellement existante. Nous aurons à en parler plus longuement dans nos notes sur la paroisse d'Issy. Dès 1790, ses bâtiments apparaissent sur le plan de Verniquet comme faisant partie des dépendances de la Pitié.

COMMUNAUTÉ DES ORPHELINES
I, 261

On a bien peu de détails sur cette maison religieuse, dont le titre entier était Communauté des Orphelines du S. Enfant Jésus et de la Mère de pureté. Jaillot (*Quartier Saint-Benoît*, p. 209-211) nous apprend qu'elle fut fondée vers 1700 e que les lettres patentes d'établissement sont du mois de juillet 1717. On y recevait des orphelines de la banlieue, âgées de sept ans au moins, jusqu'à vingt ans. La communauté fut supprimée en 1790 ; elle avait alors un revenu de 29,894 livres 19 sols (Arch. nat. S. 7051) ; le cul-de-sac des Vignes, où elle était située, a été absorbé dans une rue appelée, depuis 1877, rue **Rataud**, et qui relie la rue Lhomond à la rue Claude-Bernard, mais il ne reste rien, depuis longtemps des bâtiments des Orphelines.

FILLES DE SAINT-MICHEL [1]
I, 261

Le préambule des lettres patentes de mai 1724 par lesquelles ces religieuses furent établies à Paris contient les renseignements les plus précis sur l'origine de leur communauté : « ... Nos chères et bien amées les religieuses de Notre-Dame de Charité dites du Refuge, de l'ordre de Saint-Augustin, de la ville de Guingamp, diocèse de Tréguier, dans notre province de Bretagne, nous ont fait remontrer que, dès l'année mil six cent quatre vingt sept, elles ont obtenues nos lettres patentes pour s'establir dans ladite ville et y travailler à instruire et ramener au chemin de la vertu les filles et femmes qui s'en seroient ecartées ; que Dieu a tellement repandu ses benedictions sur leur travail que notre très cher et bien amé cousin le cardinal de Noailles, archevesque de Paris, en ayant esté informé a fait venir cinq religieuses d'entre elles pour establir dans la communauté de Filles de Sainte-Marie Madeleine, sise en la paroisse de Saint-Nicolas des Champs de la ville de Paris la regularité, qui convient à l'etat des personnes qui la composent, que, depuis quatre ans qu'il leur a confié la conduite de ce monastère, il a trouvé dans les religieuses penitentes et dans les autres filles qui y sont retirées un si grand changement qu'il a souhaité que lesdites religieuses de Notre-Dame de Charité eussent à Paris un etablissement dans lequel elles formeroient des sujets capables de conduire à l'avenir ledit monastère de Sainte-Marie Madelein

---

1. La notice de Lebeuf sur ce couvent nous donne occasion de faire une utile remarque bibliographique sur son ouvrage ; certains exemplaires en ont été cartonnés, car les autres exemplaires de premier tirage, tels que celui que possède la Bibliothèque de la ville de Paris, ne contiennent pas cette notice.

mais encore les autres maisons de pénitence établies à Paris, lorsqu'elles auroient besoin de secours... » (Arch. nat. S. 6151).

En conséquence, fut autorisée l'acquisition, au prix de 110,000 livres, d'une maison sise à Paris, rue des Postes (actuellement rue Lhomond). Le couvent eut exclusivement pour but de « renfermer les filles qui ont besoin d'une clôture forcée »; c'était donc bien un établissement analogue à celui des Madelonnettes.

D'autres lettres patentes, d'avril 1735, autorisèrent la translation de ces religieuses au faubourg Saint-Antoine, rue de Charenton, dans une maison appelée l'hôtel de Gournay, qu'elles avaient acquise la même année à cet effet, parce que leur maison de la rue des Postes était devenue trop étroite « pour former une chapelle et des lieux réguliers ». (Arch. nat. *ibid*).

Des contestations élevées par l'abbaye de Saint-Antoine empêchèrent cette translation; au mois d'avril 1741, les religieuses obtinrent de nouvelles lettres patentes pour être autorisées à se transporter dans une maison qu'elles allaient acheter au faubourg du Roule (S. 6152); mais ce déplacement n'eut pas davantage lieu, et le couvent demeura rue des Postes jusqu'à sa suppression, en 1790. En 1784, il avait obtenu de la commission des loteries une somme de 20,000 livres (G^a 651).

Au moment de sa suppression, en 1790, l'établissement déclara que ses revenus étaient de 17,993 l. 17 s. et ses charges de 10,456 l.; il n'est pas dit combien il comptait alors de pensionnaires, mais on peut conjecturer qu'elles étaient assez nombreuses par ces quelques chiffres du chapitre des dettes : au boulanger, 720 l. pour trois mois de l'année 1789; 1670 l. à l'épicier et 1556 l. au marchand de vin, pour l'année entière.

Depuis la Révolution, le couvent des Filles Saint-Michel s'est reconstitué sous le nom de Notre-Dame-de-Charité; il est situé dans les anciens bâtiments des Visitandines, rue Saint-Jacques, 193, qu'il a partagés avec la communauté des Eudistes (Cf. plus haut, p. 124).

BIBLIOGRAPHIE. — *Sources*. — Arch. nat. L. 1069 : titres de fondations et un mince dossier de correspondance, sans intérêt. — S. 6151 : établissement de la communauté; acquisition, en 1763, d'une maison voisine du couvent, au prix de 8,000 livres; acquisition de l'hôtel de Gournay; projets de translation. — S. 6152 : titres de propriété de maisons sises au faubourg du Roule. — S. 6153 : titres de rentes.

CHAPELLE DU JARDIN DES PLANTES
I, 261

Les quelques mots que lui consacre Lebeuf sont ce que nous avons de plus précis sur cette chapelle, dont l'importance devait être minime. Cocheris a remarqué avec beaucoup de raison que sur les plans joints par Deleuze à son *Histoire et description du Muséum royal d'histoire naturelle* (1823, 2 in-8), elle était figurée en 1788 et avait disparu en 1821. Son emplacement était à gauche de l'ancienne porte du jardin, rue Geoffroy-Saint-Hilaire, juste à l'extrémité de la terrasse. La chapelle fut détruite lors de la construction en 1794 des nouvelles galeries du Muséum, construction qui eut pour effet de reporter l'entrée du jardin un peu plus bas, à l'angle de la rue de Buffon.

L'histoire même du jardin est un peu en dehors de notre cadre ; toutefois, nous fournirons quelques renseignements à ceux qui voudraient l'étudier de près. Au folio 140, recto et verso du volume 827 de la collection Clairambault (Mss. de la Bibl. nat.), est transcrit un règlement inédit pour le jardin royal des Plantes, en date du 7 janvier 1669.

Parmi les imprimés, et sans parler des brochures, qui sont nombreuses, l'ouvrage de Deleuze reste encore le plus complet, quoique bien arriéré. Il faut cependant mentionner, pour la période des origines, deux rares volumes : *le Jardin du roy très chrestien Henry IV*, par Pierre Vallet (jardin des Plantes alors installé au Louvre), 1608, in-folio, et l'ouvrage même du fondateur : *De la nature, vertu et utilité des plantes*, divisé en cinq livres, par Guy de la Brosse, Paris, 1628, in-8º. Le cinquième livre contient le plan de création du jardin royal.

Depuis la Révolution, la paroisse Saint-Médard a perdu la plupart des communautés religieuses situées sur son territoire ; quelques-unes s'y sont cependant installées pendant ce siècle, outre celles dont il a été parlé ci-dessus ; ce sont : les Augustines du Saint-Cœur de Jésus, 29, rue de la Santé ; les Fidèles compagnes de Jésus, 67, rue de la Santé ; les religieuses de Notre-Dame de Miséricorde, 39, rue Tournefort.

ABBAYE DE SAINT-GERMAIN-DES-PRÉS
I, 261-272

P. 261-2. — Comme on peut le remarquer dès le début de sa notice, l'abbé Lebeuf ne dissimule pas ses doutes sur l'opinion émise par les historiens principaux de Saint-Germain-des-Prés au sujet des prétendus diplômes de fondation de cette église. Ces historiens, Mabillon et dom Bouillart, accordaient toute créance à un diplôme de Childebert et à une charte de privilèges concédés à l'abbaye par saint Germain, évêque de Paris, peu de temps après le diplôme royal. Depuis, les diplomatistes de notre siècle reconnurent que les deux actes, tout en étant authentiques dans le fond, avaient été certainement rédigés à une époque postérieure au vıº siècle. Enfin, J. Quicherat a écrit sur la question (*Bibl. de l'École des Chartes*, 6ᵉ série, t. I, 1865, p. 513-555) un mémoire que l'on peut considérer comme décisif ; sans rapporter ici les remarquables témoignages que l'auteur a accumulés, nous devons citer ses conclusions, qui sont que le diplôme de Childebert, complètement faux, a dû être fabriqué dans les premières années du xıº siècle, mais qu'en revanche, on peut considérer comme authentique la charte de privilèges octroyée par saint Germain, qui devient ainsi le point de départ de l'histoire de l'abbaye.

P. 263. — Quicherat a parfaitement établi (*loc. cit.* p. 251) que Gislemar, rédacteur de la Vie de saint Droctovée, vivait au IXe siècle et non au XIe. En effet, s'il eût vécu après l'an mil, on est assuré qu'il n'eût pas donné à saint Droctovée la qualité de premier abbé, car à cette date les religieux, égarés par une mauvaise charte ne le considéraient plus comme tel. On peut même ajouter qu'un écrivain du XIe siècle n'eût pas songé à écrire la biographie d'un personnage qui n'est considérable que par le premier rang qu'il occupe dans la série des abbés.

P. 264-6. — Nous indiquons plus loin (p. 241) un exemplaire du Martyrologe d'Usuard conservé à la Bibliothèque nationale. — La sagacité d'archéologue dont nous avons si souvent occasion de louer Lebeuf lui a fait bien défaut en face de l'église de Saint-Germain-des-Prés : c'est une grossière erreur que d'avoir vu dans la grosse tour du portail un reste de l'édifice mérovingien, alors qu'il s'agit d'une construction romane, c'est-à-dire du XIe siècle ; ce n'est pas une erreur moindre que d'avoir daté de ce même XIe siècle le chœur et les chapelles absidales. A les examiner, on reconnaît que cette partie du monument est postérieure d'un siècle environ. Nous en avons d'ailleurs la date presque certaine par ce fait que l'église fut dédiée, le 11 des kalendes de mai (21 avril) 1163 par le pape Alexandre III. Notre auteur n'a parlé qu'incidemment de cette cérémonie (p. 265 et 270), où il a vu une simple bénédiction d'autel. La relation contemporaine, — qu'avait connue D. Bouillart (p. 91), et dont M. de Lasteyrie a publié pour la première fois le texte (*Cartulaire général de Paris*, I, 375), — est des plus curieuses : elle rapporte que l'évêque de Paris, Maurice de Sully, étant venu assister à la solennité, sa présence détermina une grande émotion parmi les religieux, qui obtinrent du pape qu'il se retirerait ; ce n'est qu'après son départ qu'Alexandre III procéda à la consécration en faisant trois fois le tour de l'église au dehors, puis au dedans, et en plaçant lui-même les reliques dans le grand autel. Cela fait, il se rendit dans le pré voisin des murs de l'enclos, et y proclama que l'abbaye ne relevait d'aucun archevêque ou évêque, mais du souverain pontife seul. C'était confirmer le privilège d'exemption dont les religieux de Saint-Germain se montrèrent toujours si jaloux.

P. 267-8. — Nous parlerons plus loin, avec quelques détails, de la chapelle de Saint-Pierre ou Saint-Père, à propos de l'hôpital de la Charité.

On trouvera dans le carton L. 769 des Archives nationales un curieux dossier sur la chapelle Saint-Symphorien. Il contient, outre des actes de provision de la chapellenie depuis 1438, plusieurs mémoires et requêtes des habitants de l'enclos, au XVIIe siècle, réclamant l'érection de cette chapelle de paroisse, « car ils sont au nombre de 2500, et de 1500 communiants » ; mais un mémoire contradictoire de D. Bouillart établit qu'il ne pouvait y avoir là de paroisse, et que ce serait attenter aux droits de l'église Saint-Sulpice. Cette chapelle était située contre le flanc méridional de Saint-Germain-des-Prés.

Nous avouons ne pas avoir de renseignements nouveaux sur la chapelle de Saint-Martin dont parle Lebeuf, à moins d'y voir la chapelle de la Geôle. Il en existait une, en effet, et le carton L. 750 renferme une liasse à son sujet. Il y est question du mode de nomination des geôliers et des provisions conférées au religieux « qui, de temps immémorial dit, chaque matin, la messe dans la chapelle de ladite geôle pour les prisonniers ». Ces actes se rapportent aux années 1608-1609 et depuis, les archives du monastère sont muettes à propos de la chapelle de la Geôle. On sait, d'ailleurs, que les prisons du bailliage de Saint-Germain-des-Prés, si largement utilisées par la Révolution, ne disparurent qu'en 1854.

P. 268-269. — Il n'est plus possible aujourd'hui aux archéologues de se prononcer sur l'antiquité et l'attribution des statues qui ornaient le portail principal de l'église, car ces statues sont détruites. On sait qu'elles représentaient un évêque, cinq rois et deux reines, mais c'est tout ce que l'on en sait et ce que l'on en saura, si quelque heureuse découverte dans les manuscrits du XIIe siècle ne vient jeter quelque lumière sur elles. De même a disparu l'ancien trumeau, qui d'après Lebeuf, et suivant toutes vraisemblances, devait représenter Jésus-Christ.

P. 271. — Le ms. franç. 16,865 de la Bibliothèque nationale, consacré à l'histoire de la translation à Paris des reliques que possédait l'abbaye de Saint-Maur, contient les procès-verbaux de remise à Saint-Germain-des-Prés de la châsse du corps de saint Maur, en 1750. Nous aurons plus tard à revenir sur cette relique même, à propos de laquelle on peut, dès maintenant consulter le texte de Lebeuf aux pages 282, 430 et suivantes du tome II de l'*Histoire du diocèse de Paris*.

L'exhumation de sépultures antiques faite en 1748 n'est pas la seule à laquelle ait donné lieu le sol des abords de Saint-Germain-des-Prés. En prairial an VII, Alexandre Lenoir ayant été autorisé à pratiquer des fouilles sous les dalles de l'église même, y découvrit au-dessous du maître-autel deux sépultures ; Cocheris a réimprimé le procès-verbal de cette découverte, sur laquelle M. de Guilhermy a fourni de curieux détails (*Inscriptions*, I, 346-9). L'une d'elles, dont il reproduit l'inscription, lui a paru remonter au VIIIe siècle ; c'était celle d'une femme appelée Rotrude, dont les religieux avaient mission de célébrer l'anniversaire.

D'autre part, M. Vacquer a pu affirmer, grâce à des fouilles faites en 1874, l'existence d'un cimetière mérovingien au S.-E. de l'église. Son rapport a été résumé dans le *Bulletin de la Société de l'Histoire de Paris* (t. I, 1874, p. 36-7).

P. 272. La chapelle Notre-Dame, bâtie par Pierre de Montreuil, l'architecte de la sainte Chapelle, méritait plus qu'une mention des sculptures qu'elle avait reçues, et Lebeuf n'a pas, non plus, assez indiqué que c'était un bâtiment tout à fait indépendant de l'église, qu'on ne doit pas confondre avec la chapelle du fond de l'abside, également consacré à la Vierge. Ce bel édifice avait été achevé de construire en 1255 ; les maisons qui forment la partie nord de la rue de l'Abbaye occupent aujourd'hui son emplacement.

Lebeuf ne cite que les écrivains anciens qui ont pu faire honneur au monastère ; il est surprenant qu'il n'ait pas dit un mot de ceux qui vécurent au XVIIe siècle et de son temps, car leurs œuvres sont la gloire de l'érudition française. Ruinart, Mabillon, Martenne, Montfaucon, pour n'en citer que quelques-uns, ont écrit dans le silence de l'abbaye de Saint-Germain leurs immortels travaux. Pour se faire une idée parfaite du genre de vie, de la somme de labeur de ces savants moines, il suffira de lire l'excellent ouvrage de M. Emmanuel de Broglie : *Mabillon et la société de l'abbaye de Saint-Germain-des-Prés à la fin du* XVIIe *siècle* (1664-1707), Paris, 1888, 2 in-8.

La Révolution supprima l'abbaye et affecta l'église au service du culte paroissial (loi du 4 février 1791). L'année suivante, l'église était fermée et convertie en dépôt de salpêtre. La bibliothèque, qui avait été épargnée, fut en partie détruite par un incendie dû à ce dangereux voisinage. Cependant, la plupart des manuscrits, au nombre de 9,000, purent être sauvés grâce au zèle de D. Poirier, qui les remit à la Bibliothèque nationale au commencement de l'année 1796 (Cf. L. Delisle, *Le cabinet des manuscrits*, II, 49).

L'église fut rendue au culte sous le Consulat. En 1817, le curé de Saint-Germain-des-Prés adressa au préfet de la Seine un mémoire où il revendiquait un certain nombre de sépultures qu'avait recueillies le musée des monuments français ; c'étaient celles « des rois fondateurs de l'ancienne abbaye de Saint-Germain-des-Prés ; le mausolée de Casimir, roi de Pologne, du comte de Douglas, du cardinal de Furstemberg, de MM. de Castellan et des célèbres Montfaucon et Mabillon », et encore « les restes de Boileau, de Lafontaine, de Descartes et de plusieurs hommes distingués, qui ont été enterrés dans des églises actuellement détruites » Voy. plus bas à la bibliographie des impr.). On sait que satisfaction fut donnée en grande partie à cette requête et que Saint-Germain-des-Prés possède aujourd'hui les restes de Jacques et de Guillaume de Douglas, du roi de Pologne Casimir, de Mabillon, de Montfaucon, de Descartes, de Boileau, de la famille de Castellan, etc.

En revanche, le monument perdit beaucoup des sculptures qui l'ornaient, mais elles ne sont pas perdues pour l'art ; on en a recueilli un grand nombre qui ont été enrichir les musées du Louvre, de Cluny et même la basilique de Saint-Denis. Les énumérer ici serait dépasser les limites de ces notes ; on en trouvera aisément l'indication dans les répertoires spéciaux. Une luxueuse restauration de l'édifice fut entreprise en 1820 par l'architecte Godde ; elle fut continuée, en 1845, sous la direction de Baltard, et nous a valu, au point de vue artistique, les admirables peintures d'Hippolyte Flandrin. Un écrivain de talent, Paul de Saint-Victor, les a décrites avec un goût et un soin parfaits dans l'*Inventaire des Richesses d'art de la France* (Paris, Monuments religieux, I, 104-120).

Un dernier mot sur l'enclos de l'abbaye. Tel que les plans et les textes nous le font connaître, il était limité par les voies que représentent actuellement le boulevard Saint-Germain, au midi ; la rue de Rennes et la rue Bonaparte, à l'ouest ; la rue Jacob, au nord ; la rue de l'Échaudé, à l'est ; une muraille flanquée de tours et tourelles, percée de portes fortifiées et munies de ponts-levis bordait cette enceinte ; dès l'époque de Louis XIII, elle fut partiellement démolie et ne se releva plus. Aujourd'hui, de tous les bâtiments somptueux, cloîtres, réfectoire, chapelle de la Vierge, etc., qui entouraient l'église, le palais abbatial seul a subsisté ; sa construction date de 1586 ; il est divisé maintenant en appartements dont beaucoup sont modestes, et loué à des particuliers.

Hors de la clôture, s'étendaient, vers le sud-est, les terrains de la foire Saint-Germain ; notre auteur n'en a rien dit. Cette institution, aussi importante au moins que le Landit de Saint-Denis et la foire Saint-Laurent, existait annuellement depuis 1482. Elle a été étudiée, surtout au point de vue anecdotique et depuis le XVIe siècle, dans une excellente dissertation de feu Léon Roulland, publiée au tome III (1876) des *Mémoires de la Société de l'Histoire de Paris*. La Bibliothèque de la Ville de Paris possède, en outre (sous le n° 12719, in-4), un cahier de 17 feuillets, contenant la copie collationnée des titres relatifs à l'établissement et à la tenue de cette foire, de 1389 à 1489.

BIBLIOGRAPHIE. — *Sources.* — Archives nat. Le chartrier si riche de l'abbaye de Saint-Germain-des-Prés est passé tout entier aux Archives nationales ; malheureusement, des remaniements de la série L., que nous avons déjà eu à déplorer pour d'autres fonds, l'ont mis en complète discordance avec l'*Inventaire sommaire* et l'inventaire analytique de ce dépôt, que Cocheris avait complètement reproduit. Voici l'état actuel de répartition des titres dans les cartons. L. 752 : brouillon de l'*Histoire de l'abbaye*, de D. Bouillart ; charte confirmant l'établissement de la foire Saint-Germain (février 1485) ; vue de l'abbaye, gravée par Chaufourier. — L. 753 : relation de la dédicace de l'église (1163) ; dénombrement de 1384 ; inventaire des meubles du palais abbatial en 1503 ; compulsoire des privilèges de l'abbaye en 1562 ; transaction avec l'archevêché sur la juridiction spirituelle (1668) ; noms, lieu de naissance et date de la professsion des religieux présents en 1790 (trente-trois prêtres, sept diacres et cinq sous-diacres). — L. 754 : titres relatifs à l'autel *de Absedovilla* (Yonne). — L. 755 : — à Antony. — L. 756 : concordats. — L. 757 : vacances de l'archevêché de Paris. — L. 758 : reliques, processions, prières publiques. — L. 759 : provisions et collations ; sacres ; lettres de non-préjudice. — L. 760 : comptes et baux. — L. 761 : quittances. — L. 762 : marchés, travaux. — L. 763 : juridiction spirituelle : religieuses du Saint-Sacrement ; Pénitentes de Sainte-Valère ; Récollettes de la rue du Bac ; Dominicaines de la rue Cassette. — L. 764 : grande confrérie ; Prémontrés de la rue Hautefeuille. — L. 765 : titres relatifs à Avrainville, Bagneaux, Bagneux, Bailly, Bonafle, Brétigny, le Breuil, Cachan. — L. 766-767 : juridiction spirituelle ; hôpitaux et couvents (voyez l'*Inventaire sommaire*, p. 491). — L. 768 : pièces relatives aux prérogatives des prieurs-grands vicaires (XVIe et XVIIe siècles). — L. 769 : cure de Saint-Sulpice ; succursale du Gros-Caillou ; chapelle de Saint-Symphorien. — L. 770 : juridiction spirituelle : filles de l'Instruction chrétienne ; filles de la Vierge ; Augustines de la rue de Bellechasse ; geôle et chapelle de la geôle ; communautés qui n'ont pas été admises à s'installer dans le faubourg. — L. 771 : juridiction spirituelle : couvent de Notre-Dame de Liesse ; abbaye aux Bois. — L. 772-773 : juridiction spirituelle (voy. l'*Inventaire sommaire*, p. 492). — L. 774 : officialité. — L. 775 : juridiction spirituelle : Filles de Saint-Joseph. — L. 776 : titres relatifs à Chantereine, Chartres, Châteauneuf (près Châtellerault), Châtenay, Châtillon-sous-Bagneux, Chauffour, le Chesnay, Chevilly, l'Hay, Choisy, Clam, Clamart, Crosnes. — L. 777 : réforme de l'abbaye (XVIe siècle) ; titres relatifs à Dammartin (Seine-et-Oise), Esmans, Fontenay-aux-Roses, Grenelle, Grignon (près Thiais). — L. 778 : élections d'abbés (1255-1464) ; offices claustraux des cénier, pitancier, prévôt, trésorier, aumônier, chambrier et sous-chambrier, chantre, armoirier. — L. 779 : titres relatifs à Issy (XIIIe siècle). — L. 780 : titres relatifs à Jonzac, Juvisy, Limeil, Brevannes, Longnes, Longuesse, Mantes, Marolles, Maule, Melun, Meudon, Meulan. — L. 781 : — à Montchauvet, Monteclain, Montevrain, Naintré, Nogent-l'Artaud, Parey. — L. 782-805 : — à Paris (ce qui a trait à la foire Saint-Germain dans L. 784-786). — L. 806 : — à Plessis-Saint-Pierre, Radonvilliers, Saint-Germain-Laval, Saint-Germain-lès-Couilly, Saint-Germain-de-Chambolle. — L. 807 : — à Saint-Léger, Samoreau, à la rivière de Seine. — L. 808 : élections de grands prieurs ; titres relatifs à la Selle, Sens, Senteuil, Sèvres, Suresnes, Thiais, Taverny. — L. 809 : — à Vaugirard,

Verrières, Villeneuve-le-Comte, Villeneuve-Saint-Georges, Yerres, Wissous. — Pour les autres titres, appartenant aux séries H, LL, S, et Z², il suffira de consulter l'*Inventaire sommaire*. Nous aurons lieu, d'ailleurs, d'énumérer en détail la plupart de ces documents dans la suite de nos recherches sur les paroisses du diocèse.

Bibliothèque nationale. Fonds lat. 12832 : polyptique d'Irminon, IXe siècle. — 12833-12834 : martyrologe, obituaires et pièces diverses relatives à l'abbaye (XIIIe siècle). — 12835 : obituaire de l'abbaye, à partir de l'année 1631. — 12836 : procès-verbaux de visite de Saint-Germain-des-Prés (1632-1788). — 12837-12844 : « inclyti cœnobii divi Germani a Pratis chronico, auctore R. Patre Jacobo Du Breul », huit copies. — 12845 : titres du droit de l'exemption de l'abbaye, relevant directement du Saint-Siège (XVIIe siècle). — 13882 : nécrologe de Saint-Germain-des-Prés (XIIe siècle) ; en tête, le martyrologe d'Usuard ; puis des évangiles ; au folio 67 verso, commence l'obituaire, avec la liste, pour chaque jour, des religieux et serviteurs de l'abbaye décédés ; dans les marges, des additions écrites au XIIIe siècle.

Fonds français. 2614 : catalogue des antiques du cabinet de l'abbaye. — 5871 : histoire de l'abbaye, jusqu'en 1630 (sans doute par un moine de Saint-Germain). — 16849-16859 : actes capitulaires (1600-1770). — 16860 : conseil du séniorat (1767-1790). — 16861 : nécrologe (1632-1792). — 16862 : juridiction spirituelle de l'abbaye. — 16863-16864 : temporel de l'abbaye (XVIIIe siècle). — 16865 : reliques de l'abbaye de Saint-Maur, transférées à Paris en 1750, et don du corps de saint Maur à Saint-Germain-des-Prés. — 16866-16867 : mélanges sur l'histoire de l'abbaye, parmi lesquels beaucoup de mandements imprimés des abbés, et dans le premier volume, l'*Historiæ regalis abbatiæ Sancti Germani a pratis compendium* (impr. 8 pages in-fol.). — 18815 : chroniques de l'abbaye, traduites du texte latin du P. Du Breul. — 18816-18817 : abrégé des choses les plus remarquables de l'abbaye, de l'origine à 1743. — 18818 : mélanges : contenant un inventaire des reliques et ornements, un résumé des faits mémorables de l'église et le nécrologe des étrangers (1634-1695). — 18819 : séniorat de l'abbaye (1649 à 1723). — 18820-18821 : livre des professions et réceptions (1647-1747). — 18822 : journal des dépenses, du P. Claude Coton (1631-1660). — 18823-1825 : procédure entre l'abbaye et les Blancs-Manteaux (1765-1769). — 20845-20850 : pièces et extraits réunis par D. Poirier, sur l'histoire de Saint-Germain-des-Prés.

La bibliothèque de la ville de Paris possède, dans sa réserve, une « Histoire des reliques de l'abbaie de Saint-Germain-des-Prez ». C'est un très beau manuscrit du XVIIe siècle, aux lettres ornées et enluminées, se terminant par six planches gravées de Chaufourier, qui représentent les plus belles pièces du trésor de l'abbaye.

Imprimés. — Histoire de l'abbaye royale de Saint-Germain-des-Prez... par dom Jacques Bouillart, 1724, in-fol.

Polyptique de l'abbé Irminon ou dénombrement des menses, des serfs et des revenus de l'abbaye de Saint-Germain-des-Prés sous le règne de Charlemagne, publié d'après le manuscrit de la Bibliothèque du royaume...; par M. B. Guérard..., 1836-1844 ; 3 in-fol.

Polyptique de l'abbaye de Saint-Germain-des-Prés, rédigé au temps de l'abbé Irminon..., publiée par Auguste Longnon. Publication de la *Société de l'Histoire de Paris*, 2 in-8.

Mémoire touchant la seigneurie du Pré-aux-Clercs, appartenant à l'Université de Paris, pour servir d'instruction à ceux qui doivent entrer dans les charges de l'Université, 1694 (in-4° de 90 p. contenu dans le carton S. 2876 des Arch. nat.).

Defense des droits de l'abbaye royale de Saint-Germain-des-Prez, dependante immediatement du S. Siège apostolique, par D. Robert Quatremaires, moine bénédictin de la Congregation de S. Maur..., 1668, in-12.

Les trois Saint-Germain de Paris, par J. Quicherat. — Extrait du XXVIII° volume des *Mémoires de la Société des Antiquaires de France* (1865).

Critique des deux plus anciennes chartes de l'abbaye de Saint-Germain-des-Prés, par J. Quicherat. Extrait de la *Bibliothèque de l'École des Chartes* (1865).

Réclamation de tombes et de mausolées par les curés et administrateurs de l'église de Saint-Germain-des-Prés de Paris... 1817, in-8.

Mémoire sur les anciennes et nouvelles réparations de l'église de l'abbaye de Saint-Germain-des-Prés et sur la démolition de l'ancienne prison de ce nom, par Gilbert. Extrait de la *Revue Archéologique* de 1854. (Nous ne recommandons ce mémoire que pour les quelques faits dont l'auteur a pu parler *de visu*.)

Ce ne sont là que les matériaux essentiels. On consultera encore avec profit, les vingt-cinq planches que M. Albert Lenoir a consacrées à Saint-Germain-des-Prés dans la *Statistique monumentale de Paris*, divers plans de son *Architecture monastique*, la monographie que M. de Guilhermy en a donnée dans l'*Itinéraire archéologique de Paris* (p. 125-140), son *Recueil des Inscriptions de l'ancien diocèse de Paris* (I, 346-354) et la *Topographie historique du vieux Paris* (région du bourg Saint-Germain), par feu Berty, dont le texte et les planches sont également recommandables.

SAINT-GERMAIN-LE-VIEUX
I, 273-276

L'opinion que Lebeuf a émise sur le degré d'antiquité de cette église, aussi bien que sur l'origine de son surnom doit être aujourd'hui complètement réformée. Elle avait déjà paru suspecte à la rigoureuse logique de Jaillot; J. Quicherat n'en a rien laissé subsister dans le mémoire si ingénieux sur *Les trois Saint-Germain de Paris*, dont nous avons eu déjà occasion de faire notre profit (voy.

plus haut, page 10). Il est indispensable de résumer ici ce qui a trait à Saint-Germain-le-Vieux, et c'est la partie la plus considérable de la dissertation.

En étudiant le testament, rédigé en 615, de Bertchram, évêque du Mans, l'attention de Quicherat avait été retenue par la clause où cet évêque déclare donner un domaine à la basilique de Saint-Germain, en l'honneur de la sépulture du saint, à condition que si cette sépulture est transportée *dans la nouvelle basilique construite par le feu roi Chilpéric*, le revenu du domaine l'y suivra et le suivra partout où sera le corps de saint Germain. Il s'agit de déterminer quelle peut être cette nouvelle église : or, pour Quicherat, elle doit être nécessairement identifiée à Saint-Germain-le-Vieux. Il convient, tout d'abord, d'écarter l'argument des bénédictins qui ont imaginé une chapelle attenante à Saint-Germain-des-Prés, car le terme *basilica* implique l'idée d'un édifice isolé et important; on reste donc en présence de deux autres églises : Saint-Germain-l'Auxerrois et Saint-Germain-de-la-Cité. La première ne doit pas être admise puisqu'il est question d'un saint Germain, évêque de Paris; donc on ne peut douter de l'identification proposée en faveur de Saint-Germain-le-Vieux.

Voici comment Quicherat explique les faits : dès le vi⁸ siècle, l'abbaye de Saint-Germain-des-Prés était si puissante que la cathédrale en prit ombrage; la possession du corps de son ancien évêque était une raison de plus pour attirer les fidèles à la basilique de la rive gauche, aussi l'évêché obtint-il de Chilpéric les sommes nécessaires à la construction d'une nouvelle église placée directement sous son patronage et destinée à recevoir les restes de saint Germain. L'église fut construite, et c'est celle dont nous nous occupons; mais le changement de dynastie qui survint bientôt priva la cathédrale de ses protecteurs royaux et la translation des reliques n'eut pas lieu. Plus tard, cependant, lors de l'invasion des Normands, le corps de saint Germain fut apporté dans la Cité pour y être mis plus à l'abri, et on le déposa dans le sanctuaire bâti pour lui, ou plutôt dans un édifice reconstruit depuis peu, car toutes les églises avaient été incendiées trente ans auparavant. Aimoin nous a donné les détails de cette translation et Lebeuf même (p. 274) a connu son témoignage. Mais, quand le danger fut passé, la cathédrale ne voulut ou n'osa plus revendiquer le précieux dépôt dont quatre cents années avaient consacré la possession à Saint-Germain-des-Prés, et Saint-Germain-le-Vieux n'eut donc que pour peu de temps sa destination primitive.

Quant au surnom de l'église, il s'explique tout naturellement, par opposition à Saint-Germain-l'Auxerrois, fondée moins anciennement. Au surplus, Quicherat réfute sans peine l'étrange étymologie imaginée par notre auteur. *Evieux* n'appartient pas à l'ancienne langue; *aquosus* eût formé *eveux*; d'autre part, au moyen-âge, on ne disait pas : *le vieux*, mais bien : *le viés* pour le cas sujet, *le vieil* pour le cas régime. Et comme dernière preuve, le savant archéologue cite ces deux vers du *Dit des moustiers de Paris* :

> Aidiez-moi, saint Germain li viez,
> Et saint Sauveres, qui vaut miex.

Les archives de Saint-Germain-le-Vieux ne nous ont pas fourni de bien abondants renseignements sur l'édifice même. A la date de 1533, il est question d'un legs de 100 livres tournois, destinées à y faire deux verrières (Arch. nat. S. 3356). Plusieurs autres pièces du même fonds prouvent que l'église était très resserrée entre les maisons de la rue de la Calandre ; l'une d'elles, du XVIᵉ siècle, mais non datée, donne à entendre qu'une des entrées de l'église était commune avec la porte d'une habitation mitoyenne (S. 3358). La construction du « Marché neuf » appelé ainsi dans une pièce de 1570 (*ibid.*) ne suffit pas à lui donner la place et le jour nécessaires : en 1629-1630, des travaux de maçonnerie considérables furent faits pour l'agrandir de ce côté (S. 3356), et en 1737 une contestation s'élève à propos de l'exhaussement d'une maison contiguë, exhaussement qui aurait eu pour effet « de boucher le jour de la rose » (S. 3355).

Les paroisses de la Cité ont été si nombreuses que celle-ci, comme plusieurs de ses voisines, était fort pauvre. Au moment de sa suppression en 1790, le curé ne put accuser qu'un revenu total de 1,837 livres (S. 3355).

D'après le *Dictionnaire des rues de Paris*, de Lazare, l'édifice, qui couvrait une superficie de 563ᵐ,67, fut vendu comme bien national, le 12 fructidor an IV. Deux maisons particulières furent bâties sur son emplacement ; elles portaient les numéros 4 et 6 de la rue du Marché-Neuf. Tout disparut en 1860, lors des grands travaux d'embellissement de la Cité. Le quai du Marché-Neuf et la caserne municipale qui en occupe la plus grande partie ont remplacé l'ancien marché du XVIᵉ siècle et l'église qui s'élevait à son extrémité orientale.

BIBLIOGRAPHIE. — *Sources*. — Archives nat. L. 650 : titres de la fabrique. — LL. 733-739 : délibérations (1610-1771). — LL. 740 : martyrologe. — LL. 741 : censier, du XVIᵉ. s. — LL. 742 : comptes de la fabrique (1515-1518). — LL. 743 : cueilloir, de 1449. — LL. 744 : censier, du XVIIᵉ s. — LL. 745 : inventaire de titres. — S. 3355 : déclaration de 1790 : titres de propriété sur des maisons rue de la Calandre et au Marché-Neuf. — S. 3356 : titres de propriété sur des maisons sises rue de la Calandre, à l'enseigne de S. Charlemagne et de N.-D. de Liesse, et rue Saint-Denis, à l'enseigne de l'Épinette ; pièces relatives aux agrandissements de l'église en 1630, à la reconstruction du presbytère, en 1730, aux échoppes voisines de l'église. — S. 3357-3358 (carton double) : titres de rentes sur diverses maisons à Paris, quittances d'enlèvement des boues, etc.

Imprimés. — Martirologe ou memoire de toutes les fondations faites dans l'eglise de Saint-Germain-le-Vieil, renouvellé et rédigé par messieurs le curé, marguilliers, etc., s. d., in-4.

Voy. encore le mémoire de Quicherat : *Les trois Saint-Germain de Paris*, cité plus haut, les articles de Berty, également cités, sur les *Trois îlots de la Cité*, et dans le *Paris à travers les âges*, la livraison de M. J. Cousin portant pour titre : La Cité entre le Pont Notre-Dame et le Pont au Change.

SAINT-SULPICE
I, 277-281

P. 277-278. — L'hypothèse de Lebeuf, pour expliquer un texte sans valeur, et d'après laquelle la chapelle dite de Saint-Pierre ou de Saint-Père aurait servi provisoirement à l'exercice des fonctions curiales pendant la construction d'une église dédiée à saint Sulpice, est purement gratuite. Il est bien inutile, en effet, de chercher à justifier une citation du xve siècle, lorsque nous voyons, en 1210, cette dernière église pourvue d'un curé, appelé Raoul, et que l'acte même où il intervient a pour objet de restreindre les limites de sa circonscription. Ce fait, joint à la mention de reliques de saint Sulpice dans le Martyrologe d'Usuard, atteste que l'antiquité de la paroisse remonte, pour le moins, au xiie siècle. Quant à l'acte de 1210 (qu'il faut dater de 1211, puisqu'il est du mois de janvier), nous y avons déjà fait allusion à propos de la paroisse Saint-Séverin (p. 72). Félibien l'a correctement publié (t. III, p. 91).

Dans le chapitre de la *Topographie historique de Paris* (région du bourg Saint-Germain, p. 145-149) où Berty a traité de l'église Saint-Sulpice, se trouve reproduite, gravée d'après le *Mercure*, l'inscription tumulaire d'Herluin dont parle Lebeuf; mais Berty déclare, sur l'avis de J. Quicherat, que les caractères de cette inscription appartiennent au xe et non au viiie siècle.

P. 279. — Le même ouvrage contient, sur les reconstructions successives de l'église Saint-Sulpice, deux excellents plans de restitution accompagnés d'une notice de M. Th. Vacquer. Chose remarquable, c'est l'édifice actuel qui a fourni les éléments de cette restitution; en effet, lorsqu'il fut élevé, on ne rasa pas jusqu'aux fondations les bâtiments antérieurs, et la base des piliers, ainsi que celle du clocher, est restée apparente dans les cryptes. L'église du xive siècle, longue de 32 mètres et large de 18, se composait d'une nef divisée en huit travées, et de deux bas-côtés. Grâce à des terrains qu'une femme, appelée Jeanne Montrouge, vendit à la fabrique, en 1530, le chevet fut agrandi et pourvu de chapelles rayonnantes; la longueur de l'église fut alors de 51^m,18 et large de 27^m,17.

C'est vers 1640 que fut commencée la reconstruction qui devait, après bien des lenteurs, aboutir au monument que nous avons sous les yeux. Les difficultés commencèrent dès l'origine; pour s'en convaincre, il faut lire dans le *Cabinet historique* et. V, Documents, p. 23-26), une curieuse requête au Roi, des habitants de la paroisse; c'est une protestation contre les dépenses très considérables qui ont été faites depuis 1640, les dettes contractées par les marguilliers, et le dessein où sont ceux-ci d'obtenir du Roi une imposition sur les maisons de la paroisse. La supplique laisse clairement entendre que les sommes réunies par les marguilliers n'ont pas été suffisamment bien gérées.

P. 279-280. — Lebeuf n'avait pas pris la peine de lire l'inscription commémorative de a fondation à Saint-Sulp e que fit François Audrand, abbé de Saint-Fuscien, puisqu'il la dit approximativement de « l'an 1570 ». Quoique déplacée depuis, cette inscription n'a pas été détruite et son texte nous a été donné dans le

Recueil de M. de Guilhermy (I, 324-326). La date de la donation en est précise : 18 août 1567. Au surplus, on conserve aux Archives nationales (L. 710) le dossier complet de la fondation; on y trouvera le testament même et l'arrêt du Parlement, en date du 4 janvier 1576, autorisant les exécuteurs testamentaires à faire placer dans l'église « une lame ou tableau de cuyvre ouquel sera inscript le sommaire du testament et legs ». Il ne paraît pas qu'il ait été fait droit sur la demande de l'accompagner d' « une représentation de la personne du dict deffunt ». Quant aux conditions du legs, elles sont telles que les dit notre auteur, et bon nombre de quittances font foi qu'elles furent exécutées au moins jusqu'à la fin du XVIIe siècle.

P. 280. — Une mention est due aussi à la sépulture de Michel de Marolles, le savant iconophile, mort en 1681 et inhumé auprès de la chapelle Saint-Charles. Le médaillon de marbre blanc qui ornait son tombeau est aujourd'hui au Musée du Louvre, et M. Courajod a eu le mérite d'en reconnaître l'identité (Voy. *Alexandre Lenoir, son journal et le Musée des Monuments français*, III, 32-37). — Nous sommes surpris que Lebeuf n'ait pas parlé davantage du petit monument indiquant le passage, à travers l'église Saint-Sulpice, de la méridienne de Paris; un fait de ce genre est assez insolite dans une église pour mériter l'attention : c'est en 1743 que furent achevés les travaux d'après lesquels on établit le parcours de cette méridienne.

Notre auteur s'est également mépris en déclarant que le jour de la dédicace de l'église, en 1745, ne figure pas sur l'inscription qui rappelle le souvenir de cette cérémonie; il y est inscrit, tout au contraire, de la façon la moins équivoque : ANNO M.DCC.XXXXV, DIE XXX MENSIS JUNII (Cf. le *Recueil* de M. de Guilhermy, *loc. cit.*, p. 335 et la relation imprimée dont nous donnons plus loin le titre). — Un texte, inconnu jusqu'ici, fait connaître le nom d'un des entrepreneurs de bâtiments qui contribuèrent à l'achèvement de ce bel édifice : il s'appelait Charles Mangin, et on le voit réclamer à la commission des loteries le règlement d'une somme considérable qui lui restait due pour ses travaux aux tours et au portail de Saint-Sulpice, travaux terminés depuis sept ou huit ans (Arch. nat. G⁰ 654).

Il nous a paru utile de relever dans une liasse du chartrier de Saint-Sulpice (L. 710), la liste à peu près complète des curés de cette églises pendant les XVe et XVIe siècles : Denis Choppin (1409-1461). — Philippe de Morigny (1474-1501, n. s.). — Jacques Hullin (1518). — Jean Rolly (1519-1524). — Jean Bart (1526-1527). — Antoine de la Chesnaye (1530-1536). — Louis Quelain (1546-1553). — Philippe Huart (1559-1572). — Aymard de Chavaignac (1590-1601). — Henri Lemaire (1602-1619). — Simon de Mauléon, nommé le 25 mai 1659 (d'après une pièce de L. 712). Les ouvrages imprimés permettent aisément de continuer depuis lors cette liste jusqu'à nos jours.

Pendant le XVIIe siècle presque tout entier, une interminable contestation s'était poursuivie entre les deux curés de Saint-Sulpice et de Saint-Côme sur les limites respectives de leurs paroisses. Après avoir épuisé toutes les juridictions (les pièces principales nous en sont restées dans le carton L. 701 des Arch. nat.), un arrêt, du 5 mai 1699, vint enfin régler le différend. En voici la principale disposition : « Toutes les maisons à prendre depuis l'enclos des Chartreux et du côté d'icelui dans la rue d'Enfer jusqu'à la rue de Vaugirard en ce que les dits sieurs curés et marguilliers de Saint-Côme auroient prétendu leur appartenir, toutes les maisons de la rue de Vaugirard, de part et d'autre, celles qui sont depuis le susdit coin de la dite rue de Vaugirard en descendant jusques vis-à-vis la rue de Touraine, et ce du côté gauche et de l'hôtel de Condé; celles qui sont construites de part et d'autre dans la dite rue de Touraine, même celles qui font les coins de la dite rue et de celle des Cordeliers; le tout, en cas que les dites maisons ayant leur principale entrée sur la dite rue de Touraine, sont, demeurent et demeureront à l'avenir, à toujours et à perpétuité à la dite paroisse de Saint-Côme, de sorte qu'à l'avenir le ruisseau, à commencer depuis la dite porte de Saint-Michel, jusqu'à l'entrée de la dite rue de Touraine, servira de limite immuable entre les deux paroisses... »

Pendant la Révolution, l'église Saint-Sulpice fut affectée, sous le nom de temple de la Victoire, au culte des théophilanthropes; elle redevint paroissiale sous le Consulat. Les limites de sa circonscription restèrent à peu près celles que l'on vient de lire, jusqu'à la loi de 1856 qui modifia complètement le territoire des paroisses de Paris; celui de Saint-Sulpice fut considérablement restreint par la création d'une église succursale, Notre-Dame-des-Champs, et, d'autre part, légèrement augmenté, grâce à la suppression de la paroisse qui avait été instituée dans la chapelle de l'Abbaye aux Bois.

Quoiqu'inachevée (Servandoni n'a pu terminer son œuvre, et la tour du midi demeure incomplètement bâtie), Saint-Sulpice est une des plus belles églises de Paris, surtout à l'intérieur, autant par ses vastes dimensions que par les œuvres d'art qui s'y voient. On en trouvera la description minutieuse dans la notice de M. Michaux pour l'*Inventaire des richesses d'art de la France* (Paris, Monuments religieux, t. I, p. 251-273).

BIBLIOGRAPHIE. — *Sources*. — Archives nat. H. 3813-3814, LL. 948 : comptes, aux XVIIe et XVIIIe siècle. — L. 710 : fondation de François Audrand en 1567 et pièces s'y rapportant jusqu'à la fin du XVIIe siècle.; quittances des curés pour le règlement de leur gros par l'abbaye de Saint-Germain-des-Prés (1409-1608); quelques pièces sur les écoles de charité de la paroisse. — L. 711 : titres de rentes de la fabrique; liasse concernant les frères des écoles chrétiennes; legs et fondations charitables pour les pauvres honteux. — L. 712 : règlements relatifs à la nomination des marguilliers, à la juridiction de l'abbaye; projet d'union du séminaire Saint-Sulpice à la paroisse (vers 1660); confrérie du Saint-Sacrement. — L. 769 : juridiction spirituelle de l'abbaye de Saint-Germain-des-Prés sur la cure. — LL. 950 ; délibérations de la fabrique (1784-1789). — LL. 951-952 : martyrologe (1553-1658). — LL. 953-954 : nécrologes (1499-1744). — LL. 956-956 : fondations. — LL. 957 : confrérie du Saint-Sacrement. — LL. 958 : actes de mariage (1599-1604). — S. 3510-3517 : titres de propriété.

Bibliothèque nationale. Fonds français 8626 : histoire de la paroisse Saint-Sulpice (XVIIIe siècle).

Bibliothèque de la Ville de Paris : compte rendu par Pierre de Gramond, chirurgien juré, commissaire des pauvres de la paroisse Saint-Sulpice, de la recette et dépense faites par lui pour les pauvres, en 1739 (18731, in-4°).

Imprimés. — Ordre estably dans Saint-Sulpice pour le soulagement des pauvres honteux, 1652; in-12 de 48 pages (dans L. 769).

Règlemens pour ceux qui visiteront les petites escholles où l'on envoye les pauvres enfans de la paroisse Saint-Sulpice aux frais de la Charité (*ibid.*).

Règlemens pour la confrairie de la Charité, establie à Paris dans la parroisse Saint-Sulpice pour la visite et le soulagement des pauvres malades; *Paris*, 1633, in-18 de 29 pages (*ibid.*).

Cérémonies de la dédicace et consécration de l'église Saint-Sulpice, 1745, in-4° (Bibl. de la Ville, 18590, n° 12).

Remarques historiques sur l'église et la paroisse de Saint-Sulpice, 1773, in-12.

Ordre d'administration pour le soulagement des pauvres de la paroisse de Saint-Sulpice, 1777; 3 plaquettes in-4° (Bibl. de la Ville de Paris, 18938).

Recherches historiques et topographiques sur les terrains de la paroisse Saint-Sulpice qui étaient encore en culture au XVIe siècle, par A. Berty (*Revue Archéol.*, XIIIe année, 1856-1857).

Voyez aussi dans les *Archives du Musée des Monuments français* (t. II, p. 127 et 151) la liste des œuvres d'art enlevées par Lenoir de l'église Saint-Sulpice.

HOPITAL DES PETITES-MAISONS

I, 281

Dans l'histoire chronologique des établissements religieux fondés au faubourg Saint-Germain, l'hôpital des Petites-Maisons doit avoir, à bon droit, la première mention. Il est, en effet, plus ancien encore que ne le supposait Lebeuf, puisqu'il ne fit que succéder à une autre maison hospitalière, appelée la Madeleine-Saint-Germain. On ignore l'époque où fut fondée cette dernière; elle ne figure pas parmi les maisons religieuses auxquelles Alfonse de Poitiers octroyait chaque année des aumônes, et c'est une preuve à peu près certaine qu'elle n'existait pas encore au XIIIe siècle. Berty l'a trouvée dans les archives de Saint-Germain-des-Prés sous le nom d' « Malladrerie Saint-Thomas » en 1355, et, avec son vocable habituel, dans un acte de 1398. En 1535, Oudart Grant-Raoul en était qualifié maître ou administrateur (Arch. nat. L. 766).

Peu d'années après, en 1544, la maladrerie disparaissait et était remplacée par un hôpital auquel sa construction en bâtiments de hauteur et de proportions variables fit donner le nom de Petites-Maisons. Le 6 avril 1615, la chapelle en fut rebâtie par permission du prieur de Saint-Germain-des-Prés, et, le 16 mai 1656, Jean-Baptiste de Boulogne, sous-prieur, bénit l'autel de la Vierge dans l'infirmerie nouvellement bâtie. L'hôpital des Petites-Maisons était, nous dit Jaillot, « destiné 1° pour quatre cents personnes vieilles et infirmes, des deux sexes; 2° pour les insensés; 3° pour ceux à qui la débauche a procuré des maladies honteuses; 4° enfin, pour ceux qui sont attaqués de la teigne ».

Provisoirement supprimé pendant la Révolution, l'hôpital se rouvrit en 1801, sous le nom d'hospice des Petits-Ménages, et fut, dès lors, affecté à recevoir les vieillards des deux sexes, veufs ou en ménage [1]. En 1864, il fut transféré à Issy, et ses bâtiments, qui dataient de 1785, ont été démolis à la fin de l'année 1868 ; la rue Velpeau, celle de Babylone et le square que bordent ces deux rues en représentent l'emplacement.

BIBLIOGRAPHIE. — *Sources*. — Archives nat. L. 766 (juridiction spirituelle de l'abbaye de Saint-Germain) : deux pièces de 1529 et 1535 sur la maladrerie ; les actes de 1615 et de 1656 que nous avons analysés plus haut, et une liasse de règlements pour le curé-vicaire, charge instituée le 27 août 1665.

Imprimés. — Nouveau règlement pour maintenir le bon ordre... dans l'intérieur de l'hôpital des Petites-Maisons, 1729, in-12.

Jaillot, tome V, *Quartier du Luxembourg*, p. 85-88.

A. Berty, *Topographie historique du vieux Paris*, région du bourg Saint-Germain, p. 257-263 (avec vues).

De Guilhermy, *Recueil des Inscriptions*, etc., I, 655-666.

HOPITAL DE LA CHARITÉ

I, 281

Lebeuf a parlé plus haut (dans son chapitre sur Saint-Germain-des-Prés, p. 267-268) de la chapelle dédiée à Saint-Pierre, auprès de laquelle se groupèrent, par la suite, les constructions de l'hôpital de la Charité. Il a été trop bref à son sujet. Déjà mentionnée au XIIe siècle dans le Martyrologe d'Usuard, cette chapelle est souvent désignée dans les actes des deux siècles suivants, et les textes français l'appellent toujours chapelle de Saint-Père, d'où, par corruption, le nom actuel de la rue des Saints-Pères (Cf. Berty, *Topographie hist. du vieux Paris*, région du bourg Saint-Germain, p. 269). Quelle que fût sa caducité en 1557, elle ne fut certainement pas reconstruite avant les premières années du XVIIe siècle ; en effet, par acte du 2 octobre 1606, les religieux de Saint-Germain-des-Prés consentirent à en livrer la jouissance à Pierre l'Escalopier, chargé d'affaires de la reine Marguerite, afin d'y installer les moines de la congrégation de Saint-Jean-de-Dieu ou Frères de la Charité, dont le séjour était autorisé à Paris depuis l'année 1602. Le contrat porte que ce prêt n'est fait que « pour deux moys seulement, en attendant que la royne de France, leur fondatrice, leur fera bastir une autre chapelle » (Arch. nat. L. 766). En réalité, la chapelle resta entre les mains des Frères de la Charité, qui en firent construire une autre, dédiée le 11 juillet 1620 (L. 773).

Les lettres patentes de l'établissement de l'hôpital de la Charité ne datent que du 15 février 1631. Peu après, les religieux qui le desservaient formulèrent une requête à l'adresse de l'abbé de Saint-Germain-des-Prés, le priant de s'opposer à l'installation sur son territoire de « certains religieux de l'ordre de Saint-François, qui portent une grande barbe et les pieds nuds, et lesquels se retirent en une maison

---

[1]. Voici les dispositions principales adoptées pour l'admission à l'hospice des Petits-Ménages en 1860 ; les époux doivent avoir au moins 130 ans à eux deux et chacun 60 ans au moins ; les veufs ou veuves justifient de 60 ans d'âge et de dix années de mariage. La pension varie de 150 à 300 francs par an, ou de 1200 à 1800 francs de capital, suivant l'habitation en chambres ou dortoirs.

de la Ville-l'Evesque, faulxbourg Saint-Honoré, sur la porte de laquelle est escript : l'Hospice des Frères mineurs de Hierusalem » (L. 766).

Les historiens de cet hôpital consulteront avec profit, dans le même dossier, un « estat au vray du revenu certain et de la despence ordinaire du couvent et hospital de la Charité de Paris », rédigé en 1663.

Ils y trouveront, en même temps, un tableau des besoins spirituels et temporels de la maison, qui prouve qu'une nouvelle règlementation s'imposait : « Quand les malades appellent les prestres et religieux de la maison lorsqu'ils passent devant leurs licts pour demander à se confesser ou recevoir d'eux quelque consolation, ils respondent qu'ils ont trop d'affaires » ; on y lit encore que les garçons chirurgiens sont fort malhabiles ; que les convalescents ne reçoivet pas une nourriture suffisante ; enfin, que les religieux n'acceptent pas de malades pauvres, mais seulement les domestiques de condition et de la cour.

Pendant la Révolution, l'hôpital de la Charité fut appelé, du nom de la section où il était situé, hospice de l'Unité. En 1794, on décida d'enlever de sa chapelle les tableaux et autres objets du culte, afin de la transformer en temple de la Raison ; cette mesure fut prise aussitôt et enrichit le Musée des Monuments français d'un assez grand nombre d'œuvres d'une valeur médiocre (Voy. *Archives du Musée des Monuments français*, t. I, 19 et t. II, 132-136).

On sait que l'hôpital de la Charité subsiste encore aujourd'hui ; l'ancienne chapelle, située à l'extrémité des bâtiments, en façade sur la rue des Saints-Pères et en bordure du boulevard Saint-Germain, est actuellement le siège de l'Académie de médecine. Sous le péristyle d'entrée de l'hôpital, on a placé deux inscriptions commémoratives de fondations pieuses, faites : l'une, en 1623, par François Joulet, aumônier du Roi ; l'autre, en 1708, par Mathieu Forme, sieur de Cherville.

BIBLIOGRAPHIE. — Archives nat. L. 766 : pièces relatives à la juridiction spirituelle de Saint-Germain-des-Prés. — S. 6102-6107 : titres de propriété.

Imprimés. — Récit véritable de tout ce qui s'est fait et passé dans l'Hospital de la Charité, depuis la mort du Révérend Père Bernard jusques à present ; 1641, in-8°.

Notice sur l'hôpital de la Charité de Paris, par P. Jourdan ; 1837, in-8°.

Topographie historique du vieux Paris, bourg et faubourg Saint-Germain, *passim*.

AUGUSTINS DÉCHAUSSÉS

I, 281

Leur couvent fut fondé le 20 septembre (Cocheris dit par erreur le 26 septembre) 1609. La reine Marguerite, première femme de Henri IV, voulut, par cette institution, réaliser un double vœu, à l'imitation de celui du patriarche Jacob : « le premier de donner à Dieu le dixme de tout son bien, et le second d'édifier un autel pour rendre grâce à Dieu lorsqu'il l'auroit heureusement reconduite en sa terre » ; elle décida que le monastère aurait pour nom « l'autel de Jacob » et qu'il serait desservi par vingt religieux au moins, six pères et quatorze frères (Arch. nat.

S. 3643). Peu après, la première institution fut modifiée par la fondatrice elle-même qui, le 12 avril 1613, substitua aux Augustins déchaussés qu'elle y avait d'abord introduits, des Augustins dits de la réforme de Bourges.

C'est Anne d'Autriche, cependant, qui posa la première pierre de l'église du couvent, le 15 mai 1617, car la reine Marguerite était morte avant d'avoir pu réaliser tout son vœu. Le vaste hôtel qu'elle s'était créé au bord de la Seine, au lieu qu'on appelait alors le Petit-Pré-aux-Clercs, fut vendu aux enchères par décret du Parlement, et les Augustins en acquirent une grande partie.

Il convient de dire un mot du canal nommé Petite Seine, qui limitait, du côté de l'est, les terrains de ce monastère. Le seul historien contemporain qui s'en soit occupé, Berty (Voy. la bibliographie) n'est pas arrivé à fournir sur son compte des renseignements d'une précision parfaite : on sait seulement qu'il prenait naissance à l'abbaye de Saint-Germain-des-Prés et venait aboutir à la Seine, un peu au dessous de la tour de Nesle. Il fut comblé au XVIe siècle et son tracé correspond à celui de la rue Bonaparte (entre la rue de l'Abbaye et le quai Malaquais) voie qui, jusqu'à la Révolution, était nommée rue des Petits-Augustins.

Il est à peine utile de rappeler qu'au commencement de l'année 1791 le Musée des Monuments français fut installé, sous la direction d'Alexandre Lenoir, dans les bâtiments des Augustins. L'histoire de ce dépôt est des plus connues, surtout depuis quelques années. On sait aussi que le gouvernement de Louis XVIII fut assez mal inspiré pour supprimer cet établissement, et que l'École des Beaux-Arts en a pris la place à dater de 1820.

BIBLIOGRAPHIE. — *Sources*. — Archives nat. L. 766 (juridiction spirituelle de l'abbaye de Saint-Germain) : substitution des Augustins de Bourges aux Augustins déchaussés (1613); requêtes des religieux en vue d'obtenir le droit de confesser, prêcher et administrer les sacrements dans leur église (XVIIe s.); procès-verbal du chapitre de la congrégation en novembre 1711. — S. 3641 : déclaration du revenu en 1728; baux de maisons appartenant au couvent, rues Jacob et des Saint-Pères; aliénation de l'hôtel de la reine Marguerite; pièces concernant l'hôtel de Bouillon et l'ouverture d'une porte le mettant en communication avec le couvent (1698); mitoyenneté de l'hôtel de la Roche-Guyon; pièces sur l'égout Saint-Benoît (contestation terminée en 1739). — S. 3642 : biens à Vaugirard près Paris, Lagny et Saint-Fargeau (Seine-et-Marne). — S. 3643 : titres de la fondation (1609-1613); état du temporel en 1718 (registre de 103 pages).

Bibliothèque de la Ville de Paris. Carton des manuscrits coté I, liasse 6 : affaire du frère Gaume, prêtre religieux augustin, procureur du couvent de son ordre, contre les frères François-Jacob et Jacques Thouvenin, en 1782. — 7070, in-fol. : pièces relatives au martyre du P. Alipe à Tunis en 1647 et à l'envoi de ses reliques au couvent des Petits-Augustins. — 20536, in-fol. : copie de l'acte de fondation pour les Augustins venus de Bourges (1613).

Bibliothèque nat. Fonds français 11761 : mémoire de l'image miraculeuse de N. D. de Montégu et des autres reliques appartenant aux Petits-Augustins. — Fonds français 11649-11650 : pièces relatives aux Augustins déchaussés (XVIIIe s.).

Imprimés. — Jaillot, tome V, *Quartier Saint-Germain-des-Prés*, p. 5-8.

Le monastère des Petits-Augustins, article étendu et intéressant de M. L. Frémy, ap. *Bulletin du Comité d'hist. et d'archéol. du diocèse de Paris*, 1re année, p. 138-196.

Au tome V des *Inscriptions de l'ancien diocèse de Paris*, M. de Lasteyrie a publié (p. 143-146) deux épitaphes provenant de ce couvent, celles de Dominique Turgot, mort en 1679, et de Jean Pontas, prêtre, mort en 1728.

Sur la région où était situé le couvent, voyez la *Topographie historique du vieux Paris*, de Berty, tomes III et IV, notamment aux chapitres sur le Grand et le Petit-Pré-aux-Clercs, la rue des Petits-Augustins et celle du Colombier.

Sur l'histoire du Musée des Monuments français, voyez, outre la série des catalogues publiés par Lenoir, les *Archives du Musée des Monuments français*, formant trois volumes de l'*Inventaire des richesses d'art de la France*, et l'ouvrage de M. Courajod, *A. Lenoir, son journal et le Musée des Monuments français*, 1878-1887, 3 vol. in-8º; E. Müntz, *Guide à l'École des Beaux-Arts*, Paris, 1888, in-8.

NOVICIAT DES JÉSUITES

I, 281

Jaillot et Cocheris ont peut-être eu tort de rectifier la date 1610 donnée par Lebeuf comme celle de l'établissement de cette maison, et de lui préférer l'année 1612. Si c'est bien pendant cette dernière que le noviciat commença de recevoir des élèves, il était réellement institué depuis quelque temps déjà, car un acte du 20 janvier 1611 nous fait connaître dans quelles conditions les Jésuites reconnaissent les droits épiscopaux de l'abbaye de Saint-Germain-des-Prés et s'engagent à ne pas faire concorder leurs offices avec ceux de la paroisse Saint-Sulpice (Arch. nat., L. 766).

L'hôtel de Mézières, où fut installé le noviciat, avait été donné à la compagnie de Jésus par Madeleine Luillier, veuve de Claude Leroux, sieur de Sainte-Beuve; nous avons eu plus haut occasion de la mentionner comme fondatrice des Ursulines du faubourg Saint-Jacques (p. 120). Les bâtiments de cet institut furent aliénés en l'an V; leur emplacement est représenté par le rectangle que forment les rues Cassette, Honoré-Chevalier, de Mézières et Bonaparte. L'église avait été construite par Martellange, architecte ordinaire des Jésuites. Dans la *Bibliothèque de l'École des Chartes* (1886, p. 47-48), M. H. Bouchot a donné quelques intéressants détails à son sujet.

BIBLIOGRAPHIE. — *Sources*. — Archives nat. L. 766 : quelques pièces sans grand intérêt, outre celles que nous venons d'indiquer.

Imprimés. — Jaillot, tome V, *Quartier du Luxembourg*, p. 76-77.

CARMES DÉCHAUSSÉS

I, 281

Le fondateur de leur maison s'appelait Nicolas Vivien, maître de la Chambre des Comptes, qui, le 23 mars 1611, leur donna les bâtiments dont l'entrée était située rue Cassette [1] et dont les dépendances s'étendaient le long du chemin de Vaugirard. Une fois installés, les Carmes s'occupèrent d'agrandir le terrain qui leur avait été concédé; de nombreuses lettres d'acquisition ou d'amortissement, transcrites dans leur cartulaire (Arch. nat. LL. 1494) permettent de fixer les limites du couvent, qui s'étendait alors entre la rue Cassette, le carrefour formé par les rues actuelles de Rennes et de Notre-Dame-des-Champs, et, d'autre part, les rues du Regard et du Cherche-Midi, en absorbant le lieu dit anciennement la Fosse à l'Aumônier. Berty a donné quelques informations curieuses sur ces anciennes dénominations (*Topographie historique*, région du faubourg Saint-Germain, *passim*).

Personne n'ignore que le couvent des Carmes de la rue de Vaugirard a été le théâtre d'une des scènes les plus sanglantes de la Révolution : le 2 septembre 1792: cent quinze prêtres, qui y avaient été incarcérés depuis peu pour n'avoir pas voulu prêter serment, furent massacrés dans l'église et le jardin du couvent par une bande de misérables. L'année suivante, au mois d'août, la prison des Carmes recevait plusieurs Girondins, qui n'y furent détenus que pendant quelques semaines. Après la Terreur, le monastère fut racheté, comme bien national, par une dame de Soyecourt, qui lui rendit sa destination monastique en y installant des religieuses carmélites. Cette communauté ne put prospérer; en 1846, on lui substitua une école des Hautes-Études qui, sous des noms divers, a continué jusqu'à maintenant à fournir l'enseignement laïc et ecclésiastique. Une chapelle, appelée chapelle des Martyrs, consacre le déplorable souvenir du massacre de 1792; elle renferme de nombreuses inscriptions commémoratives dont le texte a été donné dans l'ouvrage d'Alexandre Sorel et dans celui de Cocheris (t. III, p. 170 173). L'église proprement dite de l'ancien couvent, construite en 1613, est, encore actuellement, ouverte aux fidèles; elle se trouve en façade sur la rue de Vaugirard et est décorée des peintures de Bertholet Flamaël. Au tome I (p. 429-430) de son *Recueil des Inscriptions de l'ancien diocèse de Paris*, M. de Guilhermy a reproduit les inscriptions qui expliquent ces peintures. Elles ont trait à des actes de saints que les Carmes revendiquent pour fondateurs ou patrons de leur ordre.

BIBLIOGRAPHIE. — *Sources*. — Archives nationales L. 766 : liasse sans intérêt de pièces concernant un conflit du couvent avec l'ordre et de deux actes d'ordination en 1667. — L. 774 : une pièce de 1657 relative à des reliques de sainte Thérèse. L. 927 : « Liber in quo scribuntur nomina novitiorum conventus Sancti Josephi Carmelitarum Parisiensium », de 1612 à 1625, fragment de registre de 16 feuillets. — LL. 1494 : cartulaire des titres territoriaux (XVIIe s., 53 feuillets, parchemin). — S. 3728-3738 : titres de propriété.

Imprimés. — *Les Carmes déchaussés à Paris, rue de Vaugirard depuis la fondation de leur couvent jusqu'en 1790*; Versailles, 1854, in-8.

Les Carmes déchaussés à Paris, rue de Vaugirard, 76, par un prêtre de l'École des Carmes; 1874, in-8°.

Le couvent des Carmes et le séminaire de Saint-Sulpice pendant la Terreur... par Alexandre Sorel; 1863, in-8°.

---

[1]. On sait que cette rue s'appelait originairement rue de Cassel. Berty l'a trouvée ainsi désignée pour la première fois dans un acte de 1412, et sous le nom de Cassette dès 1570 (*Topogr. hist.*, bourg Saint-Germain, p. 49). Jaillot (*Quartier du Luxembourg*, p. 18) déclarait n'avoir pas trouvé le nom Cassette avant 1636.

Voyez aussi les six planches que M. A. Lenoir a consacrées à ce couvent dans la *Statistique monumentale de Paris*, et la *Topographie historique du vieux Paris*, tomes III et IV, *passim*.

RELIGIEUSES DU CALVAIRE
I, 281

La date 1625, donnée par Lebeuf, est celle de la fondation de la chapelle, mais non du couvent lui-même, que Marie de Médicis établit au mois de juin 1621. Les lettres patentes de fondation, signées de la main de la reine (Arch. nat. S. 4649), constatent que les religieuses reçurent, pour y construire leur couvent, cinq arpents de terre pris dans le parc du palais du Luxembourg, et, pour leur subsistance, une rente de 1.000 livres sur le domaine de Dourdan.

Les bâtiments de ce couvent occupaient, avec leurs dépendances, toute la partie du jardin du Luxembourg qui est située à l'ouest de l'hôtel du président du Sénat, appelé ordinairement le Petit Luxembourg. Désaffectés en 1790, ils furent transformés, par la suite, en caserne, puis en prison pour les détenus de la Cour des Pairs. Une loi du 2 juillet 1844 ayant prescrit l'élargissement de la rue de Vaugirard, la chapelle fut démolie en 1845 et réédifiée pierre à pierre, par les soins de M. de Gisors, un peu en arrière du nouvel alignement. De la rue, on peut apercevoir son portail, d'une construction élégante rappelant celui de Saint-Étienne-du-Mont, et orné d'un buste de Marie de Médicis, au-dessous duquel se lit la date de la construction de l'édifice : MDCXXV.

BIBLIOGRAPHIE. — *Sources*. — Archives nationales. S. 4649 : titres de la fondation; acquisition, par les religieuses, de maisons sises rue de Vaugirard; concession par Marie de Médicis d'un demi-pouce d'eau à prendre sur la fontaine du grand parterre du Luxembourg (1630); déclaration de 1790, accompagnée d'un plan. — L. 772 : copie de la bulle de Grégoire XV autorisant l'institution du couvent (22 mars 1621); requête adressée par les religieuses à l'abbé de Saint-Germain-des-Prés afin d'obtenir la permission de faire célébrer la messe sur un autel portatif, en attendant que leur église soit achevée (15 avril 1631); procès-verbaux de réception des novices (1631-1673).

Imprimés. — L'ancien monastère des Filles du Calvaire, rue de Vaugirard, 23, par Troche, ap. *Revue Archéologique*, 1846-1847, p. 520-529.

DOMINICAINS
I, 484

C'est le troisième couvent de l'ordre de Saint-Dominique qui ait existé à Paris : nous avons déjà parlé des deux autres : Jacobins de la rue Saint-Honoré et de la rue

Saint-Jacques; celui-ci était spécialement affecté au noviciat, et Lebeuf a eu tort de ne pas l'indiquer. L'autorisation d'établissement fut donnée par l'abbé de Saint-Germain-des-Prés le 18 juin 1632, et, la même année, la chapelle fut bénie (Arch. nat. L. 766). Une église plus vaste devint bientôt nécessaire; la première pierre en fut posée le 5 mars 1682: c'est aujourd'hui l'église paroissiale de Saint-Thomas d'Aquin, qui, par suite de remaniements successifs, n'avait été achevée qu'en 1787. On y remarquera que, contrairement aux règles liturgiques, le chœur en est tourné vers le nord. Une inscription s'y trouve, rappelant qu'en 1802, le pape Pie VII vint visiter cette église. Les bâtiments des Dominicains ne disparurent pas complètement; par arrêté du 9 thermidor an III (25 juillet 1795), ils furent convertis en musée d'artillerie; depuis quelques années, les collections de ce musée ont été transportées à l'Hôtel des Invalides et remplacées par le dépôt des archives du Ministère de la Guerre, et des maisons particulières.

BIBLIOGRAPHIE. — *Sources*. — Archives nationales. L. 766 : liasse des pièces analysées plus haut. — L. 946 : Fondations, parmi lesquelles le legs de la bibliothèque du duc d'Orléans. — LL. 1532, 1533, 1537 : *registres de vêture et professions (1736-1789)*. — H. 3970, 3976, 3995 : comptes et titres de rentes. — S. 4220-4221 : titres de propriété.

Imprimés. — Jaillot, tome V, *Quartier Saint-Germain-des-Prés*, p. 38-39.

Voyez aussi quelques détails sur les objets d'art du couvent, dans les *Archives du Musée des Monuments français* (1re partie, p. 5), et la description de l'église Saint-Thomas d'Aquin faite par Paul de Saint-Victor pour l'*Inventaire des richesses d'art de la France* (Paris, Monuments relig., t. I, p. 239-247).

HOPITAL DES INCURABLES

I, 281

Jaillot nous apprend (*Quartier du Luxembourg*, p. 91) qu'en fondant cette maison hospitalière, le 4 novembre 1634, le cardinal de la Rochefoucauld fit sienne l'idée qu'avait eue un prêtre appelé Jean Joullet de Châtillon, de léguer ses biens en faveur des malades incurables. En 1637, les bâtiments étaient déjà presqu'entièrement construits, ainsi que le déclarent les lettres patentes imprimées autorisant leur institution (Arch. nat. L. 766).

Parmi les bienfaiteurs de l'hospice, il faut citer, après le cardinal de la Rochefoucauld, Pierre Camus, évêque de Belley, qui y fut inhumé en 1657. Son testament en faveur des Incurables est de 1652; on en trouvera le texte dans le Recueil annexé à la série 54 de la Bibliothèque de la Ville de Paris. Nous ne saurions manquer ici de rappeler que l'abbé Lebeuf figure aussi, comme fondateur d'un lit, sur les listes commémoratives qui se trouvent dans la chapelle de l'hôpital; son nom y est inscrit en face de la date du 14 janvier 1756. Citons aussi, parce qu'il n'en a pas été fait mention, celui de Ninon de Lenclos, qu'on est un peu surpris de trouver en si vénérable compagnie, mais il ne s'agit que d'une opération commerciale; M. Ch. Giraud, a en effet, publié dans son étude sur *Ninon de Lenclos* (1866, in-8º) l'acte de donation qu'elle fit à l'hôpital, en 1669, d'une somme de 25.000 livres en échange d'une rente viagère de 2.000 livres (p. 38, note 1).

En 1802, les incurables-hommes furent transférés de cette maison dans l'ancien couvent des Récollets du faubourg Saint-Martin; les femmes seules y furent désormais reçues. En 1870, les malades, qui étaient alors au nombre de six cent trente-six, furent elles-mêmes transportées dans les bâtiments du nouvel hospice des Incurables fondé à Ivry. Pendant quelques années, la maison de la rue de Sèvres resta inoccupée; depuis le mois de décembre 1878, elle est redevenue, sous le vocable de Laennec, médecin célèbre de la première moitié de notre siècle, un hôpital dépendant de l'Assistance publique. La chapelle a conservé le monument funéraire de son fondateur, monument que nous avons eu, plus haut, l'occasion de décrire (p. 186).

BIBLIOGRAPHIE. — *Sources*. — Archives nationales, L. 766 : textes des lettres patentes d'avril 1637; procès-verbaux de visite; règlements; un curieux « usage ou mémoire des choses qui se pratiquent dans l'hospital des Incurables, concernant le spirituel, 1669 »; liasse de correspondance avec l'abbaye de Saint-Germain-des-Prés.

La Bibliothèque de la Sorbonne possède parmi ses manuscrits (ancien catal., littérature, II, in-fol., nº 4) un catalogue des livres de la bibliothèque de l'hôpital en 1701.

Imprimés. — Règlement pour l'hôpital des Incurables ...; 1744, in-8º.

CHANOINESSES DU SAINT-SÉPULCRE

(AUGUSTINES DE BELLECHASSE)

I, 281

Lebeuf a tort d'hésiter entre les années 1635 et 1636 pour la date de fondation de ce couvent : c'est le 21 novembre 1635 qu'en présence de Pierre Martin, official de Saint-Germain-des-Prés, les Augustines du Saint-Sépulcre, venues de Charleville, prirent possession de l'enclos appelé Bellechasse, acquis par elles le 16 juillet précédent, pour y établir un monastère de leur ordre; à cet effet, une croix fut plantée sur le grand portail du mur de clôture, la cloche fut sonnée, et l'official célébra une première messe solennelle (Arch. nat. L. 770). Comme il arrivait souvent, les lettres patentes autorisant cet établissement ne furent expédiées que plus tard, au mois de mai 1637; on en trouvera le texte au même dossier.

En 1700, le couvent se composait de cinquante-cinq religieuses et dix converses et accusait un revenu de 12.000 livres de rente (*Mémoire de la généralité de Paris*, p. 27); au moment de la Révolution, le revenu s'élevait à plus de 30.000 livres

(S. 4406). Les bâtiments étaient situés en façade de la rue Saint-Dominique, vis-à-vis la rue de Bellechasse, qui fut prolongée sur leur emplacement jusqu'à la rue de Grenelle, au commencement de ce siècle; l'enclos, qui s'étendait fort loin vers l'ouest, fut vendu à la même époque; des maisons particulières s'y sont construites et, au milieu d'elles une large place fut réservée. Dès 1841, il fut décidé qu'une église y serait bâtie: c'est l'église Sainte-Clotilde, dont nous parlerons plus bas.

BIBLIOGRAPHIE. — *Sources.* — Archives nationales. L. 770 : titres d'établissement et lettres patentes de 1637; procès-verbaux de visite par le grand vicaire de Saint-Germain-des-Prés (1641-1644); règlements et actes de profession de religieuses (XVIIe siècle); procès-verbal de donation au couvent d'une relique de saint Vincent martyr (1665); déclaration des biens en 1692; correspondance avec l'abbaye de Saint-Germain-des-Prés. — L. 1016-1017, S. 4407 : titres de propriété.

Imprimés. — Jaillot, tome V, *Quartier Saint-Germain-des-Prés*, p. 39-41.

BERNARDINES DU PRÉCIEUX SANG

I, 281

L'autorisation d'établissement dans le faubourg Saint-Germain fut accordé le 20 décembre 1655, aux « religieuses de la congrégation de saint Bernard, ordre de Cîteaux, de la mission de Grenoble » par l'abbé de Saint-Germain-des-Prés (Arch. nat. L. 773). Toutefois, le couvent ne paraît avoir été réellement fondé que vingt-quatre ans plus tard, après l'acquisition faite par « quelques personnes de piété, d'une maison sicze sur la rue de Vaugirard, au-devant du jardin du palais d'Orléans », et la bénédiction de la chapelle, le 20 février 1659, par Bernard Audebert, prieur de l'abbaye de Saint-Germain (*ibid.*). Une pièce du même dossier fait connaître que les religieuses, vouées d'abord au culte de sainte Cécile, changèrent ce vocable pour s'appeler « religieuses du pretieux sang de nostre Seigneur » et obtinrent, le 11 avril 1660, de célébrer leur nouveau culte d'une façon solennelle, le premier vendredi après le dimanche de Quasimodo. L'année suivante, elles décidèrent d'embrasser la règle de saint Benoît dans toute son austérité.

Ce couvent occupait l'espace circonscrit aujourd'hui par les rues Bonaparte, de Vaugirard, Honoré-Chevalier et de Madame. Aux termes des actes de vente qui en furent faits, le 4 fructidor an V, cette dernière rue devait être ouverte immédiatement, aux frais des acquéreurs; elle ne fut percée toutefois, pour la partie qui nous occupe, qu'en 1824.

BIBLIOGRAPHIE. — *Sources.* — Archives nationales L. 773 : titres d'établissement analysés ci-dessus; règlements, procès-verbaux de visite; correspondance avec l'abbaye de Saint-Germain. — L. 1072 : fondation et titres de rentes. — LL. 1078 : délibérations capitulaires (1668-1791). — S. 4750-4751 : titres de propriété.

RÉCOLLETTES

I, 281

Jaillot avait retrouvé dans les archives de Saint-Germain-des-Prés les actes, aujourd'hui disparus, qui lui ont permis d'établir que des religieuses de cet ordre, venues de Verdun, obtinrent, dès 1627, l'autorisation de fonder un couvent dans le faubourg Saint-Germain; et que, renonçant ensuite à ce dessein, elles cédèrent leurs droits aux Récollettes de Tulle, par acte du 12 décembre 1634; celles-ci se fixèrent dans la rue du Bac en 1637. Elles obtinrent, en 1663, de la protection de la reine Marie-Thérèse, une bulle d'Alexandre VII leur permettant « de prendre l'habit, l'institut, la règle et la dénomination de religieuses de l'Immaculée Conception de la Bienheureuse Vierge Marie ». C'est en effet sous ce vocable qu'on les trouve désignées le plus souvent.

Vers 1770, elles sollicitèrent les secours de la commission des loteries. Leur requête porte « qu'Anne d'Autriche et Louis le Grand ont érigé leur monastère sur le plan de celui que leurs illustres aïeux avoient fondé en Espagne et qu'ils ont donné de leurs mains royales, le 8 décembre 1663, le voile aux premières religieuses », et elle conclut par la demande de 6.000 livres pour faire réparer et blanchir leur église (Arch. nat. G⁰ 651). Nous ne savons si le subside fut accordé.

Le couvent des Récollettes était situé rue du Bac, à l'angle nord que forme cette rue avec celle de la Planche, qui, depuis 1858, porte le nom de rue de Varenne; des maisons particulières en couvrent aujourd'hui l'emplacement.

L'église a été convertie en salle de bal et de réunions publiques.

BIBLIOGRAPHIE. — *Sources*. — Archives nationales. L. 1073 : fondation, testaments, constitutions de dots, titres de rentes (XVIIᵉ et XVIIIᵉ siècles). — H. 4161-4163 : comptes (XVIIIᵉ siècle). — S. 4753-4754 : titres de propriété.

Imprimés. — Jaillot, tome V, *Quartier Saint-Germain-des-Prés*, p. 10-13.

FILLES DE SAINT-JOSEPH ou DE LA PROVIDENCE

I, 281

Ces religieuses avaient eu leur premier établissement à Bordeaux en 1639, grâce à l'initiative d'une demoiselle Marie Delpech de l'Estang. Les lettres patentes qu'elle obtint du roi à cette occasion portent que la congrégation avait pour objet l'instruction des pauvres filles orphelines (Arch. nat. L. 1061). Elles obtinrent, en mai 1641, de nouvelles lettres patentes les autorisant à s'installer à Paris, et, en effet, le 19 juin de la même année, leur installation officielle dans le faubourg Saint-Germain fut faite par frère Benoît Brachet, prieur de Saint-Germain-des-Prés (*ibid.*). Le 28 janvier 1642, l'archevêque de Paris leur donna des statuts.

Le couvent de la Providence était situé à l'extrémité de la rue Saint-Dominique, vers l'Esplanade. Vendu comme bien national, il fut, pendant quelque temps, habité par Letizia Ramolino, mère de Napoléon Ier ; les bâtiments et leurs dépendances sont occupés aujourd'hui par le Ministère de la Guerre.

BIBLIOGRAPHIE. — *Sources.* — Archives nationales. L. 775 et 1061 : titres de la fondation de la congrégation et de son établissement à Paris ; legs et donations. — S. 4734-4737 : titres de propriété.

Bibliothèque de la Ville de Paris, 2095, in-4° : « Constitutions des religieuses hospitalières de Saint-Joseph » ; exercices de dévotion, règlements sur le silence, personnes à recevoir dans la maison, etc. (XVIIIe s., 258 pages).

SÉMINAIRE DE SAINT-SULPICE
I, 281-282

Pour éclairer avec plus de précision les origines du séminaire de Saint-Sulpice, il eût suffi à Lebeuf de lire ce qui était déjà écrit de son temps sur Jacques Olier, curé de Saint-Sulpice, fondateur de cet établissement. On trouvera tous les renseignements désirables à cet égard dans un recueil manuscrit que possède la Bibliothèque Nationale et qui porte le numéro 11760 du fonds français. En réalité, le séminaire fut fondé en janvier 1642 à Vaugirard et transféré, trois ans plus tard, en face de l'église Saint-Sulpice, grâce à l'activité de l'abbé Olier qui fut, à la même époque, nommé curé de la paroisse. Les bâtiments furent construits par Mercier, l'architecte de la Sorbonne et de l'Oratoire. La bibliothèque devint rapidement considérable et l'ouvrage que nous venons de citer indique, comme le plus précieux des livres qu'elle possédât, la bible de Rome, de 1592, qui n'avait pas coûté moins de « cinquante pistoles » (f° 46, v°). Quant à la copie des registres de la Faculté de théologie dont parle Lebeuf, il ne nous a pas été possible de suivre la trace de cette collection que M. Franklin, dans ses recherches sur *les Anciennes Bibliothèques de Paris*, s'est également contenté de signaler d'après notre auteur.

L'ordre des Sulpiciens fut supprimé en 1792 et plusieurs de ses prêtres subirent la mort dans le massacre dont le couvent des Carmes fut ensanglanté. Une ordonnance royale de 1816 le reconstitua en lui donnant la direction du séminaire diocésain. Les bâtiments, reconstruits en 1820 par l'architecte Godde, occupent toute la partie méridionale de la place Saint-Sulpice et leurs dépendances s'étendent le long de la rue Bonaparte, jusqu'à celle de Vaugirard.

BIBLIOGRAPHIE. — *Sources.* — Archives nationales. M. 206-207 : établissement du séminaire à Vaugirard, puis à Paris ; union du prieuré de Reuilly (Indre) ; plans des chapelles. — MM. 552 : registres de fondations (1649-1737). — S. 7006-7041 : titres de propriété. — L. 712 : projet, non réalisé, de l'union du séminaire à la cure de Saint-Sulpice.

Bibliothèque nationale, fonds français, 11760 : mémoire sur la vie de M. Olier et sur le séminaire de Saint-Sulpice, 1682, par M. Baudrand, curé de Saint-Sulpice ; autre mémoire sur l'abbé Olier, tiré de sa *Vie* imprimée ; règlement général du séminaire.

Imprimés. — Voyez l'ouvrage d'Alex. Sorel, indiqué plus haut (p. 253) dans la bibliographie du couvent des Carmes.

THÉATINS

I, 282

Les dates fondamentales de l'établissement de ces religieux à Paris sont connues d'une façon tout à fait précise ; le carton L. 960 des Archives nationales contient, en effet, le texte des lettres patentes d'août 1648 autorisant leur installation ; la permission donnée par l'abbé de Saint-Germain-des-Prés le 1er août 1648 et le procès-verbal de la bénédiction de la chapelle en présence du roi, qui l'appela Sainte-Anne-la-Royale, le 7 août suivant. Nous avons trouvé ailleurs (L. 766) le procès-verbal de la pose de la première pierre de cette chapelle, en date du 7 novembre 1661 ; mais Jaillot, qui a connu cette pièce, affirme que la cérémonie n'eut lieu en réalité que le 28 novembre 1662. Il est difficile de concilier les deux dates, et nous nous en tiendrons à la première, qui, seule, s'appuie sur les documents. On sait aussi que la maison où s'établirent les Théatins, leur avait été donnée, dès le mois de mai 1642, par le cardinal Mazarin ; elle était située sur le quai appelé alors Malaquais, puis, à cause d'eux, quai des Théatins, et finalement quai Voltaire.

En 1772, ces religieux présentèrent un état de leurs finances à la commission des loteries ; leurs revenus se composaient de six maisons à Paris et de deux petites à Vaugirard ; le loyer des chaises de l'église est communément de 6.000 livres par an, auxquelles il faut ajouter 1.200 livres lorsque toutes les tribunes sont louées ; « enfin, ajoutent-ils, Sa Majesté Louis XIV, ayant égard au titre honorable que porte la maison des Théatins, ayant déclaré lui-mesme qu'il voulait que cette maison fust appellée Sainte-Anne-la-Royalle, ayant planté lui-mesme, de sa propre main, la croix qu'on voit encore sur la porte de ladicte maison, avoit accordé aux Théatins, outre plusieurs bienfaits annuels, une aumône annuelle de huit cent cinquante-deux livres. Cette aumône a été réduite successivement, et elle est, aujourd'hui, seulement de 560 livres. » Par lettres patentes du 19 février 1779, les Théatins furent autorisés à contracter un emprunt jusqu'à concurrence de 220.000 livres pour couvrir les frais de réparation de leurs bâtiments ; une note du même dossier atteste que la maison qu'ils occupent avait été achetée en 1647, et qu'elle était déjà vieille lorsqu'elle leur fut donnée par le cardinal Mazarin (Arch. nat. G⁰ 654).

Les bâtiments de ce couvent furent démolis peu de temps après la Révolution ;

les maisons portant les nos 15-21 du quai Voltaire correspondent à son emplacement.

BIBLIOGRAPHIE. — *Sources.* — Archives nationales. L. 766 et L. 960 : titres d'établissement analysés ci-dessus, et, en outre, dans le premier de ces cartons, l'attestation datée de 1665, que le couvent possède des reliques de saint Venant. — LL. 1586-1588 : délibérations capitulaires (1643-1740). — S. 4355-4356 : titres de propriété.

HOPITAL DES CONVALESCENTS
I, 282

C'est sous le nom de « messire André Gervaise, prestre, naguères chanoine de Nostre-Dame de Reims » que fut fondé, le 30 mars 1652, l'hôpital des Convalescents de la rue du Bac; mais, d'après Jaillot, cet ecclésiastique ne figura dans l'acte qu'au nom de dame Angélique Faure, veuve de Claude de Bullion, président à mortier au Parlement de Paris.

Dans ses Appendices à la *Topographie historique du vieux Paris*, tome IV, région du faubourg Saint-Germain, M. Tisserand a publié pour la première fois (p. 417-423) les actes principaux d'établissement de cette maison et montré, grâce à un heureux rapprochement, que la même idée philanthropique fut suggérée, vers le même temps, aux administrateurs de l'Hôtel-Dieu. Il existe, en effet, un arrêt du Parlement, en date du 24 novembre 1675, par lequel l'hôpital Saint-Louis est partiellement affecté à recevoir pendant quelque temps les « pauvres convalescens » sortis de l'Hôtel-Dieu.

Au moment de sa suppression, en 1790, l'hôpital des Convalescents ne comptait que vingt et un lits; les malades y étaient gardés huit jours. Les bâtiments furent vendus par l'administration des hospices; ils étaient situés rue du Bac et s'étendaient depuis l'angle de la rue de Varenne jusqu'au séminaire des Missions étrangères; l'entrée de la maison correspondait à celle qui porte actuellement le n° 106.

BIBLIOGRAPHIE. — *Sources.* — Archives nationales. L. 766 : titres de l'établissement de l'hôpital (1652); procès-verbal de visite des lieux (15 août 1652). — S. 6107 (fonds de l'hôpital de la Charité, dont les religieux desservaient la maison des Convalescents) : titres de propriété.

Imprimés. — Jaillot, tome V, *Quartier Saint-Germain-des-Prés*, pages 13-14.

FILLES DE NOTRE-DAME DE LA MISÉRICORDE
I, 282

Les Augustines de Notre-Dame de la Miséricorde avaient eu leur premier établissement à Aix en Provence dès l'année 1638; c'est Anne d'Autriche qui les fit venir à Paris, au mois de janvier 1649, et leur fit obtenir, en septembre de la même année, les lettres patentes les autorisant à une installation provisoire dans une maison de la rue de Mézières. Parmi les pièces de la fondation de ce couvent (Arch. nat. L. 772), se trouve un acte de la duchesse d'Aiguillon, Marie de Vignerot, s'engageant à payer pendant deux ans le loyer de cette maison, puis, ce terme échu, à fournir 20.000 livres pour l'acquisition d'un emplacement définitif. En effet, au mois de juin 1651, les religieuses prirent possession d'une maison qui est dite sise rue Cassette, bien qu'elle fût en réalité rue du Vieux-Colombier, et le 3 novembre suivant, le grand-prieur de Saint-Germain-des-Prés vint bénir leur chapelle (*ibid.*).

Ce couvent fut supprimé par la Révolution et vendu en l'an IV. Ses bâtiments ne tardèrent pas à être démolis pour faire place à des maisons particulières qui ont disparu elles-mêmes, lors du percement de la rue de Rennes.

BIBLIOGRAPHIE. — *Sources.* — Archives nationales. L. 772 : titres d'établissement (1649-1651) ; élections de prieures, prises d'habit, procès-verbaux de visites (1649-1686), inventaires. — L. 1070 : lettres patentes de 1649 ; fondations, contrats d'ingression ; titres de rentes. — LL. 1706 : actes divers, de 1649 à 1789. — S. 4747-4748 : titres de propriété.

BERNARDINES DE L'ABBAYE DE NOTRE-DAME-AU-BOIS

I, 282

Ces religieuses s'établirent en 1654 dans un couvent de la rue de Sèvres qui venait d'être abandonné par une autre communauté de femmes que Lebeuf n'a pas connue, et dont Cocheris a trop succinctement parlé. Les Annonciades des Dix Vertus, venues de Bourges et établies dans la rue des Saints-Pères en vertu d'un brevet de l'abbé de Saint-Germain-des-Prés, le 1er avril 1636, avaient été autorisées, quatre ans plus tard, à se fixer dans la rue de Sèvres « proche l'hospital des Petites-Maisons ». Leur translation, ainsi que la bénédiction du couvent, eut lieu le samedi 20 octobre 1640, en présence de Mlle de Bourbon, principale fondatrice, de la princesse de Condé et d'autres personnes de haut rang (Arch. nat. L. 771). En 1654, les Annonciades de la rue de Sèvres se réunirent à celles du quartier Popincourt, et ce fut alors qu'elles vendirent leur maison aux Bernardines de de l'Abbaye-aux-Bois, qui venaient de quitter le diocèse de Noyon pour s'installer à Paris. Elles n'obtinrent cependant le titre abbatial dans cette ville qu'en 1667, après qu'un incendie, qui détruisit leurs bâtiments des Bois, leur eut ôté tout moyen de retourner en Picardie.

Le 8 juin 1718, fut posée la première pierre d'une nouvelle église pour ce couvent ; c'est la duchesse d'Orléans, princesse palatine et mère du régent, qui en fit la cérémonie, et elle l'a racontée dans sa *Correspondance* (t. I, p. 410 de la traduction de M. G. Brunet) d'une fort piquante façon : « Je suis revenue hier soir, à dix heures, de Paris où j'avais été à onze heures du matin pour assister à une longue et ennuyeuse cérémonie dans un couvent qu'on nomme l'Abbaye-aux-Bois. Il s'agissait de poser la première pierre d'une église que l'on construit. On est venu à ma rencontre avec des tambours, des fifres, des trompettes, et il m'a fallu suivre une longue rue; j'en avais vraiment perdu contenance. Vous pouvez penser quelle foule s'est réunie. Après la messe, qui fut accompagnée d'une très bonne musique, nous allâmes à l'endroit où étaient creusés les fondements; les prêtres chantèrent des psaumes et récitèrent, en latin, des prières dont je ne compris pas un mot. J'étais sous un dais, dans un endroit couvert de tapis et dans un fauteuil: quand je fus assise, on m'apporta la pierre sur laquelle était gravé mon nom, et au milieu était ma médaille; on jeta dessus de la chaux, dont je fus tout éclaboussée; puis, on plaça dessus une autre pierre à laquelle je dus donner ma bénédiction; j'avoue que cette idée me fit rire. J'envoyai ensuite le premier de ma maison, M. de Montagne, mon chevalier d'honneur, placer la pierre, car je ne pouvais monter et descendre les échelles; cette cérémonie dura une heure et demie; il y eut ensuite beaucoup de musique, et le tout se termina par un *Te Deum* ». Jaillot nous apprend que cette église fut dédiée, le 24 octobre 1720, par l'évêque de Toul, sous le nom de Notre-Dame et Saint-Antoine.

Pendant la Révolution, le couvent servit de maison d'arrêt, puis fut vendu, comme bien national, en 1797. Cinq ans plus tard, en 1802, l'église fut rendue au culte comme succursale de Saint-Thomas-d'Aquin. Elle demeura ainsi paroissiale jusqu'au décret du 22 janvier 1856, qui la supprima en cette qualité; elle comptait alors cinq mille quatre cent cinquante paroissiens; sa désaffectation eut pour objet de répartir cette population entre la paroisse Saint-Sulpice, qui perdait treize mille âmes par suite de la création de la paroisse Notre-Dame-des-Champs, et celle de Saint-Thomas-d'Aquin, qui abandonnait la moitié de sa circonscription à la nouvelle église Sainte-Clotilde. Quant au couvent, après avoir servi, pendant quelques années, de maison de retraite purement laïque (c'est l'époque où Mme Récamier et Châteaubriand le rendirent célèbre), il reçut, en 1827, une nouvelle communauté de femmes qui existe encore aujourd'hui sous le nom de congrégation de Notre-Dame. L'entrée des bâtiments est située rue de Sèvres, au nº 16, sur le territoire de la paroisse Saint-Thomas-d'Aquin.

BIBLIOGRAPHIE. — *Sources*. — Archives nationales. L. 771 : installation, rue des Saints-Pères, puis rue de Sèvres, des Annonciades des Dix Vertus ; translation dans leur couvent des religieuses de l'Abbaye-aux-Bois; soumission que l'abbé de Saint-Germain-des-Prés exige de ces dernières (1670). — Le carton S. 4412 contient également un dossier sur la translation de l'Abbaye-aux-Bois à Paris. — L. 1013, LL. 1594: privilèges et actes de profession. — L. 1011-1013, S. 4407-4417 : titres de propriété, tant en Picardie qu'à Paris.

RELIGIEUSES DU SAINT-SACREMENT
I, 282

Lebeuf s'est trompé en disant que ces religieuses s'étaient établies en 1654 dans la rue Cassette; c'est dans la rue Férou qu'elles étaient à cette date et elles ne vinrent occuper les bâtiments de la rue Cassette qu'en 1669 (Arch. nat. L. 779). La première pierre de leur monastère avait été posée, le 27 mars 1666, par Marguerite de Lorraine, veuve de Gaston d'Orléans. Par une singulière destinée, l'inscription commémorative de cette cérémonie est aujourd'hui conservée au musée de Bagnols (Gard) ; M. de Lasteyrie en a reproduit le texte dans le *Bulletin de la Société de l'Histoire de Paris* (1881, p. 28-29), et dans le supplément au recueil des *Inscriptions de l'ancien diocèse* (t. V, p. 174-175).

En 1759, ces religieuses exposèrent à la commission des loteries qu'elles n'avaient jamais sollicité de secours et que leurs revenus étaient suffisants, bien que, « faisant toujours maigre (excepté en maladie), les dépenses pour la nourriture sont beaucoup plus coûteuses, surtout dans ce tems où les denrées sont du double plus chères », mais qu'elles étaient dans la nécessité de faire reconstruire le bâtiment de leur sacristie intérieure et extérieure. A la suite d'une nouvelle demande, motivée par les dégâts d'un orage évalués à 17.000 livres, elles obtinrent une allocation de 10.000 livres (Arch. nat. G⁰ 654).

Les religieuses du Saint-Sacrement suivaient la règle de saint Benoît. Leur couvent, vendu comme bien national, le 27 prairial an IV, est représenté aujourd'hui par des habitations particulières portant les nos 18-24 de la rue Cassette.

BIBLIOGRAPHIE. — *Sources*. — Les Archives nationales possèdent très peu de pièces sur ce couvent, en dehors de celles que nous venons d'indiquer; L. 1076 : privilèges et fondations. — LL. 1709 : registre des actes de profession, de 1654 à 1679. — S. 4755-4766 : titres de propriété et déclaration des biens en 1790.

COLLÈGE MAZARIN

I, 282

M. A. Franklin en a fait l'histoire dans un très bon livre : *Recherches historiques sur le collège des Quatre-Nations* (1862, in-8º). C'est le 6 mars 1661, c'est-à-dire trois jours avant sa mort, que Mazarin décida la fondation d'un collège destiné à soixante écoliers : quinze de Pignerol, quinze des États romains, quinze de l'Alsace et quinze de la Flandre, de l'Artois, du Hainaut et de la Sardaigne. Dans la chapelle de cet établissement serait inhumé le corps du cardinal; enfin, la bibliothèque admirable que Mazarin avait réunie devenait celle même des écoliers. Toutes ces dispositions furent fidèlement observées; après quelques hésitations sur le choix de l'emplacement, on se décida pour l'ancien hôtel de Nesle, en face du Louvre, et les plans proposés par Levau, architecte du roi, furent acceptés; le collège s'ouvrit au mois d'octobre 1668. Nous renvoyons, pour plus de détails, au livre de M. Franklin et aux nombreux documents, encore inédits, indiqués plus bas.

On sait que, pendant la Révolution, le collège des Quatre-Nations devint une maison d'arrêt, et que le Comité de salut public s'y réunit. On sait mieux encore que ses bâtiments sont aujourd'hui occupés par l'Institut de France, depuis le mois d'août 1806. La chapelle, où se trouvait le mausolée de Mazarin par Coyzevox, aujourd'hui au Louvre, a été disposée de façon à devenir la salle des réunions solennelles de l'Institut.

BIBLIOGRAPHIE. — *Sources.* — Archives nationales. H. 2822-2835, 2842 : comptes du collège, par les procureurs, de 1662 à 1789. — H. 2845 : comptes de la construction. MM. 462 : registre des délibérations du conseil de la fondation (1661-1668). — MM. 463-464 : registres pour servir aux délibérations et arrêtés des inspecteurs du collège (1713-1791). — M. 174, S. 6499-6506, Q¹. 1273-1274 : titres de propriété.

Bibliothèque Nationale. Fonds français, 8632 : recueil de pièces relatives à la fondation du collège.

Bibliothèque de la Ville de Paris : « Laus illustrissimi viri Christiani-Francisci de Lamoignon, dum viveret in senatu Parisiensi primum advocati catholici, deinde infulati præsidis gratitudinis ergo in collegio Mazarineo, dicta a magistro Baltazar Gibert, rhetorum altero, universitatis Parisiensis antiquo rectore, die 15 januarii anno Domini MDCCX » (cahier in-fol. de 44 p., coté 5845).

Bibliothèque de l'Institut. « Troisième registre contenant la suite des deliberations concernant l'exécution de la fondation du collège et academie appellez Mazarini », de 1673 à 1680 (coté 380, in-fol.). — Les deux premiers registres ont disparu.

Imprimés. — Cocheris en a donné une bibliographie étendue, que l'on pourra consulter avec profit (t. III, pp. 223-230).

Voyez surtout les deux ouvrages de M. A. Franklin, celui que nous avons cité en tête de cette notice, et son *Histoire de la Bibliothèque Mazarine*, 1860, in-8°.

PRÉMONTRÉS RÉFORMÉS ou DE LA CROIX-ROUGE

I, 282

On trouvera aux Archives nationales (L. 766) l'acte du 16 octobre 1661 par lequel le vicaire général de la congrégation des Prémontrés acquit d'une dame Marie Le Noir « sept parts, dont les huit font le tout, d'une maison vulgairement appelée la Thuillerie et lieux en deppendant, située à Saint-Germain-des-Prés lez Paris, au carrefour de la Croix-Rouge sur la rue du Chasse-Midy et sur celle des Petites-Maisons », au prix de 31.000 livres. Le 28 juin 1662, l'abbé de Saint-Germain autorisa l'établissement du couvent (*ibid.*) et, le 13 octobre suivant, Anne d'Autriche posa la première pierre de l'église.

Ce couvent fut vendu en l'an V ; les maisons portant les deux premiers numéros impairs de la rue de Sèvres représentent son emplacement.

BIBLIOGRAPHIE. — *Sources.* — Archives nationales. L. 766 : les documents que nous venons de mentionner, et quelques autres constatant la soumission des Prémontrés à la juridiction de Saint-Germain. — L. 958 : fondations et titres de rentes. — H. 4061-4063 : comptes. — S. 4340-4341 : titres de propriété.

FILLES DE L'INSTRUCTION CHRÉTIENNE

I, 282

La principa e fondatrice de cet établissement est, au dire de Jaillot, Marie de Gournay, veuve de David Rousseau, marchand de vin du Roi. Le fait est peut-être exact, car nous avons trouvé, dans une pièce de 1666, cette personne qualifiée institutrice, directrice et trésorière de la maison des Filles de l'Instruction chrétienne (Arch. nat. L. 770); mais il existe dans le même dossier un acte de fondation fait dès 1648 par Marguerite Rouillé, veuve de Jacques le Bret, pour loger et instruire, comme dans un « séminaire », les pauvres orphelines de la paroisse Saint-Sulpice, et une autre fondation pour le même objet, faite en 1655, par Nicolas et Simon de Baussancourt. Quoi qu'il en soit, les lettres patentes d'établissement sont du mois de septembre 1657 (Arch. nat. S. 7046). La maison était d'abord située rue du Vieux-Colombier, à l'enseigne du « Barillet » (qu'un acte appelle par erreur le bas-relief); elle fut abandonnée, à une date que l'on ignore, pour une autre maison, sise rue du Gindre. Enfin, le 26 avril 1738, la communauté s'installa dans un nouvel immeuble, rue du Pot-de-Fer (actuellement rue Bonaparte), qu'elle venait d'acquérir de Nicolas Aunillon, premier président de l'élection de Paris. Le 13 août 1743, elle vendit la maison de la rue du Gindre. L'établissement fut supprimé au mois de janvier 1793; le jardin du séminaire Saint-Sulpice couvre aujourd'hui le terrain de ses bâtiments.

BIBLIOGRAPHIE. — *Sources*. — Archives nationales. L. 770 : les pièces indiquées plus haut. — S. 7046-7047 (carton double) : lettres patentes de 1657 et règlement de la maison à cette date; titres de propriété et d'acquisition des maisons de la rue du Vieux-Colombier, du Gindre et du Pot-de-Fer. — MM. 559-561 : registres de délibérations, de 1683 à 1789. - H. 3701-3703 : comptes.

BÉNÉDICTINES DE NOTRE-DAME DE LIESSE

I, 282

Venues de Rethel à Paris en 1636, ces religieuses, dont la mission était de se vouer à l'instruction des jeunes filles, s'installèrent d'abord dans une maison de la rue du Vieux-Colombier. En 1644, elles quittèrent cette maison « où elles estoient très mal logées et en grande incommodité et nécessité », pour aller occuper, sur le chemin de Sèvres, au lieu dit le jardin d'Olivet, c'est-à-dire au delà de la tranchée qui séparait alors le faubourg Saint-Germain de la campagne, une sorte de petit monastère abandonné, qu'avait tenté de fonder en 1626 une dame Marie Brissonnet, et dans lequel cette dame s'était retirée seule (Arch. nat. L. 771). Lebeuf se trompe donc de dix-neuf ans lorsqu'il fixe à l'année 1663 un établissement qui date en réalité de 1644.

Le couvent de Liesse ne réussit pas à prospérer. Il n'existait plus, pour ainsi dire, que de nom, lorsqu'en 1777 le curé de Saint-Sulpice songeait à le transformer en hospice pour les malades de sa paroisse. Le 11 mars 1778, Amelot, ministre de la maison du Roi, écrivait la lettre suivante au lieutenant général de police :

« J'ai, Monsieur, l'honneur de vous envoyer un memoire qui m'a été remis par M. le curé de Saint-Sulpice. Vous verrés qu'il se propose d'etablir l'hospice des malades de sa paroisse dans le couvent de Notre-Dame de Liesse, rue de Sèvres. Il represente que ce couvent est interdit depuis longtemps ; qu'il n'y reste qu'une religieuse et deux sœurs converses, mais que la religieuse refuse de passer dans un autre couvent, quoiqu'il lui ait offert 1.000 livres de pension et 600 livres pour chacune des sœurs converses. Il demande, en conséquence, un ordre du Roi pour operer cette translation et il annonce que M. l'Archevêque y consent. Je vous prie, Monsieur, de faire veriffier ces differentes circonstances, et, si elles sont telles qu'il convienne de faire intervenir l'autorité, je vous serai obligé de prier M. l'Archevêque de me marquer dans quel couvent on pourra transférer la religieuse et les deux converses » (Arch. nat. O¹ 489, p. 134).

La création de l'hospice fut en effet réalisée pendant le cours de cette même année 1778 ; Mme Necker, femme du controleur général des finances, en fut la principale fondatrice. Cet établissement existe encore aujourd'hui sous le nom d'hôpital Necker ; il est situé rue de Sèvres, 151, sur le territoire de la paroisse Saint-François-Xavier.

BIBLIOGRAPHIE. — *Sources*. — Archives nationales. L. 771 : titres que nous avons analysés plus haut, et, en outre : comptes du temporel (XVIIIe s.), biens du couvent, procès-verbaux de visite, constitutions et statuts, correspondance avec l'abbaye de Saint-Germain-des-Prés, en un mot tous les documents d'une histoire de la maison. — S. 4643 : titres de propriété.

Bibliothèque de la Ville de Paris. 27027, in-4° : « Relation de ce qui s'est passé au monastère de Liesse depuis la mort de la mère de Saint-Alexis qui en estoit superieure » (ms. de la fin du XVIIe s., contenant environ 60 feuillets).

SÉMINAIRE DES MISSIONS ÉTRANGÈRES

I, 282

Le fondateur de cet établissement, Jean Duval, évêque de Babylone, plus connu sous le nom de R. P. Bernard de Sainte-Thérèse, était né en 1597 à Clamecy, au diocèse d'Auxerre, et c'est ce qui explique comment Lebeuf renvoie, pour le détail de sa vie, à son *Histoire d'Auxerre*. Voici, au surplus, quelques indications précises sur cette fondation ; nous les empruntons à un « Registre concernant les principales choses du séminaire des Missions étrangères » (Arch. nat. M. 203) :

« Le séminaire des Missions étrangères pour la propagation de la foy et la conversion des infidèles a esté establi à Paris, par lettres patentes du Roy très chretien Louis XIV, du mois de juillet 1663, verifiées au Parlement le sept septembre audit an, approbation de l'ordinaire par ses lettres du 10 octobre suivant, en consequence de la donation des maisons faites par messire Bernard de Sainte-Thérèse, évêque de Babylone, maisons et emplacemens qui lui appartenoient, situés sur les rues du Bacq et Petite-Grenelle[1] fauxbourg Saint-Germain, laquelle donation a esté faite à Mrs Antoine de Barillon, seigneur de Morangis, conseiller du Roi en ses conseils et directeur de ses finances et maistre Jean de Garibal, seigneur baron de Saint-Sulpice et de Vias, aussi conseiller du Roi en sesdits conseils, maistre des requestes ordinaires de son hostel et president en son grand conseil, moyennant une pension viagère de 3.000 livres...., lequel establissement a été aussi confirmé par Mgr le cardinal Chisi, legat en France *a latere* de son oncle Alexandre VII, le 11 août 1664.

« La veille de St-Simon et St-Jude, le 27e d'octobre de la même année 1663, le R. P. Ignace Philibert, prieur de l'abbaye de Saint-Germain-des-Prés, et grand vicaire de Serenissime prince Mgr le duc de Verneuil, abbé de ladite abbaye, vint benir la chapelle dudit seminaire et y celebra la sainte messe, et M. l'abbé Bossuet, depuis évêque de Condom et precepteur de Mgr le Dauphin, y fit l'exhortation sur ces paroles du Roi-Prophète : *Paratum cor meum, Deus, paratum cor meum*, en presence de Madame la duchesse d'Eguillon, niéce de l'Eminentissime cardinal de Richelieu, Madame de Miramion et autres dames de qualités, de Mrs de Morangis, de Garibal, marquis de Laval, comte d'Argenson, la Chapelle-Pajot, Duplessy, Monbar, et autres personnes de qualité, et M. Gazil fut mis en possession de la maison, en attendant l'election canonique d'un superieur.... »

Il serait superflu d'expliquer ici le but de l'institution fondée par le P. Bernard de Sainte-Thérèse, et les résultats qu'elle a obtenus pour la propagation, hors de l'Europe, de la religion catholique. En ne nous en tenant qu'au point de vue historique, nous devons signaler dans les archives de cette maison, un fort grand nombre de documents d'un très vif intérêt sur les missions en Orient et notamment dans l'Inde ; leur dépouillement complet offrirait d'inépuisables ressources aux historiens de la géographie.

La Révolution supprima le séminaire des Missions étrangères en 1792 et fit même vendre ses bâtiments aux enchères (25 vendémiaire an V) ; mais, par décret du 2 germinal an XIII, Napoléon le rétablit avec son organisation d'autrefois. Quant à l'église, elle fut, en même temps, affectée au culte paroissial, sous le vocable de saint François-Xavier, mais tenue seulement en location par la ville, car la congrégation n'avait pas voulu l'aliéner.

Au reste, elle est redevenue simple chapelle du séminaire depuis que, le 15 juillet 1874, un nouvel édifice, Saint-François-Xavier des Missions étrangères, situé sur le boulevard des Invalides, est devenu l'église paroissiale du quartier circonscrit

---

1. C'est la rue de Babylone actuelle, mentionnée sous ce nom, d'après Jaillot, dès 1673. On devine qu'elle doit son vocable à l'évêque de Babylone, fondateur du séminaire dont nous traitons. Jusque-là, elle s'était appelée rue de la Fresnaie, rue de Petite Grenelle, ou rue de la Maladrerie, indifféremment.

par les rues de Varenne, du Bac, Saint-Placide, de Vaugirard, le boulevard Garibaldi, l'avenue de Lowendal et le boulevard des Invalides, jusqu'à son intersection avec la rue de Varenne.

BIBLIOGRAPHIE. — *Sources.* — Archives nationales. L. 766 : lettres patentes du 26 juillet 1663 ; pièces relatives à l'établissement, en 1665, d'une confrérie des Saints-Apôtres, pour la propagation de la foi, dans la chapelle du séminaire. — M. 203 : mémoires historiques sur la maison ; bulles des papes et copies de lettres patentes, règlements et projets de règlements ; relations de la destruction du royaume de Siam, en 1767. — M. 204 : rapports sur les missions aux Indes et généralement en Asie ; ces documents sont très précieux pour la géographie historique de l'Orient. — M. 205 : nombreux factums imprimés ; fondation de bourses par Étienne Braguet, avocat au Parlement, en 1707 ; fondations de places de missionnaires et de catéchistes pour les Indes orientales (XVIIe et XVIIIe s.). — MM. 502-526 : registre d'administration et de comptes. — S. 6866-6979 : titres de propriété ; la déclaration du revenu, en 1790, se trouve dans le premier carton.

Bibliothèque Mazarine : Manuscrit n° 3198 : catalogue de la bibliothèque du séminaire, classé par ordre de matières.

BÉNÉDICTINES DE NOTRE-DAME DE CONSOLATION

I, 282

Une fois de plus, Lebeuf a fait une confusion en voulant donner la date précise de fondation de ce couvent. Cette date est non pas 1669, mais 1634 (et non 1633, comme l'a dit Jaillot, t. V, *Quartier du Luxembourg*, p. 23). Le 16 juillet 1634, l'abbé de Saint-Germain-des-Prés autorisa quelques religieuses augustines de la congrégation Notre-Dame, de Laon, à bâtir, fonder et établir un couvent de leur ordre au faubourg Saint-Germain (Arch. nat. L. 1044), et, le lendemain même, ces religieuses prenaient possession « d'une petite maison avec jardin, rue du Chasse-Midy » (*ibid.*). Le 8 août 1636, l'official de Saint-Germain ordonna qu'entre les jardins des Carmes déchaussés et du nouveau couvent serait élevé un mur de clôture haut de vingt-quatre pieds, épais de deux pieds et demi (*ibid.*). Jaillot a connu des documents, disparus aujourd'hui, qui attestaient qu'en 1669 l'administration de la maison ayant périclité, un concordat permit à l'abbaye de Malnoue de s'en rendre propriétaire, au prix de 55.100 livres, et avec le droit de confirmer les élections de prieures.

En 1773, les Bénédictines du Chasse-Midi, dont le couvent s'appelait aussi fréquemment prieuré de Notre-Dame de Consolation, reçurent de la commission des loteries un secours annuel de 6.000 livres pour sept ans. Ayant renouvelé leurs sollicitations en 1785, elles se virent refuser tout nouveau subside, en vertu d'une délibération du 7 mars 1786 (Arch. nat. G⁹ 650).

Supprimé par la Révolution en 1790, le couvent fut mis plusieurs fois en adjudication, et finalement en l'an VIII (1800), avec cette clause que l'acquéreur devrait céder à la ville le terrain nécessaire à l'ouverture d'une rue. Cette rue fut celle d'Assas, percée en l'an XII, élargie en 1842, et dont les maisons, voisines de la rue du Cherche-Midi, représentent l'emplacement du monastère.

BIBLIOGRAPHIE. — *Sources*. — Archives nationales. L. 1044 : outre les documents que nous avons indiqués, ce carton contient d'intéressants statuts et procès-verbaux de visite, la correspondance des prieures avec l'abbaye de Saint-Germain-des-Prés, les élections de prieures et les titres de rente du couvent.

HOTEL DES INVALIDES

I, 282

Nous avons dit plus haut (p. 230), que Henri IV avait affecté l'ancien hôpital de Lourcine au séjour des soldats invalides et que, depuis, Louis XIII leur avait destiné le château de Bicêtre. En 1670, Louis XIV décida de faire bâtir à l'extrémité du faubourg Saint-Germain « un hostel royal d'une grandeur et espace capable d'y recevoir et loger tous les officiers et soldats, tant estropiez que vieux et caducs de nos troupes et d'y affecter un fonds suffisant pour leur subsistance et entretenement ». La première pierre de l'édifice fut posée par le roi le 30 novembre de la même année. En 1671, l'église fut entreprise sur les dessins de Libéral Bruant, et achevée en 1679; le dôme, un peu postérieur, est l'œuvre de Jules Hardouin Mansart; il fut dédié en 1706 par le cardinal de Noailles, archevêque de Paris. Personne n'ignore que la crypte circulaire construite au-dessous du dôme, et où se trouve le sarcophage de Napoléon Ier, est l'œuvre de l'architecte Visconti. Ce travail, mis au concours en 1840, fut commencé en 1843, interrompu en 1848 et achevé de 1850 à 1853.

Depuis les deux cent vingt années qu'il existe, l'hôtel des Invalides n'a pas vu changée une seule fois sa destination; son église, dédiée à saint Louis, est curiale pour la population de l'hôtel, qui s'élève à deux mille quatre cent vingt-cinq habitants.

BIBLIOGRAPHIE. — *Sources*. — Archives nationales. Les documents y sont très disséminés et relativement fort rares. On trouvera dans les cartons L. 799-800 (fonds de l'abbaye de Saint-Germain-des-Prés), les titres d'acquisitions de terrains à cette abbaye pour l'établissement de l'hôtel; dans le carton O¹ 1665, des pièces relatives à la construction des bâtiments; les papiers de la commission instituée pour juger les contestations au sujet des pensions (1775-1780) se trouvent sous la cote V⁷ 180; enfin, la série des plans contient plusieurs documents graphiques sur l'hôtel et l'église.

Bibliothèque de l'Institut. Manuscrits 278-281, in-fol., tome I : édits relatifs à la construction de l'hôtel et à l'acquisition des terrains; tome II : toisé des bâtiments, en 7022 articles; les travaux de maçonnerie s'élèvent à 1.206.924 livres 18 sols 5 deniers (19 mars 1687); tome III : devis des ouvrages qu'il convient de faire pour la boucherie, logements du boucher et du pourvoyeur de l'hôtel; tome IV : état général présenté à Louvois par Christophe Mangin, serrurier à Paris, de tous les fers et ouvrages de serrurerie fournis pour l'hôtel, de 1673 à 1683.

Bibliothèque de la Ville de Rouen. Manuscrit n° 334 : description de la nouvelle église des Invalides, par Félibien. — Ouvrage imprimé dont le titre est donné plus bas; ce manuscrit, en 45 feuillets, porte la signature autographe de J. F. Félibien.

Imprimés. — Parmi les innombrables ouvrages, descriptifs et autres, concernant l'hôtel des Invalides, nous signalerons l'*Histoire de l'hôtel des Invalides* de Granet réimprimée dans le tome IX (2ᵐᵉ série) des *Archives curieuses de l'histoire de France* de Cimber et Danjou, ainsi que la *Description de la nouvelle église de l'hôtel royal des Invalides*, avec un plan général de l'ancienne et de la nouvelle église, par M. Félibien des Avaux; Paris, Quillau, 1706, in-fol.

On trouvera au tome III, pages 137-142 des *Archives de l'Art français* (1ʳᵉ série) des documents mentionnant les travaux de sculpture faits par Coustou à la chapelle, — et au tome I, pages 44-45, des *Archives du Musée des Monuments français*, deux pièces relatives à l'état de dégradation, en 1796, des statues ornant le dôme de cette chapelle.

BERNARDINES DE PANTHEMONT

I, 282

Lebeuf paraît avoir complètement ignoré l'existence d'une communauté de femmes, dite de la congrégation du Verbe-Incarné, qui précéda l'abbaye des Bernardines de Panthemont dans les bâtiments de la rue de Grenelle. Cette communauté, qui avait été fondée à Lyon en 1631 et s'était fixée dans le faubourg Saint-Germain en vertu de lettres patentes de juin 1643, fut supprimée par arrêt du Parlement, en date du 4 septembre 1671, malgré de nombreux factums de protestation, et ses biens furent unis, par le même arrêt, à ceux de l'hôpital général (Arch. nat. L. 773).

Dans le local qu'elle laissait disponible, vinrent s'installer l'abbesse et les religieuses Bernardines de l'abbaye de Panthemont, fondée en 1217, près de Beauvais. Lebeuf déclare que ce fut en 1671, et nous n'y contredisons pas, bien que le consentement de l'abbé général de Cîteaux soit du 21 septembre 1671, celui de l'évêque de Beauvais du 31 octobre 1671, celui de l'archevêque de Paris du 22 janvier 1672, et que les lettres patentes ne soient datées que d'août 1672 (Arch. nat. L. 1032). En outre, c'est seulement le 30 mars 1677 que Nicolas de la Reynie, lieutenant de police, approuva cette installation, en se fondant sur l'importance et l'ancienneté de l'abbaye, mais en déclarant que, vu le nombre des maisons religieuses sises à Paris, et surtout dans le faubourg Saint-Germain, on ne devrait plus tolérer l'établissement d'aucune d'elles (*ibid.*).

Au commencement du XVIIIᵉ siècle, les religieuses étaient au nombre de vingt-cinq et jouissaient d'un revenu de 4.200 livres (*Mémoire de la généralité de Paris*, p. 27). En 1745, le prieuré des Bernardines d'Argenteuil fut uni à cette abbaye (Cf. Lebeuf, t. II, p. 17). L'église était l'œuvre de l'architecte Pierre Contant d'Ivry; la première pierre en avait été posée le 26 avril 1747 et la bénédiction avait eu lieu le 3 juin 1756.

Après la Révolution, le terrain occupé par l'abbaye fut vendu (en 1803); la partie de la rue de Bellechasse qui s'étend entre la rue de Grenelle et le boulevard Saint-Germain s'ouvrit sur son emplacement, et une partie des bâtiments est demeurée affectée à une caserne et à d'autres services dépendant de l'administration de la guerre. L'église, en façade sur la rue de Grenelle, a été cédée à la Ville pour l'exercice du culte protestant, par une loi du 5 avril 1844.

BIBLIOGRAPHIE. — *Sources*. — Archives nationales. L. 773 : pièces concernant le couvent du Verbe-Incarné; titres d'acquisition des maisons de la rue de Grenelle, où il s'est installé; titres de la fondation Matel; procès-verbaux de visite, factums de protestation contre sa suppression en 1671. — L. 1032 : abbaye de Panthemont; pièces relatives à cette maison à Beauvais, au XIIIe siècle (curieuses pour la topographie de Beauvais); documents de sa translation à Paris; union du prieuré d'Argenteuil (1745). — G⁹ 650 : note constatant qu'en 1783 l'abbaye a reçu de la commission des secours 476.000 livres, et minute d'une autre note ainsi conçue : « Nous ne trouvons point dans nos registres d'exemple qu'une abbaye ait été traitée avec autant de faveur ». — LL. 1607 : délibérations capitulaires (1745-1746). — H. 4036-4038 : comptes. — S. 4499-4511, Q¹ 1289 : titres de propriété.

Bibliothèque Mazarine. Manuscrit 2886 : « Histoire de l'abbaye de Notre-Dame de Pentemont, ordre de Citeaux », par frère Robert Racine, religieux de Saint-Denis, en 1771.

RELIGIEUSES DE LA VISITATION

I, 282

Les titres de fondation de ce monastère nous sont parvenus. On trouvera aux Archives nationales (S. 4785) l'acte du 6 septembre 1657, par lequel Geneviève du Val-Pourtrel, veuve de Jacques Poirier, comte d'Enfreville-Cizey, président à mortier au Parlement de Normandie, donna 40.000 livres aux Visitandines du faubourg Saint-Jacques (voy. plus haut, p. 124), pour fonder à Paris un troisième établissement de leur ordre (le second existait depuis 1621 à l'extrémité de la rue Saint-Antoine, près de la Bastille). Dès 1646, le président d'Enfreville avait, par testament, légué à sa femme le tiers de ses biens en vue de cette fondation. Les dames de la Visitation achetèrent en 1659, rue Montorgueil, une maison où elles installèrent aussitôt quelques religieuses; mais, en 1763, ayant acquis une autre maison rue du Bac et plusieurs arpents de terre dans la rue de Grenelle, elles s'y établirent définitivement. La maison de la rue Montorgueil fut ultérieurement vendue, en 1720, pour faire face à de multiples créances.

Les Visitandines de la rue du Bac se consacraient à l'instruction des jeunes filles. En 1757, dans un mémoire qu'elles adressent à la commission des secours, elles parlent de « l'excellente éducation que l'on y donne aux jeunes demoiselles de la première qualité » (G⁹ 654). Le même dossier indique, peu d'années plus tard, que la maison était alors occupée par quatre-vingts personnes, tant religieuses que pensionnaires et domestiques; que le revenu annuel était de 32.317 livres 4 sols et les charges de 31.280 livres; qu'il était nécessaire de reconstruire l'église et que cette dépense atteindrait 47.821 livres 10 sols. L'église fut, en effet, entreprise sous la direction de l'architecte Hélin, en 1775.

Les bâtiments du couvent furent vendus en l'an IV; sur leur emplacement, l'adjudicataire devait ouvrir deux rues : l'une allant de la rue du Bac à celle de Bourgogne, l'autre, coupant celle-ci à angle droit et reliant les rues de Grenelle et Saint-Dominique. Ces clauses ne furent qu'imparfaitement exécutées pendant de longues années; le percement du boulevard Saint-Germain en a amené la réalisation : les deux voies projetées s'appellent, depuis 1879, rue Paul-Louis-Courier (qui a remplacé le passage Sainte-Marie) et rue Saint-Simon (ancienne rue de la Visitation). Des propriétés particulières couvrent tout le terrain de l'ancien monastère; toutefois, il y a lieu de remarquer que l'école communale, sise au n° 5 de la rue Paul-Louis-Courier, occupe une partie de la chapelle des dames de la Visitation.

BIBLIOGRAPHIE. — *Sources.* — Archives nationales. H. 4193-4197 : comptes. — H. 4214, L. 1079 : titres de rentes. — S. 4785 : titres de propriété de la maison conventuelle, rue Montorgueil, puis rue du Bac; concessions d'eau de l'hôtel de Luynes, en 1680, et de la Seine en 1740; déclaration de 1790. — S. 4786 : locations de maisons rue Saint-Dominique et rue du Bac, et de logements dans l'intérieur du couvent; pièces de procédure; déclarations des biens et revenus (1689-1759). — S. 4787 : titres d'acquisition des maisons et terrains du couvent et de ses dépendances entre les rues de Grenelle et Saint-Dominique.

COMMUNAUTÉ DES FILLES ORPHELINES

I, 282

Nous avons déjà signalé la confusion commise par Lebeuf entre cet établissement et celui des « Filles de l'Instruction chrétienne » dont il a si vaguement parlé plus haut (voy. plus haut p. 266). Ici, il s'agit d'une maison située rue Notre-Dame-des-Champs, et que Madeleine Cossart avait acquise, le 27 mars 1658, pour y donner l'instruction aux filles pauvres (Arch. nat. L. 770). Le 23 mai 1666, une chapelle, dite du Saint-Esprit, y fut annexée, non sans d'assez grandes difficultés de la part du curé de la paroisse. Un arrêt du Conseil d'État supprima cette fondation en 1707. Les bâtiments devaient être rachetés, en 1722, par l'Institut des Écoles chrétiennes ou Frères de Saint-Yon. Il en sera question un peu plus bas (p. 278).

BIBLIOGRAPHIE. — *Sources.* — Archives nationales L. 770 : c'est le seul carton relatif à cette maison; il renferme les documents que nous venons d'analyser.
Imprimés. — Jaillot, tome V, *Quartier du Luxembourg*, pages 72-73.

Topographie historique du vieux Paris (dans la collection de l'Histoire générale de Paris), tome IV, page 407.

COLLÈGE DU MANS

I, 282

Lebeuf a dit déjà quelques mots de ce collège et de sa ondation sur la paroisse Saint-Hilaire (voy. t. I de son texte, p. 131), et nous avons ajouté aux siennes quelques observations (p. 92 du présent volume). Ici, il se trompe en disant que le collège du Mans fut transféré, en 1662, à l'entrée de la rue d'Enfer. Jaillot et Cocheris, d'après lui, n'ont pas été mieux inspirés en donnant pour cette translation la date 1683. En réalité, c'est grâce à un arrêt du 18 mai 1682, que les jésuites du collège de Clermont obtinrent le droit d'incorporer à leur établissement la maison dont nous parlons, mais ce fut seulement le 2 février 1687 que Louis de Marillac, docteur en Sorbonne, vendit à l'évêque du Mans sa maison, sise rue d'Enfer, pour y installer le nouveau collège. La cession en fut faite au prix de 28.000 livres; les jésuites avaient fourni pour leur acquisition de 1682 une somme de 53.156 livres 13 sols 4 deniers. (Cf. à la Bibl. de la Ville de Paris, sous la cote 26403, in-fol., un inventaire manuscrit, très détaillé, des titres de ce collège.)

On a déjà dit que le collège du Mans fut réuni à l'Université. Ses bâtiments ont depuis longtemps disparu; ils étaient situés au n° 2 de la rue d'Enfer, rue qui se prolongeait alors jusqu'au carrefour que forment aujourd'hui les rues Soufflot et Gay-Lussac avec le boulevard Saint-Michel.

FILLES DU BON PASTEUR

I, 282

Jaillot nous apprend (t. V, *Quartier du Luxembourg*, p. 25), que cette communauté de filles repenties avait eu pour fondatrice Marie-Madeleine de Ciz, veuve d'Adrien de Combé, et, qu'en 1688, le Roi contribua à son installation, rue du Cherche-Midi, par le don d'une maison confisquée sur un protestant, et d'une somme de 15.000 livres. Une maison voisine fut donnée, vers la même époque, à l'établissement, par Pierre Dugué, chevalier, seigneur de Méridon, qui l'avait achetée 15.000 livres (Arch. nat. S. 4646). Vers 1700, d'après le *Mémoire de la Généralité de Paris* (p. 27), les religieuses étaient au nombre de trente, et jouissaient d'un revenu de 4.500 livres.

En 1750, par arrêt du Conseil du 14 avril, le Roi leur accorda le tiers des lots non réclamés de la loterie des communautés religieuses; ce tiers avait, paraît-il, une valeur de 2 à 3.000 livres par an (G° 651). Dans une note de la même liasse, la maison du Bon Pasteur est indiquée comme touchant directement à la caisse des loteries, en 1785, une somme de 5.891 livres 13 sols 4 deniers.

Enfin, aux termes de la déclaration de 1790, l'établissement comportait dans son dernier état quatre-vingt-treize cellules pour les filles pénitentes; dans chaque cellule étaient une paillasse, un matelas, un traversin, deux couvertures de laine, deux chaises en paille, une petite armoire, un petit pavillon en siamoise blanc, et un rideau de même étoffe à la fenêtre (S. 4646).

Après la Révolution, les bâtiments furent longtemps occupés par l'entrepôt des subsistances de l'armée. Ils furent démolis en 1851, et, sur leur emplacement, s'élève la prison militaire, 38, rue du Cherche-Midi.

BIBLIOGRAPHIE. — *Sources*. — Archives nationales. S. 4646 : baux, par les religieuses, de maisons leur appartenant dans la rue du Cherche-Midi (1693-1790); déclaration de 1790.

CARMÉLITES

I, 282

Tous les historiens ont rappelé que ce couvent, démembrement du monastère du faubourg Saint-Jacques, avait été établi rue du Bouloi en 1656 comme simple maison de refuge, puis transformé en communauté régulière par la reine Anne d'Autriche, au mois de décembre 1663. Lebeuf, qui omet d'indiquer ces dates d'origine, est exact en donnant celle de 1689 pour la translation du couvent de la rue du Bouloi à la rue de Grenelle. Par acte du 9 septembre 1687, les religieuses avaient acquis de J.-B. Godard, seigneur d'Omonville, au prix de 80.000 livres, la maison sise rue de Grenelle, « ayant issue rue Saint-Dominique », où elles séjournèrent jusqu'à la Révolution (Arch. nat. S. 4654). Quant à leur ancienne maison de la rue du Bouloi, après l'avoir louée successivement à divers particuliers, elles en firent bail pour 99 ans, à dater du 1er avril 1777, aux fermiers généraux des Messageries du royaume.

Il existe à la Bibliothèque de Rouen (Mss. fonds Montbret, n° 334) un intéressant « projet d'une église pour les dames carmélites, rue de Grenelle, faubourg Saint-Germain, 1770, par Le Camus de Mézières, architecte du Roy et de son Université, expert des batimens ». Le mémoire qui l'accompagne fait connaître que les bâtiments sont en bon état, mais que l'église est mal placée, peu décente et beaucoup trop petite; la dépense serait de 200 à 220.000 livres; deux projets sont en présence : suivant le premier, l'église serait édifiée dans la cour, avec entrée par la rue de Grenelle; d'après le second projet, la façade serait située sur la rue de Bourgogne. Ni l'un ni l'autre, au reste, ne fut exécuté, car, dans son *Guide des Amateurs* (1787, t. II, p. 573), Thiéry constate que l'église des Carmélites est « fort petite et peu commode ».

L'emplacement de ce couvent est représenté aujourd'hui par le groupe de maisons qui s'élèvent entre l'église Sainte-Clotilde et la rue de Grenelle. La rue de Martignac a été ouverte, en 1828, sur ses terrains.

BIBLIOGRAPHIE. — *Sources*. — Archives nationales. H. 4203-4204, L. 1046 : comptes et titres de rentes. — S. 4652 : titres de propriété des maisons de la rue du Bouloi; déclaration de 1790. — S. 4653-4654 (carton double) : titres de biens à Saint-Ouen; baux des maisons de la rue du Bouloi.

BÉNÉDICTINES DE NOTRE-DAME-DES-PRÉS
I, 283

Une note très explicite contenue dans le carton L. 772 des Archives nationales fait connaître que ces religieuses étaient venues de Mouzon (Ardennes, arrond. de Sedan, chef-lieu de canton), chassées par la guerre, s'établir à Picpus, en vertu de lettres patentes de mars 1638. La paix ayant été établie entre la France et l'Espagne, elles retournèrent à Mouzon, mais, après la démolition des fortifications de cette ville, en 1673, elles ne s'y crurent plus en sûreté et revinrent à Paris.

Quelques documents du même carton nous les y montrent provisoirement fixées en différents lieux : d'abord rue du Bac, où le prieur de Saint-Germain-des-Prés leur reconnaît la possession d'une relique de saint Liberat, en 1684; puis, rue du Champ-de-l'Alouette, en vertu de la permission donnée par l'archevêque, le 29 avril 1685, de faire « la benediction de la chapelle et des lieux claustraux d'une maison sise au Champ-de-l'Alouette, destinée pour la demeure des filles du monastère de Mouzon »; enfin, rue de Vaugirard, à partir de 1688.

Lebeuf aurait dû dire que ce prieuré avait disparu (quinze ans avant l'apparition de son livre) par suite d'un acte d'union de ses biens au monastère des Bénédictines de Conflans, donné par l'archevêque de Paris, le 18 avril 1741. Parmi les causes de cette extinction, le décret indique « que cette maison est regardée depuis longtemps comme hors d'estat de soutenir la régularité et la conventualité; que ses bâtimens, tous caduques et tombant en vetusté, ne furent jamais destinés à une habitation religieuse et n'ont aucune forme de monastère; que le corps de logis que les religieuses occupent, en peut à peine loger sept ou huit ; qu'il ne comprend ni dortoirs, ni cellules, ni chapitre, ni salle d'exercice, ni réfectoire; qu'il n'est séparé de la voye publique que par une cour assez étroite, et que ses clôtures sont très mal assurées; qu'il n'y a, d'ailleurs, dans ledit monastère, ni église, ni chapelle même, convenable pour la celebration de l'office divin... »

Des habitations particulières se substituèrent aussitôt à des bâtiments si peu monastiques; ils étaient situés rue de Vaugirard, nos 98 et 100, à l'angle septentrional de la rue de Bagneux.

BIBLIOGRAPHIE. — *Sources*. — Archives nationales. L. 1045 : dossier de l'union du prieuré au couvent de Conflans. — L. 772 : titres relatifs aux diverses installations des religieuses; enquête fort curieuse sur des scandales qui ont eu lieu dans le monastère (mai 1688).

Imprimés. — Taillot, tome V, *Quartier du Luxembourg*, pages 113-115.

SÉMINAIRE SAINT-LOUIS
I, 283

Les lettres patentes de décembre 1696, autorisant la fondation de ce séminaire, nous font connaître en même temps qu'elle fut l'œuvre de M. de Lauzy, curé de Saint-Jacques-la-Boucherie et de son successeur, l'abbé de Marillac, qui, tous deux, contribuèrent de leurs deniers à faire élever de pauvres écoliers n'ayant pas les ressources suffisantes pour entrer dans les grands séminaires, où l'on ne pouvait les recevoir gratuitement.

L'institution, au reste, existait bien avant 1696, car, dès 1683, M. de Marillac avait acheté à cet effet une maison sise rue d'Enfer. C'est là que la Révolution trouva le séminaire, dit alors de Saint-Pierre et Saint-Louis, et qu'elle vint le supprimer. Sa situation était des moins prospères, car, pour 10.000 livres environ de revenus, il avait à acquitter 17.000 livres de charges.

Ses bâtiments, tout voisins de ceux du collège du Mans (voy. plus haut, p. 274), furent longtemps affectés au casernement des troupes. Le percement du boulevard Saint-Michel et de la rue Gay-Lussac les a fait disparaître en entier.

BIBLIOGRAPHIE. — *Sources*. — Archives nationales. S. 6853 : fondation et titres de propriété. — H. 3290-3291, MM. 497-498 : comptes (1719-1790). — M. 202 : fondations. — MM. 495-496 : registres de réceptions (1727-1788).

Imprimés. — Jaillot, tome V, *Quartier du Luxembourg*, pages 39-44.

FILLES DE SAINTE-THÈCLE
I, 283

Le peu que nous sachions sur cette communauté, dont le chartrier a disparu, c'est à Jaillot (t. V, *Quartier du Luxembourg*, p. 112-113) que nous le devons. Cocheris (III, 265) s'est borné à copier cet érudit, en l'abrégeant. La communauté existait dès 1678; elle fut installée, vers 1700, dans une maison de la rue de Vaugirard, à l'angle de la rue Notre-Dame-des-Champs, qu'occupait une autre communauté, plus inconnue encore, fondée depuis peu, celle des Filles de la Mort (elle est figurée sur le plan de Nicolas de Fer, 1697). Les Filles de Sainte-Thècle, qui s'appelaient aussi Filles de Saint-Sulpice, durent, en 1720, aliéner leur maison qui, depuis, fut remplacée par des propriétés particulières. Son emplacement serait représenté par l'intersection des rues Notre-Dame-des-Champs, de Vaugirard et de Rennes.

FILLES PÉNITENTES DE SAINTE-VALÈRE
I, 283

Leur établissement est dû, d'après Jaillot (t. V, *Quartier Saint-Germain*, p. 50) à l'initiative du P. Daure, dominicain, qui les installa, de 1704 à 1706, dans une maison de la rue de Grenelle. Nous aurions aimé à retrouver les titres de cette fondation ; ils n'existent plus aux Archives nationales ; on y verra des lettres patentes du 3 septembre 1717, où il est dit que la maison date d'environ vingt ans, et a pour objet de « recevoir par charité de pauvres filles pénitentes qui suivent à peu près les règlemens de la communauté du Bon Pasteur ». Lors de sa suppression, la maison contenait « environ 50 ou 54 personnes, à l'habitude ». Elle était située tout à fait à l'extrémité de la rue de Grenelle-Saint Germain, du côté droit, à l'angle de l'esplanade des Invalides. Sa chapelle étant restée debout, fut érigée en cure, succursale de Saint-Thomas-d'Aquin, en 1802, et conserva cette destination jusqu'au mois de novembre 1857, époque où fut livrée au culte l'église Sainte-Clotilde.

BIBLIOGRAPHIE. — *Sources.* — Archives nationales. H. 4718-4719 : comptes (1777-1790). — S. 4775 : lettres patentes de 1717 ; déclaration de 1790.

FRÈRES DE SAINT-YON [1]
I, 283

Les deux lignes que leur consacre Lebeuf contiennent autant d'erreurs que de mots. Ce n'est pas en 1718, mais bien en 1722 qu'ils s'établirent sur la paroisse Saint-Sulpice ; leur maison n'était pas située rue du Regard, mais rue Notre-Dame-des-Champs ; enfin, il eût été bien préférable de désigner cet établissement sous son nom populaire et célèbre d'Institut des Frères des Écoles chrétiennes. Nous avons dit plus haut (p. 273) comment cet Institut avait été amené à occuper, en 1722, les bâtiments de la communauté des Filles orphelines. Il y prospéra et s'y agrandit considérablement, si bien qu'en 1790, il avait plus de 26.000 livres de revenus. Son emplacement est aujourd'hui représenté par les maisons de la rue Notre-Dame-des-Champs qui font face à la rue de Fleurus.

BIBLIOGRAPHIE. — *Sources.* — Archives nationales. S. 7046 : acquisition de la maison, titres de propriété ; comptes ; déclarations de 1790.

---

[1]. Certains exemplaires de l'édition originale ne contiennent pas cette notice ; elle avait été, sans doute, jugée assez inexacte pour ne pas être reproduite dans les cartons introduits postérieurement. Sur un fait analogue, cf. la note de la page 234.

Imprimés. — Annales de l'Institut des Frères des Écoles chrétiennes (1679-1803); Paris 1883, 2 vol. in-8°.

COMMUNAUTÉ DE L'ENFANT JÉSUS
I, 283

C'est en 1724 que Languet de Gergy, curé de Saint-Sulpice, acquit, pour y faire la fondation qu'il méditait, une maison sise hors des limites de Paris, au delà de la barrière de Sèvres. Son établissement fut confirmé par lettres patentes de décembre 1751. Un mémoire adressé, vers 1775, à la commission des loteries nous fournit quelques renseignements précis sur l'institution : on y élève trente jeunes filles pauvres « d'extraction noble d'au moins deux cents ans », et, dans le jour, on y reçoit de pauvres femmes ou filles auxquelles on donne « l'instruction, le travail, le pain, et une rétribution en argent, en attendant qu'elles puissent trouver à se placer avantageusement ». Les jeunes filles « y entrent à sept ans, y demeurent jusqu'à dix-neuf accomplis, y sont élevées dans les exercices de piété et y sont employées, suivant leurs âges et talents, à des ouvrages convenables à leur sexe, à leur naissance et à leur peu de fortune ; lorsque chacune d'elles a fini son éducation, la maison donne à chacune un trousseau de 500 livres, en habit et en linges.

« Il y a 28 places, dont deux sont nommées par le Roy ; les autres sont des fondations, primitives ou nouvelles, et les demoiselles ne sont reçues qu'après avoir fait les preuves... Les Filles de la congrégation de Saint-Thomas de Villeneuve sont chargées de la conduite intérieure de cette maison... » (Arch. nat. G° 651).

Ajoutons que, s'il faut en croire les chroniqueurs du temps, et notamment Bachaumont (7 septembre 1772), la maison de l'Enfant Jésus ne jouissait pas d'une irréprochable réputation. Elle fut supprimée par la Révolution, et est devenue, à dater de 1802, l'hospice des Enfants malades, situé rue de Sèvres 149, et dépendant de la paroisse Saint-François-Xavier.

BIBLIOGRAPHIE. — *Sources.* — Archives nationales. S. 7051 : titres d'établissement ; déclaration de 1790.

ÉGLISE DU GROS-CAILLOU
I, 283

Lebeuf aurait dû faire remarquer que, dès la seconde moitié du XVIIe siècle, le terrain compris entre les deux vastes plaines que nous nommons aujourd'hui Esplanade des Invalides et Champ-de-Mars, s'était suffisamment peuplé pour qu'il fût jugé nécessaire d'y pourvoir aux besoins du culte séculier. Jaillot a connu des documents, disparus aujourd'hui, d'après lesquels il aurait été question, en 1652, de construire pour ce quartier une chapelle dans le voisinage de la rue de Varenne, c'est-à-dire dans le faubourg Saint-Germain même, et ce projet aurait été abandonné, faute de ressources.

Ce n'est qu'en février 1737 qu'il fut repris. A cette date, le roi autorisa l'érection d'une chapelle en faveur des habitants du Gros-Caillou, vu leur éloignement de la paroisse Saint-Sulpice (Arch. nat. L. 769). Cette chapelle fut transformée en cure au mois d'août 1776, par une décision de l'archevêque, que confirmèrent des lettres patentes de janvier 1777 (*ibid.*). L'église était alors sous le vocable de Notre-Dame de Bonne Délivrance; nous en avons la preuve par tous les actes de ce temps, notamment par une requête des curé et marguilliers demandant le percement d'une voie entre les rues Saint-Dominique et de Grenelle (Q¹ 1102). Ce fut la rue de la Comète, devenue aujourd'hui rue Cler.

Provisoirement maintenue par la Révolution comme paroisse de Paris, l'église du Gros-Caillou fut supprimée en 1793 et démolie cinq ans plus tard; ce n'est qu'en 1822 qu'elle a été reconstruite sur les plans de Godde, et, cette fois, sous la dénomination officielle de Saint-Pierre du Gros-Caillou.

Le nom même du quartier a donné lieu à des controverses; certains auteurs ont pensé qu'il provenait d'une enseigne; nous aimons mieux croire avec Jaillot qu'il est dû à la présence d'une grosse borne, délimitant les terres de Sainte-Geneviève et de Saint-Germain-des-Prés.

Quant à la rue Saint-Dominique, personne n'ignore que, depuis le percement du boulevard Saint-Germain, elle est absorbée par ce boulevard, entre les rues des Saints-Pères et de Bellechasse.

BIBLIOGRAPHIE. — *Sources.* — Archives nationales. L. 769 : tous les documents relatifs à cette église s'y trouvent (1647-1790).

Imprimés. — Jaillot, tome V, *Quartier Saint-Germain*, pages 83-85.

Inventaire général des richesses d'art : Monuments religieux, tome I, pages 163-168.

Topographie historique du vieux Paris, région du faubourg Saint-Germain, pages 409-411.

PETITES CORDELIÈRES

I, 283

Ce couvent, démembré de celui des Cordelières du faubourg Saint-Marcel (voy. plus haut, p. 228-229) avait été installé en 1632 dans la rue Payenne, au Marais, grâce à la libéralité de Pierre Poncher, auditeur des Comptes (Arch. nat. S. 4676). Il y demeura jusqu'en 1687, époque à laquelle les Cordelières obtinrent des lettres patentes les autorisant à se fixer rue de Grenelle, dans les bâtiments de l'hôtel de Beauvais. Ces religieuses, dites de la Nativité de Jésus, ou de Sainte-Claire, ordre de Saint-François, ou Petites Cordelières, furent dispersées en vertu d'un décret de l'archevêque de Paris, en date du 11 juin 1649, confirmé par lettres patentes du mois de juillet suivant (L. 1045). La suppression avait été décidée par arrêt du Conseil, dès le 30 mai 1745. Les biens du couvent furent unis à ceux des Cordelières de Saint-Marcel, des Bénédictines de Conflans et de l'abbaye de Longchamp. Sur son emplacement furent construites des maisons particulières, que représentent aujourd'hui les immeubles numérotés 1-15 de la rue de Grenelle.

BIBLIOGRAPHIE. — *Sources*. — Archives nationales. L. 1045 : suppression du couvent et répartition de ses biens (1745-1749). — S. 4676 : titres de la maison de la rue Payenne et baux d'autres maisons de la même rue ; comptes du couvent après sa suppression (1770-1772).

RUE DU GINDRE. — L'étymologie proposée par Lebeuf pour le nom de cette rue est exacte comme sens, mais non comme origine. Gindre, qui signifie, en effet, garçon boulanger, ne vient pas comme le pensait Ménage de *gener*, mais bien de *junior*. Jaillot (t. V, *Quartier du Luxembourg*) l'avait déjà observé d'après un texte de 1147, et les érudits contemporains n'ont fait que confirmer son dire. La dénomination de cette rue n'existe plus, d'ailleurs ; en vertu d'une décision ministérielle du 1er février 1877, la rue du Gindre, située entre les rues de Mézières et du Vieux-Colombier, a pris le nom de la rue Madame, qu'elle continue.

ÉTABLISSEMENTS RELIGIEUX DE LA PAROISSE SAINT-SULPICE OMIS PAR LEBEUF. — Outre les trente-neuf établissements religieux, de quelque nature qu'ils fussent, sur lesquels on vient de lire ces notes complémentaires, la paroisse Saint-Sulpice en comptait encore plusieurs autres, dont l'abbé Lebeuf a omis de faire mention.

Filles de la Société de la Vierge. Elles obtinrent un brevet d'établissement en 1660, à la requête d'Anne de Saujon, dame d'atours de la duchesse d'Orléans ; les lettres patentes les autorisant sont datées du 17 février 1662 (Arch. nat. L. 770). Jaillot les appelle, sans doute par erreur, «Filles de l'intérieur de la très sainte Vierge » (t. V, *Quartier du Luxembourg*, p. 59). Leur couvent était situé dans la rue des Fossoyeurs, actuellement rue Servandoni ; on ignore la date de sa disparition.

Annonciades de Notre-Dame de Grâce. Leurs archives se trouvent tout entières dans le carton L. 772. On y lit que, venues de Saint-Nicolas de Lorraine à Paris, à cause des guerres, en 1636, elles obtinrent, en cette même année, des lettres patentes autorisant leur établissement dans la rue du Colombier. Vingt ans plus tard, on les trouve installées « au faubourg Saint-Germain, tirant au village de Vaugirard », c'est-à-dire rue de Vaugirard. C'est à cette époque (1656) qu'elles disparurent et furent remplacées par des religieuses de l'Assomption, lesquelles durent vendre aussi leur monastère pour payer leurs dettes. Elles se réunirent au couvent de l'Assomption du faubourg Saint-Honoré, — et non de la rue Saint-Maur, — comme le dit Jaillot (t. V, *Quartier du Luxembourg*, p. 108), exact d'ailleurs sur tous les autres points.

Récollets irlandais ou *Prêtres hibernois*. — Un acte du 1er juin 1658 les admit à célébrer l'office divin dans leur chapelle (Arch. nat. L. 706). Sauval (t. I, p. 494) déclare qu'en 1653 ils avaient obtenu de l'abbé de Saint-Germain-des-Prés la permission d'avoir un hospice rue du Cherche-Midi. C'est tout ce que l'on sait d'eux.

Hospice des Cordeliers. — Des lettres patentes, du 7 septembre 1658, autorisèrent l'ordre des Cordeliers à fonder un hospice dans la plaine de Grenelle, et on a conservé l'inscription rappelant que, la même année, Claude Auvry, évêque de Coutances, posa la première pierre de la chapelle (Arch. nat. L. 766). Dix ans plus tard, en 1668, les Cordeliers vendaient leur enclos, encore inachevé, aux Carmes Billettes (*ibid.*), qui ne paraissent pas l'avoir utilisé davantage. Sur ce terrain, situé à l'extrémité de la rue de Grenelle, fut construit plus tard l'hôtel du Châtelet : c'est aujourd'hui le palais archiépiscopal.

École militaire. — Elle fut fondée en vertu d'un Édit de janvier 1751 et construite l'année suivante par l'architecte Gabriel. En 1760 seulement, l'École put être ouverte, lorsque les biens de l'abbaye de Saint-Jean de Laon lui eurent été réunis; mais la première pierre de sa chapelle ne fut posée que le 5 juillet 1769. L'École militaire fut dispersée en 1776. Ses bâtiments restés debout appartiennent aujourd'hui, comme chacun sait, à l'administration militaire, qui y a installé divers services techniques et une vaste caserne.

Les documents à consulter sur l'École militaire sont cotés aux Archives nationales O¹ 1603-1663 ; ce sont les comptes de la construction, occupant 47 cartons et 16 registres, et les actes de délibération, cotés MM. 656-683. Les pièces de fondation et d'administration ont été imprimées, en 1762, sous ce titre : « Recueil d'édits, déclarations arrêts du Conseil, règlements et ordonnances du Roy concernant l'hôtel de l'École royale militaire ».

DAMES DE SAINT-THOMAS DE VILLENEUVE. — Ces religieuses, vouées au soin des malades dans les hôpitaux, s'installèrent au faubourg Saint-Germain en vertu de lettres patentes de l'année 1700. Leur fondatrice, au moins pour la maison de Paris, était Jeanne de Sauvageot, dame de Villeneuve. Elles ne furent pas inquiétées pendant la période révolutionnaire, en raison du but éminemment philanthropique de leur œuvre, et elles occupent aujourd'hui encore la maison où elles se sont installées il y a près de deux siècles, rue de Sèvres, n° 27.

BIBLIOGRAPHIE. — *Sources.* — Archives nationales. H. 4927 : fondations et dots (1746-1791). — S. 4760-4764 (*passim*) : titres de propriété, déclarations des biens en 1790.

Imprimés. — Jaillot, tome V, *Quartier du Luxembourg*, pages 88-90.

DÉMEMBREMENTS DE LA PAROISSE SAINT-SULPICE. — Jusqu'en 1790, la paroisse de Saint-Sulpice s'étendait sur un territoire immense, la plus grande partie du bourg et tout le faubourg Saint-Germain. On peut s'en faire une idée, en figurant sur un plan du Paris actuel une ligne, qui, partant du carrefour de l'Odéon, suivrait la rue Monsieur-le-Prince, le boulevard Saint-Michel (en tenant compte de l'enclave des Chartreux) et les boulevards extérieurs jusqu'à la Seine, puis remonterait la rive gauche de ce fleuve et rejoindrait le point de départ par les rues Mazarine et de l'Ancienne-Comédie. On l'a vu plus haut : dans le dernier siècle de l'ancien régime, un premier démembrement de ce vaste territoire s'était fait en faveur du quartier du Gros-Caillou, et une succursale de Saint-Sulpice, créée en 1737, y avait été érigée en cure, trente-neuf ans plus tard. Mais, chose singulière, ce fut le régime révolutionnaire qui commença de multiplier ces démembrements; en effet, la loi du 4 février 1791, outre qu'elle maintint cette cure, en créa une nouvelle pour le faubourg Saint-Germain, celle de Saint-Thomas-d'Aquin, dans l'ancienne église du noviciat des Jacobins.

Le grand remaniement des circonscriptions paroissiales qui résulta du Concordat de 1802, donna à cette dernière cure trois succursales : celles de l'Abbaye-aux-Bois, rue de Sèvres, des Missions étrangères, rue du Bac et de Sainte-Valère, rue de Bourgogne. Ces églises, surtout la dernière, étaient mal appropriées au service paroissial, et, dès la Restauration, il était question de leur en substituer d'autres, construites spécialement en vue des accroissements de plus en plus considérables du faubourg Saint-Germain. Ce n'est cependant qu'assez longtemps après qu'on put réaliser ces projets. Le 19 décembre 1845, le Conseil municipal approuva la construction d'une nouvelle église, dite de *Sainte-Clotilde et Sainte-Valère*, à édifier sur l'emplacement de l'ancien couvent des Carmélites, entre les rues de Grenelle et Saint-Dominique. Elle eut pour architectes M. Gau d'abord, puis, après sa mort, survenue en 1858, M. Ballu; elle a été consacrée le 30 novembre 1857 par Mgr Morlot, archevêque de Paris[1].

Pour la partie méridionale du faubourg Saint-Germain, fut fondée une paroisse que l'on mit sous le vocable de Notre-Dame-des-Champs, en souvenir de l'antique prieuré de ce nom, sis au faubourg Saint-Jacques, et où s'étaient installées les Carmélites en 1604. Un édifice provisoire, construit en planches, s'élevait rue de Rennes, et avait été inauguré le 13 mars 1858; c'est seulement à dater du 31 octobre 1876, qu'il a été remplacé par une église de construction plus convenable, située sur le boulevard Montparnasse, entre les rues Stanislas et du Montparnasse. A la place de l'ancien édifice, que l'on appelait vulgairement l'église de bois, s'élèvent aujourd'hui les maisons portant les nos 153 et 155 de la rue de Rennes[2].

Enfin, pour remplacer l'ancienne paroisse des Missions étrangères, dont la Ville

---

1. Sur l'église Sainte-Clotilde, on consultera avec profit les ouvrages suivants :
Description de l'église Sainte-Clotilde, 1857, in-18.
A. Blanchet, *Église Sainte-Clotilde de Paris* (extrait de la *Revue de l'Art chrétien*, s. d.).
Inventaire général des richesses d'art de la France, Paris, Monuments religieux, tome I, pages 67 et 76.
Inventaire général des œuvres d'art appartenant à la Ville de Paris, Édifices religieux, tome II, pages 273-308.

2. Sur l'église Notre-Dame-des-Champs, consulter :
L'abbé Fauvage, *Notice sur l'abbé Duchesne, curé de Notre-Dame-des-Champs*, 1872, in-18.
Inventaire général des richesses d'art de la France. Paris, monuments religieux, tome II, pages 35-39.
Inventaire général des œuvres d'art appartenant à la Ville de Paris, Monuments religieux, tome II, pages 255-270.

de Paris n'était que locataire, et que lui réclamait le séminaire, fut décidée la construction, sur le boulevard des Invalides, d'une nouvelle église sous l'invocation de saint François-Xavier des Missions étrangères. L'édifice, entrepris en 1861 sur les plans de M. Lusson, puis de M. Uchard, architectes, a été livré au culte le 15 juillet 1874. Les fidèles, d'ailleurs, sont encore admis aux offices dans la chapelle de la rue du Bac, restituée au séminaire des Missions étrangères.

Nous ne saurions, sans sortir du cadre de ce supplément, consacrer une notice aux nombreux établissements ecclésiastiques qui se sont installés, depuis la Révolution, sur le territoire de l'ancienne paroisse Saint-Sulpice; mais il nous paraît utile d'énumérer les maisons religieuses actuellement existantes dans la circonscription des paroisses du faubourg Saint-Germain, en y ajoutant ceux des établissements scolaires ou hospitaliers où la religion catholique est représentée par un de ses ministres.

Paroisse Saint-Sulpice :

Frères des Écoles chrétiennes, 68, rue d'Assas.
Sœurs de Saint-Vincent-de-Paul, 26, rue d'Assas.
Sœurs gardes-malades de Troyes, 16, rue Cassette.
Orphelinat de la Providence, 13, rue du Regard.
École Bossuet, 53, rue Madame.

Paroisse Saint-Germain-des-Prés :

Frères des Écoles chrétiennes, 7, rue de Furstemberg.
Sœurs de Saint-Vincent-de-Paul, 18, rue Saint-Benoît.
Sœurs gardes-malades de Troyes, 52, rue Jacob.
Hôpital de la Charité, 47, rue Jacob.

Paroisse Notre-Dame-des-Champs :

Frères des Écoles chrétiennes, 40, rue des Fourneaux.
Sœurs de Saint-Vincent-de-Paul, 92, boulevard Montparnasse.
Marianistes, 28, rue de Montparnasse.
Sœurs de Bon-Secours, 20, rue Notre-Dame-des-Champs.
Sœurs de Notre-Dame de Sion, 61, rue Notre-Dame-des-Champs.
Sœurs de Sainte-Chrétienne, 19, rue Notre-Dame-des-Champs.
Petites sœurs des pauvres, 45, rue Notre-Dame-des-Champs.
Sœurs de Sainte-Marie de Lorette, 79, rue de Vaugirard.
Sœurs de la Présentation, 106, rue de Vaugirard.
Sœurs aveugles de Saint-Paul, 88, rue Denfert-Rochereau.
Sœurs de Sainte-Marie, 8, rue Bara.
Sœurs servantes de Marie, 7, rue Duguay-Trouin.

Religieuses de la Visitation, 110, rue de Vaugirard.
Hospice des Enfants trouvés, 100, rue Denfert-Rochereau.
Collège Stanislas, 22, rue Notre-Dame-des-Champs.
Institut de Saint-Nicolas, 92, rue de Vaugirard.
Patronage de Notre-Dame de Nazareth, 93, boulevard Montparnasse.

Paroisse Sainte-Clotilde :

Frères des Écoles chrétiennes, 121, rue de Grenelle.
Sœurs de Saint-Vincent-de-Paul, 77, rue de Grenelle.

Paroisse Saint-Thomas-d'Aquin :

Frères des Écoles chrétiennes, 44, rue de Grenelle.
Sœurs de Saint-Vincent-de-Paul, 7, rue Perronet.

Paroisse Saint-François-Xavier :

Frères des Écoles chrétiennes (chef-lieu), 27, rue Oudinot.
Frères des Écoles chrétiennes, 49, avenue Duquesne.
Sœurs de Saint-Vincent-de-Paul, 3, rue Oudinot.
Congrégation des prêtres de la Mission, 95, rue de Sèvres.
Frères de Saint-Jean de Dieu, 19, rue Oudinot.
Sœurs Augustines de Meaux, garde-malades, 1, rue Oudinot.
Religieuses auxiliatrices des âmes du Purgatoire, 16, rue de la Barouillère.
Bénédictines du Saint-Sacrement, 20, rue Monsieur.
Sœurs de Saint-André, 90, rue de Sèvres.
Carmélites, 26, avenue de Saxe.
Clarisses, 5, impasse de Saxe.
Congrégation de Notre-Dame (couvent des Oiseaux), 86, rue de Sèvres.
Religieuses du Sacré-Cœur, 33, boulevard des Invalides, et 77, rue de Varennes.
Religieuses de Saint-Maur, 8, rue de l'Abbé-Grégoire.
Filles de Saint-Vincent-de-Paul (chef-lieu), 140, rue du Bac.
Religieuses du Cœur de Jésus (garde-malades), 61, avenue de Saxe.
Hôpital des Enfants malades, 149, rue de Sèvres.
Hôpital Necker, 151, rue de Sèvres.
Hôpital Laennec, 42, rue de Sèvres.
Institut des jeunes aveugles, 56, boulevard des Invalides.
Maison des enfants convalescents, 67, rue de Sèvres.

Paroisse Saint-Pierre du Gros-Caillou :

Frères des Écoles chrétiennes, 90 *bis*, rue Saint-Dominique.
Sœurs de Saint-Vincent-de-Paul, et Orphelinat des sœurs de Saint-Vincent-de-Paul, 183, rue de Grenelle.
Hôpital militaire du Gros-Caillou, 106, rue Saint-Dominique.
Institution des jeunes économes, 159, rue de l'Université.
Patronage de Saint-Jean, 9, passage Landrieu.

SAINT-ANDRÉ-DES-ARTS
I, 284-289

P. 284-285. — La découverte de l'étymologie certaine du surnom de cette paroisse n'a pas encore été faite, il faut l'avouer, et la raison en est, sans doute, que depuis le temps de Lebeuf, on n'a pas rencontré de chartes plus anciennes que celles qu'il a connues au sujet de Saint-André-des-Arts. Tout d'abord, il faut écarter les explications invraisemblables comme le seraient celles fournies par les mots arcs, arcatures, arsis (dans le sens de brûlés), ou arcis (dans le sens de forteresse), et même arts. Il n'est pas indispensable, non plus, d'admettre que le surnom ait eu pour objet de distinguer deux églises parisiennes dédiées à saint André, — et la preuve, c'est qu'il n'y en a jamais eu qu'une. Nous nous rangerons donc, cette fois encore, à l'opinion de Jaillot, et expliquerons ce surnom en invoquant l'existence dans le quartier où s'éleva l'église, d'un vaste champ de vignes mentionné dès le XII° siècle (cf. de Lasteyrie, *Cartulaire général de Paris*, t. I, p. 464 et 476) et appelé Laas. Jaillot a même trouvé un acte de 1220 où la paroisse est appelée *S. Andreas in Laaso*.

L'antiquité de cette paroisse serait bien grande, — puisqu'elle remonterait à Childebert, — si l'on en croyait la prétendue charte de fondation de Saint-Germain-des-Prés où se trouvent ces mots : *cum terra et vinea et oratorio in honore S. Andeoli, martyris*. Déjà, l'abbé Lebeuf avait eu assez de pénétration pour n'y pas croire; dans son mémoire sur les deux plus anciennes chartes de Saint-Germain-des-Prés (*Bibliothèque de l'École des Chartes*, année 1865), Quicherat a confirmé ce sentiment, et même mis à profit le passage concernant la chapelle Saint-Andéol pour mieux établir la fausseté de l'acte où il se trouve contenu. Il importe de rappeler ici son argumentation : « Les Bénédictins s'accordent à reconnaître que cette chapelle Saint-Andéol est ce qui précéda et motiva l'église paroissiale, dédiée plus tard à saint André. Rien n'est plus vraisemblable. Andéol, l'apôtre du Vivarais, était un saint peu connu dans la Gaule septentrionale. Son nom, prononcé *Andéou*, à la romane, l'aura fait confondre avec *Andrieu*, qui était alors la forme du nom d'André. Mais est-il admissible que la fondation de la chapelle Saint-Andéol ait précédé la fondation de Saint-Germain-des-Prés? Pour croire cela, il faudrait avoir une mention quelconque de l'existence de la chapelle Saint-Andéol à l'époque mérovingienne, et n'avoir pas la relation du voyage que le bénédictin Usuard, moine de Saint-Germain-des-Prés, fit en Espagne, en 858, pour aller chercher le corps de saint Georges le Bethléémite, voyage au retour duquel ce religieux s'arrêta au bourg Saint-Andéol et se fit donner des reliques du martyr qui y était vénéré. Or, du moment que l'arrivée des reliques de saint Andéol à Saint-Germain est expliquée par un document historique, il n'y a plus à reculer dans la nuit des temps l'origine de la chapelle qui fut dédiée à saint Andéol dans le voisinage de l'abbaye. »

Et Quicherat concluant de l'ensemble de ses observations que la prétendue charte de Childebert a dû être fabriquée dans les premières années du XI° siècle, aux environs de l'an 1015, nous admettrons pour démontré que la chapelle Saint-Andéol, mentionnée dans cet acte, avait été sans doute fondée très peu de temps après les terreurs de l'an mil.

L'église Saint-André n'existant plus depuis le commencement de notre siècle, nous ne savons guère sur son architecture que ce qu'en ont dit les historiens des âges précédents. Voici, toutefois, une mention qui prouve qu'en 1374 (n. s.) l'édifice était dans le plus déplorable état : c'est, dans les registres du Trésor des Chartes (JJ. 105, fol. 153, v°), l'amortissement par le roi de 7 livres de revenu fondées par feu maître Geoffroy Seguin au profit de l'église, « que, ut asserunt et nobis fide dignorum relatu satis innotuit, ipsaque rei evidentia clarius manifestat, inter ceteras ville Parisiensis ecclesias, in redditibus et proventibus adeo pauper et tenuis, et in edificiis debilis et antiqua consistit, quod, propter ruinam seu vetustatem, de ipsius casu et ruina de die in diem merito formidatur ».

Pour la chapelle Saint-Michel, l'abbé Lebeuf se trompe quant à la date de la fondation et au nom du fondateur. En réalité, elle existait déjà en 1409, époque à laquelle Charles VI confirma le legs qu'avait fait pour l'instituer Pierre du Perier (et non du Perrey), notaire et secrétaire du Roi [1].

Au surplus, sur l'état de l'église et la description de toutes les chapelles de Saint-André vers la fin de l'ancien régime, il nous a été conservé (Arch. nat. S. 3310) un précieux document : c'est un procès-verbal de visite par l'architecte Antoine, en 1772, rédigé à la suite de contestation entre la fabrique et les titulaires des différentes chapelles, au sujet de réparations indispensables. Il est impossible même

---

[1] « Charles, etc. Savoir faisons à tous presens et avenir nous avoir oy la supplicacion des executeurs du testament ou ordonnance de derrenière volonté de feu maistre Pierre du Perier, en son vivant nostre notaire et secretaire, requerans que, comme ledit feu maistre Pierre, meu de devocion, eust en sondict testament et ordonnance de derrenière volonté, pour et en reverence de Dieu, de la benoiste Vierge Marie de toute la Trinité.... ordonné et voulu que en l'esglise parroissial de Saint-Andry-des-Ars à Paris, en laquelle il avoit esté longuement paroissien, feust fondée une chapelle ou chapelles, en laquelle ou quelles feust d'ores en avant celebrée une messe par chascun jour perpetuelment, et que des biens de l'execucion de son testament lesdites chapelle ou chapelles et messe feussent fondées et douées de la somme de quarante quatre livres parisis de rente annuelle et perpetuelle, admortie par l'advis et ordonnance des diz supplians ses executeurs, et il soit ainsi que.... conviengne aus diz supplians ses executeurs avoir admortissement de nous de la somme de XXIIII livres parisis, desquelles XXIIII livres parisis en y a desjà de l'acquisicion dudit feu maistre Pierre, dès son vivant, XVIII livres XVI sols VIII deniers parisis, c'est assavoir, — sur un hostel assis à Paris en la rue Saint-Honoré, près la Croix du Tirouer où pend l'enseigne de la « Levrière », tenant d'une part à l'ostel où pend l'enseigne de la « Rose », et d'autre part à la maison Robin Viser, aboutissant par derrière à l'ostel de nostre amé et feal conseillier et maistre de noz comptes à Paris, Jehan le Flameng, — huit livres six sols huit deniers parisis, et sur un autre hostel assiz en ladicte rue Saint-Honoré, où pend l'enseigne du « Molinet », tenant d'une part à l'ostel du Plat d'Estain et d'autre part au dit ostel de la Rose, aboutissant par derrière à l'ostel dudit Jehan le Flameng, — dix livres X sols parisis, en la censive et seigneurie foncière des religieuses, abbesse et couvent de Montmartre et par elles admorties. Et aussi aient depuis acquis lesdiz supplians ses executeurs des biens de ladite execucion quatre livres parisis de rente à près fons de terre en et sur une maison ou hostel ses appartenances et appendances, onquel hostel pend l'enseigne de la « Selle » en la grant rue Saint-Denis à Paris, emprès et joignant l'ancienne porte par dedans ladite ville de Paris, tenant d'une part tout au long des anciens murs de nostredite ville, et d'autre part à l'ostel Colin Supple, aboutissant par derrière à Jehan de Guingant et à Jehan Fleurance, en nostre censive, lesquelles rentes ainsi acquises....

Donné à Paris le XIX° jour du moys de mars, l'an de grâce mil CCCC et huit, et le XIX° de nostre règne.

« Par le Roy, en son Conseil où les Roys de Secille et de Navarre, monseigneur le duc de Berry et autres estoient.

DERIAN. »

(Bibl. nat., ms. Moreau, 1462, fol. 292, d'après le reg. 163, p. 297 du Trésor des Chartes.)

d'abréger ici ce procès-verbal qui ne comporte pas moins de 166 feuillets; du moins essayerons-nous d'en extraire ce qui nous en a paru le plus intéressant.

I. CHAPELLES « VACANTES ET IMPÉTRABLES »

Chapelle de la Résurrection (première à droite en retour du grand portail) : « voûtée d'arêtes de forme gothique avec branches d'ogives en pierre de taille qui se réunissent et sont liées au milieu de ladite voûte par quatre rosaces de sculpture, au centre desquelles sont des armoiries aussi en sculpture ». Épitaphe de Claude Gallard, secrétaire de la maison du roi, mort le 29 mai 1636; table de fondation d'obit par Marguerite Gollard, veuve de Hierosme Le Feron, président aux enquêtes du Parlement (1675); réparations évaluées à 3.695 livres.

Chapelle de l'Annonciation (deuxième à droite) : épitaphe de Jacques-Hercule Vauquelin, né à Paris le 1er janvier 1647, mort le 28 mars 1650; réparations évaluées à 2.960 livres.

Chapelle de Saint-Jérôme (troisième à droite) : épitaphes d'Antoine Fontaine, mort le 10 mars 1716; — de Jean de Mesgrigny, mort le 27 avril 1678; — de Mathieu Chartier, jurisconsulte, mort le 18 septembre 1559 et de Jeanne de Brinon, sa femme, morte le 30 avril 1554; — de Michel Chartier, curé de Saint-Christophe de Paris, mort le 5 juillet 1531; — de Nicolas Sachot, doyen des conseillers du Châtelet de Paris, mort le 2 mars 1669; réparations évaluées à 960 livres.

Chapelle de la Communion ou du Saint-Sacrement (neuvième à droite) : épitaphes de demoiselle Claude Le Maître, fille de Gilles Le Maître, premier président en la Cour du Parlement, morte le 22 septembre 1556; — de Eustache Puthomme, bourgeois de Paris, bienfaiteur de la paroisse, mort le 26 octobre 1618; — de Charles Loppé, curé de Saint-André-des-Arts, mort (d'après Moreri) le 25 décembre 1633; réparations évaluées à 500 livres.

Chapelle des Fonts (première à gauche) : la cuvette des fonts baptismaux est en pierre de liais, enrichie d'armoiries et supportée par un pied de pierre, orné de quatre têtes de chérubins en console; épitaphe de Louis Boyer, mort le 8 juin 1661; réparations évaluées à 750 livres.

Chapelle de Sainte-Marthe (troisième à gauche) : son emplacement est actuellement occupé (1772) par un passage d'entrée de l'église, donnant sur la rue Saint-André-des-Arts, et fermé par deux grandes portes et une porte battante; réparations évaluées à 100 livres.

Chapelle de Saint-Pierre (quatrième à gauche) : table de fondation du marquis d'O, en date du 1er septembre 1635; réparations évaluées à 890 livres.

Chapelle servant de sacristie (huitième à gauche), située à l'encoignure des rues Hautefeuille et Saint-André-des-Arts; réparations évaluées à 750 livres.

Chapelle de la Vierge (neuvième à gauche) : épitaphes de Sébastien Le Nain de Tillemont, mort en janvier 1698; — de Hercule Davollé, prêtre, né le 8 mai 1689, mort le 25 janvier 1738; — de Jean Feirou, procureur au Parlement, mort le 4 septembre 1516 et de Jeanne Duhuys, sa femme, morte le 28 août 1483, fondateurs de la chapelle de Notre-Dame de la Conception; — de Pierre d'Hozier, mort le 1er décembre 1660; — de Claude Maulnorry, mort le 30 avril 1670; — de Michel de Lauzon, seigneur d'Aubervilliers près Meudon, mort le 2 novembre 1610, d'Elisabeth Damours, sa femme, morte le 30 janvier 1631, et d'Anne de Lauzon, leur fille, femme d'André Pottier, morte le 20 décembre 1614, à l'âge de 15 ans et 9 mois; réparations évaluées à 150 livres.

Chapelle de Saint-Mathias (derrière le rond-point du chœur, à gauche); réparations évaluées à 650 livres.

Oratoire à droite du chœur (ayant son entrée par la chapelle de la Communion); réparations évaluées à 740 livres.

Chapelle de Sainte-Geneviève (adossée au pilier à droite de l'entrée du chœur); réparations évaluées à 100 livres.

Chapelle de Saint-Pierre (adossée au pilier à gauche de l'entrée du chœur); absolument semblable à la précédente; réparations évaluées à 106 livres.

II. « CHAPELLES RÉCLAMÉES »

Chapelle Saint-Jean-Baptiste (cinquième à droite) : épitaphes de Jean Ruzé, conseiller du Roi, mort le 5 septembre 1587 ; — de Jean Brinon, maître des comptes, mort le 6 février 1540 et de Jeanne Lhuillier, sa femme, morte le 19 décembre 1539; réparations évaluées à 1.800 livres.

Chapelle de la Trinité (sixième à droite) : épitaphe de Madeleine Galope, veuve d'Antoine Dauquechin, morte le 13 février 1643; réparations évaluées à 2.550 livres.

Chapelle de Sainte-Anne (septième à droite) : table de fondation et épitaphes de la famille de Montholon; épitaphes de Olivier Alligret, seigneur de Clichy et de Charentonneau, qui a fait édifier cette chapelle, mort le 23 septembre 1532, et de Claire Legendre, sa veuve, morte le 10 octobre 1548; réparations évaluées à 80 livres.

Chapelle de Saint-Antoine (huitième à droite) : sur son emplacement est pris l'emplacement du tambour ou passage qui conduit à la petite porte de l'église donnant dans la rue du Cimetière, près de l'encoignure de la rue Hautefeuille; mausolée élevé à la mémoire du marquis d'O; épitaphe de Pierre Séguier, mort le 25 octobre 1580, à deux heures de la nuit; réparations évaluées à 890 livres.

Chapelle de la Résurrection (deuxième à gauche); mausolée de Jean et Guillaume Joly de Fleury; réparations évaluées à 580 livres.

Chapelle Saint-François (cinquième à gauche); mausolée de la famille de Montholon; épitaphes de Denis Maréchal, seigneur de Vaugirard, mort le 26 octobre 1668 et de Clémence Briçonnet, sa femme, morte le 7 octobre 1701 ; — de la famille Huot; réparations évaluées à 1.700 livres.

Chapelle Saint-Laurent (sixième à gauche) : épitaphes de Anne Ysambert, femme de Charles Leclerc de Lesseville, morte le 8 octobre 1652; — de Marie Ysambert, femme de François Amelon, morte le 5 juillet 1689; — de Radegonde Ysambert, morte le 18 janvier 1649; — d'Anselme Ysambert, avocat au Parlement, mort le 3 mars 1587, et de Rose Deschamps, sa femme, morte la veille de la Pentecôte 1559; réparations évaluées à 2.400 livres.

Chapelle Saint-Nicolas (septième à gauche) : épitaphe de Jean Leclerc, chancelier de la cathédrale d'Amiens, mort le 20 septembre 1522; réparations évaluées à 2.100 livres.

Chapelle Saint-Augustin (quatrième à droite) : mausolée et épitaphes de la famille de Thou ; réparations évaluées à 340 livres.

Récapitulation générale de toutes les réparations : 24.791 livres. L'expert constate enfin qu'une mauvaise odeur règne dans l'église, par suite du trop grand nombre de corps qui y sont inhumés; qu'il faudrait faire au-devant du chœur, un grand caveau pour les sépultures à venir; que les vitraux ont besoin d'être réparés et qu'aucun confessionnal, à l'exception d'un seul, fait récemment, n'est « d'une forme décente et qui puisse subsister dans un projet général de décoration des chapelles ».

Dans la description que l'on vient de lire des chapelles de Saint-André-des-Arts, on a rencontré la plupart des sépultures principales qui décoraient l'église; nous en indiquons plus bas quelques autres (page 292), d'après d'intéressants extraits des registres de la paroisse, aujourd'hui conservés dans le fonds Clairambault de la Bibliothèque nationale. Il convient de dire ici que le cimetière, sur l'ancienneté duquel Lebeuf avait des incertitudes, est mentionné dans ces registres dès le 4 septembre 1556 (vol. 987, p. 105). Cela confirme l'hypothèse de notre auteur sur sa création par un membre de la famille de Montholon vivant au xvie siècle, et rien ne s'oppose à ce que ce fondateur ait été Jacques de Montholon, archidiacre de Chartres.

Les mêmes extraits fournissent quelques noms de curés : Nicolas Le Clerc, curé en 1525; François de Dammartin, mort le 13 mai 1583; Christophe Obry, le célèbre ligueur, qui lui succède immédiatement; M. d'Amboise, en 1602. Ajoutons à cette trop courte liste les noms de Jacques Labbé, curé en 1720, de Claude Léger, inhumé dans l'église (son éloge funèbre fut prononcé le 17 août 1781), et du dernier curé, Éléonore-Marie Desbois qui, même pendant la Terreur, continua de célébrer la messe dans sa chambre (cf. Cocheris, III, 279, note).

Nous terminerons cette notice en indiquant la présence au xive siècle d'une recluse près de l'église Saint-André-des-Arts; Lebeuf, s'il eût connu ce fait, n'aurait pas manqué à le signaler. Donc, le 27 mars 1360 (n. s.), l'abbé de Saint-Germain-des-Prés autorisa une recluse des Filles-Dieu de Paris à se construire une demeure « tant en ladicte eglise de Saint-Andri que comme ou circuite d'ung pié de terre de lé, joignant au pilier de ladicte eglise... » L'acte a été publié dans la *Topographie historique de Paris*, région occidentale de l'Université, page 185.

Au commencement de la Révolution, l'église Saint-André-des-Arts fut d'abord conservée au nombre des paroisses de Paris; mais elle fut supprimée en 1794 et démolie en 1800.

Comme Lebeuf l'a remarqué, c'était, avec Saint-Sulpice, la seule église de Paris qui fût complètement entourée de rues : à savoir les rues Hautefeuille, Saint-André-des-Arts et du cimetière-Saint-André. Son emplacement fut acquis par la ville de Paris, le 24 mars 1809, pour former la place Saint-André, que l'amorce du boulevard Saint-André, ouverte en 1855, a singulièrement modifiée.

Plusieurs des remarquables monuments de sculpture que contenait cet édifice furent transportés au musée fondé par Lenoir, notamment les tombeaux de Le Batteux et de Thou, et « un grand bas-relief représentant Minerve appuyée d'une main sur un lion et tenant de l'autre le médaillon de François-Louis de Bourbon, prince de Conti, mort en 1709, exécuté par Girardon » (*Archives du Musée des Monuments français*, 1re partie, p. 238-239, et *Catalogue* de Lenoir, an V, p. 157).

BIBLIOGRAPHIE. — *Sources*. — Archives nationales. LL. 686-690 : délibérations de la fabrique (1589-1763). — LL. 691-692 : obituaires (1546-1710). — H. 3749-3750, 4294-4319 : comptes. — S. 3308-3309 (carton double) : déclaration des biens de l'église en 1790; copie de la bulle d'Innocent X, instituant, le 23 novembre 1658, la confrérie de Jésus-Marie-Joseph ; déclaration du revenu des chapelles des Ramets et de Sainte-Marthe ; baux de maisons appartenant à la fabrique. — S. 3311 : « Recueil et abregé faict par M⁰ Jacques Bougon, advocat en la cour de Parlement, l'un des marguilliers de l'eglise paroissiale de monsieur Saint-André-des-Arts à Paris, des lettres, tiltres et enseignemens... » (XVIᵉ s, in-4°, de 377 feuillets).

Bibliothèque nationale. Manuscrits Clairambault, volumes 987-989 : « extraits des registres de l'eglise paroissiale de Saint-André-des-Arts à Paris, depuis l'an 1525 » jusqu'en 1724, 3 in-folio de 1943 pages. Ces extraits, qui paraissent avoir été faits surtout à un point de vue généalogique, sont fort importants pour l'histoire de la paroisse ; on en jugera par les trop courtes citations qui suivent :

« Le 13 juin 1551 est descendue la châsse de sainte Geneviève et autres reliques en procession pour avoir le beau temps » (p. 55). — 24 août 1570 : baptême de Suzanne, fille de Mᵉ Germain Pillon, sculpteur du Roi, et de Germaine Durand ; parrain, Mᵉ Pierre Durand, procureur au Châtelet de Paris ; marraine, Suzanne Palerne, femme de Mᵉ Geoffroy le Goffre, procureur au Parlement (p. 217-218). — 14 août 1602, baptême de Madeleine, fille de noble homme Pierre de l'Estoile, conseiller, notaire et secrétaire du Roi (p. 449). - 1615 : « Nota que, le dimanche 21 qui etoit dans les octaves du Saint-Sacrement 1615, fut descendue et portée processionnellement la châsse de sainte Geneviève, nouvellement dorée et enrichie de pierreries et medailles, données, pour la plus grande partie, des grands et grandes de Paris, et le don de la reyne mère Marie de Médicis y fut appliqué seulement le jour de devant, qui est une couronne de diamants et autres pierreries et perles de grand prix, et ce à cause de la secheresse qui presque bruloit tous les bleds et fruits de la terre, année assez mal plaisante pour avoir au commencement fait montre à la vigne d'une grande fertilité de raisins, qui tous se gelèrent en l'espace de 8 jours, et ce presqu'universellement, n'en restant quasi comme point Il plut à Dieu la procession faicte, et ce le lendemain, faire plouvoir voire dès le mesme jour de dimanche tant soit peu, et le tems se couvrit de beaucoup de nuages qui neantmoins ne laissoient tomber aucune goutte d'eau, et se remit au sec plus qu'auparavant jusqu'au mardi 29 et penultiesme jour de juin, qu'il commença à pleuvoir, environ 5 heures après midy » (p. 689-690).

17 août 1615 : détails sur le départ du Roi « pour aller faire son mariage avec l'infante d'Espagne » (p. 690).

29 janvier 1616 : chute du pont au Change, en partie, et du pont Saint-Michel tout entier, par suite des glaces (*ibid.*).

24 avril 1617 : détails sur l'assassinat de Concini, son inhumation à Saint-Germain l'Auxerrois et la violation de sa sépulture (p. 691).

7 mars 1618 : relation de l'incendie du Palais (*ibid.*).

24 octobre 1621 : incendie du pont Marchand, communiqué au pont au Change (p. 692).

6 juillet 1625 : procession de la châsse de sainte Geneviève pour avoir du beau temps (*ibid.*).

23 décembre 1628 : entrée solennelle de Louis XIII à Paris, au retour de la prise de la Rochelle (p. 692-693).

10 juillet 1720 : « La première pierre du maître autel a esté posée par Mgr le prince de Conty en presence de MM. les curé et marguilliers de l'eglise... avec l'inscription suivante, gravée sur une planche de cuivre rouge, renfermée dans une boite de cuivre avec quelques monnaies et placée dans ladite première pierre.

D. O. M.

Regnante Ludovico XV, Serenissimus princeps Ludovicus Armandus de BOURBON, *princeps Contiaci, Mercorii et de regio sanguine, par Franciæ, trium regiorum ordinum eques, Pictaviensis provinciæ pro rege prefectus, die 10ª Julii anno Domini millesimo septuagentesimo vigesimo, hunc primarium lapidem majoris altarii S. Andreæ ab arcubus posuit, tunc pastore domino magistro Jacobo* LABBÉ. . . . .
. . . .

« Ensuitte est escrit : Monseigneur le prince de Conty a donné à l'eglise après la ceremonie un billet de banque de mille livres pour aider à la construction dudit autel. »

Ces extraits contiennent enfin une foule de mentions de familles parisiennes : Alligret, d'Albène, Chartier, de Thou, Rapouel, Sainte-Beuve, du Tillet, Séguier, Spifame, etc.

Bibliothèque de la Ville de Paris. « Compte que rend Me Toussaint Bernard, procureur au Parlement, à messieurs les curé et marguilliers de present en charge et anciens de l'eglise et fabrique de la paroisse Saint-André-des-Arts, à Paris, des recettes et depenses par lui faites pendant l'année mil sept cent cinquante-deux »; 57 feuillets in-folio, manuscrit 15,127.

Imprimés. — Éloge funèbre de messire Claude Léger, curé de Saint-André-des-Arts, prononcé en l'église de cette paroisse le 17 août 1781 par messire J.-B. Charles Marie de Beauvais, évêque de Senez, *Paris,* Didot, 1781, in-4º. Ce discours a été prononcé à l'occasion de l'érection d'un monument à la mémoire de Claude Léger, œuvre de « M. Delaistre, ancien pensionnaire du Roi ».

Topographie hist. du vieux Paris (région occid. de l'Université), pages 159-194.

Épitaphier du vieux Paris, publié par E. Raunié, t. I, pages 1-92.

Cf. Jaillot, tome V, *Quartier Saint-André-des-Arts,* pages 8-13. *Iconographie du vieux Paris,* de A. Bonnardot, dans la *Revue universelle des Arts,* tome V, page 211, — et, dans un livre intitulé *Jacques de Sainte-Beuve,* 1865, in-8º, d'intéressants détails sur la paroisse et le quartier Saint-André-des-Arts à la fin du XVIe siècle.

GRANDS AUGUSTINS

I, 289

C'est pour nous un devoir d'indiquer brièvement ces « plusieurs stations en divers lieux de Paris » que firent les Augustins avant de se fixer sur la paroisse

Saint-André-des-Arts, et que Lebeuf aurait dû mentionner, au moins d'un mot. Il existe aux Archives nationales (L. 921) le vidimus par l'official de Paris, en 1293, d'un acte par lequel une certaine Théophanie, veuve de Philippe Connin, avait vendu moyennant 200 livres au vicaire général de l'ordre des ermites de Saint-Augustin une maison avec un jardin qu'elle possédait à Paris, rue Montmartre « extra muros, ultra portam sancti Eustachii, in vico per quem itur ad montem Martyrum, in terra et dominio Parisiensis episcopi ». Cet acte, déjà connu de Jaillot, est de décembre 1259.

Telle fut la première *station* des Augustins à Paris. Au mois de novembre 1285, l'abbé de Saint-Victor leur vendit une maison contiguë à son abbaye et à la maison des Bons-Enfants, sise rue Saint-Victor, et s'étendant jusqu'au lit de la Bièvre (L. 921). En même temps, l'abbé leur confirmait l'acquisition d'un arpent de terre sis « in Cardineto, infra muros ville », que leur vendait Agnès, veuve de feu Aubert Auxfèves (*ibid.*). Il semble que, dans cette partie de la ville, le voisinage des collèges et autres établissements religieux eût dû fixer pour longtemps les Augustins; il n'en est rien cependant; car, en 1293, ils se décidèrent à acheter le monastère des Frères de la Pénitence du Christ ou Sachets, — religieux que saint Louis avait installés sur la rive gauche de la Seine, un peu en amont du point où fut plus tard construit le Pont-Neuf, — et que la pauvreté forçait à se disperser (*ibid.*). Ce fut la troisième et dernière installation des Grands-Augustins, et le quai sur lequel ils construisirent, dès le commencement du xive siècle, des bâtiments plus vastes que ceux des Sachets, ne tarda pas à porter leur nom, qu'il garde encore aujourd'hui. L'église ne fut bâtie que plus tard, sous le règne de Charles V, que les Augustins considéraient par suite comme leur premier fondateur; la dédicace se fit plus longtemps encore attendre, car elle n'eut lieu que le 6 mai 1453. Dans la notice très complète qu'il a écrite sur ce couvent, Millin a donné le texte de l'inscription commémorative de cette cérémonie.

Du Breul a parlé avec détails d'une violation du monastère qui fut commise, en 1440, par trois sergents à verge et deux autres individus. Un religieux y périt et le prévôt de Paris condamna les coupables à des peines sévères, notamment à trois amendes honorables, l'une au Châtelet, l'autre sur le lieu même du forfait et la troisième à la place Maubert. On peut voir à l'École des Beaux-Arts le bas-relief représentant cette expiation; les Augustins l'avaient fait placer à la façade de leur maison; la sculpture en est remarquable et traitée d'une façon très pittoresque. Ce petit monument a été d'ailleurs reproduit plusieurs fois par la gravure ou d'autres procédés, notamment dans le recueil des *Inscriptions du diocèse de Paris* (t. Ier, p. 397) et dans la *Topographie historique du vieux Paris* (région occidentale de l'Université, p. 246).

Un oubli surprenant de Lebeuf est celui du célèbre ordre des Chevaliers du Saint-Esprit fondé, comme l'on sait, par Henri III en 1579, et qui se réunissait le 1er janvier de chaque année dans l'église des Augustins pour y entendre une messe solennelle et recevoir les nouveaux membres promus par le roi. On trouvera dans les *Mémoires* de l'Estoile (et surtout t. Ier, p. 296-306 de l'édition Jouaust) de nombreux détails sur les origines de cette institution.

Le même historien présente aussi d'intéressantes réflexions sur cette ridicule confrérie des Pénitents-Blancs instituée aux Augustins par Henri III, au mois de mars 1583 (*ibid.*, t. II, p. 109).

Les bâtiments du couvent contenaient de vastes salles où, depuis 1605, si l'on en croit Sauval (t. II, p. 289) se tinrent les assemblées quinquennales du clergé, — et parfois aussi les audiences des cours suprêmes, lorsque quelque empêchement survenait pour elles de siéger au Palais.

Supprimé par la Révolution, le couvent fut aliéné par l'État en 1797. Son emplacement correspondait à peu près au quadrilatère que limitent les rues Dauphine, Christine, des Grands-Augustins et le quai du même nom. Au travers de ce terrain fut ouverte, en 1802, la rue du Pont de Lodi, et, peu d'années après, le marché à la volaille fut construit sur la partie des bâtiments qui bordait le quai. Depuis fort longtemps, ce marché se tenait devant le couvent, au bord même de la Seine, et tirait de cette situation le nom de marché de la Vallée. On le lui conserva par la suite, et il le garde encore aujourd'hui que, devenu inutile par la fondation des Halles centrales, il est transformé en hangars de la Compagnie des Omnibus. Quelques vestiges anciens subsistent encore dans la cour de la maison sise rue du Pont de Lodi, n° 3 et de celle qui porte le n° 55 sur le quai des Grands-Augustins.

BIBLIOGRAPHIE. — *Sources.* — Archives nationales. L. 921 : titres originaux d'acquisition des maisons occupées successivement par les Grands-Augustins, rue Montmartre, puis rue Saint-Victor, et du couvent des Sachets ; charte souscrite par onze archevêques ou évêques promettant des indulgences à ceux qui visiteront l'église des Augustins (1324); procès-verbal de la bénédiction de terres nouvellement acquises par les religieux, entre leur église et la Seine (juillet 1393). — L. 922 : protestation des Augustins en faveur de leurs privilèges, et dans laquelle ils se plaignent qu'on empêche le peuple de Paris d'assister à leurs prédications (1409); remise au couvent par Raphaël, cardinal de Saint-Georges, des reliques de saint Acace (6 juillet 1490); statuts (impr.) du grand couvent et collège parisien de l'ordre des ermites de Saint-Augustin (1662); état des dettes du couvent au XVIIIe siècle. — LL. 1471 : inventaire de titres, rédigé en 1746. — LL. 1473-1476 : registres de délibérations capitulaires (1639-1789). — S. 3632-3640 : titres de propriété. — H. 3884-3894 : comptes.

Imprimés. — Bibliothèque de la Ville de Paris. — Dans un recueil de factums coté 10149 in-4°, on trouvera, au tome Ier, un curieux mémoire rédigé par de l'Averdy en 1735 pour la fabrique de Saint-André-des-Arts contre les Grands-Augustins, qui, non seulement ne sortent pas de leur monastère quand la procession paroissiale passe, mais encore ont organisé une procession pour leur propre compte.

Millin, *Antiquités nationales*, n° XXXV, tome III. La notice de Millin constitue une monographie très détaillée de ce couvent, car elle comprend 80 pages in-4°, avec plusieurs planches.

Le recueil des *Inscriptions du diocèse de Paris* contient (t. I, p. 402-414) les documents suivants : inscription des fondations faites en 1425 par un bourgeois de Paris appelé Augustin Ysbarre, et que de Guilhermy identifie avec Augustin Isembarre, mentionné par Lebeuf à propos de l'église Saint-Nicolas du Chardonnet (voy. t. Ier du texte de Lebeuf, p. 344); — inscriptions du tombeau de Philippe de Commines, mort en 1511, et de sa femme, Hélène de Chambes-Montsoreau; — épitaphes de Gui du Faur, seigneur de Pibrac, célèbre par les quatrains qui portent ce dernier nom, mort en 1584, et de Bernard Chérin, généalogiste du Roi, mort en 1785.

Voyez encore l'*Iconographie du vieux Paris*, de Bonnardot, au tome VI (1857, p. 211-213) de la *Revue universelle des Arts*, et l'*Épitaphier du vieux Paris* publié par M. E. Raunié dans la collection de l'*Histoire générale de Paris* (t. Ier, p. 151-219).

COLLÈGE D'AUTUN
I, 289

Lebeuf a tort de dire que ce collège fut fondé en 1337. Il est possible que, dès cette année-là, Pierre Bertrand, évêque d'Autun, ait songé à une pareille fondation, mais aucun acte de 1337 n'est là pour le prouver; en revanche, Jourdain a publié (*Index chartarum pertinentium ad Universitatem Parisiensem*, p. 127) une bulle de Benoît XII félicitant l'évêque d'Autun de l'idée qu'il a eue de fonder à Paris un collège de pauvres écoliers. Cette pièce est datée du 2 des Ides de septembre 1339, c'est-à-dire du 12 septembre ; Jaillot (t. V, *Quartier Saint-André-des-Arts*, p. 13) donne par erreur la date du 12 décembre.

En réalité, le collège d'Autun commença d'exister au mois d'août 1341, époque où fut passé le contrat par lequel Pierre Bertrand donnait, comme point de départ de la fondation, sa maison située rue Saint-André-des-Arts, en face de l'église, joignant, d'un côté, celle de Richard à l'Espée, de l'autre côté, celle de Jean du Bois, touchant par derrière à la rue de l'Hirondelle (Arch. nat. M. 80). A la fin du même siècle, en 1398, Oudart de Moulins, président en la Chambre des Comptes et chanoine de la cathédrale de Paris, fondait trois bourses au même collège (*ibid.*).

Sur l'état de l'établissement au XVe siècle, Cocheris (III, p. 291-308) a publié un bien curieux document : c'est l'inventaire des biens meubles qui s'y trouvaient en 1462, et notamment de la bibliothèque, dont les livres étaient, suivant l'usage, enchaînés sur des pupitres. M. Franklin a reproduit cette partie spéciale de l'inventaire dans son ouvrage : *Les anciennes bibliothèques de Paris* (t. II, p. 70 et suiv.). Nous renverrons volontiers aussi ceux qui s'occupent de l'histoire des manuscrits et des débuts de l'imprimerie, au carton M. 80 des Archives nationales, où se trouvent douze quittances de livres de théologie acquis par le collège entre 1468 et 1471. Les vendeurs sont des prêtres ou différents libraires, parmi lesquels Pasquier Bonhomme, Jean Guymier, se qualifiant tous deux « l'un des quatre principaux libraires de l'Université de Paris ». Le prix de ces volumes varie entre 9 et 30 écus. La reliure de l'un d'eux n'est cotée qu'à 10 sous.

Une déclaration de 1639, conservée par les manuscrits de la Bibliothèque nationale (fonds fr. 18808), donne les détails suivants sur le personnel du collège à cette époque : « dix-huit pauvres grands boursiers, sçavoir six theologiens, six canonistes et six philosophes, tous hommes faits, desquelz il y en a six prestres, un chappelain et proviseur, un maistre et principal, oultre le portier et autres serviteurs dudict collège, et cinq regents faisant cinq classes ». La déclaration porte aussi que les bâtiments sont « ruineux et en caducité ».

La seule remarque de Lebeuf sur la chapelle, « un gothique très bien exécuté dans le temps de la fondation », dit-il, est qu'elle est dédiée à saint Pierre. Du

Breul avait déjà remarqué qu'elle était en réalité sous le vocable de la Vierge, et nous avons fait la même remarque en lisant le testament du fondateur (M. 80); il porte expressément que la chapelle sera consacrée à Notre-Dame.

Le collège d'Autun fut réuni à l'Université en 1764[1]. Quinze ans plus tard, en 1779, Charles de Rohan, prince de Soubise, marquis d'Annonay, acquérait des administrateurs du collège Louis le Grand, au prix de 12.000 livres, le droit de nomination aux bourses. Cette négociation s'explique par le fait que le prince de Rohan possédait alors le marquisat d'Annonay, lieu de naissance du fondateur du collège.

Les bâtiments furent utilisés, dès 1764, pour l'École gratuite de dessin qui, en 1777, fut transférée dans l'amphithéâtre de chirurgie voisin de Saint-Côme. Redevenus libres, ils ne furent vendus par l'État qu'en 1807 à divers acquéreurs qui les transformèrent en maisons particulières. Quelques vestiges à peine ont subsisté de leur première destination : M. Hochereau les a soigneusement relevés sur un plan qui est gravé au tome V, page 132, de la *Topographie historique du vieux Paris*.

BIBLIOGRAPHIE. — *Sources*. — Archives nationales. M. 80 : titres de la fondation du cardinal Bertrand et d'Oudart de Moulins; inventaire de 1462; quittances de livres achetés pour la bibliothèque du collège; règlements; procès-verbaux de visites. — M. 81 : fondations de bourses et d'obits, notamment celles d'André de Sauséa, évêque de Bethléem (1643), de Bon de Broé, président aux Enquêtes, et d'Alexandre de Limonne, docteur en médecine (1652); registre de délibérations (1684-1705); cession par les administrateurs du collège Louis le Grand au prince de Soubise du droit de nomination aux bourses (1779). — M. 82 : registres de comptes de la dépense du cardinal Bertrand (1325-1331). — M. 83-86 : comptes et pièces de procédure. — S. 6346-6350 : titres de propriété. — H. 2899 : listes des élèves boursiers.

Bibliothèque nationale, fonds français 18808 : déclaration du revenu du collège fournie en 1639 aux commissaires chargés de la recherche des droits d'amortissement.

Bibliothèque de la Ville de Paris : inventaire des biens et des titres du collège d'Autun après sa réunion à Louis le Grand, manuscrit 26394, in-folio.

Imprimés. — Nécrologe du collège d'Autun (1767); in-4° de 4 pages, aux Archives nationales. M. 81.

Topographie historique du vieux Paris, tome V, pages 126-132.

Épitaphier du vieux Paris, tome Ier, pages 259-266.

---

[1]. Il n'est pas douteux que la réunion fut réellement effectuée; aussi avons-nous été fort surpris de rencontrer dans le carton Q¹ 1331 des Archives nationales une pièce où il est question de lettres patentes du 6 juin 1765 d'après lesquelles il est dit que le collège sera maintenu en plein exercice et dirigé par un principal, un sous-principal, deux professeurs de philosophie, un de rhétorique, cinq régents pour les classes de seconde, troisième, quatrième, cinquième et sixième. Ces lettres patentes restèrent sans doute à l'état de projet.

COLLÈGE DE BOISSY
I, 289

Il eut pour fondateurs Godefroy de Boissy, chanoine de l'église de Chartres, et Étienne Vidé de Boissy, chanoine de Laon, son neveu. Le testament du premier, qui mourut le 20 août 1354, est de l'année 1353; la mort du second eut lieu le 29 juillet 1363, et la fondation du collège se fit le 7 mars 1358. Les deux fondateurs étaient originaires du village de Boissy-le-Sec, au diocèse de Chartres (actuellement Seine-et-Oise, arrondissement et canton d'Étampes); aussi réservèrent-ils de préférence la concession des bourses à de pauvres écoliers natifs de ce village; mais, comme il arrivait le plus souvent, les premières intentions se modifièrent, soit par le défaut de candidats, soit par la création de nouvelles bourses. A cet égard, il faut signaler la fondation importante faite par Guillaume Hodey, principal du collège, qui mourut le 4 février 1717.

En 1763, le collège de Boissy fut réuni à celui de Louis le Grand. Ses bâtiments ne tardèrent pas à être aliénés, car Jaillot les indique déjà comme tels en 1782. Ils étaient situés à l'entrée de la rue du Cimetière Saint-André (actuellement rue Suger), et existent encore, transformés en maisons particulières qui portent les numéros 3 et 5 de cette rue.

BIBLIOGRAPHIE. — *Sources*. — Archives nationales. M. 102-104 : fondations et règlements; notes sur l'histoire du collège réunies par Guillaume Hodey, ancien principal (xviiie s.). — MM. 368 : catalogue de la bibliothèque. — S. 6370-6371 : titres de propriété. Bibliothèque de la ville de Paris. Manuscrit 26390, in-folio : inventaire des titres du collège après sa réunion à l'Université.

Imprimés. — Abrégé chronologique de la fondation et histoire du collège de Boissy, avec la généalogie de la famille de ses fondateurs (par Guillaume Hodey et Henri Vassoult, principaux), ouvrage composé de 6 pages de texte et de tableaux généalogiques; 1724, in-folio. — Voyez aussi dans l'*Intermédiaire des curieux et des chercheurs* (10 août 1889) quelques renseignements sur ce collège.

HOTEL DES CHARITÉS DE SAINT-DENIS
I, 289

La rue où était situé cet hôtel et qui portait, il y a quelques années, le nom de rue des Grands-Augustins, modifié depuis peu et à tort, en celui de rue des Augustins, s'appelait, dès le xiiie siècle, la rue de l'Abbé de Saint-Denis. On en a plusieurs témoignages dans les chartes, sans compter celui du *Dit des rues de Paris*, qui date du commencement du xive siècle. C'est que Mathieu de Vendôme, abbé de Saint-Denis, avait fondé en cet endroit, vers 1263, une sorte d'hôtel-collège qui servait de résidence parisienne aux religieux de son abbaye, en même temps que de maison d'instruction pour les novices. On a fort peu de détails sur cet établissement, dont Lebeuf a eu le tort de ne pas dire un mot. Il fut démoli en 1607, pour le percement des rues Dauphine et Christine.

La maison du trésorier de la mense abbatiale était située vis-à-vis. Jaillot (t. V, *Quartier Saint-André-des-Arts*, page 20) nous apprend que l'inscription mentionnée par Lebeuf a été, depuis quelques années, remplacée par celle-ci : *Hôtel de Saint-Cyr*. Elle n'existe plus aujourd'hui, bien que la maison ait subsisté.

SAINT-CÔME

I, 290-291

Pas plus que Lebeuf, nous n'insisterons sur les origines de cette église, fondée peu après la sentence arbitrale de 1211 (n. s.), car nous en avons déjà parlé aux chapitres de Saint-Séverin et de Saint-Sulpice (voy. plus haut p. 72 et 245.).

Il est surprenant que les meilleurs historiens de Paris, notamment Lebeuf et Jaillot, puis, d'après eux, Millin, aient tous donné la date de 1426 comme celle de la dédicace de Saint-Côme. L'inscription commémorative de cette cérémonie n'a pas péri; elle est conservée au musée de Cluny, et de Guilhermy en a publié le texte au tome Ier, page 116, de ses *Inscriptions de l'ancien diocèse de Paris*; or, on y lit la date 1427. Voici, au surplus, le texte de ce petit monument : « L'an mil CCCC et XXVII, le dymenche prochain après la feste saint Luc evangeliste, fut ceste presente eglise consacrée, des aumosnes des bonnes gens. Guangniés les pardons et priés pour les trespassés. *Pater noster*. »

Pendant la Ligue, l'église dont nous nous occupons se signala comme l'un des lieux de rendez-vous habituels des plus passionnés ligueurs. Son curé, appelé Hamilton, est souvent mentionné à ce titre dans les Mémoires du temps et dans la *Satyre Menippée*.

Dans une bonne notice qu'il a consacrée à Saint-Côme, Millin nous a conservé le texte de nombreuses inscriptions tumulaires, et entre autres, celles des familles Dupuy, Talon, Pontchartrain, d'Espence, Bazin de Bezons.

On trouvera dans le carton S. 3320-3321 des Archives nationales de curieux documents sur le cimetière et les charniers de cette église, où, le premier lundi du mois, les chirurgiens donnaient des consultations gratuites ; à ces pièces est même annexé un plan dressé en 1615, au moment où il fallut augmenter de 3 toises le bâtiment de ces consultations. Lebeuf aurait dû rappeler que la confrérie des médecins et chirurgiens, fondée au XIIIe siècle, se réunissait à Saint-Côme le 27 septembre. Sa fête se célébrait le 18 octobre, jour de saint Luc.

Après sa suppression en 1790, cette église resta longtemps inoccupée; peu avant sa démolition, en 1836, elle servait à un atelier de menuiserie. Son emplacement est représenté par les maisons qui forment l'angle des rues Racine et de l'École de médecine.

BIBLIOGRAPHIE. — *Sources.* — Archives nationales. L. 634 : comptes de la fabrique et inventaires de la sacristie; registre contenant l'analyse des actes de baptême, mariage et sépulture de 1539 à 1763; fondation de la confrérie de Saint-Joseph par les compagnons charpentiers (1635), et comptes de celle du Saint-Sacrement; pièces relatives à une contestation avec l'église Saint-Sulpice, à propos du territoire des deux paroisses, en 1677 (voy. plus haut, p. 246-247). — LL. 694-698 : délibérations de la fabrique (1661-1791). — S. 3318-3319 (carton double) : déclaration de 1790; titres de propriété de maisons sises rue de la Harpe, à l'enseigne de la Gibecière, rue des Cordeliers, de la maison presbytérale, rue de la Harpe; documents et pièces de procédure concernant la fontaine contiguë à l'église, construite en 1624. — S. 3320-3321 (carton double) : rapports de la fabrique avec la communauté des chirurgiens, procès-verbal de visite de l'église et des charniers en vue de la réfection des toitures (1715); plans non datés pour la construction de l'école de dessin. — H. 3752-3753, 4320-4346 : titres de rentes et comptes.

Imprimés. — Notice sur Saint-Côme, par Millin, au tome III, n° XXXV des *Antiquités nationales*, 30 pages in-4°.

CORDELIERS

I, 291

Ce n'est pas « vers 1230 », mais en 1230 que les Cordeliers s'installèrent sur le territoire de Saint-Côme « infra muros domini regis, prope portam de Gibardo ». Du Breul a, le premier, publié l'acte en vertu duquel les religieux de Saint-Germain-des-Prés les y autorisaient, et Félibien l'a reproduit d'après lui (t. Ier des *Preuves*, p. 115). On trouvera les bulles et autres pièces de la fondation dans le carton S. 4163 des Archives nationales.

Le couvent ne tarda pas à s'agrandir et à s'enrichir considérablement, grâce aux libéralités de plusieurs princes et princesses du sang royal, qui y avaient élu leur sépulture. Corrozet, le seul historien qui ait pu voir ces tombeaux, — car ils furent détruits en 1580, comme nous allons le dire, — en a donné une liste à peu près complète; il faut citer, surtout ceux de Marie, femme de Philippe le Hardi, de Jeanne de Navarre, de Mahaut, comtesse d'Artois, de Blanche de France, de Louis de Valois, de Pierre de Bretagne, etc. Pour certaines de ces sépultures, on a mis au jour récemment d'intéressants détails : c'est ainsi que feu Guigue a publié dans les *Archives de l'Art français* (Ire série, documents, t. V, p. 337-338) l'extrait du testament de Mahaut désignant le couvent des Cordeliers comme lieu de sa sépulture, et la quittance de Robin Loisel, tombier, demeurant à Paris, qui a « pourtrait l'ymage et façon de ladicte dame ». D'autre part, M. J.-M. Richard a retrouvé et publié dans les *Mémoires de la Société de l'Histoire de Paris* (t. VI, p. 290-304) les documents relatifs au tombeau de Robert l'Enfant, fils d'Othon de Bourgogne et de Mahaut, mort à Paris en 1317, qui fut également inhumé aux Cordeliers. Ce tombeau était l'œuvre d'un sculpteur parisien, Pepin de Huy ou de Wit [1].

Mentionnons encore dans les *Archives de l'Art français* (Ire série, t. V, p. 319-320) la description du lutrin de l'église Sainte-Cécile d'Albi, exécuté en 1485 sur le modèle de celui des Cordeliers de Paris.

A la fin de l'année 1580, un incendie détruisit presque complètement l'église du monastère. Voici comment L'Estoile s'exprime à ce sujet : « Le samedi 19e jour de novembre, à neuf heures du soir, un feu de meschef se prinst au jubé de l'église des Cordeliers de Paris, lequel embrasa de telle furie tout le comble de ladite église, qui n'estoit lambrissé que de bois, qu'il fut ars et consomé en moins de trois heures entièrement, et la plupart des chapelles d'à l'entour du cœur gastées et bruslées ; mesmes, fut le feu si aspre que les sepulcres de marbre et de pierre érigées dans le cœur et quelques chapelles de ladite église furent redigés en pouldre, et celles de bronze fondues et perdues, et la pluspart des pilliers de pierre soutenans ledit comble ars et gastés à demi du costé que le feu y avoit touché. Les Cordeliers firent courir le bruit que le feu y avoit esté mis par artifice, et en voulust-on charger les Huguenots ; mais enfin fust trouvé qu'il estoit advenu par le mausoing et inadvertence d'un novice qui laissa, la nuit, un cierge de cire allumé près du bois dudit jubé, au pulpitre » (*Mémoires — Journaux*, t. Ier, p. 373 de l'édition de 1875).

Du Breul, témoin oculaire, nous apprend que ce désastre fut réparé, entre les années 1602 et 1606, sur les instances réitérées de la famille de Thou. Le cloître des Cordeliers, l'un des plus beaux qui fût, ne datait, dans son dernier état, que du XVIIe siècle ; il avait été reconstruit entre 1673 et 1683.

Depuis l'année 1336, une des plus importantes confréries se réunissait aux Cordeliers ; c'était celle du Saint-Sépulcre de Jérusalem, instituée, disaient les confrères, en 506, renouvelée par Baudouin Ier, roi de Jérusalem, en 1103, créée à Paris par saint Louis en la Sainte-Chapelle basse du palais, en 1254. Elle siégea aux Cordeliers depuis 1336 jusqu'en 1790 ; le musée Carnavalet a recueilli sa bannière, qui était fort belle.

Vers 1780, il fut grandement question de transférer le couvent des Cordeliers dans celui des Célestins ; le projet, dont on trouvera des traces dans notre bibliographie, consistait à utiliser les bâtiments laissés libres en en faisant une prison civile pour dettes, et une caserne où serait logée la moitié des soldats du guet ; l'église serait devenue le siège paroissial de Saint-Côme et Saint-Damien, depuis longtemps trop à l'étroit. La Révolution survint avant que l'affaire eût reçu sa solution. En 1790, les Cordeliers étaient au nombre de soixante ; leurs revenus s'élevaient à 45.133 livres, 14 sous et 4 deniers ; ils avaient une bibliothèque riche de vingt-quatre mille volumes. Parmi leurs locataires à cette époque, il y a lieu de citer Verniquet, qui avait installé là, depuis 1783, ses ateliers de la triangulation de Paris. Il y demeura pendant toute la période révolutionnaire A peine est-il besoin de rappeler que le fameux club des Cordeliers se réunit dans les bâtiments des religieux ; c'est même dans leur jardin que Marat fut inhumé après que son corps eut été porté dans l'église pour y être l'objet d'une cérémonie bizarre.

---

1. Voy. encore l'ouvrage de M. J.-M. Richard intitulé *Mahaut, comtesse d'Artois et de Bourgogne*. Paris, 1887, in-8°.

Après la Révolution, ces bâtiments ne disparurent qu'en partie; si l'église fut démolie, au commencement de notre siècle, les cloîtres, le réfectoire furent conservés. On utilisa les premiers comme salle de clinique de la Faculté de médecine; dans le second, qui est une belle construction de la fin du xve siècle, fut installé, en 1825, le musée anatomique Dupuytren; il existe encore aujourd'hui. Le terrain occupé par le couvent et ses dépendances était fort considérable; il était limité à peu près par les rues Monsieur-le-Prince, Antoine-Dubois (appelée rue de l'Observance jusqu'en 1851), les rues et places de l'École de Médecine, et l'enclos du collège d'Harcourt (actuellement lycée Saint-Louis), en absorbant la rue Racine, qui ne fut continuée qu'en 1836 entre la rue Monsieur-le-Prince et la rue de la Harpe (boulevard Saint-Michel actuel). Dans ce vaste emplacement s'étaient élevées, en grand nombre, des maisons particulières. Elles ont disparu à leur tour pour faire place à l'École pratique, remplaçant l'ancienne clinique et dont les bâtiments, construits de 1880 à 1889, représentent en grande partie la surface occupée par le vieux monastère, dont il ne reste plus désormais que le réfectoire.

BIBLIOGRAPHIE. — *Sources.* — Archives nationales. LL. 1508-1510 : statuts. — LL. 1511-1516 : délibérations du Chapitre et du discrétoire (1551-1790). — LL. 1518-1523 : fondations (xvie-xviie s.). — S. 4161-4162 (carton double) : baux de maisons sises dans les rues de l'Observance, des Cordeliers, de Grenelle, des Fossés de Monsieur le Prince; baux de places dans l'enceinte du couvent, près du grand puits; de terrains derrière les Chartreux; déclaration du revenu, état des caves du réfectoire, etc., en 1787 et en 1790. — S. 4163 : titres de la fondation au xiiie siècle; mémoires relatifs à la translation du couvent dans les bâtiments des Célestins (vers 1780); difficultés à ce sujet au point de vue de la procédure ecclésiastique.

Bibliothèque Mazarine : « Acta discretorii magni conventus Parisiensis, ab anno Domini 1500 usque ad annum 1656 »; manuscrit de 1106 pages, coté 1506. — Catalogue de la bibliothèque des Cordeliers, en sept volumes, cotés 3158-3164.

Bibliothèque de la Ville de Paris : registre contenant : 1º les noms des frères et sœurs qui ont fait profession au couvent de Paris, de 1666 à 1698; 2º les noms des personnes qui ont reçu l'habit du Tiers-Ordre, de 1665 à 1723; 3º l'obituaire des frères et sœurs, de 1666 à 1695; 4º l'inventaire des ornements de la chapelle. Manuscrit d'environ 300 pages in-8º, coté 5720.

Imprimés. — Mémoire à consulter et consultation au sujet du projet de translation des Cordeliers du grand couvent de Paris au couvent des Célestins de la même ville; 1780, in-4º de 48 pages.

Jaillot, tome V, *Quartier Saint-André-des-Arts*, pages 48-55.

De Guilhermy, *Inscriptions du diocèse de Paris*, tome Ier, pages 458-491.

Bonnardot, Iconographie du vieux Paris *ap. Revue universelle des Arts*, tome IX (1859), pages 207-213.

Topographie historique du vieux Paris (région occidentale de l'Université), pages 333-356.

La Bibliothèque nationale et celle de la Ville de Paris possèdent dans leurs portefeuilles d'estampes de curieuses gravures du xviie siècle, œuvres du P. Rocherau, représentant divers aspects du couvent à cette époque.

COLLÈGE DES PRÉMONTRÉS
I, 291

La date donnée par Lebeuf est exacte. C'est au mois de juin 1252 que Gile de Housel, veuve de Jean Sarrasin, vendit à Jean, abbé des Prémontrés, moyennant 120 livres parisis, une maison dite de Pierre Sarrasin, qu'elle possédait rue Hautefeuille (Arch. nat. S. 4342). En juillet 1255, les religieuses de Saint-Antoine des Champs vendirent, de même, aux Prémontrés les droits qu'elles pouvaient avoir sur neuf maisons voisines, sises rue des Étuves, et qui servirent à constituer l'enclos du collège. Dans l'acte d'amortissement que l'abbé des Prémontrés obtint en 1294 pour toutes ces acquisitions, les bâtiments sont ainsi décrits : « ... de domo sua Parisiensi, ad opus scolarum totius ordinis Premonstratensis applicata, sita ultra parvum pontem, prope domum fratrum minorum, in vico Stupharum, ab oppositis vici de Hautefeuille, faciente cuneum vici fratrum minorum et vici Stupharum, tendente ex illo latere usque ad domum thesaurarii Belvacensis, que quondam fuit liberorum de Chambliaco, contigua ex altera parte cuidam parve ruelle que clausa est ad presens, et a parte posteriori domui archiepiscopi Remensis... » (S. 4342).

Cette rue des Étuves, qui s'étendait parallèlement à la rue Hautefeuille et venait aboutir tout près d'elle dans la rue des Cordeliers, ne tarda pas à disparaître. Le *Dit des rues de Paris* de Guillot n'en fait déjà plus mention ; elle fut, sans aucun doute, enclavée dans les bâtiments des Prémontrés.

Nous avons rencontré un intéressant procès-verbal de visite du collège du mois de juin 1720 ; les documents de ce genre sont toujours bons à citer, au moins par extraits :

« ... Premièrement nous avons trouvé que la maison du collège des Prémontrés conciste en un grand corps de logis double dont [un] est sur la rue Hautefeuille, appliqué au rez de chaussée à un passage de porte cochère à droite, duquel costé de ladite rue est un garde-manger, et du costé de la cour est un réfectoire auquel on entre par une porte couverte du costé de la porte cochère, par laquelle porte on entre aussy à la cuisine. De l'autre costé dudit passage, du costé de la rue, est le logement du portier, une grande salle à cheminée du costé de la rue, quatre estages au dessus de celluy du rez de chaussée, auxquels on monte par un petit escalier ; chacun estage distribué à un coridor dans le milieu, qui sert pour entrer aux chambres des deux costés, sçavoir : au premier, huit chambres, dont sept à cheminées ; le second, huit chambres, dont sept à cheminées ; au troisième, neuf chambres, dont huit à cheminées ; le quatrième estage, de mesme distribution, de dix chambres, dont neuf à cheminées ; ledit corps de logis couvert de thuiles en comble à egoux sur la rue et par derrière sur la cour. A droite de laquelle cour, est la maison abatial, qui sert de logement à l'abbé de Prémontré, général de l'ordre ; laquelle maison a une entrée par ladite cour, et plusieurs croisées ouvrantes et fermantes, qui ont veue à droite sur icelle. A gauche de ladite cour, est l'église qui s'estend au droit du corps de logis et forme l'encoignure de la rue des Cordelliers et Hautefeuille ; le long de laquelle esglise, au droit de ladite cour, est une gallerie pouralleràcouvert de la salle à ladite eglise, ladite gallerie couverte d'ardoise en apanty et à egoux sur ladite cour, et apuyée sur le mur de l'eglise. Au bout de laquelle eglise, au droit de l'encoignure desdites rues, est une tribune à laquelle on entre par le coridor du premier étage, par une rampe qui est au bout d'iceluy. Dans laquelle eglise la nef est separée du cœur par une grande clôture de grille de fer garnie de plusieurs ornemens ; pilastres, frises, corniches et couronemens au dessus de la porte d'entrée dudit cœur ; lequel cœur est garny de treize stalles, hautes de chascun costé d'un rang de basse ; au dessous de chacun costé, un sanctuaire, au bout duquel est le maistre-hostel. Et au fond de la grande cour, en fasse de l'entrée, est un corps de logis simple, couvert de thuilles, en apenty à egoux sur ladite cour apliqué au rez de chaussée à un escalier ; dans le milieu, une sacristie et une escurie ; de l'autre costé, un estage carré et un en galetas au dessus apliqué ; le premier à deux chambres à cheminées, dans l'une desquelles il y a une antichambre sans cheminée ; le deuxième étage distribué à trois chambres à cheminées, grenier au dessus... » (Arch. nat. S. 4342).

Ces bâtiments n'étaient construits que depuis peu. Entre les années 1672 et 1676, on avait procédé à une réfection complète du collège et de l'église, dont la dépense atteignit 54.453 livres, 1 sol, 4 deniers. L'église — Lebeuf nous l'a appris — avait été reconstruite une première fois en 1619.

Le collège des Prémontrés demeura de plein exercice jusqu'à la Révolution. Ses revenus étaient alors d'environ 25.000 livres ; les charges ne s'élevaient pas à 5.000 livres. Les constructions, vendues comme bien national, furent acquises par des particuliers. Dans la première moitié de ce siècle, la librairie Panckoucke s'y était installée. Il y a vingt ans encore, la partie absidale de la chapelle était occupée par un café dont la forme lui avait valu l'enseigne de la Rotonde. Tous ces bâtiments ont été acquis en vue des agrandissements de la Faculté de médecine, et très prochainement ils seront complètement absorbés.

BIBLIOGRAPHIE. — *Sources*. — Archives nationales. S. 4342 : titres d'acquisition des bâtiments (XIIIe s.) ; visite des lieux ; pièces de procédure relatives à la reconstruction du collège au XVIIe siècle. — S. 4343-4351 : actes provenant des abbayes du Jard, de Joyenval, de Grand-Champ et du prieuré de Saint-Germain-le-Gaillard, réunis au collège des Prémontrés.

COLLÈGE DE BOURGOGNE

I, 292

Ce collège fut fondé par Jeanne de Bourgogne, femme de Philippe le Long, en vertu de son testament, daté de 1329, par lequel elle ordonnait que l'hôtel de Nesle qu'elle possédait fût vendu pour permettre l'accomplissement de cette fondation. Félibien a publié (t. III des *Preuves*, p. 637 et suiv.) l'acte d'établissement du collège, et ses statuts, dressés en 1331 par les exécuteurs testamentaires de la reine, qui avaient acheté à cet effet une maison sise auprès (c'est-à-dire en face) du couvent des Cordeliers. Nous n'irons pas jusqu'à dire, avec quelques historiens, que l'institution de ce collège fut une expiation par la reine des mystérieux forfaits de la tour de Nesle; cette insinuation ne s'est produite qu'au XVIe siècle et, par suite, ne peut avoir pour nous la valeur d'un témoignage.

Par acte du 17 juillet 1350, le roi Jean le Bon créa au collège de Bourgogne un deuxième chapelain, écolier, pour seconder le premier chapelain, qui, aux termes des statuts, doit être maître et ne peut en même temps exercer ses fonctions et vaquer à ses études (Arch. nat. M. 107).

Comme tant d'autres, le collège de Bourgogne n'a pas d'histoire. Il fut réuni à l'Université en 1763 ; au moment où la Révolution éclata, ses boursiers étaient au nombre de quarante-cinq, recevant une pension annuelle de 500 livres chacun. Ses bâtiments furent, dès 1769, achetés par l'Académie royale de chirurgie, qui se trouvait trop à l'étroit, de l'autre côté de la rue, entre Saint-Côme et les Cordeliers. Sur leur emplacement, l'architecte Gondouin édifia l'École de médecine actuelle, ou du moins la partie de ce monument sise en façade de la place qui porte son nom. On n'ignore pas que les agrandissements successifs qui tendent à donner à la Faculté de médecine tout le quadrilatère, sont tout récents et même encore inachevés.

BIBLIOGRAPHIE. —*Sources*. — Archives nationales. M. 107 : copie collationnée des actes de fondation; comptes, pour les années 1416, 1656, 1769, 1787; délibérations, de 1622 à 1626 et de 1710 à 1717; statuts donnés en 1652; pièces de procédure; états des boursiers. — M. 108 : titres de rentes. — MM. 369-371 : inventaires et registres de délibérations. — S 6382-6389 : titres de propriété.

Bibliothèque de la Ville de Paris. Manuscrit 26404 : inventaire des archives du collège après sa réunion à l'Université, et notamment analyse des actes relatifs à ses biens sur la paroisse de Sourdun (près Provins), et à Villecendrier.

Imprimés. — Statuts de la fondation du collège royal de Bourgogne; sans date, in-4° de 7 pages (Arch. nat. M. 107).

Recueil de toutes les délibérations importantes prises depuis 1763 par le bureau d'administration du collège de Louis le Grand et des collèges y réunis, concernant le collège de Bourgogne; 1781, in-4° de 15 pages (*ibid*.).

Nécrologe du collège de Bourgogne; sans date, in-4° de 4 pages (*ibid*.). Cette pièce est ainsi conçue :

NOMS
DES FONDATEURS ET BIENFAITEURS
DU COLLÈGE DE BOURGOGNE

1. JEANNE, comtesse de Bourgogne, épouse de PHILIPPE LE LONG, roi de France, Fondatrice du Collège.
2. BARTHELEMY DE BRUGES, Fondateur de quatre bourses.
3. GILLES DE RAVÈRES.
4. JACQUES LE MAITRE, Prêtre et Principal du Collège.

5. Jean de Martigny, Prêtre et Principal du Collège.

Voyez aussi Jaillot, tome V, *Quartier Saint-André-des-Arts*, pages 55-57, et la *Topographie historique du vieux Paris* (région occidentale de l'Université), pages 321-326.

COLLÈGE MIGNON
I, 292

La date approximative, 1343, que donne Lebeuf pour la fondation de ce collège et qu'il avait dû emprunter à Du Breul et à Félibien, n'est, en réalité, que celle d'un inventaire des biens de feu Jean Mignon, légués en partie à l'effet de cette fondation ; mais on ne peut réellement faire commencer l'institution que dix ans plus tard, au mois de juillet 1353, époque où une charte royale prescrit l'exécution des dernières volontés de Jean Mignon par son frère, Robert, clerc de la Chambre des Comptes. Dans cette charte, qui ne nous est conservée que par un vidimus de mai 1366 (Arch. nat. M. 177), il est dit que le collège recevra douze écoliers choisis parmi les parents et les amis des fondateurs.

C'est le 27 avril 1584 que le collège fut donné au prieuré des Bonshommes du bois de Vincennes, appartenant à l'ordre de Grandmont, d'où le nom qu'il prit désormais de collège de Grandmont. La réunion à l'Université de la plupart des petits collèges en 1763 ne l'atteignit pas ; ce n'est que six ans plus tard, — l'ordre de Grandmont ayant été supprimé par lettres patentes du 24 février 1769, — que le bureau d'administration du collège Louis le Grand le revendiqua et obtint gain de cause à dater du 1er juillet suivant. Le 3 octobre de la même année, les corps inhumés dans la chapelle furent transférés au cimetière de l'église Saint-Côme. En 1789, les boursiers du collège étaient au nombre de cinq et jouissaient d'une pension de 500 livres chacun.

Les bâtiments ne furent vendus qu'en 1824, après avoir servi, disent les auteurs de la *Topographie historique du vieux Paris*, « de dépôt pour les archives du Trésor royal ». Depuis, il n'ont pas cessé d'être occupés par des imprimeries. La façade de la chapelle, aujourd'hui murée, et une partie de la nef, où sont des ateliers, subsistent encore, à l'angle de la rue Serpente et de la rue qui a gardé le nom des deux fondateurs.

Bibliographie. — *Sources.* — Archives nationales. M. 177 : titres d'établissement; fondations pies ; comptes du collège (1769-1770) ; états des boursiers en 1789. — MM. 428 : inventaire des titres. — S. 6511-6513 : titres de propriété.

Bibliothèque de la Ville de Paris. Manuscrit 26396 in-folio : analyse des pièces provenant du collège et remises au bureau d'administration de Louis le Grand.

Imprimés. — Contrat d'échange du prieuré des Bonshommes (texte latin, s. l. n. d.), in-4° de 15 pages (Arch. nat. M. 177).

Topographie historique du vieux Paris (région occidentale de l'Université), pages 482-486.

COLLÈGE DE JUSTICE

I, 292

L'abbé Lebeuf se trompe doublement et sur la date de la fondation et sur le titre du fondateur : l'acte d'établissement est du 5 février 1359 (n. s.) ; Jean Justice était chantre de Bayeux et chanoine de la cathédrale de Paris, alors que notre auteur le dit chantre et chanoine de Bayeux. Le collège de Justice demeura, jusqu'à sa réunion à l'Université (8 mai 1764), réservé aux écoliers des diocèses de Rouen et de Bayeux. Ses bâtiments, situés rue de la Harpe, ont été absorbés depuis 1822 dans l'enclos du lycée Saint-Louis.

BIBLIOGRAPHIE. — *Sources*. — Archives nationales. M. 137 : titres de l'établissement du collège ; fondations pieuses, notamment celle du premier président Pierre Lizet, en 1554, formant un registre de 152 feuillets dont la plus grande partie est occupée par l'inventaire des livres légués à la bibliothèque du collège. — S. 4652-4653 : titres de propriété et de rentes.

Bibliothèque de la Ville de Paris. Manuscrit 26393 : inventaire des titres, dressé par l'administration de l'Université.

SAINT-LAURENT

I, 294-298

Par ce que nous savons du peu d'extension de Paris sur la rive droite de la Seine à l'époque mérovingienne et carolingienne, il n'est pas douteux que l'église Saint-Laurent ne fut, au temps de Grégoire de Tours, qu'une très petite abbaye, sinon un simple oratoire perdu au milieu de la campagne. C'est là ce qui explique les deux mentions qu'en fait l'évêque de Tours ; encore a-t-on peine à ne pas voir quelque exagération dans le récit des inondations de la Seine qui se seraient produites jusqu'à ce point ; elles ne pouvaient, en aucun cas, menacer l'église située sur une hauteur, là où elle est encore aujourd'hui, ou, comme le pense Lebeuf qui veut, sans de bien fortes preuves d'ailleurs, qu'elle ait été d'abord là où fut depuis la léproserie de Saint-Lazare.

M. de Lasteyrie a publié dans le *Cartulaire général de Paris* (t. Ier, p. 22-24) le diplôme de Childebert III où, à la date de 710, l'église de Saint-Laurent est mentionnée:... *inter Sancti Martini et Sancti Laurentii baselicis*... Ce dernier texte nous conduit à admettre, contrairement à Jaillot (t. II, *Quartier Saint-Denis*, p. 22 et s.) et à Cocheris (III, 343) que la primitive chapelle de Saint-Laurent était bien là sur la colline et non auprès de la Seine ; en effet, pas plus au VIIIe siècle qu'au VIe,

Paris ne s'était peuplé de ce côté, et cependant, le diplôme de 710 prouve assez clairement que Saint-Laurent était alors situé entre le prieuré de Saint-Martin des Champs et l'abbaye de Saint-Denis.

L'abbé Lebeuf ne trouve plus aucun texte à citer à propos de cette église que celui de 1150; il **aurait dû connaître** (puisque Doublet l'a cité à la page 851 de son *Histoire de l'abbaye de Saint-Denis*) une charte de 1122, par laquelle Louis VI accorde à l'abbaye de Saint-Denis le privilège d'autoriser ou de refuser toute construction entre Saint-Denis et Saint-Laurent... *usque ad ecclesiam Sancti Laurentii, que sita est prope pontem Sancti Martini de Campis...* (*Cartulaire général de Paris*, t. I*er*, 214). On n'est pas assez bien fixé encore sur la topographie parisienne au xii*e* siècle pour assigner un emplacement certain à ce pont de Saint-Martin des Champs : il faut sans doute y voir un passage élevé au-dessus de l'un des ruisseaux qui descendaient des hauteurs de Belleville, et que les moines de Saint-Martin captèrent de bonne heure pour se procurer de l'eau.

Voici en quels termes, trop concis, le *Journal d'un Bourgeois de Paris* relate la dédicace de Saint-Laurent en 1429 : « Item, le dimenche xix*e* jour de juing, l'an mil IIII*e* XXIX, fut dediée l'eglise de Sainct-Laurent dehors Paris, par reverend pere en Dieu l'evesque de Paris et autres prelaz » (Édition de M. Tuetey, p. 238).

Nous savons, par le *Calendrier des Confréries de Paris* de Le Masson, ouvrage de 1621, que la confrérie de Saint-Hildevert se tenait à Saint-Laurent le 27 mai. M. l'abbé V. Dufour, qui a réimprimé cet opuscule (Paris, 1875, in-16), rapporte, d'après le *Calendrier historique* de Maupou, que « la paroisse de Sainte-Croix en la Cité était autrefois dédiée à ce saint (Hildevert) dont les reliques ont été transférées en celle de Saint-Laurent, où il y a une célèbre confrérie en son honneur ». A un autre endroit, il déclare, mais sans indication de source, que cette confrérie avait été fondée à Saint-Laurent en 1422.

Notre auteur n'a pas été servi, comme à l'habitude, par son flair archéologique lorsqu'il prétend que l'église Saint-Laurent a été rebâtie vers le commencement du xvii*e* siècle. Cette reconstruction fut plus tardive et il aurait pu s'en convaincre par lui-même. En effet, on lit dans le *Recueil des Inscriptions de l'ancien diocèse de Paris* (t. I*er*, p. 190) le texte de l'inscription constatant que, le 20 juin 1621, Charlotte-Marguerite de Montmorency avait posé la première pierre du portail et que cette pierre fut bénite par Pierre de Hardivillier, curé de la paroisse.

De plus, sur l'intrados des voûtes de la nef, se lisent les dates 1656, 1657, 1659, qui sont évidemment celles de la construction. Enfin, l'examen même des vieilles estampes qui représentent l'ancienne église Saint-Laurent permet d'affirmer que c'était un édifice construit vers le milieu du xvii*e* siècle. Sa façade surtout portait le cachet peu élégant des monuments religieux de ce temps, assez semblable à Saint-Roch.

L'église Saint-Laurent fut conservée par la loi de 1791 comme l'une des paroisses de Paris. Elle devint, en 1793, le temple de l'hymen et de la fidélité (d'où le nom de la rue de la Fidélité, ouverte en l'an V). Elle fut rendue au culte en l'an VIII et demeura une paroisse du V*e* arrondissement jusqu'à l'année 1860 où elle est entrée dans le X*e*.

Des travaux importants de restauration et d'embellissement y avaient été entrepris en 1847, notamment au chœur, qui fut décoré de verrières dues au peintre

Galimard. Le percement des boulevards de Strasbourg et de Magenta nécessita de nouveaux remaniements, plus considérables encore. La nef fut agrandie du côté de l'ouest, un portail nouveau, au style ogival flamboyant, fut construit en façade sur le boulevard de Strasbourg. Ces travaux, conduits par M. Dufeux, furent achevés en 1866. Rappelons que la découverte, au mois de mai 1871, de quelques sépultures dans cette église, détermina une assez vive émotion qui faillit provoquer, de la part du gouvernement insurrectionnel, de graves mesures. D'autres événements vinrent, heureusement l'en distraire.

BIBLIOGRAPHIE. — *Sources.* — Archives nationales. L. 671 : rôle de fondations en l'église Saint-Laurent, de 1447 à 1700 (cahier de 23 feuillets); titres de rentes (XVIIe et XVIIIe s.). — L. 672 : fondations et testaments, parmi lesquels celui de Nicolas Gobillon, curé de la paroisse, en 1701 ; mention de son successeur, en 1709, Philippe Delamet; permission accordée par Charles de Lorraine, grand écuyer de France, aux curé et marguilliers de Saint-Laurent de « faire porter la livrée du Roy aux deux suisses de ladite église, et ce tant qu'il nous plaira » (15 mars 1735). — LL. 815-817 : délibérations de la fabrique (1642-1777). — LL. 818 : martyrologe. — S. 3413-3415 : titres de propriété. — S. 3416-3421 : registres d'inventaires et de baux.

Imprimés. — Jaillot, tome II, *Quartier Saint-Martin*, pages 22-31.

Notice historique et archéologique sur l'église paroissiale de Saint-Laurent de la ville de Paris, et examen critique des vitraux historiés dont on vient de décorer cette église, par Troche, *Revue archéologique*, tome IV, 1847-1848, p. 670-685.

Ces vitraux sont l'œuvre du peintre Auguste Galimard. La notice de Troche ne mérite d'être consultée qu'à leur sujet.

La configuration de la paroisse Saint-Laurent était si singulière — Lebeuf l'a remarqué — que, jusqu'au XVIIe siècle, presque tout son territoire se trouvait compris dans l'intérieur de Paris bien qu'elle fût située dans le faubourg. Sa circonscription est limitée aujourd'hui par le boulevard Saint-Denis, au sud; la rue du faubourg Saint-Denis, à l'ouest; les boulevards de la Chapelle et de la Villette, au nord; le quai Valmy, la rue des Vinaigriers et celle du faubourg Saint-Martin, à l'est.

Depuis le commencement de ce siècle, trois églises lui ont été données comme succursales; nous allons dire un mot de chacune d'elles.

SAINT-VINCENT DE PAUL. — En 1802, une église dédiée à saint Vincent de Paul fut fondée dans la rue Montholon ; ce n'était pas une simple chapelle de secours, comme l'ont dit plusieurs historiens, mais bien une nouvelle paroisse de la ville[1]. L'édifice, toutefois, n'était pas convenablement aménagé pour le culte. La première pierre d'une nouvelle église fut posée le 15 août 1824, mais l'achèvement définitif des travaux, conduits successivement par Le Père, et son gendre Hittorff, n'eut lieu qu'en 1844. L'église Saint-Vincent de Paul est située sur une éminence circonscrite entre les rues La Fayette et de Belzunce ; cette disposition même du

---

1. Voy. *Oraison funèbre de Louis XVI... prononcée à Paris le 21 janvier 1815 en l'église paroissiale de Saint-Vincent-de-Paul...* par M. l'abbé de Villefort. Paris, 1816, in-12.

sol a permis de donner au monument un aspect tout à fait monumental, grâce à la double révolution des rampes qui en facilitent l'accès aux voitures. A l'intérieur, on admire l'admirable frise d'Hippolyte Flandrin, d'autres belles peintures d'Aimé Millet et les vitraux de Maréchal.

BIBLIOGRAPHIE. — Description de la nouvelle église Saint-Vincent de Paul, accompagnée de gravures tirées du journal l'*Illustration*. Paris, 1844, brochure in-4.

Frise de l'église Saint-Vincent de Paul (par H. Flandrin); lithographie en 14 planches; album in-folio.

De la peinture religieuse à l'intérieur des églises, à propos de l'enlèvement de la décoration extérieure du porche de Saint-Vincent de Paul, par J. Jolivet (auteur de cette décoration). Paris, 1861, in-8.

Inventaire général des richesses d'art de la France, Paris, monuments religieux, tome II, p. 191-217 (Notice de M. Michaux).

SAINT-JOSEPH. — Une église paroissiale dédiée à saint Joseph avait été inaugurée le 5 mai 1852 sur le territoire de la paroisse de Saint-Laurent; elle était située rue Corbeau, non loin de l'hôpital Saint-Louis. La nouvelle répartition des quartiers de Paris, en 1860, détermina l'administration municipale à substituer à cette église un autre édifice, situé dans l'ancienne circonscription de la paroisse de Sainte-Marguerite et qui conserva de même le vocable de saint Joseph. Nous en parlerons plus loin. Une chapelle de Saint-Joseph, dépendant de Saint-Laurent, existe encore aujourd'hui, rue La Fayette, 214.

SAINT-MARTIN. — Cette paroisse, fondée en 1855, est située rue des Marais, 36. Son architecture n'offre rien de remarquable. Elle dessert le territoire circonscrit entre la rue des Vinaigriers, le quai Valmy, la rue d'Angoulême, les boulevards du Temple et Saint-Martin, la rue du Faubourg Saint-Martin.

L'abbé Lebeuf s'est borné à énumérer les communautés religieuses existant autrefois sur le territoire de la paroisse Saint-Laurent, en ne donnant quelques éclaircissements que sur deux d'entre elles (dont Sainte-Perrine qui était sur le territoire de la Villette). Il est indispensable que nous comblions cette lacune.

RÉCOLLETS

I, 298

Jaillot nous apprend (t. II, *Quartier Saint-Martin des Champs*, p. 32-34), que ces religieux furent installés en 1603 au faubourg Saint-Laurent. Leur église, consacrée le 19 décembre 1605, fut bientôt remplacée par une autre plus vaste, que l'archevêque d'Auch dédia, le 30 août 1614, sous le vocable de l'Annonciation de la Sainte Vierge. L'auteur anonyme des *Curiosités de Paris* déclare (t. Ier, p. 280) que « le couvent et l'église sont assez propres pour des religieux qui ne vivent que d'aumônes. Il y a grande dévotion à S. Juconde, martyr, dont le corps y est conservé ».

Voici un extrait de la déclaration que le gardien du couvent, le P. Armand Mirlin fit, le 4 février 1790, aux commissaires chargés d'examiner la situation des églises et communautés :

« L'an mil sept cent quatre-vingt-dix, le quatrième jour de Février, en la maison conventuele et monastère des religieux Récollets du fauxbourg Saint-Laurent à Paris, lesdits religieux capitulairement assemblés, le Père Armand Mirlin, gardien, a dit... que la grande Révolution qui s'opère en France et qui, amenant un nouvel ordre des choses, semble prononcer à tous les ordres religieux la nécessité d'une renonciation générale à tous les biens de ce monde, fournit à l'ordre dont ils se glorifient d'être membres, et particulièrement à la maison dont il fait en ce moment partie, une nouvelle occasion de pratiquer les deux vertus... l'obéissance et la pauvreté.

« Que les decrets de l'Assemblée nationale, sanctionnés par le plus vertueux des Rois, leur donnent l'ordre de faire la déclaration de leurs biens et possessions; qu'ils ne peuvent trop s'empresser à satisfaire à ceux qui leur étoient prescrits, et à donner en cette occasion deux sortes de preuves pretieuses à leur cœur : la première, celle de leur obéissance, la seconde celle de leur totale pauvreté.

« Que de cette dernière résultera necessairement la consequence qu'ils n'ont jamais été et ne peuvent être que des citoyens utils; qu'ils ont le bonheur de pouvoir en ce moment declarer qu'ils n'ont rien; que toute leur propriété consiste dans le local qu'ils habitent dans un des fauxbourgs les moins fréquentés de la capitale.

« Ils ont encore à ajouter avec la satisfaction de l'homme qui, ayant peu, donne beaucoup en le partageant, qu'une grande partie de ce monastère, dont les bâtiments ont été construits de leurs épargnes a été, dès le premier instant de la Révolution, ouvert, demandé et aussitôt cédé, soit à la commune du district, soit aux milices nationales, soldés et non soldés, qui non seulement y ont établi leurs assemblées, mais encore ont fini par prendre le cœur, le chapitre et tous les lieux claustraux qui leur ont convenu pour y fixer leurs casernes et leurs demeures; en sorte que de ce terrain assez vaste, consacré par l'immortel Henri quatre à leur établissement, il reste à peine actuellement à des religieux precedemment au nombre de plus de cent, de quoi donner une habitation modeste à ceux d'entre eux qui n'ont d'autre désir que de continuer jusqu'à la fin de leurs jours à s'occuper au saint ministère des autels et à aider dans ses fonctions penibles le digne et respectable pasteur d'une des paroisses les plus peuplées de Paris, et qui a le plus grand besoin de ces secours... » (Arch. nat. S. 4354).

Il ressort d'autres documents du même dossier que les Récollets possédaient, entre autres biens, leur couvent, occupant environ neuf arpents, et une bibliothèque « composée de dix-sept mil six cent soixante et deux volumes imprimés ou manuscrits dont le catalogue est fait en 3 volumes in-folio, qui sera remis au premier ordre supérieur. On y compte 17,500 volumes imprimés et 162 volumes manuscrits ».

Nous avons dit plus haut (p. 256) qu'en 1802 les incurables (hommes) avaient été transférés de la maison de la rue de Sèvres aux Récollets; ils y restèrent jusqu'en 1860, époque où ils reçurent asile dans l'ancienne caserne de la rue de Popincourt jusqu'à leur transfert définitif à Ivry, en 1870. Le couvent des Récollets devint alors, et est resté depuis un hôpital militaire. Il est desservi par un aumônier.

BIBLIOGRAPHIE. — *Sources*. — Archives nationales. Le carton S. 4354 est le seul qui contienne des documents sur les Récollets de Paris. Ce sont, outre la déclaration de 1790, quelques titres de propriété et de rentes, sans grand intérêt.

HOPITAL SAINT-LOUIS
I, 298

C'est en 1607 (20 juin) et non en 1608 que fut fondé cet hôpital. On avait en vue de transporter dans une région des faubourgs alors à peu près inhabitée, les nombreux pestiférés qui étaient jusque-là soignés à l'Hôtel-Dieu. La première pierre de la chapelle fut posée le 13 juillet 1607. Dans sa *Nouvelle description de la ville de Paris*, 1725, Germain Brice a donné (t. II, p. 51-52) le texte de l'inscription qui se lisait au-dessus de la porte de l'hôpital, et où tout le mérite de la fondation était rapporté à Henri IV, qui l'avait consacrée à saint Louis en l'honneur de son père. Cette inscription, datée faussement de 1608, a disparu sans que nous puissions dire quand. Au-dessus du grand portail d'entrée, on a gravé ces mots dans un cartouche : FONDÉ EN 1607. Les bâtiments anciens ont été conservés et portent bien le cachet des constructions hospitalières du XVIIe siècle, telles que la Pitié. Dans le vaste enclos qui les entoure, ont été élevés plusieurs pavillons spacieux, réservés aux opérations chirurgicales ou au traitement de maladies spéciales. L'hôpital Saint-Louis est devenu ainsi l'un des plus importants de Paris; on y soigne notamment les affections cutanées.

BIBLIOGRAPHIE. — *Sources*. — La Bibliothèque de la Ville de Paris a acquis à a vente des livres de l'abbé Bossuet un manuscrit in-folio, daté approximativement de 1780 et portant pour titre : Observations sur l'agrandissement de l'hôpital Saint-Louis.

Imprimés. — Cf. l'introduction et les notes de l'ouvrage du docteur Achille Chéreau : Les Ordonnances faictes et publiées à son de trompe par les carrefours de ceste ville de Paris pour eviter le danger de peste, 1531, Paris, 1873, petit in-8; — et les *Études sur les hôpitaux de Paris* par M. Husson.

FILLES DE LA CHARITÉ
I, 298

Leur institution fut l'œuvre de saint Vincent de Paul, d'où les deux noms si populaires qui leur sont restés de Sœurs de Charité ou sœurs de Saint-Vincent de Paul. C'est en 1633 que le célèbre supérieur de la Congrégation de la Mission détermina l'ardente charité de Louise de Marillac, veuve de M. Legras, « secrétaire de la feue royne mère », à se dévouer au soin et à la protection des pauvres. Cette dame accomplit sa mission en fondant une maison de charité sur la paroisse Saint-Nicolas du Chardonnet, le 21 novembre 1633; elle la transféra à la Villette au mois de mai 1636 et vint enfin se fixer dans une maison sise au faubourg Saint-Denis, en face de la maison de Saint-Lazare, en 1642. Les actes officiels de reconnaissance de l'établissement, — autorisation de l'archevêque, lettres-patentes, etc., — ne furent rendus qu'en 1653-1658 (Arch. nat. L. 1054).

A notre époque où la curiosité s'exerce si volontiers sur le détail, on ne nous saura pas mauvais gré de citer ce court document trouvé dans les archives des Sœurs de Charité : « Memoire de ce qui entre dans le potage des pauvres honteux pour cent portions : Premièrement, un demi-boisseau de poix. — Une livre de beurre. — Un pain de treize livres. — Une livre et demie de sel ou environ. — Environ pour 4 ou 5 de boiz et pour deux sols de poivre et oignon. Et ainsy l'on augmente à proportion du monde » (L. 1054).

Vers 1780, ces religieuses hospitalières adressèrent une demande de secours à la Commission des loteries; il y est dit que la communauté est, « pour l'ordinaire, composée de près de 200 personnes dont la plus grande partie est de filles infirmes qui se sont usées et consumées au service des pauvres, tant dans les hôpitaux que dans les paroisses de la campagne. » La chemise du dossier porte cette seule mention : « Refusé » (Arch. nat. G⁰ 651).

Quelque incontestables que fussent les services rendus par cette communauté, la Révolution la supprima en 1790 et fit vendre ses bâtiments comme biens nationaux. Ils étaient situés vis-à-vis de l'entrée principale de la maison de Saint-Lazare, dans la rue du faubourg Saint-Denis. La rue de la Fidélité a été ouverte en l'an VI sur leur emplacement. On sait d'ailleurs que les sœurs de Saint-Vincent de Paul se reconstituèrent au commencement du premier empire; leur maison-mère, très importante par les terrains qu'elle occupe et le nombre de sœurs qu'elle abrite est située rue du Bac, 140, sur la paroisse Saint-François-Xavier.

BIBLIOGRAPHIE. — *Sources*. — Archives nationales. L. 1054 : actes officiels d'établissement et de confirmation (1655-1658); « instruction sur les vœux que les Filles de la Charité font après cinq ans d'épreuve dans leur communauté »; liste alphabétique des établissements des sœurs de charité par paroisses et hôpitaux (commencement du XVIIIe siècle); correspondance. — Statuts et instructions : LL. 1663, 1665-1666. — Titres de propriété et de rentes : S. 6160-6180.

Imprimés. — Vie de Mme Le Gras, fondatrice de la Compagnie des filles de la Charité, par Gobillon; Paris, 1676, in-12.

Histoire des dames, sœurs et filles de la Charité ; Paris, 1824, in-8.

HOPITAL DU NOM DE L'ENFANT JÉSUS
I, 298

Il s'appelait en réalité hôpital du Saint-Nom de Jésus et c'est sous ce titre que le mentionnent tous les textes. Lebeuf se trompe aussi en indiquant l'année 1654 comme celle de sa fondation. Les Archives nationales ont conservé (M. 53) l'acte du 29 octobre 1653 par lequel un habitant de Paris qui voulait rester inconnu se servit de l'intermédiaire de saint Vincent de Paul pour cette fondation. Il y consacrait 100,000 livres, et, dans sa pensée, la maison devait recevoir vingt pauvres artisans de chaque sexe.

Telle paraît donc bien être l'origine de l'hôpital du Saint-Nom de Jésus. Nous observerons toutefois que, huit années auparavant, Mathieu Vinot, secrétaire des finances du Roi, avait affecté par testament une rente de 600 livres pour « l'entretenement de six pauvres, savoir trois hommes et trois femmes vieux et caducques et qui ne puissent gagner leur vie..., en faveur de quelqu'une des maisons où l'on reçoit les pauvres de cette qualité ou semblable, comme sont les Petites Maisons ou hospital des Incurables... » (M. 53). La présence même de cet acte dans les archives de l'hôpital dont nous nous occupons, semble assez bien prouver que la donation de Mathieu Vinot fut, par la suite, attribuée à la fondation de 1653 et en est, pour ainsi dire, le point de départ.

Cette maison fut constamment desservie par les Lazaristes et les Sœurs de Charité. Il ne semble pas qu'elle ait prospéré, car, au temps de Jaillot, elle ne donnait plus asile qu'à dix-huit pauvres de chaque sexe.

Supprimée par la Révolution, elle fut occupée en 1802 par la maison de santé qui a été depuis transférée dans la rue du Faubourg Saint-Denis et est connue sous le nom de maison Dubois ; les bâtiments ont été démolis pour la construction des dépendances de la gare de l'Est.

BIBLIOGRAPHIE. — *Sources.* — Archives nationales. M. 53 : Fondations de 1645 et 1653 ; règlements; donations, jusqu'en 1785. — S. 6114 : titres de propriété de la maison et pièces de procédure à leur sujet (XVIIe s.); état des revenus et dépenses de l'hôpital (1689-1740).

Imprimés. — Jaillot, tome II, *Quartier Saint-Martin*, pages 31-32.

COMMUNAUTÉ DE SAINT-CHAUMOND
I, 298

Si l'on se reporte à la notice que Lebeuf a consacrée à Charonne, on y trouvera (t. Ier, p. 479 de l'édition que nous suivons) quelques détails sur l'origine de cette communauté, qui y fut fondée en 1661 par Anne de Croze ; c'était alors le séminaire de l'Union chrétienne. Le 31 août 1683, les religieuses acquirent, au prix de 92,000 livres, un hôtel situé rue Saint-Denis, dit de Saint-Chaumond, que vendaient les créanciers de eu Claude Ménardeau, — seigneur de Champré, contrôleur général des finances, doyen des conseillers de la cour de Parlement, — et de Catherine Henry, sa veuve.

Lebeuf a eu raison de dire que Saint-Chaumond est une forme incorrecte de Sainche-Aumond, *Sanctus Annemundus*[1], mais sa remarque pourrait faire croire que la communauté dont nous parlons avait pour patron saint Annemond, archevêque de Lyon au VIIe siècle. Il n'en est rien. La corruption du nom de Saint-Chaumond est bien plus ancienne, et d'ailleurs ne s'en est pas tenue là, puisque la localité qui le portait s'appelle aujourd'hui Saint-Chamond (Loire, arr. de Saint-Étienne, ch.-l. de canton). Avant d'être possédé par Claude Ménardeau, qui l'avait acquis le 6 juin 1655, au prix de 76,000 livres, l'hôtel des dames de l'Union chrétienne avait appartenu, en effet, à « messire Just-Henry Mitte de Chevrières, marquis de Saint-Chamond et Montpezat, premier baron de Lyonnois » (Arch. nat. S. 4670).

Le couvent de Saint-Chaumond se consacrait surtout à l'instruction des jeunes filles ; au moment de sa suppression, en 1790, il se composait de treize religieuses et de sept sœurs converses ; ses revenus étaient de 41,394 livres, 7 sols, 4 deniers (*ibid.*).

Sur l'emplacement qu'il occupait, fut ouvert en 1798 un passage, dit de Saint-Chaumond, qui reliait la rue Saint-Denis à la rue du Ponceau ; ce passage lui-même a disparu.

BIBLIOGRAPHIE. — *Sources*. — Archives nationales. L. 1056 : donations, fondations, vie manuscrite d'Anne de Croze. — LL. 1667 : délibérations capitulaires (1685-1784). — S. 4670-4671 (carton double) : titres de propriété de l'hôtel Saint-Chaumond (1631-1683) ; accord entre les religieuses et le comte de Tracy sur des questions de mitoyenneté ; il y est fait mention de l'église neuve du couvent (1784) ; titres de propriété rue Saint-Denis et rue de la Lune ; testaments.
Imprimés. — Voyez dans la *Revue universelle des arts*, tome, VIII, page 202,

---

1. Notre savant confrère M. A. Molinier nous communique quelques autres exemples de cette formation incorrecte de noms de lieu où le mot *sanctus* a été ainsi dénaturé : Saint-Chinian (Hérault), venant de *Sanctus Anianus*; Saint-Chély d'Aubrac (Aveyron), venant de *Sanctus Hilarius*; l'abbaye de Saint-Chaffré, au Monestier (Puy-de-Dôme), venant de *Sanctus Theofredus*, etc.

le chapitre consacré à ce couvent par A. Bonnardot dans son Iconographie historique du vieux Paris.

SAINT-LAZARE

I, 298-302

Il est bien à craindre que les origines de la maison de Saint-Lazare ne soient pas plus éclaircies dans l'avenir qu'au temps du P. Du Bois qui s'exprimait ainsi à leur sujet : « Quando leprosorum domus Parisiis primum exædificata sit, neque ego neque quisquam certo possit asserere ». Jusqu'ici, la plupart des historiens avaient signalé comme le plus ancien texte où le nom de Saint-Lazare fût mentionné un acte, qu'ils dataient de 1110, par lequel Louis VI accordait « fratribus Sancti Lazari Parisiensis » une foire devant se tenir près de leur église, le lendemain de la fête de la Toussaint. M. de Lasteyrie, qui a réimprimé cet acte dans le *Cartulaire général de Paris* (t. Ier, p. 240) a fait remarquer que, par suite de certaines mentions qu'il contient, il ne pouvait être antérieur à l'année 1131. La première pièce connue jusqu'ici où figure Saint-Lazare est une charte de Louis VI (*ibid.* t. Ier, p. 214), datée de 1122, où il est question d'un pont situé « juxta domum leprosorum ».

Un point très obscur aussi est celui de la constitution de la maison de Saint-Lazare. Était-ce une simple léproserie ? Était-ce en même temps un prieuré ? Les historiens les plus compétents ont eu à ce sujet des opinions très différentes : Jaillot a consacré de longues pages, réimprimées par Cocheris, à démontrer que ce n'était qu'une léproserie, administrée comme tout autre hôpital. Feu Jules Boullé, dans un excellent travail que la mort a malheureusement rendu incomplet (V. la bibliographie) a très minutieusement étudié la question et noté, d'après les nombreux documents qu'il avait vus, tout ce qui pouvait permettre d'établir si Saint-Lazare avait été un hôpital, ou un prieuré recevant des malades. Sans conclure d'une façon absolument précise, il apporte des preuves très fortes à l'appui de l'opinion de Jaillot, contre celle de l'abbé Lebeuf. La confusion fréquente du titre de *prior* ou de *magister* donné à l'administrateur de la maison, pendant le moyen âge, ne prouve nullement, en effet, que cet administrateur fût un prieur tel qu'en avaient les couvents ordinaires ; au contraire, les statuts de Saint-Lazare montrent très clairement toutes les différences entre les deux espèces de fonctions.

Il y avait une recluse à Saint-Lazare vers 1150 ; l'abbé Lebeuf n'eût pas manqué de signaler le fait s'il l'avait connu : l'évêque de Paris autorisa cette femme, nommée Pétronille, à recevoir sa pitance des frères du lieu, en échange de certains revenus qu'elle leur concédait (*Cartulaire général de Paris*, I, 329).

J. Boullé a donné à la suite de son travail une liste des prieurs de Saint-Lazare jusqu'en 1632, époque où la maison passa aux Pères de la Mission. Nous la lui empruntons en marquant comme lui d'un astérisque les noms déjà connus de l'abbé Lebeuf, et qu'il n'a pas rencontrés dans les textes originaux :

Hervé I, 1160, prieur.
Hymbert, 1178-1180, prieur.
Raoul, 1191, prieur entre 1180 et 1191; il est qualifié « maître » en 1181, dans une charte de Philippe-Auguste.
Daniel, 1193-1194, prieur.
Hervé II, 1203, prieur-maître.
Guy, 1216-1249, prieur-maître.
Etienne, 1263-1270, maître-proviseur.
Symon de Châteaufort, 1270-1272, maître-proviseur.
Philippe, 1285-1297, maistre-proviseur.
Germain du Breuil (de Brolio), 1308-1315, maistre et pourveeur.
Philippe de la Villette, 1318, maistre.
Pierre de Tartchasteau, 1339, maistre et pourveeur.
* Jehan Binel, 1348.
Thomas le Bois, 1364-1382, humble prieur perpétuel.
Richart Espriert, 1395, humble prieur.
* Guy Auseustre, 1414.
Anceau l'Anglois, 1428-1444, prieur.
* Ancelin, 1450, [sans doute le même que le précédent].
Jehan Cappel, 1452-1485, prieur-administrateur et gouverneur.
G. Laurenceau, 1485-1501, prieur-administrateur.
Clément Letellier, 1501-1506, prieur-administrateur.
Macé Berthault, 1506-1510, prieur.
* Nicolas Dupont, 1511-1515, prieur.
Jehan Coulon, 1515-1518, prieur.
Jehan Herpin, 1518-1520, prieur.
Jehan Fabry, 1520-1524, humble prieur.
Jehan Goudequin, 1525-1556, prieur.
Pierre de la Marche, 1564, prieur.
René de Hectot, 1566-1590, prieur.
Jehan Lieuvret, 1592-1611, prieur.
Adrien Lebon, 1611-1632, humble prieur.

On n'ignore pas qu'en 1632 le prieuré de Saint-Lazare fut cédé par Adrien Lebon à la Congrégation de la Mission, dont saint Vincent de Paul était le supérieur général. L'acte de cession (Arch. nat. M. 213) fait connaître que la maison ne contenait plus de lépreux, grâce à la charité des particuliers, et à l'agrégation faite autrefois du prieuré à la Congrégation de Saint-Victor. Il eût été exact de dire aussi que, depuis plus de cent ans, la lèpre avait à peu près complètement disparu de nos régions.

Au moment de cette cession, la Congrégation de la Mission existait depuis sept ans déjà; en effet, par contrat du 17 avril 1625, Philippe-Emmanuel de Gondy et sa femme Françoise-Marguerite de Silly, avaient donné une somme de 45,000 livres à « maistre Vincent de Paul, prestre du diocèse d'Acqs, licencié en droit canon » dont 37,000 payées comptant et les 8,000 autres à payer dans le délai d'un an. Les motifs qui avaient inspiré les donateurs méritent d'être reproduits : « Ilz auroient considéré..... qu'il ne reste que le pauvre peuple en la campagne qui seul demeure comme abandonné, à quoy il leur auroit semblé qu'on pourroit aucunement remédier par la pieuse association de quelques ecclésiastiques de doctrine, piété et capacité cognue, qui voulussent renoncer tant aux conditions des villes qu'à tous bénéfices, charges et dignitez de l'église pour, soubz le bon plaisir des prelatz, chacun en l'estendue de son diocese, s'appliquer entièrement et purement au salut dudict pauvre peuple, allans de villaige en villaige aux despens de leur bourse commune, prescher, instruire, exhorter et cateschisser ces pauvres gens, et les porter à faire tous une bonne confession generalle de toute leur vye passée, sans en prendre aucune retribution en quelque sorte ou manière que ce soit, affin de distribuer gratuitement les dons qu'ilz auront gratuitement receuz de la main liberalle de Dieu... » (Arch. nat. M. 207).

Le document qu'on va lire fournit d'intéressants détails sur l'état matériel de la maison de Saint-Lazare, quelque temps après que la Mission en eut pris possession; c'est un procès-verbal de visite du prieuré, le 27 juin 1659, par Nicolas Porcher, vice-gérant en l'officialité de Paris :

« ... Lequel prieuré nous avons trouvé estre scitué dans le fauxbourg Saint-Denis, proche Paris, et trouvé y avoir une église, d'environ seize thoises de long et deux thoises de large, couverte de thuilles, un petit clocher et quatre petites cloches, avec une horloge; ledit prieuré habité d'environ trente prestres de ladicte congrégation; un petit cloistre, de quatorze toises de long et autant de large, avec des arcades de plastre, vieilles et toutes crevassées; le tout assez bien couvert de thuilles. Ledit cloistre estre appuyé et entouré de trois petits corps de logis, lesquels abboutissent à l'église et en font le carré. Sont tous trois vielz et neanmoins assez bien couverts, mais les murailles estre de plastre et menasser ruine, excepté le pignon de dessus la cuisine, qui a esté de nouveau rebasty tout à neuf de pierres de tailles; lesquels trois corps de logis sont à deux estages seullement.

« Y avoir un petit bastiment entre les deux grandes portes de la première et basse court, contenant environ treize thoises de longueur sur trois de largeur, de pareille hauteur à deux estages, et un grenier au dessus.

« Un petit réservoir, d'une thoise et demie en carré et hauteur dans la muraille qui sépare les deux cours.

« Une petite maison servant d'infirmerie, de six thoises de long sur quatre de large, à deux estages.

« Une basse-cour fermée de murailles de plastre et d'un petit logement et estables, escuries et boucheries, contenant environ soixante thoises de long sur deux de large, et huit ou dix thoises de haulteur, toutes vieilles murailles de plastre, excepté environ le thiers qui ont esté rebasties à neuf depuis huit ou dix ans.

« Au milieu de la cour, y avoir un puits que l'on refait présentement de neuf.

« Un colombier rebasty de neuf et couvert de thuilles.

« Deux petites caves, une dans le jardin et l'autre dans la vieille court, quasy ruynée.

« Une grange de dix-huit thoises de long sur huit de large, de laquelle les murailles sont fort vieilles; neanmoins estre assez bien entretenue de couverture de thuille.

« Un moulin à vent derrière la mesme grange, qui a esté refaict depuis peu.

« Un jardin, contenant un arpent et demy ou environ, moityé en parterre et moityé planté d'ormeaux, vieux arbres qui se meurent pour la pluspart.

« Un petit cabinet, d'environ une thoise et demie en carré, couvert d'ardoise, scitué entre les deux jardins d'en bas et d'en hault.

« Plus, un grand corps de logis basty à neuf par les prestres de ladicte congrégation de la Mission, pour loger les ordinants, contenant environ douze thoises de long et quatre piedz de large et environ huict thoises de hault, couvert de thuille, et quatre estages au dedans, avec une grande cave au dessoubs.

« Environ quatre ou cinq arpents de terre en pepinière et potager, que l'on enferme presentement de murailles neufves à chaux et sable, de dix à douze pieds de hault.

« Un enclos, d'environ quatre-vingt-douze arpents de terre, que lesdicts Pères de la Mission ont tout faict fermer et entourer de murailles de dix à douze pieds de hault.

« Et qu'au milieu du clos sur la rue Saint-Denis, il y a la maison des lépreux avec leur jardin et chapelle au bout, contenant environ huict thoises de long sur trois de large, refaictes, vitrées et couvertes de thuille tout à neuf, avec un puits dans le mur dudict jardin » (Arch. nat. M. 212).

Nous croyons également utile de reproduire, d'après un document inédit des Archives nationales (M. 210) la liste des supérieurs généraux de la Congrégation, depuis saint Vincent de Paul, qui mourut en 1660, jusqu'à la Révolution :

« M. René Almeron, né à Paris, paroisse Saint-Gervais, le 5 février 1613, reçu le 24 décembre 1637, élu supérieur général le 17 janvier 1661. Décédé le 2 septembre 1672.

« M. Edme Jolly, né à Don en Brie, diocèse de Meaux, le 24 octobre 1622, reçu à Paris le 13 novembre 1646, élu le 5 janvier 1673. Décédé le 26 mars 1697.

« M. Nicolas Pierron, né à Monceaux, diocèse de Sens, le 9 may 1638; reçu à Paris le 14 may 1657; élu le 7 août 1797. S'est démis le 2 avril 1703.

« M. François Watel, né à Tranois, diocèse d'Arras, en 1651, reçu à Paris le 24 avril 1670, élu le 11 août 1703. Décédé le 3 octobre 1710.

« M. Jean Bonnet, né à Fontainebleau le 29 mars 1664; reçu à Paris le 28 octobre 1681. Élu le 10 may 1711. Décédé le 3 septembre 1735.

« M. Jean Conty, né à Troyes le 18 février 1667; reçu à Paris le 29 octobre 1684. Élu le 11 mars 1746. Décédé le 4 août 1746.

« Louis Debras, né à Montdidier, diocèse d'Amiens, le 10 août 1678; reçu à Paris le 9 février 1697. Élu le 16 février. Décédé le 21 août 1761.

« Antoine Jacquier, né à Saint-Heand, diocèse de Lyon, le 1er novembre 1706; reçu à Lyon le 8 juillet 1725; élu le 25 février 1762. Décédé le 6 novembre 1787.

« Jean-Félix-Joseph Cayla de la Garde, né à Rodez le 19 février 1734. Élu le 1er juin 1788 ».

A une époque qu'il serait difficile de préciser, mais dès la fin du XVIIe siècle, la maison de Saint-Lazare, — ou plutôt une partie de son vaste enclos, — devint le siège d'une prison où l'on renfermait surtout les aliénés et les fils de famille convaincus de dissipation. Il en est question dans un bon nombre de documents administratifs, et l'épisode bien connu du célèbre roman de *Manon Lescaut* pourrait, à la rigueur, avoir été emprunté à la réalité. On conserve aux Archives nationales un carton coté X^{sb} 1335, contenant les procès-verbaux des visites faites aux détenus chaque année par un président et un conseiller au Parlement. La série en est complète de 1718 à 1788, moins les années 1722-1732. Les prisonniers étaient au nombre de 56 en 1771; en 1788, il n'y en avait plus que 40. On sait que, le 13 juillet 1789, ces prisonniers furent délivrés à la faveur d'une émeute, au cours de laquelle la maison de Saint-Lazare fut pillée. On en fit une prison révolutionnaire en 1793, et elle sert encore aujourd'hui de lieu de réclusion pour les femmes. La cellule qu'avait occupée saint Vincent de Paul a été convertie en oratoire. L'église était devenue, dès 1790, une succursale de Saint-Laurent; elle fut démolie en 1823; Alexandre Lenoir avait eu occasion d'en faire enlever quelques tableaux pour son musée des Petits-Augustins (Cf. *Archives du musée des monuments français*, Ire partie, p. 10 et 24). L'enclos Saint-Lazare était très vaste, puisque la gare du Nord, d'un côté, l'église Saint-Vincent de Paul, de l'autre, ont été construites sur son emplacement.

Avant la Révolution, il contenait le SÉMINAIRE SAINT-CHARLES dont Lebeuf n'a pas parlé, et qui était affecté à la résidence des missionnaires convalescents.

Il convient enfin de donner quelques indications précises sur les deux foires dites de Saint-Lazare et de Saint-Laurent. La première, qui avait été, sans doute, fondée par Louis VI ou, du moins, octroyée par lui à l'hôpital des lépreux, fut, comme le dit Lebeuf, transférée aux Halles par Philippe-Auguste en 1183. Quant à la foire Saint-Laurent, on ne saurait dire non plus précisément de quelle époque elle date. M. Campardon (voy. la bibliographie) cite la charte suivante, de décembre 1344 (d'après le carton S. 6607 des Archives nationales) comme celle qui en contient la première mention :

« Philippe, par la grace de Dieu roy de France... savoir faisons à touz presens et avenir que les mestre, freres et seurs tant sainz comme malades de l'ostel Dieu de Saint-Ladre lez Paris nous ont signifié que, comme la foire du jour de Saint-Laurent soit leur et y aient toute juridicion moienne et basse jusques à l'eure de soleil couchant, neantmoinz les sergenz de la Douzaine de nostre Chastellet de Paris et autres viennent rompre les loges de ladite foire avant l'eure susdicte, de leur volonté et sans avoir povoir de ce, plusieurs fois en donnant à yceulz signifians grant dommaige... ».

Par lettres patentes d'octobre 1661, la foire Saint-Laurent fut confirmée comme possession de la Congrégation de la Mission. Elle durait alors quinze jours, à dater de la fête de Saint-Laurent. La Congrégation obtint des lettres patentes du 12 janvier 1777 lui permettant de l'aliéner au profit d'un sieur Gévaudan, qui la fit végéter jusqu'en 1790; la disparition de l'Opéra-Comique, réuni à la Comédie italienne, lui avait porté une atteinte mortelle. Sur son emplacement, en 1835, on fonda le marché Saint-Laurent qui disparut en 1853 pour le percement du boulevard de Strasbourg.

BIBLIOGRAPHIE. — *Sources*. — Archives nationales. M. 209 : bulles de privilèges (XIIe-XIIIe s.); donation d'Emmanuel de Gondy à saint Vincent de Paul; fondation de la Congrégation de la Mission ; déclaration de 1686 concernant les cures réunies à la Congrégation. — M. 210: constitution de la Congrégation; fondations de bourses et donations, entre autres, celle de Me Étienne Braquet, avocat au Parlement; liste des supérieurs depuis saint Vincent. — M. 211 : donations et fondations diverses : Brulart de Sillery; Suzanne de Thémines, duchesse de Ventadour; Claude Chomel; Hélye Laisné, prêtre, sieur de la Marguerye; J.-B. Gilles ; Jean du Hamel; François Voisin, sieur de Villebourg; François Vincent, prêtre; Marie Lecamus, veuve de Michel Particelle, seigneur d'Hemery. — M. 212 : lettres de collation à la chapelle des Bousseaux à Châteaufort; union du prieuré de Châteaufort à la Congrégation (1632); institution des prêtres de la Mission pour desservir au spirituel et au temporel l'hôtel des Invalides (1675); procès-verbal de visite des bâtiments (1659). — M. 213 : fondations pieuses et titres de rentes, notamment en faveur du séminaire Saint-Charles (XVIIe-XVIIIe s.). — M. 214 : relations diverses et correspondances très curieuses relatives aux missions de la Congrégation à l'Ile de France, à l'Ile Bourbon, en Cochinchine, à Madagascar, etc. — MM. 210 : cartulaire du XIIIe siècle, celui dont J. Boullé a tiré les matériaux de son travail, et dont M. de Lasteyrie a publié beaucoup de chartes dans son *Cartulaire général de Paris*. — S. 6591-6749 : titres de propriété — S. 6607-6636 : foire Saint-Laurent.

Bibliothèque Mazarine : Manuscrits 3277-3280 : catalogue de la bibliothèque de la maison de Saint-Lazare.

Imprimés. — Jaillot, tome II, *Quartier Saint-Denis*, pages 48-63.

J. Boullé, Recherches historiques sur la maison de Saint-Lazare de Paris depuis sa fondation jusqu'à la cession qui en fut faite en 1632 aux prêtres de la Mission, *ap. Mémoires de la Société de l'Histoire de Paris*, tome III, pages 126-191.

E. Campardon, *Les spectacles de la foire*. Paris, 1877, 2 volumes in-8.

A. Heulhard, *La foire Saint-Laurent*. Paris, 1878, in-8.

ABBAYE DE SAINTE-PERRINE

I, 302

L'abbé Lebeuf s'est trompé certainement en plaçant l'abbaye de Sainte-Perrine sur le territoire de la paroisse Saint-Laurent ; il n'est pas douteux qu'elle était sur celui de la Villette, et nous n'en avons pas de meilleure preuve à fournir que le consentement donné à son établissement par les marguilliers et les habitants de cette dernière. En effet, le 9 décembre 1646, « Jacques Tophier, Nicolas Ruelle, marguilliers-fabriciens de la Vilete Saint-Lazare lez Paris, Michel Tophié procureur sindic, Claude Rousseau, Robert Boucault, Hubert Bouret, Jacques, Guillaume et Charles Cottin, Antoine et Jacques Blanchart, Jean Gilbert, Nicolas Tophié, Jean Cadichon, Estienne Lesié et Fremin Berger, tous habitans dudict lieu de la Vilette Saint-Lazare et représentans la communaulté dudict lieu » déclarèrent consentir à la proposition qui leur était faite par « les dames religieuses, abbesse et convent de Saint-Jean des Vignes, aultrement dit Sainte-Perrine de Compiègne », dont l'intention était de venir à la Villette pour y fonder leur monastère dans la maison qu'elles y ont acquise depuis peu (Arch. nat. L. 1033).

Cette abbaye avait été fondée au XIIIe siècle à Compiègne, sous le vocable de sainte Pétronille. La raison que son abbesse allégua, en 1645, pour la transférer à Paris était d'avoir dans cette ville « une plus grande commodité d'observer la discipline régulière par le moyen d'un lieu plus grand et spacieux ». Cette abbesse était Charlotte Ire de Harlay, qui mourut en 1662 ; Charlotte II de Harlay lui succéda, de 1662 à 1688, et après elle la dignité abbatiale fut occupée par

Renée-Suzanne de Longueil de Maisons jusqu'en 1733. L'abbesse suivante, Louise-Françoise Duvivier de Tournefort obtint, en 1742, la translation de l'abbaye dans un couvent situé à Chaillot et possédé par des Génovéfaines, aux biens desquelles furent unis ceux de Sainte-Perrine. La communauté comptait alors douze religieuses de chœur et quatre converses. Nous reprendrons son histoire quand nous en serons arrivé, dans ces additions, au chapitre de la paroisse de Chaillot.

Les anciens historiens de Paris ayant tous considéré, à la différence de l'abbé Lebeuf, que Sainte-Perrine dépendait du territoire de la Villette, aucun n'a parlé de cette abbaye. Les plans mêmes du XVIII° siècle ne la mentionnent pas, sauf celui de Roussel (1730). L'obligeante érudition de MM. J. Cousin et Vacquer nous permet d'affirmer que ces bâtiments étaient situés sur l'emplacement des maisons portant actuellement les numéros 61-65 de la rue de Flandre, et s'étendaient le long de la rue Riquet jusqu'à la rue de Tanger.

BIBLIOGRAPHIE. — *Sources*. — Archives nationales. L. 1033 : requête de l'abbaye de Sainte-Perrine de Compiègne à l'évêque de Soissons, afin d'être autorisée à se fixer à Paris (9 août 1645); pièces relatives à la translation à la Villette (1646), puis à Chaillot (1742-1743). — LL. 1609 : délibérations capitulaires (1626-1742). LL. 1610 : nécrologe.

Bibliothèque nationale. Manuscrit fonds français 25228 : « recueil des exhortations faites par le R.P. Suffran, jésuite, aux religieuses de Sainte-Perrine » (XVII° s.).

Imprimés. — La vie de la mère Antoinette de Jésus, religieuse chanoinesse de l'ordre de Saint-Augustin en l'abbaye royale de Sainte-Perrine, à la Villette proche Paris... 1685, in-12.

Éloge funèbre de très illustre et très religieuse dame Charlotte de Harlay, abbesse de l'abbaye de Sainte-Perrine à la Villette lez Paris, prononcé dans l'église de la même abbaye le dix-septième jour de février 1688, qui estoit le trentième après son décès. Paris, 1688, in-4.

ÉGLISE SAINT-JOSSE
I, 303-305

Avec sa rigueur habituelle, Jaillot a démontré l'invraisemblance trop grande qu'il y aurait à supposer que l'église Saint-Josse était sur l'emplacement d'un hôpital dépendant de Saint-Martin des Champs; tout fait croire, en effet, que cet hôpital se trouvait dans l'enclos du prieuré et non pas seulement dans sa censive, ce qui est fort différent. D'autre part, nous avons recherché dans les titres anciens de Saint-Martin tous ceux qui ont trait à la rue Quincampoix où était située la chapelle de Saint-Josse; tout un carton des Archives nationales (S. 1382) y est consacré, et nulle part ne se rencontre la mention d'un hôpital de ce genre.

Il est fort probable que l'église Saint-Josse fut érigée en cure presqu'aussitôt après sa fondation ; l'acte de cette érection, daté d'avril 1260, la qualifie, en effet, *de novo fundata*. Voici, au surplus, le passage important de cet acte :

« .... Ordinavimus et statuimus ut capella Sancti Judoci, in parrochia Sancti Laurencii infra muros Parisienses de novo fundata, ob ampliationem divini cultus et ut periculis ac aliis inconvenientibus obviaretur salubriter, que quasi propter intolerabilem distanciam proprii sacerdotis in dicta parrochia Sancti Laurencii sepius accidebant, sit matrix ecclesia presbytero Sancti Laurencii qui nunc est, cedente vel decedente presbytero, qui presbyter, quamdiu ecclesiam Sancti Laurencii tenuerit, sicut capellam, si voluerit possidebit... » (Arch. nat. L. 668, orig. sur parchemin).

Outre la confrérie de Saint-Fiacre, il y avait à Saint-Josse une confrérie des compagnons baudroyeurs, qui se réunissait le 1er juillet, jour de la Saint-Thibaut.

Cette église fut supprimée en 1790 et vendue l'année suivante. La fabrique était certainement l'une des plus pauvres de Paris, car les recettes n'y étaient que de 1.817 livres, 10 sols, pour une dépense qui, à la vérité, n'atteignait que 340 livres, 19 sols (Arch. nat. S. 3409). Sur son emplacement, au coin des rues Aubry-le-Boucher et Quincampoix, s'élèvent des maisons particulières.

BIBLIOGRAPHIE. — *Sources*. — Archives nationales. L. 668 : charte de 1260 ; fondations ; inventaire de titres arrêté en 1762. — L. 669 : fragment d'un office noté de Saint-Josse (XIVe s., parchemin) ; titres de rentes. — S. 3409 : titres de propriété ; déclaration de 1790.

Bibliothèque Mazarine. Manuscrit 1927 : « La vie et l'histoire de S. Josse, fidellement extraite de plusieurs autheurs, par un prestre habitué de la paroisse de Saint-Josse à Paris, en l'année 1658 ». Dans son *Catalogue de la Bibliothèque Mazarine*, tome III, n° 3308, M. Molinier pense que ce prêtre est Méliand, curé de Saint-Josse.

Imprimés. — Jaillot, tome Ier, *Quartier de Saint-Jacques-la-Boucherie*, pages 6-10.

ÉGLISE NOTRE-DAME DE BONNE-NOUVELLE

I, 305-306

Le nom et le surnom du quartier où fut fondée cette église s'expliquent assez bien d'eux-mêmes : *Villeneuve*, car ce fut un quartier nouveau, créé le long de la contrescarpe de l'enceinte de Charles V ; *sur Gravois*, à cause des décombres que la ruine de cette enceinte, puis la destruction du quartier lui-même, en 1593, y avaient successivement amoncelés. Le terrain appartenait, depuis le XIIIe siècle, au couvent des Filles-Dieu, et l'on verra tout à l'heure que cette communauté en était encore propriétaire au siècle dernier.

On n'a pas trouvé de documents autres que ceux déjà signalés par l'abbé Lebeuf sur la chapelle de Saint-Louis et de Sainte-Barbe instituée dans ce lieu en 1551. En revanche, il nous paraît inadmissible que l'église Notre-Dame de Bonne-Nouvelle, qui lui succéda au siècle suivant, ait pu être livrée au culte « environ un an après » la pose de la première pierre, c'est-à-dire en 1625 : en effet, l'église actuelle a gardé l'inscription aux termes de laquelle Anne d'Autriche posa la première pierre du chœur en avril 1628 (Guilhermy, *Inscriptions de l'ancien diocèse de Paris*, I, 99). Jaillot a connu la date exacte, 22 juillet 1673, de l'érection en cure de cette église. Il fait remarquer que les historiens ecclésiastiques ont eu le tort de lui donner le nom de Notre-Dame de *Bonnes-Nouvelles* et que ce surnom, équivalent à celui de l'Annonciation, doit être orthographié au singulier. Nous n'en disconvenons pas, mais il faut, du moins, reconnaître que tous les documents manuscrits, que nous avons consultés l'orthographient au pluriel, et c'est ainsi que Lebeuf l'avait écrit dans l'édition originale de son livre.

En 1741, les marguilliers de cette église achetèrent au couvent des Filles-Dieu un terrain au lieu dit les Coutures des Filles-Dieu, pour en faire un nouveau cimetière, et résolurent un emprunt de 9,000 livres pour l'acquisition de ce terrain et la construction de sa clôture (Arch. nat. S. 4703).

Notre-Dame de Bonne-Nouvelle fut supprimée par la Révolution en tant qu'église paroissiale et démolie en l'an V, sauf son clocher du XVIIe siècle. La ville de Paris avait gardé la propriété du terrain de son emplacement, et elle fit reconstruire un nouvel édifice sous le règne de Charles X. Les travaux, dirigés par l'architecte Godde, se poursuivirent de 1825 à 1830. Le 25 mars 1830, jour de l'Annonciation, la nouvelle église fut consacrée par l'archevêque de Paris, ainsi que l'attestee une inscription qui se lit dans la dernière chapelle de droite.

La paroisse est aujourd'hui succursale de Notre-Dame des Victoires (2e arrondissement). Sa circonscription est limitée dans l'îlot formé par les rues Montmartre et Saint-Denis, d'une part, la ligne des boulevards Bonne-Nouvelle et Poissonnière entre ces deux rues, et la rue Saint-Sauveur, d'autre part.

BIBLIOGRAPHIE. — *Sources*. — Archives nationales. L. 691 : faible liasse ne contenant que des titres de fondations peu importantes. — S. 3467 : titres de propriété, déclaration de 1790.

Imprimés. — Jaillot, tome II, *Quartier Saint-Denis*, pages 80-81. — *Inventaire des Richesses d'art de la France*, Paris, Monuments religieux, tome Ier, pages 95-101. Notice de M. J. Guiffrey.

LE PETIT SAINT-CHAUMOND

I, 306

D'après Jaillot (t. II, *Quartier Saint-Denis*, p. 68-69), cette communauté ne fut fondée que le 13 mai 1682 par M. et Mme Berthelot, qui donnèrent à cet effet aux religieuses de Saint-Chaumond la maison qu'ils possédaient dans la rue de la

Lune. Ce fut donc un démembrement, assez peu important, du couvent de la rue Saint-Denis, et nous renvoyons aux renseignements que nous avons précédemment donnés sur ce dernier (page 314) tant pour l'origine de son nom que pour les indications bibliographiques, car les documents des deux maisons sont actuellement confondus.

PRIEURÉ DE SAINT-ÉLOI

I, 306-313

L'étude que Lebeuf a faite du monastère de Saint-Martial, ou de Saint-Aure, ou de Saint-Éloi, abbaye de femmes, devenue depuis prieuré de moines, et enfin, au XVIIe siècle, maison conventuelle des Barnabites, est l'une des plus complètes de son ouvrage; aussi, les travaux de ses successeurs et nos recherches personnelles n'y ajouteront-elles que fort peu.

Le tome Ier du *Cartulaire général de Paris* publié par M. de Lasteyrie contient le texte définitif de tous les actes importants qu'il faut connaître sur les origines du monastère : le diplôme de 871 (p. 96), celui de 878 (p. 70); la charte de 1102 où est mentionnée l'abbesse Hadvise, — qu'il vaut mieux appeler Avoie (p. 153).

Le relâchement de l'abbaye, au commencement du XIIe siècle, n'est pas douteux. Le pape Pascal II, dans une lettre du 6 avril 1103, écrit au clergé de Paris qu'il a chargé le nouvel évêque, Foulques, d'examiner la situation matérielle et morale de la communauté : « De cenobio Sancti Eligii quid agendum sit ejus provisioni commisimus; dicitur enim et loco importunissimo situm, et inhabitantium desidia tam infamie quam erumnie vehementer expositum » (*ibid.*, p. 157).

Toujours dans le même recueil, on trouvera (p. 163-164) la charte de 1107, par laquelle l'évêque Galon, accomplissant le mandat de son prédécesseur, céda le monastère de Saint-Éloi à l'abbaye de Saint-Maur. Lebeuf, cependant, a fait une assez grave erreur en ignorant que, de 1125 à 1134, cette abbaye cessa de jouir du prieuré de Saint-Éloi qui fut rendu, sans qu'on sache pourquoi, à l'évêque de Paris, Étienne de Senlis. Jaillot l'avait déjà fait remarquer; la charte qui confirme la reprise par l'abbaye de Saint-Maur se trouve au *Cartulaire général*, tome Ier, pages 251-253.

Nous aurons fort peu à faire pour compléter la liste des prieurs de Saint-Éloi, telle que l'a dressée l'abbé Lebeuf. Haymon, le troisième prieur, est mentionné dans un acte de 1169 (*Cartulaire général de Paris*, t. Ier, p. 397-8). Isembard, son successeur, sans doute, apparaît déjà comme prieur en 1175 (*ibid.*, 434). Après lui, doit être placé un prieur appelé G. (Cocheris, III, 415). Ansel est encore mentionné en 1218 (*ibid.*, p. 416). Après Geoffroy se trouve un prieur appelé Pierre, qui figure dans un acte de 1257. Guillaume de Corbigny signe, en 1423, un accord avec le Chapitre de la cathédrale (Arch. nat. LL. fol. 50 r°).

C'est le 9 juin 1631 que l'archevêque de Paris concéda aux clercs réguliers de Saint-Paul du sacré collège de Saint-Barnabé, qui occupaient alors une maison du faubourg Saint-Jacques, le prieuré de Saint-Éloi. Voici quelques passages de l'acte dressé à cette occasion, et où il est fait mention des bâtiments concédés : «... ladicte eglise Saint-Eloi aveq toutes les veues, yssues et passages, ainsy qu'elle se maintient et comporte de present, et afin que lesdits Pères et leurs successeurs puissent, aveq plus de commodité celebrer les offices divins et heures canoniales en icelle eglise aux temps et heures legitimes, et en consideration de l'obligation desdits offices et services, leur a ledict seigneur accordé, baillé et délaissé à tousjours une place vuide et adjacente à ladicte eglise, qui contient neuf toises trois piedz de long, ou environ, et qui estoit anciennement le preau du prieuré, avecq le vieil logis construct sur partie de ladicte place joignant le clocher et attaché à une partie de la muraille d'icelle eglise, et où se tient à present le sacristain de ladicte eglise, et encore mondict seigneur delaisse comme dessus aux dicts Peres la chasse et reliquaire de saincte Aure, et toutes les autres reliques, argenterie, cloches et ornemens estans en ladicte eglize, dont en sera faict inventaire et description..., moyennant et à la charge que ladicte eglise portera à perpetuité le nom et titre de prieuré de Sainct-Eloy, annexe dudict archevesché de Paris, sans que, pour quelque cause et occasion que ce soit, il puisse estre chargé ni innové, et encore aux charges, clauses et conditions qui ensuivent : sçavoir que la haulte, moyenne et basse justice demeurera perpetuellement audict seigneur archevesque et à ses successeurs prieurs dudict Saint-Eloy et qu'elle sera exercée en son nom et de sesdicts successeurs ; laquelle eglize, place ou preau demeurera à perpetuité en la censive, justice, police, voirie et seigneurie dudict archevesché à cause d'iceluy prieuré... ; pour l'exercice de laquelle justice ledict seigneur a expressement la salle basse qui sert d'auditoire, située entre ladicte eglise et une allée qui est au dessoubz de la maison qui appartient à (*le nom est resté en blanc*), qui sert de passage pour aller et venir en ladicte place ou preau, avecq tout le petit logement qui est au-dessus de ladicte auditoire, que ledict seigneur s'est aussy reservé pour y faire construire et rebastir quand bon luy semblera, de laquelle allée ou passage lesdicts Peres se serviront pour aller et venir en ladicte place, sauf auxdits Peres de trouver, à leurs fraiz et despens, un autre lieu et place pour servir d'auditoire, chambre pour le Conseil et exercice de ladicte justice. . » (Arch. nat. LL. 1483, fol. 14 v° et s.).

Il n'est pas exact, d'ailleurs, que les Barnabites aient jeté bas et fait reconstruire l'église de l'ancienne abbaye, comme le dit Lebeuf, qui ajoute qu'on y travaillait vers 1640. Le cartulaire auquel nous venons de faire un emprunt, contient à ce sujet des renseignements intéressants : le 5 juillet 1632, l'archevêque permit aux religieux de faire les réparations nécessaires (fol. 28 v°), et le curieux rapport de visitation fait, le 14 juillet suivant, par Edme Boullier, maître juré maçon, prouve bien qu'il ne s'agissait que de réparations, et non d'une réédification complète. Voici les principales indications fournies par ce rapport (fol. 29-33) : il manque un très grand nombre de tuiles à la couverture ; la charpente du clocher est « fort vieille et caducque ou paroist y avoir eu incendie de feu, dont les potteaux, liens et autres pièces sont en partie pourries en leurs liens, jointz, tenons et portées, à cause des trop grands jours qui sont audict clocher, par où les pluyes y entrent ; necessaire de refaire la seconde voulte d'iceluy clocher, laquelle est entièrement abattue, restablir celle d'au dessoubz et recreuser les murs tant au pourtour [qu'] aux lieux et endroictz où ils sont crevassez et ruinez ». Il faut démolir les deux piliers qui soutiennent le dernier arc vers l'autel, remettre des verrières là où il en manque et augmenter les « jours... », pour donner plus d'air et clarté dans ladicte eglize, laquelle est à present fort sombre ». Il faut encore refaire toute la maçonnerie de la porte donnant sur la rue de la Savaterie ainsi que la plate-bande de l'entrée « du costé de la court Saint-Eloy ». Enfin, l'expert est d'avis « qu'il est necessaire, tant pour la commodité publicque que embellissement de l'eglize, d'oster le jubé et chaires du chœur, et esbaucher les arcs de pierres de taille qui incommodent le public, tenans beaucoup de place ».

On sait bien peu de choses sur l'église paroissiale de Saint-Martial qui fut démolie entre 1715 et 1722. Une confrérie de charité pour les pauvres y avait été fondée en 1677; du moins est-ce à cette date que l'archevêque en approuva les statuts (Arch. nat. L. 701).

Le couvent des Barnabites, supprimé en 1790, fut vendu en l'an V, et ses bâtiments, sauf l'église, convertis en maisons particulières ou remplacés par de nouvelles constructions. Leur enclos, qu'on avait jadis appelé la *Ceinture Saint-Éloi*, n'était plus au XVIIIe siècle, comme Lebeuf paraît le croire, limité par les rues de la Barillerie, de la Calendre, au Fèvre et de la Vieille-Draperie ; depuis l'installation des Barnabites, cet enclos avait été restreint, presque de moitié, du côté de l'est. Le percement des rues de la Cité et de Lutèce, sous le second Empire, fit disparaître tout vestige des lieux où saint Éloi avait fondé le monastère de Saint-Martial. Les travaux mirent au jour, à la fin de l'année 1858, le portail de l'église des Barnabites, qui, depuis la Restauration, avait servi de « dépôt général des comptabilités du royaume ». (Cf. *Revue archéol.* de 1859, Ire partie, p. 374). On résolut d'utiliser ce portail, bien que son style fût des plus médiocres, et pierre à pierre, à grands frais, on le transporta contre la façade de l'église des Blancs-Manteaux.

BIBLIOGRAPHIE. — *Sources*. — Archives nationales. LL. 75 (ancien 167) : cartulaire de Saint-Éloi, rédigé au XIVe siècle, 83 feuillets, parchemin, daté à la fin du 1er janvier 1392 (n. s.); c'est surtout, en réalité, le censier de Saint-Éloi aux XIIIe et XIVe siècles et Cocheris en a publié les plus intéressants passages dans ses notes sur ce prieuré (t. III, p. 413-415, 416-419). — LL. 1483 : cartulaire des Barnabites (1622-1657); 307 feuillets, papier. — LL. 1484 : deuxième cartulaire (1631-1675) ; les actes y sont transcrits dans l'ordre méthodique. — LL. 1485 : « Obligations perpetuelles, tant de messes que d'autres offices d'eglise et œuvres de piété fondées chez les RR. PP. Barnabites de Saint-Eloy, depuis l'année 1631 » jusqu'en 1753. — LL. 1486 : livre des bienfaiteurs de la communauté. — S. 3647-3655 : titres de propriété.

Bibliothèque Mazarine. Manuscrit 3271 : « Catalogus librorum bibliothecæ Barnabitarum Sancti Eligii Parisiorum », XVIIIe siècle.

Imprimés. — Jaillot, tome Ier, *Quartier de la Cité*, pages 18-20.

SAINTE-CROIX DE LA CITÉ

I, 313-315

Les trois petites églises de la Cité dont nous allons maintenant parler, Sainte-Croix, Saint-Pierre des Arcis et Saint-Pierre aux Bœufs, dépendant toutes trois du prieuré de Saint-Éloi, étaient toutes trois érigées en paroisses au XIIe siècle, mais il a été jusqu'ici impossible de préciser à quelle date. Jaillot pense que ce fut entre 1125 et 1134, c'est-à-dire pendant la période où le prieuré de Saint-Éloi fit retour à l'évêché de Paris, et cette supposition est fort vraisemblable.

Il nous est parvenu bien peu de documents sur Sainte-Croix : le carton des Archives nationales L. 634 contient le testament de Pierre Richard, prêtre-clerc de cette église, en date du 9 novembre 1575. Le testateur stipulait qu'en échange de l'abandon de tous ses biens, son corps serait inhumé devant l'autel Notre-Dame de ladite église, et en habits, « sçavoir est le amyt, aulbe, sainture, fanon, estolle et chazuble, gans et chaussons, et le calice entre les mains » ; son corps serait porté par quatre clercs des paroisses circonvoisines, en suivant les rues de Gervais-Laurent, de la Calandre, de la Vieille-Draperie, et par eux recouvert de terre.

Aux quelques curés de Sainte-Croix dont Lebeuf a retrouvé les noms, nous ajouterons Pierre Desvignes et Pierre Bitter. Le premier est mentionné dans l'inscription d'une cloche de l'église de Leudeville (Cf. Lebeuf, IV, 219), en 1770, comme ayant béni cette cloche (*Inscriptions de l'ancien diocèse de Paris*, IV, 64). Le second était curé en 1790 et déclara aux commissaires de la Révolution que les revenus de sa cure s'élevaient à 800 livres (S. 3322).

L'église Sainte-Croix fut vendue et presqu'entièrement démolie en 1797. Les anciens plans montrent que son vaisseau formait un parallélogramme et ne comportait qu'une nef sans bas-côtés. Ce n'est qu'en 1846 qu'on abattit le portail, qui avait été conservé pour servir de porte à une maison de la rue de la Vieille-Draperie. On se rendit compte alors que l'église avait été construite sur l'emplacement d'une maison romaine. Cet emplacement correspond à l'angle du marché aux Fleurs et de la rue de Lutèce.

BIBLIOGRAPHIE. — *Sources*. — Archives nationales. L. 634 : exclusivement le testament de Pierre Richard que nous avons analysé. — LL. 700 : délibérations de la fabrique (1608-1724). — LL. 701-703 : martyrologes (1713-1778). — S. 3322-3323 : titres de propriété.

Imprimés. — Jaillot, tome Ier, *Quartier de la Cité*, pages 48-50.

Notice historique sur le quartier de la Cité à Paris, à l'occasion de la démolition des restes de l'église paroissiale de Sainte-Croix, par Troche, ap. *Revue archéologique*, tome II, 1846-1847, page 740.

SAINT-PIERRE DES ARCIS
I, 315-317

Le champ des conjectures sur l'origine du surnom de cette église reste ouvert. L'opinion de Lebeuf demeure la plus probable encore, bien que les textes du xii⁰ siècle emploient la forme *de arsionibus*.

Dans la bulle de 1164 par laquelle Alexandre III confirme les possessions du prieuré de Saint-Éloi, Saint-Pierre des Arcis est qualifiée d'église, et non de chapelle.

Il faut voir une faute d'impression dans l'indication de date : 4 mai 1424, que donne Lebeuf pour la dédicace de cette église par l'évêque de Paris ; c'est 4 mars 1424 (par suite 1425) qu'il faut lire, et Cocheris a été mal inspiré, en corrigeant notre auteur pour copier Jaillot, de fournir la date du 24 mars 1424, qui n'est pas plus exacte. Voici, au surplus, le texte de cet acte de dédicace que nous avons tout lieu de croire inédit :

« Pateat omnibus fidelibus quod anno Domini millesimo quadringentesimo XXIIII⁰, die quarta mensis marcii, conservata fuerunt in ista parrochiali ecclesia Sancti Petri de Arcisiis Parisius, per reverendum in Christo patrem et dominum dominum Johannem de Nanto, miseratione divina Parisiensem episcopum, quinque altaria lapidea magna, videlicet altare sancti Petri ejusdem ecclesie patroni ; altare beate Marie virginis, Dei genitricis ; altare sancti Bartholomei, apostoli ; altare sancti Johannis Baptiste et altare sancti Yvonis, confessoris. In quibusquidem altaribus, eadem consecrando, per dictum reverendum patrem posite fuerunt et recondite plures reliquie, tam de ligno sancte Crucis, quam de parte cujusdem ossis sancti Bartholomei, quam eciam de reliquiis undecim mille virginum et aliorum plurimorum sanctorum et sanctarum, que in eisdem, adjuvante Domino, in evum consecrabuntur. Eadem autem die, dictus reverendus pater concessit omnibus in dicta consecratione assistentibus, et qui de cetero dicta die consecrationis ipsam ecclesiam visitabunt, de bonis a Deo sibi collatis pietatis intuitu eidem elemosinando, triginta dies indulgentie. Presentibus ad hec venerabilibus et discretis viris dominis et magistris Johanne Majoris, curato ecclesie predicte ; Guillermo Guerardi, bachalario in theologia ; Adam Flamigi et Johanne Fabri, presbiteris ; Roberto Agode, consiliario domini nostri regis in suo parlamento ; Galesio du Ploich ; Johanne Villani, in curia parlamenti procuratoribus ; Johanne Probi hominis, notario domini nostri regis in suo Castelleto Parisiense ; Michaele Monachi ; Galterio Dionysii ; Johanne Maillet ; Petro de Tramblay et Johanne Brisseti, burgensibus, et aliis quampluribus honestis et providis viris, testibus ad premissa vocatis specialiter et rogatis » (Arch. nat. L. 701, orig. sur parchemin, en forme de pancarte).

Nous avons trouvé les noms de Claude-François Thomassin, curé de Saint-Pierre des Arcis, entre 1723 et 1743 ; de Jean-Charles-Louis Crespeaux, curé, qui, en janvier 1771, fonde un lit aux Incurables ; de Étienne-Joseph Leclerc, curé en

1772; de Roch-Damien du Bertrand, curé en 1784 et encore en 1790 (Arch. nat. L. 701).

En 1791, Alexandre Lenoir recueillant tout ce qui pouvait faire partie de son musée des monuments français s'exprimait ainsi : « Dans l'église Saint-Pierre des Arcis que je visitai le 19 janvier 1791, j'ai remarqué et noté un superbe tableau de Carle Van Loo représentant saint Pierre guérissant un lépreux à la porte du Temple et une statue de bois, en pied, d'un style gothique, représentant saint Martial, évêque de Limoges (*Archives du Musée des Monuments français*, IIe partie, p. 6). Le tableau de Van Loo est aujourd'hui à Saint-Louis en l'Ile. L'église Saint-Pierre des Arcis fut démolie à la fin du siècle dernier. Sur une partie de son emplacement s'élève le tribunal de Commerce.

BIBLIOGRAPHIE. — *Sources.* — Archives nationales. L. 701 : charte de dédicace de 1425 ; titres de rentes ; inventaires des objets mobiliers en 1726, 1744, 1756, 1771, 1774. — L. 702 : déclaration des biens de l'église en 1744. — S. 3482-3485 : titres de propriété. S 3476 : déclaration des biens de la fabrique en 1747 et en 1766.

Imprimés. — Jaillot, tome Ier, *Quartier de la Cité*, p. 46-48.

SAINT-PIERRE AUX BŒUFS
I, 317-319

Aucun historien n'a encore fait remarquer l'existence probable de cette église dès l'époque carolingienne. Le premier, M. de Lasteyrie a publié dans le *Cartulaire général de Paris* (t. Ier, p. 84-85) un document du 23 août 925 et portant ce titre : « Quomodo Teudo, vicecomes Parisiorum, dedit cenobio Fossatensi ecclesiolam Sancti Petri, que dicitur ad Boves. » Le texte de cet acte ne provient, à vrai dire, que d'un cartulaire du XVe siècle (Fonds de Saint-Maur des Fossés, Arch. nat. LL. 115), et M. de Lasteyrie a admis sans discussion l'attribution donnée par le rédacteur du cartulaire; le diplôme est, en réalité, moins explicite, car la petite église en question n'y est mentionnée que sous cette forme : « ... infra urbem Parisiorum cum quadam cellula in honore sancti Petri funditus destructa. » Il est donc prouvé qu'au Xe siècle la cité de Paris possédait une sorte d'oratoire élevé en l'honneur de saint Pierre; et complètement en ruines, sans doute depuis les guerres des Normands. Faut-il affirmer que cet oratoire fut l'origine de l'église de Saint-Pierre aux Bœufs ? En l'absence de toute autre preuve, il y aurait quelque témérité à le dire ; le fait n'en devait pas moins être signalé.

Il serait plus téméraire encore d'accepter sans réserve l'explication que notre auteur a donnée du surnom de cette église. Sans doute, n'est-ce pas par un puéril sentiment de vanité nobiliaire qu'il a cru en voir l'origine dans le nom, d'ailleurs si répandu, d'une famille appelée Bœuf ou Le Bœuf. Si l'on considère que le nom de Saint-Pierre aux Bœufs apparaît dès 1136, c'est-à-dire à une époque où les noms de famille commençaient à peine d'exister, il deviendra difficile de le croire. Pourquoi ne pas admettre tout simplement que ce surnom se rattache à l'idée de bœufs, soit qu'il y ait eu, dès le XIIe siècle, une ou plusieurs boucheries dans le voisinage de l'église, soit que la décoration architecturale de l'édifice ait comporté la figuration de bœufs?

Cette paroisse, de très faible importance, fut supprimée par la Révolution et vendue en l'an IV. L'église, toutefois, ne fut pas démolie, et, en 1837, son portail fut acheté par la ville de Paris pour être appliqué à l'une des façades de Saint-Séverin (Voy. plus haut, p. 74). L'Hôtel-Dieu s'élève sur l'emplacement de Saint-Pierre aux Bœufs.

BIBLIOGRAPHIE. — *Sources*. — Archives nationales. L. 702 : compte des marguilliers (XVIIIe s.). — S. 3486 : titres de propriété, notamment à Vincennes; déclaration des revenus en 1790.

Imprimés. — Jaillot, tome Ier, *Quartier de la Cité*, p. 157-158.

ÉGLISE SAINT-BOND

I, 319-320

Le mémoire auquel renvoie Lebeuf se trouve au tome III, pages XLIV-LXIV de ses *Dissertations sur l'histoire ecclésiastique et civile de Paris*; il est intitulé : « Mémoire en forme de lettre, adressé à M. Fenel, chanoine de l'église de Sens, sur une église de la ville de Paris qui est peu connue; » le titre courant est celui-ci : « Lettre sur l'église de Sainte-Colombe, située dans Paris. » Ce n'est qu'avec les plus grandes réserves, — on l'aura remarqué, — que nous avons indiqué l'hypothèse de la persistance, à travers la crise du IXe siècle et celle de l'an mil, d'une chapelle de Saint-Pierre, devenue église paroissiale sous le nom de Saint-Pierre aux Bœufs : au moins, avions-nous pour étayer cette hypothèse l'appui d'un document. Cette fois, il nous est impossible de suivre l'abbé Lebeuf dans l'assimilation qu'il fait d'une chapelle de Sainte-Colombe, mentionnée au VIIe siècle, et dont on ignore jusqu'à l'emplacement, avec celle de Saint-Bond que l'on ne trouve pas dans les textes avant le XIIe siècle. Au reste, on pourra lire dans Jaillot (t. III, *Quartier de la Grève*, p. 8-13) des arguments de nature à renverser le trop frêle échafaudage de conjectures qu'avait élevé notre auteur.

Par une regrettable fatalité, le fonds de la chapelle Saint-Bond n'est pas parvenu aux Archives nationales; nous avons donc fort peu de renseignements autorisés à produire à son sujet. Le *Mémoire de la généralité de Paris*, rédigé vers 1700, l'appelle inexactement prieuré (p. 28) et dit que son revenu était de 1,500 livres. Un manuscrit de la Bibliothèque nationale que nous avons déjà cité (fonds franç. 15382) indique un revenu de 2,000 livres. Le titulaire était alors l'abbé Chapelier, chanoine de Notre-Dame.

L'édifice, que Lebeuf a suffisamment décrit, fut démoli en 1692; une maison particulière sise 8, rue Saint-Bon, a été construite sur son emplacement; il était, comme on voit, situé à quelques mètres seulement de Saint-Merry.

ÉGLISE SAINT-PAUL
I, 320-329

P. 320-321. — Il est à craindre que l'on ne soit jamais fixé sur la question de savoir si c'est saint Paul apôtre, ou saint Paul ermite qui fut le patron de cette église; Lebeuf incline pour ce dernier; les historiens qui, après lui, ont traité la question, ont pensé autrement, sans donner de bien décisives raisons : nous préférons ne pas nous prononcer, en l'absence de textes que l'on ne saurait désormais produire.

P. 322. — Il eût été bon, pour prouver l'importance, au XIIe siècle, du quartier où s'élevait l'église Saint-Paul, bien que hors les murs, de citer ce passage d'un diplôme de 1141 (n. s.) par lequel Louis VII confirme les possessions du prieuré de Saint-Éloi : « apud Sanctum Paulum, extra civitatem, hospites et terras et decimas, bannum similiter et sanguinem et vicariam, cum omnibus justiciis et consuetudinibus ipsarum terrarum suarum » (J. Tardif, *Monuments historiques. Cartons des rois*, p. 244).

P. 323-325. — Le monument de l'église Saint-Paul a disparu depuis près d'un siècle. Les estampes qui nous en ont conservé la vue montrent, en effet, une bâtisse de la seconde moitié du XVe siècle, avec quelques parties plus modernes. Nous pouvons ajouter quelques détails à ceux qu'a fournis l'abbé Lebeuf sur cet édifice : en 1465, Louis XI donna à la fabrique la cloche de l'horloge de l'hôtel Saint-Pol; le compte du travail que nécessita cette translation a été publié dans nos recherches sur l'Hôtel Royal de Saint-Pol à Paris (*Mémoires de la Société de l'Histoire de Paris*, t. VI, p. 152-154). A diverses reprises, Louis XI et ses successeurs donnèrent aux marguilliers la plus grande partie de cet hôtel même de Saint-Pol, en 1482 (*ibid.*, p. 154-156), puis en 1519 (*ibid.*, p. 159 et s.) Ce dernier acte atteste que l'église était alors en reconstruction : « ... et combien que l'église parrochial de Sainct-Paoul à Paris, en laquelle noz predecesseurs ont fondé six obiitz solempnelz, ait esté puis n'a guères construicte, ediffyée et decorée aux despens de l'œuvre, fabrique et paroissiens d'icelle; toutes foys, en frequentant la dicte eglise pour oyr le service divin, avons certaynement congneu qu'elle n'est assez ample ne spacieuse à recepvoir le peuple qui y afflue pour y prendre lesdictz sacremens et oyr le service divin sans grant trouble, desordre et confusion, irreverence de Dieu et contempnement desdiz sacremens et service : pour à quoy obvier, lesdictz paroissiens et marguilliers ont entreprins et commencé, au chevet d'icelle eglise, une sumptueuse chapelle en l'honneur de la glorieuse mère de Dieu, et la joindre et unir avec l'ancienne église, laquelle chapelle ne leur est possible achever sans avoir aide de nous, mesmement de la portion de nostre maison vulgairement appelée l'hostel de Sainct-Paoul... »

Ce cimetière dont il vient d'être question est célèbre par les charniers qu'il contenait et sous lesquels tant d'illustres personnages furent inhumés. On les construisait encore au mois de février 1482, comme le prouve ce passage d'un acte de Louis XI également publié dans notre travail sur l'hôtel Saint-Paul (*ibid.*, p. 155) : « Louis par la grâce de Dieu, roy de France, sçavoir faisons à tous presents et à venir qu'il est, puis n'a guères advenu à nostre connaissance que, au coing du cimetière parrochial de Monsieur Sainct-Pol à Paris, a une petite place, contenant 4 toizes de long et 2 toizes et demie de large ou environ, qui est enclavée et entre au dedans le cimetière, et à l'occasion d'icelle, y a difformité en la quarrure d'iceluy cimetière, et ne se peuvent bonnement parachever les galleries ou charniers que les habitants de ladicte paroisse ont encommencées de faire alentour dudict cimetière, par lesquelles galleries se pourroient faire à couvert, en temps de pluye, les processions qui, chacun dimanche et autres festes se font et continuent à l'entour dudict cimetière... » M. l'abbé V. Dufour aurait mis à profit ce précieux texte, s'il l'avait connu, dans son étude sur « le Charnier de l'ancien cimetière Saint-Paul ».

Pour en finir avec ce qui a trait à l'édifice même de Saint-Paul, nous dirons qu'on y travaillait en 1539, d'après un compte de l'épargne transcrit par Clairambault (Voy. à la bibliographie des sources). En 1636, une porte fut ouverte sur le bas-côté nord de l'église, et, en face de cette porte, on pratiqua un passage aboutissant à la rue Saint-Antoine; c'est le passage Saint-Pierre, qui existe encore aujourd'hui. Les historiens de Paris n'ont pas connu ce détail de topographie ; aussi reproduirons-nous le document où nous l'avons rencontré :

« Aujourd'huy xxive jour de mars mil six cens trente six, le Roy estant à Saint-Germain-en-Laye, désirant pieusement traicter l'église et fabricque de Saint-Paul à Paris et pour la commodité des paroissiens d'icelle leur faciliter l'entrée d'une porte du costé de la rue Sainct-Anthoine, pour la decoration d'icelle leur permettre de faire construire une grande porte pour ladite entrée avec piedz d'estaux et collonnes en saillie de dix-huict à vingt poulces, outre le princippal corps des piedz droictz de ladicte porte, et mettre aussy en saillie les bornes nécessaires pour la conservation de ladite porte, et mesme faire couvrir le ruisseau de la mesme rue en forme de chaussée, ainsy qu'il est en ladite rue, vis à viz du dict portail, Sa Majesté, conformément à l'advis à elle donné par son voyer de Paris, du xviiie jour du présent mois, a accordé et accorde aux marguillers de ladicte église et paroisse de Sainct-Paul de faire faire lesdittes saillies, mettre lesdittes bornes et faire la chaussée sur ledit ruisseau, m'ayant à cest effect commandé d'en expedier toutes lettres et provisions necessaires, et cependant le present brevet qu'elle a voullu signer de sa main et estre contresigné par moy son conseiller d'estat et secretaire de ses commandements. Louis (et plus bas) : Phelypeaux » (Arch. nat. S. 3473).

Nous nous sommes autrefois occupé de la cuve baptismale de Saint-Paul dans une commuication à la Société de l'Histoire de Paris (*Bulletin*, t. IV, 1877, p. 78) pour démontrer que Charles V n'avait pas dû y être baptisé. Une légère discussion s'est même engagée sur ce point entre feu M. de Guilhermy et nous (Cf. *Bulletin*, t. V, 1878, p. 27). Cette cuve remplit maintenant dans l'église de Médan (Seine-et-Oise) le même office que jadis à Saint-Paul, et l'inscription du xve siècle que l'on peut y lire, atteste, entre autres détails, que la translation fut faite en 1491. On ne s'explique guère pourquoi les marguilliers de Saint-Paul se défirent d'un monument semblable, où deux rois de France, au moins, Charles VI et Charles VII, avaient reçu le sacrement de baptême. Nous n'oserions, toutefois, affirmer que le baptistère qu'ils acquirent dès lors était celui que, le 29 juin 1794, Lenoir fit entrer au Musée des monuments français. On lit, en effet, cette note dans un de ses états : « Le 11 messidor [1794] j'ai reçu de la ci-devant église Saint-Paul une cuve de marbre rance, servant de fonts baptismaux » (*Archives du Musée des Monuments français*, IIe partie, p. 164).

P. 325. — L'église Saint-Paul et son cimetière reçurent la sépulture d'un grand nombre de personnages illustres, et Lebeuf n'en a indiqué que fort peu. En attendant la publication, que poursuit M. Raunié, de l'Épitaphier du vieux Paris, nous signalerons les indications fournies par M. l'abbé V. Dufour, notamment sur la sépulture de Rabelais et des Béjart, et les textes qu'a recueillis de Guilhermy (*Inscriptions de l'ancien diocèse de Paris*, t. Ier, p. 283-293) sur la famille de Bragelongue, Claude Berbier du Mez, général des armées de Louis XIV, et Jules Hardoin Mansart, architecte du roi, mort en 1708. Lebeuf n'avait mentionné que la sépulture de François Mansart, oncle de ce dernier, mort en 1669. D'autre part, M. L. Delisle a publié dans le *Bulletin de la Société de l'Histoire de Paris*, (t. VII, 1880, p. 163), l'épitaphe de Jean de Blaru, secrétaire de Charles, duc de Berry, frère de Louis XI.

P. 326-327. — La liste des chapelles de l'église Saint-Paul a été dressée par M. l'abbé Dufour dans le travail cité plus haut; nous la reproduisons d'après lui, avec les noms des titulaires de ces chapelles.

Chapelle Saint-Louis, dite de Nicolas Gille, aux de Noailles,
— de Notre-Dame de Pitié ou des Parfaits, aux Parfait. (Sur cette chapelle, voyez plus bas à la bibliographie des sources).
— de Saint-Jérôme, aux Malbre du Houssay,
— de Saint-Étienne, aux Foulé de Mortangis,
— de Saint-Joseph, aux Garnier,
— de l'Annonciation, aux de Guénégaud,
— de Sainte-Geneviève, aux Chenoise,
— de Saint-Jacques, aux de Chavigny,
— de Saint-Jean-Baptiste, aux Gobelin de Brinvilliers,
— de Saint-Mars et Saint-Sulpice, aux Sully (branche cadette),
— de Saint-Lubin, à l'abbé de Sainte-Croix, puis à M. de la Plane,
— de Saint-Vincent, aux Scarron (branche collatérale),
— de la Communion, à M. de Lebel,
— de Sainte-Anne, à M. Olier de Verneuil,
— de Sainte-Gemme (mentionnée dès 1479),
— de Sainte-Amable d'Auvergne, à M. Hennequin,
— de Saint-Philippe, aux (Bragelongne),
— de Saint-Roch, aux Chambray.

Nous avons cru devoir former aussi une liste chronologique des curés de Saint-Paul en réunissant aux mentions fournies par Lebeuf celles que nous avons pu rencontrer de divers côtés; il n'en reste pas moins quelques lacunes difficiles à combler.

Reginaldus, en 1263 (d'après Cocheris, III, 439).

.. Richard en 1295 (Lebeuf, p. 325); le même appelé *Richardus de Charrouna* en 1297 (Lebeuf, t. I, p. 482).

Denis de Sai ͏-Clair, en 1350 (Lebeuf, p. 326).

Jean Menar͏ , mentionné de 1372 à 1385 (Arch. nat. S. 3472).

Raoul Pasque ou Paste, dit de Justine, chanoine de la Sainte-Chapelle du palais royal et curé de Saint-Paul, en 1397 (S. 3472) et en 1400 (Lebeuf, p. 327).

Jean Roussel, chanoine de Rouen, en 1481 (S. 3472); — le 6 octobre 1490 (Lebeuf, p. 325).

Charles du Bec, de 1492 à 1501 (Lebeuf, p. 327).

Hugues l'Esprevier, en 1552 (*ibid.*).

Simon Vigor, en 1574 (*ibid.*).

Jacques du Pré, son successeur (*ibid.*).

Antoine Fayet, de 1623 à 1626 (Mémoire sur la fondation de la paroisse Sainte-Marguerite, 1738, in-12; voy. à la bibliographie de cette paroisse).

Nicolas Mazure, mentionné de 1629 à 1663 (*ibid.*).

Gilles Lesourd en 171? (Cocheris, p. 491).

Guillaume Bourret, en 1713, mort en 1721 (*ibid.*).

Pierre Gueret, grand-vicaire de l'archevêché de Paris, mentionné de 1723 à 1758 (S. 3473); curé de 1721 à 1764, d'après Cocheris (p. 491).

Perrin, curé de Saint-Paul, puis prieur de la Ferté-Milon (S. 3474).

Pierre-Louis Bossu, mentionné dès 1779; encore curé en 1790 (S. 3473). Sur la part qu'il prit aux événements qui ont suivi la prise de la Bastille, cf. le livre de G. Lecocq, *la Prise de la Bastille et ses anniversaires*.

Cocheris a publié (t. III, p. 439-440) un curieux document du 18 janvier 1491 indiquant quelles étaient alors les limites de la paroisse; on y trouve des noms de lieu qui peuvent servir de point de repère pour marquer l'étendue de la circonscription : la Granche aux Merciers, le Val de Fesquan, le vielz chemin du pont de Charenton, les terres de la chambre de France (?), le chemin qui va de Saint-Denis au chemin de Saint-Mor, la pointe de Ruilly, le lieu de l'Espinette à Saint-Mandé, les vignes de Montempoivre, la tourelle du bois de Vincennes, le chemin de la Pissotte, le chemin qui va de Paris à Monthereuil, le terroüer de Vignolles, la Croix-Faubin, la Plante Belon-la-Blonde, la Saussaye des Noes, l'ostel les Sacys, la Cousture Saint-Eloy. — Lors de la création de la paroisse Sainte-Marguerite, toute la partie de ce vaste territoire sise à l'est des murailles de la ville fut détachée de la circonscription de Saint-Paul.

La Révolution conserva l'église Saint-Paul comme l'une des paroisses de Paris; mais la caducité de l'édifice fit qu'on le vendit comme propriété nationale en l'an V et que le culte fut transféré dans l'ancienne église de la maison professe des Jésuites, devenue la chapelle du prieuré de Saint-Louis la Culture. On peut reconnaître encore quelques voûtes de Saint-Paul en parcourant le passage Saint-Pierre, qui va de la rue Saint-Paul à la rue Saint-Antoine; ce passage limite exactement la configuration de l'église du côté du nord et de l'est.

BIBLIOGRAPHIE. — *Sources*. Archives nationales. L. 694-700 : fondations, inventaires, travaux de réparations à l'église. — LL. 887-899 : délibérations de la fabrique. — LL. 900-903 : confréries du Saint-Sacrement et de la Conception.

— LL. 884, 886 : cartulaires du xviii° siècle. — S. 3471 : titres de propriété et baux de maisons sises rues Saint-Paul, du Figuier, Saint-Antoine, de Jouy ; pièces relatives à l'établissement du séminaire des enfants de chœur de la paroisse (1627-1634). — S. 3472 : actes concernant le don de l'hôtel Saint-Paul à la fabrique par Louis XI et François Ier; déclaration du revenu de la paroisse en 1763 : 47,146 livres, 16 sols, 10 deniers; titres de propriété d'une maison dite de la Rose, rue Saint-Antoine, d'une autre maison, rue Neuve Saint-Gilles ; de maisons sises rue de Jouy et rue des Nonnains d'Hyères (1403-1787). — S. 3473 : baux de maisons appartenant à la fabrique; pièces relatives au passage Saint-Pierre, au loyer des chaises dans l'église; quittances des boues et lanternes. — S. 3474 : biens de la fabrique à Paris, rues des Poulies et des Jardins; — à Charonne; fondation de Jeanne la Gentienne (xve s.) et de Jean d'Escars, seigneur de la Vauguyon. — S. 3475-3480 : titres de propriété en divers lieux.

Bibliothèque de la Ville de Paris : « Compte de la fabrique de la paroisse Saint-Paul à Paris pour l'année commencée le dimanche d'après Quasimodo 1707 et finie au dimanche de Quasimodo 1708, fourni par Charles Langlois, marchand drapier, marguillier de la fabrique », manuscrit 2141 in-folio (xviiie s.) — Papiers, relatifs à la famille Parfait et à la fondation, dans l'église Saint-Paul, de la chapelle qui porte son nom (xviie et xviiie, s.). manuscrit 15979 et 15979 ^A, in-folio.

Bibliothèque nationale : Manuscrit Clairambault 1242, pièce 1665 : comptes de travaux à Saint-Paul en 1539.

Imprimés. — Jaillot, tome III, *Quartier Saint-Paul*, pages 30-33. — L'abbé Valentin Dufour, « le Charnier de l'ancien cimetière Saint-Paul », *ap. Revue universelle des Arts* de février et mars 1866. Voy. aussi plus bas la bibliographie de l'église Saint-Paul Saint-Louis, au chapitre de la maison professe des Jésuites.

ILE LOUVIER

I, 329

Sauval nous apprend (t. Ier, p. 89) qu'en 1370 cette île s'appelait île des Javiaux, en 1445, l'île aux Meules des Javeaux, puis l'île des Meules. Il n'est pas douteux, comme le dit Lebeuf, que le nom plus récent d'île Louvier lui vint de ses propriétaires à la fin du xve siècle. Les historiens de Paris rapportent qu'en 1549 la ville y fit élever quelques constructions pour représenter devant Henri II et Catherine de Médicis le simulacre d'un combat naval et de l'attaque d'un fort. A dater du xviii° siècle, l'île Louvier, devenue propriété de la prévôté des marchands, fut occupée par des chantiers de bois. On trouvera un grand nombre de baux et autres actes concernant ces terrains dans les cartons Q¹ 1269-1272 des Archives nationales. En 1843, le petit bras de Seine qui séparait l'île de la terre ferme a été comblé par la construction d'un quai, qui s'appelle aujourd'hui quai Henri IV; le boulevard Morland, planté d'arbres à cette époque, cessa par suite d'être le véritable quai.

HOTEL SAINT-PAUL
I, 329-330

Nous ne dirons pas avec Cocheris (III, 447) que « tous les historiens de Paris ont parlé très longuement » de l'hôtel Saint-Paul, car c'est de sa part une assertion fort inexacte. A la vérité, les quelques lignes de l'abbé Lebeuf étaient ce qu'il y avait de plus exact, sinon de plus complet sur cet hôtel, lorsque nous nous sommes occupé d'en écrire une monographie détaillée. On nous permettra d'y renvoyer purement et simplement. Elle a été publiée dans les *Mémoires de la Société de l'Histoire de Paris*, tome VI (1879), pages 54-179, sous ce titre : *L'hôtel royal de Saint-Pol*, et a été tirée à part à cinquante exemplaires.

SAINTE-CATHERINE DE LA COUTURE
I, 330

Il ne peut y avoir d'incertitude sur la date et l'origine de la fondation de ce prieuré. Dans son excellent livre déjà cité (*Guillaume d'Auvergne, évêque de Paris*), M. N. Valois a publié : 1° une bulle de Grégoire IX datée du 17 août 1229, réitérant à Guillaume d'Auvergne l'ordre de concéder dans Paris un oratoire aux prieur et frères de Notre-Dame de l'Ile, à Troyes, ordre de Saint-Augustin du Val des Ecoliers (Pièces justif. n° 14) ; 2° un règlement fait par Guillaume d'Auvergne en septembre 1229, pour cette maison à Paris (*ibid.*, n° 15) ; 3° une charte d'octobre 1229 par laquelle le même évêque autorise les frères du Val des Ecoliers à fonder un couvent sur la paroisse Saint-Paul (*ibid.* n° 16).

On sait aussi qu'une partie des sommes nécessaires à cette fondation fut fournie par les sergents d'armes du roi, en exécution du vœu qu'ils avaient fait pendant la bataille de Bouvines, quinze ans auparavant, d'élever une église en l'honneur de sainte Catherine, si la victoire restait aux troupes du roi de France. A leur prière, saint Louis posa la première pierre de cette église, qui allait devenir celle du prieuré. Il nous est resté un remarquable monument des faits que l'on vient d'exposer : ce sont deux pierres gravées où sont représentés le jeune roi (il avait alors à peine quinze ans) et les sergents d'armes. Au-dessus, se lit l'inscription suivante :

A LA PRIÈRE DES SERGENS D'ARMES, MONS. SAINT LOYS FONDA CESTE EGLISE ET Y MIST LA PREMIÈRE PIERRE, ET FU POUR LA JOIE DE LA VITTOIRE QUI FU AU PONT DE BOVINES L'AN MIL CC ET XIIII.
LES SERGENS D'ARMES POUR LE TEMPS GARDOIENT LEDIT PONT ET VOUERENT QUE

SE DIEU LEUR DONNOIT VITTOIRE, ILZ FONDEROIENT UNE EGLISE EN L'HONNEUR
DE MADAME SAINTE KATHERINE, ET AINSI FU IL.

Les religieux de Sainte-Catherine conservèrent toujours avec grand soin ce précieux témoignage de leur origine; ils les suivit dans l'église de l'ancienne maison professe des Jésuites lorsqu'ils y furent transférés en 1768. Pendant la Révolution, Lenoir le fit transporter dans son Musée des Monuments français; il est aujourd'hui dans la chapelle Saint-Jean-Baptiste de la basilique de Saint-Denis, et c'est, nous l'espérons, le terme de ses vicissitudes; de Guilhermy l'a fait graver et en a donné un exact commentaire au tome I*er* (p. 389-391) des *Inscriptions de l'ancien diocèse de Paris*; il a fait remarquer avec raison que les deux pierres n'ont dû être sculptées que plus d'un siècle après la fondation qu'elles rappellent, et sans doute pas avant la constitution par Charles V, en 1376, de la confrérie des sergents d'armes.

Nous avons retrouvé à la Bibliothèque de Rouen, parmi les manuscrits de Menant, quelques notes intéressantes sur le prieuré de Sainte-Catherine (ms. 635, fol. 17-38) : lors de la fondation, en 1229, il fut stipulé que les religieux ne pourraient « exposer aucun tronc ou image pendant sept années, affin qu'on ne diminue point les aumosnes qu'on doit faire à Saint-Paul pour sa reedification ». Il y est question de deux chapelles fondées, l'une en 1290 par Jean de Clersans et Philippe, sa femme, l'autre, « la deuxième chapelle neuve », par Jean de Saint-Just. Nous y ajouterons la mention d'une chapelle pour laquelle Jacques Crogniart, cuisinier du roi, créa 25 livres de rente, que Charles V amortit en février 1365 (Arch. nat. K. 49, n° 4).

Le manuscrit de Menant contient aussi une liste des prieurs commandataires qu'il convient de reproduire, parce qu'elle est différente de celle du *Gallia christiana*.

« 1. Philippe Hurault, treizième prieur, premier commandataire, en 15..

2. Toussaint de Hocedy, en 1535[1].

3. Anthoine Minard, fils du président Jean Amelin, dix-neuvième prieur regulier, esleu par scrutin en 1565.

4. Martin de Souppite, nommé par le roy en 1566, en juin.

5. François de Berne[2].

6. Godefroy Hardy, vingt-deuxième prieur élu solennellement en plein chapitre au mois de juin 1593, mais il en fut privé par arrest du Grand-Conseil de 1594.

Les sept suivans sont prieurs commandataires :

6. Nicolas de Boulogne,

7. Étienne de Boulogne,

8. Louis de Boulogne, évêque de Digne, aumônier de M. le Dauphin, 1603.

9. Raphaël de Boulogne, évêque de Mégare (1619). Il a faict bastir le grand corps de logis neuf qui est dans la première cour de l'hostel prieural, des deniers provenant de l'admortissement des religieuses de l'Annonciade...

10. Gabriel de Boisleve...

---

[1]. Qualifié abbé de Honnecourt et mentionné de 1538 à 1549 (Arch. nat. S.1014
[2]. Mentionné comme prieur en 1572 (S.1015).

11. François de Servient, évêque de Bayeux... 1636,... mourut en 1658.

12. Augustin Servient, son neveu, fils du surintendant, l'obtint en 1658, dont il est encore en possession. »

Enfin, le manuscrit de Menant contient, en six pages, une liste assez complète des nombreuses sépultures, dont plusieurs fort belles, qui ornaient l'église du prieuré. Nous indiquons, à la bibliographie de ce chapitre, les ouvrages imprimés où l'on trouvera des renseignements à leur sujet ; l'un des plus beaux monuments de ce genre était le tombeau de Birague, qui, de même que les pierres commémoratives de la fondation, passa dans l'église des Jésuites, puis au Musée des Monuments français ; il est aujourd'hui au Musée du Louvre.

La suppression des Jésuites, en 1764, rendit libres, entre autres bâtiments, ceux de leur maison professe, situés de l'autre côté de la rue Saint-Antoine, et dont nous aurons à parler dans un chapitre suivant. Le 23 mai 1767, furent signées à Marly des « lettres patentes du roy en forme de déclaration, qui ordonnent la construction d'un marché dans les terrains et bâtimens du Chapitre et communauté de chanoines réguliers du prieuré royal de la Couture, lesquels seront transportés dans la maison et église de Saint-Louis, qu'occupaient les Jésuites, rue Saint-Antoine » (Arch. nat. S. 1014, impr.). L'acquisition de ces bâtiments par le roi, au prix de 400,000 livres, ne fut faite que l'année suivante, par contrat passé devant Me Doillot, notaire, les 19, 25, 28 et 29 avril 1768 entre les commissaires du Conseil nommés par le roi et le sieur Gabriel Nélo, bourgeois de Paris, curateurs des biens vacants « des cy-devant soi-disant Jésuites » (Arch. nat. Q^1 1267). Les 400,000 livres furent prises sur les deniers de la construction de la nouvelle église Sainte-Geneviève.

Ce ne fut que longtemps après, que le marché projeté sur l'ancien emplacement du prieuré, aux termes des lettres patentes de 1767, fut entrepris : d'Ormesson, contrôleur des finances, n'en posa la première pierre que le 20 août 1783[1]. C'est en cette même année que les religieux de Sainte-Catherine se transportèrent à la maison professe ; leur communauté prit dès lors le nom de Saint-Louis la Culture. Au moment de sa suppression, en 1790, le prieur, Louis Mellier, déclara que le couvent se composait de douze chanoines et d'un frère convers ; les revenus étaient de 36,762 livres, 19 sous, 7 deniers ; les charges, de 20,439 livres, 19 sous. L'église et ses bâtiments furent employés pendant la Révolution comme dépôt des livres provenant des communautés religieuses. Depuis 1773, on avait reçu à Saint-Louis, la Culture la bibliothèque fondée par Moriau et offerte par lui à la ville ; elle y resta jusqu'en 1817, avec Bouquet, puis les frères Ameilhon comme bibliothécaires (Cf., dans la collection de l'Histoire générale de Paris, *La première Bibliothèque de l'Hôtel de Ville de Paris*, par L.-M. Tisserand).

BIBLIOGRAPHIE. — *Sources*. - Archives nationales. Les titres de propriété du prieuré de Sainte-Catherine du Val des Écoliers sont confondus dans la série S. avec ceux de la maison professe des Jésuites, et le départ à en faire est parfois

---

[1]. Cet emplacement est aujourd'hui circonscrit par les rues de Sévigné, de Turenne, de Jarente, d'Ormesson et Caron.

difficile. — S. 1013 : bulles des papes et autres actes relatifs à la fondation du prieuré; indulgences accordées à ceux qui en visiteront l'église le jour de Saint-Fiacre; baux et fondations; travaux faits aux bâtiments claustraux en 1637-1638; aliénation du vieux réfectoire, situé sur la rue Sainte-Catherine; déclaration du temporel, de 1521 à 1790. — S. 1014 : titres de propriété de la maison professe; don aux Jésuites en 1580, de l'hôtel d'Anville, et, en 1639, d'une partie des anciens murs de la ville. — S. 1015 : titres de propriété du prieuré sur les bois de Seguigny, près Montlhéry, dès 1282; procès-verbal de répartition des biens entre le prieur commandataire, François de Berne, et les religieux (18 mars 1572); plan du prieuré cédé au roi en 1768; baux de maisons appartenant à la maison professe, hôtel de la Barre et rue de Jouy. — S. 1016 : travaux de réparation au prieuré; plan de 1621; titres de propriété. — S. 1017 : titres de propriété, depuis le XIVe siècle, de maisons sises rue Saint-Antoine et dites la Moufle, le Panier, la Levrette; d'une maison et jeu de paume sis rue Gérard-Bosquet (XVIIe siècle) — S. 1018 : baux de maisons sises rue Culture Sainte-Catherine et dans l'enclos du prieuré (XVIe-XVIIIe s.) et de maisons rue Saint-Antoine : l'hôtel de l'Ours, le Bras d'Or, le Puits, la Corne de Daim, la Couronne, la Corne de Cerf (XIVe-XVIIIe s.). — S. 1019-1045 : titres de propriété en divers lieux et papiers terriers. — L. 919 : actes concernant la fondation du prieuré. — LL. 1457-1460 : délibérations capitulaires (1637-1789). — LL. 1461 : listes des novices (XVIIIe s.).

Bibliothèque nationale et autres. — Un chanoine régulier du prieuré, le P. Nicolas Quesnel, avait réuni, vers 1670, d'importants matériaux pour l'histoire de Sainte-Catherine : il en existe trois copies, l'une à la Bibliothèque nationale, manuscrit français 4612; l'autre à la Bibliothèque Sainte-Geneviève, H. 27, in-folio; et la troisième à la Bibliothèque de l'Arsenal, sous la cote H. F. 324. La Bibliothèque nationale possède en outre, dans la collection Dom Grenier (vol. 105) la chronique de Jean Maupoint, prieur de Sainte-Catherine, qu'a publiée M. G. Fagniez (Voy. plus bas).

Imprimés. — Fragment du nécrologe de Sainte-Catherine du Val des Écoliers, au tome XXIII, page 147-148 du *Recueil des Historiens des Gaules.*

Journal parisien de Jean Maupoint, prieur de Sainte-Catherine de la Couture (1437-1469) publié par M. G. Fagniez, au tome IV, pages 1-114 des *Mémoires de la Société de l'Histoire de Paris.* Une introduction de 22 pages contient des renseignements biographiques sur Jean Maupoint, l'indication de documents relatifs à l'histoire du prieuré et des extraits du terrier de Sainte-Catherine rédigé en novembre et décembre 1461 par le même Jean Maupoint.

« Notice des tombeaux et autres monuments transférés en septembre 1783 de l'église de Sainte-Catherine la Couture dans celle de Saint-Louis, rue Saint-Antoine, précédée de la nomenclature des principaux personnages inhumés dans cette église », ap. *Revue universelle des Arts,* tome X (octobre 1859 à mars 1860), pages 200-220. La Notice est la réimpression d'un article publié dans le *Journal des Savants* par Barthélemy Mercier, abbé de Saint-Léger de Soissons; la nomenclature est extraite des manuscrits du P. Quesnel.

Pour ces tombeaux, voyez encore dans les *Archives du Musée des Monuments français* les notes de Lenoir, *passim,* et notamment Ire partie, page 25, et, au tome XLV (1885) des *Mémoires de la Société des Antiquaires de France,* un article de M. Courajod sur « Germain Pilon et les monuments de la chapelle de Birague à Sainte-Catherine du Val des Écoliers. »

CÉLESTINS
I, 330

Comme Saint-Germain-des-Prés, comme Saint-Martin-des-Champs, comme l'abbaye de Saint-Denis, comme quelques autres monastères importants, le couvent des Célestins a eu, dès le XVIIe siècle, son historien, le P. Beurrier, travailleur consciencieux, à qui toutes facilités appartenaient naturellement de consulter et de mettre en œuvre les archives de la maison. Depuis, son livre a été souvent repris pour être complété ou rectifié, si bien que tous les matériaux, ou à peu près, sont maintenant réunis pour qui voudrait tenter de le refondre. Il ne nous appartient ici que de les signaler sommairement.

On a vu plus haut (p. 218-219) que les Carmes Barrés avaient abandonné en 1319 le couvent qu'ils possédaient sur la paroisse Saint-Paul, pour se transporter à la place Maubert. Le terrain et les bâtiments laissés libres par cette translation demeurèrent pendant assez longtemps la propriété d'une famille parisienne dont le nom est célèbre à cette époque : celle des Marcel. C'est par un acte du 10 novembre 1352 que Garnier Marcel les céda aux Célestins, pour y faire leur établissement à Paris. Peu après, Charles V, qui n'était encore que dauphin, s'intéressa vivement à ces religieux, et désormais il ne cessa plus de leur accorder sa protection et ses bienfaits.

Jusqu'à notre époque, les historiens les plus exacts avaient ignoré la date précise de la fondation de l'église des Célestins. Les fouilles qui furent faites en 1847 pour l'appropriation du couvent au service d'une caserne, mirent heureusement au jour la première pierre de cette fondation. Elle portait l'inscription suivante :

L'AN MCCCLXV, LE XXIV
JOUR DE MAY, M'ASSIST
CHARLES ROY DE FRANCE.

Les mêmes fouilles révélèrent quelques sépultures demeurées enfouies dans le sol : celle d'Anne de Bourgogne, duchesse de Bedford, morte le 14 novembre 1452, celle de Louis de Luxembourg, morte le 11 mai 1571 ; celle de François-Delphin d'Aulède de Lestonac, marquis de Margaux, mort le 26 août 1746. Enfin, elles fournirent la preuve qu'une partie des bâtiments élevés au XIIIe siècle pour les Carmes avait subsisté, car on retrouva des chapiteaux de ce temps.

Dans son recueil des *Inscriptions de l'ancien diocèse de Paris*, de Guilhermy a donné (t. Ier, p. 435-482) une longue liste des épitaphes qu'on lisait autrefois dans l'église des Célestins ; nous noterons, parmi les plus importantes, celles de Jean Zamet, mort en 1621; de la famille de Rostaing, véritable généalogie lapidaire, du XVe au XVIIe siècle, des Chabot, des Potier, de René de Trevelec, mort en 1773, de Marie-Anne Hocquart, femme d'un fermier général, morte en 1779.

On sait que Louis d'Orléans, frère de Charles VI, avait fait construire aux Célestins une chapelle magnifique, où furent inhumés la plupart des membres de la famille d'Orléans jusqu'au règne de Louis XII, qui y fit faire, sans doute par Germain Pilon, un mausolée luxueux. De 1539 à 1549, fut construit le cloître, également célèbre, du couvent, par un architecte appelé Pierre Hanon. M. de Montaiglon a publié le compte des dépenses de sa construction dans les *Archives de l'Art français* (documents, Ire série, p. 60-75), d'après un manuscrit de la Bibliothèque de l'Arsenal.

Il existe aux Archives nationales (G⁰ 651) un arrêt imprimé du Conseil d'État, en date du 21 novembre 1778, prescrivant « l'examen des moyens les plus propres pour former dans la ville de Paris un établissement d'éducation et d'enseignement pour les sourds et muets de naissance, des deux sexes », et un autre arrêt du 25 mars 1785 ordonnant cette création « dans la partie des bâtiments conventuels du monastère des Célestins de Paris qui a son entrée par la rue du Petit-Musc, et est séparée des autres lieux claustraux, ainsi que de l'église, par une ligne transversale de démarcation qui a été tracée à cet effet, du levant au couchant... » Le couvent des Célestins de Paris avait été, en effet, supprimé en 1779 et l'on cherchait à utiliser ses vastes bâtiments. Les sourds-muets n'y furent pourtant pas installés; nous avons dit plus haut (p. 118) qu'ils reçurent asile, en 1792 seulement, dans l'ancien séminaire de Saint-Magloire. De 1779 à 1790, les biens des Célestins furent administrés par un religieux, qui en fournit l'énumération aux commissaires de la Révolution (Arch. nat. S. 3743). Après la Révolution, le couvent est devenu et est resté une caserne pour la garde municipale, appelée aussi garde de Paris ou garde républicaine. Le percement du boulevard Henri IV a coupé en deux ce large enclos : de chaque côté, apparaissent encore des constructions datant du siècle dernier; elles vont disparaître à leur tour et être remplacées par des bâtiments plus en harmonie avec leur destination.

BIBLIOGRAPHIE. — *Sources*. — Archives nationales. L. 935 : procès-verbal de mesurage du terrain cédé par les Célestins au Roi « pour les fontes de son artillerye » c'est-à-dire pour l'Arsenal (curieux document de 1548-1549); biens du couvent à Nogent-sur-Seine. — L. 936 : liasse de trois pièces, sans importance, du XVIIe siècle, ayant trait à une rente constituée en 1560 pour les Célestins par le marquis de Rostaing. Tous les autres documents de ces deux cartons concernent les Célestins de Marcoussis. — LL. 1505 : registre de la fondation des Célestins de Paris. — S. 3743-3871 : titres de propriété [1]. Cocheris a donné l'indication

---

[1] Les Archives nationales contiennent aussi dans le registre P. 129 (fol. 4 v⁰) un état des biens des Célestins en 1384 : on le comparera utilement à celui de 1373 qu'a publié Cocheris (t. III, p. 452) et surtout, — mais la comparaison deviendrait de plus en plus difficile, — aux divers dénombrements que fournirent les religieux durant les siècles qui suivirent :

« C'est le dénombrement des rentes, terres et possessions que les Religieux Celestins de Paris ont et tiennent ou Royaume de France, tant en la ville, prevosté et viconté de Paris comme autre part.

Premiers à Paris leur monastère, hostel, jardins, vignes si comme tout se comporte Item, sur pluseurs maisons en la dicte ville de Paris par an de rente environ VIxIIx livres parisis. Item, ou terrouer de

sommaire des pièces contenues dans chaque carton, d'après les inventaires manuscrits.

Bibliothèque nationale : Manuscrit latin 17744 : registre des professions des religieux depuis le XIVe siècle jusqu'au XVIIIe. — Manuscrit français 24078 : comptes des dépenses, du 14 mai 1541 au mois d'avril 1551. — Manuscrit français 18808 : état du revenu en 1640.

Bibliothèque Mazarine : Manuscrit 574 : Obituaire des Célestins de Paris (XVe et XVIe s.). — Manuscrit 1285 : Reductio fundationum monasterii Celestinorum de Parisius (XVe s.).

Bibliothèque de l'Arsenal : n°s 3699 et 3700 du catalogue de M. H. Martin : livres de comptes des Célestins (XVIe s.).

Bibliothèque de Rouen : Manuscrit 695, folios 61-75 : notes et extraits de Menant sur le couvent des Célestins.

Imprimés. — Histoire du monastère et couvent des Pères Célestins de Paris, contenant ses antiquités et privilèges, ensemble les tombeaux et épitaphes des rois, ducs d'Orléans et d'autres illustres personnes, avec le testament de Louys, duc d'Orléans, par le P. Louys Beurrier, Célestin profez de Paris. Paris, 1634, in-4. — L'exemplaire que possède la Bibliothèque de la Ville de Paris contient une série de notes manuscrites, un supplément continué jusqu'en 1709 et la copie de plusieurs chartes, le tout écrit par le frère Jean Fabre, comme en vue d'une nouvelle édition.

Millin, *Antiquités nationales*, tome Ier. Notice sur les Célestins de Paris.

Rapport à Monsieur le Préfet de la Seine sur les fouilles des Célestins. *Paris*, 1852, in-4.

Iconographie du vieux Paris, par A. Bonnardot, dans la *Revue universelle des Arts*, tome VI, page 411-416.

Voyez encore les *Archives du Musée des Monuments français*, Ire partie, pages 255 et suivantes; une note de M. Courajod sur la sépulture de la duchesse de Bedford, ap. *Bulletin de la Société des Antiquaires de France*, 1875, page 144, et, dans l'ouvrage du même érudit portant pour titre : *Alexandre Lenoir, son Journal et le Musée des Monuments français*, de curieux détails sur la statue de l'amiral Chabot provenant des Célestins et transportée au Louvre (t. II, p. 166 et s.).

---

la ville d'Ablon sur Saine, deux arpens et demy de vigne. Item, ou terrouer et finaige de la ville de Dravel, sur la dicte rivière de Saine, environ quatre arpens, que pré que saussoye. Item, en la ville de Bondofle, ung hostel ruyneus et environ cent arpens de terre qui puent valloir par an de ferme ou loyer deux muys de grain. Item, en la ville de Corbueil sur pluseurs maisons VII^t VII solz. Item ou finaige et en la ville de Berelie en Brye en cens, terres, rentes et prez environ vingt livres parisis de rentes. Item à Cerneux et en la ville de Chasnoy en Brye ung hostel, terres, prez, cens, rentes et une disme XVI l. p. Item, en la ville de Sarriz en Brye ung hostel, pluseurs terres, prez et environ XXIIII arpens de boys dont on rent par an quatre muys de blé. Item, en la ville d'Orleans sur pluseurs maisons par an XIX l. p. Item, sur monseigneur Philippe de Sauvoisy et sur tous ses biens pour l'eschange de la terre de Montglat par an de rente qu'il nous doit assoir et amortir, IIe livres tournois. Item, en la ville de Larrez, emprés Meleun, ung pressouer, pluseurs terres, vignes et cens dont on leur rent par an X livres. Et protestons que se nous avons oblyé à mettre en ce présent denombrement aucune chose, de luy mettre et adjouster, toutefoiz que nous en aurons memoire, sans ce que il nous tourne à prejudice. En tesmoing de la quelle chose nous avons mis notre seel à presenct denombrement. Donné le quatreysme jour de May l'an mil CCC IIII^{xx} et quatre.

LE PETIT SAINT-ANTOINE
I, 331

La date approximative, 1360, que donne Lebeuf de la fondation de cette maison n'a aucune valeur. Un mémoire, rédigé au XVIII⁰ siècle d'après les documents qui existaient encore alors, va nous édifier exactement sur les origines du Petit Saint-Antoine : « L'an 1368, Charles cinq dit le Sage, dans la cinquième année de son règne, au mois de juillet, donna aux chanoines réguliers de l'abbaye de Saint-Antoine en Dauphiné une maison qu'il avait acquis de ses propres, scize dans la rue de Saint-Antoine, aboutissant sur la rue du roy de Sicile, dite pour lors la maison de la Saulsaye[1], en toute propriété, ainsy qu'elle se comportait avec toutes ses appartenances et dépendances, pour nous y establir et y faire le service divin, avec les fonctions de charité auxquelles nous sommes obligez, c'est-à-dire pour le soulagement des malades attaquez du feu sacré, autrement dit le feu de Saint-Antoine, sans y joindre cependant aucuns fonds ny revenus ; amortissant par les mêmes lettres de donation la dicte maison, pour y jouir des immunitez et franchises dont jouissoient les autres églises, monastères du royaume et personnes ecclésiastiques, soit pour eux ou pour leurs domestiques.

« Cette donation ne doit pas s'entendre de tout ce que nous possèdons à présent, ayant fait depuis des acquisitions, comme on peut le voir par nos titres.
« Il ne paroit pas par les lettres patentes de Charles cinq que nous fussions déjà establis à Paris, car il n'auroit pas donné ce lieu aux religieux de l'abbaye de Saint-Antoine en Dauphiné, mais plutôt à ceux qui étoient déjà à Paris, et en ce cas, on auroit fait mention, dans les lettres, de la translation du lieu où nous aurions été. Il n'y a pas même apparence que nous fussions dans le même endroit aux environs, puisque les lettres-patentes qui mettent les tenans et aboutissans de notre dite maison, ne font aucune mention de nous. De là, l'on infère que ce n'est point nous qui avons donné le nom à la rue Saint-Antoine, qui avoit déjà prise cette denomination de l'abbaye de Saint-Antoine aux Champs, dans le fauxbourg.

« Par les lettres cy-devant, le Roy Charles cinq ne nous obligea à rien en particulier, d'autant que c'était bien un logement pour l'habitation des religieux, et même un jardin proche d'une des portes de la ville, sçavoir celle qui estoit proche l'hôtel de Lorraine, derrière nos maisons du cul de sac.

---

1. Le registre auquel nous empruntons ces renseignements contient (p. 1) le texte des lettres patentes de 1368, que Félibien a reproduit aussi dans son *Histoire de la Ville de Paris*, tome I⁰ʳ des Preuves, page 484. La maison donnée par Charles V est ainsi désignée : « quamdam domum nostram, quam de nostro proprio acquisivimus, sitam Parisius in vico Sancti Antonii, nuncupatam de Salseya, sicut se comportat et extendit in longum et latum, altum et profundum, una cum suis appendentiis et adjacentiis quibuscumque, contiguam ex una parte domui que fuit aut est heredibus defuncti magistri Johannis Lotharingi, et ex altera parte ad domum que quondam fuit dominæ de Ruproforti, et nunc heredibus magistri Joannis de Montelotheveo, habens, que retro ..... ad vicum regis Siciliæ nuncupatum et attinens versus dictum vicum ad domum que est heredibus dicti magistri Joannis, ex una parte, et ad domum Nicholai dictæ *la Mercière*, ex altera..... »

« Pour ce qui est du tems que nostre eglise a esté bâtie et consacrée, l'on dira que la place nous ayant été donnée, on ne sçait pas le tems precisement qu'elle fut elevée, mais qu'en 1396, vingt huit ans après que nous eûmes la place, M⁰ Robert le Cordelier fit un testament par lequel il paroit clairement qu'elle étoit bâtie. En voici les termes : Je veux et ordonne que, sur tous mes biens meubles et rentes, soient pris mil livres tournois pour une fois, pour fonder une messe de *Requiem* perpétuelle, chacun jour de l'an en la chapelle que j'ay fait faire en l'eglise de monseigneur Saint Antoine à Paris. Cette fondation n'a pas eu lieu, comme on le verra dans l'article de la chapelle du Saint-Esprit...

« Il n'y a point de certitude de celui ou ceux qui ont fait bâtir ladite église. La tradition est que c'est tout l'ordre de Saint-Antoine qui se taxa ; ce qui le confirme, c'est que, dans un des pilliers boutans en dehors de l'eglise, tout proche la chapelle de Sainte-Marguerite, il y a un ecusson des armes d'un de nos abbez generaux dit de Châteauneuf, et qu'il n'y en paroit d'aucune autre personne en aucun autre endroit ; mais l'on peut croire que Charles cinq l'ait fait elever à ses frais et depens, sa statue et celle de la reine etant à la porte. De plus, dans une charte qu'il nous a donnée pour la franchise et l'immunité de notre eglise, il y est expressement dit : unam ecclesiam seu basilicam ipsius sancti gloriosi nominis titulo decoratam fundavimus... J'aimerois mieux m'en tenir à ce dernier sentiment, qui est plus constant que l'autre, car cet ecusson ne demontre que c'étoit M. de Châteauneuf qui etoit pour lors abbé, au lieu que les termes *fundavimus* denotent que c'est Charles cinq qui l'a fondé ; les statuts font voir aussy que c'est le Roy qui l'avoit prise pour sa chapelle, demeurant pour lors à l'hôtel de Saint-Paul » (Arch. nat. MM. 182, p. 17-18).

Cette notice historique, dont on ne peut qu'apprécier la sagacité, est suivie de quelques notes plus précises encore (p. 18-24) sur la dédicace de l'église et divers événements dont la communauté fut le théâtre, de 1705 à 1764. Nous y renvoyons, faute de place, ceux qui s'occuperaient d'une étude complète sur cette maison religieuse.

Enfin, le même registre contient, en grand détail, l'analyse de tous les actes relatifs aux fondations; celle que Lebeuf a seule connue, la fondation de Pierre de Maignac, était loin d'être parmi les plus importantes ; encore, notre auteur s'est-il trompé sur la date où Antoinette de Maignac la réalisa : c'est le 18 janvier 1450 (n. s.) qu'il fallait dire, et non 1454 (*ibid*, p. 35).

Nous emprunterons encore à la même source la liste des épitaphes qui se lisaient dans l'église, en nous bornant à énoncer les noms, alors que le registre donne le texte complet des inscriptions : Guillaume de Neauville, secrétaire du roi, mort le 6 novembre 1438 et Marguerite Marcadet, sa femme, morte le 12 février 1416 (1417 n. s.). — Charles de la Vernade, maître des requêtes de l'Hôtel, mort le 30 novembre 1504 et Antoinette Spifame, sa femme, morte le 10 octobre 1520. — Pierre de la Vernade, seigneur de Brou et de Temericourt, mort en 1500 et Anne Briçonnet, sa femme, morte le 1ᵉʳ juillet 1519. — Marie Lamy, morte en 1528. — Jean de Saint-Benoist, mort le 5 avril 1523, et Gerard de Saint-Benoist, son frère. — Jeanne Cordelier, veuve de messire Auger Pinterel, conseiller au Parlement, morte le 18 avril 1585. — Michel Cordelier, seigneur de Chennevières sur Marne, Montgazon, la Brosse et la Croix, mort le 1ᵉʳ janvier

1590, fils de feu Jacques Cordelier, aussi seigneur de Montigny, et frère de Jeanne Cordelier. — Pierre le Cordelier, seigneur de la Brosse, mort le 21 août 1660, et Madeleine L'Estourneaux, sa femme, morte le 21 août 1659. — Claude le Cordelier, seigneur de la Brosse, mort le 14 septembre 1666. — François Anisson, chanoine régulier de Saint-Antoine, mort le 1er juillet 1620. — Nicolas Lefèvre de Lejean, doyen des conseillers d'État, mort le 2 novembre 1680, à l'âge de cent ans et Marie Hinselin, sa femme, morte le 3 mars 1675. — André Lefèvre, seigneur de Limourt, leur fils, mort le 6 janvier 1678. — Gilles Brunet, conseiller au Parlement, mort le 12 novembre 1709. — Michel Triboulleau, chirurgien-major des gardes-françaises, mort le 2 juillet 1714, et Anne Raymond, sa femme, morte le 13 août 1701. — Georges-Paul Andrault de Maulevrier de Langeron, abbé-général des chanoines réguliers de Saint-Antoine, mort le 19 mai 1758 (*ibid*, p. 81-88).

La communauté fut supprimée par la Révolution. Sur l'emplacement de ses bâtiments, vendus en 1798, fut ouvert, huit ans plus tard, le passage du Petit-Saint-Antoine, qui reliait la rue Saint-Antoine à celle du Roi-de-Sicile, entre la rue des Juifs et la rue Pavée. L'élargissement de la rue Saint-Antoine sous le second Empire l'a fait lui-même disparaître.

BIBLIOGRAPHIE. — *Sources*. — Archives nationales. MM. 182 : « livres des fondations de l'église des chanoines réguliers de Saint-Antoine, maison de Paris, 1723 ». — MM. 183 : inventaire des titres, in-folio xviiie siècle.

Imprimés. — Iconographie du vieux Paris, par A. Bonnardot, dans la *Revue universelle des Arts*, 1857 (t. V, p. 409-411).

Epitaphier du vieux Paris, par E. Raunié, tome Ier, pages 109-126.

RELIGIEUSES DE L'AVE-MARIA

I, 331

On sait généralement que le couvent où s'établirent, à la fin du xve siècle, les Filles de l'*Ave-Maria*, était occupé, depuis le règne de saint Louis, par une association de béguines que le pieux roi avait fondée en cet endroit. Les béguinages, si fréquents jadis dans le nord de la France, ont été fort peu étudiés ; aussi pensons-nous qu'on lira avec intérêt le règlement, — ou plutôt l'ensemble des règlements que Philippe VI fit coordonner, en 1341, pour les Béguines de Paris.

« Philippe, par la grâce de Dieu roy de France, savoir faisons à tous presens et advenir que comme nostre très sainct père et seigneur sainct Loys, roy de France, pour la grant devotion et affection que il avoit à toutes œuvres de vertuz et de misericorde, entre les autres biens que il feist en sa vye, il eust ordonné et estably à Paris à la porte Barbel le lieu et l'habitation des Beguines pour servir à nostre Seigneur et perseverer chastement en bonnes et sainctes œuvres, en retenant à soy la propriété dudict lieu, et après ce, nos très chers seigneurs le roy Philippe le Bel, nostre oncle et les roys Loys, Philippe et Charles, derniérement trespassez, noz cousins et devanciers roys de France, ayent faict, ordonné et conservé plusieurs ordonnances et statutz pour le bien, estat et gouvernement dudict beguinaige et des personnes demourans en icelluy, si comme ès lettres et chartres sur ce faictes est plus plainement contenu, nous, à l'onneur de Dieu et de monseigneur sainct Loys, glorieux confesseur dessusdict, voulans ensuyvre à nostre povoir la trasse et les bonnes œuvres de luy et de noz devanciers dessusdiz, avons confermé et confermons toutes les ordonnances, statuz et constitutions faictz sur ce par nosdictz predecesseurs, desquelles nous avons faict aucunes encorporer en ces presentes, avecques les declarations, interpretations et additions, en la manière qui s'ensuit :

« Premièrement, que nulle femme demourant oudict beguinaige ne soit si hardye que elle voise aux baings ne aux estuves hors de ceans, si ce n'est pour evidente necessité, laquelle elle soit tenue de dire à la maistresse dudict beguinaige; et se ladicte maistresse dudict beguinaige luy donne congé, si y pourra aler avec telle compaignie honneste comme elle ly baillera, et en tel lieu comme elle devisera honneste; et se aucune y alloit sans congé ou avec autre compaignie deshonneste qui ne ly seroit baillée par ladicte maistresse ou son lieutenant, pour la première fois soit pugnie griesvement par ladicte maistresse, du conseil des anciennes beguines, et pour la seconde fois, s'il luy advenoit, soit du tout mise hors dudict beguinaige.

« Item, que nul homme, soit seculier ou religieux ou de quelconque estat que ce soit, ne puisse boire ne manger ceans, à grant disner ou petit soupper, sans congé de ladicte maistresse ou de son lieutenant; mais, se, entre deux mangers, aucune personne honneste beuvoit ceans simplement sans nulle malle presumption, sans le congé de ladicte maistresse ou de son lieutenant, bien se pourra faire et non autrement. Et semblablement, les beguines qui, du congé de ladicte maitresse ou de son lieutenant, yront en ville pour besongner en lieux et compaignies convenables et honnestes, elles pourront boire et manger legèrement, sans table mettre.

« Item, que les portes de l'ostel soient closes de grant heure, au plus tart que l'on puisse congnoistre un tournois d'un parisis; et qui sera hors adoncques sans cause raisonnable, pour la première foiz soit oye en la presence de ladicte maistresse et d'aucunes des anciennes, telles comme elles sont ordonneez estre du conseil de ladicte maistresse; et se elle a cause raisonnable, soit lessée en paix; et se elle n'a cause raisonnable, soit du tout mise hors.

« Item, que nulle ne gise hors, sans le congé de ladicte maistresse ou de son lieutenant et sans la compaignie que ladicte maistresse ou sondict lieutenant luy baillera; et se elle faict le contraire, soit tantost mise hors.

« Item, que aucune ne mangusse en la ville, se ce n'est du congé et de licence de ladicte maistresse ou de son lieutenant, et en lieu determiné et avec la compaignie que ladicte maistresse lui baillera; et se il y en a aucune qui mengusse sans congé ou en autre lieu dont elle n'aura pas prins congé, soit pugnie par ladicte maistresse en la presence des anciennes, griesvement pour la première foiz; et pour la seconde, se il y advenoit, plus griesvement; et se plus ly advenoit, soit mise hors.

« Item, que celles qui sont en couvent ne mainnent nul homme en leur dortouer, mais parlent ou lieu où elles manguent, ou en la chapelle.

« Item, que se il y en a aucune qui soit acointée de personne, telle qu'elle soit, par quoy aucun blasme en vienne ou puisse venir à ly ou aux autres qui demeurent oudict beguinaige, et elle ne s'en veult retraire à la monicion de ladicte maistresse ou de son lieutenant, soit mise hors.

« Item, que ladicte maistresse ne la portière dudict hostel soient si hardyes qu'elles laissent ceans entrer ne repairer nulles femmes qui soient de maulvaise vye ou de mauvais renom ; et se ladicte portière savoit aucune deshonnesteté ou inconvenient fut par repaire, yssue ou entrée des gens deshonnestes ou autremen*, elle sera tenue de le reveler et dire tantost, à ladicte maistresse ou a son lieutenant ; et ou cas qu'elle en sera deffaillante, ladicte maistresse la pugnira si comme bon luy semblera.

« Item, que nulle jeune femme ne demeure seulle en chambre, et se aucune en y a qui soit seulle, que ladicte maistresse, par le conseil de trois ou quatre anciennes qu'elle jugera en sa conscience et cuidera qui plus ayment l'honnesteté de ceans, ly doint compaignie convenable dedans trois jours ; et se elle ne la veult prendre telle que l'on ly baillera, souffisante et honneste, si soit mise hors se ainsi n'estoit qu'elle allast demourer avec aucune ancienne leans mesme.

« Item, se l'on peult trouver femme qui se encloue seulle avecques homme, especialement se il y a aucune souspeson de mal, soit mise hors.

« Item, que nulle jeune femme ne soit souveraine en chambre se elle n'a passé trente ans.

« Item, se il y a point d'huys par quoy on puisse yssir en la rue, qu'il soit muré, et s'il y a aucune fenestre qui soit si grant que une personne y puisse entrer ou yssir, que on y mette fers ou bastons en telle manière que nul n'y puisse entrer ne yssir.

« Item, que nulle beguine ne proigne autre femme ou enffens pour demourer avecques elle, sans le congé de ladicte maistresse ; et se aucunes filles venoient leans pour demourer, au desoubz de l'aage de douze ans, nous voulons et ordonnons que chacune, avant qu'elle gise leans, paye douze deniers parisis à ladicte maistresse pour l'entrée, et se elle estoit plus aagée oultre douze ans, elle sera tenue de plus payer pour sa entrée, à la voulenté et extimation de ladicte maistresse et de celles qui seront de son conseil, pour tourner et convertir au commun prouffit dudict beguinaige.

« Item, que nul homme ne gise leans, ne enffens masles, combien qui soient jeunes, et celle en qui chambre gerra, soit tantost mise hors.

« Item, de tansons, de noises et de rotes se gardent, et de mettre la main l'une sur l'autre injurieusement et notablement ; et se il advenoit que l'une ferist l'autre, une fois ou deux, injurieusement, comme dit est, que la personne faisant ledict excès soit pugnie selon le jugement de ladicte maistresse, par le conseil de trois ou de quatre des anciennes. Mais se aucune desdictes beguynes de coustume estoit habandonnée à tel excès et puis ammonestée, ne se chastioit ou refrenoit, que telle persone soit mise et gettée hors simplement dudict beguinaige ; et se aucune d'icelles beguines estoit roteuse et impacient, et ne se voulsist refrener de dire villenies, et tenir silence et soy taire à la simple monition et commandement de ladicte maistresse ou de son lieutenant, nous voulons et ordonnons que ladicte maistresse la puisse pugnir d'une ou de deux peines cy dessoubz contenues.

« Item, que ladicte maistresse ne reçoive nulles femmes en l'ostel pour demourer, sans le conseil des anciennes beguines, trois ou quatre qui y seront ordonnées par le conseil du prieur des Frères Prescheurs de Paris à estre du conseil de ladicte maistresse, ou du soubz-prieur en l'absence dudict prieur, lesquels nozdicts devanciers ont establly et nous aussi les establissons gardes et gouverneurs de ladicte maison; et lesquelles anciennes beguines qui ainsi seront esleues et ordonnées à estre du conseil de ladicte maistresse, elle soit tenue de appeller à son conseil, et que icelles qui y sont et seront ainsi receues oudict beguinaige soient tenues de porter l'abbit honneste et convenable accoutumé à porter; et se aucunes en y avoit qui portassent greigneur habit que leur estat le requiert, nous voulons et ordonnons que la maistresse leur monstre devant celles de son conseil et se elles ne le font, pour la première foiz soient pugnies selon ce que bon semblera à ladicte maistresse et à celles qui seront de son conseil, et pour la seconde foiz, soient pugnies celles qui desobeiront des peines au dessoubz contenues.

« Item, que l'ancienne en la compaignie de laquelle demourra aucune jeune femme soit tenue de savoir les allées et les venues de ly, et la cause pourquoy, et soit tenue de dire à ladite maistresse ou son lieutenant, se il y avait aucun mauvais semblant: et se elle ne le faict et nulle mauvaise fumée en sourt, si soit pugnie comme consentant de l'escande.

« Item, se aucune prend congé d'aller à la ville gesir et on ly donne, si ne aille mye en autre lieu; et s'il est trouvé qu'elle gise autre part que là où elle aura pris congé, si soit mise hors; et quant elle partira de l'ostel sans compaignie, saiche tous les lieux où elle devra aller; et se il advenoit qu'elle entrast pour aucune besongne en autre lieu, de quoy elle n'auroit mye prins congé, tantost comme elle sera venue, soit tenue de le dire à ladicte maistresse ou à son lieutenant.

« Item, nostre très chier seigneur et cousin le roy Charles, nostre predecesseur dessusdict, pour oster tout doubte ou temps advenir, ordonna, et nous aussi ordonnons, que les beguines à qui les maisons ont esté baillées franchement que n'y ont faict ediffices notables combien qu'elles les ayent retenues pour leur aysesement, ne les puissent de riens charger, mais viennent franchement au commung, et s'elles les ont achecteez ou ediffieez ou amandeez notablement, les puissent charger raisonnablement, selon l'extimation et par le congé dudict gouvernement, de ladicte maistresse et de son conseil, et tout ce qui sera autrement fait sans le congé d'iceulx, soit de nulle vallue; ainçois s'aucunes d'icelles maisons estoient vendues ou chargées sans l'extimation et congé dudict gouvernement, de ladicte maistresse et de son conseil, nous voulons et ordonnons qu'elles soient acquises et appliquées franchement au commun proufict dudict beguinaige; et parce que la propriété de toutes lesdictes maisons nosdiz devanciers ont toujours retenue à eulx, et nous aussi la retenons à nous et à nos successeurs roys de France et l'abitation d'icelles tant seullement et l'amandement, nous avons octroyé et octroyons aux personnes qui bien et honnestement demourront oudict beguinaige, tandis comme elles vouldront être obeissantes et garder noz ordonnances et perseverer en bonnes et sainctes euvres; et ou cas que le contraire ne soit trouvé, nous voulons que lesdictes maisons qui, par mort ou par mesprison ou par yssue volontaire ou deboutement de delict vacqueront, soient vendues ou franchement baillées par le conseil et assentement dudict gardian et gouvernement de ladicte maistresse et de son conseil, si comme bon leur semblera; et se aucuns en y avoit qui feussent rebelles de payer le tiers du prix que lesdictes maisons seroient vendues ou chargées, nous voulons et mandons à nostre prevost de Paris qui est à present et qui se rapour le temps advenir, que, sans nulle congnoissance de cause, à la simple requeste du gouverneur et maistresse dessusdictz, soient contrainctes par prinse et exploictation de leurs biens à payer et rendre la somme d'argent que lesdicts gouverneurs et maistresse requerront à eulx estre baillée et payée pour tourner et convertir au commun prouffict dudict lieu, et tout ce qui sera faict au contraire soit de nulle value, et remis et tourné franchement au commun prouffict dessusdict, lequel nous voulons estre sauvé et gardé en toutes choses; et se le cas advenoit que aucunes d'icelles eussent amandé ou ediffié le lieu de leur habitation, et elles se voulsissent marier ou yssir hors dudict beguinaige, de leur voulenté et sans delict, et charger leursdictes maisons selon l'ordonnance cy dessus escripte, faire le pourront à l'extimation, et selon l'ordonnance dessusdicte et non autrement, pour les autres maisons dudict lieu soustenir et pour les besongnes d'icellui lieu faire; et soit tenue ladicte maistresse à rendre compte tous les ans en la personne dudict gardien et gouverneur, et du commun desdictes beguines.

« Item, que nulle maison ne soit vendue ou lessée à personne qui ou lieu ne vouldrait demourer et tenir la forme, l'abbit, les coustumes et ordonnances qui y sont acoustumées, ordonnées et establies; et se aucune faisoit le contraire, si perdeist tout le droit qu'elle y avoit, et revensist franchement au commun prouffict dessusdict.

« Item, que les maisons qui escherront ne soient données, fors du consentement du gouverneur, de la maistresse et de son conseil, c'est assavoir des anciennes qui y sont et seront ordonnées et establies à conseiller ladicte maistresse.

« Item, s'il y a aucune qui tienne maison et place qui ait grant mestier d'amander, et elle n'y mette conseil, si ly soit ostée et baillée à telle qui amander la puisse, se elle n'estoit si très pauvre qu'elle ne le peust faire, ouquel cas le gouverneur n'y mettroit l'amandement.

« Item, que les beguines qui par leur mesfait s'en ystront ou seroient mises hors, ne emportent nul prouffit de leurs maisons, comment qu'elles les eussent amandées ou ediffiées, comme dessus est dict.

« Item, se aucunes en y avoit qui ne venissent aux chapitres et aux sermons toutesfoiz et quantesfoiz que l'on les tiendra, ou se aucune ou aucunes en y avoit qui ne attendissent que le chappitre ou sermon fust faiz jusques à la fin, ou qui s'en voulsissent aller ou departir dudict chappitre ou sermon sans congé, se ce n'estoit en cas de necessité laquelle elle pourra dire, après ledict chappitre ou sermon, à part à ladicte maistresse, nous voulons et mandons que ladicte maistresse les puisse punir et imposer les peines cy dessoubz contenues, ou l'une d'icelles, si comme bon ly semblera et à son conseil.

« Item, nous voulons et ordonnons que ladicte maistresse, toutesfois et quantes fois qu'elle sera empeschée de maladie ou d'aucunes besongnes, par le conseil d'aucunes anciennes, puisse mettre e ordonner en son lieu une ou deux des anciennes, ou plusieurs tant comme bon ly semblera, et à son conseil qui auront autel pouvoir comme elle jusques à tant qu'elle puisse vacquer à son office; et voulons que icelles substitutes soient tenues et obligées de obeir et de rapporter, aider et conseiller à ladicte maistresse de tout ce qui sera prouffitable, honneste et convenable audict beguinaige, toutesfois que elles en seront requises; et en ce cas nous voulons et ordonnons que ausdictes substitutes soit obey comme à ladicte maistresse.

« Item, quant aux peines et punitions des faultes et transgressions des choses dessusdictes ou d'aucunes d'icelles, pour ce que les coulpes sont plus grans les unes que les aultres, nous voulons et ordonnons que la maistresse, par le conseil et ayde de quatre, six ou huict des honnestes et anciennes, puisse punir celles qui mesprendront, toutesfois et quantesfois que le cas se offerra, et la quantité de la coulpe et du deffaut le requerra en leur deffendant et deniant, de par nous, en lieu de peine l'yssue de la grant porte dudict beguinaige par l'espace de huict jours ou de quinze jours ou de plus, ou de moins, selon ce que bon leur semblera, et selon la qualité et quantité des faultes et coulpes dessusdictes; et ou cas que aucune sera desobeissant et brisera nostredict arrest et deffense mise par ladicte maistresse, pour nous et ou [nom] de nous, si ladicte maistresse par le conseil du gouverneur et de son conseil [veult] dispenser sur la première et seconde desobeissance et enfraincte, fère le pourra; et se la tierce fois estoit desobeissante et rebelle, nous voulons et mandons qu'elle soit boutée et mise hors, du tout, pour donner exemple aux autres; et toutesfois et quantesfois qu'en ce cas où es aultres dessusdicts, aucunes ne s'en vousissent yssir par le commandement du gouverneur dessusdict et de ladicte maistresse, nous voulons et mandons à nostre prevost de Paris qui est à present et qui sera pour le temps advenir, que toutesfoiz et quantesfoiz qu'il en sera requis par ledict gouverneur et par ladicte maistresse, sans nulle congnoissance de cause, à la simple requeste dudict gouverneur, de ladicte maistresse et d'aucunes anciennes beguines, par ung ou plusieurs de noz sergens du Chastellet de Paris, facent wider et mettre dehors ladicte desobeissante et rebelle de la maison, qui ainsi vacquera le puisse ordonner en la forme et manière qu'il est cy dessus contenu.

« Item, pour ce que nul[le] desdictes beguynes ne se puisse excuser par ignorance de non sçavoir les ordonnances dessusdictes, nous voulons et mandons qu'elles soient leues quatre fois l'an en la presence du prieur des Frères Prescheurs dessusdicts, de la maistresse et du commun beguinaige ou moustier, c'est assavoir la première fois, en la jeune des quatre temps de l'Advent; la seconde fois, à la jeune des quatre temps de Quaresme; la tierce fois, à la jeune des quatre temps de Penthecouste, et la quatriesme, à la jeune des quatre temps de Septembre. Et pour ce que ce soit ferme chose et estable à toujours, nous avons faict mettre nostre seel à ces presentes lettres, sauf et retenu à nous et à noz successeurs roys de France le povoir de y declarcir, interpreter, accroire, adjouster ou amenuyser quant il nous plaira. Donné au gué de Mauny l'an de grace mil trois cens quarante et ung, ou mois d'octobre. Ainsi signé sur le reply par le Roy, R. de Molins et seellé de cire en laz de soye » (Arch. nat. S. 4642; copie du XVe siècle[1]).

---

1. Une curieuse lettre de rémission accordée peu après, en 1358, pour une béguine coupable, atteste que le règlement était, en effet, exécuté dans toute sa rigueur :

« Karolus, regis Francorum primogenitus, regnum regens.... notum facimus ...per nobis Johannam la

Lebeuf a tort de dire que les religieuses de l' « Ave-Maria » ne prirent possession de l'ancien béguinage qu'en 1480; un inventaire des titres du couvent, connu par M. Raunié, contient l'analyse de lettres-patentes de Louis XI datées de 1471 et autorisant implicitement leur installation; il y est dit que la communauté ne se compose plus que de deux religieuses et que leurs bâtiments sont en ruines. A vrai dire, il y eut d'assez vives contestations entre l'ordre des Franciscaines et celui des Clarisses pour l'occupation de ces bâtiments; et c'est en 1482 seulement que le Parlement rendit un arrêt par lequel les Clarisses étaient déboutées de leurs prétentions.

Le couvent de l' « Ave-Maria » occupait l'enclos circonscrit entre les rues Charlemagne au nord, des Barrés au sud, des Fauconniers à l'ouest et des Gardins à l'est; en 1791, il fut transformé en caserne d'infanterie; ce n'est qu'en 1878 que, sur cet emplacement, et un peu au delà vers la Seine ont été construits un marché, une école communale et des bâtiments annexes du lycée Charlemagne.

BIBLIOGRAPHIE. — *Sources.* — Archives nationales. L. 1058 : fondations, vêtures, titres de rentes, inventaires. — S. 4642 : pièces relatives aux Béguines et à l'installation des religieuses de Sainte-Claire; acquisitions de maisons, inventaire rédigé au XVIIIe siècle; déclaration des revenus en 1790. — Q! 1267 : pièces relatives à la concession au couvent d'un filet d'eau de la grosseur d'un petit pois en 1554.

Imprimés. — Jaillot, tome III, *Quartier Saint-Paul*, pages 4-9.

Iconographie du vieux Paris, de A. Bonnardot, *ap. Revue universelle des Arts*, année 1857, p. 213.

Extraits du nécrologe manuscrit des Filles de l' « Ave Maria » de Paris, publiés par M J. Cousin dans les *Archives de l'Art français*, Documents, 1re série, tome V, pages 268-259, d'après un manuscrit de la Bibliothèque de l'Arsenal coté H. F. 324 ter.

Voyez aussi dans la *Revue de l'Art français*, 1884, pages 106 et 142, quelques renseignements sur l'épitaphe d'un menuisier de la maison du roi, Antoine Veniat, mort le 13 avril 1656, laquelle fut trouvée sur l'emplacement du couvent, lors de sa démolition.

Doublette, beguinam fuisse expositum quod, circa annum 1351, quo tempore ipsa in beguinagio, Parisius, in quibusdam hospicio et camera suis quas de suo proprio emerat, morabatur, magistra seu gubernatores sive regimen gerentes aut administrationem seu custodiam habentes dicti beguinagii, ad suggestionem aliquarum mulierum dicti beguinagii vel aliarum personarum sibi immutantium aut aliter, sua voluntate moti, eamdem exponentem quam dicebant adulterium commississe et dictum beguinagium ob hoc quam plurimum diffamasse, a dictis beguinagio ac suis camera et hospicio expulerunt, ac deinde, cameram et hospicium suum predictum vendiderunt seu vendi fecerunt, pretiumque inde habitum ad ipsorum vel saltem ad alios quam dicte exponentis usus et commodum posuerunt; ipsam propter hoc sic maliciose fatigando ac opprobriis et vituperiis multiplicibus diffamando, nulla alia causa legitime precedente, maxime cum per processus super hujusmodi sibi imposito adulterio coram officialibus episcopi et archidiaconi Parisiensis factis et habitis ipsa super hoc reperta extitit innocens atque pura, unde nobis humiliter supplicavit...

Datum Parisius, anno Domini 1358, mense Aprilis. Par Dominum Regentem.

P. MICHEL *.

(Arch. nat. JJ. 90, pièce 46).

JÉSUITES DE LA MAISON PROFESSE
I, 331

Dans les précieux manuscrits de Menant qui se trouvent à la Bibliothèque de Rouen, et que nous avons eu plusieurs fois déjà l'occasion de citer, se lit la note suivante au sujet de la Maison professe des Jésuites : « M. le cardinal Charles de Bourbon, archevêque de Rouen, désirant de fonder une Maison professe de Jésuites sous le nom de Saint-Louis, acheta, le 9 janvier 1580, de dame Madgdeleine de Savoye, vefve de messire Anne de Montmorency, connestable de France, par contract passé par devant Fayard de Boyreau, notaire, moyennant 5,333 escus d'or au soleil, revenans à XVI mille livres tournois, une maison, rue Saint-Anthoine, appellée vulgairement l'hostel d'Anville ou de Rochepot, autrement la maison des Hures, consistant en plusieurs corps d'hostel, cours, jardins, l'un desquels respond rue Saint-Anthoine, l'autre à la rue Saint-Paul,... ayant issue par derrière à la rue de Jouy ». (Mss. de Rouen, n° 695, fol. 92 r°). L'acte de cette acquisition existe, au surplus, dans le carton S. 1013 des Archives nationales.

Le livre de M. de Ménorval sur la Maison professe (voy. à la Bibliographie) contient un chapitre suffisamment étendu au sujet des événements qui eurent lieu dès lors dans cet établissement, et nous nous bornerons à y renvoyer. L'église, ou plutôt la modeste chapelle, qui avait été construite au moment de la fondation, fut remplacée, au siècle suivant, par un luxueux édifice, — celui qui a subsisté, — dont la première pierre fut posée le 7 mars 1627, et qui ne fut livré au culte qu'en 1641. La *Gazette* de cette année-là donne (p. 262) une relation de la cérémonie d'inauguration. Dans son travail sur le P. Martellange, architecte des Jésuites, M. Bouchot a établi la part que ce religieux avait prise, avec le P. Devand, aux plans et à la construction de ce monument (*Bibl. de l'École des Chartes*), 1886, p. 45 et ss.).

C'était l'époque où la faveur royale protégeait l'ordre des Jésuites. Au mois de mai 1654, le roi accorda à la Maison professe l'amortissement des divers biens qu'elle possédait, tant à Paris qu'à Charonne ; ce document, encore inédit, mérite d'être imprimé à cause des précieux renseignements topographiques qu'il contient :

« Louis, par la grâce de Dieu roy de France et de Navarre... Nos chers et bien amez les peres Jesuittes de la Maison professe de Sainct-Louis, de nostre bonne ville de Paris, nous ont fait remonstrer que, pour executer la bonne et louable intention qu'ils ont toujours eue d'accroistre la petite eglise qu'ils avoient cy-devant, pour la commodité du grand nombre de peuple qui y avoient devotion et la frequentoient, ils ont esté obligez pour s'accroistre et agrandir, assistez de quelques charitez des personnes de pietté qui ont désiré participer à un sy bon œuvre, d'acquerir quelques maisons voisines et joignantes à leur dicte petite eglise, qui avoit été construite au moyen de la fondation faicte de leur maison par le sieur cardinal de Bourbon, et de la donation qu'il leur avoit faicte de l'hostel d'Anville, par contract reçu par Roze et Croiset, notaires, le douze janvier mil cinq cens quatre vingt, affin que, par le moyen des dictes acquisitions, ils puissent trouver place pour la construction de l'eglise qu'ils ont depuis faict construire, et trouver moyen de se loger aux environs d'icelle, et establir une Maison professe qui put durer à perpetuité suivant l'intention de ladicte fondation, pour l'augmentation du culte divin, secours et instruction de noz subjects, et leur ayant esté offert plusieurs heritages et maisons aux environs de ladicte maison et hostel d'Anville où ils auroient faict leur establissement, ils ont avec les charitez et liberalitez des Roys nos predecesseurs et aultres personnes de pieté et devotion de nostre royaume, acquis les maisons cy après declarées, joignant le lieu où estoit ledict hostel d'Anville, à eux donné :

Sçavoir, de Pierre Benoist et Catherine Belot, sa femme, la moitié d'une maison rue de Jouy, appartenances et despendances, par contract du sept juin mil v^c quatre vingtz deux, receu par Bontemps et Cottereau l'aisné;

Plus, ont acquis par decret du Chastelet de Paris, du cinq septembre audict an 1582, soubz le nom de Me Philippe Cottereau, un tiers et un quart du corps d'hostel de derrière d'une maison rue de Jouy, où estoit pour enseigne le pié de biche;

Plus, de Charles Durand, sieur de Chanforest, une grande maison scize rue Sainct Antoine, ses appartenances et despendances, par contract du douze juin mil six cent vingt six, receu par Vigeon et Fieffé, nottaires;

Plus, du sieur de la Rochefoucault, sieur de Brassac, et autres, deux autres maisons, scizes en ladicte rue Sainct Antoine, leurs appartenances et despendances, par contract dudict jour douze juin mil six cens vingt six;

Plus, du sieur de Vilgagnon, une autre maison scize en ladicte rue Sainct Antoine, par contract du treize dudict mois de juin mil six cens vingt six.

Plus, du sieur Morant, une grande maison, court et jardin, appartenances et despendances, rue de Jouy, et une autre maison rue Saint-Antoine, sur l'ancien mur de la ville, et le droit qu'il avoit audict mur de la ville, et une tour, par contract du dix neuf fevrier mil six cent vingt neuf;

Plus, de Jean Cosson et Elisabeth Sercellier, une maison rue de Jouy, appartenances et despendances, par contract du dix neuf aoust mil six cens trente deux, receu par Vigeon et Fieffé, nottaires.

Comme aussi lesdicts pères Jesuittes nous ont aussy faict remonstrer, qu'estant obligez à l'estude continuelle pour satisfaire à leurs fonctions ordinaires et utiles à nos subjects, il leur a été necessaire d'un lieu hors la ville pour y prendre l'air; pour quoy ils auroient acquis la maison qu'ils y possèdent, hors la porte Saint-Antoine, appellée Montlouis, au lieu dict la Folye Regnault, de divers particulliers, sçavoir :

De Me Claude Franquelin et de Madelaine le Borre, sa femme, soubz le nom de nom de la veufve du sieur Marcel, qui en auroit faict declaration à leur proficit, une maison, lieu et enclos sciz audict lieu de la Folie Regnault, où il y avoit pressoir, jardin, vignes et plants d'arbres, le tout clos de murailles, contenant cinq arpens ou environ, un autre demy arpent de terre, au bout duquel y a une petite chapelle, un arpent de terre au dessus dudict enclos;

Plus, de M^o Dreux de Landelle, la moitié d'une maison et masure size audict lieu de Montlouis, consistant en bastimens et la moitié d'une pièce de terre contenant deux arpens, plus, la moitié de deux pièces de terre et vignes, sçavoir un terreau au lieu dict Jvry, et demy quartier de vignes au terroir de Charonnes, déclarez au contract du vingt six juillet mil six cens vingt sept, receu par Duchesne et Fieffé;

Plus, de René Fleury, l'autre moitié de ladicte maison dernière déclarée, ses appartenances et despendances, par contract du trente juillet mil six cent vingt sept, en forme d'eschange, pour lequel lesdicts peres Jesuittes auroient delaissé les terres et heritages acquis dudict de Landelle, ainsy qu'il est declaré audict eschange;

Plus, du sieur de Bercy-Maslon, demy arpent de terre, en une pièce audict lieu de la Folye Regnault, par contract du sept octobre mil six cens vingt huit;

Plus, la dame Amaury a acquis pour eux, de Guillaume Beaufils et consorts, une maison, court, grange et lieux en despendans, et quelques terres partie fouillée et partie en pré, scíz audict lieu de la Folye Regnault, declarez au contract du dix janvier mil sil cens trente et un, receu par Taconnet et Fieffé, nottaires;

Plus, du sieur Barentin, une pièce de terre contenant un arpent, dix perches, déclarée au contract du cinq septembre mil six cens trente trois, receu par de la Croix et Bellehache, nottaires;

Plus dudict sieur de Bercy-Maslon, soubz le nom de Toussaint Pitorin, demy arpent de terre scíz à la Folye Regnault, par contract du vingt huit septembre mil six cens trente sept, receu par Cousinet et Gallois, nottaires;

Plus, de Jean Bernier et Nicolle Oudart, sa femme, un quartier de vigne au lieu dict les Hautes Dives, terroir de Charonne, par contract du dix huit janvier mil six cens quarante et un, receu par lesdicts Duchesne et Fieffé;

Et de Catherine Chiache, veuve de Guillaume Espaullart et consorts, trois quartiers de vigne ou environ au terroir de Paris [sic, sans doute pour Charonne] par contract aussi receu par lesdits Duchesne et Fieffé, le dix huit juin mil six cens quarante et un.... » (Arch. nat. S. 1013).

Nous avons dit plus haut (p. 338) comment la suppression de l'ordre des Jésuites rendit libres les bâtiments de la Maison professe, et comment, achetés en 1767, au prix de 400,000 livres par le Roi pour les chanoines de Sainte-Catherine, ils ne furent occupés qu'en 1785 par ces religieux, qui n'y devaient plus rester que cinq années.

On trouve, dans l'ouvrage déjà cité de M. de Ménorval et dans le Recueil des *Inscriptions du diocèse de Paris*, (t. I, p. 506-530), des descriptions détaillées des épitaphes et tombeaux que possédait l'église des Jésuites avant la Révolution et qu'elle a gardés depuis. Parmi les plus considérables de ces sépultures, rappelons que le cœur de Louis XIII et celui de Louis XIV y sont conservés, ainsi que les corps de Bourdaloue, du P. La Chaise, de Huet, évêque d'Avranches, etc.

L'église Saint-Paul, on l'a dit déjà (p. 334), avait été maintenue par la Révolution au nombre des paroisses. Son état de délabrement fit qu'en 1802, le service paroissial fut transféré dans l'église de la Maison professe, qui prit dès lors le vocable de Saint-Paul-Saint-Louis. Sa circonscription, réduite par la création de la paroisse Saint-Denis du Saint-Sacrement, est limitée entre la rue des Nonnains d'Yères (côté pair), le quai des Célestins, les boulevards Morland et

Bourdon, la place de la Bastille, le boulevard Beaumarchais, la rue des Vosges et la rue des Francs-Bourgeois (côté impair), les rues Pavée et de Fourcy (côté pair).

Quant aux bâtiments fondés en 1580 pour les Jésuites, la Convention y installa en 1795, une École centrale, qui disparut en 1804, de même que tous les établissements analogues, et fut, la même année, remplacée par le lycée Charlemagne.

BIBLIOGRAPHIE. — *Sources*. — Archives nat. Nous avons déjà indiqué (p. 338-9) la plupart des documents concernant la Maison professe, confondus avec ceux de Sainte-Catherine de la Couture. Il n'y a pas, dans la série M, de fonds spécial constitué pour l'établissement de la rue Saint-Antoine.

Bibl. nat. Mss. lat. 10988-1092 : registres et thèse (XVIe-XVIIIe s.).

Imprimés. — Mémoires du P. Garasse, publiés par Ch. Nisard, *Paris*, 1861, in-12.

Catalogue des livres de la Bibliothèque de la Maison professe des ci-devant soi-disant Jésuites; *Paris*, 1763; in-8.

Notice historique sur la paroisse Saint-Paul-Saint Louis, par Denis de Hansy; *Paris*, 1842, in-8.

Les Jésuites de la rue Saint-Antoine, l'Église Saint-Paul-Saint-Louis et le lycée Charlemagne. Notice historique par E. de Ménorval. *Paris*, 1872, in-8.

MINIMES
I, 331

Jaillot (t. III, *Quartier Saint-Antoine*, p. 80-6) a connu des documents aujourd'hui perdus qui attestaient que le Provincial des Minimes de la Province de France acquit, le 27 octobre 1609, du maréchal de Vitry, le terrain, voisin de la place Royale, où devait s'établir le nouveau couvent de l'ordre. La date 1611, qu'indique Lebeuf, est celle de l'enregistrement, par le Parlement et la Chambre des Comptes, des lettres royales autorisant cet établissement. Au reste, les registres capitulaires encore existants prouvent que les bâtiments conventuels ne furent achevés que plusieurs années après (Arch. nat. LL, 1564, fol. 5 et ss.)

Cocheris a donné (III, 499-425) des extraits très étendus d' *Annales manuscrites des Minimes* rédigées au XVIIIe siècle et conservées aujourd'hui à la Bibliothèque Mazarine. Ces extraits sont intéressants pour la description de l'église et l'histoire des quelques événements dont le couvent fut le théâtre ; ils se retrouvent, d'ailleurs, dans les registres capitulaires que possèdent les Archives nationales. Nous citerons, d'après ces derniers, le fait suivant, assez caractéristique : « Le 27 aoust (1789), le R. P. correcteur ayant fait connoître le vœu du district pour un service solennel en faveur des citoyens qui avoient perdu la vie à la prise de la Bastille, il a esté unanimement arrêté que ce service seroit célébré sans exiger aucun honoraire ». (LL. 1566, fol. 237 2°).

L'église des Minimes fut démolie en 1798, mais les bâtiments du couvent sont restés debout. Ils occupent le terrain circonscrit entre les rues de Béarn, des Minimes, des Tournelles, Saint-Gilles et sont affectés à une caserne de la gendarmerie départementale. L'institution Massin y fut installée, pendant longtemps, dans la partie des bâtiments qui sont de l'autre côté de la rue de Béarn.

BIBLIOGRAPHIE. — *Sources*. — Archives nationales L. 952-953 : fondation du couvent et bâtiments. — LL. 1564-1566 : registres de délibérations capitulaires (1612-1790). — LL. 1567 : ordonnances du P. Provincial à la suite de ses visites (1691-1789). — S. 4293-4301 : titres de propriété.

Bibliothèque Mazarine. Ms. 2425 : procès-verbaux des chapitres généraux de l'ordre des Minimes (1567-1685. Ms. 2881 : Annales manuscrites de l'ordre (c'est le recueil publié en partie par Cocheris). — Mss. 3157 et 3209 : catalogues de la Bibliothèque du couvent de la Place Royale (xviii° s.).

Imprimés. — Oraison funèbre de très haut et de très puissant seigneur Louis-François, duc de Boufflers, pair et mareschal de France, prononcée à Paris dans l'église des PP. Minimes de la place Royalle, le 17 de décembre 1711, par le P. Delarue, de la Compagnie de Jésus. *Paris*, Papillon, 1712, in-4.

FILLES DE LA VISITATION SAINTE-MARIE
I, 331

C'est, on se le rappelle, le troisième couvent de cet ordre que nous ayons rencontré à Paris; celui-ci tient, par la date de sa fondation, le premier rang : la maison du faubourg Saint-Jacques ayant été instituée en 1626, et celle du faubourg Saint-Germain, en 1657, alors que dès le mois de juin 1619, les Visitandines obtinrent des lettres patentes leur permettant de s'établir dans le lieu de la capitale qu'elles voudraient choisir (Arch. nat. S, 4776), et que, par contrat du 16 mars 1621, elles acquirent de « Monsieur Zamet et consors, une grande maison, place et lieux, scis à Paris, rue du Petit-Musse, près les Célestins, moiennant la somme de 48,000 livres » (*ibid*). Le 18 octobre 1628, un sieur Perochel leur servant d'intermédiaire, achetait pour elles à Marie d'Estourmel, dame de Gravelle, l'hôtel de Cossé, voisin du premier, au prix de 80,000 livres (*ibid*). L'enclos ne fut constitué définitivement que le 24 décembre 1637, lorsque Charles de Créquy, duc de Lesdiguières, fit don aux religieuses d'un terrain dépendant de son hôtel, et situé rue de la Cerisaye, afin qu'elles pussent s'agrandir.

On n'avait pas attendu cette date pour confier à Mansart la construction d'une église monumentale pour le couvent. Voici, à ce sujet, un curieux document, encore inédit :

« Louis, etc. Nos chères et bien amées les religieuses, prieure et couvent de la Visitation de Sainte-Marie, de nostre bonne ville de Paris, nous ont faict remontrer que, pour la décoration de l'eglise qu'elles pretendent faire bastir en la rue Saint-Anthoine, au lieu où estoit anciennement l'hostel de Cossé, specialement pour le portail d'icelle, il leur est necessaire d'y construire deux corps et pilastres pied d'estal et baze de coulonnes en saillie de dix huit pouces sur l.. rue, de plus que le principal corps de ladicte eglize, avec les marches necessaires pour l'entrée d'icelle, suivant le plan et dessein qui en a esté faict et dressé... nous pour ces causes... avons auxdictes religieuses... permis et permettons, par ces presentes signées de nostre main, de faire saillir la baze ou pied d'estal de deux coulonnes ou pilastres servant d'ornement à la principale porte de leur église, de dix huit pouces sur rue plus que le principal corps du mur d'icelle... » 16 septembre 1632 (S. 4776).

La dédicace de cette église, sous le vocable de N.-D. des Anges, fut faite, le 14 septembre 1634, par André Frémiot, archevêque de Bourges.

Au mois de septembre 1643, Louis XIV accordait encore aux Visitandines de la rue Saint-Antoine, la concession de terrains voisins de la Bastille, à charge de refaire à leurs frais le portail de cette forteresse. Nous publions le texte de cet acte sous le numéro VII des Pièces justificatives de notre ouvrage intitulé *La Bastille*, dans la collection de l'Histoire générale de Paris.

En 1790, les religieuses de la Visitation de la rue Saint-Antoine étaient au nombre de 51. Consultées par les commissaires du gouvernement, elles déclarèrent toutes vouloir rester au monastère, y vivre et y mourir. L'une d'elles s'exprima en ces termes énergiques : « Madame Catherine Daron a déclaré qu'elle s'est engagée volontairement dans son saint état, et qu'elle aimerait mieux perdre la peau que son saint habit » (S. 4776).

Peu après, les bâtiments furent vendus et démolis, pour faire place à des constructions particulières. En 1802, l'église construite par Mansart fut désignée pour servir, sous le nom de Sainte-Marie, au culte protestant. Sa circonscription comprend actuellement les 3e, 4e, 11e et 12e arrondissements.

BIBLIOGRAPHIE. — *Sources*. — Archives nat. L. 1079 : fondations. — LL. 1714 : délibérations capitulaires. — LL. 1715-1716 : inventaires de titres. — S. 4776-4784 : titres de propriété.

Imprimés. — Jaillot, t. III, *Quartier Saint-Antoine*, p. 21-26. — La vie de Louise-Eugénie de Fontaine, religieuse du monastère de la Visitation, rue Saint-Antoine, morte le 29 septembre 1694; *Paris*, 1694, in-12.

ANNONCIADES CÉLESTES

I, 331

La date 1630, donnée par Lebeuf, est loin d'être exacte, et nous sommes en mesure de fournir des renseignements précis sur l'établissement de cette communauté. Un acte notarié du 16 juillet 1621 nous apprend que « haulte et puissante dame Henriette-Catherine de Balsac, marquise de Verneuil, comtesse de Beaugency, baronne de Baulle, de Boissy et Ezlis, demourant ordinairement audict Verneuil près Senlis, estant de present en ceste ville de Paris, logée rue des Francs-

Bourgeois, paroisse Saint-Paul, disant que pour le zelle, affection et singulière dévotion qu'elle a toujours eue et a encores envers l'ordre des religieuses de la Nonciade, establie à Gennes en Italie et Nancy en Loraine, et pour d'aultant plus augmenter l'honneur et service de Dieu, l'exaltation de la foy catholique, appostolique et romaine, par le moyen de quoy la benediction et la prosperité s'espend sur toutes sortes de personnes, mesme à la conversion des heretiques, et speciallement pour rendre hommaige au sacré sainct mistere de l'Incarnation fondamental de nostre salut et à la bien precieuse Vierge Marie, en sa dignité de mère de Dieu, et en toutes les grandeurs auxquelles elle fut eslevée quand ce mistère lui fut annoncé pour estre accomply en elle, elle avoit intention et volonté de funder à perpetuité soubs le bon plaisir de Nostre Saint Père le pape, et du consentement de monseigneur le cardinal de Rets, evesque de Paris, ung couvent et monastère de religieuses dudict ordre en ceste ville de Paris... » A cet effet, la fondatrice mettait à la disposition de l'ordre une rente de 2,000 livres, perpétuellement rachetable par elle ou ses héritiers, moyennant le payement d'une somme de 32,000 livres (Arch. nat. S. 4620).

Des lettres patentes de septembre 1622, qu'a publiées Félibien (t. II des *Preuves*, p. 64, — le texte en est au carton S. 4621), — confirmèrent cette fondation et les religieuses s'occupèrent du choix d'un local. Elles acquirent, le 9 avril 1626, de Charles de Thiercelin, sire et marquis de Savernes, de Marie de Vienne, sa femme, de François de Montmorency et d'Élisabeth de Vienne, sa femme, séparée, quant aux biens, de son mari, « une grande maison scize en ceste ville de Paris, rue Cousture Sainte-Catherine... appellée l'hostel de Vienne et cy-devant l'hostel d'Ampville, concistant en plusieurs corps d'hostelz, cours et jardin, droict et cours de fontaine d'eau vive,... » tenant d'une part à l'hostel de Carnavalet, appartenant de present au sieur d'Argouges, d'aultre part à la maison du tresorier Bragelonne, aboutissant d'un bout par derrière et ayant yssue sur la rue de Dianne, et par devant sur ladicte rue Cousture Sainte-Catherine, appartenant aux dictes dames Marie et Élizabeth de Vienne, de leur propre, comme seulles héritières de feu messire Jehan de Vienne, vivant conseiller du Roy en ses conseils d'estat et privé, controlleur general des finances et president en la Chambre des Comptes, et de dame Elisabeth Dolu, sa femme, leurs père et mère... » La vente fut faite moyennant les 2,000 livres de rente précédemment constituées par la marquise de Verneuil, 150 livres tournois de rente, 150 autres livres tournois de rente, 37 livres, 10 sous tournois de rente, et une soulte de 6,000 livres tournois (S. 4620).

En outre, le 15 juillet 1626, les religieuses s'engagèrent à payer à l'abbaye de Saint-Victor une indemnité de 8,000 livres pour droits d'amortissement (*ibid.*).

Cet hôtel d'Ampville — autrement dit le petit d'Anville — avait été vendu le 22 mars 1603, à Jean de Vienne, par le duc Henry de Montmorency, connétable de France, au prix de 34,500 livres tournois (*ibid.*).

Le couvent des Annonciades Célestes était situé rue Culture Sainte-Catherine, en mitoyenneté avec l'hôtel Carnavalet. Mme de Sévigné, qui habita cet hôtel, depuis 1677 jusqu'à sa mort, eut souvent occasion dans ses lettres, de parler de ses voisines; au mois d'octobre 1677, quelques jours après son installation, elle écrit à sa fille : « Nous avons du moins une belle cour, un beau jardin, un beau quartier et de bonnes petites filles bleues fort commodes... » (*Lettres*, t. V, p. 347 de l'édition des Grands Écrivains). Le manteau et le scapulaire bleus que portaient les Annonciades leur valurent, en effet, le surnom de Filles Bleues.

En 1783, elles reçurent de la commission des loteries une somme de 1,600 livres, et sollicitèrent pareil secours pour les années suivantes. Leurs dettes étaient, disaient-elles, de 22,000 livres, plus 20,000 livres à dépenser pour des réparations obligatoires (Arch. nat. G⁹ 650).

L'enclos du couvent est aujourd'hui représenté par les maisons portant les numéros 25 et 27 de la rue de Sévigné (ancienne rue Culture Sainte-Catherine).

BIBLIOGRAPHIE. — *Sources*. — Archives nat. S. 4620 : outre les documents analysés plus haut : titres de propriété rue de l'Éperon, rue Geoffroy l'Angevin, rue Saint-Denis, — de mitoyenneté avec les hôtels « de Carnavalette » (1736) et Le Pelletier de Saint-Fargeau (1784); biens à Montreuil-sous-Bois (1683-1727); aux Halles, étal de la boucherie dite de Beauvais (1601-1681) et à la Halle au Blé, 6ᵉ arcade (1600-1772); déclaration de 1790. — S. 4621 : lettres patentes de fondation et d'amortissements, règlement et emploi d'une somme de 16,000 livres due par les religieuses au prieuré de Sainte-Catherine de la Couture. — G⁹ 650 : document analysé ci-dessus. — G⁹ 654 : état des dettes; procès-verbal de visite des bâtiments, par J.-B. Desplasses, chanoine archidiacre de Brie.

Imprimés. — Jaillot, t. III, *Quartier Saint-Antoine*, p. 56-58.

Hospitalières de la Charité Notre-Dame

Lebeuf a complètement omis de parler de cette maison hospitalière, située jadis sur la paroisse Saint-Paul, vis-à-vis des Minimes. Cocheris ne l'a pas connue davantage et ce n'est qu'incidemment (t. III, p. 559) qu'il la mentionne à propos du couvent des Hospitalières de la Roquette, lequel fut, à l'origine, un démembrement de l'hôpital voisin de la place Royale. Le carton S. 6148 des Archives nationales nous fournit des renseignements suffisants à combler cette lacune.

Le 11 septembre 1629, Jean-André Lumagne, seigneur de Villiers, bourgeois de Paris, et Marguerite Drouart, sa femme, vendirent « aux religieuses, prieure et couvent et hôpital de la Charité Notre-Dame establi à Paris, près la place Royale », au prix de 8,000 livres, une maison, sise rue Neuve-des-Tournelles, faisant le coin d'une rue qui longe le couvent des Minimes (la rue des Minimes). En janvier 1630, furent rendues les lettres patentes d'amortissement de cette maison.

L'hôpital s'enrichit, le 29 mars 1635, du don fait par dame Charlotte de Vieupont, femme de Bernard Potier de Blerancourt, de 53 acres, une verge et demie de terre, sur la seigneurie de Saint-Pierre-le-Vigier, en Normandie, près de Saint-Valery-en-Caux; il acquit, en 1682, une maison, rue du Parc Royal; une autre, rue du Foin, en 1706, et une autre, rue des Tournelles, en 1728.

Aux termes de la déclaration de 1790, les religieuses étaient au nombre de 21; l'hôpital, contenant 23 lits, ne recevait que des malades de maladie curable, de façon à donner asile, en moyenne, à 250 malades chaque année. Le revenu de la maison s'élevait à 33,923 livres, 14 s. 9 d.; les charges n'étaient que de 549 livres.

Cet hôpital a conservé, depuis la Révolution, sa destination primitive, car il constitue, sous le nom d'hôpital Andral, l'un des établissements de l'Assistance publique; il est situé à l'angle des rues des Tournelles et des Minimes.

ÉGLISE SAINTE-MARGUERITE

I, 331-332

Les renseignements fournis par Lebeuf sur cette paroisse sont d'une déplorable sécheresse; elle méritait, cependant, comme on va le voir, d'être mieux étudiée dans ses origines et dans son développement; aussi ne s'explique-t-on pas que, sur ces points, Cocheris ait été plus bref encore que l'historien dont il s'était donné mission de combler les lacunes.

On ignore, à vrai dire, en quel temps les habitants du faubourg Saint-Antoine trouvèrent insuffisante la chapelle de Saint-Pierre, voisine de l'abbaye de Saint-Antoine, et dont le desservant ne pouvait exercer d'autres fonctions curiales que celle d'administrer le dernier sacrement : ce fut, sans doute, après les guerres religieuses du XVIe siècle et la prise de Paris par Henri IV; mais leurs doléances ne furent accueillies que dans la première moitié du siècle suivant. Le 28 novembre 1623, Antoine Fayet, curé de Saint-Paul, église restée jusque-là paroisse du faubourg, sollicitait la concession « d'une place qui est sçituée à la pointe de Reuilly, entre les deux chemins, l'un d'iceux allant à Saint-Maur et l'autre au bois de Vincennes, pour y faire bastir et construire une chapelle succursale pour la commodité des habitans dudit Reuilly » (Arch. nat. S. 3434). Cet emplacement, à droite du faubourg et de l'abbaye, ne fut pas accepté. Le 26 octobre 1624, Jean de Vitry, seigneur de Reuilly, donnait au même curé de Saint-Paul une pièce de terre sise au faubourg Saint-Antoine; mais, le 12 février 1627, Jean de Vitry reconnaissait que cette donation était en réalité une vente, et l'acte nous apprend en même temps que, durant cet intervalle de deux ans et demi, « ledit sieur Fayet y a fait bastir, edifier et construire l'église de Sainte-Marguerite à ses frais et despens. » (*Ibid.*)

Il semble qu'après avoir voulu doter ses paroissiens du faubourg d'une église succursale, Antoine Fayet ait abandonné ce projet et revendiqué la chapelle qu'il venait de faire construire, comme lui appartenant en propre, et pour en faire exclusivement le lieu de sa sépulture. Une procédure fut ouverte, que Jaillot a clairement analysée, et enfin, en 1634, l'église était déclarée succursale de Saint-Paul, en vertu d'un arrêt du Conseil.

Sainte-Marguerite ne fut érigée en paroisse que le 1er décembre 1712, par un décret du cardinal de Noailles. Ce décret, qui nous est conservé dans le manuscrit français 11,735 (pièce 5) de la Bibliothèque nationale, porte que, depuis plusieurs années, le nombre des habitants du faubourg Saint-Antoine s'est beaucoup augmenté et atteint actuellement le chiffre de près de 40,000, dont environ 30,000 communiants pour lesquels il n'y a qu'une église annexe, desservie par neuf prêtres seulement (le décret en attribua vingt); que la paroisse Saint-Paul, étant très éloignée, « les libertins et les nouveaux réunis qui sont en très grand nombre dans le dit faubourg n'étant pas veillez de près, se dispensent même du devoir paschal sans craindre d'être connus, parce qu'ayant la liberté de satisfaire à ce devoir à Saint-Paul ou à Sainte-Marguerite, on ne peut decouvrir ceux qui y manquent. Que cette même liberté d'aller à Saint-Paul ou à Sainte-Marguerite fait que les enfans du dit faubourg ne vont ni à l'une ni à l'autre de ces deux eglises, et ne reçoivent aucune instruction....... »

L'acte rappelle d'autre part que « ladicte eglise Sainte-Marguerite est longue de vingt-deux toises et large de neuf, compris les bas cotez; qu'outre ledit bâtiment, il y a une chappelle de la communion longue de sept toises sur quatre de largeur. Que ladicte eglise avec ladicte chapelle peuvent contenir plus de trois mille personnes à genoux, qu'elles sont bâties presque à neuf. Que ladicte eglise est composée d'un chœur, d'une nef, de bas-cotez, de quatre chapelles, non compris le grand autel avec des bancs, un pulpitre, des sièges, une chaire à prêcher, des confessionnaux, des fonts baptismaux et un orgue; qu'elle a une sacristie et deux grands cimetières bien clos et bien murez joignant ladicte eglise, des ornemens, linges, livres et autres meubles, un grand presbitère près ladicte eglise où sont logez huit desdicts prestres qui desservent ladicte eglise, les deux autres ayant un logement particulier au dessus de ladicte sacristie, des registres des fondations et des comptes de fabrique de ladicte église depuis l'année 1634 jusqu'en l'année 1709....; qu'il y a dix ou onze confrairies en ladicte eglise avec chacun leurs meubles particuliers...., » etc., etc.

Pour conclure, le décret accorde à la nouvelle paroisse tout le territoire qui jusque-là dépendait de celle de Saint-Paul au delà de la porte Saint-Antoine, c'est-à-dire jusqu'au delà du couvent de Picpus d'un côté, et de l'autre, depuis le Petit-Bercy jusqu'à Montlouis, y compris les moulins de Ménilmontant.

A la suite de cet acte, sont transcrits le texte des lettres patentes le confirmant, en date de février 1713, et le procès-verbal de prise de possession par le premier curé, Jean-Baptiste Goy, le 13 janvier de la même année.

Avant d'entrer dans les ordres, Goy avait été un artiste. En mentionnant sa mort, qui eut lieu le 18 janvier 1738, les *Nouvelles ecclésiastiques* du 22 avril suivant donnent ce curieux détail qui a été reproduit dans les *Nouvelles Archives de l'art français* (2ᵉ série t. VIII, 1880-1881, p. 148-9) : « Il s'etoit appliqué, jusqu'à l'âge de vingt-six ans, à la sculpture, et avoit passé pour cet effet près de dix ans à Rome. Plusieurs pièces de sa façon qui sont dans les jardins de Versailles, de Meudon et de Marli ont été pour lui, depuis que Dieu l'eut touché, un objet continuel de gemissements ». Devenu prêtre, Goy ne renonça pas aux arts, et s'il maudit la sculpture, ce fut pour devenir peintre. On en a pour garants non seulement les écrivains du siècle dernier, tels que Hébert dans son *Dictionnaire historique et pittoresque* (1766, t. Iᵉʳ, p. 305), mais encore les propres termes de son testament (publié dans le *Bulletin d'histoire et d'archéologie du diocèse de Paris*, 3ᵉ année, 1885, p. 177-183) où il donne à plusieurs personnes divers tableaux qui étaient son œuvre. Ce même testament nous fournit, en outre, de précieux renseignements sur les deux bibliothèques qu'il avait formées et dont parle Lebeuf.

Cocheris (III, 532) affirme qu'elles ont été dispersées et que la Bibliothèque Mazarine en a recueilli quelques épaves.

Goy eut pour successeur Jean Joubert, qui mourut en 1743 (Arch. nat. L. 683). Il résulte de deux inscriptions publiées dans le recueil de Guilhermy (t. Ier, p. 198) que les communautés de la Trinité et de Notre-Dame des Vertus, dont nous parlerons plus bas, avaient chacune leur sépulture dans une des chapelles de Sainte-Marguerite.

Au moment de la Révolution, le curé de cette paroisse était Charles-Bernardin de Laugier de Beaurecueil; le 13 juillet 1790, il faisait connaître que le revenu de sa cure était de 7,150 livres et il ajoutait : « Aujourd'hui, il me serait impossible de subvenir à ces charges avec les 6,000 livres qu'on doit me donner annuellement; mais dois-je avoir de l'inquiétude ! L'Assemblée nationale s'occupe de notre sort. Elle saura, sans doute, que depuis dix-sept ans, je suis doyen des curés de Paris, et curé de la même paroisse depuis plus de quarante-huit ans, et que je suis bientôt octogénaire (Arch. nat. S. 3435; cité par Cocheris).

Sainte-Marguerite est restée, depuis la Révolution, au nombre des paroisses de Paris. Elle est aujourd'hui la cure principale du XIe arrondissement. Après bien des changements, depuis 1791, sa circonscription est aujourd'hui limitée par la rue du Faubourg-Saint-Antoine, la place de la Nation, l'avenue du Trône, les boulevards de Charonne et de Ménilmontant (côté impair), la rue de la Roquette (côté pair). Sur le vaste territoire qu'elle desservait au temps de Lebeuf ont été élevées, à diverses dates, les églises de Saint-Ambroise et Saint-Joseph à l'ouest, de Saint-Antoine et de Saint-Éloi à l'est. Nous dirons plus loin un mot de chacune d'elles.

BIBLIOGRAPHIE. — *Sources*. — Archives nationales. L. 681-683 : fondation de la cure; conflits à ce sujet avec la paroisse Saint-Paul, règlements et fondations. — LL. 833-836 : délibérations de la fabrique (1683-1788). — LL. 837-838 : confréries du Saint-Sacrement et de Sainte-Marguerite (XVIIIe s.). — LL. 839 : assemblées des dames de charité (1719-1740). — LL. 841 : inventaire du mobilier de la cure en 1743. — S. 3434-3435 : acquisition des terrains où s'élève l'église; protestation de la cure de Saint-Paul contre l'érection de Sainte-Marguerite en cure (1713); titres de rentes; déclaration de 1790. — S. 3436-3437 : fondations; titres de propriété de la maison dite de la cour d'Albret, rue des Sept-Voies, achetée en 1731 par le curé Goy et appartenant depuis à la fabrique; procès-verbal très volumineux de la levée des scellés après la mort du curé Goy. — S. 3438-3439 : titres de propriété de la fabrique dans la vallée de Fécamp, rue de Reuilly, rue Saint-Bernard, à Charonne et à Fontenay-en-Brie; procédure aboutissant à déclarer que le terrain sis en face de l'église appartient à la fabrique (1728). — S. 3440 : quittances et déclarations de revenus. — Q^1 1239 : dossier relatif à l'ouverture d'une rue allant du faubourg Saint-Antoine à l'église Sainte-Marguerite (rue Saint-Bernard), large de trois toises, s'ouvrant en demi-lune devant le portail de l'église, et à la prolongation de la rue de Basfroid, de même largeur, jusqu'au carrefour de la rue de Charonne.

Imprimés. — Jaillot, tome III, *Quartier Saint-Antoine*, pages 49-54.

Mémoire curieux, historique et intéressant sur la fondation, le patronage et le droit de nomination à la cure de l'église paroissiale de Sainte-Marguerite au faubourg Saint-Antoine de Paris, prouvée par titres originaux et pièces justificatives (par Lescuyer), 1738, in-12 de 103 pages.

Mandement de Son Éminence Mgr le cardinal de Noailles, archevêque de Paris, à l'occasion du miracle opéré dans la paroisse de Sainte-Marguerite le 31 may, jour du Saint-Sacrement. — *Paris*, 1725, in-8° de 26 pages.

Instruction sur le miracle de Madame de la Fosse opéré sur la paroisse Sainte-Marguerite à Paris l'an 1725; s. l. n. d., in-8° de 32 pages. En bas de la dernière page il est dit : « L'église où cette instruction a été prononcée sert maintenant de temple aux ennemis de la présence réelle. Que de réflexions offre ce changement de destination! »

Extrait des registres de l'Assemblée électorale du district de Paris. Discours prononcé par M. le maire, lors de sa proclamation à la cure de Sainte-Marguerite, le 20 février 1791, s. l. n. d., in 8° de 7 pages, p. 5-7. (Bibl. de la ville de Paris, 9152).

Discours religieux et patriotique prononcé le 24 août 1815 dans l'église de Sainte-Marguerite, à Paris (à l'occasion de la réunion du faubourg Saint-Antoine pour la fête du roi Louis XVIII); s. d., in-8°, 8 pages.

Notice nécrologique sur Jean-Pierre-Joseph Haumet, curé de Sainte-Marguerite (mort le 23 septembre 1851); s. d., in-12.

ABBAYE DE SAINT-ANTOINE

I, 332

Une tradition, qui ne repose pas sur des preuves assez fortes, veut que cette abbaye doive son origine à Foulques, curé de Neuilly-sur-Marne, qui prêcha la première croisade; Lebeuf aurait dû le rappeler, et aussi, au lieu d'adopter la date 1198 comme la plus ancienne, connaître un acte de 1191 publié dans la *Gallia Christiana* (t. VII, col. 899) et mentionné par Jaillot, qui prouve qu'une communauté de femmes existait dès ce moment dans le faubourg.

On trouvera dans Félibien, au tome III des *Preuves* (p. 600 et s.), l'acte de 1204 par lequel Eudes de Sully, évêque de Paris, autorisa la nouvelle abbaye à s'agréger à l'ordre de Citeaux et à jouir des privilèges et immunités de cet ordre. L'original de la pièce se trouve dans le carton L. 1015 des Archives nationales, ainsi que plusieurs autres actes importants, du XIII° siècle, concernant les donations faites à l'abbaye, sa dédicace, le 2 juin 1233, par Guillaume d'Auvergne, etc. M. Hippolyte Bonnardot les a, du reste, analysés ou reproduits dans une bonne monographie de l'abbaye de Saint-Antoine (Voy. à la Bibliographie).

C'est aussi dans la première moitié du XIII° siècle que fut fondée, par Robert de Mauvoisin, la chapelle Saint-Pierre, édifice distinct, en quelque sorte de l'abbaye, situé au même alignement que les bâtiments conventuels, et où avaient lieu certaines cérémonies religieuses que la règle n'aurait pas permis de célébrer

célébrer dans l'intérieur même de l'abbaye, telles que les stations de cortèges ou d'enterrements royaux. Cette chapelle subsista jusqu'à la Révolution et, nous l'avons dit, servit pendant quelque temps, au XVIII° siècle, de succursale à la paroisse Saint-Paul, avant que l'église Sainte-Marguerite fût fondée.

Cocheris et M. H. Bonnardot ont, l'un et l'autre, extrait du Cartulaire de l'abbaye conservé aux Archives nationales sous la cote LL. 1595, de curieuses mentions topographiques du XIII° siècle; nous les empruntons à leur double travail en fondant les indications de dates que donne le premier avec l'ordre alphabétique que le second a eu raison d'adopter :

Cul de sac d'Agnès la Buchère (*ruella defuncte Agnetis Bucherie*, videlicet in ruella que est sine capite, août 1262). — Rue d'Aligre. — Rue André Malet (*vicus Andriu Malet* (1277). — L'Apport-Paris (*ad portam Parisius, super quadam petra ubi venditur piscis*). — Rue Aubry-le-Boucher. — Rue des Barres. — La porte Beaudoyer. — Rue de Berry. — Rue des Bourdonnais (*vicus ans Boudonais*, 1297). — Rue Boutebrie. — Rue de la Calandre (*in Civitate, in vico de Kalendra*, 7 mai 1268). La Cavaterie (*Cavateria* (1251). — Rue des Charbonniers. — Rue de Charenton. — Rue de Charonne. — Rue de la Charonnerie (1262). — Rue de Charrauri dans la cité (*in vico de Curru Hurrici*, 1298). — Rue de Chartron (*in vico de Chartero, prope hospitalem Sancti Gervasii*, 1291). — Rue du Château-Fêtu (*apud Chateljestu in Tonnelaria*, janvier 1221). — Place aux Chats (*juxta Alars, in cuneo Ferronerie, ab oppositis cimeterii Sanctorum Innocentium*, en la place aux Chars, 1282). — Rue du Cimetière Saint-Jean. — Rue Cloche-buef (*apud Sanctum Anthonium, in loco qui dicitur Cloche buef in censiva Camerariæ domini regis et ad crucem fractam*, mars 1242). — Rue du Cloître-Saint-Merry (*in fundo terre S. Mederici*). — Le Clos-Bruneau. — Rue du Clos-Mauvoisin (*vicus qui clausus mali vicini vulgariter appellatur, in parrochia S. Genovefe, in censiva domini de Malliaco*, mars 1240). — Rue aux Coiffières (*prope Graviam, in vico Cufariarum*, 1269). — Rue de la Coçonnerie (*in campellis, in buco Coçonnerie*, 1261). — Rue Cotte. — Rue de la Coutellerie. — La Croix du Trahoir. — L'Écorcherie (*en l'Escorcerie super rippariam Sequane*, 1289). — Rue des Ecouffes (*in vico de Cuffariis*, 1290). — Rue des Ecrivains (*vicus Scriptorum*, 1225). — Rue des Etuves (*vicus Stupharum*). — Rue de la Ferronnerie. — Rue du Four Saint-Merry (*vicus qui dicitur Furnus S. Mederici*). — La Grève. — Rue Guillaume-Josse (*in Corrigiaria Parisiense in vico W. Josse*, 1228). — La Halle aux poissons (*ante alas piscium*). — La Hanterie (*in Hanteria*, 1218). — Rue de la Harpe. — La maison de la Huchette (*domus de la Huchete sita Parisius ultra parvum Pontem, in vico per quem itur de parvo ponte ad sanctum Germanum de Pratis*, 1218). — Rue des Jardins (*vicus de Jardino*, décembre 1261). — Rue Jean le Gros (*vicus Johannis Crassi*). — Rue de la Juiverie (1231). — Rue de Marivaux (*vicus de Marivaz*, 1241). — La maison des Marmousets (*ante domum Marmosetorum*, 1244). — Rue de Nesle (*vicus de Nigella*, 1299.) — Les Planches de Mibray (*apud planchas Mibrarii, in censiva S. Maglorii*, sept. 1242). — La Poissonnerie (*in Piscatoria, versus Barbeel, in censiva de Tironio*, 1248). — Le Pont Perrin (1278). — La Poulaillerie du Grand-Pont (*poletaria magni pontis*). — Rue Saint-André des Arts (*vicus S. Andreæ de Arcubus*, juin 1268). — Rue Saint-Bon (*vicus Sancti Boniti*, 1232). — Rue Sainte-Opportune (*in magno vico, ab oppositis S. Opportune*). — Rue de la

Saunerie (*Salneria retro Castelletum magni pontis*, 1238). — Rue de la Tacherie (*vicus Athacherie, versus S. Bonitum*, 1275). — Rue Thibault aux Dez en Grève (*vicus Theobaldi de Gravia*). — Rue de la Tonnelerie (*apud Chatelfestu, in Tonnelaria*, janvier 1221). — Rue de la Vieille-Juiverie (*ultra parvum pontem, in veteri Judearia*). — Rue de la Vieille-Monnaie (*vicus qui vocatur vetus Moneta*, 1283).

M. A. Dufour a publié dans le *Bulletin de la Société de l'Histoire de Paris et de l'Ile de France* (1884, p. 147-149) un document de l'année 1647 relatif à une vente faite par l'abbaye de terrains au lieu dit Vignolles dans le faubourg Saint-Antoine; cet acte contient l'énumération des religieuses, au nombre de vingt-quatre. Elles étaient cinquante, en 1700, d'après le *Mémoire de la Généralité de Paris*, p. 27, — et quarante seulement en 1770, aux termes de la déclaration que les communautés religieuses firent alors à la Commision des secours : « Cette abbaye est composée de quarante religieuses de chœur, sœurs converses ou postulantes, trois religieux, dix pensionnaires, quatre femmes de chambre de pensionnaires et vingt domestiques ou jardiniers. Sans les allants et venants, on peut compter annuellement quatre-vingts personnes à nourrir. » Les recettes sont évaluées à 73,400 livres; les dépenses, à 64,329 livres (Arch. nat. G^a 652). Vers le même temps, on procédait à une restauration complète de l'abbaye, comme l'atteste une inscription de 1767 retrouvée par Guilhermy (*Inscriptions de l'ancien diocèse de Paris*, I, 376).

Le 28 nivôse an III (17 janvier 1795), la Convention décréta la fondation d'un hôpital dans les bâtiments de l'abbaye. Cet hôpital existe encore aujourd'hui, sous le nom d'hôpital Saint-Antoine; de vastes agrandissements dont il a été l'objet, depuis dix ans environ, tendent à lui faire recouvrer, au moins du côté du sud-est, les limites de la communauté à laquelle il a succédé.

BIBLIOGRAPHIE. — *Sources*. — Archives nationales. L. 1014 : titres de propriété de l'abbaye au XIIIe siècle dans diverses localités (nous analyserons à leur place ceux qui ont trait aux paroisses du diocèse). — L. 1015 : titres relatifs à la fondation de l'abbaye et aux privilèges qui lui ont été accordés au XIIIe siècle; mémoire sur la fondation de la chapelle Saint-Pierre (XVIIe s.) — Documents concernant la reconstruction du grand portail sur la rue du Faubourg-Saint-Antoine (1693-1696). — Don à l'abbaye, par Charles-Henri de Malon, premier maître des requêtes de l'hôtel, seigneur de Berry, d'une somme de 10,000 livres, à la charge de distribuer annuellement 500 livres « de pain et de poix » aux pauvres familles du faubourg (3 septembre 1674). — LL. 1595 : cartulaire du XIVe siècle, dont on a donné plus haut des extraits. — S. 4357-4405 : titres de propriété et inventaires.

Imprimés. — Discours de ce qui s'est passé en la conférence des députés de Paris avec le Roy en l'abbaye de Saint-Antoine-des-Champs, le septiesme jour d'aoust mil cinq cens nonante. *Tours*, 1590, in-8°.

Oraison funèbre de très illustre et très religieuse dame Françoise Molé, abbesse de l'abbaye royale de Saint-Antoine-des-Champs lès Paris, prononcée dans l'église de la même abbaye, le 28e jour de mars 1686, par le R. P. Jean de la Boissière, prêtre de l'Oratoire; *Paris*, in-4°.

Jaillot, tome III, *Quartier Saint-Antoine*, page 38-42.

A. Bonnardot, Iconographie du vieux Paris, *apud Revue universelle des Arts*, tome V. 1857, pages 212-219. Dans cet article sont soigneusement décrits les plans de l'abbaye gravés dans l'ouvrage ci-dessous.

H. Bonnardot, L'abbaye royale de Saint-Antoine-des-Champs, de l'ordre de Cîteaux, étude topographique et historique. *Paris*, 1882, in-4°.

Plan de la censive de l'abbaye de Saint-Antoine, publié en 1879 par la Société de l'Histoire de Paris.

PÉNITENTS RÉFORMÉS DU TIERS ORDRE DE SAINT-FRANÇOIS

II, 332-333

L'origine de ce couvent se trouve dans le préambule suivant de lettres patentes d'Henri IV, en date de février 1601 : « Henry, par la grace de Dieu roy de France et de Navarre... désirans pour l'advancement et propagation de la piété et foy catholique advancer les ordres des religieux qui, par leurs prédications, bonnes œuvres et vie exemplaire, servent à l'édification des mœurs et conscience de nos subjects. Comme nous sommes bien informez que font avec beaucoup de soing et de piété nos bien amez orateurs les frères Penitens reformez du tiers ordre de Saint-François, sur la remonstrance qui nous a esté faicte par aucuns devotz personnages, nos spéciaulx serviteurs, que jusques icy les dits Penitens n'ont eu aucum couvent ny lieu de retraicte en [nost]re bonne ville de Paris pour vacquer à leurs estudes de theologie, predications et autres exercices spirituels, et que s'il nous plaisoit leur en pourvoir de quelqu'un, ils en recevroient beaucoup de commoditez, et le publicq beaucoup de proffit : Nous inclinons favorablement à ladicte remontrance et voullans gratiffier lesdits Penitens reformez du tiers ordre de Saint-Françoys, aultant qu'il nous sera possible, ayant esté advertis que au village de Picquepusse lès Paris, paroisse de Sainct-Paul, deppendant de nostre domaine, il y a un oratoire ediffié depuis quelque tems soubz le nom et invocation de Nostre-Dame, avec quelques deppendances où les Capucins avoient cy devant érigé leur couvent et lequel, après la translation desdits Capucins au faulxbourg Saint-Honoré de nostre ville de Paris, auroit esté donné par le deffunct Roy, nostre très cher seigneur et frère que Dieu absolve, aux Jesuistes, qui l'auroient pareillement delaissé, et dont les dortoirs et autres ediffices seroient, pour la pluspart, tombez en ruyne durant les derniers troubles.... » (Arch. nat. L. 957).

Les origines de cet oratoire, qu'il faut plus exactement appeler la chapelle Notre-Dame de Grâce, nous sont connues. Le 12 juin 1596, Jean de Vallée, chevalier de l'ordre du roi, seigneur de Passey, en Anjou (près de Montreuil-Bellay) avait transporté 16 écus, deux tiers d'écu soleil de rente à « M⁰ Claude Voille, procureur en la cour de Parlement et son procureur en icelle,... propriétaire de la chappelle Nostre-Dame de Picquepuce, puis n'a guères faict bastir et ediffier de neuf audict lieu de Picquepuce par feu Monsieur l'evesque de Cistron (Aymery de Rochechouart, évêque de Sisteron)... » (L. 957). Le 17 avril 1601, le même Claude Voille résilia tous ses droits sur cette chapelle entre les mains de frère Vincent Mussard, religieux et gardien des religieux Pénitents réformés de l'ordre de Saint-François du couvent de Franconville (*ibid.*)

Quant à l'origine même du nom de ce lieu de Picpus, nous n'en pouvons rien dire de plus que Lebeuf; il n'existait sans doute pas encore au XIVe siècle, car il eût été désigné sous ce nom, et non comme une motte entre Saint-Antoine et le bois, dans la relation que donnent les *Grandes Chroniques de France* de l'entrevue du dauphin Charles et du roi de Navarre, Charles le Mauvais, le 8 juillet 1358.

Jaillot (t. III, *Quartier Saint-Antoine*, p. 101), le dit « plus ancien que l'abbé Lebeuf ne l'indique », mais il ne fournit aucune preuve à l'appui de cette affirmation. Pour notre part, nous l'avons rencontré dans beaucoup d'actes du commencement du XVIIe siècle avec les trois notations orthographiques : Picquepusse, Piquepusse, Piquepuce (voy. surtout S. 4337), dont les variantes n'expliquent rien. Peut-être y faut-il voir un nom d'homme, défiguré ensuite par une sorte de jeu de mots trop facile ; mais ce n'est là qu'une hypothèse.

Louis XIII posa la première pierre de l'église du couvent « des Picpus », le 13 mars 1611. L'année suivante, le 3 septembre, il signa des lettres patentes leur accordant 6,000 livres à prendre sur les deniers provenant de la vente des bois de la forêt de Cuise pour les employer à construire les combles de cette église (L. 957), et au mois de février 1613, il leur permit d'occuper une enclave de huit pieds de terrain appartenant à un propriétaire mitoyen, afin de régulariser l'alignement des chapelles (*ibid*).

Il y avait dans ce couvent une salle, dite « des Ambassadeurs », où se rendaient, dit Jaillot, « les ambassadeurs des puissances catholiques, le jour destiné pour leur entrée, et où ils recevaient les complimens des princes et des princesses de la maison royale ». Cette salle était ornée de remarquables œuvres d'art dont la description fut faite par Doyen en 1790 (voy. plus bas, à la Bibliographie des sources).

Le 3 mai 1790, les religieux de Picpus reçurent la visite des commissaires de la Révolution ; quatre d'entre eux déclarèrent qu'ils voulaient rester dans leur couvent, fidèles aux règles de l'ordre ; quatre autres manifestèrent leur intention de vouloir rentrer dans le monde ou dans leur famille ; dix-sept suspendirent leur déclaration. La communauté se composait alors de dix-sept religieux, quatre clercs et cinq frères lais (Arch. nat. S. 4338). Peu après, les bâtiments du couvent furent vendus et l'enclos qui les entourait, morcelé.

BIBLIOGRAPHIE. — *Sources*. — Archives nationales. L. 957 : titres de la fondation, analysés plus haut. — S. 4337-4338 (carton double) : inventaires de fondations; dossier relatif au droit de passage dans une petite ruelle voisine du couvent, allant de Picpus à Vincennes (depuis 1623); déclaration de 1790; inventaire des tableaux, par Doyen, et des sculptures par Mouchy. — S. 4339 : registre de comptes (1781-1787).

Imprimés. — Jaillot, tome III, *Quartier Saint-Antoine*, p. 101-104.

FILLES DE LA TRINITÉ
I, 333

Jaillot a démontré que Lebeuf s'était trompé en assignant l'année 1618 comme date de fondation de ce couvent. Les Filles de la Trinité, appelées plus habituellement Mathurines, ne s'installèrent qu'en 1713 dans la petite rue de Reuilly, pour se vouer à l'instruction des jeunes filles pauvres. Elles se virent supprimées en 1793. L'année précédente, elles étaient au nombre de onze religieuses, et avaient quatre pensionnaires à vie; leurs revenus s'élevaient à 1,769 livres 16 sous, 8 deniers. Sur l'emplacement de cette communauté s'élèvent des maisons particulières; depuis 1864, la petite rue de Reuilly s'appelle rue Erard.

BIBLIOGRAPHIE. — *Sources*. — Archives nationales. L. 1069 : actes d'association à la communauté (1735-1754); titres d'une rente sur l'État (1775). — S. 4763 : titres de propriété du couvent; baux par les religieuses « d'un terrain en marais contenant environ cinq quartiers, situé à Paris, rue Mongalet, sur lequel sont différents arbres fruitiers tant en plein vent, dont plusieurs ont été plantés cette année, clos de murs, par derrière le jardin du couvent, au prix de 359 livres par an » (1778); déclaration de 1790.

Imprimés. — Règlement en forme de constitution pour la communauté des Filles de la Sainte-Trinité, établie sur la paroisse de Sainte-Marguerite à Paris; 1777, in-12.

Jaillot, tome III, *Quartier Saint-Antoine*, p. 116-117.

FILLES ANGLAISES OU DE LA CONCEPTION
I, 333

On n'a de détails exacts sur les origines de cette communauté que par Jaillot, qui a pu connaître les titres de leur fondation. C'est en 1660 qu'elles se fixèrent rue de Charenton, après avoir passé deux années en établissement provisoire, dans une maison du faubourg Saint-Jacques. Lebeuf se trompe donc doublement en indiquant les dates 1635 et 1655, bien qu'elles soient mentionnées dans les lettres patentes de confirmation, mais elles ont trait à un autre couvent, celui des Chanoinesses anglaises, dont nous avons parlé plus haut (page 220).

Il faut noter que le monastère était, le plus souvent, appelé Bethléem, ou encore l'Immaculée Conception. Au moment de la Révolution, il comptait « seize religieuses professes, trois sœurs converses, une novice, huit pensionnaires en classe, un jardinier, un sacristain et quatre filles de service » (Arch. nat. S. 4617). Toutes les religieuses déclarèrent qu'elles voulaient rester dans leur maison; la plupart, ne sachant pas le français, durent faire cette déclaration par l'intermédiaire d'un interprète. Le couvent fut vendu par lots en l'an VIII. Les maisons portant les numéros 40-60 de la rue de Charenton représentent son emplacement.

BIBLIOGRAPHIE. — *Sources.* — Archives nationales. S. 4618 : titres de propriété antérieurs aux acquisitions faites par les religieuses.
Imprimés. — Jaillot, tome III, *Quartier Saint-Antoine*, pages 61-64.

HOSPITALIÈRES DE LA ROQUETTE
I, 333

Par acte notarié du 30 janvier 1630, Thomas Morant, chevalier, baron du Menil-Garnier et Coursoulles, vendit à Jacques Bordier, conseiller du Roi, secrétaire du Conseil d'Etat, au prix de 78,000 livres tournois, un terrain clos de murs, « tenant la totalité desdits lieux, du costé de Paris aux terres de l'Hostel-Dieu de Sainct-Gervais, d'aultre part au chemin tendant à Sainct-Denis en France, abboutissant d'un bout au chemin tendant à la porte Saint-Anthoine à la Folye Regnault, et par derrière aux terres qui souloient estre des dependances des dicts lieux presentement vendus, à présent dictz la Rocquette et cy devant la Rochette, auparavant le Pressouer d'or et Pepincourt, assez près de la porte Saint-Anthoine de cette dicte ville de Paris, paroisse Saint-Paul ».

Un autre acte, du 16 janvier 1637, nous apprend que l'acquisition de Jacques Bordier n'était faite qu'au nom et au profit des religieuses de la Charité-Notre-Dame établies à Paris près de la place Royale, et pour suppléer aux incommodités de leur maison. (S. 6149.)

Il ne faut pas conclure de ces achats de terrains, et Jaillot l'a fait remarquer, à la fondation d'un nouvel établissement hospitalier, du moins à cette date. Il ne s'agissait que d'une sorte de succursale acquise à la Roquette par les hospitalières de la place Royale, communauté que ni Lebeuf, ni Cocheris n'avaient connue, et dont nous avons parlé (p. 359-360). Toutefois, par un décret archiépiscopal du 12 octobre 1690, les deux établissements devinrent distincts, et celui du faubourg ne tarda pas à être beaucoup plus important que celui de la ville.

Les revenus étaient, en 1790, de 45,473 livres, 9 sols, 2 deniers; les charges de 45,186 livres, 6 sols. La rue de la Roquette fut prolongée sur son emplacement, en 1818, et les deux prisons, la grande et la petite Roquette, ont été construites sur les terrains qui limitaient l'enclos au nord-est.

BIBLIOGRAPHIE. — *Sources.* — Archives nationales. S. 6149 : acquisition des terrains; pièces de procédure; déclaration de 1790. — S. 6150 : règlements de mitoyenneté; mémoires de travaux, visites d'experts; baux d'une maison sise à la butte Saint-Roch, rue Traversine, échue à la communauté dans la succession de Mlle de Marivat, l'une des religieuses.

Imprimés. — Jaillot, tome III, *Quartier Saint-Antoine*, pages 120-121.

FILLES DE LA CROIX
I, 333

Par acte du 21 juin 1639, Robert de Thierry et Elisabeth de Versongne, sa femme, vendirent aux Dames de la Croix « etant en une maison sise rue de Matignon, attendant aultre lieu propre pour l'établissement de leur monastère, » une maison sise à la Croix-Faubin, près du chemin conduisant à Charonne, touchant au cimetière de l'église Sainte-Marguerite; le prix de la vente fut de 34,000 livres (S. 4687).

Les religieuses ne s'y installèrent cependant qu'au mois d'avril 1641; on trouvera dans la *Gazette de France* de 1641 (p. 36) le récit de leur translation de la rue Matignon dans leur maison du faubourg Saint-Antoine.

En 1762, les Filles de la Croix, qui s'appelaient plus habituellement Dominicaines de la rue de Charonne, adressèrent au cardinal de Noailles une requête portant « qu'elles ont vendu à bail qui expire dans douze ans, un terrain et des maisons; qu'elles n'en touchent pas la rente et que ces biens sont en saisie réelle; 3,000 livres payeroient en grande partie les frais de la saisie et les feraient rentrer dans leur possession. » (G⁰ 651.)

En 1773, elles produisirent un nouveau mémoire, spécialement recommandé par le roi et Madame Adélaïde, au sujet de l'installation dans leur couvent d'un institut de Notre-Dame de Charité :

« Feu M. le cardinal de Noailles s'est joint à M. de Fleury, ancien procureur-général, lesquels, de concert avec les principaux membres du Parlement de Paris, ont représenté à la Cour, par un mémoire très circonstancié, la necessité qu'il y eût à Paris un institut de N.-D. de Charité, non seulement par l'utilité dont ces religieuses seroient au public, mais plus encor pour etablir un refuge honnête où l'on pût renfermer les filles et femmes de condition, qui avoient le malheur de s'oublier pour donner dans le libertinage ; qu'il etoit deplorable, qu'à la confusion de leurs familles, on fût obligé de les confondre dans des hôpitaux qui ajoutent à leur deshonneur une tache ineffaçable, ou d'être contraint de les faire transferer dans des villes éloignées; que les frais de ce dernier parti forçoient les parens de les laisser dans leurs egaremens, plutôt que de se resoudre à cette depense.... » (*ibid.*)

Il ne semble pas que ce projet se soit réalisé, et même qu'il y ait eu, à lui donner suite, la nécessité dont parlent les Dominicaines: Paris comptait alors plusieurs maisons religieuses offrant un pareil asile; notamment les Madelonnettes et les dames de Saint-Michel de la rue des Postes.

Supprimée par la Révolution, la communauté des Dames de la Croix rentra, le 17 mars 1817, en possession de sa maison; elle s'y trouve encore aujourd'hui installée, rue de Charonne, n° 92.

BIBLIOGRAPHIE. — *Sources*. — Archives nationales. S. 4687 : acquisition du couvent, et curieux dossier des comptes de sa construction (xvii° s.); déclaration de 1790.

Bibliothèque Mazarine. Ms. 1509. Constitutions de la Congrégation (xviii° s.).
Imprimés. — Jaillot, tome III, *Quartier Saint-Antoine*, pages 66-68.
Cérémonial de la prise d'habit et de la profession des religieuses dominicaines du monastère de la Croix, établi à Paris rue de Charonne, n° 92. Paris, 1851, in-8.

PRIEURÉ DE LA MADELEINE

I, 333

Ce n'est pas en 1644, mais en 1654, que ce prieuré fut fondé dans le faubourg Saint-Antoine; l'année 1654 n'est, d'ailleurs, que celle où le roi et l'archevêque de Paris en autorisèrent l'installation officielle, mais nous voyons dans un acte du 30 septembre 1653, l'archevêque de Sens, Louis-Henri de Gondrin, autoriser Claude de Veny d'Arbouze, prieure de la Madeleine de Traînel (*de Triangulo*), en son diocèse, et ses religieuses, établies depuis environ vingt-cinq ans à Melun, à rester à Paris où elles se sont réfugiées à cause des guerres (Arch. nat. L. 1066). D'autres pièces du même carton font connaître que cette communauté s'était installée, le 3 avril 1629, dans une maison située à Melun et appelée vulgairement l'hôtel des Cens, rue aux Oignons; mais que, pour des nécessités de fortification de la ville, le gouverneur de la ville l'avait privée de la jouissance du grand boulevard qui lui servait de jardin.

Par lettres patentes de janvier 1752, le prieuré des Bénédictines de Saint-Thomas de Laval-lès-Lagny, au diocèse de Paris, fut réuni à celui de la Madeleine (Cf. Lebeuf, t. IV, p. 556-557).

En 1772, cette communauté sollicita de la commission des loteries un secours pour tous les frais qu'entraînait le pavage neuf, fait contre son gré, de la rue des Boulets, pour lequel elle avait dû payer une somme de 3,159 livres, 4 sols, 10 deniers (G⁹651). Cependant en 1790, ses charges n'étaient que de 9,833 livres, 13 sols, alors que les revenus s'élevaient à 27,737 livres, 15 sols, 2 deniers. Les bâtiments du couvent ont été remplacés par une maison particulière, qui porte le numéro 88 de la rue de Charonne.

BIBLIOGRAPHIE. — *Sources*. — Archives nationales. L. 1066 : titres de fondations à Melun, puis à Paris (xvii° siècle); titres du prieuré de Saint-Thomas de Laval (1647-1752). — S. 4593 : baux des maisons situées rue de Charonne; déclaration de 1790.

Bibliothèque Mazarine. Manuscrit 2888 : « Registre de réception de novices, profession et vêture du monastère des Bénédictines de la Madeleine. » (1584-1789).

CHANOINESSES RÉGULIÈRES DE SAINT-AUGUSTIN
I, 333

Voici le préambule des lettres patentes de décembre 1647, autorisant l'établissement de cette communauté : « Louis, par la grâce de Dieu... Nous avons receu l'humble supplication de nostre bien amée sœur Suzanne Tubœuf, religieuse professe de l'abbaye de Saint-Estienne de Reims, contenant que le sieur archevesque de Paris ayant ci-devant permis à Denise Belanger et Barbe Prelat d'establir en son diocèse une communauté de religieuses Augustines, soubz le tiltre de Nostre-Dame de la Victoire et de Saint-Joseph, elles y avoient employé tous leurs soings pour y parvenir, mais leur dessein n'ayant réussi, ledit sieur archevesque auroit convyé la dame abesse de ladicte abbaye de Saint-Estienne dudict ordre de Saint-Augustin, de prendre soing dudict establissement, à quoy satisfaisant, elle auroit amené aveq elle quelques religieuses, entr'autres l'exposante, laquelle par l'assistance de ses parens, auroit acquis plusieurs bastimens et heritages au village de Piquepusse pour y fonder et establir ledict monastère et vivre en regulière closture suivant le consentement dudict sieur archevesque et ordre de leur institut... » (Arch. nat. L. 1071).

Ce que ne disent pas les lettres patentes, c'est que la communauté devait en réalité sa fondation au surintendant des finances Tubœuf, qui dès 1640, lui avait acheté la maison de la rue de Picpus (Arch. nat. S. 4749). En 1790, elle se composait de seize religieuses de chœur et de sept sœurs converses (*ibid.*).

On sait que l'échafaud révolutionnaire fut transporté, en juin 1794, de la place de la Révolution à celle du Trône, et que, du 14 juin au 27 juillet (9 thermidor) 1794, treize cents personnes y reçurent la mort. Elles furent inhumées sommairement, et en fosse commune, dans un terrain qui avait dépendu de la communauté des chanoinesses régulières. En 1801, les familles de ces victimes organisèrent entre elles une souscription pour racheter le terrain, le faire entourer de murs et élever une chapelle commémorative. Peu après, en 1805, une congrégation fondée à Poitiers en 1800, celle de « l'Adoration perpétuelle du Très Saint Sacrement », vint occuper les bâtiments restés debout de l'ancien couvent, et par la suite les reconstruisit entièrement. Le cimetière des victimes de la Terreur a continué de faire partie de leur enclos ; il renferme exclusivement les sépultures des familles qui ont contribué à sa fondation. Dans la chapelle du couvent ont été apposées des plaques de marbre sur lesquelles avaient été gravés les noms des guillotinés de 1794 ; ces plaques sont placées dans les deux transsepts et hors des la vue du public, mais les noms ont été publiés dans deux brochures que nous indiquons plus bas. L'entrée du couvent se trouve au numéro 35 de la rue de Picpus.

BIBLIOGRAPHIE. — *Sources.* — Archives nationales. L. 1071 : titres de la fondation ; titres de rentes. — LL. 1579-1582 : fondations et inventaires de titres. — S. 4749 : pièces relatives à la donation du surintendant Tubœuf ; déclaration de 1790.

Imprimés. — Fondation de la chapelle funéraire de Picpus ; s. l. n. d. (*Paris*, imp. Lottin, in-8 ; 79 pages) ; le titre de départ sert de titre.

— Le cimetière de Picpus, par T. Pinard, *Paris*, 1867, in-12.

PRIEURÉ DE NOTRE-DAME DE BON-SECOURS

I, 333

Ce monastère doit son origine à la donation que Claude de Bouchavannes, veuve de Jacques Vignier, fit, le 20 avril 1648, à sa sœur, « reverende dame sœur Emmanuelle-Madeleine de Bouchavannes, religieuse professe du royal monastère de Notre-Dame de Soissons... de deux maisons joignantes, scises à la Croix-Faubin-lès Paris, ayant leur face et entrée sur la rue allant de Paris à Charonne..., pour faire un monastère de l'ordre mitigé de Saint Benoist sous l'invocation de Nostre-Dame de Bon-Secours, en titre de prieuré conventuel, et que ladite sœur Emmanuelle-Madeleine de Bouchavannes en sera et demeurera supérieure, sa vie durant, en qualité de prieure non élective avec pareille et semblable dignité et pouvoir qu'ont les autres prieures titulaires et perpétuelles des prieurés dudit ordre de Saint-Benoist... » (Arch. nat. S. 4588).

La communauté de Bon-Secours déclara, en 1781, à la Commission des secours que son bénéfice annuel s'élevait, toutes dépenses payées, à 5,149 livres, 1 sol, 8 deniers. Par délibération du 22 février 1785, la Commission lui accorda 8,000 livres.

Après la Révolution, les bâtiments du couvent furent vendus par lots ; ils sont représentés aujourd'hui par la cité Bon-Secours, située rue de Charonne, n° 99.

BIBLIOGRAPHIE. — *Sources.* — Archives nationales. S. 4588 : titres de la fondation, permissions et lettres patentes ; testament (imp.) de la fondatrice, contenant d'importants legs au couvent, qu'elle indique comme lieu de sa sépulture ; titres de propriétés de maisons ou terrains sis aux lieux dits la Muette, près la Roquette, la Croix-Faubin et sur la rue allant de Paris à Charonne (1652) ; déclaration de 1790. — S. 4589 : titres de rente sur une maison sise à Baffray, hors la porte Saint-Antoine, sur le chemin conduisant du faubourg Saint-Laurent à Saint-Antoine-des-Champs (1608-1748) ; sur une maison au lieu dit la Muette (1627), appelé rue de la Muette en 1743 ; sur une maison au lieu dit la Roquette (1637) ; sur une maison, rue Saint-Antoine, au coin de la rue de Fourcy (1707-1761). — S. 4590 : quittances de boues et lanternes ; décret d'union de l'abbaye de Malnoue, le 28 mars 1745 ; protestation à ce sujet des religieuses de Bon-Secours, appelantes comme d'abus (1749).

ANNONCIADES DU SAINT-ESPRIT

I, 333

Il ne reste plus, aux Archives nationales, de documents sur l'établissement de ces religieuses dans la rue Popincourt. Nous savons seulement par Jaillot que, venues de Melun à Saint-Mandé en 1632, elles s'installèrent dans le faubourg Saint-Antoine le 12 août 1636; donc, la date 1654, donnée par Lebeuf, est tout à fait inexacte, car notre auteur a confondu cette communauté avec celle des Annonciades des Dix-Vertus, dont le couvent fut, en 1654, occupé par l'abbaye aux Bois (voy. plus haut, p. 262). Jaillot ajoute qu'en 1659, les Annonciades de Popincourt firent construire leur église sous le vocable de Notre-Dame-de-Protection.

La Commission des loteries reçut, en 1770, la requête dans laquelle elles sollicitaient un secours après avoir exposé leur situation : 22,269 livres de recettes et 5,888 livres de dépenses; « il ne leur reste donc, pour la nourriture de soixante-onze personnes qui composent cette maison, pour l'entretien des frais de maladie et pour tous ceux dont est susceptible un pareil établissement, que 16,381 livres, ce qui fait environ 230 livres par personne pour la nourriture, et sur lesquelles il est nécessaire encore d'économiser l'entretien de vingt-quatre religieuses de chœur et onze sœurs converses. » (Arch. nat. G⁹650.)

Peu après, en 1782, la communauté fut dispersée. Dans son curieux *Journal*, Gautier, le dernier organiste de l'abbaye de Saint-Denis, relate que « le mardi 28 mai 1782, les Annonciades royales de Popincourt à Paris ont quitté leur maison qui menaçoit ruine, et le samedi 1ᵉʳ juin, Mme Collot, l'une des religieuses de ladite maison choisit le monastère des dames Ursulines de Saint-Denis pour y faire residence, vu que ces dames avoient la liberté de faire choix du couvent qui leur plaisoit » (Bibl. Nat. Ms. franç. 11687, p. 49).

L'église Notre-Dame-de-Protection avait été conservée; la Révolution en fit une paroisse, succursale de Sainte-Marguerite, sous le titre de Saint-Ambroise; cette église resta debout jusqu'au moment où le percement du boulevard du Prince-Eugène (aujourd'hui boulevard Voltaire) fit qu'on la démolit pour la remplacer par l'église actuelle de Saint-Ambroise, dont nous dirons un mot plus loin.

BIBLIOGRAPHIE. — *Sources*. — Archives nationales. L. 1040 : titres de rentes. Bibliothèque de la ville de Paris. Manuscrit 27261 : registres de comptes, de 1654 à 1782.

Imprimés. — Jaillot, t. III, *Quartier Saint-Antoine*, pages 108-112. — L'abbé Gaudreau, Notice sur l'église de Saint-Ambroise, érigée à Paris (quartier Popincourt); *Paris*, 1847, in-8, 12 pages.

PÈRES DE LA DOCTRINE CHRÉTIENNE
I, 333

Voici le préambule des lettres patentes de mars 1678, où est exposée l'origine de cette succursale à Bercy de la maison-mère du faubourg Saint-Victor, dont nous avons parlé plus haut (p. 221) : « Louis, par la grâce de Dieu... Les reverends Peres de la Doctrine chrétienne de la province de Paris nous ont fait remonstrer que, par contract passé le treizesme janvier de la presente année 1677, le sieur Champion, advocat au Parlement, et damoiselle Marie Du Port, sa femme, leur auroient fait don d'une maison et enclos, scis à la vallée de Fecan-lez-Paris, au lieu appellé la Grange-aux-Merciers, hors le fauxbourg de Saint-Anthoine ; auquel endroict, pour la gloire de Dieu et l'instruction sy nécessaire des pauvres familles respandues en lieux circonvoisins, à quoy ils sont obligez par l'institution de leur ordre, ils auroient, de l'adveu et consentement du sieur d'Alligret, leur bienfaiteur, obtenu permission de nostre très cher et bien aimé cousin, le sieur archevesque de Paris, de transférer l'establissement qu'ils avoient depuis quelques années commencé au Bourg-la-Reine, comme leur estant peu commode, ensemble le revenu et rentes par luy donnés auxdits exposans pour leur subsistance audict lieu de Bourg-la-Reine, en celuy de la vallée de Fecan... » (Arch. nat. S. 6841).

La permission de l'archevêque, datée du 16 mars 1677, contenait en effet, que cette translation serait profitable « aux habitants de la vallée de Fecan, qui, pour estre trop eloignés des eglises, perdent souvent la messe aux jours de dimanches et festes » (*ibid.*). La note de Lebeuf, un peu plus étendue que celle qu'il consacre d'habitude aux communautés, est donc de tous points exacte. De même, nous avons retrouvé mention, à la date de 1723, de « l'ancienne chapelle de M. de Bercy » dont parle notre auteur (S. 6843).

Vers 1733, l'église et une partie des bâtiments des Pères de la Doctrine chrétienne furent réédifiées ; il existe encore aux Archives trace de cette reconstruction, grâce à une série de plans détaillés et fort curieux (*ibid.*).

Le 26 février 1790, le P. Collard, visiteur provincial pour Paris de la Doctrine chrétienne, déclara que les revenus de la maison de Bercy étaient de 2,747 livres 6 sols, 8 deniers, et les charges, de 1,188 livres, 2 sols, 7 deniers. Peu après, les bâtiments et la chapelle étaient mis en vente. Cet acte administratif donna lieu à une protestation de la municipalité nouvelle de Bercy, protestation un peu inattendue pour l'époque, et dont voici le texte :

« Mémoire de la municipalité de Bercy, récemment formée en vertu d'un décret de l'Assemblée nationale du 19 octobre dernier, décret sanctionné par le Roi, le 23 du même mois, sur la chapelle du Petit-Bercy, mise par la municipalité de Paris au rang des biens nationaux qui sont à vendre.

« Les habitans de Bercy n'ont pas vu sans étonnement que leur chapelle fût mise en vente, chapelle qui se trouve la seule dans tout l'arrondissement de leur municipalité. Ils se persuadent que ce n'est pas l'intention de l'Assemblée nationale, et qu'elle voudra bien le faire savoir à la municipalité de Paris. Nous allons exposer en peu de mots l'origine, la destination de cette chapelle et la nécessité de nous la conserver.

« Cette chapelle et la maison adjacente furent données en 1677 aux Pères de la Doctrine chrétienne par M. Jacques Champion et son épouse, habitans de Bercy, sous la condition expresse d'y célébrer les divins offices ainsi qu'ils font dans leurs autres maisons. Elle n'est pas le titre d'une espèce de bénéfice, mais une maison de la Doctrine chrétienne, administrée et desservie jusqu'à présent par un prêtre de la Doctrine, sous le régime de sa Congrégation.

« Cette chapelle est destinée au culte public par sa fondation et son usage. Sans être paroissiale, elle procure partie des avantages d'une paroisse : deux messes tous les jours de dimanches et de fêtes, à l'heure desquelles eau bénite, annonce des jeûnes et des solennités, lecture de l'épître et de l'évangile avec réflexions ; vêpres, le soir, avec instruction, et souvent, salut du Saint-Sacrement ; office plus solennel, soir et matin, les jours des fêtes principales ; réserve du Saint-Sacrement et des saintes huiles ; réserve infiniment commode pour les prêtres de Sainte-Marguerite et de Conflans, et par conséquent, pour le service des malades. Depuis leur établissement dans cette maison, les Pères de la Doctrine chrétienne ont exactement rempli cette destination.

« Cette chapelle est nécessaire à l'arrondissement de notre municipalité ; elle se trouve presque au centre et seule dans toute cette étendue. Qu'on veuille bien observer : 1° que notre municipalité renferme la partie de la Grande-Pinte qui ne dépend pas de la municipalité de Conflans, le Ponceau, la vallée de Fécamp, la Grange au Mercier (*sic*) le Petit-Bercy, la rue de Bercy hors des murs ; 2° que, dans cette étendue, on compte 1,400 âmes, dont plus de 150 citoyens actifs, et que le nombre des habitans augmente, qu'il doit augmenter encore, cette portion de l'ancienne municipalité de Paris n'étant plus sujette à ses charges et n'en jouissant pas moins de sa proximité ; 3° que, selon toute apparence, bientôt nous n'appartiendrons plus à la paroisse de Sainte-Marguerite, et que nous désirons unanimement celle de Conflans ; 4° que, fussions-nous attachés à l'une de ces paroisses, notre chapelle nous seroit au moins nécessaire comme succursale ; partie de nos habitans sont éloignés, près de trois quarts de lieue, de Sainte-Marguerite, notre paroisse actuelle ; l'autre partie est à pareille distance de Conflans, paroisse la plus voisine hors des murs.

« De ces faits concluons :

« 1° Que la chapelle du Petit-Bercy doit son origine à un habitant du canton qui ne l'a fondée que pour l'avantage de ce canton.

« 2° Qu'elle seule met les habitans à portée de l'office et des instructions, auxquels cette chapelle est expressément destinée et constamment employée.

« 3° Que cette chapelle ne peut être vendue et livrée à des usages profanes sans priver la municipalité de Bercy d'un secours vraiment nécessaire.

« 4° Qu'il paroîtroit naturel de la constituer en église paroissiale, et c'est ce que désirent tous les habitans, ce qu'ils espèrent de la sagesse de l'Assemblée nationale.

« Mais, si on fait de cette chapelle une église paroissiale, n'en fît-on même qu'une succursale, il faut un logement pour le ministre qui la desservira, il faut une sacristie plus analogue à cette nouvelle destination; il faut une chapelle de communion, une chapelle baptismale; il faudra peut-être un cimetière; il faut enfin toute la localité nécessaire. Comment se procurer tous ces objets si on vend la maison adjacente et le terrain qui en dépend? Ce sont, à la vérité, des biens nationaux, mais bien nécessaires à l'intégrité du culte public dans l'arrondissement de notre municipalité. Ne doivent-ils pas nous être conservés comme le sont les églises paroissiales?

« Le Conseil général de la commune de Bercy ayant mûrement délibéré sur le contenu du mémoire cy-dessus, estime qu'il doit être présenté au Comité de constitution, à l'effet d'obtenir de l'Assemblée nationale : 1° que la vente de la chapelle du Petit-Bercy et des maisons adjacentes soit au moins suspendue jusqu'à pleine décision de l'emploi qui doit en être fait; 2° que l'établissement d'une paroisse dans la municipalité de Bercy soit pris en considération par l'Assemblée nationale; 3° que la municipalité de Paris soit avertie, le plus tôt possible, de ne pas encore procéder à la vente de notre chapelle et des maisons qui en dépendent. Et pour la suite de cette affaire, le Conseil général s'en rapporte au zèle et à la vigilance de MM. le maire et le procureur-syndic.

« Arrêté dans notre assemblée generale, le vingt-huit novembre mil sept cent quatre vingt dix. Renat, maire, Fournière, Boullanger, Mainquet, Gillet, Hulot, Binet, Houdart, Augé, Coulon, Cuvillier, de Branville, Le Grand, Duflocq, Blot, Potel, Paillard, Royé; Thiboust, procureur de la commune, Le Grand, secrétaire-greffier.

« Je soussigné, prêtre de la Doctrine chrétienne, visiteur de la province de Paris à laquelle étoit attachée la maison de Bercy, en même temps administrateur et desservant pour ma congrégation de la susditte maison, ayant pris communication du mémoire et de la délibération cy-dessus, ayant aussi pesé les faits et motifs qu'ils contiennent, déclare que j'adhère, autant qu'il est en moi, aux conséquences qui en sont la suite. A Paris, ce vingt-huit novembre mil sept cent quatre vingt dix.   COLLARD. »

(Arch. nat. S. 6841).

La réclamation de la commune de Bercy fut accueillie, et la loi de 1791 érigea la chapelle de la Doctrine chrétienne en église paroissiale. Le P. Collard en devint curé, et il l'était encore en l'an X. Cette chapelle, jugée tout à fait insuffisante pour le nombre sans cesse croissant de la population, fut remplacée, en 1823, par l'église actuelle de Bercy, dont nous parlerons plus tard. Les bâtiments de la Doctrine chrétienne disparurent vers le même temps qu'elle, remplacés d'abord par des maisons particulières de la rue de Bercy et de la rue de la Grange-aux-Merciers, qui ont été elles-mêmes absorbées dans la construction de l'entrepôt des vins de Bercy.

BIBLIOGRAPHIE. — *Sources*. — Archives nationales. S. 6841 : titres de la translation du couvent de Bourg-la-Reine à Bercy; lettres patentes et autres actes officiels (1677); intéressante information *de commodo et incommodo* (en 1688, seulement) sur l'installation des Pères à Bercy; titres de propriété, depuis 1647, de la maison de Jacques Champion; déclaration de 1790; mémoire, transcrit plus haut, de la municipalité de Bercy; biens à Bourg-la-Reine. — S. 6842-6843 (carton double) : acquisition d'une maison, rue de la Grange-aux-Merciers (1683); plans des bâtiments au XVIIIe siècle; déclaration de biens; inventaires de 1753 : la bibliothèque se compose alors de 194 volumes.

HOPITAL DES ENFANTS TROUVÉS
I, 334

Dans son intéressant travail : *Un chapitre de l'histoire des Enfants trouvés, la maison de la Couche*, M. Léon Lallemand a cité (note 3 de la page 10) cet extrait des archives de l'Hôpital général: « Acquisition d'une grande maison et dépendances sise au faubourg Saint-Antoine, ayant sa principale entrée sur la rue de Charenton, 26 septembre 1674 ». Ce passage permet de rectifier les dates 1669 et 1677 assignées, la première par Jaillot, la seconde par Lebeuf, comme point de départ de l'institution des Enfants trouvés à la rue de Charenton.

Après la Révolution, l'hôpital des Enfants trouvés, qui n'était qu'une succursale de celui du parvis Notre-Dame, fut transféré à l'ancien noviciat de l'Oratoire (voy. page 127). Toutefois, ses bâtiments restèrent à l'Assistance publique sous le titre d'hôpital Sainte-Marguerite. Au commencement du second Empire, on les affecta de nouveau aux enfants, et, le 9 mars 1853, d'après M. Husson (*Études sur les hôpitaux de Paris*, note de la page 16), l'empereur et l'impératrice procédèrent à l'inauguration de l'établissement, qui prit alors le nom d'hôpital Sainte-Eugénie. Il a perdu ce titre en 1870 pour reprendre celui d'hôpital des Enfants malades.

COMMUNAUTÉ DE NOTRE-DAME DES VERTUS
I, 334

Nous ne savons sur elle que ce qu'en dit Jaillot (t. III, *Quartier Saint-Antoine*, p. 54-55); son nom lui vient de ce que les premières religieuses qui la constituèrent appartenaient à la communauté des Filles de Notre-Dame, établie à Aubervilliers, village appelé plus habituellement alors Notre-Dame-des-Vertus. C'est Nicolas Masure, curé de Saint-Paul, qui l'installa, rue Saint-Bernard, en 1681. Cette maison fut supprimée en 1790.

FILLES DE SAINTE-MARTHE
I, 334

On n'est pas mieux renseigné sur les Filles de Sainte-Marthe, dont la communauté, comme la précédente, avait pour objet l'instruction des filles pauvres.

Jaillot (t. III, *Quartier Saint-Antoine*, p. 91), fait connaître qu'elle avait été d'abord installée, en 1713, dans la rue du Faubourg-Saint-Antoine, et qu'elle ne se fixa rue de la Muette qu'en 1719. Elle a été supprimée par la Révolution. La rue de la Muette s'appelle aujourd'hui rue des Boulets.

Démembrements de la paroisse Sainte-Marguerite. — L'immense étendue de territoire, — un sixième environ de Paris actuel, — qui avait constitué la paroisse Saint-Paul, puis la partie de ce territoire qui forma au xviiie siècle la paroisse Sainte-Marguerite, ont été singulièrement démembrées depuis la Révolution : d'un côté, la cure de Bercy a été fondée et a eu elle-même deux succursales ; — nous en parlerons à leur place topographique dans l'histoire de l'ancienne banlieue de Paris ; — de l'autre côté, la circonscription de Sainte-Marguerite a été restreinte par la création de deux églises paroissiales dont il convient de dire un mot.

Saint-Ambroise. — Il en a été déjà question tout à l'heure (p. 374) à propos des Annonciades du Saint-Esprit, car la paroisse établie dans le quartier Popincourt en 1791, occupait l'église abandonnée par ces religieuses. L'église actuelle de Saint-Ambroise, sise boulevard Voltaire, a été construite par M. Ballu dans le style roman, et livrée au culte en 1869.

La dépense totale a été de 2,217,534 francs 58 centimes.

La circonscription de la paroisse Saint-Ambroise est limitée entre la place de la Bastille (côté pair), la rue de la Roquette, les boulevards de Ménilmontant et de Belleville (côté impair), les rues des Trois-Couronnes, des Trois-Bornes, d'Angoulême et le boulevard Richard-Lenoir (côté pair) jusqu'à la place de la Bastille [1].

Saint-Joseph. — Le vocable de Saint-Joseph appartint d'abord à une église succursale de Saint-Laurent, dont nous avons parlé plus haut (p. 309). Cette église, devenue insuffisante pour la population du quartier de la Folie-Méricourt fut remplacée par un bel édifice du style roman, construit par M. Ballu, dont les plans furent commencés dès 1860, mais qui ne fut achevé qu'en 1874. Le monument occupe un quadrilatère circonscrit par les rues Saint-Maur, Deguerry, du

---

[1]. Consulter sur Saint-Ambroise : Monographie de l'église Saint-Ambroise édifiée par la ville de Paris, M. Ballu, architecte; *Paris*, 1874, in-fol. avec planches. — *Inventaire des richesses d'art de la France*, Paris, *Monuments religieux*, tome Ier, pages 27-41; notice de M. Clément de Ris.

Chevet et Darboy. A l'intérieur, près de la porte principale, se lit cette inscription, qui n'a pas encore été relevée :

LE 13 JUILLET 1874, CETTE NOUVELLE ÉGLISE A ÉTÉ BÉNITE, ET LE 26 DU MÊME MOIS, ONT EU LIEU LES PREMIERS OFFICES SOLENNELS DEVANT UNE NOMBREUSE ASSISTANCE, JOYEUSE ET RECUEILLIE [1].

ABBAYE DE SAINT-VICTOR
I, 334-343

P. 334-335. — La plus ancienne mention que l'on rencontre du vocable de saint Victor appliqué à un établissement parisien, se lit dans une charte que M. de Lasteyrie a publiée pour la première fois dans le *Cartulaire général de Paris* (t. Ier, p. 119) et qu'il date de 1045 environ. Il y est question de vignes qu'une femme, appelée Reine, donne à l'abbaye de Saint-Magloire, et que sa famille tenait du roi, *ex rebus Sancti Victoris*. Le laconisme de ce terme permet seulement de supposer que, dans cette région voisine de la Bièvre, s'élevait une modeste chapelle dédiée à saint Victor. Lebeuf a raison de ne pas insister sur les assertions des chroniqueurs du XIIIe siècle à propos de cette chapelle, et c'est déjà beaucoup dire « qu'il est constant qu'il existoit au faubourg de Paris une chapelle... de Saint-Victor et qu'il peut se faire que l'origine de cette chapelle fût déjà fort ancienne » au commencement du XIIe siècle.

Le diplôme de fondation de l'abbaye par Louis VI, en 1113, a été publié bien souvent : par Du Breul (II, 404), par Malingre (p. 431), par Félibien et Lobineau (t. Ier des *Preuves*, p. 56), etc. ; on en trouvera un texte définitif au tome Ier, pages 187-189, du *Cartulaire général de Paris*.

Les bâtiments de l'abbaye sont exactement décrits par notre auteur, et ils subsistèrent ainsi jusqu'à leur destruction au commencement de ce siècle ; toutes les estampes nous montrent la tour romane de l'église, et la nef reconstruite au XVIe siècle. Sur ce remaniement complet de l'édifice, qui eut lieu sous François Ier, le journal inédit de Pierre Driart, chambrier de l'abbaye (V. à la Bibliographie des sources), contient de précieuses indications qu'il nous paraît indispensable de reproduire :

« En ce tems (avril 1522), furent faictes et recoustrées les deux voultes du sanctuaire de nostre eglise, avec les formes des verrières et les verrières dudict sanctuaire ».

« Le XXIe jour dudict moys (juin 1523), qui fut le jour Monseigneur Saint Victor, reverend Père en Dieu Monseigneur l'evesque de Langres, singulier amy

---

1. Consulter sur cette église : *Inventaire des richesses d'art de la France*, Paris, Monuments religieux, tome II, pages 23-31 ; notice de M. Michaux. — Saint-Joseph de Paris : son quartier, son sanctuaire, son pèlerinage, son architecture, ses œuvres, par M. l'abbé Laurençon, curé de Saint-Joseph ; Paris, 1891, in-8.

de l'eglise de ceans, lequel avoit, le xviiie jour de décembre en l'an mil cinq cens dix sept, assis la première pierre de la reparation de l'eglise de ceans, chanta et celebra la grand'messe *in pontificalibus*... »

« Le lundy, quart jour dudict moys (avril 1524), fut veue et visitée la maçonnerie encommencée à l'eglise, faicte et conduite par Jehan de la Mare, nostre voyer (lequel fut contenté de tout ce qui estoit faict jusques audict jour), pour sçavoir si ladicte maçonnerie estoit bonne, bien faicte et suffisante pour porter l'exaulcement et parachèvement d'icelle, qui fut trouvée très bien faicte et bien conduicte, par dix des plus grands ouvriers qui pour lors estoient à Paris, comme appert par le rapport par eulx signé au dos du pourtraict de l'eglise...

« Le lundy xie jour dudict moys, fut recommancée la massonnerye de nostre eglise, laquelle avoit esté discontinuée au moyen des guerres et des gros deniers qu'il nous avoit fallu avancer au Roy, tant pour les admortissemens que pour prest et subside caritatif, montans à la somme de mille livres tournois dont nous avons les descharges, deux ans et demy [a], ou environ, et de ce fut cause en partie quelque bonne personne dont ne sçay le nom,... lequel donna cent livres tournois pour entretenir deux tailleurs, tous les jours, depuis Pasques jusques à Noël après ensuivant... »

A la date du 29 août suivant, se trouve la mention de la pose de la première pierre du chœur et du clocher, par Jean Bordier, abbé de Saint-Victor, et Pierre Driart, chambrier, celui même qui rédige le journal auquel nous empruntons ces faits.

Pour en finir avec cette question des bâtiments, il convient d'emprunter aux registres capitulaires le texte d'une délibération, où l'on verra, une fois de plus, combien bizarre était le goût architectural au siècle dernier :

« Le samedi 20 juin 1778, le chapitre extraordinaire assemblé au son de la cloche en la manière accoutumée, le R. P. Prieur y a introduit Monsieur Danjou, architecte de Monseigneur l'archevêque de Lion, notre abbé, qui nous a communiqué les plans des embellissemens que Monseigneur se propose de faire dans notre chœur, et qui ont pour objet : 1° de jeter le jubé à bas ; 2° de faire une grille d'environ 11 pieds et demi; 3° de faire seize stalles circulaires, dont une, pour M. l'Abbé, sera décorée avec un petit trône, et un autre pareil pour le R. P. Prieur, d'une forme à peu près semblable. Les plans suffisamment examinés, M. Danjou retiré, la Compagnie accepte avec reconnoissance le présent que M. l'abbé veut bien faire à notre eglise, et depute, en même tems, les anciens pour lui en faire ses remerciemens et s'engage, au surplus, à faire continuer par Monsieur Paulin, son architecte, le reste des stalles selon les plans de M. Danjou, et statue, en même tems, d'ôter les représentations des saints qui se trouvent adossées aux piliers du chœur » (Arch. nat. LL. 1451, fol. 144 v°).

P. 336-337. — Il ne nous est parvenu qu'un bien petit nombre des épitaphes dont était fière l'abbaye de Saint-Victor : celle d'Adam de Saint-Victor fut sauvée, en 1793, du creuset d'un fondeur, et se voit aujourd'hui à la Bibliothèque Mazarine (Cf. *Histoire littéraire de la France*, t. XVII, p. xxxi, et Guilhermy, *Inscriptions*, etc., t. Ier, p. 355-357); celle de Santeuil, qui a été transportée à Saint-Nicolas-du-Chardonnet (Guilhermy, *ibid.*, I, 358-360). Il y a lieu de croire que toutes les autres ont définitivement péri ; du moins, les nécrologes de l'abbaye, ses registres capitulaires et les épitaphiers en contiennent le texte.

P. 337-339. — Un catalogue complet des reliques de Saint-Victor serait difficile à dresser et d'un médiocre intérêt; Lebeuf a cité les principales, d'après Du Breul; Cocheris (III, 594-596) a complété ses renseignements par quelques détails; nous n'en avons que deux à y ajouter : Le 28 novembre 1481, Jean, abbé de Boulogne-sur-Mer déclara avoir reçu « deux petitez piéchez faisans part et portion des ossemens et reliquière de Monseigneur S. Guenault, dont le corps repose en l'eglise et prioré de Corbeul, soubz l'eglise de Messeigneurs Saint-Victor lez Paris », et avoir envoyé en échange à l'abbaye « une petite portion du corps de Madame sainte Apoline, vierge et martire » (Arch. nat. L. 889). — Le 7 septembre 1786, le chapitre de Saint-Victor consentit à offrir à la cure de Notre-Dame de Sablé, évêché du Mans, un fragment de la relique de saint Malo, que possédait l'abbaye (Arch. nat. LL. 1451, fol. 258 v°). Ajoutons enfin que le manuscrit du fonds latin de la Bibliothèque nationale, 14673, contient, au folio 56, un catalogue des reliques, rédigé au XIII° siècle.

P. 339-341. — La part que prit l'abbaye de Saint-Victor aux travaux de littérature et de philosophie scolastique, depuis sa fondation jusqu'au XV° siècle, surtout, est fort considérable. Ses religieux étaient agrégés à la Faculté de théologie de l'Université, ainsi que l'atteste la charte suivante, plusieurs fois renouvelée depuis :

« Universis presentes litteras inspecturis, Universitas magistrorum et scolarium Parisius studencium, salutem in Domino sempiternam. Ut ait Seneca, non amicitie reddes testimonium, sed eciam veritati, et huic consonat verbum philosofi primo Ethicorum dicentis quod sanctum est perhonorare veritatem. Inde noverint universi quod nos, non solum amicitia moti, sed etiam veritate coacti, verum testimonium perhibemus quod abbas et conventus Sancti Victoris juxta Parisius, ordinis Sancti Augustini, sunt boni et eciam legitimi scolares Parisienses in theologica Facultate. Propter quod ipsos et eorum bona sub protectione privilegiorum nostrorum ponimus et eciam fore plenius reputamus. In cujus rei testimonium, signum Universitatis nostre presentibus litteris duximus apponendum. Datum Parisius, in nostra congregatione generali apud sanctum Maturinum, die martis post festum Purificationis Beate Marie Virginis, anno Domini millesimo trecentesimo octavo » (Arch. nat. L. 888, A. n° 32).

L'*Histoire littéraire de la France*, les travaux de M. Léon Gautier sur Adam de Saint-Victor (V. à la Bibliographie) et ceux de M. Hauréau sur l'*Histoire de la philosophie scolastique* (Paris, 1872-1880, 2 vol. in-8) nous fournissent désormais les renseignements les plus circonstanciés sur ce que l'on peut savoir de la vie et des œuvres des Victorins du moyen âge; Hugues, Adam et Richard sont les mieux connus (*Histoire littéraire*, t. XII, p. 1 et suiv.; — t. XIII, p. 472 et suiv.; — t. XV, p. 40 et suiv., et t. XVII (note complémentaire sur Adam de Saint-Victor) p. XXII-XXXI). — Guillaume de Saint-Lô, vingt-deuxième abbé, dont parle Lebeuf, et qui vivait au XV° siècle, nous a laissé des notices sur les hommes illustres de Saint-Victor (Bibl. nat., ms. lat. 14237). — Les manuscrits de Jean (et non Jacques) de Toulouse nous sont également conservés dans le même dépôt, ainsi que ceux du P. Gourdan (V. à la Bibliographie des sources).

Santeuil mourut à Dijon, le 5 août 1697. S'il n'est pas absolument certain que sa mort fut occasionnée par une plaisanterie cruelle du duc de Bourbon (qui aurait versé dans son verre le contenu d'une tabatière, — voy., à ce sujet, les *Mémoires* de Saint-Simon, les *Œuvres choisies* de La Monnoye, t. II, p. 296 et différents articles de Sainte-Beuve, notamment au tome XII des *Causeries du Lundi*) —, on sait du moins que les États de Bourgogne tinrent à faire les frais de ses funérailles et votèrent à cet effet une somme de 1.400 livres ; nous avons retrouvé le compte de son emploi dans les archives de Saint-Victor :

« Distribution des 1.400 livres des Estats de Bourgogne pour feu M. de Santeuil : Aux religieux de Saint-Victor pour les frais du transport du corps de feu M. de Santeuil, de Dijon à Paris, 500 livres. — Aux Feuillans de Dijon, 200 livres. — Aux pauvres de Dijon, 200 livres. — A Hoguette Le Comte, qui a gardé feu M. de Santeuil, 10 livres. — Cette somme de 910 livres a esté payée à Dijon. Il reste 490 livres à distribuer aux cy-après nommés : Au neveu de M. de Santeuil, rue Bourlabé [Bourg l'Abbé], 140 livres. — A Gaillot, eschevin, argent presté, 54 livres. — A Flamand, valet de pied de S. A. S., par gratification, 70 livres. — A luy, par un mémoire d'avances, 62 livres, 12 sols. — A Champagne, valet des valets de pied de S. A. S., 14 livres, 8 sols. — A Bourguignon, garçon d'eschansonnerie, 7 livres, 4 sols. — Pour les pauvres, à Paris, 41 livres, 16 sols. Somme totale, 1.400 livres... » (Arch. nat. L. 890, n° 70).

P. 342-343. — La bibliothèque de Saint-Victor a été l'objet de plusieurs travaux modernes, ceux de M. Franklin et de M. L. Delisle (V. à la Bibliographie) ; il est possible, toutefois, d'ajouter à ces recherches quelques renseignements. Voici d'abord une décision importante, relative au prêt des livres, en 1662 :

« Jean-Baptiste de Contes, prestre doyen de l'eglise de Paris, conseiller ordinaire du Roy en ses Conseils, et Alexandre de Hodencq, docteur de la maison de Sorbonne, curé et archiprestre de Saint-Severin, aussy conseiller du Roy en ses Conseils, vicaires generaux de Monseigneur l'Eminentissime et Reverendissime cardinal de Rets, archevesque de Paris, à tous ceux qui ces présentes lettres verront, salut en Nostre Seigneur. L'ignorance est un des plus grands maux et qui, dans la republique chrestienne, a des suittes plus fascheuses, puisque, selon S. Augustin, elle est la mère de l'erreur, et l'experience nous apprend que l'ignorance a plus tué d'âmes et de corps que les maladies corporelles. Les bibliothèques sont comme les magazins qui renferment les remèdes contre cette dangereuse maladie, et c'est une chose digne de la sollicitude episcopalle de travailler à leur conservation et augmentation, et de pourvoir, par tous moyens justes et raisonnables, à ce que ces thrésors ne soient dissipez par leur communication trop facile.

« Celle de l'abbaye de Saint-Victor, de cette ville de Paris, depuis près de six siècles ayant tousjours esté destinée à l'usage du public et ouverte aux pauvres estudians, s'est accrue notablement, depuis quelque temps, par la liberalité et charité de feu Messire Henry du Bouchet, conseiller au Parlement de Paris, et pour faire que cette utile et charitable institution soit de durée pour la commodité et soulagement du public, Nostre Saint Père le Pape, par son bref du 20 juin 1661, a defendu, soubs les peines y contenues, le transport des livres imprimés et manuscripts de laditte bibliotèque hors du lieu où ils sont conservez, affin que les sources qui composent cette grande fontaine ne soient diverties contre l'intention des fondateurs, et employéez à des usages particuliers, ce qui causeroit sans doute la dissipation de ce thrésor. A ces causes, et desirants aussy contribuer à la conservation de laditte bibliothèque, nous avons permis et permettons la publication dudit bref de Sa Saincteté, pour estre gardé et observé selon sa forme et teneur, et ordonné qu'à cet effect il sera imprimé avec ces presentes, et aifiché à la porte de laditte bibliothèque et autres lieux d'icelle que besoing sera. Donné à Paris, soubs le sceau des armes dudit seigneur et archevesque, le vingt deusiesme jour de febvrier mille six cengt soixante et deux. Ainsi signé : DE CONTE et DE HODENCQ » (Arch. nat. L. 890, n° 54).

Lebeuf n'a pas mentionné Nicolas de Tralage parmi les bienfaiteurs de la bibliothèque de Saint-Victor, et M. Franklin se borne à dire que le don très riche que fit ce conseiller au Parlement, en léguant à l'abbaye ses livres et estampes, eut lieu en 1698; on trouvera des renseignements plus précis à ce sujet dans le carton L. 891 des Archives nationales, qui contient également le texte du testament de Louis Cousin, un autre bienfaiteur, en date du 27 février 1707. Signalons encore dans le registre capitulaire LL. 1451 : les lettres patentes qui, en conférant à Antoine de Malvin de Montazet, archevêque de Lyon, l'abbaye de Saint-Victor, le 21 octobre 1764, stipulent pour seize ans une retenue annuelle de 10,000 livres sur la mense abbatiale; cette somme sera perçue par le receveur des économats et affectée à la reconstruction de la bibliothèque (fol. 18 v° et 22 r$_0$); — la mention du déplacement des livres, autorisée par le chapitre, le 28 avril 1774, et leur transfert provisoire dans la chambre de l'infirmerie, dite l'*Ecce homo* pour faciliter la construction du nouveau local (fol. 119 v°); — le règlement de la bibliothèque en 1785 (fol. 238 r°).

Il convient aussi de rappeler que la bibliothèque était ouverte au public les lundis, mercredis et samedis, de huit heures à dix heures du matin, et de deux à quatre ou cinq heures du soir, suivant les saisons; les vacances annuelles commençaient le 15 août et se terminaient à la Saint-Luc, le 18 octobre. La Bibliothèque nationale a reçu presque tous les manuscrits de Saint-Victor, moins cependant les anciens catalogues, qui sont à la Bibliothèque Mazarine, ainsi que quelques autres volumes du même fonds.

Dans leur dernier état, les bâtiments de l'abbaye occupaient le vaste enclos limité par les rues de Jussieu, Linné, Cuvier (anciennement rue de Seine), les berges de la Seine et la rue des Fossés-Saint-Bernard, sauf une petite enclave formée près de la porte Saint-Bernard pour la Halle aux vins, qui datait de 1664. Là où s'élève la fontaine Cuvier, depuis 1823, était autrefois une construction ancienne que les plans désignent sous le nom de tour d'Alexandre, et sur l'origine de laquelle on n'est pas fixé. — L'église de l'abbaye devint paroissiale en 1791, mais elle fut supprimée deux ans après. Ce n'est qu'en 1811 que l'ensemble du terrain de l'abbaye fut, par décret, affecté à l'Entrepôt des vins. Il a toujours conservé depuis cette destination.

BIBLIOGRAPHIE. — *Sources*. — Archives nationales. L. 888 A.-B. — 891 : titres sur l'abbaye et son régime intérieur en général, parmi lesquels : fondations de prébendes, chartes royales de concessions, de confirmations et d'amortissements de biens, etc.[1] (L. 888 A); — pièces des XIIe, XIIIe et XIVe siècles, relatives aux prébendes de Saint-Victor; élections d'abbés; formules de serments aux xve et xvie siècles (L. 888 B); — charte du 16 novembre 1405, par laquelle frère Simon Vallée, sacristain de Saint-Victor, déclare, qu'à cause de ses infirmités, il a obtenu la faveur de demeurer dans la sacristie, qui est un endroit chaud, mais que cette faveur lui est personnelle et ne saurait créer un précédent; charte du 16 septembre 1449, par laquelle le recteur de l'Université de Paris exhorte tous les prêtres et fidèles à remédier au triste état de l'abbaye, ruinée par les guerres; pièce citée plus haut, du 28 novembre 1441, relative aux reliques de saint Guenault et de sainte Apolline (L. 889); — chartes de 1513 à 1699, sur la réforme de l'abbaye (1514); dispense du logement des gens de guerre, en 1610; statuts et règlements donnés par l'évêque de Paris, le 14 avril 1621; installation, comme abbé, de Pierre du Cambout de Coislin, le 2 janvier 1644; suppression de la justice de Saint-Victor en 1673; brevet des armoiries de l'abbaye délivré en 1699 par d'Hozier (L. 890); — lettres de tonsure et de prêtrise (1403-1773); vœux, de 1534 à 1666; extraits baptistères (1575-1701); testament de Louis Cousin en faveur de la bibliothèque (27 février 1707) et pièces concernant la succession de Nicolas de Tralage; mémoire, concluant négativement, « sur la question de savoir si le grand-prieur a le droit de donner, seul et sans consulter le chapitre, la permission de mettre une épitaphe dans l'église; prise de possession de l'abbaye pour Antoine de Malvin de Montazet, archevêque de Lyon, le 12 décembre 1764 (L. 891). — L. 892-894 : biens de l'abbaye à Paris, titres classés dans l'ordre chronologique. — L. 895-910 : biens de l'abbaye hors Paris, pièces relatives au Collège de Justice et aux annates (pour le détail, V. l'*État sommaire par séries des documents conservés aux Archives nationales*, col. 256-257).

LL. 1450 A-B : cartulaire du XIIIe siècle, et table inachevée de ce précieux registre dans l'ordre chronologique et analytique (XIXe s.). — LL. 1451 : registre capitulaire, du 1er janvier 1762 au 28 décembre 1789. — LL. 1452-1453 : registres de constitutions (1704). — S. 2069-2170 : titres de propriété de l'abbaye à Paris. — S. 2171-2184 : inventaires et censiers (à signaler, dans cette série, le registre 2174

---

[1]. Nous ne résistons pas au plaisir d'extraire de cette série la curieuse pièce suivante, datée de mai 1376 :

« Charles, par la grâce de Dieu roy de France, savoir faisons à tous presens et avenir que, comme par cas de fortune, le jour des grans Pasques darrenièrement passées, environ heure de soleil couchant, Colinet de Bailly, jeune enfant de l'aage de huit ans ou environ, filz de la femme du porchier et garde des porceaux et truies des religieux, abbé et convent de Saint-Victor-lez-Paris, eust amené et conduit des champs, en l'absence dudit porchier, une grant quantité de porceaux et truies grans et petiz, et mis iceulx en l'estable ou habergage ouquel iceulx porceaux avoient et ont accoustumé d'estre mis et habergiez en l'abbeye dudit Saint-Victor, en laquelle lesdiz religieux ont toute justice, haulte moyenne et basse, et après ce que ledit Colinet ot mis et habergiez lesdiz porceaux et truies en ladicte estable, il se feust bouté dedans icelle avecques eulx, il avint que iceux porceaux et truies incontinent se prindrent audit Colinet et le navrèrent très griement et villainnement en plusieurs et divers lieux, et tellement que, assez tost après, mort s'en ensui en la personne d'icelui enfant. Pour lequel fait le maire et le juge lay de la dicte abbaye, si tost qu'il fu venu à sa congnoissance fist prandre et detenir, et ancores sont detenuz prisonniers en icelle abbeye les porceaux et truies dessusdiz, et n'a peu savoir ledit juge, par information ne autrement, quans ne quielx porceaux ou truies firent le mesfait dessusdit, combien qu'il feist et ait fait très bonne diligence de tout son povoir d'en savoir la vérité. Pourquoy il ne scet ne pourroit savoir desquielx justice devroit estre faicte et punicion prise, si comme lesdiz religieux nous ont fait exposer en nous suppliant humblement que sur ce leur vueillions estandre nostre grace... » (Arch. nat. L. 888 A, n° 44).

qui est un cartulaire de la Chambre de l'abbaye, au xv⁰ siècle). — S. 2185-2198 : terriers et déclarations.

Bibliothèque nationale. — Fonds latin : 14237 : notices de Guillaume de Saint-Lô, vingt-deuxième abbé de Saint-Victor; — 14375-14376, 14679-14685 : diverses copies ou rédactions abrégées des Annales de l'abbaye, de Jean de Thoulouse; — 14672 : bulles et lettres pontificales; — 14673-14674 : nécrologe de l'abbaye; — 14677-14678 : antiquités de l'abbaye; 14685-14687, 15055-15065 : documents divers relatifs à l'abbaye. — Fonds français : 11763 : constitution et règlements au xvii⁰ siècle. — 22396-22401 : vies et maximes saintes des hommes illustres qui ont fleuri à Saint-Victor, par le P. Gourdan; — 24082-24083 : brouillons des Mémoires du P. Gourreau (2⁰ moitié du xvii⁰ siècle; — 25229 : chronique parisienne du P. Driart, chambrier de l'abbaye, de 1522 à 1535 (nous allons publier très prochainement ce curieux document); — 25230 : martyrologe de l'abbaye (1753); — 25231-25233 : documents divers, relatifs aux frères lais et convers.

Bibliothèque Mazarine. — Voyez les travaux de M. Franklin, cités plus bas, et le tome III, page 59-60, du *Catalogue des manuscrits de la Bibliothèque Mazarine* publié par M. A. Molinier.

Imprimés. — V. Cl. Henrici du Bouchet, majorum gentium senatoris memoria elogio Academiæ Parisiensis epicediis, aliorum et laudatione funebri Eustachii Bouette de Blemur, sacerd. can. reg. ecclesie S. Victoris ad muros Parisienses Bibliothecæ custodis, celebrata. Testamentum ejusdem. *Parisiis*, ex officina Cramosiana, M.DC.LIV, in-4⁰.

Memoire pour les abbés et religieux de Saint-Victor de Paris contre MM. les Prévôts des marchands et échevins de la même ville ... (au sujet de la possession d'un terrain entre les portes Saint-Bernard et Saint-Victor); Paris, s. d. (1771), in-4⁰; 143 pages (Arch. nat. L. 891, n⁰ 29).

Œuvres poétiques d'Adam de Saint-Victor, précédées d'un essai sur sa vie et ses ouvrages; première édition complète, par L. Gautier. *Paris*, 1858, 2 vol in-12. L'*Essai* placé en tête, et qui contient d'utiles indications sur l'histoire de l'abbaye, forme CLXXXV pages. — M. L. Gautier a publié une autre édition des *Œuvres poétiques* d'Adam de Saint-Victor, en 1881, à la librairie Palmé.

Histoire de la bibliothèque de l'abbaye de Saint-Victor à Paris, par A. Franklin. *Paris*, 1865 in-12, — et, dans l'ouvrage du même auteur intitulé : *Les anciennes bibliothèques de Paris* (Collection de l'Histoire générale de Paris), les pages 135-185 du tome I⁰ʳ.

Inventaire des manuscrits latins de Saint-Victor conservés à la Bibliothèque impériale sous les numéros 14232-15175, publié par M. L. Delisle au tome XXX (1869) de la *Bibliothèque de l'École des Chartes*, pages 1-79, — et du même érudit, le *Cabinet des manuscrits de la Bibliothèque nationale* (Collection de l'Histoire générale de Paris, t. II, p. 209-235).

Fragment d'inventaire du trésor de l'abbaye de Saint-Victor au xv⁰ siècle, publié par M. E. Molinier au tome VIII (p. 273-286) des *Mémoires de la Société de l'Histoire de Paris et de l'Ile de France* (tiré à part).

Voyez encore dans la *Bibliothèque de l'École des Chartes* (t. XXVI, 1865), le texte de six chartes inédites de l'abbaye de Saint-Victor conservées à Provins et relatives au village d'Orgenoy, publiées par F. Bourquelot, — et les notes de l'édition Cocheris, tome III, pages 591-615.

En terminant sa notice sur l'abbaye de Saint-Victor, Lebeuf dit quelques mots d'une pièce de terre appelée Aalez, qui, d'après lui, aurait été donnée aux religieux par Louis le Gros, leur fondateur, ce qui lui permet de reconnaître dans le nom de cette terre celui d'Adélaïde, femme de Louis le Gros, et d'en expliquer ainsi la dénomination. Malheureusement, il n'indique aucune référence à cette explication et nous ne pouvons faire autrement que la tenir pour fausse. En effet, le clos Aalez n'est mentionné dans aucun des actes de Louis VI, relatif à Saint-Victor; il n'apparaît que plus tard, sans aucun doute parce qu'il fut mis en culture par l'abbaye et qu'il n'y a lieu de le désigner qu'à ce moment là. Jaillot, que nous trouvons d'habitude plus précis, se borne à dire (*Quartier de la place Maubert*, p. 17), et cela sans indication de source, qu'en 1361, on creusa pour la Bièvre « un nouveau canal entre la rue d'Alez, aujourd'hui détruite, et celle des Fossés-Saint-Bernard ». Or, nous n'avons rencontré le nom de cette rue dans aucun texte ni sur aucun plan, et il est plus que douteux qu'elle ait jamais existé. Il ne s'agit pas, au reste, de contester l'existence du lieu dit Alez; dans le partage des biens de l'abbaye de Saint-Victor, qui fut fait en 1545, il est question d'une porte Alaiz et d'un moulin du même nom, situés entre la Seine et l'abbaye, c'est-à-dire à peu près sur l'emplacement de la halle aux vins du XVIIe siècle. Peut-être est-ce elle qui les fit disparaître.

A propos de cette terre Alez, Cocheris s'étonne (III, 601) que Lebeuf n'ait pas parlé du clos des Arènes, et il fournit à leur sujet quelques renseignements, dont le principal est tout à fait erroné, car il place ce clos « dans le périmètre compris entre les rues Clopin et Bordelles..., vers l'emplacement de l'ancien collège de Boncourt et à la même hauteur que le palais des Thermes ».

Depuis longtemps, les érudits s'étaient préoccupés de la questions des arènes de Paris, dont l'existence était signalée par plusieurs textes : en 1858, M. Léopold Delisle avait communiqué à la Société des antiquaires de France (Cf. *Bulletin* de 1858, p. 152-156) un fragment de poëme d'Alexandre Neckam, écrivain du XIIe siècle, ainsi conçu :

> Indicat et circi descriptio magna theatrum
> Cipridis : illud idem vasta ruina docet;
> Diruit illud opus fidei devotio; Sancti
> Victoris prope stat relligiosa domus.

Il avait également signalé un acte de novembre 1284, publié par du Boulay (t. III, p. 238), et mentionnant les arènes en ces termes : « Item, tria quarteria vineæ, sita in loco qui dicitur *les Arennes*, ante Sanctum Victorem ». Enfin, il se demandait si ce n'est pas des arènes situées près de Saint-Victor qu'il s'agit lorsque, dans l'*Historia Francorum* (liv. V, ch. XVIII), Grégoire de Tours parle d'un cirque construit par Chilpéric à Paris[1].

---

1. Voy. encore dans le *Journal des Savants* de 1873 un article d'Adrien de Longpérier sur les pierres écrites des arènes de Lutèce, et dans le *Bulletin de la Société de l'Histoire de Paris* de 1885, p. 99-100,

On en était cependant réduit aux conjectures sur le point précis, voisin de Saint-Victor, où ce cirque avait été bâti, lorsque le hasard le fit découvrir. Au mois d'avril 1870, la Compagnie des Omnibus le mit au jour en faisant construire son dépôt situé rue Monge, dont les dépendances s'étendaient vers le S.-E. jusqu'à la rue Rollin, c'est-à-dire dans l'espace compris entre ces deux rues et celle des Boulangers. La ville de Paris a acquis le terrain et y a fait faire des travaux qui ne sauraient être pris pour une restauration parfaite de cet édifice, dont l'état de conservation était, d'ailleurs, déplorable. On trouvera dans deux recueils de la Bibliothèque de la ville de Paris sous les numéros 6003, in-4°, et surtout 25021, in-8°, la réunion de toutes les brochures et pièces publiées à l'occasion de la découverte des arènes.

SAINT-NICOLAS DU CHARDONNET

I, 303-305

La plus ancienne mention du clos du Chardonnet, où fut fondée plus tard la paroisse de Saint-Nicolas, est de 1126, dans une charte octroyée par Louis VI à l'abbaye de Saint-Victor (*Cartulaire général de Paris*, I, 230); les mentions deviennent plus fréquentes à partir de 1142 (Cf. *ibid.*, p. 279, 300, 468), mais surtout dès le commencement du XIII° siècle. Le nom latin est *Cardonetum*, parfois *Cardinetum*, et il est certain qu'il désigne un lieu où le chardon croissait en abondance. Bien que la terre appartînt pour la plus grande part à l'abbaye de Saint-Victor, celle de Sainte-Geneviève y avait aussi quelques droits, puisqu'en 1180 elle renonça au cens qu'elle pouvait prétendre sur un arpent de vignes qui y était situé et que les frères de Saint-Lazare tenaient d'elle (*Cartulaire général de Paris*, I, 468). Les vignes du Chardonnet sont encore mentionnées dans une charte de mai 1221 qui se lit au Cartulaire de Saint-Victor (Arch. nat. LL. 1450, fol. 43 r°).

La charte de 1230 par laquelle Pierre, abbé de Saint-Victor, concéda, sur la requête de l'évêque Guillaume d'Auvergne, cinq arpents de terre dans l'enclos du Chardonnet pour la construction d'une chapelle et le logement d'un prêtre séculier, ne saurait, quoi qu'en dise Lebeuf, se rapporter à l'établissement des Bernardins, et est bien, par suite, le premier titre de la paroisse Saint-Nicolas du Chardonnet. Il est certain, en effet, et nous le montrerons plus loin, que les Bernardins ne sont venus s'établir dans ce quartier qu'en 1244 et non en 1230; d'autre part, il n'aurait pu être question pour eux de prêtre *séculier*, puisqu'ils étaient un démembrement d'une abbaye; enfin, la théorie de Lebeuf, qui consiste à s'en rapporter à la *cote* — comme nous disons aujourd'hui — d'un document, lorsque cette cote est contemporaine de l'acte, ne saurait être généralisée, car il suffit d'une

l'extrait publié par M. Paul Meyer d'une compilation du XIII° siècle, qui mentionne le « théâtre, ès vignes qui sont entre Sainte-Geneviève et Saint-Victor. De cel théâtre que je vous dis duroit encore une partie en estant au jor que li roi Phelipes commença Paris de murs ceindre devers Petit-Pont ».

distraction de scribe, et c'est le cas dans l'espèce. Du Boulay, qui a, le premier, publié la charte de 1230 (III, 139), n'a pas hésité à le reconnaître, et depuis, Jaillot a prouvé l'erreur de notre historien avec un luxe de détails qui était presque inutile (t. IV, *Quartier de la place Maubert*, p. 142-150). — La vérité est donc que l'église Saint-Nicolas commença par être une simple chapelle, peu après 1230, et qu'en 1243 on entreprit de la reconstruire (*Cartulaire de Notre-Dame de Paris*, t. III, p. 292-293), mais à cette date elle était déjà paroissiale, puisque son curé intervient dans l'acte, et qu'il y est, en outre, question d'un cimetière et de paroissiens.

Les travaux de reconstruction, au XVIIe siècle, commencèrent en 1625 par la construction du clocher, œuvre de Charles Contesse, juré du Roi ; l'inscription que rapporte Lebeuf à son sujet n'a pas disparu, bien qu'elle ait été mutilée, en 1793, par un vandalisme puéril qui effaça les mots Contesse et Roy (Cf. *Inscriptions de l'ancien diocèse de Paris*, I, 272). La véritable restauration de l'édifice eut lieu à partir de 1636, et, — ce qui est digne de remarque, — sous la direction officieuse du peintre Charles Lebrun, l'un des plus importants paroissiens de Saint-Nicolas. En revanche, le grand portail occidental, sur la rue Saint-Victor, dont on attendait, au XVIIIe siècle, la construction pour faire la dédicace de l'église, n'est pas encore aujourd'hui bâti. Les marguilliers suppliaient le roi, en 1763, d'autoriser une loterie ou d'affecter quelques sommes d'argent à cet effet ; ils n'y réussirent pas (Cocheris, III, 616, note). La même année, cependant, la fabrique fut autorisée, par lettres-patentes, à acheter une maison, sise rue des Bernardins, au prix de 17,000 livres, pour servir de presbytère, « l'ancien presbytère ayant été par nécessité réuni au bâtiment de l'église » (Arch. nat. Q¹. 1345).

Il y a lieu d'ajouter plusieurs noms à la liste que donne Lebeuf des personnages célèbres inhumés à Saint-Nicolas : ceux du sculpteur Nicolas Legendre, mort en 1671 (*Inscriptions de l'ancien diocèse de Paris*, I, 275-276) ; de Santeuil, dont le tombeau y fut érigé le 16 février 1818 (Cf. *Histoire de l'Académie royale des Inscriptions*, t. VIII, p. 138) ; d'un évêque de Vence, Flodoard de Bouchenu, ainsi que nous l'apprend Lebeuf lui-même dans une lettre qu'il adresse au chanoine Fenel, en janvier 1744 : « La bise, qui a fort venté, nous a fatigués ici, durant trois jours, des cloches de Saint-Nicolas du Chardonnet, où l'ancien évêque de Vence, Flodoard de Bouchenu a été enterré. Ce prélat tomboit du haut-mal. Il est décédé octogénaire » (*Lettres*, etc., t. II, p. 450).

Les monuments funéraires les plus considérables que possède l'église Saint-Nicolas sont ceux de la famille Lebrun : ils se voient dans une des chapelles du chœur, celle de Saint-Charles Borromée, dite habituellement chapelle de Lebrun. Le célèbre peintre, — Charles, et non Pierre Lebrun comme le nomme Lebeuf, — était, nous l'avons dit, paroissien de cette église ; il y fit inhumer sa mère, morte en 1668, dans un grandiose mausolée dont il avait fait le dessin (la défunte soulevant la pierre de son sépulcre) et qu'exécutèrent Jean-Baptiste Tuby et Gaspard Collignon. Il reçut, lui aussi, la sépulture dans la même chapelle, ainsi que sa veuve Suzanne Butay ; leur cénotaphe est orné de deux statues en marbre : la Piété et la Pénitence (Cf. *Inscriptions de l'ancien diocèse de Paris*, I, 277-280, — et *Bulletin de la Société de l'Histoire de Paris*, 1889, p. 35).

L'église dont nous traitons fut maintenue, par la loi de 1791, au nombre des paroisses parisiennes ; toutefois, elle fut fermée au culte en 1793 et considérée comme bien national. Elle devait même être détruite, et il s'en fallut de peu que cela ne fût fait après la tourmente, en 1800. M. E. Lelong a signalé une pétition adressée par soixante-douze artistes au ministre de l'Intérieur, à la date du 18 floréal an VIII, à l'effet d'obtenir la conservation de l'édifice. En 1862, le percement du boulevard Saint-Germain sur le territoire du ve arrondissement dégagea l'abside de l'église, que l'on dut reconstruire en façade sur la voie nouvelle ; en même temps, fut bâti un nouveau presbytère.

Actuellement, la paroisse est circonscrite entre les quais de la Tournelle et Saint-Bernard, les rues Cuvier, de Jussieu, des Boulangers, du Cardinal Lemoine entre la rue Monge et la rue Clopin, cette rue et celle d'Arras, les rues Monge, des Écoles, des Carmes, de Lanneau, Jean de Beauvais, des Anglais et de l'Hôtel-Colbert.

BIBLIOGRAPHIE. — *Sources*. Archives nat. L. 690 : fondations et revenus. — S. 3464-3465 : titres de propriété.

Bibliothèque de l'Institut. Ms. 20 A, in-4 : « Règlement pour la chambre de travail des pauvres filles de la paroisse de Saint-Nicolas du Chardonnet (XVIIe s.), p. 156.

Imprimés. — Mémoire pour les sieurs curé et marguilliers de l'église de Saint-Nicolas du Chardonnet, à Paris, contre la communauté des prêtres habitués de la même église ; s. l. n. d ; in-fol. de 18 pages.

Fête funèbre célébrée par les district et commune de Saint-Nicolas du Chardonnet, le 8 août 1789, en l'honneur des braves citoyens qui sont morts pour la défense de la liberté ; in-8.

Discours sur la liberté, prononcé à l'occasion de la cérémonie de la bénédiction des drapeaux du district de Saint-Nicolas du Chardonnet..., le mercredi 2 septembre 1789, par M. Mulot... Imprimé sur la demande du district ; Paris, 1789, in-8.

Archéologie parisienne. L'église Saint-Nicolas du Chardonnet, par J. Cousin, ap. *Revue universelle des Arts*, t. XVI (1862), p. 359-369.

Voy. encore dans les *Archives du Musée des monuments français*, Ire partie, pages 35-36, quelques pièces de 1795 et 1796 relatives au transport des objets d'art de Saint-Nicolas au dépôt des Petits-Augustins ; — de Guilhermy, *Inscriptions de l'ancien diocèse de Paris*, t. I, p. 271-282, — et, dans l'*Inventaire général des richesses d'art de la France*, Paris, Monuments religieux, t. I, p. 79-92, la notice de M. Clément de Ris sur cette église.

COLLÈGE DES BERNARDINS

I, 346

Nous croyons avoir suffisamment démontré, dans le chapitre précédent, que Lebeuf s'était trompé en attribuant à la fondation d'une chapelle des Bernardins l'acte de 1230 qui, en réalité, a trait à Saint-Nicolas du Chardonnet; par suite, l'argumentation qu'il reprend dans ses quelques notes sur ce collège ne saurait être désormais admise. Une preuve de plus que Guillaume d'Auvergne ne s'intéressa pas directement à l'établissement des Bernardins est le silence même de M. N. Valois qui, dans son livre si bien informé sur Guillaume d'Auvergne, ne fait pas une fois mention du collège dont nous traitons. Les historiens les meilleurs sont tombés d'accord qu'il fut institué, en 1244, par Étienne de Lexington, abbé de Clairvaux, pour permettre aux religieux cisterciens de venir compléter leurs études à Paris.

Les bâtiments n'étaient pas encore commencés en 1247, au mois de février de cette année-là, Guillaume de la Tour, archevêque de Besançon, accordait des indulgences à ceux qui, de leurs dons, contribueront à leur construction : « ... quia igitus, sicut credimus, non absque nutu Dei et inspiratione divina, viri religiosi Stephanus, venerabilis abbas et fratres Clarevallis, Cisterciensis ordinis, claustrum et domos habitationi fratrum suorum et studiis aptas, Parisius, in loco Sancti Bernardi in Cardoneto edificare intendunt... » (Arch. nat. L. 911). Au mois de novembre suivant, Marguerite, comtesse de Flandre et de Hainaut, donnait 30 livres parisis de rente sur la ville de Furnes, pour ceux qui viendront demeurer dans le collège. (Arch. nat. S. 3658).

Il semble bien, au reste, en dépit de la fondation de 1244, que l'abbé de Cîteaux ne se soit pas préoccupé avant le mois de novembre 1246 de l'acquisition des terrains du Chardonnet; en effet, on trouve à cette date, dans le Cartulaire de Saint-Victor, le contrat par lequel l'abbé de Saint-Victor cède à celui de Clairvaux cinq arpents de terre en main-morte « in loco qui dicitur Cardonetum », plus le droit d'acquérir la terre de Me Pierre de Lamballe, et lui cède encore un autre arpent situé entre cette terre et lesdits cinq arpents, avec le droit d'acquérir un chemin pour se rendre à ces terres, à la réserve de celui qui est « a ponte Sancti Nicholai usque ad portam que dicitur Sancti Victoris » (LL. 1450, fol. 200).

On sait qu'Alphonse de Poitiers, frère de saint Louis, se fit le bienfaiteur du collège des Bernardins et lui donna des rentes, notamment sur la prévôté de La Rochelle; la charte de mai 1253, par laquelle l'abbé de Clairvaux lui confère, en échange, le patronage de l'établissement, a été publiée dans l'*Inventaire des layettes du Trésor des Chartes*, t. III, p. 180 (Cf. Bibl. nat. ms. franç. 22389, pièce 12).

Ce n'est qu'au XIVe siècle que le collège des Bernardins fut édifié d'une façon digne de l'ordre auquel il appartenait; le pape Benoît XII s'y employa en 1338; c'était un cistercien, qui avait professé la théologie au collège même; Philippe le Bel donna dans le même but cent livres de rente par une charte du 24 mai 1338, où il est spécifié que la reine a posé la première pierre de l'église.

Les descriptions anciennes, les vues et plans, enfin ce qui est resté debout de ces bâtiments, tout atteste la beauté de leur architecture et l'importance de leurs dimensions. L'église, en gothique flamboyant de la bonne époque, comportait trois nefs dont les proportions la faisaient ressembler plutôt à une cathédrale qu'à la chapelle d'un collège. Il y avait aussi aux Bernardins un escalier que l'on citait comme l'une des curiosités de Paris : c'est, dit Guillebert de Metz, « une vis merveilleuse où il a doubles degrez que ceulx qui montent ou descendent par l'un des degrés ne savent rien des autres qui vont par les autres degrés ». La description de Sauval a le mérite d'être plus claire : « On y voit une vis tournante double à colonne, où l'on entre par deux portes et où l'on monte par deux endroits sans que de l'un on puisse être vu de l'autre; cette vis a dix pieds de profondeur, et chaque marche porte de hauteur huit à neuf pouces » (*Antiquités de Paris*, II, 435).

Les Archives nationales possèdent un registre de 88 feuillets, coté LL. 1540, classé dans le fonds des Bernardins et contenant les comptes de « structure et fabricque de l'eglise neufve Saint-Bernard »; il y est dit que la première pierre de cette reconstruction a été posée en 1600 (sans indication de mois) par le prévôt des marchands, le roi étant à Lyon « faisant les nopces de son mariaige ». Comme il n'y a pas eu à Paris d'autre église Saint-Bernard que celle qui nous occupe, force nous est d'admettre que, de 1600 à 1610, on reconstruisit en partie l'édifice du xiv⁰ siècle, ou plutôt que l'on continua sa construction, car, en réalité il ne fut jamais achevé. Voici ce que dit à ce propos Félibien, que l'on peut invoquer ici en toute sécurité : « Cette eglise auroit peu de pareille si elle avoit été achevée; ce qu'il y a de fait est d'une beauté singulière. Les débordemens qui suivirent le rigoureux hyver de 1709 ont esté cause qu'on en a relevé le pavé au moins de cinq pieds en 1710, et la destruction de Port-Royal des Champs, arrivée la mesme année, a contribué à l'embellissement de cette eglise par le transport qu'on y a fait du grand autel et des chaires du chœur faites du temps de Henri II et d'un ouvrage de menuiserie très curieusement taillé et fini avec art et délicatesse dans le goust de ce temps là. Guillaume du Vair, evesque de Lizieux et garde des sceaux, est enterré dans une chapelle de cette eglise » (*Histoire de la ville de Paris*, t. I, p. 318).

Des autres sépultures qu'elle devait contenir, une seule pierre tombale nous est parvenue, conservée aujourd'hui au musée de Cluny; c'est celle d'un religieux de Cîteaux, appelé Jean de Malet, qui mourut en 1333 (Guilhermy, I, 591-593).

Lors de la suppression des communautés religieuses, la situation du collège des Bernardins était prospère. Ses revenus dépassaient 25,000 livres, alors que le charges n'en atteignaient guère que 15,000.

L'église, fermée à ce moment, fut aliénée et démolie en 1797. Les autres bâtiments sont restés debout, au moins en partie, et ont été utilisés tour à tour comme magasins et dépôt d'archives municipales. En 1845, ils ont été transformés en caserne de pompiers. On peut voir encore aujourd'hui, en façade sur la rue de Poissy, ce qui reste de l'ancien réfectoire et dortoir du collège, œuvres du xiv⁰ siècle, et qui auraient mérité une meilleure destination. Dès 1770, les Bernardins avaient cédé une partie de leur enclos pour la fondation par M. de Sartine, lieutenant-général de police, d'un marché aux veaux. Le musée Carnavalet a recueilli les quatre inscriptions, deux latines et deux françaises, qui consacraient cette institution. Le percement du boulevard Saint-Germain en 1862 a fait disparaître le marché, sur l'emplacement duquel, peu après, a été construite la Fourrière de la Préfecture de police. Le terrain disponible, en bordure du boulevard, était depuis longtemps occupé par des chantiers de bois. Les fouilles qui y furent faites en 1886 pour creuser les fondations des maisons portant actuellement les numéros 25-31 du boulevard Saint-Germain, mirent au jour des fragments considérables d'un des murs de l'église des Bernardins. Le musée Carnavalet en a, de même, recueilli quelques-uns, et l'on pourra, en outre, y consulter les plans de restitution qui ont été dressés à cette époque par M. Vacquer.

BIBLIOGRAPHIE. — *Sources*. Archives nationales. S. 3658 : charte par laquelle Marguerite, comtesse de Flandre et de Hainault, donne 30 livres parisis de rente sur la ville de Furnes, à l'abbaye de Clairvaux « pro loco qui vocatur beati Bernardi Parisius in Cardoneto, ubi fratres Clarevallis et quamplures de ordine Cistercience per consensum abbatis Clarevallis sacris studiis deputandi commorabuntur » (novembre 1247); pièces de procédure (xvi-xviie siècles) pour les biens du collège, dont une liasse concernant la propriété d'une place où coulait autrefois la rivière de Bièvre (1520) ; déclaration des biens du collège en 1790. — S. 3659 : pièces relatives aux bâtiments et jardins du collège et à leurs mitoyennetés (xve-xviie s.). — S. 3660 : titres concernant la maison que possèdent les Bernardins aux Halles, devant la fontaine (xive s.); procès entre le collège des Bernardins et celui du Cardinal Lemoine au sujet du gros mur de séparation des deux établissements (xvie s.) ; baux d'aliénations partielles du grand jardin des Bernardins (xviie s.). — S. 3661 : pièces de procédure devant le Châtelet et le Parlement au sujet des maisons du quai de la Tournelle appartenant au collège (xviie et xviiie siècles). — S. 3662 : sentences du prévôt de Paris (1324 et 1391), maintenant les Bernardins en possession d'une « place wuide seant à Paris devant la maison des escolliers de Saint-Bernard de Paris, entre les murs de la maison desdits escoliers, d'une part, et la rivière de Byevre, d'autre part, et au long du pont de Byevre qui est devant Saint-Nicolas du Cardonnay, jusques à la rivière de Seine » ; pièces de procédure et autres, relatives à la propriété du collège, à la maison dite de Chaalis, rue des Bernardins (voy. plus bas nos notes sur le séminaire de Saint-Nicolas), aux acquisitions de Mme de Miramion et de la communauté de Sainte-Geneviève, aux hôtels de l'abbé Bignon et du président de Nesmond (plan de 1705). — S. 3663 : déclarations de cens, rentes foncières, lots et ventes, fournies au collège ou par lui ; mentions du « jardin des Bachelicis », dépendant de l'enclos. — S. 3664-3674 : titres des biens du collège en divers lieux, et inventaires. — L. 911 : titres originaux de la fondation du collège et de sa reconstruction au xive siècle; pièces d'un procès avec l'abbaye de Saint-Victor pour le droit de justice sur le quai de la Tournelle (1517); donations et testaments (xviie siècle) ; extraits des registres des actes de baptême et de profession des Bernardins (xviiie siècle). — LL. 1540 : comptes de reconstruction de l'église Saint-Bernard (xviie siècle) ; c'est le registre dont nous avons parlé plus haut.

Imprimés. — Arrêt qui maintient les PP. de l'ordre de Cîteaux dans la possession et jouissance du collège des Bernardins ; 1679, in-4°.

Brief estat du gouvernement du collège des Bernardins ; s. l. n. d. ; Bibl. Mazarine, n° 18418, in-4° (Cf. la *Notice* de l'abbé Daniel, citée plus bas, p. 98 et ss.)

Rapport fait au nom d'une commission spéciale par J.-P. Boullé (du Morbihan) sur un message du Directoire exécutif du 9 fructidor an V, tendant à faire distraire de la vente des domaines nationaux, comme nécessaire au service public la partie de la maison des Bernardins de Paris, actuellement occupée par la boucherie des maisons d'arrêt et hospices civils de la même commune. Séance du 1er nivôse an VI ; *Imprimerie Nationale*, nivôse an VI, in-8 ; 8 pages.

Notice sur les ruines et le collège des Bernardins de Paris, par M. l'abbé Daniel, vicaire à Saint-Nicolas du Chardonnet, *Paris*, 1886, in-12.

Voy. aussi Jaillot, t. IV, *Quartier de la place Maubert*, p. 10-14 ; la notice de A. Bonnardot dans son Iconographie du vieux Paris, *Revue universelle des Arts*, 1855, t. II, p. 224-229, et la *Statistique monumentale de Paris*, par A. Lenoir, texte, p. 225-227, et trois planches de l'Atlas, consacrées au plan général et aux détails de l'église et du réfectoire.

COLLÈGE DES BONS ENFANTS
I, 346

En réalité, depuis Lebeuf et Jaillot, on n'a pas trouvé la date de fondation de ce collège. L'acte de 1247, mentionné par Lebeuf, atteste qu'il existait déjà alors, mais une bulle d'Innocent IV, datée du 24 novembre 1248 et non rappelée par notre auteur, prouve qu'il existait depuis peu, car le pape autorise les pauvres écoliers dits « boni pueri » à avoir dans leur propre maison une chapelle pour y célébrer les offices divins (Cf. du Boulay, t. III, p. 217, et *Cartulaire de Notre-Dame de Paris*, t. III, p. 250-251) ; on sait qu'après l'acquisition d'un terrain, le premier souci des fondateurs de collèges au moyen âge était de posséder une chapelle ; pour des motifs qui ne sont pas expliqués, cette concession de chapelle ne fut d'ailleurs accordée au collège qu'en 1257 par l'évêque de Paris, Renaud de Corbeil.

Le *Cartulaire de Notre-Dame* (III, 220) nous apprend aussi qu'au mois de juillet 1313, les Bons-Enfants de Saint-Victor étaient au nombre de neuf. Durant le même siècle, la pauvreté de ces écoliers était proverbiale. Le *Dit des crieries de Paris* les désigne par ce dicton :

> Les Bons-Enfans orrez crier
> Du pain! n'en veuil pas oublier!

En 1478, le personnel se composait d'un principal, d'un maître ès arts, d'un chapelain perpétuel procureur du collège, et d'un boursier ; ces quatre personnages « faisant et représentant à présent tous les maîtres et boursiers d'iceluy collège » (Arch. nat. M. 106). C'est l'année où, par testament, Jean Pluyette, qui en était alors principal, et curé du Mesnil-Aubry, paroisse du diocèse de Paris, fonda deux bourses aux Bons-Enfants, dont la gestion fut confiée aux marguilliers de Fontenay (en France) et du Mesnil-Aubry. En s'occupant de la sépulture de ce curé, dont nous reparlerons à propos de l'église du Mesnil, Vallet de Viriville a été amené à écrire une notice fort intéressante sur Jean Pluyette et le collège qu'il dotait (*Mémoires de la Société des Antiquaires de France*, 1858, p. 297-333).

Le 6 mars 1624, saint Vincent de Paul prit possession du principalat du collège des Bons-Enfants ; l'acte rédigé à cette occasion nous a été conservé (M. 106). Deux ans plus tard, saint Vincent de Paul fondait la congrégation de la Mission, et obtenait (8 juin 1627) l'union des biens du collège à cette congrégation. Lorsque celle-ci fut transférée à Saint-Lazare en 1632 (voy. plus haut, p. 316), le collège devint un séminaire sous le vocable de Saint-Firmin. Il fut compris au nombre des établissements réunis en 1763 au collège Louis-le-Grand, mais ses directeurs firent entendre de très vives protestations, en déclarant qu'il ne s'agissait pas d'un collège, mais bien d'un séminaire. Pendant dix ans, l'affaire demeura en suspens; l'union à l'Université fut cependant consommée, mais en même temps, intervenaient des lettres patentes datées de Versailles, 22 avril 1773, ordonnant « que la principalité et la chapellenie du collège des Bons-Enfants soient et demeurent unies à perpétuité à la congrégation de la Mission » (Bibl. de la ville de Paris, recueil annexé à la série 57). En 1789, le séminaire ne comptait que cinq boursiers. L'année suivante, Louis-Joseph François, son supérieur, déclara aux commissaires de la nation que la maison abritait quatre prêtres et trois frères, que ses revenus étaient de 7.393 livres 10 sols, et les charges de 3.616 livres 13 sols 2 deniers. Une note du même dossier (M. 106), datée du 23 mars 1792, fait connaître que les prêtres de Saint-Firmin ont loué aux commissaires administrateurs de la Section des Plantes une aile et deux galeries de leur séminaire pour y placer le corps de garde et les comités de la section, au prix de 400 livres par an.

Pendant la Terreur, le séminaire Saint-Firmin, transformé en prison, fut le théâtre de scènes sanglantes : un grand nombre de prêtres y furent massacrés (voy. à ce sujet de curieux détails dans le *Dictionnaire administratif et historique des rues de Paris*, des frères Lazare, p. 40-41 de l'édition de 1844). En vertu d'une ordonnance royale du 24 décembre 1817, l'Institution des jeunes aveugles y fut installée. Les bâtiments redevinrent libres en 1844, lorsque cette institution fut transférée dans le local construit pour elle et qu'elle occupe encore aujourd'hui au boulevard des Invalides. Ils étaient situés à l'angle des rues Saint-Victor et des Fossés Saint-Bernard. Le percement de la rue du Cardinal Lemoine et l'élargissement de la rue des Écoles les ont fait disparaître; une partie du terrain appartient encore à l'État qui y a établi un magasin de vente des biens domaniaux.

BIBLIOGRAPHIE. — *Sources*. Archives nat. M. 105 : mémoires mss. sur le collège, notamment à propos de sa réunion à Louis-le-Grand; dossier de la fondation Pluyette; pièces sur la nomination des principaux, saint Vincent de Paul et ses successeurs; union du collège à la Congrégation de la Mission (1627). — M. 106 : comptes de travaux en 1732; titres de rentes; administration du collège (1788-1789). — S. 6850 : lettres patentes consacrant l'union du séminaire à la Mission (1627 et 1773); baux; déclaration de 1790. — S. 6851 : titres de propriété depuis le XVIe siècle; acquisition du fossé et d'anciens murs voisins de la porte Saint-Victor.

Imprimés. — Testament de messire Jean Pluyette, de l'année 1478, contenant fondation de deux bourses au collège des Bons-Enfants; Paris, 1765, in-4 de 32 pages (Arch. nat. M. 105).

Mémoire sur le collège des Bons-Enfants, et particulièrement sur les bourses fondées dans ce collège par le sieur Pluyette; Paris, 1764, in-4 de 74 pages (*ibid.*).

Planche gravée de la tombe de Jean Pluyette au Mesnil-Aubry, avec la mention suivante : « Copie figurée de la tombe de Jean Pluyette, mort en 1478, laquelle est dans la grande nef de l'église du Mesnil-Aubery en France, levée sur les lieux par les soins d'Antoine Le Flamand, son arrière-neveu et cousin en 1765 » (*ibid*). Cette planche a été reproduite dans le mémoire de Vallet de Viriville).

Mémoire pour Jean Deslions père, laboureur à Fontenay en France, stipulant pour Jean Deslions, son fils mineur, intimé et défendeur, contre Me Etienne Pluiette, prêtre... contre Etienne Pluiette, laboureur à Gonesse... (pour l'obtention d'une bourse) ; *Paris*, 1744, in-fol. de 8 pages (M. 105).

COLLÈGE DU CARDINAL LEMOINE

I, 346

C'est à tort que Lebeuf indique pour la fondation de ce collège la date de 1303 : c'est 1302 qu'il aurait dû dire. Boniface VIII signa, le 12 mai 1302, une bulle par laquelle il approuvait les règlements que lui avait soumis le cardinal Jean Lemoine pour un collège parisien qui s'appellerait la « Maison du Cardinal » et où seraient reçus des étudiants de la Faculté de théologie et de celle des arts (Félibien, t. III des *Preuves*, p. 607 et ss.). D'autre part, feu Charles Jourdain, le dernier historien du collège, a retrouvé et publié la charte, datée du 15 mars 1302, par laquelle le cardinal acquérait une maison sise au Chardonnet et ayant appartenu aux ermites de Saint-Augustin (voy. plus haut, p. 293). Le fondateur désigna pour lui succéder dans la nomination aux bourses le doyen et le chapitre de Saint-Wulfran d'Abbeville, qui eussent à choisir des écoliers du diocèse d'Amiens ou, à leur défaut, des diocèses voisins, et en effet, nous avons rencontré dans les archives municipales d'Abbeville (GG, 6) l'acte original consacrant ces prescriptions. En voici le début :

In nomine domini nostri Jhesu Christi, anno nativitatis ejusdem millesimo trecentesimo secundo, indictione quinta decima, die prima mensis Maii, pontificatus sanctissimi patris domini Bonifacii pape octavi anno octavo, in presentia mei notarii et testium subscriptorum ad hoc specialiter vocatorum et rogatorum, reverendus pater dominus Johannes, miseratione divina tituli Sanctorum Marcellini et Petri presbiter cardinalis, de domo seu loco vocato de Cardineto nuper empta seu empto per eum, prout in instrumento publico confecto manu mei notarii infrascripti plenius continetur, quam seu quem fratres ordinis heremitarum Sancti Augustini habebant et habere consueverunt Parisius in vico Sancti Victoris, ordinavit sive disposuit in hunc modum. In Dei nomine amen. Ego Johannes... ad opus pauperum scolarium studere desiderantium in liberalibus artibus naturali phylosophia et morali, necnon et magistrorum earumdem artium in theologica facultate instruendorum, emi locum qui fuit quondam heremitarum in vico Sancti Victoris et locus hujusmodi in Cardineto se protendit, cum omnibus juribus, libertatibus et pertinenciis suis, et dictam emptionem obtinui per sedem apostolicam ex certa scientia confirmari, prout in litteris apostolicis super hoc confectis plenius continetur, et ordino dictam domum vocari domum Cardinalis et quod ille qui eidem preerit vocetur magister domus Cardinalis... »

Le savant travail de Ch. Jourdain nous dispense d'entrer dans de longs détails sur l'histoire de la maison du Cardinal, son administration et l'enseignement qui y était donné. Parmi les maîtres qui y professèrent, il convient de citer Lambin, professeur de langue grecque, Jean Passerat, l'un des auteurs de la *Satyre Ménippée*. On trouvera aussi dans les Mémoires d'André d'Ormesson cités par Chéruel d'intéressants passages sur les études qui se faisaient au collège vers l'année 1586; Jourdain les a réimprimés.

Cet établissement demeura de plein exercice jusqu'à la Révolution, et resta florissant, car en dernier lieu, il comptait encore 250 élèves, et ses revenus dépassaient 36,000 livres. Il fut supprimé par décret du 15 septembre 1793 et ses bâtiments furent vendus en l'an IX. La rue du Cardinal Lemoine a été percée, de 1845 à 1852, à travers les terrains qu'il occupait.

BIBLIOGRAPHIE. — *Sources*. Archives nat. M. 145, S. 6392-6399 : titres de propriété. — MM. 446 : inventaire des titres.
Bibl. Mazarine; Ms. 1502 : comptes du collège, de 1666 à 1669. — Ms. 3203 : catalogue de la bibliothèque, dressé en 1695, par Claude Bonnedame.
Imprimés. — Le Collège du Cardinal Lemoine, par Ch. Jourdain, au tome III, pages 42-81 des *Mémoires de la Société de l'histoire de Paris et de l'Ile de France*, — et les références indiquées dans ce travail.

COLLÈGE D'ARRAS
I, 346

Il fut, en effet, fondé en 1332, par Nicolas le Candrelier, abbé de Saint-Vaast (la charte a été publiée par Félibien, *Preuves*, t. I, p. 408) : mais, dès 1327, se trouve un acte mentionnant les écoliers du diocèse d'Arras étudiant à Paris (Arch. nat. M. 79). Jaillot (t IV, *Quartier de la place Maubert*, p. 6-8), a fait avant nous la même remarque, d'après d'autres documents qu'il cite.

Durant les quatre siècles et demi qu'il subsista, cet établissement fit très peu de bruit dans l'histoire; fort mal doté, de quelques biens seulement, en Artois, il n'avait néanmoins aucune dette à acquitter lors de sa réunion à l'Université, en 1764, mais pour cette raison que l'abbaye de Saint-Vaast subvenait à toutes ses dépenses. Au moment de cette réunion, le principal, dom Romain Letocart fit connaître qu'il hébergeait quatre boursiers jouissant chacun d'une rente de 75 livres, et que lui avait un traitement annuel de 108 livres (M. 79).

Le percement de la rue Monge et les agrandissements de l'École Polytechnique du côté de cette voie ont fait disparaître ce qui restait des bâtiments du collège d'Arras.

BIBLIOGRAPHIE. — *Sources*. Archives nat. M. 79 : ce carton ne contient pas d'autres documents que ceux que nous venons d'analyser.

Bibl. de la ville de Paris, Ms. 26407 in-fol. : inventaires des titres de fondation et de propriété du collège.

Imprimés. — Nécrologe du collège d'Arras, 4 pages in-4° s. d. (M. 79). Il ne mentionne que le seul nom du fondateur, Nicolas le Candrelier.

SÉMINAIRE DE SAINT-NICOLAS DU CHARDONNET

I, 347

A défaut de renseignements puisés aux sources, qui ont disparu, nous citerons l'excellente page de Jaillot (t. IV, *Quartier de la place Maubert*, p. 150-152). sur les origines du séminaire de Saint-Nicolas. On verra, par là, combien Lebeuf a eu tort d'être si bref : « ... Ce n'étoit, dans le commencement, qu'une société de dix ecclésiastiques que M. Adrien Bourdoise, l'un d'eux, avoit réunis en 1612 au collège de Rheims, où il demeuroit alors. L'objet que l'instituteur se proposoit étoit de faire des conférences pour ceux qui se destinent à la prêtrise. M. Bourdoise n'en avoit pas encore reçu l'Ordre ; il ne fut élevé à la dignité du sacerdoce que l'année suivante. Cette petite communauté, qu'il avoit formée de sujets choisis et capables d'entrer dans ses vues, le suivit dans les collèges du Mans, du Cardinal Lemoine et de Montaigu, dans lesquels il demeura successivement. Enfin, après plusieurs épreuves, ces ecclésiastiques se consacrèrent, en 1618, à l'instruction des jeunes clercs. En 1620, ils allèrent demeurer près Saint-Nicolas du Chardonnet, dans une maison appartenant au sieur Guillaume Compaing, l'un d'entre eux ; mais, comme elle n'étoit pas assez grande, ils se placèrent, en 1624, au collège des Bons-Enfants. Les services qu'ils rendirent à la paroisse Saint-Nicolas engagèrent M. Froger, qui en étoit alors curé, à se les attacher. Sauval (tome III, p. 180) a rapporté les conventions qui furent faites entre eux, sous signatures privées, le 26 juillet 1631, et rédigées ensuite en acte public, le 11 octobre suivant. Ces prêtres acquirent, en conséquence, une maison meublée convenablement et un jardin contigu, pour être possédés par eux, en commun, et cette acquisition fut confirmée par d'autres lettres-patentes du mois de mai 1632, enregistrées le 8 du même mois. C'est apparemment sur la date de ces dernières lettres que se sont fondés l'abbé Lebeuf et MM. de la Barre, Piganiol, Robert, etc., pour placer l'époque du séminaire Saint-Nicolas en 1632... »

L'institution fut de nouveau confirmée au mois de mai 1644 par des lettres-patentes qui ne furent enregistrées au Parlement que sur lettres de jussion (Arch. nat. M. 199). En 1682, le séminaire acquit, pour s'agrandir, la maison dite « de Châlis » qui appartenait aux Bernardins, après avoir été jadis possédée par les abbés de Chaalis, et la paya 22,000 livres (*ibid*). Il s'accrut encore, en 1730, du grand bâtiment construit en façade sur la rue Saint-Victor et qui existe encore aujourd'hui.

Supprimé pendant la Révolution, le séminaire Saint-Nicolas fut rouvert en 1815 et n'a plus été fermé depuis. Parmi les prêtres qui l'ont dirigé, nous citerons les abbés Frère et Dupanloup. M. Ernest Renan y a fait une partie de ses études, et, bien que nous n'ayons pas l'habitude de citer comme références des ouvrages purement littéraires, nous renvoyons bien volontiers le lecteur aux pages charmantes que son séjour dans cette maison lui a inspirées pour ses *Souvenirs d'enfance et de jeunesse* (Paris, 1883, p. 163-197).

Bibliographie. — *Sources*. Archives nat. M. 199 : fondations de bourse ; « recueil des principales délibérations et conclusions touchant la discipline, depuis l'an 1641 jusqu'en 1756 » (volume in-12 d'environ 100 pages) ; arrêts du Conseil d'État ; dossier de fondation d'une école à Champrosay, devant être desservie par le séminaire. — S. 6781-6995 : titres de propriété. — MM. 471-492 : constitutions, règlements, fondations de bourses.

Imprimés. — La vie de M. Bourdoise, premier prêtre de la communauté et séminaire de Saint-Nicolas du Chardonnet, par Bouchard ; *Paris*, 1784, in-12.

Souvenirs de Saint-Nicolas, par Adolphe Morillon, *Paris*, in-8.

FILLES DE SAINTE-GENEVIÈVE OU MIRAMIONES

I, 347

Il est établi aujourd'hui que ces religieuses doivent leur origine à deux fondations distinctes : la première, en 1636, est l'œuvre d'une demoiselle Blosset, et eut son siège à l'angle de la rue des Boulangers et de celle des Fossés Saint-Victor ; la seconde, en 1661, est due à Marie Bonneau, veuve de M. de Miramion, conseiller au Parlement. Toutes deux avaient pour objet l'instruction des filles pauvres et le soin gratuit des blessés ; elles furent réunies, par lettres patentes de juillet 1661, confirmées en mai 1674 et en août 1693 (Arch. nat. L. 1062), lorsque Mme de Miramion eut acquis une maison sise sur le quai de la Tournelle. A cette maison s'annexèrent, peu de temps après, d'autres bâtiments voisins que la fondatrice acheta des Bernardins, avec le concours de M. et Mme de Nesmond, en 1675 et en 1687 (S. 3662).

Un mémoire en date du 8 avril 1729 nous fait connaître que la communauté donnait l'instruction dans trois classes, composées au moins de cinquante enfants chacune ; que, chaque jour, elle soignait gratuitement plus de cent cinquante pauvres, malades ou blessés ; qu'aux quatre grandes fêtes, elle recevait plus de cent femmes ou filles qui y venaient faire les exercices de la retraite. Le revenu annuel était alors de 50,144 livres, 3 sols, 9 deniers, mais les charges atteignaient 11,350 livres, 8 s., 2. d.

L'institution fut supprimée par la Révolution ; ses bâtiments sont occupés par la pharmacie centrale des hôpitaux.

BIBLIOGRAPHIE. — *Sources*. Archives nat. L. 1062 : acquisition des bâtiments ; comptes. — S. 4747 : titres de propriété ; déclaration de 1790.
Imprimés. — Jaillot, t. IV, *Quartier de la place Maubert*, p. 134-137.

COMMUNAUTÉ DES NOUVEAUX CONVERTIS
I, 347

Jaillot (t. IV, *Quartier de la place Maubert*, p. 128-130) nous apprend que cette communauté fut fondée, sous le nom de Congrégation de la Propagation de la foi, en 1632, par un capucin appelé le P. Hyacinthe, qu'elle se tint d'abord au couvent même des Capucins de la rue Saint-Honoré, puis dans l'île Notre-Dame (île Saint-Louis), et qu'elle fut transférée, en 1656, dans la rue de Seine (rue Cuvier). Quoi qu'en dise le *Gallia Christiania*, elle ne disparut pas de bonne heure, puisque la Révolution la trouva encore existante. Les bâtiments, démolis en 1793, sont occupés aujourd'hui par la partie occidentale du Jardin des Plantes.

CHAPELLE DE SAINT-AMBROISE. — Ce que l'on sait sur cette chapelle se borne à bien peu de choses : Sauval (t. II, p. 382) s'est contenté de la citer ; Jaillot n'en apprend guère plus à son sujet lorsqu'il écrit (t. IV, *Quartier de la place Maubert*, p. 15) : « Comme elle n'existe plus depuis longtemps, je suis surpris de ce que, dans l'*Almanach spirituel*, on indique, encore, au 4 mai, à Saint-Ambroise de la Porte Saint-Bernard, fête titulaire ».
D'après Lebeuf, ou plutôt le *Journal* de l'abbé Chastelain, qu'il cite, cette chapelle existait encore en 1670. Nous aurions aimé à nous reporter au texte original de l'abbé Chastelain ; malheureusement ce précieux document a disparu, et les courts fragments que M. l'abbé Valentin Dufour a pu en recueillir ne contiennent rien sur la chapelle en question.
Enfin, il ne paraît pas, d'après ce que nous avons vu des archives des Chartreux, que ces religieux aient eu dans le faubourg Saint-Victor une maladrerie, dont on ne s'expliquerait guère ni l'origine ni la raison d'être en ce lieu.

Etant arrivé, avec notre auteur, au terme de ces notices sur les églises et communautés de l'ancien Paris, il nous paraît utile de publier un court document resté inédit, qui constitue, en quelque sorte, la table abrégée et l'appendice de ce travail, puisqu'il est la nomenclature des églises et chapelles du Paris de Louis XI. L'abbé Lebeuf l'a eu certainement sous les yeux, car il précède immédiatement la liste des rues de Paris au XVe siècle qu'il a publiée à la suite du *Dit des rues de*

Paris de Guillot. Nous l'avons transcrit sur le manuscrit original, aujourd'hui conservé à la bibliothèque Sainte-Geneviève (Z f, 17, fol. 116). Écrit par le même scribe qui a dressé cette liste de rues, il ne saurait être, comme le pense Lebeuf, « d'environ l'an 1450 » : en effet, le couvent de l'Ave Maria y figure, qui ne fut fondé qu'en 1471, et celui des Filles Pénitentes, institué en 1496, n'y est pas mentionné; c'est donc entre ces deux dates extrêmes 1471 et 1496 qu'il faut en fixer la rédaction. Nous répétons qu'il ne s'agit que des églises comprises dans l'enceinte de Charles V pour la rive droite, de Philippe-Auguste pour la rive gauche; aucun des édifices ecclésiastiques construits dans les faubourgs d'alors n'y est nommé. On s'étonne, en revanche, de n'y pas rencontrer les noms de Saint-Étienne du Mont, ni de Saint-Sauveur, — et aussi d'y trouver le couvent de l'Ave Maria parmi les églises de la rive gauche.

« Senssuient les noms des esglises de Paris et chappelles en icelle ville.

Nostre-Dame de Paris.
La Sainte-Chapelle.
L'Esglise dessoubz icelle.
Saint-Michel.
Saint-Jehan-le-Rond.
Saint-Pierre-aux-Beufz.
L'Ostel-Dieu de Paris.
Sainte-Marine.
La Chapelle-Monseigneur de Paris.
Saint-Aignan.
Saint-Landri.
La Magdalene.
Saint-Denis-du-Pas.
Saint-Denis-de-la-Chartre.
Saint-Symphorien.
Saint-Christofle.
Sainte-Croix.
Saint-Macias [abbaye de Saint-Éloy].
Saint-Pierre-des-Assis.
Saint-Germain-le-Viel.
Sainte-Marie.
Saint-Berthelemi.
Saint-Éloy.
Sainte-Geneviève-des-Ardans.
Sainte-Geneviève-la-Grant.
Saint-Estiene-des-Grez.
Les Jacobins.
Les Cordeliers.
Saint-Cosme.
Saint-Severin.
Les Augustins.
La Chapelle des Dormans.

Saint-Andrieu-des-Ars.
La Chapelle d'Autun.
Les Bernardins.
La Chapelle Mignon.
La Chapelle des Bons-Enffans.
Saint-Nicolas-du-Chardonnet.
La Chapelle de Navarre.
L'Ave Maria.
Saint-Benoist.
Saint-Jehan-de-Latran.
La Chapelle de Mermonstier.
Saint-Hylaire.
Les Carmes.
Clugny.
Sarbonne.
Les Maturins.
Saint-Yves.
Saint-Julien-le-Poure.
La Chapelle de Biauvais.
Saint-Lieffroy.
Saint-Jacques-de-la-Boucherie.
Saint-Germain-l'Auxerrois.
Saint-Honoré.
Les XV-Vingts.
Saint-Eustace.
Saint-Innocent.
La Chapelle aux Enfans? [sans doute
  des Bons-Enfants-Saint-Honoré].
Saint-Loup-Saint-Gille.
Saint-Thomas-du-Louvre.
Sainte-Marie-Égipciane.
Les Filles-Dieu.

La Trinité.
Le Sépulcre.
Saint-Jacques-de-l'Ospital.
Sainte-Opportune.
Sainte-Katerine, rue Saint-Denis.
Le Temple.
Saint-Martin-des-Champs.
Saint-Nicolas-des-Champs.
Saint-Julian, rue Saint-Martin.
Saint-Magloire.
Saint-Josse.
Saint-Marri.
Saint-Bon.
Les Blans-Mantiaux.

Les Billettes.
Sainte-Croix.
La Chapelle Braque.
Sainte-Avoye.
Saint-Jehan-en-Grieve.
Le Saint-Esperit.
Saint-Gervais.
Les Beguines.
Les Hauldrietes.
Saint-Antoyne-le-Petit.
Saint-Pol.
Les Célestins.
Sainte-Katerine-du-Val-des-Escolliers.
L'Ospital Saint-Gervais. »

DIT DES RUES DE PARIS, de GUILLOT
I, 348-373

Le grossier poème de Guillot que Lebeuf a eu la bonne fortune de découvrir à Dijon en 1751 (peut-être dans la collection de Fevret de Fontette?) et qui, dix ans plus tard, était dans la bibliothèque peu connue de l'abbé Fleury, chanoine de la cathédrale de Paris, est aujourd'hui conservé à la Bibliothèque nationale parmi les manuscrits du fonds français, n° 24,432 (fol. 257 v°, 261 v°), anciennement n° 198 du fonds Notre-Dame. Depuis cette première publication, incorrecte et incomplète, le *Dit des rues de Paris* a été réimprimé plusieurs fois : par Méon, d'abord, dans son *Recueil de fabliaux*; par Cocheris, qui en reproduisant l'ouvrage de l'abbé Lebeuf, en a donné une édition meilleure; par M. Edgar Mareuse, enfin, dont le texte peut être considéré comme définitif, et dont les notes, accompagnées d'un plan de restitution, sont très précieuses pour éclairer la topographie, si obscure, de l'ancien Paris (*Le dit des rues de Paris* (1300) *par Guillot, Parisien*, avec préface, notes et glossaires, par Edgar Mareuse, suivi d'un plan de Paris sous Philippe-le-Bel; *Paris*, 1875, pet. in-8).

Nous ne le réimprimerons donc pas à nouveau, bien que l'édition que nous suivons ait reproduit simplement la version de l'abbé Lebeuf, et remplacé par des points les quelques vers contenant « des descriptions de lieux qui étaient tolerez alors ». A vrai dire, toute la pièce semble n'avoir pas eu d'autre but, tant le souci de l'auteur est constant, et l'expression pleine de crudité. Il nous suffira d'un bref commentaire pour chaque nom de rue, et dans certains cas, nos notes personnelles viendront ajouter quelque fait nouveau aux savantes recherches de nos devanciers. L'étude de la topographie parisienne, que Jaillot avait si curieusement entreprise, est revenue en honneur durant ce siècle : outre les éclaircissements apportés par M. E. Mareuse, nous citerons comme sources consultées et à consulter, le *Dictionnaire des rues de Paris*, des frères Lazare, *le Paris en 1380* de H. Legrand, les travaux si remarquables de Berty, continués à l'aide de ses notes par M. Tisserand, et deux publications administratives dont il faut faire grand cas, la *Nomenclature des voies publiques et privées*, dont quatre éditions ont déjà paru, et le *Recueil des lettres patentes, ordonnances royales, décrets et arrêtés préfectoraux concernant les voies publiques* (de la ville de Paris), ce dernier utile surtout pour les deux derniers siècles. Il est presque inutile de rappeler que la série des anciens plans de Paris reproduits sous les auspices de l'administration municipale, l'ouvrage de feu Bonnardot et celui de M. A. Franklin sur les anciens plans de Paris, ouvrages que nous avons eu déjà occasion de citer, sont du plus grand secours lorsqu'il s'agit d'études de ce genre.

Un dernier mot sur le *Dit* de Guillot, ou plutôt sur l'époque à laquelle il a dû être composé : l'on ne saurait tirer un argument bien fort de la date du manuscrit qui nous l'a transmis : Méon fait remarquer que ce manuscrit est postérieur à 1332, année qui figure en tête d'un des contes du recueil (fol. 245 r°), car il est certain que nous avons affaire ici à une copie. Lebeuf avait tiré profit d'une mention de dom Sequence, chefcier de Saint-Merry en 1283, dont Guillot parle en ces termes :

> Assés près, trouvai Maudestour
> Et le carrefour de la Tour
> Où l'on giete mainte sentence
> En la maison à dam Sequence.

Mais M. Longnon a prouvé (*Bulletin de la Société de l'Histoire de Paris*, 1878, p. 136-138) que ce dernier vers devait être lu ainsi :

> En la maison Adam Sequence.

et que cet Adam Sequence était maire du fief de Thérouenne en 1293, et encore en 1314. Il faudrait donc retrouver les dates extrêmes de la mairie de Sequence ; entre elles deux doit nécessairement se placer le moment où le *Dit des rues de Paris* a été fait. Il n'est pas téméraire de penser dès maintenant que ce fut tout au commencement du xive siècle.

QUARTIER D'OUTRE-PETIT-PONT.

1. *Rue de la Huchette.* — Jaillot la trouve mentionnée dès 1210 (t. V, *Quartier Saint-André des Arts*, p. 93). Voir des documents du xviiie siècle la concernant aux Archives nationales, Q¹ 1305-1306. — Voie encore existante, entre la rue du Petit-Pont et la place Saint-Michel.

2. *Sacalie.* — Actuellement rue Zacharie, du quai Saint-Michel à la rue Saint-Séverin. Jaillot (*ibid.* p. 147), la trouve appelée, en 1219, rue Saqualie ; c'est par corruption, au xviie siècle, qu'elle reçut la dénomination qu'elle a gardée.

3. *La Petite Bouclerie.* — Sur l'emplacement de la place Saint-Michel, cf. *Topographie historique du vieux Paris*, région occidentale de l'Université, p. 275 et ss.

4. *La Grant Bouclerie.* — Sur l'emplacement de la partie sud-ouest de la place Saint-Michel. (Cf. *Topographie historique, ibid*, p. 268 et ss.).

5. *Herondale.* — Aujourd'hui rue de l'Hirondelle, de la place Saint-Michel à la rue Gît-le-Cœur. — Mentionnée dès 1200 (Jaillot, *ibid*, p. 92-93).

6. *Rue Pavée.* — Aujourd'hui rue Séguier, de la rue Saint-André-des-Arts au quai des Grands-Augustins. Cocheris (IV, 40) dit par erreur qu'elle existait encore (en 1870) sous ce nom; sa dénomination actuelle date de 1864.

7. *Rue à l'abé Saint-Denis.* — Voir ci-dessus (p. 297-8) ce que nous avons dit de l'origine de ce nom. Elle s'appelle aujourd'hui rue des Grands-Augustins, de la rue Saint-André-des-Arts au quai.

8. *Grant rue Saint-Germain-des-Prés.* — Rue Saint-André-des-Arts actuelle, de la place Saint-Michel à la rue de Buci. Le nom ancien se rencontre dès les premières années du XIIIᵉ siècle et est encore employé, concurremment avec le nouveau, dans un censier de 1543 (*Topographie historique, ibid*., p. 118).

9. *Rue Cauvain.* — Un texte de 1267 l'appelle *vicus Galgani* (*Topographie historique, ibid*., p. 375-376.) Aujourd'hui rue de l'Éperon, de la rue Saint-André-des-Arts au boulevard Saint-Germain.

10. *Rue Saint-André.* — Nous préférons à l'opinion de Lebeuf et de M. Mareuse, qui y voient une partie de la rue Saint-André-des-Arts, celle de Cocheris, qui en fait la rue du Cimetière-Saint-André, actuellement rue Suger, entre la place Saint-André et la rue de l'Éperon, d'autant plus que la rue Poupée, dont Guillot parle immédiatement après, est la prolongation de cette voie.

11. *Rue Poupée.* — Appelée rue Popée en 1200, 1248 et 1262 (Jaillot, *ibid*., p. 120). Absorbée aujourd'hui par la partie de la rue Saint-Séverin comprise entre le boulevard Saint-Michel et la place Saint-André.

12. *Rue de la Barre.* — Elle formait autrefois une partie, la plus septentrionale, de la rue Hautefeuille. (Cf. *Topographie historique, ibid*., p. 436).

13. *Rue à Poitevins.* — Dénomination conservée, de la rue Hautefeuille à la rue Serpente.

14. *Rue de la Serpent.* — Aujourd'hui rue Serpente, du boulevard Saint-Michel à la rue de l'Éperon. Plusieurs textes du XIIIᵉ siècle l'appellent *vicus Serpentis, vicus ad Serpentem*, ce qui ferait supposer que sa dénomination vient d'une enseigne où un serpent était figuré, et non de ses sinuosités, car outre que le mot *serpenter* ne se rencontre pas si tôt dans les textes avec ce sens, la plupart des rues de Paris auraient mérité de le porter au XIVᵉ siècle. Berty est du même sentiment. (Cf. *Topographie historique, ibid*., p. 563).

15. *Rue de la Plâtrière.* — Appelée rue du Battoir à partir du XVIᵉ siècle (Jaillot, *ibid*., p. 40). La rue du Battoir a elle-même confondu sa dénomination avec celle de la rue Serpente, pour la partie comprise entre les rues Hautefeuille et de l'Éperon.

16. *Rue Hautefeuille.* — Voie encore existante, de la place Saint-André à la rue de l'École de Médecine. Sur l'origine de sa dénomination, voir le mémoire de Quicherat publié dans ses *Mélanges d'archéologie et d'histoire*, antiquités celtiques, gallo-romaines et romaines, p. 440-459. Cette origine ne serait pas *haute feuillée*, mais *haut repaire*, du nom d'un château ainsi appelé, dont Quicherat établit l'emplacement vers l'angle du boulevard Saint-Michel et de la rue Soufflot, et où la rue Hautefeuille aurait jadis abouti.

17. *Rue de Champ petit.* — Représentée aujourd'hui par ce qui reste des rues Mignon et du Jardinet, formant retour d'équerre. Il est à noter qu'au XIIIe siècle, cette rue devait s'étendre au delà du boulevard Saint-Germain actuel, car saint Louis permit aux Cordeliers, en juin 1269, de faire clore et garder toujours « quemdam vicum qui vocatur parvus campus, situm ad latus sinistrum ecclesie fratrum predictorum ». (Arch. nat. S. 4163.)

18. *Rue du Puon.* — Appelée, depuis, rue Larrey, entre les rues du Jardinet et de l'École de Médecine; elle a été supprimée par décret du 28 juillet 1866 pour le percement du boulevard Saint-Germain.

19. *Rue des Cordeles.* — C'est-à-dire rue des Cordeliers, devenue rue de l'École de Médecine, du boulevard Saint-Michel au boulevard Saint-Germain.

20. *Palais de Termes.* — Dans la note qu'il donne à propos de ce palais, Lebeuf dit bien mal à propos que « c'est le palais où les Romains avaient des bains avant l'arrivée des Francs »; il semble ainsi assimiler ce beau monument à un établissement de bains publics. — Nous ne croyons pas que Guillot ait eu idée de désigner une rue proprement dite dans le vers qui suit :

En cette rue a mainte court

et nous ne sommes pas de l'avis de M. Mareuse qui a cru y reconnaître la rue des Maçons (aujourd'hui rue Champollion) « construite sur les dépendances du palais des Thermes »; elle en était déjà séparée par la rue des Mathurins (voy. plus bas, n° 31).

21. *Rue aus hoirs de Harecourt.* — Du nom du collège d'Harcourt. Elle fut absorbée ensuite par la rue de la Harpe, puis par le boulevard Saint-Michel.

22. *Rue Pierre-Sarrasin.* — Voie conservée, du boulevard Saint-Michel à la rue Hautefeuille. Lebeuf y voit naïvement le nom d'un « citoyen romain »; c'est, en réalité, celui d'une famille parisienne (voy. plus haut, page 302).

23. *Rue de la Harpe.* — Dans l'esprit de Guillot, il s'agit de la partie de cette rue comprise entre celle « aus hoirs de Harecourt » et la Seine, c'est-à-dire ce qui en subsiste encore aujourd'hui. Voir dans la *Topographie historique*, région occidentale de l'Université (p. 393-432), de très longs développements sur cette rue.

24. *Rue Saint-Sevring.* — Voie conservée, de la rue Saint-Jacques à la place Saint-André.

25. *Le Carrefour.* — Situé, sans dénomination, au point de croisement des rues Saint-Jacques et Saint-Séverin.

26. *La Grant rue.* — Rue Saint-Jacques actuelle. La partie de cette voie située entre le Petit-Pont et la rue Saint-Séverin s'appelle aujourd'hui rue du Petit-Pont.

27. *Rue as escrivains.* — Plusieurs actes du XIIIe siècle appellent, en effet, *vicus scriptorum* la rue qui, en 1387, commence à s'appeler *vicus Pergamenorum* (Jaillot, *ibid.*, p. 113) et est aujourd'hui la rue de la Parcheminerie, entre les rues Saint-Jacques et de la Harpe.

28. *La petite ruelete Saint-Séverin.* — Elle existait sous ce nom au XIIIe siècle et devint, à la fin du XVe siècle, la rue des Prêtres Saint-Séverin (Jaillot, *ibid.*, p. 134). Cette dernière dénomination lui est maintenue, entre les rues Saint-Séverin et de la Parcheminerie.

29. *Rue Eremboure de Brie.* — Lebeuf renvoie, à propos de cette rue, à ce qu'il en a dit dans son chapitre sur la paroisse Saint-Séverin, à savoir qu'elle s'appelait, au XIIIe siècle, du nom d'une femme, *Eremburgis de Braya*, et aussi *vicus Illuminatorum*, rue des Enlumineurs. Le premier nom s'est transformé au point de devenir celui de la rue Boutebrie, qui actuellement s'étend de la rue de la Parcheminerie au boulevard Saint-Germain.

30. *Rue o Fain.* — C'est-à-dire la rue du Foin, qui allait de la rue Saint-Jacques à celle de la Harpe. Elle a été supprimée par décret du 11 août 1855, pour le percement du boulevard Saint-Germain.

31. *Rue Saint-Mathelin.* — C'est-à-dire rue des Mathurins. Sensiblement parallèle à la précédente, au sud, c'est-à-dire de l'autre côté du palais des Thermes. Elle correspond aujourd'hui à la partie de la rue Dusommerard comprise entre la rue Saint-Jacques et le boulevard Saint-Michel.

32. *Le cloître Saint-Benoît.* — Il formait une sorte de rue, close sans doute à son extrémité sur la rue des Mathurins. Jaillot croit la reconnaître sous le nom de *vicus Andreæ de Macolio* en 1243, puis d'André Machel, dans des actes postérieurs du Cartulaire de la Sorbonne (*Quartier Saint-André*, p. 106-107). Elle s'appela plus tard rue du Cloître-Saint-Benoît; le percement de la rue des Écoles en réduisit beaucoup la longueur; elle a été dénommée ensuite rue Fontanes, puis rue de Cluny (16 août 1879).

33. *Rue as hoirs de Sabonnes.* — Bien que le manuscrit porte réellement Sabonnes, nous n'hésiterions pas, dans une nouvelle édition, à réparer la faute du copiste et à écrire Sarbonnes. Il s'agit, en effet, de la rue de la Sorbonne actuelle, et les *hoirs* sont les héritiers, c'est-à-dire les boursiers ayant hérité, bénéficié de la fondation de Robert Sorbon, de même que nous avons rencontré plus haut la rue « aux hoirs de Harecourt ». Quant aux portes, dont parle le vers suivant, elles pourraient bien n'être là que pour la rime.

34. *Rue à l'abbé de Cligny.* — C'est-à-dire rue de Cluny, du nom du collège qui y avait été fondé en 1269 (voy. plus haut, p. 112). En vertu d'un décret du 24 août 1864, elle s'appelle rue Victor-Cousin, et s'étend de la place de la Sorbonne à la rue Cujas (voy. plus bas, n° 38).

35. *Rue au seigneur d'Igny.* — Suivant M. Mareuse, dont la conjecture est très vraisemblable, cette rue aurait été située à l'ouest de la précédente, parallèlement à elle. En la plaçant près de l'église Saint-Benoît, Lebeuf la place trop loin de l'itinéraire, en somme assez régulier, que suit Guillot.

36. *Rue o Corbel.* — Même incertitude que pour la rue au Seigneur d'Igny; M. Mareuse juge qu'elle était perpendiculaire à celle-ci, c'est-à-dire sur l'emplacement de la place actuelle de la Sorbonne.

36. *Rue o Ponel.* — Lebeuf fait remarquer avec raison que ce nom doit être lu Porel et correspond au vocable de la rue des Porées, connue dès le XIIIe siècle, appelée depuis rue des Poirées, et qui disparut vers 1635 pour la construction de l'église de la Sorbonne (voy. plus haut, p. 110, collège de Calvi).

37. *Rue à Cordiers.* — La rue des Cordiers, qui allait de la rue de Cluny (Victor Cousin) à la rue Saint-Jacques, vient d'être récemment absorbée par l'aile méridionale de la nouvelle Sorbonne.

38. *Rue Saint-Estienne.* — C'est-à-dire rue Saint-Etienne des Grez, allant de la rue Saint-Jacques à l'abbaye de Sainte-Geneviève. Actuellement rue Cujas.

39. *Fresmentel.* — Rue Fromentel actuelle, allant de la rue Saint-Jean de Latran à celle du Cimetière Saint-Benoît. Jaillot (t. IV, *Quartier Saint-Benoît*, p. 64) cite plusieurs actes du xiiie siècle où elle est mentionnée sous le nom de *Frigidum montellum*.

40. *Rue de l'Oseroie.* — Nos devanciers conviennent tous que ce devait être la rue actuelle du Cimetière Saint-Benoît, entre les rues Saint-Jacques et Fromentel; cependant, Jaillot (*ibid.*, p. 14) conjecture avec assez peu de raison que « ce pouvoit être une ruelle comprise aujourd'hui dans l'église Saint-Benoît et sur l'emplacement de laquelle ont été construites les chapelles de la nef de la paroisse ».

41. *Rue de l'Ospital.* — C'est-à-dire de l'hôpital de Saint-Jean de Latran. Le percement de la rue des Écoles (voy. plus haut, p. 103) l'a fait disparaître.

42. *Rue de la Chaveterie.* — Lebeuf, sans aucun doute, a raison de penser qu'il faut lire Chareterie et qu'il s'agit de la rue Chartière, encore existante, mais réduite actuellement à l'état d'impasse débouchant sur la rue Fromentel.

43. *Rue Saint-Syphorien.* — Devenue depuis rue des Cholets, entre la rue Saint-Etienne des Grez (Cujas) et celle de Reims. Elle a été supprimée, en vertu d'une ordonnance royale du 5 septembre 1845, pour les agrandissements du collège Sainte-Barbe, à l'est duquel elle était située.

44. *Rue du Moine.* — Lebeuf, Jaillot et M. Mareuse l'identifient avec la rue des Chieurs, devenue plus tard rue des Chiens et supprimée en 1844 pour les mêmes raisons que la rue des Cholets. D'autre part, Cocheris met en avant une hypothèse ingénieuse, qui est peut-être la vérité même, en déclarant qu'il faut lire *Maine*, au lieu de Moine et qu'il s'agit d'une partie de la rue de Reims où s'élevait l'hôtel des évêques du Mans, transformé en collège au xvie siècle (voy. plus haut, p. 92 et 274). En ce cas, nous aimerions autant admettre qu'il faut lire rue du Mans, car l'expression : hôtel ou évêque du Maine n'était pas habituelle à la langue du moyen âge.

45. *Rue au duc de Bourgogne.* — Elle était encore ainsi appelée, d'après Jaillot, en 1540, concurremment sans doute avec le nom de rue de Reims qu'elle dut au collège de Reims qui y était situé. La rue de Reims allait de la rue des Sept-Voies (Valette) à celle des Cholets. Elle fut supprimée par décret du 26 juillet 1880 pour la construction de l'École préparatoire de Sainte-Barbe.

46. *Rue des Amandiers.* — Allant de la rue de la Montagne-Sainte-Geneviève à la rue des Sept-Voies (Valette). Nous avons eu tort de dire dans nos notes sur le collège des Grassins (p. 218) que cette rue avait disparu depuis longtemps; sa dénomination seule a été changée; elle s'appelle aujourd'hui rue Laplace (décret du 24 août 1864).

47. *Rue de Savoie.* — Il faut corriger : rue des Sept-Voies. Depuis l'année 1880, elle s'appelle rue Valette et va de la place du Panthéon à la rue de Lanneau (ancienne rue Saint-Hilaire).

48. *Rue Saint-Ylaire.* — Elle devait son nom au voisinage de l'église Saint-Hilaire, aujourd'hui disparue, et s'étendait, comme actuellement, sous le nom de rue de Lanneau (depuis 1880), de la rue des Carmes à celle de Saint-Jean-de-Beauvais.

49. *Rue Judas.* — Elle allait de la rue de la Montagne-Sainte-Geneviève à celle

des Carmes. Presque entièrement absorbée par le percement de la rue des Écoles, elle n'est plus représentée aujourd'hui que par le passage du Clos-Bruneau, long de 47 mètres, qui va de la rue des Écoles à la rue des Carmes.

50. *Rue du Petit-Four.* — C'est la rue du Four, formant angle droit avec la rue d'Écosse et aboutissant à la rue des Sept-Voies (Valette). Cette ruelle, qui existait encore il y a vingt ans, a été absorbée par la construction des nouveaux bâtiments de Sainte-Barbe.

51. *Clos Burniau.* — C'était le nom, encore aujourd'hui conservé pour le passage du Clos-Bruneau, de tout ce quartier dans lequel Guillot paraît s'être particulièrement complu. Lebeuf imagine que Bruneau signifie pierreux : nous aimerions savoir en quelle langue. Il n'est pas douteux, au contraire, que ce territoire a appartenu, en tout ou en partie, à un individu appelé Bruneau, nom qui a toujours été très répandu.

52. *Rue du Noier.* — Plus habituellement appelée rue des Noyers. Elle allait de la place Maubert à la rue Saint-Jacques. Aujourd'hui elle se confond presque entièrement avec le faubourg Saint-Germain, sauf quelques maisons du côté impair, restées debout en contre-bas de cette voie, entre les rues des Carmes et Thénard.

53. *Rue à Plastriers.* — Appelée dès 1247 *vicus Plastrariorum* (Jaillot, t IV, *Quartier Saint-Benoît*, p. 193), et depuis rue du Plâtre, entre les rues Saint-Jacques et des Anglais. Par décret du 24 août 1864, elle a été dénommée rue Domat.

54. *Rue as Englais.* — La rue des Anglais a été conservée entre le boulevard Saint-Germain (autrefois rue des Noyers) et la rue Galande.

55. *Rue à Lavendières.* — Elle était parallèle à la précédente et a été supprimée par décret du 19 août 1887, pour l'élargissement de la place Maubert et le percement de la rue Lagrange.

56. *Rue Sainte-Geneviève-la-Grant.* — C'est la rue de la Montagne-Sainte-Geneviève, allant jadis comme maintenant, de la place Maubert à la rue Saint-Étienne-du-Mont.

57. *Et la petite ruelete de quoi l'un des bouts chiet sur l'être.* — C'est-à-dire dont l'une des extrémités aboutit à l'aître (ou parvis de l'abbaye de Sainte-Geneviève); c'est la rue Saint-Étienne-du-Mont, nommée ainsi depuis 1867; auparavant elle s'appelait rue du Moustier, dès le XIIIe siècle (Jaillot, *ibid.*, p. 212), puis rue des Prêtres-Saint-Étienne-du-Mont.

58. *Et l'autre bout si se rapporte droit à la rue de la Porte-Saint-Marcel.* — C'est-à-dire dont l'autre extrémité aboutit à la rue de la Porte-Saint-Marcel, appelée aussi *vicus Bordellarum*, *strata publica de Bordellis*, rue Bordel, rue Bordet, et, par décret du 7 février 1809, rue Descartes.

59. *Rue Clopin.* — Elle existe encore aujourd'hui, entre les rues du Cardinal-Lemoine et d'Arras, derrière l'École Polytechnique (voy. plus haut, p. 208-209).

60. *Rue Traversainne.* — Elle allait de la rue d'Arras à celle de la Montagne-Sainte-Geneviève. Le percement de la rue Monge et les agrandissements de l'École Polytechnique l'ont fait disparaitre.

61. *Rue des Murs.* — Souvent mentionnée dès le XIIIe siècle (voy. aux Arch. nat. L. 893, n°s 39 et 40), et ainsi nommée à cause du voisinage de l'enceinte construite sous Philippe-Auguste. Son nom actuel lui vient du collège d'Arras; elle va de la rue d'Arras à la rue Clopin

62. *Rue Saint-Victor.* — Allant autrefois de la porte Saint-Victor à la place Maubert, et aujourd'hui de la rue de Poissy à la rue Monge. Le percement des rues Monge et des Écoles en a fait disparaître la majeure partie ; seules, quelques maisons du côté pair sont restées debout.

63. *Rue de Verseille.* — Existant au XIIIe siècle (voy. Arch. nat., S. 2075). Parallèle à la rue d'Arras, elle allait de la rue Saint-Victor à la rue Traversine ; un décret du 30 juillet 1859 l'a supprimée.

64. *Rue du Bon-Puis.* — Parallèle à la précédente et supprimée comme elle (11 août 1855) pour le percement de la rue Monge et de la rue des Écoles.

65. *Rue Alixandre l'Englais.* — Parallèle aux deux précédentes, dont elle a subi le sort en 1866. Depuis 1540, elle s'appelait rue du Paon (Jaillot, t. IV, *quartier de la place Maubert* p. 114).

66. *Rue Pavée-Goire* (ou *Coire*). — Parallèle aux trois précédentes et, comme elles, supprimée, sous le nom de rue du Mûrier, qu'elle portait dès le XVIe siècle au plus tard (cf. Jaillot, *ibid.*, p. 106-107). Le suffixe goire ou coire ne s'explique que par la faiblesse d'imagination de Guillot, qui l'a ajouté pour la rime, car la rue s'appelait simplement alors rue Pavée.

67. *Rue Saint-Nicolas du Chardonnai.* — Supprimée, comme les précédentes, pour le percement de la rue Monge. Le prolongement de cette voie vers la Seine existe toujours sous le nom de la rue des Bernardins.

68. *Rue de Bièvre.* — Voie encore existante, du quai de la Tournelle au boulevard Saint-Germain. Il est fort souvent question, dans les cartulaires de Sainte-Geneviève et de Saint-Victor, du bras de la Bièvre dérivé vers la place Maubert au XIIIe siècle pour arroser l'enclos du Chardonnet.

69. *Rue Perdue.* — Mentionnée en 1270 sous le nom de *vicus perditus* (Arch. nat., L. 893, n°s 35 A et 37). Par ordonnance royale du 5 août 1849, elle a pris le nom de rue Maître-Albert ; elle va de la rue des Grands-Degrés à la place Maubert.

70. *Place Maubert.* — Lebeuf n'a pas connu d'acte antérieur à 1270 la mentionnant ; Jaillot (*ibid.*, p. 90) en cite dès 1225. Dans une charte d'avril 1258, nous l'avons trouvée déjà dénommée en français : « duas plateas seu areas... sitas Parisius ultra parvum pontem, prope *la place Maubert* » (Arch. nat., L. 893, n° 33).

71. *Rue à Trois-Portes.* — Voie encore existante, mais raccourcie depuis le percement de la rue Lagrange en 1887. Cocheris se trompe en l'appelant rue des Deux-Portes. Elle va actuellement de la place Maubert à la rue de l'Hôtel-Colbert.

72. *Rue de Gallande.* — Voie conservée, entre les rues des Anglais et Lagrange. Dans un acte de 1217, il est fait mention de deux maisons contiguës *in Garlando* (Arch. nat., L. 893, n° 5). On trouvera dans le carton Q^1 1102, un dossier relatif à l'élargissement de cette rue en 1672.

73. *Rue d'Aras.* — Il ne faut pas la confondre avec la rue d'Arras que nous avons rencontrée plus haut sous le nom de rue des Murs. C'est, actuellement, la rue de l'Hôtel-Colbert, après avoir été la rue des Rats (décision ministérielle du 28 décembre 1829). Elle va du quai de Montebello à la rue Lagrange.

74. *Rue de l'Escole.* — Parallèle à la précédente. Aujourd'hui rue du Fouarre, de la rue Galande à la rue Lagrange.

75. *Rue Saint-Julien.* — Voie encore existante, sous le nom de Saint-Julien-le-Pauvre, entre les rues de la Bûcherie et Galande.

76. *La Bûcherie.* — Rue de la Bûcherie, située entre le quai de Montebello et la rue Lagrange. Le percement de cette dernière voie, en 1887, a diminué sa longueur du côté de l'ouest.

77. *La Poissonnerie.* — Elle figure encore sur le plan de Jaillot sous le nom de rue du Carneau, derrière le Petit-Châtelet. Les bâtiments de l'Hôtel-Dieu situés à l'angle du quai de Montebello et de la rue du Petit-Pont sont construits sur son emplacement. Lebeuf a eu tort d'y reconnaître la rue du Petit-Pont (cf. Jaillot, t. IV, *Quartier Saint-Benoît*, p. 37-38).

En terminant l'énumération des rues de la rive gauche, Guillot affirme que

Quatre-vingt par conte en y a,
Certes, plus ne mains n'en y a

C'est une erreur de plus, et que les besoins de la rime ne justifient même pas; il n'en a cité que soixante-seize, mais Lebeuf a déjà remarqué qu'en comparant son texte avec ceux qu'a publiés Sauval, on constate plusieurs lacunes dans le premier.

LA CITÉ.

78. *Rue du Sablon.* — Jaillot (t. Ier, *Quartier de la Cité*, pages 91 et 111) fournit quelques renseignements sur cette rue, parallèle à la Seine entre le Marché-Palu et le Pont-aux-Doubles, et qui, dès le XVIIe siècle, était englobée dans les bâtiments de l'ancien Hôtel-Dieu.

79. *Rue Neuve Notre-Dame.* — Sur l'emplacement de l'Hôtel-Dieu actuel et du Parvis Notre-Dame, pour l'agrandissement duquel elle a été supprimée par décret du 22 mai 1865.

80. *Rue à Coulons.* — Jaillot (t. Ier, *Quartier de la Cité*, p. 92-93), paraît être le mieux informé au sujet de cette rue. Il l'a trouvée au XIIIe siècle sous les noms de « vicus Columbariæ, vicus ad Columbas », qui expliquent l'origine de sa dénomination, puis il établit qu'elle aboutissait dans la rue Neuve Notre-Dame, et qu'elle a disparu vers 1746, pour l'extension de l'hôpital des Enfants trouvés.

81. *Rue de Saint-Christofle.* — Il est probable, mais non certain, qu'elle doit être identifiée avec la rue des Dix-Huit, qui s'appela plus tard rue de Venise (cf. Lebeuf, I, 219, et Jaillot, *ibid.*, pages 92 et 159).

82. *Rue du Parvis.* — A disparu en 1746 pour l'agrandissement de l'hôpital des Enfants trouvés.

83. *Rue du Cloistre.* — La rue du Cloître Notre-Dame existe encore aujourd'hui le long de la façade nord de Notre-Dame.

84. *Grant rue Saint-Christofle.* — Cette rue, que Cocheris a oubliée dans son commentaire, allait du Parvis à la rue de la Juiverie. Elle a été supprimée par décret du 22 mai 1865.

85. *Rue Saint-Père à Beus.* — Allant du Parvis, vers le nord, à la rue du Chevet Saint-Landry. Réunie à cette dernière, et considérablement élargie comme elle, elle porte, depuis le 13 février 1837, le nom de rue d'Arcole.

86. *Rue Sainte-Marine.* — Jaillot a connu une ordonnance du Chapitre de Notre-Dame, du 26 août 1417, ordonnant de la clore à l'une de ses extrémités (t. I⁰ʳ, *Quartier de la Cité*, p. 158); elle devint ainsi une impasse partant de l'église Sainte-Marine, et a été supprimée en 1865.

87. *Rue Cocatris* ou *Cocatrix.* — On sait que le nom de cette rue était celui d'une famille parisienne considérable du XIII⁰ siècle. Au temps de Jaillot, le fief Cocatrix subsistait encore. La rue allait de la rue Saint-Pierre aux Bœufs (n⁰ 85) à celle de la Pomme (n⁰ 89). Elle a disparu lors des travaux de 1865.

88. *Rue de la Confrairie Nostre-Dame.* — Entre les rues du Marmouset et Cocatrix. Jaillot l'a trouvée en 1220 sous le nom de *porprisia Ferrici dicti Paris*, et au XVI⁰ siècle sous celui de l'Armite, puis des deux Hermites, qu'elle a gardé jusqu'à sa suppression en 1865.

89. *Charoui.* — Lebeuf n'a pas pu identifier ce lieu qui, d'après les recherches de Jaillot s'appelait Charauri ou *vicus de carro Aurici* au XIII⁰ siècle, et qui devint plus tard la rue Perpignan, supprimée comme les précédentes en 1865.

89. *Rue de la Pomme.* — Appelée, dès le XV⁰ siècle, rue des Trois-Canettes et allant de la rue Saint-Christophe à celle appelée as Oubliers (rue de la Licorne). Supprimée en 1865.

90. *Rue as Oubliers.* — C'est-à-dire des marchands d'oublies. Elle s'appela, dès le XVI⁰ siècle, rue de la Licorne et disparut en 1865.

91. *Marie Palu.* — C'est-à-dire marché situé dans un endroit humide à l'extrémité du Petit-Pont, allant jusqu'à la rue Neuve Notre-Dame. La place actuelle du Parvis et la partie sud de la rue de la Cité en représentent l'emplacement.

92. *La Juerie.* — C'est-à-dire la rue de la Juiverie, appelée, dès 1119, *vicus Judeorum* (Berty, *les Trois îlots de la Cité*, 1860, in-8).

93. *La petite Orberie.* — Guillot lui-même nous apprend qu'elle allait de la Juiverie à la rue aux Fèves; c'est donc la rue appelée, depuis, du Four-Basset qui disparut en 1730. Son emplacement serait aujourd'hui représenté par une partie du terrain occupé par la caserne de la Cité (Préfecture de Police).

94. *Rue à Fèves.* — Appelée en 1223 *vicus ad Fabas* (Berty, *loc. cit.*), elle allait de la rue de la Calandre à celle de la Draperie et a disparu en 1860.

95. *La Kalendre.* — Entre le marché Palu et la rue de la Barillerie. La caserne de la Cité s'élève sur son emplacement.

96. *La Ganterie.* — Jaillot (*ibid.*, p. 52) estime que cette rue pourrait être la partie de la rue aux Fèves voisine de Saint-Germain le Vieux. De fait, il est difficile de l'identifier, et l'on doit remarquer qu'elle ne figure pas dans la liste, incomplète d'ailleurs, des rues de Paris au XV⁰ siècle que nous reproduisons plus loin.

97. *La Grant-Orberie.* — Sur cette rue, devenue depuis rue du Marché-Neuf, à l'extrémité septentrionale du Petit-Pont et à gauche de ce pont, Jaillot donne des détails fort intéressants auxquels nous renvoyons (t. I⁰ʳ, *Quartier de la Cité*, p. 76-78).

98. *La grant Bariszerie.* — C'est la rue de la Barillerie supprimée en 1858 et représentée aujourd'hui par la partie du boulevard du Palais comprise entre le Palais de Justice et le petit bras de la Seine.

99. *La Draperie.* — Appelée, dès le XV⁰ siècle, rue de la Vieille-Draperie; elle

allait de la rue de la Lanterne à celle de la Barillerie ; elle fut supprimée en 1838 ; son parcours est aujourd'hui représenté par la rue de Lutèce.

100. *La Chaveterie*. — Devenue plus tard la rue Saint-Eloi, sur l'emplacement de laquelle s'élève la partie nord-est des bâtiments de la caserne de la Cité, construite en 1860. On pense, sans pouvoir l'affirmer, que ce nom de chaveterie était dû aux marchands de savates qui habitaient alors cette rue ; il y a, en effet, des exemples du mot savate dès le XIIIe siècle.

101. *Ruele Sainte-Crois*. — De la rue Gervais-Laurent à celle de la Vieille-Draperie ; sur l'emplacement actuel du marché aux fleurs.

102. *Rue Gervese-Lorens*. — De la rue de la Lanterne à celle de la Vieille-Draperie, en faisant un coude à angle droit du nord au sud. Elle a été supprimée en 1858 pour l'établissement du marché aux fleurs.

103. *Rue de la Lanterne*. — Prolongement de la rue de la Juiverie entre la rue de la Vieille-Draperie et le pont Notre-Dame. Appelée rue de la Cité depuis le 13 mai 1834.

104. *Rue du Marmouset*. — Entre les rues de la Lanterne et de la Colombe ; elle est plus exactement appelée dans tous les textes rue des Marmousets ; dans un acte de 1206, on trouve « domus Marmosetorum » (Berty, *loc. cit.*) ; la construction de l'Hôtel-Dieu l'a en grande partie absorbée ; le tronçon oriental qui a subsisté porte aujourd'hui le nom de rue Chanoinesse, entre les rues d'Arcole et de la Colombe.

105. *Rue de la Coulombe*. — Allant du bras septentrional de la Seine à la rue Chanoinesse (des Marmousets) ; elle existe encore aujourd'hui.

105. *Pont Saint-Landri*. — A l'extrémité de la rue précédente.

106. *Rue du Cheves Saint-Landri*. — Située, comme son nom l'indique, à l'extrémité orientale de l'église Saint-Landry. C'est aujourd'hui la partie nord de la rue d'Arcole.

107. *Rue de l'Ymage*. — Jaillot (*loc. cit.*, p. 205) croit reconnaître en elle la rue Haute des Ursins, qui a disparu, comme les suivantes, lors de la construction de l'Hôtel-Dieu.

108. *La Ruele*. — Ce serait, sans doute, la rue du Milieu des Ursins, voisine de la précédente.

109. *Glateingni*. — Allant du bras septentrional de la Seine à la rue des Marmousets ; elle a été supprimée, par décret du 22 mai 1865, pour la construction de l'Hôtel-Dieu.

110. *Rue Saint-Denis de la Chartre*. — Allant de la rue de Glatigny à celle de la Lanterne ; supprimée en 1865 sous le nom de rue du Haut-Moulin, qu'elle portait depuis le XVIe siècle.

111. *La Peleterie*. — De la rue de la Lanterne à la rue Saint-Barthélemy. Le quai et le marché aux Fleurs ont été établis sur son emplacement.

LE QUARTIER D'OUTRE GRAND PONT

112. *Rue o poisson*. — Plus exactement, rue Pierre à poisson, à cause des pierres ou dalles sur lesquelles on y vendait le poisson. Elle s'appela, vers la fin

du XVIIIᵉ siècle, rue de la Petite-Saunerie, et a été supprimée, en 1854, pour les agrandissements de la place du Châtelet (Cf. Jaillot, t. Iᵉʳ, *Quartier de Saint-Jacques la Boucherie*, p. 67).

113. *Rue de la Saunerie.* — Allant de la rue Saint-Germain-l'Auxerrois au quai de la Mégisserie. Elle a été supprimée, en même temps que la précédente, pour la construction du théâtre du Châtelet.

114. *La Mesguicerie.* — C'est le quai actuel de la Mégisserie.

115. *l'Escole.* — La place de l'École existe encore aujourd'hui ; elle débouche sur le quai du Louvre, un peu en aval du Pont-Neuf. Son nom vient, on le sait, des écoles de Saint-Germain-l'Auxerrois, qui sont mentionnées en ce lieu dès le XIIIᵉ siècle.

116. *Rue Saint-Germain à couroiers.* — Ainsi nommée, — Lebeuf ne paraît pas s'en être aperçu — à cause des corroyeurs qui y habitaient, non loin des mégissiers du bord de la Seine. C'est aujourd'hui la rue Saint-Germain-l'Auxerrois ; elle allait jadis du Châtelet à la place (disparue) des Trois-Maries (à l'entrée de la rue du Pont-Neuf) ; aujourd'hui, elle commence à la rue des Lavandières pour aboutir à celle des Bourdonnais.

117. *Rue à Lavandières.* — Aujourd'hui rue des Lavandières-Sainte-Opportune, entre le quai de la Mégisserie et les Halles. Au temps de Guillot, elle allait de la rue Saint-Germain (n° 116) à celle de la Cordouanerie (n° 132).

118. *Rue à moigne de Jenvau.* — C'est-à-dire la rue où les moines de l'abbaye de Joyenval (au diocèse de Chartres) avaient leur hôtel. Elle s'est appelée ensuite pendant longtemps rue des Deux-Portes, ce qui justifie le vers de Guillot :

Porte a à mont et porte à vau,

puis rue des Orfèvres, par suite du voisinage de la chapelle des Orfèvres dont nous avons parlé (p. 17-18). Elle existe encore aujourd'hui sous ce nom.

119. *Rue Jehan Lointier.* — Appelée aujourd'hui par corruption rue Jean-Lantier.

120. *Rue Bertin-Porée.* — Jaillot (t. Iᵉʳ, *Quartier Sainte-Opportune*, p. 10) l'a trouvée sous ce nom en 1243. Aujourd'hui, c'est la rue Bertin-Poirée.

121. *Rue Jehan l'Eveillier.* — Elle allait de la rue Bertin-Poirée à la rue Thibaut-aux-Dés. Plus tard, elle s'appela rue des Trois-Visages, nom sous lequel elle a été supprimée.

122. *Rue Guillaume-Porée.* — Aujourd'hui rue des Deux-Boules, entre les rues des Lavandières et Bertin-Poirée.

123. *Maleparole.* — Devenue depuis rue des Mauvaises-Paroles. Elle a été supprimée en 1851 pour le percement de la rue de Rivoli.

124. *Le Perrin-Gasselin.* — La rue Perrin-Gasselin. Elle se confondit, au XVIᵉ siècle avec la rue du Chevalier-du-Guet, et a été supprimée en 1854 pour le percement de l'extrémité ouest de l'avenue Victoria.

125. *La Herengerie.* — Allant de la rue précédente à celle de la Tabletterie. Jaillot se trompe (t. Iᵉʳ, *Quartier-Sainte-Opportune*, p. 27) lorsqu'il prétend que le texte de Guillot porte Hedengerie et celui du XVᵉ siècle Arongerie, alors qu'il porte Arengerie. De son côté, M. Mareuse fait erreur en attribuant à Jaillot

l'opinion que le nom de cette rue viendrait du fief Harent, voisin de la rue Sainte-Opportune; c'est, au contraire, l'avis de Lebeuf, réfuté par Jaillot. Cette rue a disparu lors du percement de la rue de Rivoli.

126. *La Tableterie*. — Allant de la rue Saint-Denis à celle de la Harengerie. Elle a disparu lors du percement de la rue des Halles.

127. *Rue à petis soulers de basenne*. — Lebeuf et M. Mareuse l'ont identifiée avec la rue de l'Aiguillerie; Jaillot pense, au contraire (*ibid.*, p. 7), qu'il faut y voir la rue Courtalon, toutes deux voisines, d'ailleurs, de l'ancienne église Sainte-Opportune. La rue Courtalon a subsisté, entre la rue Saint-Denis et la place Sainte-Opportune.

128. *Rue Sainte-Opportune*. — Il est vraisemblable que c'est cette voie qui plus tard s'appela rue de l'Aiguillerie. Au xve siècle, nous la trouvons encore sous son nom primitif. La rue Sainte-Opportune actuelle n'a été percée qu'en 1836.

129. *La Charonerie*. — Partie de la rue de la Ferronnerie, comprise entre l'église des Innocents et les Halles ; la dénomination a disparu aujourd'hui.

130. *La Feronnerie*. — Prolongement vers l'ouest de la voie précédente, jusqu'à la rue des Bourdonnais. Elle existe encore aujourd'hui sous le nom de rue de la Ferronnerie, et va de la rue Saint-Denis à celle des Halles.

131. *La Mancherie*. — Il paraît certain que c'est cette rue qui fut appelée plus tard rue de la Limace entre les rues des Déchargeurs et des Bourdonnais; elle a été supprimée par décret du 21 juin 1854.

132. *La Cordonanerie*. — Appelée depuis rue des Fourreurs. Elle a été supprimée en 1854.

133. *Rue Baudouin-Prengaie*. — C'est-à-dire Baudoin prend-gage. Jaillot (*ibid.*), p. 49) l'identifie fort exactement avec un cul-de-sac appelé Rollin prend-gage, et supprimé en 1854.

134. *Rue Raoul-l'Avenier*. — Devint plus tard la rue du Plat-d'Etain, entre la rue des Lavandières et celle des Déchargeurs. Elle existe encore aujourd'hui.

135. *Le siège à Descarchieurs*. — La nomenclature du xve siècle l'appelle déjà rue des Déchargeurs. Elle existe encore aujourd'hui, mais le percement des rues de Rivoli et des Halles l'a considérablement modifiée.

136. *La viez place à pourciaux*. — Ce mot de *vieille* place aux Pourceaux qu'emploie Guillot n'a pas été relevé; il prouve cependant que dès le commencement du xive siècle, le marché aux pourceaux n'était plus dans le voisinage des Halles, et, en effet Edouard Fournier, dans son *Histoire de la butte des Moulins*, parle (p. 11) d'un acte de 1308 mentionnant ce marché au delà de la porte Saint-Honoré.

137. *Rue à Bourdonnas*. — Elle existe encore aujourd'hui. Son nom actuel de rue des Bourdonnais lui vient, on le sait, d'une famille, les Bourdon, qui y avaient leur maison.

138. *Rue Thibaut à dez*. — Jaillot (*ibid.*, p. 52-53) cite un acte de 1220 où cette rue est appelée *vicus Thesbaldi ad decios*; il ne faut donc pas y voir un nom d'homme, Thibaut Odet, comme l'a pensé Lebeuf. Cette rue se confond aujourd'hui avec l'extrémité méridionale de la rue des Bourdonnais.

139. *Rue de Béthisi*. — Entre les rues des Bourdonnais et au Serf (V. plus bas, n° 142). Supprimée en 1851 pour le percement de la rue de Rivoli.

140. *Tirechape.* — Entre les rues de Béthisy et du Château-Fêtu (V. plus bas, n° 160). Supprimée en 1854 pour le percement de la rue du Pont-Neuf.

141. *Rue o quains de Pontis*, c'est-à-dire au comte de Ponthieu. — C'est, d'après Jaillot (t. I*er*, *Quartier Sainte-Opportune*, p. 11, et *Quartier du Louvre*, p. 20), la partie occidentale de la rue de Béthisy, appelée dès le xv° siècle, rue des Fossés-Saint-Germain. Son tracé correspond aujourd'hui à celui de la rue Perrault.

142. *Rue o Serf.* — Dès le xv° siècle, elle s'appela rue de la Monnaie, à cause de l'hôtel des Monnaies qui y était situé. C'est encore son nom actuel.

143. *Gloriete.* — Aujourd'hui rue Baillet.

144. *Rue de l'Arbresel.* — Jaillot a établi (t. I*er*, *Quartier du Louvre*, p. 4) que son nom est *arbor sicca* et provient d'une enseigne. Il a conservé sa forme la plus ancienne et cette voie s'appelle encore aujourd'hui rue de l'Arbre-Sec.

145. *Col de Bacon.* — Devenu le cul-de-sac de Cour-Bâton, aujourd'hui Courbaton, qui s'ouvre sur la rue de l'Arbre-Sec, au n° 27.

146. *Le Fossé Saint-Germain.* — C'était sans doute alors, à proprement parler, un fossé entourant l'église Saint-Germain-l'Auxerrois, et sur lequel on ouvrit plus tard une rue qui garda son nom (Voy. plus haut, n° 141).

147. *Trou-Bernart.* — Suivant Jaillot (t. I*er*, *Quartier du Louvre*, p. 19), il y avait une rue ainsi nommée dès 1271; plus tard, elle s'appela rue du Demi-Saint; elle a été supprimée en 1854 pour le percement de la rue du Louvre et la construction de la mairie du I*er* arrondissement.

148. *De rue sus la rivière en la grant rue seigneur de la porte du Louvre.* — Sans doute faut-il reconnaître dans ces deux voies, difficiles à identifier, une partie de la berge de la Seine (Guillot désignera de même la berge de la Grève), puis la rue actuelle des Prêtres Saint-Germain-l'Auxerrois, qui aboutissait à la porte du Louvre.

149. *Osteriche.* — La rue d'Autriche allait de la Seine à la rue Saint-Honoré. Supprimée partiellement en 1644 pour l'agrandissement du Louvre, elle prit le nom qu'elle a gardé de rue de l'Oratoire (Cf. Berty, *Topographie historique du vieux Paris*, région du Louvre, p. 7 et ss.).

150. *Rue Saint-Honoré.* — Elle existe encore aujourd'hui. Au temps de Guillot, elle ne s'étendait, sous ce nom, qu'entre la rue de l'Arbre-Sec et le rempart à l'ouest, c'est-à-dire à peu près à hauteur de la rue de Rohan.

151. *Rue des Poulies.* — Supprimée en 1853. C'est aujourd'hui la partie de la rue du Louvre comprise entre les rues de Rivoli et Saint-Honoré.

152. *Rue Daveron.* — Appelée aujourd'hui rue Bailleul.

153. *Rue Jehan Tison.* — Elle existe encore maintenant, entre les rues de Rivoli et Bailleul. Au temps de Guillot, elle se continuait jusqu'à la rue des Fossés Saint-Germain-l'Auxerrois. La liste des rues du xv° siècle lui donne le nom de rue « Phlipe Tyson ».

154. *La Crois de Tirouer.* — Nous en avons parlé après Lebeuf; voy. plus haut, p. 13.

155. *Rue de Neele.* — Au temps de Guillot, elle allait de la Croix du Trahoir au mur d'enceinte. Plus tard, elle s'appela rue d'Orléans Saint-Honoré et fut diminuée du côté du nord, lorsque Catherine de Médicis fit construire l'hôtel appelé plus tard hôtel de Soissons. Par arrêté du 18 avril 1890, ce qui en restait a été réuni à la rue du Louvre.

156. *Rue Raoul Menuicet*. — Jaillot (t. II, *Quartier Saint-Eustache*, p. 13) pense que c'était une partie de la rue des Deux-Écus et cite un acte de 1372 où il est question d'un cimetière dans cette région, ce qui justifierait les deux vers de Guillot :

> Trouvai un homme qui mucet
> Une femme en terre et en siet.

Dans son curieux livre sur le *Quartier des Halles* (Paris, 1891, in-8, p. 193-194), M. Piton, qui a connu tant de documents sur toute cette partie du vieux Paris, déclare n'avoir pas trouvé d'autre mention de ce cimetière.

157. *Rue des Estuves*. — Elle existait, au dire de M. Piton (*loc. cit.*, p. 194) en 1292, ou du moins la taille de cette année-là fait mention de plusieurs « estuveeurs » habitant alors dans ce quartier. Depuis 1865, c'est la rue Sauval.

158. *Rue du Four*. — Ainsi nommée à cause du four banal de l'évêché qui y était situé. Elle s'appelle rue Vauvilliers depuis 1865.

159. *Rue des Écus*. — Aujourd'hui rue des Deux-Écus.

160. *Chastiau Festu*. — Nous en avons parlé plus haut, p. 13. Quant à la rue qui portait ce nom, elle s'est appelée, depuis, rue Saint-Honoré, entre les rues des Déchargeurs et de l'Arbre-Sec.

161. *Rue des Prouvaires*. — Elle existe encore aujourd'hui sous ce nom.

162. *Rue de la Croix-Neuve*. — Jaillot pense (t. II, *Quartier Saint-Eustache*, p. 31) qu'elle était située entre Saint-Eustache et la rue du Jour ; elle correspondrait donc au tracé de l'ancienne rue Traînée, confondue aujourd'hui avec la rue Rambuteau, entre la pointe Saint-Eustache et la rue Coquillière.

163. *Rue Raoul Roissole*. — Elle s'appela ensuite rue du Séjour, dont on a fait, par corruption, rue du Jour. Elle existe encore aujourd'hui.

164. *Rue de Monmartre*. — Elle existe encore aujourd'hui, mais au temps de Guillot, elle n'allait que de la pointe Saint-Eustache au mur d'enceinte.

165. *Ruele e prestre*. — C'est aujourd'hui une sorte d'impasse, conduisant de la rue Montmartre à l'une des entrées de Saint-Eustache.

166. *Pointe Saint-Huitasse*. — Ce nom, donné à la place située au chevet de Saint-Eustache, a été supprimé administrativement, mais il a été conservé par la tradition.

167. *La Tonnelerie*. — Cette rue allait de la rue de Château-Fétu (rue Saint-Honoré) à la pointe Saint-Eustache. Elle a été absorbée par le percement de la rue du Pont-Neuf, prolongée à travers les Halles sous le nom de rue Baltard.

168. *Halle au Blé*. — En 1767, elle fut transférée sur une partie de l'emplacement de l'hôtel de Soissons.

169. *La Poissonnerie des Halles, la Formagerie, la Ganterie, la Lingerie*. — Toutes ces rues, dont les noms s'expliquent d'eux-mêmes, ont disparu lors de la construction des pavillons des Halles situés à l'ouest de la rue Baltard, sauf la rue de la Lingerie, située à l'est.

170. *Rue o Feure*. — On ne sait trop si son nom signifiait rue aux Fèves, rue au Feurre (paille) ou aux Fers, ou simplement rue du Marchand (*faber*). Elle s'appelait en dernier lieu rue aux Fers, lorsque le percement de la rue Berger l'a absorbée.

171. *La Cossonnerie*. — Ainsi nommée sans doute à cause du commerce qui s'y faisait de la viande de porc. Elle existe encore aujourd'hui sous ce nom.

172. *Rue à Prescheeurs.* — La rue des Prêcheurs existe encore aujourd'hui.

173. *La Chanverie.* — La rue de la Chanvrerie a été supprimée en 1838 et absorbée par la rue de Rambuteau.

174. *Maudestour.* — La rue Mondétour existe encore aujourd'hui.

175. *Carrefour de la Tour.* — Il était situé à l'intersection des rues de la Grande et de la Petite-Truanderie (voy. plus bas, nos 176 et 179). Quant à la maison « Adan Sequence », nous avons dit dans les quelques notes relatives au poème de Guillot, qu'il fallait voir dans ce personnage, non un chefcier de Saint-Merry, mais le maire du fief de Thérouanne.

176. *La petite Truanderie.* — Rue allant de la rue Mondétour à celle de la Grande-Truanderie. Elle existe encore aujourd'hui.

177. *Rue des Halles.* — Celle dont parle Guillot ne doit pas être confondue avec notre rue des Halles actuelle, située au sud des Halles, alors que notre poète explore en ce moment le quartier situé au nord. Peut-être doit-on y voir une partie de la rue Thérouanne (aujourd'hui rue Pirouette).

178. *Rue au Cingne.* — Elle existe encore aujourd'hui.

179. *La Grant Truanderie.* — Elle existe encore aujourd'hui.

180. *Merderiau.* — Entre les rues Mauconseil et de la Grande-Truanderie. Elle s'appela ensuite rue Verderet ou Verdelet, et a été supprimée en 1858 pour le percement de la rue Turbigo.

181. *La petite ruelete Jehan Bingne.* — Jaillot (t. II, *Quartier des Halles*, p. 34) l'identifie avec la rue de la Réale, qui existe encore aujourd'hui.

182. *Rue Nicolas Arode.* — Il faut y voir une partie de la rue de la Comtesse d'Artois, absorbée aujourd'hui par le carrefour de la pointe Saint-Eustache.

183. *Mauconseil.* — Elle existe encore aujourd'hui.

184. *Rue Saint-Denis.* — Elle existe encore aujourd'hui.

185. *Rue as Oues.* — On sait que le nom de la rue aux Ours était primitivement rue aux Oies.

186. *Rue Saint-Martin.* — Une faute typographique faisait de la rue Saint-Martin la rue Saint-Artin dans l'édition originale de l'ouvrage de Lebeuf; celle que nous suivons a malheureusement reproduit cette erreur, mais tout le monde l'aura rectifiée.

187. *Rue des Petis-Chans.* — Entre les rues Saint-Martin et Beaubourg. Depuis 1864, elle s'appelle rue Brantôme.

188. *Biaubourc.* — La rue Beaubourg existe encore aujourd'hui.

189. *Rue à Jongleeurs.* — Parallèle à la rue des Petits-Champs. Dans la liste des rues au XVe siècle, elle s'appelle rue des Ménétriers, nom qu'elle a gardé jusqu'à sa suppression en 1838.

190. *Rue Gieffroy-l'Angevin.* — La rue Geoffroy-l'Angevin existe encore aujourd'hui.

191. *Rue des Estuves.* — Allant de la rue Beaubourg à la rue Saint-Martin. Elle s'appela ensuite rue des Vieilles-Étuves; depuis 1881, on lui a rendu son premier nom.

192. *Rue Mingarière.* — On pense généralement que c'est la rue appelée depuis rue de la Corroyerie, parallèle à la précédente, et actuellement un des tronçons de la rue de Venise.

193. *Rue Sendebours-la-Tréfillière.* — Lebeuf a raison de penser qu'il vaut mieux lire rue Herembourg et qu'il s'agit, en effet, d'une femme ainsi surnommée. La rue s'appela ensuite rue Bertaud-qui-Dort, puis rue de Venise pour la partie située à l'ouest de la rue Saint-Martin.

194. *Quinquenpoit.* — La rue Quincampoix existe encore aujourd'hui. Voyez ce que nous en avons dit plus haut, p. 321. Il sera bon d'y ajouter la note que Lebeuf donne à son sujet à propos de la mention de Guillot, à savoir que le cartulaire de la Sorbonne mentionne, à la date de 1253, un Nicolas de Kiquenpoit, qui pourrait bien être le parrain de cette rue.

195. *Rue Auberi le Bouchier.* — Elle existe encore aujourd'hui.

196. *La Conreerie.* — Il ne faut pas la confondre avec la rue de la Corroyerie que nous venons d'identifier avec la rue Lingarière (n° 192). Plus tard elle s'appela rue des Cinq-Diamants; en 1851, cette dénomination lui a été retirée, et maintenant elle se confond avec la rue Quincampoix (partie située entre les rues des Lombards et Aubry-le-Boucher).

197. *Rue Amauri de Roussi.* — Entre la précédente et la rue Saint-Martin. Jaillot (t. Ier, *Quartier Saint-Jacques de la Boucherie*, p. 67) dit l'avoir trouvée sous le nom de rue Ogniat dès 1493. Depuis 1851, elle se confond avec la rue Trousse-Vache sous le nom de rue de la Reynie.

198. *Trousse-Vache.* — Entre la rue Quincampoix (de la Conreerie) et la rue Saint-Denis. Appelée rue de la Reynie depuis 1822.

199. *Rue du Vin-le-Roy.* — Entre la précédente et la rue de la Buffeterie (aujourd'hui des Lombards). Appelée au XVIIe siècle rue des Trois-Maures; supprimée lors du percement du boulevard Sébastopol en 1854.

200. *La Viez-Monnoie.* — Entre les rues des Lombards et de la Heaumerie; supprimée en même temps que la précédente et pour les mêmes raisons.

201. *Le grant et le petit Marivaux.* — La première, parallèle, la seconde perpendiculaire à la rue précédente; les rues Nicolas Flamel et Pernelle ont été ouvertes sur leur emplacement.

202. *La Hiaumerie.* — Entre les rues de la Vieille-Monnaie et Saint-Denis. Supprimée pour le percement de la rue de Rivoli.

203. *La Lormerie.* — Lebeuf pense que ce pouvait être l'impasse du Chat-Blanc; on peut admettre aussi que ce fut le premier nom de la rue Trognon; l'un et l'autre ont d'ailleurs disparu lors du percement du boulevard Sébastopol.

204. *La Basennerie.* — Appelée plus tard rue d'Avignon. Supprimée pour la même raison que la précédente.

205. *Rue Jehan-le Comte.* — Un des tronçons de la rue d'Avignon.

206. *La Savonnerie.* — Prolongement vers le sud de la rue de la Vieille-Monnaie. Supprimée pour le percement du boulevard Sébastopol à hauteur de la tour Saint-Jacques.

207. *Rue Pierre-o-let.* — Formant angle droit vers l'est avec la précédente. Elle s'appelait rue des Écrivains lorsqu'elle a été supprimée en 1854 pour le percement de la rue de Rivoli.

208. *Rue Jehan Pain-Molet.* — Supprimée comme les précédentes.

209. *Rue des Arsis.* — Elle est représentée aujourd'hui par la partie de la rue Saint-Martin comprise entre l'avenue Victoria et la rue de Rivoli.

210. *Les deux rues Saint-Bon.* — L'une d'elles existe encore aujourd'hui ; la seconde forme la partie orientale de la rue Pernelle.

211. *La Buffeterie.* — C'est aujourd'hui la partie de la rue des Lombards qui aboutit à la rue Saint-Martin. On a peine à s'expliquer que Guillot n'ait pas parcouru cette rue et la suivante avant de s'égarer du côté de Saint-Bon.

212. *La Lamperie.* — Prolongement de la précédente vers la rue Saint-Denis. Elle s'appelle également aujourd'hui rue des Lombards.

213. *Rue de la Porte Saint-Mesri.* — Aujourd'hui section occidentale de la rue du Cloître Saint-Merry.

214. *Rue à Bouvetins.* — Aujourd'hui section orientale de la rue précédente.

215. *Rue à Chavetiers.* — Sans doute une de ces nombreuse rues *sine capite* que mentionne le document de 1274 publié plus haut; voy. notamment pages 131 et 132.

216. *Rue de l'establo du Cloistre.* — Plusieurs historiens ont identifié cette rue avec la rue Taillepain, encore existante; Jaillot (t. II, *Quartier Saint-Martin-des-Champs*, p. 8) n'est pas de ce sentiment et il estime, sans en donner de meilleure raison que l'itinéraire suivi par Guillot, que cette rue aurait été au sud de Saint-Merry, c'est-à-dire du côté de la rue de la Verrerie. La question est des plus obscures.

217. *Baillehoe.* — Aujourd'hui rue Brisemiche.

218. *La Cour Robert de Paris.* — Nous l'avons trouvée ainsi nommée dans l'acte de 1274 cité plus haut (p. 132 et note 3); c'est aujourd'hui la rue du Renard.

219. *Rue Pierre o lart.* — Appelée en 1274 *vicus Petri Oilart* (voy. p. 133 et note 5), ce qui prouve qu'il s'agit d'un nom d'homme; elle existe encore aujourd'hui, mais sous la forme corrompue Pierre au lard.

220. *La Bouclerie.* — S'appela ensuite rue du Poirier et forme aujourd'hui un tronçon de la rue Brisemiche.

221. *Rue Symon Le Franc.* — Elle existe encore, entre les rues du Temple et Saint-Martin.

222. *Porte du Temple.* — Elle était située un peu au sud du point d'intersection des rues du Temple et de Rambuteau.

223. *Rue des Blans Mantiaus.* — Voie encore existante.

224. *Rue Perrenelle de Saint-Pol.* — Elle correspond très vraisemblablement au passage Pecquay.

225. *Rue du Plâtre.* — Voie encore existante.

226. *Rue du Puis.* — Cocheris et M. Mareuse se sont trompés en disant qu'elle existait encore sous ce nom; depuis 1867, elle s'appelle rue Aubriot.

227. *Rue à Singes.* — Aujourd'hui l'une des sections de la rue des Guillemites.

228. *La Bretonnerie.* — Voie encore existante sous le nom de Sainte-Croix de la Bretonnerie.

229. *Rue des Jardins.* — C'est dans cette rue que fut fondé en 1299 le couvent des Carmes-Billettes, d'où le nom de rue des Billettes qu'elle ne tarda pas à porter ; elle est aujourd'hui absorbée par la rue des Archives, entre les rues de la Verrerie et Sainte-Croix de la Bretonnerie.

230. *Carrefour du Temple.* — Par la marche que suit Guillot, on peut penser qu'il se trouvait à l'intersection des rues du Temple et de la Verrerie.

231. *Rue de l'abbeie du Bec-Helouin.* — Cette abbaye y avait sa barre de justice, d'où le nom de rue Barre-du-Bec qu'elle porta jusqu'en 1852, époque où elle s'est confondue avec la rue du Temple, entre les rues de la Verrerie et Saint-Merry.

232. *La Verrerie.* — Voie encore existante.

233. *La Poterie.* — Elle correspond à la partie de la rue du Renard comprise entre les rues de Rivoli et de la Verrerie.

234. *Carefour Guillori.* — Forme corrompue, dès cette époque, du nom de Guigne-oreille que portait, dès le XIIIe siècle, la rue de la Coutellerie.

235. *Ruelete Gencien.* — Appelée plus tard rue des Coquilles et formant aujourd'hui l'extrémité méridionale de la rue du Temple.

236. *Rue André-Mallet.* — Appelée plus tard rue du Coq, et depuis 1854, impasse du Coq.

237. *Rue du Martroi.* — Sur l'emplacement de l'Hôtel-de-Ville.

238. *Rue à deux portes.* — La rue des Deux-Portes forme aujourd'hui l'extrémité méridionale de la rue des Archives, entre les rues de Rivoli et de la Verrerie.

239. *La Viez-Tiesseranderie.* — Devenue plus tard rue de la Tisseranderie et supprimée pour le percement de la rue de Rivoli.

240. *L'Esculerie.* — Supprimée comme la précédente, sous le nom de cul-de-sac Saint-Faron.

241. *Rue de Chartron.* — Appelée aujourd'hui rue des Mauvais-Garçons.

242. *Rue du Franc-Monrier.* — Aujourd'hui rue de Moussy.

243. *Vuiez cimetière Saint-Jehan.* — Autrement dit la place du marché Saint-Jean qui, en 1868, a été réunie à la rue Bourtibourg.

244. *Rue du Bours Tibout.* — C'est-à-dire du Bourg-Tibaut. Aujourd'hui, par une corruption plus grande encore, rue Bourtibourg.

245. *Rue Anquetil le Faucheur.* — Réunie en 1837, sous le nom de rue de la Croix-Blanche, à la rue du Roi de Sicile.

246. *Rue du Temple.* — Aujourd'hui rue Vieille-du-Temple.

247. *Rue au Roi de Sézille.* — La rue du Roi de Sicile existe encore aujourd'hui, entre les rues Malher et Bourtibourg.

248. *Rue Renaut-le-Fèvre.* — Elle allait de la porte Baudoyer au vieux cimetière Saint-Jean; en 1854, elle a été absorbée dans l'élargissement que prend la rue Bourtibourg sur la rue de Rivoli.

249. *Rue de Pute y muce.* — On doit se garder de l'identifier avec la rue actuelle du Petit-Musc, située bien au delà vers l'est, quoique l'étymologie soit, dans les deux cas, la même ; celle-ci doit être la rue Clocheperce, encore existante.

250. *Rue de Tyron.* — Rue conservée, mais singulièrement élargie depuis le percement de la rue de Rivoli, qui n'en a plus laissé que la partie située au sud de cette dernière voie.

251. *Rue de l'Escouffle.* — Aujourd'hui rue des Écouffes.

252. *Rue des Rosiers.* — Elle a été conservée.

253. *Grant rue de la porte Baudeer.* — Son tracé correspond à celui de la rue François Miron.

254. *Rue Percié.* — Depuis 1877, elle s'appelle rue du Prévôt.

255. *Rue des Poulies Saint-Pou.* — C'est aujourd'hui la rue Charlemagne.

256. *Rue à Fauconniers.* — Aujourd'hui rue des Fauconniers.

257. *Rue à Nonnains-d'Iere.* — Son nom est orthographié maintenant : Nonnains d'Hyères.

258. *Rue de Joy.* — Aujourd'hui rue de Jouy.

259. *Rue Forgier l'Anier.* — Actuellement rue Geoffroy-l'Asnier.

260. *La Mortelerie.* — Appelée, depuis 1836, rue de l'Hôtel-de-Ville.

261. *Rue Esmeline Boillaue.* — C'est aujourd'hui l'impasse Putigneux, portant le n° 17 de la rue Geoffroy l'Asnier.

262. *Rue Garnier-desus-l'yaue.* — Aujourd'hui rue Grenier-sur-l'Eau.

263. *Rue du Cimetière Saint-Gervais.* — Partie occidentale de la rue François-Miron.

264. *L'Ourmeliau.* — C'était l'Orme Saint-Gervais, aujourd'hui disparu.

265. *Rue à Moines de Lonc pont.* — C'est maintenant la rue de Brosse.

266. *Rue Saint-Jehan de Grève.* — Située au chevet de l'église Saint-Gervais; dès le XVII° siècle, elle s'appelait rue des Barres, nom qu'elle porte encore aujourd'hui.

267. *Ruele de Saine.* — Elle a été absorbée, sous le nom de rue Pernelle, par la rue Lobau.

268. *Rue sur la rivière.* — Nous avons déjà fait remarquer que Guillot donne le même nom (n° 148) à une rue située dans une situation analogue, près du Louvre ; celle-ci correspond au quai actuel de l'Hôtel-de-Ville.

269. *La Tanerie.* — La rue de la Tannerie a été supprimée en 1854 pour le percement de l'avenue Victoria.

270. *La Vanerie.* — Supprimée à la même époque et pour la même cause que la précédente.

271. *Rue de la Coifferie.* — Elle reliait les deux rues précédentes et a subi le même sort qu'elles, sous le nom de rue des Teinturiers.

272. *La Tacherie.* — Elle existe encore aujourd'hui, entre le quai de Gesvres et la rue de Rivoli.

273. *Rue aus Commanderesses.* — C'est maintenant la rue de la Coutellerie.

274. *Carefour de Mibrai.* — Il a été absorbé par la partie de la rue Saint-Martin comprise entre la Seine et l'avenue Victoria.

275. *Rue Saint-Jacques ou porce.* — C'est-à-dire la rue Saint-Jacques de la Boucherie, au porche de l'église. Cette rue a disparu en 1854, lors de la création du square de la tour Saint-Jacques.

276. *La Boucherie, rue de l'Escorcherie, la Triperie, la Poulaillerie.* — Peut-être ne faut-il pas y voir des noms de rues, mais bien des noms de lieux, sauf toutefois pour la rue de l'Écorcherie, qui, sous le nom de rue de la Tuerie, ne fut complètement supprimée qu'en 1854. Rues ou lieux ont, en tous cas, disparu complètement lors des grands travaux de 1854; ils étaient situés entre les rues Saint-Denis et Saint-Martin, et c'est l'une de ces deux voies que Guillot désigne en terminant, sous le nom de *grant rue*.

NOMENCLATURE DES RUES DE PARIS AU XVe SIECLE
I, 374-377.

Les observations que nous avons fournies plus haut (page 400) sur la date du manuscrit actuellement coté Z f. 17, in-8°, à la Bibliothèque Sainte-Geneviève, s'appliquent également à la nomenclature des rues de Paris. Cette liste a été rédigée dans la seconde moitié du XVe siècle, entre 1460 et 1480. Elle est fort incomplète et défectueuse, beaucoup de noms de rues alors existantes n'y figurant pas, ou y étant défigurés par l'ignorance du scribe. Lebeuf avait ajouté encore à ces défauts en lisant mal certains noms et en en omettant deux; ceux de la rue de la Ferronnerie et de la rue des Juifs. Aussi donnons-nous en quelque sorte une nouvelle édition de cette nomenclature, transcrite sur le manuscrit, où elle occupe les feuillets 117-119.

[S'] ENSSUIENT LES RUES DE PARIS

La grant rue Saint Denis. — Mentionnée par Guillot, n° 184.

Rue Saint-Saulveur. — Voie encore existante, sous le nom de rue Saint-Sauveur.

Rue Beaurepaire. — Aujourd'hui cité Beaurepaire, située rue Greneta, 48.

Rue Montroqueil. — Aujourd'hui rue Montorgueil.

Rue Pavée. — Aujourd'hui section de la rue Tiquetonne, entre les rues Dussoubs et Montorgueil.

Rue Quiquentonne. — Voie encore existante, sous le nom de rue Tiquetonne.

Rue au Lion. — Le texte de Lebeuf porte, par erreur, rue Aubry. Appelée plus tard rue du Petit-Lion, et aujourd'hui section de la rue Tiquetonne, entre les rues Saint-Denis et Dussoubs.

Rue Gratecon. — Appelée plus tard rue des Deux-Portes Saint-Sauveur, puis, depuis 1881, rue Dussoubs.

Rue Malconseil. — Mentionnée par Guillot, n° 183.

Rue Tire-Vit. — Appelée plus tard rue Tire-Boudin, puis, à dater de 1809, rue Marie-Stuart.

Rue de Merderel. — Mentionnée par Guillot, n° 180.

Rue au Signe. — C'est la rue au Cygne, mentionnée par Guillot, n° 178.

Rue Grant-Truanderie. — Mentionnée par Guillot, n° 179.

Rue Mal-désirant. — On ne saurait rien dire de précis sur l'emplacement de cette rue.

Rue Betonnet. — Une des extrémités de la rue Térouenne, actuellement rue Pirouette.

Rue Tyronne en Terouenne. — Aujourd'hui rue Pirouette.

Rue Tamploirie. — Jaillot estime (t. II, *Quartier des Halles*, p. 5) que ce pourrait être la rue de la Chanvrerie, mentionnée par Guillot, n° 173.

Rue aux prescheurs. — Mentionnée par Guillot, n° 172.

Rue de la Cossonnerie. — Mentionnée par Guillot, n° 171.

Rue au Fevre. — Mentionnée par Guillot, n° 170.

Rue de la Charronnerie. — Mentionnée par Guillot, n° 129.

Rue de la Tableterie. — Mentionnée par Guillot, n° 126.

Rue Sainte-Opportune. — Mentionnée par Guillot, n° 128.

Rue Perrin Gasselin. — Mentionnée par Guillot, n° 124.

Rue de la Arengerie. — Lebeuf a lu *Arongerie*. Voie mentionnée par Guillot, n° 125.

Rue de la Saulnerie. — Mentionnée par Guillot, n° 113.

Rue de la Megisserie. — Guillot en parle, n° 114.

Rue du Suissel. — Cocheris a lu rue du *Fuissel*, quoiqu'il n'y ait pas de doute sur l'orthographe du manuscrit. Il s'agit, sans doute, de la rue des Fuseaux, confondue aujourd'hui avec la rue Bertin-Porée.

Rue Popin. — Elle correspond, sans aucun doute, à la rue de l'Arche-Pépin, supprimée en 1854.

Rue du Foyn. — Appelée plus tard place des Trois-Maries, et absorbée en 1854 par le percement de la rue du Pont-Neuf.

Rue aux Portes. — C'est sans doute celle que Guillot appelle rue à Moignes de Jenvau; voy. n° 118.

Rue Saint-Germain. — Mentionnée par Guillot, n° 116.

Rue des Lavendières. — Mentionnée par Guillot, n° 117.

Rue Phlipe Cointier. — Lebeuf a lu Lointier; au reste, la forme Cointier est évidemment une erreur de scribe; Guillot l'appelle rue Jean Lointier, n° 119.

Rue Guillaume-Porée. — Cf. Guillot, n° 122. Aujourd'hui rue des Deux-Boules.

Rue Bertherin-Porée. — Cf. Guillot, n° 120. Aujourd'hui rue Bertin-Poirée.

Rue des Commenderresses. — Omise par Cocheris. Plus bas, on trouvera la rue des *Recommenderesses*. — Jaillot (t. 1er, *Quartier Sainte-Opportune*, p. 50) identifie celle-ci avec la rue du Plat d'Etain, encore existante.

Rue de la Cordouennerie. — Mentionnée par Guillot, n° 132.

Rue aux Deschargeurs. — Mentionnée par Guillot, n° 135.

Rue Male-parole. — Mentionnée par Guillot, n° 123.

Rue des Bourdonnois. — Mentionnée par Guillot, n° 137.

Rue Thibault-aux-Dés. — Mentionnée par Guillot, n° 138.

Rue de la Charpenterie. — Une des sections de la rue Béthizy, supprimée en 1851.

Rue de la Fosse aux Chiens. — Première dénomination de la rue des Fossés-Saint-Germain, mentionnée par Guillot, n° 141, sous le nom de rue o Quains de Pontis.

Rue de Tire-Chappe. — Mentionnée par Guillot, n° 140.

Rue de la Tonnoie. — Mentionnée par Guillot, n° 141, sous le nom de rue o Serf.

Rue de Betysi. — Mentionnée par Guillot, n° 139.

Rue du Fossé Saint-Germain. — Mentionnée par Guillot, n° 141, sous le nom de rue o Quens de Pontis.

Rue d'Antain. — La *Nomenclature des Voies publiques et privées de la Ville de Paris*, l'identifie avec l'impasse des Provenceaux, située rue de l'Arbre-Sec, n° 14.

Rue du Coup de baston. — Mentionnée par Guillot, n° 145, sous le nom de Col de Bacon.

Rue Phlipe Tyson. — C'est la rue Jean-Tison, dont parle Guillot, n° 153.

Rue des Poullies. — Mentionnée par Guillot, nº 151.

Rue d'Aultraiche. — Mentionnée par Guillot, nº 149.

La grant rue de Saint-Honoré. — Mentionnée par Guillot, nº 150.

Rue Saint-Thomas. — C'est la rue Saint-Thomas-du-Louvre, supprimée en 1852, pour l'élargissement de la place du Carrousel.

Rue du Froit Mantyaux. — Ou rue Fromenteau ; même observation que pour la précédente.

Rue Jehan de Saint-Denis. — Même observation que pour les précédentes.

Rue du Chantre. — Même observation que pour les précédentes

Rue de Champfleuri. — Même observation que pour les précédentes.

Rue du Biauvais. — Même observation que pour les précédentes.

Rue du Coq. — Aujourd'hui rue de Marengo.

Rue des Petits-Champs — Elle s'apelle aujourd'hui rue Croix des Petits-Champs.

Rue de Poyçon. — Aujourd'hui, rue du Pélican.

Rue des Gravellières. — Il s'agit peut-être de la rue de Grenelle-Saint-Honoré, qui est aujourd'hui la partie méridionale de la rue Jean-Jacques-Rousseau.

Rue de Neelle. — Mentionnée par Guillot, nº 155.

Rue de la Hache. — C'est une partie de celle que Guillot appelle rue des Écus, et qui est aujourd'hui la rue des Deux-Écus.

Rue des Escuiers. — Peut-être la rue des Deux-Écus, à moins qu'il ne faille croire à une erreur de scribe et lire rue des Étuves.

Rue du Four. — Mentionnée par Guillot, nº 158.

Rue des Deux-Escus. — Prolongement de la rue de la Hache. Dénomination encore existante.

Rue des Trouvelles. — C'est la rue des Prouvaires, mentionnée par Guillot, nº 161, et qui existe encore aujourd'hui.

Rue de la Tonnellerie. — Mentionnée par Guillot, nº 167.

Rue de la Ferronnerie. — Le texte de Lebeuf l'omet. Cette rue a été mentionnée par Guillot, nº 130.

Rue de la porte à la Comtesse. — Aujourd'hui, extrémité méridionale de la rue Montorgueil.

Rue de Montmartre. — Mentionnée par Guillot, nº 164.

Rue Phlipe le Myre. — Nom primitif de la rue du Four, mentionnée par Guillot nº 163, sous le nom de rue Raoul-Roissole.

Rue de la Plastrerie. — Appelée depuis rue Plâtrière, et aujourd'hui partie septentrionale de la rue Jean-Jacques-Rousseau.

Rue des Augustins. — Aujourd'hui rue d'Argout, après s'être appelée rue des Vieux-Augustins.

Rue de Coqueron. — La rue Coq-Héron existe encore aujourd'hui.

Second quartier de Paris

Rue de porte Baudet. — Il s'agit ici, suivant toute vraisemblance, de l'Impasse des Peintres située rue Saint-Denis, sur l'emplacement de la porte du même nom, appartenant à l'enceinte de Philippe-Auguste.

Grant rue Saint-Martin — Mentionnée par Guillot, nº 186.

Rue du Vert-Bois. — Voie encore existante.

Rue de La Creux. — Appelée plus tard rue de la Croix; elle forme aujourd'hui une partie de la rue Volta.

Rue Damescati. — Appelée aujourd'hui rue Greneta, par corruption de son nom véritable, rue de Darnétal.

Rue du Hulleu. — Supprimée en 1854, sous le nom de rue du Grand-Hurleur, pour le percement de la rue Turbigo.

Rue du Bourg l'Abbé. — Voie encore existante.

Rue Neuve Saint-Martin. — C'est aujourd'hui une des sections de la rue Notre-Dame-de-Nazareth.

Rue au Mayre. — Aujourd'hui rue au Maire.

Rue de Freppault. — Absorbée, en 1858, sous le nom de rue Phélipeaux, par la rue Réaumur.

Rue de Frepillon. — Elle se confond aujourd'hui avec la rue Volta.

Rue Trasse-Nonnain. — Partie de la rue Beaubourg comprise entre les rues Grenier-Saint-Lazare et Michel-le-Comte.

Rue du Chappon. — Aujourd'hui rue Chapon.

Rue des Gravelliers. — Aujourd'hui rue des Gravilliers.

Cymetière Saint-Nicholas. — La rue du Cymetière Saint-Nicolas se confond aujourd'hui avec la rue Chapon.

Rue de Merann. — L'étrangeté de ce nom fait penser que le scribe a mal lu, et qu'il s'agit de la rue de Montmorency.

Garnier Saint-Ladre. — Aujourd'hui rue Grenier-Saint-Lazare.

Rue Michel Le Court. — Aujourd'hui rue Michel-le-Comte.

Rue aux Oes. — Mentionnée par Guillot, n° 185.

Rue de la Sale au Conte. — Supprimée en 1854 pour le percement du boulevard Sébastopol.

Rue de Quiquenpoit. — Mentionnée par Guillot, n° 194.

Rue Bertault qui dort. — C'est celle que Guillot appelle rue Sendebours la Tréfillière, n° 193.

Rue Aubri de Bouchier. — Mentionnée par Guillot, n° 195.

La Courroirie. — Mentionnée par Guillot, n° 196.

Rue Marone de Royssi. — Mentionnée par Guillot, n° 197.

Rue de Trousse-Vache. — Mentionnée par Guillot, n° 198.

Rue Guillaume Josse. — C'est celle que Guillot appelle rue du Vin le Roy, n° 199.

Rue aux Lombars. — C'est celle que Guillot appelle la Buffeterie, n° 211.

Rue Marivaulx. — Mentionnée par Guillot, n° 201.

Rue Vielz monnoie. — Mentionnée par Guillot, n° 200.

Rue des Escripvains. — Il semble que c'est par erreur que cette rue est distinguée de la suivante; le manuscrit date sans doute du moment où les deux noms étaient employés concurremment.

Rue Pierre Aulet. — Voy. l'observation précédente. Cette rue est mentionnée par Guillot, n° 207.

Rue de la Heaumerie. — Mentionnée par Guillot, n° 202.

Rue Phlipe le Conte. — C'est celle que Guillot n° 205, appelle rue Jean-le-Conte.

Rue d'Anjou. — Jaillot (t. I, *quartier Saint-Jacques la Boucherie*, p. 12) estime, qu'il s'agit de la rue d'Avignon, aujourd'hui supprimée. L'opinion de Cocheris, qui la place dans le voisinage de l'hôtel de Soissons, est inadmissible.

Rue Savonnerie. — Mentionnée par Guillot, n° 206.

Rue Saint-Jacques de la Boucherie. — Mentionnée par Guillot, n° 275.

Rue de l'Escorcherie. — Mentionnée par Guillot, n° 276.

Rue de Pied de Bœuf. — Dans le voisinage de la Grande Boucherie.

La rue aux Veaulx. — Même observation que pour la précédente.

Rue de la Tannerie. — Mentionnée par Guillot, n° 269

Rue de la Vannerie. — Mentionnée par Guillot, n° 270.

Rue des Arsis. — Mentionnée par Guillot, n° 209.

Rue des Recommanderesses. — Mentionnée par Guillot, n° 273.

Rue de la Vacherie. — Lebeuf a lu *Tacherie*; il aurait dû indiquer qu'il rectifiait l'erreur du scribe. C'est, en effet, la rue de la Tacherie, que nomme Guillot, n° 272.

Rue Phlipe de l'Espine. — Supprimée en 1853, sous le nom de rue de Jean de l'Epine pour l'élargissement de la place de l'Hôtel-de-Ville.

Rue de pain molet. — C'est celle que Guillot, n° 208, appelle rue Jehan Pain Molet.

Rue Saint-Bon. — Guillot en nomme deux de ce nom, n° 210.

Rue Vielz tixanderie. — Lebeuf avait lu *tixeranderie*.

Rue de la Poterie. — Mentionnée par Guillot, n° 233.

Rue de la Voirrerie. — Mentionnée par Guillot, n° 232.

Rue de Baillehoue. — Mentionnée par Guillot, n° 217.

Rue de l'omme armé. — Elle se confond, depuis 1890, avec la rue des Archives.

Rue Guillaume Joussien. — Mentionnée par Guillot, n° 235, sous le nom de ruelete Gencien.

Rue au Coq. — Appelée par Guillot, n° 236, rue André-Mallet.

Rue Baerie du Beq. — Mentionnée par Guillot, n° 231, sous le nom de rue de l'abbeïe du Bec-Helouin.

Rue neuve Saint-Marri. — Aujourd'hui rue Saint-Merry.

Rue de la Boucherie. — C'est-à-dire la Bouclerie, mentionnée par Guillot, n° 220.

Rue de Tirepet en Roye. — Aucun historien n'a pu en désigner l'emplacement.

Rue Pierre Aulart. — Mentionnée par Guillot, n° 219.

Rue aux Trouvés. — Même observation que pour la rue de Tirepet en Roye.

Rue Maubué. — La rue Maubuée existe encore aujourd'hui.

Rue Simon le Franc. — Mentionnée par Guillot, n° 221.

Rue de Biaubourg. — Mentionnée par Guillot, n° 188.

Rue Otin de Fauche. — Mentionnée par Guillot, n° 245, sous le nom de rue Anquetil le Faucheur.

Rue de la Plastaye. — Il faut l'identifier sans doute avec la rue que Guillot appelle Lingarière.

Rue des Estuves. — Mentionnée par Guillot, n° 191.

Rue Geffroy l'Angevin. — Mentionnée par Guillot, n° 190.

Rue des Menestriers. — Mentionnée par Guillot, n° 189, sous le nom de rue Iongleeurs.

Rue des Petis champs. — Mentionnée par Guillot, n° 187.

Rue de Faulx poterne. — On estime généralement qu'il s'agit ici de la Cour du More, encore existante.

Rue du grant cul de sac. — Aujourd'hui rue du Maure.
Rue du Temple. — Mentionnée par Guillot, nos 222 et 230.
Rue Pastourelle. — Voie encore existante.
Rue Blans mantiaux. — Mentionnée par Guillot, n° 223.
Rue Perronelle de Saint-Pol. — Mentionnée par Guillot, n° 224.
Rue du Plastre. — Mentionnée par Guillot, n° 225.
Rue de la Parcheminerie. — Confondue aujourd'hui avec la rue des Blancs-Manteaux.
Rue des Saiges. — Le texte porte en effet Saiges, par erreur du copiste. C'est celle que Guillot, n° 227, appelle rue à Singes.
Rue du Puis. — Lebeuf a lu Pans et Cocheris Prais ; il s'agit évidemment de la rue du Puits, appelée rue Aubriot depuis 1867.
Rue du Heaulme. — Aujourd'hui rue du Chaume.
Rue de Paradis. — Aujourd'hui rue des Francs-Bourgeois.
Rue de Clichon — Située sans doute dans l'enceinte de l'hôtel Clisson.
Rue de Braque. — Voie encore existante.
Rue de la Porte Valete. — On ne la trouve mentionnée qu'ici.
Rue des Polyes. — Guillot l'appelle rue des Poulies-Saint-Pou, n° 255.
Vielz rue du Temple. — Guillot l'appelle rue du Temple, n° 246.
Rue des Rosiers. — Mentionnée par Guillot, n° 252.
Rue des Escouffles. — Mentionnée par Guillot, n° 251.
Rue de Juifz. — Lebeuf l'avait omise. Elle existe encore aujourd'hui.
Rue au roy de Cecille. — Mentionnée par Guillot, n° 247.
Rue des Balais. — C'est aujourd'hui l'extrémité méridionale de la rue Malher.
La grant rue Saint-Honoré. — Le scribe a évidemment voulu écrire « la grant rue Saint-Antoine ».
Rue d'Espaigne. — Appelée depuis, rue du Rempart ; aujourd'hui, rue Jean-Beausire.
Rue du Petit Musse. — Aujourd'hui rue du Petit-Musc.
Rue des Barrés. — Appelée, depuis 1867, rue de l'Ave-Maria.
Rue du Figuier. — Voie encore existante.
Rue des Jardins. — Voie encore existante, que Cocheris a omise, la confondant avec la rue des Billettes, anciennement appelée rue des Jardins.
Rue Saint-Pol. - Voie encore existante.
La rue Pavée. — Voie encore existante.
Rue des Nonnains. — Mentionnée par Guillot, n° 257.
Rue de Jouy. — Mentionnée par Guillot, n° 258.
Rue de la Mortellerie. — Mentionnée par Guillot, n° 260.
Rue Seigneur l'Asnier. — Mentionnée par Guillot, n° 259 sous le nom de rue Forgier-l'Asnier.
Rue Garnier sur l'eaue. — Mentionnée par Guillot, n° 262.
La rue de Tyron. — Mentionnée par Guillot, n° 250.
Rue Regnault le Fèvre. — Mentionnée par Guillot, n° 248.
Rue du bourg Tiebault. — Mentionnée par Guillot, n° 244.
Rue du Franc-Meurier. — Mentionnée par Guillot, n° 242.
Rue de Chartron. — Mentionnée par Guillot, n° 241.
Rue du Chevet Saint-Gervais. — Mentionnée par Guillot, n° 263 sous le nom de rue du Cimetière-Saint-Gervais.

Rue Saint-Philipe. — C'est la seule mention qui en existe.

Tiers quartier de Paris

Rue du Pont Nostre Dame. — Actuellement rue de la Cité.

Rue Vieille Pleterie. — Supprimée en 1860 pour la construction du quai du Marché-aux-Fleurs.

Rue de la Lanterne. — Mentionnée par Guillot, n° 103.

Rue de Glatigni. — Mentionnée par Guillot, n° 109.

Rue du Pont Saint-Landri. — Mentionnée par Guillot, n° 105.

Rue neuve Nostre Dame. — Mentionnée par Guillot, n° 79.

Rue Saint-Pierre aux Beufz. — Mentionnée par Guillot, n° 85.

Rue Sainte-Marine. — Mentionnée par Guillot, n° 86.

Rue Saint-Christofle. — Mentionnée par Guillot, n° 84.

Rue aux Feuvres. — Mentionnée par Guillot, n° 94.

Rue des Marmouzetes. — Mentionnée par Guillot, n° 104.

Rue de Champflori. — C'est celle sans doute que Guillot, n° 89, appelle Charons.

Rue de Jherusalem. — Supprimée en 1840.

Rue des Créateux. — Mentionnée par Guillot, n° 87, sous le nom de rue Cocatris.

Rue des Oublayers. — Mentionnée par Guillot, n° 90.

Rue de la Vielz draperie. — Guillot, n° 99, l'appelle la Draperie.

Rue Saint-Germain le Vielz. — Elle a disparu lors de la construction de la caserne de la Cité.

Rue de Juiferie. — Guillot, n° 92, l'appelle la Juerie.

Rue des Herbiers. — Sans doute la grande ou la petite Orberie, ainsi que les appelle Guillot, n°s 93 et 97.

Rue de la Saveterie. — Mentionnée par Guillot, n° 100.

Rue Saint-Pierre des Arsis. — Supprimée en 1812.

Rue de la Licorne. — Supprimée en 1865.

Rue de la Calende. — Mentionnée par Guillot, n° 95.

Rue Saint-Berthelemi. — Absorbée par le boulevard du Palais.

Rue du Pont au Change. — Même observation que pour la précédente.

Le IIII° quartier de Paris

Rue du Pont Saint-Michel. — Aujourd'hui place Saint-Michel.

Rue Saint-Andrieu des Ars. — Voie encore existante.

Rue Poupée. — Mentionnée par Guillot, n° 11.

Rue des Porteurs. — Bien que le texte porte lisiblement Porteurs, il ne nous paraît pas douteux qu'il s'agit de la rue des Poitevins.

Rue à l'evesque de Rouan. — Son souvenir s'est perpétué dans le nom de la Cour de Rouen, voisine du passage du Commerce.

Rue aux Deux Portes. — Appelée depuis rue des Deux-Portes-Saint-André; elle a été supprimée en 1855 pour le percement du boulevard Saint-Michel.

Rue du Four. — Il n'existe pas d'autre mention de cette rue, la rue du Four actuelle étant, au xv⁰ siècle, hors de l'enceinte de Paris.

Rue Mignon. — Voie encore existante.

Rue Saint-Germain des Prés. — Mentionnée par Guillot, n° 8.

Rue de l'abbé de Saint-Denis. — Mentionnée par Guillot, n° 7.

Rue Pavée. — Mentionnée par Guillot, n° 6.

Rue d'Ariondelle. — Mentionnée par Guillot, n° 5.

Rue des Cordelliers. — Mentionnée par Guillot, n° 19.

Rue Saint-Cosme. — Mentionnée par Guillot, n° 21, sous le nom de rue as hoirs de Harcourt.

Rue Pierre Sarrazin. — Mentionnée par Guillot, n° 22.

Rue de la Serpente. — Mentionnée par Guillot, n° 14.

Rue de Harpe. — Mentionnée par Guillot, n° 23.

Rue Perrin Gasselin. — On ne s'explique que par une erreur du scribe, la présence de cette rue, située sur la rive droite, parmi les rues de la Cité. Guillot en a parlé, n° 124.

Rue Saint-Severin. — Mentionné par Guillot, n° 24.

Rue de la Huchete. — Mentionnée par Guillot, n° 1.

Rue du Sacalit. — Mentionnée par Guillot, n° 2.

Rue des Parcheminiers. — Aujourd'hui rue de la Parcheminerie.

Rue du bourg de Bors. — Guillot, n° 29, l'appelle rue Erembours de Brie.

Rue au Foing. — Mentionnée par Guillot, n° 30.

Rue du Palaix. — Aujourd'hui rue du Sommerard.

Rue de Cerbonne. — Guillot, n° 33, l'appelle rue as hoirs de Sabonnes.

Rue des Portes. — Sans doute une ... on de la précédente.

La grant rue Saint-Jacques. — Mentionnée par Guillot, n° 26.

Rue Saint-Estiene des Grez. — Mentionnée par Guillot, n° 38.

Rue du Meneur. — Il n'existe pas d'autre mention de cette rue.

Rue Sainte-Geneviefve. — Guillot, n° 56, l'appelle rue Sainte-Geneviève la grant.

Rue du Bon Puis. — Mentionnée par Guillot, n° 64.

Rue Judas. — Mentionnée par Guillot, n° 49.

Rue Saint-Nicholas du Chardonnet. — Mentionnée par Guillot, n° 67.

Rue Saint-Hylaire. — Mentionnée par Guillot, n° 48.

Rue de Vienot. — Le nom de cette rue est difficile à lire dans le manuscrit. Peut-être doit-on restituer Bruneau; il s'agirait alors de la rue du Clos-Bruneau.

Rue des Bernardins. — Voie encore existante.

Rue des Carmes. — Voie encore existante.

Rue Saint-Jehan de Biauvaiz. — Voie encore existante.

Rue des Noyers. — Guillot, n° 52, l'appelle rue du Noier.

Rue du Plastre. — Guillot, n° 53, l'appelle rue à Plâtriers.

Rue des Anglois. — Mentionnée par Guillot, n° 54.

Rue Saint-Jehan de l'Ospital. — Supprimée en 1854 pour le percement de la rue des Écoles.

Rue de Galande. — Mentionnée par Guillot, n° 72.

Rue des Lavandières. — Mentionnée par Guillot, n° 55.

Rue du Feurre. — Mentionnée par Guillot, n° 74, sous le nom de la rue de l'Escole.

Rue de la Bucherie. — Mentionnée par Guillot, n° 76.
Rue Saint-Julien le Poure. — Voie encore existante.
Rue du Petit-Pont. — Voie encore existante.

NOTE SUR LE PLAN DIT DES PAROISSES

Le plan, dont le *fac-simile* est ci-contre et que l'on désigne habituellement sous le nom de « plan des paroisses », méritait à coup sûr d'être reproduit dans ces *Additions et Rectifications* à l'ouvrage de l'abbé Lebeuf. En premier lieu, les exemplaires en sont fort rares, car on n'en connaît que deux : celui de la bibliothèque de la ville de Paris, et celui de M. Edgar Mareuse qui, non content de nous signaler un aussi précieux document, a eu l'extrême obligeance de s'en dessaisir pendant quelques jours pour la présente reproduction. D'autre part, ce plan, en dépit de son aspect assez grossier et des fautes d'orthographe, des lacunes ou des locutions naïves que l'on remarque trop aisément dans les notices des cartouches d'angle, est en réalité fort exact, consciencieux et même ingénieux. Sans fournir la moindre indication topographique, il permet de mesurer d'un simple coup d'œil, l'étendue des quarante-deux paroisses et de dénombrer les établissements ecclésiastiques, couvents, collèges, hôpitaux ou chapelles, situés sur le territoire de chacune d'elles.

L'auteur, A.-D. Menard, ne nous est connu que par ce seul ouvrage.

Du moins on peut fixer, à quelques années près, l'époque à laquelle il le publia, bien que toutes les dates qui auraient dû figurer dans la cartouche de l'angle supérieur gauche soient restées en blanc, mais nous avons dit plus haut : que la paroisse Saint-Symphorien fut réunie à celle de la Madeleine en 1698, que celle de Saint-Martial a été supprimée en 1720 au profit de Saint-Pierre des Arcis et que l'église Sainte-Marguerite a été érigée en paroisse au mois de décembre 1712.

On peut affirmer que le plan en question a été dressé entre les années 1720 et 1729, c'est-à-dire après la suppression de Saint-Martial et avant la mort du cardinal de Noailles, archevêque de Paris. En effet, Ménard, en nommant ce prélat, indique (en blanc) la date où il fut pourvu du siège archiépiscopal (1695), mais de façon à laisser entendre qu'il l'occupe encore.

Dans l'avertissement mis au bas du plan, l'auteur espérait donner par la suite des plans particuliers de chaque paroisse avec des notices dont l'ensemble aurait fait « un beau volume ». Ce projet n'a pas été réalisé.

BANLIEUE ECCLÉSIASTIQUE
DE PARIS

BANLIEUE ECCLÉSIASTIQUE
DE PARIS

I, 381-383.

Les limites de la banlieue de Paris étaient, sous l'ancien régime, celles du territoire sur lequel s'étendait la juridiction du Châtelet; elles furent souvent modifiées, en raison des seigneuries qui se créèrent, et de celles, au contraire, qui entrèrent dans le domaine royal. En signaler les variations par un tableau d'ensemble dressé suivant l'ordre des temps, serait aujourd'hui une œuvre presque impossible à réaliser. Au reste, les indications que fournit Lebeuf sont exactes et suffisantes. Nous nous bornerons à dire que la liste de 1415 qu'il donne d'après un manucrit de l'abbaye de Saint-Victor se trouve vérifiée et contrôlée par la publication du « Fragment d'un répertoire de jurisprudence parisienne au xv° siècle » faite par M. Fagniez au tome XVII des *Mémoires de la Société de l'Histoire de Paris et de l'Ile-de-France* (voy. pages 7-8).

Nous citerons aussi une liste un peu différente, provenant du treizième volume des Bannières du Châtelet (fol. 81 v°), d'après la copie que de La Mare en avait prise (Bibl. nat. fonds franç. 21664, pièce 98) : « Villages despendans de la banlieue de Paris : Vaugirard, Issy, le moulin des Chartreux et la première maison de Clamart, Vanves, Mont-Rouge, Chastillon, Bagneux jusqu'au ruisseau du Bourg-la-Reine, Gentilly, Arcueil et Cachant jusques à la vue de la Haye, dont il y a quatre ou cinq maisons audit village de la Haye qui en sont, Villejuifve, la Saussaye jusques au chemin du Moulin à vent, Ivry, le Pont-de-Charenton, Saint-Mandé, Conflans, Charonne, Bagnolet, Romainville jusques au grand chemin de Noizy-le-Sec, Pantin et le Pré-Saint-Gervais, Paterville dit Belleville, les hostes Saint-Merry, l'hostel de Savy dit l'hostel Saint-Martin, la Villette, la Chapelle de Saint-Denis jusques aux Gris, la Maison de Seine, Montmartre, Clichy-la-Garenne, Villiers-la-Garenne, le port de Neuilly, le Roulle, Mesnil, Boulogne jusques au pont de Saint-Cloud et jusques à la croix dudit pont, Autheuil, Passy, Chaillot, la Ville-l'Évesque, Vitry jusques à la fontaine, la Pissotte jusques à la planche du ruisseau, Montreuil jusques à la rue première venant de Paris du costé de Vincennes. »

Il s'agit là de la banlieue civile. Au xviii° siècle, les plus éloignés de ces villages furent répartis au point de vue ecclésiastique dans les divers doyennés de leur région, et la « banlieue ecclésiastique » de Paris, telle que Lebeuf l'a traitée, ne comprit plus que treize paroisses. Trois seulement d'entre elles, Boulogne, Clichy et Villiers-la-Garenne (cette dernière formant actuellement les cantons de Neuilly et de Levallois), sont situées hors du périmètre des fortifications et dépendent, comme toutes celles du département de la Seine, de l'archidiaconé de Saint-Denis. Les autres, annexées à Paris en vertu de la loi du 16 juin 1859, font partie, celles de la rive droite de la Seine, de l'archidiaconé de Notre-Dame, et celles de la rive gauche, de l'archidiaconé de Sainte-Geneviève.

AUTEUIL

I, 385-392.

La science philologique ne permet pas encore aujourd'hui d'indiquer avec certitude l'origine du nom d'Auteuil. Lebeuf la tirait du celtique et invoquait le préfixe *au*, signifiant prairie, pour l'expliquer; mais nous observerons qu'il se trompe en considérant Auteuil comme situé dans une plaine; le centre du village a été de tout temps sur une hauteur, peu élevée, il est vrai, mais suffisante peut-être à justifier une étymologie formée avec le mot *altus*, d'autant mieux que les plus anciens textes désignent ce lieu sous le nom d'*Altogilum* ou d'*Altolium*.

L'église, construite au XII{sup} siècle, et qui était sans aucun doute celle de l'origine même de la paroisse, a subsisté jusqu'à nos jours. Plusieurs estampes nous la font connaître; c'était un édifice de petites dimensions, qui n'offrait d'intérêt que par son clocher terminé en pyramide octogonale et situé à gauche du chevet. Ce monument tombait en ruines, et d'autre part était devenu tout à fait insuffisant pour le service du culte lorsqu'on décida de le démolir complètement. Les archéologues parisiens s'efforcèrent d'obtenir la conservation du clocher, mais la Commission des Monuments historiques jugea que son maintien entraînerait un remaniement trop grand des plans de reconstruction (voy. *Bulletin de la Société de l'Histoire de Paris*, 1880, t. VII, p. 77, 129-130). La première pierre du monument actuel, élevé sur l'emplacement du précédent, a été posée au mois de juillet 1877; il a eu pour architecte M. Vaudremer, qui a adopté le style roman. La déclivité du terrain a exigé l'établissement d'une crypte au-dessous du chœur; la façade regarde le nord. On remarque, sans l'admirer, le clocher bizarre, de forme byzantine, qui surmonte cette façade et justifie les regrets qu'inspirait la disparition de la tour du XII{sup} siècle. La consécration de l'édifice par l'archevêque de Paris, assisté de Mgr Hautin, évêque d'Évreux, n'a eu lieu que le jeudi 20 octobre 1892.

De Guilhermy, dans son recueil des *Inscriptions de l'ancien diocèse de Paris* (t. II, p. 70-71) et après lui, M. Raunié, au tome Ier, p. 251-258, de l'*Épitaphier du Vieux Paris*, ont publié le texte des inscriptions diverses qu'on pouvait lire dans l'ancienne église et le cimetière d'Auteuil. Ce sont d'abord celles des cloches (1554) et de la sacristie construite en 1741, disparue aujourd'hui; puis l'épitaphe d'Antoine-Nicolas Nicolaï (15 juin 1731), maintenue dans le chœur actuel; celle de Claude-Jean-Baptiste de Saisseval (29 août 1761), aujourd'hui dans la nef; celle enfin du célèbre médecin Claude-Deshays Gendron (3 septembre 1750) dont Lebeuf parle plus loin, épitaphe rédigée par Le Beau, secrétaire perpétuel de l'Académie des Belles-Lettres, et qui se voyait dans la chapelle Sainte-Geneviève.

Le cimetière était situé devant l'église, sur l'emplacement que forme aujourd'hui l'intersection des rues d'Auteuil, Théophile-Gautier et du Point-du-Jour; la pyramide du monument des d'Aguesseau, renversée pendant la Terreur et relevée en l'an IX par ordre du gouvernement, y occupe encore la place qu'elle avait jadis.

Lebeuf n'a donné le texte des inscriptions que de l'une des faces de ce monument; encore a-t-il lu *Christo salvatori* au lieu de *Christo servatori*. Les trois autres faces portent les inscriptions suivantes, déjà relevées par Cocheris (IV, 211) et les auteurs que nous venons de nommer :

Côté sud :

AUX MANES DE D'AGUESSEAU
MONUMENT
RESTAURÉ PAR ORDRE
DU
GOUVERNEMENT
AN IX

Côté ouest :

SOBRIE, JUSTE ET PIE,
CONSERVATI IN HOC SECULO,
EXPECTANT BEATAM SPEM
ET ADVENTUM GLORIÆ
MAGNI DEI ET SALVATORIS NOSTRI
JESUS CHRISTI,
QUI DEDIT SEMETIPSUM PRO NOBIS
IN CRUCE
UT NOS REDIMERET
ET MUNDARET
SIBI POPULUM ACCEPTABILEM,
SPECTATOREM BONORUM OPERUM.
ORA PRO EIS, VIATOR.

Côté est :

LA NATURE
NE FAIT QUE PRÊTER
LES GRANDS HOMMES
A LA TERRE.
ILS S'ÉLÈVENT, BRILLENT
DISPARAISSENT ; LEUR EXEMPLE
ET LEURS OUVRAGES RESTENT.

La plus ancienne fondation faite en faveur de l'église d'Auteuil est sans doute celle d'un curé du lieu, appelé Guibert, qui légua un pré sis à Auteuil à Marie, veuve de Martin du Mesnil, à charge de donner tous les ans aux pauvres de sa paroisse des vêtements de bure et des souliers ; cette disposition nous est connue par un vidimus de l'année 1288 ; une pièce de 1276 montre ce curé encore vivant à cette date (Arch. nat. S. 1610). Il y a lieu aussi d'ajouter à ce que Lebeuf dit des fondations, la création, en 1637, d'un catéchisme dans l'église d'Auteuil par Jean Le Boiteux, brodeur et valet de chambre ordinaire du Roi, et Nicole Puleu, sa femme (*ibid.*).

Nous n'avons pas retrouvé l'acte du XIIe siècle par lequel la collation à la cure d'Auteuil fut attribuée à l'église Saint-Germain-l'Auxerrois de Paris; le fait, du moins, n'est pas douteux, et cette puissante collégiale conserva son privilège jusqu'au moment où elle le transmit (1745) au chapitre de la Cathédrale par sa réunion avec elle. Toutefois, les pièces de ce fonds, aujourd'hui conservées aux Archives nationales, ne remontent pas (on le verra à la bibliographie des sources) plus haut que le XIII° siècle.

Quant à une chapelle consacrée à sainte Marie-Madeleine, qui aurait existé, dès ce même siècle, sur le territoire d'Auteuil, il faut croire, en dépit de Lebeuf, qu'elle faisait corps avec l'église même, car il n'en existe nulle mention. Peut-être serait-ce celle dite de M. le Curé, au XVIII° siècle, et ainsi nommée parce que l'on en aurait oublié l'origine (Cf. Raunié, *loc. cit.* note 2 de la page 252) [1].

M. de Lasteyrie a publié (*Cartulaire général de Paris*, t. Ier, p. 175-176) l'acte par lequel l'abbaye de Sainte-Geneviève acquit de celle du Bec la seigneurie d'Auteuil, ou pour mieux dire, les terres qu'y avait le monastère normand. Il date cet acte par conjecture, du 10 au 16 janvier 1110 (n. s.) Les Génovéfains étaient réellement en possession de la seigneurie au XII° siècle : on en trouve maintes preuves dans leur cartulaire (Bibl. Sainte-Geneviève, E. 1. 25), — c'est ainsi que nous voyons, en novembre 1226, l'abbé Herbert accorder la mairie d'Auteuil à Gui Forestier (fol. 134 v°), — et aussi dans un précieux registre conservé à la même bibliothèque, — H. f. 23, — où se trouve un chapitre intitulé : « Ce sont les cas d'Auteuil ». L'abbaye de Sainte-Geneviève accrut sans cesse, jusqu'à la veille de la Révolution, ses biens d'Auteuil ; on peut dire qu'elle s'en partageait tout le territoire avec Saint-Germain-l'Auxerrois, qui ne jouissait de droits seigneuriaux que sur la partie du village située à l'est de la rue d'Auteuil.

Il n'y eut pas en réalité, à Auteuil, d'autres seigneurs que ces deux établissements religieux. Si l'on remontait à la fin du XII° siècle, on aurait à signaler les biens que Simon de Saint-Denis, religieux de Sainte-Geneviève, avait acquis vers 1178 d'Yves de Conflans (*Cartulaire général de Paris*, t. Ier, 451) ; mais ces biens, au témoignage même de Lebeuf, firent retour à l'abbaye en 1182. Plus près de nous, se rencontrent les noms des d'Aligre, des Pajot, etc., qualifiés seigneurs d'Auteuil ; mais on sait que ce titre appartenait aisément à quiconque habitait une maison de quelque importance.

Tout le territoire, qui n'est pas encore aujourd'hui complètement bâti, était au moyen âge presque entièrement en culture. Il paraîtra intéressant de connaître les nombreux lieux-dits qui y ont existés; nous en avons relevé les noms dans les documents censitaires, du XIV° au XVIII° siècle : la Roue (1397); le Clos au Tort (1399); au XV° siècle : les Garennes, les Bastilz, les Fontiz, les Maize-

---

[1]. Nous nous proposons de donner pour chacune des paroisses du diocèse, autant que cela sera possible, l'indication chronologique des noms de curés que nous avons pu retrouver. Ce genre de renseignements est utile en ce qu'il permet, dans bien des cas, de dater certains actes avec quelque précision. Pour les paroisses dont les noms commencent par les premières lettres de l'alphabet (jusqu'à Chaville) notre travail nous sera facilité par celui que M. l'abbé Valentin Dufour avait entrepris, d'après les recherches du P. Le Lasseur, dans le *Bulletin du Comité d'histoire et d'archéologie du diocèse de Paris*, et qui a été interrompu brusquement par la disparition de cette publication.

Curés d'Auteuil. Simon (1251). — Guibert (1275-1276). — Nicolas Pinet (1591). — François Arvisenet (1592). — Jean Prévost (juillet 1606). — Antoine Girard (1635). — Le Camus de Villiers (1663). — François Loiseau (1665-1667). — Pierre Corbonnois (1678-1725). — Jacques Picquet (1723-1761). — Joseph Barré (1782). — Jean-André Vaschaldes (1785-1790).

rolles, la Queue en Coq, le chemin de Perchant, la vallée Damprobert (appelée en 1620 les Courtieulx), la Roue; au XVIe siècle : le Perchant, le fief Baudouin; aux deux derniers siècles : le Roullant-mouton ou le Roule à mouton, le Planchet, les Groux, le Noblet, les Calvaires, le chemin aux Tumbereaulx.

L'atlas du département de la Seine par Lefèvre, publié en 1859, offre encore un grand nombre de lieux-dits dont les dénominations sont, pour la plupart, nouvelles : les Perchamps, les Fontis, conservés dans des noms de rues; les Nérottes, la Cure, les Fontaines, dans le quartier des rues Raffet et des Fontis; la Tuilerie, les petites et les basses Glizières, les Bourgognes ou le Pré aux Chevaux, les Guêtres, dans le triangle formé par les rues Mozart, de l'Assomption et Lafontaine; les Calabres, Sous les Clos, du côté des rues Michel-Ange et Boileau.

Voici enfin un tableau des noms anciens de rues d'Auteuil et de leurs dénominations actuelles, datant presque toutes du décret du 24 août 1864 :

Noms anciens	*Noms nouveaux*
Grande rue (de la porte d'Auteuil à la rue Donizetti)	Rue d'Auteuil.
Rue Molière (de la rue Donizetti à celle de la Galiote)	Rues d'Auteuil, Théophile-Gautier et de Rémusat.
Rue de la Croix	Rue Ribéra.
Rue de la Tuilerie (de la rue Gros à la rue de Boulainvilliers)	Rue Lafontaine.
Rue de la Fontaine (de la rue Donizetti à la rue Gros)	Rue Lafontaine.
Chemin des Tombereaux	Rue de l'Assomption.
Rue des Arts	Rue Géricault.
Rue Montmorency	Rue Donizetti.
Rue Neuve	Rue Poussin.
Rue des Garennes	Rue Boileau.
Rue Neuve-Boileau (de la rue d'Auteuil à la place des Perchamps)	Rue Pierre-Guérin.
Rue des Vignes (de la place des Perchamps à la rue de la Source)	Rue Pierre-Guérin.
Rue de Seine	Rue Wilhem.
Rue de la Municipalité (de la rue des Clos à la rue de la Réunion)	Rue du Point-du-Jour.
Rue des Clos	Rue Claude-Lorrain.
Rue de la Réunion	Rue Jouvenet.
Rue Cuissard	Rue Félicien-David.

La résidence de Boileau et de Molière a suffi à rendre Auteuil célèbre. A propos de la maison du premier, M. l'abbé V. Dufour a retrouvé dans les *Mémoires de l'abbé Legendre*, qui vivait au XVIIe siècle, de curieux détails. Il les a publiés dans le *Bulletin de la Société de l'Histoire de Paris* (1885, p. 41-43); en voici quelques extraits : « Auteuil, village délicieux, à une lieue de Paris, aboutit d'un côté à la Seine, de l'autre au bois de Boulogne. On peut s'y promener avec un égal plaisir, sur le bord de la rivière, dans le bois ou dans la prairie. Comme l'air y est excellent, il y a quantité de jolies maisons... La maison qu'y avoit Boileau Despréaux n'étoit ni belle ni laide; le jardin, sans être soigné, ne laissoit pas d'être agréable; la vue en est charmante. L'appartement du poëte étoit d'un négligé cynique; la salle à recevoir le monde étoit un peu plus arrangée. Il y avoit sur la cheminée un portrait vivant de la reine Christine de Suède; au-dessus d'une vieille bergame, dont cette salle étoit tapissée, étoient des portraits d'imagination, représentant Timon le misanthrope, Ménippe, Lucilius, Horace, Perse, Juvénal, Régnier, chanoine de Chartres, et autres aïeux satiriques du maître de la maison. Je ne le voyois point à Paris, quoiqu'il demeurât dans notre cloître (le cloître Notre-Dame); cependant, quand il sut que j'étois à Auteuil, il me vint offrir sa maison et m'invita à y passer au moins les après dînées... Je passoi vingt jours à Auteuil fort agréablement, et ce ne fut pas sans répugnance que je revins à Paris y reprendre le train des affaires (1692) »

Cette maison de Boileau n'existe plus; elle était située rue Boileau, au numéro 26 (voy. à ce sujet le *Bulletin de la Société historique d'Auteuil et de Passy*, 1892, p. 30); Cocheris (IV, 217) a retrouvé les noms de quelques-uns de ses possesseurs au XVIIIe siècle.

Le Comité des Inscriptions parisiennes a pu, après de savantes recherches, déterminer l'emplacement exact de la maison de Molière, à l'angle des rues actuelles d'Auteuil et Théophile-Gautier, vis-à-vis de l'église. Aussi a-t-il fait apposer, en 1889, sur la maison portant le n° 2 de la rue d'Auteuil une plaque commémorative avec cette inscription : *Ici s'élevait une maison de campagne habitée par Molière vers 1667*. De trop rares documents ont permis d'étayer cette affirmation : M. J. Loiseleur les a signalés et en partie publiés dans ses *Points obscurs de la vie de Molière* (Paris, 1877, in-8, pages 318-326, 389-392), d'après des indications d'un érudit habitant d'Auteuil, feu Parent de Rozan; on s'y reportera avec fruit; nous signalerons toutefois une légère erreur à la page 320 : le fief Baudoin, n'appartenait pas par fractions à l'abbaye de Sainte-Geneviève et à la collégiale de Saint-Germain-l'Auxerrois : il avait été acquis, le 9 février 1655, par l'abbaye de Sainte-Geneviève, de demoiselle Marie de Rochechouard de Chandenier (Arch. nat S. 1543). Nous renverrons encore aux *Recherches sur Molière et sa famille*, d'Eud. Soulié (Paris, 1863, in-8, pages 282 et ss.) pour l'inventaire de la maison de Molière à Auteuil en 1673, après la mort de l'auteur du *Misanthrope*, et à l'excellente biographie qui complète l'édition des *Grands écrivains de la France* (t. X, p. 380) où l'on verra que la fameuse historiette du souper d'Auteuil n'a sans doute pas été inventée à plaisir.

En 1684, les habitants d'Auteuil adressèrent leurs doléances à Pelletier, alors contrôleur général des finances, au sujet de la taille. Leur requête porte qu'ils sont imposés à 4530 livres, soit 370 livres de plus que l'année précédente, et qu'ils ne peuvent payer cette somme : « 1° parce que plusieurs habitans de ladite paroisse (qui n'est composée que de 70 feux) se sont retirés dans d'autres paroisses circonvoisines où ils sont taillables l'année présente, ce qui apporte de non valeurs à ladite paroisse une somme de 773 livres 13 sols; 2° qu'entre les dits habitans, il y a 20 veuves que l'on ne peut cottiser à des sommes si fortes que si elles avaient leurs marys, et enfin, parce que des 50 habitans restant, il y en a plus de 15 qui sont à la charité de ladite paroisse, en sorte que cette imposition très forte les oblige à se jetter aux pieds de Vostre Grandeur pour luy representer leur misère... »

Ils demandaient à ce que la paroisse fût, à l'avenir, déchargée pour toujours de la taille, « et obligée, à l'exemple de Challiot, de payer les entrées des vins, estant ladite paroisse dans la banlieue de Paris.. » ; enfin, à payer en trois années la présente imposition de 4530 livres.

Par une note écrite au dos de la requête, il apparaît que les habitants d'Auteuil sont en réalité pauvres, et que dans la prochaine répartition on les « soulagera », mais qu'il n'y a pas lieu de donner suite à leur demande parce que les habitants des paroisses voisines viendraient demeurer à Auteuil, « et S. M. y perdroit plus qu'elle n'y gagneroit » (Bibl. nat., ms. nouv. acq. franç. 254, fol. 1 et 2).

Louis XV, qui avait fait à la Muette de grandes dépenses, fonda, en 1761, un jardin fleuriste à Auteuil : « Le roy ayant conçu le projet de se former un jardin fleuriste au village d'Auteuil et de traiter cet objet comme affaire particulière et personnelle, chargea M. le marquis de Marigny » d'acheter une maison et des jardins « sis au village d'Auteuil en la Grande-Rue, près la porte du bois de Boulogne dite d'Auteuil, contenant 4 arpents, 30 perches et demi, et 3 pièces de luzerne contenant 4 arpents, 75 perches situées au bout du jardin, au midi et en dehors de la clôture... » ; le tout appartenait au sieur Hector de Jonquières, et fut payé 26704 livres, 3 sols, 4 deniers (Arch. nat., O¹ 1585-1586, carton double). D'autres acquisitions furent faites en 1772, notamment à Mme Helvétius ; mais, deux ans après, Louis XVI fit revendre l'ensemble du terrain à un personnage appelé Stras, au prix de 68,000 livres, et comme celui-ci ne put fournir cette somme, la Cour des Aides en fit adjudication, en 1778 à Joly de Fleury, conseiller d'État (ibid.). Il résulte des indications fournies par les contrats et les plans qui y sont annexés, que ce territoire très vaste était situé à gauche de la porte actuelle d'Auteuil, sur l'emplacement occupé par les fortifications et la partie engrillagée du bois de Boulogne que la route départementale sépare du reste du bois.

La loi du 22 décembre 1789, complétée en janvier-février 1790, et qui divisait la France en départements fit d'Auteuil une commune du département de Paris, district de Saint-Denis, canton de Passy ; une mairie s'y était créée dès la formation des municipalités, en 1789 ; trois ans après, en 1792, on lui préféra un autre bâtiment, ainsi que l'attestent les extraits suivants d'une brochure assez rare, qui a pour titre : *Inauguration de la maison commune d'Auteuil* :

« Le dimanche 5 août (1792) à 5 heures de l'après-midi, le corps municipal d'Auteuil, rendu sur la place d'armes avec la garde nationale, ira jusqu'au rond de Mortemart du bois de Boulogne, au devant des deux municipalités, que M. le Maire complimentera.

De là, le cortège en ordre de marche se dirigera vers l'ancienne maison commune [1], pour en transporter le drapeau, la pierre de la Bastille, les bustes des grands hommes, la déclaration des droits de l'homme et la Constitution.

---

(1) D'après Feuardent (*Histoire d'Auteuil*, p. 138), cette première maison commune était située sur

Le cortège arrivant sur la place de la nouvelle maison commune, déposera successivement sur l'autel de la patrie les bustes de J.-J. Rousseau, Voltaire, Franklin, Helvétius et de Mirabeau ; les groupes qui les accompagneront se rangeront dans l'ordre qui sera indiqué ; ensuite M. le Maire prononcera le discours suivant.......

« Description de la maison commune d'Auteuil.

« La nouvelle maison commune d'Auteuil est bâtie dans la forme des premiers temples Grecs. Sa simplicité n'a pas permis d'y employer des colonnes, mais les détails de l'entablement extérieur sont parfaitement semblables, et moitié environ de ceux du temple de Minerve à Athènes, bâti par les architectes *Ictinus* et *Callicrates*, dont on sait que *Phidias* dirigeait aussi l'exécution, en l'enrichissant de ses ouvrages.

« Les profils de l'intérieur sont ceux du tombeau de *Philecus*, petit monument encore existant près des ruines de l'ancienne Stratonicée.

« Les bustes de J.-J. Rousseau, Voltaire, Franklin, Helvetius et Mirabeau orneront cet édifice qui deviendra un véritable Panthéon, lorsqu'on aura rassemblé dans son enceinte, comme on le projette, les hommes illustres qui ont habité ce pays. Ceux de Boileau et de Molière occuperont les premières places et formeront un attrait de plus pour les gens de lettres et les artistes qui viennent fréquemment méditer sous les ombrages frais et tranquilles que leur offre cette partie du bois de Boulogne qui tient au village d'Auteuil ».

La loi du 22 frimaire an VIII (13 décembre 1799), qui créait les arrondissements communaux, plaça Auteuil dans l'arrondissement de Saint-Denis et le canton de Neuilly ; enfin, la loi du 16 juin 1859, en vertu de laquelle tous les territoires compris entre les anciennes barrières et le mur d'enceinte étaient, à dater du 1er janvier 1860, annexés à Paris, fit d'Auteuil un quartier (le 61e) de la capitale, appartenant au XVIe arrondissement. Voici quelles sont ses limites : « une ligne partant du milieu de la Seine, au droit de la limite des terrains militaires et suivant le pied des glacis, jusqu'à la porte de Passy ; l'axe de cette porte, celui du boulevard Suchet jusqu'au prolongement de l'axe de la rue de l'Assompption ; l'axe de ladite rue, celui de la rue Boulainvilliers et du pont de Grenelle, et le milieu de la Seine jusqu'au point de départ ». La population d'Auteuil a naturellement augmenté dans des proportions considérables depuis le commencement du siècle : de 1077 individus en 1800, elle a été de 1381 habitants en 1889 ; ce chiffre est cependant le plus faible de toute la population parisienne en raison du territoire occupé, car il n'est que de 64 habitants par hectare, alors que le quartier Bonne-Nouvelle, le plus peuplé de tous, en compte 1025.

L'abbé Lebeuf indique comme écarts de la paroisse d'Auteuil : Billancourt et la ferme de « Grenelles ». Nous remettrons à parler de Billancourt au chapitre suivant, consacré à Boulogne, dont cette localité fait partie depuis 1860. Quant à Grenelle, situé sur la rive gauche de la Seine, en face d'Auteuil, il n'y avait là, en effet, au XVIIIe siècle qu'une ferme, et le moulin de Javel, omis par Lebeuf ; ces hameaux

---

l'emplacement de la place de la Fontaine (actuellement à l'intersection des rues d'Auteuil et de Lafontaine). Celle que nous voyons inaugurer en 1792 se trouvait dans le voisinage de l'église. Elle fut remplacée (à une date qui n'est pas donnée) par la mairie sise rue Boileau, qui subsista jusqu'à la suppression de la commune d'Auteuil en 1860.

dépendaient de l'abbaye de Sainte-Geneviève, mais il est surprenant que la chapelle qui s'y trouvait en 1697 ait relevé de la cure d'Auteuil, bien que, depuis le XIVe siècle, un bac reliât les deux rives. Quoi qu'il en soit, l'importance actuelle de Grenelle exige que nous lui donnions un chapitre spécial qui se placera dans l'ordre topographique à la suite de nos notes sur Vaugirard.

Lebeuf, en revanche, n'a pas mentionné le lieu dit le POINT-DU-JOUR qui existait de son temps et faisait déjà partie, comme maintenant encore, du territoire d'Auteuil. L'origine de sa dénomination est bien certainement l'enseigne d'une hôtellerie, mais on ne sait de quand elle date. Il ne faut pas tenir compte de l'anecdote d'après laquelle le comte de Coigny et le prince de Dombes prenant rendez-vous pour un duel où le premier trouva la mort, auraient décidé de se battre « sur la route de Versailles, le lendemain, au point du jour », d'où le nom resté au lieu du combat; la rencontre eut lieu le 4 mars 1748 : or, nous avons des mentions plus anciennes du Point-du-Jour : un acte du 13 mai 1729 a trait à une « maison, cour, glacières et dépendances, scise sur le terroir d'Auteuil, lieu dit le *Point-du-Jour* ou *sous les Clos*., sur le grand chemin pavé ou chaussée de Paris à Versailles » (Arch. nat., S. 1610). Le plan de Roussel (1730), un plan manuscrit conservé aux Archives nationales (1732) font également figurer le Point-du-Jour; antérieurement, ce lieu s'appelait « le Petit-Versailles » ou plutôt, il y avait à cet endroit, sur le grand chemin de Paris à Sèvres, une maison ainsi dénommée dans plusieurs actes de 1689 à 1699; la cote de ces actes, rédigée au XVIIIe siècle, porte « le Point-du-Jour » (Arch. nat., fonds de Sainte-Geneviève, S. 1543).

Voici les passages principaux d'un acte, daté du 28 janvier 1788, qui intéresse la topographie du quartier du Point du-Jour et de la commune voisine, Boulogne :

« A tous ceux qui ces presentes lettres verront, François de Gaulle, avocat en Parlement, prévôt, juge civil criminel et de police de la prévosté d'Auteuil et dépendances pour Messieurs les abbé, prieur, chanoines réguliers et chapitre de l'abbaye royale de Sainte-Geneviève au mont de Paris, congregation de France, salut. Sçavoir faisons que, vu le réquisitoire du procureur fiscal de cette prévôté, expositive que la voye detournée qui conduisoit de Saint-Cloud au Point-du-Jour est devenue inutil' et que l'on y passe plus depuis que l'on a pratiqué une route dudit lieu du Point-du-Jour à Saint-Cloud, large de quatre-vingt-dix pieds, appelée la route de la Reine, et que les ponts et chaussées ont fait faire des fossés de distance en distance pour l'intercepter; que l'extremité de cette voye detournée qui tient d'un costé aux seigneurs de ce lieu, d'autre à Louis-Denis Descoins, d'un bout à la chaussée de Paris à Versailles, et d'autre au chemin qui conduit dudit lieu du Point-du-Jour à Auteuil et à la nouvelle route de la Reine et qui traverse cette voie detournée, est actuellement une place vague qui va devenir le receptacle des immondices dudit lieu du Point-du-Jour; que si l'on réunissoit cette place au domaine de la seigneurie et qui paroit en avoir été détachée, les seigneurs pourroient ensuite la delaisser à ceux qui la desireroient moyennant une redevance qu'ils jugeroient à propos de fixer; que le propriétaire pourroit l'enclore, et cette closture contribueroit à la décoration et à l'embellissement de l'endroit; que, quand même il ne la feroit pas clore, il empêcheroit toujours qu'elle ne fût un receptacle d'immondices qui pourroit estre nuisible à la salubrité de l'air et aux propriétaires voisins....; » la réunion au domaine de la seigneurie est ordonnée, à condition que la sente dite du tas de cailloux, conduisant à Auteuil et à la nouvelle route de Saint-Cloud conserve « la même largeur qu'elle avoit entre la maison de Jean Billiaud et le mur de clôture du jardin du sieur Pagny... » (Arch. nat., S. 1610, fonds de Sainte-Geneviève. A cet acte est annexé le réquisitoire fiscal, motivant le jugement et lui en fournissant les termes).

Pendant la guerre franco-allemande de 1870-1871, le quartier du Point-du-Jour fut fort éprouvé par le bombardement; il le fut davantage encore durant la guerre civile qui suivit. On sait que c'est par ce côté de Paris que l'armée de Versailles put enfin pénétrer dans la capitale : le 21 mai 1871, vers six heures du soir, un piqueur des ponts et chaussées, nommé Jules Ducatel, fit entendre par signes aux troupes, qui s'étaient très rapprochées du mur d'enceinte, près du bastion 64, à la porte de Saint-Cloud, que les postes de défense n'étaient pas gardés à ce moment; elles entrèrent, en effet, sans avoir rencontré de résistance jusqu'au delà de Passy.

Depuis cette époque, le Point-du-Jour a été rebâti et son importance s'est accrue considérablement; la cause en est due aux moyens de transport qui se sont multipliés vers cette extrémité, par la Seine surtout et le chemin de fer de ceinture; aussi sa population constitue-t-elle aujourd'hui le principal appoint de celle du quartier d'Auteuil proprement dit.

Plusieurs établissements publics existent sur le territoire de l'ancienne commune d'Auteuil; nous allons consacrer quelques lignes à chacun d'eux.

SAINTE-PÉRINE. — On a lu plus haut (p. 320-321) que l'abbaye de Sainte-Périne fondée au XIIIe siècle à Compiègne, transférée en 1646 à la Villette près Paris, avait été, en 1742, réunie au couvent des Génovéfaines de Chaillot; supprimé par la Révolution, ce couvent devint, sous le premier Empire, le siège d'un établissement charitable destiné à servir de refuge aux personnes âgées et atteintes par des revers de fortune; nous fournirons à son sujet quelques détails dans nos notes sur Chaillot. L'administration de l'Assistance publique fut autorisée, le 30 janvier 1858, à acquérir sur le territoire d'Auteuil un terrain où seraient élevés des bâtiments plus spacieux et plus confortables, destinés à recevoir les pensionnaires de cet établissement. Ce terrain, très vaste et ombragé, est situé entre la rue du Point-du-Jour (alors rue de la Municipalité) et l'avenue de Versailles : « L'institution de Sainte-Périne (c'est le nom et l'orthographe adoptés pour la maison par les documents administratifs) est destinée à venir en aide, sur la fin de leur carrière, à d'anciens fonctionnaires, à des veuves d'employés, à des personnes qui ont connu l'aisance et sont déchues d'une position honorable » (*Règlement publié par l'Assistance publique*). Le dernier paragraphe est d'une rédaction fâcheuse et que rien ne justifie. Sainte-Périne reçoit, moyennant une pension dont le prix est élevé, les personnes des deux sexes ayant soixante ans révolus; elles doivent avoir habité depuis deux ans au moins dans le département de la Seine ou depuis un an seulement si elles ont justifié « d'un séjour antérieur de vingt à trente ans dans le département de la Seine, accompli dans les fonctions publiques. »

LA MAISON DE RETRAITE CHARDON-LAGACHE a été fondé en 1863, grâce à la libéralité de M. et Mme Chardon-Lagache, sur l'emplacement de l'ancien hôtel seigneurial de l'abbaye de Sainte-Geneviève, rue du Point-du-Jour, devant l'église d'Auteuil. Elle reçoit « des époux en ménage, des veufs ou veuves et des célibataires de bonne vie et mœurs, âgés au moins de soixante ans. Les époux doivent être mariés au moins depuis cinq années. Les personnes atteintes d'infirmités incurables ne peuvent être admises que dans les dortoirs, et seulement s'il y a des lits vacants dans les salles qui leur sont spécialement affectées. » Le prix de la pension est de 500 francs pour les personnes admises dans les dortoirs, plus 200 francs de droit d'entrée; de 700 francs pour celles qui occupent une chambre particulière et de 1300 francs pour les ménages. Les deux dernières catégories d'hospitalisés reçoivent les prestations en nature nécessaires à leurs besoins, et chacun une somme de 5 francs en argent tous les dix jours. L'établissement dépend de l'administration de l'Assistance publique et est placé sous la direction du directeur de Sainte-Périne.

La MAISON DE RETRAITE ROSSINI est dans les mêmes conditions d'administration. Située, rue Mirabeau, sur un terrain distrait de l'enclos de Sainte-Périne, elle est « destinée à recevoir des artistes chanteurs italiens et français, âgés ou infirmes, des deux sexes », âgés de soixante ans révolus ou atteints d'infirmités incurables; les pensionnaires sont tous logés dans des chambres particulières; ils n'ont pas de prix de pension à acquitter et reçoivent de l'Administration un crédit annuel de 120 francs pour leur habillement. Cet établissement a été fondé, comme son nom l'indique, en vertu de dispositions testamentaires et de legs du célèbre compositeur Rossini.

RELIGIEUSES DE L'ASSOMPTION. — Cette communauté a été transférée, en vertu d'un décret du 6 mai 1858, de Chaillot à la rue de l'Assomption (ancien chemin des Tombereaux, sur la limite des territoires d'Auteuil et de Passy), où sa principale entrée porte le n° 25. C'est le siège de la maison-mère; un pensionnat de jeunes filles y est annexé.

ŒUVRE DE LA PREMIÈRE COMMUNION ET DES APPRENTIS ORPHELINS. — Elle a été fondée, le 19 mars 1866, dans un local situé rue Lafontaine, 40, et qu'elle occupe encore maintenant après lui avoir donné des accroissements considérables. Elle a pour but de recueillir des enfants orphelins ou moralement abandonnés et de leur donner, en même temps que l'instruction, la facilité d'apprendre un état, c'est-à-dire que l'œuvre réunit à la fois des écoles et des ateliers, où l'on apprend surtout les travaux typographiques; 500 enfants environ y sont hébergés. Le fondateur, qui en est encore aujourd'hui le directeur, est M. l'abbé Roussel (voy. à la Bibliographie des imprimés).

ŒUVRE DE L'HOSPITALITÉ DU TRAVAIL. — Cette institution charitable a été créée à Auteuil pendant l'hiver de 1880. Elle consista d'abord en un simple refuge, situé 39, rue d'Auteuil et administré par la congrégation de Notre-Dame-du-Calvaire (fondée à Gramat en 1853); on y donnait asile pour la nuit aux femmes dénuées de ressources. L'œuvre prit une extension considérable lorsqu'à la fin de l'année 1885, elle fut installée dans les bâtiments construits exprès pour elle, avenue de Versailles, 52. Au fronton de la principale entrée se lit cette inscription : *A Dieu dans ses pauvres. — Hospitalité du travail pour les femmes*. Ce n'est plus un refuge, mais un vaste asile où on donne aux femmes qui s'y présentent l'hospitalité matérielle et les soins moraux, en leur demandant en échange les travaux qu'elles peuvent exécuter, jusqu'au temps où elles quittent la maison pour gagner honorablement leur existence au dehors. A cette œuvre si utile s'est annexée, depuis le mois de mai 1892, l'hospitalité du travail pour les hommes, institution parallèle établie dans un local contigu, et dont la fondation est due à la libéralité du comte et de la comtesse de Laubespin. La direction des deux maisons est restée à la congrégation de Notre-Dame-du-Calvaire (voy. à la Bibliographie des imprimés).

L'ÉCOLE MUNICIPALE JEAN-BAPTISTE SAY a été fondée en 1873, 11 *bis*, rue d'Auteuil. Aux termes de son programme, elle « s'adresse à cette partie de la jeunesse qui se destine au commerce ou à la banque, à l'industrie ou aux arts industriels, aux administrations publiques ou privées, et aux écoles professionnelles qui n'exigent pas d'études classiques... ; elle prépare également au baccalauréat de l'enseignement secondaire spécial... » L'école admet des élèves pensionnaires et externes ; son budget tout entier appartient à la Ville de Paris.

L'ÉCOLE NORMALE D'INSTITUTEURS est installée rue Molitor, dans des bâtiments construits récemment. Elle a pour objet d'instruire les jeunes gens qui se préparent à la carrière de l'enseignement primaire dans le département de la Seine.

BIBLIOGRAPHIE. *Sources.* Arch. nat. Q^1 1068^1 : biens nationaux sur la commune d'Auteuil. — S. 159 (fonds du Chapitre de Saint-Germain-l'Auxerrois réuni à celui de Notre-Dame) : actes du xviiie siècle analysés plus haut (appartenant autrefois au carton L. 454); cahiers de déclarations de censives (1553, 1608, 1653, 1654 et 1673); accords et bornages avec les abbayes de Longchamps et de Sainte-Geneviève. — S. 160 : censive du Chapitre de Saint-Germain-l'Auxerrois; déclaration de 1642; plans de la censive de Saint-Germain; ils ont fourni d'utiles données pour la restitution de l'emplacement de la maison de Molière. — S. 1610 (abbaye de Sainte-Geneviève): charte de 1182 par laquelle Thibaud abandonne définitivement à l'abbaye de Sainte-Geneviève les biens que feu son oncle Simon de Saint-Denis, chanoine de Sainte-Geneviève, avait possédés à Auteuil et qu'il avait légués en mourant à ladite abbaye; vidimus, en 1288, d'une clause du testament de Guibert, autrefois curé d'Auteuil, léguant à Marie, veuve de Martin Dumesnil, un pré situé à Auteuil; mention, en 1306, de feu Marie d'Auteuil; pièces relatives à « la fondation d'un catéchisme » dans l'église d'Auteuil, par Jean le Boiteux, brodeur et valet de chambre ordinaire du Roi, et Nicole Puleu, sa femme (1637); accords entre la communauté des habitants d'Auteuil et l'abbaye de Sainte-Geneviève au sujet des droits de pâturage (xvie siècle); récolement, en 1634, des bornes séparant les terres des deux abbayes de Montmartre et de Sainte-Geneviève; titres de propriété, notamment de la famille de Rohault et de Terrasson. — S. 1543 (abbaye de Sainte-Geneviève) : baux à cens (1399-1713); titres relatifs à la fontaine d'Auteuil, sise au lieudit « le grand Perchamps » (1621-1646); bornage, dressé en

1731, entre l'abbaye et « dame Marie-Armande Carton, veuve de messire Jean-Louis Guillaume de Fontaine, conseiller du Roy, ancien commissaire de marine et galères de France, dame haute, moyenne et basse justicière de toute l'étendue du territoire de la paroisse de Passy et du fief de Saint-Pol » (également à Passy); pièces sur le fief Baudouin; bail par l'abbaye à Pierre Séguier, chancelier de France, de la maison seigneuriale d'Auteuil, moyennant 1200 livres de loyer; dossier relatif à la fondation d'une maison d'école à Auteuil, par Nicolas Bourbon, prêtre, en 1723 et 1724 — S. 1544 : titres sur les pâturages et biens communaux; bornage entre les seigneuries d'Auteuil et de Passy; bornages entre les censives de Sainte-Geneviève et de Saint-Germain-l'Auxerrois, d'une part, de Sainte-Geneviève et de l'abbaye de Montmartre, d'autre part (1510-1730). — S. 1676-1682 (abbaye de Sainte-Geneviève) : registres censiers et actes d'ensaisinement. — Z² 136-190 : prévôté d'Auteuil; registres d'audience, procès-verbaux. — Série N (plans) : 1re classe, n° 12 : plan du terroir d'Auteuil levé au mois d'août 1658 par Charles Rozy, arpenteur-juré. — 1re classe n° 13 : plan de très grand format levé en 1735 pour l'abbaye de Sainte-Geneviève par J.-B. Charpentier, ingénieur. — 1re classe, n° 16; plan d'ensemble levé en 1732 pour Saint-Germain-l'Auxerrois par Claude Duchesne, architecte et ingénieur. — Atlas n° 8 bis : plan en 38 feuillets de la censive de Saint-Germain-l'Auxerrois (1733); N, 3e classe, n° 142 : plan censitaire (1653); n° 169 (année 1733); n°s 594-596-598, n° 767 : plans de censive et du jardin du roi, dressé en 1772.

Bibliothèque nationale : ms. nouv. acq. franç. 254 : documents sur les habitants d'Auteuil (le plus important est celui dont nous avons donné plus haut le texte, p. 439-40).

Bibliothèque de la Ville de Paris : Inventaire des vases sacrés, ornements, papiers, etc., de l'église paroissiale d'Auteuil, dressé en 1787 (n° 1992, in-fol.). — Notes rédigées au XVIIIIe siècle sur la seigneurie de Sainte-Geneviève (n° 12813, in-4°).

Imprimés. Des vertus et propriétés des eaux minérales d'Auteuil près Paris, par Pierre Habert; *Paris*, 1628, in-8°.

Histoire d'Auteuil, depuis son origine jusqu'à nos jours, par Adolphe de Feuardent, instituteur communal à Auteuil; *Paris*, 1855, in-12.

Sur l'*Œuvre de l'hospitalité du travail*; voy. une notice exacte dans la publication périodique intitulée : *Histoire des rues de Paris*, par J. Bachelerie, livraison consacrée à l'avenue de Versailles; *Paris*, Noblet, 1888, — et les *Annales de la Charité et de la Prévoyance* (extrait de la *Réforme sociale*, 1892, in-8°).

Sur l'*Œuvre de la première communion et des apprentis orphelins*, cf. *Une grande œuvre à Paris : l'Orphelinat d'Auteuil et l'abbé Roussel*, par le chanoine E. Guers; *Paris*, 1891, in-8°, — et *La Charité à Paris : l'Orphelinat d'Auteuil et l'abbé Roussel*, par Maxime du Camp; *Paris-Auteuil*, s. d. in-4° (extrait de la *Revue des Deux-Mondes*).

Depuis le mois de février 1892, une Société historique, dont le siège est à la mairie du XVIe arrondissement, s'est créée sous le nom de Société d'histoire d'Auteuil et de Passy; les travaux de ses membres sont publiés dans un *Bulletin* qui paraît tous les trois mois.

BOULOGNE

I, 392-397

Aucun historien sérieux, depuis Lebeuf, ne s'est appliqué à discuter les origines de Boulogne. Cocheris lui-même, dans les additions qu'il a apportées à l'œuvre de notre devancier (IV, p. 237 et ss.) n'y a rien ajouté sur ce point spécial. Nous allons essayer d'éclairer un peu davantage la question. Il n'est pas douteux que, durant le haut moyen âge, des colons se groupèrent en assez grand nombre dans la plaine fertile que forme la boucle de la Seine en face d'Issy, de Sèvres et de Saint-Cloud, à l'ouest de la forêt appelée le plus souvent alors forêt de Rouvray; deux groupes d'habitations purent, sans y être à l'étroit, s'installer dans ce vaste espace; l'un s'appela Menus et l'autre Boulogne. Menus nous est connu par des textes du XIIe siècle, — Lebeuf en a connu un, la charte de 1134, sous la forme *Mansionillum* qui est devenue habituellement en français Mesnil ou le Mesnil, nom de lieu fort répandu; on le retrouve dans des actes de 1137, de 1147, de 1164 qui tous ont trait à l'abbaye de Montmartre (Cf. le *Recueil des chartes de l'abbaye royale de Montmartre* publié par M. Édouard de Barthélemy, Paris, 1883, in-8o, pages 61, 71, 80, 99). Les mentions sont plus fréquentes encore au XIIIe siècle; nous ne citerons que deux chartes de 1231 et 1233 où, parmi les biens de l'abbaye de Saint-Victor, figure « le Mesnilet, juxta leprosariam sancti Clodoaldi » (Arch. nat. LL. 1450A, fol. 199 et 200) [1]. On trouve souvent, au XIVe siècle, Menus-lès-Saint-Cloud, car le lieu était situé en face de Saint-Cloud; puis, lors de la fondation de la paroisse, le nom de Boulogne finit par prévaloir, mais celui de Menus ne disparaît pas complètement et il figure encore aujourd'hui au cadastre comme celui d'un des quartiers de Boulogne, mais sous la forme corrompue : les Menus.

On a cru jusqu'ici, — et Lebeuf tout le premier, — que le nom de Boulogne s'était substitué à celui de Menus au temps où Philippe le Long autorisa les habitants de cette dernière localité à établir entre eux une confrérie semblable à celle de Boulogne-sur-Mer, c'est-à-dire en 1320. Nous croyons qu'on s'est trompé, que le nom de Boulogne appartenait déjà à une portion du territoire dont il s'agit et

---

(1) Les Archives nationales possèdent, dans le carton K. 31, un vidimus par le prévôt de Paris, en date du 10 juin 1339, de l'acte suivant qui est vraisemblablement le plus ancien où soient reconnus des droits aux habitants de Menus :

« Ludovicus, Dei gratia Francorum rex, universis a(d)quos littere presentes pervenerint, salutem. Noveritis quod nos inquiri fecimus diligenter quale jus et quale usagium abbatissa et capitulum Montis martirum debebant habere in nemore nostro de Roboreto, pro se et hominibus suis de Maisnilio, sito juxta sanctum Clodoaldum; et nos ex inquisitione didicimus quod ecclesia Montis martirum duas quadrigatos ramorum per quamlibet ebdomadam debet habere de ramis remanentibus post beati Dioninii quadrigatam; dicti vero homines sui de Maisnilis in dicto nemore nostro de Roboreto habent mortuum ramum ad acrochandum cum crocheto per mortuum nemus. Preterea habent brueriam et genestam in dicto nemore extra callevia que se de bestiis deffendere non possunt; habent etiam dicti homines pascua ad boves et vaccas in bosco quod de bestiis deffendit. Actum Parisius anno Domini Mo CCo XXo quarto, mense Junio. »

que, si la confrérie de Boulogne a été choisie comme modèle, c'est peut-être par suite de la similitude des deux noms de lieu. M. Pfister, dans ses *Études sur le règne de Robert le Pieux* (Paris, 1885, in-8°), a signalé un diplôme déjà publié par Mabillon, dans le *Recueil des Historiens de France* et le *Gallia Christiana*, en vertu duquel le roi Robert autorisait, en 1007, la fondation de l'abbaye de Beaumont-lès-Tours; ce diplôme est daté de « Bolonia foreste » (voy. p. LXX et 103, note 4). On pourrait croire qu'il s'agit d'une forêt de Boulogne autre que celle des environs de Paris, si, dans son Recueil déjà cité des chartes de l'abbaye de Montmartre, M. E. de Barthélemy n'avait imprimé la bulle par laquelle Alexandre III, confirmant en 1164 les possessions de l'abbaye de Montmartre, mentionne parmi ces biens : « apud Boloniam, quinque millia allecum quotannis » (p. 100). Comme l'abbaye de Montmartre eut de tout temps des terres considérables à Boulogne-sur-Seine, il faut bien admettre que le bois et le village existaient sous le nom actuel, au moins dès la seconde moitié du XIIe siècle, sinon au commencement du XIe.

L'histoire de l'institution de la confrérie de Boulogne est connue et les actes qui la consacrent ont été publiés par divers auteurs. La charte de Philippe le Long, — de février 1320, suivant notre manière de compter, — se trouve notamment dans l'*Histoire de la Ville de Paris*, de Félibien, t. I des Preuves, p. 327. Celle qui stipule l'autorisation de Jeanne de Repenti, abbesse de Montmartre, le dimanche après l'Ascension 1320, est conservée en original aux archives de la mairie de Boulogne ; c'est le seul document ancien qui existe encore dans ce dépôt.

En outre, on lit, à gauche du porche de l'église, l'inscription suivante, que nous reproduisons, ligne pour ligne, en raison de son importance :

L'AN MIL TROIS CENS DIX NEUF, CETTE ÉGLISE FUT BATIE
SOUS L'INVOCATION DE N.-D. DE BOULOGNE. PHILIPPE LE LONG, ROY DE
FRANCE ET DE NAVARRE, EN POSA LA PREMIÈRE PIERRE A LA PURIFICATION.
Mᵉ JEANNE DE REPENTIE, ABBESSE DU MONASTÈRE DE N.-D. DE
MONTMARTRE ET TOUTE LA COMMUNAUTÉ Y DONNÈRENT LEUR
CONSENTEMENT L'AN 1320. LA FOREST DE ROUVROY ET LE LIEU
APPELÉS MENUS CHANGÈRENT DE NOM ET S'APPELÈRENT LE BOIS
DE N.-D. DE BOULOGNE ET LE VILLAGE DE N.-D. DE BOULOGNE. LA CONFRÉRIE FUT ÉTABLIE PAR LE ROY PHILIPPE LE LONG. NOS TRÈS SAINTS
PÈRES LES PAPES Y ONT ACCORDÉS DE GRANDES INDULGENCES SURTOUT
JEAN 22 PAR SA BULLE DE 1329. LES JOURS DESTINÉS POUR LES
GAGNER SONT L'IMMACULÉE CONCEPTION, LA PURIFICATION ET L'ANNONCIATION. FULCO, CÉLÈBRE ÉVÊQUE DE PARIS L'AN 1335 RAPPORTE
PLUSIEURS MIRACLES QUE LA TRÈS SAINTE VIERGE A OPÉRÉE
ICY DANS SON ÉGLISE. ELLE FUT CONSACRÉE LE 10 JUILLET L'AN
1469 PAR L'ILLUSTRE GUILLAUME CHARTIER EVESQUE DE PARIS.
CETTE ÉGLISE PORTE LE NOM DE N.-D. DE BOULOGNE PARCE QU'ELLE
EST FILLE DE N.-D. DE BOULOGNE-SUR-MER. LES HABITANS ET
BOURGEOIS DE PARIS AYANT ÉTÉS PAR ORDRE DU ROY CHERCHER
L'IMAGE MIRACULEUSE DITTE N.-D. DE BOULOGNE, DANS LAQUELLE
IL Y A UN MORCEAU DE L'ANCIENNE ET VÉNÉRABLE IMAGE N.-D

DE BOULOGNE-SUR-MER. CETTE RELIQUE EST SOUS LA PROTECTION DU ROY COMME CELLE « DU THRÉSOR DE LA SAINTE CHAPELLE. ELLE NE PEUT SORTIR DE L'ÉGLISE QUE PAR ARREST DE LA CHAMBRE DES COMPTES, COMME APPARTENANT ORIGINAIREMENT AU ROY QUI A PERMIS QU'ON LA PORTAT UNE FOIS PAR AN, SOUS UN DAIS ET PIEDS NUDS, AVEC FLAMBEAUX ET ENCENS A L'ABBAYE DE L'HUMILITÉ DE LA SAINTE VIERGE BATIE PAR SAINTE ELISABETTE ET DITE N.-D. DE LONGCHAMP. NICOLAS MYETTE, L'UN DES FONDATEURS DE CETTE ÉGLISE EST ENTERRÉ EN CETTE BASILIQUE DANS LA CHAPELLE DE L'ASSOMPTION. LES CONFRÈRES DE N.-D. DE BOULOGNE SONT PARTICIPANS DE TOUS LES MERITES ET BONNES ŒUVRES DE L'ORDRE DE CITEAUX LA CONFRAIRIE DE N.-D. DE BOULOGNE A REÇU UN ACCROISSEMENT CONSIDERABLE PAR LES SOINS DE Me CLAUDE JULE DU VAL, DOCTEUR DE SORBONNE, CURÉ DE CETTE ÉGLISE ET EN CETTE QUALITÉ PRIEUR PERPÉTUEL DE LAD. CONFRAIRIE, PASTEUR ZÉLÉ QUI A FAIT DE GRANDS BIENS A LA FABRIQUE, ET SINGULIÈREMENT ATTACHÉ AU CULTE DE LA MERE DE DIEU. LES TITRES QUI REGARDENT LA CONFRAIRIE ROYALE DE CETTE ÉGLISE SONT EN DEPOST EN LA CHAMBRE DES COMPTES DE PARIS, A CELLE DE L'ISLE ET DANS LES ARCHIVES DU CHAPITRE DE N.-D. DE BOULOGNE-SUR-MER. L'HISTOIRE EN A ÉTÉ ÉCRITE PAR M. LE ROY, ARCHIDIACRE DE BOULOGNE-SUR-MER. CETTE PIERRE A ÉTÉ POSÉE A LA FÊTE DE LA NATIVITÉ, QUI EST LA FÊTE TITULAIRE DE CE TEMPLE, L'AN VI DU PONTIFICAT DE N.-S. PÈRE LE PAPE BENOIT XIV, ET LE 31 DU RÈGNE DE LOUIS XV LE CONQUERANT, LE VICTORIEUX ET LE BIEN AIMÉ, MARIE LEZINSKI, PRINCESSE DE POLOGNE, REINE DE FRANCE, Me CHARLES FRANÇ. HENOC, CURÉ ET PRIEUR DE L'ÉGLISE ROYALE ET PAROISSIALE DIRECTEUR DE LA CONFRAIRIE DE N.-D. DE BOULOGNE.

Ce long texte, qui dénote un souci peu commun au XVIIIe siècle, de l'exactitude historique, contient cependant quelques erreurs. Nous avons dit déjà qu'il fallait dater la fondation de la confrérie de 1320 et non de 1319, — que le nom de Boulogne existait antérieurement à cette fondation et que celui de Menus ne disparut pas, au moins complètement; il ne faut, en outre, accorder aucune créance aux miracles que Fulco, c'est-à-dire l'évêque de Paris, Foulques de Chanac, aurait constatés en 1335; au reste, cet évêque n'occupa le siège épiscopal qu'à dater de 1342. Ces réserves n'empêchent pas l'inscription d'être précieuse, et il serait à souhaiter que chacune des églises du diocèse eût ainsi conservé des annales lapidaires.

De l'autre côté du porche, c'est-à-dire à droite de la porte d'entrée, se lisent deux autres inscriptions : la première, seule, a été reproduite par Cocheris et Guilhermy; elle atteste que, de 1860 à 1863, l'église a été « complètement restaurée, ornée de ses galeries, enrichie de sa flèche et agrandie de ses deux chapelles, d'une travée et de sa tribune »; l'autre inscription, plus récente, témoigne qu'à la suite des dégâts causés par l'invasion allemande de 1870 et la guerre civile qui l'a suivie, l'édifice a dû subir une nouvelle restauration et être pourvu de verrières neuves. Nous signalerons enfin, dans cette église, deux dalles tumulaires intéressantes : celle de Nicolas Myette, l'un des fondateurs de la confrérie, mort au mois de mai 1338, et celle d'un chevalier décédé en 1397 et que Guilhermy, sur les indications de M. Léopold Delisle, a pu identifier avec Jean Le Merisier, maître d'hôtel de Charles VI (*Inscriptions de l'ancien diocèse de Paris*, t. II, p. 82-85).

Lebeuf se trompe lorsqu'il dit que la paroisse de Boulogne ne date que de 1343, car elle existait déjà en 1330, ainsi que le prouve une charte de l'évêque de Paris limitant à cette époque sa circonscription (Arch. nat. S. 193). Le surnom de Boulogne-la-Petite dura au-delà du xvie siècle ; on le retrouve encore dans les registres paroissiaux de la fin du xviie, concurremment avec ceux de Boulogne-près-Saint-Cloud, Boulogne — près Paris qui, vers la fin de l'ancien régime, étaient les seuls employés.

Le conflit entre l'évêché et le Chapitre de Saint-Germain-l'Auxerrois, au sujet du droit de présentation à la cure, fut, à deux reprises, porté devant le Parlement qui, le 11 décembre 1395 et le 15 février 1465 (n. s.) le maintint en faveur des chanoines de Saint-Germain [1].

Un dépouillement minutieux des registres de baptêmes, mariages et sépultures conservés à la mairie de Boulogne nous a fourni quelques détails, trop peu nombreux, sur la chronique de la paroisse durant les deux derniers siècles : 5 avril 1628, inhumation de Jean Meusnier « décédé d'une fièvre chaude et frénétique ». — « 15 mai 1663 : mention de la confirmation donnée dans l'église de Boulogne par l'évêque de Césarée « à tous les habitants du lieu qui ne l'avoient pas reçue, jusques aux enfants de sept ans accomplis ». — 26 avril 1668 : inhumation de Claude Fournier, mort le dix-huitiesme jour de décembre de l'année mil six cent soixante et sept, par mort violente, estant incidemment tombé dans l'eau et ayant esté retrouvé flottant sur les eaux et retiré d'icelles eaux, le mardi vingt-quatriesme avril ». — 28 novembre 1671, inhumation de Jean de Villiers, procureur fiscal de la paroisse. — 6 janvier 1673, acte d'abjuration de la religion calviniste, par Marie Le Drant, veuve de Gabriel Prampaint, âgée de quarante-cinq ans. — 8 juillet 1678, inhumation de Martine Hincque, morte au moulin de l'abbaye de Longchamp « scitué sur le territoire et l'étendue de ladite paroisse de Boulogne ». — 23 août 1682, inhumation, dans le cimetière, de Guillaume Leclerc, curé, mort la veille, à l'âge de 65 ans.

27 mai 1712, mention du baptême de Marie, fille de Pierre Sageret, « portier « du bois de Boulogne de la porte d'Auteuil », ondoyée par Marie Griminy, sage-« femme, demeurant dans le château de Madrid, paroisse de Villiers-la-Garenne ». — 3 février 1732, inhumation, dans l'église, de Marie-Louise-Constance Terrier,

---

1. Voici les noms des curés de Boulogne que nous avons pu retrouver : Guillaume de Lachenel; Fiacre de La Fontaine (1395). — Robert Lejote (1404). — Pierre Charpentier (1469). — Mathieu Berthault; Jean Mondinot (1514). — Jacques Wallon (1624-1626). — Pierre Pil'et (1626-1627). — Jean Carbonnel (18 nov. 1629-1646). — Marin Manuel (1647-10 déc. 1666). — Guillaume Leclerc (nov. 1666-août 1682). — Louis Leclerc (août 1682-sept. 1724). — Jules Duval (sept. 1724-mai 1744). — François Henocque (1744-1793).

veuve de Charles-Prosper Bauyn, marquis de Perreuse, morte l'avant-veille, en sa maison de Boulogne, à l'âge de 49 ans. — 11 juillet 1733, inhumation de maître Jean Icard, chirurgien, procureur fiscal de la prévôté de Boulogne, ancien marguillier de la paroisse. — 9 février 1788, prestation du serment, devant le curé, de Félicité Taulé comme sage-femme pour la paroisse.

Ces registres fournissent la preuve que la plupart des habitants de Boulogne étaient vignerons ou « blanchisseurs de linge »; les noms que l'on y retrouve le plus fréquemment sont ceux des familles Yvet (ou Hivet), Langot, de Villiers, Haulmoire, Pinson, de la Ruelle, Patry, Perré, encore existantes aujourd'hui.

Le 24 février 1699, Louis XIV permit aux « habitans de Menus et Boulogne » de faire vérifier et de revendiquer les droits d'usage dont ils avaient joui jadis dans le bois, alors appelé Parc de Boulogne; les considérants de l'acte royal méritent d'être rapportés :

« Sur la requeste presentée au Roy en son Conseil par les habitans de Menus et de Boulogne près Saint-Cloud, contenant que la pluspart de leurs heritages avoient été enfermez dans le parc de Boulogne, en vertu de lettres patentes du roy saint Louis, de 1326, confirmées par les roys ses successeurs, et leur avoit été accordé droit de paturage en ce parc et d'y prendre pour l'usage de leurs maisons, du bois mort sec, sans verdure, avec crochets et maillets, bruyères et genêts, en avoient jouy jusqu'au 28 septembre 1665, que le sieur de Barillon, commissaire de la reformation des forêts, en les y confirmant, en avoit surcis la jouissance pendant dix années, finissantes en 1676; que les supplians ayant lors demandé à jouir de ces droits, il avoit esté ordonné, par arrest du 19e aoust 1679, que le sieur de Saumery, grand maistre des eaues et forests de l'Ille de France, dresseroit procès-verbal de leurs titres concernans lesdits droits d'usages, et donneroit son avis, pour, le tout vu et rapporté au Conseil, estre ordonné ce qu'il appartiendroit; que depuis, les supplians avoient été si accablez de tailles et contributions extraordinaires qu'ils n'avoient pu vaquer à poursuivre l'exécution de cet arrest, et ledit sieur de Saumery n'estant plus grand maistre pour l'exécuter; à ces causes, requeroient les supplians qu'il plût à S. M. subroger le sieur de Bruillevert, grand-maistre des eaues et forests du departement de Paris au lieu et place dudit sieur de Saumery pour l'exécution dudit arrest... » (Archives de la mairie de Boulogne; original).

Cocheris a signalé (IV, 246) et nous avons vu, après lui, dans les registres de l'état-civil la mention, en 1688, d'un maître d'école de Boulogne, appelé Provost; il existe en outre, dans les archives de la commune, le texte d'une délibération prise en 1729 par les habitants pour « l'établissement d'un maître d'école en forme de clerc pour la paroisse, qui se trouvera pour chanter l'office à l'église, et qui sera gagé cent cinquante livres par an, à l'effet de quoy il convenoit faire construire une petite habitation pour ledit maître d'école, sur une place de trois ou quatre perches à prendre dans le Parchamp... » Les mêmes archives contiennent les comptes de construction, en 1756, d'une école pour les filles.

La Révolution fit de Boulogne une commune du canton de Passy; on la rattacha, en l'an VIII, au canton nouvellement formé de Neuilly; la loi du 12 avril

1893 en a fait un chef-lieu de canton « avec commune unique ». Depuis le commencement de notre siècle, le chiffre de sa population a constamment suivi une marche ascendante; de 3.325 habitants en 1820, il fut de 7.602 en 1857; de 11.378 en 1861, et atteint actuellement 35.000. — La mairie a eu trois emplacements divers ; de 1789 à 1858, elle a été située sur la place de l'église, contre cet édifice; de 1858 à 1880, rue de Montmorency, et à partir de 1880, avenue de la Reine. Il y a à Boulogne quatre écoles communales pour les garçons, trois pour les filles, et un assez grand nombre d'écoles libres et pensionnats d'éducation.

L'*asile de la Vieillesse*, situé rue Saint-Denis, 45, a été fondé en 1854, grâce à l'initiative du maire de Boulogne, M. Ollive; pour y être admis, il faut justifier de la qualité de Français, d'une résidence consécutive dans la commune depuis dix ans, et être âgé, les hommes de 70 ans, les femmes de 65 ans.

Le cimetière de la commune de Boulogne a aussi occupé plusieurs emplacements ; le plus ancien était situé, conformément à l'usage, à côté de l'église; par une délibération en date du 20 pluviôse an XII, le Conseil municipal reconnut que ce local était devenu insuffisant et décida d'acquérir « un terrain situé à 300 mètres au nord de la limite de la commune, contenant 18 ares 44 centiares environ, tenant au mur de clôture du Bois de Boulogne et au chemin qui mène à Longchamp, appartenant à neuf propriétaires ». Lorsque la ville de Paris devint propriétaire du Bois de Boulogne, ce cimetière fut fermé, mais non détruit (il existe encore aujourd'hui, formant enclave dans le bois, vers l'extrémité sud-ouest de la plaine de Longchamp) et transféré dans un terrain beaucoup plus vaste situé en bordure de l'avenue de la Reine.

BILLANCOURT. — Les formes anciennes du nom de ce lieu sont Bulancuria, Bullencort, Bulencourt (XIIe et XIIIe siècle); puis, à une époque plus récente, Boulancourt et même Blignancourt. On en trouve mention, pour la première fois, dans une charte de 1150, par laquelle Louis VII confirma la donation qu'Ansold de Chailly, chevalier, et Aveline, sa femme, avaient faite à l'abbaye de Saint-Victor de la terre de Billancourt; cette charte se trouve aux Archives nationales dans un carton du fonds de Saint-Victor, coté S. 2137, qui contient en outre tous les documents pouvant donner quelques renseignements sur Billancourt qui ne cessa, jusqu'à la Révolution, d'appartenir à Saint-Victor. Les textes prouvent que dès le XIIe siècle, ce domaine comprenait, outre le territoire actuel de Billancourt, les deux îles qui y font face; l'une d'elles s'appelait l'île de Longueignon ou Longuignon, et l'autre, l'île de Billancourt. En 1193, Maurice de Sully, évêque de Paris, confirma une nouvelle donation faite à Saint-Victor par Thibault Froger et Julienne, sa femme, de toute la terre qu'ils possédaient « justa granchiam de Bullencort, cum omni censiva quæ ibidem ad eos pertinebat. »

En 1275, on trouve mention d'une « Avelina, quondam filia defuncti Radelphi de Bulencourt » (S. 1544). Billancourt ne fut, jusqu'à la Révolution, qu'un domaine agricole; une ferme importante s'y élevait (voy. le plan du XVIIIe siècle dans le carton S. 2137) vers l'emplacement de l'église actuelle; de bonne heure, les religieux de Saint-Victor la firent exploiter et eurent, au sujet des dîmes, eux ou leurs fermiers, des contestations avec le Chapitre de Saint-Germain-l'Auxerrois (S. 159).

Dans son amusant *Voyage de Paris à Saint-Cloud*, publié pour la première fois en 1748, Néel parle ainsi de Billancourt : « Nous passâmes ensuite à la vue d'un endroit assez joli, que les gens du pays appellent Billancourt : je n'y remarquai rien qui fût digne de la curiosité du voyageur, sinon que ce pays-là me parut ne produire guère d'hommes, parce que je n'y en vis qu'un seul ; mais, qu'en récompense aussi, il y croissoit bien des moutons de Berry, car il y en avoit beaucoup qui étoient marqués sur le nés, et qui se promenoient au bord de la mer... »

En 1772, le 18 février, le Chapitre de Saint-Victor décida de s'en référer au notaire de l'abbaye sur le projet dont il était saisi d'aliéner « la terre et seigneurie de Billancourt » (Arch. nat. L.L. 1451, fol. 103, 2º) ; ce projet n'eut pas de suite immédiate, et la Révolution vint en interrompre la réalisation.

Depuis lors, Billancourt s'est peuplé, assez lentement d'ailleurs, de villas et d'établissements industriels ; en 1834, une chapelle, dédiée à Notre-Dame, y fut construite en grande partie aux frais d'un propriétaire du pays, M. de Gourcuff ; elle fut agrandie en 1860 et la dépense de cet agrandissement, s'élevant à 15,000 francs, réglée solidairement par les habitants (Arch. de la mairie de Boulogne).

Pendant l'invasion allemande de 1870, Billancourt, placé entre les feux de l'ennemi campé à Saint-Cloud et ceux du rempart de Paris, aurait eu beaucoup à souffrir, si son curé, l'abbé Gentil n'avait eu l'heureuse idée de faire émigrer la plupart de ses paroissiens à Saint-Jean-d'Assé, petite localité du département de la Sarthe ; il a fait la relation de ces faits dans une intéressante brochure : *Notice sur l'émigration paroissiale de Billancourt-les-Paris*, par l'abbé J. Gentil, curé de Billancourt, 1871, in-8º.

A dater du 1er janvier 1860, Billancourt a été détaché de la commune d'Auteuil qui s'absorbait dans Paris, et réuni à celle de Boulogne ; la rue de la Plaine forme la séparation entre les deux agglomérations qui, aujourd'hui, sont confondues.

BIBLIOGRAPHIE. *Sources*. Nous avons analysé, au cours de cette notice, la plupart des documents inédits relatifs à Boulogne, qui se trouvent soit aux Archives nationales, soit à celles de la mairie ; rappelons, à propos de ces dernières, que la collection de registres de l'état-civil commence à 1624 et se continue sans lacune ; celle des registres de délibérations ne date que de 1804. Parmi les pièces en liasses, il y a lieu de signaler : la matrice en 60 feuillets d'un plan parcellaire de la paroisse, levé par ordre des religieuses de Montmartre en 1770-1771 ; l'inventaire des titres de la fabrique (1785) ; plusieurs dossiers concernant la reconstruction du clocher en 1815, au prix de 8,401 fr. 63 cent. ; celle du presbytère (1845-1847), et, à la date du 23 août 1849, une lettre par laquelle le directeur des Beaux-Arts, Charles Blanc, avise le maire de Boulogne de l'envoi « pour l'église de Boulogne, d'un tableau peint par M. Dulong et représentant l'évanouissement de la Vierge ».

ARCH. NAT. *Section domaniale*. Q¹ « 1068¹ » : déclarations de censives à Boulogne et au Menu ou Mesnil, la plupart de 1540. — Q¹ 1069 : déclarations de censives, où sont mentionnés les lieux dits suivants : les Garennes (1531, 1616) ; le Néflier ; le Val (1548) ; les Perruches, sous les Perruches (1559, 1661) ; les Guérets (1577) ; les Hériettes (1608) ; Champuton (1612) ; chemin de la Procession de la Fête-Dieu (1641) ; les Plants-Marescot (1646) ; les Graviers (1655) ; le bout des Vignes (1608, 1696, 1723); la Bannière ou le Pas-du-Loup (1696); la Longuinole (1707, 1752, 1764); rue de l'Abreuvoir, anciennement rue du Bac, aux Menus (1715); les Chaussières ou Chaufecières; le chemin Verd (1720). — Q¹ 1074-1675 : biens de l'abbaye de Longchamp à Menus (xivᵉ et xvᵉ s.).

Sur Billancourt, le carton Q¹ 1069 contient un bail de la seigneurie en 1772 au sieur de Claessen.

Imprimés. Notice historique sur Boulogne (banlieue). Juillet 1852... par A.-P.-A. Baume; Boulogne, 1852, in-8°.

Précis historique de la fondation de l'église et de l'érection de la grande confrérie de N.-D. de Boulogne-la-Petite, près Saint-Cloud, dans le diocèse de Paris, par G. Le Cot, curé de cette paroisse... Boulogne, 1853, in-12 (ouvrage sans valeur historique pour les origines).

Annuaire administratif, législatif, commercial et industriel, ou Archives de la ville de Boulogne-les-Paris, pour 1863, 1ʳᵉ année... par une réunion de praticiens; Boulogne, 1863, in-8°.

Histoire et institutions de Boulogne (sur Seine). Église, mairie, écoles, bibliothèques, secours mutuels, crèche, orphéon, musique, sapeurs-pompiers, théâtre, etc. — Billancourt, par J. Grenet... Paris, *Schiller*, 1869, in-8°.

Guide indicateur Doizelet. Annuaire de Boulogne-sur-Seine et de Billancourt; Boulogne, 1891, in-8° (seule année parue).

BOIS DE BOULOGNE

Si l'on a accepté pour exacte notre argumentation au sujet de l'antiquité du nom de Boulogne (p. 447-8), on admettra par les mêmes raisons que le bois voisin portait depuis le même temps le même nom, concurremment avec celui de Rouvray, qui nous paraît avoir désigné l'ensemble d'une vaste forêt, s'étendant de Billancourt à Saint-Denis, alors que la partie la plus rapprochée de Boulogne en formait un canton distinct, désigné par une dénomination spéciale[1].

Lebeuf aurait dû rappeler que la plus ancienne mention de cette forêt se trouve dans un diplôme du 28 février 717, par lequel Chilpéric II la donne à l'abbaye de Saint-Denis. Il se trompe, en revanche, lorsqu'il affirme, sur le témoignage du rédacteur des *Grandes Chroniques de France*, qu'en 1358 la forêt de Rouvray ou de Boulogne s'appelait « le bois de Saint-Cloud ». Rien dans le passage visé (t. VI, p. 130 de l'édition en 6 vol.) ne prouve qu'il ne s'agit pas des bois situés sur l'autre rive de la Seine, près de Saint-Cloud. Ajoutons que l'on trouvera, sur la forêt de Rouvray au moyen âge, l'indication d'actes nombreux dans l'*Inventaire des Monuments historiques* conservés aux Archives nationales, de J. Tardif.

Il y eut des courses au Bois de Boulogne, dès la seconde moitié du xviiᵉ siècle.

---

[1]. Il serait téméraire de décider si le nom de Boulogne a appartenu d'abord au bois ou à la localité; nous remarquerons toutefois qu'il y a en France plusieurs forêts ainsi dénommées, et notamment celle qui se trouve dans l'arrondissement de Blois, sur la rive gauche de la Loire, sans qu'aucun lieu appelé Boulogne ait jamais existé dans son voisinage.

Le *Journal des Guerres civiles*, de Dubuisson-Aubenay (Paris, 1885, 2 vol. in-8, t. II. p. 66), nous l'apprend en ces termes, à la date du 15 mai 1651 : « Ce jour après dîner, il y a eu prix et gage de mille écus pour course de chevaux au bois de Boulogne, entre les princes de Harcourt et duc de Joyeuse sur chacun un cheval nourri au village de Boulogne... Ils ont poussé leur course de la barrière de la Muette ou Meute et poussant par le grand chemin droit vers Saint-Cloud. Tournant sur la droite, au dedans de l'enclos, par la grande route qui revient au château de Madrid, ont été également et sans avantage... Mais au tournant de Madrid... le Plessis (qui courait pour le duc de Joyeuse) prit le devant et, arrivant cent pas devant l'autre à la barrière de la Meute, gagna le prix. Force gens de la cour y étaient. »

Voici, d'après le carton O¹ 1581 des Archives nationales, un intéressant procès-verbal des dimensions du bois, daté du 18 mars 1679 :

Extrait des registres du Conseil d'Estat

« Le Roy s'estant fait représenter en son Conseil le procès-verbal fait par les sieurs de Saumery, grand maistre des eaux et forests du département de l'Isle de France, Brie, Perche, Blaisois, Picardie, pays conquis et reconquis, et Le Feron, commissaire député pour la reformation generalle des eaux et forests de France, le 15 du présent mois de mars, contenant qu'en procedant à la visite du parc et bois de Boulogne, les 11 et 13 dudit mois, ils ont reconnu par le mesurage qui en a esté fait que ledit parc contient dix sept cens cinquante trois arpens, vingt perches, sçavoir : neuf cens soixante quatre arpens, soixante perches plantez de bois de taillys de chesne de plusieurs aages depuis quinze jusque à trente et quarante ans, entièrement ruinez, abougris, malvenans et abroutis par le pasturage continuel des bestiaux, bestes fauves, moutons et lapins, y ayant des places vuides par endroits et quelques lizières de bois de fustaye ; deux cens dix sept arpens, soixante perches de bois appartenant aux abbesses et religieuses de Longchamp, plantez de taillys, pareillement ruinez et abroutis, avec plusieurs baliveaux, anciens et modernes, assez bienvenans, et cinq cens soixante dix arpens, quatre vingt seize perches en terre labourable, places vuides, friches et bruyères en cinq endroits, y compris les pourpris du chasteau de Madrid et de la Muette. Ensuitte duquel procès-verbal est l'advis desdits sieurs de Saumery et Le Feron par lequel ils estiment, soubz le bon plaisir de S. M. que, pour remettre ledit parc en bonne nature de bois, en retirer du revenu et y conserver le plaisir de la chasse et de la promenade, il est nécessaire de faire receper tous les bois taillys, tant desdits neuf cens soixante quatre arpens soixante perches que desdits deux cens dix sept arpens soixante perches appartenans à ladite abbaye de Longchamp, lesquels seront, à cet effet, reunys au bois dudit parc ; lequel recepage sera fait en deux années, à commencer presentement par les taillys qui sont du costé de la Meutte, à prendre depuis le bois de Longchamp, le long de la petite route de la Royne Marguerite, passant à la croix des Quinze Frères jusqu'au mur dudit parc, et le reste desdits taillys sera coupé l'année suivante..... » L'arrêt comporte un avis conforme.

Nous croyons de même utile de reproduire la pièce suivante qui n'est pas datée, mais qui doit remonter à 1750 environ :

« État des loges des portiers du bois de Boulogne, comme ils étoient anciennement et de la première construction ; premièrement :

« A la porte de Passy, le logement contient 6 toises de long sur 3 de profondeur.

« A la porte d'Auteuil, le logement à gauche contient 5 toises de long sur 3.

« A la porte des Princes, le logement à gauche contient 4 toises et demie de long sur 3.

« A la porte de Boulogne, le logement atenant à ladite porte à droite contient 5 toises de long sur 3.

« A la porte de Longchamp [le logement] à droite en sortant contient 3 toises et demi de long sur 3.

« Le logement de la porte de Madrid, à gauche en entrant, contient 10 toises de long sur 3.

« A la porte de Neuilly, le logement, néant.

« A la porte Maillot, le logement, à gauche en entrant, contient 5 toises de long sur 3 » (Arch. nat. O^1 1583).

Sur le Bois de Boulogne, dans les derniers temps de l'ancien régime, les chroniqueurs fournissent de nombreux détails ; faute de les pouvoir tous reproduire, nous nous bornerons à citer ce passage des *Mémoires secrets* de Bachaumont :

25 mai 1774. « Il étoit d'usage, lorsque le feu roi étoit au château de la Muette que les portes du bois de Boulogne, dans lequel il est, fussent fermées : le jeune monarque s'étant aperçu de cette clôture en a demandé la raison. Il a ordonné qu'elles fussent ouvertes et que chacun pût en liberté se promener dans le bois. La reine s'y montre sans gardes, à pied, quelquefois à cheval ; elle parle à tout le monde avec une affabilité qui la fait aimer de plus en plus, et reçoit elle-même les placets qu'on lui présente. Le voisinage de la cour, le désœuvrement où l'on est dans la capitale et l'empressement de voir leur auguste maître, engagent les Parisiens à se rendre en foule à la Muette. C'est une procession continuelle de voitures. »

En vertu d'une loi du 8 juillet 1852 (*Bulletin des Lois*, partie principale, 2º semestre de 1852, p. 53-4), l'État concéda à la ville de Paris, à titre de propriété « le bois de Boulogne dans son état actuel, tant en dehors qu'en dedans de l'enceinte des fortifications, à l'exception de la partie en dedans desdites fortifications qui est comprise entre la porte d'Auteuil et l'enceinte continue du côté de l'ouest..... Cette concession est faite à la charge par la ville de Paris : 1º de subvenir à toutes les dépenses de surveillance et d'entretien des immeubles ci-dessus désignés ; 2º de faire, dans un délai de quatre ans, des travaux jusqu'à concurrence de deux millions de francs pour l'embellissement du Bois de Boulogne et de ses abords ; 3º de soumettre préalablement à l'approbation du gouvernement les projets des travaux à exécuter..... » Le remaniement du Bois de Boulogne se poursuivit sans interruption de 1852 à 1858, sous l'habile direction d'Alphand, directeur des travaux de Paris. Dans l'ouvrage que cet éminent ingénieur a publié en 1873 sur les *Promenades de Paris* (2 vol. in-fol.), on lit que le bois, qui,

« avant sa transformation, ne comprenait que 766 hectares, 3 ares, 70 centiares, s'étend aujourd'hui sur une surface de 846 hectares, 5 ares, 39 centiares. La longueur totale des routes est divisée en 58,060 mètres courants de routes carrossables empierrées; en 11,850 mètres de routes cavalières sablées, et en 25,162 mètres d'allées de piétons. Les pièces d'eau contiennent un volume de 198,500 mètres cubes de liquide, et le débit maximum de toutes les cascades du bois s'élève par heure à 3,500 mètres cubes. »

BIBLIOGRAPHIE. *Sources*. Archives nationales. Série K, *passim*, déjà indiquée plus haut. — O¹ 1581-1586 : documents administratifs, provenant du ministère de la maison du roi et de la direction générale des bâtiments du roi, relatifs au Bois de Boulogne, aux châteaux et dépendances qu'il renfermait dans son enceinte, tels que la Muette, Madrid, Bagatelle, Saint-James, les loges de concierges, le cabinet de physique et le jardin d'Auteuil. —Q¹ 1075 : plans du Bois de Boulogne, notamment aux abords du château de Madrid (1720-1735).

Estampes. Les collections de la Bibliothèque nationale (topographie de la France) et du Musée Carnavalet contiennent d'intéressantes vues du Bois de Boulogne aux deux derniers siècles. Nous signalerons, en outre, au tome I, fol. 123, des dessins de la collection Destailleurs acquis par la Bibliothèque nationale une belle aquarelle sur vélin de la première moitié du XVIIe siècle, intitulée : « Forêt de Rouvray ou Bois de Boulogne ».

Imprimés. Notice pittoresque et historique sur le Bois de Boulogne et ses environs, par G. D., chef de bureau à la préfecture de la Seine: *Paris*, Fontaine, 1855, in-12.

Édouard Gourdon, *Le Bois de Boulogne*...; Paris, 1861, grand, in-8° — Alphand, les *Promenades de Paris*; Paris, 1867-1873, 2 in-fol. — *Guide au Bois de Boulogne*, par Mary Osborne; *Paris*, 1878. in-16.

ABBAYE DE LONGCHAMP

I, 397-401

Le fonds des archives de l'abbaye de Longchamp est passé à peu près au complet aux Archives nationales; il fournirait, presque à lui seul, la matière complète de l'histoire de ce célèbre monastère, histoire qui n'a pas encore été faite, malgré l'intérêt qu'elle présente. Nous ne pouvons ici qu'en indiquer les grandes lignes et fournir des renseignements bibliographiques ; la notice de Lebeuf est, d'ailleurs, exacte et devra toujours servir de base à un travail de ce genre.

Le nom de Longchamp (qu'on a le tort d'orthographier aujourd'hui Longchamps, contrairement à l'étymologie), s'explique de lui-même. Il nous prouve que, dès avant le XIIIe siècle, la partie de la forêt de Rouvray qui s'étend au bord de la rive droite de la Seine, vis-à-vis de Suresnes, était défrichée et convertie en une prairie dont la longueur, par rapport à son peu de profondeur, lui valut sa dénomination de long champ. L'abbaye fondée par Isabelle de France, sœur de saint Louis, est désignée de cette façon dans les titres remontant à l'origine : « abbatia humilitatis beatæ Mariæ sororum inclusarum, prope Sanctum Clodoaldum », ou plus simplement « de Longo campo ». Les religieuses y étaient, en effet, étroitement cloîtrées, conformément à la règle de sainte Claire, et il fallait l'autorisation du pape pour que les séculiers pussent les approcher; c'est ainsi qu'un bref du pape Clément IV, en date du 24 septembre 1268, permet à Edeline, veuve de Jacques le Flamant, de pénétrer quatre fois par an dans l'abbaye « cum duabus matronis honestis » pour y voir sa fille et une amie (L. 1020). La rigueur de la règle s'adoucit au siècle suivant ; la curieuse lettre qu'on va lire atteste qu'à côté des religieuses durent vivre des femmes n'ayant pas prononcé de vœux :

« C'est la copie d'une lettre du roy pour demoiselle Helehuys des mesons que damoiselles Xandre et Marie de Sars demouroient, là hors ou pourpris de l'église de Longchamp :

« Philippe, par la grace de Dieu, rois de France, à nostre bien amée en Dieu l'abbaiesse de Lonc champ près de Saint Clou, salut et dilection. Heluis de Port, damoiselle, nous a fait supplier que comme elle soit ancienne de l'aage de IIII^{xx} ans ou environ, et ait servi longuement plusieurs dames en France et darrainement la comtesse de Bouloingne, et pour la foiblece et l'ancienneté de sa personne ne puisse plus bonement servir, nous li vousissions octroyer pour sa demourance la habitation où soloient estre, oudit lieu de Lonc champ, damoiselles Cendre et Marie, aveuc l'aisement d'un petit jardin, en la manière que ycelles damoiselles le souloient tenir; laquelle chose, de grace especial en tant comme à nous appartient et puet appartenir, nous avons ottroiée et ottroions à ladicte damoiselle Heluis. Si vous prions et mandons que ladicte habitation et jardin vous li faictes délivrer, et d'iceus laissiés joir à sa vie en la manière que dict est, sans ce que aucun empeschement li soit mis. Donné à Saint Denis le XIIIe jour de decembre l'an mil CCCXLI » (Arch. nat., L. 1021, reg. du XIVe s.).

Après Philippe le Long, que Lebeuf mentionne comme bienfaiteur de Longchamp, il faut citer Charles V pour les faveurs qu'il accorda plusieurs fois à cette abbaye : le 10 mars 1367, il donna ordre au vicomte de Rouen de payer aux religieuses cent livres à valoir sur les sommes que leur devait le Trésor (Arch. nat. K. 49, n° 16); le 25 avril de la même année, il invita l'abbesse à faire reconstruire en pierres de taille la clôture du monastère et à faire garnir les fenêtres de grillages (*ibid.*, n° 17); en juin 1364, il avait confirmé au couvent les privilèges qu'il lui avait accordés au mois d'août 1359, durant sa régence (*ibid.*, n° 1).

L'abbaye de Longchamp ne fut pas à l'abri du relâchement qui s'introduisit durant le XVIe siècle, dans les mœurs des établissements monastiques; elle passe même pour l'avoir subi plus que beaucoup d'autres, et l'on s'en persuade d'ailleurs en lisant les chroniqueurs de ce temps, entre autres les Mémoires de Pierre de l'Estoile. La règle n'y aurait pas mieux été observée au siècle suivant, si l'on s'en rapportait au texte d'une lettre de saint Vincent de Paul au cardinal de La Rochefoucault[1], dans laquelle les désordres des religieuses sont complaisamment décrits. Mais cette lettre est certainement apocryphe ; en la datant du 25 octobre 1652, le faussaire n'a même pas songé qu'à cette époque le cardinal de La Rochefoucault était mort depuis sept ans ; Cocheris (IV, 283) n'a pas relevé ce fait probant et il attribue le libelle, sans en donner de raisons, à l'abbé Jean Labouderie.

En 1750, l'abbaye de Longchamp bénéficia d'une partie des biens de l'abbaye des Petites-Cordelières de la rue de Grenelle, qui venait d'être supprimée. On trouvera le dossier des pièces de cette réunion dans le carton S. 4418 des Archives nationales.

Vers cette époque, et jusqu'à la fin de l'ancien régime, la mode exigea que les Parisiens allassent entendre à Longchamp les offices des derniers jours de la semaine sainte ; ce fut dès lors, chaque année, l'occasion d'une promenade mondaine avec laquelle la religion n'avait rien de commun. Le passage suivant des Mémoires de Bachaumont suffit à en donner une idée :

« 25 mars 1780. — La fameuse promenade de Longchamps, malgré la saison peu avancée cette année, n'en a pas moins été fréquentée. Hier, la file des voitures commençoit sans interruption, depuis la place Louis XV jusques à la porte Maillot ; c'étoit le guet qui bordoit la haie et qui mettoit l'ordre dans la marche ; dans l'intérieur du bois, la maréchaussée remplissait cette fonction. C'est le carrosse de Mme de Valentinois qui a été décidé la plus belle voiture de la promenade... Quoique les filles fussent en plus grande abondance que de coutume à cette promenade, elles n'ont pas brillé comme à l'ordinaire. On n'en a remarqué qu'une, dont la voiture, en porcelaine aussi, luttoit contre la première ; tous les amateurs ne connaissant pas cette courtisane, ont été à la découverte... »

La Révolution supprima l'abbaye, ainsi que toutes les autres communautés religieuses. Le 7 juin 1790, le maire et les officiers municipaux de Boulogne se rendirent à Longchamp et reçurent la déclaration de la dernière abbesse, Jeanne Jouy ; il y avait alors au couvent quatorze religieuses de chœur et sept sœurs converses ; les revenus déclarés étaient de 65,184 livres ; les charges ne s'élevaient qu'à 6,025 livres, 14 sols, 7 deniers ; la bibliothèque était composée de 1,083 volumes ; on inventoria seulement « vingt cinq mauvais tableaux » (S. 4418). Peu après, les bâtiments conventuels n'ayant pas trouvé d'acquéreur, furent démolis ; ils étaient, d'après Thiéry (*Guide des Amateurs et des Étrangers voyageurs... aux environs de Paris*, 1788, p. 281), « tels qu'ils ont été bâtis au XIIIe siècle ; l'autel a seulement été remis à la moderne. »

Ils occupaient, on le sait, la plus grande partie de la plaine où, depuis 1857, est installé l'hippodrome de Longchamp ; la tour ronde et le moulin que l'on y voit sont des constructions neuves, élevées, lors des embellissements du Bois de Boulogne, sur l'emplacement de l'ancien moulin de l'abbaye, construit au XIIIe siècle.

---

[1]. Lettre de saint Vincent de Paul au cardinal de La Rochefoucault sur l'état de dépravation de l'abbaye de Longchamps. En latin, avec la traduction française et des notes, par *. L. *Paris*, 1827, in-8°, 23 pages.

BIBLIOGRAPHIE. *Sources*. — Archives nationales. L. 1020 : titres originaux d'acquisitions de biens et actes d'amortissements (1255-1295). — L. 1021 : pièces de même nature, de 1301 à 1344 : registre de 4 feuillets, papier, contenant la copie de lettres adressées à l'abbaye au temps de Philippe de Valois. — L. 1022 : titres originaux de biens de l'abbaye (1351-1396). — L. 1023 : pièces de même nature, exclusivement pour le XVe siècle; mention d'une pièce de terre sise « à l'endroit du moulin, entre icellui moulin et le bois (1416); liasse relative aux biens de la chapelle de la Vierge, fondée dans l'abbaye par Blanche de France, et nomination Étienne Regnaut comme procureur et receveur pour ces biens (12 mai 1427. — L. 1024-1029 : titres de rentes (XVIe-XVIIIe s.). — LL. 1600 : inventaire dressé au XVe siècle des titres de l'abbaye : 1º bulles et privilèges des papes; franchises royales; 3º revenus et rentes, inscrits sous le nom de chaque sœur qui a fait entrer ces biens à l'abbaye; 351 feuillets, papier. — LL. 1601 : règlement de l'abbaye, rédigé en 1601; 110 feuillets, vélin. — LL. 1602-1603 : deux registres de comptes, le premier de 1434 à 1450; le second, de 1467 à 1474. — LL. 1604 : histoire de l'abbaye, rédigée sous forme de biographie des quarante premières abbesses, jusqu'à sœur Claude de Bellièvre, élue le 13 avril 1668. — Gº 653 : biens de l'abbaye à Paris, achetés en 1772 pour la reconstruction de l'église de l'abbaye de Sainte-Geneviève.

Q¹ 1069-1070 : biens de l'abbaye à Boulogne et Saint-Cloud; procès-verbaux de délivrance aux religieuses de douze arpents de bois de chauffage auquel elles ont droit dans le Bois de Boulogne (1626-1664). — Q¹ 1071 : pièces de même nature; bail par les religieuses à Nicolas Descoins, fermier du bas de Suresnes, de toute la côte de la rivière de Seine, depuis la maison du bas jusqu'au bout des terres de l'abbaye, plus un arpent situé au bout de la côte, au lieu dit le Trou aux Navets (1701). — Q¹ 1072 : cahiers contenant l'indication des rentes de l'abbaye au XVe siècle; déclarations de biens et arpentages (XVIIe-XVIIIe s.); baux de maison et jardins se trouvant dans l'enclos de l'abbaye. — Q¹ 1073 : état des rentes de l'abbaye en 1431; biens à Suresnes, Saint-Cloud, Nanterre, Carrières Saint-Denis et Rueil (1602-1666). — Q¹ 1074 : baux de la ferme de l'abbaye (1731-1766); plan de l'enclos de Longchamp; biens à Boulogne et à Longchamp (XIVe et XVe s.); baux du moulin, de 1316 à 1740; en 1316, le prix de location était de 4 livres parisis par an, et de 135 livres en 1740; procès-verbal de visite des terres dépendant de la ferme (1780). — Q¹ 1075 : déclaration des biens en 1767; titres de rentes en divers lieux, et notamment à Boulogne.

Q¹ 1072¹. — 2 registres reliés ensembles : 1º cartulaire, dressé au XVe siècle, des premiers actes relatifs au temporel de l'abbaye, 45 feuillets parchemin (XIIIe s.) 2º « inventaire de toutes les terres, héritaiges, prez, vignes, maisons, rentes, revenuz, possessions, appartenances et deppendances que nous, abbesse et religieuses du couvent de l'Humilité Nostre-Dame, dicte de Longchamp, possédons en ceste presente année mil six cens vingt trois, ensemble des lettres, tiltres, contracts et enseignemens concernant le revenu de nostre dicte abbaye », 194 feuillets, papier, suivis d'une table alphabétique des localités, et d'un état sommaire des biens de l'abbaye en 1668. — Q¹ 1072² : registre des revenus de l'abbaye au XVIIIe siècle; 581 feuillets, papier. — Q¹ 1073 ¹⁻³ : états des rentes de l'abbaye en 1404, en 1576, en 1691. — Q¹ 1074 : censier) fin du XVIIe s.).

S. 4418 : union, en 1750, des biens de l'abbaye des Petites-Cordelières de la rue de Grenelle-Saint-Germain aux abbayes de Longchamp et des Cordelières du faubourg Saint-Marcel; titres de rentes et baux de maisons à Paris; déclaration de 1790.

Bibliothèque nationale. Ms. français 11662, improprement dénommé sur la reliure « livre capitulaire de l'abbaye de Longchamp »; il se compose, en réalité, des matières suivantes : un calendrier; un obituaire (xv° s.); liste des religieuses avec la date de leur vêture et celle de leur mort, jusqu'en 1740; les délibérations capitulaires ayant trait aux élections d'abbesses, de septembre 1648 à décembre 1244, et enfin une nouvelle liste de vêtures, de 1746 au 18 septembre 1788. — Le ms. français 11958, intitulé: « aveu du fief de Longchamp en 1580 » concerne la localité appartenant aujourd'hui au département de l'Eure, arrondissement des Andelys, canton d'Etrépagny, le Longchamp que Lebeuf (p. 401) disait « situé du côté de Rouen dans l'élection de Lyons ».

PASSY

I, 401-407

Contrairement à son habitude, Lebeuf n'a pas recherché l'origine du nom de Passy. Cocheris, en revanche, s'en est préoccupé et, dans une dissertation de deux pages (IV, 284-5), a cherché à établir que *Paciacum* pouvait « désigner un lieu placé près d'un cours d'eau où on avait établi des paisseaux, c'est-à-dire des échalas pour faciliter une chute d'eau ou conserver le poisson ». Nous avons la conviction qu'il s'est trompé, non seulement parce que le Passy voisin de Paris, fondé sur une colline, ne peut vraisemblablement pas avoir tiré son nom d'une circonstance qui n'appartient qu'aux villages situés tout au bord des rivières, mais surtout parce que les noms de lieux comme celui-là ont une étymologie reconnue depuis longtemps. On sait, en effet, que la désinence *y* représente pour les localités de notre région une forme latine en *acum* combinée avec le nom d'un possesseur romain et indiquant l'idée de propriété. Passy, en latin *Paciacum*, signifie donc la terre ou le lieu ayant appartenu à un personnage romain du nom de *Passius* ou *Paxius*. Il est bien évident, d'ailleurs, que ce raisonnement n'est fondé que sur la déduction et que nous n'avons, dans l'espèce, aucun texte qui permette de le vérifier absolument.

On trouve un « Renoldus de Paci » nommé dans une charte de 1179 ou 1180 (*Cartulaire général de Paris*, t. I, p. 463). Lebeuf ne l'a pas signalé, et il a eu tort de rappeler en cette occasion les noms d'Osmond et de Simon *de Passiaco*, fondateurs de l'église Saint-Denis du Pas en la Cité de Paris; les chartes originales portent : *Osmondus, Simon de Pissiaco* (*ibid.*, p. 381, 456), c'est-à-dire de Poissy et non de Passy.

La plus ancienne mention du lieu lui-même se trouve dans la charte de mai 1250, par laquelle Simon, curé d'Auteuil, reconnaît qu'il tient de l'abbaye de

Sainte-Geneviève divers biens, parmi lesquels la moitié d'un arpent de terre à Passy. Voici le passage important pour nous de ce document, encore inédit :

« Omnibus presentes litteras inspecturis, officialis archidiaconus Parisiensis, salutem in Domino. Notum facimus quod coram nobis constitutus dominus Simon, presbyter de Autolio, recognovit se tenere et possidere in vilenagium, de licentia abbatis et conventus Sancte Genovefe Parisiensis, ut dicitur, terras et vineas inferius annotatas, videlicet .... *dimidium arpentum terre apud Paciacum*... et easdem tenetur vendere, quocienscumque a dictis abbate et conventu vel eorum procuratore fuerit requisitus. In cujus rei testimonium, presentibus litteris sigillum curie archidiaconi Parisiensis duximus apponendum. Datum anno Domini M°CC° quinquagesimo, mense maio » (Cartulaire de l'abbaye de Sainte-Geneviève, Bibl. Sainte-Geneviève, E. l. 25, p. 329).

Les documents d'archives et les plans que nous avons consultés offrent bien peu de renseignements sur Passy au moyen âge, ou plutôt cette pénurie prouve que le lieu n'avait alors qu'une très faible importance. Voici une courte mention, datée de 1488, qui peut offrir quelque intérêt au point de vue topographique :

« Yvon Affriel, laboureur, demeurant à Passy, confesse qu'il est détenteur et propriétaire de une masure où souloit avoir maison et coullombier, cave et jardin tout entretenu, assis audict lieu de Passy, tenant d'une part à une ruelle par où l'on va de Passy au pont et à l'ostel de Nygon, et d'autre part au chemin par où l'on va de Passy au grant chemin qui maine de la Follie à Chaliau » (Arch. nat. S. 1544).

Les lieux-dits sont, de même, fort peu nombreux ; nous citerons : le fief Saint-Pol, au bord de la Seine, près des Bonshommes ; « la pièce vineuse », dont la rue Vineuse a gardé le nom et rappelle l'emplacement : « l'Eau salutaire » mentionné dans un acte de 1719, c'est-à-dire au moment même de la découverte des eaux minérales de Passy; la cour et la montagne des Bonshommes. Ce n'est, d'ailleurs, qu'à notre époque, qu'ont été percées la plupart des rues de Passy ; jusque-là, il n'y avait que la rue de la Montagne, la Grande rue, et la rue Basse (appelée rue Raynouard depuis 1867); le reste était en culture, en vignobles même, ou en jardins.

Tous les textes relatifs à la fondation de la cure de Passy nous sont parvenus (voy. à la Bibliographie des sources) : par acte du 28 décembre 1666, l'archevêque de Paris permit « d'achever la chapelle encommencée de bastir, et sera ladicte église succursale (d'Auteuil) sous l'invocation de N.-D. de Grâce, de laquelle la principale feste se fera chaque année le jour de l'Annonciation de la Vierge ». Le même acte prescrivait que le vicaire serait nommé par le curé d'Auteuil; qu'il serait forcé de tenir l'école et le catéchisme ; que les habitants de Passy devraient faire leurs confessions et communion paschale en la paroisse d'Auteuil. Cette création d'une succursale était due aux instances et à la coopération de Claude Chahu, conseiller du roi en ses conseils, trésorier général des finances et de sa femme Christine-Chrestienne de Heurles, « sieur et dame de Passy. » Lebeuf a donc tort de dire (p. 402) qu'au moment de ces premières négociations, Christine de Heurles était déjà veuve ; elle ne le devint qu'en 1672. C'est aussi en cette année-là seulement qu'une cure fut substituée à la succursale, en vertu d'un accord signé le 13 avril, entre le chapitre de Saint-Germain-l'Auxerrois et François Loyseau, curé d'Auteuil, d'une part, Christine de Heurles, d'autre part ; les dîmes appartenaient pour toujours aux chanoines de Saint-Germain-l'Auxerrois, considérés comme curés primitifs, et il fut stipulé que le curé d'Auteuil recevrait une indemnité annuelle de 60 livres pour lui, et de 15 livres pour la fabrique de son église. La communauté des Barnabites fut choisie par la fondatrice pour desservir la nouvelle paroisse, et elle lui fit, à cet effet, le don d'une somme de 8.600 livres.

M. Léopold Mar a fort bien exposé tous ces faits dans le *Bulletin de la Société historique d'Auteuil et de Passy* (1893, p. 92-96), et il a, en outre, fait connaître un état des revenus et des charges de la cure en 1757 ; les premiers s'élevaient à 2.650 livres et les charges à 903 livres seulement.

Les Barnabites exerçaient encore les fonctions curiales en 1790 ; c'étaient dom Clément Noguères, curé[1] ; Pierre-Antoine Chauvet, né en 1739, et Jean-François du Broca, né en 1757, vicaires, qui déclarèrent vouloir rentrer dans « la vie civile » (Arch. nat. S. 4307).

La paroisse de l'Annonciation de Passy fut maintenue par la Révolution ; l'édifice du xviie siècle est resté debout, mais complètement remanié depuis 1848 ; on n'a rien à y signaler que l'existence d'une cloche dont l'inscription, reproduite par Guilhermy (t. II, p. 683) atteste qu'elle fut fondue en 1763 et qu'elle provient de l'abbaye d'Ourscamps.

L'accroissement considérable de la population de Passy à partir de la première moitié de ce siècle a motivé la création (décret du 31 mai 1854) d'une église succursale pour desservir la région occidentale, celle que les plans appellent la plaine de Passy. Construite en 1855, par M. Debressenne, elle est dédiée à saint Honoré, et est située place Victor-Hugo, à l'intersection de l'avenues Victor-Hugo et de la rue Mesnil[2].

La nomenclature des seigneurs de Passy peut être maintenant dressée avec certitude, grâce aux renseignements que nous fournissent les textes, aux recherches de Cocheris et au récent travail de M. Léopold Mar (*Bulletin de la Société historique d'Auteuil et de Passy*, 1893, p. 107-108) : après Jeanne de Paillard et Jean de la Driesche, mentionnés par Lebeuf, on trouve, vers la fin du xve siècle, Jean Spifame, que notre auteur n'a pas nommé, non plus que Guillaume de Landes auquel le Parlement adjugea, le 7 septembre 1599, le fief de Saint-Pol, « consistant en maison seigneuriale, moyenne et basse justice » (Arch. nat. S. 1544). Sur Claude Chahu et sa femme Christine de Heurles, le *Bulletin* cité plus haut donne

---

1. Voici la liste des curés de Passy, de 1672 à 1790, d'après le *Bulletin de la Société historique d'Auteuil et de Passy*, p. 106-107 et nos notes personnelles : dom Hyacinthe Boucheron (1672-1674). — Dom Marcel Fauconnier (1674-1677). — Dom Simon Despériers (1677-1697). — Dom Alexis Fleuret (1697-1728). — Dom Duché de la Verrière (1729-1735). — Dom Fulgence Ju (1735-1758). — Dom Louis Dandichon (1758-1759). — Dom Alexis Lebrun (1759-1772). — Dom Clément Noguères (1772-1791).

2. La circonscription de la paroisse de l'Annonciation est comprise entre les avenues Henri-Martin et la place du Trocadéro (côté sud), la rue Franklin, la rue Lenôtre, le quai De Billy, la chaussée du pont de Grenelle (côté d'amont), la rue de Boulainvilliers et la rue de l'Assomption (côté pair), le boulevard Suchet jusqu'à la porte de la Muette.

La paroisse Saint-Honoré est limitée par l'avenue Henri-Martin et la place du Trocadéro (côté nord), l'avenue Kléber, la place de l'Étoile et l'avenue de la Grande-Armée (côté sud), le boulevard Lannes jusqu'à la porte de la Muette.

(p. 112 et ss.) d'intéressants détails biographiques. — Marie-Armande Carton est indiquée, en 1731, comme « veuve de messire Jean Louis Guillaume de Fontaine, conseiller du Roy, ancien commissaire de marine et galères de France, et dame haute, moyenne et basse justicière de toute l'étendue du territoire de la paroisse de Passy sur Seine et du fief Saint-Pol » (Arch. nat. S. 1543). Le dernier seigneur de Passy fut Anne-Gabriel-Henri Bernard de Rieux, marquis de Boulainvilliers; après avoir vendu, comme le dit Lebœuf, sa terre au fermier général Le Riche de la Popelinière, il la reprit à la mort de celui-ci, en 1762, et la garda jusqu'à la Révolution. Le château occupait le terrain sur lequel ont été ouvertes vers 1831 la rue de Boulainvilliers et les voies adjacentes.

Il y avait à Passy un autre château, ou du moins une maison seigneuriale, construite au xviie siècle par le duc de Lauzun, à mi-côte de la colline et dont les jardins descendaient jusqu'à la Seine ; il devint ensuite la propriété de la famille de Lamballe et l'on dit que Marie-Antoinette y vint souvent. A notre époque, cette demeure, achetée par le docteur Blanche, est devenue une maison de santé, célèbre par le grand nombre d'écrivains et d'artistes qui y ont été soignés.

Les eaux de Passy, sur lesquelles Lebeuf s'étend assez complaisamment, ont été étudiées par M. le docteur P. Raymond (*Bulletin de la Soc. d'hist. d'Auteuil et de Passy*, 1892, p. 53-55) dans leur histoire et leurs propriétés curatives; ces dernières ne jouissent plus maintenant d'aucun crédit. Néel, dans son *Voyage de Paris à Saint-Cloud*, publié pour la première fois en 1748, et que nous avons déjà cité, consacre quelques réflexions plaisantes à ces eaux.

Lebeuf n'a pu parler du cabinet de physique du Roi à Passy, car il y fut fondé au moment même où paraissait son ouvrage. Deux cartons des Archives nationales, O^1 1583 et 1584, fournissent d'intéressants renseignements sur cet établissement, qui ne devait avoir ni une longue durée, ni une grande notoriété. Il fut installé à l'angle de la rue de la Pompe et de la rue de Passy, dans deux maisons attenant à la Muette et que possédaient, en 1751, M. de Fédière, maréchal de logis de Mme la Dauphine, et M. Le Père de la Butte, bourgeois de Paris. Ces immeubles achetés à cette date par Mme de Pompadour furent revendus par elle au Roi en 1761 et peu, après, on y apporta des instruments de physique et d'optique, confiés à la garde du P. Noël. La Révolution vint les y reprendre. En 1787, les droits de lods et ventes n'avaient pas encore été acquittés, car M. de Boulainvilliers les réclama en sa qualité de seigneur de Passy (Arch. nat. Q^1 1077). Dans le *Bulletin de la Soc. d'hist. d'Auteuil* (1892, p. 70), M. A. Guillois a publié une lettre de Carochez, « mécanicien et opticien du cabinet du Roy à Passy... », datée du 22 novembre 1784.

LA MUETTE. — On ne sait pas à quelle époque l'installation d'une meute de chasse donna lieu à la construction d'un pavillon qui en tira son nom, *la Meute*, et devint, vers le milieu du xvie siècle, un véritable château.

Cocheris (IV, 300) a heureusement retrouvé un passage du Traité d'architecture de Philibert de l'Orme, où cet architecte célèbre parle d'un système de charpente dont il fit l'essai à la Muette. Nous avons aussi, de la même époque, les deux planches de Du Cerceau (t. I, p. 40-41 de la nouvelle édition donnée par M. Destailleurs).

Une note administrative rédigée sous le règne de Louis XVI donne quelques détails précis sur les travaux faits à la Muette depuis 1717, époque où le Régent affecta cette demeure aux plaisirs de sa fille, la duchesse de Berri :

« NOTE SUR LE CHATEAU DE LA MUETTE DANS L'ENCEINTE DU BOIS DE BOULOGNE

« L'administration des bâtimens paraît n'avoir pas été chargée de l'acquisition de ce château, qu'on qualifioit palais vers 1717. Cette année 1717 paraît la première dans le cours de laquelle le château est entré sous la direction de l'ordonnateur des bâtimens. On a quelque raison de penser, jusqu'à l'événement de recherches qui exigent quelques jours de délai, que ce lieu de la Muette n'étoit qu'une petite possession particulière joignant le bois de Boulogne et s'y enclavant. Il paraît que cette petite possession étoit une ferme, ou en avoit été une qui y étoit contiguë. Il faut que ce soit dès 1717 que la propriété soit passée dans les mains du Roi, puisqu'en cette même année la Direction des Bâtimens a dépensé 12548 livres 10^s pour commencer une orangerie qui, en 1718, a encore coûté 12543 livres 9^s 2^d. On trouve sur les années 1717, 1718 et 1719 une dépense de 138718 livres 8^s 11^d, dont 9600 livres pour gages de jardiniers, de pompiers, de portiers, qui paroissent n'avoir commencé service qu'en 1719, et le surplus en ouvrages de bâtimens singulièrement appliqués à la clôture de la ferme. En 1720, dépense de 191339 livres 18^s 4^d pour travaux de bâtimens, dont 106000 et quelques livres spécifiées : clôture du parc [1]. Depuis cette époque, qui paraît indiquer la naissance immédiate de la propriété du Roy, l'Administration des Bâtimens a toujours été chargée de tous les travaux de cette habitation, dans laquelle le feu Roi a fait des dépenses assez considérables » (Arch. nat. O^1 1582).

Les *Nouvelles Archives de l'art français* (t. VIII, 1880-1881, pp. 199-201) contiennent quelques textes de 1749 relatifs à une commande de dessus de porte faite au peintre Dumont le Romain pour le château de la Muette.

Vers la même époque, en octobre 1750, Barbier écrivait ceci dans son *Journal* : « Au château de la Muette dans le bois de Boulogne, on fait aussi de grands travaux. On prend une fort grande enceinte dans le bois pour étendre le potager et faire des bosquets qui formeront une grande terrasse bâtie en pierres et moellons. Le dessein est même d'abattre plusieurs bâtiments, faits depuis trois ans, pour les remplacer et rebâtir d'une autre façon. On fera plusieurs percées dans le bois ; on abattra tout ce qui est vis-à-vis le château, duquel on verra en plein celui de Bellevue. »

Dans le même *Journal*, il est fréquemment question des séjours d'une nuit que Louis XV venait faire à la Muette, surtout de 1755 à 1760. Louis XVI et Marie-Antoinette y vinrent souvent aussi.

Le château et une partie du parc, mis en vente comme bien national, furent acquis, on le sait, en 1815 par Sébastien Erard, le célèbre constructeur de pianos, aux héritiers duquel ils appartiennent encore aujourd'hui.

---

1. Pour cette même année 1720, nous trouvons dans un registre du Secrétariat de la maison du Roi (O^1 369, 1re partie, fol. 164 $^{e ro}$) la mention d'envoi au duc d'Antin d'une ordonnance de 32986 livres, 17 sols, 8 deniers, pour le payement de « travaux extraordinaires faits au château de la Muette ».

RANELAGH. — Ce que l'on appelle aujourd'hui le Ranelagh est un parc, formé d'une suite de pelouses, et situé au sud de la Muette, entre le chemin de fer de Ceinture et l'enceinte fortifiée. Sur cet emplacement, et sous ce nom, avait été fondée, vers 1780, par un industriel appelé Morisan, une salle de danse à l'imitation de celle qui avait été ouverte à Chelsea, près de Londres, sous le patronage de lord Ranelagh.

Les fêtes qu'y donna Morisan étaient de genres divers, ainsi que l'atteste cette supplique adressée par lui en 1788, au surintendant des bâtiments, le comte d'Angiviller, et que Cocheris (IV, 304) a incomplètement citée :

« Le Sr Morisan, directeur du Ranelagh, a l'honneur de supplier très humblement Monseigneur de vouloir bien lui permettre de recommencer dans le jardin de la Muette les expériences physiques aérostatiques qu'il a fait le 25 du mois dernier en presence de LL. EE. les ambassadeurs de Typoo-Sultan, qui en ont témoigné à l'auteur toute leur satisfaction. M. Laurent de Villedeuil a bien voulu lui renouveler son agrément et la permission de l'insérer dans les journaux pour dimanche prochain 12 octobre 1788. Le suppliant espère que vous voudrez bien lui faire obtenir cette grâce, et il ne cessera de former des vœux au Ciel pour la conservation des jours de Monseigneur » (Arch. nat. O^1 1582).

Le bal du Ranelagh ne disparut pas avec l'ancien régime; il fut même, sous la Restauration, le rendez-vous de la société élégante, mais ce ne fut que pour un temps. On y dansait encore en 1870. Ce n'est plus aujourd'hui qu'une promenade, dans laquelle, le 26 juillet 1891, a été officiellement installée une statue de La Fontaine.

En 1790, la paroisse de Passy fut érigée en commune et devint le chef-lieu d'un canton composé des trois communes d'Auteuil, Boulogne et Passy. A la suite de la constitution de l'an VIII, Passy perdit le titre de chef-lieu de canton, qui fut attribué à Neuilly; enfin, à dater du 1er janvier 1860, Passy a été incorporé au XVIe arrondissement de Paris; son territoire, qui correspond assez exactement aux 62e et 63e quartiers, dits de la Muette et de la Porte-Dauphine, est limité du côté d'Auteuil par l'axe du pont de Grenelle, les rues de Boulainvilliers et de l'Assomption; du côté de l'ancien Neuilly (actuellement quartier des Ternes) par les avenues de la Grande Armée et Kléber; du côté de Chaillot par les jardins qui s'étendent entre le Trocadéro et la Seine[1].

BIBLIOGRAPHIE. — *Sources.* Nous avons indiqué, dans la notice qui précède, presque tous les documents relatifs à Passy qui sont conservés aux Archives nationales; il suffira donc de les rappeler ici en bloc : L. 884 et LL. 1484; S. 160 et 161 : pièces relatives à la fondation de la cure de Passy. — S. 1543 et 1544 (fonds de l'abbaye de Sainte-Geneviève) : seigneurie de Passy. — N. (Seine), 2e classe, 106 : plan consacrant le bornage, fait en 1741, entre l'abbaye de Sainte-Geneviève et les chanoines de Saint-Germain-l'Auxerrois. — O^1 1582-1583 :

---

1. Ce territoire comprenait l'enclos des Minimes de Chaillot, et c'est, en effet, comme on le verra, le maire de Passy qui vint, en 1790, recevoir la déclaration de ces religieux; mais nous avons cru devoir suivre l'ordre adopté par Lebeuf, et c'est dans le chapitre consacré à Chaillot que l'on trouvera nos notes sur les Minimes, que l'on appelait, d'ailleurs, communément, les « Bonshommes de Chaillot ».

château de la Muette ; comptes, plans, correspondance (xviiie siècle). — O¹ 1584 : cabinet de physique (xviiie s.).

Il conviendrait aussi, pour un historien de Passy, de consulter à la mairie de Passy la collection très importante des notes laissées par Parent de Rozan, et non encore communiquées au public.

Estampes. — Voir à la Bibliothèque nationale, dans la Topographie de la France, les portefeuilles relatifs au XVIe arrondissement, et de même à la Bibliothèque de la Ville de Paris.

Imprimés. — Traité des eaux minérales nouvellement découvertes au village de Passy, près Paris, par M. Moullin de Marguery; *Paris*, 1723, in-12.

Extrait d'un mémoire lu à l'assemblée publique de l'Académie royale des sciences, le 13 novembre 1726, sur les nouvelles eaux minérales de Passy, près Paris, s. l. n. d.; in-8º; 15 pages.

Avis sur les nouvelles eaux minérales de Passy, près Paris, quatre sources différentes, s. l. n. d. (1726); in-8º; 8 pages.

Assemblée générale de la commune de Passy lès Paris pour la formation de la municipalité.... *Paris*, 1791; in-8º; 46 pages. (Liste de cent vingt-six « citoyens actifs »; élection du maire, Leveillard; discours, etc.).

Chroniques de Passy et ses environs.... par P.-N. Quillet, ancien commissaire des guerres, chef au ministère de la guerre, sous-intendant militaire en retraite... *Paris*, 1835, 2 in-8º.

Jules Janin : la Muette, 12 juin 1871. — *Paris*, Jouaust, 1871, in-18; 36 pages.

Le château de la Muette, par le baron de L. [Olivier de Lavigerie]; *Paris*, 1890; in-8º.

Voyez aussi le *Bulletin de la Société historique d'Auteuil et de Passy*, et notamment les articles relatifs à la bibliographie et à l'iconographie de Passy.

CHAILLOT

I, 407-419

Les historiens, très peu nombreux, qui se sont occupés de Chaillot, ont accrédité l'opinion de Lebeuf sur l'origine de ce lieu et répété après lui que Chaillot est, avec Auteuil, un démembrement du village couvrant au viie siècle tout le territoire compris dans la boucle de la Seine entre Paris et Boulogne, et appelé *Nimio* en latin, Nigon ou Nigeon dans les actes du moyen âge. C'est là une erreur qui repose sur la mauvaise lecture du testament par lequel Bertran, évêque du Mans, donna, en 615, à la cathédrale de Paris, ses biens de *Nimio*. Voici le passage intéressant : « ... Mihi placuit delegare ut villa de Nimione, sita in territorio Parisiaco, cum vineis quæ fundi ratione aptæ ad plastarias et vinitores esse noscuntur, quas mihi domnus Clotarius rex dedit dum laïcus fui, fundumque quem dedit sæpius laudatus tam de fisco quam de comparato possidendum, sanctæ ecclesiæ Parisiacæ sub cujus gratia nutritus sum, ad integrum volo esse donatum... » (*Cartulaire général de Paris*, t. I, p. 8).

Or les mots : *quæ fundi ratione...* sont remplacés dans le texte de Mabillon qu'a connu Lebeuf par ceux-ci : *quæ Frontanito ad palustrias et vinitores...* où notre auteur a cru reconnaître les sources et les marais d'Auteuil, alors qu'il s'agit de l'industrie du plâtre et de la culture de la vigne dans ce lieu de Nigeon.

Les formes latines, d'où par corruption est sorti le nom actuel, Chaillot, n'apparaissent qu'à la fin du xɪe siècle. Le *Cartulaire général de Paris* contient (au t. I, pp. 143, 206, 221, 257, 443, 444, 446) le texte des actes où on les rencontre : *Caleium* en 1096 ; *Calleium* en 1119 et en 1135 ; *Caloilum* en 1124 ; Chailloel et Challoel en 1176. Il est probable que leur origine n'est pas celtique, mais latine et qu'il faut la demander au même radical qui a formé notre mot caillou ; Chaillot signifierait donc lieu caillouteux, et la nature du sol n'y contredit pas.

L'église paroissiale, dédiée à Saint-Pierre, est toujours à peu près telle que l'a vue Lebeuf, c'est-à-dire un édifice construit dans le mauvais style de la fin du xviie et du commencement du xviiie siècles. Le recueil des *Inscriptions de l'ancien diocèse de Paris* contient (t. I, p. 295-299) le texte de deux inscriptions commémoratives de fondation qui y furent faites : l'une en 1661, par Nicolas Quintaine, curé, l'autre, en 1728, par Noël de Bray, prêtre. On y apprend encore que la grosse cloche fut baptisée sous le nom de Marie-Antoinette en 1777 par Louis XVI et la reine.

Nous y avons relevé, dans le bas-côté gauche, une inscription plus récente, rappelant les dangers auxquels a été exposée l'église en 1870 et 1871 :

> DEO OMNIPOTENTI MAXIMO
> BEATÆ MARIÆ VIRGINI IMMACULATÆ
> SANCTO PETRO APOSTOLO
> CLERUS ET FIDELES SANCTI PETRI DE CALOILO
> OB ECCLESIAM A TELIS INIMICI
> NEFARIUMQUE CIVIUM FERITATE
> MIRABILITER SERVATAM
> NE TANTI BENEFICII MEMORIA EXCIDERET
> HUNC LAPIDEM GRATI POSUERE
> ANNO DOMINI MDCCCLXXI.

A l'extérieur, on lit encore, de chaque côté du grand portail, cette mention datant de 1789 : LOIX ET ACTES DE L'AUTORITÉ PUBLIQUE [1].

Les indications fournies par Lebeuf sur les divers seigneurs de Chaillot sont assez abondantes ; voici cependant quelques faits qui lui ont échappé : Jacques Michel est encore qualifié « seigneur de Chailliau » au mois d'août 1402 (*Mé-*

---

[1]. Voici les noms que nous avons pu retrouver des curés de Chaillot depuis le xvie siècle : Mathurin Moireau, en 1524 (*Bulletin de la Soc. de l'Hist. de Paris*, 1893, p. 121). — Etienne Du Rud, mort en 1535. — Nicolas Quintaine, mort en 1661 à l'âge de 71 ans (voir plus haut). — Pierre Pradou (1662-1679). — Nicolas Niobet, mort le 12 juillet 1700. — Jean-Baptiste Midy (1700-1703). — Jean-Jacques Lesemelier (1703-1721). — François de Mareuil (1721-1723). — André Lesoudier (1723-1758). — Louis Piot (1758-1767). — Michel Bénière (1768, assermenté en 1791, mort en 1794).

L'église de Chaillot est une cure de première classe. Sa circonscription est limitée par l'avenue d'Antin, le rond-point et l'avenue des Champs-Elysées, l'avenue Kléber, la place du Trocadéro, la rue Franklin, une ligne droite tracée de l'extrémité de cette rue vers la Seine, et les quais jusqu'au point de départ. Ce territoire correspond à peu près, comme on le verra plus bas, à celui de l'ancienne seigneurie de Chaillot.

moires de la Société de l'histoire de Paris, t. XVII, p. 11). Nous avons indiqué plus haut (p. 71) la date de la mort d'Henri Rousseau, le 9 novembre 1445, d'après l'inscription funéraire qui existe encore aujourd'hui à Saint-Julien-le-Pauvre. Ce qui est plus important, c'est que Louis, duc d'Orléans, frère de Charles VI, posséda une part considérable de la seigneurie de Chaillot, alors que Lebeuf pense (p. 418) que ce prince se borna à y venir une fois, en novembre 1393 : on trouvera, dans le carton Q¹ 1135 des Archives nationales, le texte original de l'acte du 26 mars 1390 (n. s) par lequel Engerran, sire de Coucy et comte de Soissons vendit au duc d'Orléans l'hôtel, manoir, jardins, etc., qu'il avait achetés à « Chailliau » des héritiers de feu Nicolas Braque, cette vente faite au prix de cinq mille francs d'or.

Dans les dossiers du Cabinet des titres de la Bibliothèque nationale existent (verbo Arrode) plusieurs pièces du xiv° siècle prouvant que les Arrode étaient encore seigneurs en partie de Chaillot et que le duc d'Orléans leur acheta cette seigneurie ; enfin, le registre KK 896 des Archives nationales contient, aux fol. 303-5, les contrats d'acquisition des terres de Nicolas Braque à Chaillot, par Louis d'Orléans.

Nous croyons devoir maintenant reproduire le texte d'un document curieux surtout au point de vue topographique : c'est la déclaration des limites de la seigneurie, fournie, en 1698, par les religieuses de la Visitation, dames hautes justicières de la terre, après Commines, les Cressé et Bassompierre :

« Lesquels fiefs, terre et seigneurie de Chaillot et Longchamp consistent en ce qui ensuit :

« Premièrement, en une maison en pavillon scize dans la première court de nostre monastère royal de la Visitation de Sainte-Marie de Chaillot, qui a esté establie par lesdittes lettres patentes du 10 juillet mil six cens quatre vingt treize pour servir à l'advenir de lieu seigneurial et principal manoir de nostre ditte terre de Chaillot.

« Plus, aux bastimens, court, jardins et enclos de nostre dit monastère de Chaillot, le tout contenant trente arpens ou environ, fermez de murailles.

« Et s'estendent nosdits fiefs, terre et seigneurie de Chaillot et sont compris dans les bornes et limittes cy-après désignées : commençant depuis et au devant de la principalle porte de l'eglize des religieux Minimes de Nigeon, icelle comprise, et la moitié du chemin pavé au devant de ladite porte descendant de Passy à la rivière de Seine et quay, laquelle moitié du chemin fait la séparation de la seigneurie de Chaillot d'avec celles de Passy et d'Auteuil.

« Et continuant le long de la rivière de Seine, le long du clos desdits Pères Minimes et de nous dites dames religieuses et autres maisons estans le long dudit quay jusques à la rue appellée vulgairement le Ponceau, au bas de laquelle, descendant ledit quay, est une arche, par-dessous laquelle passent les egouts de Paris pour entrer dans ladite rivière de Seine, à costé de laquelle est une maison appellée la Savonnerie, estant la manufacture royalle deppendant et rellevant de ladite seigneurie de Chaillot.

« Et depuis icelle, continuant le long dudit quay et pavé du grand chemin de Paris à Versailles jusques au bout dudit quay, appellé le Coing des Hayes, et retournant à main gauche le long du fossé du Cours-la-Reine devant la porte d'icelluy ; continuant sur ledit fossé à gauche, à une borne qui est derrière la maison du portier dudit Cours, icelle maison comprise, qui fait séparation de la seigneurie de Chaillot d'avec celle de Saint-Germain-l'Auxerrois ; laquelle borne est marquée du costé droit à S.-G., et de l'autre costé à gauche à S.-M., laquelle borne est plantée sur un morceau de terre appartenant au Roy ; à costé gauche est le jardin appellé la Planchette, appartenant au nommé Tafflé, icelluy compris, et duquel morceau de terre traverse le bas d'une des avenues du nouveau Cours ;

« Et montant et traversant plusieurs des terres, à droite, jusques à une borne plantée à la teste d'une pièce de terre appartenant aux héritiers de Monsieur l'abbé Robert, ladite pièce à gauche, et à droite à une pièce de terre à Madame Langlois, qu'elle a acquise de Jacques Le Chevallier, laquelle borne est marquée comme celle dessus ditte, et fait encore la séparation de la seigneurie de Chaillot d'avec celle de Saint-Germain-l'Auxerrois ;

« De laquelle borne montant à main gauche de laditte pièce de terre appartenant à Monsieur l'abbé Robert, et traversant une des avenues du nouveau Cours et passant au travers du marais aussy appartenant audit sieur abbé Robert ou à ses héritiers, jusques à une borne où il y a un chemin qui passe le long des terres en marais appartenant à plusieurs particuliers, qui va tendre à la fausse porte du bas Roulle ;

« Et traversant ledit chemin, proche ladite borne, sont les terres en marais appartenantes à Monseigneur l'archevesque de Paris ; le long desquelles passent les égouts de Paris, et séparées par un petit chemin qui va tendre à la ruelle appellée Lacherault[1], au sortir de laquelle, à gauche, sont les murs des jardins et clos de la maison appartenant à Mademoiselle Capron, dit fief Bequet, icelluy compris ; à droite, sont les maisons, jardin et clos du sieur Cossart ; laquelle ruelle sépare lesdites seigneuries de Chaillot d'avec celle de Saint-Germain-l'Auxerrois ;

« Et continuant le long de ladite ruelle, montant et traversant le grand chemin de Chaillot au Roulle, le long d'une pièce de terre appartenant à droite à Nicolas Le Roy, et à gauche, aux héritiers de Nicolas Charles, à la fabrique de Chaillot et aux héritiers du sieur de la Grand-Cour, et retournant par le bout de la pièce de terre dudit Nicolas Le Roy, à droite, le long est une pièce de terre appartenante à Nicolas Le Roy, fils de Pierre, icelle comprise de la censive de ladite seigneurie de Chaillot ;

« Et traversant la grande avenue du nouveau Cours, tirant droit au coin du mur du clos de Monsieur de Vaudetar, passé sur le bout des terres de Nicolas Le Roy et des héritiers Claude Brocard et autres particuliers, remontant le long dudit clos jusques à une borne qui est au milieu de la première avenue dudit nouveau Cours, du costé de l'entrée au Roulle vis-à-vis le seizième arbre du premier rang, du costé dudit Roulle, passé le long des terres que tient à loyer Michel Queradam, et sur la pièce de terre de la veuve Douet, de laquelle pièce de terre il y peut avoir un quartier sur la seigneurie de Saint-Denis ;

« De laquelle borne retournant à gauche et ressortant de ladite avenue, passant sur le bas des pièces de terre appartenant au sieur des Hayes, jusques à l'encoignure de ladite pièce de terre de celles de l'église de Chaillot ; et retournant le

---

1. L'aveu de 1737 (S.4800) porte « ruelle Tachereau ».

long des pièces de terre appartenantes aux héritiers Collé, à gauche, icelle comprise dans la censive de la seigneurie de Chaillot; sur laquelle aboutit la susdite pièce de terre dudit Deshayes; traversant ladite avenue et descendant de l'autre costé droit sur environ un arpent de terre qui appartient aux héritiers dudit Collé; et retournant en triangle jusques et traversant la lune desdites avenues, allant joindre ladite première avenue qui regarde le chasteau de la Muette, icelle avenue comprise;

« Et du coing de ladite avenue, tirant droit au sentier qui fait la séparation de la seigneurie de Chaillot de celle de Saint-Denis; passant par le bout des terres de Pierre Doisnel et Pierre Fontaine; et suivant ledit sentier jusqu'à la vigne des héritiers de Guillaume Bailly; et descendant le long d'icelle jusques au bout de la pièce de terre de Claude Henry; retournant à gauche, droit au chemin de Longchamp; traversant ledit chemin, allant droit tendre à la sente qui fait séparation d'entre Passy et Chaillot, d'un bout est la vigne appartenant à Nicolas Fontaine, le jeune, qui fait d'un costé la séparation des susdites seigneuries de Chaillot et Saint-Denis, et d'autre bout de celle de Passy d'avec Chaillot, icelle pièce de vigne comprise dans la censive de ladite seigneurie de Chaillot;

« Retournant à gauche, le long de ladite sente, jusques aux terres desdits Peres Minimes, qui font la séparation de Chaillot et Passy; retournant à droite par un autre petit sentier qui est entre les héritages des héritiers de Pierre Martin et ceux desdits Peres Minimes; retournant à gauche par le chemin appellé le chemin aux Moines jusques sur le grand chemin pavé de Passy à Paris; descendant à gauche et revenant tendre devant la porte dudit couvent de l'église des reverends Peres Minimes dits les Bonshommes, icelluy compris dans la censive et seigneurie de Chaillot et Longchamp, et le long duquel chemin, à gauche en descendant de Passy, il y a à présent plusieurs maisons basties depuis plusieurs années, qui sont aussy de la censive et seigneurie dudit Chaillot, comme il est dit cy dessus » (Arch. nat. S. 4799, p. 3-10.)

La condition des habitants de Chaillot, au moyen âge, ne saurait fournir matière à de longs développements. La charte consacrant la coutume si étrangement, nommée *befeht*, a été réimprimée pour la dernière fois dans le *Cartulaire général de Paris* (t. I, p. 221). L'édit de juillet 1659 aux termes duquel Chaillot fut érigé en faubourg de Paris porte dans son préambule que les habitants étaient, depuis longtemps, accablés d'impôts et que, pour les années 1648 à 1655, ils étaient en retard de 13202 livres dans l'acquit de la taille. C'est pour les en alléger que cette imposition fut convertie en un droit immuable perçu sur l'entrée du vin fourni par la localité ou venant de l'extérieur pour la consommation des habitants. Toutefois, le même arrêt exemptait les Minimes de l'impôt sur les vins de leur crû, les Visitandines de l'impôt pour quinze muids par an, le curé pour dix muids et Simon Lourdet, directeur de la Savonnerie, pour douze muids. Lebeuf a eu tort de ne pas mentionner l'arrêt du Conseil, en date du 18 octobre 1707, par lequel le roi réservait les droits de Chaillot et déclarait à nouveau que le lieu n'était considéré comme faubourg de Paris que par rapport à l'entrée des vins, mais que ses habitants n'étaient nullement assujettis aux règlements régissant les communautés d'arts et métiers de la capitale (Félibien, t. II des *Preuves*, p. 428-9).

Rappelons encore, comme souvenir pouvant se rattacher à l'histoire du bourg même le procès que les habitants de Chaillot intentèrent, en 1780, aux frères Périer, concessionnaires de la pompe à feu, au sujet du chemin allant de l'Étoile à Chaillot ; un mémoire en fut imprimé sous ce titre : « Mémoire sur la contestation du village de Chaillot, faubourg de la Conférence et des sieurs Périer, relativement à un chemin public que ces derniers ont usurpé » ; Paris, 1780, in-4°, 52 pages, avec plan.

Si l'on en excepte un petit nombre de voies publiques, dont la seule importante était la rue de Chaillot, le territoire du village consista, jusqu'à notre siècle, en terrains de cultures maraîchères dépendant presque tous des trois couvents qui s'y installèrent. De là, un très grand nombre de lieux-dits, dont il nous a paru utile de relever les noms d'après les archives de ces établissements monastiques : au XVe et XVIe siècles, Nijeon (encore mentionné au XVIIe siècle dans S. 4302) ; les Gourdes, l'Ombardie, les Aigoux, les Bornes, le Tertre ; au XVIIe siècle : Belleville, les Batailles, les Josses, Moque-Panier, la Croix-Boissière, les murs d'Orléans, le clos d'Orléans, le Bout de la ville, le Pendant des Ternes, Bonival, les Brèches, le fief Béquette, les Quezeaux, les Bas-Quezeaux, Festinant, les Courtes Pièces, la Savonnerie : au XVIIIe siècle, la Pointe, les Longues-Plantes, les Coffrys, la Haute-Borne, la Maison-Rouge, la Maison-Blanche, les Sablons, l'Archer, le chemin de Versailles, la Marbrerie.

Il est possible d'identifier quelques-unes de ces dénominations : le clos des Gourdes est représenté aujourd'hui par le quartier Marbœuf ; le clos d'Orléans par celui des États-Unis ; les Josses, Moque-Panier et l'Ombardie étaient des fiefs situés aux environs de la rue Copernic actuelle ; la rue des Batailles, supprimée en 1858, a été absorbée par l'avenue d'Iéna et l'extrémité du boulevard Delessert ; la rue des Sablons existe encore ; le lieu-dit la Croix-Boissière se retrouve dans le nom de la rue Boissière ; la rue du chemin de Versailles porte, depuis 1867, le nom de Galilée ; nous parlerons plus loin de la Savonnerie et de la Marbrerie.

MINIMES.

Lebeuf s'est trompé en attribuant à Anne de Bretagne seule la fondation à Chaillot d'un couvent de Minimes ; le document que l'on va lire et que nous reproduisons intégralement en raison de son intérêt atteste que le premier fondateur de cette maison fut Jean Morhier :

« A noble homme et saige monsieur le prevost de Paris, ou son lieutenant, Jehan Potin, examinateur de par le Roy nostre sire ou Chastellet de Paris, honneur et reverence. Chier sire, plaise vous savoir que par vertu de voz lettres de commission attachées soubz le contrescel de ladicte provosté de Paris à certaines lettres du Roy nostre dit seigneur en forme de don, scellées de son grand scel en laz de soye et cire vert, obtenues et impétrées par religieuse personne frère Françoys de Paule, correcteur général et premier instituteur de l'ordre dicte la maindre des maindres, et autres frères religieulx d'icelluy ordre de l'église et maison *Jhesus-Maria* joingnant le parc des Montilz lez Tours et à moy présentées par venerable et discrette personne maistre Jehan Quentin, docteur en theologie, chanoine et penitancier de l'église Nostre Dame de Paris, procureur et stipulant pour lesdiz frère Françoys de Paule et religieulx, ausquelles ceste presente ma relation est attachée soubz mon scel, et pour mettre à execution le contenu ès dictes lettres royaulx, je, le mardi, cinquiesme jour du moys de novembre l'an mil CCCC quatre vings et treize, me transportay au clos de Nigeon, et illec, après lecture par moy faicte desdictes lettres royaulx et commission ès presences de Jacquet Martin, Pierre Bertault, François Bailly, laboureurs demeurans à Chailleau, Jehan de Flavy, clerc, escollier à Paris, Jehan Dragon, clerc, Guillaume Geuffroy, sergent à cheval audit Chastellet, Macé Pimpart et Michel de la Ville, maçons demourans à Paris, mis en possession et saisine ledit maistre Jehan Quentin comme procureur et stipulant pour lesdictz frère François de Paule et religieux dudict ordre dicte la maindre des maindres, dudit cloz, ensemble de la tour et vivier de Nigeon donné audict ordre par noble homme messire Jehan Morhier, chevalier, conseiller chambellan du Roi nostre dict seigneur, seigneur de Villiers-le-Morhier...... et depuis, ledict don confermé par le Roy nostre dict seigneur........ (Arch. nat., S. 4303.)

Anne de Bretagne ne fut cependant par étrangère à l'institution des Minimes de Chaillot; le même carton des Archives nationales contient un procès-verbal de mesurage de « l'ostel de Nyjon lèz Chailliau » fait à la requête de cette reine, le 13 septembre 1496; l'hôtel et le jardin qui est autour contiennent six arpents et trois quartiers et demi de terre; on y joint une autre maison, sise derrière, qui contient également six arpents et trois quartiers et demi de terre; au total, treize arpents et trois quartiers, que les experts évaluent à 574 livres tournois.

Lebeuf dit, à propos de ce couvent, que la chapelle des Cinq Plaies, qui fut l'origine de la paroisse de Saint-Roch, fut donnée, en 1605, aux Minimes de Nigeon pour la convertir en hospice de leur ordre. Des documents précis manquent pour confirmer ce fait, et ceux qui ont été publiés dans le *Bulletin du Comité d'histoire et d'archéologie du diocèse de Paris* (1884, pp. 281-284) prouvent seulement qu'il y eut intention de donation, mais pas autre chose.

Dans sa notice, assez diffuse, sur les Minimes de Nigeon (voy. à la Bibliographie), Millin a réuni sur les tombeaux contenus dans l'église de ce monastère bon nombre de renseignements qu'il est précieux de résumer ici, maintenant que tout en a disparu : on y trouvera la description et le texte des inscriptions des sépultures suivantes : Françoise Veyni d'Arbouge, femme du chancelier Antoine Duprat, mère de Guillaume Duprat, évêque de Clermont, morte en 1507; Jean d'Alesso, neveu de François de Paule, mort en 1572; Madeleine d'Alesso, sa fille; Olivier d'Ormesson; Jean d'Estrées et Marguerite Morin, sa femme; Jean-Baptiste Philippe; dame Claude Chanterel; Marie du Drac; Jean Quintin; Jean Dehem, etc. Millin ajoute que « le cloitre de ce couvent étoit en pierres de taille et avoit cinquante deux arcades, entre lesquelles on avoit peint sur verre les persécutions de l'Eglise militante. Le long de la nef de l'église, on voyoit ceux qui ont versé leur sang pour le nom de Dieu, depuis Abel jusqu'à saint Jean-Baptiste. Dans tout le reste du cloitre, on avoit peint les persécutions de l'Eglise militante pour la loi évangélique, depuis Jésus Christ jusqu'à nos jours ».

Le 8 mai 1790, Louis-Guillaume Leveillard, maire de Passy, assisté de plusieurs officiers municipaux, de Jean-Pierre Vacquerie, procureur, et du greffier de la municipalité se rendit « au couvent des reverends pères superieurs religieux Minimes de Nigeon, dits les Bonshommes. Devant lui comparurent « les R. P. Jean-

François Gengemme, ex-général de l'ordre et actuellement provincial de la province, âgé de soixante dix ans passés, Louis Durand, supérieur de la maison, âgé de soixante trois ans passés », sept autres pères et six frères, dont deux oblats et un donné. Il se fit représenter les registres de comptes du couvent et fit dresser la description sommaire des objets mobiliers ; nous y relevons la mention de 8,625 volumes tant imprimés que manuscrits (beaucoup d'entre eux, transportés peu après au chef-lieu du district de Saint-Denis, sont encore aujourd'hui conservés à la Bibliothèque municipale de cette ville), de douze grands tableaux non décrits, de trente et une miniatures, de différentes pièces de tapisserie dont plusieurs tapis de Turquie, etc. A cette date, il était dû au couvent 21,317 livres, 17 s. 6 s. et il ne devait que 9961 livres, 3 s. (Arch. nat. S. 4306).

Peu après, le couvent fut fermé ; tous ses bâtiments ne furent pas détruits alors ; ils furent, dans la première moitié de notre siècle, occupés par divers établissements industriels, notamment par une distillerie qui devait à son emplacement d'être dite des Minimes ; elle a disparu aujourd'hui. On peut, à l'aide des plans et des estampes indiquer assez exactement le territoire de l'ancien couvent ; il était situé à l'angle d'une rue montant vers Passy et appelée la montée des Bonshommes (actuellement rue Beethoven)[1] et occupait toute la partie ouest des jardins du Trocadéro entre la Seine et le carrefour formé par l'intersection des rues Franklin, Vinéuse, de la Tour et de Passy ; à droite, était l'enclos des Visitandines, dont nous parlons plus bas.

Abbaye de Sainte-Geneviève, puis de Sainte-Perrine

Les origines de cet établissement sont assez obscures ; on sait seulement que, par décret en date du 4 novembre 1659, l'archevêque de Paris autorisa l'installation à Chaillot de religieuses génovéfaines venant de Nanterre où elles s'étaient constituées en communauté grâce à un décret analogue daté du 15 janvier 1647 (Arch. nat. L. 1033). Nous parlerons, dans nos notes sur Nanterre, de cette fondation. Le Parlement, ainsi que l'a dit Lebeuf, n'enregistra la translation que le 3 août 1673 (Félibien, t. III des *Preuves*, p. 219). En 1700, les religieuses y étaient, d'après le *Mémoire de la Généralité de Paris* (p. 32) au nombre de quarante-deux, et possédaient 6,000 livres de revenus. Cette médiocrité de ressources, jointe à celle dont souffrait l'abbaye de Sainte-Perrine de la Villette (voy. plus haut, p. 320-321) détermina par la suite la réunion des deux communautés, consentie par elles le 17 août 1742 (L. 1033), et dès lors l'abbaye prit le vocable de sainte Perrine. Il faut croire que le couvent de la Villette transporta à Chaillot jusqu'à ses pierres tombales, puisque M. de Boislisle a publié dans le *Bulletin de la Société de l'histoire de Paris* (1881, p. 28-29) le texte de deux d'entre elles, datant du XVIIe siècle, aujourd'hui conservées au musée de Bagnols, et qui, paraît-il, proviennent de Sainte-Perrine de Chaillot.

---

1. A l'angle de cette rue et du quai sur la Seine a été, jusqu'en 1860, la barrière dite des Bonshommes appartenant à l'enceinte des fermiers généraux construite en 1786. Le mur d'enceinte laissant le couvent en dehors de Paris suivait le quai jusqu'à la hauteur du pont d'Iéna ; il s'élevait alors le long de la colline dans la direction du nord, laissant à sa droite et par suite enfermant dans Paris le couvent de la Visitation, qu'il séparait ainsi de celui des Minimes.

Il fut question, vers 1775 de réunir à cette abbaye celle de N.-D. de Liesse, qui périclitait depuis longtemps (voy. plus haut, p. 262-263), mais ce projet n'aboutit pas (Arch. nat. S. 4513). En revanche, une bulle de 1786 ordonna la réunion à Sainte-Perrine de l'abbaye de Gif, ou pour mieux dire l'union de ses revenus, car l'abbesse seule, Mme de Tourville, vivait encore. La mesure ne fut cependant pas exécutée (*ibid.*). Enfin, en 1788, un arrêt du Conseil d'État ayant ordonné la fondation de quatre nouveaux hôpitaux, Sainte-Perrine fut désignée pour être le siège de l'un d'eux (*ibid.*). C'est à cette circonstance que l'abbaye, accablée de dettes, dut de ne pas disparaître matériellement, au moment où la Révolution allait renverser tous les bâtiments conventuels. Le projet d'hôpital ne fut pas suivi d'effet ; mais, en 1806, un homme bienfaisant, M. Duchayla y fonda un asile de retraite pour des vieillards des deux sexes, appartenant à des familles honorables. Le prix d'admission était alors de 6,000 francs une fois payés, ou de 600 francs par an. Modifiée depuis, mais sans cesser de rester prospère, l'institution a été transférée en 1860 à Auteuil (voy. p. 443), où elle conserve son vocable de sainte Perrine, resté immuable après tant de migrations depuis le XIIIe siècle. La maison de Chaillot a été démolie pour le passage de l'avenue Joséphine (actuellement avenue Marceau) et des maisons neuves se sont élevées sur son emplacement dans la partie de la rue de Chaillot (numéros impairs) voisine de cette avenue du côté des Champs-Élysées.

Religieuses de la Visitation

Dans un mémoire fourni, au commencement de l'année 1790, à l'administrateur des domaines, les religieuses de la Visitation donnèrent sur les origines de leur maison de Chaillot les renseignements suivants que nous avons reconnus exacts :

« Notre monastère a été fondé en 1651 par Henriette-Marie de France, fille de Henri quatre, qui, malgré sa bonne volonté, n'a jamais eu le moyen de le doter ; c'est la seule protection de cette auguste princesse qui lui donna de la consistance..... Nous avons acquis notre maison et ses dépendances, le 1er juillet 1651, avec la haute justice royale, de la succession de Monsieur le maréchal de Bassompierre, dont les biens étaient en decret au Parlement de Paris, qui nous l'a adjugée, et nous l'avons payée de nos deniers. Nous avons aussi payé les lots et rentes à MM. Victon et Leclerc de Coursel, ainsi que l'indemnité.

« Le vingt quatre mai 1686, nous avons acquis de nos deniers, de Madame la présidente Croizet, 18 arpens de terre sis à Chaillot, lieudit les Gourdes, près le grand Cours et l'allée des Veuves ; c'est ce que nous appelons aujourd'hui nos marais. Le 13 mai 1693, de nos deniers, nous avons acquis, de Madame la présidente Croizet, l'autre partie du fief de Chaillot et du fief de Longchamp, moyenne et basse justice, relevant lesdits fiefs de S. M. Le 26 aoust 1694, nous avons de nos deniers acquis de S. M. le droit d'echange pour ceux qui se font à Chaillot et fief de Longchamp... » (Arch. nat. S. 4791).

Lebeuf a raison de dire que la maison qu'occupèrent les Visitandines s'appelait, au commencement du XVIIe siècle, la maison de Grammont. Elle appartenait, en effet, alors à la famille de ce nom. Il existe au musée des Archives nationales, sous le n° 771, une pièce mentionnant les biens que Diane Corisande d'Andouins, comtesse de Guiche et de Grammont, possédait à Passy en 1606 sur lesquels elle donna aux Minimes un quartier de terre. C'est sans doute à cause de ce don qu'un procès s'engagea entre les Bonshommes et les Visitandines, dès 1661, pour l'établissement d'un mur de séparation entre les deux couvents. Pour le construire, il aurait fallu renverser « ung bastiment de plusieurs chambres et d'une gallerie, au bout de laquelle est la figure du Roy sur un cheval de stuc, et ung escalier montant en leur jardin d'en hault (celui des religieuses), le tout régnant le long dudict mur de séparation du jardin et clos desdits religieux Minimes, dont la desmolition seroit d'autant plus préjudiciable qu'outre l'antiquité desdicts bastimens dudict chasteau de Chaliot, acquis en cest estat et possédé par lesdictes religieuses, la ruine en seroit inutile et les réduiroit à une grande incommodité ». Il fut convenu aussi que l'escalier dont il vient d'être question serait respecté tant que la reine d'Angleterre demeurerait au couvent : « lequel escallier a esté laissé en considération de ce que la Reyne d'Angleterre, qui faict son habitation audict couvent n'a point de lieu plus facille pour descendre au jardin que par ledict escalier... » (Arch. nat. S. 4792).

La reine d'Angleterre dont il est ici question, personne n'ignore que c'est Henriette-Marie de France, fille d'Henri IV et femme de Charles Ier ; l'on sait également que, le 16 novembre 1669, Bossuet prononça son oraison funèbre dans l'église du couvent où elle avait passé la dernière partie de sa vie.

C'est dans ce même couvent que fut inhumée (Lebeuf l'a dit aussi) Marie-Béatrix-Éléonore d'Este, femme de Jacques II, roi d'Angleterre, morte le 7 mai 1718. Bien qu'habitant Saint-Germain, où elle mourut, elle avait à la Visitation un logis au prix de 3.000 livres par an, et les religieuses se virent forcées d'en réclamer au roi le montant, car, depuis 1689, elle n'avait payé en tout que 18.000 livres (S. 4794).

Il convient enfin de rappeler que, le 11 février 1671, Mlle Louise de La Vallière vint se réfugier à la Visitation ; mais elle n'y resta que douze heures, l'humeur changeante de Louis XIV qui l'avait forcée à y entrer l'en ayant fait aussitôt sortir (Cf. J. Lair, *Louise de La Vallière et la jeunesse de Louis XIV*. Paris, 1881, in-8°, p. 250-253).

Le 26 janvier 1790, M. François Doré, ancien directeur des domaines du roi, fondé de pouvoirs de dame Marie-Gabrielle Roslin, supérieure du couvent, déclara aux administrateurs du département que le monastère « est composé de vingt-deux religieuses de chœur, neuf sœurs converses, deux sœurs tourières, une demoiselle agrégée, une fille de service ; que la maison conventuelle, l'église, la cour d'entrée, les jardins, le clos, la basse-cour, les terrasses en dépendantes, celles des deux pavillons en dehors, et la justice royale contiennent trente arpents de terrains ; qu'elles sont seigneur de la terre de Chaillot et de Longchamp, avec haute, moyenne et basse justice, avec lods et ventes lors des mutations, et cens affermés par chaque année cent livres... »

Les bâtiments de la Visitation et leurs dépendances couvraient tout l'espace occupé maintenant par le palais et les jardins du Trocadéro. On sait que ce nom est celui d'un des forts de Cadix dont le duc d'Angoulême s'empara pendant l'expédition d'Espagne de 1823.

La reconstitution de ce fait d'armes fut le sujet d'une fête populaire donnée en

1826 sur l'emplacement de l'ancien couvent, démoli au commencement du premier empire pour faire place à un monumental « palais du roi de Rome » qui n'exista qu'à l'état de projet. Le nom du Trocadéro est resté au coteau et au palais actuel, construit en 1878 pour l'Exposition universelle qui eut lieu cette année là (Cf. le livre de M. Davioud, *Le Palais du Trocadéro*, Paris 1878, in-8°).

Savonnerie

Un mémoire adressé au roi par les Visitandines de Chaillot nous fournit indirectement de curieux détails sur la Savonnerie :

« Sire, les supérieure et religieuses du monastère royal de la Visitation de Sainte-Marie de Chaillot representent très humblement à V. M. qu'il leur est dû des lods et ventes une indemnité et un cens pour la mutation au profit de V. M. de la maison de la Savonnerie, sise à Chaillot dans l'étendue de la directe des suppliantes, suivant la déclaration fournie en 1608 par le sieur Martin de Mauroy, lors propriétaire ; ladite maison occupée actuellement par la manufacture des tapis du Levant, sous la direction des bâtimens, arts et manufactures de V. M.

« Le roi Louis XIII fit l'acquisition de cette maison, du sieur Martin de Mauroy en 1629, dans la vue d'y établir la manufacture qui l'occupe aujourd'huy. Elle fut estimée en 1630 à 50.000 livres, suivant le procès-verbal des experts, déposé à la Chambre des Comptes, au pied duquel est la quittance de ladicte somme, payée audict sieur Mauroy. Cette manufacture ayant été négligée, le feu roi, de glorieuse mémoire, fit don pur et simple de cette maison à l'hôpital général par l'édit d'avril 1656, portant établissement dudit hôpital.

« M. Colbert rétablit, en 1664, cette manufacture, et fit dans le même tems un traité avec les administrateurs dudict hôpital, par lequel il les chargea de fournir et entretenir le nombre d'enfants nécessaires pour servir d'apprentifs ; ce traité avec l'hôpital ayant paru onéreux, les administrateurs supplièrent le feu roi de reprendre ladicte maison de la Savonnerie et ses dépendances pour y continuer la manufacture et d'accorder audict hôpital une indemnité du don qui luy avoit été fait de ladicte maison, et des dépenses qu'il avoit été obligé d'y faire en exécution du traité cy dessus daté. Ce traité fut annulé par arrêt du Conseil, du 22 août 1673. Le roi remit dans sa main ladicte maison de la Savonnerie, qui n'a cessé depuis de servir à la manufacture, et S. M. a indemnisé ledict hôpital.

« Les religieuses de Chaillot ont donné au feu roi nombre de plaicts pour le supplier de leur rendre justice... » (Arch. nat. S. 4794). On voit dans l'inventaire fourni en 1790 par ces religieuses (S. 4791), que les droits qu'elles réclamaient n'avaient pas été alors réglés encore.

Comme son nom l'indique, la Savonnerie avait été primitivement une fabrique de savon ; nous signalerons dans les *Preuves* de Félibien (t. V, p. 206) le texte d'un arrêt du Parlement, à la date du 1ᵉʳ décembre 1668, pour « continuer la fabrique des savons blanc et marbré, façon de Gennes et d'Alicant, au lieu de Chalyot et autres qu'il adviseroit en cette ville de Paris ou à deux lieues aux environs d'icelle pendant le temps et l'espace de dix années... » Il y a évidemment un rapport entre cette fabrique et la manufacture de tapis du Levant dont nous nous occupons, mais les documents manquent pour le mieux préciser.

La famille des Lourdet se perpétua, durant le xvii° siècle, dans la direction de la Savonnerie ; le 20 septembre 1698, les Visitandines ensaisinèrent une maison sise à Chaillot, appartenant à « damoiselle Jeanne Haffroy, veuve de Philippe Lourdet, vivant directeur de la manufacture de tapicerie de Turquie establie à Chaillot (S. 4795, p. 57).

La Savonnerie ne fut pas supprimée par la Révolution ; ce n'est qu'en 1834 que sa réunion aux Gobelins ayant été opérée, on installa dans ses bâtiments la Manutention des vivres militaires. Un incendie les détruisit, au mois de septembre 1855 ; ils ont été réédifiés sur le même emplacement, au quai Debilly, appelé jadis quai des Bonshommes.

Sur ce même quai, entre la pompe à feu et la Savonnerie, avait été installé, sous Louis XV, le DÉPOT DES MARBRES. Par arrêt du Conseil d'État, du 4 juin 1758, la ville de Paris fut autorisée à acquérir « un terrain voisin de celui que le roi a concédé au sieur de la Vallée, concierge gouverneur du château de la Samaritaine » et à réunir ces deux terrains pour y créer le nouveau dépôt de marbres, en remplacement de celui de la place Louis XV (Arch. nat. Q¹ 1138). Une autre pièce du même dossier, l'acte de vente de ce terrain aux prévôt des marchands et échevins par le sieur Tillier et sa femme (27 octobre 1758) porte que l'ancien magasin de marbres « a été compris dans les plans et dessins approuvés par S. M. pour la construction de la place destinée à recevoir le monument qu'elle a permis à laditte ville de consacrer à sa gloire et à l'amour de ses sujets » ; c'est pour cela que ce magasin a été abandonné, en vertu de lettres patentes du 21 juin 1757 (Q¹ 1135).

Signalons enfin l'autorisation qui fut donnée par un bon du roi, le 19 août 1787, au chevalier de Pawlet d'occuper « pour son établissement d'enfants orphelins de militaires, qui compte plus de 160 sujets, le terrain d'une promenade sise au dessus de l'Étoile de Chaillot, et qui va être coupée en deux, par suite de la nouvelle enceinte, par une route tournante pour aller de l'Étoile à Chaillot » (Q¹ 1067). On n'a pas d'autres détails sur cette institution, dont la Révolution arrêta certainement le développement, si ce n'est qu'en 1792, elle était non plus à Chaillot, mais à Popincourt, et que Pawlet émigra, abandonnant ses élèves (cf. les *Procès-verbaux du Comité d'Instruction publique de la Convention nationale*, publiés par M. J. Guillaume, t. I, pp. 424-9).

Lebeuf a mentionné la maison qu'habitait le président Jeannin à Chaillot ; on trouvera à ce sujet quelques détails dans les *historiettes* de Tallemant des Réaux (t. III, pages 196 et 203 de l'édition en 9 vol. in-8°).

Il aurait pu de même rappeler que la duchesse d'Orléans, Louis-Élisabeth, fille du Régent, occupa dans l'enclos de la Visitation un pavillon entouré de deux arpents, au bord de la Seine (Arch. nat., S. 4794, à la date du 27 octobre 1735).

Dans les derniers temps de l'ancien régime, Chaillot fut la résidence d'un homme célèbre entre tous, Sylvain Bailly, auquel les honneurs que la Révolution lui prodigua si largement à l'origine devaient, trois ans plus tard, coûter la vie.

Nous reproduisons ici l'acte inédit de l'ensaisinement de la maison de Bailly et de sa femme par les religieuses de la Visitation :

« Nous soussignée [Jeanne-Adélaïde Pichon], supérieure [de la Visitation], reconnoissons avoir ensaisiné et mis en possession Monsieur Jean-Sylvain Bailly, de l'Académie Française, demeurant à Paris aux galeries du Louvre, paroisse Saint-Germain-l'Auxerrois et dame Jeanne Le Seigneur, veuve du sieur Raymond Gaye, avocat en Parlement, greffier du domaine des gens de main morte, la ditte dame Gaye pour l'usufruit et jouissance sa vie durant, d'une maison sise grande rue de Chaillot, y demeurant actuellement, et ledit sieur Bailly pour la nue propriété de laditte maison, composée de plusieurs corps de logis de trois étages, cour, basse-cour, jardins, puits, tenant d'un costé aux sieur et dame acquereurs, d'autre aux sieurs Paris et Gonichon, d'autre au sieur et dame Poirier, et d'autre bout au chemin de l'Étoile..... Fait et passé à Paris en l'étude, le 22 octobre 1787, la minute demeurée à Me Lemoine, notaire (S. 4797, p. 196).

Des renseignements topographiques que contient cette pièce paraît résulter la preuve que la maison de Bailly était située rue de Chaillot, entre les avenues actuelles des Champs-Élysées et Marceau, du côté des numéros impairs.

Comme on l'a vu plus haut, la paroisse de Chaillot fut considérée comme un faubourg de Paris dès la seconde moitié du XVIIe siècle. Le mur d'octroi des fermiers généraux construit en 1785 l'incorpora définitivement à la capitale. Son territoire a dépendu successivement : en 1789, du district de Saint-Philippe-du-Roule ; en 1790, de la section des Champs-Élysées ; en l'an IV, du Ier arrondissement municipal ; depuis 1860, des VIIIe et XVIe arrondissements, la plus grande partie de l'ancienne seigneurie appartenant à ce dernier arrondissement, où elle constitue le quartier dit des Bassins.

BIBLIOGRAPHIE. *Sources*. MINIMES. Arch. nat. S. 4302 : titres de propriété, de la fin du XVIe et du commencement du XVIIe siècle, presque tous ayant trait à l'acquisition de terrains situés « au-dessus du couvent » et que les cotes postérieures indiquent comme « faisant aujourd'huy partie de nostre enclos ». — S. 4303 : mêmes matières ; donation aux Bonshommes par Louis XIII, le 23 décembre 1641, de « l'ancien chemin qui alloit de Chaillot à Passy, devenu inutile à cause d'un chemin plus haut ouvert sur les terres des religieux et allant de Paris au bois de Boulogne, Passy, Saint-Cloud et autres lieux... », donation faite avec le consentement du sieur Jeannin, contrôleur général des finances, seigneur de Chaillot ; titres de propriété de deux maisons sises sous les piliers des Halles, à Paris ; biens à Antony. — S. 4304 : titres de propriété à Colombes et Courbevoie (Seine), Samois (Seine-et-Marne) ; lettres d'amortissement ; liquidation des biens du couvent, à partir de 1790. — S. 4305 : titres de rentes sur des maisons de Paris, par suite de fondations (1598-1746) ; baux de la maison de la Barbe d'Or, rue de la Cossonnerie à Paris (1635-1762) ; biens à Chaillot et à Villejuif (1601-1764). — S. 4306 : « procès-verbal des actes d'amortissement du couvent de Nigeon », dressé en 1503 (original, parchemin, 16 feuillets) ; biens à Chaillot ; inventaires de 1790 ; baux de la maison dite des Piliers verts, sous les piliers des Halles, de 1605 à 1769 ; de maisons rue de la Vieille-Draperie (1617-1734), rue

Geoffroy-l'Angevin (1638-1781); de l'hôtel du Saint-Esprit, rue Saint-Honoré (1599); de biens à Clichy. — S. 4307 : états du revenu temporel du couvent (1609-1610). — Q¹ 1068¹ : formules de soumission de l'acquisition des bâtiments conventuels des Minimes, par Barthélemy Duchesne, entrepreneur de bâtiments, demeurant rue Franklin, à Passy (12 prairial an III); ces pièces ne portent pas d'indication de prix. — Q¹ 1074 : liasse de baux de maisons appartenant aux Minimes, situées sur la montagne dite des Bonshommes (1776-1790).

Bibliothèque nationale. Ms. nouv. acq. lat 1551 : procès-verbaux des Chapitres provinciaux de l'ordre des Minimes, tenus au couvent de Nigeon « in Nigeonensi cœnobio » (XVIIᵉ s., première moitié).

SAINTE PERRINE. — Archives nat. L. 1033 : pièces relatives aux couvents de Compiègne, de La Villette et de Chaillot; pour ce dernier : documents relatifs à la translation à Chaillot, dans un couvent de Bénédictines, du monastère de Sainte-Geneviève fondé à Nanterre par autorisation de l'archevêque, le 15 janvier 1647; livre mortuaire des pensionnaires (1666-1759); délibérations capitulaires, de 1732 à 1748, puis de 1767 à 1782. — S. 4512 : registre d'inventaire relatif aux biens de Sainte-Perrine à Compiègne. — S. 4513 : pièces concernant les réunions projetées de l'abbaye de Liesse, puis de celle de Gif; acte établissant une créance de 120,000 livres donné par le roi à l'abbaye de Sainte-Perrine à titre de dédommagement des pertes que lui ont causées les guerres civiles sous Henri IV; cette créance est valable sur une halle aux cuirs à construire sur l'emplacement le plus avantageux du faubourg Saint-Marcel; la construction n'eut pas lieu et à partir de 1743, le couvent de Chaillot poursuivit vainement le recouvrement de la créance; inventaire des biens de l'abbaye, dressé en 1788 à la suite de l'arrêt du Conseil d'État ordonnant la transformation de Sainte-Perrine en hôpital; titres de propriété et de rentes, notamment au Pré Saint-Gervais et à Neuilly (XVIᵉ-XVIIIᵉ s.). — S. 4514 : registre terrier des censives dues aux religieuses de Sainte Geneviève à cause de leur fief de la Bretonnière (1738 et années suivantes).

VISITATION. — Archives nat. LL. 1719-1720 : registres de comptes des rentes (1653-1756. — S 4791 : pièces relatives à une maison de la rue Saint-Jacques, appartenant au couvent; inventaires et déclaration de 1790. — S. 4792-4793 (carton double) : acquisition du « château » où s'est établi le monastère en 1651; lettres patentes de la fondation; acquisition, en 1686, de la maison appelée la Seigneurie, et pourvue « d'une tour carrée qui estoit cy devant le chef-lieu seigneurial du fief de Chaliot »; acquisition du fief de Longchamp (1693); baux et titres de rentes. — S. 4794 : arrêts de 1659 et 1707, érigeant et maintenant le village de Chaillot en faubourg de Paris, dit de la Conférence; requêtes au roi au sujet des droits de lods et ventes pour l'acquisition de la Savonnerie, non payés au couvent, et de ce qui reste dû pour le loyer de la reine d'Angleterre; cession de terrains à la duchesse d'Orléans en 1735; feuilles dressées pour servir à l'établissement d'un registre terrier (XVIIIᵉ s.). — S. 4795 : registre des ensaisinements de terres et maisons sises dans l'étendue de la seigneurie de Chaillot (1686-1719), 398 pages, suivies d'une table alphabétique. — S 4796 : registre analogue (1720-1758), 280 feuillets. — S. 4797 : registre analogue (juin 1758-7 août 1790), 204 feuillets. — S. 4798 : en déficit. — S. 4799 : registre d'aveu et dénombrement fourni au roi de la seigneurie de Chaillot (1698), 272 pages. — S. 4800 : aveu analogue (1737); 310 pages. — S. 4801 : aveu fourni par les Célestins de Paris aux religieuses de la Visitation à cause de leur seigneurie de Sèvres (1698); in-fol. d'environ 100 feuilles. — S. 4802 : registre terrier « de la partye de la terre et seigneurie du fauxbourg de la Conférence, dit Chaillot, appartenant à M. Victon, aumosnier de Saint-Martin de Tours, fait au mois d'aoust 1684 » et continué par les Visitandines; 276 feuillets. — S. 4803 : terrier de la seigneurie de Chaillot (1644-1698), 588 pages. — S. 4804 : registre analogue (1714-1738), 84 feuillets[1]. — S. 4805 : registre analogue (1729-1739, 329 feuillets. — S. 4806 : registre analogue (1693-1694), 98 feuillets. — S. 4807 : terrier des censives dues à « messire Jean Griffon, secrétaire du Roi », puis à Jean de Fresnoy, tous deux seigneurs de Chaillot, auxquels ont succédé les Visitandines ; 115 feuillets. — S. 4808 : terrier, par rues et lieux-dits, en concordance avec l'atlas de la seigneurie, dressé en 1777 par Charles Dympré, ingénieur.

Bibliothèque nationale. Ms. nouv. acquisit. franç. 4291 : harangues et instructions religieuses de la prieure de la Visitation de Chaillot, à partir de décembre 1729. Une note inscrite à la fin du registre, et que l'on a barrée de nos jours en la qualifiant de fausse, laisserait entendre que ce manuscrit a appartenu à Henriette de France, femme de Charles Ier, roi d'Angleterre; 88 feuillets.

SAVONNERIE. — Arch. nat, O^1 2055 : édits, mémoires, et notes diverses relatives à la fondation de l'établissement, aux diverses modifications qui y ont été apportées et à sa chapelle; comptes des travaux livrés de 1741 à 1752. — O^1 2056 : travaux commandés et livrés ; états de dépenses intérieures, correspondance administrative, pour les années 1653-1764. — O^1 2057 : mêmes matières, années 1765-1779. — O^1 2058 : mêmes objets (1780-1792); rapport de Restout en date du 17 décembre 1792 concluant au maintien de la Savonnerie, dont les dépenses annuelles sont de 37,496 livres, tout en remarquant que si on la transférait aux Gobelins, à condition de ne pas l'y réunir sous la même direction, on bénéficierait du terrain, qui a une grande valeur ; plans annexés.

Plans relatifs à Chaillot. — Archives nat. N^r 9-11 : plans de la seigneurie appartenant aux dames de la Visitation, 1732, 1771 et 1777. — N° 57 : plan du fau-

---

1. Nous empruntons à ce registre une intéressante formule de foi et d'hommage rendu au couvent à la date du 9 juillet 1731 :

« Aujourd'huy est comparu par devant le nottaire royal de Chaillot, faubourg de la Conférence... Jean Maurice, blanchisseur de linge, demeurant audit Chaillot, lequel s'est transporté, accompagné dudit nottaire royal et témoins soussignés, au logis en pavillon estant dans la première court du monastère royal des dames supérieure et religieuses de la Visitation de Sainte-Marie, fondées et establies audit Chaillot, dames dudit lieu et du fief de Longchamp... où estant, ayant frappé à la porte dudit logis en pavillon, seroit survenue sœur Marie-Agathe, tourière, à laquelle ledit comparant auroit demandé s'il y avoit quelqu'un audit logis en pavillon qui a l'ordre de la part desdites dames pour recevoir les foy et hommage qu'il estoit venu exprès audit lieu pour faire et porter ce qu'il est tenu de leur rendre à cause de leur fief et seigneurie. A quoy ladite sœur Marie-Agathe auroit répondu que la dévote mère dame Catherine-Emmanuelle de Richebourg, supérieure dudit monastère, estoit au parloir de la salle dudit logis en pavillon, qu'en qualité de supérieure, elle estoit chargée de recevoir sous le nom desdites dames les foy et hommage des vassaux relevans d'elle. Ledit comparant, estant conduit dans ladite salle, accompagné comme dessus, et s'estant mis en devoir de vassal suivant la coutume, tête nue, sans épée ny eperons, ayant un genouil en terre, auroit dit et proféré ces mots à haute et intelligible voix, par trois fois : Je fais et porte à mesdames, et à vous, madame, pour elles, les foy et hommage que je suis tenu leur faire et porter à cause d'une petite maison sise audit Chaillot, rue des Batailles... »

bourg Saint-Honoré (1700). — N° 166 : plan des biens appartenant aux religieuses de Sainte-Perrine, à Chaillot (1741). — N³ 31-43, 148, 150, 253, 506, 640, 682, 742, 813, 871 : plans des XVII° et XVIII° siècles. — N⁴ 23-24 (atlas) : plans de 1777.

Imprimés. — Extraict des articles accordés par le Roi à Simon Lourdet, son tapissier... demeurant à la Savonnière lez Chaillot, concernant ses apprentifz esdictes manufactures... 1643 (placard in. fol. contenu dans le carton O¹ 2055.)

Discours prononcé au roi par un paysan de Chaillot, s. l. 1744, in 4° ; 8 pages (facétie en vers sur le retour de Louis XV à la santé).

Dissertation sur l'antiquité de Chaillot, pour servir de mémoire à l'histoire universelle. Troisième édition, revue et corrigée; Paris, Prault, 1736, in-12 (le titre même de cet opuscule indique qu'il n'a aucun caractère historique).

Mémoire à consulter pour les dames abbesse et religieuses de l'abbaye royale de Sainte-Perrine de Chaillot, signé Poncelin de la Champillonière. — 1779, in 4°, 28 pages (Arch. nat., S. 4513).

Bulla suppressionis monasterii monialium ordinis sancti Benedicti, loci de Gif Parisiensis diocesis, illiusque conventualitatis, jam plurimis abhinc annis obsequtum monialium omnium obitum in eo ad præsens deficientis, ac unionis omnium et singulorum illius bonorum et reddituum, favore monasterii Sanctæ Perrinæ, vulgo de Sainte-Perrine à Chaillot..... 1786, in-4°, 16 pages.

Serment civique prononcé par un curé de Paris [J. Benière, curé de Chaillot] le dimanche 19 janvier 1791. — Réponse de M. Pitra, officier municipal, l'un des commissaires de la municipalité députés pour recevoir ledit serment; Paris, s. d. (1791 in-8°, 8 pages.

Grand détail de tout ce qui s'est passé à l'Hôtel de Ville hier au soir et la nuit dernière pour obliger M. de La Fayette à garder sa place... Motion du curé de Chaillot, approuvée par le Conseil de la commune. Paris, s. d. (1791), in-8°, 8 pages.

Pour la Savonnerie, consulter l'important travail de M. J. Guiffrey sur « les Manufactures parisiennes de tapisseries du XVII° siècle », ap. *Mémoires de la Soc. de l'Hist. de Paris*, t. XIX, p. 43-292.

CLICHY-LA-GARENNE

I, 419-430.

L'étymologie produite par l'abbé Lebeuf du nom de Clichy, *Clippiacum*, à savoir un clapier de lapins, ne résiste pas aux progrès de la philologie moderne. Les localités dont le nom latin se termine en *acum* ont pour origine (nous l'avons déjà dit plus haut, p. 461, à propos de Passy) un nom de possesseur romain auquel le suffixe *acum* ajoute le sens de propriété ; *Clippiacum* signifie : le domaine de *Clippius*, nom que l'on rencontre dans l'onomastique de l'époque gallo-romaine. L'explication fournie par l'abbé Lecanu (voy. à la Bibliographie), d'après laquelle Clip aurait pour sens vallon, et iac « ioue », est plus fantaisiste encore et nous doit mettre tout d'abord en garde contre l'érudition de cet historien de Clichy, dont le livre ne saurait être consulté que lorsqu'il s'agit des temps sur lesquels il a pu consulter des documents dont l'interprétation ne pouvait souffrir de difficulté. C'est pour la même raison que nous ne nous arrêterons pas à le réfuter lorsqu'il place dans la plaine de Clichy la rencontre de Camulogène et de César : si les textes sont vagues à cet égard, ils n'ont pu fournir aux historiens que deux hypothèses sérieuses sur le lieu du combat : dans la plaine de Grenelle, ou bien en amont de Paris, entre la Bièvre et la Marne.

C'est, semble-t-il, pour des raisons d'amour-propre de clocher, assez analogues, que le regretté Léopold Pannier, dans ses études sur Saint-Ouen[1], dont nous parlerons avec détails à propos de cette paroisse, a voulu enlever à Clichy, au bénéfice de Saint-Ouen, l'antiquité d'existence que les diplômes mérovingiens et les chroniqueurs de ce temps paraissent lui accorder sans conteste. A une époque pour laquelle la ligne de démarcation entre deux localités limitrophes ne saurait être déterminée d'une façon précise (à peine si ces délimitations sont rigoureuses aujourd'hui), les territoires de Clichy et de Saint-Ouen, situés dans une position semblable, sur la Seine, au bas de la colline de Montmartre, devaient nécessairement se confondre, et l'on peut admettre que la *villa* de Dagobert s'étendait sur tous les deux, mais rien n'autorise à affirmer que Saint-Ouen s'appela d'abord Clichy, car on ne s'expliquerait pas alors pourquoi Clichy existe à côté de Saint-Ouen. On tiendra donc pour certain que le meurtre d'Ermenaire en 627, et différents fait relatifs à l'histoire de Dagobert qu'a relatés Lebeuf ont bien eu Clichy pour théâtre ; nous n'y placerons pas, toutefois, le mariage de Dagobert avec Gomatrude, en 625, car on ne saurait identifier *Romiliacum*, où Frédégaire dit qu'eut lieu ce mariage, avec le Roule, dépendance de Clichy, non plus d'ailleurs qu'avec Reuilly, qui tire son origine d'un vocable *Rutiliacum*.

Ces points de détail étant sinon éclaircis, du moins discutés à nouveau, nous arrivons à la période du moyen âge. Les chartes les plus anciennes que Lebeuf a connues, se trouveront dans le *Cartulaire* de M. de Lasteyrie ; le nom de Clichy s'y présente sous les formes *Clippiacum* (VIIIe siècle), *Cligiacum* et *Clichiacum* (XIIe siècle), enfin *Clichi* (1172, puis 1204), qui est le nom en français. Dans ce même recueil a été publiée, pour la première fois (I, 424), une charte par laquelle Louis VII, en 1172, autorise Émeline, fille de Clairambaut, maire de Clichy, à épouser Gautier, maire de Vanves, et décide qu'elle et sa postérité appartiendront à l'abbaye de Sainte-Geneviève. Notre auteur, qui a connu cette charte n'en parle que plus loin, dans son chapitre sur Vanves (III, 581). Les mentions de Clichy sont rares, d'ailleurs, pour ces époques anciennes ; une charte d'Eudes de Sully, évêque de Paris, datée de 1204, a trait à neuf arpents de terre situés « prope muros Parisienses, super viam que tendit ad Clichi » (Arch. nat., S. 1822, n° 90) ; nous avons cité plus haut (p. 108, note 5) un acte de Philippe VI daté, le 28 janvier 1346-1347 de « l'ospital de Clichy » ; sans doute y faut-il voir la léproserie du Roule, alors située sur le territoire de la paroisse de Clichy.

En 1334, Jean sire de Ferrières, en son nom et en celui de Mme Jeanne, sa femme et comme garant d'un certain nombre d'habitants de Clichy, eut devant le prévôt de Paris un procès avec l'abbaye de Saint-Denis, au sujet des droits

---

1. La Noble Maison de Saint-Ouen. La villa Clippiacum et l'ordre de l'Étoile, d'après les documents originaux; Paris, 1872, in-8.

que prétendaient avoir les religieux sur la Seine à cet endroit. Le préambule d'une des pièces de la procédure expose suffisamment la nature du grief : « Et premièrement, au premier article des dictes escriptures, en la partie dudit chevalier ès noms que dessus, dit que se lesdits religieux ont aucune juridiction en l'yaue de Sainne emprès Clichy, et mesmement ou lieu dont veue a esté faicte, c'est assavoir au lieu que l'en dit l'esseau de lune, assis entre le port de Clichi en la Garenne et les molins de Clichi aussy comme l'on descent des terres au signeur de Clichi, en l'yaue de Sainne ne es espaves qui y eschieent, que ce est seulement ou cours de l'yaue et es espaves que l'yaue en puet emporter et emporte en son cours à flo, soit que elle soit petite ou que elle soit grant et desrivée, et non pas es rives ne es rivages d'icelle yaue qui sont par devers les terres de Clichy, ne es espaves qui demeurent ès dictes rives et rivages, et que l'yaue ne puet porter à flo ...... » (*Arch. nat.*, L. 841, dossier Clichy.)

Pour en finir dès maintenant avec l'histoire civile ancienne de Clichy, citons quelques petits faits qui la concernent : le journal de Dubuisson-Aubenay mentionne à deux reprises, pour le mois d'août 1651, des bains pris par le roi à Clichy (t. II, pp. 93 et 97). — Les registres paroissiaux relatent, à la date du 4 avril 1730, le serment prêté entre les mains du curé par Marie-Joseph L'Huillier, femme de Hugues Le Coq, « établie icy depuis quelques jours pour y faire la fonction de sage-femme » ; — la paroisse ne paraît pas avoir eu de maître d'école avant le même temps ou à peu près : le 8 avril 1738, est baptisé un fils de Laurent Soret, « ecolastre et chantre de cette paroisse (*ibid.*). — Enfin, le dépouillement attentif de ces mêmes registres nous a fourni comme noms de familles s'étant perpétuées à Clichy aux XVIIe et XVIIIe siècles, les suivants : Ferlicot, de la Ruelle, Compoint, Massy, Gilbert, Trouillet, Brochet, Bourdin, Chrétien, Jeudy, Aubry, Soret, Beuzelin, Rozi, Dulud, Dorlin.

Le cahier de la paroisse aux États Généraux de 1789 fut dressé le 14 avril 1789. Comme doléances spéciales, les habitants réclamaient un allégement d'impôts, notamment la décharge d'un impôt établi sur les habitants de Monceaux et de la Pologne pour le logement des Gardes-françaises, et qu'ils trouvent illégal. Ils se plaignaient aussi que la police de Paris, franchissant les limites de son territoire vînt injustement dresser des contraventions aux « cabaretiers et habitans de la Petite-Pologne, pour contravention aux ordonnances de police », si bien que, pour le même fait, les délinquants peuvent être traduits à la fois devant le lieutenant de police et le bailli de la juridiction de Clichy dont ils relèvent normalement (*Archives parlementaires*, 1re série, t. IV, p. 446-448).

L'église, sauf un agrandissement opéré en 1843, est restée telle que Lebeuf l'avait vue, c'est-à-dire qu'elle date de 1630, et n'offre aucun intérêt architectural. Les sépultures d'Alips de Provins (1367) et de Jean Benard, curé de Sermelle (1558) ne s'y voient plus, et celles, fort nombreuses, que les registres paroissiaux mentionnent, ont également disparu ; il n'a été conservé que celle de « messire Joseph Bonnier de la Mosson, vicomte de Villemur, baron de la Mosson, Fabrègue et Mérandol..., capitaine des chasses de la Varenne des Tuileries et dépendances, âgée de quarante-deux ans, décédé le 26 juillet 1744, en la maison qu'il occupoit au moulin du Coq, faubourg des Porcherons, paroisse de Clichy » (reg. de l'état civil à la mairie ; cf. Guilhermy. *Inscriptions*, t. II, p. 86).

Le registre paroissial de 1751 mentionne à la dernière page, que la seconde cloche de l'église fut cassée au cours de cette année là, et qu'elle avait été baptisée en 1677 du nom de Robert-Reine par Antoine Gallet, curé du lieu ; le registre de 1752 fait connaître que la troisième cloche fut baptisée, le 9 juillet 1752, par Simon Soubret, curé, et fut nommée Louise-Madeleine par messire Gaspard Grimod de la Reynière, seigneur de Clichy, du nom de sa fille. Disons encore que l'on trouvera, intercalée dans le registre des baptêmes, mariages et sépultures de 1672-1679, une note écrite au XVIIIe siècle sur l'état des sépultures que l'on voyait alors dans l'église.

Voici les noms de curés de Clichy que nous avons pu retrouver, à l'aide de l'ouvrage de l'abbé Lecanu et, pour les deux derniers siècles, dans les registres paroissiaux : 1526, Antoine Embleur qui, cette année-là, résigna la cure en faveur « d'un sieur Montanel » (l'abbé Lecanu, p. 160). — XVIe s., Michel Bazanier. — Philippe Bazanier. — Thomas Blin. — XVIIe s., Francis Bourgoin. — saint Vincent de Paul prend possession le 2 mai 1612 ; (cf. Lebeuf, p. 425). — Antoine Gallet (1648,-28 novembre 1679). — Pierre Charton nommé le 12 décembre 1679). — XVIIIe s., Nicolas-Jean Masson, inhumé dans l'église le 25 avril 1727, décédé la veille, à l'âge de soixante-quatre ans ou environ. — Simon Soubret (cité par Lebeuf, note de la page 430), inhumé dans l'église le 23 février 1761, « dans un petit caveau à droite, sous le sanctuaire » ; il était âgé de soixante- quinze ans et curé de Clichy depuis trente-quatre ans. — Jean-Pierre Josset, mentionné pour la première fois dans un acte de baptême du 22 mars 1761, pour la dernière fois à la date du 13 mars 1763. — Louis-Michel-Charles Le Maignen (1763-1791), qui signe pour la première fois, le 5 avril 1791.

Le droit de nomination à la cure fut maintenu à l'église Saint-Benoît de Paris jusqu'à la Révolution ; Du Breul a publié (p. 193) le texte d'une charte de 1364 confirmant à cette église le droit de haute justice sur la paroisse de Clichy ; au moment où il rédigeait sa notice, Lebeuf ne connaissait pas encore ce texte (voy. plus haut, p. 96). Les registres paroissiaux nous ont fourni la mention de quelques officiers de la haute, moyenne et basse justice de Clichy : Simon Vascosan, « procureur en la Cour de Parlement, bailly de ce village de Clichy », figure comme parrain dans un acte du 1er avril 1636. Après lui, nous trouvons Antoine Pineau, en 1650 ; près d'un siècle plus tard, inhumation dans le chœur de l'église, le 27 septembre 1737, d'Étienne Gillet, procureur fiscal ; son successeur est Me Michel Desgrais, dont une fille est baptisée le 7 octobre 1742.

On comptait à Clichy un grand nombre de seigneuries, qui, malgré leur peu d'importance, donnaient à leurs possesseurs le droit au titre de seigneur de Clichy. De là naissent beaucoup de difficultés et de confusions pour l'établissement d'une liste complète des seigneurs. Celle de Lebeuf est fort imparfaite, mais nous n'avons pas la prétention d'en donner une complète ; voici du moins quelques noms de plus :

1725. — Marguerite-Thérèse de Beautru, dame de Clichy-la-Garenne, veuve de « messire Nicolas de Beautru, chevalier, marquis de Vaubrun, lieutenant-général des armées du Roi, gouverneur de Philippeville » (Arch., nat. S. 4440). — 5 janvier 1751 ; mention dans les registres paroissiaux « du garde de la porte de M. le président Crozat à Clichy » (cf. Lebeuf, p. 428). — 30 septembre 1760 : mention, dans les mêmes registres, de la marquise de La Ferrière, dame de Clichy ; le 20 mars précédent, un mariage est célébré dans la chapelle du château. — 2 mars 1778, mariage, dans la chapelle particulière de la marquise de Saint-Remy, de sa petite-fille, Louise-Marie-Thérèse Viel de Lunas avec Jean-Édouard de Marguerie (*ibid*). — 1789 : Gui-Henri-Joseph-Thérèse de Lévis, marquis de Levis, est qualifié seigneur de Clichy, — en réalité de Monceaux (Arch. nat., S. 3481), alors que la seigneurie principale appartient à la famille Grimod de la Reynière. Dès le 22 mai 1742, « M. de la Rainière » est nommé comme seigneur dans un acte de l'état civil.

Lorsqu'elle était bornée au nord par la paroisse de Saint-Ouen, au sud par celle de Villiers, à l'ouest par la Seine et à l'est par les murs de Paris représentés par la ligne des boulevards intérieurs actuels, la paroisse de Clichy avait une circonscription très étendue. Elle s'étendait sur la plus grande partie du VIII° arrondissement du Paris d'aujourd'hui, entre l'avenue des Champs-Élysées à l'ouest, et la rue de Clichy à l'est. La création d'une paroisse au Roule, en 1699, lui fit perdre la majeure partie de ce vaste territoire. Il fut de nouveau restreint en 1790, par la limitation au mur d'enceinte, dit des Fermiers généraux, du sol parisien. La création de la commune de Batignolles-Monceaux, en 1830, vint encore le diminuer ; enfin, l'érection de Levallois-Perret en commune (1867), l'a privé, du côté de Neuilly, d'une longue bande de terre orientée du sud au nord.

En dépit de ces réductions successives, la population de Clichy n'a cessé de s'accroître depuis cent ans : un tableau récapitulatif dressé par le curé indique, pour l'année 1788, 109 baptêmes (58 garçons, 51 filles) ; 29 mariages, 81 décès (43 hommes, 38 femmes) ; en 1791, on comptait à Clichy 315 « citoyens actifs » (électeurs), chiffre plus élevé que celui des autres communes de la région ; enfin, Clichy qui avait 12,270 habitants en 1856, 17554 en 1880, en a aujourd'hui près de 30,000. Ce fut de 1790 à l'an VIII un chef-lieu de canton, comprenant les communes de Villiers-la-Garenne (Neuilly), Saint-Ouen, Montmartre et la Chapelle ; la nouvelle organisation départementale résultant de la constitution de l'an VIII attribua le chef-lieu de canton à Neuilly ; enfin, la loi du 12 avril 1893 a de nouveau érigé Clichy en chef-lieu de canton avec « unique commune ».

ÉCARTS

Les déclarations de censives prescrites en 1540 nous font connaître la plupart des lieux-dits, forts nombreux, qui constituaient alors les écarts de la paroisse de Clichy (Arch. nat., Q¹ 1076⁰). Ce sont : les Porcherons, les Fossettes, l'Espinette, Drancy ou Hyrancy, la Couronne de Monceaulx, Monceaulx, Montmoyen, la Croix de Montmoyen, la Closure Sainte-Catherine, les Friches, Courcelles, le Puys, Bastignolles, les Prestresses, la Porte-Blanche, les Ternes, Vessery ou Vecery, la Coste, le Mont-aux-Malades, les Carrières, Tryère ou Trière, la Chemynée, Chantaloue ou Chanteloue, Chenevières ou les Chenevières, Champ-Servilly, Devant-la-Salle, la Follye, les Oches-la-Juynarde, la Longue-Raye, les Grapperies-derrière-les-Ternes, les Cornettes, les Grands-Champs ou la Haute-

Borne. Parmi ces localités, quelques-unes occupent une place réelle dans l'histoire de la région parisienne, et nous leur consacrons une notice spéciale; presque toutes les autres ont complètement disparu, laissant à peine le souvenir d'une mention qui permette de les identifier; toutefois, on en retrouve un certain nombre sur le plan de Lefèvre, gravé en 1859. C'est ainsi que les Fossettes sont situées près de la place Pereire; l'Épinette a susbsisté, sous le nom de rue des Épinettes, dans la partie inférieure de l'avenue de Saint-Ouen; Drancy ou Hyrancy ou Irancy se rencontre fréquemment au xviii° siècle, sous le nom de « les pendants de Rancy » et se confond avec la Petite-Pologne, sur l'emplacement de laquelle est construite la caserne de la Pépinière; la clôture Sainte-Catherine était située dans la plaine Monceaux, là où s'élève l'église Saint-François de Sales; il en est de même de la Longue-Raye; le Champ-Semilly s'appelle par une singulière altération, la Chanze-de-Milly; les Cornettes sont, dans l'agglomération même de Clichy, sur l'emplacement de l'ancien cimetière.

LES PORCHERONS. — Tout le quartier situé au pied de la colline qu'il faut gravir pour atteindre le pied de la butte Montmartre et la plaine de Monceaux s'appelait, encore au siècle dernier, les Porcherons, et la rue qui le traversait, rue Saint-Lazare ou des Porcherons; aujourd'hui, le premier nom seul a subsisté; ce qui était à l'ouest des rues de Clichy et de la Chaussée-d'Antin dépendait de la paroisse de Clichy; ce qui était à l'est relevait de Montmartre, et plus tard de Notre-Dame de Lorette. Lebeuf (voy. p. 455) n'a dit un mot que de cette partie orientale; l'autre région, appartenant à Clichy, était cependant plus ancienne, et mérite qu'on s'en occupe. La famille des Pocheron y avait un manoir au xiv° siècle (Arch. nat., S. 1204); c'est son nom qui, défiguré par la langue populaire, est devenu les Porcherons; il apparaît dès le xv° siècle et désigne le fief, situé en partie sur la paroisse de la Ville-l'Évêque, en partie sur celle de Clichy (*ibid.*) Au siècle suivant, il y avait là un château : dans une déclaration de censive de 1540 (Arch. nat., Q^1 1076^2), il est fait mention d'un arpent de vigne « aboutissant par bas au chemyn qui va de Paris à Clichy la Garenne et d'autre bout aux terres du chasteau des Porcherons ».

Dans un acte de mariage à Clichy du 16 janvier 1690, il est question d'une maison sise « au lieu dit les Porcherons, proche la barrière et le chasteau de M. Le Coq, du terroir et paroisse dudit Clichy ». C'est là l'explication du nom de château du Coq ou des Porcherons sous lequel il figure sur divers plans du xviii° siècle, notamment sur celui de Jaillot (quartier Montmartre) où son emplacement est marqué entre les rues Saint-Lazare, Caumartin, de Provence et la Chaussée-d'Antin. Le duc d'Aumont en était déjà possesseur en 1738, comme l'indique l'acte de baptême du fils de son jardinier (reg. de Clichy, 23 décembre 1738); le 15 janvier 1760, un mariage fut célébré dans la chapelle du château du Coq par le chapelain, appelé Morel, vicaire à la Madeleine de la Ville-l'Évêque.

Dans ce même quartier des Porcherons se trouvaient deux lieux-dits dont la dénomination s'est également perdue : la Grande-Pinte, rue de Clichy, près de la barrière Blanche, et la Petite-Pologne que l'on doit identifier avec « les pendants de Rancy » ou « d'Irancy », dans le voisinage de la gare Saint-Lazare actuelle.

L'abbaye de Saint-Victor possédait là un terrain de six arpents qu'elle aliéna, en 1773, au sieur Chaussard, architecte, moyennant quinze cents livres par an (Arch. nat., S. 2134, avec plan géométral). La Petite-Pologne figure sur le plan de Nicolas de Fer de 1727, et déjà sur celui de Bernard Jaillot, de 1717.

La transformation complète de ce quartier depuis cent ans, l'accroissement rapide de la population qui s'y est fixée à dater du premier Empire et l'état de fortune de la plupart de ses habitants y ont motivé la création successive de trois paroisses : Saint-Louis d'Antin, en 1802, dans l'ancienne chapelle du couvent des Capucins ; la Trinité, d'abord modeste chapelle située rue de Calais, puis édifice somptueux construit sur les plans de l'architecte Ballu et inauguré le 7 novembre 1867 ; enfin, Saint-Augustin, église non moins fastueuse, bâtie par Baltard et livrée au culte en 1871. On pourra se reporter au décret du 8 janvier 1870 réglant la circonscription de ces paroisses et supprimant l'église succursale de Saint-André, située rue de la Chaussée-d'Antin, cité d'Antin, et transformée aujourd'hui en Salle Saint-André.

MONCEAUX. — Il est permis de ne pas partager l'opinion de l'abbé Lebeuf sur l'origine du nom de ce lieu, car on ne saurait nier que la localité soit en réalité sur une hauteur, du moins entre Paris et la plaine qui commence aux boulevards extérieurs, et d'autre part, l'orthographe Monceaux était la seule usitée anciennement, comme on va le voir. Mousseaux n'est qu'une corruption de cette forme ; rien ne prouve, au reste, qu'il y eût là plus de mousse qu'ailleurs.

On conserve aux Archives de la Seine un terrier de la seigneurie de Monceaux, dressé au commencement du XVIIe siècle ; ce registre, précieux par lui-même, l'est plus encore grâce à un mémoire historique que son rédacteur a placé en tête et qui contient des renseignements visiblement authentiques, fournis par des textes aujourd'hui disparus. En voici les passages les plus importants :

« L'an mil trois cens dix huict, Henault le Mastin, bourgeois de Paris, estoit seigneur dudict Monceaulx, comme appert par les vielz registres des cens et acquisitions de ladicte seigneurie. L'an 1390[1], Philippote de Sainction estoit dame dudict Monceaulx. L'an 1411, Huguelin Arrode, vallet de chambre de mons. le duc de Guyenne. — L'an 1432, damoiselle Jehanne de Hezegues — L'an 1433, damoizelle Huguete Lamoureuse estoit dame de Monceaulx. — L'an 1434, Raoul le Muet, bourgeois de Paris en estoit seigneur. — L'an 1468, Marguerite le Muet, fille dudict Raoul. — L'an 1476, Jehan Aux-deux-espées estoit seigneur dudict Monceaulx à cause de ladicte Marguerite le Muet, sa femme. L'an 1523, Marguerite Aux-deux-espées, fille dudict Jehan et de ladicte le Muet estoit dame dudict Monceaulx et espousa en premières nopces ung nommé Christophle de Molinières, et en secondes nopces ung nommé Louys Davoine. — L'an 1524, noble homme messire Estienne des Friches, seigneur de Chastillon en Brie, estoit seigneur dudict Monceaulx et y fait bastir et consacrer la chapelle qui y est encore en l'honneur de Dieu et de mons saint Estienne, l'an 1529, et l'an 1534, il acheta par decret le fief de Liancourt assis au Roulle, port de Neuilly, Villiers et ès environs, appartenant au precedent à noble homme Gilbert de la Croix qui l'avoit

---

1. Ces dates sont en toutes lettres dans le registre ; nous les avons traduites en chiffres pour plus de clarté.

eu de Hugues d'Auvergne, lequel l'avoit acquis de Jehanne de Lisle, veufve de feu François Chauvin, l'an 1494, et auparavant, ledit fief appartenoit, en l'an 1431, à Michel de Liencourt, duquel il est à croire qu'il a retenu le nom, combien que ledict fief apparteint, dès l'an 1390, à ung nommé Jehan de Provins qui l'avoit acquis de Guillaume Pueux, ainsi qu'il appert par les vielz titres dudict fief.

« L'an 1551, noble homme Pierre des Friches, fils dudict Estienne des Friches estoit seigneur dudict Monceaulx et dudict fief de Liancourt. — L'an 1562, nobles hommes Pierre et Germain des Friches enfans mineurs d'aage dudict Pierre des Friches estoient seigneurs dudict Monceaulx et dudict fief de Liencourt, et avoient pour tuteur maistre Estienne des Friches, leur oncle, prieur et curé de Chastillon en Brie. — Et l'an 1569, noble homme Jehan de Charron, escuyer, seigneur de Boissy-la-Rivière, vallet de chambre ordinaire du Roy, et depuis conseiller et maistre d'hostel de la Royne, achepta dudict Germain des Friches, lors aagé de vingt-cinq ans et ung mois ou environ, ladicte terre et seigneurie de Monceaulx et fief de Liancourt qu'il a depuis donnez, en l'an 1591 à noble homme Jacques de Charron, aussi escuyer, son fils, en faveur de mariage, comme il sera encores plus amplement cy-après déclaré... »

Et plus loin : « la maison seigneurialle dudict Monceaulx contenoit lors dudict contrat de mariage (celui de 1591), comme elle faict encore à present, plusieurs corps de logis, chambres, garde robbes, salles, greniers, tours, pavillons, galleries, scelliers, caves, cuisines, fournils, estables, bergerie, granges, plastrière, puis, courts, coulombier à pied et des vollières, jeu de paulme, pressouer, plaidoyer pour l'exercice de la justice du lieu, prison et chapelle dédiée et consacrée en l'honneur de mons. saint Estienne, le tout couvert partie d'ardoise et le surplus de thuille, avec jardin et enclos planté partie en arbres fruictiers et aultres et partie en vigne, fermé et clos entièrement de murailles crespies de plastre, dehors et dedens, et contenant le tout quatorze arpens ou environ, scituez et assiz entre Paris et le port d'Asnières, appartenant au seigneur dudict Monceaulx, ensemble les censives cy-après déclarées, avec tout droict de seigneurie et encore justice moyenne et basse sur l'estendue limitée pour ladicte justice par la transaction de l'an 1570, faicte avec le seigneur de Clichy.....

« Le fief de Monceaulx est enregistré en l'article vingt-deuxiesme des registres du ban et arrière-ban du Chastelet de Paris et estimé par ledict article à la somme de 14 livres, dix solz tournois, suivant la déclaration qui en fut anciennement baillée par messire Estienne des Friches, luy estant seigneur dudict Monceaulx.... »

Les registres paroissiaux de Clichy relatent, à la date du 4 janvier 1629, le baptême de Jacques de Charron, « fils de Charles de Charron, escuyer, seigneur de Monceaulx, homme d'armes de la compagnie de Monsieur, frère unique du Roy, et de damoiselle Anne de Champhuon, son espouse ». Le 2 novembre 1680, fut inhumé « dans la cave soubs la chapelle de saint Étienne de Monceaux, messire Odo de Charron, escuier, seigneur de Monceaux,... aagé de quarante-deux ans » (ibid.). Anne de Champhuon y fut inhumée de même, le 29 mars 1689 ; elle était morte l'avant-veille à Paris, paroisse Saint-Roch (ibid.). Le 28 novembre 1687, on inhuma devant le portail de l'église de Clichy « venerable et discrette personne messire Tanneguy Mayne, prestre chapellain pendant vingt ans en la chapelle de Monceaux, dependant dudit Clichy, aagé de soixante et dix ans », et le 3 mai 1719, « dans le cimetière, Pierre Villars, prêtre du diocèse d'Avignon, chapelain de cette paroisse, âgé de cinquante ans » (*ibid*.).

Le terrier dont on vient de lire un extrait, nous a fourni d'intéressants renseignements topographiques sur la localité au commencement du XVII° siècle : il y est fréquemment question du chemin d'Argenteuil (aujourd'hui rues du Rocher et de Levis) qui était alors déjà la grande rue du village ; du carrefour de Monceaux ; du chemin de Monceaux à Clichy « autrement appelé chemin des Moines », du chemin de Monceaux à la croix de Montmoyen et à Montmartre « que l'on appelle encore autrement le chemin des Dames » (les rues des Moines et des Dames existent toujours et représentent ces anciens chemins), du « chemin des Moynes de Nygeon à Saint-Denis » (sans doute la rue Legendre) « des lieux dits le clos Marchais ou Marchetz, de Drancy ou Erancy ou Herensy (au bas de la rue du Rocher, voy. plus haut, p. 485). Le moulin des Prunes, entre la place de la Petite-Pologne et Monceaux est mentionné dans un acte de baptême à Clichy du 18 janvier 1756. Le 15 août 1743, « un christ placé depuis peu à Monceaux, à la croix Belair », avait été béni par le clergé de Clichy.

C'est surtout à partir de 1740 que deviennent fréquentes les mentions dans les actes paroissiaux d'habitants de Monceaux ; on s'y rend compte que la population était en grande partie composée de laboureurs. Il y avait là une école dont le maître, Nicolas Aubert, fit baptiser sa fille à Clichy, le 22 février 1758. Thomas Chantepie, maître d'école à Monceaux, figure dans un acte de mariage, le 19 septembre 1782 (reg. de Clichy).

Personne n'ignore que peu d'années avant la Révolution, le duc Philippe d'Orléans avait à Monceaux une maison de campagne dont il fit dessiner le parc, en 1778, par Carmontelle, un littérateur émule de Lenôtre. Successivement enlevé, puis rendu à la famille d'Orléans, suivant les événements politiques, ce domaine fut acquis en partie par la ville de Paris (décret du 22 janvier 1852) et ouvert comme parc public en 1862, après avoir subi d'importantes modifications. Toutefois, l'ordonnance générale adoptée par Carmontelle a été maintenue ; on y a conservé notamment une partie des colonnades provenant de la chapelle dite des Valois à Saint-Denis (Cf. *Mémoires de la Société de l'Hist. de Paris*, t. III, p. 290 et note 2).

La partie du hameau de Monceaux laissée hors de Paris par l'enceinte des Fermiers généraux devint assez peuplée pour être détachée de Clichy et constituée en commune avec Batignolles par une loi de 1830. La loi du 16 juin 1859, ayant son effet à dater du 1er janvier 1860, a supprimé cette commune et l'a rattachée à Paris dont elle constitue le XVII° arrondissement : le quartier de la Plaine-Monceaux porte administrativement le numéro d'ordre 66. Une chapelle de secours, sous le vocable de saint François de Sales, sise rue Brémontier, y fut fondée en 1873 ; elle a été érigée en cure, le 1er juillet 1875 ; construite en style roman, son aspect est fort modeste.

LES BATIGNOLLES. — Parmi les lieux-dits de la paroisse de Clichy, c'est celui qui, depuis un siècle, a pris le plus d'importance, au point de dépasser en étendue et par le chiffre de sa population le bourg même dont il dépendait autrefois. L'abbé Lebeuf ne l'a pas nommé, cependant, bien qu'il existât déjà de son temps et qu'il ait pu le voir inscrit sur plusieurs plans du XVIIIe siècle, avec une mention bien modeste, il est vrai, celle de « remise des Batignolles ». A notre époque, quelques historiens s'en sont sommairement occupés, mais surtout pour proposer sur l'origine de son nom des explications d'une telle invraisemblance qu'il est inutile de les rappeler ici. Nous croyons avoir trouvé la plus ancienne mention de ce lieu, appelé alors *Batillolles*, dans un acte du 9 octobre 1414, conservé en original aux Archives nationales, carton S. 895ⁿ. C'est le bail par les exécuteurs testamentaires de messire Philippe de Paris, chapelain de Saint-Benoît, de « neuf quartiers de vignes, ou environ, appartenant à ladite execution, assis, comme ledict executeur disoit, ou terroir de Batillolles, ou lieu dict Montmoyen, en quatre pièces : la première contenant trois quartiers ou environ, tenant à Jehan Le Bègue, d'une part, et à la rue de Montmoyen qui vient au chemin », d'autre ; aboutissant à Jehan Colart, d'autre part, et tenant audict Robin et à la femme ou hoirs feu Jehan de Neelle, d'une autre part ; la seconde pièce contenant demi-arpent, tenant à Jehan de la Ruelle d'une part, et d'autre à Jehan Le Bègue, aboutissant aux champs devers Saint-Oin, et tout du long à Jehan Colart ; la tierce pièce contenant ung quartier tenant audict Jehan Colart, d'une part, et aux hoirs de feu Marion Herode, d'autre ; aboutissant audict Guiot de Grandchamp et aux hoirs feu Jehan de Neelle par le bout d'en haut ; et la quarte pièce, contenant trois quartiers ou environ, tenant et joignant audict Robin Boin, d'une part, et aux hoirs de ladicte feue Marion Herode, d'autre ; aboutissant par le bout d'en haut sur le chemin, et d'autre costé tirant au chemin des Nonnains, tout en la censive des religieux de Saint-Denis en France. » Cette forme : Batillolles, que l'on doit tenir pour la plus anciennement connue, autorise peut-être à proposer comme explication du nom actuel l'origine bastillole ou bastidiole, signifiant petite maison de campagne, sens que le mot bastide conserve encore en Provence. Quoi qu'il en soit, l'identification du lieu dont nous nous occupons avec Montmoyen est précieuse, car ce premier nom se rencontre souvent dans les actes du XVe et du XVIe siècles : « ... item, ung autre arpent de vigne assis au terrouer dudict Clichy la Garenne, près la croix de Montmoyen, tenant d'un costé au grand chemyn qui va de Paris à Clichy .. » (8 avril 1540, Arch. nat., Q¹ 1076²) ; dans un acte du 28 février 1491-1492, il est question de terrains situés « au dessoubs des carrières de Montmartre, aboutissant par hault [au chemin] par lequel on va des carrières à Montmoyen... ; item, deux arpens assis entre Monceaulx et Montmoyen... item, trois arpens aux carrières de Montmartre, aboutissant par bas au chemin par lequel on va de Saint-Ouyn à Paris par la croix de Montmoyen et par hault aux dames de Montmartre.. » (*ibid.*, S. 4262) ; à la date du 3 février 1574, mention de « la fontaine Saint-Denis, autrement dit les Batignolles » (*Bulletin de la Soc. de l'Hist. de Paris*, 1886, p. 27).

A partir du XVIIe siècle, les mentions de Batignolles deviennent plus fréquentes : en 1617, bail par Marie Gigault de Bellefont, abbesse de Montmartre et le couvent de « neuf arpens et demy de terre labourable en trois pièces situées au terroir de Clichy, la première contenant cinq arpens lieu dit les Bastignolles tenant... au chemin qui conduit de Mousseau à Saint-Denis (Arch. nat., S. 4440, onds de l'abbaye de Montmartre). — 1641 : bail par Marie de Beauvillier et le couvent de « deus pièces de terre labourable, contenant dix arpens, la première pièce contenant cinq arpens seiz au terroir de Clichy, tenant d'une part au chemin qui conduit au Roulle, d'aultre part à plusieurs, aboutissant d'un bout au grand chemin qui conduit de Paris à Argenteuil et d'aultre bout aux terres des Mathurins et autres ; la seconde et dernière pièce contenant aussy cinq arpens sciz au dict terroir de Clichy au dessoulz des ormes de Montmoyen, aultrement dit le bas de Batignolles... (*ibid.*).

Les registres paroissiaux conservés à la mairie de Clichy font aussi plusieurs fois mention du moulin des Batignolles, aux dates suivantes : 31 mai 1742 (Louis Le Cler, meunier), 15 juin 1750 (Jacques Menessier, meunier), 25 novembre 1760.

Batignolles n'était encore qu'un hameau de quelques maisons voisines de la barrière de Clichy lorsqu'il fut le théâtre de la résistance héroïque, où s'illustra Moncey, des Parisiens contre l'armée des alliés, le 30 mars 1814. Un cabaretier, appelé Lathuile, a eu aussi sa part de gloire durant cette journée. Peu après, le hameau se peupla avec une rapidité surprenante, et la loi du 10 février 1830 en fit, avec Monceaux, une commune distincte de Clichy ; sa population était de 3,000 habitants en 1823 et de 39,812 en 1855. Nous avons dit tout à l'heure à propos de Monceaux que cette commune fut annexée à Paris en 1860 : le territoire de Batignolles y constitue les deux quartiers du XVIIe arrondissement dits des Batignolles et des Épinettes. Dès avant l'annexion, Batignolles avait deux églises : Sainte-Marie, construite en 1828 par Molinos, consacrée par l'archevêque, le 4 octobre 1829, — et Saint-Michel, construite en 1837 par Boileau. Le territoire de chacune d'elle comporte 50,000 habitants environ.

LA PLANCHETTE. — On n'a que bien peu d'éclaircissements sur ce lieu que les plans ne mentionnent plus depuis longtemps, et qui fait partie maintenant de la commune de Levallois-Perret ; la donation faite en 1528 par François Ier à Adrien de Courcelles d'un château dit de la Planchette ne se rapporte pas à celui-ci comme l'a cru Lebeuf, mais bien à un lieu du même nom situé en Normandie[1]. Voici quelques mentions le concernant, d'après les registres paroissiaux de Clichy : 9 septembre 1720, baptême du fils de Pierre Massy, jardinier à la Planchette. — 19 août 1752, inhumation dans le chœur de l'église de Clichy « d'un enfant mâle, fils de messire Georges-René Ducambout Coeslin, colonel aux grenadiers de France, et de Françoise de Mailly, né le 16 au château de la Planchette, terroir de Courcelles, paroisse de Clichy, chez M. Hebert, trésorier des menus plaisirs du Roi ». — 15 février 1758, baptême du fils de Toussaint Lebret, « concierge au château de la Planchette ». — 30 mars 1765, célébration d'un mariage dans la chapelle du château de la Planchette appartenant à M. de Courten.

COURCELLES. — On n'en sait guère plus sur l'origine de Courcelles que sur celle de la Planchette. Sans doute, il paraîtrait téméraire d'y voir le *Curteciolum* donné par Philippe Ier, en 1060 à l'abbaye de Saint-Denis, car les localités de ce nom sont nombreuses en France ; au reste Lebeuf se garde d'être trop affirmatif. Les

---

1. Nous devons la connaissance de ce fait à M. R. Teulet, archiviste aux Archives nationales.

actes paroissiaux de Clichy mentionnent plusieurs fois Courcelles (24 mai 1648, 9 mars 1690, 17 mai 1747), avec la qualification de ferme, ce qui n'atteste pas une grande importance. Les plans contemporains ne lui en donnent pas davantage. Celui de Lefèvre marque Courcelles vers l'extrémité nord-ouest du parc de Neuilly, entre le village Levallois et la Seine, c'est-à-dire à 2 kilomètres environ de la place Courcelles (ou place Pereire) qui est dans Paris et doit son nom à un épanouissement de la rue de Courcelles. Le lieu dont nous parlons a complètement disparu ; s'il existait encore, il dépendrait aujourd'hui de la commune de Levallois-Perret.

Les Ternes. — C'est par erreur que Lebeuf a consacré une notice aux Ternes dans le chapitre de la paroisse de Clichy ; il s'est rectifié lui-même un peu plus loin (p. 437). Les Ternes appartenaient, en effet, à la paroisse de Villiers, puis de Neuilly, avant d'être incorporés à Paris ; nous nous en occuperons donc en traitant des écarts de Neuilly.

Levallois-Perret. — Cette localité, devenue si considérable que la loi du 12 avril 1893 en a fait un chef-lieu de canton sans adjonction d'autres communes, ne date pourtant que d'une cinquantaine d'années. En 1845, un hameau commença de se fonder, grâce à l'initiative de M. Levallois, aux lieux-dits la Vigne-aux-Prêtres et Champerret, près du chemin de Courcelles et de la route de la Révolte ; on l'appela d'abord le village Levallois.

L'agglomération d'habitants s'y accrut si rapidement que, dès l'année 1862, des démarches étaient faites pour obtenir l'autonomie communale ; elles n'aboutirent que quatre ans plus tard (loi du 30 juin 1866). La dénomination de Levallois-Perret (ce dernier nom étant l'abréviation de Champerret) prévalut contre celle de Courcelles, que la majorité du conseil municipal de Clichy réclamait. La nouvelle commune eut pour limites, du côté de Clichy, la voie du chemin de fer de l'Ouest ; du côté de Neuilly, l'axe de la rue de Villiers. — La première pierre d'une chapelle, construite sur les plans de M. Lequeux et dédiée à saint Justin, y avait été posée en 1852 ; cette chapelle fut naturellement érigée en cure par suite de la constitution du village Levallois en commune.

Bibliographie. — *Sources*. Archives locales. La mairie de Clichy ne possède, en fait de documents anciens, que la collection des registres de baptêmes, mariages et sépultures dont le dépouillement nous a fourni tant de matériaux pour la rédaction de ce chapitre ; rappelons que cette collection commence à l'année 1626 et se poursuit sans interruption jusqu'au 31 octobre 1792, jour où le curé Lemaignen libella le dernier acte ; la série des actes d'état civil proprement dit commence aussitôt après, le 2 novembre 1792. La mairie de Levallois-Perret conserve un registre où sont transcrits tous les documents ayant trait à son institution en commune. Les pièces administratives provenant de la mairie de Batignolles-Monceaux, supprimée en 1860, ont été, pour la plupart, détruites en 1871 ; on en trouvera cependant quelques vestiges aux Archives de la Seine, ainsi que la correspondance administrative avec la sous-préfecture de Saint-Denis. C'est aussi dans le même dépôt qu'est gardé le terrier de Monceaux cité plus haut.

Archives nationales. L. 841 (fonds de l'abbaye de Saint-Denis) : documents du xiv siècle concernant le droit d'épaves pour l'abbaye sur les rives de la Seine. — Q¹ 1071 : lettres et rapports au Conseil ayant pour objet d'obtenir la confirmation de la cession à perpétuité à la dame de Courmont d'une chapelle sise dans l'église de Clichy et qui a appartenu au duc d'Orléans, puis à M. de Courmont qui s'est chargé de la faire reconstruire à ses frais (oct. et nov. 1780). Les pièces les plus importantes relatives à Clichy se trouvent dans la série S; ce sont les titres des terres ou rentes que possédaient dans cette localité divers établissements religieux : S. 229, biens du chapitre de la Cathédrale. — S. 895 et 898, biens de la collégiale de Saint-Benoît. — S. 2240, 2246 (n° 9), 2250, 2255, 2263, 2271, 2307, 2353, 2363, 2372, 2376, 2482, 2487, biens de l'abbaye de Saint-Denis. — S. 3337, paroisse Saint-Eustache. — S. 3414, paroisse Saint-Laurent. — S. 3481, paroisse Saint-Philippe-du-Roule. — S. 4556, couvent du Val-de-Grâce. — S. 4623, couvent de l'Assomption. — S. 5091, ordre du Temple. — S. 6132, Hospitalières Saint-Gervais. — S. 6196, Faculté de théologie. — S. 6464, Collège de Lisieux.

Bibl. de la Ville de Paris. Ms. 29515, in-fol. « Copie du procès-verbal de l'estimation de Monceaux », le 16 pluviôse an III : l'évaluation est de 299,626 livres 17 sols, 7 den.

Estampes. Consulter les portefeuilles de la Topographie de la France, xvii arrondissement, à la Bibliothèque nationale, et ceux de la Bibliothèque de la ville de Paris. Il existe aussi à la Bibliothèque de l'École des Beaux-Arts des vues du château de Monceaux en 1680, par Silvestre; elles proviennent de la collection de Lesoufacher.

Imprimés. Histoire de Clichy-la-Garenne, par M. l'abbé Lecanu, *Paris*, 1848, in-8.

Année 1855. Ville de Batignolles-Monceaux. Annuaire. *Paris*, 1855, in-18.

L'église française à Clichy et à Boulogne-sur-Seine, par l'abbé C. Narbey. *Clichy*, 1890, in-8.

Sur l'église Sainte-Marie des Batignolles, voy. une notice de M. Michaux dans l'*Inventaire des richesses d'art de la France*, Paris, monuments religieux, t. II, p. 336-348.

Sur le parc Monceaux, les *Promenades de Paris*, d'Alphand, t. I, p. 191-198 (un plan du parc en 1783 y est reproduit), et dans l'*Histoire anecdotique des Barrières de Paris*, d'Alfred Delvau, pp. 68-77, une longue description des jardins de Monceaux par un auteur du xviii siècle, dont le nom n'est pas donné.

VILLIERS-LA-GARENNE ET NEUILLY

I, 430-437.

La disparition complète d'une paroisse, disparition si réelle que rien n'en a subsisté, pas même le nom, n'est pas un phénomène unique, et dans l'ancien diocèse de Paris, on pourrait citer les exemples de Saint-Lucien, d'Ursines, semblables au cas de Villiers-la-Garenne, absorbé depuis cent cinquante ans par Neuilly; le fait n'en est pas moins intéressant à constater; nous aurons occasion, au cours de ces notes, de montrer par quelques traits comment il a pu s'accomplir peu à peu.

Les origines de Villiers (*Villare*, domaine rural), sont des plus modestes, et il n'y a rien à ajouter à ce qu'en a dit l'abbé Lebeuf, si ce n'est la date précise à laquelle le Chapitre de Saint-Honoré de Paris fut mis en possession du droit de collation à la cure; c'est le 4 octobre 1435 que l'évêque de Paris, Jacques du Châtellier aliéna ce droit; la charte originale appartient au carton L. 726 des Archives nationales; si Lebeuf a lu dans des pouillés des XVIe et XVIIe siècles que la nomination à la cure dépendait encore de l'évêché, c'est que ces documents sont erronés.

On ne peut que constater une grande pénurie de renseignements au sujet de la fondation de cette paroisse, plus grande encore pour ce qui a trait au monument même de l'église, démoli depuis longtemps. On ne le connaît que par la description de Lebeuf. Guilhermy (*Inscriptions de l'ancien diocèse*, t. II, p. 69, note 3), dit qu'il renfermait une cuve baptismale remarquable, qui fut transportée à Neuilly dans la nouvelle église dont il va être question. Les registres paroissiaux, aujourd'hui conservés à la mairie de Neuilly, attestent de nombreuses inhumations faites dans la nef et dans le chœur (cette partie de l'édifice étant réservée aux sépultures des curés); nous y avons transcrit l'acte de décès de Mlle de Chausseraye, à laquelle notre auteur a consacré quelques lignes (p. 432) : « Ce jourd'huy, vingt-six mars (1733), a été inhumée dans le cimetière de cette église, damoiselle Marie-Thérèse Le Petit de Vernot des Chausserais, âgée de soixante neuf ans, après avoir receu tous les sacremens, decedé[e] le vingt quatre courant, en présence de messire Louis-Henry d'Andigné, prestre, docteur de Sorbonne, de Benoist du Plessy, intendant de ladite damoiselle, de Charles de Ricard, ecuier, s^r de la Chevalleray, concierge du chasteau royal de Madri, qui ont signé ».

Ces mêmes registres nous ont permis de dresser la liste que voici des curés de Villiers Gabriel Voisin (1674-28 janvier 1678). — Mathurin Manchon (12 février 1678-25 sept. 1694). — François Tofflin (4 oct. 1694-28 février 1711). — Pierre-Hervé Pinel (25 juillet 1711-25 juin 1734). — Jean-Antoine Hubert (11 juillet-1er oct. 1742, date de la prise de possession de la cure par Henry-Antoine Chauveau, en vertu de la résignation que lui en a faite son parent, J.-A. Hubert, docteur de Sorbonne; ce dernier décède à Paris, rue de Grenelle, paroisse Saint-Eustache, le 29 janvier 1748, et est inhumé, le 31, dans le chœur de l'église de Villiers). — Henri-Antoine Chauveau (1er oct. 1742-18 mars 1761, date de son décès en sa maison de Neuilly, à l'âge de cinquante-sept ans). —

Mathieu Mignot (12 avril 1761 —?). — Nicolas Joseph Vielle (qualifié vicaire, le 17 mars 1780, et curé, le 19 mars suivant; remet, le 10 novembre 1792, les registres à la municipalité de Neuilly).

La seigneurie de Villiers, — comme celle de Neuilly, — appartenant à l'abbaye de Saint-Denis, fort rares sont les mentions de seigneurs particuliers : les registres paroissiaux nous en donnent cependant quelques-unes : le 3 mai 1690, fut inhumé dans l'église, devant la chapelle de la Vierge, « messire Estienne Maugras, ancien procureur de la Cour, seigneur de Villiers, décédé à l'âge de soixante-trois ans environ ». — Le 3 juillet 1694, Mathurin Manchon, curé, bénit une chapelle sise dans la maison du sieur Gendron, argentier de la grande écurie du Roi, en vertu de la permission accordée par l'archevêque, le 14 mars précédent. — « Ce jourd'hy, dix huitième juillet 1706, la grosse cloche de Villiers-la-Garenne a été benite par moy, prêtre curé soussigné, et a été nommée Louise-Charlotte-Emmanuel, par messire Pierre-Adrien Rioult-Douilly, conseiller du Roy, maistre des requestes ordinaires de son hostel (seigneur de Villiers), et par dame Louise-Charlotte de Launoy, epouse de messire André-Nicolas de Sonnin, conseiller du Roy, receveur general des tailles, marraine, en prestence de Mrs Jacques Vautier et Poterat, chapelains de Neuilly et de Madrid... » — Le 6 mai 1725, a lieu l'inhumation, dans la chapelle de la Vierge, de « messire Pierre Moreau, ecuier, conseiller-secretaire du Roy, tresorier general de l'Hôtel des Invalides », mort la veille en sa maison de Villiers à l'âge de soixante-deux ans.

Le faubourg du Roule fut distrait, en 1699, de la paroisse de Villiers, et pourvu d'une cure particulière ; ce fut la première atteinte portée à la prospérité du bourg de Villiers, groupé autour de l'église paroissiale ; désormais le centre se déplace du côté de Neuilly et du château de Madrid, fort peuplé alors, comme on le verra plus loin, et, à partir du XVIIIe siècle, les registres ne contiennent que fort rarement des actes de baptêmes, mariages ou sépultures se rapportant à des habitants de Villiers proprement dit ; cette désertion ne fit que s'accroître puisqu'au temps de Lebeuf il ne s'y trouvait plus « qu'un feu, avec trois maisons bourgeoises et quelques bergeries ». Certains curés, d'ailleurs, ont eu l'heureuse idée de dresser, à la fin de chaque année, la statistique des actes qu'ils avaient eus à rédiger pour la totalité de leur paroisse ; il est utile de grouper ici ces renseignements, toujours trop rares :

Années	Baptêmes	Mariages	Grands enterrements	Petits enterrements (enfants)
1719	26	7	17	28
1720	34	5	13	19
1721	31	7	10	11
1723	27	9	13	12
1727	38	13	15	33
1728	31	12	16	14
1729	39	7	11	9
1730	41	8	11	15
1732	35	5	20	15
1733	40	14	16	12

Peu à peu, Neuilly devint le véritable chef-lieu de la paroisse, et ce fut le curé lui-même, Antoine Chauveau, qui prit l'initiative, en 1749, d'y faire édifier une nouvelle église.

A partir de ce moment, l'église de Villiers fut presque complètement abandonnée et ne servit plus qu'aux messes d'enterrement, à cause de la proximité du cimetière. Bien que le monument commencé en 1749 fût à peine sorti de terre, les baptêmes et les mariages furent célébrés à peu près tous dans l'ancienne chapelle de Neuilly, voisine du pont, à laquelle nous allons tout à l'heure consacrer quelques lignes; Chauveau, le curé qui, avec plus de bon sens que de souci de la tradition avait obtenu ce résultat, paraît s'en excuser en consignant dans les actes que, si ces cérémonies ont lieu à Neuilly, c'est à la réquisition des parents, à cause de l'éloignement de Villiers, ou des chemins impraticables, ou de l'heure indue, ou de la rigueur du froid, ou de la chaleur excessive, ou des grandes pluies, ou du danger de mort de l'enfant qu'il a baptisé (cf. notamment le registre de l'année 1751). Le nom de Villiers ne fut aboli, cependant, qu'en 1792, lorsque l'état civil fut enlevé aux curés, car, en 1790, la première municipalité avait encore Villiers pour chef-lieu officiel et Neuilly comme écart. De l'ancien village, avons-nous dit, il ne reste aujourd'hui que le souvenir, attesté par la rue de Villiers, dont l'axe sépare les communes de Neuilly et de Levallois-Perret; c'est au territoire de cette dernière qu'en correspond l'emplacement, l'église démolie et les maisons qui l'entouraient devant être situées un peu au nord du point où le boulevard du Château rencontre la rue de Villiers.

M. Mareuse, qui prépare un travail d'ensemble sur l'ancien village de Villiers et ses châteaux, a bien voulu nous communiquer quelques renseignements topographiques et historiques, dont voici la substance: l'église Saint-Martin de Villiers était située sur la petite place formée par l'intersection du boulevard du Château, de la rue de Villiers et de la rue Gide, au point précis où se trouve le bureau d'octroi de Levallois-Perret, le chœur tourné du côté du nord; les bâtiments du presbytère existent encore, de l'autre côté de la place; ils sont affectés maintenant à l'exploitation d'un vélodrome; ce terrain a été remanié une première fois en 1863.

Ce qui a trait aux châteaux est plus complexe : M. Mareuse est en état d'affirmer qu'il y en eut deux, au moins; le plus ancien et aussi le plus important, qui appartint en dernier lieu à Murat, puis à la famille d'Orléans, fut confisqué par décret du 22 janvier 1852 et démoli peu après; le boulevard du Château, tracé en 1855 sur le territoire de Neuilly, occupe exactement son emplacement. Le deuxième, construit (ou reconstruit) au XVIIIe siècle, au nord de la rue de Villiers, existe aussi; il devint, en 1856, sous le nom de Château des Fleurs, un établissement horticole, dont les serres furent, depuis, rachetées par le Jardin d'acclimatation; il eut beaucoup à souffrir de la guerre civile de 1871, et son aile droite notamment, fut détruite et n'a pas été relevée. C'est aujourd'hui un hospice municipal de vieillards, dont la commune de Levallois-Perret n'est que locataire.

De l'autre côté de la rue Gide, c'est-à-dire sur le territoire de la même commune, était une autre propriété très vaste, à laquelle on n'est cependant pas autorisée à donner le nom de château; peut-être n'était-elle qu'un démembrement du précédent. Après avoir eu comme derniers possesseurs les héritiers de Gouvion-Saint-Cyr, elle fut lotie en 1858, et, sur la majeure partie de son emplacement, s'élèvent maintenant les asiles de Richard-Wallace et Greffulhe.

NEUILLY. — L'identification de Neuilly avec *Lugniacum* ou *Lulliacum* n'est pas douteuse, L initial s'étant changé en N par un phénomène de dissimilation qui est fréquemment constaté en philologie. Au reste, plusieurs textes authentiques du XIIIᵉ siècle présentent la forme *Lugniacum*, alors qu'il y est certainement question de la localité qui nous occupe. Lebeuf s'est trompé du tout au tout lorsqu'il déclare que la seigneurie appartint d'abord au chantre, puis à l'abbé de Saint-Denis ; c'est précisément le contraire qui eut lieu, en vertu d'un échange conclu au mois de juin 1226, et dont voici le texte d'après l'acte original :

« Petrus, Dei gratiâ beati Dyonisii abbas, et ejusdem loci conventus... Universitati vestre notum facimus quod nos cantori nostro pro hiis omnibus quem habebat apud sanctum Martinum in colle ex antiqua institutione et predecessorum nostrorum concessione ad explendum officium cantoris quod ad opus nostrum retinemus, domum nostram de Lugniaco cum omnibus pertinenciis citra Secanam, exceptis mortuis navibus atque portum, communi assensu concessimus in perpetuum... Actum anno domini Mº CCº vicesimo sexto, mense junio » (Arch. nat. LL. 1163, fol. 1).

La charte suivante, datée de 1234 et également inédite, confirmerait encore la réalité de cet échange, s'il en était besoin :

« A tous ceuls qui ces lettres verront frère Guillaume de Roquemont, chantre de l'église Saint Denis en France, salut. Savoir faisons que comme à religieuses dames et honnestes l'abbesse et couvent de Lonchamp soient et appartiennent cinq arpens de terre seans es adjoux du port de Lugny, qui furent à Guillaume Lescuier de Villiers, après à Richart Quentin, tenans d'une part devers Lonchamp à Jehan Fourmentin, et d'autre à Jehanne la Boucelle, et lesquels cinq arpens soient tenus et mouvans de nous et chargés chascun an en deux sols et six deniers parisis de chief cens, paiez chascun an en nostre hostel dudit port le jour des huictiesmes monseigneur Saint Denis... » (Arch. nat. L. 1022, nº 33, fonds de l'abbaye de Longchamp).

Les rares textes qui, par la suite, mentionnent Neuilly, l'appellent tous « le port de Neuilly » ou « le port Neuilly », et ces deux formes ont persisté, dans les registres de la paroisse, jusqu'à la seconde moitié du XVIIIᵉ siècle.

D'autres lieux-dits étaient situés aux environs du port de Neuilly : le Tertre, Jaillart ou Juliart mentionnés dans les déclarations de censives de 1540 (Arch. nat. Q¹ 1068²) ; — « Le Souchet, près le fonds de Corbenoue », — les Picardies, — « le chemin des Picardies ou des Veignes », entre Neuilly et Villiers, dans le registre-terrier de la seigneurie de Monceaux, conservé aux Archives de la Seine (fᵒˢ 46 rᵒ, 48 rᵒ, 49 rᵒ). Il y est aussi question (fol. 50 rᵒ) du « grand chemin tendant de Saint-Denis à Saint-Cloud ».

Le 2 novembre 1649, les religieux de Saint-Denis donnèrent à bail, moyennant 75 livres tournois par an, à Jacques Reynault, laboureur, demeurant au port de Neuilly, la « maison, court, jardins et lieux sis audit port de Neuilly, appelée la maison seigneurialle de la Chanterie [pour Chantrerie] dudit lieu, pour en jouir par ledit preneur, à la réserve de la chambre où se tient ordinairement les plaidz et où s'exerce la justice dépendant de ladite Chanterie, ensemble le lieu où on met ordinairement les prisonniers... » (Arch. nat. S. 2375ᴬ, fonds de l'abbaye de Saint-Denis).

Nous avons d'assez nombreux renseignements sur la chapelle de Neuilly qui, on l'a vu plus haut, remplaça presqu'exclusivement l'église de Villiers à partir de 1750. Elle était dédiée à saint Jean-Baptiste. Lebeuf se trompe (p. 435), en datant sa construction de 1650 environ ; dans une déclaration de censive du 1ᵉʳ juillet 1597, enregistrée au terrier de Monceaux que nous avons déjà cité, il est fait mention (fol. 430) d'une « maison tenant à la chapelle dudict lieu, le port de Neuilly, aboutissant par devant à la rivière de Seine », ce qui prouve qu'à la fin du XVIᵉ siècle, la population de Neuilly était déjà assez nombreuse pour justifier l'existence d'une chapelle de secours.

Voici, d'après les registres paroissiaux, un certain nombre de mentions ayant trait à cette chapelle : 26 novembre 1645, publication de fiançailles ; — « 15 février 1651, ondoyement d'un enfant par le chapelain du port de Neuilly » ; — 24 septembre 1679, célébration d'un mariage dans la chapelle Saint-Jean-Baptiste, « l'une de nos annexes » ; — 17 mai 1691, inhumation, dans le chœur de l'église de Villiers, de messire Joseph Renault, prêtre et chapelain de Neuilly, mort subitement la veille, à l'âge de quarante-huit ans ; — 18 juillet 1706, mention de messire Jacques Vautier, chapelain ; — 19 juillet 1710, inhumation dans la chapelle du port de Neuilly, de Jacques Vautier, vicaire de la paroisse ; — 30 novembre 1710, mention de Jean-Baptiste Gavan, chapelain ; — 3 novembre 1716, célébration d'un mariage ; — 1ᵉʳ décembre 1724, inhumation, « dans la chapelle de Saint-Jean du port Neuilly, de messire Robert Boudier, vicaire de cette paroisse » ; — 16 novembre 1744, inhumation, dans le milieu de la nef, au bas du balustre, de messire Antoine Bonnet, prêtre, décédé à Neuilly dans son vicariat de la paroisse ; — 21 juillet 1750, inhumation de messire Jacques Le Jongleur, vicaire de la paroisse ; — 21 mars 1755 : « ce jourd'hui a été faite la benediction d'une cloche pour la chapelle du pont de Neuilly, succursale de Villiers-la-Garenne, par M. l'abbé Dumarais, chanoine de l'église de Paris, à ce commis par M. l'archevesque, ladite cloche nommée *Jeanne-Martine*, par M. Martin Lesguillier, officier du Roy et Madame Jeanne Séjourné, son épouse » ; — 7 septembre 1755, bénédiction d'une nouvelle cloche « à la place de celle qui a été bénie le 21 mars dernier, laquelle a été cassée par accident ».

Lebeuf se trompe en disant que la première pierre d'une nouvelle église fut posée, le 27 novembre 1749, par Mᶫᶫᵉ Louise-Anne de Bourbon-Condé (autrement dite Mᶫᶫᵉ de Charolais). Les registres de la paroisse attestent que « son Altesse serenissime » s'étant fait attendre en vain, fut remplacée par « noble dame Cécile-Élisabeth Rozier ». Cette relation y est transcrite à la suite d'un acte du 23 janvier 1750.)

La première pierre du chœur fut posée le 26 mai 1750 ; voici le procès-verbal inédit de cette solennité, d'après les mêmes registres : « Du mardy vingt six may mil sept cent cinquante. Ce jour, messieurs les vénérables chantre, chanoines et Chapitre de l'église collégiale et paroissiale de Saint-Honoré de Paris, gros décimaleurs et patrons de cette paroisse, représentés par Messieurs Claude Boucher, conseiller de la Grande Chambre du Parlement, chantre de ladite église, et Anne-Gaspard-Charles Portelance, chanoine et agent dudit Chapitre, députés du Chapitre pour poser la première pierre du chœur de l'église paroissiale transférée de Villiers à Neuilly à cause des inconveniens resultans de la grande distance de l'ancienne église et de la désertion de Villiers, sont descendus à la chapelle de saint Jean-Baptiste proche le pont, où nous les avons reçus avec l'eau bénite, revêtus de surplis et étoles, accompagnés de Monsieur Simon Soubret, prêtre, docteur en théologie de Paris, curé de Saint-Médard de Clichy, de M. Nicolas Nicque, prêtre, docteur en théogie de la Faculté de Paris, vicaire de laditte paroisse de Clichy, et de M. Jacques Le Jongleur, prêtre, vicaire de cette paroisse; de Louis Jumontier, marguillier en charge, de Nicolas Gosselin, sindic, et autres anciens marguilliers et habitans; et après avoir invoqué le saint nom de Dieu, nous avons été processionnellement au bâtiment de la nouvelle église où M. le Chantre a bénite la première pierre du chœur avec les formalités prescrites, et avant que de la poser sur les fondemens du pillier de l'autel du côté de l'épitre, a renfermé dans une boëte de plomb un médaillon d'argent contenant l'inscription suivante : *Le Chapitre de l'église collégiale et paroissiale de Saint-Honoré, gros decimateur et patron de Villiers-la-Garenne et Neuilly, a député Messieurs Claude Boucher, conseiller de la Grande Chambre du Parlement, chantre de Saint-Honoré, et Gaspard Portelance, pour poser la première pierre du chœur de l'église transférée à Neuilly, le 26 may 1750;* a mis dans la pierre apparente du fondement du pillier susdit, creusé à cet effet, la susditte boëte de plomb revêtue d'une autre de bois, et, conjointement avec Monsieur Portelance, second député, a posé au nom du susdit Chapitre la pierre qu'il venoit de bénir, avec l'appareil convenable en pareille circonstance. Après quoy, nous sommes revenus processionnellement en la susditte chapelle de saint Jean-Baptiste, où Monsieur le Chantre a entonné le *Te Deum*. »

Bien qu'à la date du 26 mai 1751 une sépulture y ait été faite « derrière le pillier du côté de l'évangile », cette construction demeura interrompue, et le service religieux continua de se faire à l'ancienne chapelle. Une lettre adressée, le 30 juillet 1773, au curé de Villiers, par le vicaire général de l'archevêché (elle est annexée aux registres paroissiaux de cette année-là), nous en fournit la preuve :

« Monseigneur l'archevêque est incommodé, Monsieur, depuis quelques jours. Cette incommodité n'aura, s'il plaît à Dieu, aucunes suites fâcheuses. Cependant, elle ne me permet pas de lui rendre compte de ce que vous me marquez dans la lettre que vous m'avez fait l'honneur de m'écrire; mais, puisque M. de Sainte-James ne veut plus permettre que vos habitants entendent la messe chez lui, et qu'il est d'ailleurs nécessaire que le T. S. Sacrement repose à Neuilly, pour les malades, je vous accorde la permission que vous demandez de célébrer la sainte messe dans votre petite chapelle, et d'y garder le Saint-Sacrement, supposé néanmoins qu'elle soit à tous égards ou que vous ayez soin de la mettre dans l'état de décence et de sûreté convenables. Comme il y a apparence que cette chapelle qui n'étoit cy-devant qu'une sale, n'a pas été bénie, je vous donne aussi la permission de la bénir avec les cérémonies et prières marquées dans le Rituel, avant d'y mettre le Saint-Sacrement et célébrer la sainte messe. Mais vous sentez bien, Monsieur, que les arrangements commandés par la nécessité ne peuvent et ne doivent pas durer longtemps. Il faut que l'on s'occupe sérieusement de construire votre nouvelle église, ou si cela n'est pas, on sera obligé de reporter le service divin dans l'ancienne.

« Vous connaissez les sentiments...

L'abbé DELAUNAY,
Vicaire général de Paris ».

Rien ne fut modifié jusqu'en 1827, époque où fut édifiée, sur la grande avenue, l'église de saint-Jean-Baptiste, livrée au culte en 1831. Cet édifice, d'aspect fort médiocre, est devenu trop exigu à son tour, et, le 30 octobre 1887, l'archevêque de Paris, Mgr Richard, a posé la première pierre d'une nouvelle église consacrée à saint Pierre. Construite dans le style roman, elle s'élève à l'intersection de l'avenue du Roule et du boulevard d'Argenson, au rond-point d'Inkermann; le chœur en est terminé et des offices s'y célèbrent; la nef s'achève actuellement.

Les *Mémoires* de L'Estoile contiennent une relation de l'accident qui survint à Henri IV et à la reine en traversant la Seine sur le bac de Neuilly, le 9 juin 1606; elle est un peu différente de celle de Du Breul, rapportée par Lebeuf : « Ce jour, le Roy et le Reine, passans au bacq de Nulli, revenans de Saint-Germain à Paris et ayans avec eux M. de Vendosme, faillirent à estre noyés tous trois, principalement la Roine, qui beut plus qu'elle ne vouloit; et sans un sien valet de pied et un gentilhomme nommé la Chastaingneraie, qui la prist par les cheveux, s'estant jetté à corps perdu dans l'eau pour l'en retirer, couroit fortune inévitable de sa vie. C'est accident guerist le Roy d'un grand mal de dents qu'il avoit, dont, le danger estant passé, il s'en gossa, disant que jamais il n'avoit trouvé meilleure recette; au reste, qu'ils avoient mangé trop de salé à disner, et qu'on les avoit voulu faire boire après. Mais il y avoit plus à remercier Dieu qu'à rire de ceste délivrance, laquelle procédoit d'en hault, Dieu aiant eu encores pitié à ceste fois, comme en beaucoup d'autres, de son Roy et de son peuple » (*Mémoires-Journaux*, édit. Jouaust, t. VIII, p. 223; Cf. *Lettres Missives de Henri IV*, t. VI, p. 617).

Un pont de bois fut construit peu après en ce lieu, on ignore à quelle date; il était certainement achevé en 1621, date à laquelle un devis fut demandé par le roi au sieur de Forestel pour la construction d'un pont de pierre « au lieu de celuy de bois qui y est à présent »; les conditions imposées à l'entrepreneur sont intéressantes à connaître (Arch. nat. Q1 1069), mais le projet n'eut pas de suites. Lebeuf lui-même nous apprend que le pont de bois était déjà écroulé en 1638, et c'en fut un semblable que l'on reconstruisit alors. D'Argenson, dans ses *Mémoires* (t. III, p. 91 de l'édition de la Soc. de l'Hist. de France) en parle en ces termes, à la date de mai 1740 : « Le Roi vient de donner le péage du pont de Neuilly à Madame de Mailly, ce qui vaut 20.000 livres de rente; il est vrai qu'il appartenoit de tout temps à la maison d'Hautefort, mais le terme de la cession allait finir (il n'aurait pris fin, d'après Lebeuf, qu'en 1751); peut-être l'eût-on continué au marquis d'Hautefort s'il n'y avoit pas eu une favorite. J'aimerois qu'on favorisât sa maîtresse, étant le Roi, sans faire tort à d'autres ». Un nouvel accident survenu au pont de bois au commencement de l'année 1766 détermina la construction du pont de pierre actuel, le premier pont droit que l'on ait fait et qui a illustré Perronet. L'abbé Mignot, curé de Villiers, a pris soin de transcrire sur son registre d'actes paroissiaux quelques détails relatifs à l'accomplissement de cette œuvre. Voici d'abord l'inscription commémorative de la pose de la première pierre :

> L'AN DE GRACE MDCCLXVIII
> LE LIV DU RÈGNE DE LOUIS XV LE BIEN-AIMÉ
> LA FONDATION DU PONT DE PIERRE DE NEUILLY-SUR-SEINE
> A ÉTÉ COMMENCÉE SOUS LA DIRECTION DE DANIEL-CHARLES-TRUDAINE
> CONSEILLER D'ÉTAT ORDINAIRE ET AU CONSEIL ROYAL, INTENDANT DES FINANCES
> CETTE FONDATION A ÉTÉ ACHEVÉE L'ANNÉE MDCCLXIX
> SOUS LA DIRECTION DE JEAN-CHARLES-PHILIBERT TRUDAINE, SON FILS
> QUI L'A REMPLACÉ DANS TOUTES SES FONCTIONS AU CONSEIL
> M. MAYNON D'INVEAU, SON BEAU-FRÈRE, ÉTANT POUR LORS
> MINISTRE D'ÉTAT, CONTROLLEUR GÉNÉRAL DES FINANCES
> ET AYANT LES PONTS ET CHAUSSÉES DANS SON DÉPARTEMENT

En regard de cette inscription, le registre fournit les détails suivants :

« Le dix-neuf août de la présente année (1768) sur l'heure de midy, fut posée, sans autre cérémonie que le *Veni creator* chanté à la messe que le sieur François Raimbaux, entrepreneur, fit célébrer et à laquelle assistoient tous les ouvriers, à neuf heures, la première pierre du pont de Neuilly dans et sous la culée du côté de Courbevoye.

MIGNOT, curé.

« Le dimanche vingt six juillet mil sept cent soixante et douze, la dernière clef des cinq arches dudit pont fut posée dans le milieu de l'arche du milieu, et qui fut béni[e] par nous soussigné, curé, solennellement, en présence de Monsieur de Chezy et de Mauthier, ingénieurs en chef des Ponts et Chaussées de France, et tous les inspecteurs et ouvriers, au son des boestes, musique, cris de Vive le Roy, et au retour de la procession, l'on chantat dans la chapelle le Te Deum en action de grâces et bénédiction du Saint-Sacrement. »

Suit la copie de la relation, très courte, donnée par la *Gazette de France* des 3 août et 28 septembre 1772, et d'un extrait des *Anecdotes intéressantes et historiques de l'illustre voyageur*, Paris 1777, p. 129.

A dater de la seconde moitié du XVIIe siècle, Neuilly devint un lieu de villégiature à la mode adopté par les familles les plus considérables, et cette faveur, due au voisinage de la rivière et du bois de Boulogne, ne fit que croître jusqu'à la fin de l'ancien régime. De fréquents témoignages nous en sont fournis par les régistres de la paroisse : de 1680 à 1690, il y est souvent question de « la maison de la comtesse d'Olonne au port de Neuilly (actes relatifs à ses gens). — 25 août 1689 : décès au port de Neuilly de « damoiselle Louise, fille de haut et puissant seigneur messire Antoine-Gaston [de] Roquelaure, duc et pair de France, et de haulte et puissante dame Marie-Louise de Laval, laquelle a été transportée de notre consentement aux religieuses Capucines à Paris, pour y estre inhumée »(1).

---

(1) Sur la sépulture de la famille de Roquelaure aux Capucines de la place Vendôme, cf. E. Raunié, *Épitaphier du vieux Paris*, t. II, p. 127-128.

— 18 février 1714 : maison de M. le marquis de Surville. — « L'an mil sept cent quinze, le 3 aoust, M. l'abbé Gilbert, grand vicaire, a béni une chapelle en la maison de M. Voulgny, sise à la porte du Bois, par ordre de S.-E. Mgr. le cardinal de Noailles ». — 11 avril 1724 : baptême de Marie-Françoise de Sassenage, fille de Charles-Louis-Alphonse de Sassenage, comte de Brion, lieutenant général en survivance en Dauphiné, et de Marie-Françoise-Camille de Sassenage, née le même jour au port-Neuilly, ayant pour marraine Jeanne Colbert, duchesse de Chevreuse. — 2 mars 1728 : maison de madame la duchesse de Chevreuse. — 4 avril 1736 : permission accordée, par l'archevêque de Paris, à M. Pigné, secrétaire du Roi, de faire dire la messe dans la chapelle de sa maison de Neuilly (cet acte est transcrit à la suite de ceux de l'année (1735). — 2 octobre 1742 : inhumation, dans le chœur de l'église de Villiers, de Nicolas Durand de Belguise, conseiller du Roi au Parlement, commissaire aux Requêtes du Palais, âgé de vingt ans et quatorze jours, décédé la veille « au pont de Neuilly ». — 5 septembre 1747 : célébration d'un mariage dans la chapelle domestique de M. l'abbé Boucher, chantre du Chapitre de Saint-Honoré, dans sa maison du pont de Neuilly. — 11 juin 1750 : baptême de la fille du jardinier de « monseigneur le comte d'Argenson, ministre secrétaire d'État de la guerre, en sa maison du pont de Neuilly » ; pendant les années suivantes, un grand nombre d'actes sont relatifs aux ouvriers employés à la construction de la maison que fit alors construire d'Argenson et qui devint, par la suite, le château de Neuilly. — 24 mai 1754 : enregistrement de la permission accordée, le 7 du même mois, par l'archevêque de dire la messe dans la chapelle domestique de la maison de M. de Sonnin, située au pont de Neuilly. — 17 juillet 1784 : baptême d'Arthur-Antoine, fils de Michel Adanson, de l'Académie royale des sciences, et de Jeanne Béraud.

C'est encore aux registres paroissiaux que nous avons emprunté les indications qui suivent sur la vie civile à Neuilly au XVIIIe siècle. On n'y trouve pas la preuve qu'il existât des écoles avant le 6 décembre 1736, jour où fut baptisée une fille de Pierre Burat, « maistre des petites ecolles de Neuilly ». Ce Pierre Burat est encore nommé dans les actes du 21 avril 1738 et de mai 1739. Le 30 mai 1745, est enregistré l'acte de décès de Catherine Reau, « maîtresse des écoles des filles au pont de Neuilly. » Le 4 janvier 1761, est inhumé « Mathieu Boutillier, diacre, clerc des sacremens et convois de la paroisse, maître des écoles ». Une sage-femme exerçait son ministère dans la paroisse dès le commencement du siècle ; le 28 janvier 1704, Anne-Gabrielle Desjardins, « sage-femme de Madrid et de Villiers, décédée au château de Madrid à l'âge de soixante ans, fut enterrée dans le cimetière de Villiers » ; le 12 janvier 1718, Françoise Louvet, maîtresse sage-femme de l'Hôtel-Dieu, prêta serment entre les mains du curé.

La justice était rendue à Neuilly par un prévôt, au nom de l'abbaye de Saint-Denis : le 5 mars 1636, Jean de Chasseux est mentionné en qualité de « lieutenant de la justice du pont de Neuilly » ; dans un acte du 17 novembre 1702, figure « M. Angilbert, prévost, juge et maire du port de Neuilly » ; le 21 juillet 1718, deux huissiers de la prévôté, Pierre-François Saillard et Nicolas Dubois, et le 8 octobre 1725, « maître Legent, avocat au Parlement, prévôt, juge et maire de la prévôté du port-Neuilly. »

De bonne heure aussi, le hameau de Neuilly, grâce à sa position sur la route de

Normandie, fut le siège d'une brigade de maréchaussée : nous trouvons, à la date du 3 mars 1676, le nom de « Monsieur Roiland, conseiller du Roy, lieutenant de la prévosté et maréchaussée générale de l'Isle de France, commandant la brigade postée audict lieu de Neuilly, pour la sécurité publique ». Ce dernier membre de phrase paraît indiquer une création récente de la garnison. Les mentions abondent par la suite.

Un bureau de poste aux lettres existait à Neuilly au XVIIIe siècle, mais nous ne saurions dire depuis quand : 6 oct. 1753, acte de mariage du fils de « Jean-Charles Prière, facteur de la poste aux lettres au pont de Neuilly » ; — 16 déc. 1776, baptême d'une fille de « Pierre-Joseph Waltier, directeur de la poste et procureur fiscal de cette paroisse. »

Vers le même temps aussi, le bourg était devenu assez important pour être un véritable centre commercial; si les blanchisseurs et les laboureurs y sont en majorité, on y constate la présence de deux chirurgiens-jurés de Saint-Côme, Pierre Party et « Monsieur Pader » (17 déc. 1750) ; — d'un maître à danser, Pierre-Jacques Bondgoust (5 mars 1743), qualifié aussi « joueur de violon au pont de Neuilly » (5 juillet 1745) ; — d'un maître tailleur d'habits », Nicolas Igou (31 janv. 1747) ; — d'un maître-cordonnier, François Wonschosten (4 janv. 1748) ; — d'un maître patissier, Jean-René Chrétien (9 déc. 1752) ; — d'un « marchand épicier, maître limonadier-distillateur au pont de Neuilly » (5 janv. 1764); — de deux aubergistes : Jean Charles, « aubergiste de la Maison-Rouge au pont de Neuilly » (9 sept. 1743), et Dubois, « marchand de vin, aubergiste à l'Écu, au pont de Neuilly (8 nov. 1745).

Enfin, depuis 1770, les curés reprennent l'habitude de relever à la fin de chaque année le nombre des actes qu'ils ont dressés; voici cette intéressante statistique :

Années	Baptêmes	Mariages	Sépultures
1770	57	11	25
1771	59	19	28
1772	67	17	46
1773	58	14	43
1774	56	20	56
1775	76	16	69
1776	66	16	65
1777	76	25	41
1778	71	21	29
1779	70	20	40
1780	65	14	59
1781	73	23	30
1782	80	14	45
1783	75	15	48
1784	89	16	48
1785	88	13	60
1786	89	16	52

Années	Baptêmes	Mariages	Sépultures
1787	81	24	59
1788	88	20	48
1789	78	16	79
1790	64	13	69
1791	68	23	42
1792	104	26	58

La paroisse de Villiers fut, nous l'avons dit, érigée en municipalité, sous ce nom, à la fin de l'année 1789; ce n'est qu'en 1792 que les actes officiels commencent à l'appeler Neuilly; jusqu'à l'an VIII, elle dépendit du canton de Clichy; elle fut alors érigée en chef-lieu de canton dont dépendaient les communes d'Auteuil, Boulogne, Clichy, Montmartre, Passy; divers changements modifièrent ce territoire cantonal : Batignolles-Monceaux qui y avait été ajouté en 1830 en fut distrait ainsi qu'Auteuil, Passy et Montmartre, rattachés à Paris en 1860; Levallois-Perret s'y annexa (1866). Enfin la loi du 12 avril 1893 a fait de Neuilly un chef-lieu de canton, commune unique, de même que Boulogne, Clichy et Levallois. — La mairie avait été d'abord installée dans le vieux Neuilly, voisin de la Seine et de l'église Saint-Jean-Baptiste; pour satisfaire aux exigences des habitants des Ternes, elle fut plus tard transférée à Sablonville, dont nous parlerons tout à l'heure. On l'a reconstruite luxueusement depuis (1882-1885), sur l'avenue du Roule, non loin de la nouvelle église Saint-Pierre. Nous reproduisons les deux inscriptions, de caractère documentaire, qui ont été gravées à la façade de cet Hôtel de Ville :

LE 25 MAI 1882, A DEUX HEURES DU SOIR,
IL A ÉTÉ PROCÉDÉ A L'ADJUDICATION
DES TRAVAUX DE CONSTRUCTION DE CET ÉDIFICE.
LE 2 JUIN DE LA MÊME ANNÉE LE CHANTIER FUT OUVERT
ET LES TRAVAUX COMMENCÈRENT POUR SE POURSUIVRE
SANS INTERRUPTION JUSQU'A LEUR ENTIER ACHÈVEMENT.
LE 20 SEPTEMBRE 1885, LES SERVICES ADMINISTRATIFS
FURENT MIS A LA DISPOSITION DU PUBLIC
ET, LE 16 JANVIER 1886, L'HOTEL DE VILLE DE NEUILLY
A ÉTÉ INAUGURÉ PAR UNE FÊTE DE BIENFAISANCE
DONNÉE AU PROFIT DE LA CAISSE DES ÉCOLES DE LA SEINE,
POUBELLE ÉTANT PRÉFET DE LA SEINE.

LE TRENTE JUILLET 1882, A TROIS HEURES DU SOIR
JULES GRÉVY ÉTANT PRÉSIDENT DE LA RÉPUBLIQUE,
FLOQUET ÉTANT PRÉFET DE LA SEINE
LA PREMIÈRE PIERRE DE L'HOTEL DE VILLE DE NEUILLY
A ÉTÉ POSÉE DANS CET ANGLE GAUCHE
DE LA FAÇADE PRINCIPALE DE CE MONUMENT
EN PRÉSENCE DE DAIX, MAIRE DE LA VILLE DE NEUILLY
DULUD ET LOCHEROT, ADJOINTS

de Richebourg, Rousselet, Vacca, Millet, Petitfrère,
Briant, Brévune, Lion, Bunel, Oubry, Robinet, Corra,
Manoury, Waché, Descole, S. Bloch Lallouette,
L. Boyer, Simon, Suzor, Desmartins, Lefèvre,
Barrat, Bourgeois, conseillers municipaux,
Dutocq et Simonet, architectes,
Delavière, secrétaire.

Les annales modernes de Neuilly offrent quelques faits dignes d'être notés : Louis XVIII fit don en 1818, à son cousin Louis-Philippe d'Orléans, du château que d'Argenson avait reconstruit, qui avait été occupé après lui par la princesse Borghèse, et qui, avec Villiers, était estimé 1,034,187 francs, en échange des bâtiments des Écuries de Chartres. C'est dans ce château que la Révolution de 1830 vint saluer le duc et lui offrir la royauté. Le roi continua d'habiter Neuilly, chaque fois qu'il le pouvait, et de s'y plaire ; il y réunit par un parc l'ancien domaine de Villiers, qui y était contigu. Il s'y trouvait, le 13 juillet 1842, lorsqu'on vint lui annoncer l'accident où son fils aîné Ferdinand, duc d'Orléans, venait à quelques pas de là, sur la route de la Révolte, d'être blessé mortellement en s'élançant d'une voiture dont les chevaux s'étaient emportés. Au lieu même où la catastrophe s'était produite, une chapelle fut construite dès l'année suivante ; elle existe encore aujourd'hui sous le vocable de N.-D. de la Compassion ; c'est un monument fort modeste qui s'élève sur les terrains extérieurs de la zône militaire, entre les portes de Neuilly et des Ternes.

Le 25 février 1848, une bande de forcenés vint piller et incendier ce château dont Louis-Philippe venait à peine de s'enfuir ; il n'en resta rien debout, pas même les murs. Sur son emplacement, la spéculation a créé en 1863, sous le nom de Parc de Neuilly, tout un quartier de villas élégantes et de maisons de plaisance dont la prospérité n'a pas cessé depuis.

Neuilly n'eut pas à souffrir de la guerre avec l'Allemagne en 1870-1871, durant laquelle il fut constamment occupé par les troupes françaises ; en revanche, la guerre civile qui suivit lui fit subir les plus sérieux dommages, car ses maisons essuyèrent, pendant près de deux mois, les feux croisés des deux armées de Versailles et de Paris.

Le 11 mars 1888, a été inaugurée la statue de Parmentier dont Louis XVI avait encouragé les premiers essais de culture de la pomme de terre dans la plaine des Sablons (Cf. *Gazette anecdotique*, 1888, t. I, p. 162).

De nombreux établissements d'enseignement ou d'hospitalité se sont établis, surtout depuis quarante ans, à Neuilly ; nous citerons parmi les principaux :

L'*Asile Mathilde*, œuvre de *N.-D. des Sept Douleurs*, 30, avenue du Roule, fondé en 1853, sous le patronage de la princesse Mathilde, reconnu d'utilité publique le 30 juin 1855, où sont admises, moyennant une faible rétribution, les jeunes filles infirmes et incurables de cinq à vingt-deux ans ;

Le couvent des *Dames Augustines anglaises*, maison d'éducation transférée de la rue du Cardinal Lemoine à Neuilly, en 1860 (Cf. Guilhermy, *Inscriptions de l'ancien diocèse de Paris*, t. I, p. 538-541 au sujet des inscriptions tumulaires qui y ont été apportées de Paris) ;

L'institution *Notre-Dame de Sainte-Croix*, pensionnat de jeunes garçons, transféré en 1866 de l'ancien château des Ternes à Neuilly, avenue du Roule;

La *Retraite de Sainte-Anne*, fondée par l'abbé Deguerry, ancien curé de la Madeleine, pour l'hospitalisation des femmes célibataires ou veuves;

La *Maison de Retraite Galignani* destinée par la générosité de ses fondateurs, les fils Galignani, à d'anciens libraires ou imprimeurs français, leurs femmes et leurs filles; à des savants français, leurs pères ou leurs mères, leurs veuves ou leurs filles; à des hommes de lettres ou artistes français, leurs pères ou leurs mères ».

Neuilly possède en outre une synagogue et un temple protestant.

Le territoire de Neuilly est limité par la rue de Villiers, du côté de Levallois-Perret, la zone militaire des fortifications de Paris, une ligne idéale traversant le bois de Boulogne, et la Seine, y compris les îles du pont de Neuilly et de la Grande-Jatte. Celui de l'ancienne paroisse de Villiers comprenait en plus toute la partie du XVIIe arrondissement de Paris située entre les fortifications et les boulevards extérieurs, la rue de Courcelles et l'avenue de la Grande-Armée. Il s'y trouvait un certain nombre d'écarts dont nous allons parler dans l'ordre de leur ancienneté.

LES TERNES. — Lebeuf a placé par erreur dans le chapitre de la paroisse de Clichy la note qu'il consacre à ce lieu (p. 429), mais il reconnaît cette erreur à la fin de son chapitre sur Villiers (p. 437). Il nous paraît bien impossible d'adopter son étymologie : « *terno milliario* » d'après laquelle les Ternes seraient ainsi nommés pour être situés à « trois milles de la cité de Paris ». Puisqu'il a trouvé la localité appelée l'*Esterne* dans un acte de 1362 (et non 1632 comme une faute typographique le lui fait dire), l'explication semble toute simple : les Ternes sont la terre extérieure, *terra* ou *villa externa*, par rapport à la Ville-l'Évêque, plus rapprochée de Paris. Tel est l'avis de l'abbé Bellanger dans sa *Notice historique* (voy. à la Bibliographie), et c'est à peu près la seule chose exacte qu'il ait dite sur les origines des Ternes.

Les déclarations de censives, prescrites en 1540 comme une mesure générale, nous font connaître que les Ternes dépendaient alors de l'abbaye de Saint-Denis : « une pièce de terre... aboutissant d'un bout aux terres de la ferme des Ternes, et d'autre bout aux terres de la Maladerye du Roulle », 6 avril 1540 (Arch. nat. Q^{1}1076^2). — « Item, demy arpent de vigne assis audict terroir, ou lieu dict les Ternes, tenant d'une part aux terres de la ferme des Ternes... estant en ladicte censive... » (*ibid.*).

Dans les actes paroissiaux de Villiers, le hameau des Ternes est le plus souvent désigné au XVIIe siècle sous le nom de « Bas-Roule »; les mentions n'en sont pas, d'ailleurs, fréquentes, ce qui prouve que la population s'y réduisait à quelques habitants. Les Ternes n'existaient guère que par le château, sur les propriétaires duquel l'abbé Bellanger a donné d'intéressants renseignements, auxquels nous renvoyons. Nos notes, d'après les registres d'état-civil, n'y ajouteront que peu : le 19 septembre 1682, le curé de Villiers bénit « la chapelle que Michel Le Bouteux, officier du Roi, a fait ériger dans sa maison des Ternes sous l'invocation de la Vierge »; ce propriétaire du château est encore mentionné à la date du 18 février 1688. Le 28 juillet 1703, nous rencontrons le nom de « M. le duc d'Uzès à son château des Ternes »; le 28 avril 1707, est inhumée dans l'église de Villiers « Marie-Louise, fille du prince de Léon et de dame Marie, sa mère, laquelle est décédée hier aux Thernes entre dix et onze, âgée de quinze mois ou environ », et, le surlendemain, le prince de Léon vient déclarer que ladite Louise est sa fille naturelle, née de damoiselle Florence Pellerin. Le 23 avril 1740, est également inhumé dans l'église paroissiale « messire Pompone Mirey [Mirey de Pomponne], écuyer, seigneur de Blancmesnil, du Bourget, Grolay et autres lieux, conseiller secrétaire du Roi,... décédé en sa maison des Ternes le 21 de ce mois, âgé de soixante cinq ans ou environ ». Il est question du seigneur, ou pour mieux dire du châtelain des Ternes, Grégoire-Nicolas-René Masse, écuyer, conseiller secrétaire du Roi aux dates du 31 juillet 1749 et du 22 novembre 1756; il meurt aux Ternes, le 9 novembre 1766, et est inhumé, le surlendemain, dans l'église de Villiers.

Ce n'est que durant notre siècle, et surtout à partir du règne de Louis XVIII, que les Ternes prirent de l'importance et se bâtirent. L'accroissement de la population y devint promptement très considérable et justifia la demande, constamment formulée depuis 1839 par les habitants, d'être détachés de Neuilly et constitués en commune particulière. Ce *desideratum* ne leur fut jamais accordé. La seule satisfaction qu'ils aient reçue fut la construction d'une église, Saint-Ferdinand, sur un terrain acquis, au mois de juin 1842, par la commune de Neuilly. L'édifice, qui existe encore aujourd'hui, a été construit par Lequeux; il a été considérablement agrandi en 1877 (Cf. *Inventaire des richesses d'art de la France*, Paris, monuments religieux, t. II, p. 327-336).

Les Ternes ont été réunis à Paris à dater du 1er janvier 1860, en vertu de la loi du 16 juin 1859. Ils y forment, sous leur nom historique, un quartier, le 65me, qui appartient au XVIIe arrondissement. Ses limites sont l'avenue de la Grande-Armée, la place de l'Étoile, l'avenue de Wagram, le boulevard de Courcelles, les rues Desrenaudes, Poncelet, Rennequin, Guillaume-Tell, d'Héliopolis, et les fortifications jusqu'à la porte de Neuilly. L'ancien château, bien que fort morcelé n'a pas été entièrement détruit; il en reste quelques bâtiments et notamment une arcade jetée d'une façon très pittoresque au-dessus de la rue Bayen (appelée jusqu'en 1864 rue de l'Arcade).

MADRID. — Il y aurait, même après le comte de Laborde (voy. à la Bibliographie), un curieux et utile volume à écrire sur le château de Madrid au bois de Boulogne. Souhaitons que la pensée en vienne bientôt à un érudit et que les notes qui suivent puissent lui être de quelque utilité.

Quoiqu'on l'ait nié, il paraît certain que ce château fut construit par ordre de François Ier, non pas pour inspirer au roi l'oubli de sa captivité en Espagne, mais, au contraire, pour lui rappeler l'aspect matériel d'une prison qui ne fut rien moins que rigoureuse. La *Chronique du Roy François premier*, publiée par M. Georges Guiffrey, le dit formellement (p. 77) : « En cest an (1529) le Roy nostre sire feist commencer un sumptueux ediffice sur la façon de Madrit, nommé Longchamp assis entre le port de Nully et Long-champ, au bout du boys près la rivière. » Madrid ne fut achevé que sous François II; il ne nous est plus possible de juger de sa magnificence que par les neuf planches qu'en a données Du Cerceau dans *les plus excellens bastimens*. M. de Laborde déclare que son premier architecte fu Jérôme della Robbia ; Palustre affirme que « les plans en furent dressés (1528) par un architecte tourangeau, Pierre Gadyer. A la mort du maître (1531), la direction des travaux, jusqu'à leur achèvement en 1560, passa successivement entre les mains de deux autres tourangeaux, Gatien et Jean-François » (*L'Architecture de la Renaissance*, p. 178) ; il faut convenir que les documents produits par le premier écrivain ont plus de force qu'une simple affirmation.

Le château ne fut qu'à peine habité par la Cour ; en sa qualité de maison royale, il avait un concierge-gouverneur ; cette charge appartint pendant tout le xviie siècle à la famille de Ricart ou de Ricard. Les registres paroissiaux de Villiers contiennent la mention suivante, à la date du 31 juillet 1636 : « Anne, fille de Jean de Ricart, escuier, concierge du chasteau de Madrid, et de damoiselle Marie de Chevreuse, ses père et mère, a esté baptisée en la chapelle roialle dudict chasteau et a reçu le nom et a esté tenue par dame Catherine-Marie de la Roche-Foucault, marquise de Senneçay, pour la très chrestienne royne de France, Anne d'Autriche, assistée du sieur Gabriel de Rochechouart, marquis de Mortemart, ses parrain et marraine ». On y trouvera d'autres mentions de la même famille aux dates du 19 avril 1643 : baptême de Jean-Baptiste, fils de Jean de Ricart, par conséquent, frère de la précédente ; du 9 juillet 1678 : inhumation de Louis, âgé de cinq ans, fils de Jacques de Ricart, écuyer, sieur de la Chevallerave, concierge du château de Madrid, et de damoiselle Catherine Costard ; du 19 septembre 1696 : inhumation de ce même Jacques de Ricard, mort l'avant-veille, à l'âge de soixante-dix ans environ.

Une manufacture de bas de soie fut installée dans les communs de Madrid vers 1667 ; c'est du moins l'année où cette institution figure pour la première fois dans les comptes des bâtiments royaux, avec une dépense de 600 livres pour « 12 apprentifs sous la direction de François Estienne » (*Comptes*, publiés par M. J. Guiffrey, t. I, p. 171). On y voit aussi qu'en 1672 la manufacture occupait 79 ouvriers (*ibid.*, p. 640), et nous savons par les registres paroissiaux que ce nombreux personnel était tout entier logé dans les bâtiments du château. Le 23 février 1697, fut inhumé dans l'église de Villiers le corps de Louise Hotman, veuve de Claude Hindret, « en son vivant, conseiller secrétaire du Roi, tous deux premiers instituteurs en France de la manufacture des bas au mestier en la façon d'Angleterre, establye par le Roy au chasteau de Madrid dans lequel ladite dame est décédée... » L'industrie des bas de soie ne prospéra pas à Madrid plus longtemps que le règne sous lequel elle était née, et vers 1720 elle en avait complètement disparu.

Il a été question tout à l'heure, dans un acte du 31 juillet 1636, de la chapelle royale du château ; c'est la plus ancienne mention que nous en ayons. Elle dut être agrandie ou transformée au commencement du xviiie siècle, car il existe des lettres patentes de 1704 pour « la fondation d'une chapelle royale dans le château de Madrid sous l'invocation de saint Louis, et d'union des revenus du prieuré de saint Sérin pour la dotation de ladite chapelle » (Cf. *Bulletin de la Soc. d'hist. d'Auteuil et de Passy*, 1re année, p. 31). Le chapelain qui la desservait était l'un des deux vicaires de la paroisse de Villiers ; nous connaissons les noms de deux d'entre eux : Poterat, nommé dans les registres paroissiaux, le 18 juillet 1706 et le 12 février 1714; Martin, mentionné le 30 mars 1739 et le 16 novembre 1744. Quelques mariages furent célébrés dans cette chapelle : celui « d'un domestique à la porte du château de S. A. S. Mademoiselle de Charolois, à Madrid », le 23 janvier 1748; celui, le 17 août 1760, de Guillaume-Alexandre, marquis de Polignac, capitaine de dragons, âgé de 31 ans, avec Marie-Jeanne-Louise e Saluces ; quelques autres encore, mais en assez petit nombre.

Plusieurs personnages considérables du royaume eurent une résidence à Madrid, en vertu d'une concession royale, et les bâtiments étaient assez vastes pour que cette résidence ait pu être simultanée. On y trouve, au XVIIe siècle, Louis de Saumaize, décédé le 20 novembre 1678, à l'âge de cinquante-huit ans ou environ, inhumé le lendemain dans le chœur de l'église de Villiers; au XVIIIe siècle : Fleuriau d'Armenonville, garde des sceaux, capitaine gruyer des parcs et bois de Boulogne, qui mourut au château même, le 27 novembre 1728, à l'âge de soixante-sept ans, et dont le corps fut transporté le surlendemain, par le curé de Villiers, à Saint-Eustache pour y être inhumé ; puis, la célèbre Mlle de Charolais, à partir de 1735, et, en même temps qu'elle, le comte de la Marche ; enfin, le prince de Conti, Louis-François-Joseph de Bourbon. Par acte du 17 février 1782, ce pernier vendit à Marie-Jeanne Phelipeaux de la Vrillière, veuve de Jean-Frédéric Phelypeaux, comte de Maurepas et de Ponchartrain : « 1º La jouissance concédée à feu S. A. S. Mlle de Charolais, par arrêt du Conseil du 13 septembre 1735, à titre d'engagement et à faculté de rachat perpétuel, de tous les lieux et emplacements faisant partie des dépendances du château de Madrid... ; 2º tous les bâtimens que feu S. A. S. Mlle de Charolais a fait construire sur ces emplacemens, ensemble ceux que mondit seigneur prince de Conty a lui-même fait construire et réparer...; 3º les meubles et effets spécifiés dans l'état qui est demeuré annexé à la minute du présent acte..., » le tout au prix de 150,000 livres (Arch. nat., R³ 5). Cette vente consommait la ruine de Madrid, car elle n'avait pour objet que la possession des terrains, le château tombant en ruines. Une note intéressante (Arch. nat. O¹ 1581) en donne la preuve :

« *Observation sur le château de Madrid dans le Bois de Boulogne*. — L'administration des Bâtimens du Roi, chargée de l'entretien et réparation de ce château, ne peut avoir d'autre vœu que celui de sa destruction, parce que, d'un côté, elle arrivera naturellement d'un instant à l'autre ; et que, d'un autre côté, en prévenant la chute de l'édifice par une démolition dont on ferait adjudication, on tirera des matériaux un produit assez conséquent pour mériter attention. Cette idée de démolition avoit été traitée au commencement de 1774, et il y avoit offre de 85,000 francs par une compagnie... »

Une partie de l'emplacement de l'ancien château est, depuis longtemps, occupée par un restaurant qui en a gardé le nom ; le reste forme des habitations particulières ou a été incorporé au Bois de Boulogne.

LA PORTE MAILLOT. — Cette entrée du Bois de Boulogne, que les Parisiens confondent souvent avec la porte de Neuilly ouverte dans l'axe de l'avenue de la Grande-Armée, est bien plus ancienne qu'on ne le croirait tout d'abord. Dans un acte du 21 juillet 1680 des registres de Villiers, il est question de Pierre Barat, « portier de la porte Mahiaulx ». Mêmes mentions en sont faites dans la même forme ou avec l'orthographe « Mahiau » dans des actes du 22 novembre 1680, du 15 mai 1681, du 15 octobre 1716. — Nous y transcrivons encore la note suivante :

« Le quatre aoust mil sept cent un, je soubsigné, vicaire general et official de S. E. Monseigneur le cardinal de Noailles, ay beni la chapelle sise dans l'enclos du bois de Boulogne près la porte Mahiot, suivant la permission accordée à Monsieur Monerot par mondit seigneur le 26 juillet mil sept cent un. La susdite chapelle a esté bénite sous l'invocation de saint Pierre, en ma présence. Tofflin, curé de Villiers-la-Garenne. »

Sous le règne de Louis XVI, les bâtiments de la porte Maillot furent reconstruits et l'on y plaça trois grandes grilles. Ces travaux, achevés en 1780, étaient l'œuvre de Soufflot, sous la direction de Coustou, inspecteur des Bâtiments du roi ; le devis estimatif s'élevait à 44,780 livres (Arch. nat., O¹ 1581).

BAGATELLE. — Le château de Bagatelle était considéré comme une porte du Bois de Boulogne ; il appartenait au roi ainsi que la Muette, et le gouverneur de cette dernière résidence était autorisé à le louer viagèrement à des particuliers pour augmenter son casuel. Il fut construit, vers 1725, on ne sait par quel architecte ; il en est question, dès 1730, dans les registres de la paroisse de Villiers sous le nom de « maison du maréchal duc d'Estrées, à Neuilly » ; pour la première fois, le 18 mars 1736, on le trouve appelé « château de Bagatel ». Après la famille d'Estrées, Mlle de Charorais en devint locataire ; elle le céda (1745) au sieur Lévêque de Gravelle, conseiller du roi ; le marquis de Monconseil l'occupa, en 1747, par cession du roi : sa veuve y résida jusqu'en 1775 ; pendant les années 1764 et 1765, elle réclamait instamment de la Direction des Bâtiments les grosses réparations indispensables à son habitation ; il y a sur ces réclamations tout un dossier de correspondance, dont plusieurs lettres autographes de Soufflot, dans le carton O¹1581 des Archives nationales. En 1775, Bagatelle fut habité par le prince de Chimay, puis, en 1777, par le comte d'Artois, frère du roi, qui, on le sait, se prit d'une véritable passion pour cette jolie demeure. Bachaumont s'exprime ainsi à ce sujet :

« 22 octobre 1777. — Il y a dans le bois de Boulogne une espèce de vide-bouteilles appelé Bagatelle, qui par divers arrangements se trouve aujourd'hui appartenir au comte d'Artois. Ce prince annonce un goût décidé pour la truelle, et indépendamment des bâtiments de toute espèce qu'il a déjà entrepris, au nombre de quatre ou cinq, il a le désir d'étendre et d'embellir celui-ci ou plutôt de le changer absolument et de le rendre digne de lui. Il a pris une tournure fort ingénieuse pour se satisfaire aux frais de qui il appartiendrait. Il a parié 100.000 francs avec la Reine que ce palais de fée serait commencé et achevé durant le voyage de Fontainebleau, au point d'y donner une fête à S. M. au retour. Il y a huit cents ouvriers, et l'architecte de S. A. R. espère bien la faire gagner. » Cet étrange pari fut, en effet, gagné, mais l'état de santé de la reine ne lui permit pas d'assister à la fête promise (*ibid.*, 26 novembre).

Voici, d'autre part, un curieux document, inédit jusqu'ici, daté du 31 mars 1779 et qui témoigne du souci que conservait le comte d'Artois d'embellir Bagatelle :

« Extrait des registres du Conseil d'État. — Le Roy étant informé que pour l'agrément du pavillon de Bagatelle appartenant à M. le comte d'Artois, son frère, il seroit nécessaire de aire enclore dix-huit arpens deux perches du bois de Boulogne joignant ce pavillon ; d'ouvrir dans ce même bois une nouvelle route de 391 toises 1/3 de longueur sur seize pieds de largeur; d'élargir de 4 pieds dans la la longueur de 260 toises 1/3 une route appelée la Route aux Chats allant à la croix de Catelan, qui n'a que 12 pieds de largeur; d'élargir pareillement de 4 pieds la route qui va de l'angle de l'enclos de M. le prince de Conty au carrefour de la route du Grand-Rond à Madrid dans la longueur de 150 toises; que le chemin de la Grande-Queue soit redressé et fait sur 16 pieds de largeur au lieu de 12 qu'il a présentement dans la longueur de 150 toises 1/2; enfin, de faire élargir et donner une forme de 10 toises de diamètre à trois carrefours dudit bois, et S. M. désirant non seulement procurer à M. le comte d'Artois la satisfaction qu'il demande, mais voulant aussi qu'il soit incessamment procédé aux ouvrages nécessaires pour porter lesdites routes et carrefours à leur perfection, tant par essartement, bombement et construction de ponceaux pour servir à l'écoulement des eaux, le tout suivant les prix fixés par différents arrêts du Conseil pour les ouvrages de pareille nature...» (Arch. nat., Q¹ 1070.)

Situé dans une des parties les plus pittoresques du Bois de Boulogne, le château de Bagatelle existe toujours; il a été possédé, depuis la Révolution, par Napoléon Ier, puis a fait retour au comte d'Artois qui le donna au duc de Berry, son neveu; aliéné en 1832, il fut acquis par le marquis d'Hereford et a enfin appartenu à sir Richard Wallace et aujourd'hui à ses héritiers. On consultera sur Bagatelle, pour la période de 1725 à 1792, une bonne notice de M. Charles Yriarte dans *la France artistique et monumentale*, tome I, pages 185-200.

SABLONVILLE. — La Croix des Sablons est figurée sur le plan de Nicolas de Fer de 1717; peu après cette date, il est fait assez fréquemment mention de « la plaine des Sablons » dans les registres d'état-civil : 26 avril, 4 juillet 1732, 2 mai 1735, 22 juillet 1739; deux ou trois « cabarets » étaient alors les seules maisons qui s'y trouvassent. Sous le règne de Louis XV, l'usage s'établit d'y passer, devant le roi, la revue annuelle des troupes parisiennes : « Le 11 juin de la présente année (1767), a été béni solennellement à la chapelle de Neuilly, par permission de Mgr l'Archevêque, par nous soussigné, curé de cette paroisse, l'étendart de Messieurs les grenadiers à cheval en semestre dans la paroisse pour la revue générale de la Maison du Roy, M. de Lugeai y commandant. Il avoit déjà été béni le 30 juin 1763 par M. Henri, aumônier, et à notre insu. — Mignot, curé. » L'année suivante, 1768, cette revue fut la cause de la mort accidentelle de François-Hilaire de Princey, chevalier, comte de Poilliey, « décédé hier par accident dans la foule de la revue du Roy en cette paroisse »; il fut inhumé le 5 mai à l'église de Villiers.

En 1775, le directeur des Bâtiments du roi, M. d'Angiviller, écrivait la lettre suivante à Soufflot :

« *Fontainebleau, le 11 novembre 1775.*

« M. de Prevost des Marchands vient de m'informer, Monsieur, que M. Moreau vous a prévenu sur quelques arrangements à prendre pour placer dans le bois de Boulogne le kiosk que la Ville avait fait construire pour la plaine des Sablons, et dont M. le comte d'Artois vient d'accepter l'hommage. Tout se réunit pour m'engager à faire en cet instant tout ce qui peut émaner de mon administration ; ainsi, je vous prie d'y concourir de tous vos soins. J'ai l'honneur... » (Arch. nat., O¹ 1581).

Sous la Restauration, des spéculateurs entreprirent de transformer la plaine des Sablons et d'y créer, sous le nom de Sablonville, un centre de population. Ils y réussirent très rapidement et Sablonville est restée, entre la nouvelle et l'ancienne avenue, un quartier de Neuilly offrant cet aspect tout spécial aux agglomérations créées d'une seule pièce, avec des rues symétriques, se croisant à angles réguliers. Le seul édifice public qui y soit est la justice de paix (ancienne mairie).

SAINTE-JAMES. — L'origine de ce lieu est relativement récente et très précise. En 1774, Claude Baudard, écuyer, baron de Sainte-James, trésorier général de la marine et des colonies, avait acquis des dames de Saint-Cyr, agissant en qualité de dames de Saint-Denis, 7 arpents de terre sis entre la Seine et la prairie de Madrid (Arch. nat., Q¹ 1071) ; il y fit construire par l'architecte Joseph Bellanger, une maison à laquelle il donna le nom de sa baronnie ; ce domaine fut encore agrandi en 1778 et 1785 par des acquisitions de terrains dont les titres ont été conservés (*ibid.*, et R³ 4). Le château eut de singulières destinées, ayant été occupé tour à tour par la famille d'Abrantès, Châteaubriand, Hope, M. Thiers, tandis que ses dépendances étaient affectées à un établissement d'aliénés. Sur une partie de son emplacement se sont construites de nombreuses habitations, la plupart élégantes qui constituent un important quartier de Neuilly.

BIBLIOGRAPHIE. *Sources.* Archives locales : à la mairie de Neuilly, la collection des registres paroissiaux de 1630 à 1792, série complète, et quelques autres documents provenant de la fabrique, notamment des registres de comptes du XVIII° siècle.

Archives nationales. L. 726 : union de la cure au Chapitre de Saint-Honoré de Paris. — LL. 1163 : cartulaire du XIII° siècle, biens de la Chantrerie de Saint-Denis à Neuilly. — LL. 1164 : registre de mémoires et factums pour établir les droits des religieux de Saint-Denis, contestés par les dames de Saint-Cyr, sur le Roule, Madrid et Neuilly. — O¹ 1581 : nombreux documents, pièces et plans sur le bois de Boulogne et les châteaux qui s'y trouvent. — Q¹ 1071 : baux par les dames de Saint-Cyr, de biens sis à Sainte-James, aux Sablons, à Villiers (XVIII° siècle). — Q¹ 1075 : documents et plans concernant Madrid. — Q¹ 1077 : dossier relatif à l'aliénation par parcelles de l'ancien chemin du Roule (1780-1787) ; déclaration de biens sis à Villiers, dans la rue par laquelle on va de Villiers à Saint-Denis (XVI° siècle). — R³ 4 et 5 : titres des biens du prince de Conti à Madrid et ses dépendances. — S. 4805, fol. 310 v° 312 r° ; déclaration des biens en censive que la fabrique de Saint-Martin de Villiers tient à Chaillot du couvent de la Visitation. — Archives de la Seine. — Pièces administratives de l'époque révolutionnaire et du XIX° siècle.

Imprimés. Requête des habitans de Neuilly lès Paris à Nosseigneurs les députés à l'Assemblée Nationale, tendante à obtenir le comblement de l'ancien lit de rivière, dont les eaux stagnantes causent des maladies épidémiques et des fièvres très dangereuses à tous les propriétaires riverains; *Paris*, impr. Delaguette, 1790, in-4º (16 pages).

Travaux et embellissements de Paris. — Notice sur Sablonville; *Paris*, s. d. (1825), in-8º, 8 pages, avec plan.

Château de Neuilly. — Domaine privé du roi (par Vatout?); *Paris*, 1836, in-4" nombreuses planches.

Observations sur divers griefs contenus dans le rapport de la commission syndicale formée sur la demande en séparation des Thernes d'avec Neuilly (par Labie, maire de Neuilly; mémoire défavorable à la séparation); Paris, 1839, in-8º, 15 pages (Bibl. nat., Lk⁷ 5582).

Mémoire autographié, daté du 24 novembre 1849 et adressé aux membres du conseil général de la Seine sur la même question, et également défavorable (Bibl. nat., Lk⁷ 4584).

Résumé du mémoire adressé à M. le Ministre de l'Intérieur et à M. le préfet de la Seine sur la question de séparation des deux sections de la commune de Neuilly (également défavorable); Neuilly, 1850, in-8º, 14 pages (Bibl. nat., Lk⁷ 5585).

Pillage. — Incendie (Neuilly, 1848), par M. Marchal; *Paris*, 1850, in-12.

Notice historique sur les Ternes (Seine) et les environs, par M. l'abbé Bellanger, vicaire de Saint-Ferdinand des Ternes; aux *Ternes* et à *Paris*, 1849, in-8º.

Histoire de Neuilly, près Paris (Seine) et de ses châteaux, par M. l'abbé Bellanger; *Neuilly*, 1855, in-18.

La Maison royale des Filles de Saint-Louis et la maison de N.-D. des Arts [transférée en 1863 de la rue du Rocher à Neuilly], par A. de Malarie; *Paris*, Amyot, 1864, in-8º.

Le château du Bois de Boulogne dit Château de Madrid. Étude sur les arts au xvıᵉ siècle, par le comte de Laborde; *Paris*, Dumoulin, 1855, in-4º.

La Folie de Saint-James à Neuilly, par l'abbé Bouillet [Mémoire lu à la réunion des Sociétés des Beaux-Arts des départements le 27 mars 1894]; *Paris*, Plon, 1894, in-8º.

Journal d'un habitant de Neuilly pendant la Commune; le château, les habitants, les ruines [par M. Georges d'Heylli]; *Paris*, 1871, in-8º.

Ville de Neuilly-sur-Seine. Plan des voies de communication, 1892; *Neuilly*, à la mairie, petit in-fol.

LE ROULE

I, 437-440.

Lebeuf a raison d'être très peu affirmatif en avançant que le nom de Roule pourrait venir de *Romiliacum* ; cette étymologie, en effet, n'est plus soutenable aujourd'hui, mais, à la vérité, on est en peine d'en proposer une qui soit admissible, et il ne peut être question que d'hypothèses. Les formes latines : *de Rollo*, ou *apud Rotulum* que l'on trouve au XIIIᵉ siècle prouvent l'hésitation des rédacteurs d'actes à traduire un nom qui, en français, avait été, sans doute, le Rôle, et qui n'a pas plus de signification que la forme Roule. Il nous semble qu'il y a un rapprochement à établir entre le nom de ce faubourg et celui de la rue du Roule, qui existe encore aujourd'hui, située vers l'extrémité Est de la rue Saint-Honoré, alors que le faubourg en question est le prolongement de l'extrémité Ouest de cette voie. La dénomination de la rue est moderne, il est vrai — puisqu'elle ne date que de 1689, — mais le lieu sur lequel elle fut alors ouverte était connu au moyen-âge sous le nom de fief du Roule. Les limites et l'étendue de ce fief n'ont pas pu être déterminées d'une façon exacte, mais il est constant que les bâtiments de la Monnaie de Paris, de la « Vieź Monnoie » s'élevaient, sinon sur son territoire, du moins tout à côté ; or, on va rappeler que le faubourg du Roule doit précisément son origine à une maladrerie fondée pour des ouvriers de la Monnaie.

L'hypothèse s'appuie donc sur des analogies qui paraissent assez probantes ; reste à savoir pourquoi le fief parisien du Roule s'appelait ainsi, et c'est ce que nous ne saurions dire.

On ignore également à quelle époque fut fondée cette maladrerie : ce fut bien probablement au commencement du XIIIᵉ siècle, — mais il est à peu près certain qu'elle fut créée pour le traitement des maladies cutanées, dont la lèpre était alors la plus redoutable, — auxquelles sont exposés les ouvriers qui travaillent devant les fours ; c'est le cas des monnayeurs, et nous devons cette observation à notre confrère, M. Léon Le Grand très informé de tout ce qui a trait aux hôpitaux et léproseries. Lebeuf a connu les actes principaux relatifs à la maladrerie du Roule, ceux de 1217, de 1343, le procès-verbal de visite de 1350 ; ils se trouvent analysés dans un intéressant dossier que contient le carton S. 3482 des Archives nationales. Voici ce qu'il aurait dû ajouter : la chapelle était, dès cette époque, sous le vocable de saint Jacques et saint Philippe ; l'évêque de Paris et les monnayeurs avaient le droit de nommer chacun de leur côté quatre frères sans qu'une présentation fût nécessaire, de part ou d'autre. Ce régime fut confirmé par une ordonnance de Charles IX en date du 19 novembre 1562, que Sauval a citée (III, p. 219).

Il faut croire que des modifications profondes y furent apportées par la suite, puisqu'il existe un arrêt imprimé, du 22 juin 1696, ordonnant que les prévôt, lieutenants, ouvriers et monnayeurs de la Monnaie de Paris seront remis en possession de la maladrerie du Roule, et que la moitié des revenus sera affectée « au soulagement des pauvres et malades de la communauté desdits ouvriers et monnoyeurs » (Arch. nat., Q¹ 1134¹). Alors déjà il n'était plus question du traitement de la lèpre, qui, on le sait, a cessé de sévir dans nos régions au XVIᵉ siècle, mais l'institution subsista jusqu'à la Révolution: nous voyons, le 8 août 1789, Jean-Louis Savard, prévôt des monnayeurs de la Monnaie de Paris du titre et serment de France, Simon-Augustin Bazard, prévôt des ajusteurs de la Monnaie de Paris, Simon Fauctieur, lieutenant des monnayeurs, Antoine Bordier, lieutenant des ajusteurs, agissant comme autorisés par la Compagnie des monnayeurs et ajusteurs, passer bail d'une maison sise rue du Faubourg Saint-Honoré, près de l'église, appelée le « bureau des monnayeurs-ajusteurs » (Arch. nat., S. 3481).

Jusqu'à la création d'une paroisse, le hameau du Roule dépendit de la paroisse de Villiers; il en est souvent fait mention dans les registres de cette église sous le nom de « Bas-Roule », le Haut-Roule se confondant avec les Ternes; la chapelle de la maladrerie y servait de chapelle de secours; des mariages y furent parfois célébrés avec l'autorisation du curé de Villiers (cf. registres de Villiers : 23 février 1642, 21 novembre 1644, 8 juillet 1646). La population était groupée toute entière le long de la grande rue du faubourg, au bout du chemin de Courcelles, (rue de Courcelles actuelle) et du chemin du Roule aux Porcherons, longeant l'égout ou ruisseau de Ménilmontant, dont la rue de la Boétie représente le cours dans la traversée du Roule. Elle était assez nombreuse, et ce qui le prouve c'est la diminution très sensible du nombre d'actes rédigés par les curés de Villiers à partir de l'établissement en 1699 de la paroisse Saint-Jacques-et-Saint-Philippe dans la chapelle de la maladrerie. Lebeuf dit que « cette église, quoique non ancienne, menaçoit ruine, elle a été abbatue depuis quelques années et l'office transféré dans une grange à côté, décemment accomodée ». Tout cela est fort inexact et nous avons heureusement des textes qui permettent de dire comment les choses se passèrent. C'est en 1739 que l'édifice fut démoli, par ordre du lieutenant de police¹; le service curial fut, en effet, transporté dans une sorte de grange, mais il s'en faut qu'elle fût telle que dit Lebeuf; voici comment la décrivent les « curé, marguilliers et paroissiens » dans une pétition écrite en 1764 afin d'obtenir la reconstruction d'une nouvelle église : « on est obligé, disent-ils, de faire l'office divin dans une grange ou plutôt une étable où étaient les vaches, dans laquelle il faut descendre plusieurs degrez, où il y a un pied d'eau dans de certaines inondations; elle est si humide que tout y pourrit, et d'ailleurs beaucoup trop petite pour la paroisse, qui devient tous les jours plus considérable et pour le nombre et pour la qualité des paroissiens; enfin, ce lieu est tout à fait indécent pour un église et pour une paroisse de Paris qui, à cet égard, se voit réduite au-dessous du dernier village du Royaume » (Arch. nat., G° 654).

On s'était cependant préoccupé de la reconstruction d'une véritable église très peu de temps après la chûte de l'ancienne; voici, à cet égard, un texte fort curieux :

« Extrait des registres du Conseil d'Etat.

« Le Roy étant informé que l'église de la paroisse du Fauxbourg du Roulle à Paris a esté demolie par ordonnance du sous-lieutenant general de police pour

---

1. Il est figuré sur le plan de Jouvin de Rochefort (1674).

eviter le danger de sa chute, et que les curé, marguilliers et habitans de ladite paroisse désireroient obtenir une portion de terrain de l'ancienne Pepinière du Roule sans causer aucun derangement à ce qui resteroit dudit terrain, à l'effet d'y pouvoir construire une nouvelle église, vu l'avis du sieur Durlin, architecte, nommé par S. M. à l'inspection et controlle des batimens et dependances de l'hostel des Monnoyes, dont partie ce qui est basty à ladite ancienne Pepinière est occupé pour magazins et laboratoires pour les lavures des cendres de ladite Monnoye, ensemble le plan y joint et tout considéré; ouy le rapport du sieur Orry, couseiller d'État et ordinaire au Conseil royal, controlleur general des finances, Le Roy etant en son Conseil a accordé et accorde, conformément audit avis et plan y joint, aux curé, marguilliers et habitans du fauxbourg du Roule une portion en triangle du terrain de l'ancienne Pepinière au bout du costé de l'egout après la barrière et maison particulière appartenante au nommé Bouillet, scize grande rue du Roulle, laquelle portion contiendra cinq quartiers ou environ, et aura trente toises de face, depuis la maison dudit Bouillet, et trente deux sur la ruelle de l'egout, composant ensemble soixante toises de profondeur ou environ, à l'effet par eux d'y faire construire une nouvelle église et paroisse, le cimetière à l'extrémité du triangle et la maison du curé. Ordonne S. M. qu'il leur sera incessamment donné alignement pour faire, à leurs frais, la closture qui sera mitoyenne avec le terrain de ladite ancienne Pepinière, du mur de la ruelle de l'egout de suite à celuy de la maison voisine, et sera le present arrest executé nonobstant tous empeschemens et oppositions quelconques, pour lesquels ne sera différé. Fait au Conseil d'État du Roy, S. M. y etant, tenu à Versailles le quatorziesme jour d'aoust mil sept cent quarante-un.

« PHELYPEAUX »

Ce document, conservé aux Archives nationales dans le carton S. 3481 et auquel un plan est annexé, atteste clairement que la paroisse du Roule devait alors être réédifiée du côté gauche de la rue du Faubourg-Saint-Honoré, en face de l'église primitive et de celle qui fut réellement élevée. Nous ne saurions dire pour quelle raison le projet de 1741 fut abandonné et comment la reconstruction ne fut commencée que près de trente ans plus tard. Ce n'est, en effet, qu'en 1768 que l'Académie d'architecture approuva les plans dressés par Chalgrin (Arch. nat., G° 654). Il y eut encore besoin d'arrêts du Conseil d'État et de lettres patentes en 1769, 1770 et 1772 (voy. à la bibliographie des imprimés) pour l'acquisition des terrains nécessaires. La première pierre fut posée en 1774 par le comte de Provence et l'édifice ne fut consacré que le 30 avril 1784. Le manque d'argent avait arrêté les travaux; vers 1778, les entrepreneurs imploraient de la commission des loteries quelques à-compte sur les 300.000 livres qui leur restaient dues à ce moment.

Voici la liste, peut-être complète, des curés de Saint-Philippe du Roule depuis la fondation de la cure jusqu'à la Révolution : Claude-Nicolas Després, mentionné dans un acte de 1702. — Barthélemy Després, docteur en théologie, mentionné en 1720 et 1731. — Jean-René Vatry (1746). — Joseph Charfoulot, qui figure dans un acte du 10 mai 1783. — Martin-Alexandre Séjourné (— 1791).

C'est ce dernier, qui, le 27 février 1791, déclara aux administrateurs du domaine que le revenu de la fabrique consistait en « 104.66 livres, 2 sols, savoir

1,800 livres pour le bail des chaises et 8,666 livres de rentes constituées sur la ville de Paris et les particuliers; les charges de la fabrique montent à la somme de 11,053 livres ». Il déclara, en outre, que le revenu de la cure consistait : 1° en huit arpents trois quarts de terre situés sur la rue de la Pepinière à Paris, produisant 3,200 livres, non payées depuis près de trois ans; 2° en 58 arpents trois quarts de terre, dont 17 et demi situés dans le jardin de M. le duc d'Orléans à Mousseau, et 41 arpents un quart, situés aux environs des nouveaux boulevards, dont environ 9 perches ont été prises par les fermiers généraux, le tout produisant 800 livres; 3° un contrat sur la ville de Paris, produisant 575 livres; 4° une rente, due par le Roy, de 320 livres; 5° une rente de 200 livres, due par le sieur Brémont; 6° une rente de 20 livres, due par le président de Trémoilles, comme héritier de M. Emmery; 7° un casuel évalué 500 livres avec les fondations; 8° 130 livres pour indemnité des entrées.

« Que les charges attachées à ladite cure consistent : 1° en une pension de 2,400 livres due au prédécesseur; 2° en 250 livres de loyer; 3° en 50 livres pour les collations des prédicateurs; 4° les 320 livres dues par le Roy ne sont pas payées depuis dix ans; 5° les 320 livres cy-dessus mentionnées ne sont pas payées depuis plus de deux ans; 6° pour acquit des fondations, 35 livres. Déclare aussi mondit sieur Séjournée qu'il ne possède aucun autres benefice ni pension » (Arch. nat., S. 3481).

L'église construite par Chalgrin fut conservée pour le service paroissial en 1790; elle fut consacrée au culte de la Concorde à partir de l'an II jusqu'à la fin de la Révolution; depuis lors (nous parlons plus bas des divers changements que la circonscription paroissiale a subis), son aspect a été peu modifié. L'architecture n'en est pas remarquable; c'est une sorte de basilique dont la façade présente un porche au fronton triangulaire que supportent quatre massives colonnes doriques. En 1845, on a augmenté l'édifice d'une chapelle de la Vierge, et les travaux faits à cette occasion ont amené la découverte d'une sépulture datant de 1779, — celle de Patrice, comte d'Arcy, membre de l'Académie des Sciences (cf. Guilhermy, t. I, p. 294). Cette chapelle a été décorée, en 1860, de fresques de Claudius Jacquand; le chœur a été orné d'autres fresques, signées de Th. Chasseriau.

Ce que l'on pourrait appeler l'histoire civile du Roule au moyen âge se réduit à fort peu de choses, et les mentions qui en sont faites dans les actes ne contiennent guère que le nom du lieu. Telle cette charte de 1241, provenant d'un cartulaire de l'abbaye de Saint-Denis spécial à des possessions de Neuilly et du Roule :

« Universis tam presentibus quam futuris presentas litteras inspecturis, Stephanus de Pruvino, archidiaconus Parisiensis, licet indignus, salutem in Domino. Notum facimus quod nos terras illas quas emimus a Constantia, relicta Dyonisii Marennarum, Bertino dicto Porée et Odelina ejus uxore, Henrico Pergamenario et Emelina ejus uxore, Doeto de Sancto Prisco et Genovefa ejus uxore, sitas apud Rotulum et versus portum Lugniaci in ceusiva beati Dyonisii tenemus et tenere intendimus et volumus in vilenagio, quamdiu easdem terras duxerimus possidendas... Actum anno Domini M°CC°XL° primo, mense Julio (Arch. nat., LL. 1163, p. 36-7).

En dehors des abbayes de Saint-Denis et de Montmartre qui possédaient presque en entier toute cette région ouest et nord-ouest du Paris actuel, on ne connaît qu'une communauté religieuse qui ait eu des biens au Roule : celle des Mathurins. Leurs titres de propriétés dans ce lieu sont conservés aux Archives nationales (carton S. 4262); parmi eux se trouve un acte de 1448 où est nommé Philippe de Dreux, « maistre de l'ostel et maladerie du Roole les Paris ».

Les lettres patentes de février 1722 par lesquelles le canton du Roule fut érigé en faubourg de Paris ont été publiées par Félibien (t. II des *Preuves*, p. 504; — cf. de La Mare, *Traité de la police*, IV, 402). Elles furent confirmées en 1788 par des « lettres patentes du Roi qui ordonnent l'exécution de celles du 10 février 1722; en conséquence, assujettissent aux droits d'entrée toutes les maisons construites sur le territoire du faubourg du Roulle ou dans le voisinage dudit fauxbourg, et qui n'en sont séparées que par une rue, quoique dépendantes d'autres paroisses, depuis la nouvelle barrière du Roulle jusqu'au haut de la rue de Clichy, inclusivement. Données à Versailles, le 16 novembre 1788. » (Bibl. de la ville de Paris, recueil général de la série 33).

Comme on le voit, les limites du faubourg ne correspondaient pas à celles de la paroisse ; celle-ci ne s'étendait pas à l'est au delà du chemin du Roule aux Porcherons (rue de la Boétie), l'autre côté de cette voie dépendant de la paroisse de la Ville-l'Evêque ; c'est ce que montre un plan daté du 1ᵉʳ septembre 1728 (Arch. nat., S. 3481). La circonscription curiale fut ainsi délimitée par la loi du 4 février 1791 : « Barrière de l'Étoile ; de ladite à celle du Monceau ; la rue des Rochers à droite jusqu'à celle de la Pépinière ; les rue Quatremer et d'Anjou, à droite, jusqu'à la rue du Faubourg-Saint-Honoré ; ladite, à droite, jusqu'à la rue des Champs-Élysées ; ladite, à droite, jusqu'à la Grande Avenue ; ladite, à droite, jusqu'à la barrière de l'Étoile ». La création de la paroisse de Saint-Augustin, en 1851, a eu pour effet de diminuer ce territoire, qui est maintenant circonscrit entre la place de l'Étoile, l'avenue de Wagram, le boulevard de Courcelles, le parc Monceaux entre la rotonde et la porte de Messine, l'avenue de Messine, la rue de Téhéran, le boulevard Haussmann, l'avenue Percier, une ligne tracée dans l'axe de cette avenue, allant de la rue de la Boétie à celle de Penthièvre, les rues Matignon et du faubourg Saint-Honoré, les avenues Marigny et des Champs-Élysées jusqu'à la place de l'Étoile.

Au point de vue administratif, le faubourg du Roule, définitivement incorporé à Paris par l'enceinte des fermiers généraux (1787) que représentent maintenant les boulevards extérieurs, fit partie du quartier du Palais-Royal jusqu'à la Révolution ; il constitua ensuite le district de l'église Saint-Philippe-du-Roule (1789-1790), puis la troisième des 48 sections de Paris, section du Roule, appelée en l'an II section de la République, et, lors de la division de Paris en douze arrondissements (1795), l'une des sections du Iᵉʳ arrondissement ; enfin, depuis le 1ᵉʳ janvier 1860, le trentième quartier, faubourg du Roule, du VIIIᵉ arrondissement.

Peu d'établissements publics s'étaient installés sur la paroisse du Roule ; il en subsiste moins encore aujourd'hui. Le plus ancien fut, — sans tenir compte de la Maladrerie, qui est l'origine même du lieu, — la PÉPINIÈRE DU ROI. Son premier emplacement était entre les Champs-Élysées et le faubourg du Roule, dans le sens de la longueur, entre les rues qui portent maintenant les noms de Berry et de la Boétie dans le sens de la largeur. M. H. Bonnardot (voy. à la Bibliographie) signale au département des Estampes de la Bibliothèque nationale des plans qu'il date approximativement de 1720, figurant un projet de construction de l'Hôtel des Monnaies sur les terrains de la Pépinière du Roule, projet qui n'eut pas de suite. C'est l'époque où cet établissement horticole fut transféré de l'autre côté du faubourg du Roule dans un terrain que circonscriraient aujourd'hui le boulevard Haussmann à son intersection avec le boulevard Malesherbes, la rue de la Boétie, l'avenue Percier et la rue de Courcelles. Il y a parmi les titres de propriété de l'abbaye de Saint-Victor quelques actes de 1750 à 1774, relatifs aux terres cédées au Roi pour l'agrandissement de la Pépinière (Arch. nat., S. 2134). La Pépinière fut supprimée par la Révolution et lotie comme bien national. La rue qui la longeait dans toute son étendue et portait son nom avait été ouverte en 1782. La partie comprise entre le faubourg Saint-Honoré et le boulevard Malesherbes prit, en 1868, le nom d'Abbattucci, et depuis 1889, celui de La Boétie ; seule, la section située entre le boulevard Malesherbes et la gare Saint-Lazare a conservé l'ancienne dénomination.

Le Colisée, sorte de palais très vaste accompagné de jardins où, paraît-il, pouvaient se trouver réunies quarante mille personnes, avait été construit de 1769 à 1771 par Le Camus de Mézières. Il s'y donnait des divertissements de tous genres, surtout pour la société élégante. Bien qu'elle eût coûté plus de deux millions et demi de livres, la construction était si mal faite qu'il fallut, dès 1778, en interdire l'accès, et qu'on la démolit en 1780. L'emplacement du Colisée est représenté aujourd'hui par l'espace compris entre les rues du Colisée, du faubourg Saint-Honoré, Montaigne, les avenues Matignon et des Champs-Élysées.

L'hospice Beaujon fut fondé en 1785 par le financier Nicolas Beaujon, qui possédait la plupart des terrains situés dans le haut du faubourg Saint-Honoré et y habitait lui-même un hôtel fort riche que l'on appelait communément la Folie-Beaujon. Elle était circonscrite au nord par le faubourg ; à l'est, par la rue de l'Oratoire, appelée depuis rue Billaut et (actuellement rue Washington) ; au sud par les Champs-Élysées, et à l'ouest par une ligne représentant à peu près aujourd'hui le tracé de l'avenue Hoche. La maison a été démolie vers 1865 ; il s'y trouvait une chapelle, consacrée à saint Nicolas, où la première messe avait été célébrée le 6 décembre 1783. La préambule des lettres patentes de mai 1785 autorisant la création de cet hospice fait bien connaître les intentions de son fondateur : « Louis, etc. Le sieur Nicolas Beaujon, notre conseiller d'État, trésorier-commandeur de notre ordre militaire de Saint-Louis, notre conseiller secrétaire de notre maison-couronne de France et de nos finances, receveur-général de nos finances de la généralité de Rouen, nous a très humblement fait représenter qu'ayant formé depuis longtemps le projet d'établir et fonder dans la paroisse de Saint-Philippe-du-Roule, dont les besoins lui sont connus, un hospice pour y faire nourrir et instruire vingt-quatre pauvres enfants, orphelins ou autres, natifs de ladite paroisse, moitié garçons et moitié filles, dans lequel hospice les habitans de cette même paroisse pourront envoyer leurs enfans pour y être instruits gratuitement, et trouveront dans la chapelle d'icelui, en cas de nécessité, le secours de messes et offices lorsqu'ils ne pourront se rendre à l'église paroissiale, déjà trop peu spacieuse... » (Lazare, *Dictionnaire des rues de Paris*, p. 58 de l'édit. de 1844). Par décret de la

Convention du 27 nivôse an III (17 janvier 1795), cet hospice fut converti en hôpital et prit le nom d'hôpital du Roule. La Restauration lui a rendu le nom de son fondateur, mais n'a pas changé la destination que lui avait donné le décret de l'an III.

Disons encore que c'est au faubourg du Roule que Pigalle avait installé ses ateliers; on trouvera là-dessus de nombreux renseignements dans les cartons Q^1 1134¹ et 1137 des Archives nationales.

Il suffit de jeter un coup d'œil sur un plan de Paris de la première moitié de notre siècle pour voir combien le quartier du Roule, peu modifié depuis la Révolution, s'est transformé sous le second Empire: les rues du Faubourg-Saint-Honoré, de Courcelles, de la Boétie ont été élargies et reconstruites; le boulevard Haussmann, les avenues Hoche et de Messine ont été percées de 1857 à 1865, cette dernière sur l'emplacement d'un abattoir qu'on avait eu la mauvaise inspiration de bâtir (1810-1818) dans cette région.

BIBLIOGRAPHIE. — *Sources*. Archives nat., L. 702 : un seul dossier, contenant les titres relatifs à l'érection en 1699 de la confrérie du Saint-Sacrement, la construction, en 1714, d'un autel pour la confrérie de Saint-Nicolas et le testament de Barthélemy Desprez, curé de la paroisse (15 oct. 1728). — O^1 1590-1592 et Q^1 1134¹ : documents concernant la Pépinière du Roi et les travaux de voirie faits: de 1770 à 1789, aux Champs-Élysées et à l'Étoile. — T. 1491^{1-40} et T^* 1491^{1-12} : cartons et registres contenant tout ce qui a trait à la corporation des monnayeurs; il y aurait à tirer de ce fonds une histoire complète de la maladrerie du Roule et de la corporation qui la dirigeait. — S. 3481 : fondation de la cure; cartulaire; titres de rentes; déclaration de 1790.

Imprimés. — « Arrest du Conseil d'État du Roi et lettres-patentes sur icelui registrées en Parlement, le 4 mai 1770, concernant la construction de la nouvelle église de Saint-Philippe du-Roule et l'acquisition des terrains nécessaires à cet effet. Du 12 mai 1769. Extrait des registres du Conseil d'État ». Placard in-4°.

« Lettres patentes du Roi concernant la construction d'une nouvelle église au fauxbourg du Roule, données à Versailles le 25 septembre 1772, registrées au Parlement le 28 novembre 1772 ». Placard in-4°.

Plan, coupes et élévations de l'église de Saint-Philippe-du-Roule. Dédiée à Monsieur, frère du Roi (par Chalgrin), s. d. in-fol.

Relation de diverses aventures arrivées au Roulle. *Paris*, 1707, in-12; 12 p. — Nous ne signalons cette plaquette que pour mettre en garde ceux qui espéreraient y trouver quelque renseignement historique; c'est un simple badinage sans valeur.

Notice historique sur la Pépinière du Roi au Roule, par Aubert du Petit-Thouars, *Paris*, 1827, in-8°.

H. Bonnardot : Monographie du VIII° arrondissement de Paris. Étude archéologique et historique. *Paris*, 1880, petit in-4°.

H. Viel-Lamare : Le VIII° arrondissement de Paris (Élysée); souvenirs historiques. *Paris*, Delagrave, 1877, in-12.

Mlle Châteauminois : Souvenirs historiques du VIII° arrondissement. *Paris*, Hachette, 1878, in-12.

D' Fournel : L'Hôpital Beaujon... *Paris*, Dentu, 1884, in-8.

MONTMARTRE

I, 440-457.

Origines. — Montmartre peut disputer à l'Île de la Cité l'honneur d'avoir été le berceau de Paris. Les antiquités qui y ont été trouvées à plusieurs dates attestent, mieux que les plus anciens chroniqueurs, que cette colline était habitée à l'époque gallo-romaine. Son nom même en est une preuve, qu'il signifie mont de Mercure, ou mont de Mars, ou mont des Martyrs ; car, même dans cette dernière hypothèse, on admettrait difficilement que ceux qui supplicièrent Saint-Denis et ses compagnons aient choisi pour cette exécution une solitude inaccessible, et il paraît plus probable qu'ils aient préféré l'endroit où les divinités du paganisme étaient l'objet d'un culte particulier. Il faut convenir, cependant, qu'en dépit de tout ce qui a été écrit sur Montmartre, le problème de ses origines n'est pas encore résolu et que les meilleurs érudits n'ont pu ni s'accorder, ni proposer une solution certaine. C'est notre devoir d'exposer l'état de la question et de la discuter à notre tour.

Pour la plupart des historiens, y compris Lebeuf, le nom de Montmartre viendrait de l'existence sur cette montagne d'un temple de Mercure, et à la vérité, Frédégaire, chroniqueur du VIIe siècle, dit que, sur l'ordre de Clotaire II, Ægina prit position *in monte Mercore* ; mais est-ce là une preuve suffisante qu'il y ait eu réellement, cinq cents ans environ avant le temps où écrivait Frédégaire, un temple de Mercure à Montmartre ? La tradition, ou Frédégaire lui-même n'ont-ils pas dénaturé le nom du lieu ? Ne faudrait-il chercher à prouver matériellement le fait ? A deux reprises dans sa notice sur Montmartre (p. 441 et p. 455), Lebeuf parle de la découverte faite à la fin de 1737 ou au commencement de 1738, dit-il, de ruines romaines exhumées des flancs de la colline, et c'est pour déclarer qu'il ne peut y voir les restes d'un temple païen, mais bien les bains d'une maison construite vers le IIIe siècle ; or, notre auteur était en l'espèce témoin oculaire.

En effet, dans le *Mercure* de juin 1738, il avait décrit déjà la trouvaille faite dit-il alors en 1736 (et non 1737-38), et sans être aussi affirmatif que dans l'*Histoire du diocèse de Paris*, il se bornait à déclarer que l'édifice pouvait dater de quinze cents ans et était situé dans le bas de la montagne, du côté qui regarde Clignancourt. Ce n'est pas le propre des temples que les anciens élevaient à Mercure, toujours sur le faîte d'une montagne, comme celui, si célèbre, dont les ruines sont restées au sommet du Puy-de-Dôme.

Dans un Mémoire, fort bien fait, d'ailleurs, sur les antiquités de Montmartre, de Guilhermy conclut aussi à l'existence d'un temple de Mercure, mais sans fournir d'autres arguments que la trouvaille de 1736 et le texte de Frédégaire. Caylus, ordinairement mieux documenté, émet l'avis (*Antiquités*, tome II, p. 389-390) qu'au pied de la colline pouvait se trouver un champ de Mars ; c'est là une pure hypothèse. En résumé, la preuve reste à faire que Mercure ou Mars aient été honorés en ce lieu de telle façon qu'il ait pris le nom de l'un d'eux, et nous nous trouvons en présence de la troisième solution, d'après laquelle Montmartre signifierait Mont des Martyrs, en souvenir du supplice subi là par saint Denis, saint Rustique et saint Eleuthère.

Cette solution, qui paraît la plus simple, a été très vivement contestée par un érudit dont on ne saurait assez déplorer la mort prématurée. Dans ses *Origines de Saint-Denis* (n° 5 des Questions mérovingiennes cf. *Bibliothèque de l'École des Chartes*, 1890 ; tiré à part, Paris, Champion, 1890 in-8°), Julien Havet s'est efforcé d'établir que saint Denis et ses compagnons avaient été suppliciés à Saint-Denis et non à Montmartre. Sa dissertation, très probante en ce qui concerne la fondation de l'abbaye de Saint-Denis, ne nous a pas convaincu pour ce qui a trait au lieu du supplice des trois martyrs. Comme il arrive même aux meilleurs esprits lorsqu'ils sont pénétrés de la justesse de leur thèse, J. Havet n'a pas tenu suffisamment compte, à notre avis, des arguments qui justifient la tradition en faveur de Montmartre et a mis surtout en valeur ceux qui, à ses yeux, plaidaient pour Saint-Denis. Sans parler de la *Vie de sainte Geneviève*, et de Grégoire de Tours dont les expressions pour désigner la première basilique élevée sur le tombeau de saint Denis peuvent prêter à l'ambiguïté (encore que Grégoire de Tours dise deux fois, aux chapitres 33 et 34 du livre V de *l'Historia Francorum*, que cette basilique était située à Paris), il a existé à Montmartre un monument qu'on a le droit de considérer comme représentant ce tombeau.

Le 13 juillet 1611, des ouvriers, en creusant le sol de la chapelle dite du Saint-Martyre, située à mi-côte à peu près de la pente sud de la colline, et dont nous parlerons plus bas, mirent à jour une sorte de cave voûtée sur les murailles de laquelle se lisaient encore des fragments d'inscriptions. Cette découverte fit grand bruit et l'on ne douta pas alors que le lieu du martyre de saint Denis n'ait été enfin retrouvé. Dubreul et, après lui, Guilhermy, dans son Mémoire déjà cité, ont publié le procès-verbal de la trouvaille, rédigé sur-le-champ, et que Lebeuf résume (p. 452). J. Havet, préoccupé de démontrer que saint Denis avait été mis à mort sur le territoire de la ville qui porte son nom, ne pouvait, par conséquent, partager l'opinion générale sur l'origine de la crypte exhumée en 1611 ; aussi se borne-t-il à dire qu'« il faut rendre hommage à la science et à l'ingéniosité avec lesquelles cette hypothèse a été présentée, mais il faut reconnaître aussi que les renseignements dont nous disposons sont absolument insuffisants pour asseoir une opinion. » C'est là une réfutation un peu sommaire, et sans doute cet excellent érudit ne s'était-il pas assez arrêté au chapitre IX du *Manuel d'Épigraphie chrétienne* de M. E. Le Blant (*Paris*, Didier, 1869, in-12, pp. 152-162), consacré tout entier à l'examen de la question. Or, M. Le Blant n'hésite pas à voir dans la crypte qui nous occupe « un sanctuaire creusé aux premiers siècles sur la place, alors sans doute bien connue, où saint Denys et ses compagnons avaient souffert pour la foi ; dans les inscriptions murales, les actes de visite des pèlerins qui y sont venus prier ; dans le *Sanctum Martyrium* un antique édifice s'élevant, selon la coutume, sur le lieu sanctifié par le martyre », — et les arguments qu'il fournit à l'appui, tirés de la comparaison de monuments similaires paraissent tout à fait incontestables.

En résumé, ce que l'on sait du Montmartre gallo-romain se réduit : 1° à des hypothèses sur un temple de Mercure ou de Mars ayant pu exister en ce lieu, hypothèses ayant pour point de départ l'expression *in monte Mercore* de Frédégaire, écrivain du VIIe siècle ; 2° à une certitude sur l'existence de ruines romaines trouvées en 1736 ; 3° à une autre certitude concernant la crypte révélée en 1611, et que M. Le Blant tient pour être la première basilique consacrée au martyre de Saint-Denis. Dans ces conditions, il n'est peut-être pas téméraire d'écarter les étymologies *Mons Mercurii*, *Mons Martis* et d'en revenir à l'opinion « dix fois séculaire » qui fait de Montmartre le *Mons Martyrum*, justifié bien mieux, d'ailleurs, par la chapelle du Saint Martyre et son sanctuaire souterrain que par le témoignage d'Hilduin ou de Frodoard.

Il est certain, au reste, que le sommet de la colline fut habité de fort bonne heure; en effet, lorsqu'en 1875 on creusa des puits pour établir les fondations de l'église du Sacré-Cœur, des sarcophages mérovingiens y furent retrouvés en grand nombre (cf. un article de M. Rohault de Fleury dans le *Bulletin du Comité d'Hist. et d'archéol. du diocèse de Paris*, 1883, pp. 61-72).

Nous croyons inutile de rapporter, après tous les historiens, les faits relatifs à Montmartre durant la période carolingienne ; il faut cependant faire attention à ce passage de la Chronique des évêques de Cambrai cité par Lebeuf, où il est dit que l'empereur Othon, campant en 978 sur la colline, défendit à ses soldats de toucher aux églises. Comme l'a très justement observé M. Sellier, cette pluralité indique l'église paroissiale et la chapelle du Saint Martyre; c'est la première mention écrite que l'on ait de l'une et de l'autre.

Nous traiterons maintenant de la paroisse, puis de l'abbaye et enfin de la chapelle du Saint-Martyre.

Église paroissiale. — La paroisse est dédiée à saint Pierre. Ce que dit Lebeuf (p. 441-2) d'une première église consacrée à saint Denis et dont il est fait mention dans le livre des *Miracles* de ce Saint, écrit au IXe siècle, doit se rapporter à la chapelle du Saint-Martyre, qui fut sans doute la paroisse primitive des habitants de la colline. Nous avons dit qu'il y en avait un certain nombre de l'époque mérovingienne, puisqu'on a retrouvé en 1875 des sépultures datant de ce temps-là. L'existence dans l'église Saint-Pierre de colonnes antiques (voy. à leur sujet une note de M. Lazard dans le 21e fascicule du *Bulletin de la Soc. d'Hist. et d'Archéol. Le Vieux Montmartre*, pp. 31-34) ne prouve rien sur l'ancienneté de cet édifice, car il est certain que les fragments en question proviennent d'un autre monument et ont été utilisés lors de la reconstruction de l'église au XIIe siècle. Cette reconstruction date à coup sûr de la première moitié du XIIe siècle, peu après la donation de 1096 au prieuré de Saint-Martin des Champs et sa rétrocession de 1133, dont les chartes ont été publiées tant de fois. Le style de l'édifice suffit d'ailleurs à le dater. M. Ch. Sellier l'a décrit d'une façon fort complète et nous renvoyons à sa monographie (voy. à la Bibl.). Bien que classée comme monument historique, Saint-Pierre de Montmartre est maintenue dans un lamentable état de délabrement, presque dangereux pour la sécurité des fidèles.

Elle n'a jamais cessé d'être ouverte au culte, sauf pendant la Révolution où elle devint temple de la Raison, pendant l'occupation de 1815 où elle fut convertie en dépôt et magasins de vivres, et enfin en 1871, lorsque l'administration communaliste la transforma aussi en atelier de vêtements et dépôt de munitions.

La perte des registres paroissiaux, brûlés en 1871 avec les archives de l'Hôtel de Ville de Paris, outre qu'elle nous prive d'une foule de renseignements curieux sur la condition des habitants de Montmartre aux deux derniers siècles, empêche aussi que l'on puisse dresser la liste complète des curés de ce village durant la même période. Voici, pour ces derniers, les noms que nous avons pu recueillir : Jacques Merlin, au temps de François Ier (nommé par Lebeuf, p. 454). — Claude-Louis Bail, mort en 1669 (Cf. l'*Encyclopédie* Michaud). — Claude Gilbert, baptisé le 9 octobre 1623 ; le texte de son testament, daté du 9 octobre 1695 se trouve en tête du registre de la paroisse de Clichy qui commence à l'année 1672. — Thévenin, mentionné le 9 janvier 1702 (Cf. les *Études historiques sur Montmartre et Clignancourt*, de Trétaigne, p. 234), en 1703 (Arch. nat., LL. 871). — Jean-Baptiste Lucas, mentionné en 1718 (*ibid.*). — Louis-René Compagnon, mentionné en 1746 (*ibid.*) ; en 1747 (*Recueil des Chartes de l'abbaye royale de Montmartre* publié par Ed. de Barthélemy, p. 29); assiste à Villiers, le 31 janvier 1748, aux funérailles de Jean-Antoine Habert, ancien curé de Villiers (Reg. paroissiaux de Villiers, à la mairie de Neuilly); assiste, le 27 novembre 1749, à la pose de la première pierre de l'église de Neuilly (*ibid.*). — Aimard Pichon, mentionné en 1768, *Bulletin de la Société, Le Vieux Montmartre*, 7e livraison, p 11). — L'abbé Castillan opte en 1791 pour la cure de Notre-Dame-de-Lorette (de Trétaigne, *loc. cit.*, p. 198).

Nous terminerons ces notes sur Saint-Pierre de Montmartre en rappelant que, par acte notarié du 23 mars 1892, son curé, M. l'abbé Sobaux, a acheté, au prix de 433.000 francs un terrain sis entre les rues des Abbesses, Véron et le passage de l'Élysée des Beaux-Arts pour y faire construire une nouvelle paroisse, d'accès plus facile à la majorité des habitants de la butte, et aussi en raison de l'état de ruine de l'église actuelle.

Abbaye. — Il y a bien peu de faits nouveaux à rapporter au sujet de l'abbaye de Montmartre, et ils n'ont trait qu'à des points de détail, tant ce monastère a été étudié par différents écrivains, et tant ses annales ont été soigneusement recueillies, comme on pourra s'en convaincre par la bibliographie du sujet. Le *Recueil des Chartes de l'abbaye*, publié par M. E. de Barthélemy et l'Introduction étendue qui le précède, est le dernier en date de ces travaux ; il faut fréquemment y recourir, encore que l'on y rencontre un certain nombre d'erreurs et qu'il s'y trouve, comme dans tout cartulaire factice, d'inévitables lacunes.

Il n'est pas exact de dire, comme l'ont fait Lebeuf et tous les autres historiens, que l'abbaye fut fondée en 1134 par Louis VI et Adélaïde de Savoie; la charte qui porte ce millésime n'est qu'une confirmation des biens du monastère (Cf. *Cartulaire gén. de Paris*, I, 254-5), qui implique un acte de fondation proprement dite, aujourd'hui disparu. Lebeuf se trompe également lorsqu'il dit que la fixation par Louis VII du nombre des religieuses à soixante, confirmée par le pape Alexandre III, date de 1175 : l'acte royal seul est de cette année-là (*ibid.*, p. 434) ; M. de Lasteyrie a établi (*ibid.*, p. 454, note 6) que l'acte pontifical ne pouvait être que de 1178 ou des premiers mois de 1179.

Nous aurions voulu trouver quelques renseignements sur l'incendie de 1559 qui détruisit les bâtiments de l'abbaye situés, comme on sait, au sommet de la colline, mais les chroniqueurs contemporains n'en parlent pas, témoin ce religieux de Saint-Victor dont M. le baron de Ruble a récemment publié le *Journal* dans les *Mémoires de la Société de l'Histoire de Paris* (t. XXI, 1894). Il est intéressant de savoir qu'un projet de reconstruction de ces bâtiments fut dressé en 1561 et que Philibert de l'Orme en parle au chapitre xxiv de son X^e livre de l'*Architecture* ; c'est sans doute grâce à cette réfection qu'une partie des nonnes put continuer à demeurer dans le monastère du haut, tandis que les autres constituèrent une seconde communauté autour de la chapelle du Saint-Martyre, dualité qui, — nous dirons tout à l'heure comment, — prit fin en 1681.

La procession que les religieux de Saint-Denis faisaient tous les sept ans à l'abbaye de Montmartre est célèbre. Plusieurs relations en ont été imprimées ; en voici une, de 1728, que nous croyons devoir reproduire ici parce que M. E. de Barthélemy (Introduction, p. 50 et 55) n'en a donné que des fragments :

« Procession septenaire faite le premier jour de mai de l'abbaye de Saint-Denis à Montmartre.

« Extrait d'une lettre écrite le 12 du même mois (1728) par le R. P. dom Jean-Baptiste de Bourneuf, maître des cérémonies de cette abbaye.

« Je satisfais, Monsieur, avec plaisir à ce que vous souhaités de moi au sujet de la grande procession que l'abbaye de Saint-Denis fait tous les sept ans à celle de Montmartre. Vous savés, sans doute, qu'il y a eu des tems que les grandes processions faisoient une partie de la piété et de la religion des fidèles. L'esprit de pénitence qui les accompagnoit les fit multiplier, et il y eut peu d'églises considérables qui n'en fit quelqu'une d'extraordinaire. L'abbaye de Saint-Denis suivit cet exemple en établissant une grande et solennelle procession tous les ans entre la fête de Pâques et de Pentecôte, une autre année à Aubervilliers, une autre fois à Montmartre et dans d'autres lieux déterminés au nombre de sept.

« Mais dans la suitte, ces grandes processions ayant dégénéré en parties de dissipation et de plaisir, on les a abolies, à l'exception de celle de Montmartre qu'on n'a continuée, selon toutes apparences, qu'à la prière des religieuses de cette ancienne abbaye, qui n'ont pu souffrir d'être privées de la consolation de voir une fois en sept ans le chef de leur saint patron.

« Avant la réforme des deux monastères de Saint-Denis et de Montmartre, les religieuses donnoient à dîner aux religieux dans leur réfectoire et ils dinoient tous ensemble ; mais la réforme a aboli cet usage et les religieux de l'abbaye de Saint-Denis font porter à Montmartre ce qui est nécessaire pour leur repas, qui ne consiste qu'en beurre frais, en raves, deux œufs et un morceau de pâté de poisson. Ils donnent la même chose aux chanoines, aux curés et clergé, aux Récolets, aux officiers de justice et de la ville de Saint-Denis, sans parler des arquebusiers, des suisses, bedeaux et autres personnes qui se trouvent à la procession pour y faire quelques fonctions. Les religieuses ne fournissent que les logements nécessaires, les tables et les couverts.

« Voici quel est l'ordre et la cérémonie de cette procession : les dames de Montmartre envoyent, à une heure marquée, tout leur clergé au devant de la procession de Saint-Denis jusqu'au village de Clignancourt, et le clergé de Montmartre, auquel préside toujours un abbé de distinction, comme l'a fait plusieurs fois M. l'abbé de Monaco ; c'étoit, cette année, M. l'abbé de Roye. Ce clergé, dis-je, s'étant avancé jusqu'au milieu des religieux de Saint-Denis, l'abbé président, revêtu de chappe aussi bien que ses deux assistans, se place devant le chef de saint Denis et l'encence. Il encense ensuite le religieux qui doit célébrer la messe. Cependant, les religieux chantent l'antienne : *O beate Dionisi*, etc., après laquelle le célébrant chante le verset et l'oraison ordinaire ; pendant ce temps, l'abbé encense tout du long de la procession de Saint-Denis.

« Le clergé de Montmartre, suivi de l'abbé président et de la justice de cette abbaye, avance en même temps pour prendre sa place à la tête de la procession de saint Denis, et ensuite, on continue la marche vers l'église de Montmartre. Lorsque le clergé est arrivé, il se met en haye au bas de cette église, et les deux assistans encensent toute la procession.

« Lorsque le chef arrive, ceux qui le portent s'arrêtent, et M. l'abbé l'encense trois fois et se retire avec le clergé de Montmartre.

« Tous les religieux étant entrés dans le chœur extérieur chantent un repon̄ds de Saint-Denis, et ensuite, les religieuses, qui sont toutes devant la grille chantent une antienne, après laquelle le célébrant chante le verset et l'oraison, et tout de suite on va se préparer pour la grand messe qui est célébrée par le grand-prieur de l'abbaye de Saint-Denis, assisté de ses religieux. Cependant, tous les autres religieux de la procession entrent par le chœur intérieur des religieuses, par la porte dite des sacremens, selon la permission de S. E. M. le cardinal de Noailles donné en 1721, et les cinq chantres revêtus de chappes commencent solennellement la messe, que les religieux poursuivent avec l'orgue et les cérémonies accoutumées.

« Cette messe étant finie, le P. sous-prieur, assisté de tous ses officiers religieux se dispose à dire la seconde messe que les dames religieuses chantent ; pendant laquelle la communauté de Saint-Denis et les autres corps qui ont accompagné la procession vont prendre leur repas. Après la seconde messe, les officiers qui y ont assisté font la même chose, et ensuitte on se dispose pour le retour de la procession en cette manière ; les religieux étant assemblés dans le chœur extérieur, le grand-prieur, le P. sous-prieur et le P. doyen de l'abbaye de Saint-Denis s'y rendent, et le grand-prieur ayant entonné le *Te Deum* devant l'autel, cet hymne est continué par l'orgue. Cependant, ces trois religieux montent à la grille et la trésorière met entre les mains du grand-prieur un ange de vermeil doré qui porte un reliquaire d'or enrichi de pierreries, dans lequel est une relique de saint Denis, et la présente à baiser à l'abbesse et à toutes les religieuses, qui chantent un motet et une antienne.

« L'abbesse dit ensuitte un verset et une oraison et présente au grand-prieur quelque meuble d'église comme voile de calice ou autre ouvrage de broderie ; elle a présenté cette année un legile (*en marge* : legile, écharpe ou pièce d'étoffe dont on couvre le pupitre sur lequel on chante l'Évangile aux messes solennelles) de velours cramoisi, enrichi d'une belle broderie, estimé environ 200 écus ; deux chantres commencent tout de suite les grandes litanies, et le clergé de Montmartre s'étant rassemblé, reconduit la procession hors de l'église. L'abbé et ses assistans sont à la porte en dehors et l'encensent pour la dernière fois. Enfin, lorsque le chef de saint Denis est prêt à sortir, les porteurs s'arrêtent un moment, et l'abbé l'encense par trois fois et encense aussi le supérieur en passant.

« Voilà, Monsieur, tout ce qui s'est passé le premier jour de ce mois à l'occasion de la procession que l'abbaye de Saint-Denis fait tous les sept ans à l'abbaye de Montmartre ; sur quoy je vous dirai que ces dames y ont tant de dévotion et y sont si attachées, que si on refusoit de la faire, elles emploieroient toutes sortes de moyens pour y obliger les religieux de Saint-Denis.

« C'est ce que Madame d'Harcourt témoigna, il y a 42 ans, à un prieur de cette abbaye qui alla lui représenter la grande fatigue et la dépense que cette cérémonie causoit à sa communauté.

« Il y a donc grande apparence que pendant que les deux abbayes subsisteront, on procurera ce spectacle au public qui y accourt, les uns par dévotion, les autres par curiosité, avec tant de concours et d'empressement que la montagne et les chemins par où l'on passe sont tout remplis de monde, comme on l'a vu particulièrement cette année, que le temps était parfaitement beau.

Je suis, etc. etc. » (Archives nat., L. 1031, abbaye de Montmartre).

En 1700, l'abbaye avait 28.000 livres de rentes, plus une pension de 6.000 livres donnés par le Roi ; elle se composait de soixante religieuses et de douze sœurs converses (*Mémoire de la Généralité de Paris*, p. 12).

Dans la seconde moitié du xviiie siècle, sa situation est moins prospère ; d'un placet qu'elle adresse à la Commission des loteries (Arch. nat., G⁰ 651), il résulte que ses revenus sont de 45,284 livres 16 sols, 8 deniers, mais que ses charges s'élèvent à 67.595 livres, 9 s., parmi lesquelles « la nourriture, vestiaire et entretien de 48 religieuses à 500 livres chacune, la nourriture de trois ecclésiastiques, d'un intendant et d'un chirurgien, le chauffage et lumière à 500 livres, plus 17 domestiques ». Elle sollicite un secours pour la réparation du monastère d'en haut et surtout du mur de clôture sur la rue des Rosiers, lequel tombe en ruines.

Ces travaux ne devaient pas être faits. Supprimée en 1790, l'abbaye vit partir spontanément, dès le mois de février, sept de ses religieuses ; à la fin de la même année, il y demeurait encore 28 dames de chœur et 18 sœurs converses ; ce sont elles qui rédigèrent la requête suivante, dont nous donnons le texte en raison de son intérêt topographique :

« A Messieurs les Commissaires des biens nationnaux ecclésiastiques.

Messieurs,

« Nous avons l'honneur de vous adresser des réclamations auxquelles nous espérons que vous voudrez bien avoir égard. L'intérêt du trésor public vous le permet ; l'humanité vous y engage.

« La municipalité de Montmartre se propose de vendre le terrain qui compose l'enclos de l'abbaye, ne nous laissant la jouissance que de six arpents. D'après quelques réflexions, vous allez juger si ce ne seroit point commettre une injustice extrême que d'user de cette rigueur à cet égard. Le sol que nous habitons est privé d'eau par la nature. A ce défaut supplée une citerne qui se trouve comprise dans le terrain que l'on veut mettre en vente. En nous ôtant ce terrain on nous ôte la citerne et avec elle une des premières choses nécessaires à la vie. Pour nous procurer la quantité d'eau journalière, il faudra donc sacrifier une partie de cette modique pension qui nous est accordée et qui, sans ce surcroît de frais suffiroit déjà à peine à notre subsistance. En nous ôtant cette citerne, on nous ôteroit jusqu'à la jouissance des six arpens qui nous resteroient, puisque faute d'arrosement ils seront condamnés à la stérilité.

« De plus, le même terrain renferme aussi notre sépulture. Faudra-t-il la transporter dans l'espace de terre très limité qu'on nous aura laissé pour nous servir de jardin ? Nous serions alors réduites à semer et à recueillir nos légumes et nos fruits sur le cadavre de nos sœurs.

« Mais, dira-t-on, si on laisse à la Communauté la jouissance de tout l'enclos, on frustreroit par là le trésor public d'un produit considérable qui résulteroit de l'aliénation de ce terrain. Non, Messieurs, ce produit ne sera pas, à beaucoup près, aussi avantageux qu'on pourroit le croire. Il ne sera pas capable de compenser le tort et les privations que cette vente vous causeroit. Le principal attrait que ce terrain présente aux acheteurs est l'espoir d'en tirer de la pierre, mais il faut savoir, et l'on peut s'en convaincre, en se transportant sur les lieux, que les carrières sont épuisées ; elles n'offrent plus que de vastes souterrains à combler, à étayer, qui exigent des fondemens très dispendieux si l'on veut bâtir dessus.

« L'acquéreur, en outre, ayant à clore sa propriété et à la séparer de la nôtre, la construction d'un mur mitoyen le forcera à une dépense qui, mise en ligne de compte dans l'estimation du terrain, diminuera beaucoup sa valeur.

« En conséquence nous vous prions, Messieurs, de faire maintenir l'abbaye de Montmartre dans la jouissance d'un terrain dont la vente ne serait pas très lucrative pour l'État et dont la privation serait pour vous une source de dépenses et d'incommodités ; ou plutôt, nous vous prions de nommer parmi vous des commissaires qui viendront sur les lieux examiner et reconnaître la justesse de nos observations et la justice de notre demande » (Arch. nat. S. 4419).

Par délibération du 30 décembre 1790, la commission des biens nationaux ecclésiastiques décida, conformément au désir de l'abbaye, qu'il y avait lieu de surseoir à l'aliénation de l'enclos (*ibid.*) ; mais, au mois d'août 1792, ordre était donné de procéder à l'évacuation immédiate du couvent, dont l'argenterie était enlevé et déposée à la Monnaie, le 19 octobre suivant (de Barthélemy, pp. 309-310).

Chapelle du Saint-Martyre. — Nous avons parlé plus haut (p. 523) des origines du *Martyrium* et réfuté la thèse de Lebeuf qui ne veut voir, dans la crypte découverte en 1611, qu'une sorte de cachette où les habitants de Montmartre auraient mis leurs biens à l'abri en temps de guerre ; comme l'a fait remarquer Guilhermy, les hautes murailles de l'abbaye leur eussent été un lieu bien plus sûr.

Le *Recueil des Chartes* de l'abbaye publié par M. E. de Barthélemy contient plusieurs documents inédits sur les chapellenies du Saint-Martyre : c'est d'abord l'acte de 1346 par lequel l'abbesse, Jeanne de Vallengoujart répartit entre les deux chapelains, Jean du Chemin et Guillaume de Boutonnier, la maison qu'ils occupent : « c'est assavoir que toute la grant maison qui tient à la chapelle, bas et haut, le celier et la cave qui est dessous, et tous les appentis qui sont du lonc de la chapelle jusques à la porte, et de la petite maison qui joint de l'autre part de la porte, si comme elle se comporte jusques à un degré qui est en la court par lequel l'on monte ès chambres qui sont sur la cuisine, et l'estage haut du colombier, seront et demourront à touzjours à la chapellenie premièrement fondée, qui a prouvende en l'abbaye de Montmartre, laquelle tient à présent le ledict messire Jehan; et tout le demourant des maisons, c'est assavoir la grant maison qui est devers Paris, si comme elle se comporte haut et bas, le puis et l'estage bas du colombier demourront à l'autre chapellenie secondement fondée (en 1305, cf. Lebeuf, p. 451), laquelle tient à present ledict Guillaume. Item, la court, la cuisine et la porte sont et demourront moytoiennes et communes, et les jardins seront partis au lonc jusques au bout, selon ce que le mur qui joint au coulombier se comporte, en telle manière que la partie qui est au chevet de la chapelle tout du lonc, selon ce que elle se comporte, est et demourra à la chapellenie premièrement fondée, et le demourant à l'autre chapellenie... » (p. 193-4).

Dans le même Recueil se trouvent : la charte de collation de la première chapellenie, en 1481 (p. 227-8); le contrat par lequel les gouverneurs de la confrérie de Saint-Denis fondée en la chapelle des Martyrs reconnaissent avoir reçu le 28 décembre 1483, de l'abesse de Montmartre, une clef leur donnant accès dans ladite chapelle (p. 229) et enfin les deux actes si importants de la fondation du prieuré des Martyrs en 1622 (p. 252-5) et de la translation dans cette maison, en 1681, de la partie de la communauté restée au monastère d'en haut (p. 271-3).

Sauval dit que La Mole et Coconnas furent enterrés au Saint-Martyre. Bayle confirme le fait dans son *Dictionnaire historique* (art. Usson, t. XIV, p. 507 de l'édition de 1820), par un extrait du *Divorce satirique*, pièce contemporaine, où Henri IV est censé parler lui-même : la chapelle en question y est appelée par erreur Saint-Martin; mais la mention : « qui est sous Montmartre », ne laisse pas de doute sur l'identification. Le texte laisse entendre que ce double enterrement fut clandestin.

Le prieuré des Martyrs fut, comme l'abbaye, supprimé en 1790 et vendu en 1793 ; ses bâtiments furent complètement démolis, sans qu'on ait eu même le soin de conserver par un signe quelconque l'emplacement du *Martyrium*, ce monument le plus ancien sans doute des premiers habitants de Paris; on en transforma le terrain en carrière pour l'extraction du plâtre; plus tard, tout un quartier de Montmartre s'y est bâti dont les rues principales sont les rues de la Vieuville, Berthe, Foyatier, Antoinette, Léonie, des Trois-Frères. Il y a quelques années, M. l'abbé Le Rebours, alors curé de la Madeleine, s'est préoccupé de retrouver la trace de vestiges si curieux : là même où l'on pense qu'était situé le *Martyrium*, s'élève aujourd'hui une chapelle du style gothique dans le couvent des religieuses Auxiliatrices des âmes du purgatoire, situé rue Antoinette, 9.

Il convient enfin de donner ici quelques renseignements sur l'église du Sacré-Cœur, bien que cette fondation ne se rattache en rien par ses origines à l'histoire même de Montmartre, et que seule la configuration du terrain en ait déterminé l'emplacement, de même que pour d'autres lieux célèbres de pèlerinages, tels que N.-D. de Fourvières à Lyon, N.-D. de la Garde à Marseille, élevés au sommet de hautes collines. Dans la pensée des chrétiens qui firent triompher l'œuvre, il s'agissait de consacrer la France par un « vœu national » au « Sacré-Cœur de Jésus », comme une expiation et aussi une prière à Dieu de faire cesser les malheurs du pays. La devise suivante, qui fut adoptée, résumait cette formule : *Sacratissimo cordi Jesu Christi Gallia pœnitens et devota.* Une loi était nécessaire pour autoriser l'établissement, à Montmartre, d'une basilique ouverte au public : elle fut votée par l'Assemblée nationale, le 25 juillet 1873, à une majorité de 244 voix et après une discussion des plus vives, mais le texte de la loi ne comporte pas les mots : Sacré-Cœur. La construction de l'édifice fut mise au concours. Durant le délai accordé (1ᵉʳ février-30 juin 1894), 78 projets furent soumis à la Commission, qui classa en première ligne celui que M. Abadie avait dressé. Il est à peine utile de rappeler que le style adopté est celui de l'architecture romane avec coupoles byzantines. La cérémonie de la pose de la première pierre a eu lieu le 16 juin 1875 et l'inauguration solennelle de l'église, encore qu'inachevée, le vendredi 5 juin 1891, par l'archevêque de Paris, assisté d'un grand nombre de prélats. Abadie étant mort en août 1884, fut remplacé dans la direction des travaux par MM. Rauline et Laisné.

Histoire civile. — Au point de vue de l'histoire civile, les renseignements sont bien rares sur le vieux Montmartre. La meilleure ressource dont on puisse disposer pour ce genre de recherches, ce sont les registres paroissiaux : or, nous avons déjà déploré leur destruction dans l'incendie de l'Hôtel-de-Ville de Paris, en 1871.

Les monuments civils (si on peut les appeler ainsi), les plus anciens qui se soient conservés à Montmartre étaient les fontaines, célèbres jadis par les traditions qui s'y rattachaient. Les quatre plus connues étaient la fontaine Saint-Denis, celle du But, celles de la Fontenelle et de la Bonne (en sous-entendant le mot fontaine ou eau). Lebeuf a dit un mot des deux premières (p. 455), mais M. Sellier a résumé tout ce que l'on sait sur chacune d'elles (voy. à la *Bibliographie*) Une très ancienne tradition voulait que ce fût près de la fontaine Saint-Denis, située sur le flanc ouest de la colline, vers l'emplacement actuel du cimetière Montmartre, que saint Denis ait subi le martyre. L'*Histoire littéraire de la France* analyse (t. XXVI, pp. 303 et ss.) un poème du xivᵉ siècle, *Florent et Octavien* et en cite ces vers :

> Seigneurs, decolé fu le corps de Saint-Denis
> Droit à une fontaine, si nous dit li escris
> Qui est entre Montmartre et la cit de Paris.
> Encore l'apele-t-on la fontaine aux Martirs.
> Là, avoit ung grant bois qui fu forment feuillis
> . . . .

L'*Histoire littéraire* ajoute que cette fontaine est également mentionnée dans la chanson de *Cipéris de Vignevaux*, qui est de la même époque.

La fontaine du But ou du Buc n'a disparu que vers 1880 ; elle était située à l'endroit où la rue qui a gardé son nom rejoint la rue Caulaincourt. Il existe encore à Montmartre une rue de la Bonne, mais la rue de la Fontenelle, moins heureuse, a vu, en 1885, son nom changé en celui de La Barre.

La mire du méridien de Paris, dont parle aussi Lebeuf (p. 455), existe toujours mais bien que ce modeste obélisque, ou plutôt le terrain qui le porte ait été racheté en 1878 par la ville de Paris, il est en assez mauvais état de conservation, et un maladroit badigeonnage n'a laissé subsister de l'inscription que la première ligne. On le découvre, non sans peine, tout au fond de l'enclos de l'ancien moulin dit de la Galette, rue Girardon, nº 1.

Il existe, à notre connaissance, deux personnages dits de Montmartre : Jean de Montmartre, enlumineur de manuscrits de Jean le Bon (Douet d'Arcq, *Comptes de l'argenterie*, p. 387, cf. L. Delisle, *le Cabinet des manuscrits de la Bibliothèque nationale*, t. I, p. 16), et Pierre de Montmartre, docteur en théologie, qui vivait en 1494 et dont Lebeuf dit (t. II, p. 473) qu'il était né à Nogent-sur-Marne.

Nous ne connaissons qu'une mention relative aux écoles de Montmartre : à la date du 19 septembre 1759, Laurent Soret, maître d'école de ce lieu, figure comme parrain dans un acte des registres de la paroisse de Clichy.

Les déclarations de censives, prescrites en 1540, fournissent de nombreuses indications de lieux-dits situés sur l'étendue de la paroisse de Montmartre, y compris Clignancourt et tout le territoire extérieur à la butte qui, depuis, fut réuni à Paris. Nous les relevons, d'après les cartons Q¹ 1076¹ et 1076² des Archives nationales, en les groupant sous le nom des établissements religieux qui y percevaient le cens :

Abbaye de Montmartre : « La Pointe, aboutissant par bas au grand chemin de Clignencourt »; — Devant le Tertre; — les Grandes-Carrières; — le Val; — la Cousture aux Dames; — Irancy; — pièce de terre en la rue Traynée; — le Couvent; — Ryntru ou Rintru; — Sacalu ou Saqualye; — Cochy-Panier; — Vallette; — la Puce; — les Gochèves, aboutissant d'un bout au chemin des Poissonniers; — les Porcherons (dépendant en partie de la paroisse de Clichy).

Abbaye de Saint-Denis : Le Clos Guy, « aboutissant par le haut au chemin qui vient de Clichy à Clignancourt »; — le Moulin; — les Grands-Friches; — le Mur à seigneurs; — la Bourdonne; — Malassis; — la Grand'rue descendant à Clignancourt; — les Pallais; — les Ruelles; — la Goutte d'Or; — la Rapine, « aboutissant sur le grand chemin de la Rapine, qui va au Lendit », — le Bas-Montmoyen, vers Clichy; — Ballette, près de la Guynyère et du chemin de la Porte-Blanche; — les Bonnes Fontaines; — le Val-Larronneux, entre les chemins de Clignancourt et des Poissonniers.

Abbaye de Saint-Victor : La Bathelière, aboutissant d'un bout au chemin qui mène de la porte de Montmartre aux Porcherons; — le clos à la Bourdonne.

Prieuré de Saint-Martin-des-Champs : Coquenart; — les murs Saint-Ladre; — les Pointes, « aboutissant au chemin qui mène droit à Clignancourt ».

Saint-Nicolas du Louvre : le Clos-aux-Clercs.

Hôpital Sainte-Catherine : les Murs blancs.

Église Saint-Germain-l'Auxerrois : le Moulin-aux-Dames; — le Clos-aux-Clers; — la Porte Blanche; — les Marais; — la Couronne; — Gratte-paille; — les Carrières « près la chapelle des Martirs »; — les Désers; — les Porcherons; — une maison « tenant d'un costé à la dame desdits Porcherons, d'autre costé au chemyn tendant de Paris à Clichy. »

Enfin, un personnage, appelé Guillaume Pommereul, tient en censive les lieux-dits : la Roche, touchant d'une part à la ruelle du Saussayes; Chantaloue; — la Conguynyère; — le Clos-Guy.

Autant les habitants de Montmartre étaient restés indifférents aux événements politiques de la capitale avant la Révolution, autant ils y prirent une part active à dater de ce moment. Une circonstance y contribua : dès le mois de juin 1789, on avait décidé, pour faire gagner leur vie aux pauvres dont Paris était rempli, de créer sur la colline des ateliers dits de charité, affectés surtout à l'exploitation des carrières ; il s'y trouva bientôt quinze à dix-sept mille hommes, au dire de Bailly, qui, dans ses Mémoires, ne dissimule pas les dangers d'une pareille agglomération ; aussi se hâta-t-on de les licencier : la fermeture des ateliers eut lieu le 23 août 1789 (cf. *Actes de la commune de Paris*, publiés par M. S. Lacroix, t. I, pp. 192, 233, 260-1), mais la présence, pendant ces quelques mois, de tant d'individus enfiévrés par la misère avait suffi à communiquer à la population fixe un certain esprit de violence qui se manifesta, peu après, par plusieurs insurrections, la profanation de l'église paroissiale et la destruction de la chapelle du Saint-Martyre. Nous avons déjà dit que, durant la Terreur, Montmartre prit le nom de Mont-Marat.

En 1814 et en 1815, les habitants firent preuve de la plus grande bravoure pour résister aux deux invasions des alliés ; le P. Jonquet cite (p. 107) une lettre dans laquelle Carnot prie le Préfet « de témoigner à ces braves gens la satisfaction de l'empereur et la confiance de S. M. dans leur patriotisme » (5 juin 1815). En dépit de cette valeur, la colline servit de cantonnement, pendant six mois, à huit mille Anglais.

C'est aussi à Montmartre que prit naissance la guerre civile de 1871 par le massacre dans la rue des Rosiers (aujourd'hui rue de La Barre) des généraux Lecomte et Clément-Thomas. Ces faits sont encore trop près de nous pour qu'il y ait lieu de les exposer plus longuement.

La circonscription administrative de Montmartre a subi plusieurs modifications considérables ; avant 1789, le territoire de la paroisse comprenait, outre la butte et une partie de la plaine vers Saint-Ouen et Saint-Denis, une région considérable du Paris proprement dit, limitée à l'ouest par la rue de Clichy, au sud par une ligne que représentent assez exactement les rues de Provence et Richer ; à l'est par la rue du Faubourg-Poissonnière. La construction du mur d'enceinte des fermiers généraux, commencée en 1784, eut donc pour résultat de couper en deux la paroisse, et lorsqu'en 1790, la commune de Montmartre se constitua, un conflit assez inattendu se produisit : deux municipalités se créèrent, l'une ayant son siège sur la butte, l'autre, formée par les habitants de « Montmartre *intra-muros* », qui tenaient leurs séances rue de la Tour-d'Auvergne. Cette anomalie ne dura que quelques mois : un décret de l'Assemblée nationale décida, le 25 juin 1790, qu'il n'y aurait qu'une municipalité à Montmartre, ayant son chef-lieu (on pourrait dire historique) sur la colline, et que la région sise en-deçà des nouveaux murs dépendrait de la municipalité de Paris (cf. l'article de M. L. Lazard dans le *Bulletin de la Société du Vieux Montmartre*, 21ᵉ fascicule, pp. 10-14).

La commune de Montmartre eut sa première mairie dans une maison de la place du Tertre, ainsi que l'indique une inscription apposée sur cet immeuble avec quelque solennité, le 30 avril 1893 ; puis, à partir de 1837, 3 mai, dans un bâtiment construit spécialement, et qui est encore debout ; cet édifice, après l'annexion de 1860, continua à servir de mairie ; mais, en 1888, le 16 décembre, la première pierre d'une nouvelle mairie fut posée par le préfet de la Seine et les bâtiments en ont été inaugurés le 17 juillet 1892.

Incorporée à Paris depuis le 1ᵉʳ janvier 1860 en vertu de la loi du 16 juin 1859, l'ancienne commune de Montmartre constitue deux quartiers (le 69ᵒ dit des Grandes-Carrières, et le 70ᵒ, Clignancourt) du XVIIIᵉ arrondissement, dont l'autre moitié est formée par l'ancienne commune de la Chapelle. Le territoire provenant de Montmartre est limité, au sud, par la ligne des boulevards extérieurs ; à l'ouest, par les avenues de Clichy et de Saint-Ouen ; au nord, par l'enceinte fortifiée ; à l'est, par la rue des Poissonniers et le boulevard Barbès.

La partie de Montmartre réunie à Paris en 1790, constitua les sections du faubourg Montmartre (appelé faubourg Mont-Marat en 1793), et de Poissonnière (qui ne changea pas de nom); puis, à dater de l'an III, les divisions dites du faubourg Montmartre (IIᵉ arrondissement) et du faubourg Poissonnière (IIIᵉ arrondissement); enfin, depuis 1860, les quartiers (nᵒˢ 35 et 36) du IXᵉ arrondissement, dits du faubourg Montmartre et de Rochechouart. Il importe d'ailleurs de remarquer que ces différents sectionnements ne correspondent *qu'à peu près* à l'ancien territoire parisien dépendant, jusqu'à juin 1790, de la paroisse de Montmartre.

ÉCARTS

CLIGNANCOURT. — Dans l'onomastique française, le nom de lieu Clignancourt n'est représenté que par ce seul exemple. Lebeuf le tire de *Clenini curtis*, c'est-à-dire domaine d'un personnage gallo-romain appelé *Cleninus*; l'explication est admissible, mais nullement prouvée; cependant, ce qui permet d'affirmer l'antiquité du lieu, c'est la découverte qui y fut faite de constructions romaines, et dont nous avons parlé plus haut. Un excellent travail de M. Ch. Sellier sur *les Seigneurs de Clignancourt* (voy. à la Bibliographie) fournira tous les renseignement destinés à compléter les indications trop sommaires recueilies par notre auteur : M. Sellier cite, pour le XIIIᵉ siècle, un seigneur de Clignancourt appelé Adam Harent, dont la amille se perpétue dans le même fief au siècle suivant; il cite aussi les « de Verdelo », Jean d'Aubigny, puis les Turquam, les de Larche, les Liger et les Brisard, du XVIᵉ au XVIIIᵉ siècle, mais il rappelle que ces différents propriétaires n'avaient que des parties de la seigneurie, sur laquelle l'abbaye de Saint-Denis possédait la haute suzeraineté. Les dames de Montmartre y avaient aussi une ferme dont un curieux plan est conservé aux Estampes de la Bibliothèque nationale (Topographie, Paris-Montmartre).

Dans la liste que nous avons précédemment donnée des lieux-dits de Montmartre, plusieurs appartiennent à Clignancourt : la Pointe, le Val Larronneux, Malassis, la Rapine, les Portes-blanches, les Pointes; il existe en outre aux Archives nationales (carton Q¹ 1071) un dossier de quatre volumineux terriers du « fief de la Fosse-Turquant, dit Bouqueval, Clignancourt, Popincourt », aux XVIIᵉ et XVIIIᵉ siècles. Ce n'est que depuis notre siècle que Clignancourt s'est peuplé; jusqu'alors une grande voie le traversait de l'ouest à l'est : le chemin des

Bœufs, aujourd'hui rue Marcadet, coupée perpendiculairement par la rue Saint-Denis qui, depuis 1868, s'appelle rue du Mont-Cenis. D'autres voies, assez nombreuses ont été percées sur les terrains en culture que montre encore l'atlas de Lefèvre avec leurs anciennes dénominations : le Champ à loup, le Poteau, les Haut-Malassis, les Rapines, la Chardonnière, les Clauys, les Ruelles, la Maison-blanche les Torlettes, la Croix-Moreau.

Par délibération du 9 février 1857, le Conseil municipal de Montmartre votait un crédit de 250,000 francs pour l'acquisition d'un terrain affecté à la construction d'une église, à Clignancourt au « carrefour des Portes-Blanches ». L'autorisation d'édifier fut donnée par arrêté préfectoral du 11 mars 1859 (Archives de la Seine, Montmartre, série D) et la pose de la première pierre par l'archevêque de Paris et le préfet de la Seine eut lieu le 2 mai suivant ; une brochure (voy. à la Bibliographie) relate les détails de cette solennité. L'église, construite par M. Lequeux, architecte du département, fut inaugurée le 20 octobre 1863 ; elle porte le nom de Notre-Dame de Clignancourt ; c'est un édifice de style roman, sans beauté ; la circonscription curiale est limitée par les rues des Poissonniers, Christiani, de Clignancourt, Ramey, de La Barre, Lamarck, des Grandes-Carrières, Vauvenargues et le mur d'enceinte entre les portes de Saint-Ouen et des Poissonniers. La nouvelle paroisse fut érigée en succursale par décret du 23 septembre 1863.

C'est aussi à Clignancourt qu'est située la mairie du XVIII° arrondissement inaugurée, comme nous l'avons dit, le 17 juillet 1892. Le quartier ne contient que ces deux édifices publics ; en revanche, on y aperçoit encore, mais pour peu de temps sans doute, quelques vestiges de vieilles constructions, signalés par M. Sellier, notamment les murs de l'ancienne chapelle seigneuriale, sur la place Marcadet. La rue Hermel a porté, jusqu'en 1860, le nom de rue du Manoir, qui avait l'avantage d'indiquer l'emplacement du château des Liger.

Les Porcherons et N.-D. de Lorette. — Il y a lieu de s'étonner du manque d'information de Lebeuf, qui se borne à dire (au bas de la page 455) : « Je trouve aussi, au 13 octobre 1678, la chapelle Notre-Dame des Porcherons, dite située sur la paroisse de Montmartre. »

La paroisse de Montmartre s'étendait vers Paris, nous l'avons dit, sur le faubourg Montmartre actuel, que l'on appelait alors le quartier des Porcherons ; il fut assez peuplé, dès la première moitié du XVII° siècle, pour que les habitants aient trouvé pénible de se rendre pour les offices à l'église Saint-Pierre, et sollicité la création d'une chapelle de secours. La permission en fut donnée par acte de l'official en date du 5 août 1645, et il fut décidé, en même temps, que la chapelle à construire serait placée sous l'invocation de N.-D. de Lorette et bâtie sur un terrain situé rue Coquenart. La bénédiction en fut faite le 21 mai 1646, d'après M. l'abbé Duplessy, au livre duquel (voy. à la Bibliographie) nous empruntons ces détails.

Le fonds de la paroisse Saint-Pierre, aux Archives nationales, fournit quelques mentions intéressantes sur cette modeste chapelle : dans le registre de délibérations coté LL. 871, il est question, à la date de mars 1703 (fol. 3 et 4), du don fait par

M. de Binville de stalles dans le chœur pour les ecclésiastiques de la paroisse ; — le 10 septembre 1719, la fabrique délibéra sur l'opportunité d'acheter un terrain vague, voisin de la chapelle, pour en faire un cimetière (*ibid.*, fol. 30 r°) ; — le carton L. 691 renferme deux liasses, l'une, de mémoires de charpente, menuiserie, sculpture, etc., faites pour la chapelle en 1785, et de maçonnerie pour le presbytère en 1788-1789 ; l'autre, de fondations (XVIIe-XVIIIe s.), parmi lesquelles celle de « Philippe de Buyster, sculteur ordinaire des bastimens du Roy, demeurant aux Porcherons, paroisse de Montmartre », le 10 avril 1681 ; il y est aussi fait mention de sa veuve, Jeanne Vandalle.

La loi du 4 février 1791 classa Notre-Dame de Lorette parmi les paroisses de Paris avec cette circonscription : « la Chaussée-d'Antin ; le boulevard à gauche jusqu'à la rue Poissonnière ; celle-ci et celle de Sainte-Anne, jusqu'aux murs ; les murs jusqu'à la barrière de la rue de La Rochefoucauld ; celle-ci, à gauche ; celle des Porcherons, à gauche, jusqu'à celle de la Chaussée-d'Antin, et celle-ci, à gauche, jusqu'au boulevard ». Elle fut supprimée en 1793, et, peu après, en 1796, ses bâtiments furent démolis ; leur emplacement est représenté par la maison portant le n° 54 de la rue Lamartine (alors rue Coquenard). En vertu du Concordat, la paroisse fut restaurée comme succursale de Saint-Roch et son territoire fut alors limité à l'ouest par la Chaussée-d'Antin et la rue de Clichy ; au nord par les murs ; à l'est, par les rues Cadet et Rochechouart ; au sud, par la rue de Provence. Le service du culte fut installé dans une chapelle, Saint-Jean-Porte-Latine, sur laquelle on n'a que peu de notions (cf. Cocheris, t. I, p. 298-9) et qui était la chapelle du cimetière Saint-Eustache.

La construction d'une véritable église paroissiale fut décidée par ordonnance royale du 3 janvier 1822 ; les plans en furent mis au concours et c'est celui d'Hippolyte Le Bas que l'on adopta, le 23 avril 1823 ; le roi posa la première pierre le 25 août suivant, et la consécration se fit le 15 septembre 1836. L'église N.-D. de Lorette est située en bordure de la rue de Châteaudun, à 200 mètres environ à l'ouest de l'emplacement de la chapelle primitive ; elle a la forme d'une basilique romaine.

CHAPELLE SAINTE-ANNE ET LA NOUVELLE-FRANCE. — « Du côté de Paris, dit Lebeuf (p. 455), on regardait comme une dépendance de Montmartre, en 1657, le canton appelé la Nouvelle-France au faubourg Sainte-Anne, ainsi dit à cause de la chapelle du nom de cette sainte ». Jaillot est mieux informé ; il s'exprime ainsi : « Ce quartier s'étant peuplé, il fut érigé en fauxbourg, en 1648 ; on lui donna pour lors, de même qu'à la rue, le nom de Sainte-Anne, à cause d'une chapelle qu'on y avait construite sous l'invocation de cette sainte, pour la commodité de quelques habitans, trop éloignés de Montmartre. En vertu d'une permission de l'abbesse, du 19 mars 1655, Roland de Bure, marchand confiseur, qui avait une maison dans ce fauxbourg, la destina pour cet objet ; il fit construire la chapelle et le logement du chapelain, et la donna, par contrat du 23 octobre 1656, à l'abbaye de Montmartre (si l'on peut appeler *donation* une cession faite par le propriétaire à condition d'être remboursé du fonds de terre et des frais de construction). Cette chapelle fut bénite le 27 juillet 1657, et, le 11 août suivant, M. l'archevêque permit, sous la condition expresse, de reconnaître le curé de Montmartre pour pasteur, d'y célébrer l'office divin » (*Quartier Saint-Denis*, p. 3 et 4).

C'est à peu près tout ce que l'on connaît sur cette chapelle; quelques pièces du carton L. 1031 des Archives nationales n'y ajoutent rien; ce sont des fondations de messes, entre 1680 et 1759, à « la chapelle Sainte-Anne de la Nouvelle-France ». Elle fut vendue, comme bien national, d'après le *Dictionnaire* de Lazare, le 27 germinal an III. L'examen des plans, notamment ceux de Jaillot, prouve qu'elle était située au point où la rue de Bellefond rejoint la rue du Faubourg-Poissonnière (anciennement rue Sainte-Anne) à son intersection avec la rue La Fayette. Quant à la dénomination de Nouvelle-France, due certainement à une enseigne de guinguette, elle fut appliquée au siècle dernier à une caserne des Gardes-Françaises, et est conservée encore aujourd'hui par la caserne d'infanterie qui l'a remplacée, rue du Faubourg-Poissonnière.

BIBLIOGRAPHIE. — *Sources*. Archives nationales : L. 1030; charte originale de la confirmation des biens de l'abbaye en 1134; actes relatifs à la chapelle des martyrs (1304 et 1306); biens de l'abbaye devant l'horloge du Palais, à Paris (1454) et à Barbery. — L. 1031 : chartes originales scellées des confirmations de privilèges de l'abbaye (1609-1726); chapelle Sainte-Anne; réforme de l'abbaye en 1505; brevets de nomination d'abbesses, savoir : Perrette Rouillard (28 juillet 1532), Marie Bruslard (3 juin 1544), Marie L'Aubigeois (5 sept. 1546), Marie-Léonor de Bellefond (1er nov. 1675), Marie-Gigaut de Bellefond (24 déc. 1699), Marguerite de Rochechouart de Montpipault (13 sept. 1717) et confirmation de l'official (24 février 1718); confirmation de la nomination de Catherine de la Rochefoucauld de Consages à la suite de la démission de Louise-Émilie de la Tour d'Auvergne (8 juillet 1735); brevet de Marie-Louise de Montmorency-Laval (14 déc. 1760); revenus et charges du monastère en 1760; mémoires sur la fondation du prieuré des martyrs et les fautes de rédaction de la bulle de fondation et autres documents (XVIIe s.); fondations diverses; baux d'une carrière de pierre à faire plâtre, sise au lieu dit la Hutte-au-Garde, paroisses de Montmartre et de Clichy (XVIIe et XVIIIe s.). — LL. 871-872 : registres de délibérations de la fabrique de Montmartre en ce qui concerne N.-D. de Lorette (1703-1753). — S. 4419 : déclaration des biens en 1790; mémoires des religieuses pour obtenir la liquidation de leurs pensions; enlèvement des objets mobiliers de l'abbaye et leur transfert à Saint-Denis; titres de rente de 10 s. p. sur la ville de Compiègne; biens à Morlincourt (Oise). — S. 4420-4422 : seigneurie de Barbery (Oise). — S. 4423-4435 : biens à Montmartre (1200-1763). — S. 4436-4439 : biens à Clignancourt (1315-1777). — S. 4440 : titres de propriété et de rentes sur les paroisses de Clichy et de Neuilly (Batignolles, Monceaux, le Roule). — S. 4441 : biens à Boulogne-sur-Seine. — S. 4442 : biens à Belleville et au Bourget. — S. 4442 : titres de rentes à Arcueil, Auteuil, Colombes, Créteil, L'Hay, Montreuil (XVe et XVIe s.). — S. 4444 : seigneurie de Bourg-la-Reine (XVIe-XVIIIe s.). — S. 4445 : fief du For (ou Four) aux Dames, sis à Paris, rue de la Heaumerie (rentes à Paris, rues de la Heaumerie, des Petits Champs, Saint-Martin, Neuve-Saint-Merry, de la Vieille-Monnaie, au Châtelet et au cimetière Saint-Jean, rues Saint-Honoré, de l'Arbre-

Sec, Saint-Jean en Grève, Saint-Julien des Ménétriers, de la Lanterne, du Roule, Tirechappe, de la vieille place aux Veaux. — S. 4451 : biens aux Porcherons. — S. 4452 : fermes de Collégien, de Chelles, biens à la Minière (Seine-et-Marne). — S. 4453-4456 : possessions de l'abbaye dans le canton de Beaumont (Seine-et-Marne). — S. 4457 : biens à Noisy-le-Grand et droits sur la Marne ; — titres de propriétés à Argenteuil, Longjumeau, Torfou, La Ville-du-Bois. — S. 4458 : biens et droits au Mesnil-Aubry, Luzarches, Chaumontel, Pontoise, Gonesse. — S. 4459 : actes du notariat de Boissy.

Registres. S. 4460 : seigneurie de Clignancourt (1665). — S. 4461 : fief du For-aux-Dames. — S. 4462-4476 : ensaisinements (1532-1776). — S. 4477 : censiers de Boulogne (1469, 1530, 1618 et 1668) ; — de Clignancourt et Montmartre (1693 et 1698). — S. 4478-4482 ; censiers de Clignancourt et de Montmartre (1569-1672). — S. 4483-4484 ; censiers du For-aux-Dames (1676 et 1705). — S. 4485-4488 : terriers de la seigneurie de Barbery (1512, 1540, 1560, 1618). — S. 4489 : terrier de Boissy, Maimbervilliers, Marlauval, Auxy, Butiers (Seine-et-Marne) (1680-1693). — S. 4490 : terriers de Boulogne et de Montmartre (1729-1738). — S. 4491 : terriers de Bourg-la-Reine, Fontenay et Bagneux. — S. 4492-4494 : terriers d'Herbauvilliers et Boissy (1522-1608). — S. 4495-4498 : terriers de Montmartre, Clignancourt, La Chapelle et Monceaux (1598, 1645 et 1698).

Archives de la Seine. Rôle de supplément d'impositions sur les ci-devant privilégiés, pour les six derniers mois de 1789 et rôle des impositions ordinaires de 1790, région de Montmartre *intra muros* (côté C¹), et, dans les autres séries, le fonds des archives de la commune de Montmartre (pièces provenant de la sous-préfecture de Saint-Denis.

Bibliothèque Mazarine. Collection de plans manuscrits, dont plusieurs du xv⁰ siècle, des villages possédés par l'abbaye (cf. le *Bulletin de la Société des antiquaires de France*, 1860, p. 118).

Bibliothèque nationale. Ms. franç. 11748 : déclaration des biens de l'abbaye en 1533 (fol. 10-21, douze feuillets de parchemin). — Ms. franç. 25070 : statuts donnés aux religieuses par Étienne Poncher, évêque de Paris (xvi⁰ s.).

Bibliothèque de la Ville. « Forme et manière de donner l'abit de novice aux filles de l'ordre de notre glorieux père S. Benoît et les recevoir à profession selon la manière et coutume du royal monastère de Montmartre », 1761, in-4⁰, manuscrit (29035).

Imprimés. Antiphonier bénédictin pour les religieuses du royal et célèbre monastère de Montmartre ; *Paris*, impr. de Louys Sevestre, 1646, in-8⁰ (Bibl. de la Ville de Paris).

Abrégé des antiquités de Montmartre, par le P. Léon de Saint-Jean ; *Paris*, 1661, in-12.

Les ouvriers de la montagne de Montmartre à Messieurs les habitans de Paris ; — la retraite des ouvriers de Montmartre ; — démarches patriotiques de M. de La Fayette, à l'égard de Montmartre (3 placards in-8⁰ de 1789, — voy. plus haut, p. 533).

Histoire de Montmartre, par D.-J.-F. Chéronnet, revue par l'abbé Ottin ; *Paris*, 1843, in-8⁰, 232 pp.

Mémoire sur la chapelle des Martyrs, par le baron de Guilhermy, *ap. Mémoires présentés par divers savants de l'Académie des Inscriptions et Belles-Lettres*, Antiquités de la France, t. I, pp. 298 et ss.

Statistique monumentale de Paris, par A. Lenoir, texte, pp. 37 et 50 et Planches, t. I, savoir : quatre vues générales de l'abbaye et du prieuré; une vue de l'ensemble de la colline; deux planches sur les détails de l'abbaye et du prieuré; quatre planches relatives à l'église paroissiale.

Ville de Montmartre-Clignancourt. Troisième année, 1856-1857, in-12 (Annuaire).

Solennité de la bénédiction et de la pose de la première pierre de l'église N.-D. de Clignancourt à Montmartre, par Mgr le Cardinal archevêque de Paris et par M. le Sénateur, préfet de la Seine, le 2 mai 1859; *Montmartre*, 1859, in-8º (39 pp.).

Montmartre et Clignancourt. Études historiques, par M. Léon-Michel de Trétaigne; *Paris*, Dupret, 1862, in-8º (259 pp.).

Pèlerinage à Montmartre, par M. Pinard; *Paris*, chez l'auteur, boulevard Montparnasse, 49; 1868, in-8º (16 pp.).

Recueil des Chartes de l'abbaye royale de Montmartre, publié et annoté par Édouard de Barthélemy; *Paris*, Champion, 1883, in-8º (347 pp.).

Inventaire général des richesses d'art de la France; *Paris*, monuments religieux, t. II; *Paris*, Plon, 1888, in-8º : notices sur N.-D. de Clignancourt, par M. Darcel, pp. 51-64, et sur N.-D. de Lorette, par M. Michaux, pp. 367-399.

L'église Saint-Pierre de Montmartre, par Ch. Sellier, *ap. Bulletin de la Société des amis des monuments parisiens*, 1888. — État d'abandon de la mire du Nord à Montmartre, par Ch. Sellier, *ibid.*, nº 15-16, 1890.

Ville de Paris. Réservoirs de Montmartre, 1887-1889 ; gd. in-8º, texte et planches.

Montmartre autrefois et aujourd'hui, par le P. Em. Jonquet, missionnaire oblat de Marie immaculée; *Paris*, Dumoulin, 1890, in-8º et in-12.

Les seigneurs de Clignancourt, par Ch. Sellier, *ap. Bulletin de la Société de l'Hist. de Paris et de l'Hist. de France*, 1891 (tiré à part, in-8º, 29 pp.).

Ch. Sellier, Curiosités du vieux Montmartre. — I. Les Fontaines; Montmartre-vignoble. — II. Les moulins à vent; la porcelaine de Clignancourt; Mont-Marat. — III. Les carrières à plâtre; ensemble 3 brochures in-16, *Paris*, imp. Kugelmann; 1893.

N.-D. de Lorette, le quartier, la paroisse, l'église, par M. l'abbé E. Duplessy, vicaire à N.-D. de Lorette; *Paris*, Lethielleux, 1894, in-18.

Une « Société d'histoire et d'archéologie du 18º arrondissement, le Vieux Montmartre », autorisée par arrêté préfectoral du 26 août 1886, publie tous les trois mois un *Bulletin* où est traitée l'histoire locale. Nous croyons utile d'indiquer ici les principaux de ces travaux :

2º fascicule (février 1887) : les Cahiers de 1789 des paroisses de Montmartre et de La Chapelle. — 4º fascicule (1887) : le traité de Montmartre (1662); les bas-reliefs de l'avenue des Tilleuls; les cimetières du XVIIIº arrondissement; la maison du nº 3 de la place du Calvaire; la maison du docteur Blanche, 22, rue de Norvins; la maison de Trétaigne. — 7ᵉ fascicule (1888) : les artistes à Montmartre, M¹¹ᵉ Camille, actrice de la Comédie italienne (1735-1768); la légende de La Chapelle. — 10ᵉ fascicule (1889) : Montmartre et les Normands pendant le siège de Paris (885-886); un bienfaiteur de Montmartre (Villon); Chapelle. — 18ᵉ fascicule (1893) : commission des inscriptions du XVIIIᵉ arrondissement ; pose de la première plaque commémorative. — 21ᵉ fascicule (1895) : Montmartre en 1789; — l'assassinat de Clignancourt; notes sur Montmartre-intra; fête civique à Montmartre sous la Révolution ; révolution de 1848, affiches municipales et administratives ; l'abbaye des Dames de Montmartre; les colonnes du temple. 22ᵉ fascicule (1895) : la procession du chef de Saint-Denis ; la chapelle des Martyrs [1].

La Société a, en outre, publié en 1888, dans le format habituel de ses *Bulletins* un fascicule de onze pages intitulé : « Le Vieux-Montmartre à la pose de la première pierre de la nouvelle mairie » (16 décembre 1888).

---

[1]. Ce travail, dû à M. A.-L. Bertrand, contient, sur la chapelle des Martyrs, des renseignements fort curieux, empruntés à l'ouvrage du P. Binet : *la Vie de S. Denys l'Aréopagite*, et au manuscrit latin 1268, de la Bibliothèque Nationale. Certaines inscriptions y sont citées, dont l'auteur, malheureusement, ne justifie pas assez l'authenticité.

LA CHAPELLE-SAINT-DENIS

I, 458-462.

Si, dans la plupart des cas, la centralisation des documents d'origine ecclésiastique, motivée par la Révolution, a eu cet heureux effet de faciliter sa tâche à l'historien en rendant ces documents publics et d'une consultation aisée, il est d'autre cas où la crise de 1790 a produit un bouleversement dans lequel ils ont disparu. C'est ce qui est arrivé pour la paroisse de la Chapelle-Saint-Denis, dont les titres ne sont pas parvenus aux Archives Nationales, on ne sait pour quelle cause, alors que ceux des cures voisines y étaient exactement remis. Nous n'avons plus même la ressource de consulter cet inventaire des titres dont parle Lebeuf à la fin de sa notice, et qui eût été un précieux auxiliaire de nos recherches.

L'origine de la localité demeure inconnue, en dépit des recherches de M. Firmin Leclerc sur ce qu'il appelle l'époque des Parises, le village des Roses, le village de Sainte-Geneviève, recherches qu'il a bien fait de nommer « la Légende de La Chapelle » (voy. à la Bibliographie). Il ne dut pas y avoir là le moindre groupement d'habitants jusqu'au moment où l'on fut revenu des terreurs de l'an mil. C'est alors qu'une modeste chapelle s'éleva, consacrée à sainte Geneviève. On a fort discouru sur les raisons de ce vocable. Plusieurs historiens, à l'opinion desquels se rallie Lebeuf, ont avancé qu'il est dû à ce fait que lorsque sainte Geneviève se rendait chaque semaine au tombeau de saint Denis et de ses deux compagnons de supplice, là où est maintenant la ville de Saint-Denis, elle s'arrêtait à mi-chemin, d'où l'origine à la fois du village et d'une chapelle de Sainte-Geneviève. Nous n'en croyons rien : si cette chapelle eût existé au temps où fut écrite la vie de sainte Geneviève, son auteur n'eût pas manqué de la mentionner, et il n'en parle nullement. Il faudrait, en outre, admettre que tous les villages de France, dénommés aujourd'hui Sainte-Geneviève, doivent également leur origine à une visite ou à la résidence de cette sainte, ce qui n'est pas. Dans l'ancien diocèse de Paris, Sainte-Geneviève des Bois tire son nom, au dire même de Lebeuf (t. IV, p. 379), « de la donation de quelque relique du IXe siècle. » Il en aura été de même pour la Chapelle, mais à une époque moins reculée, puisque les actes n'en font mention qu'au XIIIe siècle.

La paroisse est restée sous l'invocation de sainte Geneviève jusqu'à notre époque, et l'on ne sait pourquoi elle s'appelle maintenant Saint-Denis de la Chapelle (l'église de la Plaine, aujourd'hui sur le territoire de la ville de Saint-Denis, a été, depuis, consacrée à sainte Geneviève). C'est un pauvre édifice, dont le chœur seul a conservé quelques vestiges du XIIIe siècle, et qu'enlaidit un portail moderne du plus mauvais style. Guilhermy (au tome II, pp. 94 et 95 de ses *Inscriptions de l'ancien diocèse de Paris*) y a relevé deux inscriptions : l'épitaphe de Françoise Dorée, femme de Nicolas Bourdon, maître maçon, décédée en 1605,. — et la mention, gravée sur la cloche qui est dans la tour, que cette cloche a été bénie en 1756 et provient de la paroisse Saint-Marcel de Saint-Denis [1].

Voici comment s'exprime, au sujet de cette église, l'intéressant journal de Gautier, organiste de l'abbaye de Saint-Denis au moment de la Révolution :

« Le premier des jours complémentaires an II ou le mercredi 17 septembre 1794, s'est fait au village de la Chapelle près Saint-Denis, par le directoire du district de Saint-Denis, la vente des effets de l'église, ci-après détaillés : savoir, le dessus de la chaire, la boiserie de l'œuvre, l'orgue et autres objets appartenant à la dite commune. L'orgue était très joli; il avait été relevé et réparé par M. Dallery, très excellent facteur d'orgue, lequel fut reçu le mardi 3 juin 1783. M. Pouteau, organiste du prieuré royal de Saint-Martin des Champs et de la paroisse de Saint-Jacques la Boucherie à Paris, et moi, furent les arbitres nommés par la paroisse. Dom Bedos (religieux de Saint-Denis) reçut le susdit orgue, le lundi 4 mai 1778 lorsqu'il fut établi la première fois par M. L'Epine, beau-frère de M. Clicquot, facteur d'orgues du Roi... »

On a entrepris tout récemment d'agrandir Saint-Denis de la Chapelle du seul côté où cette église ne soit pas resserrée entre des maisons, c'est-à-dire par le chevet. Le 23 juin 1895, Mgr de l'Escaille, doyen du chapitre de Notre-Dame, a béni la première pierre d'une triple chapelle absidale.

Nous parlons plus loin de la seconde église paroissiale, Saint-Bernard. Durant tout le moyen âge et jusqu'à notre siècle, la Chapelle fut un pays de vignoble, surtout dans la région ouest du bourg, sur le flanc de la butte Montmartre et sur ce dernier repli de terrain que traverse la rue des Poissonniers. Le prieuré de Saint-Lazare et l'aumônier de l'abbaye de Saint-Denis, seigneur principal de la paroisse y avaient chacun un pressoir. Voici deux textes relatifs à ces vignes :

« G. prior sancti Lazari Parisiensis, totusque ejusdem loci conventus, universis presentes litteras inspecturis in Domino salutem. Notum facimus quod in presentia nostra constituti Andreas Tiberge et Haorsis, ejus uxor, recognoverunt se vendidisse sex modios vini de mera guta in cupa, in vindemiis recipiendos in vineis suis de Capella, scilicet in valle Basin et *à la Monjoe*, sitis in censiva nostra, assignatos magistro Mauricio, canonico Eboracensi pro octo libris parisiensium et tribus solidis... » (Arch. nat., S. 6648, n° 1.)

« Religieuse et honneste personne frère Jehan Le Clert, ou nom et comme aumosnier de l'église mons. saint Denis en France, confesse avoir eu et receu de Jehan Gillain, laboureur, demourant à la Chapelle-Saint-Denis, seize souls parisis pour le terme sainst Remy dernier passé, en amenage de vendange à cause de soixante quatre souls parisis de rente que ledict aulmosnier dit avoir

---

[1] L'indigence en laquelle nous sont parvenues les archives de la cure de la Chapelle ne permet pas de dresser une liste des curés de cette paroisse avant la Révolution. Nous ne pouvons en citer que deux : Nicolas Hesselin, qui, par acte du 16 janvier 1595 se déclare censitaire de la maison de Saint-Lazare (Arch. nat., S. 6648), — et Jean-Paul Arrault des Bazins, déjà nommé par Lebeuf. Il figure dans les registres paroissiaux de Villiers aux dates du 31 janvier 1748 et du 27 novembre 1749; dans ceux de Clichy, le 8 février 1762, où il procède à une inhumation.

droit de prendre et percevoir par chascun an aux quatre termes acoustumés, en et sus une maison ainsy etc, en laquelle souloit pendre pour ensaingne la Rose, appartenant audict Jehan Gillain par le bail que luy en a ja pièça fair ledict aumosnier, assise audict lieu de la Chapelle, tenant d'une part à la rue des Rosiers, et d'autre part au clos de vigne dudict aumosnier... » 19 décembre 1452. (Arch. nat., S. 2245 B).

Nous avons trouvé dans le fonds de l'Hôtel-Dieu de Saint-Denis (Arch. nat., S. 6115) un acte de 1314 aux termes duquel Robert Evrond, habitant de Paris, et Marie l'Evronde, sa femme, léguaient à cet Hôtel-Dieu un manoir avec ses dépendances, situé à la Chapelle, pour y fonder une Maison-Dieu ou un hôpital où les pauvres puissent être reçus et hébergés. L'évêque de Paris et l'abbé de Saint-Denis confirmèrent cette fondation; mais, en l'absence de toute autre indication à son sujet, il faut croire qu'elle ne fut pas réalisée.

Par sa situation aux portes de Paris sur une des grandes routes du nord, le village de la Chapelle fut fréquemment témoin de grands faits qui appartiennent à l'histoire générale : mouvements de troupes, entrées de souverains, venue de Jeanne d'Arc, le 8 septembre 1429. Leur récit dépasserait les proportions de notre cadre et en doit être réservé pour une monographie; l'abbé Lebeuf les a d'ailleurs suffisamment indiqués. L'on s'étonnera pourtant qu'il n'ait pas mentionné le passage de Jeanne d'Arc à la Chapelle; il y a lieu aussi d'être surpris de ne pas trouver mention dans sa notice des lettres par lesquelles Charles V, en 1375, vendit aux habitants de la Chapelle l'exemption du droit de prises ; voici, d'après la transcription originale sur les registres royaux, les principales dispositions de cet acte, que le *Recueil des Ordonnances* (t. VI, p. 108) donne en entier :

« Charles, etc. Savoir faisons à tous presens et avenir que nous, oye et diligemment entendue humble supplication des manans et habitants de la ville de la Chapelle Saint-Denys, près Paris, disans eulx avoir esté très grandement et excessivement grevez et dommagez pour le fait et occasion des guerres de notre royaume; mesmement que, au temps passé durant icelles guerres, plusieurs granz compaignies de gens d'armes, et par plusieurs foiz ont fait et tenu long et grant sejour en ladicte ville, prins, mengié, beu, destruit et gasté grant quantité des biens d'iceulx suppliants sans en rien paier ne faire gré ne satisfaction aucune, et emmené, prins et pillié grant quantité de bons chevaux dont ils devoient et entendoient faire cultiver et labourer leurs terres arables, et en avoir et recueillir leur vie et petite chevance de leurs femmes et enfans;

« Nous à yceulx suppliants, pour considéracion des choses dessusdictes, et pour justes et raisonnables causes nous à ce esmouvant, avons ottroié de grace especial, certaine science et auctorité royal, et ottroions par la teneur de ces presentes que pour les garnisons, vivres et autres necessitez de nous, de nostre très chère compaigne la Royne, de nostre très cher ainsné fils Charles, dolphin de Viennoys, et autres nos enfans, de nos très chers frères les ducs d'Anjou, de Berry et de Bourgoingne, et de tous autres de nostre lignage, du connestable et des mareschaux de France, ne d'autres quelxconques qui ont acoustumé de joir et user de prinse en nostre royaume, l'on ne prendra en ladicte ville de la Chapelle-Saint-Denys, aux champs, en ville, ne en chemin, en alant ou venent, aucuns blez, vins, roysins, chars, chevaux, charrettes, voitures, harnois, feurres, foins, avoinnes, lis, draps, couvertures, poullailles, fruis ne quelxconques autres biens desdiz supplians, quelx qu'ils soient et en quelque lieu que yceulx biens soient trouvez et transportez en et parmi nostre royaume, c'est assavoir parmi et moiennant la somme de XX charretées de feurre bon et souffisant, lesquelles d'ores en avant, perpetuelment et à tous jours mais, lesdis supplians, leurs enfans, hoirs et successeurs demourens en ladicte ville sont et seront tenus tant conjoinctement comme diviséement, ainsi que mieulx pourra estre pour nous et nostre prouffit, rendre livrer, bailler et conduire à leurs frais en nos hostels à Paris ou ailleurs ou que nous soyons à II lieues près de Paris, chascun an au terme de la Saint Remi ou dedens les octaves; lesquelles XX charretées de feurre seront, pour le temps present et tant comme il nous plaira, distribuées en la manière qui s'ensuit : c'est assavoir pour nous et nostre dit hostel X charretées de feurre; pour nostre dicte compaigne VI charretées, et pour nostre dit ainsné fils Charles, dolphin des Viennois IIII charretées, — et par nos successeurs à leur plaisir.

« Et parmi ce, lesdits supplians, leurs enfans, hoirs et successeurs demourans en ladicte ville seront d'ores en avant frans, quittes et exemps desdictes prises. Ausquelles XX charretées de feurre lesdis manans et habitans ont accordé, et à ycelles composé pour ce avec nos amés et feaulx les maistres de nostre hostel, et nous yceulx accort et composition avons eu et avons aggreables et yceulx loons, ratiffions et par la teneur de ces presentes de grace especial, certaine science et autorité royal dessus diz approvons.

« Si donnons en mandement...

« Donné à Paris ou moys d'Avril l'an de grâce MCCCLXXV, et le XIIe de nostre regne. » (Archives nationales, JJ. 108, pièce 254.)

' Les guerres religieuses de la fin du xvie siècle causèrent encore de grands dommages à la Chapelle. Le grand aumônier de l'abbaye de Saint-Denis, dont l'office conférait la seigneurie sur ce bourg loua à bail, le 9 novembre 1612, à Antoine Descharrons, laboureur, demeurant à la Chapelle, « une masure estant en ruyne, pleine de gravois et immondices, assise audict village de la Chapelle, où soulloit estre la place du pressouer-bagnier, tenant d'une part et d'un bout audict Descharrons, d'autre part à la ruelle de l'église, et d'autre bout à la geolle », à la charge de 4 deniers parisis de cens, de 70 sols tournois de rente annuelle, plus l'obligation de rebâtir ladite masure; et, en outre, « sera tenu ledict Descharrons de faire bastir et construire et faire faire ung cachot pour mettre les prisonniers à ladicte Chapelle, d'aultant que à present il n'y en a que ung... » (Arch. nat., S. 2245, A.)

Dans le même carton se trouvent d'autres actes portant bail d'une place « où soulloit estre, auparavant les guerres, la grange dixmeresse dudict sieur aumosnier... tenant à une ruelle par où on soulloit aller à l'église » (1614).

Si la grange, le pressoir, la geôle de l'abbaye avaient été ainsi détruits, il est permis de supposer que le village entier fut de même à peu près anéanti.

C'est aussi dans ce carton qu'est contenue la liasse assez volumineuse de déclarations de censives faites en 1540 pour les biens situés sur le territoire de la Chapelle; en voici le relevé, fort utile à cause des indications de lieux-dits :

« Neuf quartiers de vignes assis au terrouer... appellé *la Mercade*; — demy arpent de terre... tenant d'un bout sur la chaussée du *Landy*, et d'aultre au chemyn qui va du Landy à Montmartre ; — le chemin du *Bailly* ; — ung cartier de terre... tenant d'une part au chemin qui va de ladicte Chapelle à *Gardinons* ; — le chemin des *Prisonniers* ; — la *Croix de l'Évangile* ; — le chemin des *Poissonniers* ; le lieu-dit le *hault Bazin* ; — le *bas Bazin* ; — la rue du *Four* ; — les *Potences* ; — la *Gelière* ; — la *Borne* ; — *Sentin* ; — la rue du *Bon-Puits* ; — la *Tournelle* ; — la *Cousture-Louvet* ; — le chemin des *Rousiers* ; — Maistre Jacques de Nyele, advocat ju Chastellet... déclare tenir et estre propriétaire d'une maison, court, estables, ardins et vignes, le tout clos à murs... assis à La Chapelle-Saint-Denis en la rue *Colin-Berard*, tenant d'une part à la rue qui tend de Paris à Haubervilliers, et d'autre part à la ruelle des *Roziers* ; — la *Montjoye* ; la *Haulte Mulle* ; — *Roulliz* ; — la *Flache* ; — la *Broue* ; — la *Chardonnière* ; — les *Callous* ; — le *Pressouer* ; le *Val-Basin* ; — la *Merequette* ; — .. une maison... tenant d'une part au cymetière de ladicte Chappelle, aboutissant d'un bout au pressouer de l'aumosnier de Saint-Denis en France ; — la *Poincte aux dames* ; — le chemin de La Chapelle à *Malassiz* ; — la *Couronne* ; — la grant rue de Paris à Saint-Denis, ou rue pavée ; — la *Grant-Croix* ; — le chemin à *l'Asne* ; — *Frammousin* ; — les *Marets* ; — le chemin du *Vivier* ; — les *Maillets*. »

L'immense majorité de ces censives, — dans la proportion de neuf sur dix, — appartenaient à l'aumônerie de Saint-Denis ; mais cependant, quelques-unes étaient perçues par d'autres établissements monastiques : Saint-Lazare, l'abbaye de Montmartre, le Chapitre de la cathédrale.

Nous emprunterons enfin à la même source le procès-verbal de bornage entre la Chapelle et Clignancourt, dressé le 29 avril 1651 entre les religieux de Saint-Denis et « messire Jullien Brissard, abbé de Saint-Prix et de Saint-Quentin, seigneur de Clignancourt et Montmartre... » La partie essentielle de l'acte est ainsi conçue : « ... C'est assavoir qu'auxdits sieurs religieux de l'abbaye de Saint-Denis en France, seigneurs de la Chapelle à cause de l'office d'aulmosnier annexé à leur mance conventuelle, demeureront et appartiendront tous et chacuns les droits de justice directs, voirie, seigneurie, censives, ventes seigneurialles, les proffits en provenant et autres droits generallement quelconques, tels qu'ils se trouvent de soleil levé du costé du village de ladicte Chapelle-Saint-Denis jusqu'aux bornes qui ont été plantées ainsi qu'il est dit cy après, et notamment sur les maisons appartenant aux heritiers de feu le sieur Chelot, lesquelles ledict sieur de Clignancourt consent qu'elles soient et demeureront dans la justice, voyrie, censive, seigneurie desdits sieurs religieux. Et audict sieur de Clignancourt appartiendront tous les droits... generallement quelconques tels qu'ils puissent aussy estre du soleil couché du costé de Clignancourt depuis lesdictes bornes jusqu'au chemin des Poissonniers, et lesquelles bornes ont été presentement mises et plantées au nombre de sept à la forme et manière et ès lieux qui ensuivent, assavoir :

La première borne dans le chemin du Pressoir-des-Champs, qui va de la Chapelle-Saint-Denis à la Croix-Moreau à Clignancourt... distante du bord du pavé du grand chemin de Paris à Saint-Denis de trente perches trois pieds et demi ; et du pied de ladicte Croix-Moreau, où se rencontre ledict chemin du Pressoir-des-Champs avec le chemin desdicts Poissonniers, de soixante-quinze perches, — et de ladicte première borne, tirant à droite ligne devant Saint-Denis, a été mise la seconde borne, ... distante de ladicte première borne de quatre-vingt-cinq perches quatre pieds ; — de laquelle seconde borne faisant le court de hache du costé dudict chemin des Poissonniers a été plantée une troisième borne... distante d'éloignement de la seconde borne de dix perches et demie ; — et de ladicte troisième borne en tirant à droite ligne vers la ville de Saint-Denis, a été plantée une quatrième borne qui fait une encoignure... distante de la troisième borne de seize perches et demy ; — et de ladicte quatrième borne faisant le court et hache en tirant du costé de Clignancourt au chemin des Poissonniers a été planté une cinquième borne... éloignée de la quatrième de sept perches ; — et de ladicte cinquième borne, en tirant à droite ligne vers la ville de Saint-Denis en a été plantée une sixième... distante de ladicte cinquième borne de soixante-quatre perches six pieds, et du grand chemin allant de Paris à Saint-Denis de trente-trois perches quatorze pieds et demy ; — et depuis ladicte sixième borne jusqu'audit chemin desdits Poissonniers, sur le bord duquel chemin a été plantée une septième borne et dernière... distante de ladite sixième borne de quarante et une perches et demy... ».

Cent ans plus tard, le 22 décembre 1744, l'abbaye de Saint-Denis donnait à bail à Nicolas-Charles Bouchard, procureur fiscal et laboureur demeurant à la Chapelle, les terres ainsi désignées : la Michellette ou Chardonnière ; le Pré-Maudit ou Guigne-Barat ; Gardinon ; le clos Merdret ; la première ou grosse Croix ; les Graviers ; la seconde Croix ; les terres de l'Aumône ; la Tombette ; la Fosse-Gaucher ; la Croix-Penchée (Arch. nat., S. 2376, B).

Les rues, fort peu nombreuses, aboutissaient toutes, à droite ou à gauche, sur le grand chemin pavé de Paris à Saint-Denis ; c'étaient, du côté de Montmartre, le chemin de la Mercade (aujourd'hui rue Marcadet) ; du côté de la Villette, les rues de la Tournelle (rue Riquet), du Bon-Puits (rue Torcy), des Rosiers (rue des Roses), et le chemin des Potences (rue Philippe-de-Girard). Tout le reste était en vignes ou en terres de labourage.

Sur Claude-Emmanuel Luillier, connu sous le nom de Chapelle, M. Firmin Leclerc a réuni toutes les anecdotes qui composent la biographie du personnage (voy. à la Bibliographie).

Le 11 juin 1699, l'intendant de la Généralité de Paris écrivit au contrôleur général afin d'obtenir une indemnité aux habitants de Pantin, Aubervilliers, la Chapelle et la Villette pour les dommages qu'ils ont éprouvés à cause de la chasse offerte aux ambassadeurs, le 12 février précédent (Boislisle, *Correspondance des contrôleurs généraux*, t. I, n° 1871).

Lebeuf parle (p. 462) de la communauté des Filles de Sainte-Agathe qui, vers 1698, vint se fixer à la Chapelle et n'y put rester. Nous aurions voulu vérifier le fait et l'accompagner de quelques détails ; malheureusement, les archives de ce couvent ont disparu, de même que celles de la paroisse dont nous traitons. Jaillot (*quartier Saint-Benoît*, pp. 12-13) se borne à citer là-dessus Sauval. Il a été question des Filles de Sainte-Agathe dans le texte de Lebeuf, p. 261, et dans nos *Additions*, p. 233 du présent volume.

Lors de la réunion des États généraux de 1789, les habitants de la Chapelle rédigèrent le cahier de leurs doléances. Outre certaines observations ayant trait aux objets d'intérêt national, ils en présentèrent plusieurs les concernant particulièrement ; c'est ainsi qu'ils protestèrent contre les impôts qui les écrasaient à la fois comme habitants de la campagne et de la banlieue ; contre la privation du droit de pacage, accordé exclusivement aux bouchers de la capitale ; contre la taxe qu'ils payaient pour l'entretien des casernes parisiennes de Gardes-Françaises. L'ensemble des droits qu'ils ont à acquitter s'élève, disent-ils, à 21267 livres, 16 sous, pour une paroisse qui ne compte que 148 feux (*Bulletin de la Société du Vieux-Montmartre*, 2ᵉ fascicule, pp. 7-18.)

La Chapelle-Saint-Denis devint, en 1790, une commune de l'arrondissement de Saint-Denis et du canton de Clichy-la-Garenne. En l'an IX, elle fut rattachée au canton de Saint-Denis, et cet état de choses ne fut pas modifié jusqu'en 1860. On pourrait faire une histoire administrative complète de la Chapelle durant cette période à l'aide des dossiers qui, de la sous-préfecture de Saint-Denis, ont été versés aux Archives de la Seine. L'importance du bourg alla toujours croissante, et détermina la construction (1843-1846) d'un Hôtel de ville monumental (cet édifice est affecté maintenant à divers services communaux du XVIIIᵉ arrondissement) et la création d'une seconde paroisse dans le quartier de la Goutte-d'Or (délibération du conseil municipal de la Chapelle en date du 14 septembre 1854). Les travaux de cette église, dédiée à saint Bernard, ne furent entrepris qu'en 1858, après le vote d'un crédit d'un million par la commune de la Chapelle, et achevés en 1861, c'est-à-dire que le bâtiment fut livré à la ville de Paris. Il est conçu dans le style gothique du XVᵉ siècle. Son architecte a été M. Magne.

Les habitants de la Chapelle protestèrent peu contre le projet d'annexion présenté en 1859 et qui devait rattacher à Paris la plus grande partie de leur territoire. Ceux d'entre eux qui se trouvaient en dehors de l'enceinte fortifiée émirent le vœu d'être constitués en commune indépendante conservant son nom de la Chapelle-Saint-Denis (Arch. nat., F. 870004), mais leur prétention ne fut pas accueillie et ce territoire s'annexa à ceux de Saint-Ouen, Saint-Denis et Aubervilliers. La loi du 16 juin 1859 fit entrer l'ancienne commune dans le XVIIIᵉ arrondissement dont elle forme deux quartiers : le 71ᵒ, dit de la Goutte-d'Or, est circonscrit par le boulevard Barbès, la rue des Poissonniers, le rempart, la rue de la Chapelle à l'est, et le boulevard du même nom ; le 72ᵒ — celui de la Chapelle — a pour limites la rue de la Chapelle à l'ouest, le rempart, la rue d'Aubervilliers et le boulevard de la Chapelle. Les deux voies extrêmes, la rue des Poissonniers d'un côté, celle d'Aubervilliers, de l'autre côté, constituaient avant l'annexion la limite du canton de Neuilly à l'ouest, de Pantin, à l'est, l'ancienne commune de la Chapelle, qui dépendait du canton de Saint-Denis, offrant ainsi cette particularité d'être resserrée entre les deux autres.

BIBLIOGRAPHIE. *Sources*. — Archives nationales N² (Seine), 95. — N³ (Seine), 312, 313, 315, 318, 319, 340, 477, 582, 737, 1171 : plans. — Q¹1039 : biens nationaux à la Chapelle. — Q¹1044 : biens des Ursulines de Saint-Denis. — S. 1433 : titres de propriété du prieuré de Saint-Martin des Champs. — S. 1466 : titres de propriété de Saint-Louis du Louvre. — S. 2239, 2244-2245^(A-B), 2251, 2253, 2372-2376, 2385, 2419-2420, 2472-2477, 2523, 2567-2570, 2588-2615, 2708-2714 : biens de l'abbaye de Saint-Denis. (Nous signalerons parmi ces documents : S. 2245ᴬ, déclarations de censives (XVIᵉ-XVIIIᵉ s) ; bornages des seigneuries de Clignancourt et de la Chapelle (29 avril 1651) ; états des terres qui ont été prises pour former le nouveau chemin « en droicture » de Paris à la Chapelle (1724). — S. 2245ᴮ : inventaire des titres de la fabrique, dressé en 1664 ne contenant que des indications topographiques connues d'autre part. — S. 2472$^{1\text{-}5}$-2477 : registres d'ensaisinements des terres de diverses paroisses, parmi lesquelles la Chapelle; il y aurait à faire des dépouillements énormes dans ces dix registres pour n'y trouver que des renseignements peu importants.) — S. 3414 : biens de l'église Saint-Laurent. — S. 3384 : biens de l'église Saint-Jacques de la Boucherie. — S. 4423 : biens de l'abbaye de Montmartre. — S. 4703, 4717 : biens du couvent des Filles-Dieu. — S. 6646-6648, 6725 : biens de la maison de Saint-Lazare (à signaler dans S. 6646 deux titres originaux de 1377 relatifs aux quatre pièces de vignes formant trois arpents et un quartier, et au pressoir que les frères de Saint-Ladre ont à la Chapelle). — T. 391^2 : acte de vente au Roi par le sieur Petit d'un terrain au lieu-dit les Potences (22 août 1787.)

Archives de la Seine. Documents administratifs répartis suivant le cadre de classement des archives communales (1800-1860).

Imprimés. La Chapelle Saint-Denis. Année 1854. (Annuaire, précédé d'un « aperçu historique » de 16 pages presque exclusivement consacré à la vie de Chapelle). *La Chapelle*, 1854, in-16 ; 75 pp. — 1re et unique année.

L'église Saint-Bernard. Description par G. Michaux, dans l'*Inventaire général des richesses d'art de la France*, Paris, Monuments religieux, t. I, pages 145-153.

Cahiers de la paroisse de la Chapelle en 1789, ap. *Bulletin de la Société du Vieux Montmartre*, 2e fascicule, pages 7-18.

Firmin Leclerc, La légende de la Chapelle; *ibid.*, 7e fascicule, pages 13-48.

Firmin Leclerc, Chapelle; *ibid.*, 10e fascicule, pages 10-21.

LA VILLETTE

I, 463-465.

L'origine du nom de la Villette ne saurait faire de doute : c'est la petite ville, — appelée aussi ville neuve, — de Saint-Lazare, dépendance de la célèbre léproserie, et sorte de prolongement dans la campagne du faubourg où était située cette léproserie; au reste, jusqu'au siècle dernier, on la trouve encore nommée la Villette-Saint-Lazare dans la plupart des actes publics.

Lebeuf n'a pas connu les documents les plus anciens où figure le nom de la Villette et qui sont la preuve de son antiquité; en voici un de 1198, que nous avons transcrit dans le cartulaire de Saint-Lazare, rédigé au XIIIe siècle et conservé aux Archives nationales (MM. 210, fol. 25 v°) :

« Odo, Dei gratia Parisiensis episcopus, omnibus presentes litteras inspecturi salutem in Domino. Noverint universi quod constitu[t]i in nostra presenti Theobaldus de sancti Germano, miles, Droco et Mauritius, filius ejus, terram illam in qua sita est villa nova sancti Lazari Parisiensis, quam olim Droco de Grandibus matutinis, pater ipsius, ecclesie sancti Lazari pia liber[ali]tate contulerat, eidem ecclesie possidendam perpetuo concesserunt, sicut eam hactenus quiete et libere noscitur possidere. Quod ut firmum et stabile perseveret, ad petitionem predictorum Theobaldi et filiorum ejus presentem cartam sigilli nostri impressione fecimus communiri. Actum anno incarnati verbi M°C°XC°VIII°, pontificatus nostri anno II°. »

A cette donation se rapportent des actes plus anciens encore, et notamment la charte de 1175 par laquelle l'évêque de Paris, Maurice de Sully, constate que Thibaut, chevalier, a donné aux religieux de Saint-Lazare la terre et la dîme de Rouvray (*apud Roveium*), ainsi que ses autres dîmes sur les champs et les vignes que son père, Dreux, avait déjà attribués à la même église (*ibid.*, fol. 25 r°). Comme cette charte ne contient pas encore le nom de la Villette alors qu'il figure dans celle de 1198, on doit en inférer que la dénomination a pris naissance entre 1175 et 1198. Ce lieu désigné sous le nom de Rouvray apparait dès 1119 sous la forme *Roveredum* dans la bulle par laquelle Calixte II confirma les biens du prieuré de Saint-Martin des Champs; il y est cité immédiatement après les possessions du monastère à Pantin (*Cartulaire général de Paris*, t. I, 207) et M. de Lasteyrie l'identifie, en effet, avec un lieu-dit de cette commune.

Au commencement du XIII° siècle, Regnault du Temple et Aalis, sa femme, donnent à Saint-Lazare l'usufruit dont ils jouissent sur un arpent de vigne situé « apud villam novam sancti Lazari, in loco qui dicitur Bordel » (MM. 210, fol. 106 r°).

Au XIV° siècle, se rencontrent de fréquentes mentions du pressoir que les religieux de Saint-Lazare avaient à la Villette, et, par les documents de date plus récente, on retrouve l'emplacement de ce pressoir de Saint-Ladre; il était situé rue Saint-Jacques (aujourd'hui rue de Nantes) et s'appelait au XVIII° siècle le Pavillon des champs (S. 6645).

C'est sans aucun doute autour du pressoir que la population commença à se grouper et c'est aussi dans son voisinage que fut édifiée l'église Saint-Jacques et Saint-Christophe, à l'angle de la rue Saint-Jacques et de la rue de Flandre, qu'on appelait alors route du Bourget ou route de Louvres.

Cette église, Lebeuf déclare ne l'avoir vue inscrite comme paroisse dans aucun pouillé, et n'en avoir pas trouvé de mention avant 1450. Plus heureux que lui nous en avons rencontré une de 1427 (S. 3627), et, à la date du 30 novembre 1487, un acte où figure « la confrerie de N. D. de Bonnes nouvelles, fondée en l'esglise mons. Saint Jacques de la Villette Saint-Ladre lez Paris » (*ibid.*). C'est à peu près à cela que se borne ce que l'on peut dire de l'église Saint-Jacques-Saint-Christophe; les noms de quelques curés seulement nous sont parvenus : Claude Courcier en 1686, Antoine L'Évêque en 1721, Georges-Nicolas Nouvelet qui assista, le 27 novembre 1749, à la pose de la première pierre de l'église de Neuilly (reg. paroissiaux de Villiers) et que l'on trouve encore vivant en 1771 (S. 3627); — Prévôt, en 1789. On ignore la forme de l'édifice, qui fut démoli dans la première moitié de ce siècle. Nous parlerons plus bas de l'église actuelle.

Lebeuf, ayant cru devoir traiter du couvent de Sainte-Perrine dans son chapitre sur les communautés de la paroisse Saint-Laurent (p. 302), nous avons dû l'imiter et nous renvoyons le lecteur aux pages 320-1 du présent volume. Il suffira de rappeler brièvement que cet établissement, transféré à la Villette en 1646, était situé rue de Flandre à l'angle de la rue Riquet (ancienne rue de la Tournelle) sur l'emplacement des maisons numérotées aujourd'hui 61-65; qu'en 1700, il s'y trouvait 30 religieuses de chœur et 6 converses, jouissant de 8,000 livres de revenu (*Mémoire de la Généralité de Paris*, p. 32-3), et qu'au mois d'août 1742, lorsque l'abbaye fut transférée à Chaillot (voy. plus haut, p. 474), elle se composait de 12 religieuses de chœur et de 4 converses. (Arch. nat., L. 1033.)

Peu après, en 1745, une autre communauté de religieuses, dont personne ne s'est encore occupé, vint s'établir sur le territoire de la Villette : les Filles de la Sainte-Famille, dites du Sacré-Cœur. D'un mémoire non daté, — mais qui doit être de 1768, — qu'elles adressèrent à la Commission des loteries pour implorer un secours, on apprend qu'elles s'étaient installées à la Villette en 1745 pour se consacrer à l'éducation de la jeunesse; que, depuis plusieurs années, elles reçoivent 150 enfants dont plus de 100 à titre gratuit; aussi ont-elles contracté 6,000 livres de dettes. A ce mémoire est joint une lettre de recommandation de l'archevêque, et la chemise du dossier porte qu'en août 1768, elles ont obtenu un secours de 6,000 livres. (Arch. nat., G 9654).

Neuf ans plus tard, le Ministre de la maison du Roi adressait à leur sujet la lettre suivante au lieutenant-général de police :

Versailles, le 16 septembre 1777.

« Vous m'avez renvoié, M., le 29 juillet dernier, des mémoires par lesquels les Filles de la Sainte Famille, établies à la Villette près Paris, demandent des lettres patentes qui autorisent et confirment leur établissement, et qu'il leur soit donné par Mgr l'Archevêque et par M. le Procureur Général tels statuts et règlemens qui seront jugés convenables. Vous m'avés proposé de communiquer le tout à M. le Procureur general; je l'ai fait, et vous trouverés ci-joint la reponse de ce magistrat et toutes les pièces. Les observations vous paraissent mériter beaucoup d'attention; cependant, avant que de porter l'affaire au Conseil, je vous serai obligé de me marquer ce que vous en pensés » (Arch. nat., O¹ 488, p. 566).

Cette communauté fut certainement supprimée par la Révolution. Dans les registres des délibérations municipales de Saint-Denis, conservés à la mairie de cette ville, il est fait mention, à la date du 24 janvier 1793 (D. 3. fol. 190 v°), du transfert aux Carmélites de Saint-Denis pour le service de la caserne communale que l'on y installait alors, d'objets provenant « de la Congrégation dite de la Sainte-Famille, de la Villette. »

Les anciens plans, conservés en grand nombre, permettent de se rendre compte de l'aspect général du village et des lieux-dits qui l'entouraient. Les limites de la paroisse, devenue commune en 1790 et maintenue en cette qualité jusqu'en 1860, ne durent pas varier; aussi, pour les décrire, est-il préférable de se servir des dénominations actuelles. Elles étaient représentées par une ligne partant de l'angle de la rue d'Aubervilliers et du boulevard extérieur (ancienne barrière des Vertus) et suivant cette rue jusqu'au delà des fortifications sur le territoire qui appartient aujourd'hui à Aubervilliers; de là, dans la direction ouest-est, la limite formait une légère enclave sur le territoire de Pantin et regagnait les fortifications à hauteur de la rue des Carrières-d'Amérique (ancien chemin d'Amérique); elle suivait cette rue jusqu'à la rue d'Hautpoul (ancienne rue de Belleville) dans la direction de Belleville ; puis, tournant brusquement vers l'ouest, traversait les carrières d'Amérique (Buttes-Chaumont), allait rejoindre la rue de Meaux à peu près à hauteur de la rue Secrétan, suivait la rue de Meaux jusqu'au boulevard extérieur (barrière du Combat) et ce boulevard jusqu'au point de départ.

Le centre de l'agglomération était, nous l'avons dit, en bordure de la rue de Flandre (route nationale n° 2), aux abords de l'ancienne église qui était située à l'angle de la rue de Nantes. Un peu plus au midi, la rue de Flandre était traversée perpendiculairement par une voie venant de la Chapelle (rue des Tournelles, ou de la Tournelle, aujourd'hui rue Riquet) et allant vers Belleville (rue Notre-Dame, aujourd'hui rue de Crimée). Plus à l'est, le territoire était traversé dans sa longueur par une autre grande voie à peu près parallèle à la rue de Flandre ; c'était le chemin de Meaux, en partie remplacé, mais non supprimé (en 1768) par une voie plus large partant du faubourg Saint-Martin et qui est la rue d'Allemagne (route nationale n° 3).

Tout le reste de la paroisse était occupé par des terrains en culture, au centre, et des carrières du côté de la montagne de Belleville. Certains des lieux-dits nommés dans les documents peuvent être identifiés, au moins approximativement : au xve siècle on trouve sur le territoire de la Villette des localités appelées Grimperel (ou Grimpel ou Gruperel), Bonjour, Sous-Rouvray, la Maladrerie (Arch. nat., S. 3627). Ces quatre cantons étaient situés entre les routes de Flandre et d'Allemagne, sur l'emplacement qu'occupent aujourd'hui les abattoirs et le marché aux Bestiaux ; il faut remarquer que Lebeuf place Rouvray et la Maladrerie sur la paroisse de Pantin (voy. t. II, pp. 649 et 650) ; la ferme de Rouvray est inscrite sur nos cartes, à 300 mètres environ au delà des fortifications, non loin du canal de l'Ourcq, du côté de Pantin ; la Maladrerie était située, d'après les anciens plans, au croisement même de la route d'Allemagne et du chemin de Dammartin dit route des Petits-Ponts, côté ouest.

A l'est de la rue d'Allemagne, entre les fortifications et le chemin de fer de Ceinture, étaient les Graviers, puis les Mignonnettes, non loin du cimetière. Dans un registre d'ensaisinements de l'abbaye de Saint-Denis, il est fait mention de « trois quartiers de terre à la Villette Saint-Lazare, lieu-dit l'Orme ou Sirasse, ou Amourettes, touchant à la sente des Charbonniers et par bas au chemin de Meaux (Arch. nat., S. 2485, fol. 95 v°). D'autres documents (S. 229, biens de Saint-Germain-l'Auxerrois) mentionnent les Carrières ou Vaulx de coq, les Masures, le Coin des morts (1607), — et (S. 3627, biens de la fabrique de la Villette), le Petit-Orme, la Basse-Couronne, Valogier, le Banage, Tirebarbe, les maisons dites de l'Ecu de France (en 1714) et du Petit-Morc, attenant au presbytère, de Maugart (dès 1489). Un plan contenu dans le carton S. 6644 figure une sorte de chapelle, dite « le Reposoir », au point où la rue de Meaux rejoint la rue d'Allemagne.

Deux lieux-dits méritent une mention plus spéciale : la butte Chaumont et Monfaucon. La plus ancienne trace que nous ayons trouvée du nom de la première se voit dans un document qui appartient au carton S. 910 (n° 4) et où il est question, à la date de novembre 1216, du lieu dit Chaumont « in territorio dicto de Calvomonte prope patibulum seu gibetum parisiensem » ; l'origine de cette dénomination doit donc être rapprochée de celle des localités si nombreuses, dénommées Chaumont, c'est-à-dire *Mons calvus* ou *Mons calidus* ; par suite, c'est à tort qu'on a parfois donné à cette colline le nom de Saint-Chaumont. On trouve aussi la « Butte Chaumon » figurée sur un beau plan manuscrit de 1732 (Arch. nat., S. 6648). Personne n'ignore que sous le second Empire, cette butte a été transformée avec un rare bonheur en parc anglais.

Montfaucon a été plus étudié. On trouvera plus bas, à la Bibliographie, l'indication des ouvrages qui en ont traité, et dont le meilleur est celui de A. de Lavillegille. Cet auteur cite (pp. 23-25) des actes de 1233 et de 1249 où il est question de terrains contestés au chapitre de Notre-Dame et indiqués comme étant « circa gibetum ». Nous avons trouvé une mention analogue dans le cartulaire de Saint-Lazare; par une charte datée de novembre 1240, Étienne de la Croix et Pétronille, sa femme, vendent au prieur de Saint-Lazare quatre arpents de terre labourable situés « cet dicebant, in clauso Guerrici prope gibetum parisiensem » (MM. 210, fol. 91 v°). Enfin, le nom de Mautfaucon apparaît pour la première fois dans le poème de *Berte aus grans piés* qui date du deuxième tiers du xiiie siècle :

> Quant la vielle fu arse, Tybert font ateler ;
> Tout parmi la grant rue le firent traisner,
> A Montfaucon le firent sus au vent encrouer.

Lavillegille établit que l'ancien gibet était situé entre le chemin de Meaux et la rue Saint-Maur, et qu'en 1761 on le reconstruisit derrière les maisons de la Villette, mais comme simple symbole de la justice royale, car depuis longtemps on n'y exposait plus les corps des suppliciés. Cet emplacement prit aussi le nom de Montfaucon, et en somme c'était toujours le même terrain vague et sinistre s'étendant de l'hôpital Saint-Louis jusqu'au pied de la butte Chaumont et que le mur d'enceinte des fermiers généraux allait partager en deux. Ce qui en resta hors de Paris entre la Villette et Belleville, devint, par une transformation assez naturelle, la voirie et le dépotoir de la capitale, et ne disparut qu'en 1848 ; encore, l'une des plus importantes entreprises de vidanges y a-t-elle même maintenant les bâtiments de son exploitation, en bordure de la rue de Meaux. Ce n'est que fort lentement que ce quartier, circonscrit entre les rues de Meaux, Sécrétan, Manin et l'avenue Laumière, parvient à faire oublier sa lugubre origine ; elle paraît peser toujours sur son aspect.

L'histoire civile de la Villette se réduit à bien peu de mentions. Lebeuf a parlé du privilège que Charles VI accorda à ses habitants par acte daté de Melun, en novembre 1374 ; en voici le préambule d'après le registre du Trésor des Chartes (Arch. nat., JJ. 106, f° 128 v°) :

« Charles, etc. Savoir faisons à touz presens et à venir nous avoir receu humble supplication des manans et habitans de la Villette Sainct-Ladre lez Paris, contenant que comme, dès longtemps a, eulx et plusieurs autres habitanz des hameaux et villes voisines de ladite Villette Sainct-Ladre et du païs environ nous eussent et aient poursui afin de estre par nous remediez sur le faict de leurs blez, vins, voitures, chevaux, charrettes..., et autres choses qui, de jour en jour, se faisoient et font par nos fourriers, chevaucheurs et officiers... »

Un acte plus inattendu, où l'on voit les habitants de la Villette réunis en communauté par une enquête *de commodo et incommodo* — comme on dirait aujourd'hui est celui qui fut rédigé en 1646 à propos de l'installation du couvent de Sainte-Perrine; nous l'avons cité plus haut (p. 320).

En 1789, ils rédigèrent le cahier de leurs doléances aux États-Généraux; à la suite d'un certain nombre de considérations d'ordre général sur les intérêts du royaume, on y lit ce qui suit :

« Demandes locales. — Les habitants observent que les revenus de la cure de la paroisse et ceux du vicaire sont très modiques et insuffisants même pour le prieur-curé, et que cette insuffisance le met hors d'état de pourvoir aux besoins des pauvres de la paroisse. En conséquence, le Roi est supplié ou de faire rendre au curé les dîmes qui lui ont été retirées ou de supprimer les bénéfices simples au-dessous de 1,500 livres, et d'employer les revenus à procurer à tous les curés et vicaires les secours et une augmentation suffisante pour vivre et sustenter les pauvres.

« Les habitants observent encore que le village entier de la Villette dépend de trois paroisses, savoir : depuis la barrière neuve jusqu'à la rue Notre-Dame, de Saint-Laurent, dont les paroissiens sont fort éloignés; la droite de la Villette, de la paroisse dudit lieu, et toute la gauche, même vis-à-vis l'église de la Villette, de la paroisse de la Chapelle, dont les paroissiens sont pareillement éloignés. En conséquence, qu'il serait à désirer, pour le bien de la paroisse de la Villette et de l'intérêt de tous les habitants, que tout le village de la Villette et la chaussée à partir de la nouvelle barrière soit réuni et dépende entièrement de la paroisse de la Villette.

« La suppression de la taxe imposée sur chaque habitant de la paroisse de la Villette pour le logement des gens de guerre; malgré laquelle taxe, ils sont encore tenus de loger des troupes passantes, et laquelle taxe, dans son origine, n'avait lieu que dans les faubourgs, et non dans la banlieue.

« La suppression de la taxe par cheval imposée par la police de Paris ou par ses ordres, sur chaque habitant qui va chercher au dépôt des boues de Paris les fumiers et les voieries pour fumer ses terres.

« Le présent cahier rédigé et signé par ceux des habitants qui savent signer, le lundi 13 avril 1789.

« Signé : Lorier, syndic municipal; Langlois; Collin; Debille; Rolfier; Lelong; Dumont; Bruyer; Bassant; L. Bouret; Thomas; Bonnet; Duprez; Bonnet; Eloi Langlois; Caron; Lelong l'aîné; Langlois; Auvry; Chanlan; Lecointe Delaveau; Prévot, curé; Nocq, vicaire, Amen, procureur fiscal et président de l'Assemblée » (*Archives parlementaires*... publiées sous la direction de MM. Mavidal et Laurent, 1re série, t. V, p. 267).

En 1790, la Villette devint une commune du district de Saint-Denis et du canton de Pantin. On n'a pas de détails sur sa situation pendant la Révolution; c'était certainement une des plus modestes communes du département; elle n'avait même pas de mairie, ainsi que le prouve le vote au budget de l'an XI, d'une somme de 80 francs « pour le loyer de la salle des séances municipales » (Archives de la Seine, la Villette, série D); mais elle allait peu après connaître la prospérité. En vertu d'une loi du 29 floréal an X, fut ordonnée la dérivation de la rivière de l'Ourcq qu'un canal amènerait dans un bassin créé à la Villette où aboutissaient deux autres canaux (Saint-Martin et Saint-Denis) devant permettre à la navigation d'éviter la traversée de Paris. La Villette devint, grâce à l'exécution de ces travaux (le bassin fut achevé en 1809, mais le canal Saint-Martin en 1825 seulement), une sorte de port et un lieu d'entrepôt général fort considérables. Sa population, qui n'était que de 6,000 habitants en 1820, atteignait les chiffres de 4,500 en 1848, — 11,000 en 1843, — 30,000 en 1859. Le produit de son octroi s'était élevé en 1842 à 53,000 francs et le budget de la commune pour 1848 se composait de 206,721 fr. 44 cent. en dépenses, de 216,482 fr. 63 cent. en recettes.

La Villette connut en 1814 les horreurs de l'invasion étrangère; après un combat meurtrier qui s'y livra, transformant en champ de bataille toute la plaine comprise entre Montmartre et Belleville, c'est en ce lieu que fut signée, le 30 mars, la capitulation qui livrait Paris aux alliés; les historiens du temps disent que ce fut dans un cabaret à l'enseigne du Petit-Jardinet que cet acte se conclut.

Les renseignements qui suivent sur les édifices publics de la Villette nous ont été fournis par les délibérations municipales conservées aux Archives du département.

Le plus ancien cimetière du village était, suivant la tradition, devant l'église située rue de Flandre. En 1806, il fut transféré près du canal Saint-Denis et du pont de Flandre; une nouvelle translation eut lieu en 1829, en vertu d'une délibération prise par le Conseil municipal le 5 avril, dans les terrains achetés au nord-est de la commune, près de Belleville. Ce cimetière existe encore aujourd'hui ; il a son entrée rue d'Hautpoul; on n'y voit aucune sépulture remarquable. Par délibération du 7 décembre 1841, le maire fut autorisé à vendre les matériaux des murs du cimetière précédent, « fermé et hors de service depuis plus de dix ans, et où il n'existe plus ni monuments ni signe funéraire quelconque ».

L'église paroissiale menaçait ruine lorsque le Conseil municipal décida, le 5 février 1838, sa reconstruction, autorisée par deux ordonnances royales des 21 juin et 4 juillet 1837. L'exécution des travaux fut confiée à Lequeux, architecte de l'arrondissement de Saint-Denis, et un crédit de 242,550 francs voté le 14 février 1839. La première pierre fut posée en 1841 et l'édifice achevé en 1845. Dantan eut la commande des deux statues de saint Jacques et de saint Christophe qui ornent la façade du monument, et Brémant, celle des peintures qui décorent la nef et le sanctuaire (délibérations des 1er février 1845, 11 mai et 4 novembre 1846). Cette église, située place de Bitche, a pour circonscription curiale le boulevard de la Villette et la rue d'Aubervilliers (côté pair), le boulevard militaire, les rues des Carrières-d'Amérique et Manin (côté impair), de Crimée (côté pair), d'Allemagne et de la Moselle (côté impair), et la partie gauche du bassin de la Villette.

La mairie, qui est affectée aujourd'hui à des services municipaux et est également située place de Bitche, avait été construite en 1852 sur un terrain acheté 85,000 francs en vertu d'une délibération du 24 juin.

Lors de l'enquête générale qui eut lieu au commencement de 1859 sur l'opportunité d'annexer à Paris les communes renfermées dans l'intérieur de l'enceinte fortifiée, le Conseil municipal de la Villette fut un de ceux qui protestèrent avec le plus de véhémence contre cette mesure; il fit imprimer plusieurs mémoires voy. à la Bibliographie) et la grande majorité des négociants s'associa à ces réclamations avec des arguments dont l'administration préfectorale ne put dissimuler la force (Arch. nat., F. 87,004 et 87,005). Tous émettaient le vœu que la Villette demeurât exempte des nouveaux droits d'octroi et continuât à constituer l'entrepôt et les docks du commerce parisien. Ces protestations ne prévalurent pas, et la loi du 16 juin 1859 décréta l'annexion de la Villette à Paris à dater du 1er janvier suivant. L'ancienne commune forme aujourd'hui la majeure partie du XIXe arrondissement (73e quartier, la Villette, et 74e quartier, le Pont de Flandre); mais, par une exception regrettable, ses anciennes limites n'ont pas été respectées dans cette distribution, et par suite, celles de Belleville ne l'ont pas été davantage comme nous le montrerons à propos de cette dernière localité. Le XIXe arrondissement a pour limites : au sud les boulevards extérieurs; à l'ouest, la rue d'Aubervilliers; au nord, l'enceinte fortifiée et à l'est, la rue de Belleville.

Depuis l'annexion, et en dépit des craintes qui avaient été formulées alors, la propriété commerciale de la Villette ne s'est pas ralentie, grâce surtout à la création dans cette région des abattoirs et du marché aux bestiaux, construits en 1867 sur les plans de Baltard.

BIBLIOGRAPHIE. *Sources.* — Archives nat., N³ (Seine) 12 $^{1-4}$, 277 $^{1-2}$, 311, 316, 327, 329, 379, 477, 582 1039, 1040; N⁴ (Seine), 38, 40, 41 : plans (il est à noter que beaucoup de plans mss. de censives se trouvent dans les cartons de la série S indiqués ci-dessous. — S. 3627 : titres de la fabrique (XVe-XVIIIe s.); deux registres de comptes des entes (XVIIe-XVIIIe s.); un registre des dépenses en 1792. — S. 6642-6645 : biens de la congrégation de Saint-Lazare, titres de propriété et de rentes, baux et ensaisinements, avec un grand nombre de plans; le carton 6642 contient les titres de propriété d'une maison située sur le chemin de Meaux, donnée à Saint-Lazare en 1691 par messire Louis Abelly, évêque de Rodez. — S. 1348 : biens du prieuré de Saint-Martin des Champs. — S. 1184 : biens du prieuré de Saint-Éloi. — S. 229 : biens du Chapitre de Saint-Germain-l'Auxerrois. — S. 4718 : biens des Filles-Dieu.

Imprimés. — Mémoire et consultation pour les prêtres de la congrégation de la mission de Saint-Lazare-lez-Paris contre le régisseur du domaine du Roi; *Paris*, 1782, in-4°, 41 pp. (Il s'agit de biens ayant été possédés à la Villette par une bâtarde, et dont les deux parties revendiquent la succession).

Mémoire sur le quartier neuf de la Villette, sur les avantages commerciaux, industriels et agricoles qu'il présente à la ville de Paris et au nord de la France, et aperçus sur la question de l'entrepôt réel à Paris; par de Moléon; *Paris*, s. d. (vers 1825); in-12, 40 pp. Extrait du *Recueil industriel* (avec plan).

Programme des fêtes, cérémonies et réjouissances à l'occasion de la fête de S. M. la Reine des Français, qui doivent durer cinq jours. Feux d'artifices. Joute sur l'eau. Différens nouveaux jeux guerriers. Distribution de comestible, etc. [à la Villette]; *Paris*, s. d. (août 1832); in-4°, 2 pp. (Bibl. nat., LK⁷ 3619).

De l'administration de la Villette [au point de vue médical] par Thomassin de Bohême; *Paris*, 1845, in-8°, 7 pp. (Bibl. nat., LK⁷ 3620).

Année 1854. La Villette [par] Alf. Lefeuve; *Paris*, Charpentier, 1854, in-12; 96 pp. (Annuaire).

Quelques explications sur les observations concernant la commune de la Villette et comprises dans le Rapport présenté par M. Le Sénateur, Préfet de la Seine, à la

Commission départementale; *Paris*, Chaix, 1859, in-4°, 9 pp. autographiées (Bibl. nat., LK⁷ 3621).

Note du Conseil municipal à la commune de la Villette sur le projet d'extension de la ville de Paris jusqu'aux fortifications. *Paris*, 1859, in-4°, 18 pp.

Enquête sur l'extension des limites de Paris. Rapport fait au Conseil municipal de la Villette ; *Paris*, 1859 (10 mars); in-4°, 14 pp.

Inventaire général des Richesses d'art de la France: Paris, Monuments religieux, t. II, pp. 311-321 : notice, par L. Michaux, sur l'église Saint-Jacques-Saint-Christophe de la Villette.

A. de Lavillegille. — Des anciennes fourches patibulaires de Montfaucon... *Paris*, Techener, 1836, in-8° (avec deux plans).

M. Perrot. — Impressions de voyage. Montfaucon, son gibet, sa voirie, son écorcherie ; description topographique, historique et industrielle. *Paris*, chez l'éditeur; 1840 ; in-12, 188 pp. (avec plan).

Mémoire descriptif et relatif à la pétition des 23 et 24 avril 1848 tendant à la suppression de la voirie de Montfaucon (signé) : Édouard Foucaud. — *Paris*, 1848; in-4°, 6 pp. (Bibl. nat., LK⁷ 5042).

Le gibet de Montfaucon. Étude sur le vieux Paris, par Firmin Maillard. *Paris*, Aubry, 1863, in-16, 106 pp.

BELLEVILLE

I, 465-469

En commençant sa notice sur Belleville, Lebeuf renvoie à un premier travail qu'il avait publié en 1741 sur les origines de cette localité. Nous l'avons recherché : il se trouve au tome II (pp. c — cxiii) des *Dissertations sur l'histoire ecclésiastique et civile de Paris*, et porte ce titre : « Découverte d'un ancien château de nos rois de la première race sur la montagne proche Paris où est Belleville », titre qui promet plus qu'il ne donne. Il y est, en effet, fort peu question de cet ancien « château », qui était bien plutôt un domaine, une *villa* des rois mérovingiens, portant un nom dont a fait Savies. On y frappa monnaie; du moins Lebeuf dit avoir lu sur des pièces, dont il ne précise pas le métal, la mention *Save* « qui est constamment de la première race », et il identifie ce nom de lieu avec Savies, mais ce n'est qu'une hypothèse et il faut l'en croire sur parole, car la nomenclature si complète qu'a dressée M. Prou des monnaies des deux premières races ne contient aucune indication au sujet de celle-là.

La dissertation en question se termine par l'énumération des actes les plus anciens, — sur lesquels nous allons revenir, — où figure cette localité sous les noms de *Savegia* ou *Savia* ; Lebeuf conjecture que ces formes sont d'origine celtique, qu'elles se rattachent à un radical *saw* ou *saf*, signifiant gazon, et qu'elles datent d'une époque où la montagne était encore couverte de gazon, avant qu'on n'y eût planté de la vigne. Nous n'y contredirons pas : personne n'a proposé jusqu'ici une étymologie plus plausible ; on doit reconnaître, d'ailleurs, que ni Savies ni Belleville n'ont encore beaucoup excité la curiosité de l'érudition.

L'abbaye de Saint-Maur paraît être la plus ancienne maison religieuse qui ait possédé une partie du territoire de Savies ; au dire de la *Vie de saint Babolein*, invoquée par Lebeuf, elle aurait tenu cette possession des bienfaits de Clotaire III ; ce n'est là que le témoignage d'une chronique, et celui des chartes vaut mieux lorsque l'authenticité de ces documents est certaine, mais on sait combien celles qui nous sont venues de Saint-Maur-des-Fossés sont sujettes à caution.

Nous trouvons ensuite l'abbaye de Saint-Magloire, dont les biens à Savies (*apud Saucias, apud Saveias*) sont constatés par des chartes datées approximativement de 980 et de 997-999 (Cf. *Cartulaire général de Paris*, t. I, pp. 87 et 98). Il semble bien que la forme *Saucias*, que donne le premier de ces actes doive être le résultat d'une erreur ancienne de lecture pour *Saveias*. Quoi qu'il en soit, Lebeuf se trompe en attribuant ces donations à Hugues-Capet ; elles doivent être restituées à Hugues le Grand, puisque dans la seconde charte, le roi Robert appelle ce *Hugo* son aïeul et ajoute qu'il est fils de son homonyme le roi Robert.

Le prieuré de Saint-Martin-des-Champs vient en troisième lieu. M. de Lasteyrie a publié dans le *Cartulaire général de Paris* (t. I, pp. 207, 257, 369) les chartes de 1119, 1135, 1161, 1168, relatives aux possessions de ce couvent « in monte Savias ». Au reste, le même recueil contient la plupart des actes par lesquels presque toutes les communautés religieuses de Paris et des environs acquirent ou cédèrent des terrains à Savies durant le XIIe siècle : Saint-Victor, Saint-Maur, Saint-Denis, Montmartre, etc. En voici une, encore inédite, qui aura sa place dans les premières pages du futur tome II ; c'est la concession, en 1188, par l'abbaye de Saint-Denis à celle de Montmartre de quatre arpents et demi de vignes à Savies :

« In nomine sancte et individue Trinitatis, ego Hugo, Dei gratia beati Dionysii abbas et capitulum nostrum, notum fieri volumus presentibus et futuris quod nos, ad preces Elisabeth, abbatisse de monte martyrum et sororum ejus, et precipue ob amorem gloriosi martyris Dyonisii, in cujus honore predictum monasterium constructum est, concessimus eidem monasterio perpetuo jure tenendos IIII arpennos et dimidium vinearum quas nunc possident in territorio suo de *Savie*, salva justicia nostra et salvo censu trium solidorum. Quod ut ratum... Actum est hoc in capitulo nostro, anno incarnationis dominicæ M° C° LXXX° VIII° (Arch. nat., L. 1030, liasse 3, abbaye de Montmartre. D'autres pièces de la même époque et du siècle suivant sur les biens de l'abbaye à Savies se trouvent dans cette même liasse).

On n'avait pas non plus signalé que la maison de Saint-Lazare ait, en ces temps reculés, possédé des biens à Savies : le cartulaire de cette maison contient l'acte par lequel Pierre dit l'Anglais, et Pétronille, sa femme, vendirent aux religieux de Saint-Lazare, en novembre 1232, « quoddam frustrum terre situm in colle de *Savies*, juxta fontem hostioli » (Arch. nat., MM. 210, fol. 105 r°).

Il s'agit là évidemment des « hostises » de Saint-Merry que Lebeuf a trouvées mentionnées pour la première fois dans un document de 1273 ; notre texte est antérieur d'une quarantaine d'années, mais nous avouons n'avoir pas rencontré d'autres renseignements sur les possessions de Saint-Merry à Savies, le fonds de cette collégiale étant maintenant très pauvre aux Archives nationales ; il ne s'y rencontre plus pour Belleville que l'indication des vignes qu'elle y possédait à Chaumont (voyez plus haut,) et à la Courtille au XVIIe siècle; les chanoines de Saint-Merry furent cependant les principaux seigneurs de Belleville jusqu'à la Révolution, et comme on va le dire tout à l'heure, curés de la paroisse.

La dénomination Poitronville apparaît, d'après Lebeuf, dès le XIIIe siècle dans les titres de Saint-Éloi ; elle se substitua peu à peu à celle de Savies au cours du siècle suivant ; c'est ainsi que dans le censier de Saint-Merry, publié par L. Cadier et M. C. Couderc (*Mémoires de la Société de l'Hist. de Paris*, t. XVIII), elle est plus fréquemment employée que celle de Savies. Pour son étymologie, on peut se rallier à l'opinion de Lebeuf qui la tire d'un nom d'homme, Poitron ou Boitron ; il est à propos, toutefois, de rapprocher cette forme du nom primitif d'une autre localité de la banlieue, Vaugirard, appelé, d'abord Val Boitron et de remarquer que dans ce cas Lebeuf (t. I, p. 483) identifie, trop ingénieusement sans doute, *Vallis Bostroniæ, Bostaroniæ* avec Bostar, qu'Abbon, dit-il, emploie dans le sens d'étable à vaches.

Le nom actuel du lieu, Belleville s'explique de lui-même par l'orgueil que ses habitants tiraient d'un emplacement élevé offrant un beau point de vue; Bellevue aurait donc dû être préféré. C'est au XVIe siècle qu'on commença de l'employer, mais toujours avec le surnom « sur Sablon »; à la fin du XVIIe siècle, les actes notariés disent indifféremment Belleville-sur-Sablon et Belleville-lez-Paris, ou tout simplement Belleville. Cette dernière forme triomphe complètement vers 1730 (Cf. Arch. nat., L. 718, *passim*).

Nous parlerons plus loin de l'église actuelle, commencée en 1854. Celle, ou pour mieux dire celles qui l'ont précédée, sont fort peu connues. Les plans prouvent qu'elles se succédèrent sur un même emplacement, encore aujourd'hui conservé : Lebeuf ne se trompe pas lorsqu'il dit que l'église, qui subsistait de son temps, ne doit pas être celle qui fut bâtie vers 1548. En effet, lors de la reconstruction de 1854 on enferma dans la première pierre un billet ainsi conçu : « Cette église a été édifiée sur l'emplacement d'une chapelle bâtie en l'an 1635, ainsi que le constate l'inscription suivante : *Ceste première pierre a esté pozée par M. Charles de Hillerin, docteur en theologie, curé de Saint-Mederie à Paris, le IIIe jo^r de juillet 1625* » (Solennité de la bénédiction... etc. ; voy. à la Bibliogr.). Les curés de Saint-Merri étaient en même temps, nous l'avons dit, curés de Belleville, où à la vérité ils se faisaient presque toujours remplacer par un desservant ; mais ce sont leurs noms que portent les actes officiels; aussi est-il inutile d'en donner ici la liste.

On trouvera dans les *Inscriptions de l'ancien diocèse de Paris* (t. II, p. 96) l'inscription attestant qu'une cloche de cette église fut bénie en 1762 et nommée Jeanne-Marie.

Le cimetière de la paroisse a eu plusieurs emplacements. En 1765 (8 février) l'archevêque de Paris autorisa sa translation, pour les raisons qui sont exposées dans l'acte dont voici les principaux passages :

Christophe de Beaumont, archevêque de Paris... Vu la requête à nous présentée par les sieurs curé, desservant, marguilliers en charge, marguilliers anciens et habitans de Saint-Jean-Baptiste de Belleville, annexe de l'église paroissiale de Saint-Merry de Paris, expositive que le cimetière actuel du dit lieu de Belleville est dans un état contraire à la décence requise et prescrite par les saints Canons, tant parce qu'il est ouvert de tous côtés, qu'il sert de passage et qu'il est regardé moins comme un lieu qui doit inspirer du respect à cause des cendres des fidèles qui y reposent que comme une place publique où les enfants s'assemblent journellement pour y jouer et y faire leurs ordures; que, pour empêcher ces indécences et éviter ces inconvénients, ils ont destiné un terrain joignant la porte de l'église, suffisamment spatieux, très convenable et très décent pour en faire un cimetière, qu'à cet effet ils ont fait clore de murs et élever une croix au milieu... » (Arch. nat., L. 718, n° 115).

L'ancien cimetière fut dès lors affermé par la fabrique; il en existe des baux dans le carton S. 3612 des Arch. nat. Le cimetière actuel est de création plus récente; il en sera question tout à l'heure.

Par acte du 17 février 1708, demoiselle Marie Lescot, fille majeure, demeurant à Paris sur le quai des Orfèvres, fonda à Belleville une école de charité « pour les pauvres filles de la paroisse », placée sous la direction du curé, auquel appartint la nomination de la maîtresse d'école après le décès de la fondatrice. Cette maîtresse eut 200 livres de traitement annuel à dater du 1er juin 1708 (S. 3612).

Nous n'avons que bien peu de renseignements sur le couvent des Pénitents, fondé, d'après Lebeuf, en 1638 par Jean Bordier, argentier de la petite écurie du Roi, et Marie Bricard, sa femme, personnages dont le nom se rencontre fréquemment dans les actes des notaires de la localité. On sait que ces religieux provenaient du couvent de Picpus dont il a été traité plus haut (p. 366). La mention dans le terrier du fief de Maulny (Arch. nat., P. 1843, fol. 14 r°) d'une « maison située grande rue de Belleville, vis à vis le couvent de Picpus, faisant l'encoignure de la rue qui conduit dudit Belleville au Pré Saint-Gervais », c'est-à-dire de la rue actuellement dénommée du Pré Saint-Gervais, donne l'emplacement du couvent. Il n'est rien resté de ses archives. Le 23 janvier 1791, la Société des Amis de la Constitution de Belleville décida de demander à la municipalité que l'on mît à sa disposition pour ses séances publiques la bibliothèque du couvent de Picpus; le 19 janvier suivant, elle sollicitait cette autorisation du directoire de Saint-Denis. Il faut croire qu'elle lui fut refusée, car nous la voyons siéger, à dater du 23 mars 1792, dans un local loué par elle au n° 242 de la rue de Belleville. Le monastère avait été supprimé en 1790; ses bâtiments furent vendus comme bien national et plus tard remplacés par des constructions privées. Une partie des livres de la bibliothèque, transférée au district de Saint-Denis, est encore aujourd'hui conservée à la mairie de cette ville.

Parmi les familles qui, aux deux derniers siècles, habitaient Belleville et dont les noms se rencontrent le plus souvent dans les actes, nous avons relevé les suivants : Faucheur; Houdart; Bordier; Auroux; Dargent; Damoin; Milcent; Lallement; Rouveau; Caillé; Ozeré.

Les lieux-dits furent très nombreux à Belleville. Après Savies, dont il a été question, et dont une rue a conservé le souvenir, nous trouvons, au xiv° siècle, le bois des Bruyères (S. 1336); les « Rigoues », mentionnées dans l'acte de 1364 relatif à l'approvisionnement en eau de la maladrerie de Saint-Lazare (*Bulletin de la Soc. de l'Hist. de Paris*, 1874, p. 81), qui plus tard s'appelèrent les Rigaunes, et dont le nom se retrouve dans celui de la rue des Rigoles; — les Envierges, nom également conservé; — le Mur blanc ou Marquets (S. 3612); Bauchamp « tenant par bas au grands chemin de Belleville à Paris (*ibid.*); — Derrière Savy », ou « Derrière la ferme de Savy » (*ibid.*); — les Mauxins (*ibid.*); — Panoyau (*ibid.*) qui a donné son nom à la rue des Panoyaux; — la Courtille, qui commençait au-dessous de la rue Saint-Maur, et s'étendait jusqu'à mi-côte de la montagne, au delà du boulevard extérieur actuel (S. 910; S. 6646); — le Carême-prenant, anciennement appelé « la terre de Malleval », sis à la Courtille et mentionné dans un acte du 27 mars 1638 comme appartenant à la censive de Saint-Merry (S. 910); — « quatre tierceaux de terre sablon, la plus grande partie fouillé de sable jaune formant une carrière de sable, situé sur le territoire de Belleville, lieudit la Butte Pithouin, tenant par bas sur le grand chemin appelé la ruelle du Bois » (xviiie s. ap., p. 1843, fol. 18 r°; la butte Pithouin, ou clos Barel ou Borel (*ibid.*, fol. 166 v°); — le fief de Maulny, dit aussi Marchais, ou encore le Pavillon, dont parle Lebeuf, et qui paraît avoir été situé en partie sur la paroisse de Pantin, en partie sur celle de Belleville; dans le registre p. 1843 des Arch. nat. qui est le terrier de ce fief au xviiie siècle, il est fait mention, au fol. 14 r°, d'une maison située grande rue de Belleville, « faisant l'encoignure de la rue qui conduit dudit Belleville au Pré Saint-Gervais, à l'encoignure de laquelle maison sur icelle grande rue est le poteau de la justice dudit fief de Maulny »; le Champ du four, vers le Pré Saint-Gervais (*ibid.*, fol. 23 v°, 35 v°).

Ménilmontant est un hameau de Belleville trop important pour n'avoir pas une notice spéciale à la fin de ce chapitre.

Les anciens plans de Belleville conservés aux Archives nationales (il n'en est guère d'antérieurs au xviiie siècle) nous font connaître le tracé et le nom des voies qui sillonnaient jadis le territoire de la localité. C'étaient d'abord les deux grands chemins orientés parallèlement vers le Nord-Est et appelés chemin de Paris à Belleville (aujourd'hui rues du Faubourg-du-Temple et de Belleville) et chemin de Paris au Ménilmontant (rues Oberkampf et de Ménilmontant); ils étaient reliés entre eux par la rue de la Courtille à Popincourt (rue de la Folie-Méricourt), le chemin de Saint-Denis à Saint-Maur (rue Saint-Maur), la rue des Nonnains ou de la Mare et la rue de Calais (rue Pixérécourt). Les relations de Belleville avec le Pré Saint-Gervais avaient lieu par les rues de Beaune (rue des Fêtes) et du Pré; avec la Villette, par la rue de la Villette.

Tout ce qui a trait aux origines de l'alimentation de Paris en eau potable est, en ce moment surtout, recherché avec curiosité. Les annales de Belleville fournissent à cet égard de précieux renseignements auxquels nous aurons la satisfaction d'ajouter ici des textes encore inédits. On savait par Sauval et Félibien que dès le xiie siècle, les religieux de Saint-Martin-des-Champs, propriétaires comme on l'a vu d'une partie de la montagne, avaient fait capter les eaux qui s'y trouvent réunies, pour les amener par des conduites rudimentaires, appelées pierrées, jusqu'à leur monastère. En 1874, M. G. Fagniez publiait dans le *Bulletin de la Société de l'Histoire de Paris* (p. 80-5) un acte de procédure fort intéressant, daté de 1364, par lequel les religieux de Saint-Lazare, eux aussi propriétaires à Belleville, s'entendirent avec la Ville pour la répartition à diverses fontaines de l'eau dont « le commencement des ruissiaulx naist en leurs terres appellées les Rigoues, assises entre le Maisnil-Mautemps et Poitronville ».

En 1881, dans un travail intitulé : « Inscription du regard de Belleville », et publié de même par la Société de l'Histoire de Paris (*Mémoires*, t. VIII, p. 287-92), A de Longpérier traita du curieux regard que l'on peut voir maintenant encore, rue des Cascades, entre les numéros 42 et 44, vis-à-vis de la rue de Savies ; il reproduisit le texte des deux inscriptions de 1457 et 1613, déjà donné par Félibien (t. II, pp. 1298-9) et dont parle Lebeuf; puis il fit connaître une troisième inscription non moins intéressante et encore inédite, celle qui se lit aujourd'hui sur cet édicule. Elle rappelle qu'une première fois en 1633, une seconde fois en 1722, les moines de Saint-Martin-des-Champs et le grand-prieur de l'ordre de Malte firent faire à frais communs des travaux pour alimenter la source de la rue des Cascades, qui était épuisée. Ce document, curieux en lui-même, permet d'ajouter le Grand-Prieuré de France à la liste des seigneuries si nombreuses qui se partageaient Belleville.

Voici, sur cette même question, les textes inédits que nous avons annoncés et qui appartiennent tous au carton S. 1345 des Archives nat. Le premier est daté du 3 juillet 1451 :

« Charles, par la grâce de Dieu roy de France, au premier de noz amez et feaulx conseilliers de nostre court de Parlement sur ce requis, salut et dilection. Receu avons humble supplication de noz bien amez les religieulx prieur et couvent de Saint Martin des Champs à Paris, contenant que à cause de la fondacion de ladicte église qui est de fondation roial, ils ont beaulx drois, justices, seigneuries, terres, vignes, héritages et autres possessions et, entre autres, ont certaine pièce de terre ou pré seant au dessoubz de Poitronville et en leur haulte justice et seigneurie, où sourt et est le commencement d'une fontaine dont les eaues viennent par tuyaulx et l'entretenement d'iceulx jusques en l'hostel ou commanderie du Temple à Paris, auquel lieu, par permission des predecesseurs desdiz supplians la moitié desdiz eaues demoure, et l'autre moitié vient, de toute ancienneté, audict lieu de Saint-Martin pour l'usaige desdiz supplians et de ladicte église, sans ce que les religieulx ou commandeurs dudict lieu du Temple puissent retenir ou empescher que la moitié desdictes eaues ne viengne et ait son cours jusques en icellui lieu de Saint-Martin. Et, ce non obstant, puis trois sepmaines en ça, lesdis religieulx du Temple, de leurs voulentez desraisonnables ont retenu et retiennent la moitié desdictes eaues appartenant ausdiz supplians et à ceste cause pour ce que l'on les troubloit et empeschoit en leurs droiz, possessions et saisines, ils ont, n'a guères, prins et obtenu de nostre prevost de Paris ou son lieutenant certaines lettres de commission en cas de saisine et de nouvelleté, pour empescher l'execution de laquelle et fuyr à justice, le procureur de nostre amé et feal conseillier et chambellan, Nicole de Giresme, grand prieur de France et commandeur dudict lieu du Temple a fait et interjetté certaine appellation de nostre amé maistre Jehan Amyart, examinateur en nostre Chastellet de Paris, exécuteur d'icelle, laquelle appellation faicte ledict grand prieur de France ou sondit procureur, le lendemain d'icelle, faingnirent faire diligence, relever, et sur ce print et leva de de nous ou de nostre chancellerie lettres et adjournement en cas d'appel pour cuider empescher que lesdis supplians par provision ou autrement fissent exécuter lesdictes lettres de complainte, mais, ce non obstant, qui plus est, pour plus fuyr et delaier, il a sur ce faict donné long jour auxdiz supplians, c'est assavoir vers la fin de ce present parlement en la derrenière sepmaine des plaidoiries, qui est clere demonstrance et apparance que ladicte appellation et ce qui faict a esté en ceste partie n'est que pour tenir et empescher lesdiz supplians, qui est grandement en leur prejudice ainsy qu'ilz dient. . . . .

Pourquoy nous, ces choses considérées, non voulans par le moien de telles appellations, voies et manières de procéder, les lettres de complaincte prinses de nous et de nosdiz justiciers estre ne demourer à executer, vous mandons et commettons par ces présentes que s'il vous appert desdictes lettres de complainte et du long delay donné et assigné ausdiz supplians sur ladicte appellation ainsi que dict est dessus, vous executez et mettez à exécution lesdictes lettres de complaincte selon leur fourme et teneur et tout ainsi que mandé est par icelles en ce qui en reste à executer . . . .

Donné à Paris le tiers jour de juillet l'an de grâce mil CCCC cinquante ung, et de nostre règne le XXIXe » (Arch. nat., S. 1345, n° 2).

Le second a trait à la construction du regard de la rue des Cascades et nous édifie sur l'époque de sa construction ; il porte la date du 24 mai 1632 :

« Par devant les notaires et gardenottes du Roy nostre sire en son Chastelet de Paris, soubsignez, furent presens en leurs personnes François Beaufilz, vigneron, demeurant à Belleville sur Sablon, estant de present à Paris, et Marguerite Bardon, sa femme, de lui suffisamment auctorisée pour l'effect de ce qui ensuit, lesquelz, de leurs bons grez et libres volontez recongnurent et confessèrent avoir vendu, ceddé, quitté, transporté et délaissé du tout, dès maintenant à tousjours. . . . aux venerables religieux prieur et couvent Saint Martin des Champs, à Paris, ce acceptant par domp Jean Marcelot, religieux et procureur, receveur de la communaulté desdits religieux, à ce present acquereur pour eulx et leurs successeurs à l'advenir, une place de terre contenant quarante deux pieds en superficie, où est commencé un regard des tuyaulx dudict prieuré pour conduire les eaues qui vient (sic) de leur premier regard et source audict prieuré ; avecq la commodité d'entrer et aller audict regard et tourner autour d'icelluy toutes fois et quantes que besoing sera. Le tout à prendre en une pièce de terre de cinq quartiers par le bout d'en hault d'icelle tenant au chemin de Saint-Denis, appartenant auxdits vendeurs à cause et du propos de ladicte Bardon, scize au terroner de Belleville, au lieu dict le Pressouer Sainct Martin et en la censive desdicts sieurs religieux, prieur et couvent, tenant ladicte place d'une part pour ledict regard, et d'autre, audict Beaufilz, par hault, audict chemin Saint Denis appellé la rue des Nonains, et d'autre, par bas, au fossé qui sert de descharge aux fontaines de la ville, et laquelle pièce de cinq quartiers de terre de tout temps est snjette au passaige des tuyaux dudict prieuré ; pour de ladicte place, usaige et commodité presentement vendue jouir par lesdicts religieux, prieur et couvent, et en faire, ordonner et disposer comme de chose à eulx appartenant au moyen des presentes. Et sy, lesdicts vendeurs ont remis et quitté auxdicts de Saint-Martin tout ce qu'iceulx vendeurs pourroient pretendre contre eulx à cause du desdommagement des ouvraiges qui sont commancez et ceulx qui se parachèvent pour la construction dudict regard dans ladicte pièce. Ceste vente, cession, transport et remise faictz moyennant la somme de dix huit livres tournois, que lesdicts vendeurs ont confessé avoir receu desdicts relligieux et couvent... Faict et passé à Paris en l'estude de Leroux, l'un des nottaires soubsignez, l'an mil six cens trente deux, le vingt quatriesme jour de may... » (*ibid.*).

Enfin, le troisième, daté du 24 janvier 1659, concerne une contestation que les deux couvents avaient avec un propriétaire mitoyen qu'ils accusent de détourner à son profit une partie de leur eau.

« A nos seigneurs du grand Conseil,

« Supplient humblement les religieux, prieur claustral et couvent de Sainct Martin des Champs, ordre de Cluny, et messire de Boissy, chevalier de l'ordre de Saint-Jean de Jerusalem, commandeur du Temple et grand-prieur de France, disants que de toute ancienneté ils ont jouy paisiblement par esgalle portion d'une sourse d'eau estant en leurs fonds et seigneurie au terroir de Belleville, lieudit Couche-painnier, que leurs devanciers ont ramassé et faict conduire avec beaucoup de soin et de depence, particulièrement ès années 1310, 1577 et 1633, èsquelles années a esté employé grande somme de deniers pour l'entretien et restablissement des regards et canaux necessaires pour la conduitte des eaux, dont ils reçoivent grande commodité et utilité. Pour en frustrer les suppliants, Mᵉ Monceny, bourgeois, apotiquaire et ancien eschevin de ceste ville de Paris, auroit entrepris de fère fère de grands fossés et profondes tranchées le long et au dessouls de leurs tuyaux, et si proche d'iceux qu'ayant descouvert en plusieurs endroitz la pierrée et mis lesdicts thuyaux hors d'estat de subsister, ils se seroient disjoincts et désamboectez de telle façon que les suppliants ont demeuré plusieurs jours sans avoir de l'eau, et contraincts d'en achepter avec beaucoup d'incommodité... » (*ibid.*).

Il nous reste maintenant à parler de l'histoire de Belleville et de ses développements depuis la Révolution.

Administration et statistique. — Dans leur cahier de doléances adressé aux États-Généraux, et qui nous a été conservé, les habitants firent entendre des réclamations d'ordre général, et au point de vue local, une énergique protestation contre la prohibition de construire à moins de cinquante toises de la nouvelle clôture, et contre cette clôture même, qui, disent-ils, sera très préjudiciable aux propriétaires des guinguettes de Paris auxquels cette entreprise procure la ruine totale (*Archives parlementaires*, t. IV, pp. 348-51). On a compris qu'il s'agissait de l'enceinte des fermiers généraux, représentée aujourd'hui par la ligne des boulevards extérieurs. Les protestations se renouvelèrent l'année suivante, lorsque l'Assemblée nationale eut décidé que tous les territoires sis en deçà de cette enceinte par rapport à Paris seraient annexés à la capitale. Belleville y perdait la majeure partie de la région appelée la Haute-Borne et la Courtille, où déjà de nombreuses guinguettes étaient établies. Ce fut en vain : on pourra retrouver le texte de ces doléances dans le carton Dᴵⱽ 49 des Arch. nat., et consulter utilement le plan des retranchements faits alors, dans la série des plans conservés aux Archives de la Seine.

C'est à cette époque que la paroisse fut constituée en municipalité, chef-lieu de canton du district de Saint-Denis (le Pré Saint-Gervais, Bagnolet et Charonne en dépendant) ; elle eut pour limites du côté de Paris, les boulevards extérieurs, du côté de la Villette, la ligne que nous avons indiquée dans le chapitre précédent; du côté de Charonne, la rue des Amandiers, le chemin des Partants, la route départementale n° 40 (anciennement rue de Charonne, aujourd'hui rue Pelleport) et le chemin de Ménilmontant à Rosny (aujourd'hui rue Saint-Fargeau) ; les limites du côté du Pré Saint-Gervais et de Bagnolet ne peuvent être fixées qu'approximativement; elles sont sensiblement confondues avec le tracé de l'enceinte fortifiée.

A ce point de vue territorial, la commune de Belleville ne subit aucune modification, de 1790 à 1860. En l'an VIII, lors de la réduction de seize à huit des cantons du département, le chef-lieu du canton fut transporté à Pantin. Dès 1833, la municipalité émit le vœu qu'un chef-lieu de canton lui fût rendu ; elle invoquait déjà « sa nombreuse population, l'importance de ses impositions, sa position, qui la place au centre des principales communes du canton, telles que Charonne, Bagnolet, Romainville, la Villette, les Prés » (Archives de la Seine, délibérations municipales de Belleville, 21 février 1833). Cette demande fut formulée maintes fois depuis, — et avec d'autant plus de force que le nombre de la population allait toujours croissant, — par des délibérations en date des 2 mai 1844, 13 novembre 1849, 24 juillet 1851, 7 août 1852, 23 mai 1853, 11 mai 1854, 18 mai, 1er août 1855, 15 mai 1856, 15 mai 1857 (*ibid.*); on voit que l'opiniâtreté ne manquait pas aux conseils municipaux qui se succédèrent à Belleville; néanmoins, ils ne purent jamais venir à bout de la répugnance que l'administration témoignait à modifier les circonscriptions cantonales.

Il n'est pas moins intéressant de signaler qu'en 1813, la commune du Pré-Saint-Gervais avait réclamé avec énergie sa réunion à Belleville et que le Conseil municipal émit un vœu favorable à cette mesure, par délibération du 28 mai 1813 (*ibid*) ; nous ignorons pour quelle cause il n'y fut pas donné suite.

A dater du 1er janvier 1860, Belleville fut annexée à Paris ; mais, par une anomalie regrettable et que nous avons déjà signalée, son territoire fut morcelé dans la nouvelle répartition des arrondissements : toute la partie située à gauche de la rue de Belleville appartient au XIXe arrondissement et constitue les 75e et 76e quartiers, dits d'Amérique et du Combat; toute la partie située à droite de cette voie dépend du XXe arrondissement et constitue le 77e quartier, Belleville; le 78e, Saint-Fargeau et même une partie du 79e, le Père-Lachaise, ce dernier quartier se trouvant ainsi formé par des territoires ayant appartenu aux anciennes communes de Belleville et de Charonne. Il eût été facile pourtant d'adopter une autre distribution qui respectât la topographie historique. C'est de même par une sorte de non-sens que la dénomination administrative donnée à l'arrondissement a été Ménilmontant, c'est-à-dire le nom du hameau, au lieu de Belleville, nom de l'agglomération d'origine, d'autant plus que lorsqu'elle fut choisie, la mairie du XXe arrondissement était encore située au cœur même de Belleville, et non à Ménilmontant comme elle l'est aujourd'hui.

Depuis cent ans, la population s'est accrue à Belleville d'une façon prodigieuse. Une délibération de son Conseil municipal, datée du 9 mai 1830, nous apprend incidemment qu'elle était alors évaluée à 4,914 habitants ; elle atteignait le chiffre de 35,000 en 1851, de 37,000 en 1852, et en cette même année, sa municipalité affirmait (délib. du 4 août) « qu'elle gravite insensiblement vers 40,000 » et rappelait avec orgueil (délib. du 24 juillet 1851) que Belleville est la seconde ville du département, après Paris, et que bien des chefs-lieux de préfecture, divisés en plusieurs cantons, sont moins importants qu'elle. En 1857, la population s'élevait à 65,000 habitants et le Conseil faisait valoir ce chiffre (séance du 17 août) pour établir le droit de la commune à s'appeler ville. Il fournissait en outre l'état du budget en recettes des trois années précédentes :

1854	385,231 fr. 74 cent.
1855	392,726 » 51 »
1856	477,513 » 35 »

Le 1er février 1834, les comptes financiers de la commune avaient été ainsi réglés :

Actif	111,845 fr. 21 cent.
Passif	86,836 » 70 »

Un octroi avait été institué à Belleville à la suite d'une délibération du Conseil municipal du 29 mars 1822.

La collection des délibérations municipales, si heureusement parvenue aux Archives de la Seine, nous a fourni encore quelques notes sur un certain nombre de rues de Belleville. Par une délibération du 15 mai 1826, le Conseil autorisa la suppression de la ruelle Sainte-Geneviève, qui joignait les rues des Prés-Saint Gervais et de Beaune, et son remplacement par la nouvelle rue que l'administration des hospices se proposait d'avoir dans un terrain qui lui appartient, situé à 4 ou 6 mètres plus loin; cette voie prit le nom de rue Sainte-Geneviève qu'elle a gardé jusqu'en 1875, époque où on l'a nommée rue Petitot. — Le 23 juillet 1847, le Conseil accepta la donation à la commune de la rue ouverte par le sieur Pradier sur ses terrains et portant son nom, allant de la rue Fessart à la rue Saint-Laurent (rue Rébeval actuelle), longue de 282 mètres et large de 12 mètres, cette voie créant une communication indispensable de la barrière de la Chopinette et de la rue Saint-Laurent aux Buttes Chaumont, aux rues Fessart et des Solitaires, à la Place, et utile aussi comme annexe de la rue de Paris. — A plusieurs reprises, le Conseil protesta contre l'état malsain des boulevards extérieurs bordant la commune du côté de Paris; le 4 janvier 1847, il votait une somme de 15,000 francs pour sa part contributive des travaux de pavage à effectuer pour leur assainissement entre les barrières du Combat et de Belleville. — Cette barrière du Combat, on sait qu'elle devait son nom aux combats d'animaux qu'un industriel y avait organisés, au siècle dernier, en spectacle payant. Le 23 mai 1853, le Conseil municipal émit un vœu pour le changement de son nom, en faisant observer que « le nom de Combat rappelle celui d'un spectacle sanguinaire qui avait lieu audit endroit, lequel n'est plus ni dans nos mœurs ni dans les idées actuelles de l'état social français[1] ». Ce sont là de nobles sentiments, mais il faut constater que seize

---

[1] Sous la Révolution, on avait déjà songé, et peut-être réussi à abolir cet odieux divertissement. La lettre suivante, adressée au Directoire de Saint-Denis, en fait foi :

« Paris, 9 juin 1792.

« On vient de me dénoncer, Messieurs, un spectacle déchirant qui se donne à Belleville à certains

ans auparavant, une délibération du 1ᵉʳ février 1840 avait approuvé la décision du Bureau de bienfaisance, en date du 21 janvier précédent, aux termes de laquelle un contrôleur serait établi au spectacle du Combat pour y percevoir le droit des pauvres, conformément à la loi. A. Delvau s'est donc trompé lorsqu'à deux reprises dans son *Histoire des barrières de Paris* (pages 138 et 140), il dit que le spectacle du Combat fut supprimé en 1833. — C'est en vertu d'un arrêté préfectoral du 2 avril 1868 que la rue du Parc-Saint-Fargeau perdit sa dénomination et se confondit avec la rue de Belleville pour la partie comprise entre la rue Pelleport et l'enceinte; dès le 1ᵉʳ août 1855, le Conseil municipal de Belleville avait réclamé cette mesure.

De grands travaux de viabilité ont été entrepris par le second Empire dans l'ancien Belleville; ses relations avec la Villette et Ménilmontant ont été assurées par de larges voies : les rues Sécrétan, de Puébla (aujourd'hui rues Bolivar et des Pyrénées), et au bord des Buttes Chaumont, la rue de Crimée, pour ne parler que des principales; l'avenue Gambetta, qui traverse la plaine de Ménilmontant est l'œuvre de la troisième République.

Édifices publics. — Il n'est pas aisé de déterminer les emplacements successifs qu'occupa la mairie de Belleville, de 1790 à 1845. Jusqu'au règne de Louis-Philippe nous n'avons rien trouvé. Le 27 juin 1831, le Conseil votait la construction d'une mairie devant contenir les bureaux, un corps de garde et une salle d'assemblée, sur un terrain provenant d'un ancien cimetière et situé au centre de la commune; mais l'année suivante, le 21 avril, le corps municipal décidait de transférer les bureaux dans un local plus spacieux, situé rue de Paris, 110 et dont le loyer annuel était de 500 francs. Le 18 août 1834, le Conseil fixait jusqu'à concurrence de 45,000 francs le taux de l'enchère qu'il consentait pour l'acquisition d'un immeuble situé rue de Paris, 123 et destiné à recevoir la mairie, le presbytère et le logement des instituteurs. Enfin, le 30 juillet 1845, intervint l'ordonnance royale qui autorisait la ville de Belleville à acquérir la propriété connue sous le nom d'Ile d'Amour pour y établir la mairie (cf. *Recueil des actes administratifs*, 1845, p. 220). L'Ile d'Amour était alors un cabaret célèbre entouré de vastes jardins où l'on avait creusé des cours d'eau, d'où son nom; il était situé vis-à-vis de l'emplacement où s'élève aujourd'hui l'église; la mairie de Belleville, devenue par la suite mairie du XXᵉ arrondissement y demeura jusqu'à son transfert au centre de l'arrondissement, place Gambetta, en 1875.

Le cimetière communal, qui n'est plus ouvert maintenant qu'aux concessions perpétuelles, était rue de Belleville (alors rue du Parc). Il fut considérablement agrandi en 1855; une délibération du 9 août 1856 régla le montant des travaux effectués à cet effet à 4,574ᶠʳ,63 (y compris la valeur des terrains adjoints), et les frais de surveillance de ces travaux à 228ᶠʳ,73. Nous noterons en passant que ce n'est qu'en 1849 (délibération du 22 avril) que l'usage de corbillards à deux chevaux

---

ours de l'année et où l'on fait périr un taureau dans les tourmens les plus cruels. Je ne doute pas que la lecture de cette lettre dont copie est ci-jointe, ne vous détermine à prendre des mesures pour que ce spectacle n'ait plus lieu.

Le Procureur général syndic du département de Paris,
ROEDERER, »

Archives de la Seine, dép. L. II.)

fut substitué au transport à bras des corps sur une civière. Encore la délibération stipule-t-elle que dans certains cas le transport à bras par les parents ou les amis pourra être autorisé, mais le corbillard n'en devra pas moins figurer à tous les convois.

L'église, dédiée à saint Jean-Baptiste, est un des plus beaux édifices modernes de Paris et fait honneur à son architecte, Lassus. Elle est construite dans le style ogival de l'époque de saint Louis et s'élève, nous l'avons dit, sur l'emplacement de l'ancienne église déjà reconstruite en 1635. C'est le 5 mars 1853 que le Conseil municipal se déclare partisan, par 23 voix contre 10, d'une réfection totale de ce monument. La première pierre en fut posée le 24 juin 1854 et les travaux achevés en 1859 par Truchy après la mort de Lassus survenue en 1857. Ils ont coûté, sans compter les œuvres d'art, près de 900,000 francs. Lorsque Lassus mourut, le Conseil municipal émit le vœu (24 août 1857) qu'il fût inhumé dans l'édifice qu'il avait construit, mais ce désir ne fut pas réalisé.

Pendant la construction de cet édifice, une église provisoire avait été élevée dans les jardins de l'ancienne Ile d'Amour, dépendant de la mairie.

Nous ne connaissons qu'une mention, empruntée aux délibérations municipales, à la date du 15 octobre 1821, d'une chapelle dédiée à saint Roch, et sans même savoir dans quelle partie de Belleville elle se trouvait. Le Conseil municipal prescrivit à cette date l'urgence des réparations dont elle devait être l'objet, et estima même qu'il y aurait peut-être lieu de l'interdire aux fidèles, tant le danger de ruine était imminent.

La partie de Belleville qui confine à la Villette a été dotée en 1874 d'une paroisse succursale, dédiée à saint Georges. Elle est située rue Bolivar et a été inaugurée le 8 avril 1874 par l'archevêque de Paris. Le 1er juin 1875 elle a été érigée en paroisse. Ce monument, construit dans le style de transition entre le roman et le gothique, et d'aspect assez simple, est l'œuvre de MM. Chauvet et Coulomb (cf. le dossier des frères Lazare aux Archives de la Seine).

Événements historiques. — Depuis cent ans, l'ancienne commune de Belleville n'a joué un rôle dans l'histoire générale qu'à trois ou quatre reprises. Pendant la Révolution, il s'y constitua une Société des Amis de la Constitution, affiliée à celle de Paris (les Jacobins), qui prit ensuite les noms de Société des Amis de la liberté et de l'égalité, puis de Société populaire et républicaine; ses procès-verbaux de 1791 à 1795, longtemps gardés à la mairie du XXe arrondissement, ont heureusement été versés au Musée Carnavalet; ils constituent trois registres in-folio, cotés 11471.

En 1814, le plateau de Belleville fut le théâtre d'une résistance héroïque des Parisiens contre l'armée des alliés. Dans la journée du 28 mars, les troupes de Marmont et notamment les élèves de l'École polytechnique se couvrirent dans les rues de Belleville d'une gloire qui devait malheureusement rester sans profit. Le village fut enlevé par le corps d'armée de Blücher, et deux jours après la capitulation était signée à la Villette.

Sous les gouvernements monarchiques qui suivirent, l'histoire de la région que nous étudions est purement administrative et se réduit aux faits qui viennent d'être exposés dans les paragraphes précédents. Une population composée surtout d'éléments appartenant à la petite bourgeoisie s'y augmente d'année en année, et ce n'est que sous le Second Empire, lorsque les grands travaux de voirie effectués à

Paris contraignent beaucoup de familles ouvrières à émigrer vers la banlieue, que Belleville commence à devenir un quartier éminemment populeux. Contre cette « invasion des ouvriers » il y a dans la série des délibérations municipales de la commune une fort curieuse protestation du Conseil à la date du 4 août 1852. Protestation bien inefficace, d'ailleurs, car le mouvement populaire ne fit que s'accroître durant les années suivantes. Belleville devint un foyer de résistance ardente à la politique impériale et mérita d'être surnommée le mont Aventin de la démocratie.

La passion politique y régna plus encore durant le siège de Paris par les Allemands et le mouvement communaliste qui suivit. Sans entrer dans le récit détaillé de faits encore trop rapprochés de nous, il suffira de rappeler que c'est à Belleville, rue Haxo, 79, que le 26 mai 1871, les fédérés mirent à mort vingt et un gardes municipaux, vingt et un gardiens de la paix et dix prêtres (trois jésuites, quatre dominicains et trois séculiers) conservés jusque-là comme otages. C'étaient les représailles de l'entrée des troupes dans Paris. Une Société anonyme a acquis le terrain où s'accomplirent ces funèbres exécutions et y a fait apposer une inscription commémorative où sont simplement gravés les noms de ces martyrs d'une guerre civile.

MÉNILMONTANT. — Lebeuf a consacré à cette localité un court chapitre dans sa notice sur Bagnolet (t. II, p. 656-7), mais il paraît le regretter lui-même, puisqu'il dit que « depuis quelques années on a compris les habitans de ce hameau sous Belleville, qui y est contigu ». Il eût donc été plus fidèle à son plan s'il en avait traité à la suite des renseignements qu'il donne sur la paroisse de Belleville. Notre auteur déclare aussi que ce « Ménil-Montant, ainsi qu'on l'écrit aujourd'hui, et anciennement Ménil-Maudan, n'était au IXe siècle qu'un bois appelé Madam ou Maudam qui fut, comme j'ai déjà dit, donné à Saint-Denis pour l'utilité de l'hôpital de cette abbaye dit depuis la Villette Saint-Denis, tout proche Pentin ». Cette assertion ne se trouve nulle part formulée dans l'*Histoire du diocèse de Paris*, et d'ailleurs, elle nous laisserait assez incrédule, tant pour la date que pour le lieu, et même pour cette dénomination Madam ou Maudam, que l'on ne rencontre nulle part ailleurs. En réalité, nous ne pouvons citer que deux textes du XIIIe siècle mentionnant Ménilmontant sous sa forme primitive, Mesnil mautems : une charte de mai 1224 par laquelle Gui, vicomte de Corbeil donne aux religieux de Saint-Lazare trois sous moins un denier de cens « sitos super vinea de Bernart et super vinea de Mesniolo mali temporis, et eciam dominium et omne illud quod ibidem habebam vel habere poteram » (Cartulaire de Saint-Lazare, MM. 210, fol. 95 v°), — et cette mention empruntée par Cocheris (t. III, p. 547) au cartulaire de l'abbaye de Saint-Antoine : « Mesnilium mautenz juxta clausum S. Martini, in censiva Guidonis, vice comitis de Corbolio » (1231). Le lieu s'appelait donc originellement le Mesnil du mauvais temps, ce qui, à la vérité, n'offre pas un sens très clair ; plus tard, mais pas avant le XVIe siècle, on l'a nommé Mesnil montant en raison de son site escarpé.

L'abbaye de Saint-Antoine, la maladrerie de Saint-Lazare et le vicomte de Corbeil ne furent pas les seuls à y posséder des biens, qui paraissent avoir été surtout en vignobles; outre la chapellenie de la Décollation de saint Jean-Baptiste à N.-D. de Paris, que mentionne Lebeuf, le prieuré de Sainte-Croix de la Bretonnerie y acquit de bonne heure des terrains qu'il garda jusqu'à la Révolution. Il semble même que ce dernier y ait eu une part de la seigneurie. Par acte du 25 janvier 1473 (1474, *n. s.*), le prieuré donnait à bail à Étienne de la Rue, tonnelier, demeurant à Paris, et à Perrette, sa femme, « une grant maison à trois travées, petit plancher dessus, qui est à moitié faict, ung four et une cheminée, une petite maison tenant à icelle maison en laquelle et joignant d'icelle à ung puys, toutes couvertes de chaulmes, avecques les masures et jardins appartenant à ladicte grant maison tout enclos de murs, dont y en a en ruine, appelé de toute ancienneté le Menu Mautemps, assis sur le grant chemin alant à Baignolet et à Romainville... » avec des dépendances en jardin, le tout au prix de quarante-huit sous et quatre deniers de rente annuelle (Arch. nat., S. 1004). Dans le même carton se trouvent de nombreuses pièces relatives aux acquisitions faites au même lieu, — désigné sous le nom de Menu Mautemps, Mesnil Mautemps ou Mesny Mautemps, — par les religieux de Sainte-Croix de la Bretonnerie au xve siècle, et aussi des baux passés par eux, durant les xviie et xviiie siècles de leur grande maison sise « au Mesnil-Montant, vis-à-vis des murs du parc du château dudit Mesnil-Montant » (1750).

Ce château nous est connu; c'est celui que, sous Louis XIV, fit construire en ce lieu Michel Le Pelletier, seigneur de Saint-Fargeau, dont un petit-fils, jacobin illustre, fut assassiné le 20 janvier 1793 pour avoir voté la mort de Louis XVI. Le château et le parc qui l'entourait ont depuis longtemps disparu et les terrains occupés par eux sont maintenant morcelés à l'infini; le nom de Saint-Fargeau n'en a pas moins subsisté dans la région (cf. Ch. Sellier, L'Hôtel de Saint-Fargeau à Paris, ap. *Correspondance hist. et archéol.*, sept. 1895, tiré à part).

Les accroissements de Ménilmontant durant ce siècle, pour avoir été moins rapides que ceux de Belleville dont il dépendait, n'en ont pas moins été prodigieux surtout depuis une cinquantaine d'années. C'était encore presque la campagne lorsqu'en juillet 1832, les Saint-Simoniens y fondèrent le siège de leur religion, presque oubliée aujourd'hui. Il s'y trouvait encore des lieux-dits en 1845 : les Partants, les grands Ravages, le jardin de Sainte-Croix, et ceux que rappellent les rues du Ratrait et de la Chine, dont la dénomination n'a pu encore être expliquée d'une façon satisfaisante.

Une chapelle avait été construite en 1823 pour épargner aux habitants de Ménilmontant le trajet assez pénible qui les séparait de Belleville; lorsque le Conseil municipal de cette dernière ville eut édifié l'église Saint-Jean-Baptiste, il se préoccupa de donner à la paroisse de Ménilmontant un édifice en harmonie avec sa nombreuse population et en étudia les moyens; mais c'est la ville de Paris qui réalisa ce projet après l'annexion. Notre-Dame de la Croix a été construite de 1865 à 1870 par l'architecte Héret, dans le style roman; c'est un beau monument situé sur l'emplacement de la chapelle primitive au cœur même de la localité, dans ce repli de terrain qui, bien que fort élevé, forme une sorte de vallée entre les hauteurs de Belleville et celles de Charonne; la dépense totale a été de 2,600,000 francs (cf. Narjoux, *Monuments élevés par la ville de Paris, Édifices religieux*, p. 12).

BIBLIOGRAPHIE. — *Sources*, Archives nat., L. 718 : titres de la paroisse de Belleville, baux, fondations, procès-verbaux des reliques en 1755; translation du cimetière (1765). N² (Seine) 10, 28, 29, 70; N³ (Seine) 170, 374, 425, 426, 538, 582; N⁴ (Seine) 5, 15, 15 *bis* et 15 *ter* : plan de la paroisse (xvii⁰ et xviii⁰ s.).
— P. 1843 : terrier du fief de Maulny, appartenant à Louis-Philippe, duc d'Orléans (1766-1765); 248 feuillets. — S. 223-226 : biens du Chapitre de N.-D. à Belleville (notamment à la Courtille) et à Ménilmontant. — S. 1335-1346 : biens du prieuré de Saint-Martin des Champs; le carton 1345 est composé exclusivement de documents ayant trait au régime des eaux de Belleville. — S. 1568 : biens de l'abbaye de Sainte-Geneviève. — S. 2253, 2276, 2513-2515, 2538, 2788-2790 : biens de l'abbaye de Saint-Denis à Belleville et à Ménilmontant; sous la cote 2276, se trouve un aveu de 1349; le registre 2538 est un censier de l'abbaye avec trois plans, de 1740 à 1750. — S. 4337-4358, 4394 : biens de l'abbaye de Saint-Antoine.

Imprimés. — Mémoire présenté à M. le Ministre de l'Intérieur par des habitants de la commune de Belleville contre l'acquisition de l'établissement de l'Ile d'Amour comme hôtel de mairie; *Paris*, 1844 in-8⁰ (Bibl. nat., L k⁷ 908).

Annuaire de Belleville et Ménilmontant pour 1853, publié par les soins de l'administration municipale; 1ʳᵉ année, *Belleville*, 1853, in-18⁴.

Solennité de la bénédiction et de la pose de la première pierre de l'église neuve de Saint-Jean-Baptiste, le 24 juin 1854; *Belleville*, 1854, in-8⁰ (Bibl. nat. L k⁷ 913).

Notice historique sur l'ancienne commune de Belleville annexée à Paris et sur sa nouvelle église en style du xiii⁰ siècle, par N.-M. Troche; *Paris*, 186 , in-12; 98 p.

Revue archéologique, 1864, t. II, p. 158 : mention d'une hache en pierre, trouvée par un habitant de Ménilmontant dans son jardin.

Belleville réhabilité dans l'opinion publique. Réponse aux attaques et aux insinuations calomnieuses de quelques organes de la presse réactionnaire, par Ém. Miguet; *Paris*, 1874, in-8⁰, 461 pp.

Offrande à la République d'un cavalier jacobin par la Société populaire de la commune de Belleville, 1794, avec les noms des citoyens qui ont participé à la souscription. Publié d'après les documents originaux par Henry Darchy; *Paris*, Pillet, 1871, in-8⁰, 16 pp. (Extrait des registres de la Société populaire, conservés au Musée Carnavalet, et dont nous avons parlé plus haut).

Inventaire des Richesses d'art de la France; Paris, monuments religieux, t. II : Eglise de Saint-Jean-Baptiste de Belleville; notice par L. Michaux, pp. 351 à 362.

Plan topographique de la ville de Belleville, terminé en 1845... par MM. Dupleix, Raguin et Truchy, géomètres du cadastre; pet. in-fol.

Atlas de Lefèvre. Plan de la commune de Belleville, dressé en 1854.

---

(1) Nous renvoyons aux registres de délibérations de la commune, conservés aux Archives de la Seine, où l'on trouvera, à la date du 24 avril 1854, un rapport détaillé du maire sur cette publication qui fut confiée à M. Demay et dont les frais se sont élevés à 1155 fr. 70 chez l'imprimeur, pour huit feuilles in-18 tirées à 150 exemplaires.

CHARONNE

I, 469-483.

La question de l'origine du nom de Charonne n'est pas résolue davantage aujourd'hui qu'au temps où écrivait l'abbé Lebeuf. Elle a eu, cependant, un progrès : nous ne pouvons plus admettre maintenant les hypothèses que proposait, timidement d'ailleurs, le savant historiographe du diocèse de Paris : que Charonne tire son nom du séjour de troupes romaines appelées *Carronenses*, la philologie le nie aussi bien que l'histoire et même la vraisemblance; Lebeuf n'est pas plus heureux lorsqu'il déclare qu' « il y a en France plusieurs paroisses du nom de Charon »; c'est *Charron* qu'il aurait dû dire, et dès lors la forme originelle ne peut plus être la même que celle de notre localité qui a été *Catarona* ou *Catorona* ou *Cadorona*, contracté plus tard en *Carrona*.

Dans ses *Études sur le règne de Robert le Pieux* (*Paris*, Vieweg, 1885, in-8, publicat. de la Bibliothèque de l'École des Hautes-Études), M. Pfister a publié pour la première fois la charte la plus ancienne que l'on connaisse sur Charonne (p. XLVIII-IX). C'est l'acte par lequel le roi Robert renonce, en faveur de l'abbaye de Saint-Magloire, à tous ses droits sur le village de Charonne : « Omnia scilicet quæ usque nunc in villa quæ nuncupatur Cadorona tenere visi sumus, pabula videlicet canum ac prepetum, atque ipsorum custodum commoditates, bannos, fata, familiam, et quicquid in nostra manu tenere videbamur... » M. de Lasteyrie qui, dans son *Cartulaire général de Paris*, a donné cet acte à nouveau (I, 107) publie aussi (p. 99) en le datant de 997 ou 999 le privilège du même roi en faveur de Saint-Magloire, déjà cité par Lebeuf et où est mentionné : « in potestate quoque Cataronis Mansus I arabilis terre cum vinearum fecunditate ». Mentionnons encore d'après le même recueil (pp. 326, 452, 475) des actes où figure Gautier Popin, maire de Charonne entre 1150 et 1180.

Les renseignements que Lebeuf a recueillis sur l'église de Charonne sont fort complets, et nous nous en félicitons d'autant plus que le fonds des archives de la cure n'est pas entré, on ne sait pourquoi, aux Archives Nationales. Voici donc seulement quelques notes complémentaires à son sujet. L'origine que notre auteur lui attribue, — à savoir un oratoire élevé en l'honneur de saint Germain d'Auxerre, — est bien problématique; il n'est pas exact que le chemin le plus ordinaire pour arriver d'Auxerre et de Sens à Paris fût « de ce côté là »; il était naturellement dans la vallée de la Seine, comme aujourd'hui, et l'on n'imagine pas qu'il ait pu y en avoir un dans une région aussi escarpée que l'étaient, surtout alors, Charonne et ses abords. De plus, recherches faites dans la *Vie de sainte Geneviève*, nous n'y avons trouvé aucune confirmation du fait. Saint-Germain de Charonne est restée telle ou à peu près qu'au siècle dernier, c'est-à-dire un édifice reconstruit aux XVe et XVIe siècles, avec une tour dont l'étage inférieur seul date du XIIIe. Toutefois, peu d'années avant la Révolution, les travées antérieures furent détruites par un incendie, et c'est depuis que la porte d'entrée s'ouvre sur le bas-côté de gauche. La double inscription du xv₀ siècle, consacrant les fondations des évêques Guillaume Chartier et Jacques du Châtelier, est restée fixée au premier pilier nord de la nef, en face du maître autel; le texte en a été donné par Guilhermy (*Inscriptions de l'ancien diocèse de Paris*, t. II, p. 98) et par M. Raunié, dans son *Épitaphier du Vieux Paris* (t. II, p. 514, note 2). L'épitaphe de damoiselle Marie Framery, femme de Brussel, le célèbre auteur de Traité sur les fiefs, est également reproduite dans ces deux recueils; il est à remarquer que la pierre tombale n'est plus, comme au temps de Lebeuf, dans le cimetière, mais bien dans l'église, à l'entrée de la chapelle Saint-Blaise. Celle de Claude Le Vigneron, déjà décrite par Lebeuf, s'y trouve de même, dans le bas-côté nord. A ces inscriptions, Guilhermy a ajouté celle gravée sur la cloche :

> 1606. CLAUDE TIXIER, BLAYSE JYNIER
> MARGUILLIERS
> GERMAINE SUIS NOMMÉ PAR LES
> HABITANS DE CHARONNE

et M. Raunié, le texte de l'épitaphe de François Thiroux d'Espersene, mort en 1767.

La diparition des titres de la paroisse ne nous permet pas de dresser une liste des anciens curés : les noms que nous avons rencontrés sont ceux de Jean Bizet, mentionné par Lebeuf en 1661, — de Jean Guenot qui figure dans les registres paroissiaux de Bagnolet, comme ayant donné la sépulture, le 6 janvier 1683, à Renée Duperray, mère du curé de Bagnolet, — de Jean-François Brunet, mentionné dans un bail du 9 juin 1761 (Bibl. Nat. Estampes, Topogr. de la France, Paris, 80ᵉ quartier), — de Joseph Esthard (ou Estard), qui, en 1791 et en 1792, refusa formellement de lire au prône une lettre pastorale de l'archevêque constitutionnel J.-B. Gobert (Arch. de la Seine, L. II), et qui trouva la mort dans les massacres de septembre. Il existe aux Archives de la Seine (série D) une déclaration de foi républicaine faite, le 15 avril 1793, entre les mains des officiers municipaux de Charonne, par Charles-Philippe Thomas, ministre du culte catholique. Une étude biographique sur les curés de Charonne depuis la Révolution a été faite par M. l'abbé Caron dans un discours que nous signalons à la Bibliographie.

Lebeuf s'est étendu avec détails sur les biens que l'abbaye de Saint-Magloire possédait à Charonne, et ses citations prouvent que c'étaient surtout des terrains en vignes. Nous nous bornerons à signaler après lui, dans le cartulaire de cette abbaye, rédigé au xɪɪɪᵉ siècle, « les coustumes des pressoers de Charonne » (Arch. nat. LL., fᵒ 133 vᵒ), et l'acte de janvier 1298 (n. s.) par lequel l'abbaye acheta à Richard, dit de Charonne, curé de Saint-Paul à Paris, et à Edeline, sa mère, « deux demi-masures situées près de la maison que ledit couvent a à Charonne, parce que ledit couvent est tenu, à la suite d'un accord avec la communauté des habitants de Charonne, de faire un chemin public en ce lieu » (*ibid.*, fᵒ 114 rᵒ). C'est là, assurément, un témoignage bien ancien et curieux, de l'existence dans ce village d'un groupement des habitants réunis pour traiter de leurs intérêts communs.

Nombreuses étaient les communautés qui avaient des terres à Charonne, mais le Chapitre de Notre-Dame paraît en avoir eu la majeure partie, en même temps que la principale seigneurie ; les autres possesseurs de fiefs n'étaient que, pour très faible part, seigneurs du lieu.

Le prieuré de Saint-Nicolas d'Acy fut, de bonne heure, un de ces possesseurs. Une déclaration de son temporel en 1444, publiée par M. J. Flammermont (*Mémoires de la Société de l'Histoire de Paris et de l'Histoire de France*, t. V, p. 297), contient à ce sujet la mention suivante : « Item, ledit prieur a à Charonne emprès Paris un hostel, lequel est en ruyne, et y a environ cent sols de cens, portans vente et saisine de douze deniers l'un, et le tiers des dismes de vin et de grain de laditte ville, et toute la menue disme, et a ledit prieur en sondit hostel et en ses tenures toute justice, et est tout accensé par chacun an jusques à trois ans à huit livres parisis ». Lebeuf nous apprend que cette terre passa en 1601 à M. de Bragelonne.

Religieuses de Notre-Dame de la Paix. — Delort qui, dans ses *Voyages aux environs de Paris* (1821) a mêlé à beaucoup de fatras des renseignements excellents publie (t. II, pp. 278 et ss.) une lettre inédite de leur supérieure, Madeleine de Suève, à Colbert, en date du 16 avril 1664 où elle parle de leur nouvel établissement et, implorant la protection du ministre, déclare qu'il leur a coûté cent mille écus.

Le conflit qui se produisit, d'après Lebeuf, contre la Cour de Rome et celle de France, date au moins de 1678, et non de 1680. Au fond ce différend, soulevé à propos d'une abbaye qui était loin d'être puissante, avait une bien plus haute portée ; c'est un épisode des luttes de l'église gallicane, dans lequel il s'agissait du droit que prétendaient avoir les religieuses d'élire leur supérieure. On consultera là-dessus une intéressante lettre du P. La Chaise publiée par feu Chantelauze dans son livre sur le *P. La Chaize, confesseur de Louis XIV, Études d'histoire religieuse* (1859, in-8°, pp. 34 et ss.).

Filles de l'Union chrétienne. — Une sorte de Mémoire, placé en tête de la Règle manuscrite du séminaire de Charonne, fait connaître l'origine et la destination de cette maison qui devait, en peu d'années, avoir une si grande importance, et servir de modèle à des communautés analogues, dont la principale devint celle de Saint-Chaumond à Paris :

« ..... Nous pourrons parler ailleurs des personnes et des moyens dont Dieu s'est servi pour faire cet établissement. Il suffit de dire icy que feu Monsieur Vincent, dans cette estendue de zèle que Dieu luy avoit donné pour procurer de tout son pouvoir la gloire et le service de Dieu, le bien et l'advantage de l'église, le salut des âmes et le soulagement du prochain, peut en estre regardé comme le principal autheur et le premier supérieur ; qu'il en a receu les huit premières sœurs, et que Monsieur Olier, et plusieurs autres personnes d'une piété singulière y ont contribué de leurs soins et de leur authorité. Il a donc esté fait pour unir et associer en communauté des filles et des veuves qui doivent :

« 1° S'employer à la conversion des filles et des femmes hérétiques, et les retirer auparavant ou après leur abjuration, à l'exception néantmoins du séminaire de Charonne, dans lequel elles ne peuvent être receües qu'après qu'elles ont fait leur abjuration ;

« 2° Former des sujets pour travailler sous l'autorité de nos seigneurs les evesques aux conversions des personnes de leur sexe, qui sont dans l'engagement de l'hérésie, et pour establir dans les diocèses des maisons de l'Institut;

« 3° Recevoir et retirer des filles ou des veuves de qualité destituées de bien ou de protection et qui, ne pouvant estre receues en d'autres communautés, sont formées et eslevées, ou pour entrer dans l'Institut, ou pour vivre chrestiennement dans l'estat où Dieu les appelle après avoir receu une sainte education et avoir esté suffisamment instruites des véritables maximes de la religion et de la piété chrestienne;

« 4° Eslever des jeunes filles dans la vertu et dans la piété, et les instruire, non seulement des vérités de la religion, mais aussi leur apprendre à lire, escrire, les exercices d'un travail honneste et toutes les choses qui peuvent leur estre utiles en quelque estat que la Providence les appelle, afin que non seulement elles fassent leur salut, mais qu'elles puissent aussi travailler à celuy des personnes de leur sexe selon les maximes de la religion chrestienne et selon celles de l'Institut si elles y sont appelées.

« Et encore que l'Institut en général doive embrasser tous ces differens desseins et que l'on doive s'appliquer dans le séminaire à former des sujets qui puissent s'y employer, chaque maison neantmoins s'appliquera principalement au dessein particulier pour lequel elle aura esté establie, sans se dispenser de travailler aux autres lorsque les supérieures le jugeront nécessaire.

« Pour l'exécution d'un dessein si important, qui va à procurer un bien qui regarde toute l'eglise et l'edification du public, on a establi le seminaire de Charonne, et pour le faire subsister, on luy a donné des constitutions..... » (Arch. nat. LL. 1668, fol. 3-4).

Une lettre de Pontchartrain, ministre de la Maison du Roi à d'Argenson, lieutenant général de police, datée du 10 janvier 1703, éclaire les conditions, plutôt fâcheuses dans lesquelles cette communauté se transféra en 1687 à la maison de Saint-Chaumond :

« Vous savez quelle est la source de la maison de l'Union chrestienne. Cette communauté qui estoit cy devant à Charonne, s'est establie à l'hostel de Saint-Chaumont qui luy a coûté de grosses sommes qu'elle n'a point payées. Du vivant de la feue Reyne, la demoiselle Des Bordes se detascha de cette mesme communauté et prit une maison dans le fauxbourg de Saint-Germain pour servir de retraite aux Femmes de qualité. La Reyne y donna 1000 # d'aumone par an, laquelle aumone le Roy voulut bien continuer après sa mort. Aujourd'huy, cette demoiselle Des Bordes se trouvant vieille, elle remet sa place à une fille nommée Damoiseau qui demande les mesmes 1000 # sous le nom de la communauté de Saint-Michel, que cette nouvelle maison commence à porter. Vous scavez que l'Union chrestienne a encore dans la parroisse de N. D. de Bonnes Nouvelles un autre detachement pour regir une maison servant de retraite aux pauvres filles venans des provinces, à laquelle le Roy donne aussy 1000 # d'aumosne, de manière que voilà 3 maisons que une petite communauté venue de Charonne va former dans Paris. Le Roy demande si, au lieu d'avoir tant d'établissements différents, il ne conviendroit pas mieux de tout retenir dans cette grande et spacieuse maison de Saint-Chaumont où vous sçavez qu'on est obligé de louer des appartemens pour les occuper. S. M. veut donc sçavoir, dans l'occasion qui se presente de la retraite de la demoiselle Des Bordes, votre sentiment sur cette prétendue communauté de Saint-Michel » (Arch. nat. O¹ 364, f⁰ 11 r⁰).

Communauté de l'Adoration du Saint-Sacrement. — Lebeuf se trompe de deux années lorsqu'il dit que ce couvent fut fondé en 1689, — ou du moins, il a tort de n'invoquer que les lettres patentes datées de cette année-là, en effet, et de ne pas avoir connu l'acte réel de fondation, daté du 2 avril 1687. Nous en avons retrouvé le texte ; le voici :

« Par devant les conseillers du Roy, notaires garde nottes au Chastellet de Paris soubsignez, fut presente dame Catherine Chanlatte, veufve de Mᵉ Rodolphe Le Maire, vivant procureur en la Cour de Parlement, demeurante en sa maison à Charonne près Paris, laquelle a dit qu'ayant esté inspirée de Dieu depuis plusieurs années de se donner totalement à luy avec tout le bien qu'elle peut posséder et dont elle est en pleine liberté de disposer, elle auroit esté meüe d'une devotion specialle de pouvoir fonder et eriger une communauté de filles et veufves libres, sages et vertueuses, qui pussent et voulussent par la grace d'une vocation particulière se consacrer dans l'estat seculier à l'adoration perpétuelle du très Saint Sacrement de l'autel, à l'instruction des jeunes filles et à l'assistance spirituelle et temporelle des pauvres malades des lieux où elles seroient établies.

« Et comme elle auroit reconnu depuis quelque temps qu'il avoit plu à Dieu de favoriser son pieux dessin par la bonté que le Roy a eue de luy accorder ses lettres patentes, et monseigneur l'archevêque de Paris d'y vouloir joindre sa permission aux fins d'un establissement de sa communauté audit lieu de Charonne où ladite communauté fait actuellement tous les exercices tant de l'adoration perpetuelle du très Saint Sacrement que de l'instruction des jeunes filles et de l'assistance temporelle [et] spirituelle des malades dudit Charonne et des lieux circonvoisins, ladite dame pour donner audit etablissement toute la fermeté, la subsistance et la fondation qui luy est possible, volontairement, sans autre motif que de la plus grande gloire de Dieu, de l'honneur du très Saint Sacrement et du bien public, a, par ces presentes donné par donnation irrévocable… pour servir d'establissement à ladite communauté ce acceptant par Louise-Cecille Emery et Marguerite-Angelique Sery, filles demeurantes en ladite communauté, scavoir deux maisons, leurs circonstances, appartenances et deppendances occupées de present par ladite dame et ladite communauté scituées au village de Charonne près Paris, ainsy qu'elles s'estendent, poursuivent et comportent de toutes parts et de fond en comble. »

. . . .

Suit l'énumération des biens donnés par la fondatrice, qui en échange exige que cette qualité de fondatrice ne puisse jamais lui être enlevée. (Arch. nat. S. 4758).

Le couvent subsista jusqu'à la Révolution. Le 27 février 1790, Claude-Charles Pointard, avocat au Parlement fit, au nom de la Congrégation, la déclaration de son état temporel ; la maison, sise rue de Charonne, se composait de quatorze dames de chœur, cinq converses et deux affiliées ; les revenus s'élevant à 6.271 livres, 13 sols, 10 deniers, consistaient en biens à Charonne, rentes sur le Roi ou les particulier, et le loyer des appartements occupés par les pensionnaires de la maison ; les charges, 4.259 livres, 15 sols étaient l'acquit des fondations et l'entretien des bâtiments. La communauté proprement dite, est-il dit dans l'acte, « se compose d'un terrain d'un arpent et demi environ, d'un clos entouré de murs, séparé par la rue, et contenant un arpent vingt-cinq perches environ, plus vingt-cinq perches de vignes situées derrière ce clos et tenant au chemin de Vincennes » (*Ibid.*).

Une rue du onzième arrondissement perpétue pour nous le souvenir de la Folie-Regnault, souvenir bien ancien, car il date du XIIIe siècle. Il y a, en effet, des titres de ce temps-là où elle est déjà mentionnée (Arch. nat., S. 223). On ne peut donc plus admettre, avec Lebeuf, que « c'était au XIVe siècle la maison de délassement d'un nommé Regnault Espicier » (ou plus exactement Lespicier). D'ailleurs, au moyen-âge, le mot Folie appliqué aux habitations n'avait certainement pas le sens qu'il a pris au XVIIIe siècle ; il signifiait lieu feuillu, à moins qu'on n'accepte l'explication qu'en a donnée Quicherat à propos du château Hautefeuille, mauvais lieu de repaire (Cf. *Mémoires de la Société des Antiquaires de France*, 1882). Enfin, la Folie-Regnault n'était pas une maison, c'était un fief, appartenant au Chapitre de Notre-Dame de Paris. On en a la preuve dans l'acte du 26 mars 1498-1499 par lequel Jean Hurault, conseiller du Roi au Parlement, déclare tenir du Chapitre de Notre-Dame « une pièce de vigne contenant cinq quartiers ou environ, assis près Paris, oultre la porte Sainct-Anthoine ou terroir nommé la Folie-Regnault » (Arch. nat., S. 223).

De ce même « terroir », Lebeuf l'a dit avec raison, dépendait le lieu connu sous le nom de Montlouis. Nous avons publié plus haut (pp. 353-4) un document établissant qu'il avait été acquis vers le milieu du règne de Louis XIII par les Jésuites de la maison professe pour en faire une maison de campagne. En 1633, ils eurent à acquitter au Chapitre de Notre-Dame une somme de 1.246 livres tournois comme droits d'acquisition. L'acte notarié passé à cet effet porte que ces maisons étaient situées « à la Follie-Regnault, maintenant le mont Saint-Louis » (Arch. nat., S. 224). On remarquera l'emploi de cette forme : Saint-Louis. Si elle n'est pas une erreur de scribe, c'est Louis IX qui serait le parrain du lieu ; en tous cas, vu la date, et si l'on admet la dénomination plus usuelle Mont-Louis, il la doit à Louis XIII et non à Louis XIV, comme on le croit généralement.

Les renseignements sont peu abondants sur la maison que ce dernier y fit construire pour le Père Lachaise. La mention de « fournitures d'arbres pour planter le jardin du P. de la Chaise à Montlouis en 1688 et 1692 » (*Bulletin de la Soc. de l'Hist. de Paris*, 1891, p. 4) semble indiquer à peu près l'époque de cette construction. Le célèbre confesseur du Roi n'y résidait que l'été ; sa véritable demeure était à la maison professe, et si l'on en croit Ménorval (*Les Jésuites de la rue Saint-Antoine*, ouv. cité, note 2 de la page 97), son appartement est devenu la bibliothèque du lycée Charlemagne ; c'est là qu'il mourut, le 20 janvier 1709.

Nous dirons plus loin ce qu'il advint de cette propriété de Montlouis et comment le nom du P. Lachaise y est resté attaché.

Montibeuf est, parmi les lieux dits de Charonne, le plus anciennement mentionné. Lebeuf l'avait rencontré dans les textes dès 1255. Une charte publiée par M. de Lasteyrie, qui la date approximativement de 1150, stipule la donation par l'église de Saint-Magloire, à Thibaut de Brie, d'un arpent de vigne « apud Carronam, in loco qui dicitur Montibovis » (*Cartulaire général de Paris*, t. I, pp. 325-6).

Les titres des biens du Chapitre de Notre-Dame à Charonne ont trait, dès le XIIIe siècle, à de nombreux lieux dits : Les Baûges, Beletreau, le chemin de Paris, les Courses-Cornettes, Dives ou les Dives, la Gâtine, Houzeau, Landriet, les Rôtis, Rondeau.

La ferme des Bauges, qui était à l'ouest du Mont-Louis, fut vendue, le 18 mars 1706, aux « R. P. Jésuites des Missions de l'Amérique méridionale » par messire René de Brisay, chevalier, comte de Denouville, brigadier des armées du Roi, et sa femme, Jeanne-Catherine Quentin de la Vienne, au prix de 8,000 livres. Elle est dite située à la Montagne des Bauges et se compose d'une grande cour enclose de murs, de plusieurs bâtiments, granges et écuries avec les prés y attenant, contenant environ 21 arpents, plus 12 arpents et demi sis aux Houzeaux, dans la censive du Chapitre de Notre-Dame (S. 224). Le même jour, le P. Thomas Gouze, procureur général des Jésuites signait une déclaration portant que, dans l'acquisition précédemment énoncée la maison professe possède déjà 8 arpents, 68 perches (à 19 pieds pour perche et 100 perches pour un arpent) à prendre du côté de Montlouis (Arch. nat. Q¹ 1078). Ces terres furent annexées à l'enclos de Montlouis. Un autre document mentionne, en 1772, la ferme des Bauges comme située à « fond de Tarabye », faute évidente d'un copiste ignorant, pour Fontarabie (S. 224).

Le domaine royal avait aussi des droits sur la paroisse de Charonne, ainsi qu'en fait foi le document suivant, daté de 1729 :

« GRAND CHARONNE

« La directe de l'ancienne Grande Chambrerie s'étend jusques dans le village de Charonne, ez rues Ribelette et de Saint-Germain ; mais quoiqu'il en ait été passé plusieurs reconnoissances au terrier du Roy, la contiguité des heritages n'est pas encore assés établie pour en présenter le plan tel qu'il seroit à souhaiter. On se contente d'observer que, d'environ 17 maisons qui peuvent être de la censive de S. M. dans ces deux rues, il y en a cinq s'entretenant l'une l'autre en la seule rue Ribelette, vendues en 1719 par les héritiers Roberge, moyennant 9,000tt à Denis Rocher, marchand de vin, et Marguerite Duchemin, sa femme, et ce par un même contrat qui a été ensaisiné par les officiers du Domaine.

« PETIT CHARONNE

« En se rapprochant de Paris vers le lieu où avoit été élevé un modèle d'arc de triomphe dit le Trosne et à l'extrémité des champtiers de Vignolles, des Ormeaux et de Bonnemine, s'est formé depuis 30 ans le nouveau village du Petit-Charonne, composé d'une quantité considérable de maisons et jardins clos de murs, du côté du fauxbourg ; cela fait une continuation de la censive du Roy, mais du côté de Charonne, cette censive devient limitrophe à celle de la seigneurie de Charonne, et il est difficile de déterminer les points fixes de l'une et de l'autre ; cependant la plus grande partie de ce qui a été bâti ou clos de murs jusqu'à présent paroît être uniquement de la censive de S. M., et même a été reconnuë par des ensaisinemens pris de ses officiers.

« LA FOLIE REGNAULT

« Descendant de la maison de Montlouis des PP. Jésuites au derrière des murs du monastère de la Roquette, se trouve une espèce de hameau appelé la Folie Regnault. Il est, pour la plus grande partie, de la seigneurie du Chapitre de Paris, mais les 5 dernières maisons du côté du susdit monastère de la Roquette et leurs deppendances ont été reconnues pour être de la censive de S. M. » (Archives de la Seine, D. A. 12, pp. 356-358).

Lebeuf n'a rien dit du château de Charonne, et l'on a d'ailleurs fort peu de détails sur cette résidence. Elle est marquée sur le plan de Roussel (1730), à côté du couvent de N. D. de la Paix ; en outre, un plan en minute du XVIIIe siècle, conservé dans le carton S. 226 des Archives nationales, en figure le parc, situé à gauche du grand chemin de Paris à Bagnolet, au delà du carrefour que forme avec lui la rue des Orteaux et en deçà de l'église, occupant, par suite, la région N.-E. de l'enclos actuel du Père-Lachaise, entre les rues des Pyrénées et de la Réunion. Ce château existait au moins dès le XVIIIe siècle ; une lettre de Richelieu à Mathieu Molé en est datée, du 18 septembre 1635 (*Mémoires de Mathieu Molé*, publiés pour la Société de l'Histoire de France, t. II, p. 316).

Il n'est pas douteux que Delort a voulu le désigner dans ses *Voyages aux environs de Paris* (1821, t. II, p. 281), lorsqu'il parle de « la plus belle maison de ce lieu, qui se trouve sur la gauche, et qui appartient à M. de Saint-Cricq, directeur général des Douanes ». Mais il faut se garder de le confondre avec le château de Bagnolet, situé sur la paroisse de ce nom et dont les dépendances s'étendaient sur celle de Charonne ; nous en parlons plus bas à propos de l'hôpital Debrousse.

On ne s'étonnera pas que la « communauté des habitants de Charonne » que nous voyions tout à l'heure mentionnés dès 1298, n'ait pas laissé de nombreuses traces de son existence. On ne la retrouve pas avant le 18 janvier 1649, date à laquelle elle réclame de l'Hôtel de Ville quarante mousquets pour sa défense (*Registres de l'Hôtel de Ville de Paris pendant la Fronde*, publiés par Leroux de Lincy pour la Société de l'Hist. de France, t. I, p. 153), — puis la voici réunie, le 15 avril 1789, pour rédiger le « cahier des demandes generales et particulières de la communauté des Grand et Petit Charonne, Fontarabie et dependances », destiné à être remis aux États Généraux. Ces doléances (elles ont été imprimées à part et réimprimées au tome IV, pp 407-11 des *Archives parlementaires*) contiennent, comme celles de toutes les autres paroisses, des considérations générales sur l'administration du royaume et des vœux sur les besoins spéciaux à la municipalité. Elles sont divisées en 47 articles. Nous citerons ceux qui intéressent plus directement le village :

« *Art*. 40. Comme les capitaineries royales sont le fléau le plus destructeur du droit de propriété, qu'elles sont une source continuelle de vexations pour les gens de la campagne, et qu'elles enlèvent aux cultivateurs une grande partie de leur récolte, qu'elles sont d'ailleurs onéreuses à l'État; que, conformément au vœu de Mgr le duc d'Orléans elles soient supprimées, et notamment celles de Vincennes et de Bondy dont ce prince est capitaine et où le Roi ne chasse jamais.

« *Art* 41. Que comme l'ordonnance rendue par le Bureau des finances d

Paris, le 16 janvier dernier, qui défend de construire, continuer et même réparer aucuns murs, bâtiments ni maisons à la distance de 36 pieds, dans l'intérieur des nouveaux murs d'enceinte de Paris, et à 50 toises de l'extérieur est une atteinte affreuse au droit de propriété, qu'elle tend à ruiner une multitude de citoyens, à la priver du droit sacré de conserver sa chose et d'en disposer comme bon lui semble, la communauté de Charonne charge expressément ses députés de la dénoncer à M. le Procureur Général du Parlement, en attendant que les États Généraux puissent s'en occuper, s'en rapportant d'ailleurs à la vigilance de ce magistrat, qui ne laissera pas subsister une ordonnance aussi contraire au bien public.

« *Art.* 42. Que les routes de Charonne à Paris, à Bagnolet, à Vincennes, à Ménilmontant et Montreuil, qui sont sur les Etats du Roi soient incessamment réparées, attendu qu'elles sont la plupart dans le plus mauvais état, et que la chaussée de Charonne à Paris soit élargie, cette route étant extrêmement passagère pour les voitures de vin, et étant si étroite qu'à peine une charrette peut y passer.

« *Art.* 43. La communauté de Charonne se plaint de la surcharge excessive des impôts, qui a principalement sa source dans l'inégalité de la répartition, et dans l'abus que l'on a fait trop longtemps des fonds publics...

« *Art.* 47. Qu'il soit élevé un monument à la gloire du Roi et de son Ministre des Finances pour éterniser la mémoire de la convocation des Etats Généraux, et comme un témoignage public de reconnaissance de la nation, à la place de la Bastille et aux frais de la ville. »

Il est à remarquer, à propos de ce dernier vœu, que le document est daté du 15 avril 1789. Nous avons montré ailleurs et les Cahiers de doléances des paroisses en fournissent d'autres témoignages, que la démolition de la Bastille par voie administrative était une idée courante alors.

Depuis deux ans, la municipalité avait été reconstituée par la loi de 1787, et dans la division nouvelle du royaume, conséquence de la création des assemblées provinciales, Charonne faisait partie du département de Saint-Germain et de l'arrondissement de Saint-Denis. Cette organisation fut très éphémère ; dès la fin de l'année 1789, le Comité de constitution de l'Assemblée nationale lui substituait celle qui nous régit encore, après quelques changements dans le détail des circonscriptions. Charonne fut attribuée au district de Saint-Denis et au canton de Belleville. Le nombre des cantons du département de la Seine ayant été réduit de seize à huit en l'an IX, ce qui amena la suppression du canton de Belleville, la commune fut incorporée au canton de Pantin, de l'arrondissement de Saint-Denis et y demeura jusqu'au 1er janvier 1860, jour où elle fut annexée à Paris, en vertu de la loi du 16 juin 1859.

C'est ici le lieu d'indiquer les limites de la commune, telles qu'elles furent consacrées par les commissaires de 1789, à l'époque même où la construction du mur des fermiers généraux augmentait le territoire parisien au détriment des paroisses suburbaines. De ce côté donc, Charonne eut pour limites la nouvelle enceinte de Paris, dont le tracé est représenté aujourd'hui par les boulevards de Ménilmontant, en partie, et de Charonne en totalité ; ils portaient alors les noms de boulevards des Amandiers, d'Aunay, de Fontarabie, de Charonne et de Montreuil. Six barrières interrompaient le mur, établissant la communication entre

Paris et Charonne : la barrière des Amandiers, à l'entrée de la rue de ce nom ; la barrière d'Aunay ou de Saint-André, à l'extrémité de la rue de la Roquette ; la barrière des Rats, à l'extrémité de la rue Mont-Louis (jadis rue des Rats-Popincourt) ; la barrière de Fontarabie, à l'extrémité de la rue de Charonne ; la barrière de Montreuil, à l'extrémité de la rue de ce nom, et enfin la barrière du Trône à l'extrémité de la rue du Faubourg-Saint-Antoine.

Charonne était séparée de la commune de Belleville par l'axe des rues des Amandiers, des Partants, Pelleport et du Surmelin (alors route départementale 40), — et des communes de Bagnolet, Montreuil, Vincennes et Saint-Mandé par une ligne idéale ou des voies sensiblement parallèles à la limite de la zone militaire actuelle : le sentier des Plantonettes, le chemin des Mézières, les rues de la Croix-Domelte et de Lagny jusqu'à la barrière du Trône.

Les lieux dits, encore figurés sur le plan de Lefèvre, étaient, à gauche de la rue de Bagnolet : Montlouis, les Noues, les Gatines, le Perreux, la Py, la Carrière, les Montibeufs ; à droite de cette voie, au sud du chemin de fer de ceinture, la Pointe, les Orteaux, les Hautes et Basses Vignoles, les Hautes Traverses, les Grands Champs, la Plaine, la Grande Vallée ; au nord du chemin de fer : le Clos-Péglisse, la Voie Neuve, les Rasselins, les Gouttes d'Or.

La création d'un cimetière parisien dans l'enclos de Montlouis, transformé par la Révolution en domaine national, fut pour la commune de Charonne un événement considérable, plus qu'avantageux. On a le droit, en effet, d'imaginer quel parti incomparable aurait sans doute été tiré, au profit de l'embellissement de Paris, de ce site merveilleusement pittoresque s'il n'avait pas été dans sa destinée appelé à devenir un champ de repos.

Dès avant la Révolution, la profusion des cimetières groupés autour des églises avait donné lieu aux craintes les mieux justifiées sur les dangers qu'ils faisaient courir à l'hygiène publique. L'un des premiers actes de Frochot, le premier préfet de la Seine, fut de réglementer cette question. Dès le 21 ventôse an IX (12 mars 1801), il prenait un arrêté aux termes duquel trois enclos seraient établis hors de Paris pour servir aux sépultures publiques, l'un à l'Est, l'autre au Nord, le troisième au Sud. Une loi du 17 floréal an XI (7 mai 1803) ordonna pour la formation du cimetière de l'Est, l'acquisition des terrains de Montlouis et la nouvelle nécropole fut inaugurée avec solennité le 21 mai 1804 (Cf. Louis Passy : *Frochot, préfet de la Seine*, Paris, 1867, in-8, p. 444).

Le nom du confesseur de Louis XIV était resté si bien attaché au domaine de Montlouis que ni les changements de régime, ni la nouvelle affectation donnée à ce domaine n'avaient réussi à le faire oublier, et c'est en vain aussi que l'administration dénomma le cimetière : « cimetière de l'Est » ; dans la langue courante on n'a jamais cessé de l'appeler « le Père Lachaise ». Jusqu'en 1821, il fut le seul ouvert aux concessions perpétuelles. Le cessionnaire, dit encore M. Passy, était tenu de construire « sur le plan adopté par l'administration, une des arcades dont la série devait former une vaste galerie autour du cimetière », mais cette disposition ne fut pas longtemps exigée.

Notre plan ne comporte pas l'énumération, moins encore la description des principaux monuments funéraires que renferme en si grand nombre le cimetière de l'Est ; il convient cependant de rappeler, pour éviter tout malentendu que le tombeau d'Héloïse et d'Abélard, d'une part, ceux de Molière et de La Fontaine, d'autre part, y ont été transférés en 1816 par les soins d'Alexandre Lenoir, lors de la dispersion du Musée des monuments français réuni dans l'ancien couvent des Petits-Augustins.

Le versement aux Archives de la Seine des papiers administratifs de la sous-préfecture de Saint-Denis a fait entrer dans ce dépôt la série des délibérations communales de Charonne dont le texte était soumis à l'approbation préfectorale. Nous y avons relevé quelques indications sur la vie administrative de la commune jusqu'à 1860. C'est ainsi que le budget de 1811 comporte 1.036 fr. 36 cent. de recettes et 550 fr. 91 de dépenses. — L'octroi y fut créé à dater du 1er janvier 1828, et cette institution fut approuvée par ordonnance royale du 31 août suivant.

En cette même année 1828, la surveillance de la commune était confiée à quatre gardes-champêtres, nommés messiers, et le 24 novembre, le Conseil municipal vota un crédit de 68 francs pour les pourvoir chacun d'une plaque et d'une hallebarde.

Le 15 mai 1829, le Conseil décida l'établissement, dans les rues les plus fréquentées de la commune, de trente lanternes dont la dépense annuelle s'élèvera à 4.500 francs après le payement des 6.578 francs qu'auront coûté leur acquisition et leur mise en place. Le 12 mai suivant, un crédit fut voté pour l'achat des sept nouvelles lanternes.

De 1838 à 1844, de fréquentes délibérations furent prises en vue d'obtenir « l'abaissement de la montagne commençant à l'église et finissant à la rue de Vincennes » (actuellement rue des Balkans).

Le numérotage des maisons et « l'étiquetage » des rues fut adopté pour la première fois par une délibération du 15 février 1848 qui se prononça pour le système Bouillant ; les chiffres des maisons avaient 50 millimètres de hauteur ; les plaques indicatrices des rues étaient métalliques ; les lettres étaient hautes de 55 millimètres.

Les archives de la Seine conservent aussi (sous la cote D³) un rapport du maire de Charonne (M. Milori, qui n'avait pris ses fonctions que depuis le 25 mars 1848) au sous-préfet de Saint-Denis, sur l'attitude de sa commune pendant les journées de juin ; il y indique que le Grand-Charonne ne cessa pas d'être dévoué au nouveau gouvernement, tandis que l'insurrection avait gagné le Petit-Charonne par contact avec le faubourg Saint-Antoine. Le maire rappelait à cette occasion que le Grand-Charonne était surtout composé de cultivateurs, alors que le Petit-Charonne, s'étendant le long des boulevards extérieurs, des routes de Montreuil et de Fontarabie avait une population formée presque exclusivement d'ouvriers, de lignons et de marchands de vin.

Cette dénomination de « Petit-Charonne » n'était cependant pas récente ; nous la trouvons employée dans une ordonnance imprimée du Bureau des finances de la Généralité de Paris, en date du 10 août 1787, constatant que « dans les premiers jours de ce mois, soixante quinze arbres, bien venus et de la plus belle espérance, avaient été, pendant la nuit, méchamment éclissés, cassés et arrachés sur la chaussée conduisant du Petit-Charonne au village de Montreuil... » Il résulte toutefois des délibérations municipales que le lieu ne commença à se développer qu'aux environs de 1830 ; les preuves en sont la création d'une école, la nécessité d'une boîte aux lettres, etc.

Lorsqu'en 1859, l'administration préfectorale ouvrit une enquête sur l'annexion projetée des communes suburbaines, le Conseil municipal, auquel avaient été adjoints les plus imposés de la commune, s'y déclara très favorable. A dater du 1er janvier 1860, Charonne fut donc incorporée à Paris, dont elle forma pour deux tiers le XXe arrondissement, à savoir la partie orientale du quartier Saint-Fargeau et les quartiers du Père-Lachaise et de Charonne tout entiers. Dès lors prit fin son existence indépendante.

Nous n'avons plus à signaler que la fondation de l'hospice Debrousse, à la suite d'un décret du 10 décembre 1885 qui avait autorisé « l'acceptation du legs fait par Mme la baronne Alquier, née Debrousse, pour la construction d'un hospice ». Cet établissement hospitalier fut installé sur une partie du territoire de l'ancien château de Bagnolet, dont un pavillon resté debout fut utilisé (rue de Bagnolet, 148). Un autre décret, du 27 mars 1896, en autorise l'agrandissement.

BIBLIOGRAPHIE. *Sources*. — Archives nationales. LL. 1668 : règle du séminaire des Filles de l'Union chrétienne, XVIIIe siècle, 199 ff. in-12. S. 223-4 : biens du Chapitre de la cathédrale. — S. 4758 : titres de propriété des Filles de l'Adoration du Saint-Sacrement : donation de terrains à Charonne en 1713 par le sieur Thévenin ; déclaration de 1790.

Archives de la Seine. D. H.2 Registre des recettes de ce même couvent, de 1782 à 1792. — Fonds Lazare : dossier de la rue des Maraîchers contenant une notice manuscrite sur Charonne de 1844 à 1862, offrant quelque intérêt en dépit de son orthographe plus que défectueuse.

Imprimés. — Cahier de Charonne des demandes générales et particulières de la communauté des Grand et Petit Charonne, Fontarabie et dépendances rédigé en l'assemblée tenue le 15 avril 1789 en l'église paroissiale; s. l. n. d. (1789), 26 pp. in-4°, — suivi de la « délibération des habitants de Charonne relativement aux capitaineries royales », 3 pp. paginées à part.

XXe arrondissement. Mairie de Ménilmontant, place des Pyrénées. Annuaire pour 1877. *Paris-Belleville*, impr. Derny, in-18, 49 pp.

République Française, Annuaire du syndicat des intérêts généraux du XXe arrondissement pour 1892-1893 (contenant une notice historique p. 127-67); *Paris*, 1893, in-12; 176 pp.

Installation de M. l'abbé Montiton à la cure de Saint-Germain de Charonne (par M. Caron, vicaire-général) ; ap. *Semaine religieuse de Paris*, 14 décembre 1895.

La litre funéraire de l'église de Charonne, par M. l'abbé Bouillet; ap. *Bulletin de la Société de l'histoire de Paris et de l'Ile-de-France*, 26e année, 1899, p. 162-5.

VAUGIRARD ET GRENELLE

I, 483-487.

Vaugirard

Que Vaugirard se soit nommé primitivement Valboitron ou Vauboitron, nous ne songeons pas à le contester, d'autant plus que nous allons produire des titres curieux au sujet de cette dénomination, mais que Boitron puisse être rapproché de Bostar, mot employé par Abbon, et signifiant étable à vaches, c'est ce qu'il paraît impossible d'admettre. Déjà dans notre chapitre sur Belleville, à propos du nom de Poitronville que portait antérieurement cette localité, nous avons fait remarquer que, suivant Lebeuf, Poitronville « paroit... avoir tiré son nom de quelque seigneur appelé Poitron ou Boitron » (p. 467). Il y a donc lieu de s'étonner que s'occupant, peu après, de la forme Valboitron, il ne lui ait pas assigné la même origine, qui est la seule vraisemblable.

D'autre part, l'abbé Lebeuf déclare, sur la foi de dom Bouillart, que l'abbé de Saint-Germain des Prés, Gérard de Moret, ayant construit à Vauboitron une maison de retraite pour les religieux de son abbaye et une chapelle dédiée à saint Vincent « tant de notables changemens méritèrent bien qu'en place de l'ancien nom de Vau Boitron, ce lieu fût appelé Vau Gérard ». Ici encore les objections surgissent.

1º Gérard de Moret fut abbé à dater de 1256. Or, dès l'année 1258, apparaît le nom *Vallis Gerardi* dans l'inventaire, rédigé au xvɪe siècle, des titres de l'abbaye de Saint-Germain des Prés sur ses terres du Vaugirard et d'Issy (Arch. nat. LL. 1070, fol. 3 vº). Ceux qui auraient la curiosité de se reporter à l'original verront que le scribe avait d'abord écrit MDCCLXVIII, mais qu'il a ensuite barré l'X, et il faut qu'il en soit ainsi, en raison de l'ordre chronologique rigoureux dans lequel est rédigé cet inventaire. Par suite, il est permis de se demander si l'abbé Gérard a pu donner son nom à la localité dès la seconde année de son administration, et il est permis de supposer un autre Gérard, antérieur comme parrain du lieu ou d'une partie du lieu, à moins que l'on ne préfère croire que le nom de Vaugirard ne fut d'abord donné qu'aux constructions édifiées par l'abbé Gérard.

2º La nouvelle dénomination ne fit pas disparaître complètement l'ancienne. S'il est vrai qu'à dater de 1260 la forme *Vallis Gerardi* se trouve être de beaucoup la plus fréquente, il n'en est pas moins vrai que l'inventaire cité plus haut mentionne : à la date de 1432, « Vauboitron, près des Béguines » ; — en 1433, un terrain à Vauboitron, « aboutissant par bas au chemin qui va de Vaulgirard en Haultemer », et encore en 1433, « Vaulpoitron ». Du rapprochement de divers textes, il résulte que Vauboitron était situé à gauche du grand chemin de Vaugirard, au bord du chemin de Montrouge représenté aujourd'hui par les rues de l'Abbé-Groult et de Vouillé, non loin du carrefour formé par ces deux rues.

3° Enfin, il faut bien croire que le nouveau nom, Vaugirard, ne s'était pas complètement imposé dès l'origine, puisque nous trouvons la localité désignée sous son même nom de Vauboitron, en 1274 (Tanon, *Les anc. justices de Paris*, p. 425).

Ce qui est certain, en tous cas, c'est que de toute ancienneté, ce canton appartenait à l'abbaye de Saint-Germain des Prés, comme dépendance du fief et de la paroisse d'Issy dont elle avait la seigneurie.

De même, il est constant qu'à dater de 1342, Vaugirard fut séparé d'Issy au spirituel et doté d'une paroisse. Dans l'inventaire cité plus haut se trouve la copie complète (fol. 19-27) de l'acte du 15 août 1352 par lequel fut effectué le transport d'une rente de 20 livres due par les habitants : d'abord à Simon de Bussy, conseiller du Roi (qui s'était chargé de leur asseoir ladite rente sur la terre du roi pour le douaire de leur église), puis, le 2 novembre suivant, d'une façon définitive à l'abbaye de Saint-Germain des Prés à laquelle ledit Simon de Bussy devait pareille rente. Il existe aussi une copie du XVIIᵉ siècle de l'acte du 17 juin 1361 par lequel l'abbé de Saint-Germain des Prés amortit, à la requête de Simon de Bussy, la place où les habitants ont élevé une chapelle « au chemin par où l'on vient de Issy et au coin de la rue qui vient de vers Seyne, là où la croix de Vaugirard estoit assise, appellée la place commune » et il est dit dans l'acte que cette construction a été faite parce que le lieu étoit loin de l'église paroissiale (Issy) et que le service divin en souffroit (Arch. nat., L, 726). Mentionnons enfin dans les registres du trésor des Chartes, à la date de mars 1371 l'« Admortisatio viginti librarum parisiensium annui et perpetui redditus pro ecclesia de Valle Girardi prope Parisius facta » (JJ. 103, f° 539 r°).

L'emplacement de cette première église — le titre de chapelle lui conviendrait mieux — est connu ; elle s'élevait au carrefour formé sur la grande rue de Vaugirard par l'intersection de la rue Notre-Dame (qui depuis 1873 porte le nom de Desgenettes) et de la rue Saint-Lambert (autrefois rue des Prêtres[1]). Elle ne fut pas rebâtie, comme le dit Lebeuf au XVIIᵉ siècle, mais seulement agrandie ; l'ouvrage de l'abbé Gaudreau donne sur ce point des renseignements intéressants (p. 37-8). Lebeuf dit avec raison que la nouvelle paroisse, dédiée d'abord à la Vierge, eut pour second patron au XVᵉ siècle saint Lambert et que la dévotion du peuple pour les reliques de ce saint en fit désormais le seul patron. Il existe un témoignage indirect de cette ferveur, relevé par Jaillot (quartier du Luxembourg, p. 36) : au XVIᵉ siècle la rue dite actuellement de Condé, l'une des voies qui conduisait de l'Université à Vaugirard, se nommait rue Neuve-Saint-Lambert.

Voici pour la topographie du village au XIVᵉ siècle, une pièce digne d'être reproduite :

« Marguerite de la Cloche, bourgeoise de Paris, a promis à droict de croix de cens ou de rente annuelle et perpetuelle des religieulx, abbé et couvent de Sainct Germain des Prez une masure seant au bout de la ville de Vaulgirard et près des murs du cloz que lesdicts religieulx ont audict lieu, tenant d'une part et d'autre à ladicte Marguerite et au chemin par lequel on va dudict Vaulgirard à Montrouge,

---

[1] La nomenclature officielle des voies publiques de la Ville de Paris donne sur les dénominations de ces deux rues des indications erronées.

avec toute la pierre estant en icelle masure, en laquelle masure icelle Marguerite, ses hoirs et ayans cause ne seront tenuz ediffier ne ne pourront faire aucune maison ou edifficc qui ausdicts religieux puisse tourner à prejudice. Et aussi lesdicts religieux ne aucun autre de par eulx n'auront ne ne pourront avoir aucun danger au temps advenir d'aller ou de venir parmy l'heritaige de ladicte Marguerite... Faict l'an mil trois cens quatre vingtz et quatorze » (LL. 1070, fol. 39 v°). Cette « masure », — le texte même l'indique implicitement — était non pas une maison, mais un enclos. Grâce à l'acte que l'on vient de lire, il est possible de fixer avec précision l'emplacement de la maison fondée par l'abbé Gérard de Moret; elle était à gauche de la Grande-Rue, près du chemin allant à Montrouge, aujourd'hui la rue de Vouillé, et c'est précisément à ce canton que la tradition maintint, nous l'avons dit, pendant longtemps le nom de Vauboitron.

Les inventaires manuscrits des titres relatifs à Vaugirard aux xv° et xvi° siècles n'offrent guère d'autre intérêt que de fournir une abondante nomenclature de lieux dits : La Serraronne (1402); — La Fosse-Rouge (1405); — Brizebarre et Haultemer (1406-7); — La ruelle à la Herrée (1407, dite la ruelle à la Hure en 1409); — Les Fosses, aultrement dict Gaudeline (1415); — Le chemin de Haultebonne et la Garenne (1415); — Les Bruyères (1420); — Poilasne (1421); — Le chemin de Sèvres (1424); — Le chemin de Vaulgirard à Vanves (1427); — Les Béguines (1427); — masure tenant d'une part à la grant rue et par derrière au chemin qui va au pressoir de Malassis (1428, — c'est celle de Marguerite de la Cloche en 1394); — Vauboitron, près de Béguines (1432); terrain à Vauboîtron, aboutissant par bas au chemin qui va dudict Vaulgirard en Haultemer (1433); — Vaulpoitron (1433); — Le Perier (1457); — Les Petites Gaudelines (chemin de Vaugirard aux Bruyères, 1461); — Le Tour du Chemin (1466); — La Cousture (1470); — Portlasne (1471); — terrain à Haultemer, tenant au chemin de Vaugirard à l'orme de Vanves (1482).

Ces mentions sont extraites de l'inventaire coté LL. 1070. Dans celui qui porte la cote LL. 1075, nous relevons : Le Sentier, Gondeline, la Bertheline, la Croix Nivart, la Croix de Vaugirard, la Tournelle et Marivault, à la date de 1507.

Un très curieux plan manuscrit de la « terre et seigneurie d'Issy, Vaugirard et leurs dépendances en 1667 contient encore plusieurs de ces dénominations : à l'Est de la rue de Vaugirard, le Pressoir, Poil Lasne, Gondelines, la Haute et la Basse Bruyère; à l'Ouest, la Berthelotte, la Croix Nivert. La rue Notre-Dame (Desgenettes) et celle des Prêtres (Saint-Lambert) y figurent aussi, ainsi que le chemin (aujourd'hui rue) Blomet.

Du xvi° siècle jusqu'à la Révolution, le nom de Vaugirard, de même que celui d'autres villages des environs de Paris, servit de prétexte à des plaisanteries inoffensives, d'ailleurs, mais qui n'étaient pas toujours justifiées. François Ier s'intitulait ironiquement comte de Vaugirard. On disait : Les députés, ou les ambassadeurs de Vaugirard, ils sont un.

Dans sa fable *Le singe et le dauphin* (livre IV, fable 7), La Fontaine a dit :

> Le nom d'un port prit un nom d'homme.
> De telles gens il est beaucoup
> Qui prendraient Vaugirard pour Rome
> Et qui, caquetant au plus dru
> Parlent de tout et n'ont rien vu.

Enfin, c'était un proverbe courant pour parler d'une personne timide que de la comparer au greffier de Vaugirard qui ne pouvait pas écrire devant quelqu'un. Ici, la plaisanterie a, paraît-il, un fait réel pour point de départ. Le bureau de ce greffier avait des dimensions si exiguës qu'une personne y pénétrant devait forcément se placer devant la porte, et par suite intercepter la lumière qui n'entrait que par là.

L'abbé Lebeuf était trop grave pour recueillir ces anecdotes, mais elles trouvent place dans l'histoire plus moderne de Vaugirard qu'a écrite en 1842 l'abbé Gaudreau. Ce dernier ouvrage contient, tant sur la suite du seigneur de Vaugirard que sur les établissements religieux fondés en grand nombre sur la paroisse les renseignements les plus précis ; nous y renvoyons, nous bornant à donner ici ceux qu'il n'a pas connus.

On lit dans les *Registres de l'Hôtel de Ville de Paris pendant la Fronde*, publiés par Leroux de Lincy pour la Société de l'Histoire de France (t. I, p. 118) : « M. Baudequin, bourgeois et l'un des conseillers de ladicte ville, a proposé de se saisir d'une maison qui est sur le chemin de Vaugirard, où il y a donjon et des fossez ; de laquelle les ennemis s'estant emparez ils pourroient faire des courses qui incommoderoient la garnison du faux bourg Saint-Germain ». Pour s'expliquer la présence de cette maison fortifiée, il faut se rappeler que le bourg avait été, dès le xive siècle, entouré de murs que flanquaient des tours ; cet appareil militaire existait encore au xviiie siècle ; on le distingue nettement sur un plan à la plume, daté de 1734, dont il sera question tout à l'heure.

Lebeuf aurait dû noter que le collège de Laon, situé à Paris sur la montagne Sainte-Geneviève, avait une maison de campagne à Vaugirard, ainsi que le séminaire des Trente-trois. Il aurait dû aussi être moins bref sur la fondation par l'abbé Olier du séminaire de Saint-Sulpice ; cette lacune a été heureusement comblée par l'abbé Gaudreau.

En dépit des nombreuses et importantes communautés religieuses, qui avec quelques propriétés seigneuriales (telles que la maison de Feuquières) occupaient presque tout le territoire du village, le voisinage des barrières y avait multiplié les guinguettes. A la date du 19 juillet 1702, le ministre de la maison du Roi écrivait au commandant de la maréchaussée :

« M. d'Argenson me mande que, les fêtes et dimanches, il y a un grand concours de peuples sur la route de Paris à Vaugirard et qu'il y arrive souvent des querelles. Il faudroit voir si, sans détourner les brigades de leurs fonctions et de leurs postes ordinaires on pourroit y en faire passer quelqu'une ces jours-là » (Arch. Nat. O' 363, fol. 155 v°).

Au dire du Dictionnaire universel des paroisses de France et de Piganiol, « ce village, rapporte Lebeuf, n'est presque composé que de cabarets ». Cela est évidemment excessif.

Nous avons retrouvé aux Archives Nationales un très curieux document sur la situation de Vaugirard en 1717 ; il constitue la réponse à un questionnaire qui dut être adressé, en vue de la répartition de l'impôt, à toutes les paroisses de la généralité de Paris ; les réponses de soixante-dix d'entre elles, environ, nous sont conservées : Voici ce texte :

« MÉMOIRE PARTICULIER DES CONNOISSANCES ET DÉTAILS DE LA PARROISSE DE VAUGIRARD.

« *Art.* 1er. — Cette parroisse se nomme Vaugirard.
— 2. — Elle est du diocèse et de la banlieue de Paris.
— 3. — Il y a moyenne et basse justice relevant de celle d'Issy.
— 4. — C'est une simple seigneurie.
— 5. — Le sieur Mareschal, conseiller au Parlement de Metz, en est seigneur patron. Les religieux benedictins de Saint-Germain des Prez de Paris, sont seigneurs casuels pour une partie et l'abbaye de Sainte-Geneviève pour l'autre.
— 6. — Elle est située en pleine.
— 7. — Son estendue contient en tout six cens vingt trois arpens, quarante trois perches et demie.
— 8. — Les principalles propriétés du terroir sont de produire du seigle et du vin.
— 9. — Le nombre total des maisons est de quatre vingt quinze, dont le revenu annuel a esté évalué avec les clos qui en dependent, à seize mille deux cens quatre vingt quinze livres.
— 10. — Le nombre total des familles est de cent vingt six ; depuis mil six cens quatre vingt, il est plustost augmenté que diminué.
— 11. — Il n'y a point d'autre commerce que celuy des danrées du crû du terroir.
— 12. — Les impositions consistent en la taille, la capitation et le dixiesme ; la taille, en mil sept cens douze, estoit de deux mile cinq cens soixante et dix livres ; elle est cette année de trois mile cens vingt quatre livres ; la capitation, de neuf cens livres, et le dixième de quatorze cens livres.
— 13. — Il n'y a point de benefices.
— 14. — Il y a un curé et un vicaire ; la cure peut valoir annuellement quinze cens livres.
— 15. — Il n'y a que ces deux ecclésiastiques.
— 16. — Il n'y demeure point d'autres nobles que la dame veuve du sieur Couturier, gentilhomme et ses deux fils.
— 17. — Le nombre total des privilégiez est de dix-huit.
— 18. — Le nombre total des habitans taillables est de cent huit, dont vingt huit cabaretiers, treize vignerons, trois bouchers, trois cordonniers, trois boulangers, six sans industrie, et le reste manouvriers journaliers.
— 19. — Le total des fonds appartenant à l'Eglise est de quatre vingt six arpens, soixante et treize perches et demie, tant en terre labourables, vignes que clos, huit maisons, et les dixmes et censives dont le revenu annuel a esté évalué à deux mile cent onze livres trois sols.
— 20. — Le total des fonds appartenant à la noblesse est de quatre vingt quatorze arpens, trois perches et demie en terres labourables,

vignes et clos, avec quinze maisons dont le revenu annuel a esté évalué à quatre mille cinq livres, seize sols, trois deniers.

Art. 21. — Le total des fonds apppartenant aux privilegiez exempts et bourgeois de Paris, est de deux cens quatre vingt quinze arpens, quatre vingt treize perches en terres labourables, vignes et clos, avec quarante quatre maisons dont le revenu annuel a esté évalué à douze mille cent quarante six livres, onze sols, six deniers.

— 22. — Le total des fonds possedés par les taillables est de quatre vingt seize arpens, soixante et treize perches et demie, tant en terres labourables, vignes que clos, avec vingt huit maisons, sept carrières et un moulin à vent dont le revenu annuel a esté évalué à quatre mille quatre cens cinquante sept livres, dix sept sols, neuf deniers.

— 23. — Il y a cinquante arpens de terres vaines et vagues qui ne sont et ne peuvent estres cultivées.

— 24. — Il n'y a point de communes.

— 25. — Il n'y a aucuns fonds abandonnés ny domaines vagues qui peuvent être cultivés.

— 26. — Il n'y a point de bois.

— 27. — Il y a quatre vingt dix arpens, soixante et dix sept perches et demie de vignes, dont le revenu annuel a esté évalué à treize cens trente sept livres, sept sols, trois deniers.

— 28. — Il n'y a point de prez.

— 29. — Il y a un moulin à vent appartenant à un taillable, dont le revenu annuel a esté évalué à cent cinquante livres.

— 30. — Il n'y a point d'estangs.

— 31. — La communauté n'a aucun revenu et ne doit rien. La fabrique a sept cens livres de rente, employées tous les ans à l'entretien de l'église.

— 32. — Il n'y a point d'usages extraordinaires ; ils se trouvent conformes à ceux des autres paroisses des environs de Paris.

— 33. — Les clauzes des baux sont ordinaires et se font en argent.

— 34. — La mesure des grains est celle du Châtelet de Paris.

— 35. — La mesure des vins et liqueurs est aussy celle du Châtelet de Paris.

— 36. — Il n'y a point de différences dans les mesures pour les ecclésiastiques et pour les séculiers.

— 37. — Le curé est un fort honneste homme, considéré et aimé de ses paroissiens.

— 38. — On peut semer tous les ans, les terres quand on les cultive bien.

— 39. — Il n'y a point de différence entre les habitans pour l'intelligence et la probité.

— 40. — La parroisse est composée de cabartiers, de vignerons et de journaliers ; ces derniers y dominent.

Art. 41. — Il n'y a point d'hameau.
— 42. — Il n'y a point de manufacture particulière.
— 43. — Le nombre total des personnes est d'environ sept cens. »
(Archives Nat., Q³ 206, élection de Paris.)

Lebeuf ne pouvait pas ignorer le conflit existant entre les deux paroisses de Vaugirard et de Saint-Etienne du Mont sur les limites de leurs juridictions curiales respectives, car il en était témoin oculaire ; c'est même pour cela qu'il dit avec prudence : « Je n'entreprendrai pas de rien assurer là-dessus ».

En réalité ces difficultés prirent à deux reprises, en 1633 et en 1734 le caractère aigu d'une contestation judiciaire dont le dossier est conservé aux Archives Nationales (L. 726) et chaque fois la paroisse de Vaugirard réussit à empêcher les empiétements de celle de Saint-Étienne du Mont. Cette dernière n'eut plus de droits à exercer au delà de la rue de la Procession à l'Est, et de la rue Copreaux, à l'Ouest de la grande rue. Un plan dessiné à la plume est annexé aux pièces du procès de 1734 ; il est fort intéressant : la rue Cambronne actuelle, entre les rues de Vaugirard et Lecourbe, y est figurée sous le nom de « nouvelle chaussée », ce qui donne approximativement la date de son percement; les terrains situés au Nord de cette voie jusqu'à la rue des Volontaires (c'était alors la ruelle Volontaire) sont dénommés le fond de Marivaux. Au delà de cette nouvelle chaussée, s'ouvrant sur la grande rue est l'enclos ayant appartenu à M. de Maupeou qui, vers 1650, y avait construit une maison d'habitation et une chapelle, sur l'emplacement de l'ancien cimetière. En face, de l'autre côté de la rue, le plan indique que c'étaient des « terres aujourd'hui dans la boire ». Enfin, les tours dont nous parlons plus haut y sont figurées avec cette mention du côté d'Issy : « les portes qui fermoient Vaugirard ».

On peut comparer ce plan à celui qui, aux Archives de la Seine, porte la date de 1743 ; il mentionne les lieux dits suivants : à l'Est de la Grande-Rue, les Fourneaux, les Bassemays, les Hautemays, les Morillons, les Berthelines, Fosse-ronde, Haute-Brière, Basse-Brière, les Carrières, le Pressoir, Malassis. A l'Ouest, « le chemin de Paris à Sève, dit des Charbonniers », la Pierre-Recoquillière, la Noue, les Longuaines.

Le XVIIIe siècle vit se créer ou se développer à Vaugirard d'importants établissements religieux ou hospitaliers. Au séminaire fondé par l'abbé Olier s'adjoignit une « communauté des prêtres habitués de Saint-Sulpice », qui édifia en face du séminaire, de l'autre côté de la rue, des constructions considérables, reliées sous la voie par un passage. A la date du 18 juin 1755, d'Argenson écrivait à ce sujet dans ses *Mémoires* (t. IX, p. 28 de l'édition publiée par la Société de l'Histoire de France) : « Les prêtres habitués de Saint-Sulpice bâtissent à Vaugirard une terrasse magnifique et à grands frais, avec l'argent qui était destiné à leur église ». Nous retrouverons ces bâtiments plus tard occupés par le collège dit des Jésuites de Vaugirard.

Vers 1780, le lieutenant de police Lenoir fondait à Vaugirard un hospice destiné à recueillir les enfants dont le sang était, à leur naissance, gâté par l'hérédité. Cette maison subsista jusqu'à la création, en 1791, des hospices de la Maternité et du Midi.

Il convient de mentionner ici la fondation de l'hôpital Necker, bien que le territoire où elle fut faite n'ait jamais, en réalité, dépendu de Vaugirard, et y soit seulement contigu. C'est en 1778 que Necker obtint du roi pour cette création une subvention annuelle de 42,000 livres. L'œuvre fut placée sous la direction d'honneur de Mme Necker.

On a coutume de dater de 1789 la Révolution. Si cela est vrai pour la Révolution politique, il est plus vrai encore que la révolution administrative remonte à 1787, par la création d'assemblées provinciales partageant avec l'intendant de chaque généralité le soin des affaires administratives, et par la création de départements et d'arrondissements entre lesquels furent réparties toutes les municipalités. C'est ainsi que l'Élection de Paris forma deux départements, ceux de Saint-Germain et de Corbeil, comprenant chacun six arrondissements ; la municipalité de Vaugirard fit partie du département de Corbeil et de l'arrondissement de Bourg-la-Reine.

Ce régime administratif ne devait durer que trois ans. Au moment même où l'organisation départementale créée par l'Assemblée constituante venait de lui être substituée, et où Vaugirard était attribué au district de Bourg-la-Reine et au canton d'Issy, le bruit se répandit que la paroisse de Vaugirard allait être réunie à celle d'Issy. C'était la suppression de la municipalité même. Les habitants protestèrent, le 27 juin 1790, dans une adresse à l'Assemblée nationale, dont voici le texte :

« Une rumeur publique annonce partout un nouveau plan de division des paroisses, et dans ce plan on leur a fait entrevoir que le bien public exigeoit la réunion de Vaugirard à celle d'Issy, sous prétexte que Vaugirard n'est qu'un démembrement de la paroisse d'Issy ; mais il est facile de détruire ce prétexte et de prouver que si une paroisse doit être conservée, celle de Vaugirard est dans ce cas beaucoup plus que d'autres et peut, seule, faire une commune de six à sept mille habitants... »

Après avoir rappelé les origines historiques de Vaugirard, le rédacteur de la supplique ajoute :

« Par vos décrets, Messieurs, vous avez statué que la municipalité de Paris ne s'étendra pas hors de ses boullevards; que tout ce qui est hors des murs est dès maintenant sujet aux mêmes impositions que la banlieue dont il fera désormais partie; et par le vœu des habitants des paroisses de Saint-Sulpice, de Saint-Étienne du Mont, du Gros Caillou et qui demeurent dans Vaugirard, les citoyens qui sont hors des murs seront vraisemblablement aggrégés à la paroisse de Vaugirard et feront encore une très grande augmentation qui, pour l'instant, ira au moins à quinze cents âmes.

« Il sera donc dans l'ordre de ne point réunir Vaugirard à Issy, mais de conserver Vaugirard et même d'y établir incessamment un troisième vicaire; l'étendue du diamètre que Vaugirard va avoir sera plus que suffisante puisqu'à partir de la barrière de la Patache sur le bord de l'eau jusqu'à la limite de Vaugirard diamétralement opposée, il y aura certainement une lieue et demie...

« Les Théatins n'ont en France qu'une maison située à Paris; ils sont en très grand nombre; ils ont une maison de campagne à Vaugirard, dont ils ont fait la déclaration; il seroit possible de les y réunir moyennant quelques réparations, la maison seroit capable de les contenir. Comme il y en a parmi eux plusieurs âgés ou infirmes, ils y auroient un bon air, un jardin pour s'y promener, et ceux d'entre eux qui voudroient consacrer leurs travaux à la religion trouveroient de quoi excercer leur zèle et se rendre utiles à la paroisse qui les désire et qui ose demander à l'Assemblée Nationale d'accueillir le plan qu'elle a l'honneur de lui proposer... » (Arch. Nat. D$^{iv\,b}$, 13, n° 252).

Vaugirard demeura municipalité indépendante, mais nous ne croyons pas qu'elle ait été sérieusement menacée dans ses privilèges. En ce temps, l'on n'avait que de très vagues notions sur les attributions des chef-lieux de canton, et il est plus que probable qu'il n'avait jamais été question de supprimer, au profit d'Issy, l'agglomération de la commune.

Depuis cette époque jusqu'à 1860, date de son absorption par Paris, Vaugirard vit sans cesse augmenter le chiffre de sa population, bien que, vers le milieu de cette période, son territoire ait été, comme nous le dirons, diminué environ de moitié. Les établissements monastiques ou scolaires s'y sont de même multipliés, et leur développement se continue encore actuellement. On en trouvera la liste dans l'*Ordo* du diocèse. Un seul d'entre eux se rattache et encore est-ce indirectement aux fondations de l'ancien régime : en 1829, l'abbé Poiloup se rendit acquéreur des bâtiments de la communauté des prêtres de Saint-Sulpice situés à gauche de la rue Vaugirard et y institua une maison d'éducation ; en 1838, cet établissement étant prospère, il y adjoignit les bâtiments primitifs déjà reliés comme nous l'avons dit, par un souterrain passant sous la rue. C'est cet établissement dont la Compagnie de Jésus a pris la direction en 1854, et dont le nom officiel est « collège de l'Immaculée Conception ».

Dans son livre sur Vaugirard, daté de 1842, l'abbé Gaudreau déplorait non sans raison l'état misérable de son église paroissiale, son exiguïté, sa situation peu centrale. L'estimable historien n'eut pas la satisfaction de voir s'élever un édifice plus en rapport avec les besoins de la circonscription ; il était mort lorsqu'en 1846, à la suite d'une délibération du conseil municipal en date du 22 août, fut entreprise la construction d'une nouvelle église, — l'église actuelle, — sur un terrain donné par l'abbé Groult. L'édifice, conçu dans le style ogival, a eu pour architecte Naissant, architecte de l'arrondissement de Sceaux. Une inscription gravée sur marbre, à l'imposte intérieure de la porte principale fait connaître que le monument fut commencé le 23 juin 1848, M. Hersen étant curé, ouvert au culte le 29 mai 1853, et consacré par Mgr Sibour, archevêque de Paris, le 19 juin 1856.

Nous devons maintenant donner quelques éclaircissements sur la situation territoriale et administrative du bourg, à partir de la Révolution. Maintenu officiellement en qualité de commune du canton d'Issy, ses limites étaient du côté de Paris l'enceinte dite des fermiers généraux ; à l'Ouest, la Seine le séparait d'Auteuil ; au Sud, la ligne de démarcation avec Issy paraît assez exactement représentée par les fortifications : à l'Est, la limite avec Vanves était formée par la rue de Vanves jusqu'à la rue du Haut-Transit (actuellement rue d'Alésia).

Voici à ce sujet un procès-verbal de bornage, assez peu explicite d'ailleurs, daté du 3 janvier 1805 :

« Conformément à l'arrêté de Monsieur le Conseiller d'État, préfet du Département de la Seine, du 30 vendémiaire dernier, explicatif de celui du 3 messidor aussi dernier, article 5 ainsi conçu : Les bornes des communes seront placées dans les endroits où elles seront jugées absolument nécessaires : l'emplacement sera déterminé par le sous-préfet de l'arrondissement sur la proposition du géomètre et d'après le rapport du contrôleur et l'avis des maires des communes limitrophes.

« Nous, géomètre en chef, estimons qu'il est nécessaire de planter vingt et une bornes sur les limites de la commune de Vaugirard pour en fixer la démarcation d'après les communes d'Issy et de Vanves, savoir une sur le chemin de Vanves à Paris, deux sur le chemin de la Procession ou la Petite Voie, une à la naissance du chemin des Périchaux, une sur le chemin près le moulin de Vaugirard, quatre entre ce chemin et la route de Vaugirard à Issy, deux sur cette route, deux entre ladite route et le chemin de Sèvres, deux sur ledit chemin, un sur le chemin d'Issy à Grenele, quatre entre ledit chemin et la Seine, enfin une sur le bord du chemin de hallage de ce fleuve.

« Fait à Châtillon ce 10 Frimaire l'an treize de la République française.

« BELHOMME ».

L'avis du contrôleur est daté du 13 nivôse an XIII (3 janvier 1805; l'arrêté conforme du sous-préfet, du 21 nivôse suivant.

(Archives de la Seine D. M. 7.)

L'arrêté consulaire du 25 fructidor an IX, ayant réduit de seize à huit le nombre des chefs-lieux de canton du département de la Seine, le canton d'Issy fut du nombre de ceux qui furent supprimés, et Vaugirard devint une des communes du canton de Sceaux; elle y resta attribuée jusqu'à 1860.

Ses registres de délibérations municipales, comme ceux des autres communes annexées ont péri dans les incendies de 1871, mais les minutes des plus importantes délibérations, communiquées pour *visa* au sous-préfet de Sceaux restèrent aux archives de la sous-préfecture jusqu'à sa suppression et ont été alors incorporées aux archives de la Seine. Nous en avons extrait quelques faits dignes d'être conservés.

Les deux invasions de 1814 et de 1815 coûtèrent par contre-coup à la commune un supplément de dépenses de 6.000 francs (délib. du 14 octobre 1815).

En 1822, le Conseil municipal constatait qu'il n'existe dans la commune qu'une boîte aux lettres; que la correspondance parvient directement du grand bureau de Paris, ce qui est avantageux, mais que les lettres ne sont distribuées que dans l'après-midi du jour qui suit celui où elles ont été mises à la poste de Paris, d'où des retards très fâcheux; il demandait, en conséquence, la création d'un bureau à Vaugirard (délib. du 4 juin).

Un mémoire de l'avocat Legat (voy. à la Bibliographie) fait connaître qu'en 1825, d'abord, puis par délibérations prises en 1831 et en 1833, la municipalité avait sollicité son érection en chef-lieu de canton formé des communes d'Issy, Grenelle, Vanves et Montrouge et que les conseils municipaux de toutes ces communes, sauf celui de Montrouge avaient donné leur adhésion à ce projet. L'administration, toutefois, n'y donna pas satisfaction.

C'est ici le lieu de noter que, par ordonnance royale de 22 octobre 1830, Grenelle fut démembrée de Vaugirard et constitua une commune distincte. Le chapitre suivant est consacré à l'histoire de cette localité.

Le 24 août 1858, le Conseil municipal de Vaugirard émit à l'unanimité le vœu qu'un hôpital fût créé dans la commune « pour le soulagement de la classe pauvre, si nombreuse à Vaugirard, si malheureuse dans les saisons rigoureuses, et si exposée aux plus graves accidents par son genre de travail dans les carrières et glaisières » (Délib. mun.). Ce vœu ne fut pas non plus exaucé, en raison de la proximité qu'offrait l'hôpital Necker.

Il existe aux Archives nationales (F¹ II, Seine, 11) un dossier relatif à l'ouverture, en vertu d'une ordonnance royale du 21 juin 1838, du « boulevard extérieur entre les barrières de Sèvres et des Fourneaux ». Cette mesure administrative était la conséquence de la suppression, ordonnée l'année précédente, d'un vaste cimetière, dit de l'Ouest ou de Vaugirard, créé dès 1782 par la fabrique de Saint-Sulpice et que l'ouverture, en 1824, du cimetière du Sud ou Montparnasse rendait inutile. Quant au cimetière propre à la commune de Vaugirard, situé rue Lecourbe, non loin des fortifications, il date, dans cet emplacement, de la Révolution.

Un événement considérable pour la commune fut l'ouverture, le 10 septembre 1840, du chemin de fer de Paris à Versailles, le second chemin de fer dont Paris ait été doté. A la date du 6 février 1839, le Conseil municipal exprimait le regret que la suspension des travaux, — suspension qui ne fut que momentanée, — privât la commune d'espérances en même temps qu'elle était une source d'entraves à la circulation. On sait que l'embarcadère primitif était situé à l'angle de l'avenue du Maine, c'est-à-dire sur le territoire de la commune, au point extrême où elle confinait à Paris.

Tandis qu'à l'Ouest de la commune, Grenelle s'était développée assez pour conquérir l'autonomie, une agglomération nouvelle se formait à l'est, du côté de Montrouge, sous le nom de Plaisance. Elle aussi songeait, vers 1845, à l'indépendance communale, et ses doléances, autant que les répliques de la municipalité de Vaugirard constituent aux Archives de la Seine (Cⁿ 171) un volumineux dossier dont nous avons cru devoir transcrire ou analyser les pièces principales. Il débute par une lettre du préfet de la Seine au sous-préfet de Sceaux, en date du 25 octobre 1845 :

« Monsieur le Sous-Préfet,

« Un certain nombre d'habitants du hameau de Plaisance ont adressé au Roi une réclamation dans laquelle ils se plaignent de n'être pas suffisamment protégés par l'administration de la commune de Vaugirard dont ils dépendent, et demandent que ledit hameau de Plaisance, dont la population s'élève à trois mille âmes soit érigé en commune.

« La question soulevée par cette réclamation se liant aux modifications de circonscriptions dont je vous ai entretenu dans ma lettre du 4 juin dernier, et au sujet desquelles je vous ai demandé un travail préparatoire, je pourrais vous renvoyer la réclamation ci-jointe avec invitation de la joindre aux pièces à étudier, mais comme Mᵣ le Ministre de l'Intérieur désire connaître dès à présent mon opinion sur cette demande, je vous prie de l'examiner et de me la renvoyer en y joignant vos observations et les renseignements que vous jugerez nécessaires sur les griefs articulés. « Agréez...

« Le Pair de France, préfet,
« Cᵗᵉ de Rambuteau. »

Nous n'avons pas le texte même de la pétition des habitants de Plaisance, mais les pièces du dossier font connaître les principaux griefs des protestataires, inspirés par M. Fenoux, propriétaire d'une maison sise rue du Moulin-de-Beurre et de la maison Groult, sise 24 rue Groult d'Arcy à Vaugirard, en outre conseiller municipal de Vaugirard; « ils se plaignent de n'être éclairés que par 5 reverbères et seulement 3 mois de l'année, de n'avoir pas de fontaine et de ne pouvoir réussir à faire paver la rue Constantine ».

Prié par le sous-préfet de répondre à ces allégations, le maire de Vaugirard rédigea, le 8 novembre 1845, le long et curieux mémoire que l'on va lire :

« ..... Dès la formation de ce quartier, des idées d'indépendance ont germé dans la tête de quelques habitants. Pendant longtemps ils n'ont voulu ni se soumettre à aucune règle ni se rendre à aucune des représentations qui leur ont été faites dans leur intérêt par la précédente administration. Etant chez eux, ils prétendaient avoir le droit de construire suivant leur convenance et d'autant plus qu'on ne pouvait leur opposer aucun plan, aucun règlement qui fût régulièrement approuvé.

« Mais ayant construit isolément, sans alignement, sans nivellement surtout, ils n'ont pas tardé à se trouver dans le plus grand embarras pour l'écoulement des eaux. C'est alors qu'ils se sont montrés mieux disposés à suivre les avis de l'administration, et qu'il a été possible, en réunissant tantôt ensemble, tantôt séparément les habitans de chaque rue, qu'il a été possible, dis-je, de les déterminer à paver le devant de leurs propriétés, toutefois en promettant de faire dresser des plans aux frais de la commune, en permettant de les aider pour le pavage des carrefours, et d'accepter leurs rues malgré le peu de largeur, les irrégularités, les difformités qu'elles présentaient pour la plupart.

« En acceptant les faits accomplis, on satisfaisait aux besoins du moment, mais il convenait de prendre des mesures pour l'avenir; c'est ce qu'a fait l'administration par son arrêté du 15 novembre 1843, sanctionné par l'autorité supérieure.

« Il n'est donc pas exact de dire que Plaisance n'est pas protégé. C'est qu'au contraire depuis quatre ans l'administration s'en est occupée tout particulièrement et que c'est à ses soins, à sa sollicitude qu'il doit ses améliorations, son agrandissement, sa prospérité.

« Ce quartier est en tout dans les mêmes conditions que les autres parties de la commune : l'éclairage a lieu non pas seulement pendant trois mois de l'année, mais pendant huit mois, sauf le temps des lunes, comme partout dans la commune, et la lumière se prolonge jusqu'à deux heures du matin : telles sont les conditions du cahier des charges, et l'on ne verrait pas pourquoi ce service se ferait dans un seul quartier autrement que dans tous les autres. Le nombre des réverbères n'est pas de cinq seulement; il est de *vingt-un*, savoir : *à l'huile* : 2, rue du Moulin de Beurre; 2, chemin de la Gaîté; 1, rue Mazagran; 1, rue Perceval; 1, rue Saint-Médard ; *au gaz* : 4, rue de Vanves; 10 à la Chaussée du Maine.

« L'éclairage par le gaz ne date que de cette année pour ces deux dernières localités, mais, auparavant, ils avaient des réverbères à l'huile.

« Dans les rues nouvelles, les propriétaires doivent établir à leurs frais les premiers appareils des réverbères. Des pourparlers ont eu lieu à ce sujet avec les riverains de la rue du Chemin de fer; dès le jour où ces appareils seront posés, la commune fera commencer l'éclairage.

« Dans toutes les rues pavées où le balayage peut avoir lieu, l'entrepreneur pour le nettoyement fait son service suivant les clauses du cahier des charges. Le cantonnier doit toutes semaines consacrer le samedi aux soins de cette localité. MM. les adjoints, M. le commissaire de police et le garde champêtre y font de fréquentes tournées ; j'y vais moi-même souvent, je visite les écoles, les établissements, j'assiste aux fêtes, aux cérémonies religieuses, aux bals, aux banquets qui sont donnés, et toujours je me place en tête des souscriptions : c'est ce qu'on ne peut pas contester.

« Un crédit est ouvert au budget de la commune pour le loyer du corps de garde, lequel est entretenu, chauffé, éclairé comme celui de la mairie.

« Un crédit de 900 fr. est ouvert également pour les mois d'école de 75 enfans répartis dans trois établissemens privés, qui deviennent comme des succursales des établissements communaux.

« Une nouvelle chapelle a été construite l'an dernier : il existe au budget de la fabrique un crédit de 600 francs pour la location.

« Ce quartier, je le répète, n'est donc pas négligé, abandonné, comme on le prétend.

« La rue Constantine est bien pavée dans toute la partie qui a été offerte par M. de Parceval. Dans la partie ancienne, si le pavé laisse à désirer pour son entretien, c'est que les riverains tardent trop à s'entendre sur la question de prolonger la rue jusques au chemin de la Procession. D'après le projet, tout le pavé serait remanié et mis à chaussée bombée.

« Il n'y a pas de bornes-fontaines, c'est vrai, mais on ne pourrait guère en établir dans les nouvelles rues, attendu le défaut de nivellement encore dans certaines localités, et ce qu'il est vrai de dire, c'est qu'il n'en existe pas sur beaucoup de points à Vaugirard. Où il serait utile qu'il y en eût, c'est rue de Vanves ; je compte m'entendre avec le maire de Montrouge pour en établir après le pavage, dont l'adjudication va avoir lieu.

« Il serait également utile d'en avoir une rue de l'Ouest, mais les contestations interminables qui existent entre la commune et les propriétaires sur les conditions où se trouve cette rue sont des obstacles que vous pourriez peut être, Monsieur le Sous-Préfet, faire lever : le dossier de cette affaire si compliquée se trouvant dans vos bureaux.

« Il avait été dit que l'on donnerait un emplacement pour élever une fontaine jaillissante ; j'en ai fait part à la Compagnie des Eaux et j'attends que cet emplacement soit déterminé.

« En fait d'améliorations, il en est deux notamment très importantes : le trottoir de la Chaussée du Maine et l'achèvement du boulevard des Fourneaux.

« Il y a quatre ou cinq ans, on a proposé une souscription pour le trottoir ; on n'a pu obtenir que la promesse de 300 francs. L'an dernier, Montrouge ayant pris l'initiative, il y avait quelque honte à ne pas imiter cette commune ; le Conseil a tout d'abord voté 5,000 francs, mais il fallait que, de leur côté, les riverains se cotisassent pour 3,000 francs. Avec beaucoup de peine et de temps on est parvenu à obtenir des engagemens, mais qui ne sont pas encore régularisés de manière à pouvoir être mis en recouvrement.

« Pour ce qui est du boulevard, si les habitans se plaignent, c'est avec raison, mais ce n'est pas à l'administration qu'ils doivent s'en prendre si des travaux d'assainissement n'ont pas été exécutés. Je les ai réclamés, dès le 15 octobre 1841, auprès de M. Maison, alors sous-préfet, qui a bien voulu me répondre, le 27 décembre suivant. Le 27 juin 1843, j'ai fortement appuyé une pétition des riverains adressée à M. le Préfet de la Seine, et, le 5 juillet 1844, j'ai eu l'honneur de vous écrire, Monsieur le Sous-Préfet, pour réclamer votre bienveillante intervention, toujours dans l'intérêt de cette localité dont l'insalubrité compromet l'existence des habitans.

« L'an dernier, j'ai proposé aux propriétaires de Plaisance de souscrire pour une pompe de première classe, qui coûte 1,200 fr. Je leur ai fait remarquer que la Compagnie d'assurances en payait la moitié : que, pour l'autre moitié, s'ils voulaient faire 300 francs, le Conseil voterait pareille somme : je ne sache pas que la souscription soit seulement commencée.

« Le Conseil municipal n'a jamais reculé devant un vote en faveur du quartier qui nous occupe.

« Par la lettre que j'ai eu l'honneur de vous écrire, le 3 juillet dernier, et qui se trouve répondre en partie à celle à laquelle je réponds aujourd'hui, je portais à 60,000 francs les dépenses faites ou consenties dans l'intérêt du quartier de Plaisance, c'est-à-dire dans le but de le relier au centre de la commune. Le chiffre est beaucoup plus élevé : on peut le porter à 80,000 francs, tant pour les travaux exécutés sur le chemin des Fourneaux et celui de la Procession que pour ceux à exécuter, mais dont les fonds sont votés, pour le prolongement du chemin des Fourneaux, le chemin de la Gaîté, le chemin des Tournelles et le chemin de Vanves.

« Les plaintes des habitans qui ont signé la demande en séparation ne sont donc nullement fondées. J'en appelle au témoignage des trois membres du Conseil [1] qui représentent plus particulièrement Plaisance et la Chaussée du Maine. J'en appelle au témoignage des hommes honorables, influens, tels que M. de Perceval, M. Hallé, M. Malpièce, M. Sans, M. Prêtre, M. Thuvien, et plusieurs autres qui ont été et qui sont encore à même d'apprécier ce qu'a fait et ce que fait encore l'Administration.

« Quant à la population, il y a une erreur de chiffre. Le recensement fait en 1841 la portait à 1,746 habitants, et quoiqu'elle soit là plus mobile que partout ailleurs, il n'est pas présumable qu'elle ait pu atteindre, il y a trois ou quatre ans, le chiffre de 3,746, que bien certainement, elle n'atteint pas aujourd'hui.

« Le quartier de Plaisance et de la Chaussée du Maine renferme très peu de familles aisées et beaucoup de misères. On en juge par la faiblesse des cotes de contributions, par le nombre des cotes irrécouvrables et des certificats de carence. On en juge par la difficulté qu'on éprouve à recueillir la moindre souscription. On en juge par la tenue des personnes réunies soit aux offices, soit aux bals les jours de fêtes patronales ou aux distributions de prix dans les écoles, et aussi par

---

(1) Une note conservée au même dossier fait connaître que ces trois conseillers sont MM. Degony, rue de Vanves, 2, membre du Bureau de bienfaisance et de la Commission de répartition, Fenoux dont il a été question plus haut (p. 594) et Doré, 5, rue du Moulin-de-Beurre.

la tenue plus que négligée des enfans. On en juge par la modicité des offrandes faites à la chapelle; encore est-il bien de remarquer que cette chapelle est également fréquentée par les habitans de Montrouge avoisinant Plaisance. On en juge enfin par le nombre des pauvres inscrits au Bureau de Bienfaisance, par les rapports du médecin chargé de la constatation des décès et par le nombre des inhumations gratuites.

« Ce quartier n'a point d'industrie, point de commerce autre que le débit de vin ; c'est ce qui m'a fait dire qu'une séparation, si elle avait lieu, diminuerait d'un quart peut-être le produit de notre octroi qui semble fléchir chaque mois davantage.

« Telle, est Monsieur le Sous-Préfet, ma réponse aux questions que vous m'avez fait l'honneur de m'adresser.

« Daignez agréer les nouvelles assurances de ma considération la plus parfaite et la plus distinguée.

« Le Maire de Vaugirard,
« Brulé. »

En 1848, trois ans plus tard, l'un des partisans les plus actifs de la séparation, M. Fenoux fit encore parvenir au Ministère de l'intérieur une pétition dans laquelle plusieurs des habitants de Plaisance réclamaient encore l'érection de leur localité en commune, et qui fut transmise au Sous-Préfet de Sceaux par la Préfecture, le 11 octobre. Ce fonctionnaire n'y répondit que le 18 avril suivant, par un avis des plus favorables. Deux mois après (22 juin 1849), M. Berger, représentant du peuple, préfet de la Seine adressait au Sous-Préfet une dépêche exprimant également une opinion contraire à l'idée de séparation. En voici quelques passages :

« ... Le hameau de Plaisance ne possède sur son territoire aucune édifice communal ; tout devrait être créé. Indépendamment de ces dépenses de premier établissement, nécessairement très considérables, la nouvelle commune devrait encore pourvoir seule aux frais d'une administration particulière, payer des traitements et des salaires de toute sorte. Les ressources de la nouvelle commune seraient bien loin de pouvoir faire face à des charges aussi lourdes. La population de Plaisance en effet est généralement pauvre, et participe à l'emploi des ressources que possède Vaugirard, quand elle-même ne contribue que pour une faible part à la création des revenus.

« Quant à la section de Vaugirard, il y a lieu de penser que si elle a donné les mains à la séparation projetée, ce n'a pu être que dans le but de s'exonérer des charges qu'elle supporte au profit de la section de Plaisance. Or, consentir à cette mesure ce serait assurer la ruine de celle-ci au profit de la première, quand toutes les parties de la commune doivent se prêter un mutuel appui et concourir à maintenir l'unité, qui seule protège équitablement tous les intérêts.

« D'ailleurs, la commune de Vaugirard a entrepris dans un intérêt commun des travaux de toute nature dont le prix est enore dû, et, si je suis bien informé, elle est sur le point de contracter un emprunt pour en assurer le paiement. Une ventilation des dettes de la commune entre les deux fractions qui veulent se séparer serait actuellement fort difficile, pour ne pas dire impossible.

« Le seul argument qui ait été invoqué est celui de l'éloignement des deux sections de la commune. Mais est-ce sérieusement qu'on a pu avancer un pareil motif qui se présenterait pour toutes les communes ayant quelque étendue, c'est-à-dire quelque importance? Cette objection isolée tendrait à démontrer l'absence de toute raison plausible.

« Enfin, je rappellerai, ainsi que je l'ai déjà fait à propos d'une demande analogue formée à Ivry, que l'Administration est appelée à s'occuper d'un travail de révision des délimitations de l'ensemble des territoires qui composent le département, et ce serait encore une raison pour que je m'abstinsse, quant à présent, de donner suite à un projet qui pourrait ne pas se trouver d'accord avec les résolutions ultérieures de l'Administration supérieure... »

Une autre dépêche, adressée par le Préfet au Sous-Préfet en date du 1er septembre 1849, fait enfin connaître que le Ministre de l'Intérieur, par décision du 22 août a décidé « qu'il ne serait donné aucune suite à cette demande ».

On a lu dans le Mémoire du Maire, daté du 8 novembre 1845, qu'une nouvelle chapelle avait été bâtie à Plaisance, l'année précédente. Le fait est exact; l'abbé Gaudreau nous apprend, en effet (p. 57) que la première chapelle avait été dédiée, le 25 juillet 1835, à l'Assomption de la Sainte Vierge.

Il est certain que Plaisance aurait finalement eu gain de cause et obtenu l'autonomie, si l'annexion de 1860 ne l'avait fait entrer dans Paris, en l'incorporant à un arrondissement différent de celui de Vaugirard. Nous arrêterons donc là son histoire.

Il n'est pas sans intérêt de donner, d'après les deux Mémoires de Legat et de Lamarque (voir à la Bibliographie) le chiffre de la population de Vaugirard à diverses époques : en l'an IX, 3,000 habitants; en 1820, 4,394; en 1827, 5,274; en 1831, après la disjonction de Grenelle, 6,695; en 1833, 7,000 (c'était alors la commune la plus peuplée du canton de Sceaux); en 1842, 12,000; en 1859, 26,223. La commune était donc en prospérité toujours croissante, et ce n'est pas sans d'énergiques protestations qu'elle fut réunie à Paris; par 27 voix contre 9, son Conseil municipal repoussa le projet d'annexion, il adopta, avec une majorité de 18 voix, l'ajournement à dix ans, et repoussa à l'unanimité le projet de remplacer l'octroi par une taxe frappant les quatre contributions directes. La loi d'annexion n'en fut pas moins promulguée, le 16 juin 1859; l'ancienne commune de Vaugirard constituait, à dater du 1er janvier 1860, deux quartiers du XVe arrondissement, les quartiers Saint-Lambert et Necker, cédant au XIVe arrondissement la partie de son territoire sise à l'Est du chemin de fer de Bretagne, mais recevant de Paris la zone comprise entre le chemin de fer, le boulevard Montparnasse, les boulevards Pasteur et de Vaugirard, et l'avenue du Maine.

BIBLIOGRAPHIE. — *Sources.* Archives nationales : L. 726, pièces relatives à l'emplacement de l'église (1355-1361); contestations entre la paroisse de Vaugirard et celle de Saint-Étienne-du-Mont, sur les limites de leur juridiction spirituelle, avec plan manuscrit (1633-1734). — LL. 1070, inventaire des titres relatifs aux biens de l'abbaye de Saint-Germain des Prés à Issy, Vauboitron et Vaugirard (1211-1530). — LL. 1071, censier de Vaugirard (1325-1346). — LL. 1074, inventaire des titres relatifs à Vaugirard, du XIIIe au XVIe siècle, les quarante premiers feuillets seulement. — LL. 1075, recueil de 45 déclarations de censives dues à l'abbaye de Saint-Germain des Prés pour des terres sises à Issy et à Vaugirard, déclarations faites le 25 mai 1507 (38 feuillets, parchemin). — S. 3595-3599 : titres de propriété de la fabrique.

Bibliothèque de la Ville de Paris : 12671 in-fol. « Monographie d'un vieux village et d'un nouvel arrondissement, par Jules Lapalus. Offert à la Ville par l'auteur en 1877 », — 3 vol. mss. in-4° et un atlas oblong. — Plan ms. des chasses du prince de Conti à Vanves, Issy et Vaugirard, vers 1770.

Musée Carnavalet. Carton 83 des Estampes : tombeaux de Mlle Clairon et de La Harpe au cimetière dit de Vaugirard ; ruines de la vieille église ; photographies prises en 1895 de l'ancienne mairie.

Archives de la Seine. Registres des délibérations municipales. — Plans de Vaugirard aux XVII° et XVIII° siècles.

Imprimés. — Adresse des communes de Vaugirard, Issy, Vanves et Clamart, composant le septième canton du district méridional du département de Paris à l'Assemblée nationale, le jeudi 2 septembre 1790 ; *Paris*, Regent et Bernard, 21 pp. in-8.

Mémoire à l'appui de la demande des conseils municipaux de Vaugirard, Issy, Vanves et Grenelle, tendant à la création d'une justice de paix à Vaugirard. *Meudon* et *Vaugirard*, imp. J. Delacour ; in-4°, 12 pp. [Signé M° Legat, avocat à la cour royale de Paris, et daté de Paris, ce 1er janvier 1834.]

Réclamation pour le cimetière de Vaugirard ; 1837, in-8, 24 pp. Signé Louault, avocat, rue des Grands-Augustins, 37.

Histoire de Vaugirard ancien et moderne, par L. Gaudreau, curé du lieu, chanoine honoraire de Grenoble. *Paris*, Dentu, 1842, in-8 ; 248 pp.

« Aux habitants du quartier de Plaisance, » Circulaire. *Paris*, imp. Paul Dupont, s. d. in-4°, 3 pp.

[L'exemplaire de la Bibliothèque nationale LK 7, 10,108 donne la date 1846 et comme nom d'auteur Fenoux, conseiller municipal. La pièce a pour objet de démontrer aux habitants de Plaisance la sollicitude de la municipalité de Vaugirard pour leur quartier.]

Vaugirard en 1859, par Jules de Lamarque ; *Paris*, Lallemand-Lépine, 1862, in-8 ; 72 pp.

Histoire de l'hôpital Necker (1778-1885), par Raymond Gervais, docteur en médecine et licencié en droit des Facultés de Paris ; *Paris*, 1805, in-8. [Thèse de doctorat en médecine.]

Association amicale des anciens élèves de l'école libre de l'Immaculée-Conception. Vaugirard-Paris. Annuaires, *Bar-le-Duc*, impr. Contant-Laguerre [Collection fondée en 1866.]

Grenelle

Dans sa notice sur la paroisse de Grenelle, Lebeuf s'exprimait ainsi (p. 392) : « J'ai aussi trouvé qu'en 1697, le 11 avril, il fut permis aux chanoines réguliers de Sainte-Geneviève de célébrer en leur chapelle domestique de Grenelle, paroisse d'Auteuil ». Que l'abbaye de Saint-Geneviève qui possédait une partie du territoire de Grenelle y ait eu dans la vaste ferme centralisant là son exploitation agricole un autel particulier, nous ne le nions pas, et il est même possible que la paroisse d'Auteuil, sur laquelle la même abbaye jouissait de la haute justice, ait eu à intervenir dans la collation de cet autel, mais il n'en résulte pas que la plaine de Grenelle ait jamais fait partie de la paroisse d'Auteuil. Quand elle commença à se peupler, ce qui en réalité ne remonte qu'à moins d'un siècle, elle se trouva tout naturellement placée dans la circonscription paroissiale de Vaugirard.

Telle était aussi l'opinion de Cocheris, qui renvoyait le lecteur au chapitre de Vaugirard pour ce qu'il a à dire de Grenelle; malheureusement, la mort l'a atteint avant que ce chapitre ait été imprimé.

L'étymologie du nom de Grenelle n'est pas douteuse; elle est fournie par le mot latin *garanella*, diminutif de *garenna*, petite garenne. La plus ancienne mention que nous en ayons trouvée date de 1247; au fol. 3 du censier, souvent cité de l'abbaye de Sainte-Geneviève, il est question d'un Pierre *de Garnellis* et lorsqu'il traite de la paroisse de Vanves, Lebeuf (t. III, pp. 579-80) cite Odeline, veuve de Roger *de Garanelnis*, qui au milieu du XIIIe siècle donne à la confrérie de Saint-Remi, fondée dans l'église de Vanves, une vigne située à Chaillot.

Grenelle, nous venons de le dire, demeura longtemps un simple champ de culture, que se partageaient les deux abbayes de Saint-Germain des Prés et de Sainte-Geneviève, par fractions à peu près égales suivant une ligne tirée du Nord au Sud et qui correspondrait approximativement à la rue de Sèvres. Si, dans un acte de 1367 relatif à la justice de l'abbaye de Saint-Germain des Prés sur la Seine, il est fait mention des « maisons de Guernelles » sises en face de « la ville d'Auteuil », on doit penser que ces maisons, fort peu nombreuses sans doute, étaient de simples cabanes de cultivateurs (*Topographie historique du vieux Paris*, par Tisserand et Berty, région du faubourg Saint-Germain, p. 291). Il est aussi question, dans un acte de la fin du XVe siècle, sans indication chronologique plus précise, d'un passage d'eau établi « au lieu nommé le port de Garnelles entre ledit Garnelles et Pacy » (*ibid.*, pp. 312-3).

Ce qui prouve que le territoire était alors tout à fait en culture à la même époque, c'est le registre de déclarations de censives faites à l'abbaye de Saint-Germain des Prés, de 1488 à 1492, par une centaine de cultivateurs (Arch. nat., LL. 1069); à la fin de chaque acte l'abbaye stipule que ses censitaires devront entretenir ou replanter en vignes la terre qu'ils cultivent.

Cent ans plus tard, la plaine était tout aussi peu habitée, puisqu'une maladie épidémique s'étant déclarée à Paris, au mois de juillet 1580, on édifia dans les faubourgs et notamment à Grenelle, des tentes, loges et autres bâtiments légers pour y héberger les contagieux (cf. L'Estoile, édit. Jouaust, t. I, p. 365).

A la date du 22 février 1581, le Parlement prenait la décision suivante : « Ce jour, sur ce que le Procureur general du Roy a remonstré à la Cour que le bastiment de l'hospital de Garnelles demeuroit, à faute de payer les ouvriers, provenant de ce que beaucoup des habitans de ceste ville et faulxbourgs n'avoient encore payé et ne payoient ce à quoy ils estoient cottisez : requerant y estre pourveu, la matière mise en délibération, ladicte Cour a arresté et ordonné que ceulx qui se trouveront n'avoir payé les cottes de leurs taxes, payeront dans trois jours la signification à eulx faicte du present arrest; les trois jours passez, la somme doublera, et seront executez en leurs meubles et procédé à la vente d'iceulx, nonobstant opposition ou appellation quelconques, et sans prejudice d'icelles » (Félibien, t. III des *Preuves*, p. 11).

C'est encore L'Estoile qui nous apprend (t. III, p. 47) qu'en juin 1587, la cherté du blé fut cause d'une grande misère, « tellement que de la grande multitude des pauvres mendians qu'on voioit par les rues de Paris, ou fust contraint d'en envoier deux mille en l'hospital de Grenelle vers Vaugirard pour y estre logés et nourris par le Roy, qui leur faisoit distribuer tous les jours à chacun cinq sols; mais pour ce que, se derobbans de là, ils ne laissoient encore à venir mendier par la ville, ou les remist en l'estat auquel ils estoient auparavant ».

Dans leur ouvrage déjà cité, Tisserand et Berty (pp. 411-2) se sont demandé quel avait été le sort de cet hôpital temporaire et quand il avait disparu, sans pouvoir résoudre la question; M. Léon Le Grand, toujours si bien informé de ce qui a trait à l'hospitalisation sous l'ancien régime, nous dit avoir lu dans les Registres de délibérations de la Ville que cette disparition eut lieu au commencement du siège de Paris par Henri IV.

Le passage d'eau entre Grenelle et Auteuil, mentionné plus haut comme existant en 1367, continua-t-il de s'effectuer sans interruptions à travers les âges? Il est bien permis d'en douter. Toujours est-il qu'à la date du 20 mars 1676, Christine de Heurles, veuve de Claude Chahu, dame de Passy, cédait à l'abbaye de Saint-Germain des Prés, moyennant 300 livres de rente, le droit qu'elle avait, comme propriétaire du fief de Saint-Pol, sur le bac établi à « Javetz » vis-à-vis Auteuil (Arch. nat. Q¹ 1071).

Ce traité n'a pas été connu de Tisserand et Berty, qui, en revanche, citent (pp. 318-20) plusieurs baux passés entre l'abbaye et divers fermiers en 1687, 1688 et 1723 pour le passage d'eau des Invalides et celui de Javel. Les mêmes auteurs ont publié (p. 304) un fermage du « port de Javel », daté de 1485; il est bien probable que c'est la plus ancienne mention existante de ce lieu.

Sur un plan d'Auteuil, conservé aux Archives nationales (N. 1re classe, Seine, n° 12), et daté du mois d'août 1658, est figuré le « moulin de Javel », et à côté, en aval, « la maison pour loger le meunié ». Le « chemin de Javel » existe sur le plan de Roussel (1730). Vers ce temps, le moulin de Javel était devenu une guinguette, réputée pour la licence qu'on y tolérait; parmi les plaisanteries dont son *Voyage de Paris à Saint-Cloud par mer* est émaillé, Neil lui consacre quelques lignes écrites sérieusement.

Nous avons le regret de manquer de renseignements sur l'origine du « château de Grenelle » figuré, sans dénomination sur le plan de Jaillot et avec son nom sur celui de Vaniquet. Il était situé sur l'emplacement où s'élève la caserne Dupleix et pourrait bien n'être autre chose que l'ancien domaine de l'abbaye de Sainte-Geneviève. Thiéry, dans son *Guide* de 1787, en parle en ces termes (t. II, p. 631): « Sortant de l'École militaire par la première grille que l'on trouve sur la gauche du Champ de Mars, on trouve le château de Grenelle, situé dans la plaine de ce nom, qui s'étend jusqu'à la rivière. Ce château n'a de recommandable que sa position. Il a haute, moyenne et basse justice, relevante de l'abbaye de Sainte-

Geneviève, et cet endroit, ainsi que les maisons qui en dépendent sont de la paroisse de Saint-Étienne du Mont ».

Dans la liasse O¹ 1067 des Archives nationales, il est question des « quarante-six bureaux installés au château de Grenelle » pour la direction de la construction de l'École militaire.

La Révolution arrêta l'exécution d'un projet, formé en 1788, de construire à Grenelle un fort où seraient transportées les munitions provenant de l'Arsenal qu'on venait de supprimer (cf. *la Bastille*, par F. Bournon, dans la Collection de l'Histoire générale de Paris, p. 179 note 3), — ou plutôt elle reprit ce projet pour son propre compte et fit installer dans la plaine une importante poudrière qui fut détruite par une explosion où beaucoup de personnes trouvèrent la mort, le 14 fructidor an II (1ᵉʳ septembre 1794). Cette catastrophe détermina une indicible émotion, tant à la Convention que dans la ville; on voulut y voir, sans preuves formelles, d'ailleurs, une vengeance du parti royaliste.

Il convient de dire ici un mot du Champ de Mars. Ceux qui en ont étudié l'histoire — et M. Ernest Maindron en est le mieux informé — disent qu'on ne le créa qu'en 1770, pour les exercices de l'École militaire. Cela est possible, mais le projet d'utiliser ce vaste espace remontait à quinze ans en arrière. A la date du 18 juin 1755, d'Argenson écrit dans ses *Mémoires* : « L'on va arranger un grand espace dans la plaine de Grenelle pour les revues du Roi; cela s'appellera le nouveau Champ-de-Mars. Il sera entouré de larges fossés, avec des amphithéâtres de tous sens pour les bayeurs (badauds) et des endroits pour les carrosses. C'est le sieur Pâris Duverney qui est l'auteur zélé de ces folles flatteries ; il a déjà acheté dans la plaine sept à huit cents arpents pour cela, et l'on prend ces terres qui étaient bonnes à l'agriculture, comme si la plaine des Sablons où cela se passait ci-devant, plaine aride et inutile à tout bien n'était pas aussi bonne. On a tant de choses à faire qu'on ne fait pas! On ne sait de quelles sottises s'aviser, et l'on s'en avise » (*Mémoires de d'Argenson*, t. IX, p. 27 de l'édit. de la Soc. de l'Hist. de France).

L'enceinte des fermiers généraux commencée dans les dernières années de l'ancien régime sépara nettement Grenelle de Paris. Le boulevard de Grenelle, nommé jusqu'en 1864 boulevard de Meudon et boulevard de Javel représente le tracé de cette enceinte qui se terminait sur la Seine à la barrière de la Cunette dont les bâtiments ont été remis au jour par des travaux de terrassement, le 23 juillet 1896.

A dater de 1790, Grenelle fit donc sans contestation possible, partie de la commune de Vaugirard, et pour le spirituel, dépendit de la paroisse Saint-Lambert de cette commune, mais il est permis de dire que la juridiction administrative s'y exerçait aussi platoniquement que la juridiction ecclésiastique, car les habitants continuaient à y faire défaut, au point que jusqu'après 1815, c'est dans la plaine de Grenelle qu'avaient lieu les exécutions militaires, parmi lesquelles l'une des plus retentissantes fut celle de Labédoyère et du frère de Chateaubriand.

En 1823, un groupe de capitalistes se constitua pour lotir la plaine et y construire des habitations à bon marché. L'entreprise, que dirigeaient MM. Violet et Letellier réussit avec une promptitude prodigieuse; en moins de cinq ans, la « ferme de Grenelle » — on nommait ainsi le nouveau quartier – fut assez prospère pour que l'on ait pu y construire un port et un pont sur la Seine, une église, un théâtre. Dès lors la création d'une commune, distincte de Vaugirard, commença à être envisagée, et détermina entre l'ancien et le nouveau groupement une crise de dissentiments et de jalousie dont il nous paraît indispensable d'exposer les phases d'après un volumineux dossier conservé aux Archives nationales (F² II, Seine, 1).

L'animosité s'accrut en 1827, à l'occasion d'un fait qui aurait dû la faire cesser. Le 15 mai 1826, M. Violet s'engageait par acte authentique, tant en son nom qu'au nom de M. Letellier, à fournir une somme de 215,000 (deux cent quinze mille francs) pour sa part dans la construction d'une église projetée « dans les terrains situés entre la rue de Sèvres, la rue Croix-Nivert et la nouvelle rue conduisant de la grande rue au pont de Grenelle » ; dans cette somme était comprise la valeur du terrain à occuper, évaluée au prix d'achat. En échange, M. Violet devenait le bénéficiaire exclusif des péages d'un marché dont il s'offrait à faire la construction, exclusivement aussi, à ses frais. Le Conseil municipal de Vaugirard fit quelques objections, montra quelques exigences, si bien que, le 31 juillet 1827, Violet faisait connaître au maire de Vaugirard qu'il se désistait de ses premières offres et avait décidé de construire à ses propres frais « une église à peu près double de grandeur de celle existante ». Et il ajoutait : « Par ce moyen, la commune n'ayant rien à débourser, pourra, si bon lui semble, faire construire un marché sur le terrain qui sera jugé le plus convenable ».

Le désaccord s'accentua à la suite d'une délibération par laquelle le conseil municipal de Vaugirard refusait, au cours de sa session ordinaire de 1828, l'établissement de deux nouveaux réverbères rue Mademoiselle pour cette raison « qu'ils seront plus utiles au quartier de Grenelle qu'à celui de Vaugirard ». Le maire, M. Fondary, fit vainement observer que « les intérêts étant les mêmes il seroit à craindre que le refus d'une dépense aussi minime n'indisposât les habitants d'un quartier contre l'autre ; que cette rue étant, par sa position entre les deux quartiers susceptibles d'être fréquentée par les uns comme par les autres, les réverbères demandés devaient être reconnus indispensables ». Le refus des deux réverbères fut voté par 20 voix contre 6.

La suite de la délibération mérite d'être citée textuellement : « Plusieurs membres se lèvent et se plaignent de l'inconvenance de ce refus ; de vives discussions s'engagent et déterminent la proposition de mettre aux voix la séparation des deux quartiers et l'érection du quartier de Grenelle en une commune particulière. Un membre demande que, vu l'exaltation qui règne dans l'assemblée, la délibération soit remise au lendemain. Cette proposition n'étant pas appuyée, on passe outre. La première proposition étant, au contraire, fortement appuyée dans diverses parties de l'assemblée, on passe au scrutin, et 14 boules blanches contre 12 noires constituent une simple majorité contre la séparation. »

Tel n'était pas le sentiment de la majorité des habitants de Grenelle ; le 11 juin 1828, ils ripostèrent, au nombre de 150 environ, par la pétition suivante, adressée au Préfet de la Seine, pour réclamer la séparation :

« Monsieur le Préfet,

« Les soussignés, tous propriétaires ou habitants de Grenelle, commune de Vaugirard, ont l'honneur de vous exposer que l'animosité des membres du conseil municipal de l'ancien **Vaugirard** contre ceux du **territoire de la Ferme de Grenelle** et contre tout ce qui se rattache aux intérêts de ce nouveau quartier répand dans les discussions une aigreur intolérable, dont les faits suivants indiquent les fâcheux résultats :

« L'année dernière, le Conseil refusa de s'entendre avec M. Violet pour la construction d'une église à laquelle il contribuait pour une somme de 215.000 francs.

« L'offre qu'il en avait faite précédemment étant liée à des clauses dont l'inexécution lui avait rendu son indépendance, M. Violet se décida, sur le refus du Conseil, à construire l'église lui seul; mais alors, on éleva la ridicule prétention de le contraindre à payer gratuitement à la commune de Vaugirard les 215.000 francs précédemment promis.

« M. le Maire, plus juste appréciateur des choses, ne trouva aucun fondement à la réclamation dirigée contre M. Violet, et, par son impartialité, il devint en butte aux imputations les plus absurdes. On l'accusa, comme on l'a toujours fait depuis, d'être *Grenellien* : rien ne peint mieux que cette qualification la mésintelligence dont se plaignent les soussignés.

« Plus tard, M. le Sous-Préfet vient visiter les localités de la commune les plus dignes d'intérêt, et M. le Maire désigne pour l'accompagner plusieurs membres du Conseil; quatre d'entre eux le quittent au moment où il se dirige vers la nouvelle église dont la première pierre a été posée par Madame la Dauphine accompagnée de Mademoiselle. Ils vont attendre M. le Sous-Préfet sur l'emplacement où ils désiraient que l'église fût bâtie (sans dépense de leur part) et là, ils accusent M. Violet, absent, et renouvellent contre lui leur prétention qui n'est pas mieux accueillie par M. le Sous-Préfet qu'elle ne l'avait été par M. le Maire.

« Une grande partie des membres du Conseil (environ la moitié) refuse de se rendre à la réunion générale qui avait été convoquée afin que M. le Sous-Préfet se trouvât au milieu de tout le Conseil. Le même esprit s'étend au dehors. De tous côtés on voit dans Vaugirard tout ce qui peut amener une scission générale entre ses habitants et ceux de Grenelle; on engage les premiers à s'abstenir d'aller à la nouvelle église et l'on répand une foule d'imputations défavorables au nouveau quartier. Enfin, c'est inutilement que, dans la session annuelle qui vient d'être close, les personnes sages se sont efforcées de soustraire la conduite irréprochable de M. maire à mille inculpations ridicules et outrageantes.

« On conçoit facilement que, dans cet état d'irritation des esprits, toute justice ait disparu des délibérations du Conseil municipal relatives aux intérêts particuliers de Grenelle, dont les représentants s'y trouvent naturellement en minorité. Ceux-ci, cependant, s'empressent d'adopter toutes les mesures utiles présentées dans l'intérêt de Vaugirard ; souvent même ils en prennent l'initiative, bien qu'elles doivent augmenter, sans compensation pour eux, leurs charges annuelles.

« Un seul exemple démontrera l'esprit d'injustice et de partialité auquel les intérêts de Grenelle sont journellement sacrifiés.

« On construit un théâtre à Grenelle, et pour en faciliter l'accès aux habitants, une nouvelle rue a été ouverte; on a demandé au Conseil l'établissement de deux réverbères dans cette rue; pour que cette allocation fût refusée, il a suffi qu'elle dût être de quelque avantage pour le nouveau quartier, bien qu'elle fût d'un plus grand intérêt pour Vaugirard, et par les formes suivies dans la délibération à ce sujet, on a pris soin de ne pas en déguiser les motifs.

« Il est maintenant hors de doute que le quartier de Grenelle, si intéressant par les travaux immenses qui s'y succèdent n'a rien à espérer du Conseil de la commune de Vaugirard, tandis qu'il contribue dans une très forte proportion aux charges générales de cette commune.

« Aussi, tous les propriétaires et habitans de Grenelle réclamaient-ils depuis longtemps la séparation de leur territoire (ancienne ferme de Grenelle) d'avec celui de Vaugirard lorsque cette division, d'abord combattue par M. le Maire, lui a paru enfin impérieusement commandée, et même inévitable. Il l'a proposée dans la dernière assemblée, où elle n'a été repoussée que par une faible majorité de deux voix sur 26; 12 membres ont été d'avis de la divison; 14 l'ont rejetée.

« Toutefois, cette décision elle-même se trouve empreinte de l'injustice dont les habitans de Grenelle ont tant à se plaindre. Elle les condamne implicitement à contribuer à tous les impôts ordinaires et extraordinaires de la commune, sans participer en rien à l'emploi de ses revenus.

Par tous ces motifs, et sans s'arrêter à la délibération du Conseil municipal de Vaugirard, les soussignés persistant dans leur demande en séparation, devenue pour eux un besoin, ont l'honneur de vous prier, Monsieur le Préfet, d'avoir la bonté d'y faire droit.

« En prenant pour ligne de séparation la rue de Sèvres, limite naturelle des terres de l'ancienne ferme de Grenelle, la population de la nouvelle commune sera d'environ 1,500 âmes, et Vaugirard, après la division en conserverait encore de 5 à 6 mille.

« Les soussignés, pleins de confiance dans la justice de leur demande n'ont présenté que les motifs qui leur ont semblé de nature à en démontrer l'urgence. Ils se réservent de l'appuyer, s'il en est besoin, sur d'autres considérations nombreuses et non moins décisives. Ils ont l'honneur d'être... ».

« Grenelle, le 11 juin 1828. » (Suivent les signatures.)

L'étude administrative de la question commença peu après. Le conseil d'arrondissement de Sceaux, constatant que le quartier de Grenelle était privé de « la justice distributive », admit le principe de la séparation (16 août 1828).

Durant tout le cours de l'année 1829, des enquêtes furent faites, des statistiques dressées tant sur le chiffre de la population du territoire à ériger en commune que sur les limites à lui donner: l'une d'elles établit que ce chiffre s'élève à 2,249 individus si l'on prend pour limites le territoire d'Issy, la rivière, les murs de Paris et le côté droit de la rue de Sèvres, puis le côté droit de la rue de l'École (rue Cambronne) jusqu'à la barrière du même nom. Des protestations furent élevées par les actionnaires des terrains du nouveau quartier sur ces limites; dans sa séance du 4 septembre 1829, le Conseil général du département fut d'avis de fixer ces limites « au chemin dit de l'École militaire » jusqu'à la rue de Sèvres, puis à la rue de Sèvres.

Un rapport volumineux adressé au Ministre de l'Intérieur par M. de Chabrol, préfet de la Seine, à la date du 19 février 1830, achèvera de nous renseigner sur toutes les contestations auxquelles l'affaire donnait lieu; nous en extrayons tout ce qui a trait aux faits dont il n'a pas encore parlé:

« Monseigneur,

« Le territoire de la commune de Vaugirard, dont j'ai l'honneur de mettre le plan sous les yeux de V. E.[1] peut être considéré comme divisé en deux parties distinctes, dont l'une comprend l'ancienne aggrégation proprement dite de Vaugirard, et dont l'autre est la plaine de Grenelle. Depuis plusieurs années, une compagnie de capitalistes a acquis une grande partie de cette plaine, connue sous le nom de ferme de Grenelle. La Compagnie y a fait ouvrir des rues qui, chaque année, se bordent de rues plus ou moins importantes; elle a fait édifier une église à ses frais et construire un théâtre en grande partie également à ses frais. L'établissement de la gare et du pont de Grenelle est aussi l'œuvre de cette Compagnie, qui ne néglige rien pour l'embellissement et la prospérité de ce nouveau quartier de Vaugirard. Si l'on en croit les habitans du quartier de Grenelle, l'importance qu'acquiert chaque jour ce quartier aurait excité chez les habitans de Vaugirard de fâcheuses rivalités, fondées sur la crainte que Grenelle ne devint le centre de l'administration et des établissemens de la commune au préjudice du chef-lieu... »

Suit l'exposé des faits analysés plus haut.

« Quoique le Conseil municipal de Vaugirard eût rejeté le principe même de la séparation des deux communes, il m'a paru convenable, puisque son vote à cet égard n'avoit pas été accueilli, de le consulter sur les limites à donner aux deux communes. Au lieu de délibérer sur cette proposition, le Conseil municipal a d'abord demandé qu'il lui fût donné connoissance des motifs qui avoient déterminé le Conseil d'arrondissement et le Conseil général à voter la séparation des deux communes; sur quoi M. le Sous-Préfet a fait observer que le Conseil auroit pu facilement, s'il l'avoit voulu, se procurer ces explications auprès de M. le Maire, qui étoit membre du Conseil d'arrondissement, et qu'il n'étoit pas convenable de soumettre à la critique du Conseil municipal les avis des deux conseils supérieurs. Malgré la justesse de ces observations, le Conseil municipal a déclaré qu'il n'y avoit pas lieu d'émettre d'avis sur la question relative à la délimitation projetée des deux communes.

« Mais M. le Sous-Préfet, après avoir réuni en commission M. le Maire et trois membres du Conseil municipal de Vaugirard pour éclairer son opinion, n'a pas hésité à se prononcer; il a pensé d'abord que le cimetière de Vaugirard devoit rester sur le territoire de cette commune. Quant au théâtre, une question grave s'est d'abord présentée à son esprit : c'est la question de savoir si chaque commune auroit droit au partage du prélèvement fait en faveur des pauvres sur le prix des billets d'entrée au spectacle. M. le Sous-Préfet avoit d'abord pensé, avec la commission, que ce droit devoit être considéré comme acquis aux pauvres des deux sections de la commune de Vaugirard, et qu'ainsi après la séparation projetée, la portion du produit afférente aux pauvres devoit être distribuée entre les deux communes au prorata de leur population. Mais ensuite, M. le Sous-Préfet a été d'avis que le théâtre dont il s'agit n'étant qu'une propriété particulière, le prélève-

---

(1) Ce plan manque au dossier.

ment fait sur les recettes de cet établissement devoit appartenir en entier à la commune sur le territoire de laquelle il sera placé. Au surplus, M. le Sous-Préfet a observé que, quelle que fût la décision à intervenir sur cette question, le théâtre devoit être conservé à la commune de Vaugirard.

« L'instruction de cette affaire se trouvoit ainsi terminée, Monseigneur, lorsqu'on m'a présenté un exemplaire imprimé [1] d'un mémoire adressé à V. E. par plusieurs membres du Conseil municipal de Vaugirard et tendant à faire rejeter la séparation dont il s'agit, à cause :

« 1° Du peu d'importance du nouveau quartier de Grenelle ;

« 2° Du peu de fondement des motifs d'après lesquels la demande a été introduite ;

« 3° Des défauts de forme qui vicient l'instruction de cette affaire ;

« 4° Des inconvénients qui résulteroient de l'adoption de cette demande.

« D'abord, les auteurs du Mémoire prétendent que le nouveau Grenelle n'a qu'une population de 276 habitants, et ils se fondent non pas sur un état de recensement, mais sur la comparaison des rôles de contribution dressés avant et après la formation du nouveau village. Mais le montant des contributions personnelle et mobilière ne peut donner une juste appréciation de la population d'une commune ; il le peut d'autant moins, dans cette circonstance, qu'une grande partie des maisons construites depuis un ou deux ans dans le village de Grenelle ne figurent pas encore aux rôles des contributions. D'ailleurs, les réclamans eux-mêmes reconnaissent que la séparation projetée réduira à moins de six mille âmes la population de Vaugirard, qui est actuellement de 7 à 8,000, et, ce qui est plus décisif l'état de recensement dont j'ai déjà eu l'honneur d'entretenir V. E. porte la population du nouveau village de Grenelle à 1,291 habitants.

« En second lieu, les pétitionnaires déclarent qu'il n'existe pas d'animosité entre eux et les habitans de Grenelle, et que les faits que l'on cite à l'appui de la demande en séparation ne sont que le résultat du juste mécontentement que le Conseil a cru devoir manifester à un seul habitant de Grenelle (le sieur Violet). Ils ajoutent qu'au surplus le nouveau quartier participe avec les autres quartiers de Vaugirard aux avantages communs.

« Il ne me convient pas de suivre les réclamans dans les personnalités dont leur mémoire abonde contre le sieur Violet. J'admetterai que les treize réverbères qu'ils annoncent avoir été établis dans Grenelle l'ont été dans le seul intérêt des habitants de ce quartier. Mais cette dépense est bien minime en comparaison des revenus de la commune et des sacrifices encore énormes que se sont imposés les habitants de Grenelle pour la prospérité de ce quartier.

« En troisième lieu, Monseigneur, les réclamans prétendent que le Conseil municipal n'a pas été légalement saisi de la demande en séparation, et ils soutiennent qu'on auroit dû leur communiquer les délibérations du Conseil général et du Conseil d'arrondissement.....

« Je passe au dernier motif sur lequel s'appuient les pétitionnaires pour faire rejeter la demande en séparation des deux communes. Ils se fondent sur la di-

---

(1) Ce document, qui figure au dossier, est non pas imprimé, mais lithographié. L'analyse qui suit nous dispense de le reproduire.

minution que la mesure projetée apporteroit dans les produits des droits du Trésor, et sur les avantages que les marchands de vin établis à Grenelle auroient sur ceux de Vaugirard, par suite de la différence des droits auxquels les uns et les autres seroient assujétis. J'observe que la population de Vaugirard qui, d'après le recensement fait en 1825 étoit alors de 6,526, paroît excéder aujourd'hui 8,000 âmes et que la population de la nouvelle commune ne sera pas de 1,300 âmes ; qu'ainsi, la séparation dont il s'agit ne réduira pas le nombre des habitans de la première commune au dessous de 6,000, et qu'en conséquence, la commune de Vaugirard sera toujours passible des mêmes droits. Au surplus, l'on ne doit pas arranger la population des communes pour l'assiette de la perception des droits, mais la perception est établie là où la population des communes le comporte. Enfin, j'ajouterai que la nouvelle commune ayant besoin de revenus pour assurer le service municipal, il sera nécessaire d'y continuer la perception du droit d'octroi actuellement établie sur tout le territoire de Vaugirard ; qu'ainsi, l'avantage des marchands de vin établis dans Grenelle sur ceux de Vaugirard sera peu important; d'ailleurs, la différence qui existera entre ces deux communes sera la même qui existe déjà entre Vaugirard et les communes limitrophes d'Issy et de Montrouge ; la même qu'on rencontre à chaque pas entre les communes voisines assujéties aux droits d'octroi et d'entrée.

« La réclamation des principaux habitans de Vaugirard ne me paroît donc pas suffisamment motivée. Voici, au surplus, Monseigneur, mon opinion sur le fond du sujet : les habitans du nouveau village de Grenelle ont fait de grands sacrifices pour le mettre dans l'état de prospérité où il commence à se trouver ; mais ces sacrifices ne suffisent pas encore pour amener cette aggrégation au point de prospérité qu'elle peut atteindre; le village a encore besoin, non seulement de plus grandes ressources que celles qu'il obtient de sa fusion actuelle avec la commune de Vaugirard, mais aussi que ces ressources soient employées de la manière la plus avantageuse au nouveau quartier ; il faut donc que leur destination soit votée et leur emploi surveillé par une administration municipale parfaitement éclairée sur les besoins du village de Grenelle et réellement intéressée à sa prospérité. Or, l'administration actuelle de Vaugirard, composée presque en entier d'habitans de l'ancienne aggrégation, ne peut pas offrir ces garanties au nouveau village parce que les habitudes des deux quartiers sont tout à fait différentes. La population de Grenelle, active et commerciale, a des besoins que ne reconnaissent pas les habitans de l'ancien Vaugirard : d'ailleurs, les autorités de la commune sont trop éloignées du centre de Grenelle pour que leur intervention et leur surveillance puissent être facilement exercées dans cette partie de la commune. Je crois donc la séparation convenable en principe.

« Quant à la limite des deux communes, je pense, Monseigneur, qu'elle doit être fixée au sud par le chemin de l'École militaire, autrement dit rue de la Croix-Nivert jusqu'à sa rencontre avec la rue de Sèvres et au nord par une ligne brisée, teintée en jaune sur les plans ci-joints, et qui, partant du point de rencontre de la rue de Sèvres avec le chemin de l'École, aboutit au chemin des Bœufs, et se prolonge en retour d'équerre le long de ce chemin jusqu'au territoire d'Issy.

« Il est sans doute à regretter que l'on soit obligé d'assigner pour limite aux deux communes une rue (celle de la Croix-Nivert) bordée de maisons des deux côtés depuis la barrière de Paris jusqu'au théâtre de Grenelle; mais il n'y a pas d'autre limite possible, à cause de la position du quartier de Grenelle. J'observe, d'ailleurs, que les chemins publics, qui forment des limites naturelles en pareil cas, finissent toujours par être bordés de maisons, surtout dans le voisinage des grandes villes; qu'ainsi, l'inconvénient qu'offre la délimitation dont il s'agit est un de ceux que l'administration peut le moins éviter en pareil cas. J'ajouterai que la police des deux côtés de la rue pourrait, nonobstant la séparation des deux territoires, être confiée à un seul commissaire de police. Quant au théâtre, je pense également qu'il doit rester sur le territoire de Vaugirard, parce que la délimitation se trouvera ainsi plus régulière.

« Il ne me reste plus qu'à entretenir V. E. de l'état futur des ressources des deux communes.

« D'abord, en ce qui concerne Vaugirard, V. E. verra facilement par le budget de cette commune... que, dût-elle éprouver quelque diminution dans ses revenus, par suite de la séparation projetée, ses finances seront toujours dans un état prospère.

« Quant à la nouvelle commune, ses revenus se composeroient :

« 1° Du produit des centimes additionnels qui, d'après le rapport du Directeur des Contributions directes, s'élèveroient à . . . . . . 350 fr.

« 2° De l'attribution de la commune dans le produit des patentes, produit qui, par analogie à celui des centimes additionnels, seroit de. 300 »

« 3° De l'attribution de la commune dans la portion partageable de l'octroi de banlieue, et qui, d'après la population respective des deux communes peut être évaluée pour Grenelle à . . . . . . 350 »

« 4° Du produit de l'octroi qu'il est indispensable de maintenir dans la nouvelle commune, produit qui peut être évalué pour Grenelle au huitième du produit total, c'est-à-dire à . . . . 3,000 »

« 5° De l'attribution à la commune de la portion à elle afférente dans le dixième du produit brut des recettes du théâtre . . . . . *mémoire*

Total . . . 4,000 fr.

« On objecte, Monseigneur, quant à cette dernière attribution, que le théâtre de Vaugirard n'est pas un établissement communal; mais cette circonstance est indifférente à mon avis. Si ce théâtre est un établissement particulier, il n'en est pas moins grevé au profit de la commune actuelle, d'une prestation qui forme pour elle un droit véritable, droit appartenant également à toutes les sections, à toutes les parties du territoire de la commune. Or, la division de ce territoire en deux communes ne doit point faire obstacle à ce que chaque partie du territoire conserve proportionnellement les droits acquis au territoire entier avant la séparation. Au surplus, une réserve pourroit être faite à cet égard dans l'ordonnance royale portant séparation des deux communes. Il sera également essentiel, au moins jusqu'à ce que la nouvelle commune ait pourvu à l'établissement d'un cimetière particulier, qu'elle soit autorisée à inhumer ses morts dans le cimetière de Vaugirard. Mais je ne pense pas qu'il y ait difficulté à cet égard.

« J'ai l'honneur d'adresser à V. E. toutes les pièces qui peuvent éclairer sa religion dans cette affaire, notamment celles dont l'envoi est prescrit par la circulaire ministérielle du 7 avril 1827.

. . . .

« Le Conseiller d'Etat, Préfet,
« CHABROL.

« *Paris*, le 19 février 1830. »

Il n'est pas douteux que la compagnie des actionnaires de Grenelle fut servie, dans toute cette affaire, par de puissantes influences; nous en avons entre autres preuves, une chaude lettre de recommandation du secrétaire général du Ministère de la Marine, Vauvilliers, adressée à son collègue de l'Intérieur, le 12 mars 1830, pour le prier de hâter la solution. L'examen du dossier par le Comité de l'Intérieur du Conseil d'État, plus encore que la Révolution de Juillet, retarda cependant le dénouement de quelques mois. Cet examen concluait d'ailleurs tout en faveur de Grenelle auquel il accordait un territoire plus étendu sur Vaugirard que ne le voulait le préfet de la Seine, et la possession du théâtre.

L'érection de Grenelle en commune fut enfin décidée par ordonnance royale du 22 octobre 1830; le *Bulletin des Lois* se borne à l'analyser.

Nous sommes en mesure de reconstituer les limites de la commune ainsi créée, à l'aide de quelques plans, notamment celui qui est au dossier des Archives nationales, un des plans annexés au travail manuscrit de Lapalus sur l'histoire de Vaugirard et l'Atlas de Lefèvre : une ligne partant du milieu de la Seine en face de la rue Wilhem, dite alors rue de Seine, l'axe de la rue Cauchy (anciennement rue Saint-Paul, puis rue Vignon), de la rue de Lourmel (chemin des Vaches) et de la rue Croix-Nivert la séparant d'Issy; elle était séparée de Vaugirard par l'axe des rues Croix-Nivert et Mademoiselle et à partir de l'angle de cette rue et de la rue Quinaut (avenue du Théâtre), par une ligne sinueuse rejoignant la rue Croix-Nivert à la barrière de l'École, aujourd'hui place Cambronne.

Il convient de noter ici que l'abattoir dit de Grenelle était ainsi dénommé tout à fait inexactement, car il n'était pas situé sur le territoire de Grenelle et à peine sur celui de l'ancien Vaugirard. On sait que cet établissement, limité par les rues Pérignon et Barthélemy, le boulevard Garibaldi et la place de Breteuil avait été construit en 1818 et fut démoli en 1900.

La commune de Grenelle devait avoir exactement trente années d'existence. Elle ne cessa pas de s'accroître en population durant ce temps, mais ses édifices publics restèrent tels qu'ils étaient au moment de sa création. L'église, dont il a été question plus haut, est dédiée à saint Jean-Baptiste; la première pierre en fut posée, le 2 septembre 1827, par la duchesse d'Angoulême, et le Comité qui avait pris l'initiative de sa construction fit remise de l'édifice à la commune, le 14 juillet 1832. Son style rappelle celui des basiliques. On y remarque un autel du temps de Louis XIV qui, paraît-il, provient de la cathédrale et fut racheté à un brocanteur par le curé en 1869. La mairie était située dans la partie nord-est de la place du Commerce; elle est affectée aujourd'hui au bureau de bienfaisance. Le cimetière communal, s'ouvrant sur la rue Saint-Charles, fut créé en 1835; il est réservé maintenant aux sépultures ayant le caractère de la perpétuité.

Le Conseil municipal de Grenelle eut à délibérer, au mois de mars 1859, sur

l'annexion qui devait rattacher la commune à Paris : il s'y montra peu favorable :
« Délibérant à l'unanimité que la réunion à la ville de Paris de la commune de
Grenelle est contraire à beaucoup d'intérêts de cette commune, mais que si ces
intérêts doivent céder devant un intérêt public d'un ordre plus élevé, l'annexion
projetée doit être subordonnée à l'accomplissement des conditions générales ci-
dessus énoncées, comme aussi à l'admission autant que possible de celles cons-
tatées dans le procès-verbal d'enquête... » (Archives nat. F. 87006.)

Donc, à dater du 1er janvier 1860, Grenelle constitua avec Vaugirard le XVe arrondissement de Paris; les quartiers dits de Grenelle et de Javel représentent assez exactement le territoire de l'ancienne commune, agrandi aux dépens d'Issy
de la partie comprise entre les rues de Lourmel, des Cévennes, Cauchy, la Seine
et les fortifications, c'est-à-dire la moitié environ du quartier de Javel.

Ce quartier a été lent à se peupler, en dépit des sacrifices que la ville de Paris a
faits pour sa viabilité. Toutefois, dès 1865, M. l'abbé Mayeux, curé de Grenelle,
y avait fait construire, rue de Vouillé, une chapelle dédiée à saint Alexandre,
chapelle dont le percement de la rue de la Convention nécessita l'expropriation,
puis la démolition, en 1890.

Dans sa séance du 3 juillet 1896, le Conseil municipal de Paris émit un avis
favorable à la reconstruction de cette chapelle, à l'angle des rues Léonie et de
la Convention, reconstruction qui a été, en effet, réalisée.

Nous devons mentionner aussi, dans la même rue de la Convention l'hôpital
Boucicaut, inauguré solennellement le 1er décembre 1897, et rappeler que le pont
Mirabeau reliant le quartier de Javel à celui d'Auteuil avait été inauguré le
13 juillet précédent.

BIBLIOGRAPHIE. — *Sources*. Archives nationales : L. 777, biens de l'abbaye de
Saint-Germain des Prés (XVIe siècle). — LL. 1069, déclarations de censives ap-
partenant à la même abbaye (1489-1492); parmi les lieux dits : Garnelles, le
Chemin aux Vaches, les Hautes Garennes, la Garenne près Garnelle, le Chemin
Neuf, le Mont Saint-Germain, autrement dit les Plantes Rouges.

Estampes. — Musée Carnavalet, carton 83, vues du château de Grenelle, dont
une par Châtillon. — Gravure de Couché représentant l'explosion de la poudrière
de Grenelle le 14 fructidor an II.

Imprimés. — Pour l'explosion de la poudrière, voir la *Bibliographie de l'histoire
de Paris pendant la Révolution française*, par M. Maurice Tourneux, t. I, p. 395.

Fête d'inauguration du Beau Grenelle, 27 juin 1824; in-8, 11 pages.

TABLE DES MATIÈRES

Auteuil, 435-46.
Bagatelle (château de), 511-2.
Banlieue ecclésiastique de Paris; ses limites, 433-4.
Batignolles (Les), 490-2.
Belleville, 556-70.
Billancourt, 441, 452-3.
Boulogne, 447-54; — (bois de), 454-57.
Chaillot, 467-82.
Chapelle (La) Saint-Denis, 541-8.
Charonne, 571-582.
Clichy-la-Garenne, 482-94.
Clignancourt, 534-5.
Courcelles, 492-3.
Grenelle, 441, 599-611.
Javel, écart de Grenelle, 601, 611.
Levallois-Perret, 493.
Longchamp (abbaye de), 457-61.
Madrid (château de), à Neuilly, 508-11.
Ménilmontant, 568-9.
Monceaux, 488-90.
Montmartre, 522-40.
Neuilly, 498-507.
Paris, Aalez (terre), 387.
— Abbaye-au-Bois (Bernardines de l'), 262-3; — (paroisse de l'), 283.
— Adoration du Saint-Sacrement (communauté de l'), à Charonne, 575-6.
— Allemagne (collège d'), 83.
— Anglais (séminaire des), 222-3.
— Annonciades célestes (couvent des), 357-9; — (du Saint-Esprit), 374.
— Arènes (clos des), 387-8.
— Arras (collège d'), 397-8.
— Artois (hôtel des comtes d'), 38-9.
— Assomption (couvent des Filles de l'), 53-4.
— Augustines du Saint-Cœur de Jésus (couvent des), 236.
— Augustins (couvent des Grands-), 292-5.
— Augustins Déchaussés (couvent des), dits Petits Pères), 34-5; — (de la reine Marguerite), 250-2.
Paris, Autun (collège d'), 295-6.
— Ave-Maria (collège de l') ou de Hubant, 206-7; — (couvent de l'), 345-51.
— Bayeux (collège de), 80-1.
— Beaujon (hospice), 520-1.
— Beauvais (collège de), 209.
— Bernardins (collège des), 390-4.
— Bénédictins anglais (couvent des), 128.
— Billettes (couvent des Carmes-). Voy. Carmes.
— Blancs-Manteaux, dits Guillemites, dits Serfs de la Vierge (couvent des), 65-6.
— Boissy (collège de), 297.
— Boncourt (collège de), 208.
— Bonne-Nouvelle (église N.-D. de), 322-3.
— Bon-Pasteur (couvent des Filles du), 274-5.
— Bon-Secours (prieuré de Notre-Dame de), 373.
Bons-Enfants (collège des) du Louvre, 26; — (Saint-Victor), 394-6.
— Bonshommes de Chaillot. Voy. Minimes.
— Bourgogne (collège de), 303-5.
— Braque (chapelle de), 162-3.
— Calvi (collège de), 110.
— Calvaire (religieuses du), au Marais, 61; — rue de Vaugirard, 254.
— Cambrai (collège de) ou des Trois-Evêques, 208.
— Capucines (couvent des), 52.
— Capucins (couvent des) du faubourg Saint-Jacques, 121; — du Marais, 67-8; — Saint-Honoré, 49-50.
— Cardinal-Lemoine (collège du), 396-7.
— Carmélites (couvent des) de la rue Chapon, 164-5; — de la rue de Gre-

nelle, 275-6; — de la rue Saint-Jacques, 119-20.
PARIS. Carmes-Billettes (couvent des), 66-7.
— Carmes déchaussés (couvent des), 252-4; — de la place Maubert, 218-20.
— Cathédrale (église), 1-6.
— Célestins (couvent des), 340-2.
— Champ de Mars, 602.
— Chanac-Pompadour (collège de) dit de Saint-Michel, 207.
— Chardon-Lagache (maison de retraite), 443-4.
— Charité (couvent des Filles de la), 512-3; — (des Hospitalières de la), 359-60; — (hôpital de la), 249-50.
— Chartreux (couvent des), 77-80.
— Château-Festu, 13.
— Châtelet (chapelle du Grand-) 19; — (Petit), 84.
— Cholets (collège des), 197-9.
— Clamart (chapelle et cimetière de), 88-9.
— Clermont (collège de) dit de Louis-le-Grand, 114-5.
— Cluny (chapelle du collège de), 77; — (collège de), 112.
— Colisée (le), 520.
Conception (Filles Anglaises de la), 368-9; — (Filles de la), faubourg Saint-Honoré, 54.
— Congrégation Notre-Dame (couvent des Filles de la), 220-1.
— Convalescents (hôpital des), 261.
— Coqueret (collège), 93.
— Cordeliers (couvent des), 299-301; — (hospice des), 282.
— Cordelières (abbaye des) de Saint-Marcel, 228-9; — (couvent des Petites-), 280-1.
— Cornouaille (collège de), 82.
— Couche (maison de la) ou hôpital des Enfants-Trouvés, 172-3.
— Croix (Filles de la), 370 1.
— Cygnes (île des) anciennement île Maquerelle, 7-8.
— Dace (collège de), 83.
— Dainville (collège de), 112-3.
— Debrousse (hospice), 582.
— Dix-huit (collège des), 111-2.
— Doctrine Chrétienne (congrégation de la), 221-2; — (Pères de la), 375-8.
— Dominicains (couvents des). Voy. Jacobins.
— Ecole militaire, 282.
— Ecole normale d'instituteurs, 445.
— Ecossais (collège des), 205-6.

PARIS. Eglises et chapelles au xve siècle, 400-2.
— Enfant-Jésus (communauté de l'), 279; — (hôpital du Nom de l'), 313.
— Enfants-Rouges (hôpital des), 163-4.
— Enfants-Trouvés (hôpital des) dans la Cité, 172-3; — faubourg Saint-Antoine, 378.
— Eschallits (hôtel des), 83.
— Eudistes (séminaire des), 224.
— Feuillantines (couvent des), 123-4.
— Feuillants (couvent des), rue Saint-Honoré, 51; — rue Saint-Jacques, 127-128.
— Fidèles Compagnes de Jésus (couvent des), 236.
— Filles Anglaises (couvent des), 90.
— Filles-Dieu (couvent des), 43-4.
— Folie-Regnault (la), 576, 578.
— Flandre (hôtel des comtes de), 37.
— For-l'Evêque, 13-4.
— Fortet (collège de), 210-1.
— France (collège de), 214-8.
— Gindre (rue du), 281.
— Grassins (collège des), 218.
— Gros-Caillou (église du), 279-80, 283; — établissements modernes qui y sont situés, 285.
— Guillemites (couvent des). Voy. Blancs-Manteaux.
— Harcourt (collège d'), 91-2.
— Haudriettes (chapelle et hôpital des), 68.
— Hibernois (prêtres), 281-2.
— Hôtel-Dieu, 57-8.
— Hubant (collège de l'Ave-Maria ou de), 206-7.
— Immaculée-Conception (collège de l') à Vaugirard, 591.
— Incurables (hôpital des), 255-6.
— Instituteurs (école normale d'), 445.
— Instruction chrétienne (couvent des Filles de l'), 266.
— Invalides (hôtel des), 270-1.
— Irlandais (séminaire des), 225.
— Jacobins (couvent des), de la rue Saint-Dominique, 254-5; — de la rue Saint-Honoré, 52-3; — de la rue Saint-Jacques, 104-6.
— Jardin des Plantes (chapelle du), 235-6.
— Jean-Baptiste Say (école), 445.
— Jésuites (Maison professe des), 352-5; — (noviciat des), 252.
— Juifs (cimetière des), 84.
— Jussienne (chapelle de la), 32-3.
— Justice (collège de), 306.

PARIS. Karembert (collège de), 93.
— La Marche (collège de) et Winville, 212-3.
— Laon (collège de), 201-2.
— Lisieux (collège de), 113-4.
— Lombards (collège des), 92.
— Louis-le-Grand (collège de). Voy. Clermont (collège de).
— Lourcine (hôpital de), 229-30.
— Louvier (île), 335.
— Louvre (château du), 14-5.
— Madeleine (Filles de la). Voy. Madelonnettes.
— Madeleine (prieuré de la), 371-2; — (église de la) de la Ville-l'Evêque, 45-7; — (église de Sainte-Marie) dans la Cité, 171-2.
— Madelonnettes (couvent des) ou Filles de la Madeleine, 165-6.
— Maître-Gervais (collège de), 82.
— Mans (collège du), 92-3, 274.
— Marbres (dépôt des) à Chaillot, 478.
— Maquerelle (île). Voy. Cygnes (île des).
— Mathurins (couvent des), dits de la Sainte-Trinité, 76.
— Mazarin (collège), 264-5.
— Merci (collège de la), 214; — (couvent de la), 162-3.
— Mignon (collège), 305.
— Minimes ou Bonshommes de Chaillot ou de Nigeon, 472-4; — du Marais, 355-6.
— Miramiones. Voy. Sainte-Geneviève (Filles de).
— Miséricorde (couvent des Filles N.-D. de la), 261-2.
— Miséricorde (hôpital de la), 230-1.
— Missions étrangères (paroisse des), 283; — (séminaire des), 267-9.
— Monceau Saint-Gervais (fief du), 62.
— Montaigu (collège de), 202-4.
— Muette (château de la), 464-5.
— Narbonne (collège de), 81.
— Navarre (collège de), 199-200.
— Nazareth (couvent des Pénitents de), 166.
— Nigeon (Bonshommes ou Minimes de). Voy Minimes.
— Notre-Dame-de-Consolation (Bénédictines de), 269-70.
— Notre-Dame-de-Grâce (Annonciades de), 281; — (prieuré de), 47.
— N.-D. de la Croix (paroisse de), à Ménilmontant, 569.
— N.-D. de la Paix (religieuses de), à Charonne, 573.

PARIS. Notre-Dame de Liesse (couvent de), 266-7.
— Notre-Dame de Lorette (paroisse), 536.
— Notre-Dame de Miséricorde (couvent de), 236.
— Notre-Dame des Champs (paroisse), 283; — établissements modernes qui y sont situés, 284-5; — (prieuré de), 101-2.
— Notre-Dame de Sion (chanoinesses de), 220.
— Notre-Dame des Prés (prieuré des Bénédictines de), 276.
— Notre-Dame des Vertus (communauté de), 378.
— Nouveaux convertis (communauté des), 400.
— Nouvelle-France (la), 536.
— Nouvelles-Catholiques (couvent des), 54.
— Œuvre de la première communion et des apprentis orphelins, à Auteuil, 444.
— Oratoire (couvent de l'), 18; — (institution de l') au faubourg Saint-Jacques, 126-7.
— Orfèvres (chapelle des), 17-8.
— Orphelines (communauté des Filles), 273-4; — (communauté des), 234.
— Palais Episcopal (chapelles du), 9.
— Panthemont (Bernardines de), 271-2.
— Panthéon, église de l'abbaye de Sainte-Geneviève, 187, 188, 190, 191.
— Paroisses (plan des) au XVIIIe siècle, 430.
— Pénitents (couvent des) de Belleville, 559.
— Père-Lachaise (cimetière du), 580.
— Petites-Maisons (hôpital des), 248-9.
— Petits-Pères (couvent des). Voy. Augustins déchaussés.
— Picardie (chapelle de la Nation de), 197.
— Pitié (hôpital de la), 230.
— Plan des paroisses au XVIIIe siècle, 430.
— Plessis-Sorbonne (collège du), 204-5.
— Pompadour (collège de Chanac-) dit de Saint-Michel, 207.
— Pontigny (hôtel de), 83.
— Pont-Marchand, 12.
— Popin (fief), 16.
— Porcherons (Les), 487, 535-6.
— Port-Royal (abbaye de), 124-6.

Paris. Précieux-Sang (Bernardines du), 257.
— Prémontrés (collège des), 302-3 ; — (couvent des) de la Croix-Rouge, 265.
— Présentation (couvent de la), 233.
— Presles (collège de), 201.
— Providence (couvent des Filles de la), 231-2. Voy. Saint-Joseph.
— Quinze-Vingts (hôpital des), 16-7.
— Ranelagh, 466.
— Récollettes (couvent des), 258.
— Récollets (couvent des), 309-11.
— Récollets irlandais, 281-2.
— Reims (collège de), 211-2.
— Roquette (Hospitalières de la), 369-70.
— Royal (collège). Voy. France (collège de).
— Rossini (fondation), 444.
— Rues (dit des), de Guillot ; commentaire, 402-21 ; — (nomenclature des) au XVe siècle ; commentaire, 422-30.
— Saint-Agnan (chapelle), 9-10.
— Saint-Alexandre (chapelle), à Javel, 611.
— Saint-Ambroise (chapelle de), 400 ; — (paroisse), 379.
— Saint-André des Arts (église), 286-92.
— Saint-Antoine (abbaye de), 363-6 ; — (Chanoines du Petit-), 343-5.
— Saint-Augustin (chanoinesses régulières de), 372-3 ; — (paroisse de), 488.
— Saint-Barthélemy (église), 141-3.
— Saint-Benoît (église), 93-7.
— Saint-Bernard (paroisse), 547.
— Saint-Blaise (chapelle), 71.
— Saint-Bond (église), 330.
— Saint-Charles (séminaire) 319.
— Saint-Chaumond (couvent de), 314-5 ; — (couvent du Petit-), 323-4.
— Saint-Christophe (église), 7.
— Saint-Côme (église), 298-9.
— Saint-Denis de la Chartre (église), 148-9.
— Saint-Denis du Pas (église), 9.
— Saint-Denis (hôtel des charités de), 297-8.
— Saint-Denis (paroisse) de La Chapelle, 541-2.
— Sainte-Agathe (communauté de), 233.
— Sainte-Agnès (couvent des Filles), 35-6.
— Sainte-Anastase (hôpital), 59-61.
— Sainte-Anne (chapelle), 536-7.

Paris. Sainte-Aure (couvent de), 225.
— Sainte-Avoye (couvent de), 139-40.
— Sainte-Barbe (collège de), 213-4.
— Sainte-Catherine (hôpital), 156-7.
— Sainte-Catherine de la Couture (prieuré de), 336-40.
— Sainte-Chapelle, 174-81.
— Sainte-Clotilde (paroisse), 283 ; — établissements modernes situés sur son territoire, 285.
— Sainte-Croix de la Bretonnerie (prieuré de), 63-5.
— Saint-Croix (église) de la Cité, 327.
— Sainte-Elisabeth (couvent des Filles de), 167.
— Sainte-Geneviève (abbaye de), 184-91.
— Sainte Geneviève des Ardents (église), 191-3.
— Sainte-Geneviève (Filles de) ou Miramiones, 399-400
— Sainte-Geneviève (paroisse) de La Chapelle, 541-2.
— Sainte-Geneviève (religieuses de), à Chaillot, 474.
— Saint-Eloi (prieuré de), 324-6 ; — (chapelle de). Voy. Orfèvres (chapelle des).
— Sainte-Marguerite (église), 360-3.
— Sainte-Marie (paroisse) des Batignolles, 492.
— Sainte-Marine (église de), 173.
— Sainte-Marthe (Filles de), 379.
— Sainte-Opportune (église), 19-20.
— Sainte-Pélagie (couvent de), 232-3.
— Sainte-Perrine (abbaye de), 320-1, 480, 550 ; — (maison de retraite), 443, 480.
— Saint-Esprit (hôpital du), 69-70 ; — (séminaire du), 223-4.
— Sainte Thècle (couvent des Filles de), 277.
— Saint-Etienne des Grès (église), 98-100.
— Saint-Etienne du Mont (église), 193-6.
— Sainte-Trinité (Mathurins, dits religieux de la). Voy. Mathurins.
— Saint-Eustache (église), 27-30 ; — (hôpital), 30
— Sainte-Valère (couvent des Filles pénitentes de), 278 ; — (paroisse de), 283.
— Saint-François de Sales (communauté de), 233-4 ; — (paroisse), 490.
— Saint-François (Pénitents réformés du tiers ordre de), 366-7.

PARIS.Saint-François-Xavier(paroisse), 284; — établissements modernes qui y sont situés, 285.
— Saint-Germain (paroisse) de Charonne, 571-2.
— Saint-Germain l'Auxerrois (église), 10-3.
— Saint-Germain des Prés (abbaye de), 256-42; — (paroisse), 239; — établissements modernes fondés sur son territoire, 284.
— Saint-Germain le Vieux (église), 242-4.
— Saint-Gervais (église), 55-9.
— Saint-Hilaire (église), 91.
— Saint-Hippolyte (église), 89-90.
— Saint-Honoré (église), 25-6.
— Saint-Jacques de la Boucherie (église), 153-6.
— Saint-Jacques de l'Hôpital (hôpital), 31-2.
— Saint-Jacques du Haut-Pas (église), 116-9.
— Saint-Jacques et Saint-Christophe (paroisse) de la Villette, 550, 555.
— Saint-Jean Baptiste (paroisse) de Belleville, 558, 567; — de Grenelle, 610.
— Saint-Jean de Latran (commanderie de), 103-4; — (hôpital), 208.
— Saint-Jean en Grève (église), 62-3.
— Saint-Jean le Rond (église), 6-7.
— Saint-Joseph (chapelle), 36; — Couvent des Filles-) ou de la Providence, 258-9; — (paroisse), 309, 379-80.
— Saint-Josse (église), 321-2.
— Saint-Julien des Ménétriers (hôpital de), 140-1.
— Saint-Julien et Sainte-Basilisse (hôpital de), 232.
— Saint-Julien le Pauvre (prieuré de), 70-1.
— Saint-Lambert (paroisse) de Vaugirard, 584, 589, 591.
— Saint-Landry (église), 21-2.
— Saint-Laurent (église), 306-8; — (foire), 319.
— Saint-Lazare (foire), 319; — (maladrerie, puis prieuré de), 315-20.
— Saint-Leu (église), 147-8.
— Saint-Leufroy (église), 20-1.
— Saint-Louis (hôpital), 311.
— Saint-Louis (séminaire), 277.
— Saint-Louis d'Antin (paroisse), 488.
— Saint-Louis-en-l'Ile (église), 181-4.

PARIS.Saint-Magloire (abbaye de), 145-7; — (séminaire), 117-8.
— Saint-Marcel (cimetière), 89; (église), 85-7.
— Saint-Martin (chapelle), 143-4.
— Saint-Martin (canal), 554.
— Saint-Martin (paroisse), 309.
— Saint-Martin des Champs (prieuré de), 148-53.
— Saint-Martin du cloître Saint-Marcel, (église), 87-8.
— Saint-Merry (église), 129-36.
— Saint-Médard (église), 225-8.
— Saint-Michel (chapelle), 144.
— Saint-Michel (collège de), 207.
— Saint-Michel (couvent des Filles de), 234-5.
— Saint-Michel (paroisse) des Batignolles, 492.
— Saint-Nicaise (chapelle), 17.
— Saint-Nicolas (chapelle), 144-5.
— Saint-Nicolas (église), 24, 27.
— Saint-Nicolas des Champs (église), 157-60.
— Saint-Nicolas du Chardonnet (église), 388-90; — (séminaire), 398-9.
— Saint-Paul (église), 331-5; — hôtel, 336.
— Saint-Philippe (église) du Roule, 516-8.
— Saint-Pierre aux Bœufs (église), 329-31.
— Saint-Pierre des Arcis (église), 328-9.
— Saint-Pierre (église) du Gros-Caillou. Voy. Gros-Caillou.
— Saint-Roch (église), 47-9.
— Saint-Sacrement (couvent des Filles du), 61-2; — (religieuses du), 263-4.
— Saint-Sauveur (église), 40-1.
— Saint-Sépulcre (église du), 136-9; — (chanoinesses du), 256-7.
— Saint-Séverin (église), 72-5.
— Saints-Innocents (église des), 22-4.
— Saint-Sulpice (communauté des prêtres habitués de), 589, 594; — (église), 245-8; — (paroisse), 282-3; — établissements modernes qui y sont situés, 284; — (séminaire de), 259-60.
— Saint-Symphorien (chapelle) dans la Cité, 170; — rue Saint-Étienne des Grés, 196-7.
— Saint-Thomas (couvent des Filles), 35.
— Saint-Thomas (église), 24-5.
— Saint-Thomas d'Aquin (paroisse),

283; — établissements modernes qui y sont situés, 285.

PARIS. Saint-Thomas de Villeneuve (communauté de), 282.
— Saint-Victor (abbaye de), 380-7.
— Saint-Vincent de Paul (paroisse), 308-9.
— Saint-Yon (couvent de), 278-9.
— Saint-Yves (chapelle de), 106-7.
— Salpêtrière, 88.
— Sauveur (couvent des Filles du), 167-8.
— Savonnerie (manufacture de la), 477-8.
— Scipion (hôpital), 89.
— Séez (collège de), 83.
— Serfs de la Vierge (couvent des). Voy. Blancs-Manteaux.
— Société de la Vierge (couvent des Filles de la), 281.
— Soissons (hôtel de), 37-8.
— Sorbonne (collège de), 107-10.
— Sourds-muets (institution des), 118.
— Théatins (couvent des), 260-1.
— Thérouenne (fief de), 39-40.
— Tiroir (Croix du), 13.
— Tonnerre (collège de), 116.
— Tou (collège de), 92.
— Tournay (collège de), 209.
— Tours (collège de), 81-2.
— Tréguier (collège de), 208.
— Trente-trois (séminaire des), 222.
— Trésorier (collège du), 80.

PARIS. Trinité (Filles de la), 368; — (hôpital de la), 41-3; — (paroisse de la), 488.
— Trois-Evêques (collège des) ou de Cambrai, 208.
— Union chrétienne (Filles de l'), à Charonne, 573-5.
— Ursulines (couvent des), 120-1.
— Val de Grâce (abbaye des Bénédictines du), 121-3.
— Veuves (hôpital des), 33-4.
— Ville-l'Evêque (église de la Madeleine de la). Voy. Madeleine; — (prieuré de la). Voy. N.-D. de Grâce (prieuré de).
— Visitation (couvent de la), rue du Bac, 272-3; — à Chaillot, 475-7; — rue Saint-Antoine, 356-7; — rue Saint-Jacques, 124.
— Winville (collège de La Marche et de), 212-3.

PASSY, 461-7.
PLAISANCE, écart de Vaugirard, 593-8.
PLANCHETTE (La), 492.
POINT DU JOUR (le), hameau d'Auteuil, 442.
SABLONVILLE, 512-3.
SAINTE-JAMES, 513.
ROULE (Le), 515-21.
TERNES (Les), 493, 507-8.
VAUGIRARD, 583-99.
VILLETTE (La), 549-556.
VILLIERS-LA-GARENNE, 495-8, 505.

A LA MÊME LIBRAIRIE

PUBLICATIONS DE L'HISTOIRE GÉNÉRALE DE PARIS publiées par la Préfecture de la Seine (1866-1900), 34 vol. avec planches (détail au Catalogue Général).

PUBLICATIONS DE LA SOCIÉTÉ DE L'HISTOIRE DE PARIS, 1874 à 1900. Mémoires, 27 vol. Bulletin, 27 années en 16 vol. Ensemble 70 vol. in-8°.

COMTE D'AUCOURT. Les anciens hôtels de Paris, publication avec un plan lithographié. *Paris*, 1890, in-8.

DE BARTHÉLEMY. Recueil des chartes de l'abbaye royale de Montmartre. *Paris*, 1883, in-8.

LEBEUF. Histoire de la ville et de tout le diocèse de Paris. Nouvelle édition publiée par M. Augier. *Paris*, 6 vol. de texte dont un de table.

BOURNON. Rectifications et additions. Ville de Paris, ancienne banlieue. *Paris*, 1901, gr. in-8.

BOURNON. La Chapelle, Saint-Denis et la Villette. *Paris*, 1890, in-8.

BOURNON. Villiers-la-Garenne, Neuilly, les Ternes, Château de Madrid, La Porte-Maillot, Bagatelle, Sablonville, Saint-James. *Paris*, in-8. 1 fr. 50. — Belleville. *Paris*, 1897, in-8. 1 fr. 50. — Grenelle. *Paris*, 1901, in-8. 1 fr. 50. — Charonne. *Paris*, 1901, in-8. 1 fr. 50. — Vaugirard. *Paris*, 1901, in-8. 1 fr. 50.

BORDIER et BRIÈLE. Les archives hospitalières de Paris. *Paris*, 1877, in-8.

BONNARDOT. Gilles Corrozet et Germain Brice. Études bibliographiques sur ces deux historiens de Paris. *Paris*, 1880, in-12.

BONNARDOT. Appendice pour servir aux études archéologiques sur les anciens plans de Paris. *Paris*, 1877, in-4.

BARROUX. Les sources de l'État civil parisien. Répertoire critique. *Paris*, 1898, in-8.

DES CILLEULS. Histoire de l'administration parisienne au XIXᵉ s. *Paris*, 1899, 3 vol. in-8.

LONGNON. Paris pendant la domination anglaise (1420-1436). Documents extraits des registres de la Chancellerie de France. *Paris*, 1878, in-8.

LONGNON. Polyptique de l'abbaye de Saint-Germain-des-Prés, rédigé au temps de l'abbé Irminon. *Paris*, 1885-1895, 3 vol. in-8.

ATLAS des anciens plans de Paris reproduction en fac-similé des originaux les plus rares et les plus intéressants pour l'histoire et la topographie parisiennes, avec une table analytique présentant la légende explicative de chaque plan, gr. in-fol. 33 planches, 160 feuilles.

MENTIENNE. Memorandum ou guide nécessaire à ceux qui voudront écrire les monographies des communes du département de la Seine. *Paris*, 1899, in-12.

TOURNEUX. Bibliographie de l'Histoire de Paris pendant la Révolution. *Paris*, 1890-1900, 3 vol. in-8. 30 fr.

DENIFLE. Les Bénédictins de Saint-Maur à Saint-Germain-des-Prés. Nécrologe des religieux de la congrégation de Saint-Maur, décédés à l'abbaye de Saint-Germain-des-Prés. *Paris*, 1896, in-4. 15 fr.

VIARD. Documents parisiens du règne de Philippe VI de Valois (1328-1350). Extraits des registres de la chancellerie de France. *Paris*, 1899-1900, 2 vol. in-8. 20 fr.

RENOUARD. Documents sur les imprimeurs, libraires, cartiers, graveurs, fondeurs, etc., qui ont exercé à Paris de 1450 à 1600. *Paris*, 1901, in-8 . . . . 10 fr.

www.ingramcontent.com/pod-product-compliance
Lightning Source LLC
Chambersburg PA
CBHW071931240426
43668CB00038B/1082